LANGENSCHEIDT
DICCIONARIO DE BOLSILLO
DE LAS LENGUAS ESPAÑOLA Y ALEMANA

Parte segunda

Alemán-Español

por

Dr. Fr. Wiske y T. Noeli

Refundición 1987

por

Gisela Haberkamp de Antón

LANGENSCHEIDT
BERLÍN · MUNICH · VIENA · ZURICH · NUEVA YORK

**LANGENSCHEIDTS
TASCHENWÖRTERBÜCHER**

LANGENSCHEIDTS
TASCHENWÖRTERBUCH

DER SPANISCHEN UND DEUTSCHEN SPRACHE

Zweiter Teil

Deutsch-Spanisch

von

Dr. Fr. Wiske und T. Noeli

Neubearbeitung 1987

von

Gisela Haberkamp de Antón

LANGENSCHEIDT

BERLIN · MÜNCHEN · WIEN · ZÜRICH · NEW YORK

Inhaltsverzeichnis

Índice

Vorwort – *Prólogo* 549

Bemerkungen über die Einrichtung des Wörterbuches – *Advertencias referentes a la organización del diccionario* 552

Erklärung der im Wörterbuch angewendeten Zeichen und Abkürzungen – *Explicación de los signos y abreviaturas empleados en el diccionario* 556

Pronunciación de las palabras alemanas 559

Alphabetisches Wörterverzeichnis – *Vocabulario alfabético* 561

Deutsche Eigennamen – *Nombres propios alemanes* 1019

Deutsche und ausländische Abkürzungen – *Abreviaturas alemanas y extranjeras* 1025

Modelos de declinación y conjugación del idioma alemán 1033

Lista alfabética de los verbos alemanes irregulares 1040

Normas generales para la pronunciación alemana 1046

Zahlwörter – *Numerales* 1051

Deutsche Maße und Gewichte – *Medidas y pesos alemanes* 1054

Die Nennung von Waren erfolgt in diesem Werk, wie in Nachschlagewerken üblich, ohne Erwähnung etwa bestehender Patente, Gebrauchsmuster oder Warenzeichen. Das Fehlen eines solchen Hinweises begründet also nicht die Annahme, eine Ware oder ein Warenname sei frei.

Auflage	9.	8.	7.	6.	5.	*Letzte Zahlen*
Jahr:	1994	93	92	91	90	*maßgeblich*

Copyright 1903, 1927, 1940, © 1956, 1972, 1987 Langenscheidt KG, Berlin und München

Druck: Graph. Betriebe Langenscheidt, Berchtesgaden/Obb.

Printed in Germany · ISBN 3-468-10346-8

Vorwort

Langenscheidts Taschenwörterbücher gehören zu den profiliertesten Werken des Langenscheidt Verlags. Seit ihrem erstmaligen Erscheinen vor mehr als 100 Jahren sind sie immer wieder aktualisiert worden. Auch das vorliegende deutsch-spanische Taschenwörterbuch wurde in den vergangenen Jahrzehnten allein sechsmal neu bearbeitet, d. h. von A bis Z neu gesetzt und erweitert.

Wie schon der spanisch-deutsche Teil des Taschenwörterbuches bietet auch dieser Teil dem Benutzer den modernen Wortschatz der achtziger Jahre. Er enthält Tausende von Neuwörtern aus allen Lebensbereichen, die uns im sprachlichen Alltag – sei es bei der Lektüre aktueller Texte oder im Gespräch – immer wieder begegnen, wie die folgenden Beispiele zeigen: *Decoder* (decodificador), *gärtnern* (jardinear), *Hochgeschwindigkeitszug* (tren de alta velocidad), *Naturlehrpfad* (itinerario pedagógico *od.* didáctico), *Rendezvousmanöver* (maniobra de encuentro), *Rüstungswettlauf* (carrera de armamentos), *Strichcode* (código de barras), *Wettersatellit* (satélite meteorológico) usw.

Neben diesen einzelnen Neuwörtern galt bei der Erarbeitung dieses Wörterbuches der Terminologie bestimmter neuer Fachgebiete das besondere Augenmerk, und hier vor allem dem Umfeld der Elektronik und den neuen Medien. So findet der Benutzer in diesem Wörterbuch *computerisieren* (computerizar), *Computerspiel* (juego electrónico), *Informatiker* (informático), *Kabelfernsehen* (televisión por cable), *Tastentelefon* (teléfono de teclado) oder zu *Video-* die gängigsten Wortbildungen. Daß aber auch die familiäre bzw. Argotebene in diesem Wörterbuch nicht zu kurz kommt, belegen Aufnahmen wie *Fixer* (yonqui).

Darüber hinaus gelten für dieses Wörterbuch bewährte Grundsätze auch für den Bereich der Idiomatik und Phraseologie; allein bei dem Stichwort *gehen* finden sich neben der Grundübersetzung 24 Wendungen und Anwendungsbeispiele. Dabei werden sowohl die Einzelstichwörter wie auch ganze Wendungen durch Kennzeichnung der Sprachgebrauchsebenen und andere erläuternde Zusätze ergänzt. Durch die Ausspracheangaben bei den deutschen Stichwörtern wird der Informationswert des Wörterbuches insbesondere für den hispanophonen Benutzer weiter erhöht.

Schließlich sei auch noch auf die sieben Anhänge hingewiesen. Die Teile „Eigennamen" und „Abkürzungen" befinden sich auf dem neuesten Stand. Wie die Ausspracheangaben werden dem spanischsprachigen Benutzer auch die Tabellen zur deutschen Deklination und Konjugation und die ausführliche Liste der unregelmäßigen Verben mit Sicherheit eine große Hilfe sein.

Prólogo

Los diccionarios de bolsillo Langenscheidt figuran entre las obras más características de la Editorial Langenscheidt. Desde que aparecieron por primera vez hace más de 100 años, han sido continuamente puestos al día. Vale esto también para el diccionario de bolsillo alemán-español que aquí se presenta, el cual ha sido revisado y actualizado nada menos que seis veces en los últimos decenios, es decir, impreso de nuevo y considerablemente ampliado de la A a la Z.

Lo mismo que tratándose de la parte español-alemán del diccionario de bolsillo, también ésta ofrece al usuario el vocabulario más moderno de los años ochenta. Contiene miles de neologismos procedentes de todos los ámbitos de la vida con los que nos encontramos en el habla cotidiana – ya en la lectura de textos actuales, ya en conversaciones –, como demuestran los ejemplos siguientes: *Decoder* (decodificador), *gärtnern* (jardinear), *Hochgeschwindigkeitszug* (tren de alta velocidad),

Naturlehrpfad (itinerario pedagógico *od.* didáctico), *Rendezvousmanöver* (maniobra de encuentro), *Rüstungswettlauf* (carrera de armamentos), *Strichcode* (código de barras), *Wettersatellit* (satélite meteorológico), etc.

Aparte de estos neologismos, en la revisión del diccionario se prestó especial atención a la terminología de determinados sectores de actualidad, sobre todo al amplio campo de la electrónica y los nuevos medios de comunicación. Así, el usuario encuentra en este diccionario *computerisieren* (computerizar), *Computerspiel* (juego electrónico), *Informatiker* (informático), *Kabelfernsehen* (televisión por cable), *Tastentelefon* (teléfono de teclado), o bien, en relación con *Video-* los compuestos más usuales. Ahora bien, el que expresiones familiares o bien del nivel de la jerga tampoco queden cortas en este diccionario, lo demuestran ejemplos como *Fixer* (yonqui).

Además, siguen vigentes para este diccionario normas acreditadas también con respecto a los ámbitos de la idiomática y fraseología; sólo en la voz guía *gehen*, se hallan, junto con la traducción básica, 24 giros y ejemplos de uso. Tanto los distintos vocablos como expresiones enteras, van caracterizados según el nivel lingüístico de uso y completados con otras explicaciones. Merced a las transcripciones fonéticas en las voces guía alemanas, el diccionario adquiere un valor informativo adicional, ante todo para los usuarios hispanohablantes.

Finalmente, no queremos dejar de aludir a los siete apéndices. Las secciones «Eigennamen» (nombres propios) y «Abkürzungen» (abreviaturas) han sido puestas al día. Al igual que las transcripciones fonéticas, también las tablas de la declinación y conjugación alemanas y la detallada lista de los verbos irregulares constituirán indudablemente una gran ayuda para los usuarios de lengua española.

Durch sorgfältige Beachtung des Inhalts der Seiten 552–555 gewinnt das Buch erst den richtigen Wert.

El estudio detenido y atento de las páginas 552–555 es indispensable para conseguir el máximum de utilidad en el empleo de este diccionario.

Bemerkungen über die Einrichtung des Wörterbuches

Advertencias referentes a la organización del diccionario

1. Die alphabetische Reihenfolge ist überall streng eingehalten. Die Umlaute ä, ö, ü wurden hierbei den Buchstaben a, o, u gleichgestellt. An alphabetischer Stelle sind auch angegeben:
a) die wichtigsten unregelmäßigen Formen der Verben sowie des Komparativs und Superlativs;
b) die wichtigsten Formen der Fürwörter.

2. Rechtschreibung. Für die Schreibung der deutschen Wörter dienten als Norm die amtlichen Regeln für die deutsche Rechtschreibung (Duden), für die spanischen Wörter die Regeln der Academia de la Lengua Española.

3. Die Betonung der deutschen Wörter wird durch das Tonzeichen (ˈ) vor der betonten Silbe angegeben, jedoch nur, wenn von der phonetischen Umschrift nicht Gebrauch gemacht wird. Bei Gruppenartikeln ist der Tonwechsel zu beachten, z. B. **über...:** ¹ºblick; ∼ˈblicken.

4. Der Bindestrich (-) ersetzt einen leicht zu ergänzenden Teil des vorhergehendes Wortes.

5. Tilde und Strich. Abgeleitete und zusammengesetzte Wörter sind

1. El orden alfabético queda rigurosamente establecido. Las metafonías ä, ö, ü fueron tratadas como las vocales simples a, o, u. Ocupan también:
a) las formas irregulares más importantes de los verbos, del comparativo y del superlativo;
b) las diferentes formas de los pronombres.

2. Ortografía. Para las voces alemanas han servido de norma las reglas oficiales que rigen para la ortografía alemana (Duden); para las españolas las reglas establecidas por la Academia de la Lengua Española.

3. Acentuación. La sílaba en que carga la pronunciación de las palabras alemanas va marcada con un acento (ˈ) delante de la sílaba tónica, pero sólo cuando se prescinde de la transcripción fonética. Si varias palabras van reunidas en párrafo bajo una «voz-guía» (vocablo común), hay que tener en cuenta el cambio de acento, v.gr. **über...:** ¹ºblick; ∼ˈblicken.

4. El guión (-) sustituye una parte de la palabra precedente, sobrentendiéndose el resto.

5. Tilde y Raya. Para reservar todo el espacio disponible a las

zwecks Raumersparnis oft zu Gruppen vereinigt. Der senkrechte Strich (|) im ersten Stichwort einer solchen Gruppe trennt den Teil ab, der allen folgenden Wörtern dieser Gruppe gemeinsam ist. Die fette Tilde (~) vertritt entweder das ganze erste Stichwort einer Gruppe oder den vor dem senkrechten Strich (|) stehenden Teil dieses Stichworts. Die einfache Tilde (~) vertritt das ganze, unmittelbar vorhergehende Stichwort, das selbst schon mit Hilfe der Tilde gebildet sein kann. Wenn sich der Anfangsbuchstabe ändert (groß in klein und umgekehrt), steht statt der Tilde die Tilde mit Kreis (≗, ≗).

Beispiele: **Schuh,** **~geschäft** = Schuhgeschäft; **Schul|ung, ~unterricht** = Schulunterricht; **Steig, ≗en** (= steigen), *zu Kopf* ~ = zu Kopf steigen; **sterblich,** ≗**keit** = Sterblichkeit.

voces-guía, las palabras derivadas y compuestas se han reunido casi siempre en grupos. La raya (|) separa de la voz-guía la parte común de todas las demás voces del grupo. La tilde gruesa (~) sustituye la primera voz-guía entera de un grupo o bien la parte de la voz-guía que precede a la raya (|). La tilde normal (~) sustituye la voz-guía entera que precede inmediatamente y puede ser formada ella misma por medio de la tilde. La transformación de mayúscula en minúscula o viceversa se indica por los signos ≗, ≗.

Ejemplos: **Schuh,** **~geschäft** = Schuhgeschäft; **Schul|ung, ~unterricht** = Schulunterricht; **Steig, ≗en** (= steigen), *zu Kopf* ~ = zu Kopf steigen; **sterblich,** ≗**keit** = Sterblichkeit.

6. Zusammensetzungen. Oft entsprechen den deutschen zusammengesetzten Substantiven im Spanischen Umschreibungen mit de, z. B. Rehbraten = asado de corzo; solche sind in der Regel nicht aufgenommen. Auch andere Zusammensetzungen wurden aus Raummangel oft weggelassen, wenn sie seltener sind und ihr Sinn sich aus der Bedeutung der einzelnen Bestandteile leicht ergibt. Manchmal ist es auch möglich, nur eine Übersetzung der Bestimmungswortes zu geben, die dann für den größten Teil der Gruppe paßt, z. B. **Jahres...:** *in Zssgn oft* anual; es brauchen dann in der Gruppe nur solche Zusammensetzungen angeführt zu werden, die anders zu übersetzen sind, z. B. **~tag** aniversario.

6. Palabras compuestas. Los sustantivos compuestos de la lengua alemana se traducen al español uniendo las dos voces componentes por medio de la preposición «de», v.gr. Rehbraten = «asado de corzo»; por lo general estas palabras compuestas no están en el diccionario. Por falta de espacio se omiten también otras voces compuestas, si son poco frecuentes y si su sentido se puede deducir de los elementos componentes. En muchos casos es posible limitarse a traducir la voz-guía, aplicándose esta traducción a la mayor parte de las palabras del párrafo, v.gr. **Jahres...:** *in Zssgn oft* (= en palabras compuestas se traduce generalmente por) «anual»; basta entonces añadir las voces compuestas que deben traducirse de manera distinta, v.gr. **~tag** «aniversario».

7. Das Geschlecht der Substantive beider Sprachen ist stets angegeben (*m, f, n*).

7. El género de los sustantivos de ambos idiomas se indica siempre (por *m, f, n*).

8. Flexion (Beugung). Bei jedem einfachen flektierbaren Wort steht in runden Klammern eine Ziffer als Hinweis auf den entsprechenden Absatz der Deklinations- und Konjugationstabellen (S. 1033).

8. Flexión. Cada voz simple que se puede declinar o conjugar va acompañada por una cifra entre paréntesis, la cual se refiere a la respectiva tabla de declinación o conjugación impresa al fin del libro (pág. 1033).

Die Ziffern sind in folgenden Fällen weggelassen:

a) bei Adjektiven und Partizipien und davon abgeleiteten Substantiven wie Reisende(r *m*) *m*, *f* bzw. Gesandte(r) *m*, die nach (18) gehen;

b) bei Substantiven mit den Endungen ...**'ei**, ...**heit**, ...**i¹on**, ...**keit**, ...**schaft**, ...**'tät**, ...**ung**: alle *f* (16); ...**in**: *f* (16¹);

c) bei den substantivierten Infinitiven (z. B. Gehen): alle *n* (6, ohne Plural); vgl. S. 1034;

d) bei den Verben auf ...**'ieren** ist (25) fortgelassen.

v/*i*. (sn) bedeutet, daß das betr. intransitive Verb das Perfekt usw. mit „sein" bildet. Die übrigen Verben werden mit „haben" konjugiert.

Von den einfachen Verben werden die starken und unregelmäßigen Formen an der alphabetischen Stelle aufgeführt, z. B. **gefunden** *s*. finden, **ging, gegangen** *s*. gehen; von zusammengesetzten Verben nur dann, wenn das entsprechende einfache Verb nicht vorkommt oder die Zusammensetzung abweichend konjugiert wird. Sonst werden **Partizipien** nur dann besonders aufgeführt, wenn sie eine eigene adjektivische Bedeutung haben.

9. Steigerungs- und Adverbformen. Die regelmäßigen Formen der Komparative und Superlative auf ...**er** und ...**(e)st** und der Adverbien auf ...**mente** werden nicht aufgeführt. Auf den Umlaut wird durch (18²) hinter dem Adjektiv hingewiesen.

10. Die Verkleinerungsformen auf ...**chen** und ...**lein** [oft mit Umlaut; spanisch meist -ito (-a), -illo (-a)] werden aus Raummangel nur dann gebracht, wenn sie eine Sonderbedeutung haben.

11. Die Rektion der Verben ist angegeben, wenn sie in beiden Sprachen verschieden ist.

Estas cifras se omiten en los casos siguientes:

a) tras los adjetivos y los participios sustantivados como Reisende(r *m*) *m*, *f* o bien Gesandte(r) *m*, los cuales se declinan todos conforme a la tabla (18);

b) tras los sustantivos que terminan en los sufijos ...**'ei**, ...**heit**, ...**i¹on**, ...**keit**, ...**schaft**, ...**'tät**, ...**ung**: todos *f* (16); ...**in**: *f* (16¹);

c) tras los infinitivos sustantivados (v.gr. Gehen): todos *n* (6, sin plural); compárese pág. 1034;

d) tras los verbos en ...**'ieren** se suprime la cifra (25).

v/*i*. (sn) significa que el respectivo verbo neutro o intransitivo forma el pretérito compuesto etc. por medio del auxiliar «sein». Los demás verbos se conjugan con el auxiliar «haben».

Las formas irregulares de los verbos simples se citan por orden alfabético, v.gr. **gefunden** *s*. (véase) finden, **ging, gegangen** *s*. (véase) gehen. Las formas irregulares de verbos compuestos sólo se incorporan al diccionario, si el respectivo verbo simple no existe o si la conjugación del compuesto difiere de la del simple. De los demás **participios** sólo los que se usan como adjetivos con sentido propio van citados separadamente.

9. Grados de comparación y formación de los adverbios. Se omiten las formas regulares del comparativo y superlativo en ...**er** y ...**(e)st** y los adverbios en ...**mente**. La modificación de la vocal radical se indica por la cifra (18²).

10. Se omiten además, por falta de espacio, **los diminutivos** en ...**chen** y ...**lein** [generalmente con modificación de la vocal radical; en español los sufijos más frecuentes son: ...ito (-a), ...illo (-a)]. Sólo se citan los que tienen significación especial.

11. El régimen de los verbos se indica, si hay diferencia en este punto entre los dos idiomas.

12. Reflexive Verben. Das reflexive **sich** ohne Bezeichnung ist Akkusativ; ist es Dativ, so wird (*dat.*) hinzugefügt. Wo der reflexive Gebrauch des Verbs im Deutschen und Spanischen übereinstimmt, wird er nicht besonders erwähnt.

13. Übersetzung und Bedeutung. Die Bedeutungsunterschiede sind gekennzeichnet:

a) durch Synonyme in runden Klammern;

b) durch vorgesetzte deutsche Ergänzungen oder Erklärungen;

c) durch vorgesetzte bildliche Zeichen oder Abkürzungen.

Das Semikolon trennt eine gegebene Bedeutung von einer neuen, wesentlich verschiedenen.

12. Verbos reflexivos. El pronombre **sich** sin indicación alguna se sobrentiende como acusativo. Si es dativo, se añade la abreviatura (*dat.*). Si el empleo de un verbo como reflexivo es el mismo en español que en alemán, prescindimos de mencionarlo expresamente.

13. Traducción y significación de las palabras. Las diferencias de significación se indican:

a) anteponiendo a la traducción un sinónimo entre paréntesis;

b) por medio de complementos o explicaciones antepuestos a la traducción;

c) por signos o abreviaturas convencionales.

El punto y coma separa una traducción de otra esencialmente distinta.

Erklärung der im Wörterbuch angewendeten Zeichen und Abkürzungen

Explicación de los signos y abreviaturas empleados en el diccionario

1. Zeichen – Signos

F	familiär, *familiar*.	♀	Pflanzenkunde, *botánica*.
P	populär, *popular*.	△	Baukunst, *arquitectura*.
V	vulgär, unanständig, *vulgar, indecente*.	♰	Mathematik, *matemáticas*.
♰	Handel, *comercio*.	♐	Chemie, *química*.
⚓	Schiffahrt, *navegación*.	⚡	Elektrotechnik, *electrotecnia*.
⚔	Militär, *milicia*.	☤	Medizin, *medicina*.
⚙	Technik, *tecnología*.	⚖	Rechtswissenschaft, *jurisprudencia*.
⊕	Bergbau, *minería*.	⊞	wissenschaftlich, *científico*.
⚒	Eisenbahn, *ferrocarril*.	⛨	Wappenkunde, *blasón*.
✈	Flugwesen, *aviación*.	=	gleich, *igual a*.
✉	Post, *correo*.	>	verwandelt sich in, *se convierte en*.
♪	Musik, *música*.	-, ~, ♀, |, ¹ *s. S. 552 ff.*
	Landwirtschaft, Gartenbau, *agricultura, horticultura*.		

2. Abkürzungen – Abreviaturas

a.	auch, *también*.	*Chir.*	Chirurgie, *cirugía*.
Abk.	Abkürzung, *abreviatura*.	*cj.*	Konjunktion, *conjunción*.
abstr.	abstrakt, *abstracto*.	*comp.*	Komparativ, *comparativo*.
a/c.	alguna cosa, algo = etwas.	*concr.*	konkret, *concreto*.
ac.	Akkusativ, *acusativo*.		
adj.	Adjektiv, *adjetivo*.	*dat.*	Dativ, *dativo*.
adv.	Adverb, *adverbio*.	*desp.*	verächtlich, *despectivo*.
alg.	alguien, alguno = jemand.	*d. h.*	das heißt, *es decir*.
Am.	Amerika(nismus), *América, americanismo*.	*dim.*	Diminutiv, *diminutivo*.
Anat.	Anatomie, *anatomía*.	*d-s*	dies, dieses, *esto*.
Arg.	Argentinien, Argentinismus, *Argentina, argentinismo*.	*ea.*	einander, *uno(s) a otro(s)*.
Arith.	Arithmetik, *aritmética*.	*e-e*	eine, *una*.
art.	Artikel, *artículo*.	*ehm.*	ehemals, *antiguamente*.
Astr.	Astronomie, *astronomía*.	*e-m, e-n*	einem, einen, *a uno, uno*.
atr.	attributiv, *atributivo*.	*engl.*	englisch, *inglés*.
		e-r, e-s	einer, eines, *de una, de uno*.
Biol.	Biologie, *biología*.	*Erdk.*	Erdkunde, *geografía*.
bsd.	besonders, *especialmente*.	*et.*	etwas, algo, *alguna cosa*.
bzw.	beziehungsweise, *o bien*.	*etc.*	et cetera, und so weiter, *etcétera*.

f	Femininum, *femenino*.	m/pl.	Maskulinum im Plural, *masculino al plural*.
Fechtk.	Fechtkunst, *esgrima*.		
Fernspr.	Fernsprecher, *teléfono*.	m-r	meiner, *de mí*; de (od. *a*) *mi*.
fig.	figürlich, *en sentido figurado*.	m-s	meines, *de mi*.
f/pl.	Femininum im Plural, *femenino al plural*.	mst	meistens, *por lo común*.
fr.	französisch, *francés*.	Myth.	Mythologie, *mitología*.
		n	Neutrum, *neutro*.
gal.	Gallizismus, *galicismo*.	nd.	norddeutsch, *provincialismo de la Alemania del Norte*.
gen.	Genitiv, *genitivo*.		
Geol.	Geologie, *geología*.	neol.	Neologismus, *neologismo*.
Geom.	Geometrie, *geometría*.	nom.	Nominativ, *nominativo*.
ger.	Gerundium, *gerundio*.	n/pl.	Neutrum im Plural, *neutro al plural*.
Ggs.	Gegensatz, *contrario*.		
Gram.	Grammatik, *gramática*.		
		o.	ohne, *sin*.
h.	haben, *haber, tener*.	od.	oder, *o*.
hist.	historisch, *histórico*.	Opt.	Optik, *óptica*.
		örtl.	örtlich, *relativo al lugar*.
imp.	Imperativ, *modo imperativo*.	öst.	österreichisch, *austríaco*.
impf.	Imperfekt, *pretérito imperfecto*.		
		Parl.	Parlament, *parlamento*.
ind.	Indikativ, *indicativo*.	part.	Partizip, *participio*.
indekl.	indeklinabel, undeklinierbar, *indeclinable*.	part.pt.	Partizip des Perfekts, *participio pasivo o de pretérito*.
inf.	Infinitiv, *infinitivo*.	pas.	Passiv, *voz pasiva*.
inf. pt.	Infinitiv des Perfekts, *infinitivo compuesto o de pretérito*.	pers.	Person, *persona*.
		Phil.	Philosophie, *filosofía*.
int.	Interjektion, *interjección*.	Phot.	Photographie, *fotografía*.
interr.	Interrogativum, *interrogativo*.	Phys.	Physik, *física*.
		Physiol.	Physiologie, *fisiología*.
iron.	ironisch, *irónico*.	pl.	Plural, *plural*.
ital.	italienisch, *italiano*.	poet.	poetisch, *poético*.
		Pol.	Politik, *política*.
j.	jemand, *alguien*.	pred.	prädikativ, *empleado como predicado nominal*.
Jgdw.	Jagdwesen, *montería*.		
j-m	jemandem, *a alguien* (dat.).	pron.	Pronomen, *pronombre*.
j-n	jemanden, (*a*) *alguien* (ac.).	prot.	protestantisch, *protestante*.
j-s	jemandes, *de alguien* (gen.).	prov.	provinziell, *provincialismo*.
		prp.	Präposition, *preposición*.
kath.	katholisch, *católico*.	prs.	Präsens, *presente*.
Kchk.	Kochkunst, *arte de cocinar*.	Psych.	Psychologie, (*p*)*sicología*.
Kdspr.	Kindersprache, *lenguaje infantil*.	pt.	Präteritum, *pretérito perfecto*.
Kfz.	Kraftfahrzeug, *vehículo automóvil*.		
		refl.	reflexiv, *reflexivo*.
		Rel.	Religion, *religión*.
Lit.	Literatur, *literatura*.	rel.	relativ, *relativo*.
lt.	lateinisch, *latín*.		
		s.	siehe, *véase*.
m	Maskulinum, *masculino*.	S.	Seite, *página*.
Mal.	Malerei, *pintura*.	sdd.	süddeutsch, *provincialismo de la Alemania del Sur*.
m-e	meine, *mi, mis*.		
m/f	Maskulinum u. Femininum, *masculino y femenino*.	s-e	seine *sg. f u. pl.*, su(*s*).
		sg.	Singular, *singular*.
Min.	Mineralogie, *mineralogía*.	s-m	seinem, *a su* (dat.).
m-m	meinem, *a mi* (dat.).	sn	sein, *ser, estar*.
m-n	meinen, (*a*) *mi* (ac.).	s-n	seinen, (*a*) *su* (ac.).

Span.	spanisch, Spanien, *español, España*.	*v.*	von, vom, *de*.
s-r, s-s	seiner, seines, *de su*.	*vb.*	Verb, *verbo*.
Stk.	Stierkampf, *tauromaquia*.	*vet.*	Tierheilkunde, *veterinaria*.
su.	Substantiv (*m u. f*), *sustantivo (m y f)*.	*vgl.*	vergleiche, *compárese*.
		v.gr.	zum Beispiel, *verbigracia*.
subj.	Konjunktiv, *subjuntivo*.	*v/i.*	intransitives Verb, *verbo intransitivo*.
sup.	Superlativ, *superlativo*.		
		Vkw.	Verkehrswesen, *tráfico*.
		v/refl.	reflexives Verb, *verbo reflexivo*.
Tel.	Telegraphie, *telegrafía*.		
Thea.	Theater, *teatro*.	*v/t.*	transitives Verb, *verbo transitivo*.
Theol.	Theologie, *teología*.		
TV	Fernsehen, *televisión*.		
Typ.	Buchdruck, *tipografía*.	*Zahnhlk.*	Zahnheilkunde, *odontología*.
		z. B.	zum Beispiel, *v. gr., p. ej. = por ejemplo*.
u.	und, *y*.	*zeitl.*	zeitlich, *relativo al tiempo*.
unprs.	unpersönlich, *impersonal*.	*Zo.*	Zoologie, *zoología*.
untr.	untrennbar, *inseparable*.	*zs.*	zusammen, *juntos*.
usw.	und so weiter, *etcétera*.	*Zssg(n)*	Zusammensetzung(en), *palabra(s) compuesta(s)*.
uv.	unveränderlich, *invariable*.		

Pronunciación de las palabras alemanas*

según el sistema de la «Asociación Fonética Internacional»

a) Vocales:

(Las vocales seguidas de dos puntos son largas [ɑ:], las demás breves [a]).

ɑ: como la **â** francesa en **â**me; más larga que la **a** en m**a**dre.
a más breve que la **a** en b**a**rco.
e: más cerrada y larga que la **e** en Jos**é**.
e cerrada y breve como la **e** en d**e**bido.
ɛ: abierta y larga como la **è** francesa en m**è**re.
ɛ abierta y breve como la **e** en p**e**rro.
ə (sólo en sílabas átonas); más breve y relajada que la **e** en b**ai**le; suena como la **e** francesa en sabr**e**.
i: más larga que la **i** en sal**i**da.
i más breve y abierta qua la **i** en c**i**rco.
o cerrada y breve como la **o** en p**ó**liza.
o: más cerrada y larga que la **o** en c**o**la; suena como la **ô** francesa en c**ô**te.
ɔ abierta y breve como la **o** en g**o**rra.
ø más cerrada y larga que la **eu** francesa en qu**eu**e.
œ abierta y breve como la **eu** francesa en m**eu**rtre o la **u** inglesa en h**u**rt.
u: más larga que la **u** en n**u**be.
u breve como la **u** en s**u**spiro.
y: larga como la **û** francesa en s**û**r.
y breve como la **u** francesa en s**u**r.
ɑ̃, ɛ̃, ɔ̃, œ̃: vocales de sonido nasal como en las palabras francesas pl**an**, f**in**, b**on**, br**un**; no se encuentran sino en extranjerismos de origen francés.
ʔ significa que la vocal que sigue se pronuncia con una ligera aspiración, v.gr. Beamte(r) [bəˈʔamtə(r)].

Cuando prescindimos de la transcripción fonética, indicamos la aspiración por un guión muy corto, v.gr. ˈAn-erbieten [pronunciado: ˈanʔɛrbiːtən].

b) Diptongos:

aɪ como **ai** en b**ai**le
aʊ como **au** en **au**la.
ɔy como **oi** en b**oi**na.

c) Consonantes:

k, p, t: como en **k**ilo, **p**adre, **t**ío; al principio de una sílaba tónica se pronuncian con una ligera aspiración.
b, d, g: como en em**b**argo, sol**d**ar, ¡**g**racias!
f, v: como en **f**alta, u**v**a.
s como la **s** sorda en **s**anto.
z como la **s** sonora en Li**s**boa, pero pronunciada con más fuerza.
ts como **ts** en **ts**e-**ts**é (mosca africana) o la **z** italiana en raga**zz**o.
x como la **j** en ba**j**o.
ç sonido palatal que no existe en el idioma español; es el sonido sordo que corresponde al sonido sonoro de la letra **y** en **y**erro.
j como la **y** en a**y**uda o la **i** en p**i**erna.
ʃ como la **sh** en la voz inglesa **sh**ip o como la **ch** en la palabra francesa **ch**anson.
ʒ como la **g** francesa en **g**êne; no se encuentra sino en extranjerismos de origen francés.
m, n, l: como en **m**adre, **n**oche, **l**ago.
ŋ sonido nasal como el de la **n** en bla**n**co.
r se pronuncia en algunas regiones como la **r** española en mi**r**to; pero en la mayor parte de Alemania tiene un sonido uvular o gutural como la **r** francesa.

* véase también pág. 1046 y sig.

h aspiración al principio de una palabra o sílaba, más fuerte que la **h** francesa en **h**âte; su sonido tiene cierta semejanza con el de la **j** española.

d) Acentuación:

El acento prosódico va colocado delante de la sílaba, en la cual debe cargar, v.gr. fordern ['fɔrdərn], Forelle [fo'rɛlə].

Dos acentos indican acentuación ambigua, v.gr. grundverschieden ['gruntfɛr'ʃi:dən].

e) Advertencias:

Un guión sustituye una sílaba ya transcrita en las transcripciones precedentes, v.gr. Witz [vits], ~bold ['-bɔlt]. – vorweg [fo:r'vɛk]; ≈nahme [-'-na:mə].

Por falta de espacio prescindimos de la transcripción fonética de *palabras compuestas* como *Briefkasten, Absicht*, visto que la pronunciación de cada uno de sus elementos se indica en el respectivo lugar alfabético: *Brief, Kasten, ab, Sicht*.

Lista de los sufijos y desinencias

más usuales, cuya transcripción, por falta de espacio, no se incluye en el texto del diccionario:

-bar(keit) [-ba:r(kaɪt)]
-ei [-'aɪ]
-el, -eln(d) [-əl, -əln(t)]
-en, -ens... [-ən(s...)]
-end, -ende(r) [-ənt, -əndə(r)]
-er(in), -erisch [-ər(in), -əriʃ]
-ern [-ərn]
-et [-ət]
-haft(s...), -haftigkeit [-haft(s...), -haftiçkaɪt]
-heit(s...) [-haɪt(s...)]
-ieren [-'i:rən]
-ig [-iç], **-igen** [-igən], **-ige(r)** [-igə(r)], **-igkeit** [-içkaɪt], **-igt** [-içt], **-igung** [-iguŋ]

-isch [-iʃ]
-istisch [-'istiʃ]
-keit(s...) [-kaɪt(s...)]
-lich(keit) [-liç(kaɪt)]
-los, -losigkeit [-lo:s, -lo:ziçkaɪt]
-nis [-nis]
-sal [-za:l]
-sam(keit) [-za:m(kaɪt)]
-schaft(s...) [-ʃaft(s...)]
-ste(l), -stens [-stə(l), -stəns]
-te(l), -tens [-tə(l), -təns]
-tum [-tu:m]
-ung(s...) [-uŋ(s...)]

El Alfabeto alemán

A a	B b	C c	D d	E e	F f	G g	H h	I i	J j	K k
ɑ:	be:	tse:	de:	e:	ɛf	ge:	hɑ:	i:	jɔt	kɑ:

L l	M m	N n	O o	P p	Q q	R r	S s	(ß)	T t	U u
ɛl	ɛm	ɛn	o:	pe:	ku:	ɛr	ɛs	(ɛs-'tsɛt)	te:	u:

V v	W w	X x	Y y	Z z
fau	ve:	iks	'ypsilɔn	tsɛt

A

A, a [ɑ:] *n* A, a *f*; ♪ la *m*; *A-Dur* la mayor; *a-Moll* la menor; *wer A sagt, muß auch B sagen* una obligación trae la otra; *das A und O* el alfa y omega; *von A bis Z* de pe a pa, de cabo a rabo.

Aal [ɑ:l] *m* (3) anguila *f*; ˈ²**en** (25): *sich ~ desperezarse*; ˈ²**glatt** escurridizo (*a. fig.*).

Aar [ɑ:r] *m* (3) *poet.* águila *f*.

Aas [ɑ:s] *n* (4, *pl. a.* Äser [ˈɛːzər] 1²) carroña *f*; P *fig.* mal bicho *m*; ²**en** F [ˈl-zən] (27) malgastar, despilfarrar (*mit et.* a/c.); ˈ**-geier** *m* alimoche *m*; *fig.* buitre *m*.

ab [ap] **1.** *zeitl.* a partir de; desde; *~ und zu* de vez en cuando; **2.** *örtl.* desde, de; *~ Werk* puesto en fábrica.

abänder|n [ˈ-ʔɛndərn] modificar; cambiar; ²**ung** *f* modificación *f*; cambio *m*; ²**ungs-antrag** *Parl. m* enmienda *f*.

ˈ**ab-arbeiten** *Schuld*: pagar con trabajo; *sich ~* matarse trabajando.

ˈ**Ab-art** *f* variedad *f*; ²**ig** anormal; perverso.

abästen [ˈ-ʔɛstən] (26) desramar.

ˈ**Abbau** *m* ⚒ explotación *f*; ⊕ desmontaje *m*; *Preise, Personal*: reducción *f*; ²**en** ⚒ explotar; ⊕ desmontar; *Preise, Personal*: reducir.

abbeeren [ˈl-beːrən] (25) desgranar.

ˈ**abbeißen** arrancar con los dientes; mordisquear; *ein Stück ~ von* dar un mordisco a.

ˈ**abbekommen** recibir; (*losbekommen*) lograr desprender *od.* quitar.

ˈ**abberuf|en** llamar, retirar; destituir; ²**ung** *f* llamada *f*; destitución *f*.

abbestell|en anular; *Zeitung*: dar de baja; ²**ung** *f* anulación *f*; baja *f*.

ˈ**abbezahlen** pagar a plazos; *völlig*: liquidar.

ˈ**abbiegen** (sn) doblar; *nach links ~* girar *od.* torcer a la izquierda.

ˈ**Abbild** *n* imagen *f*; copia *f*; trasunto *m*; ²**en** representar; copiar; retratar; **~ung** *f* grabado *m*; ilustración *f*; lámina *f*; *mit ~en versehen* ilustrar.

ˈ**abbinden** desatar; 🗡 ligar.

ˈ**Abbitte** *f* excusas *f/pl.*; *~ tun* pedir perdón (*j-m* a alg.).

ˈ**abblasen** soplar; *Dampf usw.*: hacer escapar; *fig.* anular, desconvocar.

ˈ**abblätter n** (sn) deshojarse; △ desconcharse.

ˈ**abblend|en** *Phot.* diafragmar; *Kfz.* bajar las luces; ²**licht** *n* luz *f* corta *od.* de cruce.

ˈ**abblitzen**: F *j-n ~ lassen* dar calabazas a alg.; mandar a paseo a alg.

ˈ**abbrausen 1.** *v/t.* (*a.* sich) duchar (-se); **2.** F *v/i.* (sn) embalarse.

ˈ**abbrechen 1.** *v/t.* romper (*a. fig. Beziehungen usw.*); *Gebäude*: derribar, demoler; *Lager, Belagerung, Zelt*: levantar; (*unterbrechen*) interrumpir; **2.** *v/i.* (sn) romperse; (*aufhören*) interrumpirse.

ˈ**abbremsen**: (*scharf*) *~* frenar (en seco).

ˈ**abbrennen 1.** *v/t.* quemar; **2.** *v/i.* quemarse.

ˈ**abbringen** *vom Weg*: apartar; desviar (*a. fig.*); *vom Vorhaben*: disuadir; *sich nicht ~ lassen* seguir en sus trece.

ˈ**abbröckeln** (sn) *Kalk*: desconcharse; *Mauer*: desmoronarse; ✝ *Kurse*: debilitarse.

ˈ**Abbruch** *m* derribo *m*, demolición *f*; *der Beziehungen*: ruptura *f*; (*Unterbrechung*) interrupción *f*; *~ tun* (*dat.*) causar perjuicio a, perjudicar.

ˈ**abbrühen** *Kchk.* escaldar.

ˈ**abbuchen** ✝ cargar en cuenta.

ˈ**abbürsten** *Kleidung*: cepillar; *Staub*: quitar.

ˈ**abbüßen** expiar; *Strafe*: cumplir.

Abc [abeˈtseː] *n uv.* abecé *m*, abecedario *m*, alfabeto *m*; **~-Buch** *n* cartilla *f*, abecedario *m*; **~-Schütze** *m* (alumno *m*) principiante *m*.

abdachen [ˈapdaxən] (25) construir en declive; *sich ~* ir en declive.

abdämmen [ˈl-dɛmən] (25) contener; poner diques a; represar.

ˈ**Abdampf** ⊕ *m* vapor *m* de escape; ²**en** (sn) evaporarse; F *fig.* marcharse.

ˈ**abdank|en** dimitir; abdicar; ²**ung** *f* dimisión *f*; abdicación *f*.

ˈ**abdeck|en** descubrir; destapar; *Dach*: destejar; *Tier*: desollar; (*be-*

Abdecker

decken) cubrir, tapar; **2er** *m* (7) desollador *m*; **2e'rei** *f* desolladero *m*.

'**abdicht|en** (26) tapar; impermeabilizar; ⚓ calafatear; **2ung** *f* impermeabilización *f*; ⚓ calafateado *m*.

'**abdienen**: s-e *Zeit* ~ cumplir el servicio militar.

'**abdrehen** 1. *v/t.* destornillar; *Gas, Wasser*: cerrar; ⚡ apagar; *Film*: (terminar de) rodar; 2. *v/i.* ⚓, ✈ cambiar de rumbo.

'**Abdruck** *m* impresión *f*; reproducción *f*; *e-s Siegels*: impronta *f*; (*Finger2*) huella *f*; **2en** imprimir; reproducir.

'**abd|rücken** *Waffe*: disparar.

abebben ['¹-ʔɛbən] (25) disminuir; calmarse.

Abend ['a:bənt] *m* (3¹) (*früher*) tarde *f*; (*später*) noche *f*; (*Veranstaltung*) velada *f*; *am* ~ por la noche *bzw.* tarde; *heute* **2** esta tarde *bzw.* noche; *gestern* **2** anoche; *zu* ~ *essen* cenar; ....: *in Zssgn oft* de (la) tarde *od.* noche; **~anzug** *m* traje *m* de etiqueta; **~brot**, **~essen** *n* cena *f*; **~dämmerung** *f* crepúsculo *m* (vespertino); anochecer *m*; **2füllend**: ~*er Film* largometraje *m*; **~gesellschaft** *f* velada *f*; *gal.* soirée *f*; sarao *m*; **~kasse** *f* taquilla *f*; **~kleid** *n* traje *m* de noche; **~kurs** *m* curso *m* de noche; clases *f/pl.* nocturnas; **~land** *n* Occidente *m*; **2ländisch** ['¹--lɛndiʃ] occidental; **2lich** vespertino, de la tarde; **~mahl** *n Rel.* comunión *f*; *Bibel*: Cena *f*; *das* ~ *empfangen* comulgar; **~rot**, **~röte** *f* arrebol *m* crepuscular; **2s** ['¹-bənts] por la tarde *bzw.* noche; **~sonne** *f* sol *m* poniente; **~stern** *m* lucero *m* de la tarde; **~veranstaltung** *f* velada *f*; **~zeitung** *f* (periódico *m*) vespertino *m*.

Abenteu|er ['a:bəntɔyər] *n* (7) aventura *f*; **2erlich** aventurero; **~rer(in** *f*) *m* aventurero (-a) *m* (*f*).

aber ['a:bər] 1. *cj.* pero, mas; ~ *sicher!* ¡claro que sí!, ¡desde luego!, *bsd. Am.* ¡cómo no!; 2. ~ *n* pero *m*; *da gibt es kein* ~ no hay pero que valga.

'**Aber|glaube** *m* superstición *f*; **2gläubisch** ['¹--glɔybiʃ] supersticioso.

aberkenn|en ['ap'ʔɛrkɛnən]: *j-m et.* ~ privar a alg. de a/c.; desposeer a alg. de a/c.; **2ung** *f* privación *f*.

aber|malig ['a:bərma:liç] repetido, reiterado; **~mals** ['¹--ma:ls] de nuevo, otra vez.

abernten ['ap'ʔɛrntən]: *die Felder* ~ recoger la cosecha.

'**abfahren** 1. *v/t. Lasten*: acarrear, transportar; *Glied*: cortar; *Strecke*: recorrer; (*abnutzen*) gastar; 2. *v/i.* (sn) salir, partir (*nach* para); ⚓ zarpar (*nach* para); *Schi*: descender.

'**Abfahrt** *f* salida *f*, partida *f* (*nach* para); *Schi*: descenso *m*, bajada *f*; **2bereit** listo para salir; **~slauf** *m Schi*: (carrera *f* de) descenso *m*; **~szeit** *f* hora *f* de salida.

'**Abfall** *m* desechos *m/pl.*, desperdicios *m/pl.*; residuos *m/pl.*; *fig.* defección *f*; *Rel.* apostasía *f*; **~eimer** *m* cubo *m* de la basura; **2en** (sn) caer; *Gelände*: ir en declive, descender; (*übrigbleiben*) sobrar; *von j-m* ~ abandonar a alg.; ~ *gegen* resultar inferior a; *es wird et. für dich* ~ te tocará algo; **2end** *Gelände*: en declive, *steil* ~ escarpado.

'**abfällig** desfavorable; despectivo.

'**Abfallprodukt** *n* producto *m* de desecho; subproducto *m*.

'**abfang|en** *Brief usw.*: interceptar; ✈ apuntalar; ✈ enderezar; **2jäger** ✈ *m* (avión *m*) interceptor *m*.

'**abfärben** desteñir; ~ *auf* (*ac.*) manchar (*ac.*); *fig.* trascender a.

'**abfass|en** redactar; *Akte*: extender; *j-n*: atrapar; **2ung** *f* redacción *f*.

'**abfeilen** limar.

'**abfertig|en** despachar; *Gepäck*: facturar; *fig. j-n kurz* ~ despedir bruscamente a alg.; **2ung** *f* despacho *m*; facturación *f*.

'**abfeuern** disparar.

'**abfind|en** pagar, satisfacer; compensar; indemnizar; *sich mit et.* ~ conformarse con a/c.; **2ung** *f* indemnización *f*.

abflachen ['¹-flaxən] (25) aplanar; allanar.

abflauen ['¹-flauən] (25) *Wind*: amainar; *fig.* aflojar, disminuir.

'**abfliegen** (sn) ✈ despegar; *j.*: partir en avión.

'**abfließen** (sn) salir(se).

'**Abflug** ✈ *m* despegue *m*; *j-s*: salida *f* (en avión).

'**Abfluß** *m* salida *f*; desagüe *m*; **~rohr** *n* tubo *m* de desagüe *bzw.* descarga.

'**abfordern** pedir, exigir.

'**abformen** moldear; *in Gips*: vaciar.

'**abfragen** preguntar; interrogar; *Schüler*: tomar la lección a.

Abfuhr ['¹-fu:r] *f* (16) recogida *f*;

acarreo *m*, transporte *m*; *fig.* desaire *m*, desplante *m*.

'**abführ|en** llevar(se); *Gelder*: pagar; ♣ purgar; *Verbrecher*: llevar detenido; **~end** purgante, laxante; **⚲mittel** *n* laxante *m*, purgante *m*.

'**abfüll|en** envasar; trasegar; *auf Flaschen*: embotellar; **⚲ung** *f* envase *m*; trasiego *m*; embotellado *m*.

'**Abgabe** *f* entrega *f*; (*Steuer*) impuesto *m*; gabela *f*; *Fußball*: pase *m*; **⚲nfrei** exento de impuestos; **⚲npflichtig** sujeto a impuestos.

'**Abgang** *m* salida *f*; *Thea.* mutis *m*; (*Verlust*) merma *f*, pérdida *f*; ✝ venta *f*; ♣ flujo *m*; aborto *m*; **⚲szeugnis** *n* certificado *m* od. diploma *m* de fin de estudios.

'**Abgas** *n* gas *m* de escape.

'**abgeben** entregar; (*abtreten*) ceder (*an ac. a.*); *Gepäck*: consignar; *Schuß*: disparar; *Stimme*: emitir; *Meinung*: dar; *Fußball*: pasar; er würde e-n guten Arzt **~** sería un buen médico; sich **~** mit ocuparse en od. de; (*Umgang haben*) tener trato con.

abge|brannt ['¹gəbrant] abrasado, destruido por el fuego; F *fig.* **~** sin estar sin blanca; **~brüht** ['¹--bry:t] *fig.* corrido, curado de espanto; **~droschen** ['¹--drɔʃən] *fig.* trillado; **~feimt** ['¹--faimt] consumado; taimado, astuto; **~griffen** ['¹--grifən] gastado, usado, manoseado; *fig.* manido; **~hackt** ['¹-hakt] *fig.* entrecortado; **~härtet** ['¹--hɛrtət] endurecido; aguerrido.

'**abgehen** (sn) salir; marcharse; partir; ⚓ zarpar; *Thea.* hacer mutis *m*; (*sich lösen*) despegarse; desprenderse; *Knopf*: caerse; (*fehlen*) faltar; *Ware*: venderse; *fig.* **~ von** desistir de; sich (*dat.*) nichts **~ lassen** no privarse de nada.

abge|kämpft ['¹-gəkɛmpft] agotado, rendido; **~kartet** ['¹--kartət]: **⚲e Sache** golpe *m* tramado; **~klärt** ['¹--klɛ:rt] *fig.* maduro, asentado; **~lagert** ['¹--la:gərt] reposado; **~legen** apartado, aislado.

'**abgelten** pagar; indemnizar.

'**abge|macht** convenido; **¡~!** ¡de acuerdo!; ¡trato hecho!; **~neigt** poco inclinado (*dat. a*); nicht **~** sn zu (*inf.*) no tener inconveniente en.

Abgeordnet|e(r) ['¹gə'ɔrdnətə(r)] *m* diputado *m*; **⚲enhaus** *n* cámara *f* de diputados.

'**abgerissen** desharrapado; *fig.* incoherente.

'**Abgesandte(r)** *m* enviado *m*, delegado *m*.

abgeschieden ['¹-gəʃi:dən] solitario, aislado; **⚲heit** *f* soledad *f*, aislamiento *m*.

abgeschlossen ['¹--ʃlɔsən] *fig.* concluido; *Bildung*: completo; (*zurückgezogen*) aislado, retirado.

abgeschmackt ['¹--makt] insulso, de mal gusto; **⚲heit** *f* insulsez *f*; mal gusto *m*.

abgesehen ['¹--ze:ən]: **~ von** prescindiendo de, abstracción hecha de; davon **~** aparte de eso.

'**abgespannt** cansado, fatigado; **⚲heit** *f* cansancio *m*, fatiga *f*.

abge|standen ['¹--ʃtandən] desabrido; rancio; **~stumpft** ['¹--ʃtumpft] *Kegel*: truncado; *fig.* apático (*gegen* para); indiferente (a); insensible (a); **~tragen** gastado; raído; muy llevado; **~winnen** ganar; *Geschmack* **~** (*dat.*) tomar gusto a; **~wöhnen** desacostumbrar, deshabituar (*j-m et. a alg. de a/c.*); sich (*dat.*) das Rauchen **~** dejar de fumar; **~zehrt** ['¹--tse:rt] maciento, demacrado.

'**abgießen** verter; ⊕ vaciar.

'**Abglanz** *m* reflejo *m* (*a. fig.*).

'**abgleiten** (sn) resbalar; deslizarse.

'**Ab|gott** *m* ídolo *m*; **⚲götterei** ['¹--gœtə-'rai] *f* idolatría *f*; **⚲göttisch** idólatra; **~** verehren od. lieben idolatrar.

'**abgraben** *fig.*: j-m das Wasser **~** minar el terreno a alg.

'**abgrasen** pacer; *fig.* trillar.

'**abgrenz|en** delimitar; deslindar; **⚲ung** *f* delimitación *f*; deslinde *m*.

'**Abgrund** *m* abismo *m* (*a. fig.*), precipicio *m*; **⚲tief** abismal (*a. fig.*).

'**abgucken** F copiar (*von* de); imitar.

'**Abguß** *m* vaciado *m*.

'**abhaben**: et. **~ wollen** reclamar su parte.

'**abhacken** cortar (a hachazos).

'**abhaken** (25) ir señalando; puntear.

'**abhalt|en** retener; (*hindern*) impedir; estorbar; *Sitzung*: celebrar; tener; *Kind*: hacer orinar; **⚲ung** *f* estorbo *m*; impedimento *m*; celebración *f*.

'**abhandeln** *Thema*: tratar; vom Preis **~** regatear el precio.

abhanden [-¹handən]: **~ kommen** perderse, extraviarse.

Abhandlung

'Abhandlung f tratado m; disertación f.
'Abhang m cuesta f, pendiente f; declive m.
'abhäng|en 1. v/t. descolgar (a. fig. Verfolger); desenganchar; fig. dejar atrás; 2. v/i. depender (von de); ~ig dependiente (von de); ⩋igkeit f dependencia f.
ab'härmen: sich ~ consumirse de pena; abgehärmt consumido.
'abhärt|en endurecer; curtir; ⩋ung f endurecimiento m.
'abhaspeln devanar.
'abhauen 1. v/t. cortar; Baum: a. talar; 2. v/i. F (sn) largarse.
'abhäuten desollar.
'abheben 1. v/t. levantar; Karten: cortar; Geld: retirar, sacar; Fernspr. descolgar; fig. sich ~ destacarse (von de); 2. v/i. ✈ despegar.
'abheften archivar.
'abheilen (sn) cicatrizarse.
'abhelfen (dat.) remediar (ac.), poner remedio a; dem ist nicht abzuhelfen no tiene remedio.
'abhetzen: sich ~ ajetrearse.
'Abhilfe f remedio m; ~ schaffen poner remedio (für ac. a).
'abhobeln (a)cepillar.
'abhold (dat.) opuesto a.
'abhol|en (ir a) buscar; recoger; ~ lassen enviar por; ⩋ung f recogida f.
'abholzen (27) talar; desforestar; ⩋ung f tala f; desforestación f.
'abhorchen interceptar; ⚕ auscultar.
'abhör|en escuchar; Schüler: tomar la lección; Telefon usw.: intervenir; interceptar; ⩋gerät n micro-espía m.
'ab-irren (sn): vom Weg ~ extraviarse, descaminarse.
Abi'tur [abi'tuːr] n (3) bachillerato m; ~ient [---'jɛnt] m (12) bachiller m.
'abjagen ['apjaːɡən]: j-m et. ~ arrebatar od. hacer soltar a/c. a alg.
abkanzeln ['-kantsəln] F (29) sermonear.
abkapseln ['-kapsəln] (29): sich ~ encapsularse; fig. aislarse.
abkarten ['-kartən] (26) tramar.
'abkaufen comprar (j-m et. a/c. a alg.); F fig. creer.
Abkehr ['-keːr] f (14, o. pl.) renuncia f (von a); abandono m (de); ⩋en (fegen) barrer; sich ~ apartarse.
'abklappern F recorrer; patear.
'abklären clarificar; ⚗ decantar.
'Abklatsch m Typ. clisé m; fig.

calco m; schwacher ~ pálido retrato m.
'abklingen (sn) Ton: ir extinguiéndose; Schmerz: ir disminuyendo.
'abklopfen golpear; Staub: sacudir; ⚒ percutir.
'abknabbern roer, mordisquear.
'abknallen F matar de un tiro.
'abknicken doblar; romper doblando.
'abknöpfen desabrochar, desabotonar; F j-m Geld ~ hacer aflojar la mosca a alg.
'abknutschen F besuquear.
'abkochen 1. v/t. hervir; 2. v/i. hacer la comida (al aire libre).
'abkommandieren destacar.
Abkomme ['-kɔmə] m (13) descendiente m; ⩋n (sn) vom Thema: apartarse de; vom Weg: perderse, extraviarse; von e-r Absicht: abandonar; Sport: arrancar; ~ können estar libre; ~n n convenio m, arreglo m.
abkömm|lich ['-kœmlɪç]: er ist nicht ~ está ocupado; ⩋ling ['--lɪŋ] m (3) descendiente m.
'abkratzen 1. v/t. raspar, rascar; 2. v/i. F fig. diñarla, palmarla.
'abkriegen F s. abbekommen.
'abkühl|en enfriar; refrigerar; refrescar; fig. sich ~ enfriarse, entibiarse; ⩋ung f enfriamiento m; refrigeración f.
Abkunft ['-kʊnft] f (14, o. pl.) origen m, descendencia f.
'abkuppeln ⚙ desenganchar.
'abkürz|en acortar (a. Weg); Wort: abreviar; ⩋ung f acortamiento m; abreviatura f; (Weg) atajo m.
'abküssen besuquear.
'ablade|n descargar; ⩋n n descarga f; ⩋platz m descargadero m.
'Ablage f (15) depósito m; v. Akten: archivo m.
'ablager|n 1. v/t. depositar; 2. v/i. (h., sn) Wein: reposarse; ⩋ung f depósito m; Geol. sedimento m.
Ablaß ['-las] m (4²) (Abfluß) salida f; desagüe m; Rel. indulgencia f; (Preis⩋) rebaja f.
'ablassen 1. v/t. Wasser: vaciar; Dampf: dejar escapar; vom Preis: rebajar; 2. v/i. desistir (von de); renunciar (a).
'Ablauf m salida f; desagüe m; Frist, Vertrag: expiración f; Wechsel: vencimiento m; (Verlauf) desarrollo m; nach ~ e-s Jahres al cabo de un año;

abpellen

vor ~ (gen.) antes de terminarse (nom.); ౽en 1. v/i. (sn) correr, salir; Sport: arrancar; Uhr: pararse; Zeit: transcurrir; Frist, Vertrag: caducar; expirar; Wechsel: vencer; Handlung: desarrollarse; gut ~ salir bien; schlecht ~ acabar mal; 2. v/t. Schuhe: gastar; Straße usw.: recorrer; F patear; F sich (dat.) die Beine nach et. ~ desvivirse por a/c.
'**Ablaut** Gram. m apofonía f.
'**Ableben** n fallecimiento m, óbito m.
'**ablecken** lamer; chupar(se).
'**ableg|en** deponer, depositar; Kleider: quitarse; Briefe: archivar; Gewohnheit: dejar de; Fehler: corregir; Gelübde: pronunciar; Eid: prestar; Prüfung: hacer, pasar; Zeugnis ~ von dar testimonio de; ౽er ♀ ['-le:gər] m (7) vástago m; mugrón m.
'**ablehn|en** rechazar; rehusar; Einladung: declinar; Gesuch: desestimar; Zeugen: recusar; ~end negativo; ౽ung f negativa f, rechazo m; desestimación f; recusación f.
'**ableisten** a. ✕ cumplir, hacer.
'**ableit|en** desviar (a. Fluß); ⚕, Gram. derivar; Phil. deducir; ౽ung f desvío m; derivación f; deducción f.
'**ablenk|en** apartar, desviar; Aufmerksamkeit: distraer; ౽ung f desvío m; diversión f; distracción f; ౽ungsmanöver n maniobra f de diversión.
'**ablesen** leer (aus, von en); Beeren: (re)coger; Zähler usw.: efectuar la lectura (de); fig. v. den Augen ~ leer en los ojos.
'**ableugnen** negar.
'**abliefer|n** entregar; ౽ung f entrega f.
'**abliegen** weit ~ estar lejos (von de).
'**ablöschen** extinguir; Tinte: secar; v. der Tafel: borrar.
'**ablös|en** desprender; despegar; ✕ relevar; sich ~ turnarse; ౽ung f desprendimiento m; ✕ relevo m.
'**abmach|en** (losmachen) quitar; desprender; (vereinbaren) convenir; acordar; concertar; im Vertrag: estipular; ౽ung f acuerdo m, convenio m.
'**abmager|n** ['-ma:gərn] (29, sn) adelgazar, enflaquecer; ౽ung f adelgazamiento m; enflaquecimiento m; ౽ungskur f cura f de adelgazamiento.
'**abmähen** segar, cortar.
'**abmalen** pintar.
'**Abmarsch** m marcha f, partida f; ౽bereit dispuesto para la marcha od. para salir; ౽ieren (sn) ponerse en marcha.
'**abmeld|en** (sich) ~ dar(se) de baja; ౽ung f baja f.
'**abmess|en** medir; tomar las medidas; fig. ponderar; ౽ung f medición f; ~en pl. dimensiones f/pl., medidas f/pl.
'**abmontieren** desmontar.
'**abmühen**: sich ~ afanarse; ajetrearse; bregar (mit con).
abmurksen F ['-murksən] (27): j-n ~ cargarse a alg.
'**abmustern** ⚓ licenciar.
'**abnagen** roer.
'**Abnäher** m am Kleid: pinza f.
Abnahme ['-na:mə] f (15) ✞ compra f; ⚚ amputación f; (Verminderung) disminución f; merma f; ⊕ recepción f.
abnehm|bar ['-ne:mba:r] desmontable; amovible; de quita y pon; ~en 1. v/t. quitar; Hut: quitarse; Fernspr. descolgar; ⚚ amputar; Ware: comprar; ⊕ comprobar; j-m e-n Eid ~ tomar juramento a alg.; Sport: die Zeit ~ cronometrar; 2. v/i. disminuir; decrecer; Mond: menguar; an Gewicht: perder peso, adelgazar; an Kräften: debilitarse; Tage: acortarse; ~end decreciente; Mond: menguante; ౽er(in f) ['-ne:mər(in)] m comprador(a) m (f).
'**Abneigung** f antipatía f, aversión f (gegen a).
abnorm [-'nɔrm] anormal; ౽ität [--i'tɛ:t] f anomalía f.
'**abnötigen**: Achtung ~ infundir respeto.
'**abnutz|en** (des)gastar; ౽ung f desgaste m.
Abonn|ement [abɔnə'mã] n (11) abono m; suscripción f; ~ent(in f) [--'nɛnt(in)] m abonado (-a) m (f); suscriptor(a) m (f); ౽ieren [--'ni:rən] (h., sn) abonarse; suscribirse (auf ac. a).
abordn|en ['ap'ɔrdnən] delegar, diputar; ౽ung f delegación f, diputación f.
Abort [a'bɔrt] m (3) **a)** retrete m, excusado m; **b)** ⚚ aborto m.
abpacken ['appakən] empaquetar, envasar.
'**abpassen** j-n, Gelegenheit: esperar, espiar.
'**abpellen** pelar.

abpfeifen

'**abpfeifen** *Spiel*: dar la pitada final.
'**abpflücken** (re)coger.
'**abplacken, abplagen:** *sich ~* atarearse; bregar.
'**abplatten** ['-platən] (26) aplanar.
'**abplatzen** saltar, desprenderse.
'**Abprall** *m* (3, *o. pl.*) rebote *m*; 2**en** (sn) rebotar.
'**abputzen** limpiar; *Wand*: revocar.
'**abquälen:** *sich ~* bregar; luchar.
'**abrackern** ['-rakərn] F (29): *sich ~* ajetrearse, bregar.
'**abrahmen** ['-rɑ:mən] desnatar, descremar.
'**abrasieren** afeitar; rapar.
'**abraten:** *j-m* (v.) *et. ~* desaconsejar a/c. a alg.; disuadir a alg. de a/c.
'**abräumen** quitar (*den Tisch* la mesa); despejar; desembarazar.
'**abreagieren:** *sich ~* desahogarse; descargarse.
'**abrechn|en 1.** *v/t.* (*abziehen*) deducir, descontar; **2.** *v/i.* pasar cuentas; *a. fig. mit j-m ~* ajustar las cuentas con alg.; 2**ung** *f* deducción *f*, descuento *m*; (*Konto*2) liquidación *f*; *fig.* ajuste *m* de cuentas.
'**Abrede** *f* acuerdo *m*, convenio *m*; *in~ stellen* negar, desmentir.
'**abregen** F: *sich ~* calmarse.
'**abreib|en** restregar, frotar, refregar; ✱ friccionar; 2**ung** *f* ✱ fricción *f*; *fig.* paliza *f*.
'**Abreise** *f* salida *f*, partida *f*, marcha *f*; 2**n** (sn) salir, partir, marchar (*nach* para).
'**Abreiß|block** ['-raɪsblɔk] *m* taco *m*; 2**en 1.** *v/t.* arrancar; ⚔ derribar, demoler; **2.** *v/i.* (sn) romperse; *fig.* interrumpirse; **~kalender** *m* (calendario *m* de) taco *m*.
'**abrichten** *Tier*: amaestrar, adiestrar; ⊕ ajustar.
'**abriegeln** ['-ri:gəln] (29) echar el cerrojo a; *fig.* bloquear; *durch Polizei*: acordonar.
'**abringen:** *j-m et. ~* arrancar a/c. a alg.
'**Abriß** *m v. Gebäuden*: derribo *m*, demolición *f*; (*Entwurf*) bosquejo *m*; (*Buch*) compendio *m*; (*Übersicht*) resumen *m*.
'**abrollen 1.** *v/t.* desenrollar; **2.** *v/i.* (sn) desenrollarse.
'**abrücken 1.** *v/t.* retirar; **2.** *v/i.* (sn) marcharse; *fig. von j-m ~* retirarse, distanciarse de alg.
'**Abruf** *m* llamamiento *m*; *auf ~ a* demanda; 2**en** llamar; retirar.

'**abrunden** redondear (*a. fig.*).
'**abrupt** ['-rʊpt] abrupto.
'**abrüst|en** desarmar; 2**ung** *f* desarme *m*.
'**abrutschen** (sn) deslizarse, resbalar.
'**absacken** ['-zakən] (25, sn) hundirse; ⚓ irse a pique; ✈ caer en un bache.
'**Absage** ['-zɑ:gə] *f* negativa *f*; 2**n** *Einladung*: rehusar, declinar; *Veranstaltung*: suspender, desconvocar.
'**absägen** (a)serrar; F *fig. j-n*: eliminar; echar.
'**absahnen** ['-zɑ:nən] *s. abrahmen*; F *fig.* hacer su agosto.
'**absatteln** desensillar.
'**Absatz** *m* (*Schuh*) tacón *m*, *Am.* taco *m*; *Typ.* aparte *m*, párrafo *m*; ♥ venta *f*, salida *f*; *~ finden* tener salida, venderse; (*neuer*) *~!* ¡punto y aparte!; 2**fähig** vendible; **~gebiet** *n* mercado *m*, zona *f* de venta.
'**absaugen** ⊕ aspirar; limpiar con el aspirador.
'**abschaben** raspar, raer, rascar.
'**abschaff|en** (25) suprimir; abolir; *Gesetz*: derogar; 2**ung** *f* supresión *f*, abolición *f*; derogación *f*.
'**abschälen** pelar, mondar.
'**abschalten 1.** *v/t.* ⚡ desconectar; *Maschine*: parar; **2.** *v/i.* F *fig.* relajarse.
'**abschätz|en** apreciar, estimar; tasar; *Wert*: (e)valuar; **~ig** despectivo, peyorativo; 2**ung** *f* tasación *f*, (e)valuación *f*.
'**Abschaum** *m* espuma *f*; *fig.* hez *f*, escoria *f*.
'**abscheiden** ⚚ separar; ✱ segregar.
'**Abscheu** *m* (3¹) horror *m* (*vor dat.* de); aversión *f* (*por*); asco *m* (de).
'**abscheuern** fregar; (*abnutzen*) gastar.
'**abscheulich** ['-ʃɔʏlɪç] abominable, horrible; atroz; 2**keit** *f* atrocidad *f*.
'**abschicken** enviar, mandar; expedir, remitir.
'**abschieb|en 1.** *v/t.* apartar; *Ausländer*: expulsar; **2.** F *v/i.* (sn) largarse; 2**ung** *f* expulsión *f*.
'**Abschied** ['-ʃi:t] *m* (3) despedida *f*; ✕ retiro *m*; *~ nehmen* despedirse (*von* de); *s-n ~ nehmen* retirarse (*a.* ✕); *~s... in Zssgn oft*: de despedida; **~sgesuch** *n*: *sein ~ einreichen* presentar su dimisión.
'**abschießen** disparar; *Rakete, Pfeil*: lanzar; *Flugzeug, Panzer*: derribar.

absetzen

'**abschinden** s. abrackern.
'**Abschirm|dienst** ⚔ m servicio m de contraespionaje; ℒen proteger; ✧ blindar.
'**abschlachten** matar.
'**Abschlag** m descuento m, rebaja f; auf ~ a plazos; ℒen cortar; Angriff: rechazar; Bitte: rehusar, (de)negar.
abschlägig ['-ʃlɛːgɪç]; ~e Antwort negativa f.
'**Abschlagszahlung** f pago m a cuenta bzw. a plazos.
'**abschleifen** pulir; rebajar; sich ~ desgastarse; fig. desbastarse.
'**Abschlepp|dienst** m servicio m de remolque od. de grúa; ℒen remolcar; sich ~ mit ir cargado de; **~wagen** m grúa f.
'**abschließen 1.** v/t. (beenden) concluir, acabar, terminar; Tür: cerrar con llave; ✝ Konto: saldar; Bücher: cerrar; Vertrag: concluir; **2.** v/i. terminarse; ✝ saldarse; sich ~ aislarse; **~d** definitivo; final; adv. en conclusión.
'**Abschluß** m fin m; ✝ transacción f; Rechnung: cierre m; Vertrag: conclusión f; zum ~ bringen llevar a término; **~prüfung** f examen m final.
'**abschmecken** degustar, probar.
'**abschmieren** Kfz. engrasar, lubri(fi)car.
'**abschminken**: (sich) ~ desmaquillar(se).
'**abschnallen** desabrochar; Degen: desceñir.
'**abschneiden** cortar (a. fig.); gut ~ salir bien od. airoso, lucirse.
'**Abschnitt** m sección f; ⚔ segmento m; ⚔ sector m; Typ. párrafo m; pasaje m; ✝ cupón m; (Kontroll℠) talón m; (Strecke) tramo m; (Zeit) período m.
'**abschnüren** estrangular; 🎀 ligar.
'**abschöpfen** quitar; den Schaum ~ von espumar.
abschrägen ['-ʃrɛːgən] (25) achaflanar.
'**abschrauben** destornillar.
'**abschreck|en** intimidar, escarmentar; Pol. disuadir; Kchk. pasar por agua fría; sich ~ lassen durch arredrarse ante; **~end** espantoso; Strafe: ejemplar; **~es Beispiel** escarmiento m; ℒung Pol. f disuasión f.
'**abschreib|en** copiar (von de); betrügerisch: plagiar; ✝ amortizar; (absa-gen) disculparse por escrito; fig. et. od. j-n ~ ya no contar con a/c. od. alg.; ℒung ✝ f amortización f.
'**abschreiten** medir a pasos; die Front ~ pasar revista a las tropas.
'**Abschrift** f copia f; (Doppel) duplicado m, doble m; ℒlich adv. en copia.
'**abschuften**: sich ~ s. abrackern.
'**abschuppen**: (sich) ~ descamar(se).
'**abschürf|en** Haut: (a. sich ~) excoriar(se); ℒung f excoriación f.
'**Abschuß** m descarga f, disparo m; ⚔ derribo m; Rakete: lanzamiento m; **~basis** f base f de lanzamiento.
abschüssig ['-ʃʏsɪç] en declive; escarpado.
'**Abschußrampe** f rampa f od. plataforma f de lanzamiento.
'**abschütteln** sacudir.
'**abschwäch|en** debilitar; Stoß, Schall: amortiguar; fig. atenuar, suavizar; ℒung f debilitación f; amortiguamiento m; atenuación f.
'**abschweif|en** (sn) apartarse (von de); divagar; F andarse por las ramas; ℒung f digresión f, divagación f.
'**abschwellen** deshincharse; fig. decrecer, disminuir.
'**abschwenken** v/i. (sn): ~ nach torcer a; ⚔ hacer una conversión a.
'**abschwören** abjurar.
abseh|bar ['-zeːbaːr] previsible; nicht ~ imprevisible; in ~er Zeit dentro de poco, en breve; **~en** prever, ver; (bei) j-m et. ~ copiar a alg.; es ist kein Ende abzusehen no se ve el fin; es abgesehen haben auf poner la vista en; von et. ~ prescindir de a/c.
abseifen ['-zaɪfən] (25) lavar con jabón.
abseilen ['-zaɪlən] (25) descolgar.
abseits ['-zaɪts] aparte; apartado; Sport: fuera de juego; fig. ins ℒ drängen marginar, arrinconar.
'**absend|en** mandar, enviar; remitir; ℒer m remitente m; expedidor m; ✡ an ~ zurück devuelto al remitente; ℒung f envío m; despacho m.
'**absengen** chamuscar, sollamar.
absetz|bar ['-zɛtsbaːr] amovible; ✝ Ware: vendible; von der Steuer: deducible; leicht ~ de fácil salida; **~en 1.** v/t. poner en el suelo; depositar; j-n: dejar (in, bei en); Hut: quitarse; Beamten: destituir; separar od. remover del cargo; Herrscher: destronar; ✝ Waren: dar salida a, colocar; Betrag: deducir; Typ. componer;

Absetzung

Säugling: destetar; *vom Spielplan usw.*: retirar; **2.** *v/i.* interrumpirse; detenerse; **3.** *v/refl.* sich ~ ⚓ depositarse; ⚙ung *f* destitución *f*; separación *f* (del cargo).

'**absichern** asegurar; proteger.

'**Absicht** *f* intención *f*, propósito *m*; ⚙**lich** intencionado; *adv.* adrede, de propósito.

'**absinken** (sn) bajar, disminuir.

Absinth [-'zɪnt] *m* (3) ajenjo *m*.

'**absitzen**: e-e *Strafe* ~ cumplir (una) condena.

absolut [-zo'luːt] absoluto; ~ *nicht* (no) ... en absoluto; ~ *nichts* absolutamente nada, nada de nada; ⚙**ion** [--luˈtsjoːn] *f* absolución *f*.

absolvieren [-zɔl'viːrən] terminar, acabar; *Studien*: cursar.

absonder|lich [-'zɔndərlɪç] raro, extraño; ⚙**n** separar, apartar; aislar; *Physiol.* segregar, secretar; *Gefangene*: incomunicar; ⚙**ung** *f* separación *f*; ⚕ secreción *f*.

absor|bieren [-zɔr'biːrən] absorber; ⚙**ption** [--p'tsjoːn] *f* absorción *f*.

'**abspalten** desprender, separar; ⚕ disociar.

'**abspann|en** aflojar; *Pferd*: desenganchar; ⚙**ung** *f* fig. cansancio *m*.

'**absparen**: sich et. *vom Munde* ~ quitarse a/c. de la boca.

'**abspeisen**: *mit leeren Worten* ~ despachar con buenas palabras.

abspenstig [-'ʃpɛnstɪç]: ~ *machen* quitar; sonsacar.

'**absperr|en** cerrar (con llave); *Wasser*, *Gas*, ⚡: cortar; *Straße*: cerrar; *durch Polizei*: acordonar; ⚙**ung** *f* cierre *m*; corte *m*; cordón *m* (de policía), acordonamiento *m*.

'**abspielen** ♪ tocar; *Ball*: pasar; *abgespielt Platte usw.* gastado; *sich* ~ suceder, ocurrir.

'**absplittern** (sn) desprenderse.

'**Absprache** *f* acuerdo *m*, convenio *m*.

'**absprechen** *Recht, Verdienst usw.*: negar; *(verabreden)* concertar; apalabrar.

'**abspringen** (sn) saltar; *Knopf usw.*: desprenderse; *fig.* retirarse; *mit dem Fallschirm* ~ lanzarse en paracaídas.

'**Absprung** *m* salto *m*.

'**abspulen** devanar.

'**abspülen** lavar; enjuagar.

'**abstamm|en** descender (*von* de); ⚙**ung** *f* descendencia *f*; origen *m*; ⚙**ungslehre** *f* teoría *f* de la evolución.

'**Abstand** *m a. fig.* distancia *f* (*halten* guardar); intervalo *m*; ~ *nehmen von* prescindir de, desistir de; *fig. mit* ~ con mucho; ~**summe** *f* traspaso *m*; indemnización *f*.

abstatten [-'ʃtatən] *Besuch*: hacer; *s-n Dank* ~ für das gracias por.

'**abstauben** quitar el polvo; desempolvar; F *fig.* birlar.

'**abstech|en 1.** *v/t.* cortar; *Hochofen*: sangrar; *Schwein*: matar; **2.** *v/i.*: ~ *von* contrastar con; ⚙**er** *m* (7): e-n ~ *machen nach* hacer una escapada a.

'**abstecken** jalonar; trazar.

'**abstehen** distar (*von* de); *fig.* desistir (de), renunciar (a); ~**d** *Ohr*: separado.

'**absteifen** △ apuntalar; reforzar.

'**absteige|n** (sn) bajar, descender; *v. Pferd, Fahrzeug*: apearse; *im Hotel*: hospedarse, alojarse; ⚙**quartier** *n* apeadero *m*; ⚙**r** *m Sport*: equipo *m* descendiente.

'**abstell|en** dejar, poner, depositar; *Radio, TV*: apagar; *Maschine*: parar; *Wasser, Gas*: cerrar; cortar; *Mißstand*: suprimir; subsanar; ⚙**gleis** *n* apartadero *m*; ⚙**raum** *m* trastero *m*.

'**abstempeln** timbrar; estampillar; *Marken*: matasellar, inutilizar; *fig.* ~ *als* tildar de.

'**absterben** (sn) morir; ⚕ necrosarse; *Glied*: entumecerse; ♃ secarse.

Abstieg [-'ʃtiːk] *m* (3) bajada *f*; descenso *m* (*a. Sport*); *fig.* decadencia *f*.

'**abstimm|en 1.** *v/t.* ♪, *fig.* afinar, acordar; *Radio*: sintonizar; (*aufeinander*) armonizar; **2.** *v/i.* ~ *über* (*ac.*) votar (*ac.*); ⚙**knopf** *m* botón *m* sintonizador; ⚙**ung** *f* votación *f*; *Radio*: sintonización *f*; *fig.* armonización *f*.

abstinen|t [-sti'nɛnt] abstemio; ⚙**z** [--'nɛnts] *f* (16, *o. pl.*) abstinencia *f*; ⚙**zler(in** *f*) [--'-lər(in)] *m* (7) abstemio (-a) *m* (*f*).

'**abstoppen** parar; *Sport*: cronometrar.

'**Abstoß** *m Sport*: saque *m* de puerta; ⚙**en** repeler; *fig. a.* repugnar; *Ware*: deshacerse de; *Porzellan*: desportillar; ⚙**end** repulsivo, repugnante.

'**abstottern** F pagar a plazos.

abstra|hieren [-stra'hiːrən] abstraer; ~**kt** [-'strakt] abstracto.

'**abstreifen** quitar; *Kleider*: quitarse; *Schuhe*: restregar; *fig.* dejar.

'**abstreiten** desmentir; negar.

abwerten

'**Abstrich** *m* ✵ frotis *m*; (*Abzug*) deducción *f*, reducción *f*.
abstuf|en ['-ʃtuːfən] (25) graduar; matizar; ℒ**ung** *f* graduación *f*; matización *f*.
abstumpf|en ['-ʃtumpfən] (25) embotar; *fig. a.* insensibilizar; ℒ**ung** *f* embotamiento *m* (*a. fig.*); insensibilización *f*.
'**Absturz** *m* caída *f*.
'**abstürzen** caer(se); ✕ *a.* estrellarse; *im Gebirge*: despeñarse.
'**abstützen** apuntalar, apoyar.
'**absuchen** registrar; *Gelände*: batir.
Absud ['-zuːt] *m* (3) decocción *f*.
absurd [-'zurt] absurdo; ℒ**ität** [--di'tɛːt] *f* absurdo *m*, absurdidad *f*.
Abszeß [apsˈtsɛs] *m* (4) absceso *m*.
Abt [apt] *m* (3³) abad *m*.
'**abtakeln** ⚓ desaparejar.
'**abtasten** palpar; ⚡ explorar.
'**abtauen** descongelar.
Abtei [-'taɪ] *f* abadía *f*.
Abteil 🚃 [-'taɪl] *n* compartim(i)ento *m*; '²**en** separar; dividir; ℒ**ung** *f* **a**) separación *f*; división *f*; **b**) [-'taɪlʊŋ] sección *f*; departamento *m*; ✕ destacamento *m*; ℒ**ungsleiter** *m* jefe *m* de sección.
'**abtippen** F pasar a máquina.
Äbtissin [ɛp'tɪsin] *f* (16¹) abadesa *f*.
'**abtöten** matar; *Rel.* mortificar.
'**abtragen** *Speisen*: quitar; *Gebäude*: demoler, derribar; *Terrain*: nivelar, aplanar; *Schulden*: liquidar; *Kleidung*: gastar.
'**abträglich** ['-trɛːklɪç] perjudicial.
'**Abtransport** *m* acarreo *m*; transporte *m*; ℒ**ieren** transportar; evacuar.
'**abtreib|en 1.** *v/t.* arrastrar; ✵ abortar; **2.** *v/i.* (sn) ⚓, ✕ desviarse, ir a la deriva; ℒ**ung** ✵ *f* aborto *m* (provocado).
'**abtrenn|en** separar; *Genähtes*: descoser; ℒ**ung** *f* separación *f*.
abtret|bar ['-treːtbaːr] cesible; ∼**en 1.** *v/t.* ceder; *Schuhsohlen*: gastar; *Füße*: limpiarse; **2.** *v/i.* (sn) retirarse; salir; *Thea.* hacer mutis; ℒ**er** *m* (7) felpudo *m*; ℒ**ung** *f* cesión *f*.
'**Abtrift** ⚓, ✈ *f* (14, *o. pl.*) deriva *f*.
'**Abtritt** *m* (3) salida *f*; *Thea.* mutis *m*; (*Abort*) retrete *m*.
'**abtrocknen 1.** *v/t.* enjugar, secar; **2.** *v/i.* (sn) secarse.
'**abtropfen** (sn) escurrir(se).
'**abtrudeln** ✈ (sn) entrar en barrena.

abtrünnig ['-trynɪç], ℒ**e(r)** ['---gə(r)] *m* renegado *m*; *Pol.* disidente (*m*); *Rel.* apóstata (*m*); ∼ **werden** renegar, apostatar (*von* de).
'**abtun** *fig.* rechazar; descartar.
'**abtupfen** tamponar.
'**ab-urteilen** juzgar.
'**abverlangen** exigir, reclamar.
'**abwägen** pesar; ponderar; *Worte*: medir.
'**abwälzen** *fig.* cargar (*auf* sobre); *Schuld usw.*: librarse de.
'**abwandeln** modificar.
'**abwander|n** emigrar; ℒ**ung** *f* emigración *f*; *v. Kapital*: evasión *f*, fuga *f*.
'**abwarten** esperar, aguardar; *F* ∼ *u. Tee trinken!* ¡paciencia y barajar!; *sich* ∼**d verhalten** mantenerse a la expectativa.
abwärts ['-vɛrts] (hacia *od.* cuesta) abajo; bajando.
'**abwasch|bar** lavable; ∼**en** lavar; *Geschirr*: fregar.
'**Abwasser** *n* (7¹) (*mst pl.*) aguas *f*/*pl.* residuales.
'**abwechs|eln** variar; cambiar; *regelmäßig*: alternar; *sich* ∼ turnarse, alternarse; ∼**elnd** variado; alternativo, alterno; *adv.* por turno; ℒ**ung** *f* variedad *f*; cambio *m*; alternación *f*; *zur* ∼ para variar *od.* cambiar; ∼**ungsreich** variado.
'**Abweg** *m fig.*: *auf* ∼**e führen** (*geraten*) descaminar(se); ℒ**ig** ['---gɪç] fuera de lugar; descacertado; descabellado.
'**Abwehr** *f* defensa *f* (*a. Sport*); resistencia *f*; ✕ contraespionaje *m*; ∼**...: in** *Zssgn* defensivo; ℒ**en** rechazar; *Schlag*: parar; ∼**stoff** ✵ *m* anticuerpo *m*.
'**abweich|en** (sn) apartarse, desviarse; (*anders sein*) diferir; ∼**end** diferente; discrepante; ℒ**ung** *f* desvío *m*; desviación *f*; divergencia *f*; discrepancia *f*.
'**abweiden** pacer, pastar.
'**abweis|en** rechazar (*a.* ✕); *j-n*: no recibir; *Bitte*: denegar; *Gesuch*: desestimar; ∼**end** negativo; reservado; ℒ**ung** *f* rechazo *m*; denegación *f*.
'**abwend|en** apartar; *fig.* evitar, prevenir; ℒ**ung** *f* evitación *f*, prevención *f*.
'**abwerfen** *Bomben*: arrojar, lanzar; *Reiter*: derribar; *Gewinn*: producir, arrojar; *Zinsen*: devengar.
'**abwert|en** devaluar, desvalorizar (*a.*

Abwertung 570

Währung); **⁀ung** f devaluación f, desvalorización f.
abwesen|d ['-veːzənt] ausente; **⁀heit** f ausencia f; F *fig. durch ~ glänzen* brillar por su ausencia.
'abwick|eln *Garn:* devanar; *fig.* llevar a cabo; realizar; liquidar; *fig. sich ~ desarrollarse;* **⁀lung** f desarrollo m; liquidación f.
'abwiegen pesar.
'abwimmeln F deshacerse de.
'abwinken negar por señas.
'abwirtschaften arruinar.
'abwischen limpiar; *Nasses:* enjugar, secar.
abwracken ⚓ ['-vrakən] (25) desguazar.
'Abwurf m lanzamiento m.
'abwürgen estrangular (*a. Motor*).
'abzahlen pagar a plazos; *Schuld:* saldar, liquidar.
'abzählen contar; ⚔ *~!* ¡numerarse!
'Abzahlung f pago m a plazos; *auf ~ a plazos.*
'abzapfen sacar; *Blut:* extraer.
'abzäunen ['-tsɔʏnən] vallar; cercar.
'Abzeichen n insignia f; distintivo m; emblema m.
'abzeichnen copiar, dibujar; *Schriftstück:* rubricar; *fig. sich ~* perfilarse; vislumbrarse; *sich ~ gegen* contrastar con; destacarse de.
Abzieh|bild ['-tsiːbɪlt] n calcomanía f; **⁀en 1.** v/t. quitar (*das Bett las sábanas*); *Typ.* tirar; (*vervielfältigen*) sacar copias, multicopiar; ✍ restar, sustraer; ✝ deducir; *vom Lohn:* retener; *das Fell ~* desollar; **2.** v/i. (sn) irse, marcharse; F largarse; *Rauch:* salir.
'abzielen: *~ auf* (*ac.*) tender a; *mit Worten:* aludir a, referirse a.
abzirkeln ['-tsɪrkəln] (29) medir con compás.
'Abzug m salida f, marcha f; ⚔ retirada f; *Phot.* copia f; *Typ.* prueba f; *am Gewehr:* gatillo m; ✝ deducción f; v. *Preis:* descuento m; v. *Lohn:* retención f; *in ~ bringen* deducir.
abzüglich ['-tsyːklɪç] menos, deduciendo.
'abzugsfähig deducible.
abzweig|en ['-tsvaɪɡən] (25) **1.** v/t. separar; ⚡ derivar; **2.** v/i. (sn) *Weg:* ramificarse; bifurcarse; **⁀ung** f bifurcación f.
ach! [ax] ¡ah!; *~ so!* ¡(ah,) ya!; *~ was!*

¡qué va!; *mit ⁀ und Krach* a trancas y barrancas.
Achat [a'xaːt] m (3) ágata f.
Achilles|ferse [a'xɪlɛsfɛrzə] *fig.* f talón m de Aquiles; **⁀sehne** *Anat.* f tendón m de Aquiles.
Achse ['aksə] f (15) eje m; (*Welle*) árbol m.
Achsel ['-səl] f (15) hombro m; j-n *über die ~ ansehen* mirar a alg. por encima del hombro; *mit den ~ zucken* encogerse de hombros; **⁀höhle** f sobaco m, axila f; **⁀zucken** n encogimiento m de hombros.
acht [axt] **1.** ocho; *in ~ Tagen* dentro de ocho días; **2.** ⚥ f (16) ocho m.
Acht [axt] f (16) **a)** (*Bann*) proscripción f; *in die ~ erklären* proscribir; **b)** (*Obacht*): *sich in ⚥ nehmen* tener cuidado; *et. außer ⚥ lassen* descuidar a/c.
'achtbar respetable, honorable; **⁀keit** f respetabilidad f, honorabilidad f.
'achte(r) octavo; *am* (*od. den*) *~n März* el ocho de marzo.
'Acht-eck n (3) octágono m; **⁀ig** octagonal.
Achtel ['axtəl] n (7) octavo m; **⁀finale** n *Sport:* octavos m/pl. de final; **⁀note** ♪ f corchea f.
achten ['-tən] (26) **1.** v/t. estimar, apreciar; respetar; *Gebot:* acatar; **2.** v/i. *~ auf* (*ac.*) fijarse en.
ächten ['ɛçtən] (26) proscribir; *fig.* boicotear.
achtens ['axtəns] en octavo lugar.
Achter ['-tər] ⚓ m (7) bote m de a ocho; **⁀bahn** f montaña f rusa; **⁀deck** n cubierta f de popa.
acht|fach ['axtfax] óctuplo; **⁀geben** tener cuidado; *~ auf* (*ac.*) cuidar de; **⁀hundert** ochocientos; **⁀los** descuidado; **⁀losigkeit** f descuido m; **⁀sam** atento, cuidadoso; **⁀samkeit** f atención f, cuidado m; **⁀stündentag** m jornada f de ocho horas; **⁀tägig** ['-tɛːɡɪç] de ocho días; **⁀tausend** ocho mil.
Achtung ['axtʊŋ] f estima(ción) f; *~ vor* (*dat.*) respeto m a; *j-m ~ erweisen* respetar a alg.; *sich* (*dat.*) *~ verschaffen* hacerse respetar, imponerse; *~!* ¡cuidado!, F ¡ojo!; *a.* ⚔ ¡atención!; *alle ~!* F ¡chapó!
Ächtung ['ɛçtʊŋ] f proscripción f.
achtung|gebietend ['axtʊŋɡəbiːtənt] imponente; respetable; **⁀s-erfolg**

ähneln

m éxito m de estima; ⁓svoll respetuoso.

acht|zehn ['axtse:n] dieciocho; ⁓**zehnte(r)** décimooctavo.

achtzig ['-siç] ochenta; *in den* ⁓*er Jahren* en los años ochenta; ⁓**er** ['--gər] m ['--liç], ⁓**iger(r)** ['--çiːgər)] octogenario (m); ⁓**ste(r)** octogésimo.

ächzen ['ɛçtsən] **1.** (27) gemir; **2.** ⁓ n gemido m.

Acker ['akər] m (7¹) campo m; ⁓**bau** m (3, *o. pl.*) agricultura f; ⁓**bautreibend** agrícola; ⁓**boden** m tierra f de labor m. laborable *od.* de cultivo; ⁓**gerät** n aperos m/pl. de labranza; ⁓**land** n s. ⁓**boden**; ⁓**n** (29) labrar; F *fig.* afanarse; trabajar duramente; ⁓**n** n labranza f.

ad acta [at ˈakta] *fig.*: ⁓ *legen* dar carpetazo a.

Adams|apfel [ˈɑːdams'apfəl] m nuez f (de Adán); ⁓**kostüm** F n: *im* ⁓ en pelotas.

addier|en [aˈdiːrən] sumar, adicionar; ⁓**maschine** f (máquina f) sumadora f.

Addition [aditˈsjoːn] f suma f, adición f.

Adel [ˈɑːdəl] m (7, *o. pl.*) nobleza f (*a. fig.*); ⁓**ig** [ˈ--liç], ⁓**ige(r)** [ˈ--ligə(r)] *su.* noble (*su.*); ⁓**n** (29) ennoblecer (*a. fig.*); ⁓**sstand** m nobleza f; *in den* ⁓ *erheben* ennoblecer; ⁓**s-titel** m título m nobiliario; ⁓**ung** f ennoblecimiento m.

Ader [ˈɑːdər] f (15) vena f (*a. fig.*); arteria f; ⚒ filón m, vena f; *im Holz, Marmor*: veta f; *zur* ⁓ *lassen* sangrar; ⁓**haut** *Anat.* f coroides f; ⁓**laß** ⚕ [ˈ--las] m (4²) sangría f (*a. fig.*).

Adjektiv [ˈatjektiːf] n (3¹) adjetivo m; ⁓**isch** [ˈ--viʃ] adjetivo, adjetival.

Adjutant [-juˈtant] m (12) ayudante m.

Adler [ˈɑːdlər] m (7) águila f; ⁓**horst** m nido m de águilas; ⁓**nase** f nariz f aguileña.

adlig [ˈɑːdliç] *s. adelig.*

Admiral [atmiˈrɑːl] m (3¹) almirante m; ⁓**ität** [--raliˈtɛːt] f almirantazgo m; ⁓**sschiff** n buque m insignia; ⁓**stab** m Estado m Mayor de la Armada.

adopt|ieren [adɔpˈtiːrən] adoptar; ⁓**ion** [--ˈtsjoːn] f adopción f.

Adoptiv... [--ˈtiːf-]: *in Zssgn* adoptivo.

Adressat(in f) [adrɛˈsɑːt(in)] m (12) destinatario (-a) m (f).

Adreßbuch [aˈdrɛsbuːx] n anuario m (mercantil), *Am.* directorio m.

Adress|e [aˈdrɛsə] f (15) dirección f, señas f/pl.; *per* ⁓ ... al cuidado de, en casa de; ⁓**ieren** dirigir (*an ac.* a); poner las señas; ⁓**iermaschine** f máquina f para imprimir direcciones.

adrett [aˈdrɛt] pulcro; aseado.

Advent [atˈvɛnt] m (3), ⁓**szeit** f Adviento m.

Adverb [-ˈvɛrp] n (8²) adverbio m.

Affäre [aˈfɛːrə] f (15) asunto m; (*Liebes*⁓) lío m; *sich aus der* ⁓ *ziehen* salir del apuro.

Affe [ˈafə] m (13) mono m; ⚔ mochila f; (*Rausch*) mona f; F (*eitler* ⁓) petimetre m.

Affekt [aˈfɛkt] m (3) emoción f; pasión f; ⁓**handlung** f acto m pasional; ⁓**hitze** F f calor m sofocante; ⁓**schande** F f vergüenza f; ⁓**theater** F n farsa f ridícula.

affig F [ˈafiç] afectado, amanerado.

Afrika|ner(in f) m (7), ⁓**nisch** [afriˈkɑːnər(in)] africano (-a) m (f).

After [ˈaftər] m ano m.

Agave ♀ [aˈɡɑːvə] f (15) agave m/f, pita f.

Agent(in f) [aˈɡɛnt(in)] m (12) agente *su.*; representante *su.*; ⁓**ur** [--ˈtuːr] f (16) agencia f.

Aggregat [aɡreˈɡɑːt] n (3) grupo m; ⁓**zustand** m estado m de agregación.

aggressiv [--ˈsiːf] agresivo; ⁓**ität** [--siviˈtɛːt] f agresividad f.

agil [aˈɡiːl] ágil.

Agio [ˈɑːʒo:] n (11) agio m.

Agitat|ion [aɡitaˈtsjoːn] f agitación f; ⁓**or** [--ˈtɑːtɔr] m (8¹), ⁓**orisch** [--taˈtoːriʃ] agitador (m).

Agrar... [aˈɡrɑːr]: *in Zssgn mst* agrícola; agrario; ⁓**reform** f reforma f agraria; ⁓**staat** m Estado m agrícola.

Ägypt|er(in f) m [ɛˈɡyptər(in)] (7), ⁓**isch** egipcio (-a) m (f).

Ahle [ˈɑːlə] f (15) lezna f.

Ahn [ˈɑːn] m (5 *u.* 12) abuelo m; ⁓**en** *pl.* antepasados m/pl., mayores m/pl.

ahnden [ˈ-dən] (26) castigar, sancionar; (*rächen*) vengar.

ähneln [ˈɛːnəln] (26) parecerse a, (a)semejarse a.

ahnen ['aːnən] (25) vislumbrar, sospechar; (*Vorgefühl haben*) presentir, barruntar; *du ahnst nicht ...* no tienes idea ...; ²**forschung** *f* genealogía *f*; ~**tafel** *f* cuadro *m* genealógico.

ähnlich ['ɛːnlɪç] parecido, semejante; *j-m ~ sehen* parecerse a alg.; *iron. das sieht ihm ~!* es una de las suyas; ²**keit** *f* parecido *m*, semejanza *f*, similitud *f*.

Ahnung ['aːnuŋ] *f* presentimiento *m*; corazonada *f*; (*Vorstellung*) idea *f*; *F keine ~!* ¡no tengo idea!; ²**slos** desprevenido; sin sospechar nada.

Ahorn ♀ ['aːhɔrn] *m* (3) arce *m*.

Ähre ['ɛːrə] *f* (15) espiga *f*; ~*n lesen* espigar; ~**nlese** *f* espigueo *m*.

Airbus ['ɛːrbʊs] *m* aerobús *m*.

Akadem|ie [akade'miː] *f* (15) academia *f*; ~**iemitglied** *n* académico *m*; ~**iker** [--'deːmɪkər] *m* (7) universitario *m*; hombre *m* de carrera; ²**isch** [--'miːʃ] académico; universitario.

Akazie [a'kaːtsjə] *f* (15) acacia *f*.

akklimatisier|en [aklimati'ziːrən] *a. fig.* aclimatar; ²**ung** *f* aclimatación *f*.

Akkord [a'kɔrt] *m* (3) ♪ acorde *m*; *im ~ arbeiten* trabajar a destajo; ~**arbeit** *f* trabajo *m* a destajo; ~**arbeiter** *m* destajero *m*.

Akkordeon [-'-deɔn] *n* (11) acordeón *m*.

Akkordlohn [-'-loːn] *m* salario *m* a destajo.

akkredit|ieren [akredi'tiːrən] acreditar; ²**iv** [---'tiːf] *n* (3¹) carta *f* de crédito.

Akku F ['aku] *m* (11), ~**mulator** [--mu'laːtɔr] *m* (8¹) acumulador *m*.

akkurat [--'raːt] cuidadoso; escrupuloso.

Akkusativ ['--zatiːf] *m* (3¹) acusativo *m*; ~**objekt** *n* complemento *m* directo.

Akne ['aknə] *f* (15) acné *m*.

Akontozahlung [a'kɔntotsaːluŋ] *f* pago *m* a cuenta.

Akribie [akri'biː] *f* (15, *o. pl.*) rigor *m* científico.

Akrobat|(in *f*) *m* [akro'baːt(ɪn)] (12) acróbata *su.*; ~**ik** *f* acrobacia *f*; ²**isch** acrobático.

Akt [akt] *m* (3) acto *m* (*a. Thea.*); *Mal.* desnudo *m*; ~**e** *f* (15) expediente *m*, documento *m*; acta *f*; ꜝ½ *pl.* autos *m*/*pl.*; *zu den ~n legen* archivar (*a. fig.*).

'Akten|-auszug ꜝ½ *m* apuntamiento *m*; ~**deckel** *m* carpeta *f*; ~**koffer** *m* portafolios *m*; ²**kundig:** *~ sn* constar en los autos; ~**mappe**, ~**tasche** *f* cartera *f*; ~**schrank** *m* archivador *m*; clasificador *m*; ~**zeichen** *n* referencia *f*.

Aktie [ˈaktsjə] *f* (15) acción *f*; ~**ngesellschaft** *f* sociedad *f* anónima; ~**nkapital** *n* capital *m* social; ~**nmarkt** *m* mercado *m* de acciones.

Aktion [ak'tsjoːn] *f* acción *f*; ⚔ operación *f*; ~**är(in** *f*) [-joˈnɛːr(ɪn)] *m* (3¹) accionista *su.*; ~**sradius** *m* radio *m* de acción.

aktiv [ak'tiːf] activo.

Aktiv ['aktiːf] *Gram. n* (3¹) voz *f* activa; ~**a** [-ˈ-va] † *pl.* (*uv.*) activo *m*; ²**ieren** [-ti'viːrən] activar; ~**ität** [--viˈtɛːt] *f* actividad *f*; ~**saldo** *m* saldo *m* activo.

Akt|photo *n*, ~**studie** *f* desnudo *m*.

aktu|alisieren [aktuali'ziːrən] actualizar; ²**alität** [--liˈtɛːt] *f* actualidad *f*; ~**ell** [--ˈɛl] actual, de actualidad.

Akupunktur [aːkupʊŋk'tuːr] *f* (16) acupuntura *f*.

Akusti|k [aˈkʊstɪk] *f* (16, *o. pl.*) acústica *f*; ²**sch** acústico.

akut [aˈkuːt] agudo (*a.* ♂).

Akzent [ak'tsɛnt] *m* (3) acento *m*; ²**uieren** [--tuˈiːrən] acentuar (*a. fig.*).

Akzept † [-ˈtsɛpt] *n* (3) aceptación *f*; letra *f* aceptada; ²**abel** [--ˈtaːbəl] aceptable; ~**ant** [--ˈtant] † *m* (12) aceptante *m*; ²**ieren** [--ˈtiːrən] aceptar.

Alabaster [ala'bastər] *m* (7) alabastro *m*.

Alarm [a'larm] *m* (3¹) alarma *f*; alerta *f*; *blinder ~* falsa alarma *f*; *a. fig. ~ schlagen* dar la (voz de) alarma; ~**anlage** *f* sistema *m* od. dispositivo *m* de alarma; ²**bereit,** *in ~bereitschaft* en estado de alerta; ²**ieren** alarmar (*a. fig.*); ²**ierend** alarmante; ~**sirene** *f* sirena *f* de alarma; ~**zustand** *m* estado *m* de alarma *od.* alerta.

Alaun [a'laun] *m* (3¹) alumbre *m*.

albern [ˈalbərn] necio, tonto, estúpido; *Am.* zonzo; ²**heit** *f* necedad *f*, tontería *f*, estupidez *f*; *Am.* pavada *f*.

Albino [-'biːno] *m* (11) albino *m*.

Album [ˈ-bʊm] *n* (9 *u.* 11) álbum *m*.

Alchim|ie [-çiˈmiː] *f* (15) alquimia *f*; ~**ist** [--ˈmɪst] *m* (12) alquimista *m*.

Alge [ˈ-gə] *f* (15) alga *f*.

Algebra ['¹gebrɑ:] f (16) álgebra f; ²**isch** [--'brɑ:iʃ] algebraico.

Algeri|er ['¹geːrjər] m (7), ²**sch** argelino (m).

Alibi ['¹ɑːlibi] n (11) coartada f.

Alimente [aliˈmɛntə] pl. (3) alimentos m/pl.; pensión f alimenticia.

Alkali [alˈkɑːli] n (8) álcali m; ²**sch** alcalino.

Alkohol ['¹kohoːl] m (3¹) alcohol m; ²**frei** sin alcohol; **~gehalt** m graduación f alcohólica; im Blut: alcoholemia f; ²**haltig**, **~iker(in** f) m, ²**isch** ['---haltiç, --'hoːlikər(in), --'hoːliʃ] alcohólico (-a) m (f); **~spiegel** m alcoholemia f; **~test** m prueba f de alcoholemia; **~verbot** n prohibición f; **~vergiftung** f intoxicación f alcohólica.

all [al] **1.** (21) todo (-a); **~e** pl. todos (-as); todo el mundo; **~e** Länder todos los países; vor **~em** sobre od. ante todo; **~e** drei Jahre cada tres años; **~es** todo; **~es, was** (todo) cuanto; todo lo que; **~es in ~em** en total; en resumidas cuentas; trotz **~em** a pesar de todo; **2.** ² n (11) universo m; **~'abendlich** todas las noches, cada noche; **'~-bekannt** de todos conocido; notorio.

'alle F acabado; agotado; **~** werden acabarse; es ist **~** no hay más; **~'dem:** trotz **~** a pesar de ello; **bei ~** con todo.

Allee [aˈleː] f (15) avenida f, paseo m.

Allegor|ie [alegoˈriː] f (15) alegoría f; ²**isch** [--ˈgoːriʃ] alegórico.

allein [aˈlain] **1.** adj. solo; **~** der Gedanke la sola idea; **2.** adv. sólo, solamente; **3.** cj. pero, no obstante; ²**besitz** m posesión f exclusiva; **~erbe** m heredero m universal od. único; ²**gang** m: im **~** a solas, en solitario; ²**herrschaft** f autocracia f; ²**herrscher** m autócrata m; **~ig** único; exclusivo; **~stehend** solitario, solo; (ledig) soltero, célibe; ²**verkauf** m venta f exclusiva; monopolio m (de venta); ²**vertreter** m representante m exclusivo; ²**vertrieb** m exclusiva f.

allemal ['¹aləmɑːl] todas las veces; siempre; ein für **~** una vez para siempre.

allenfalls ['¹alənfals] acaso; si es preciso; (höchstens) a lo más.

aller... ['¹alər...]: in Zssgn mit sup. el más... (de todos); **'~'beste** el mejor de todos; **~dings** ['---diŋs] en efecto; (einschränkend) pero, sin embargo; **~!** ¡ya lo creo!; ¡por supuesto!; bsd. Am. ¿cómo no?; **'~'erste** el primero de todos.

Allerg|ie [alɛrˈgiː] f (15) alergia f; ²**isch** [-ˈgiʃ] alérgico (gegen a).

aller|hand ['¹alərˌhant] toda clase de; das ist **~!** ¡esto es el colmo!; ²**heiligen** [--ˈhailigən] n (6) Todos los Santos; ²**'heiligste** n (18): das **~** el Santísimo Sacramento; **~'höchst** fig. altísimo; supremo; **'~'höchstens** a lo sumo; **'~'lei** toda clase de; **'~'letzte** el último de todos; **'~'liebst** ['---ˈliːpst] encantador, adorable; '**~'meist:** die **~en** la gran mayoría de; '**~'neu(e)st:** das ²**e** la última novedad; ²**'seelen** n (6) día m de los (Fieles) Difuntos; **~seits** ['---ˈzaits] por todas partes; ²**'weltskerl** F m factótum m; **~wenigst** [--ˈveːniçst]: das **~e**, am **~en** lo menos (de todo).

alles s. all.

alle|samt ['¹aləˈzamt] todos juntos; ²**skleber** m pegamento m universal, F pegalotodo m; '**~'zeit** siempre.

All|gegen|wart f omnipresencia f, ubicuidad f; ²**wärtig** omnipresente, ubicuo.

allge'mein general; im **~en** por lo (od. en) general; ²**befinden** n estado m general; ²**bildung** f cultura f general; **~gültig** universal; ²**heit** f generalidad f; público m (en general); ²**medizin** f medicina f general; **~verständlich** comprensible para todos.

All'heilmittel n remedio m universal, panacea f.

Alli|anz [aliˈants] f (16) alianza f; **~ierte(r)** [--ˈiːrtə(r)] m aliado m.

all|'jährlich anual; adv. todos los años; '²**macht** f omnipotencia f; **~mächtig** todopoderoso, omnipotente; **~mählich** [-ˈmɛːliç] paulatino; gradual; adv. poco a poco.

Allotria [aˈloːtria] n: **~** treiben hacer travesuras.

all|seitig [ˈalzaitiç] universal; ²**stromgerät** n radio f para corriente universal; ²**tag** m día m laborable; fig. vida f cotidiana; **~'täglich** diario, cotidiano; de todos los días; fig. corriente; trivial; ²**tagskleidung** f: in **~** vestido de diario; '**~'um'fassend** universal; **~wissend** omnisciente; ²**wissenheit** f omnisciencia f; **~zu**, **~zusehr**, **~zuviel** demasiado; ²**zweck...** universal.

Alm [alm] *f* (16) pasto *m* alpino.
Almanach ['almanax] *m* (3¹) almanaque *m*.
Almosen ['-mo:zən] *n* (6) limosna *f*.
Aloe ['a:loe:] *f* (15) áloe *m*.
Alp [alp] *f* (16) s. Alm.
'Alpdruck *m* pesadilla *f*.
Alpen... ['-pən...]: *in Zssgn* de los Alpes, alpestre, alpino; **~glühen** *n* rosicler *m* de los Alpes; **~veilchen ♀** *n* ciclamen *m*.
als [als] *zeitl. cj. cuando; nach comp.:* que; *vor Zahlen:* de; *nichts ~* nada más que; *~ ob od. wenn* como si; *~ Ausländer* como extranjero; *schon ~ Kind* ya de niño.
also ['alzo:] *cj.* por tanto, por consiguiente; *~ gut!*; pues bien!; *~ los!* ¡vámonos pues!; *du kommst ~ nicht?* ¿entonces (*od.* de modo que) no vienes?
alt [alt] **1.** *adj.* viejo, anciano (*antik, ehemalig*), antiguo; (*gebraucht*) usado; *~ werden* envejecer; *wie ~ bist du?* ¿qué edad *od.* cuántos años tienes?; *ich bin 20 Jahre ~* tengo 20 años (de edad); *gleich ~ sn* tener la misma edad; *er ist immer der ~e* es el (mismo) de siempre; *alles beim ~en lassen* dejarlo todo según estaba; **2.** ♀ ♪ *m* (3) contralto *m*.
Altar [al'tɑ:r] *m* (3¹ u. ³) altar *m*; **~bild** *n* retablo *m*.
alt|backen ['altbakən] sentado; reposado; **~bekannt** archiconocido; **~eisen** *n* chatarra *f*.
Alten|heim ['altənhaim] *n* residencia *f* de ancianos *od.* para la tercera edad; **~pfleger** *m* neol. gerocultor *m*.
Alte(r *m* ['-tə(r)] *m*/*f* viejo (-a *f*) *m*, anciano (-a *f*) *m*.
Alter *n* (7) edad *f*; (*Greisen*♀) vejez *f*, ancianidad *f*; (*Dienst*♀) antigüedad *f*; *im ~ von* a la edad de; *in meinem ~* a mi edad; *von ♀s her* desde siempre.
älter ['ɛltər] (*comp. v. alt*) más viejo; *Person:* mayor; *ein ~er Herr* un señor de (cierta) edad; *~ sn als* tener más años que; *ich bin 2 Jahre ~ als er* le llevo 2 años.
altern ['altərn] (29, sn) envejecer; hacerse viejo.
Alternative [-tɛrna'ti:və] *f* (15) alternativa *f*; disyuntiva *f*; opción *f*.
Alters|erscheinung ['-tərs?ɛr∫ainuŋ] *f* síntoma *m* de vejez; **~genosse** *m* coetáneo *m*; **~grenze** *f* límite *m* de edad; edad *f* de jubilación; **~heil-**

kunde *f* geriatría *f*; **~heim** *n* asilo *m od.* residencia *f* de ancianos; **~rente** *f* pensión *f* de vejez; **♀schwach** decrépito; **~schwäche** *f* decrepitud *f*; **~sichtigkeit** ♪ *f* presbicia *f*; **~versicherung** *f* seguro *m* de vejez.

Alter|tum ['--tu:m] *n* (1²) antigüedad *f*; **~tümer** ['--ty:mər] *n*/*pl.* (1²) antigüedades *f*/*pl.*; **♀tümlich** antiguo, arcaico; **~tumsforscher** *m* arqueólogo *m*; **~tumskunde** *f* arqueología *f*.

ältest ['ɛltəst] (*sup. v. alt*) el más viejo; *Person:* el mayor.
althergebracht [alt'he:rgəbraxt] tradicional.
Altistin [al'tistin] *f* contralto *f*.
alt|jüngferlich [alt'jyŋfərliç] de solterona; **~klug** precoz.
ältlich ['ɛltliç] algo viejo.
Alt|material ['altmatɛrja:l] *n* trastos *m*/*pl.* viejos; **♀modisch** pasado de moda; anticuado; **~papier** *n* papel *m* viejo; **~philologe** *m* filólogo *m* clásico; **~stadt** *f* casco *m* antiguo; **~warenhändler** *m* chamarilero *m*; **~'weibersommer** *m* veranillo *m* de San Martín.
Aluminium [alu'mi:njum] *n* (9, *o. pl.*) aluminio *m*.
am [am] = *an dem*.
Amalgam [amal'ga:m] *n* (3¹) amalgama *f*.
Amateur [ama'tø:r] *m* (3¹) aficionado *m*; *bsd. Sport:* amateur *m*.
Amazone [--'tso:nə] *f* (15) amazona *f* (*a. fig.*).
Amboß ['ambɔs] *m* (4) yunque *m*.
ambulan|t [-bu'lant] ♪ ambulatorio, ✝ ambulante; **♀z** [--'lants] *f* (16) (*Klinik*) ambulatorio *m*, dispensario *m*; (*Wagen*) ambulancia *f*.
Ameise ['a:maizə] *f* (15) hormiga *f*; **~nbär** *m* oso *m* hormiguero; **~nhaufen** *m* hormiguero *m*; **~nsäure** *f* ácido *m* fórmico.
Amen ['a:mɛn] *adv. u. n* (6) amén (*m*).
Amerika|ner(in *f*) *m*, **♀nisch** [ameri'ka:nər(in)] americano (-a) *m* (*f*).
Amme ['amə] *f* (15) ama *f* de cría, nodriza *f*; **~nmärchen** *n* cuento *m* de viejas.
Ammoniak [amɔn'jak] *n* (3¹, *o. pl.*) amoníaco *m*; **♀haltig** [--'haltiç] amoniacal.
Amnestie [amnɛs'ti:] *f* (15) amnistía *f*; **♀ren** amnistiar.

Amöbe [a'mø:bə] f (15) amiba f.
Amortis|ation [amɔrtiza'tsjoːn] f amortización f; 2**ieren** amortizar.
Ampel ['ampəl] f (15) lámpara f colgante; (*Verkehrs*2) semáforo m, disco m.
Ampere [-'pɛːr] n (11[¹]) amperio m; ∼**'meter** n amperímetro m.
Ampfer ⚕ ['-pfɐr] m (7) acedera f.
Amphib|ie [-'fiːbjə] f (15), ∼**ien...**, 2**isch** anfibio (m).
Amphitheater [-'-tea:tər] n anfiteatro m.
Ampulle [-'pulə] f (15) ampolla f.
Amputation [-puta'tsjoːn] f amputación f; 2**tieren** amputar.
Amsel ['-zəl] f (15) mirlo m.
Amt [amt] n (1²) oficina f; (*Posten*) cargo m, puesto m; (*Tätigkeit*) función f; (*Aufgabe*) misión f; (*Behörde*) administración f; servicio m; negociado m; *Rel.* oficio m; *v.* ∼s wegen de oficio; 2**ieren** actuar (*als* de); 2**ierend** en funciones; !2**lich** oficial.
Amts|**antritt** ['amts?antrit] *f* toma f de posesión; ∼**arzt** m médico f oficial; ∼**befugnis** f competencia f; ∼**bezirk** m jurisdicción f; ∼**blatt** n boletín m oficial; ∼**diener** m alguacil m; ujier m; ∼**eid** m jura f del cargo; ∼**enthebung** f separación f del cargo, destitución f; ∼**führung** f gestión f; ∼**geheimnis** n secreto m oficial; ∼**gericht** n juzgado m de primera instancia; ∼**geschäfte** n/pl. funciones f/pl.; ∼**gewalt** f autoridad f; ∼**handlung** f acto m oficial; ∼**miene** f aire m oficial; ∼**mißbrauch** m abuso m de autoridad; ∼**niederlegung** f dimisión f, renuncia f; ∼**richter** m juez m de primera instancia; ∼**schimmel** F m rutina f burocrática; ∼**sprache** f lengua f oficial; ∼**stunden** f/pl. horas f/pl. de oficina od. de despacho; ∼**tracht** f toga f; ∼**vorsteher** m jefe m de negociado; ∼**weg** m vía f oficial; ∼**zeit** f duración f del cargo.
Amulett [amu'lɛt] n (3) amuleto m.
amüs|ant [amy'zant] divertido; ∼**'ieren**: (*sich*) ∼ divertir(se).
an [an] 1. *prp.* a) *örtl.* ∼ *Bord* a bordo; *am Tisch* a la mesa; ∼ *der Wand* en la pared; ∼ *der Straße* junto a la carretera; *am Tajo* a orillas del *od.* sobre el Tajo; ∼ *e-m Ort* en un sitio; *bis* ∼ hasta; b) *zeitl.* *am Tage* de día; *am Abend* por la noche; *am nächsten Montag* el lunes que viene; *am 5. April* el cinco de abril; *am folgenden Tag* al día siguiente; c) (*ungefähr*) ∼ *die 500 Mark* unos quinientos marcos; 2. *adv. von* ... ∼ a partir de.
anachronistisch [anakro'nistiʃ] anacrónico.
analog [--'loːk] análogo; 2**ie** [--lo'giː] f (15) analogía f.
Analphabet [an?alfa'beːt] m (12) analfabeto m.
Analy|**se** [ana'lyːzə] f (15) análisis m; 2**tisch** analítico.
Anämie [anɛ'miː] f (15) anemia f.
Ananas ['ananas] f (*uv. a.* 14²) piña f (de América); *Am.* ananá(s) m.
Anarch|**ie** [anar'çiː] f (15) anarquía f; ∼**ist** m (12), 2**istisch** anarquista (m), ácrata (m).
Anästhe|**sie** [anɛstɛ'ziː] f (15) anestesia f; 2**sieren** anestesiar; ∼**'sist** m (12) anestesista m.
Anatom [ana'toːm] m (12) anatomista m; ∼**ie** [--to'miː] f (15) anatomía f.
anbahnen ['anbaːnən]: (*sich*) ∼ iniciar(se).
anbändeln ['-bɛndəln] (29): *mit j-m* ∼ F ligar con alg.
'**Anbau** m ⚕ cultivo m; 🏠 anexo m; 2**en** ⚕ cultivar; 🏠 añadir; ampliar; 2**fähig** cultivable; ∼**fläche** f superficie f cultivada *od.* de cultivo; ∼**möbel** n/pl. muebles m/pl. modulares *od.* por elementos.
'**Anbeginn** m principio m; origen m; *von* ∼ desde un principio.
'**anbehalten** *Kleid usw.*: dejar puesto.
an'bei adjunto.
'**anbeißen** 1. *v/t.* morder (en); 2. *v/i.* picar en el anzuelo (*a. fig.*).
'**anbelangen**: *was mich anbelangt* en cuanto a mí, por lo que a mí se refiere.
'**anbellen** ladrar a.
anberaumen ['-bəraumən] (25) *Termin*: fijar; *Versammlung*: convocar.
'**anbet**|**en** adorar; 2**er** m adorador m.
'**Anbetracht**: *in* ∼ (*gen.*) en consideración a; teniendo en cuenta; *in* ∼ *dessen, daß* visto que.
'**anbetreffen** *s.* anbelangen.
'**Anbetung** ['-beːtuŋ] f adoración f.
anbieder|**n** ['-biːdərn] (29): *sich* ∼ *bei* congraciarse con.
'**anbieten** ofrecer; ✝ *a.* ofertar.

anbinden

'**anbinden** atar (*an* a); *kurz angebunden* seco, brusco.

'**Anblick** *m* vista *f*; (*Aussehen*) aspecto *m*; ⁀**en** mirar.

'**anblinzeln** hacer guiños a.

'**anbraten** dorar.

'**anbrechen 1.** *v/t.* empezar; abrir; **2.** *v/i.* (*sn*) empezar; *Tag*: despuntar; *Nacht*: entrar.

'**anbrennen 1.** *v/t.* encender; **2.** *v/i.* (*sn*) encenderse; *Speisen*: quemarse, pegarse; ~ *lassen* achicharrar; *angebrannt riechen* oler a quemado.

'**anbringen** traer; (*befestigen*) fijar; colocar; ⊕ montar.

'**Anbruch** *m* comienzo *m*; *bei* ~ *des Tages* al amanecer; *bei* ~ *der Nacht* al anochecer.

'**anbrüllen** chillar, gritar a.

An|dacht ['-daxt] *f* (16) recogimiento *m*; devoción *f*; (*Gottesdienst*) oficio *m* divino; ⁀**dächtig** ['-dɛçtiç] devoto; recogido; *fig.* atento.

Andalus|ier(in *f*) [-dɑ'luːzjər(in)] *m* (7), ⁀**isch** andaluz(a) *m* (*f*).

'**andauern** continuar, seguir, persistir, durar; ⁀**d** continuo, permanente; prolongado.

'**Andenken** *n* (6) memoria *f*; recuerdo *m*; *zum* ~ *an* en recuerdo de.

ander ['-dər] (18) otro; ~**e** otros; *et.* ~**es** otra cosa; *et. ganz* ~**es** algo muy distinto; *am* ~**en** *Tage* al día siguiente; *e-n Tag um den* ~ un día sí y otro no; *e-r nach dem* ~**n** uno tras otro; *nichts* ~**es als** nada más que; *alles* ~**e** todo lo demás; *alles* ~**e als** todo menos que; *unter* ~**em** entre otras cosas; *und vieles* ~**e mehr** y un largo etcétera; ⁀**erseits** por otra parte; ⁀**mal**: *ein* ~ otro día, otra vez será.

ändern ['ɛndərn] (29) cambiar; modificar; *s-e Meinung* ~ cambiar de parecer; *ich kann's nicht* ~ no puedo remediarlo; *es ist nicht zu* ~ no hay remedio; *sich* ~ cambiar.

andern|falls ['andərnfals] de lo contrario; ⁀**teils** por otra parte.

anders ['-dərs] de otro modo, de otra manera; *jemand* ~ otro, otra persona; *niemand* ~ ningún otro; *nirgendwo* ~ en ninguna otra parte; *nicht* ~ *können als* no poder menos de; *es geht nicht* ~ no hay más remedio; ⁀**artig** distinto; de otro tipo; ⁀**denkend** de diferente parecer; ⁀**gläubig** heterodoxo; ⁀**herum** a la inversa; ⁀**wie** de otro modo; ⁀**wo** en otra parte;

⁀**woher** de otra parte; ⁀**wohin** a otra parte.

anderthalb ['-dərthalp] uno y medio; ~ *Meter* un metro y medio.

Änderung ['ɛndəruŋ] *f* cambio *m*; modificación *f*.

ander|wärts ['andərvɛrts] en otra parte; ⁀**weitig** ['--vaitiç] otro; *adv.* de otro modo.

'**andeut|en** indicar; dar a entender, insinuar; ⁀**ung** *f* indicación *f*; insinuación *f*; alusión *f*.

'**andichten** atribuir (falsamente); imputar (*j-m et.* a/c. a alg.).

'**Andrang** *m* afluencia *f*; concurrencia *f*; aglomeración *f*.

'**andrehen** *Heizung*: abrir; *das Licht* ~ dar la luz; *fig. j-m et.* ~ F endosar a/c. a alg.

'**androh|en**: *j-m et.* ~ amenazar a alg. con a/c.; ⁀**ung** *f* amenaza *f*.

anecken ['-'ʔɛkən] (25) F *fig.* chocar (*bei j-m* a alg.).

aneignen ['-'ʔaɪgnən] (26): *sich* (*dat.*) ~ apropiarse; *Kenntnisse*: adquirir.

an-ei'nander uno a *bzw.* con otro; ⁀**fügen** juntar; ⁀**geraten** tener un altercado (*mit uno*); ⁀**grenzen** lindar; confinar; ⁀**reihen** enfilar; ⁀**stoßen** tocarse; chocar uno con otro.

Anekdot|e [anɛk'doːtə] *f* (15) anécdota *f*; ⁀**isch** anecdótico.

'**an-ekeln** dar asco a, repugnar.

Anemone ♀ [ane'moːnə] *f* (15) anemona *f*, anemone *f*.

'**An-erbieten** *n* (6) ofrecimiento *m*.

'**an-erkannt** ['--kant] reconocido; *fig.* renombrado; ⁀**ermaßen** ['---tər'maːsən] notoriamente.

'**an-erkenn|en** reconocer; admitir; (*loben*) elogiar; ⁀**end** elogioso; ⁀**enswert** laudable; ⁀**ung** *f* reconocimiento *m*; (*Lob*) elogio *m*.

anfachen ['-faxən] (25) atizar (*a. fig.*).

'**anfahr|en 1.** *v/t. Ware*: acarrear; *Fußgänger*: atropellar; *fig.* increpar; **2.** *v/i.* (*sn*) *Kfz.* arrancar; ⁀**t** *f* acarreo *m*; (*Weg*) acceso *m*.

'**Anfall** ♂ *m* acceso *m*, ataque *m*; ⁀**en 1.** *v/t.* atacar, agredir, acometer; **2.** *v/i.* presentarse.

'**anfällig** achacoso; ♂ predispuesto, propenso (*für* a).

'**Anfang** *m* principio *m*, comienzo *m*, inicio *m*; ~ *Januar* a principios de enero; *von* ~ *an* desde un principio; ⁀**en** empezar, comenzar, principiar (*zu inf.* a); (*einleiten*) iniciar; (*plötz-*

Angelsachse

lich) ~ *zu laufen* echar a correr; *ich weiß nicht, was ich* ~ *soll* no sé qué hacer; *damit ist nichts anzufangen* esto no sirve para nada.

Anfäng|er ['-fɛŋər] m principiante m; **ₐlich** inicial; *adv.* al principio.

anfangs ['-faŋs] al principio; **₂buchstabe** m inicial f; **₂geschwindigkeit** f velocidad f inicial; **₂gründe** ['--gryndə] m/pl. elementos m/pl.; nociones f/pl. (elementales); **₂stadium** n comienzos m/pl.; fase f inicial.

'anfassen coger, *Arg.* agarrar; (*berühren*) tocar; *mit* ~ echar una mano.

anfecht|bar ['-fɛçtbaːr] discutible; ⚖ impugnable; **ₐen** *Meinung:* combatir; ⚖ impugnar; **₂ung** f ⚖ impugnación f; (*Versuchung*) tentación f.

anfeind|en ['-faɪndən] (26) hostilizar, perseguir; *stark angefeindet werden* tener muchos enemigos; **₂ung** f hostilidad f; persecución f.

'anfertig|en hacer, fabricar, elaborar; *Kleidung:* confeccionar; *Kopie:* sacar; **₂ung** f fabricación f; confección f.

anfeuchten ['-fɔʏçtən] (26) humedecer, mojar.

'anfeuern encender; *fig.* alentar, animar, estimular.

'anflehen suplicar; *j-n um et.* ~ implorar a/c. de alg.

'anfliegen ✈ hacer escala en.

'Anflug m ✈ vuelo m de aproximación; *fig.* asomo m; deje m.

'anforder|n pedir (*von j-m* a); exigir; **₂ung** f demanda f; exigencia f; *hohe* **ₐen** *stellen* ser muy exigente.

'Anfrage f pregunta f; consulta f; *Pol.* interpelación f; **₂n** preguntar (*bei* a); pedir informes (a).

'anfressen roer; ⊕ corroer.

anfreunden ['-frɔʏndən] (26): *sich* ~ *mit* trabar amistad con, hacerse amigo de.

'anfügen juntar, añadir.

'anfühlen tocar; *sich hart* ~ ser duro al tacto.

Anfuhr ['-fuːr] f (16) acarreo m.

'anführ|en dirigir; encabezar, ⚔ mandar; *Pol.* acaudillar; (*erwähnen*) mencionar; *Beweise:* aducir; *Gründe:* alegar; *Zitat:* citar; (*täuschen*) engañar; F tomar el pelo a; **₂er** m *Inf.* m; *Pol.* caudillo m; *e-r Bande:* cabecilla m; **₂ungszeichen** n/pl. comillas f/pl.

'anfüllen: ~ *mit* llenar de.

'Angabe f indicación f; información f; declaración f; (*Anweisung*) instrucción f; F (*Prahlerei*) fanfarronada f; **ₐn** pl. datos m/pl.

angaffen mirar boquiabierto.

angängig ['-gɛnɪç] factible; admisible.

'angeb|en 1. *v/t.* indicar; (*aussagen*) declarar; *Namen, Ton:* dar; (*denunzieren*) delatar; **2.** *v/i.* F (*prahlen*) presumir; fanfarronear, F fardar; **₂er** m delator m, denunciante m; F fanfarrón m, farolero m; **₂e'rei** f fanfarronería f; fanfa **ₐerisch** fanfarrón; jactancioso; **ₐlich** ['-geːplɪç] supuesto, presunto; *adv.* según dicen.

'angeboren innato; ✱ congénito.

'Angebot n ofrecimiento m; ✝ oferta f.

ange|bracht ['-gəbraxt] oportuno, conveniente; **ₐdeihen:** *j-m et.* ~ *lassen* dar, otorgar; **ₐgossen** ['--gɔsən]: *wie* ~ *sitzen* estar como pintado; **ₐgraut** ['--graʊt] entrecano; **ₐgriffen** ['--grɪfən] cansado; *Gesundheit:* quebrantado; ~ *aussehen* tener mala cara; **ₐheiratet** ['--haɪraːtət] pariente político; **ₐheitert** ['--haɪtərt] achispado, F piripi.

'angeh|en 1. *v/t.* pedir (*j-n um et.* a/c. a alg.); (*betreffen*) referirse a; *was ... angeht* en cuanto a; *das geht mich nichts an* eso no es cosa mía; *was geht ihn das an?* ¿qué le importa a él?; **2.** *v/i.* (sn) comenzar, empezar; *Feuer:* prender; ~ *gegen* luchar contra; *es geht (noch) an* puede pasar; *das geht nicht an* no puede ser; **ₐd** incipiente; futuro; en ciernes.

'angehör|en (*dat.*) pertenecer a, ser de; *Verein:* ser socio de; *Partei:* estar afiliado a; **ₐend, ₐig** perteneciente a; **₂ige(r)** ['---rɪgə(r)] m miembro m, socio m; *m-e* **ₐn** los míos, mi familia.

Angeklagte(r m) ['-gəklaːktə(r)] m/f acusado (-a f) m.

Angel ['aŋəl] f (15) caña f (de pescar); (*Tür*₂) gozne m, quicio m; *fig. aus den* **ₐn heben** sacar de quicio.

angelegen ['angəleːgən]: *sich* (*dat.*) *et.* ~ *sein lassen* cuidar de a/c., tomar a/c. a pecho; **₂heit** f asunto m; **ₐtlich** solícito; *adv.* encarecidamente.

Angel|haken ['aŋəlhaːkən] m anzuelo m; **₂n** (29) pescar (con caña); **ₐn** n pesca f con caña; **ₐpunkt** m fig. eje m; **ₐrute** f caña f de pescar; **ₐsachse**

Angelsächsin

m (~**sächsin** *f*); ⚥**sächsisch** anglosajón (-ona) *m* (*f*); ~**schnur** *f* sedal *m*; ~**sport** *m* pesca *f* con caña.

ange|messen ['aŋgəmɛsən] adecuado; conveniente; *Preis*: razonable; ~**nehm** agradable, grato; *j.*: simpático; ~**nommen** ['--nɔmən] hipotético; ficticio; *Kind*: adoptivo; ~, *daß* supuesto *od.* suponiendo que (*subj.*).

Anger ['aŋər] *m* (7) prado *m*.

Angeschuldigte(r) ['aŋgəʃuldiçtə(r)] *m* inculpado *m*.

¹**angesehen** considerado; respetado; ✝ acreditado.

¹**Angesicht** *n poet.* rostro *m*, faz *f*; *von* ~ *zu* ~ cara a cara; ⚥**s** (*gen.*) en vista de, delante de.

¹**ange|spannt** *Lage*: tenso, tirante; ~**stammt** ['--ʃtamt] hereditario; ~**stellte(r** *m*) *m/f* ['--ʃtɛltə(r)] empleado (-a *f*) *m*; ✝ *a.* dependiente (-a *f*) *m*.

ange|tan ['--taːn]: *danach* ~, *zu* (*inf.*) propio para; ~ *mit* vestido de; *fig.* ~ *von* impresionado por; ~**trunken** ['--truŋkən] medio borracho; ~**wandt** ['--vant] *Kunst usw.*: aplicado; ~**wiesen** ['--viːzən]: ~ *sn auf no* poder prescindir de; depender de; ~**wöhnen** acostumbrar (*j-m et. a alg.* a *a/c.*); *sich et.* ~ acostumbrarse *od.* habituarse a *a/c.*; ⚥**wohnheit** *f* costumbre *f*, hábito *m*; *schlechte* ~ vicio *m*; ~**wurzelt** ['--vurtsəlt]: *wie* ~ como clavado en el suelo; ~**zeigt** ['--tsaɪkt]: *für* ~ *halten* creer oportuno *od.* conveniente.

Angina [aŋ'giːna] *f* (16²) angina(s) *f*(*pl.*); ~ *pectoris* angina *f* de pecho.

¹**angleich|en** adaptar, ajustar; ⚥**ung** *f* adaptación *f*, ajuste *m*.

Angler(in *f*) *m* ['aŋlər(in)] (7) pescador(a) *m* (*f*) de caña.

¹**anglieder|n** afiliar; *Gebiet*: anexionar; ⚥**ung** *f* anexión *f*.

¹**anglotzen** F mirar con ojos desorbitados.

¹**angreif|en** atacar (*a. fig.*); asaltar; *Aufgabe*: abordar; *Vorräte*: empezar (a consumir), tocar; *Geld*: gastar; *Gesundheit*: perjudicar a; ✳ *Organe*: afectar; (*schwächen*) debilitar, agotar; ~**end** ⚥ ofensivo; (*ermüdend*) fatigoso; ⚥**er(in** *f*) *m* agresor(a) *m* (*f*), atacante *m*.

¹**angrenzen**: ~ *an* (*ac.*) lindar con; ~**d** colindante (*an* con); adyacente (a); *Land*: limítrofe (a); *Zimmer*: contiguo (a).

¹**Angriff** *m* ataque *m* (*a. fig.*); ⚥ *a.* carga *f*; agresión *f*; *zum* ~ *übergehen* pasar a la ofensiva; *in* ~ *nehmen* acometer, abordar, empezar; ~**s**... *in Zssgn*: ⚥ ofensivo; ~**slust** *f* agresividad *f*; ⚥**slustig** agresivo.

¹**angrinsen** mirar irónicamente.

Angst [aŋst] *f* (14¹) miedo *m* (*vor* a); angustia *f*, congoja *f*; *mir ist* ⚥ *und bange* tengo miedo; *j-m* ⚥ *machen* dar miedo a alg.; *es mit der* ~ *bekommen* coger miedo; ¹~**hase** F *m* gallina *m*.

ängst|igen ['ɛŋstigən] (25) dar miedo; (*beunruhigen*) inquietar, alarmar; *sich* ~ inquietarse; ~**lich** ['-liç] miedoso, medroso; (*beunruhigt*) inquieto; (*scheu*) tímido; ⚥**lichkeit** *f* inquietud *f*; timidez *f*.

Angst|schweiß ['aŋstʃvaɪs] *m* sudor *m* frío; ~**traum** *m* pesadilla *f*; ⚥**voll** angustiado; ~**zustand** *m* estado *m* de ansiedad.

angucken ['aŋukən] mirar.

anhaben *Kleidung*: llevar (puesto); *er kann mir nichts* ~ no me puede hacer nada.

¹**anhaften** adherir(se) a.

¹**anhaken** enganchar; *Liste*: marcar.

Anhalt *m* (*Stütze*) apoyo *m*; (*Anzeichen*) indicio *m*; ⚥**en 1.** *v/t.* parar; detener; *Atem*: contener; (*ermahnen*) exhortar; **2.** *v/i.* detenerse, parar (-se); (*dauern*) continuar, (*per*)durar; persistir; *um ein Mädchen* ~ pedir la mano de (*bei j-m a alg.*); ⚥**end** continuo, incesante; *adv.* sin cesar; ~**er** *m* autostopista *m*; *per* ~ *fahren* viajar por *od.* hacer autostop; ~**spunkt** *m* punto *m* de referencia.

an'hand: ~ *von* mediante, por medio de.

Anhang *m* apéndice *m*; *fig.* partidarios *m/pl.*; *ohne* ~ sin familia.

¹**anhäng|en 1.** *v/t.* colgar (*an ac.* de, en); *Wagen*: enganchar; (*hinzufügen*) añadir; *fig. j-m et.* ~ colgarle a/c. a alg.; **2.** *v/i.* ser adicto a/c.; ⚥**er** *m* (7) *Pol.* partidario *m*, secuaz *m*; *Sport*: F hincha *m*; (*Wagen*) remolque *m*; (*Schmuck*) colgante *m*, dije *m*; *am Koffer usw.*: etiqueta *f* (colgante); ~**ig** 🙘: ~ *sn* estar pendiente; ~**lich** fiel; afecto (a); ⚥**lichkeit** *f* fidelidad *f*, apego *m*; ⚥**sel** ['-hɛŋzəl] *n* (7) apéndice *m*; dije *m*.

¹**Anhauch** *m fig.* toque *m*; matiz *m*;

en soplar contra; *poetisch angehaucht sein* tener vena poética.

'anhäuf|en acumular; acopiar; amontonar; **ung** *f* acumulación *f*; acopio *m*; amontonamiento *m*.

'anheben levantar.

'anheften fijar, pegar (*an* et.); sujetar (a).

anheimeln ['-haɪməln] (29): *es heimelt mich an* me hace recordar mi hogar; **d** acogedor.

anheim|fallen ['-haɪmfalən] (sn) recaer en; *der Vergessenheit* caer en el olvido; **stellen** *j-m* dejar al buen criterio de alg.

'anheizen hacer fuego, encender; *fig.* avivar.

'anherrschen increpar.

'anheuern ⚓ enrolar.

'Anhieb *m*: *auf* de golpe.

'anhimmeln ['-himəln] F (29) adorar; idolatrar.

'Anhöhe *f* eminencia *f*, elevación *f*, altura *f*; colina *f*, cerro *m*.

'anhören escuchar; *sich gut* sonar bien; *man hört ihm den Ausländer an* se le nota el acento extranjero.

Anilin [ani'liːn] *n* (3, *o. pl.*) anilina *f*.

animier|en [--'miːrən] animar, estimular; **mädchen** *n* animadora *f*; chica *f* de alterne.

Anis [a'niːs] *m* (4) anís *m*.

'ankämpfen: *gegen* luchar con.

'Ankauf *m* compra *f*, adquisición *f*, **en** comprar, adquirir; *sich* comprar una finca, afincarse.

Anker ['aŋkər] *m* (7) ⚓, ⊕ ancla *f*; *Uhr*: áncora *f*; ⚡ inducido *m*; *vor* *gehen*, *werfen* echar anclas; *vor* *liegen* estar anclado *od.* surto; **n** (29) anclar, fondear; **platz** *m* fondeadero *m*; **tau** *n* amarra *f*; **winde** *f* cabrestante *m*.

anketten ['aŋkɛtən] encadenar (*an* a).

'Anklage *f* acusación *f*; **bank** *f* banquillo *m* de los acusados; **n** acusar, inculpar (*wegen* de); **punkte** *m/pl.* cargos *m/pl.*

'Ankläger *m* acusador *m*; ⚖ fiscal *m*.

'Anklage|rede *f* informe *m* del fiscal; **schrift** *f* escrito *m* de calificación.

'anklammern sujetar *od.* fijar con grapas; *sich* *an* (*ac.*) agarrarse a; *a. fig.* aferrarse a.

'Anklang *m* reminiscencia *f*; *finden* hallar buena acogida; ser bien acogido.

'ankleben pegar; fijar.

'ankleiden: (*sich*) vestir(se).

'anklingen hacer recordar (*an* et. a/c.); *lassen* evocar.

'anklopfen llamar (a la puerta).

'anknipsen: *das Licht* encender *od.* dar la luz.

'anknöpfen abotonar.

'anknüpf|en 1. *v/t.* anudar, unir; *Gespräch*: trabar, entablar; *Beziehungen* entrar en relaciones (*zu j-m* con alg.); **2.** *v/i.* *an* (*ac.*) partir de, fundarse en; **ungs-punkt** *m fig.* punto *m* de partida *od.* de contacto.

'ankommen (sn) llegar (*in dat.* a); *fig. gut* (*schlecht*) ser bien (mal) recibido *od.* acogido; *das kommt darauf an* depende; *darauf kommt es nicht an* eso es lo de menos; *es kommt darauf an, daß* importa que; *es darauf* *lassen* arriesgar a/c.; (*nicht*) *gegen j-n* (no) poder a alg.

Ankömmling ['-kœmlɪŋ] *m* (3¹) recién llegado *m od.* venido *m*.

'akönnen F: *nicht gegen j-n* no poder a alg.

'ankoppeln acoplar.

ankreiden ['-kraɪdən] (26) F *fig.: das werde ich dir* ! ¡me lo pagarás!

'ankreuzen marcar con una cruz.

'ankündig|en anunciar, avisar; **ung** *f* anuncio *m*, aviso *m*.

Ankunft ['-kʊnft] *f* (14¹) llegada *f*; ⚓ *a.* arribo *m*.

'ankurbeln poner en marcha; *Wirtschaft*: relanzar, reactivar.

'anlächeln sonreír a.

'anlachen mirar riendo; F *fig. sich j-n* ligar con alg.

'Anlage *f* (*Anordnung*) disposición *f*; (*Geld*) inversión *f*, colocación *f*; ⊕ instalación *f*; planta *f*; equipo *m*; ⚒ construcción *f*; (*Park*) jardín *m* público; (*Talent*) disposición *f*; talento *m*; ⚕ predisposición *f*; (*Beilage*) anexo *m*; *in der* adjunto; **berater** ✠ *m* asesor *m* de inversión; **kapital** *n* capital *m* invertido *bzw.* fijo.

Anlaß ['-las] *m* (4²) motivo *m*; (*Gelegenheit*) ocasión *f*; *aus* (*gen.*) con motivo de; *aus diesem* con tal motivo; *geben zu* dar lugar para.

'anlass|en *Kleider*: dejar puesto; *Maschine*: poner en marcha; *Licht*: no apagar; *sich gut* presentarse bien; **er** (7) arranque *m*.

anläßlich ['-lɛslɪç] (*gen.*) con motivo *od.* ocasión de.

'Anlauf *m* arranque *m*; *Sport*: (*e-n*)

anlaufen

nehmen tomar impulso; ⟨en 1. *v/t.* ⚓ hacer escala en; 2. *v/i.* (sn) arrancar; *Maschine*: ponerse en marcha (*a. fig.*); *Glas*: empañarse; *Metall*: deslustrarse; *rot* ~ ruborizarse; *blau* ~ amoratarse; *angelaufen kommen* venir corriendo; **~zeit** *f* período *m* inicial.

'**Anlaut** *Gram. m* sonido *m* inicial; ⟨en: ~ *mit* comenzar con.

'**anlege|n 1.** *v/t.* poner, colocar (*an* contra); *Gewehr*: apuntar; encarar; *Feuer*: poner, pegar; *Kleid, Schmuck*: poner; *Kapital*: invertir, colocar; *Säugling*: dar el pecho; (*gründen*) fundar, establecer; ⊕ instalar; ⚗ construir; (*planen*) disponer; ✿ plantar; ✿ aplicar; *es* ~ *auf* proponerse (a/c.); **2.** *v/i.* ✕ apuntar; ⚓ atracar; hacer escala; **⟨platz** *m*, **⟨stelle** *f* ⚓ embarcadero *m*; **⟨r** ✝ *m* inversor *m*.

'**anlehnen** adosar (*an* a), arrimar (a), apoyar (contra); *Tür*: entornar; *sich* ~ *an* (*ac.*) apoyarse contra; *fig.* imitar.

Anleihe ['-laɪə] *f* (15) empréstito *m*; *e-e* ~ *bei j-m machen* pedir un préstamo a alg.

'**anleimen** pegar, encolar.

'**anleit|en** guiar; instruir; **⟨ung** *f* instrucciones *f/pl.*; directivas *f/pl.*

'**anlernen** instruir, iniciar.

'**anlieg|en 1.** *v/i.* confinar con; **2.** ⟨*n* deseo *m*, ruego *m*; petición *f*; **~end** contiguo, vecino; *Kleid*: ceñido, ajustado; *Brief*: adjunto, anexo; **⟨er** *m* vecino *m*; *am Fluß od. Meer*: ribereño *m*.

'**anlocken** atraer, seducir.

'**anlöten** soldar.

'**anlügen**: *j-m* ~ mentir a alg.

'**anmachen** fijar; *Feuer*: encender; *Salat*: aliñar, aderezar.

'**anmalen** pintar; F *sich* ~ pintarse.

'**Anmarsch** *m* llegada *f*; marcha *f*; *im* ~ *sein* aproximarse.

anmaß|en ['-maːsən] (27): *sich* (*dat.*) *et.* ~ atribuirse; arrogarse; usurpar; *sich* ~ *zu* permitirse a; atreverse a; **~end** presuntuoso, petulante, arrogante; **⟨ung** *f* presunción *f*, petulancia *f*, arrogancia *f*.

Anmelde... ['-mɛldə...]: *in Zssgn mst* de inscripción; **~frist** *f* plazo *m* de inscripción.

'**anmeld|en** avisar, anunciar; *Kfz.* matricular; *sich* ~ *polizeilich*: darse de alta; *zu Besuch*: anunciar su visita; *Schüler*: matricularse, inscribirse; *beim Arzt*: pedir hora; **⟨ung** *f* aviso *m*, anuncio *m*; inscripción *f*; alta *f*; *beim Arzt*: petición *f* de hora.

'**anmerk|en** apuntar, (a)notar, tomar nota de; *man merkt es ihm an* se le nota; *sich* (*dat.*) *nichts* ~ *lassen* disimular; **⟨ung** *f* nota *f*, anotación *f*.

'**anmessen**: *j-m et.* ~ tomar medidas a alg. para a/c.

'**anmustern** ⚓ enrolar.

'**Anmut** *f* (16, *o. pl.*) gracia *f*, donaire *m*; **⟨en** (26) parecer; **⟨ig** gracioso, encantador; *Gegend*: ameno.

'**annageln** clavar.

'**annähen** coser.

'**annäher|n** acercar; aproximar; **~nd** *adv.* aproximadamente, cerca de; **⟨ung** *f* acercamiento *m*; aproximación *f*; **⟨ungsversuch** *m*: ~*e machen* insinuarse.

Annahme ['anəːmə] *f* (15) aceptación *f*; recepción *f*; (*Zulassung*) admisión *f*; *Kind, Antrag usw.*: adopción *f*; (*Vermutung*) suposición *f*; *in der ~, daß* suponiendo que (*subj.*).

Annalen [a'naːlən] *f/pl.* (15) anales *m/pl.*

annehm|bar ['anɛmbaːr] aceptable; admisible; *Preis*: razonable; *Grund*: plausible; (*leidlich*) pasable; **~en** aceptar; recibir; (*zulassen*) admitir; *Kind, Meinung*: adoptar; *Farbe, Geschmack*: tomar; (*vermuten*) suponer; *sich j-s* ~ cuidar de alg.; *sich e-r Sache* ~ encargarse de a/c.; **⟨lichkeit** *f* comodidad *f*; ventaja *f*; amenidad *f*.

annektier|en [anɛk'tiːrən] anexionar; **⟨ung** *f* anexión *f*.

Annon|ce [a'nõːsə] *f* (15) anuncio *m*; *Am.* aviso *m*; **⟨'cieren** anunciar.

annullier|en [anu'liːrən] anular; **⟨ung** *f* anulación *f*.

Anode [a'noːdə] *f* (15) ánodo *m*; **~n...** *in Zssgn* anódico.

anöden F ['anʔøːdən] (26) fastidiar; aburrir; F dar la lata a.

a'nomal [--'maːl] anormal; **⟨ie** [--ma'liː] *f* (15) anormalidad *f*, anomalía *f*.

anonym [--'nyːm] anónimo; **⟨ität** [--nymi'tɛːt] *f* anónimo *m*, anonimato *m*.

Anorak ['--rak] *m* (11) anorak *m*.

'**anordn|en** (*befehlen*) ordenar; **⟨ung** *f* disposición *f* (*treffen* tomar); (*Befehl*) orden *f*; *auf* ~ (*gen.*) por orden de.

anschlagen

'an-organisch inorgánico.
'anpacken empuñar; coger, asir, agarrar; *Arbeit usw.*: abordar.
'anpass|en ajustar, amoldar; acomodar, adaptar; *sich ~ adaptarse (an a)*; ⚥**ung** *f* acomodación *f*, adaptación *f*; **~ungsfähig** adaptable; ⚥**ungsfähigkeit** *f* adaptabilidad *f*.
'anpeilen ⚓ arrumbar; ✈ relevar.
'anpfeifen *Sport*: dar la pitada inicial; F *fig. j-n ~* echar una bronca a alg.
'Anpfiff *m Sport*: pitada *f* inicial; F *fig.* bronca *f*.
'anpflanz|en plantar; cultivar; ⚥**ung** *f* plantación *f*; plantío *m*.
'anpinseln pintar.
'Anprall *m* (3¹ *o. pl.*) choque *m*; colisión *f*; ⚥**en** chocar, dar (*an ac.* contra).
anprangern ['ʔpraŋərn] (29) denunciar públicamente, poner en la picota.
'anpreisen elogiar, alabar.
'Anprob|e *f* prueba *f*, ensayo *m*; **~raum** *m* probador *m*; ⚥**ieren** probar.
'anpumpen F dar un sablazo a.
'anraten aconsejar, recomendar; *auf* ⚥ (*gen.*) siguiendo el consejo de.
'anrechn|en cargar en cuenta; computar; *fig.* imputar; *hoch ~* agradecer mucho; *es sich* (*dat.*) *zur Ehre ~* tener a honra; ⚥**ung** *f* imputación *f*.
'Anrecht *n* derecho *m*; título *m* (*auf ac. a*).
'Anrede *f* tratamiento *m*; ⚥**n** dirigir la palabra a; *mit Sie ~* tratar de usted; *mit du ~* tutear.
'anreg|en animar; incitar; *a.* 🌸 estimular; (*vorschlagen*) sugerir; *Appetit*: abrir; **~end** excitante; *a.* 🌸 estimulante; sugestivo; ⚥**ung** *f* estímulo *m*; incitación *f*; sugerencia *f*; *auf ~ von* por iniciativa de.
'anreicher|n ['ʔraɪçərn] (29) enriquecer; ⚥**ung** *f* enriquecimiento *m*.
'Anreiz *m* estímulo *m*; incentivo *m*, aliciente *m*; ⚥**en** estimular, incitar.
'anrempeln ['ʔrɛmpəln] (29) empujar; atropellar.
'anrennen (sn) chocar (*gegen contra*); *fig.* anrɔmɔter (contra); *angerannt kommen* venir corriendo.
'Anrichte *f* (15) aparador *f*, trinchero *m*; ⚥**n** *Speisen*: servir, aderezar; *Schaden usw.*: ocasionar, causar.
'anrollen *v/t. Güter*: acarrear.

anrüchig ['ʔryçiç] de mala reputación; sospechoso.
'anrücken acercarse.
'Anruf *m* llamada *f*; **~beantworter** *m* contestador *m* automático (de llamadas); ⚥**en** llamar; *Fernspr. a.* telefonear; *Gott usw.*: invocar; *Gericht*: acudir a; **~ung** *f Rel.* invocación *f*.
'anrühren tocar; *Farbe usw.*: mezclar; *Teig*: amasar.
Ansage ['ʔza:gə] *f* (15) aviso *m*; anuncio *m*; *TV usw.*: presentación *f*; ⚥**n** avisar; anunciar; *Kartenspiel*: cantar; **~r(in)** *m* (*f*) (7) *Radio*: locutor(a) *m* (*f*); *Am.* anunciante *su.*; *TV* presentador(a) *m* (*f*); *Kabarett usw.*: animador(a) *m* (*f*).
'ansamm|eln acumular; acopiar; amasar; ⚥**ung** *f* reunión *f*; aglomeración *f* (*a. v. Menschen*); acumulación *f*.
'ansässig ['ʔzɛsɪç] domiciliado; residente (*in en*).
'Ansatz *m* ⊕ pieza *f* adicional; *Anat.* inserción *f*; ♪ entonación *f*; (*Anfang*) principio *m* (*zu de*); ✝ *in ~ bringen* asentar en cuenta; **~punkt** *m* punto *m* de partida.
'ansaugen aspirar.
'anschaff|en adquirir; comprar; ⚥**ung** *f* adquisición *f*; compra *f*.
'anschalten *Licht*: encender; conectar.
'anschau|en mirar; contemplar; **~lich** claro, evidente; expresivo; ⚥**lichkeit** *f* claridad *f*, evidencia *f*; ⚥**ung** *f* contemplación *f*; (*Meinung*) parecer *m*, opinión *f*; modo *m* de ver; ⚥**ungs-unterricht** *m* enseñanza *f* práctica.
'Anschein *m* apariencia *f*; semblante *m*; *sich* (*dat.*) *den ~ geben, den ~ erwecken* aparentar (*ac.*); *es hat den ~, daß* parece que; ⚥**end** aparente; *adv.* por lo visto, al parecer.
'anschicken: *sich ~ zu* disponerse a, prepararse a.
anschirren ['ʔ-ʃɪrən] (25) aparejar.
'Anschlag *m* (*Stoß*) choque *m*, golpe *m*; ⊕ tope *m*; ♪ *u. Schreibmaschine*: pulsación *f*; (*Plakat*) letrero *m*, cartel *m*; (*Kosten*⚥) presupuesto *m*; (*Mord*⚥) atentado *m* (*auf ac. a*); (*Verschwörung*) conspiración *f*; *in ~ bringen* tener en cuenta; **~brett** *n* tablón *m* de anuncios; cartelera *f*; ⚥**en 1.** *v/t.* fijar (*a. Plakat*); ♪ tocar; pulsar; *fig. e-n anderen Ton ~* cambiar de tono; **2.**

Anschlagsäule

v/i. (h. u. sn) dar contra; *Hund* (h.): echar a ladrar; *(wirken)* surtir efecto; dar (buen) resultado; ⁓**säule** f columna f anunciadora; ⁓**zettel** m cartel m; anuncio m.
'**anschleichen**: *sich* ⁓, *angeschlichen kommen* acercarse sigilosamente.
'**anschließ|en** juntar; encadenar; unir; & conectar, enchufar *(an ac. a, con)*; *sich* ⁓ *(ac.)* unirse, asociarse a; adherirse a; ⁓**d** siguiente; *adv.* acto seguido, a continuación.
'**Anschluß** m ⊕ conexión f *(a. &)*; unión f; contacto m; *Pol.* afiliación f; *Fernspr.* comunicación f; *Gas, Wasser*: acometida f; & enlace m, empalme m, correspondencia f, *Am.* combinación f; *den* ⁓ *verpassen* perder el tren *(a. fig.)*; ⁓ *suchen (finden)* buscar (encontrar) compañía.
'**anschmieg|en**: *sich* ⁓ *an (ac.)* estrecharse contra; ⁓**sam** cariñoso.
'**anschmieren** embadurnar; F *fig.* timar, F tomar el pelo a.
'**anschnall|en** (25) sujetar, atar; *Kfz.*, & *sich* ⁓ abrocharse el cinturón; ⁓**gurt** m cinturón m (de seguridad).
'**anschnauzen** F echar una bronca a.
'**anschneiden** empezar; *fig.* abordar.
Anschovis [-'ʃoːvis] f *uv.* anchoa f.
'**anschrauben** atornillar.
'**anschreiben** anotar, apuntar; & poner en cuenta; *j-n*: escribir a; ⁓ *lassen* comprar fiado; *bei j-m gut (schlecht) angeschrieben sn* estar bien (mal) visto por alg.
'**anschreien** *j-n* ⁓ gritar a alg., levantar la voz a alg.
'**Anschrift** f dirección f, señas f/pl.
'**anschwärmen** *fig.* estar loco por.
'**anschweißen** soldar.
'**anschwell|en** (sn) & hincharse; *Fluß*: crecer; ******ung** f hinchazón f; crecida f.
'**anschwemmen** arrojar *od.* arrastrar a tierra; *Sand*: depositar.
'**ansehen** 1. v/t. mirar; *prüfend*: examinar; ⁓ *für od. als (ac.)* considerar como; *et. mit* ⁓ presenciar a/c.; *man sieht es ihm an* se le ve en la cara; *man sieht ihm sein Alter nicht an* no aparenta la edad que tiene; 2. & *n* aspecto m; *fig.* consideración f; autoridad f; prestigio m; *von* ⁓ *kennen* conocer de vista; *in hohem* ⁓ *stehen* gozar de gran *(od.* mucho) prestigio; *ohne* ⁓ *der Person* sin acepción de personas.

ansehnlich ['-zəːnlɪç] de buena presencia, vistoso; considerable.
'**anseilen** ['-zaɪlən] (25): *sich* ⁓ encordarse.
'**ansengen** chamuscar.
'**ansetzen** 1. v/t. poner; aplicar; juntar, unir; *Bowle*: preparar; *Summe*: asignar; *Termin*: señalar, fijar; *Glas*: llevar a los labios; *Instrument*: embocar; & brotar; *Fett* ⁓ echar carnes; *sich* ⁓ pegarse; depositarse; 2. v/i.: ⁓ *zu* disponerse a.
'**Ansicht** f vista f; *(Meinung)* parecer m, opinión f; & *zur* ⁓ a prueba; ⁓**skarte** f postal f (ilustrada); ⁓**ssache** f cuestión f de pareceres.
'**ansied|eln** asentar; *sich* ⁓ asentarse, establecerse; &**ler** m (7) colono m; &**lung** f colonia f; establecimiento m; asentamiento m.
'**Ansinnen** n exigencia f, pretensión f (exagerada).
'**anspann|en** tensar, poner tenso; *Pferd*: enganchar; *s-e Kräfte* ⁓ hacer un esfuerzo; &**ung** f tensión f; esfuerzo m.
'**anspiel|en** *Karten*: ser mano; *Sport*: hacer el saque; *fig.* ⁓ *auf (ac.)* aludir a; &**ung** f alusión f; indirecta f.
'**anspinnen** *fig.* tramar.
'**anspitz|en** aguzar, apuntar; sacar punta a; &**er** m sacapuntas m.
'**Ansporn** m aguijón m, acicate m, estímulo m; &**en** estimular, incitar.
'**Ansprache** f alocución f; arenga f; *Rel.* plática f.
'**ansprechen** dirigir la palabra a; *(gefallen)* agradar, gustar; ⁓ *auf (ac.)* reaccionar *od.* responder a; ⁓**d** simpático, agradable.
'**anspringen** 1. v/t. embestir; 2. v/i. (sn) *Motor*: arrancar; 3. & *n* arranque m.
'**Anspruch** m *(Recht)* derecho m *(auf* a); pretensión f *(auf* a); *bsd. Pol.* reivindicación f; ⁓ *erheben auf (ac.)* reclamar (a/c.); reivindicar; *in* ⁓ *nehmen* recurrir a; *ganz in* ⁓ *nehmen* absorber; *hohe Ansprüche stellen* ser muy exigente; &**slos** modesto; sin pretensiones; ⁓**slosigkeit** f modestia f; &**svoll** exigente; pretencioso.
'**anspucken** escupir a.
anstacheln ['-ʃtaxəln] (29) estimular, incitar.
Anstalt ['-ʃtalt] f (16) establecimiento m; institución f; instituto m; ⁓**en** *machen zu* disponerse a.

'Anstand m (3³, o. pl.) decencia f, decoro m; Jgdw. acecho m, espera f.
'anständig decente, decoroso; F respetable, enorme.
'Anstands|besuch m visita f de cumplido; **~gefühl** n delicadeza f; **2halber** ['--halbər] para guardar el decoro; **2los** sin reparo; sin dificultad; **~wauwau** F ['--vauvau] m (11) carabina f.
'anstarren mirar fijamente od. de hito en hito.
anstatt [-'ʃtat] (gen., zu inf.) en lugar de, en vez de.
'anstaunen mirar boquiabierto.
'anstechen pinchar; Faß: picar.
'ansteck|en 1. v/t. prender (con un alfiler); Ring: ponerse; Zigarre: encender; ✵ contaminar; **2.** v/i. ser contagioso; **~end** contagioso; **~ung** ✵ f contagio m, infección f; **2ungsherd** m foco m infeccioso.
'anstehen (h. u. sn) (Schlange stehen) hacer cola; nicht ~ zu no tener reparo en; ~ lassen Zahlung: diferir, aplazar.
'ansteigen subir; fig. a. aumentar, incrementarse.
an'stelle (gen.) en lugar de, en vez de.
'anstell|en Radio usw.: poner; ⊕ poner en marcha; Vergleich: hacer; Personal: emplear; contratar; fig. sich ~ andar con melindres; sich (hinten) ~ hacer cola; sich ~ als ob aparentar; sich (un)geschickt ~ darse buena (mala) maña; **~ig** hábil; **2ung** f empleo m, colocación f; puesto m.
'ansteuern hacer rumbo a.
'Anstieg ['-ʃtiːk] m (3) subida f (a. fig.).
'anstieren mirar de hito en hito.
'anstift|en causar, provocar; j-n: instigar; **2er(in** f) m instigador(a) m (f), promotor(a) m (f); **2ung** f instigación f.
'anstimmen Lied: entonar.
'Anstoß m (Antrieb) impulso m; Sport: saque m inicial; den ~ geben poner en marcha; ~ erregen causar escándalo; ~ nehmen escandalizarse (an dat. de, con); **2en 1.** v/t. empujar; **2.** v/i. tropezar (an con); chocar (contra); (angrenzen) lindar (an con); mit der Zunge ~ cecear; auf j-n ~ brindar por alg.; **2end** contiguo, adyacente.
anstößig ['-ʃtøːsiç] chocante, escandaloso; escabroso.
'anstrahlen iluminar; j-n: mirar radiante.

'anstreben aspirar a, pretender.
'anstreich|en Stelle: marcar; **2er** m (7) pintor m (de brocha gorda).
anstreng|en ['-ʃtrɛŋən] (25) cansar, fatigar; e-n Prozeß ~ gegen poner pleito a; sich ~ esforzarse; **~end** fatigoso; penoso; **2ung** f fatiga f; esfuerzo m.
'Anstrich m (capa f de) pintura f; fig. apariencia f; toque m.
'Ansturm m asalto m; der Wellen: embate m; fig. afluencia f.
'anstürmen (sn): ~ gegen acometer, asaltar (ac.); lanzarse contra.
'Ansuchen n solicitud f; petición f.
'antasten tocar (a. fig.).
'Anteil m parte f; porción f; fig. interés m; ~ haben an participar en; ~ nehmen an interesarse por; **2mäßig** † a prorrata; a escote; **~nahme** ['--naːmə] f (15, o. pl.) interés m; simpatía f; compasión f.
'antelefonieren llamar (por teléfono).
Antenne [-'tɛnə] f (15) antena f.
Anthrazit [-tra'tsiːt] m (3) antracita f.
Anti... ['anti...]: in Zssgn anti...; **~alkoholiker** m antialcohólico m; **2autoritär** antiautoritario; **~'babypille** f píldora f (anticonceptiva); **~biotikum** [--bi'oːtikum] n (9²) antibiótico m; **~fa'schismus** m antifascismo m.
antik [-'tiːk] antiguo; **2e** f (15) edad f antigua, antigüedad f.
'Anti|körper ['-tikœrpər] m anticuerpo m; **~lope** [--'loːpə] f (15) antílope m; **~pathie** [--pa'tiː] f (15) antipatía f; **~pode** [--'poːdə] m (13) antípoda m.
'antippen tocar ligeramente; fig. mencionar de paso.
Antiqua Typ. [-'tiːkva] f uv. letra f romana.
Antiquar [-ti'kvaːr] m (3¹) anticuario m; (Buchhändler) librero m de viejo od. de lance; **~iat** [--kvar'jaːt] n (3) librería f de lance od. de viejo od. de ocasión; **2isch** [--'kvaːriʃ] de lance od. de ocasión.
Antiquitäten [--kvi'tɛːtən] f/pl. (16) antigüedades f/pl.; **~händler** m anticuario m.
Antisemit [--ze'miːt] m (12), **2isch** antisemita (m); **~ismus** [---mi'tismus] m (16, o. pl.) antisemitismo m.
antiseptisch [--'zɛptiʃ] antiséptico.

Antlitz ['antlits] n (3²) poet. faz f, rostro m.

Antrag ['-traːk] m (3³) propuesta f; Pol. moción f; (Gesuch) solicitud f; instancia f; ℒen ofrecer, proponer; ~steller m solicitante m; autor m de una moción.

'**antreffen** encontrar.

'**antreiben** ⊕ accionar, impeler; ⚓, ⚒ propulsar; fig. estimular, incitar.

'**antreten** 1. v/t. Reise: emprender; Arbeit: empezar; Beweis: presentar; Amt, Erbe: tomar posesión de; Strafe: (empezar a) cumplir; 2. v/i. (sn) ⚔ formar; Sport: enfrentarse (gegen con).

'**Antrieb** m ⊕ accionamiento m; impulso m (a. fig.); ⚒, ⚓ propulsión f; fig. estímulo m; aus eigenem ~ de motu propio, espontáneamente; ~s...: in Zssgn oft motriz, de propulsión; ~skraft f fuerza f motriz.

'**antrinken**: sich (dat.) e-n (Rausch)~ F coger una mona.

'**Antritt** m toma f de posesión; vor ~ der Reise antes de emprender el viaje; ~sbesuch m visita f de presentación; ~srede f discurso m inaugural; ~svorlesung f lección f inaugural.

'**antun** Gewalt, Ehre: hacer; sich (dat.) et. ~ atentar contra la propia vida; tu mir das nicht an! ¡no me hagas eso!

Antwort ['antvɔrt] f (16) contestación f, respuesta f; réplica f; um ~ wird gebeten se suplica la respuesta; keine ~ schuldig bleiben tener respuesta para todo; ℒen (26) contestar, responder; (erwidern) replicar; ~(post)karte f tarjeta f postal-respuesta.

'**anvertrauen** confiar; encomendar; sich j-m ~ confiarse a alg.

'**anwachsen** 1. (sn) ⚘ arraigar; fig. crecer, aumentar, incrementarse; 2. ℒ n crecimiento m, aumento m.

Anwalt ['-valt] m (3³) abogado m; ~sbüro n despacho m de abogado, bufete m; ~schaft f abogacía f; ~skammer f Colegio m de Abogados.

'**anwandeln** asaltar; ℒung f arranque m, impulso m; arrebato m.

'**anwärmen** calentar.

'**Anwärter** m aspirante m, candidato m (auf a).

'**Anwartschaft** ['-vartʃaft] f candidatura f; expectativa f; (Recht) derecho m (auf a).

'**anweis|en** ordenar; (anleiten) instruir; (beauftragen) encargar; Geld: consignar, girar; Platz: indicar; ℒung f indicación f; instrucciones f/pl.; (Geld) consignación f, giro m.

anwend|bar ['-vɛntbaːr] aplicable (auf ac. a); ~en ['--dən] emplear, utilizar; aplicar; ℒung f empleo m; aplicación f; ℒungsbereich m campo m de aplicación.

'**anwerben** ⚔ enganchar; Arbeiter: reclutar, contratar.

'**anwerfen** Motor: poner en marcha.

'**Anwesen** n propiedad f; mansión f; ℒd presente; ~ sein bei asistir a; Anwesende ausgenommen F mejorando lo presente; ~heit f presencia f; asistencia f.

anwidern ['-viːdərn] (29) repugnar.

'**Anwohner** ['-voːnər] m (7) vecino m; e-s Flusses: ribereño m.

'**anwurzeln** arraigar.

'**Anzahl** f número m, cantidad f; ℒen pagar a cuenta; ~ung f pago m a cuenta; señal f; bsd. Wohnung: entrada f.

'**anzapfen** Faß: picar; Telephonleitung: ℱ pinchar; F fig. j-n: dar un sablazo a.

'**Anzeichen** n señal f, indicio m; (Vorzeichen) presagio m; bsd. ⚕ síntoma m.

Anzeige ['-tsaɪɡə] f (15) noticia f; ⚕ aviso m; (Zeitungsℒ) anuncio m; ⚖ denuncia f; ℒn indicar; (ankündigen) anunciar, participar, comunicar; avisar; ⚖ denunciar; ~r m indicador m; ~tafel f Sport: marcador m.

anzetteln ['-tsɛtəln] (29) urdir, tramar.

'**anzieh|en** 1. v/t. atraer (a. fig.); (spannen) tensar, estirar; Kleidung: ponerse; Schraube, Bremse: apretar; fig. cautivar; sich ~ vestirse; 2. v/i. arrancar; Preise: subir; ~end atrayente, atractivo; ℒungskraft f Phys. fuerza f atractiva; fig. atractivo m.

'**Anzug** m traje m; conjunto m; im ~ sn acercarse; estar a punto de llegar; Gewitter: amenazar.

anzüglich ['-tsyːklɪç] alusivo; picante; ℒkeit f indirecta f; pulla f.

'**anzünd|en** encender; Haus: incendiar; ℒer m (7) encendedor m.

'**anzweifeln** poner en duda.

Aorta [a'ɔrta] f (16²) aorta f.

apart [a'part] particular; original.

Apath|ie [apa'tiː] f (15) apatía f; **⁀isch** [-'pɑːtiʃ] apático.

Aperitif [apəri'tiːf] m (11) aperitivo m.

Apfel ['apfəl] m (7¹) manzana f; *in den sauren ⁀ beißen* hacer de tripas corazón; **⁀baum** m manzano m; **⁀mus** n puré m de manzana; **⁀saft** m zumo m de manzana; **⁀schimmel** m (caballo m) tordo m; **⁀sine** [--'ziːnə] f (15) naranja f; **⁀sinenbaum** m naranjo m; **⁀wein** m sidra f.

Apostel [a'pɔstəl] m (7) apóstol m; **⁀geschichte** f Actos m/pl. de los Apóstoles.

Apostroph [apo'stroːf] m (3¹) apóstrofo m.

Apotheke [apo'teːkə] f (15) farmacia f, F botica f; **⁀r** m (7) farmacéutico m, F boticario m.

Apparat [apa'rɑːt] m (3) aparato m; *Phot.* máquina f; *Fernspr.* teléfono m; *wer ist am ⁀?* ¿con quién hablo?; *bleiben Sie am ⁀!*; ¡no cuelgue!

Appartement [apart(ə)'mãː] n (11) apartamento m; estudio m.

Appell [a'pɛl] m (3¹) ⚔ llamada f; revista f; *fig.* llamamiento m; **⁀ieren** apelar, hacer un llamamiento (*an* a).

Appetit [ape'tiːt] m (3) apetito m; *⁀ machen* abrir el apetito; *guten ⁀!* ¡que aproveche!; **⁀lich** apetitoso; **⁀losigkeit** f falta f de apetito, inapetencia f; **⁀zügler** f [--'tsyːglər] m (7) inhibidor m od. reductor m del apetito.

applau|dieren [aplau'diːrən] aplaudir; **⁀s** [a'plaus] m (4) aplauso m.

appretieren [apre'tiːrən] aprestar, aderezar; **⁀ur** [--'tuːr] f (16) apresto m, aderezo m.

Aprikose [apri'koːzə] f (15) albaricoque m, *Am.* damasco m; **⁀nbaum** m albaricoquero m, *Am.* damasco m.

April [a'pril] m (3¹) abril m; *j-n in den ⁀ schicken* dar una inocentada a alg.; **⁀scherz** m inocentada f.

Apsis ['apsis] f (16, *pl.* -siden [-'ziːdən]) ábside m.

Aquädukt [akvɛ'dukt] m (3) acueducto m.

Aquamarin [akvama'riːn] m (3) aguamarina f.

Aquarell [--'rɛl] n (3¹) acuarela f; **⁀maler(in** f) m acuarelista *su.*

Aquarium [a'kvaːrjum] n (9) acuario m.

Äquator [ɛ'kvaːtɔr] m (8, *o. pl.*) ecuador m.

Äquivalent [ɛkviva'lɛnt] n (3) equivalente m.

Ar [aːr] n (3¹, *nach Zahlen uv.*) área f.

Ära ['ɛːra] f (16²) era f.

Arab|er ['arabər] m (7), **⁀erin** f, **⁀isch** [a'rɑːbiʃ] árabe (*su.*).

Arbeit ['arbaɪt] f (16) trabajo m; labor f; *körperliche*: faena f; *häusliche*: quehaceres m/pl.; (*Werk*) obra f; (*Beschäftigung*) ocupación f; (*Aufgabe*) tarea f; (*Schul⁀*) examen m; *an die ⁀ gehen* poner manos a la obra; (*viel*) *⁀ machen* costar (mucho) trabajo; **⁀en** (26) trabajar; *Maschine:* funcionar, marchar.

'Arbeiter(in f) m trabajador(a) m (f); obrero (-a) m (f); operario (-a) m (f); **⁀...** *in Zssgn mst* obrero; **⁀klasse** f clase f obrera; **⁀partei** f partido m obrero; **⁀schaft** f obreros m/pl.; **⁀viertel** n barrio m obrero.

'Arbeit|geber m (7) patrono m, empleador m, *Am.* patrón m; **⁀geberanteil** m cuota f patronal; **⁀geberverband** m (asociación f) patronal f; **⁀nehmer** ['--neːmər] m (7) empleado m; productor m; **⁀nehmeranteil** m cuota f del empleado; **⁀sam** ['--zaːm] laborioso, trabajador.

'Arbeits|-amt n oficina f de empleo; **⁀anzug** m traje m de faena; mono m (de trabajo); **⁀beschaffung** f creación f de empleo; **⁀buch** n libreta f de trabajo; **⁀eifer** m afán m de trabajar; **⁀einstellung** f *s.* **⁀niederlegung**; **⁀erlaubnis** f permiso m de trabajo; **⁀essen** n almuerzo m de trabajo; **⁀fähig** capaz de trabajar; **⁀gebiet** n campo m de actividades; **⁀gemeinschaft** f círculo m de estudios; grupo m de trabajo; **⁀gericht** n tribunal m laboral; **⁀klima** n ambiente m od. clima m laboral; **⁀kräfte** ['--krɛftə] f/pl. mano f de obra; **⁀leistung** ⊕ f rendimiento m; **⁀lohn** m salario m; **⁀los** sin trabajo, parado, en paro; **⁀losenrate** f índice m de paro, tasa f de desempleo; **⁀losen-unterstützung** f subsidio m de paro od. de desempleo; **⁀losenversicherung** f seguro m contra el paro; **⁀lose(r)** m parado m; **⁀losigkeit** f paro m (forzoso), desempleo m; **⁀markt** m mercado m de trabajo; **⁀niederlegung** f suspensión f del trabajo; **⁀pferd** n caballo m de tiro; *fig.* yunque m; **⁀platz** m puesto m de trabajo; (*Stelle*) empleo m; (*Ort*) lugar m de traba-

Arbeitsrecht

jo; ~**recht** *n* derecho *m* laboral; ⁑**scheu** vago, holgazán; ~**tag** *m* jornada *f* laboral; ~**teilung** *f* división *f* del trabajo; ⁑**unfähig** incapaz para el trabajo; inválido; ~**unfähigkeit** *f* incapacidad *f* laboral; invalidez *f*; ~**unfall** *m* accidente *m* de trabajo; ~**vermittlung** *f* oficina *f* de colocación; bolsa *f* de trabajo; ~**zeit** *f* horas *f/pl.* de trabajo; jornada *f* laboral; ~**zimmer** *n* despacho *m*; estudio *m*.

Archäolog|e [arçɛo'loːgə] *m* (13) arqueólogo *m*; ~**ie** [---lo'giː] *f* (15, *o. pl.*) arqueología *f*; ⁑**isch** [---'loːgiʃ] arqueológico.

Arche ['-çə] *f* (15) arca *f*.

Archipel [-çi'peːl] *m* (3¹) archipiélago *m*.

Architekt [--'tɛkt] *m* (12) arquitecto *m*; ~**ur** [---'tuːr] *f* (16) arquitectura *f*.

Archiv [-'çiːf] *n* (3¹) archivo *m*; ~**ar** [-çi'vaːr] *m* (3¹) archivero *m*.

Arena [a'reːna] *f* (16²) arena *f*; *Stk. a.* ruedo *m*.

arg [ark] (18²) malo; fuerte; grave; (*sehr*) muy; *im argen liegen ir* de mal en peor; *es zu ~ treiben* ir demasiado lejos.

Argentin|ier(in *f*) [argɛn'tiːnjər(in)] *m* (7), ⁑**isch** argentino (-a) *m* (*f*).

Ärger ['ɛrgər] *m* (7, *o. pl.*) disgusto *m*; enfado *m*, enojo *m*; ⁑**lich** *et.:* enojoso; *j.:* enfadado (*über por*); ⁑**n** (29) enfadar, molestar, disgustar; irritar; *sich ~* enfadarse, enojarse; ~**nis** *n* (4¹) escándalo *m*; ~ *erregen* causar escándalo.

Arg|list ['arklist] *f* malicia *f*; 𝔱𝔱 dolo *m*; ⁑**listig** malicioso; 𝔱𝔱 doloso; ⁑**los** ingenuo; ~**losigkeit** *f* ingenuidad *f*; candidez *f*.

Argot [ar'goː] *m* (11) jerga *f*, argot *m*.

Argument [-gu'mɛnt] *n* (3) argumento *m*; ⁑**tieren** argüir, argumentar.

Arg|wohn ['arkvoːn] *m* (3, *o. pl.*) sospecha *f*; recelo *m*; ⁑**wöhnen** ['-vøːnən] (25, *untr.*) sospechar, recelar; ⁑**wöhnisch** receloso, suspicaz; ~ *machen* escamar.

Arie ['aːrjə] *f* (15) aria *f*.

Aristokrat(in *f*) *m* [aristo'kraːt(in)] (12) aristócrata *su.*; ~**ie** [---kraˈtiː] *f* (15) aristocracia *f*; ⁑**isch** [---'kraːtiʃ] aristocrático.

Arithmetik [arit'meːtik] *f* (16) aritmética *f*.

arktisch ['arktiʃ] ártico.

arm [arm] (18²) pobre (*an dat.* en); ~ *machen* (*werden*) empobrecer(se).

Arm [arm] *m* (3) brazo *m*; ~ *in ~ gehen* ir del brazo *od.* del bracete; *fig. j-m unter die ~e greifen* tender una mano a alg.; *in die ~e schließen* abrazar; F *fig. j-n auf den ~ nehmen* tomar el pelo a.

Armaturenbrett [arma'tuːrənbrɛt] *n* tablero *m* de instrumentos, salpicadero *m*; cuadro *m* de mandos.

Arm|band ['armbant] *n* pulsera *f*; ~**banduhr** *f* reloj *m* de pulsera; ~**binde** *f* brazalete *m*; ⚔ cabestrillo *m*; ~**brust** *f* ballesta *f*.

Armee [ar'meː] *f* (15) ejército *m*; ~**korps** *n* cuerpo *m* de ejército.

Ärmel ['ɛrməl] *m* (7) manga *f*; *fig. aus dem ~ schütteln* improvisar.

Armen|haus ['armənhaus] *n* asilo *m*, casa *f* de caridad; ~**pflege** *f* asistencia *f* pública; ~**recht** *n* beneficio *m* de pobreza.

Arm|lehne ['armleːnə] *f* brazo *m* de sillón; ~**leuchter** *m* candelabro *m*; P *fig.* idiota *m*, P gilipollas *m*.

ärmlich ['ɛrmliç] *s.* armselig.

Arm|reif ['armraɪf] *m* brazalete *m*; ⁑**selig** pobre, miserable, mísero; ~**sessel** *m* butaca *f*.

Armut ['armuːt] *f* (16, *o. pl.*) pobreza *f*; *stärker:* indigencia *f*; ⁑**szeugnis** *n*: *fig. sich ein ~ ausstellen* probar su incapacidad.

Aroma [a'roːma] *n* (11²) aroma *m*; ⁑**tisch** [aro'maːtiʃ] aromático.

Arrak ['arak] *m* arac *m*.

Arrang|ement [arãʒə'mã] *n* (11) arreglo *m* (*a.* ♪); ⁑**ieren** arreglar (*a.* ♪); organizar.

Arrest [a'rɛst] *m* (3²) arresto *m*.

arrogan|t [aro'gant] arrogante; ⁑**z** [--'gants] *f* (16, *o. pl.*) arrogancia *f*.

Arsch [arʃ] V *m* (3² *u.* ³) culo *m*; ~**loch** V *fig. n* P mierda *m*.

Arsen [ar'zeːn] *n* (3¹, *o. pl.*) arsénico *m*.

Arsenal [arzə'naːl] *n* (3¹) arsenal *m*.

Art [aːrt] *f* (16) (*Weise*) manera *f*, modo *m*; (*Gattung*) clase *f*, categoría *f*; tipo *m*; *a. Biol.* especie *f*; (*Eigen*⁑) índole *f*; *aus der ~ schlagen* degenerar; ⁑**en** (26, sn): ~ *nach* salir a.

Arterie [ar'teːrjə] *f* (15) arteria *f*; ~**nverkalkung** *f* arteriosclerosis *f*.

artesisch [-'teːziʃ]: ~*er Brunnen* pozo *m* artesiano.

Arthr|itis ⚕ [-'triːtis] *f* (16, *pl.* ~*itiden*

Atomphysik

[-tri'ti:dən] artritis *f*; ~ose ♣ [-'tro:-zə] *f* (15) artrosis *f*.

artig ['ɑːrtɪç] *Kind*: formal, bueno; (*höflich*) atento (*gegen* con); ℒkeit *f* formalidad *f*; atención *f*; F *pl*. piropos *m/pl*.

Artikel [ar'tiːkəl] *m* (7) artículo *m*.

Artillerie [-tɪləˈriː] *f* (15) artillería *f* (*schwere* pesada); ~ist [---'rɪst] *m* (12) artillero *m*.

Artischocke ♣ [-'tɪʃɔkə] *f* (15) alcachofa *f*.

Artist (**in** *f*) *m* [-'tɪst(ɪn)] (12) artista *su*. de circo, acróbata *su*.; ℒisch acrobático.

Arznei [arts'naɪ] *f* (16) medicina *f*, medicamento *m*; ~kunde *f* farmacología *f*; ~**mittel** *n* medicamento *m*, fármaco *m*.

Arzt [artst] *m* (3² u. ³) médico *m*, facultativo *m*; doctor *m*; F galeno *m*.

Ärzte|kammer [ˈɛrtstəkamər] *f* Colegio de Médicos; ~**schaft** *f* cuerpo *m* médico *od*. facultativo.

Arzthelferin [ˈartsthɛlfərɪn] *f* auxiliar *f* de médico.

Ärztin [ˈɛrtstɪn] *f* (16¹) médica *f*, doctora *f*; ℒlich médico, facultativo.

As [as] *n* (4¹) *Karten u. fig.* as *m*; ♪ la *m* bemol.

Asbest [asˈbɛst] *m* (3²) amianto *m*, asbesto *m*.

Asche ['aʃə] *f* (15) ceniza *f*; ~**bahn** *f* pista *f* de ceniza; ~**becher** *m* cenicero *m*; ~**brödel**, ~**puttel** ['--broːdəl, '--putəl] *n* (7) Cenicienta *f* (*a. fig.*).

Aschermittwoch [aʃərˈmɪtvɔx] *m* miércoles *m* de ceniza.

asch|fahl [ˈaʃˈfaːl], ~**farben** ceniciento; ~**grau** gris ceniza.

äsen ['ɛːzən] (27) *Wild*: pacer.

Asiat (**in** *f*) [azˈjɑːt(ɪn)] *m* (12), ℒisch asiático (-a) *m* (*f*).

Aske|se [asˈkeːzə] *f* (15, *o. pl.*) ascetismo *m*, ascética *f*; ~**t** [-'keːt] *m* (12) asceta *m*; ℒtisch ascético.

asozial ['azotsjaːl] antisocial.

Aspekt [asˈpɛkt] *m* (3) aspecto *m*.

Asphalt [-'falt] *m* (3²) asfalto *m*; ℒ**tieren** asfaltar.

Aspirant [pi'rant] *m* (12) aspirante *m*.

aß [aːs] *s*. *essen*.

Assistent (**t**(**in** *f*) [asɪsˈtɛnt(ɪn)] *m* (12) asistente *su*., ayudante *su*.; ~**z-arzt** [--'-sʲartst] *m* médico *m* ayudante.

Ast [ast] *m* (3² u. ³) rama *f*; *im Holz*: nudo *m*; *fig. auf dem absteigenden* ~ sn ir de capa caída.

Aster ♣ ['astər] *f* (15) aster *m*.

Asthet|ik [ɛsˈteːtɪk] *f* (16) estética *f*; ℒisch estético.

Asthma ['astma] *n* (11, *o. pl.*) asma *f*; ℒ**tisch** [-'maːtɪʃ] asmático.

'astrein *fig.*: *das ist nicht (ganz)* ~ no está muy católico.

Astro|loge [astroˈloːɡə] *m* (13) astrólogo *m*; ℒ**logie** [--loˈɡiː] *f* (15, *o. pl.*) astrología *f*; ~**naut** [--'naʊt] *m* (12) astronauta *m*; ~**nom** [--'noːm] *m* (12) astrónomo *m*; ~**nomie**, ℒ**nomisch** [--'miː] *f* (15, *o. pl.*) astronomía *f*.

Asyl [aˈzyːl] *n* (3¹) asilo *m* (*a. Heim*); ~**recht** *n* derecho *m* de asilo.

Atelier [atəlˈjeː] *n* (11) taller *m*; *Mal.*, *Film*: estudio *m*.

Atem ['ɑːtəm] *m* (6, *o. pl.*) aliento *m*; respiración *f*; *in e-m* ~ de un aliento; *außer* ~ sin aliento; ℒ**beraubend** *fig*. vertiginoso; ~**beschwerden** *f/pl*. molestias *f/pl*. respiratorias; ~**gymnastik** *f* gimnasia *f* respiratoria; ~**holen** *n* respiración *f*; ℒ**los** sin aliento; ~**not** *f* ♣ disnea *f*; ~**pause** *f fig*. respiro *m*; ~**übung** *f* ejercicio *m* respiratorio; ~**zug** *m* inspiración *f*; *in e-m* ~ de un aliento.

Atheist (**in** *f*) [ate'ɪst(ɪn)] (12), ℒ**isch** ateo (-a) *m* (*f*).

Äther [ˈɛːtɔr] *m* (7, *o. pl.*) éter *m*; ℒ**isch** [-'teːrɪʃ] etéreo (*a. fig.*).

Athlet (**in** *f*) [atˈleːt(ɪn)] *m* (12) atleta *su*.; ~**ik** [-'-tɪk] *f* (16) atletismo *m*; ℒ**isch** [-'-tɪʃ] atlético.

Atlas ['-las] *m* (4¹, *sg. a. uv.*): **a)** (*Landkarte*) [*pl. a.* Atˈlanten] atlas *m*; **b)** (*Stoff*) raso *m*; satén *m*.

atmen [ˈɑːtmən] (26) respirar.

Atmosphäre [atmosˈfɛːrə] *f* (15) atmósfera *f*; *fig*. ambiente *m*.

Atmung [ˈɑːtmʊŋ] *f* respiración *f*; ~**s**-...: *in Zssgn* respiratorio; ~**s-organe** *n/pl*. aparato *m* respiratorio.

Atom [aˈtoːm] *n* (3¹) átomo *m*; ~**antrieb** *m* propulsión *f* atómica; ~**bombe** *f* bomba *f* atómica; ~**bunker** *m* refugio *m* (anti)atómico; ~**energie** *f* energía *f* atómica; ~**forscher** *m* científico *m* atómico; ~**gewicht** *n* peso *m* atómico; ~**kern** *m* núcleo *m* atómico; ~**kraftwerk** *n* central *f* atómica *od*. nuclear; ~**macht** *f* potencia *f* nuclear; ~**meiler** *m* pila *f* atómica; ~**müll** *m* residuos *m/pl*. radiactivos; ~**physik** *f* física *f* atómica; ~physiker *m* físico *m* atómico; ~sperrvertrag *m* tratado *m* de no proliferación de armas atómicas; ~sprengkopf *m* cabeza *f od.* ojiva *f* nuclear; ~waffe *f* arma *f* atómica; 2waffenfrei: ~e Zone zona *f* desnuclearizada; ~zerfall *m* desintegración *f* atómica.

Attaché [ata'ʃe:] *m* (11) agregado *m*.

Atten|tat ['atɔnta:t] *n* (3) atentado *m*; ~täter *m* autor *m* de un atentado.

Attest [a'tɛst] *n* (3²) certificado *m*; 2ieren certificar.

Attrak|tion [atrak'tsjo:n] *f* atracción *f*; 2tiv [~'ti:f] atractivo.

Attrappe [a'trapə] *f* (15) objeto *m* simulado *od.* F de pega.

Attribut [atri'bu:t] *n* (3) atributo *m*.

ätz|en ['ɛtsən] (27) corroer; *Platte*: grabar al agua fuerte; 🗡 cauterizar; ~end, 2mittel *n* corrosivo (*m*); 🗡 cáustico (*m*) (*adj. a. fig.*); 2ung *f* corrosión *f*; 🗡 cauterización *f*;(*Platte*) grabado *m* al agua fuerte.

au! [au] *int.* ¡ay!

Aubergine [obɛr'ʒi:nə] *f* (15) berenjena *f*.

auch [aux] también; ~ *nicht* tampoco; ~ *das noch!* no faltaba más que eso; *oder* ~ o sea; *sowohl ... als* ~ tanto ... como; ~ *wenn* aun cuando; *wer* ~ *immer* quienquiera que (*subj.*); *wie* ~ *immer* como quiera que (*subj.*).

Audienz [au'djɛnts] *f* (16) audiencia *f*.

audiovisuell [audjovizu'ɛl] audiovisual.

Auditorium [audi'to:rjum] *n* (9) auditorio *m* (*a. Saal*).

Aue ['auə] *f* (15) pradera *f*; vega *f*.

Auer|hahn ['-ərha:n] *m* urogallo *m*, gallo *m* silvestre; ~ochse *m* uro *m*.

auf [auf] **1.** *prp.* sobre; en, encima de; ~ *dem Tisch* sobre la mesa; ~ *dem Boden* en el suelo; ~ *dem Land* en el campo; ~ *der Straße* en la calle; ~ *dieser Seite* por *od.* de este lado; ~ *Besuch* de visita; ~ *deutsch* en alemán; **2.** *adv.* (*offen*) abierto; (*aufgestanden*) levantado; ~ *u. ab gehen* ir de un lado para otro; ir y venir; ~ *u. davon sn* haberse escapado; **3.** *int.* ~! ¡arriba!; (*los*) ¡vamos!

'**auf-arbeiten** (*beenden*) terminar; (*erneuern*) renovar.

'**auf-atmen** respirar (*a. fig.*).

aufbahren ['-ba:rən] (25) amortajar; *aufgebahrt* de cuerpo presente.

'**Aufbau** *m* construcción *f*; ⊕ montaje *m*; (*Gliederung*) estructura *f*; organización *f*; Kfz. carrocería *f*; ⚓ *pl.* ~ten superestructura *f*; 2en construir; ⊕ montar; *fig.* organizar; 2end constructivo.

'**aufbäumen:** *sich* ~ encabritarse; *fig.* rebelarse.

'**aufbauschen** hinchar (*a. fig.*).

'**aufbegehren** protestar, rebelarse (*gegen* contra).

'**aufbehalten** *Hut*: dejar puesto.

'**aufbekommen** *Tür*: lograr abrir; *Aufgabe*: tener que hacer.

'**aufbereiten** 🛠 *Erze*: preparar.

'**aufbessern** *Gehalt*: aumentar.

'**aufbewahr|en** guardar, conservar; *für später*: reservar; 2ung *f* conservación *f*; (*Gepäck*) consigna *f*; 2ungs-ort *m* depósito *m*.

'**aufbieten** *Brautpaar*: amonestar; ⚔ levantar; *a. fig.* movilizar; *Mittel*: poner en juego; *alle Kräfte* ~ emplearse a fondo.

'**aufbinden** (*losbinden*) desatar.

'**aufblähen** hinchar; *sich* ~ hincharse (*a. fig.*).

'**aufblas|bar** hinchable; 2en inflar, hinchar.

'**aufbleiben** (sn) quedar abierto; *nachts*: no acostarse, velar.

'**aufblenden** Kfz. poner las luces de carretera.

'**aufblicken** alzar la vista.

'**aufblitzen** (sn *u. h.*) relampaguear.

'**aufblühen** (sn) abrirse; *fig.* florecer; prosperar; *j.*: rejuvenecer.

'**aufbrauchen** apurar, agotar.

'**aufbrausen** (sn) hervir; *fig.* encolerizarse; ~d colérico.

'**aufbrechen 1.** *v/t.* abrir, romper; *gewaltsam*: forzar; **2.** *v/i.* (sn) abrirse; (*fortgehen*) marcharse; salir, partir (*nach* para).

'**aufbringen** *Geld*: reunir; *Kosten*: cubrir; *Truppen*: levantar; *Schiff*: apresar; *Gerücht*: inventar; *Mode usw.*: lanzar; *fig.* irritar, enojar.

'**Aufbruch** *m* salida *f*, marcha *f*.

'**aufbrühen** hervir; *Tee*: hacer.

'**aufbügeln** planchar.

aufbürden ['-byrdən] (26): *j-m et.* ~ cargar a/c. a alg.

'**aufdecken** abrir; destapar; *fig.* descubrir, desvelar.

'**aufdrängen** obligar a aceptar; *Meinung*: imponer; *sich j-m* ~ importunar a alg.

'**aufdrehen** *Hahn*: abrir.

'aufdringlich importuno, cargante, pesado.

'Aufdruck m impresión f; ⁀**en** imprimir.

'aufdrücken abrir empujando; *Siegel*: poner; *a. fig.* imprimir.

aufeinander [-'ʔaɪn'ʔandər] uno(s) sobre otro(s); *zeitl.* uno tras otro; ⁀**folge** f sucesión f; ⁀**folgen** seguirse, sucederse; ⁀**folgend** sucesivo, consecutivo; ⁀**häufen**, ⁀**türmen** apilar, amontonar; ⁀**legen** poner uno encima de otro; ⁀**prallen**, ⁀**stoßen** entrechocarse; chocar (*a. fig.*).

Aufenthalt ['aʊfənthalt] m (3) estancia f; permanencia f; 😊 parada f; ⁀**sgenehmigung** f permiso m de residencia; ⁀**s-ort** m paradero m.

'auf-erlegen imponer (*a. Steuern*).

'auf-ersteh|en (sn) resucitar; ⁀**ung** f resurrección f.

'auf-essen: *alles* ⁀ comérselo todo.

auffädeln ['fɛːdəln] (29) enfilar.

'auffahr|en 1. v/t. ✕ poner en posición; F *Speisen*: traer; **2.** v/i. (sn) chocar (*auf ac.* con); embestir (*ac.*); ⚓ encallar; *vor Schreck*: sobresaltarse; *aus dem Schlaf* ⁀ despertarse sobresaltado; ⁀**t** f (16) subida f; (*Rampe*) rampa f; (*Autobahn*) acceso m; ⁀**unfall** m accidente m por alcance.

'auffallen caer (*auf ac.* en); *fig.* llamar la atención; ⁀**d**, **'auffällig** vistoso, llamativo.

'auffang|en coger (al vuelo); *Hieb*: parar; *Stoß*: amortiguar; *Funkspruch*: captar; *im Gefäß*: recoger; *fig.* absorber; ⁀**lager** n campo m de recepción.

'auffärben reteñir.

'auffassen concebir; comprender; interpretar; ⁀ *als* considerar como.

'Auffassung f concepción f; interpretación f; parecer m; modo m de ver; ⁀**sgabe** f entendimiento m; inteligencia f; *leichte* ⁀ facilidad f de comprensión.

'auffinden hallar, encontrar; localizar.

'auffischen pescar (*a. fig.*).

'aufflackern *Licht*. avivarse, *fig.* rebrotar.

'aufflammen echar llamas, llamear.

'auffliegen echar a volar; *Tür*: abrirse de golpe; F *fig.* fracasar; ⁀ *lassen* torpedear; *Bande*: desarticular.

'aufforder|n invitar (*zu* a); (*ermah-nen*) exhortar; *amtlich*: requerir; *zum Tanz* ⁀ sacar a bailar; ⁀**ung** f invitación f; exhortación f; requerimiento m; intimación f.

aufforst|en ['-fɔrstən] repoblar; ⁀**ung** f repoblación f forestal.

'auffressen devorar; F comerse.

'auffrischen ['-frɪʃən] (25) refrescar (*a. fig.*); renovar; *Wind*: arreciar.

'aufführ|en (*nennen*) citar, mencionar; *Thea.* representar; ♪ ejecutar; *sich* ⁀ conducirse, portarse; *aufgeführt sn in e-r Liste*: figurar; ⁀**ung** f representación f; ♪ ejecución f; conducta f.

'auffüllen rellenar; ✝ *Bestände*: reponer.

'Aufgabe f tarea f, función f, misión f; *Gepäck*: facturación f; 😊 envío m; (*Schul*⁀) lección f, deber m; ✚ problema m; (*Verzicht*) abandono m, renuncia f; *e-s Geschäfts*: liquidación f, cese m.

'aufgabeln F *fig.* pescar.

'Aufgang m subida f; (*Treppe*) escalera f; *Astr.* salida f.

'aufgeben *Brief*: echar al correo; *Telegramm*, *Annonce*: poner; *Gepäck*: facturar; *Rätsel*: (pro)poner; *Schulaufgabe*: dar; ✙ *Kranke*: desahuciar; (*verzichten*) renunciar a; *Plan*: abandonar (*a. v/i. Sport*); *Geschäft*: liquidar, cesar; *den Geist* ⁀ rendir el alma; *die Hoffnung* ⁀ desesperar.

aufgeblasen ['-gəblaːzən] *fig.* arrogante, presuntuoso.

'Aufgebot n (*Ehe*⁀) proclamas f/pl. matrimoniales, amonestaciones f/pl.; ✕ llamamiento m a filas; *mit großem* ⁀ *an* con gran despliegue de.

aufge|bracht ['-gəbraxt] irritado (*über* por); ⁀**donnert** ['--dɔnərt] F emperejilado; peripuesto; ⁀**dreht** ['--dreːt] *fig.* muy alegre; ⁀**dunsen** ['--dʊnzən] hinchado; *Gesicht*, *Leib*: abota(r)gado.

'aufgehen abrirse; *Astr.* salir; *Vorhang*: levantarse; *Knoten*: deshacerse; *Naht*: descoserse; *Teig*: (comenzar a) subir; *Saat*: brotar; *Rechnung*: salir bien; *fig.* ⁀ *in* (*dat.*) quedar absorbido por.

aufge|klärt ['-gəklɛːrt] *hist.* ilustrado; (*vorurteilsfrei*) libre de prejuicios; ⁀**kratzt** F ['--kratst] muy alegre *od.* animado; ⁀**legt** ['--leːkt]: ⁀ *sn zu* estar de humor para; *gut* (*schlecht*) ⁀ de buen (mal) humor;

~räumt ['--rɔʏmt] *fig.* de buen humor.

aufgeregt ['--reːkt] agitado; excitado; nervioso; 2**heit** *f* agitación *f*; excitación *f*; nerviosismo *m*.

auf|ge|schlossen ['--ʃlɔsən] *fig.* abierto (*für* a); **~schmissen** F ['--ʃmisən]: **~** *sn* estar perdido *od.* F apañado; **~weckt** ['--vɛkt] *fig.* despierto; (d)espabilado; **~worfen** ['--vɔrfən] *Lippen*: abultado.

'**aufgießen** *Tee*: hacer, preparar.

'**aufglieder|n** desglosar (*nach* por); 2**ung** *f* desglose *m*.

'**aufgreifen** *Dieb*: prender; *Gedanken*: aprovechar, hacer suyo.

auf'grund s. *Grund*.

'**Aufguß** *m* infusión *f*; **~beutel** *m* bolsita *f* de té.

'**aufhaben** *Hut*: tener puesto; *Geschäft*: tener abierto; *Aufgaben*: tener que hacer *od.* estudiar.

'**aufhaken** desabrochar.

'**aufhalsen** ['-halzən] (27) F endosar.

'**aufhalten** dejar *od.* tener abierto; *Hand*: tender, alargar; *(stoppen)* parar, detener; *(verzögern)* retardar; *sich ~* permanecer; *sich ~ mit* perder el tiempo en; entretenerse con; *sich ~ über (ac.)* criticar (*ac.*).

'**aufhäng|en** colgar (*an dat.* de *od.* en); suspender (de); *Wäsche*: tender; ⚖ ahorcar, colgar; 2**er** *m* (7) cordón *m*; tira *f*; 2**ung** *f* ⊕ suspensión *f*.

'**aufhäufen** acumular, amontonar.

'**aufheb|en** levantar (*a. fig. Tafel, Sitzung, Belagerung*); vom *Boden*: recoger; (*abschaffen*) abolir, anular; suprimir; *Gesetz*: abrogar; (*aufbewahren*) guardar, conservar; *gut aufgehoben sn* estar en buenas manos; *sich (gegenseitig) ~* compensarse; *viel* 2**s** *machen von* hacer mucho ruido por; 2**ung** *f* levantamiento *m*; abolición *f*; supresión *f*; anulación *f*.

'**aufheiter|n** ['-haɪtərn] (29) animar; *sich ~* despejarse; 2**ung** *f Wetter*: ~en apertura *f* de claros.

'**aufhellen** ['-hɛlən] (25): *sich ~* aclararse; *Himmel*: despejarse.

'**aufhetzen** soliviantar; incitar, instigar (*zu* a).

'**aufheulen** dar aullidos; *Motor*: rugir.

'**aufholen** ganar terreno; *Zeit*: recuperar.

'**aufhorchen** aguzar los oídos.

'**aufhören** terminar, acabar; *~ zu* cesar de, dejar de; *da hört (sich) doch alles auf!* ¡es el colmo!; *ohne* 2 sin cesar.

'**aufjauchzen** lanzar gritos de alegría.

'**Aufkauf** *m* compra *f*; acaparamiento *m*; 2**en** acaparar.

'**Aufkäufer** *m* comprador *m*; acaparador *m*.

aufklapp|bar ['-klapbɑːr] plegable; **~en** abrir; levantar.

'**aufklaren** *Wetter*: despejarse; escampar.

'**aufklär|en** aclarar, esclarecer; *j-n*: abrir los ojos (a); (*bilden*) ilustrar; ⚔ reconocer, explorar; 2**er** *m* (7) ⚔ explorador *m*; 2**ung** *f* aclaración *f*; esclarecimiento *m*; ⚔ reconocimiento *m*; *hist.* ilustración *f*; *sexuelle* ~ iniciación *f* sexual; 2**ungsflugzeug** *n* avión *m* de reconocimiento; 2**ungssatellit** *m* satélite *m* espía.

'**aufklebe|n** pegar (en); 2**r** *m* pegatina *f*, adhesivo *m*.

'**aufknacken** *Nüsse*: cascar; *Geldschrank*: forzar.

'**aufknöpfen** desabotonar, desabrochar.

'**aufknüpfen** *j-n*: ahorcar; colgar; *et.*: deshacer, desatar.

'**aufkochen** hervir.

'**aufkommen** (sn) levantarse (*a. Wind usw.*); *Mode, Brauch*: introducirse, surgir; ~ *für* responder de; *gegen j-n* ~ poder con alg.; ~ *lassen* tolerar.

'**aufkratzen** raspar; *Haut*: arañar.

aufkrempeln ['-krɛmpəln] (29): *sich die Ärmel* ~ arremangarse.

'**aufkreuzen** F descolgarse *od.* dejarse caer por.

'**aufkriegen** F s. *aufbekommen*.

'**auflachen** soltar una carcajada.

'**auflachen** cargar (*a.* ⚡).

'**Auflage** *f Typ.* edición *f*; (*Pflicht*) obligación *f*; **~nhöhe** *f* tirada *f*.

'**auflass|en** *Tür*: dejar abierto; *Hut*: dejar puesto; ⚖ ceder; 2**ung** ⚖ *f* cesión *f*.

'**auflauern** acechar.

'**Auflauf** *m* agolpamiento *m*; alboroto *m*, tumulto *m*; *Kchk. fr.* soufflé *m*; 2**en** (sn) ⚓ encallar; † *Beträge*: acumularse.

'**aufleben** (sn) renacer; reanimarse.

'**auflecken** lamer.

'**auflegen** poner, colocar; ⚕ aplicar; *Telefonhörer*: colgar; *Steuern*: impo-

aufreizend

ner; *Anleihe*: emitir; *Buch*: editar; *neu* ~ reeditar.

auflehn|en (di)soluble; **~en** desha-
cer; desatar; *Rätsel, Problem*: resol-
ver; *Versammlung, Ehe, ⚔*: disolver;
in Wasser: desleír, diluir; *Geschäft*:
liquidar; *sich* ~ descomponerse; ⚔
desbandarse; *aufgelöstes Haar pelo
suelto*; **ℒung** *f* solución *f*; disolución
f; liquidación *f*; descomposición *f*;
ℒungszeichen ♪ *n* becuadro *m*.

'auflehn|en: *sich* ~ rebelarse, suble-
varse (*gegen* contra); **ℒung** *f* rebelión
f, sublevación *f*.

'auflesen recoger.

'aufleuchten resplandecer, ilumi-
narse.

'aufliegen △ descansar (*auf* en).

'auflockern mullir; *fig*. amenizar.

'auflodern inflamarse; llamear.

'auflös|bar (di)soluble; **~en** desha-
cer; desatar; *Rätsel, Problem*: resol-
ver; *Versammlung, Ehe, ⚔*: disolver;
in Wasser: desleír, diluir; *Geschäft*:
liquidar; *sich* ~ descomponerse; ⚔
desbandarse; *aufgelöstes Haar pelo
suelto*; **ℒung** *f* solución *f*; disolución
f; liquidación *f*; descomposición *f*;
ℒungszeichen ♪ *n* becuadro *m*.

'aufmach|en abrir; *Knoten*: desha-
cer; *sich* ~ *nach* ponerse en camino
hacia; ~ *in* presentación *f*; *in gro-
ßer* ~ de tiros largos; *Zeitung*: con
grandes títulos.

'Aufmarsch ⚔ *m* desfile *m*; desplie-
gue *m*; **ℒieren** desfilar; desplegarse.

'aufmerk|en estar atento (*auf* a); **~-
sam** atento (*auf* a); *j-n auf et*. ~
machen llamar la atención de alg.
sobre a/c.; **ℒsamkeit** *f* atención *f*;
kleine ~ (*Geschenk*) obsequio *m*.

aufmucken F ['-mukən] (25) rechis-
tar; rebelarse (*gegen* contra).

aufmuntern ['-muntərn] (29) ani-
mar, estimular.

aufmüpfig F ['-mypfiç] rebelde, res-
pondón.

Aufnahme ['-nɑːmə] *f* (15) acogida *f*;
(*Eintritt*) ingreso *m*; (*Zulassung*) ad-
misión *f*; *feierliche*: recepción *f*;
Phot. foto *f*, vista *f*; (*Tonℒ*) grabación
f; *Achtung*, ~! ¡silencio, se rueda!;
~fähig receptivo; capaz de absorber;
~fähigkeit *f* capacidad *f* de absor-
ción; receptividad *f*; **~prüfung** *f*
examen *m* de ingreso; **~wagen** *m* TV
unidad *f* móvil.

aufnehm|en (*aufheben*) recoger; *als
Gast*: acoger, recibir; (*zulassen*) ad-
mitir; *in Listen, Wörterbücher*: in-
cluir; *Phot*. fotografiar; *Ton*: grabar;
(*filmen*) filmar; *Gelder*: tomar pres-
tado; *Masche*: coger; *Protokoll*: le-
vantar; *Verbindung*: establecer; *in
ein Krankenhaus* ~ hospitalizar; *übel*
tomar a mal; *es mit j-m* ~ (poder)
competir con alg.; **ℒer** *m* (7) bayeta *f*.

'aufnötigen: *j-m et*. ~ imponer a/c. a
alg.

'auf-opfer|n (*sich*) sacrificar(se); **~nd**
abnegado; sacrificado; **ℒung** *f* sacri-
ficio *m*; abnegación *f*.

'aufpassen prestar atención (*auf* a);
tener cuidado (con); *auf j-n* ~ cuidar
de alg.; *paß auf!* ¡cuidado!; *paß* (*mal*)
auf! ¡escucha!; **ℒer** *m* (12) vigilante
m; *desp*. espía *m*.

'aufpeitschen excitar; estimular.

'aufpflanzen *Fahne*: enarbolar; *Sei-
tengewehr*: armar; *sich* ~ plantarse.

'aufpfropfen injertar (en).

'aufplatzen reventar, estallar; *Naht*:
descoserse.

'aufplustern ['-pluːstərn] (29): *sich* ~
ahuecar las plumas; *fig*. pavonearse.

'aufpolieren dar *od*. sacar brillo a.

Aufprall ['-pral] *m* (3¹, *o. pl*.) choque
m; impacto *m*; **ℒen** (sn) chocar (*auf
ac*. contra).

'Aufpreis *m* suplemento *m*; recargo
m.

aufpulvern F ['-pulfərn] (29) ani-
mar; estimular.

'aufpumpen inflar.

'aufputsch|en amotinar; *sich* ~ tomar
estimulantes; **ℒmittel** *n* estimulante
m; excitante *m*.

'Aufputz *m* atavío *m*; **ℒen** ataviar.

'aufquellen esponjarse; hincharse.

'aufraffen recoger; *fig*. *sich* ~ animar-
se; hacer un esfuerzo.

'aufräum|en ordenar; arreglar;
Schutt: des(es)combrar; *fig*. ~ *mit*
acabar con; **ℒungs-arbeiten** *f*/*pl*.
trabajos *m*/*pl*. de descombro.

'aufrechn|en contar; **~** *gegen* com-
pensar con; **ℒung** *f* compensación *f*.

'aufrecht derecho, erguido; *a. fig*.
recto; (*stehend*) en pie; **~-erhalten**
sostener, mantener; **ℒ-erhaltung** *f*
sostenimiento *m*, mantenimiento *m*.

'aufreg|en agitar, excitar; *sich* ~ exci-
tarse, enfadarse (*über ac*. por); **~end**
excitante; emocionante; **ℒung** *f* agi-
tación *f*, excitación *f*.

'aufreiben excoriar; *fig*. agotar; *sich* ~
consumirse; **~d** agotador.

'aufreihen ensartar.

'aufreißen 1. *v*/*t*. *Tür*: abrir brusca-
mente; *Pflaster, Straße*: levantar;
die Augen ~ abrir los ojos como pla-
tos; 2. *v*/*i*. (sn) *Naht*: descoserse.

'aufreizen excitar; provocar; irritar;
~d provocativo, provocador.

aufrichten poner derecho; enderezar; levantar; (trösten) alentar; sich ~ ponerse en pie; incorporarse.
aufrichtig sincero, franco; ♀**keit** f sinceridad f, franqueza f.
aufriegeln ['-ri:gəln] (29) descorrer el cerrojo de.
Aufriß △ m alzado m.
aufrollen enrollar; arrollar (a. ⚔); (entfalten) desenrollar; Frage usw.: abordar.
aufrücken (sn)⚔ cerrar las filas; fig. ascender (zu a).
Aufruf m proclamación f; llamamiento m; ♀**en** llamar; die Namen ~ pasar lista; zum Streik ~ convocar una huelga.
Aufruhr m (3) alboroto m, tumulto m; revuelta f; rebelión f; in ~ versetzen agitar; alarmar.
aufrühr|en remover (a. fig.); fig. alborotar; Streit usw.: atizar; ♀**er** m (7), **~erisch** revoltoso (m), rebelde (m).
aufrunden redondear.
aufrüst|en rearmar; ♀**ung** f rearme m.
aufrütteln sacudir; fig. animar.
aufsagen recitar.
aufsammeln recoger.
aufsässig ['-zɛsɪç] rebelde, levantisco; ♀**keit** f espíritu m de rebeldía.
Aufsatz m (Schul♀) composición f; redacción f; (Zeitungs♀) artículo m; Lit. ensayo m.
aufsaugen absorber (a. fig.); aspirar.
aufschauen alzar la vista.
aufscheuchen espantar, ahuyentar.
aufscheuern Haut: excoriar.
aufschichten apilar.
aufschieben fig. aplazar.
aufschießen (sn) levantarse bruscamente; (schnell wachsen) dar un estirón.
Aufschlag m choque m; impacto m; Ball: rebote m; Tennis: saque m, servicio m; am Rock: solapa f; am Ärmel: bocamanga f; (Zuschlag) recargo m, suplemento m; ♀**en** 1. v/t. (öffnen) abrir; Zelt, Bett: armar; Wohnsitz: fijar, establecer; 2. v/i. (sn) chocar (auf contra); caer (en); hacer impacto; Tennis: sacar, servir; Ball: rebotar; Preis: subir.
aufschließen 1. v/t. abrir (con llave); 2. v/i. ⚔ cerrar las filas.
aufschlitzen hender; Bauch: abrir.
aufschluchzen romper en sollozos.

Aufschluß m explicación f; ~ geben über informar sobre.
aufschlüssel|n ['-ʃlysəln] (29) desglosar; ♀**ung** f desglose m.
aufschlußreich instructivo.
aufschnappen a. fig. coger al vuelo; F pescar.
aufschneid|en 1. v/t. cortar; Kchk. cortar en lonjas od. rodajas; Braten: trinchar; 2. v/i. fanfarronear; ♀**er** m (7) fanfarrón m; ♀**e'rei** f fanfarronada f.
Aufschnitt m: (kalter) ~ fiambres m/pl.
aufschnüren desatar; deshacer.
aufschrauben atornillar; (losschrauben) destornillar; desenroscar.
aufschrecken 1. v/t. asustar; 2. v/i. sobresaltarse.
Aufschrei m grito m.
aufschreiben apuntar, anotar.
aufschreien lanzar un grito.
Aufschrift f inscripción f; etiqueta f; letrero m; ⚙ señas f/pl.
Aufschub m aplazamiento m; ✝ demora f; prórroga f.
aufschürfen Haut: excoriar.
aufschütteln sacudir; Polster: mullir.
aufschütt|en echar; amontonar; ♀**ung** f terraplén m.
aufschwatzen F endosar.
aufschwemmen esponjar; hinchar.
aufschwingen: fig. sich ~ zu decidirse a.
Aufschwung m Turnen: elevación f; fig. auge m, incremento m.
aufseh|en levantar los ojos; ♀**en** n: ~ erregen hacer sensación; causar escándalo; **~en-erregend** sensacional; espectacular; ♀**er** m (7) vigilante m; inspector m; Museum: celador m.
aufsein (sn) estar abierto; j.: estar levantado.
aufsetzen 1. v/t. poner (a. Miene); Hut usw.: ponerse; Essen: poner al fuego; Text: redactar; sich ~ incorporarse; 2. v/i. ⚔ tomar tierra, posarse.
Aufsicht f vigilancia f; inspección f; ~**srat** m consejo m de administración.
aufsitzen (h.) nachts: pasar una noche en blanco; Reiter: (sn) montar (a caballo); F fig. j-n ~ lassen dejar plantado a alg.
aufspannen tender; Segel: desplegar; Schirm: abrir.
aufsparen ahorrar; reservar.

Auftrieb

'aufspeichern almacenar; *fig.* acumular.
'aufsperren abrir (*weit* de par en par).
'aufspielen ♪ tocar; *sich* ~ F darse tono; *sich* ~ *als* echárselas de.
'aufspießen espetar; (*durchbohren*) atravesar con; *Stk.* coger, empitonar.
'aufsprengen hacer saltar; volar; *Tür:* forzar.
'aufspringen (sn) *j.:* levantarse de pronto; *Tür:* abrirse de golpe; *Haut:* agrietarse.
'aufspulen devanar, bobinar.
'aufspüren dar con la pista de; (*finden*) descubrir, localizar.
'aufstacheln ['-ʃtaxəln] (29) aguijonear, instigar, incitar.
'aufstampfen patalear.
'Aufstand *m* sublevación *f*, insurrección *f*, rebelión *f*.
aufständisch ['-ʃtendiʃ] sedicioso, rebelde; *die* 2en los insurrectos.
'aufstapeln apilar.
'aufstauen estancar.
'aufstechen pinchar.
'aufstecken fijar (con alfileres); F (*aufgeben*) abandonar, dejar.
'aufstehen (sn) levantarse; alzarse (*a. fig.*); *Tür:* estar abierto.
'aufsteige|n *a. fig.* subir; *a. Sport u. fig.* ascender; ✈ tomar altura; *Reiter usw.:* ...nd ascendente (*a. Astr.*); 2r *m Sport:* equipo *m* ascendido; *fig.* trepador *m*.
'aufstell|en colocar, poner; ⊕ montar, instalar; ⚔ formar; *Posten:* apostar; *Mannschaft:* alinear; formar; *Denkmal:* erigir; *Heer:* poner en pie; *Grundsatz:* sentar; *Liste, Rechnung:* hacer; *Rekord:* establecer; *Kandidaten:* designar; *die Behauptung* ~ afirmar; *sich* ~ colocarse; ponerse; formar; *Am.* ubicarse; 2ung *f* colocación *f*, disposición *f*; ⊕ montaje *m*; instalación *f*; *v. Raketen: a.* despliegue *m*; *Sport:* alineación *f*; ⚔ formación *f*; (*Liste*) lista *f*; relación *f*.
Aufstieg ['-ʃtiːk] *m* (3) subida *f*; ascensión *f*; *fig.* progreso *m*; auge *m*; *beruflich:* ascenso *m* (*a. Sport*), promoción *f*.
'aufstöbern *Jgdw.* levantar; *fig.* localizar.
'aufstocken *Haus:* añadir un piso; ✝ aumentar, ampliar.
'aufstören espantar.
'aufstoßen 1. *v/t.* abrir (de un empujón); 2. *v/i.* (h.) (*rülpsen*) eructar; (sn) ~ *auf* chocar contra.
'aufstreben elevarse; *fig.* aspirar (*zu dat.* a); ~d floreciente.
'aufstreichen extender.
'aufstreifen *Ärmel:* recoger.
'aufstreuen espolvorear.
aufstülpen ['-ʃtylpən] (25): *sich den Hut* ~ calarse el sombrero.
'aufstützen (sich) apoyar(se) (*auf ac.* en); *die Ellenbogen* ~ acodarse.
'aufsuchen buscar; *j-n:* ir a ver, visitar.
'auftakeln ⚓ aparejar; F *fig. sich* ~ emperifollarse, emperejilarse.
'Auftakt *m* ♪ anacrusa *f*; *fig.* preludio *m*.
'auftanken echar *od.* repostar gasolina.
'auftauchen (sn) emerger; *fig.* surgir.
'auftauen 1. *v/t.* derretir; *Tiefkühlkost:* descongelar; 2. *v/i.* (sn) derretirse; *Flüsse:* deshelarse; *fig.* perder la timidez.
'aufteil|en repartir; *anteilig:* prorratear; *Land:* parcelar; 2ung *f* repartición *f*; prorrateo *m*; parcelación *f*.
'auftischen ['-tiʃən] (27) poner sobre la mesa, servir; *fig.* contar.
Auftrag ['-traːk] *m* (3³) encargo *m*; ✝ *a.* orden *f*, pedido *m*; (*Aufgabe*) cometido *m*; misión *f*; *im* ~ (*Abk. i. A.*) por poder (p. p.), por orden (de); *im* ~ *von* de parte de; 2en *Speisen:* servir; *Farbe:* aplicar; *Kleidung:* gastar; *Grüße:* mandar; *j-m et.* ~ encargar a/c. a alg.; *fig. dick* ~ exagerar; F (re)cargar las tintas; **~geber** *m* ⚖ mandante *m*; ✝ cliente *m*, comitente *m*; **~bestand** *m* cartera *f* de pedidos; 2sgemäß conforme a su pedido.
'auftreiben (*blähen*) hinchar; (*beschaffen*) conseguir.
'auftrennen deshacer; *Naht:* descoser.
'auftreten 1. *v/i.* sentar el pie; (*erscheinen*) presentarse; *Thea.* entrar en escena; (*spielen*) actuar; (*vorkommen*) producirse; (*sich benehmen*) (com)portarse; ~ *als* hacer de, 2. 2 *n* aparición *f*; ⚕ *a.* incidencia *f*; (*Benehmen*) comportamiento *m*, conducta *f*; *Thea.* entrada *f* en escena; *erstes* ~ debut *m*.
'Auftrieb *m Phys.* fuerza *f* ascensional; *fig.* impulso *m*.

Auftritt

¹**Auftritt** m Thea. u. fig. escena f; des Schauspielers: entrada f (en escena).

auftrumpfen ['-trumpfən] (25) fig. cantarlas claras.

¹**auftun**: sich ~ abrirse.

¹**auftürmen** amontonar, acumular.

¹**aufwachen** (sn) despertarse.

¹**aufwachsen** (sn) criarse.

¹**aufwall|en** (sn) hervir, bullir (a. fig.); ⁀ung f ebullición f; fig. arrebato m.

¹**Aufwand** m (3) an Geld: dispendio m; (Prunk) boato m, lujo m; mit großem ~ an con gran despliegue de; ~s-entschädigung f indemnización f por gastos de representación.

¹**aufwärmen** recalentar; fig. desenterrar; sich ~ calentarse.

¹**Aufwarte|frau** f asistenta f; ⁀n (dat.) servir; ~ mit ofrecer.

aufwärts ['-vɛrts] (hacia) arriba; ⁀bewegung f subida f, alza f.

¹**aufwaschen** fregar; lavar.

¹**aufwecken** despertar.

¹**aufweichen** 1. v/t. reblandecer; 2. v/i. reblandecerse, ponerse blando.

¹**aufweisen** mostrar; acusar.

¹**aufwend|en** emplear, Geld: a. gastar; ⁀ig costoso; lujoso; ⁀ung f gasto m, dispendio m.

¹**aufwerfen** Damm: levantar; Frage: plantear; sich ~ zu erigirse en.

¹**aufwert|en** revalorizar; revaluar; ⁀ung f revalorización f.

¹**aufwickeln** arrollar, enrollar; Garn: devanar; (auswickeln) desenrollar; Haar: poner los rulos.

aufwiegeln ['-vi:gəln] (29) sublevar, amotinar.

¹**aufwiegen** a. fig. contrapesar; compensar; mit Gold ~ tarar en oro.

Aufwiegler ['-vi:glər] m (7), ⁀isch agitador (m), alborotador (m).

¹**Aufwind** m viento m ascendente.

¹**aufwirbeln** Staub: levantar; fig. viel Staub ~ levantar una gran polvareda.

¹**aufwischen** fregar; limpiar.

¹**aufwühlen** revolver; fig. a. emocionar; ~d emocionante.

¹**aufzähl|en** enumerar; im einzelnen: detallar; Geld: contar; ⁀ung f enumeración f; relación f.

¹**aufzäumen** embridar; fig. das Pferd beim Schwanz ~ empezar la casa por el tejado.

aufzehren consumir (a. fig.).

¹**aufzeichn|en** dibujar; (notieren) apuntar; ⁀ung f apunte m, nota f; TV usw.: grabación f; in e-r ~ en diferido; ~en machen tomar apuntes.

¹**aufzeigen** mostrar; acusar.

¹**aufzieh|en 1.** v/t. subir, levantar; Vorhang: descorrer; Schublade: abrir; Segel, Flagge: izar; Uhr: dar cuerda a; Kinder: criar; fig. organizar; F (foppen) tomar el pelo a; **2.** v/i. (sn) Gewitter: amenazar; ⚔ desfilar; Wache: relevarse; ⁀en n der Wache: relevo m.

¹**Aufzucht** f (re)cría f, crianza f.

¹**Aufzug** m (Fahrstuhl) ascensor m; Thea. acto m; (Aufmarsch) desfile m; Kleidung: atavío m, atuendo m.

¹**aufzwingen** imponer.

Augapfel ['auk⁾apfəl] m globo m del ojo; fig. wie s-n ~ hüten guardar como la niña de sus ojos.

Auge ['augə] n (10) ojo m; ♀ yema f; (Würfel) punto m; (Sehkraft) vista f; kein ~ zutun no pegar (el) ojo; nicht aus den ~n lassen no quitar los ojos de; ins ~ fassen proponerse; mit bloßem ~ a simple vista; im ~ behalten no perder de vista; aus den ~n verlieren perder de vista; große ~n machen abrir tanto ojo; sich (dat.) vor ~n halten tener presente; ins ~ sehen e-r Gefahr usw.: afrontar, arrostrar; j-m die ~n öffnen abrir los ojos a alg.; s-e ~n überall haben estar en todo; ins ~ fallen saltar a la vista; mit e-m blauen ~ davonkommen salir bien librado; ~ in ~ cara a cara.

¹**Augen|-arzt** m oculista m, oftalmólogo m; ⁀blick m momento m, instante m; im ~ de momento; jeden ~ de un momento a otro; ⁀blicklich momentáneo, instantáneo; adv. en seguida; (vorläufig) de momento; ⁀braue f ceja f; ⁀brauenstift m lápiz m de cejas; ⁀fällig evidente, manifiesto; ⁀heilkunde f oftalmología f; ⁀höhle f cuenca f del ojo, órbita f; ⁀klappe f parche m; ⁀klinik f clínica f oftalmológica; ⁀licht n vista f; ⁀lid n párpado m; ⁀maß n: nach ~ a ojo (de buen cubero); ⁀merk ['--mɛrk] n: sein ~ richten auf (ac.) fijar la atención en; ⁀schein m ⁑ inspección f ocular; in ~ nehmen examinar; ⁀spiegel m oftalmoscopio m; ⁀stern m f. niña f del ojo; ⁀täuschung f ilusión f óptica; ⁀weide f deleite m od. regalo m para los ojos; ⁀wimper f pestaña f; ⁀winkel m: aus den ~n ansehen mirar con el rabillo del ojo;

~zeuge *m* testigo *m* presencial *od.* ocular; **~zwinkern** *n* guiño *m*; guiñada *f*.
August [-'gʊst] *m* (3) agosto *m*.
Auktion [aʊk'tsjoːn] *f* (16) subasta *f*, *Am.* remate *m*; **~ator** [-joˈnɑːtɔr] *m* (8¹) subastador *m*, *Am.* rematador *m*; **~slokal** *n* sala *f* de subastas.
Aula ['aʊla] *f* (16² *u.* 11¹) salón *m* de actos; *Universität*: paraninfo *m*.
aus [aʊs] **1.** *prp. (dat.)* **a)** *örtl., zeitl., Stoff*: de; ~ *Berlin* de Berlín; ~ *Gold* de oro; ~ *dem Fenster* por la ventana; ~ *e-m Glas trinken* beber en un vaso; **b)** *Ursache*: por; ~ *Furcht* por miedo; ~ *diesem Grunde* por esta razón; **2.** *adv.* acabado, terminado; *Licht*: apagado; *alles ist* ~ todo se acabó; *es ist* ~ *mit ihm* está perdido.
'aus-arbeit|en elaborar; *schriftlich*: redactar; **♀ung** *f* elaboración *f*; redacción *f*.
'aus-arten (sn) degenerar.
'aus-atmen espirar.
'ausbaden: *et.* ~ *müssen* pagar el pato *od.* los platos rotos.
'ausbaggern dragar.
'ausbalancieren equilibrar.
'Ausbau *m* ampliación *f* (*a. fig.*); **♀en** ensanchar; ampliar; *fig.* desarrollar; intensificar; ⊕ desmontar.
'ausbedingen: *sich (dat.)* ~ poner por condición.
'ausbesser|n reparar; arreglar; *Kleidung*: remendar; **♀ung** *f* reparación *f*; arreglo *m*; remiendo *m*.
ausbeulen ['-bɔʏlən] (25) desabollar; *ausgebeult Hose*: con rodilleras.
'Ausbeut|e *f* rendimiento *m*; provecho *m*; **♀en** (26) explotar (*a. j-n*); **~er** *m* explotador *m*; **~ung** *f* explotación *f*.
'ausbezahlen pagar.
'ausbiegen (sn) apartarse; *j-m* ~ ceder el paso a alg.
'ausbild|en formar; instruir; **♀ung** *f* formación *f*; instrucción *f*.
'ausbitten: *sich (dat.)* ~ pedir.
'ausblasen soplar, apagar.
'ausbleiben 1. *v/i.* (sn) no venir; faltar; *lange* ~ tardar mucho; *das konnte nicht* ~ era inevitable; **2.** **♀** *n* falta *f*, ausencia *f*.
'Ausblick *m* vista *f*; *fig.* perspectiva *f*.
'ausbohren taladrar, perforar.
ausbooten ['-boːtən] (26) desembarcar en botes; *fig.* desbancar.
'ausborgen *s. ausleihen*.

'ausbrechen 1. *v/t.* arrancar; *Zahn*: romper; *Speise*: vomitar; **2.** *v/i.* (sn) evadirse; *Krieg*: estallar; *Brand, Krankheit*: declararse; *Vulkan*: entrar en erupción; *in Gelächter* ~ soltar una carcajada; *in Tränen* ~ romper a llorar.
ausbreit|en ['-braɪtən] (26) extender; *fig.* difundir, propagar; *Arme, Flügel*: abrir; **♀ung** *f* extensión *f*; difusión *f*, propagación *f*.
'ausbrennen 1. *v/t.* ✶ cauterizar; **2.** *v/i.* (sn) extinguirse; *Haus*: quedar destruido por el fuego.
'Ausbruch *m* erupción *f*; 🗲 evasión *f*; ✶ aparición *f*; *(Anfang)* comienzo *m*; *fig.* arranque *m*; *zum* ~ *kommen* estallar; declararse.
'ausbrüten incubar; empollar; *fig.* urdir.
Ausbuchtung ['-bʊxtʊŋ] *f* sinuosidad *f*; convexidad *f*.
'ausbügeln planchar; *fig.* arreglar.
'ausbuhen abuchear.
'Ausbund *m* modelo *m*; dechado *m* (*an de*).
ausbürgern ['-byrgərn] (29) desnaturalizar.
'ausbürsten cepillar.
'Ausdauer *f* perseverancia *f*; constancia *f*; **♀nd** perseverante; constante; ♃ perenne.
'ausdehn|bar extensible; dilatable; expansible; **~en** extender; *(weiten)* ensanchar; *zeitl.* alargar; dilatar; **♀ung** *f* extensión *f*; dimensión *f*; dilatación *f*; expansión *f* (*a. Pol.*).
'ausdenken idear; *sich (dat.)* ~ imaginarse, figurarse; *nicht auszudenken* inconcebible.
'ausdörren secar.
'ausdrehen *Licht*: apagar.
'ausdreschen *Getreide*: trillar.
'Ausdruck *m* expresión *f*; *(Wort)* término *m*; *(Redensart)* locución *f*; *zum* ~ *bringen* expresar.
'ausdrück|en exprimir; *Zigarette*: apagar; *fig.* expresar; **~lich** expreso, explícito; *adv.* expresamente.
'Ausdrucks|kraft *f* expresividad *f*; **♀los** inexpresivo; **♀voll** expresivo; **~weise** *f* modo *m* de expresión, manera *f* de expresarse.
'ausdünst|en 1. *v/t.* exhalar; **2.** *v/i.* transpirar; **♀ung** *f* exhalación *f*; transpiración *f*.
aus-ei'nander separado; **~bringen** separar; **~fallen** (sn) caer en peda-

auseinanderfalten

zos; *a. fig.* desmoronarse; ~**falten** desplegar; ~**gehen** (sn) separarse; *Menge:* dispersarse; *Meinungen:* discrepar; ~**d** divergente; ~**halten** *fig.* distinguir; ~**laufen** (sn) dispersarse; ~**leben:** *sich* ~ distanciarse; ~**nehmen** deshacer; desmontar; ~**rollen** desenrollar; ~**rücken** apartar; ~**setzen** *fig.* explicar, exponer; *sich* ~ *mit* enfrentarse a; 2**setzung** *f* explicación *f*; (*Streit*) disputa *f*; discusión *f*; ✝ arreglo *m*; ~**treiben** dispersar.

auser|koren ['-'ʔɛrkoːrən] elegido, escogido; ~**lesen** selecto, exquisito; ~**sehen** escoger; ~ *zu* destinar a; ~**wählen** elegir.

'**ausfahr|en** 1. *v/t.* pasear en coche; 2. *v/i.* (sn) pasearse *od.* salir en coche; 2*t f* salida *f*; paseo *m* en coche; (*Tor*) puerta *f* cochera.

'**Ausfall** *m* (*Haar* 2) caída *f*; (*Verlust*) pérdida *f*, baja *f*; (*Ergebnis*) resultado *m*; ⚔ (*Beleidigung*) invectiva *f*; 2**en** *Haar:* caerse; *Ergebnis:* resultar, salir; (*wegfallen*) no tener lugar; suspenderse; *der Unterricht fällt aus* no hay clase; 2**end** agresivo; ~**straße** *f* carretera *f* de salida.

'**ausfasern** deshilacharse.

'**ausfechten** disputar; *fig.* dirimir.

'**ausfegen** barrer.

'**ausfeilen** limar; *fig.* perfeccionar, pulir.

'**ausfertig|en** extender, redactar; 2**ung** *f* extensión *f*, redacción *f*; *in doppelter* ~ por duplicado.

'**ausfindig:** ~ *machen* descubrir; localizar; dar con.

'**ausfliegen** (sn) dejar el nido; (*wegfliegen*) volar; *fig.* salir.

'**ausfließen** (sn) salir, derramarse.

'**Ausflucht** *f* subterfugio *m*; pretexto *m*.

'**Ausflug** *m* excursión *f*.

Ausflügler ['-flyːɡlər] *m* (7) excursionista *m*.

'**Ausfluß** *m* salida *f*; 🜨 flujo *m*.

'**ausforschen** escudriñar, explorar; *a. j-n:* sondear.

'**ausfragen** interrogar; sonsacar.

ausfransen ['-franzən] (27) deshilacharse.

'**ausfressen** F *fig.:* *et.* ~ hacer algo malo; hacer una de las suyas.

Ausfuhr ['-fuːr] *f* (16) exportación *f*; ~ *.... in Zssgn mst* de exportación.

ausführ|bar ['-fyːrbaːr] factible, realizable; ✝ exportable; ~**en** ejecutar, realizar, llevar a cabo; *Auftrag:* cumplir; ✝ exportar; (*darlegen*) exponer, explicar; 2**ende(r)** *m* ♪ ejecutante *m*, intérprete *m*; ~**lich** ['-fyːrlɪç] circunstanciado, detallado; *adv.* con todo detalle; 2**ung** *f* ejecución *f*; realización *f*; ⊕ acabado *m*; (*Typ*) versión *f*; ~**en** *pl.* declaraciones *f/pl.*

'**ausfüllen** llenar (*a. fig.*); *Formular:* rellenar.

'**ausfüttern** *Kleidung:* forrar.

'**Ausgabe** *f* distribución *f*, reparto *m*; (*Geld*) gasto *m*; (*Aktien*) emisión *f*; (*Buch*) edición *f*; ~**stelle** *f* despacho *m*.

'**Ausgang** *m* salida *f*; (*Ergebnis*) resultado *m*; *fig.* desenlace *m*; ~**s-punkt** *m* punto *m* de partida; origen *m*.

'**ausgeben** distribuir; *Geld:* gastar; *Aktien:* emitir; *Fahrkarten:* expender; *sich* ~ hacerse pasar por.

ausge|bucht ['-ɡəbuːxt] completo; ~**bufft** F ['--buft] avezado; ducho; astuto.

'**Ausgeburt** *f* engendro *m*; ~ *der Phantasie* quimera *f*; ~ *der Hölle* engendro *m* del diablo.

ausge|dehnt ['-ɡədeːnt] extenso; ~**dient** viejo; ✠ veterano; ~**fallen** raro, excéntrico; ~**glichen** ['--ɡlɪçən] equilibrado (*a. fig.*).

'**ausgehen** (sn) salir; *Ware:* agotarse; *Feuer, Licht:* apagarse; *Haare:* caerse; *Geld, Geduld:* acabarse; *gut* (*schlecht*) ~ acabar bien (mal); *leer* ~ quedarse con las ganas; ~ *auf* (*ac.*) terminar en; (*anstreben*) aspirar a; buscar (a/c.); ~ *von* partir de.

ausge|hungert ['-ɡəhʊŋərt] famélico, hambriento; ~**kocht** ['--kɔxt] F *fig.* taimado; zorro.

'**ausgelassen** travieso; alegre; retozón; 2**heit** *f* alborozo *m*; desenfreno *m*.

ausge|lastet ['--lastət]: *nicht* ~ infrautilizado; ~**laugt** ['--laʊkt] F *fig.* hecho polvo; ~**leiert** ['--laɪərt] gastado; *Gewinde:* pasado de rosca; ~**macht** ['--maxt] convenido; *Gauner usw.:* redomado; ~**e** *Sache* cosa *f* decidida; ~**er** *Dummkopf* tonto *m* de remate; ~**mergelt** ['--mɛrɡəlt] esmirriado; ~**nommen** ['--nɔmən] 1. *prp.* (*ac.*) excepto, a excepción de; menos; salvo; 2. *cj.* ~, *daß* excepto que; ~**prägt** ['--prɛːkt] marcado, pronunciado; ~**rechnet** ['--rɛçnət] *adv.* justamente, precisamente; ~**schlossen** excluido;

~! ¡imposible!; ~**schnitten** ['--ʃnitən] *Kleid:* (*tief*) ~ (muy) escotado; ~**sprochen** pronunciado; típico; *adv.* francamente; ~**sucht** selecto; exquisito; ~**treten** ['--tre:tən] *Schuhe:* (des)gastado; *Weg:* batido, *a. fig.* trillado; ~**wachsen** ['--vaksən] adulto; desarrollado; ~**wogen** ponderado; equilibrado; ~**zeichnet** ['--'tsaɪçnət] excelente; F estupendo; ~! ¡perfecto!; *adv.* (*ganz*) ~ F divinamente; a las mil maravillas.

ausgiebig ['l-gi:biç] abundante; *adv.* ampliamente.

'**ausgießen** verter; (*leeren*) vaciar.

'**Ausgleich** *m* (3) compensación *f*; equilibrio *m*; ♱ *zum* ~ *Ihres Kontos* para saldar su cuenta; 2**en** compensar; equilibrar; *Streit:* arreglar; ♱ *Konto:* saldar, liquidar; ~**sgymnastik** *f* gimnasia *f* correctiva; ~**s-tor** *n Sport:* gol *m* de empate.

'**ausgleiten** resbalar.

'**ausgrab|en** desenterrar (*a. fig.*); excavar; *Leiche:* exhumar; 2**ung** *f* excavación *f*.

Ausguck ['l-guk] *m* (3) vigía *f*; (*Turm*) atalaya *f*.

'**Ausguß** *m Küche:* pila *f*.

'**aushalten** 1. *v/t.* resistir; (*ertragen*) aguantar, soportar; (*erleiden*) sufrir; *j-n:* mantener; ♪ sostener; 2. *v/i.* perseverar.

aushändig|en ['l-hɛndigən] (25) entregar; 2**ung** *f* entrega *f*.

'**Aushang** *m* (3³) cartel *m*.

'**aushänge|n** *Tür:* desquiciar; *Plakat:* fijar; 2**schild** *n* letrero *m*; *fig.* figura *f* decorativa.

'**ausharren** perseverar.

'**ausheb|en** *Tür:* desquiciar; *Graben:* abrir; *Erde:* sacar; ⚔ levantar; *Bande:* desarticular; 2**ung** ⚔ *f* reclutamiento *m*, leva *f*.

'**aushecken** F tramar, maquinar.

'**ausheilen** *v/t. v/i.* [sn] curar(se).

'**aushelfen** (*dat.*) ayudar; sacar de apuros.

'**Aushilf|e** *f* a) ayuda *f*; **b)** = ~**skraft** auxiliar *su.*; sustituto *m*; 2**sweise** provisionalmente; de sustituto.

'**aushöhlen** ['-høːlən] (25) ahuecar; excavar.

'**ausholen** *zum Schlag* ~ levantar el brazo; *fig. weit* ~ divagar.

'**aushorchen** sondear; sonsacar; F tirar de la lengua.

'**aushungern** ⚔ rendir por el hambre.

'**aushusten** expectorar.

'**ausjäten** *Unkraut* ~ escardar.

'**auskämmen** peinar.

auskehl|en ⊕ ['l-keːlən] (25) acanalar; 2**ung** *f* acanaladura *f*.

'**auskehren** barrer.

'**auskennen:** *sich* ~ *in* (*dat.*) estar familiarizado con, conocer (a/c.) (a fondo).

auskern|en ['l-kɛrnən] (25) deshuesar.

'**ausklammern** *fig.* dejar a un lado.

'**Ausklang** *m* final *m* (*a. fig.*).

'**auskleiden** (*sich*) desnudar(se); ⊕ ~ *mit* forrar de, revestir de.

'**ausklingen** (sn) irse extinguiendo; *fig.* ~ *in*, *mit* terminar en, con.

'**ausklinken** desenganchar.

'**ausklopf|en** sacudir; 2**er** *m* (7) sacudidor *m*.

'**ausklügeln** elucubrar.

'**auskneifen** F (sn) largarse.

'**ausknipsen** *Licht:* apagar.

'**ausknobeln** F jugar (a/c.) a los dados; *fig.* desentrañar; *s. a. ausklügeln.*

'**auskochen** extraer por cocción; ♨ esterilizar; *Wäsche:* hervir.

'**auskommen** 1. *v/i.* (sn): *mit j-m* ~ entenderse con alg.; *gut mit j-m* ~ llevarse bien con alg.; *mit et.* ~ tener bastante de a/c.; defenderse con a/c.; ~ *ohne* pasarse sin; 2. 2 *n:* sein ~ haben tener (lo suficiente) para vivir.

auskömmlich ['l-kœmliç] suficiente.

'**auskosten** saborear.

'**auskramen** sacar; *fig.* sacar a relucir.

'**auskratz|en** 1. *v/t.* raspar; *Augen:* sacar; 2. *v/i.* (sn) F *fig.* largarse; 2**ung** ♨ *f* raspado *m*.

'**auskriechen** (sn) salir del huevo.

'**auskugeln** ♨ dislocar.

auskundschaften ['l-kʊntʃaftən] (26) explorar; ⚔ reconocer; *fig.* espiar.

Auskunft ['l-kʊnft] *f* (14¹) informe *m* (*erteilen* dar); información *f*; ~**ei** [--'taɪ] *f*, ~**sbüro** *n* agencia *f* de informes.

'**auskuppeln** 1. *v/t. u. v/i.* ⊕ desembragar; 2. 2 *n* desembrague *m*.

'**auskurieren** curar por completo.

'**auslachen** reírse de.

'**auslad|en** 1. *v/t.* descargar, ♇ desembarcar; *Gast:* anular la invitación; 2. 2 *n* descarga *f*; ♇ desembarque *m*.

'**Auslage** *f* (*Waren*2) escaparate *m*; vitrina *f*; *pl.* ~**en** (*Geld*) gastos *m/pl.*; desembolso *m*.

Ausland

'Ausland *n* extranjero *m*.
'Ausländ|er(in *f*) ['-lɛndər(in)] *m* (7) extranjero (-a) *m* (*f*); ⚖erfeindlich xenófobo; ⚖isch extranjero.
'Auslands|-aufenthalt *m* estancia *f* en el extranjero; **gespräch** *n* *Fernspr.* conferencia *f* internacional; **porto** *n* tarifa *f* internacional.
'auslass|en omitir; *Fett*: derretir; *Kleid*: alargar; *fig. Ärger usw.*: descargar *od.* desfogar (*an dat.* en, sobre); *sich* ~ *über* pronunciarse sobre; *weitläufig*: explayarse sobre; ⚖ung *f* omisión *f*.
'Auslauf *m* desagüe *m*; *a.* ♺ salida *f*; ⚖en (sn) *Flüssigkeit*: derramarse; ♺ salir, zarpar; (*enden*) acabar (*in ac.* en); *Vertrag usw.*: expirar.
'Ausläufer *m* *e-s Gebirges*: estribación *f*; ♀ vástago *m*, estolón *m*.
'Auslaut *m* sonido *m* final; ⚖en: ~ *auf* (*ac.*) terminar en.
'ausleben: *sich* ~ disfrutar de la vida.
'auslecken vaciar a lengüetadas.
'ausleeren vaciar; *Glas*: apurar.
'ausleg|en revestir, cubrir (*mit* de); *Geld*: adelantar; *Waren*: exponer; (*deuten*) interpretar; ⚖eware *f* moqueta *f*; ⚖ung *f* interpretación *f*.
'ausleihen prestar; *sich* (*dat.*) ~ tomar prestado.
'auslernen terminar el aprendizaje; *man lernt nie aus* siempre se aprende algo nuevo.
'Auslese *f* selección *f*; *fig.* crema *f*; élite *f*; ⚖n escoger, seleccionar; (*zu Ende lesen*) terminar (de leer); leer hasta el fin.
'ausliefer|n entregar; ⚖⚖ *neol.* extraditar; ✝ distribuir; ⚖ung *f* entrega *f*; ⚖⚖ extradición *f*; ✝ distribución *f*.
'ausliegen estar expuesto.
'auslöschen extinguir; *Licht*: apagar; *Schrift*: borrar.
'auslosen sortear.
'auslös|en *Gefangene*: rescatar; *fig.* desencadenar; provocar; ⚖er *m* (7) *Phot.* disparador *m*.
'Auslosung *f* sorteo *m*.
'Auslösung *f* rescate *m*; *fig.* provocación *f*; desencadenamiento *m*.
'auslüften ventilar; airear.
'ausmachen *Licht, Radio, TV*: apagar; (*vereinbaren*) convenir; *fig.* (*betragen*) hacer; ascender a; (*bedeuten*) importar; (*erkennen*) distinguir, divisar; *das macht nichts aus* esto no importa.

'ausmalen pintar; *sich et.* ~ imaginarse a/c.
'Ausmarsch *m* salida *f*.
'Ausmaß *n* dimensión *f*; proporción *f*; *in großem* ~ en gran escala.
ausmergeln ['-mɛrgəln] (29) extenuar.
ausmerzen ['-mɛrtsən] (27) eliminar; erradicar.
'ausmessen medir.
'ausmisten ['-mistən] (26) sacar el estiércol; *fig.* limpiar; ordenar.
'ausmustern eliminar; ⚔ declarar inútil; (*entlassen*) licenciar.
'Ausnahme ['-na:mə] *f* (15) excepción *f*; *mit* ~ *von* a excepción de, excepto; **.....**: *in Zssgn mst* excepcional; **fall** *m* caso *m* excepcional; **zustand** *m* estado *m* de excepción.
'ausnahms|los ['-na:mslo:s] sin excepción; **weise** por excepción, excepcionalmente.
'ausnehmen *Tier*: destripar; *Nest*: sacar los huevos de; (*ausschließen*) exceptuar, excluir; *sich gut* (*schlecht*) ~ hacer buen (mal) efecto; **d** *adv.* excepcionalmente; muy.
'ausnutz|en aprovechar, aprovecharse de; (*mißbrauchen*) explotar; ⚖ung *f* aprovechamiento *m*; explotación *f*.
'auspacken desembalar; *Koffer*: deshacer; F *fig.* desembuchar.
'auspeitschen azotar, fustigar.
'auspfeifen silbar, abuchear, pitar.
'ausplaudern revelar, divulgar.
'ausplündern desvalijar.
'auspolstern acolchar.
'ausposaunen pregonar.
auspowern ['-po:vərn] (29) depauperar.
'ausprägen *fig.*: *sich* ~ expresarse, traducirse (*in* en).
'auspressen exprimir; *a. fig.* estrujar.
'ausprobieren probar, ensayar.
'Auspuff *Kfz. m* (3) escape *m*; **gas** *n* gas *m* de escape; **rohr** *n* tubo *m* de escape; **topf** *m* silenciador *m*.
'auspumpen achicar; ⚕ *Magen*: lavar.
'auspunkten *Sport*: vencer por puntos.
'auspusten apagar de un soplo.
'ausputzen adornar (*mit* con, de); (*reinigen*) limpiar.
ausquartieren ['-kvarti:rən] desalojar.
'ausquetschen exprimir; estrujar; *fig.* acosar a preguntas.

'ausradieren borrar; *fig.* arrasar.
'ausrangieren desechar.
'ausrauben robar, desvalijar.
'ausräuchern fumigar.
'ausraufen: arrancar; *sich (dat.) die Haare* ~ mesarse los cabellos.
'ausräumen vaciar, evacuar; *Zimmer*: desamueblar.
'ausrechnen calcular; computar.
'ausrecken estirar.
'Ausrede *f* excusa *f*, evasiva *f*; pretexto *m*; ℒen 1. *v/t.*: j-m et. ~ disuadir a alg. de a/c.; 2. *v/i.* acabar de hablar; ~ *lassen* dejar hablar.
'ausreichen bastar, ser suficiente; ~d suficiente.
'ausreifen (sn) madurar (*a. fig.*).
'Ausreise *f* salida *f*; ℒen salir.
'ausreiß|en 1. *v/t.* arrancar; 2. *v/i.* desgarrarse; F *fig.* escaparse; ℒer *m* (7) fugitivo *m*.
'ausreiten (sn) salir a caballo.
ausrenken ['-rɛŋkən] (25) dislocar.
'ausrichten alinear; ⊕ ajustar; (*erreichen*) conseguir; *Fest usw.*: organizar; (*bestellen*) dar un recado; e-n *Gruß* ~ dar recuerdos.
'Ausritt *m* paseo *m* a caballo.
'ausrotten descuajar; *Wald*: desmontar.
'ausrollen *Teig*: extender (con el rodillo).
ausrott|en ['-rotən] (26) extirpar, exterminar, erradicar; ℒung *f* extirpación *f*, exterminio *m*, erradicación *f*.
'ausrücken 1. *v/t.* ⊕ desembragar; 2. *v/i.* (sn) ⚔ marchar, salir; F (*davonlaufen*) escaparse.
'Ausruf *m* exclamación *f*; ℒen 1. *v/i.* exclamar; 2. *v/t.* proclamar; *öffentlich*: pregonar; *Zeitungen*: vocear; *zum Präsidenten* ~ proclamar presidente; ~**er** *m* (7) pregonero *m*; ~**wort** *n* interjección *f*; ~**ung** *f* proclamación *f*; ~**ungszeichen** *n* (signo *m* de) admiración *f*.
'ausruhen (*a. sich*) descansar.
'ausrupfen arrancar.
'ausrüst|en equipar; ⚔ armar; *fig.* proveer (*mit de*); ℒung *f* equipo *m*; ⚔ armamento *m*.
'ausrutsch|en resbalar; ℒer *m* (7) F *fig.* patinazo *m*; metedura *f* de pata.
'Aussaat *f* siembra *f*.
'aussäen sembrar.
Aussage ['-za:ɡə] *f* (15) declaración *f* (*a.* 🕮); ℒn decir; afirmar; *a.* 🕮 declarar.

'Aussatz *m* 🕮 (3², *o. pl.*) lepra *f*.
aussätzig 🕮 ['-zɛtsɪç] leproso.
'aussaugen chupar (*a. fig.*).
'Ausschabung 🕮 *f* raspado *m*.
ausschachten ['-ʃaxtən] (26) excavar; abrir.
'ausschalten ✂ desconectar; *Licht, Radio*: apagar; *fig.* eliminar; excluir.
Ausschank ['-ʃaŋk] *m* (3³) despacho *m* de bebidas.
'Ausschau *f*: ~ *halten* = ℒen: ~ *nach* buscar (*ac.*) con la vista; *s. a. aussehen*.
'ausscheid|en 1. *v/t.* eliminar (*a. Sport*); *Physiol.* excretar; 2. *v/i.* (sn) retirarse (*aus de*); darse de baja (*aus de*); *Sport*: ser eliminado; ℒung *f* eliminación *f*; *Physiol.* excreción *f*; ℒungskampf *m* eliminatoria *f*; ℒungs-organ *n* órgano *m* excretor.
'ausschelten reñir, reprender.
'ausschenken verter; despachar.
'ausschicken: *nach j-m* ~ mandar por (F *a por*) alg.
'ausschiff|en desembarcar; ℒung *f* desembarque *m*; *v. Personen*: desembarco *m*.
'ausschimpfen reñir, regañar.
'ausschlachten *fig.* explotar; aprovechar.
'ausschlafen (*a. sich*) dormir bastante *bzw.* a su gusto.
'Ausschlag *m* 🕮 erupción *f*; *Phys.* desviación *f*; oscilación *f*; *den* ~ *geben* ser decisivo; hacer inclinar la balanza; ℒen 1. *v/t. Auge, Zähne*: saltar; (*ablehnen*) rehusar, rechazar; ⊕ forrar, revestir (*mit de*); 2. *v/i.* ❦ brotar, retoñar; *Pferd*: cocear, dar coces; *Phys.* oscilar; ℒ**gebend** decisivo.
'ausschließ|en excluir; descartar; (*ausstoßen*) expulsar, *Sport*: descalificar; *sich* ~ *von* no tomar parte en; ~**lich** exclusivo; *adv.* exclusivamente; exclusive; ℒ**lichkeit** *f* exclusividad *f*; ℒ**ung** *f* exclusión *f*.
'ausschlüpfen (sn) salir del huevo.
'Ausschluß *m* exclusión *f*; expulsión *f*; *Sport*: descalificación *f*; *unter* ~ *der Öffentlichkeit* a puerta cerrada.
'ausschmieren untar; *Fugen*: rejuntar.
'ausschmück|en adornar, decorar; *Rede*: exornar; ℒung *f* adorno *m*; decoración *f*.
'ausschneiden (re)cortar; *Bäume*: podar; *Kleid*: escotar.
'Ausschnitt *m* recorte *m* (*a. Zei-*

ausschöpfen

tungs♀); *Kleid*: escote *m*; ⚥ sector *m*; *aus e-m Gemälde*: detalle *m*.

'**ausschöpfen** sacar; vaciar; *Boot*: achicar; *fig.* agotar, apurar.

'**ausschreib|en** escribir en letra(s); † (*ausstellen*) extender; *Rechnung*: hacer; *Wettbewerb*: abrir; *Aufträge, Lieferungen*: sacar a concurso *od.* subasta; *Wahlen usw.*: convocar; *Stelle*: anunciar; 2**ung** *f* concurso *od.* -subasta *f*.

'**ausschreien** vocear, pregonar.

'**ausschreit|en** (sn) alargar al paso; 2**ungen** *f/pl.* excesos *m/pl.*; disturbios *m/pl.*

'**Ausschuß** *m* comité *m*, comisión *f*; ~**ware** *f* artículos *m/pl.* defectuosos.

'**ausschütteln** sacudir.

'**ausschütten** verter; vaciar; † *Dividende*: repartir; *j-m sein Herz* ~ desahogarse con alg.; *sich vor Lachen* ~ desternillarse *od.* mondarse de risa.

'**ausschwärmen** (sn) *Bienen*: enjambrar; ⚔ desplegarse.

'**ausschwatzen** divulgar.

'**ausschwefeln** azufrar.

'**ausschweif|end** ['-ʃvaɪfənt] licencioso, disoluto, libertino; *Phantasie*: exuberante; 2**ung** *f* libertinaje *m*; exceso *m*; crápula *f*.

'**ausschweigen**: *sich* ~ guardar silencio.

'**ausschwitzen** sudar; exudar.

'**aussehen**: 1. *v/i.* tener cara *od.* aspecto (wie de); parecerse (wie a); *gut* (*schlecht*) ~ tener buena (mala) cara; *es sieht nach Regen aus* parece que va a llover, amenaza lluvia; *er sieht jünger aus, als er ist* parece más joven de lo que es; F *so siehst du aus!* ¡narices!; 2. 2 *n* aspecto *m*; físico *m*; apariencia *f*; *dem* ~ *nach* por las apariencias.

'**aussein** F: *auf et.* ~ aspirar a a/c.

außen ['aʊsən] (a)fuera; *von* ~ de (*od.* por) fuera; *nach* ~ hacia fuera; 2... *in Zssgn oft*: exterior; 2-**aufnahme** *f/pl.* exteriores *m/pl.*; 2**bezirke** *m/pl.* extrarradio *m*, barrios *m/pl.* periféricos; 2**bordmotor** *m* (motor *m*) fueraborda *m*.

'**aussenden** mandar; *Phys.* emitir.

'**Außen|handel** *m* comercio *m* exterior; ~**ministerium** *n* Ministerio *m* de Asuntos (*Am.* Relaciones) Exteriores; ~**politik** *f* política *f* exterior; ~**seite** *f* exterior *m*; ⚔ fachada *f*; ~**seiter** *m* (7) solitario *m*; *Sport*: outsider *m*; ~**spiegel** *Kfz. m* retrovisor *m* exterior; ~**stände** † ['--tɛndə] *m/pl.* cobros *m/pl.* pendientes; ~**stelle** *f* agencia *f*; ~**stürmer** *m Sport*: (delantero *m*) extremo *m*; ~**welt** *f* mundo *m* exterior; ~**werbung** *f* publicidad *f* exterior.

außer ['aʊsər] **1.** *prp.* (*dat.*) fuera de; además de; (*ausgenommen*) excepto, menos, salvo; *fig.* ~ *sich sn* estar fuera de sí; **2.** *cj.* ~ *daß* excepto que; ~ *wenn* a menos que, a no ser que (*subj.*); ~**amtlich**, ~**dienstlich** extraoficial; ~**dem** además.

äußere ['ɔʏsərə] **1.** *adj.* exterior; **2.** 2(**s**) *n* exterior *m*; físico *m*.

außer|ehelich ['aʊsər'ʔeːəliç] extraconyugal, extramatrimonial; *Kind*: ilegítimo, natural; ~**gerichtlich** extrajudicial; ~**gewöhnlich** extraordinario; excepcional; ~**halb 1.** *prp.* (*gen.*) fuera de; **2.** *adv.* fuera; al exterior; ~**irdisch** extraterrestre.

äußerlich ['ɔʏsərliç] exterior; *a.* ⚕ externo; *adv.* por fuera; 2**keit** *f* superficialidad *f*; ~**en** *pl.* formalidades *f/pl.*

äußern ['-sərn] (29) decir; manifestar; *Meinung*: a. emitir; *sich* ~ expresarse; *sich* ~ *über* pronunciarse sobre.

außer|ordentlich ['aʊsər'ʔɔrdəntliç] extraordinario; ~*er Professor* catedrático *m* supernumerario; ~**parlamentarisch** extraparlamentario; ~**planmäßig** extraordinario; *Zug*: especial; *Beamter*: supernumerario.

äußerst ['ɔʏsərst] **1.** *adj.* extremo; *Preis*: último; *adv.* muy, sumamente; *im Falle en el peor de los casos*; *sn* 2**es** *tun* hacer todo lo posible; *auf das* 2**e** *gefaßt* preparado para lo peor; *bis zum* 2**en** *treiben* llevar al extremo.

außerstande [aʊsər'ʃtandə]: ~ *zu* incapaz de.

Äußerung ['ɔʏsərʊŋ] *f* expresión *f*; manifestación *f*; palabras *f/pl.*; declaración *f*.

'**aussetzen 1.** *v/t.* exponer (*e-r Gefahr usw.*: a); *Belohnung*: ofrecer; *Preis*: fijar, poner; *Rente*: asignar; (*unterbrechen*) suspender, interrumpir; *et. auszusetzen haben an* (*dat.*) poner reparos a; **2.** *v/i.* ⊕ pararse; fallar; *mit et.* ~ interrumpir a/c.

'**Aussicht** *f* vista *f*; panorama *m*; *fig.* probabilidad *f*, perspectiva *f* (*mst pl.*) (*auf ac.* de); *in* ~ *haben* tener en perspectiva; *in* ~ *stehen* ser de esperar; *in* ~ *stellen* prometer; *in* ~

austreten

nehmen proyectar; ⁓slos inútil; ⁓slosigkeit *f* inutilidad *f*; ⁓sreich prometedor; ⁓sturm *m* atalaya *f*; mirador *m*.

'**aussieben** tamizar; *fig.* seleccionar.
'**aussied|eln** evacuar; ⁓**ung** *f* evacuación *f*.
aussöhn|en ['-zøːnən] (25) reconciliar; ⁓**ung** *f* reconciliación *f*.
'**aus|sondern**, ⁓**sortieren** separar; eliminar; (*auswählen*) seleccionar.
'**ausspähen** 1. *v/i.*: ⁓ *nach* buscar (a/c.) con la vista; 2. *v/t.* espiar.
'**ausspann|en** 1. *v/t.* (ex)tender; *Pferd*: desenganchar; F (*wegnehmen*) quitar; 2. *v/i. fig.* descansar; ⁓**ung** *f fig.* descanso *m*.
'**aussparen** dejar en blanco *od.* vacío.
'**ausspeien** escupir; *fig.* vomitar.
'**aussperr|en** *j-n*: cerrar la puerta a; ⁓**ung** *f* cierre *m* patronal, lockout *m*.
'**ausspielen** 1. *v/t.* jugar (*a. fig. gegen ea.* el uno contra el otro); 2. *v/i.* ser mano, salir; *fig. ausgespielt haben* estar acabado.
'**ausspionieren** espiar.
'**Aussprache** *f* pronunciación *f*; (*Gespräch*) discusión *f*, debate *m*.
'**aussprechen** 1. *v/t.* pronunciar; *Gedanken*: expresar; *Glückwunsch*: dar; *sich* ⁓ desahogarse; *sich mit j-m* ⁓ explicarse con alg.; *sich* ⁓ *für* declararse en favor de; 2. *v/i.* acabar de hablar.
'**ausspritzen** lanzar, arrojar.
'**Ausspruch** *m* dicho *m*; sentencia *f*.
'**ausspucken** escupir.
'**ausspül|en** enjuagar; *Wäsche*: *a.* aclarar; ⚓ irrigar; ⁓**ung** *f* ⚓ irrigación *f*.
ausstaffieren ['-ʃtafiːrən] (25) equipar, ataviar (*mit con*).
'**Ausstand** *m* huelga *f*; *in den* ⁓ *treten* declararse en huelga.
'**ausstatt|en** ['-ʃtatən] (26) equipar (*mit de*); dotar; *a. Thea.* decorar; ⁓**ung** *f* equipo *m*; decoración *f*; decorado *m*; dotación *f*; ⁓**ungsstück** *n Thea.* revista *f* de gran espectáculo.
'**ausstechen** sacar (*a. Auge*); *fig. j-n*: aventajar.
'**ausstehen** 1. *v/t.* sufrir, soportar; *j-n nicht* ⁓ *können* no poder aguantar *od.* tragar a alg.; 2. *v/i.* estar pendiente; no haber llegado, faltar; ⁓**d** ✝ atrasado, pendiente; ⁓**e Forderungen** *f/pl.* atrasos *m/pl.*

'**aussteigen** (*sn*) bajar; apearse; ⚓ desembarcar; *fig.* retirarse.
'**ausstell|en** exponer, exhibir; *Schriftstück*: extender; ✝ *Wechsel*: librar, girar (*auf ac.* contra); ⁓**er** *m* (7) expositor *m*; ✝ librador *m*; girador *m*; ⁓**ung** *f* exposición *f*; extensión *f*; ✝ libranza *f*.
'**aussterben** (*sn*) *a. Zo.* extinguirse; desaparecer; *ausgestorben* extinto, extinguido; *Straße*: desierto.
'**Aussteuer** *f* ajuar *m*, dote *f*.
Ausstieg ['-ʃtiːk] *m* (3) salida *f*.
'**ausstopfen** rellenar (*mit de*); *Tier*: disecar.
'**Ausstoß** *m* ✝ volumen *m* de producción; ⊕ expulsión *f*; ⁓ *en Schrei*: lanzar, dar; *Verwünschungen*: proferir; ⊕ expeler; *j-n*: expulsar, excluir; ⁓**rohr** ⚓ *n* tubo *m* lanzatorpedos; ⁓**ung** *f* expulsión *f*; exclusión *f*.
'**ausstrahl|en** irradiar (*a. fig.*); emitir; ⁓**ung** *f* irradiación *f*; emisión *f*.
'**ausstrecken** extender, estirar.
'**ausstreichen** tachar, borrar; *Fugen*: llenar; *mit Fett*: untar.
'**ausstreuen** diseminar; esparcir; *Gerücht*: propagar, divulgar.
'**ausström|en** 1. *v/t. Duft*: despedir, exhalar; 2. *v/i.* (*sn*) salir, derramarse; *Gas*: escaparse.
'**aussuchen** escoger.
'**Austausch** *m* intercambio *m*; *Pol.* canje *m*; ⊕ recambio *m*; ⁓**bar** (inter-)cambiable; ⁓**en** (inter)cambiar; *Pol.* canjear; ⊕ recambiar; ⁓**student** *m* estudiante *m* de intercambio.
'**austeil|en** distribuir; repartir; ⁓**ung** *f* distribución *f*; reparto *m*.
Auster ['austər] *f* (15) ostra *f*; ⁓**nbank** *f* banco *m* de ostras, ostral *m*; ⁓**nzucht** *f* ostricultura *f*.
'**austilgen** exterminar, extirpar.
'**austoben**: *sich* ⁓ desfogarse.
Austrag ['-traːk] *m* (3³) decisión *f*; *zum* ⁓ *bringen* resolver, solventar; ⁓**en** ['-traːgən] repartir; *Post*: distribuir; *Streit*: dirimir; *Sport*: disputar; ⁓**ung** *f* reparto *m*; *Sport*: disputa *f*.
Austral|ier(in *f*) [-'traːljər(in)] *m* (7), ⁓**isch** australiano (-a) *m* (*f*).
'**austreib|en** expulsar; *Vieh*: llevar al pasto; *j-m et.* ⁓ quitar a/c. a alg.; ⁓**ung** *f* expulsión *f*.
'**austreten** 1. *v/t. Feuer*: extinguir con el pie; *Schuhe*: desgastar (con el uso); 2. *v/i.* (*sn*) *Wasser*: desbor-

austrinken 602

darse; *Gas usw.*: escaparse, salir; *j.*: darse de baja; retirarse (*aus de*); (*Toilette*) ir al lavabo.
'**austrinken** beberlo todo; *Glas*: apurar.
'**Austritt** *m* salida *f*; escape *m*; retirada *f*, baja *f*.
'**austrocknen 1.** *v/t.* (de)secar; **2.** *v/i.* (sn) (de)secarse.
'**austüfteln** elucubrar.
'**aus-üb|en** ejercer; *Amt*: desempeñar; *Beruf*: practicar; ~de *Gewalt f* (poder *m*) ejecutivo *m*; ℒung *f* ejercicio *m*, práctica *f*; desempeño *m*.
ausufern ['-ʔuːfərn] (29, sn) desbordarse (*a. fig.*).
'**Ausverkauf** *m* venta *f* total, liquidación *f*; ℒt agotado.
'**auswachsen** (sn): *fig.* sich ~ zu degenerar en; F es ist zum ℒ es para volverse loco.
'**Auswahl** *f* selección *f*; elección *f* (*treffen* hacer); † surtido *m*.
'**auswählen** escoger; seleccionar.
'**Auswahl|mannschaft** *f Sport*: selección *f*; ~**sendung** † *f* envío *m* de muestras.
'**Auswander|er** *m* (7) emigrante *m*; ℒn (sn) emigrar, expatriarse; ~ung *f* emigración *f*.
auswärt|ig ['-vɛrtiç] de fuera; extranjero; forastero; ℒes *Amt* = Außenministerium; ~s ['-vɛrts] fuera; ℒspiel *n* partido *m* fuera de casa *od*. en campo ajeno.
'**auswaschen** lavar; *Ufer*: derrubiar.
'**auswechs|elbar** ['-vɛksəlbaːr] (inter)cambiable; de recambio; ~**eln** cambiar; ⊕ recambiar; ℒung *f* cambio *m*; ⊕ recambio *m*.
'**Ausweg** *m* salida *f* (*a. fig.*); ℒlos sin salida.
'**ausweich|en** (*dat.*) (sn) apartarse, hacerse a un lado; *fig.* eludir (*ac.*); ~**end** evasivo; ℒgleis *n*, ℒstelle *f* apartadero *m*.
'**ausweiden** destripar.
'**ausweinen**: sich ~ desahogarse llorando; sich (*dat.*) die Augen ~ deshacerse en llanto.
Ausweis ['-vaɪs] *m* (4) carnet *m od*. carné *m* (acreditativo); (*Personal*ℒ) documento *m od*. carnet *m* de identidad; ℒen expulsar; sich ~ identificarse; ~**kontrolle** *f* control *m* de identidad; ~**papiere** *n/pl*. documentos *m/pl*. de identidad, documentación *f*; ~**ung** *f* expulsión *f*.

'**ausweiten** ensanchar; dilatar.
'**auswendig** de memoria.
'**auswerfen** arrojar; *Angel*: lanzar; *Anker*: echar; *Graben*: abrir; *Summe*: asignar, fijar.
'**auswert|en** aprovechar; explotar; utilizar; *Daten*: evaluar; analizar; ℒung *f* aprovechamiento *m*; utilización *f*; evaluación *f*.
'**auswickeln** desenvolver.
'**auswirk|en**: sich ~ repercutir (*auf* en); ℒung *f* repercusión *f*, efecto *m*.
'**auswischen** limpiar; *Schrift*: borrar; *j-m eins* ~ F jugarle a alg. una mala pasada.
'**auswringen** torcer.
'**Auswuchs** *m* (4²) excrecencia *f*; protuberancia *f*; *fig.* abuso *m*.
'**auswuchten** ⊕ equilibrar, *Am*. balancear.
'**Auswurf** *m* ♂ esputo *m*, expectoración *f*; *fig.* heces *f/pl*., escoria *f*.
'**auszahl|bar** pagadero; ~**en** pagar.
'**auszählen** contar; *Stimmen*: escrutar.
'**Auszahlung** *f* pago *m*.
'**auszanken** reñir; regañar.
'**auszehr|en** extenuar; consumir; ℒung *f* consunción *f*.
'**auszeichn|en** marcar; ✶ *Waren*: etiquetar; *j-n*: condecorar; sich ~ distinguirse; ℒung *f* distinción *f*; condecoración *f*.
'**auszieh|bar** ['-tsiːbaːr] extensible; telescópico; ~**en 1.** *v/t.* quitar; sacar; *Kind*: desnudar; *Kleid*: quitarse (*verlängern*) alargar, extender; sich ~ desnudarse; **2.** *v/i.* (sn) mudarse (de casa); marchar(se); ℒ**tisch** *m* mesa *f* extensible.
'**auszischen** abuchear.
Auszubildende(r) ['-tsubɪldəndə(r)] *m* (18) aprendiz *m*.
'**Auszug** *m* extracto *m*, resumen *m*; (*Wohnung*) mudanza *f* (de casa); (*Ausmarsch*) salida *f*, partida *f*; *Bibel u. fig.*: éxodo *m*; ℒsweise en extracto, en resumen.
'**auszupfen** *Fäden*: deshilachar.
autark [aʊ'tark] autárquico; ℒ**ie** [--'kiː] *f* (15) autarquía *f*.
authentisch [-'tɛntiʃ] auténtico.
Auto ['aʊto] *n* (11) auto(móvil) *m*; F coche *m*; ~**bahn** *f* autopista *f*; ~**bahngebühr** *f* peaje *m*; ~**biogra-'phie** *f* autobiografía *f*; ~**bus** *m* autobús *m*; (*Reisebus*) autocar *m*; ~**didakt** [--di'dakt] *m* (12) autodidacta *m*;

~fähre *f* transbordador *m*; ~fahrer(in *f*) *m* automovilista *su.*; ~friedhof *m* cementerio *m* de coches; ~'gramm *n* autógrafo *m*; ~'grammjäger *m* caza-autógrafos *m*; ~karte *f* mapa *m* de carreteras; ~kino *n* autocine *m*; ~mat [--'mɑːt] *m* (12) autómata *m*; máquina *f* automática; *für Waren*: expendedora *f* automática; ~'matenrestaurant *n* restaurante *m* automático; ~matik [--'mɑːtik] *f* (16) automatismo *m*; 2'matisch automático; ~mati'sierung *f* automatización *f*; 2nom [--'noːm] autónomo; ~nomie [--noˈmiː] *f* (15) autonomía *f*; ~pilot ⚙︎ *m* piloto *m* automático.

Autor [ˈ-tɔr] *m* (8¹) (~in [-ˈtoːrin] *f*) autor(a) *m* (*f*).

¹**Auto|radio** *n* autorradio *f*; ~reisezug *m* autotrén *m*, autoexpreso *m*; ~rennen *n* carrera *f* de automóviles.

autorisieren [-toriˈziːrən] autorizar (*zu* para).

autoritä|r [--riˈtɛːr] autoritario; 2t [---ˈtɛːt] *f* autoridad *f*.

¹**Auto|schalter** *m Bank*: autobanco *m*; ~schlange *f* caravana *f* de coches; ~schlosser *m* mecánico *m* de automóviles; ~skooter [ˈ--skuːtər] *m* (7) auto *m* choque; ~sport *m* automovilismo *m*; ~stopp *m* autostop *m*; ~stopper *m* autostopista *m*; ~suggestion *f* autosugestión *f*; ~verkehr *m* tráfico *m* de automóviles; ~verleih *m* alquiler *m* de coches; ~waschanlage *f* tren *m od.* túnel *m* de lavado.

Avantgard|e [avãˈgardə] *f* vanguardia *f*; 2istisch [---ˈdistiʃ] vanguardista, de vanguardia.

Avoca|do, ~to [avoˈkɑːdo, --ˈ-to] *f* (11¹) aguacate *m*.

Axt [akst] *f* (14¹) hacha *f*; ~hieb *m* hachazo *m*.

Azalie [aˈtsɑːljə] *f* (15) azalea *f*.

azurblau [aˈtsuːrblau] (azul) celeste.

B

B, b [be:] *n* B, b *f*; ♪ si *m* bemol; *B-Dur* si *m* bemol mayor; *b-Moll* si *m* bemol menor.

Baby ['be:bi] *n* (11) nene *m*, bebé *m*; ⁓**ausstattung** *f* canastilla *f*; ⁓**sitter** ['--sitar] *m* (7) F canguro *su.*; ⁓**waage** *f* pesabebés *m*.

Bach [bax] *m* (3³) arroyo *m*, riachuelo *m*; ⁓**e** Zo. *f* (15) jabalina *f*; ⁓**stelze** Zo. ['-ʃtɛltsə] *f* (15) aguzanieves *f*.

Back|blech ['bakblɛç] *n* bandeja *f* (a horno); ⁓**bord** ⚓ *n* babor *m*.

Backe ['bakə] *f* (15) mejilla *f*, carrillo *m*; *mit vollen* ⁓*n kauen* comer a dos carrillos.

backen ['-kən] (30) cocer; *in der Pfanne*: freír; *Kuchen*: hacer.

Backen|bart *m* patillas *f/pl.*; ⁓**knochen** *m* pómulo *m*; ⁓**tasche** Zo. *f* abazón *m*; ⁓**zahn** *m* muela *f*.

Bäcker ['bɛkər] *m* (7) panadero *m*; ⁓**ei** [--'raɪ] *f*, ⁓**laden** *m* panadería *f*; ⁓**meister** *m* maestro *m* panadero.

Back|fisch ['bakfɪʃ] *m* F *fig.* pollita *f*; ⁓**form** *f* molde *m*; ⁓**obst** *n* fruta *f* pasa; ⁓**ofen** *m* horno *m*; ⁓**pfeife** *f* bofetada *f*, F torta *f*; ⁓**pflaume** *f* ciruela *f* pasa; ⁓**pulver** *n* levadura *f* en polvo; ⁓**stein** *m* ladrillo *m*; ⁓**stube** *f* amasadero *m*; ⁓**trog** *m* artesa *f*; ⁓**waren** *f/pl.* pastelería *f*, bollería *f*; ⁓**werk** *n* pasteles *m/pl.*

Bad [ba:t] *n* (1²) baño *m* (*a. Phot.*); (*Ort*) balneario *m*; estación *f* termal.

Bade... ['ba:də...]: *in Zssgn oft de* baño; ⁓**anstalt** *f* baños *m/pl.* públicos; piscina *f*; ⁓**anzug** *m* traje *m* de baño; ⁓**bademeister** *m*; ⁓**arzt** *m* médico *m* de balneario; ⁓**gast** *m* bañista *m*; ⁓**gel** ['--ge:l] *n* (3¹) gel *m* de baño; ⁓**hose** *f* bañador *m*; ⁓**kappe** *f* gorro *m* de baño; ⁓**kur** *f* cura *f* termal *od.* balnearia; ⁓**mantel** *m* albornoz *m*; ⁓**meister** *m* bañero *m*; **2n** (26) *v/t.* bañar; *v/i.* bañarse; ⁓**ofen** *m* calentador *m* de baño; ⁓**ort** *m* balneario *m*; ⁓**strand** *m* playa *f*; ⁓**tuch** *n* toalla *f* de baño; ⁓**wanne** *f* bañera *f*; ⁓**zimmer** *n* (cuarto *m* de) baño *m*.

baff F [baf]: ⁓ *sn* quedarse con la boca abierta.

Bagatell|e [baga'tɛlə] *f* (15) bagatela *f*; **2i'sieren** minimizar, quitar importancia a.

Bagger ['bagər] *m* (17) excavadora *f*; (*Naßℬ*) draga *f*; **2n** (29) excavar; dragar.

Bahn [ba:n] *f* (16) camino *m*, vía *f*; *Astr.* órbita *f*; *Geschoß*: trayectoria *f*; *Sport*: pista *f*; 🚇 ferrocarril *m*; *mit der* ⁓ *en tren*; *fig. sich* ⁓ *brechen* abrirse paso; ⁓**beamte(r)** *m* ferroviario *m*; **2brechend**, ⁓**brecher** *m* pionero (*m*); ⁓**damm** *m* terraplén *m*; **2en** (25) (*ebnen*) allanar, aplanar; *sich e-n Weg* ⁓ abrirse paso; ⁓**hof** *m* estación *f*; ⁓**hofsvorsteher** *m* jefe *m* de estación; ⁓**hofswirtschaft** *f* cantina *f* de la estación; ⁓**linie** *f* línea *f* férrea; ⁓**post** *f* oficina *f* ambulante; ⁓**steig** *m* andén *m*; ⁓**übergang** *m* paso *m* a nivel (*beschrankt con barrera*; *unbeschrankt sin barrera*); ⁓**wärter(häuschen** *n*) ['-vɛrtər(hɔʏsçən)] *m* (garita *f* de) guardavía *m*.

Bahre ['ba:rə] *f* (15) féretro *m*; ⚰ camilla *f*; *für Lasten*: angarillas *f/pl.*

Bai [baɪ] *f* (16) bahía *f*.

Baiser [bɛ'ze:] *n* (11) merengue *m*.

Baisse ['bɛ:s(ə)] *f* (15) baja *f*; ⁓**spekulant** *m*, **Baissier** [bɛ:s'je:] *m* (11) bajista *m*; ⁓**spekulation** *f* especulación *f* a la baja.

Bajonett [bajo'nɛt] *n* (3) bayoneta *f*.

Bake ⚓ ['ba:kə] *f* (15) boya *f*, baliza *f*.

Bakteri|e [bak'te:rjə] *f* (15) bacteria *f*, microbio *m*; ⁓**ologie** [-terjolo'gi:] *f* (15, *o. pl.*) bacteriología *f*.

Balanc|e [ba'lãsə] *f* (15) equilibrio *m*; **2ieren** balancear; ⁓**ierstange** *f* balancín *m*.

bald [balt] pronto, dentro de poco; en breve; F (*beinahe*) casi; ⁓ ... ⁓ ora ... ora, ya ... ya; ⁓ *darauf* poco después; *so* ⁓ *wie möglich* cuanto antes; lo más pronto posible.

Baldachin ['-daxi:n] *m* (3¹) baldaquín *m*, dosel *m*; *Rel.* palio *m*.

bald|ig ['-dɪç] próximo, pronto, cercano; ⁓**igst** ['-dɪçst], ⁓**möglichst** cuanto antes; lo antes posible.

Baldrian ['-driɑ:n] *m* (3¹) valeriana *f*.

Balg [balk] **a)** m (3³) piel f, pellejo m; *Phot.*, *Orgel*: fuelle m; **b)** F m, n (1²) diablillo m; ℒ**en** [-gən] (25): *sich* ~ *pelearse*; ~**e'rei** f pelea f.

Balken ['-kən] m (6) viga f, madero m.

Balkon [-'kɔŋ, -'kɔːn] m (11; 3¹) balcón m.

Ball [bal] m (3³) **a)** pelota f; (*Fußℒ*) balón m; ~ *spielen* jugar a la pelota; **b)** (*Tanz*) baile m.

Ballade [-'laːdə] f (15) balada f.

Ballast ['-last] m (3²) lastre m; *fig.* carga f.

Ballen ['-lən] **1.** m (6) bala f; *Anat.* tenar m; *♂ am Fuß*: juanete m; **2.** ℒ *v/t.* (25) cerrar, apretar; *sich* ~ aglomerarse.

ballern F ['-lərn] (29) tirotear.

Ballett [-'lɛt] n (3) ballet m; ℒ**meister** m maestro m de baile; ~**(t)änzer(in** f) m bailarín (-ina) m (f).

'**Ball|junge** m recogepelotas m; ~**kleid** n vestido m de baile.

Ballon [ba'lɔ̃] m (11; 3¹) globo m; ~**flasche** f bombona f.

Ballungs|gebiet ['baluŋsgəbiːt] n, ~**raum** m aglomeración f urbana.

Balsam ['balzaːm] m (3¹) bálsamo m.

Balt|e ['-tə] m (13), ℒ**isch** báltico (m).

Balustrade [balus'traːdə] f (15) balaustrada f.

Balz [balts] f (16, *o. pl.*) época f del celo; ℒ**en** (27) estar en celo.

Bambus ['bambus] m (*uv. od.* 4¹) bambú m.

banal [ba'naːl] trivial, banal; ℒ**ität** [-naliˈtɛːt] f trivialidad f, banalidad f.

Banane [-'naːnə] f (15) plátano m, *Am.* banana f; ~**nstaude** f platanero m, *Am.* banano m; ~**nstecker** ⚡ m enchufe m de banana.

Banause [-'nauzə] m (13) hombre m inculto.

Band [bant] **1. a)** m (3³) tomo m, volumen m; **b)** n (1²) cinta f; (*Schnür*ℒ) cordón m; *Anat.* ligamento m; *fig. am laufenden* ~ continuamente; *auf* ~ *aufnehmen* grabar en cinta; **c)** n (3) *fig.* vínculo m, lazo m; **d)** ♪ [bɛnt] f (11¹) conjunto m; **2.** ℒ s. *binden*.

Bandag|e [-'daːʒə] f (15) vendaje m; ℒ**ieren** vendar.

Bande ['-də] f (15) *a. desp.* banda f, pandilla f, cuadrilla f.

Banderole [--'roːlə] f (15) precinto m.

Bänderriß ✝ ['bɛndərrɪs] m rotura f de ligamento(s).

bändig|en ['-digən] (25) domar; *fig.* refrenar; ℒ**er** m (7) domador m; ℒ**ung** f doma f.

Bandit [ban'diːt] m (12) bandido m, bandolero m.

Band|maß ['bantmaːs] n cinta f métrica; ~**nudeln** f/pl. tallarines m/pl.; ~**säge** f sierra f de cinta; ~**scheibe** *Anat.* f disco m intervertebral; ~**scheibenvorfall** ✝ m hernia f discal; ~**wurm** m tenia f, solitaria f.

bang|(e) ['baŋ(ə)] inquieto; *mir ist* ~ tengo miedo (*vor dat.* a); ~ *machen* asustar; ℒ**emacher** m alarmista m; ~**en** (25): (*sich*) ~ *um* inquietarse por; ℒ**igkeit** ['-içkaɪt] f (16, *o. pl.*) inquietud f; miedo m.

Bank [baŋk] f **a)** (14¹) banco m; *ohne Lehne*: banqueta f; *durch die* ~ indistintamente; *auf die lange* ~ *schieben* dar largas a; **b)** (16) ✝ banco m; (*Spiel*) banca f; \.... *in Zssgn* ✝ bancario, de banco; '~**automat** m cajero m automático; '~**be·amte(r)** m empleado m de banco.

Bankett [-'kɛt] n (3) banquete m, festín m.

'**bank|fähig** negociable (en banco); ℒ**geheimnis** n secreto m bancario; ℒ**geschäft** n operación f bancaria; ℒ**halter** m banquero m; ℒ**haus** n banca f; ℒ**ier** [-'ɪeː] m (11) banquero m; ℒ**konto** n cuenta f bancaria; ℒ**leitzahl** f clave f bancaria; ℒ**note** f billete m de banco; ℒ**raub** m atraco m bancario; ~**rott** [-'rɔt] en quiebra; ℒ**rott** m (3) bancarrota f; quiebra f; ~ *machen* quebrar; ℒ**welt**, ℒ**wesen** n banca f.

Bann [ban] m proscripción f, destierro m; *Rel.* excomunión f; (*Zauber*) fascinación f; *in den* ~ *tun* proscribir; *Rel.* excomulgar; *fig. den* ~ *brechen* romper el hechizo; '**ℒen** (25) *Geister, Gefahr*: conjurar; *Teufel*: exorcizar; *fig.* fascinar, cautivar; '~**er** n (7) bandera f, estandarte m; '~**fluch**, '~**strahl** m anatema m; '~**meile** f término m municipal.

bar [baːr]: **a)** ~**es** *Geld* dinero m contante; *gegen* ~, *in* ~ al contado; en efectivo, en metálico; **b)** (*gen.*) (*ohne*) falto de, desprovisto de.

Bar f (11¹) bar m (americano); (*Theke*) barra f.

Bär [bɛːr] m (12) oso m; *Astr. der Große* (*Kleine*) ~ la Osa Mayor (Menor); *j-m e-n Bären aufbinden*

Baracke

F tomar el pelo a alg.
Baracke [baˈrakə] *f* (15) barraca *f*.
Barbar [barˈbɑːr] *m* (12), **2isch** bárbaro (*m*); **~ei** [-baˈraɪ] *f* barbaridad *f*; (*Zustand*) barbarie *f*.
Barbe *Zo.* [ˈ-bə] *f* (15) barbo *m*.
bärbeißig [ˈbɛːrbaɪsiç] gruñón.
Barbestand [ˈbɑːrbəʃtant] *m* existencia *f* en efectivo *od.* en caja.
'**Bardame** *f* camarera *f* de bar.
Bären|dienst [ˈbɛːrəndiːnst] *m*: j-m e-n ~ erweisen prestar un flaco servicio a alg.; **~hunger** *m* hambre *f* canina; **~klau** ⚥ [ˈ-klaʊ] *m*, *f* (3¹, 16, *o. pl.*) acanto *m*.
Barett [baˈrɛt] *n* (3) birrete *m*.
bar|fuß [ˈbɑːrfuːs] descalzo; **2geld** *n* metálico *m*, efectivo *m*, dinero *m* contante *bzw.* al contado; **~geldlos** por cheque; **~häuptig** [ˈ-hɔyptiç] descubierto.
Bärin [ˈbɛːrɪn] *f* (16¹) osa *f*.
Bariton ♪ [ˈbɑːritɔn] *m* (3¹) barítono *m*.
Barkasse ⚓ [barˈkasə] *f* (15) lancha *f*.
Barkauf [ˈbɑːrkaʊf] *m* compra *f* al contado.
Barke [ˈbarkə] *f* (15) barca *f*.
Bar|keeper [ˈbɑːrkiːpər] *m* (7), **~mann** *m* barman *m*.
barmherzig [barmˈhɛrtsiç] misericordioso, caritativo; **2keit** *f* misericordia *f*.
Barmittel [ˈbɑːrmɪtəl] *n*/*pl.* fondos *m*/*pl.* líquidos.
Barmixer [ˈ-mɪksər] *m* (7) barman *m*.
barock [baˈrɔk], **2** *n*, *m* (11, *o. pl.*) barroco (*m*).
Barometer [-roˈmeːtər] *n* barómetro *m*.
Baron [-ˈroːn] *m* (3¹) barón *m*; **~in** *f* baronesa *f*.
Barren [ˈ-rən] *m* (6) (*Gold*2) barra *f*, lingote *f*; (*Turn*2) (barras) paralelas *f*/*pl*.
Barriere [-rˈjɛːrə] *f* (15) barrera *f*.
Barrikade [-riˈkɑːdə] *f* (15) barricada *f*.
Barsch [barʃ] *Zo. m* (3²) perca *f*.
barsch brusco, seco.
Bar|schaft [ˈbɑːrʃaft] *f* dinero *m* contante *od.* efectivo; **~scheck** *m* cheque *m* no cruzado.
Bart [bɑːrt] *m* (3³) barba *f*; (*Schlüssel*2) paletón *m*; j-m um den ~ gehen dar coba a alg.; in den ~ murmeln hablar entre dientes.

bärtig [ˈbɛːrtɪç] barbudo.
bartlos [ˈbɑːrtloːs] sin barba; (*jung*) imberbe.
Barzahlung [ˈbɑːrtsɑːluŋ] *f* pago *m* al contado *od.* en metálico.
Basalt [baˈzalt] *m* (3) basalto.
Basar [-ˈzɑːr] *m* (3¹) bazar *m*.
Base [ˈbɑːzə] *f* (15) † prima *f*; 🜾 base *f*.
Baseball [ˈbeːsbɔːl] *m* (11) béisbol *m*.
basieren [baˈziːrən] basarse (*auf* en).
Basilika [-ˈzilɪkaː] *f* (16²) basílica *f*.
Basis [ˈbɑːzɪs] *f* (16²) base *f* (*a. fig.*).
Bask|e [ˈbaskə] *m* (13) vasco *m*; **~en-mütze** *f* boina *f*; **2isch** vasco; *Provinzen*: vascongado; *das* **2e** el vascuence, el euskera.
Basrelief [ˈbɑːrəljɛf] *n* (11) bajorrelieve *m*.
Baß ♪ [bas] *m* (4²) bajo *m*; **~geige** *f* contrabajo *m*.
Bassin [baˈsɛ̃ː] *n* (11) depósito *m*; (*Schwimm*2) piscina *f*; *Arg.* pileta *f*.
Bassist ♪ [-ˈsɪst] *m* (12) (*Sänger*) bajo *m*; (*Spieler*) contrabajo *m*.
'**Baßschlüssel** ♪ *m* clave *f* de fa.
Bast [bast] *m* (3²) ⚥ líber *m*; rafia *f*.
basta! [ˈbasta] ¡basta!; *und damit* ~! ¡y sanseacabó!
Bastard [ˈ-tart] *m* (3) bastardo *m*; *Zo.*, ⚥ híbrido *m*.
Bastei [-ˈtaɪ] *f* (16) bastión *f*, baluarte *m*.
bast|eln [ˈ-təln] (29) dedicarse al bricolaje; **2eln** *n* bricolaje *m*; **2ler** *m* (7) *neol.* bricolador *m*.
bat, **bäte** [bɑːt, ˈbɛːtə] *s.* bitten.
Bataillon [batalˈjoːn] *n* (3¹) batallón *m*.
Batate [-ˈtɑːtə] *f* (15) batata *f*, boniato *m*; *Am. a.* camote *m*.
Batist [-ˈtɪst] *m* (3²) batista *f*.
Batterie [-təˈriː] *f* (15) ⚔, ⚡ batería *f*; ⚔ pila *f*.
Bau [baʊ] *m* (3; *pl. a.* -ten) construcción *f*, edificación *f*; (*Gebäude*) edificio *m*; (*Bauarbeiten*) obras *f*/*pl.*; ⚜ cultivo *m*; (*Auf*2) construcción *f*; (*Tier*2) madriguera *f*; '**~arbeiter** *m* obrero *m* de la construcción; '**~art** *f* estilo *m*; ⚙ tipo *m*.
Bauch [baʊx] *m* (3³) vientre *m*; F tripa *f*, barriga *f*, panza *f*; ⚓ bodega *f*; *e-n* ~ *bekommen* echar barriga; '**~binde** *f* faja *f*; *Zigarre*: vitola *f*; '**~fell** *n* peritoneo *m*; '**~fell-entzündung** *f* peritonitis *f*; '**~gurt** *m* cincha *f*; '**~höhle** *f* cavidad *f* abdominal; '**2ig** panzudo;

fig. abombado; '~**redner** *m* ventrílocuo *m*; '~**schmerzen** *m*/*pl.* dolor *m* de vientre; '~**speicheldrüse** *f* páncreas *m*; '~**tanz** *m* danza *f* de vientre.

bauen ['baʊən] (25) **1.** *v*/*t.* construir; △ edificar; ✓ cultivar; **2.** *v*/*i.*: *fig.* ~ *auf* (*ac.*) confiar en.

Bauer ['-ər]: **a)** *m* (13, *a.* 10) campesino *m*; labrador *m*; *Schach*: peón *m*; **b)** *n*, *m* (7) (*Käfig*) jaula *f*.

Bäuer|in ['bɔyərin] *f* (16¹) campesina *f*; labradora *f*; ℒ**lich** campesino, rústico.

Bauern|bursche ['baʊərnburʃə] *m* joven campesino *m*; mozo *m*; ~**fänger** ['-fɛŋər] *m* (7) engañabobos *m*; ~**fänge'rei** *f* timo *m*; tomadura *f* de pelo; ~**haus** *n* casa *f* de campo; ~**hof** *m* finca *f* (rústica); granja *f*; ~**mädchen** *n* joven campesina *f*; ~**möbel** *n*/*pl.* muebles *m*/*pl.* rústicos; ℒ~**schlau** socarrón; ~**stand** *m* clase *f* campesina.

'**Bau|fach** *n* ramo *m* de la construcción; ℒ**fällig** ruinoso; ~ *sn* amenazar ruina; ~**firma** *f* empresa *f* constructora; ~**führer** *m* maestro *m* de obras; ~**gelände** *n* terreno *m* edificable; solar *m*; ~**genehmigung** *f* permiso *m* de construcción; ~**genossenschaft** *f* cooperativa *f* de construcción; ~**gerüst** *n* andamio *m*, andamiaje *m*; ~**gewerbe** *n* ramo *m* de la construcción *f*; ~**herr** *m* propietario *m*; ~**kasten** *m* caja *f* de construcción; ~**klotz** *m* cubo *m*; ~**kostenzuschuß** *m* contribución *f* a los gastos de construcción; ~**kunst** *f* arquitectura *f*; ~**leitung** *f* dirección *f* de obras; ℒ**lich** arquitectónico.

Baum [baʊm] *m* (3³) árbol *m*; '~**bestand** *m* arbolado *m*.

Baumeister ['-maɪstər] *m* aparejador *m*, arquitecto *m*.

baumeln ['-məln] (29) bambolear(se).

bäumen ['bɔymən] (25): *sich* ~ encabritarse.

Baum|grenze ['baʊmgrɛntsə] *f* límite *m* del arbolado; ~**krone** *f* copa *f*; ℒ**lang**: ~*er Kerl m* varal *m*; ℒ**los** sin arbolado; ~**pfahl** *m* rodrigón *m*; ~**rinde** *f* corteza *f*; ~**schere** *f* podadera *f*; ~**schule** *f* vivero *m*; ~**stamm** *m* tronco *m* (de árbol); ℒ**stark** fuerte como un roble; ~**stumpf** *m* tocón *m*.

Baumwoll... ['-vɔl...]: *in Zssgn mst* algodonero; ~**e** *f* algodón *m*; ℒ**en** de algodón; ~**strauch** *m* algodonero *m*.

'**Baumzucht** *f* arboricultura *f*.

Bau|platz ['baʊplats] *m* solar *m*; ~**polizei** *f* inspección *f* de edificaciones.

Bausch [baʊʃ] *m* (3² [*u.* ³]) *Watte*: tampón *m*; *in* ~ *und Bogen* en bloque; a bulto; '**ℒen** (27) hinchar; *sich* ~ abolsarse; 'ℒ**ig** hinchado; ahuecado.

'**Bau|schutt** *m* escombros *m*/*pl.*; cascotes *m*/*pl.*; ~**sparkasse** *f* caja *f* de ahorros para la construcción; ~**sparvertrag** *m* contrato *m* de ahorrovivienda; ~**stein** *m* ladrillo *m*; ~**stelle** *f* obra *f*; ~**stil** *m* estilo *m* (arquitectónico); ~**stoff** *m* material *m* de construcción; ~**ten** *m*/*pl.* *Thea.*, *Film*: decorados *m*/*pl.*; ~**unternehmer** *m* contratista *m* (de obras); ~**werk** *n* edificio *m*; construcción *f*; ~**wesen** *n* construcción *f*.

bauz! [baʊts] ¡paf!, ¡cataplún!

Bay|er(in *f*) ['baɪər(in)] *m* (13), ~**risch** bávaro (-a) *m* (*f*).

Bazillus [ba'tsilus] *m* (16²) bacilo *m*.

beabsichtig|en [bə¹⁹apˈzɪçtɪɡən] (25) proyectar; proponerse; tener la intención (*zu* de); ~**t** intencionado, intencional.

be-'acht|en fijarse en; (*berücksichtigen*) tener en cuenta; (*befolgen*) observar; *nicht* ~ no hacer caso de; ~**enswert** digno de atención; notable; ℒ**ung** *f* atención *f*; consideración *f*; observancia *f*.

Beamte(r) [-¹⁹amtə(r)] *m* (18) funcionario *m*; ~**nbeleidigung** *f* desacato *m* (a la autoridad); ~**nschaft** *f* neol. funcionariado *m*.

beängstigend [-¹⁹ɛŋstɪɡənt] alarmante; inquietante.

beanspruch|en [-¹⁹anʃpruxən] (25) pretender, reclamar; exigir; *Zeit*: requerir; ⊕ desgastar; ⊥ *j.*: atareado; ocupado; ℒ**ung** ⊕ carga *f*; desgaste *m*.

beanstand|en [-¹⁹anʃtandən] (26) protestar, reclamar (*et. contra a*/*c*.); poner reparos a; ℒ**ung** *f* objeción *f*; reclamación *f*.

beantragen [-¹⁹antra:ɡən] (25) proponer; solicitar; pedir.

be-'antwort|en contestar (a), responder a; ℒ**ung** *f*: *in* ~ (*gen.*) en contestación a.

be-'arbeit|en ⊕ trabajar; labrar; ✓ cultivar; *Buch*: refundir; *Thema*:

Bearbeitung

tratar; *Thea.*, *Film usw.*: adaptar; ♪ arreglar; *fig.* j-n ~ tratar de persuadir a alg.; ⚙ung f ⊕ labra f, labrado m; ♪ cultivo m; *Buch*: refundición f; *Thea. usw.*: adaptación f; ♪ arreglo m.

Be·'latmung f: *(künstliche)* ~ respiración f artificial.

beaufsichtigen [-¹⁹aufziçtigən] (25) vigilar; supervisar.

beauftrag|en [-¹⁹auftra:gən]: j-n mit et. ~ encargar a/c. a alg.; ⚙te(r) [-¹-tra:ktə(r)] m encargado m; ⚖ mandatario m.

be'bau|en △ edificar; *(erschließen)* urbanizar; ♪ cultivar; ⚙ungsplan m plan m de urbanización.

beben ['be:bən] **1.** v/i. (25) temblar; vibrar; **2.** ⚙ n temblor m.

bebildern [bə'bildərn] (29) ilustrar, adornar con grabados.

Béchamelsoße [beʃa'mɛlzo:sə] f *(salsa f)* bechamel f.

Becher ['bɛçər] m (7) vaso m; *(Würfel⚙)* cubilete m; ⚙n F (29) empinar el codo.

Becken ['bɛkən] n (6) pila f; *(Wasch⚙)* palangana f; lavabo m; *Erdk.* cuenca f; *Anat.* pelvis f; *(Schwimm⚙)* piscina f; ♪ pl. platillos m/pl.

bedacht [bə'daxt] **1.** *adj.*: ~ sn auf (ac.) pensar en; cuidar de; **2.** ⚙ m (3, o. pl.): *mit* ~ con cuidado.

bedächtig [-'dɛçtiç] mirado, circunspecto; *(langsam)* lento.

Bedachung [-'daxuŋ] f techumbre f, tejado m.

be'danken: *sich bei j-m für et.* ~ dar las gracias a alg. por a/c.

Bedarf [-'darf] m (3) necesidades f/pl. *(an dat.* de); *bei* ~ si es necesario; ~ *haben an (dat.)* necesitar (ac.); *es besteht großer* ~ *an (dat.)* hay mucha falta de; ~**s-artikel** m artículo m de primera necesidad *od.* de consumo; ~**shaltestelle** f parada f discrecional.

bedauer|lich [-'dauərliç] deplorable, lamentable; *es ist* ~ es una lástima; ~**n** (29) sentir; lamentar; *j-n*: compadecer; ⚙n n sentimiento m; *zu m-m (großen)* ~ (muy) a pesar mío; ~**nswert** *j.*: digno de lástima *od.* de compasión; *et.*: lamentable.

be'deck|en cubrir (mit de, con); tapar; *sich* ~ *Himmel*: encapotarse, nublarse; ~**t** *a. Himmel*: cubierto *(mit* de); ⚙ung ✗ f escolta f.

be'denken considerar, pensar en;

tener presente *od.* en cuenta; *vorher* ~ premeditar; *j-n mit et.* ~ agraciar a alg. con a/c.; ⚖ legar a/c. a alg.; *sich* ~ reflexionar; ⚙en n duda f; escrúpulo m; *ohne* ~ sin vacilación; *keine* ~ *haben zu inf.* no vacilar en, no ver inconveniente en; *~enlos* sin escrúpulos; *sin vacilar*; *~lich* dudoso; grave, crítico; *(gewagt)* arriesgado; *(heikel)* delicado; ⚙zeit f plazo m para reflexionar.

bedeppert F [-'dɛpərt] cabizbajo.

be'deut|en significar, querer decir; *j-m et.* ~ dar a entender a/c. a alg.; *das hat nichts zu* ~ no tiene importancia; *~end* importante, considerable; *j.*: eminente; *~sam* significativo; ⚙ung f *(Sinn)* significación f; sentido m, significado m; *Gram. a.* acepción f; *(Wichtigkeit)* importancia f; *~ungslos* insignificante; *~ungsvoll* significativo.

be'dien|en servir; † atender, despachar; ⊕ manejar; *sich* ~ *(gen.)* servirse (de) *(a. bei Tisch)*; *fig.* valerse de; ⚙stete(r) m (18) empleado m; ⚙ung f servicio m; ⊕ manejo m; *(Kellnerin)* camarera f.

beding|en [-'diŋən] condicionar; motivar; *(erfordern)* requerir; *~t* condicional, limitado; *adv.* con reservas; con restricciones; ~ *sn durch* depender de; ⚙ung f condición f *(stellen* poner); *unter der* ~, *daß* a condición de que *(subj.)*; *~ungslos* incondicional; *adv.* sin reservas.

be'dräng|en acosar, asediar; *(bedrücken)* atormentar; ⚙nis f (14²) apuro m; *~t* apurado.

be'droh|en amenazar *(mit* con); *~lich* amenazador; crítico; ⚙ung f amenaza f.

be'drucken imprimir; *Tuch*: estampar.

be'drück|en oprimir, agobiar; atormentar; *~end* opresivo, vejatorio; deprimente; *~t* deprimido; ⚙ung f opresión f, agobio m.

Beduine [bedu'i⁹i:nə] m (13) beduino m.

be'dürfen [bə'dyrfən] necesitar (e-r *Sache* a/c.), hacer falta (a/c. a alg.).

Be'dürfnis n (4¹) necesidad f; ~**anstalt** f urinario m; ⚙los sobrio, frugal; poco exigente.

be'dürftig necesitado, menesteroso; ⚙keit f necesidad f, indigencia f.

Beefsteak ['bi:fste:k] *n* (11) bistec *m*, bisté *m*; *Arg.* bife *m*.
be-'ehren honrar, favorecer; *sich ~ zu* tener el honor de.
beeid|(ig)en [-'ʔaɪd(ɪɡ)ən] (26 [25]) afirmar bajo juramento; *j-n:* tomar juramento a; **~igt** jurado.
be-'eilen: *sich ~* darse prisa; apresurarse (zu a); *Am.* apurarse.
beeindrucken [-'ʔaɪndrʊkən] (25) impresionar.
beeinfluss|en [-'ʔflʊsən] (28) influir (en); influenciar; **2ung** *f* influencia *f* (en, sobre).
beeinträchtig|en [-'ʔtrɛçtɪɡən] (25) perjudicar; mermar; **2ung** *f* perjuicio *m*; merma *f*.
be-'end|en acabar, terminar; concluir; ultimar; **2igung** *f* terminación *f*; conclusión *f*.
beeng|en [-'ʔɛŋən] (25) estrechar; (*beklemmen*) oprimir; *fig.* cohibir; **2theit** *f* estrechez *f*.
be-'erben: *j-n ~* heredar los bienes de alg.; ser heredero de alg.
beerdig|en [-'ʔeːrdɪɡən] (25) enterrar, sepultar; **2ung** *f* entierro *m*, sepultura *f*; **2ungs-institut** *n* funeraria *f*.
Beere ['beːrə] *f* (15) baya *f*; (*Wein2*) grano *m*.
Beet [beːt] *n* (3) bancal *m*; (*Blumen2*) cuadro *m*, macizo *m*.
befähig|en [bə'fɛːɪɡən] (25) habilitar, capacitar (zu para); **~t** [-'ɪçt] habilitado, capaz (zu, für para); (*begabt*) de talento, talentoso; **2ung** *f* habilitación *f*; capacidad *f*; calificación *f*; **2ungsnachweis** *m* certificado *m* de aptitud.
befahl(st) [-'fɑːl(st)] *s. befehlen.*
befahr|bar [-'fɑːrbɑːr] transitable; practicable; ♆ navegable; **~en** circular por; ♆ navegar por; *stark ~* muy transitado.
be'fallen (30) acometer (*a. Schlaf*); ⚔ afectar, atacar; *unvermutet*: sobrecoger; ☥ infestar.
be'fangen (*scheu*) tímido; (*voreingenommen*) parcial; **2heit** *f* timidez *f*; parcialidad *f*.
be'fassen: *sich ~ mit* ocuparse de.
be'fehden [-'feːdən] (26) hacer la guerra a.
Befehl [-'feːl] *m* (3) orden *f*; (*~sgewalt*) mando *m* (*führen* tener, *über ac.* de); *zu ~!* ¡a la orden!; **2en** (30) mandar, ordenar; **2end**, **2erisch** im-

perioso, mandón; **2igen** [-'-lɪɡən] (25) mandar; **~sform** *f Gram.* imperativo *m*; **~sgewalt** *f* mando *m*; **~shaber** [-'-hɑːbər] *m* (7) jefe *m*, comandante *m*; **2shaberisch** mandón.
be'festig|en fijar, sujetar; asegurar; ⚔ fortificar; **2ung** *f* ⚔ fortificación *f*; ⊕ fijación *f*, sujeción *f*.
befeuchten [-'fɔʏçtən] (26) humedecer, mojar.
Be'feuerung ♆ *u.* ✈ *f* balizamiento *m* luminoso.
befiehl(st) [-'fiːl(st)] *s. befehlen.*
be'find|en 1. *v/t.* encontrar; *für gut ~* aprobar; 2. *v/refl.*: *sich ~* hallarse, encontrarse; (*sich fühlen*) sentirse, estar; *2en n* (estado *m* de) salud *f*; (*Ansicht*) parecer *m*; **~lich** existente; situado.
be'flaggen embanderar; ♆ empavesar.
be'flecken (25) manchar (*a. fig.*).
befleißigen [-'flaɪsɪɡən] (25): *sich ~* (*gen.*) aplicarse a, dedicarse a.
beflissen [-'flɪsən] aplicado, diligente; **2heit** *f* aplicación *f*, diligencia *f*.
beflügeln [-'flyːɡəln] (29) acelerar; *fig.* inspirar; **~t** alado (*a. fig.*).
be'folg|en seguir; *Befehl, Gesetz*: cumplir; *Vorschrift, Mode*: observar; **2ung** *f* cumplimiento *m*; observancia *f*.
be'förder|n (29) promover, ascender; ✆ transportar; **2ung** *f* promoción *f*, ascenso *m*; transporte *m*; **2ungsmittel** *n* medio *m* de transporte.
befracht|en ✆ [-'fraxtən] (26) fletar; **2er** *m* (7) fletador *m*; **2ung** *f* fletamento *m*.
befrackt [-'frakt] (vestido) de frac.
be'frag|en interrogar; preguntar (*wegen* por); consultar; **2ung** *f* consulta *f*; interrogatorio *m*; (*Umfrage*) encuesta *f*.
befrei|en [-'fraɪən] (25) liberar; (*freilassen*) poner en libertad, libertar; *v. Pflichten usw.*: dispensar; eximir; *sich ~* deshacerse (*von* de); **2er** *m* libertador *m*; **~t** exento (*von* de); **2ung** *f* liberación *f*, exención *f*.
befremd|en [-'frɛmdən] (26) extrañar, sorprender; **2en** *n* extrañeza *f*, sorpresa *f*; **~end**, **~lich** extraño, raro.
befreund|en [-'frɔʏndən] (26): *sich ~ mit* trabar amistad con; hacerse amigo de; familiarizarse con; *befreundet sn mit* ser amigo de.

befrieden 610

befried|en [-'fri:dən] (26) pacificar; ⁀ung *f* pacificación *f*.
befriedig|en [-'-digən] (25) satisfacer, contentar; ~end satisfactorio; ~t [-'-diçt] satisfecho, contento; ⁀ung *f* satisfacción *f*.
be'frist|en limitar, fijar un plazo para; ~et a plazo fijo; limitado.
be'frucht|en fecundar (*a. fig.*); ⁀ung *f* fecundación *f*.
Befug|nis [-'fu:knis] *f* (14²) competencia *f*; atribución *f*; autorización *f*; ⁀t autorizado, facultado (*zu* para); competente.
be'fühlen palpar, tocar.
be'fummeln F manosear.
Be'fund *m* (3) estado *m*; resultado *m*; ✱ diagnóstico *m*.
be'fürcht|en recelar, temer; ⁀ung *f* recelo *m*, temor *m*.
befürwort|en [-'fy:rvɔrtən] (26) recomendar, apoyar; abogar por; ⁀ung *f* recomendación *f*, apoyo *m*.
begab|t [-'ga:pt] inteligente; de talento, talentoso; ~ *für* dotado para; ⁀ung [-'-buŋ] *f* talento *m*, aptitud *f*, dotes *f/pl*. (für para).
begann [-'gan] *s.* beginnen.
begatt|en [-'gatən] (26): *sich* ~ copularse; aparearse; ⁀ung *f* cópula *f*; apareamiento *m*.
begaunern [-'gaʊnərn] (29) F estafar, timar.
be'geben ✝ *Wechsel*: negociar; *sich* ~ ir, dirigirse (*nach* a); desplazarse (a); (*sich ereignen*) suceder, ocurrir; *sich in Gefahr* ~ exponerse a un peligro; ⁀heit *f* suceso *m*, acontecimiento *m*.
begegn|en [-'ge:gnən] (26, sn) encontrar (*j-m* a alg.); (*zustoßen*) suceder; (*behandeln*) tratar; (*vorbeugen*) prevenir; ⁀ung *f* encuentro *m*.
be'gehen (30) recorrer, *Fest*: celebrar; *Fehler*: cometer; *Verbrechen*: *a.* perpetrar; *Feld*: inspeccionar.
Begehr|en [-'ge:rən] *n* deseo *m*; afán *m* (*nach* de); ⁀en (25) desear, apetecer, codiciar; (*verlangen*) pretender; *heftig* ~ anhelar; *sehr begehrt* muy solicitado; ⁀enswert deseable; apetecible; ⁀lich codicioso; ávido; ~lichkeit *f* codicia *f*, avidez *f*.
begeister|n [-'gaɪstərn] (29): (*sich*) ~ entusiasmar(se), apasionar(se) (*für* por); ~t entusiasmado (*von* con); ⁀ung *f* entusiasmo *m*.
Begier (16), ~de [-'gi:r(də)] *f* (15) avidez *f*, concupiscencia *f*; anhelo *m*, ansia *f*; ⁀ig ávido, ansioso (*nach* de).
be'gießen ✒ regar; F (*feiern*) remojar.
Beginn [-'gin] *m* (3, *o. pl.*) comienzo *m*; principio *m*, inicio *m*; *bei* ~ *al* comienzo; ⁀en (30) empezar, comenzar (*mit* con; *zu* a).
beglaubig|en [-'glaʊbigən] (25) certificar; atestar; *Unterschrift*, *Urkunde*: legalizar; ⁀ung *f* legalización *f*; ⁀ungsschreiben *n* (cartas *f/pl*.) credenciales *f/pl*.
be'gleich|en arreglar; pagar; satisfacer; ⁀ung *f* arreglo *m*; pago *m*.
be'gleit|en (26) acompañar (*a.* ♪); ⁀er *m* acompañante (*a.* ♪); (*Gefährte*) compañero *m*; ⁀erscheinung *f* síntoma *m* concomitante; ⁀mannschaft ✕ *f* escolta *f*; ⁀papiere ✝ *n/pl*. documentación *f/sg*.; ⁀schein ✝ *m* guía *f*; ⁀schiff *n* buque-escolta *m*; ⁀schreiben *n* carta *f* (de) aviso *od*. de envío; ⁀ung *f* acompañamiento *m* (*a.* ♪); compañía *f*; ✕ escolta *f*; *in* ~ *von* en compañía de, acompañado de.
be'glücken hacer feliz; *j-n mit et.* ~ agraciar a alg. con a/c.
beglückwünsch|en [-'glykvynʃən] (27) felicitar, dar la enhorabuena (*zu*, *wegen* por); ⁀ung *f* congratulación *f*, felicitación *f*.
begnadet [-'gna:dət] genial; inspirado.
begnadig|en [-'-digən] (25) perdonar, indultar; *Pol.* amnistiar; ⁀ung *f* perdón *m*, indulto *m*; amnistía *f*; ⁀ungsrecht *n* derecho *m* de gracia *od.* de indulto.
begnügen [-'gny:gən] (25): *sich* ~ *mit* contentarse con.
begonnen [-'gɔnən] *s.* beginnen.
be'graben enterrar (*a. fig.*); inhumar.
Begräbnis [-'grɛ:pnis] *n* (4¹) entierro *m*; ~feier(lichkeiten *f/pl*.) *f* funeral *m*; exequias *f/pl*.
begradigen [-'gra:digən] (25) *Fluß usw.*: rectificar.
be'greif|en comprender, entender; concebir; (*umfassen*) abarcar; *in sich* ~ encerrar, incluir; ⁀lich comprensible; ~ *machen* hacer comprender; ~licherweise por supuesto, lógicamente.
be'grenz|en limitar; reducir, restringir (*auf ac.* a); ⁀ung *f* limitación *f*, restricción *f*.
Be'griff *m* (3) concepto *m*, noción *f*;

beibringen

idea *f*; *im* ~ *sn* (*od. stehen*) *zu* estar a punto de, estar para; *schwer von* ~ corto de entendederas; ⚔**lich** abstracto; conceptual; ~**sbestimmung** *f* definición *f*; ⚔**sstutzig** duro de mollera; ~**sverwirrung** *f* confusión *f* de ideas.

be'gründ|en fundar; constituir, establecer; *fig.* motivar (*mit* por); ⚔**ung** *f* fundación *f*; argumentación *f*; motivación *f*.

be'grüß|en saludar; *fig.* celebrar; ⚔**ung** *f* salutación *f*; (*Willkommen*) bienvenida *f*; ⚔**ungs-ansprache** *f* discurso *m* de bienvenida.

be'gucken F mirar.

begünstig|en [-'gynstigən] (25) favorecer; fomentar; 🜊 encubrir; ⚔**ung** *f* protección *f*; fomento *m*; 🜊 encubrimiento *m*.

be'gut-achten (26) dictaminar sobre; (*prüfen*) examinar.

begütert [-'gy:tərt] acaudalado, pudiente.

behaar|t [-'ha:rt] peludo; *Körper*: velludo; ⚔**ung** *f* pelo *m*; vello *m*.

behäbig [-'hɛ:biç] cómodo; flemático, F cachazudo.

behaftet [-'haftət]: ~ *mit* afectado de.

behag|en [-'ha:gən] (25) gustar, agradar; ⚔**en** *n* placer *m*, gusto *m*, deleite *m*; ~**lich** [-'ha:kliç] cómodo, confortable; agradable; *Leben*: placentero, desahogado; *sich* ~ *fühlen* sentirse a sus anchas; ⚔**lichkeit** *f* comodidad *f*, confort *m*.

be'halten guardar, conservar; quedarse con; *im Gedächtnis*: retener.

Behälter [-'hɛltər] *m* (7) recipiente *m*; depósito *m*; contenedor *m*.

be'hand|eln tratar (*a. ⚕*); (*handhaben*) manejar; ⚔**lung** *f* tratamiento *m* (*a. ⚕*); manejo *m*.

Be'hang (3³) colgadura *f*; cortinaje *m*; *Jgdw.* orejas *f/pl.*

be'hängen cubrir, adornar.

be'harr|en perseverar, persistir (*auf dat.* en); ~**lich** perseverante, tenaz; ⚔**lichkeit** *f* perseverancia *f*, persistencia *f*; tesón *m*, tenacidad *f*; ⚔**ungsvermögen** *Phys.* *n* inercia *f*.

be'hauen labrar, tallar.

behaupt|en [-'hauptən] (26) afirmar; declarar; *fälschlich*: pretender; *sich* ~ mantenerse; defenderse; ⚔**ung** *f* afirmación *f*; declaración *f*.

Behausung [-'hauzuŋ] *f* vivienda *f*, morada *f*; *ärmliche*: casucha *f*.

be'heben remediar; *Schwierigkeiten*: allanar, zanjar.

beheimatet [-'haima:tət]: ~ *in* (*dat.*) natural *od.* oriundo de.

Behelf [-'hɛlf] *m* (3) recurso *m*, expediente *m*; ⚔**en**: *sich* ~ arreglarse; ⚔**smäßig** provisional, improvisado.

behelligen [-'hɛligən] (25) importunar, molestar.

behend|(e) [-'hɛnt, -'-də] ágil, ligero; ⚔**igkeit** *f* agilidad *f*, presteza *f*.

beherberg|en [-'hɛrbɛrgən] (25) hospedar, alojar, albergar; ⚔**ung** *f* hospedaje *m*, alojamiento *m*.

be'herrsch|en dominar (*a. fig.*); *sich* ~ dominarse; contenerse; ⚔**ung** *f* dominación *f*; *fig.* dominio *m*; *die* ~ *verlieren* perder los estribos.

beherzigen [-'hɛrtsigən] (25) tomar a pecho; no echar en saco roto; ~**swert** digno de consideración.

beherzt [-'hɛrtst] valiente, arrojado; ⚔**heit** *f* valor *m*, arrojo *m*.

be'hexen hechizar, embrujar.

behilflich [-'hilfliç]: *j-m bei et.* ~ *sn* ayudar a alg. en a/c.

be'hinder|n impedir; estorbar; obstaculizar; ⚔**te(r)** *m* minusválido *m*, disminuido *m*; ⚔**ung** *f* impedimento *m*; estorbo *m*; ⚕ minusvalía *f*, disminución *f*.

Behörd|e [-'hø:rdə] *f* (15) autoridad *f*; administración *f*; ⚔**lich** [-'hø:rtliç] oficial; administrativo.

be'hüten guardar; proteger; preservar, resguardar (*vor dat.* de); *Gott behüte!* ¡Dios me libre!

behutsam [-'hu:tza:m] cauteloso; cuidadoso; *adv.* con precaución, con cuidado; ⚔**keit** *f* cautela *f*; cuidado *m*.

bei [bai] (*dat.*): **a)** *örtl.* junto a; cerca de; ~*j-m* en casa de; ~ *Berlin* cerca de Berlín; ~*m Bäcker* en la panadería; ~ *der Hand haben* tener a mano; ~ *Calderón lesen* leer en Calderón; **b)** *zeitl.* durante; ~*m Essen* durante la comida; ~*m Lesen* al leer, leyendo; ~ *s-r Abreise* al salir, a su salida; **c)** (*Umstände*) ~ *der Arbeit sn* estar trabajando; ~ *offenem Fenster* con la ventana abierta; ~ *diesem Wetter* con este tiempo; ~ *seinem Charakter* con el carácter que tiene; ~ *Gefahr* en caso de peligro; ~ *Gott!* ¡por Dios!

'beibehalten conservar, guardar.

'Beiblatt *n* suplemento *m*.

'beibringen traer; *Wunde*: inferir,

producir; *Unterlagen*: presentar; *Niederlage, Verluste*: infligir; (*lehren*) enseñar.

Beicht|e ['baiçtə] f (15) confesión f; **zur ~ gehen** ir a confesarse; ⁂**en** (26) **1.** v/t. confesar; **2.** v/i. confesarse; **~geheimnis** n secreto m de confesión; **~kind** n penitente m; **~stuhl** m confes(i)onario m; **~vater** m confesor m.

beide ['baɪdə] (18) pl. ambos, los dos, uno y otro; **~s** las dos od. ambas cosas; **~n** (*anderen*) los (otros) dos; **e-r von ~n** uno de los dos; **keiner von ~n** ni uno ni otro; **wir ~** nosotros dos; **alle ~** ambos, los dos; **~mal** las dos veces.

beider|lei ['-dərlaɪ] de ambos, de los dos; **~seitig** ['--zaɪtɪç] de ambas partes; mutuo; **~seits** ['--zaɪts] a ambos lados de; de una y otra parte, recíprocamente.

'beidrehen ⚓ fachear, ponerse a la capa.

bei-ei'nander juntos (-as).

'Beifahrer m copiloto m; *Motorrad*: paquete m.

'Beifall m (3, o. pl.) aplauso m; (*Billigung*) asentimiento m, aprobación f; **j-m ~ spenden** aplaudir a alg.; **~ finden** ser aplaudido; tener gran aceptación (*bei* entre).

'beifällig aprobatorio.

'Beifalls|klatschen n palmas f/pl.; **~ruf** m bravo m; vítor m; **~sturm** m salva f de aplausos.

'Beifilm m corto(metraje) m.

'beifüg|en añadir; *e-m Schreiben*: acompañar; incluir; adjuntar; ⁂**ung** f adición f; *Gram.* atributo m; **unter ~** (*gen.*) incluyendo (*ac.*).

'Beifuß ♀ m (3²) artemisa f.

'Beigabe f añadidura f.

'beigeben añadir; *fig. klein ~* deshincharse; arriar velas.

Beigeordnete(r) ['-gə'?ordnətə(r)] m vocal m.

'Beigeschmack m gustillo m, saborcillo m; *fig.* deje m.

'beigesellen agregar, asociar.

'Beihilfe f ayuda f, subsidio m; ⚖ complicidad f.

'beikommen (sn): **j-m nicht ~ können** no poder (coger) a alg.

Beil [baɪl] n (3) hacha f.

'Beilage f suplemento m (zum Brief: anexo m; Kchk. guarnición f.

'beiläufig incidental; *adv.* de paso.

'beilegen añadir; *e-m Brief*: acompañar, adjuntar; *Streit*: dirimir; zanjar.

beileibe [-'laɪbə]: **~ nicht** de ninguna manera.

'Beileid n (3, o. pl.) condolencia f; pésame m; **sein ~ aussprechen** dar el pésame.

'beiliegen ir adjunto od. incluido; **~d** adjunto, acompañado.

beim [baɪm] = *bei dem*.

'beimengen mezclar (*dat.* con).

'beimessen atribuir; **Wert ~** dar importancia.

'beimischen mezclar (*dat.* con).

Bein [baɪn] n (3) pierna f; (*Tier* ⁂) pata f; (*Knochen*) hueso m; (*Tisch* ⁂) pata f, pie m; **j-m ein ~ stellen** poner la zancadilla a alg.; *fig. auf die ~e stellen* organizar, montar; **wieder auf die ~e kommen** restablecerse; **j-m ~e machen** dar prisa a alg.; *sich auf die ~e machen* ponerse en camino; *die ~e in die Hand nehmen* salir pitando; *sich die ~e in den Leib stehen* F estar de plantón.

'beinah(e) casi; **bei vb.**: por poco.

'Beiname m sobrenombre m; (*Spitzname*) apodo m.

'Bein|-arbeit f *Sport*: juego m de piernas; **~bruch** m fractura f de (la) pierna.

beinhalten [bə'?ɪnhaltən] contener.

'bei-ordnen agregar, asociar.

beipflichten ['-pflɪçtən] (26) aprobar; **j-m ~** adherirse a la opinión de alg.

'Beirat m comité m consultivo; (*Person*) vocal m, asesor m.

beirren [bə'?ɪrən] desconcertar.

beisammen [bar'zamən] juntos, reunidos; ⁂**sein** n (6, o. pl.) reunión f; **geselliges ~**: tertulia f.

'Beisatz m *Gram.* aposición f.

'Beischlaf m cohabitación f, coito m.

'Beisein n: **im ~ von** en presencia de.

bei'seite aparte; **~ bringen** od. **schaffen** hacer desaparecer; quitar de en medio; **~ gehen, ~ treten** apartarse; hacerse a un lado; **~ lassen** dejar a un lado; **~ legen** poner a un lado; *Geld*: ahorrar.

'beisetz|en sepultar, dar sepultura a; ⁂**ung** f sepelio m.

Beisitzer ⚖ ['-sɪtsər] m (7) (juez m) asesor m.

'Beispiel n ejemplo m (zum por); **mit gutem ~ vorangehen** dar ejemplo; ⁂**haft** ejemplar; ⁂**los** sin ejemplo, sin par, inaudito; ⁂**sweise** por ejemplo.

'beispringen (sn): *j-m* ~ ayudar, socorrer a alg.
beißen ['-sən] (30) morder; *Insekten*, *Rauch*: picar; **~d** mordaz, acre, picante; *Stil*: cáustico.
'Bei|stand *m* asistencia *f*, auxilio *m*; ~ *leisten* prestar ayuda; **≈stehen**: *j-m* ~ ayudar, asistir, socorrer a alg.
'beisteuern contribuir, aportar (*zu* a).
'beistimmen aprobar.
'Beistrich *m Gram.* coma *f*.
'Beitrag ['-tra:k] *m* (3³) contribución *f*; (*Mitglieds*≈) cuota *f*; (*Kapital*≈) aportación *f* (*a. fig.*); *Zeitung*: artículo *m*; ~ *zahlen* cotizar; **≈en** contribuir (*zu* a).
'beitreib|en cobrar; recaudar; **≈ung** *f* cobro *m*, cobranza *f*; recaudación *f*.
'bei|treten *e-m Verein*: ingresar en, entrar en; *Pol.* afiliarse a; *e-m Vertrag*: adherirse a; **≈tritt** *m* afiliación *f* (*zu* a); entrada *f*; ingreso *m*.
'Beiwagen *m Motorrad*: sidecar *m*; *Straßenbahn*: remolque *m*.
'Beiwerk *n* accesorios *m/pl.*
'beiwohnen (*dat.*) presenciar (*ac.*), asistir a.
'Beiwort *n* epíteto *m*.
Beize ['-tsə] *f* (15) *Jagd*: cetrería *f*; **~** *m* corrosivo *m*, mordiente *m*; cáustico *m*; *Kchk.* adobo *m*.
beizeiten [-'tsaɪtən] a tiempo; (*zeitig*) temprano.
beizen ['-tsən] (27) corroer; *Kchk.* adobar; **✱** cauterizar.
bejahen [bə'ja:ən] (25) afirmar; *Frage*: responder afirmativamente *a. fig.* aprobar; **~d** afirmativo; **~denfalls** en caso afirmativo.
bejahrt [-'ja:rt] entrado en años.
be'jammern lamentar, deplorar; **~swert** lamentable, deplorable.
be'kämpfen luchar contra; combatir.
bekannt [-'kant] conocido (*bei* de); sabido (de); *allgemein* ~ público, notorio; ~ *sn* mit conocer (*ac.*); ~ *mit et.* ~ *machen* familiarizar a alg. con a/c.; *mit j-m* ~ *machen* presentar a alg.; *das kommt mir* ~ *vor* me suena (de algn); **≈enkreis** *m* (círculo *m* de) amistades *f/pl.*; **≈e(r)** *m* conocido *m*; *guter* ~ *f* amigo *m*; **≈gabe, ≈machung** [-'-maxuŋ] *f* publicación *f*; proclamación *f*; (*Mitteilung*) advertencia *f*, aviso *m*; *amtlich*: bando *m*; **~geben**, **~machen** dar a conocer, publicar; **~lich** como es sabido; **≈schaft** *f* conocimiento *m*; *j-s* ~ *machen* conocer a alg.
be'kehr|en convertir (*zu* a); **≈ung** *f* conversión *f*.
be'kennen confesar; *sich schuldig* ~ reconocerse culpable; *sich* ~ *zu* declararse partidario de, adherirse a; *Rel.* profesar (una religión).
Be'kenntnis *n* (4¹) confesión *f*; *des Glaubens*: profesión *f*; **~schule** *f* escuela *f* confesional.
be'klag|en deplorar, lamentar; *sich* ~ quejarse (*über ac.* de, *bei j-m* a); **~enswert** deplorable; **≈te(r)** [-'kla:ktə(r)] *m* ⚖ demandado *m*.
be'klatschen aplaudir.
be'kleben: *mit et.* ~ pegar a/c. en.
be'kleckern, **be'klecksen** manchar; embadurnar.
be'kleid|en vestir; ⊕ revestir (*mit* de); forrar (*mit* de); *Amt*: desempeñar; **≈ung** *f* vestidos *m/pl.*; **≈ungsindustrie** *f* confección *f*.
be'klemm|en oprimir, acongojar; **~end** sofocante; angustioso; **≈ung** *f* opresión *f*, congoja *f*.
beklommen [-'klɔmən] acongojado, angustiado; **≈heit** *f* angustia *f*.
bekloppt F [-'klɔpt] chiflado.
be'kommen 1. *v/t.* recibir; (*erlangen*) obtener, conseguir; *Zähne, Haare, Blätter*: echar; *Krankheit*: contraer, coger; *Kräfte, Mut*: cobrar; *Schreck*: llevarse; *wieviel* ~ *Sie?* ¿cuánto le debo?; *was* ~ *Sie?* ¿qué desea?; ~ *Sie schon?* ¿ya le atienden?; **2.** *v/i.* (sn): *gut* (*schlecht*) ~ probar *od.* sentar (mal); *wohl bekomm's!* ¡que aproveche!
bekömmlich [-'kœmlɪç] sano, bueno (para la salud); *schwer* ~ indigesto.
beköstig|en [-'kœstɪgən] (25) dar comida a; alimentar; **≈ung** *f* comida *f*.
be'kräftigen corroborar, confirmar.
be'kränzen [-'krɛntsən] coronar.
be'kreuzigen: *sich* ~ persignarse, santiguarse.
be'kriegen hacer guerra a.
be'kritteln censurar, criticar.
be'kritzeln emborronar.
be'kümmer|n afligir; *sich* ~ *um* preocuparse por; **~t** afligido, apenado.
bekunden [-'kundən] (26) declarar, manifestar; (*aufweisen*) mostrar, denotar.
be'lächeln sonreír(se) de.
be'lachen reírse de.

be'laden: ~ *mit* cargar de.

Belag [-'laːk] *m* (3³) cubierta *f*; revestimiento *m*; ♣ (*Zungen*♀) saburra *f*; (*Zahn*♀) sarro *m*; (*Brot*♀) fiambre *m*.

Belager|er [-'laːɡərər] *m* (7) sitiador *m*; **♀n** sitiar; *fig.* asediar; **~ung** *f* sitio *m*, cerco *m*; asedio *m*; **~ungszustand** *m* estado *m* de sitio.

Belang [-'laŋ] *m* (3) importancia *f*; **~e** *pl.* intereses *m/pl.*; **♀en** ⚖ demandar (*wegen* por); **♀los** insignificante, irrelevante; **~losigkeit** *f* insignificancia *f*.

be'lassen dejar.

be'lasten cargar (*mit* de); *mit Abgaben:* gravar (con); *fig.* abrumar; *j-s Konto mit et.* ~ cargar a/c. en cuenta a alg.

belästig|en [-'lɛstiɡən] (25) importunar, molestar; vejar; **♀ung** *f* molestia *f*; vejación *f*.

Belastung [-'lastʊŋ] *f* carga *f* (*a.* ⊕ *u. fig.*); ⚖ gravamen *m*; *erbliche* ~ vicio *m* hereditario; **~s-probe** *f* prueba *f* de carga; **~s-zeuge** *m* testigo *m* de cargo.

belaub|en [-'laʊbən] (25): *sich* ~ echar hojas; **~t** cubierto de hojas; *dicht* ~ frondoso.

be'lauern acechar, espiar.

be'laufen: *sich* ~ *auf* (*ac.*) ascender a, elevarse a, importar (*ac.*), ser de.

be'lauschen espiar; escuchar.

be'leb|en vivificar; (re)animar; ✝ (re)activar; **~t** [-'leːpt] animado; *Ort:* concurrido, muy frecuentado; **♀theit** *f* animación *f*.

be'lecken lamer.

Beleg [-'leːk] *m* (3) justificante *m*; comprobante *m*; **♀en** [-'leːɡən] cubrir (*mit* con, de); *Sitz:* reservar; *mit Abgaben:* gravar con; *Vorlesung:* matricularse para; (*beweisen*) probar; documentar, justificar; **~schaft** [-'leːkʃaft] *f* personal *m*; plantilla *f*; **♀t** [-'leːkt] *Platz:* ocupado; *Zunge:* sucio; *Stimme:* empañado; **~es Brot** bocadillo *m*; emparedado *m*; sandwich *m*.

be'lehr|en instruir (*über ac.* sobre); *sich* ~ *lassen* dejarse aconsejar; *j-n e-s Besseren* ~ abrir los ojos a alg.; **~end** instructivo; didáctico; **♀ung** *f* instrucción *f*; consejo *m*.

beleibt [-'laɪpt] obeso; **♀heit** *f* obesidad *f*.

beleidig|en [-'laɪdiɡən] (25) ofender, injuriar; insultar; **~end** ofensivo, injurioso; insultante; **♀er** *m* (7) ofensor *m*; **♀ung** *f* ofensa *f*, injuria *f*; insulto *m*.

be'leihen prestar dinero sobre.

be'lesen leído; **♀heit** *f* erudición *f*.

be'leucht|en alumbrar; iluminar; *fig.* ilustrar; **♀er** *m* *Thea. usw.*: iluminador *m*; luminotécnico *m*; **♀ung** *f* alumbrado *m*; iluminación *f*; **♀ungskörper** *m* aparato *m* de alumbrado; **♀ungs-technik** *f* luminotecnia *f*.

'Belg|ier(in *f*) ['bɛlɡjər(ɪn)] *m* (7), **♀isch** belga (*su.*).

belicht|en [bə'lɪçtən] *Phot.* exponer, impresionar; *fig.* abrumar; **♀ung** *f* impresión *f*; **~ungsmesser** *m* fotómetro *m*; **~ungszeit** *f* tiempo *m* de exposición.

be'lieb|en tener a bien; gustar; **♀en:** *nach* ~ a voluntad; a (su) gusto; a discreción; **~ig** cualquiera; *adv.* a discreción; a voluntad; **~t** [-'liːpt] *j.*: popular; *et.*: en boga; *sich* ~ *machen bei* congraciarse con; **♀theit** *f* popularidad *f*.

be'liefer|n proveer, abastecer (*mit* de); **♀ung** *f* suministro *m*, abastecimiento *m*.

bellen ['bɛlən] 1. *v/i.*(25) ladrar; 2. **♀** *n* ladrido *m*.

Belletristik [bɛlə'trɪstɪk] *f* (16, *o. pl.*) bellas letras *f/pl.*

be'lohn|en recompensar; **♀ung** *f* recompensa *f*.

be'lügen mentir (*j-n* a alg.).

belustig|en [-'lʊstiɡən] (25): (*sich*) ~ divertir(se), regocijar(se); **~end** divertido; **♀ung** *f* diversión *f*.

bemächtigen [-'mɛçtiɡən] (25): *sich e-r Sache* (*gen.*) ~ apoderarse, adueñarse de a/c.

be'mäkeln poner reparos a.

be'malen pintar (*blau* de azul).

bemängeln [-'mɛŋəln] (29) criticar, censurar.

bemann|en [-'manən] (25) tripular; **♀ung** *f* tripulación *f*, dotación *f*.

bemänteln [-'mɛntəln] (29) cohonestar, paliar.

be'merk|bar perceptible; *sich* ~ *machen* hacerse sentir; manifestarse; **~en** percibir; notar, darse cuenta de; (*sagen*) observar, decir; **~enswert** notable; **♀ung** *f* observación *f*; nota *f*.

be'messen: (*kurz*) ~ limitado.

bemitleiden [-'mɪtlaɪdən] (26) compadecerse de; *ich bemitleide ihn* me

bereiten

da lástima *od.* pena; ~**swert** digno de compasión.
bemittelt [-ˈmitəlt] acomodado, adinerado.
be'mogeln F timar, engañar.
be'müh|en incomodar, molestar; *sich* ~ esforzarse (*um* por), procurar (*inf.*); *sich um e-e Stellung* ~ solicitar un empleo; ~ *Sie sich nicht!* ¡no se moleste!; 2**ung** *f* esfuerzo *m* (*um* por); ~**en** *pl.* gestiones *f/pl.*
bemüßigt [-ˈmyːsiçt]: *sich* ~ *fühlen zu* sentirse obligado a.
be'mustern † acompañar de muestras.
bemuttern [-ˈmutərn] (29) cuidar como una madre.
benachbart [-ˈnaxbɑːrt] vecino.
benachrichtig|en [-ˈnɑːxriçtigən] (25) avisar, informar, enterar; *im voraus*: prevenir, advertir; 2**ung** *f* información *f*; notificación *f*; aviso *m*.
benachteilig|en [-ˈ-tailigən] (25) perjudicar; discriminar; 2**ung** *f* perjuicio *m*; discriminación *f*.
benebeln [-ˈneːbəln] (29) *fig.* nublar; ofuscar; ~**t** F achispado.
Benediktiner [benedikˈtiːnər] *m* (7) benedictino *m* (*a. Likör*).
benehmen [bəˈneːmən] **1.** *v/t.* quitar; privar de; *sich* ~ conducirse, (com-)portarse; **2.** 2 *n* conducta *f*, comportamiento *m*; *gutes* ~ buenos modales *m/pl.*
be'neiden *j-n um et.* ~ envidiar a/c. a alg. *od.* a alg. por a/c.; ~**swert** envidiable.
be'nenn|en poner nombre a; denominar, nombrar; 2**ung** *f* denominación *f*; nombre *m*.
be'netzen mojar; humedecer.
Bengel [ˈbɛŋəl] *m* (7) rapaz *m*, pilluelo *m*; golfillo *m*.
benommen [bəˈnɔmən] aturdido, atontado; 2**heit** *f* sopor *m*, aturdimiento *m*.
benoten [-ˈnoːtən] (26) calificar, dar notas a.
be'nötigen necesitar; *benötigt werden* hacer falta.
be'nutz|bar utilizable; ~**en** usar, servirse de; utilizar, *a. Gelegenheit*: aprovechar; 2**er** *m* usuario *m*; 2**ung** *f* empleo *m*, uso *m*.
Benzin [bɛnˈtsiːn] *n* (3¹) ⚙ bencina *f*; *Kfz.* gasolina *f*; ~**kanister** *m* bidón *m od.* lata *f* de gasolina; ~**tank** *m* depósito *m* de gasolina; ~**uhr** *f* indicador *m* de gasolina.
Benzol [-ˈtsoːl] *n* (3¹) benzol *m*; 🜛 benceno *m*.
beobacht|en [bəˈ¹⁹oːbaxtən] (26) observar; 2**er** *m* observador *m*; 2**ung** *f* observación *f*; 2**ungsstation** *f* observatorio *m*.
beordern [-ˈ¹⁹ɔrdərn] (29): ~ *nach* destinar a; *zu sich* ~ llamar.
be'packen cargar (*mit* de, con).
be'pflanzen plantar (*mit* de).
bequem [-ˈkveːm] cómodo, confortable; *j.*: perezoso; *es sich* ~ *machen* ponerse cómodo; ~**en** (25): *sich* ~ *zu* prestarse *od.* avenirse a; 2**lichkeit** *f* comodidad *f*; *gal.* confort *m*; (*Trägheit*) pereza *f*.
be'rat|en 1. *v/t.* aconsejar, *fachlich*: asesorar; **2.** *v/i.* deliberar; ~**end** consultivo; 2**er** *m* consejero *m*; asesor *m*; ~**schlagen** (25, *untr.*) deliberar (*über* sobre); 2**ung** *f* deliberación *f*; *a.* ⚕ consulta *f*; 2**ungsstelle** *f* asesoría *f*; *a.* ⚕ consultorio *m*.
be'rauben robar (*j-n e-r Sache* a/c. a alg.); despojar (de); *fig.* privar (de).
be'rausch|en embriagar (*a. fig.*); ~**end** embriagador; ~**t** ebrio (*a. fig.*).
Berber [ˈbɛrbər] *m* (7), 2**isch** beréber (*m*), berebere (*m*).
be'rechn|en calcular; computar; † cargar (en cuenta); ~**end** *fig.* calculador, interesado; 2**ung** *f* cálculo *m*; cómputo *m*; *fig.* egoísmo *m*.
berechtig|en [-ˈreçtigən] (25) autorizar, habilitar, facultar (*zu para*); ~**t** autorizado, habilitado; (*Sache*) fundado; 2**ung** *f* autorización *f*; habilitación *f*.
be'red|en discutir (sobre); *j-n*: inducir, persuadir (*zu a*); 2**samkeit** [-ˈreːtzaːmkaɪt] *f* elocuencia *f*; ~**t** [-ˈreːt] elocuente.
Be'reich *m* (3) ámbito *m*, recinto *m*; zona *f*; *fig.* esfera *f*; (*Reichweite*) alcance *m*; (*Befugnis*) competencia *f*.
bereich|ern [-ˈraiçərn] (29): (*sich*) ~ enriquecer(se) (*an* con); 2**erung** *f* enriquecimiento *m*.
be'reif|en poner neumáticos a; 2**ung** *f* neumáticos *m/pl.*
be'reinigen liquidar; arreglar.
be'reisen viajar por, recorrer.
bereit [-ˈraɪt] dispuesto (*zu a*); (*fertig*) listo; *sich* ~ *machen* prepararse, disponerse (*zu a*); ~**en** (26) preparar; hacer; *Freude, Schmerz, usw.*: cau-

bereithalten 616

sar, dar; ~halten tener preparado; ~s ya; 2schaft f disposición f (zu a); ~ retén m; 2schaftsdienst m guardia f, 2schaftspolizei f policía f móvil; ~stehen estar preparado; ~stellen preparar; poner a disposición; 2ung f preparación f; ~willig gustoso; solícito; 2willigkeit f buena voluntad f.

be'reuen arrepentirse de.

Berg [bɛrk] *m* (3) montaña f; (*Gipfel*) pico *m*; *bsd. vor Eigennamen*: monte *m*; *über alle ~ sn* haber desaparecido; *über den ~ sn* haber pasado lo peor; *hinter dem ~e halten* no ocultar a/c.; *goldene ~e versprechen* prometer el oro y el moro; 2'-**ab** cuesta abajo; '~**akademie** f escuela f de minas; '~**arbeiter** m minero m; 2'-**auf** cuesta arriba; '~**bahn** f ferrocarril m de montaña; '~**bau** m minería f, industria f minera; '~**bewohner** m montañés m.

bergen ['bɛrgən] (30) salvar, rescatar; *in sich ~* encerrar.

Berg|führer ['bɛrkfy:rər] m guía m (de montaña); ~**hütte** f refugio m (de montaña); 2**ig** ['-gɪç] montañoso; ~**kette** f sierra f; ~**kristall** m cristal m de roca; ~**land** n país m montañoso; ~**mann** m (pl. ~leute) minero m; ~**predigt** f Sermón m de la Montaña; ~**recht** n derecho m minero; ~**rücken** m loma f; ~**rutsch** m corrimiento m od. desprendimiento m de tierras; ~**spitze** f pico m; ~**sport** m, ~**steigen** n alpinismo m, montañismo m; ~**steiger** m alpinista m, montañero m; ~**stock** m bastón m de alpinista; ~**sturz** m ~rutsch.

Bergung ['-gʊŋ] f salvamento m, rescate m; ~**smannschaft** f equipo m de rescate.

Berg|wacht ['bɛrkvaçt] f servicio m de salvamento en la montaña; ~**werk** n mina f; ~**werks...** *in Zssgn* minero.

Bericht [bə'rɪçt] m (3) relación f, informe m; (*Zeitungs*2 *usw.*) reportaje m; *Pol.* ponencia f; (*Erzählung*) relato m; *~ erstatten über* presentar un informe sobre; 2**en** relatar; referir; informar (über de, sobre); ~**erstatter** [-'-'ʔɛrʃtatər] m (7) reportero m; auswärtiger: corresponsal m; ~**erstattung** f información f; reportaje m; 2**igen** [-'-tɪgən] (25) rectificar; corregir; ~**igung** f rectificación f; corrección f; ~**sjahr** n año m de referencia.

be'riechen olfatear.

be'rieseln regar; irrigar.

beritten [-'rɪtən] montado (a caballo).

Berliner [bɛr'li:nər] m (7) berlinés m; ~**in** f berlinesa f; 2**isch** berlinés.

Bernhardiner [bɛrnhar'di:nər] m (7) (*Hund*) (perro m de) San Bernardo m.

Bernstein ['bɛrnʃtaɪn] m ámbar m.

bersten ['bɛrstən] (30, sn) reventar; estallar.

berüchtigt [bə'ryçtɪçt] de mala fama.

berückend [-'rykənt] encantador.

berücksichtig|en [-'-zɪçtɪgən] (25) considerar, tener od. tomar en cuenta; 2**ung** f consideración f; *unter ~* (gen.) teniendo en cuenta (ac.).

Beruf [-'ru:f] m (3) profesión f; oficio m; *von ~* de profesión; *de oficio*; 2**en** **1.** *v/t.* nombrar *od.* designar (zu para); *sich ~ auf* (ac.) referirse a; invocar a/c.; **2.** *adj. ~ zu* llamado a; *sn zu* tener vocación para; 2**lich** profesional; ~**s...**: *in Zssgn* mst profesional; ~**s-ausbildung** f formación f profesional; ~**s-aussichten** f/pl. salida f profesional; ~**sberatung** f orientación f profesional; 2**smäßig** profesional; ~**sschule** f escuela f (de formación) profesional; ~**sschullehrer** m profesor m de formación profesional; ~**sspieler** m profesional m; 2**tätig** que ejerce una profesión; que trabaja; activo; ~**ung** f llamamiento m; *innere*: vocación f; (*Ernennung*) nombramiento m (zu para); *t²* apelación f; *~ einlegen* interponer (recurso de) apelación, apelar (gegen de).

be'ruhen: *~ auf* (dat.) basarse en; ser debido a; *et. auf sich ~ lassen* dejar las cosas como están.

beruhig|en [-'ru:igən] (25): (sich) ~ calmar(se), tranquilizar(se); ~**end** tranquilizador; ♂ sedante, calmante; 2**ung** f calma f; *zu Ihrer ~* para su tranquilidad; 2**ungsmittel** ♂ n tranquilizante m; calmante m; sedante m.

berühmt [-'ry:mt] afamado, famoso, célebre; renombrado; 2**heit** f fama f; (*Person*) celebridad f.

be'rühren tocar (*a. fig.*); *Gemüt*: afectar; 2**ung** f tacto m; roce m; *a. fig.* contacto m; *in ~ kommen mit* entrar

Beschränktheit

en contacto con; 2ungs...: *in Zssgn* de contacto.
be'säen sembrar (*mit* de).
be'sag|en (querer) decir, significar; ~t dicho, referido, mencionado.
Besamung [-'tsɑːmuŋ] f inseminación f (*künstliche artificial*).
besänftig|en [-'zɛnftigən] (25) apaciguar; calmar; 2ung f apaciguamiento m.
Be'satz m guarnición f; ribete m; ~ung f ⚔ guarnición f; ocupación f; ♣, ✈ tripulación f; ~ungsmacht f potencia f de ocupación; ~ungstruppen f/pl. tropas f/pl. de ocupación.
be'saufen P: *sich* ~ emborracharse; F coger una trompa.
be'schädig|en deteriorar (*a.* ⚚); estropear; ♣, 🚗 averiar; ~t: ~ *werden* sufrir desperfectos; 2ung f deterioro m, desperfecto m; avería f.
be'schaff|en 1. *v/t.* proporcionar, procurar; facilitar; 2. *adj.* hecho; *gut* (*schlecht*) ~ bien (mal) acondicionado; *so* ~ hecho así, tal; 2enheit f condición f, estado m; índole f; 2ung f adquisición f; suministro m.
beschäftig|en [-'ʃɛftigən] (25) ocupar; dar trabajo a; *fig.* preocupar; *sich* ~ ocuparse (*mit* de, *en*); ~t: ~ *bei* empleado en; 2ung f ocupación f; empleo m; ~ungslos sin empleo.
be'schäm|en avergonzar; confundir; ~end vergonzoso; humillante; ~ *sn* dar vergüenza; 2ung f vergüenza f, confusión f.
beschatten [-'ʃatən] (26) dar sombra a; *fig.* seguir los pasos a.
be'schau|en contemplar; (*prüfen*) examinar; 2er m espectador m; ~lich contemplativo; 2lichkeit f contemplación f.
Bescheid [-'ʃaɪt] m (3) respuesta f; (*Entscheidung*) decisión f; *j-m* ~ *geben* informar a alg.; ~ *wissen über* estar enterado *od.* al corriente de; *j-m deutlich* ~ *sagen* cantarle las cuarenta a alg.
be'scheiden 1. *v/refl.*: *sich* ~ resignarse; conformarse; 2. *adj.* modesto; 2heit f modestia f.
be'scheinen iluminar, alumbrar.
bescheinig|en [-'ʃaɪnigən] (25) certificar; *den Empfang* ~ acusar recibo; 2ung f certificado m.
be'schenken obsequiar.
be'scher|en regalar; *fig.* deparar;

2ung f reparto m de regalos; *e-e schöne* ~! ¡estamos listos!; ¡lo que faltaba!
be'schicken enviar delegados a; *Ausstellung*: exponer en; *Hochofen*: cargar.
be'schieß|en hacer fuego *od.* tirar sobre; 2ung f cañoneo m.
be'schilder|n señalizar; rotular; 2ung f señalización f; rotulación f.
be'schimpf|en insultar, injuriar, ultrajar; 2ung f insulto m, injuria f, ultraje m.
beschirmen [-'ʃɪrmən] (25) proteger, amparar.
be'schlafen consultar con la almohada.
Be'schlag m guarniciones f/pl.; (*Eisen* ⚙) herraje m; *in* ~ *nehmen, mit* ~ *belegen* incautarse de; 🕏 embargar, secuestrar; *fig.* acaparar (*a. j-n*); 2en 1. *v/t.* reforzar, guarnecer; *Pferd*: herrar; 2. *v/t. Glas*: empañarse; 3. *adj.* entendido, versado.
Beschlagnahme [-'ʃlɑːknɑːmə] f (15, *o. pl.*) incautación f, embargo m, secuestro m; confiscación f; 2n (25) confiscar, embargar.
be'schleichen *fig.* sobrecoger.
beschleunig|en [-'ʃlɔʏnigən] (25) acelerar; *fig. a.* agilizar, activar; 2ung f aceleración f; activación f.
be'schließen concluir, terminar; (*entscheiden*) resolver, decidir.
Be'schluß m (4²) resolución f, decisión f; acuerdo m (*fassen* tomar); 2fähig: *Pol.* ~ *sn* alcanzar el quórum; ~fähigkeit f quórum m.
be'schmieren untar; (*besudeln*) embadurnar; *mit Fett*: pringar.
be'schmutzen ensuciar; manchar.
be'schneid|en recortar (*a. fig.*); ✂ podar; ✝ circuncidar; 2ung f recorte m; ✂ poda f; ✝ circuncisión f.
beschneit [-'ʃnaɪt] cubierto de nieve.
be'schnüffeln, be'schnuppern husmear.
beschönig|en [-'ʃøːnigən] (25) cohonestar, colorear; paliar; 2ung f cohonestación f; disimulo m.
beschottern [-'ʃɔtərn] (29) cubrir de grava.
beschränk|en [-'ʃrɛŋkən] (25) limitar (*auf* a); restringir; reducir; *sich* ~ *auf* limitarse a; ~t limitado; (*eng*) estrecho; (*gering*) escaso; *j.*: de pocos alcances; 2theit f estrechez f; escasez f; *j-s*: corto entendimiento m;

Beschränkung ung *f* limitación *f*, restricción *f*.
be'schreib|en describir; ung *f* descripción *f*.
beschrift|en [-'ʃriftən] (26) poner una inscripción en; rotular; ung *f* inscripción *f*; rótulo *m*; *e-r Münze*: leyenda *f*.
beschuldig|en [-'ʃuldigən] (25) culpar (*gen*. de); inculpar; te(r) *m* inculpado *m*; ung *f* inculpación *f*; incriminación *f*.
beschummeln F timar; pegársela (*j-n* a alg.).
be'schütz|en proteger (*vor dat.* de, contra), amparar (de); er *m* protector *m*; defensor *m*.
be'schwatzen engatusar.
Beschwer|de [-'ʃveːrdə] *f* (15): **a)** (*Mühe, Last*) pena *f*; fatiga *f*; ✱ ~n *pl.* molestias *f/pl.*; achaques *m/pl.*; **b)** ✝ queja *f*, reclamación *f*; ~**deführer** *m* reclamante *m*; en (25) cargar (*mit de*); *sich* ~ *über* quejarse de (*bei j-m* a); lich molesto; fatigoso; lichkeit *f* incomodidad *f*; molestia *f*.
beschwichtigen [-'ʃvɪçtɪɡən] (25) calmar, tranquilizar; apaciguar.
be'schwindeln engañar; mentir.
beschwingt [-'ʃvɪŋkt] animado; ligero; *Musik*: ameno.
beschwipst [-'ʃvɪpst] achispado.
be'schwör|en afirmar bajo juramento, jurar; *Geister*: conjurar; (*anflehen*) *a*. suplicar; ung *f* conjuro *m*; súplica *f*.
be'seelen [-'zeːlən] (25) animar.
be'sehen mirar; contemplar; (*prüfen*) examinar.
beseitig|en [-'zaɪtɪɡən] (25) apartar; eliminar (*a. j-n*); *Hindernis*: allanar; ung *f* eliminación *f*.
Besen ['beːzən] *m* (6) escoba *f*; ~**binder** ['--bindər] *m* (7) escobero *m*.
besessen [bə'zɛsən] poseído (*von* de); obsesionado (*con*); poseso; heit *f* obsesión *f*.
be'setz|en ⊕ guarnecer (*mit* de); *Stelle*: cubrir; ⚔, *Platz*: ocupar; *Thea*. repartir; t ocupado; *Bus usw*.: completo; *Fernspr*. ~ sn estar comunicando; tzeichen *n Fernspr*. señal *f* de ocupado; ung *f* ocupación *f*; *Thea*. reparto *m*.
besichtig|en [-'zɪçtɪɡən] (25) visitar; examinar; inspeccionar; ✕ pasar revista a; ung *f* visita *f*; inspección *f*; revista *f*.

618

be'sied|eln poblar, colonizar; ung *f* colonización *f*.
be'siegeln sellar (*a. fig.*).
be'siegen vencer.
be'singen cantar.
besinn|en [-'zɪnən]: *sich* ~ reflexionar; acordarse (*auf* de); *sich anders od. e-s Besseren* ~ cambiar de parecer; lich pensativo; ung *f* conocimiento *m*, sentido *m*; *wieder zur* ~ *kommen* recobrar el sentido, volver en sí; ungslos sin conocimiento *od*. sentido.
Besitz [-'zɪts] *m* (3²) posesión *f*; tenencia *f*; ~ *ergreifen von* tomar posesión de; ⚯-**anzeigend** *Gram*. posesivo; en poseer; er(in *f*) *m* (7) poseedor(a) *m* (*f*); dueño (-a) *m* (*f*); (*Eigentümer*) propietario (-a) *m* (*f*); ~**ergreifung, ~nahme** [-'-naːmə] *f* toma *f* de posesión; ~**tum** *n* (1²), ~**ung** *f* posesión *f*; propiedad *f*.
besoffen [-'zɔfən] P borracho.
besohlen [-'zoːlən] (25) poner medias suelas (a).
besold|en [-'zɔldən] (26) pagar; remunerar; ung *f* sueldo *m*.
besonder [-'zɔndər] particular, peculiar; especial; singular; *nichts* es nada del otro mundo; heit *f* particularidad *f*; peculiaridad *f*; singularidad *f*; ~s en particular, especialmente; sobre todo; *nicht* ~ *als Antwort*: regular.
besonnen [-'zɔnən] circunspecto, prudente; heit *f* circunspección *f*, prudencia *f*.
be'sorg|en (*verschaffen*) procurar, proporcionar, facilitar; (*kaufen*) comprar; (*erledigen*) hacer, atender a; nis [-'zɔrknɪs] *f* (14²) preocupación *f*; nis-erregend preocupante, inquietante, alarmante; t inquieto, preocupado (*um por*); ung *f* recado *m*; ~en machen ir de compras; hacer recados.
be'spann|en ♪ poner cuerdas a; ⊕ revestir de; ung *f* revestimiento *m*.
be'spielen *Schallplatte, Tonband*: impresionar, grabar.
bespritzen [-'ʃpɪtsəln] (29) espiar.
be'spötteln hacer mofa *od*. burlarse de.
be'sprech|en hablar de *od*. sobre; discutir; *Lit*. reseñar; (*beschwören*) conjurar; *Tonband*: grabar; *sich mit j-m* ~ entrevistarse, conferenciar con alg. (*über ac. sobre*); ung *f* entre-

Bestrebungen

vista *f*; discusión *f*; conferencia *f*; *Lit.* reseña *f*.

be'sprengen rociar, regar; *Rel.* asperjar.

be'springen *Zo.* cubrir, montar.

be'spritzen rociar; *mit Schmutz:* salpicar.

besser ['bɛsər] (*comp. v. gut*) mejor; *um so* ~ tanto mejor; ~ *werden* mejorar; *es wäre* ~ *mas* valdría (*inf.*); ~ *ist* ~! más vale prevenir; ~**n** (29) *et.:* mejorar; *j-n:* enmendar; *fig.* corregir, reformar; *sich* ~ mejorar(se); ℑ**ung** *f* mejora *f*; ✱ mejoría *f*; *gute* ~! ¡que se mejore *od.* alivie!; ℑ**ungsanstalt** *f* reformatorio *m*; ℑ**wisser** ['--visər] *m* (7) sabelotodo *m*.

best [best] (*sup. v. gut*) mejor; *am* ~*en; das* ℑ*e lo* mejor; ~*ens, aufs* ~*e lo* mejor posible; *der erste* ~*e* el primero que llegue; *zum* ~*en geben* contar; *Lied:* cantar; *j-n zum* ~*en haben* tomar el pelo a alg.; *sein* ℑ*es geben* dar lo mejor de sí; emplearse a fondo; *zum* ℑ*en* (*gen.*) a beneficio de; *zu Ihrem* ℑ*en* para su bien.

bestall|en [bə'ʃtalən] (25) nombrar; ℑ**ung** *f* nombramiento *m*.

Be'stand *m* (3³) (*Bestehen*) existencia *f*; (*Dauer*) duración *f*, estabilidad *f*; ✳ efectivo *m*; ✝ existencias *f*/*pl.*; stock *m*; *von* ~ durable.

be'ständig estable (*a. Wetter*); constante; duradero; permanente; (*andauernd*) continuo; ⊕ resistente (*gegen a*); ℑ**keit** *f* estabilidad *f*; constancia *f*.

Be'stand|s-aufnahme *f* inventario *m*; ~**teil** *m* componente *m*, parte *f* integrante; ingrediente *m*; elemento *m*.

be'stärken corroborar, confirmar.

bestätig|en [-'ʃtɛːtigən] (25) confirmar; ℑ**ung** *f* confirmación *f*.

bestatt|en [-'ʃtatən] (26) sepultar, dar sepultura a, inhumar; ℑ**ung** *f* sepelio *m*, inhumación *f*, ℑ**ungs-institut** *n* funeraria *f*, pompas *f*/*pl.* fúnebres.

be'stäub|en espolvorear; ♀ polinizar; ℑ**ung** *f* ♀ polinización *f*.

be'stech|en sobornar, corromper; *fig.* seducir; ~**end** *fig.* seductor, tentador; ~**lich** corruptible; ℑ**lichkeit** *f* corruptibilidad *f*; corrupción *f*; ℑ**ung** *f* soborno *m*; corrupción *f*.

Be'steck [-'ʃtɛk] *n* (3) ✱ estuche *m*, instrumental *m*; (*Eß*ℑ) cubierto *m*.

be'stehen 1. *v*/*t. Kampf:* sostener; *Probe:* salir airoso de; *Examen:* aprobar; *nicht* ~ F catear; **2.** *v*/*i.* existir; (*fort*~) durar; subsistir; ~ *auf* (*dat.*) insistir en; ~ *in* (*dat.*) consistir en; ~ *aus* constar de, componerse de; **3.** ℑ *n* existencia *f*; ~**d** existente; integrado (*aus por*), compuesto (de).

be'stehlen robar.

be'steig|en subir a; *Berg: a.* escalar, ascender a; *Pferd:* montar a; ℑ**ung** *f* subida *f*; ascensión *f*; escalada *f*.

be'stell|en ✍ cultivar; ✝ encargar, pedir (*bei j-m a alg.*); *Zeitung:* suscribirse a; *Zimmer:* reservar; (*ernennen*) nombrar (*zu ac.*); *Briefe:* entregar; *Grüße:* dar; mandar; *j-n* ~ hacer venir, citar a alg.; *j-m et.* ~ dar un recado a alg.; *es ist schlecht um ihn bestellt* va mal; ℑ**er** *m* comprador *m*, cliente *m*; ℑ**schein**, ℑ**zettel** *m* boletín *m* de suscripción; nota *f od.* hoja *f* de pedido; ℑ**ung** *f* ✍ cultivo *m*; ✝ encargo *m*, pedido *m*; (*Botschaft*) recado *m*.

bestenfalls ['bɛstənfals] en el mejor de los casos.

be'steuer|bar imponible; ~**n** gravar con impuestos; ℑ**ung** *f* imposición *f*; ℑ**ungsgrundlage** *f* base *f* imponible.

Bestform ['bɛstfɔrm] *f Sport:* mejor condición *f od.* forma *f*.

bestialisch [-'ʃi̯aːliʃ] bestial.

be'sticken [bə'ʃtikən] bordar, recamar.

Bestie ['bɛstjə] *f* (15) fiera *f*, bestia *f*.

bestimm|bar [bə'ʃtɪmbaːr] determinable; ~**en** determinar, (*entscheiden*) decidir; *Begriff:* definir; ♀ clasificar; (*festsetzen*) fijar, señalar; *vertraglich:* estipular; (*ausersehen*) destinar, designar; (*anordnen*) disponer; mandar; ~**t** determinado, (*sicher*) cierto, seguro; (*energisch*) categórico, terminante; ~ *wissen* saber de seguro; ℑ**theit** *f*: *mit* ~ con certeza; ℑ**ung** *f* destino *m*; (*Vorschrift*) prescripción *f*; determinación *f*; disposición *f*; ♀ clasificación *f*.

Bestleistung ['bɛstlaɪstʊŋ] *f* récord *m*, mejor marca *f*.

bestrafen [bə'ʃtraːfən] castigar; ℑ**ung** *f* castigo *m*; pena *f*.

be'strahl|en iluminar; ✱ irradiar; tratar con rayos X; ℑ**ung** *f* irradiación *f*; radioterapia *f*.

bestreb|en sich ~ *od.* bestrebt sn zu esforzarse por; ℑ**ungen** *f*/*pl.* esfuerzos *m*/*pl.*

bestreichen 620

be'streichen untar; pintar; ✕ batir.
be'streiten negar; *(anfechten)* impugnar; *Kosten*: cubrir, pagar.
be'streuen espolvorear *(mit de)*; *mit Blumen* ~ sembrar de flores.
be'stricken *fig.* cautivar, embelesar; **~d** encantador; cautivador.
Bestseller ['bɛstsɛlər] *m* (7) bestseller *m*.
bestück|en [bə'ʃtykən] (25) equipar; ✕ armar; **2ung** ✕ *f* armamento *m*.
be'stürmen asaltar; *fig.* asediar.
bestürz|t [-'ʃtyrtst] consternado, perplejo, atónito; **2ung** *f* consternación *f*; **~zeit** *f* horas *f/pl.* de visita.
Bestzeit ['bɛst-tsaɪt] *f Sport*: mejor tiempo *m*, mejor marca *f*.
Besuch [bə'zu:x] *m* (3) visita *f*; *zu* ~ *de visita*; **2en** visitar; *j-n: a.* ir a ver; *Schule*: ir a; *Versammlung*: asistir a; *häufig* ~ frecuentar; *gut (schwach) besucht* muy (poco) concurrido; **~er** *m* visitante *m*; visita *f*; *Thea.* espectador *m*; *pl.* público *m*, concurrencia *f*; **~szeit** *f* horas *f/pl.* de visita.
be'sudeln embadurnar; ensuciar; manchar *(a. fig.)*.
betagt [-'ta:kt] entrado en años.
be'tasten tocar, palpar; manosear.
be'tätig|en ⊕ accionar; *sich* ~ actuar *(als de)*; obrar; dedicarse (a); **2ung** *f* actividad *f*; actuación *f*; **2ungsfeld** *f* campo *m* de actividades.
betäub|en [-'tɔʏbən] (25) ⚕ anestesiar, narcotizar; *fig.* aturdir; **~end** *Lärm*: ensordecedor; **2ung** *f* aturdimiento *m*; ⚕ narcosis *f*, anestesia *f*; **2ungsmittel** *n* narcótico *m*, anestésico *m*.
Betbruder ['be:tbru:dər] *m desp.* beato *m*, santurrón *m*.
Bete ♀ ['be:tə] *f* (15): *rote* ~ remolacha *f* roja.
beteilig|en [bə'taɪlɪɡən] (25) interesar, hacer participar *(an dat.* en); *sich* ~, *beteiligt sn an* tomar parte en, participar en; **2te(r)** [-'-lɪçtə(r)] *m* interesado *m*; **2ung** *f* participación *f*.
beten ['be:tən] (26) orar; rezar *(a. v/t.)*.
beteuer|n [bə'tɔʏərn] (29) aseverar; **2ung** *f* aseveración *f*; protesta *f*.
betiteln [-'ti:təln] (29) (in)titular; *j-n*: tratar, calificar *(als de)*.
Beton [be'tɔ̃] *m* (11) hormigón *m*.
betonen [bə'to:nən] (25) acentuar; *fig. a.* poner de relieve; subrayar.
beton|ieren [beto'ni:rən] hormigonar; **2mischmaschine** [-'tɔ̃miʃmaʃi:nə] *f* hormigonera *f*.
Betonung [bə'to:nuŋ] *f* acento *m* *(a. fig.)*; acentuación *f*; *fig.* énfasis *m*.
betören [-'tø:rən] (25) seducir.
Betracht [-'traxt] *m* (3, *o. pl.*): *in* ~ *ziehen* tomar en consideración; tener en cuenta; *außer* ~ *lassen* dejar de (*od.* a un) lado; *in* ~ *kommen* entrar en cuenta, venir al caso; *für j-n*: convenir a; **2en** contemplar; *fig.* considerar *(als* como*)*.
beträchtlich [-'trɛçtlɪç] considerable.
Betrachtung [-'traxtuŋ] *f* contemplación *f*; consideración *f*.
Betrag [-'tra:k] *m* (3³) importe *m*, cantidad *f*; ✝ ~ *erhalten* recibí; **2en** [-'-ɡən] ascender a, elevarse a; *sich* ~ (com)portarse.
Be'tragen *n* comportamiento *m*, conducta *f*.
be'trau|en: *j-n mit et.* ~ confiar a/c. a alg.; **~ern** llorar.
Betreff [-'trɛf] *m im Brief*: asunto *m*, objeto *m*; *in* 2, 2s *(gen.)* respecto a, en cuanto a, referente a; **2en** concernir, afectar; *was mich betrifft* en cuanto a mí; *betroffen werden von* ser víctima de; **2end** respectivo; en cuestión; 2s *s.* Betreff.
be'treiben *(ausüben)* practicar; ejercer; *Studien usw.*: dedicarse a; *amtlich*: gestionar; tramitar; *(fördern)* activar; *auf* 2 *von* a iniciativa de.
be'treten 1. *v/t.* pisar; *Raum*: entrar en; **2.** *adj.* confuso; turbado.
betreu|en [-'trɔʏən] (25) atender a; cuidar (a, de); **2er** *m* (7) *a. Sport*: cuidador *m*; **2ung** *f* cuidado *m*.
Betrieb [-'tri:p] *m* (3) ✝ empresa *f*; ⊕ funcionamiento *m*, marcha *f*; servicio *m*; *fig.* animación *f*, F jaleo *m*; *in* ~ *sn* funcionar; *außer* ~ fuera de servicio; *in* ~ *setzen* poner en marcha; **2sam** activo; **2samkeit** *f* actividad *f*.
Be'triebs-anleitung *f* instrucciones *f/pl.* de servicio; **~berater** *m* asesor *m* de empresas; **~fertig** listo para el servicio; **~kapital** *n* capital *m* de explotación; **~leiter** *m* director *m* técnico; **~leitung** *f* dirección *f* (de la empresa); **~rat** *m* comité *m* de empresa; **~wirtschaft** *f* economía *f* de la empresa; **~wissenschaft** *f* ciencias *f/pl.* empresariales.
be'trinken: *sich* ~ emborracharse, embriagarse.

betroffen [-'trɔfən] *fig.* confuso; consternado; ⁹**heit** *f* consternación *f*.

be'trüb|en afligir, entristecer; **~lich** [-'tryːplɪç] triste; ⁹**nis** *f* (14²) aflicción *f*, tristeza *f*; **~t** afligido, apenado, triste.

Betrug [-'truːk] *m* (3) rⁱᵗᵥ fraude *m*; estafa *f*; engaño *m*; F timo *m*; *beim Spiel:* trampa *f*.

be'trüg|en engañar; *j-n um et.* ~ estafar a/c. a alg.; *im Spiel:* hacer trampas; ⁹**er(in** *f*) *m* estafador(a) *m* (*f*); tramposo (-a) *m* (*f*); impostor(a) *m* (*f*); ⁹**e'rei** *f* estafa *f*; **~erisch** fraudulento.

be'trunken, ⁹**e(r)** *m* borracho (*m*); beodo (*m*); ⁹**heit** *f* embriaguez *f*.

Bett [bɛt] *n* (5) cama *f*, *Lit.* lecho *m*; (*Fluß*⁹) cauce *m*; *zu ~ gehen* irse a la cama; *das ~ hüten* guardar cama; *zu ~ bringen (gehen)* acostar(se); **'~couch** *m* sofá-cama *m*; **'~decke** *f* manta *f*; (*Überdecke*) colcha *f*.

bettel|arm ['tɛl⁹arm] pobre como una rata; ⁹**ei** [--'laɪ] *f* mendicidad *f*; ⁹**mönch** *m* (fraile) mendicante *m*; **~n** (29) pedir limosna, mendigar, pordiosear; *~ um* pedir (*ac.*); ⁹**stab** *m*: *an den ~ bringen* reducir a la miseria.

bett|en ['-ən] (26) acostar; ⁹**gestell** *n* armadura *f* de cama; **~lägerig** ['-lɛːgərɪç]: *~ sn* guardar cama; ⁹**laken** *n* sábana *f*; ⁹**lektüre** *f* libro *m* de cabecera.

Bettler(in *f*) ['-lər(ɪn)] *m* (7) mendigo (-a) *m* (*f*); pordiosero (-a) *m* (*f*); *Am.* limosnero (-a) *m* (*f*).

'**Bett|nässen** *n* incontinencia *f* nocturna; **~ruhe** *f* reposo *m* en cama; **~(t)uch** *n* sábana *f*; **~überzug** *m* funda *f*; **~vorleger** *m* alfombrilla *f*, pie *m* de cama; **~wäsche** *f*, **~zeug** *n* ropa *f* de cama.

betucht [bə'tuːxt] F forrado de dinero.

be'tupfen tocar ligeramente.

Beug|e ['bɔʏɡə] *f* (15) flexión *f*; ⁹**en** (25) doblar; *bsd. Turnen:* flexionar; *fig.* doblegar; *Recht:* violar; *sich ~* inclinarse, *fig.* rendirse; ⁹**ung** *f* flexión *f* (*a. Gram.*).

Beule ['-lə] *f* (15) bollo *m*, abolladura *f*; chichón *m*; **~npest** *f* peste *f* bubónica.

beunruhig|en [bə⁹'unruːɪɡən] (25) alarmar; inquietar, intranquilizar, preocupar; hostigar; **~end** alarmante; inquietante; preocupante; ⁹**ung** *f* inquietud *f*; preocupación *f*.

beurkund|en [-⁹'uːrkundən] (26) documentar; legalizar; autentificar; ⁹**ung** *f* legalización *f*; documentación *f*.

beurlaub|en [-⁹'uːrlaʊbən] (25) dar permiso a; *vom Amt:* suspender; **~t** [-'--pt] con permiso.

be·'urteil|en juzgar (de); ⁹**ung** *f* juicio *m*, dictamen *f*.

Beute ['bɔʏtə] *f* (15) botín *m*; presa *f* (*a. fig.*); *~ der Flammen* pasto *m* de las llamas.

Beutel ['-təl] *m* (7) bolsa *f*; **~tier** *n* marsupial *m*.

bevölker|n [bə'fœlkərn] (29) poblar; ⁹**ung** *f* población *f*; ⁹**ungs...** *in Zssgn* *oft* demográfico; ⁹**ungsdichte** *f* densidad *f* demográfica *od.* de población; ⁹**ungs-explosion** *f* explosión *f* demográfica.

bevollmächtig|en [-'fɔlmɛçtɪɡən] (25) apoderar, autorizar; ⁹**te(r)** [-'--tɪçtə(r)] *m* apoderado *m*; mandatario *m*; *Pol.* plenipotenciario *m*; ⁹**ung** *f* autorización *f*.

be·'vor antes (de) que (*subj.*); antes de (*inf.*); **~munden** [-'foːrmundən] (26) tener bajo tutela; ⁹**mundung** *f* tutela *f*; **~rechtig|en** [-'-rɛçtɪɡən] (26 [25]) privilegiar; ⁹**ung** *f* privilegio *m*; **~stehen** estar próximo, ser inminente; **~zugen** [-'-tsuːɡən] (25) preferir (*vor dat.* a); (*begünstigen*) favorecer; ⁹**zugung** *f* preferencia *f*.

be'wachen vigilar, guardar, custodiar.

be'wachsen: *~ mit* cubierto de.

Be'wachung *f* vigilancia *f*; guardia *f*, custodia *f*.

be'waffn|en armar; ⁹**ung** *f* armamento *m*.

be'wahren guardar; (*erhalten*) conservar; *~ vor* (*dat.*) preservar de.

be'währen: *sich ~* dar buen resultado; *j.:* acreditarse.

bewahrheiten [-'vaːrhaɪtən] (26): *sich ~* confirmarse.

bewährt [-'vɛːrt] probado, acreditado; ⁹**ung** *f* mit ~ condicional; ⁹**ungsfrist** *f* plazo *m* de prueba; ⁹**ungs-probe** *f* prueba *f*.

bewaldet [-'valdət] poblado de bosques.

bewältigen [-'vɛltɪɡən] (25) dominar; superar; *Arbeit:* llevar a cabo;

bewandert [-'vandərt] versado, entendido (*in dat.* en).

Bewandtnis [-'vantnɪs] f (14²): *damit hat es e-e besondere (folgende)* ~ es un caso particular (el caso es el siguiente).

be'wässer|n [-'vɛsərn] (29) regar; **2ung** f riego m; **2ungs-anlage** f instalación f de riego; **2ungsgraben** m acequia f; **2ungsland** n (tierras f/pl. de) regadío m.

beweg|en [-'ve:gən] **a)** (25) mover; (*hin u. her*) agitar; *Gemüt:* conmover; **b)** (30) (*veranlassen*) inducir, determinar; **2grund** [-'ve:kgrunt] m motivo m, móvil m; **~lich** [-'ve:klɪç] móvil; *Fest:* movible; fig. ágil; ~*e Habe* bienes m/pl. muebles; **2lichkeit** f movilidad f; fig. agilidad f; **~t** *See:* agitado; *Leben:* movido; (*gerührt*) emocionado; **2ung** [-'-guŋ] f movimiento m (*a. Pol.*); fig. emoción f; *sich* ~ *machen* hacer ejercicio; **2ungsfreiheit** f fig. libertad f de acción; **~ungslos** inmóvil; **2ungstherapie** f cinesiterapia f.

be'weinen llorar (*j-n* a alg.; et. por a/c.).

Beweis [-'vais] m (4) prueba f (*für de*); A *a.* demostración f; **~aufnahme** f 🕸 práctica f de pruebas; **2bar** demostrable; **2en** [-'-zən] probar; *a.* A demostrar; (*feststellen*) comprobar; **~führung** f demostración f; argumentación f; **~grund** m argumento m; **~kraft** f fuerza f probatoria; **2kräftig** probatorio, concluyente; **~mittel** n prueba f; **~stück** n prueba f; 🕸 cuerpo m del delito.

be'wenden: *es dabei* ~ *lassen* darse por satisfecho, no tocar más; *damit hat es sn* **2** todo queda ahí.

be'werb|en: *sich* ~ *um* solicitar (*ac.*); **2er** m (7) candidato m; solicitante m, aspirante m; (*Freier*) pretendiente m; **2ung** f solicitud f (*um de*); **2ungsschreiben** n solicitud f (de empleo).

be'werfen arrojar (*j-n mit* a/c. a alg.); △ revocar.

bewerkstelligen [-'vɛrkʃtɛlɪgən] (25) realizar, arreglar, conseguir.

be'wert|en valorar; evaluar; **2ung** f valoración f; evaluación f.

bewillig|en [-'vɪlɪgən] (25) conceder, otorgar; **2ung** f concesión f.

be'wirken causar, originar, provocar; (*erreichen*) conseguir.

bewirten [-'vɪrtən] (25) obsequiar.

be'wirtschaft|en explotar; administrar; *Waren:* racionar; contingentar; **2ung** f explotación f; administración f; racionamiento m; contingentación f.

Be'wirtung f agasajo m; (*im Gasthaus*) servicio m.

bewohn|bar [-'vo:nba:r] habitable; **~en** habitar; **2er** (*in* f) m (7) habitante su.; *e-s Hauses:* vecino (-a) m (f).

bewölk|en [-'vœlkən] (25): *sich* ~ nublarse; encapotarse; **~t** nublado, nuboso; **2ung** f nubosidad f.

Bewunder|er [-'vundərər] m (7) admirador m; **2n** admirar; **2nswert**, **2nswürdig** admirable; **~ung** f admiración f.

Be'wurf △ m (3³) revoque m, revoco m.

bewußt [-'vust] consciente; (*bekannt*) consabido, en cuestión; *sich e-r Sache* ~ *sn* estar consciente *od.* darse cuenta de a/c.; **~los** inconsciente, sin conocimiento; ~ *werden* desmayarse; **2losigkeit** f inconsciencia f; desmayo m; **2sein** n conciencia f; 🕸 conocimiento m.

be'zahl|en pagar; (*vergüten*) retribuir, remunerar; *sich bezahlt machen* valer la pena; **2ung** f pago m; remuneración f.

be'zähmen domar; *sich* ~ dominarse.

be'zaubern encantar, hechizar; embelesar; **~d** encantador, hechicero.

be'zeichn|en marcar, señalar; (*bestimmen*) designar; (*bedeuten*) denotar, significar; ~ *als* calificar de; **~end** significativo; ~ *für j-n:* típico de, característico de; **2ung** f denominación f; nombre m.

be'zeugen atestiguar; dar fe de.

bezichtigen [-'tsɪçtɪgən] (25) (*gen.*) inculpar de.

be'zieh|en 1. v/t. *Wohnung:* instalarse en; ocupar; *Wache:* montar; *Gehalt:* cobrar, percibir; *Zeitung:* estar suscrito a; *Waren:* comprar (*aus en, von* a); *Möbel:* tapizar; *Bett:* poner ropa; cambiar la ropa; *zu* ~ *durch* de venta en; *auf sich* ~ darse por aludido; ~ *mit* revestir con *od.* de; **2.** v/refl. *Himmel:* nublarse, encapotarse; *sich* ~ *auf (ac.)* referirse a; **2er** (*in* f) m (7) comprador(a) m (f); suscriptor(a) m (f); **2ung** f relación f; (*Hinsicht*) respecto m; *gute*

Billett

~en F enchufe *m*; *in jeder* ~ por todos conceptos; a todas luces; *a* ~ *sein* zu estar relacionado con; *in* ~ *stehen mit* entrar en relaciones *od.* relacionarse con; ~**ungsweise** o sea; o bien.

beziffern [-'tsifərn] (29) numerar; *sich* ~ *auf (ac.)* ascender a.

Bezirk [-'tsirk] *m* (3) distrito *m*.

bezirzen [-'tsirtsən] (25) F engatusar; hechizar.

Bezogene(r) ✝ [-'tso:gənə(r)] *m* librado *m*, girado *m*.

Bezug [-'tsu:k] *m* (3³) (*Überzug*) funda *f*; (*Waren*♀) compra *f*; *e-r Zeitung*: suscripción *f* a; *fig.* referencia *f*; *Bezüge pl.* (*Gehalt*) emolumentos *m/pl.*; remuneración *f*; *in* ♀ (*od. mit* ~) *auf (ac.)* respecto a *od.* de; ~ *nehmen auf (ac.)* referirse a.

bezüglich [-'tsy:kliç] (*gen.*) referente a, relativo a.

Bezugnahme [-'tsu:kna:mə] *f* (15): *unter* ~ *auf (ac.)* con referencia a.

Bezugs... [-'tsu:ks...]: *in Zssgn* ✝ de compra; ♀**fertig** *Haus*: habitable *od.* ocupable en el acto; ~**quelle** *f* fuente *f* de compra.

bezwecken [-'tsvɛkən] (25) proponerse; tener por objeto.

be'zweifeln poner en duda (et. a/c.), dudar (de a/c.).

be'zwingen vencer; *fig. sich* ~ dominarse; ♀**er** *m* vencedor *m*.

Bibel ['bi:bəl] *f* (15) Biblia *f*; ♀**fest** versado en la Biblia; ~**spruch** *m* versículo *m*; ~**stelle** *f* pasaje *m* bíblico.

Biber ['-bər] *m* (7) castor *m*.

Biblio|graphie [-bliogra'fi:] *f* (15) bibliografía *f*; ~**thek** [--'te:k] *f* (16) biblioteca *f*; ~**thekar(in** *f*) [--te-'ka:r(in)] *m* (3¹) bibliotecario (-a) *m* (*f*).

biblisch ['-bliʃ] bíblico; ♀*e Geschichte f* Historia *f* Sagrada.

bieder ['-dər] honrado; leal; ♀**keit** *f* lealtad *f*; honradez *f*; ♀**mann** *m* (1²) hombre *m* de bien.

bieg|en ['-gən] (30) 1. *v/t.* torcer; doblar; (*krümmen*) encorvar; *sich vor Lachen* ~ troncharse (de risa); *auf* ♀ *oder Brechen* a todo trance; 2. *v/i.* (sn): *um die Ecke* ~ doblar la esquina; ~**sam** ['bi:kza:m] flexible; ♀**ung** ['-guŋ] *f* recodo *m*, revuelta *f*.

Biene ['-nə] *f* (15) abeja *f*; ~**nkönigin** *f* abeja *f* reina; ~**nkorb** *m*, ~**nstock** *m* colmena *f*; ~**nzucht** *f* apicultura *f*; ~**nzüchter** *m* apicultor *m*.

Bier [bi:r] *n* (3) cerveza *f* (*helles* rubia; *dunkles* negra; *vom Faß* de barril); ~**brauer** *m* cervecero *m*; ¹~**brauerei** *f*, ¹~**lokal** *n* cervecería *f*; ¹~**deckel** *m* posavasos *m*.

Biese ['bi:zə] *f* (15) pestaña *f*; vivo *m*.

Biest [bi:st] F *n* (1¹) mal bicho *m*.

bieten ['bi:tən] (30) ofrecer; *Hand*: tender; *Versteigerung*: licitar, (*höher* ~) pujar; *Spiel*: envidar; *sich* ~ brindarse, presentarse; *sich (dat.) nicht* ~ *lassen* no tolerar.

Bigamie [biga'mi:] *f* (15) bigamia *f*.

bigott [-'gɔt] santurrón; mojigato.

Bikini [-'ki:ni] *m* (11) bikini *m*.

Bilanz [-'lants] *f* (16) balance *m*; balanza *f*.

Bild [bilt] *n* (1) imagen *f*; (*Gemälde*) cuadro *m*, pintura *f*; retrato *m*; *Buch*: ilustración *f*; *fig.* idea *f*; *im* ~ *e sn* estar enterado *od.* al corriente; *sich ein* ~ *machen von* hacerse una idea de; ¹~**bericht** *m* reportaje *m* gráfico; ¹~**bericht-erstatter** *m* reportero *m* gráfico; ♀**en** ['-dən] (26) formar; *geistig*: instruir; ¹♀**end** instructivo; *Kunst*: plástico, gráfico.

Bilder|bogen ['-dərbo:gən] *m* pliego *m* de aleluyas; ~**buch** *n* libro *m* de estampas; ~**galerie** *f* galería *f* *od.* museo *m* de pintura; ~**rätsel** *n* jeroglífico *m*; ~**schrift** *f* escritura *f* jeroglífica; ~**stürmer** *m* iconoclasta *m*.

Bild|fläche ['biltflɛçə] *f*: *auf der* ~ *erscheinen* aparecer; *von der* ~ *verschwinden* desaparecer; ~**funk** *m* telefotografía *f*; ♀**haft** gráfico, plástico; ~**hauer(in** *f*) *m* escultor(a) *m* (*f*); ~**hauerei** *f* escultura *f*; ♀**hübsch** guapísimo; ♀**lich** plástico; *Sinn*: figurado; ~**nis** *n* (4¹) retrato *m*; efigie *f*; ~**platte** *f* videodisco *m*; ~**plattenspieler** *m* videotocadiscos *m*; ~**reportage** *f* reportaje *m* gráfico; ~**röhre** *f* *TV* tubo *m* de imagen; ~**schärfe** *f* nitidez *f* de imagen; ~**schirm** *m* pantalla *f*; ~**schirmtext** *m* videotex *m*; ♀¹**schön** hermosísimo; ~**seite** *f* cara *f*, anverso *m*; ~**ung** ['-duŋ] *f* formación *f*; *geistige*: cultura *f*; instrucción *f*; educación *f*; ~**ungsgang** *m* curso *m* de estudios; ~**ungsgrad** *m* nivel *m* cultural.

Billard ['biljart] *n* (3¹ *u.* 11) billar *m*; ~**stock** *m* taco *m*.

Billett [-'jɛt] *n* (3) billete *m*, ticket *m*, *Am.* boleto *m*.

billig

billig ['biliç] barato, económico; *fig.* justo; *Ausrede usw.*: gratuito; **~en** ['--gən] (25) aprobar; **≈keit** *f* baratura *f*; *fig.* equidad *f*; **≈ung** *f* aprobación *f*.

Billion [-'jo:n] *f* (16) billón *m*.

bimmeln ['biməln] F (29) repiquetear; tintinear.

Bimsstein ['bimsʃtaɪn] *m* piedra *f* pómez.

bin [bin] *s.* sein.

Binde ['-də] *f* (15) (*Band*) cinta *f*; banda *f*; ⚕ venda *f*; F *fig.* e-n hinter die ~ gießen F echarse un vaso al coleto; **~gewebe** *n* tejido *m* conjuntivo; **~glied** *n* eslabón *m*; vínculo *m*; **~haut** *f* conjuntiva *f*; **~haut-entzündung** *f* conjuntivitis *f*; **~mittel** *n* ⚕ aglutinante *m*; *Kchk.* espesante *m*; **≈n** (30) atar (*a. fig. die Hände in die Hand*); ligar (*a.* ♪); *Buch:* encuadernar; *Krawatte usw.:* anudar; *Kchk.* espesar; *fig.* sich ~ comprometerse; **≈nd** *fig.* obligatorio; **~strich** *m* guión *m*; **~wort** *n* Gram. conjunción *f*.

Bindfaden ['bintfɑ:dən] *m* bramante *m*, cordel *m*.

Bindung ['-duŋ] *f* atadura *f*; unión *f*; ♪ ligado *m*; (*Ski*) fijación *f*; *fig.* obligación *f*; compromiso *m* (*eingehen* contraer).

binnen ['-ən] (*dat., a. gen.*) dentro de; ~ kurzem dentro de poco; **≈...:** *in Zssgn* interior; **≈fischerei** *f* pesca *f* de agua dulce; **≈gewässer** *n/pl.* aguas *f/pl.* interiores; **≈hafen** *m* puerto *m* interior *bzw.* fluvial; **≈land** *n* interior *m* (del país); **≈markt** *m* mercado *m* interior *od.* nacional; **≈schiffahrt** *f* navegación *f* interior *od.* fluvial.

Binse ['-zə] *f* (15) junco *m*; *fig.* in die ~n gehen venirse abajo; fracasar; **~nwahrheit** *f* F perogrullada *f*.

Bio|chemie [bioçe'mi:] *f* bioquímica *f*; **~graphie** [--gra'fi:] *f* (15) biografía *f*; **~loge** [-'lo:gə] *m* (12) biólogo *m*; **~logie** [--lo'gi:] *f* (15) biología *f*; **≈logisch** [--'lo:giʃ] biológico; **~physik** *f* biofísica *f*; **~psie** ♣ ['-ɔp'si:] *f* (15) biopsia *f*.

birgst, birgt [birk(s)t] *s.* bergen.

Birk|e ['birkə] *f* (15) abedul *m*; **~hahn** *m* gallo *m* lira.

Birn|baum ['birnbaʊm] *m* peral *m*; **~e** *f* (15) pera *f*; ⚡ bombilla *f*.

birst [birst] *s.* bersten.

bis [bis] **1.** *prp.* ~ (zu, nach) hasta; von ... ~ de ... a, desde ... hasta; zwei ~ drei Tage dos o tres días; ~ auf (*ac.*) (*außer*) excepto, menos, salvo; **2.** *cj.* hasta que.

Bischof ['biʃɔf] *m* (3¹ *u.* ³) obispo *m*.

bischöflich ['-ʃø:fliç] episcopal.

Bischofs... ['-ʃɔfs...] episcopal; **~amt** *n s.* **~würde**; **~hut** *m* mitra *f*; **~stab** *m* báculo *m* pastoral; **~würde** *f* episcopado *m*.

bisher [bis'he:r] hasta ahora, hasta la fecha; **~ig** que hubo hasta ahora; anterior.

Biskuit [-'kvit] *n/m* (11) bizcocho *m*.

Bison ['bi:zɔn] *m* (11) bisonte *m*.

Biß [bis] **1.** *m* (4) mordedura *f* (*a.* ⚕); mordisco *m*; **2.** ≈ *s.* beißen; **~chen** ['-çən]: ein ~ un poco, un poquito.

Bissen ['bisən] *m* (6) bocado *m*; **≈ig** mordedor; *fig.* mordaz; **~igkeit** *f fig.* mordacidad *f*.

'Bißwunde *f* mordedura *f*.

bist [bist] *s.* sein.

Bistum ['bistuːm] *n* (1²) obispado *m*.

bisweilen [-'vaɪlən] a veces, de vez en cuando.

Bitte ['bitə] **1.** *f* (15) ruego *m*, súplica *f*; (*Ersuchen*) petición *f*; ich habe e-e ~ an Sie quisiera pedirle un favor; **2.** ≈ *adv.* por favor; *nach Dank:* de nada, no hay de qué; wie ~? ¿cómo dice(s)?; aber ~! ¡no faltaría más!; ¡cómo no!; **≈n** (30) pedir (*j-n um et. a/c. a alg.*); ~ zu (*inf.*) *od.* daß rogar *od.* suplicar (que) *subj.*; aber ich bitte Sie! ¡pero, por Dios!; ich lasse ~! que pase; sich (*lange*) ~ lassen hacerse (de) rogar; darf ich Sie ~ zu (*inf.*) me haría el favor de (*inf.*); tendría la bondad de (*inf.*).

bitter ['bitər] amargo; agrio (*beide a. fig.*); *Kälte:* intenso; es ist mir ~ ernst estoy hablando muy en serio; **~'böse** furioso; **~'kalt** excesivamente frío; **≈keit** *f* amargor *m*; *fig.* amargura *f*; **~lich** *adv.* amargamente.

Bitt|gang ['bitgaŋ] *m* procesión *f* rogativa; **~gesuch** *n*, **~schrift** *f* solicitud *f*, súplica *f*; memorial *m*; **~steller(in** *f*) ['-ʃtɛlər(in)] *m* (7) peticionario (-a) *m* (*f*), solicitante *su.*

Biwak ['bi:vak] *n* (3¹) vivaque *m*; **≈ieren** vivaquear.

bizarr [bi'tsar] estrafalario; extravagante.

bläh|en ['blɛ:ən] (25) hinchar; ⚕ causar flatos; *fig.* sich ~ esponjarse; **~end**

Blick

♂ flatulento; ⚲ung ♀ f flato m, flatulencia f, ventosidad f.

Blam|age [bla'ma:ʒə] f (15) vergüenza f; F plancha f; ⚲**ieren** poner en ridículo; *sich* ~ F tirarse una plancha, meter la pata.

blank [blaŋk] reluciente; brillante; *Waffe:* ~ sn estar sin blanca; F *fig.* ~ sn estar sin blanca.

blanko ✝ ['-ko] en blanco; ⚲**scheck** m cheque m en blanco; ⚲**vollmacht** f carta f blanca (*a. fig.*).

Bläschen ♀, *Anat.* ['blɛːsçən] n (6) vesícula f.

Blase [bla:zə] f (15) (*Wasser*⚲, *Luft*⚲) burbuja f; (*Harn*⚲) vejiga f; (*Haut*⚲) ampolla f; ~**balg** m fuelle m; ⚲**n** (30) soplar; ♪ tocar; ~**n-entzündung** f cistitis f; ~**nstein** m cálculo m vesical.

Bläser ♪ ['blɛːzər] m/pl. (7) vientos m/pl.

blasiert [bla'ziːrt] afectado; ⚲**heit** f afectación f; esnobismo m.

Blas|instrument ['blaːsʔinstrumɛnt] n instrumento m de viento; ~**musik** f música f para instrumentos de viento.

Blasphemie [blasfe'miː] f (15) blasfemia f.

Blasrohr ['blaːsroːr] n cerbatana f.

blaß [blas] pálido; ~ *werden* palidecer; *keine blasse Ahnung haben* no tener ni la más remota idea.

Blässe ['blɛsə] f (15) palidez f.

bläßlich ['blɛsliç] paliducho.

bläst [blɛːst] *s. blasen*.

Blatt [blat] n (1², *als Maß im pl. uv.*) hoja f; (*Zeitung*) diario m, periódico m; ♪ *vom* ~ *spielen* tocar a primera vista; *fig. kein* ~ *vor den Mund nehmen* no tener pelos en la lengua; *das steht auf e-m andern* ~ eso es harina de otro costal; *das* ~ *wendet sich* se vuelve la tortilla.

blätter|n ['blɛtərn] (29) hojear (*in dat. a/c.*); ⚲**teig** m hojaldre m.

Blatt|grün ['blatgryːn] n clorofila f; ~**laus** f pulgón m; ~**pflanze** f planta f de hoja; ~**stiel** m pecíolo m.

blau [blau] **1.** *adj.* azul (*a. Blut*); F (*betrunken*) borracho; ~*er Fleck* cardenal m; *mit e-m* ~*en Auge davonkommen* salir bien librado; **2.** ⚲ n (3¹, *o. pl.*) azul m; *Fahrt ins* ~*e* viaje m en sorpresa; *ins* ~*e hinein reden* hablar a tontas y a locas; *das* ~*e vom Himmel herunter lügen* ser un cuentista; ~**äugig** ['-ʔɔygiç] de ojos azules; ⚲**beere** ♀ f arándano m, mirtillo m; '~**gefroren** amoratado de frío; '~**grau** gris azulado.

bläulich ['blɔyliç] azulado.

blau|machen ['blau-] F (25) hacer fiesta; ⚲**papier** n papel m carbón; ⚲**säure** f ácido m prúsico od. cianhídrico; ⚲**stift** m lápiz m azul; ⚲**strumpf** *fig.* m sabihonda f; ⚲**wal** m ballena f azul.

Blech [blɛç] n (3) chapa f; lámina f; (*Weiß*⚲) hojalata f; ♪ metal m; F *fig.* disparates m/pl.; F chorradas f/pl.; '~**büchse**, ~**dose** f lata f; '⚲**en** F (25) pagar; F aflojar la mosca; '⚲**ern** ['-çɔrn] de hojalata; '~**instrument** ♪ n instrumento m de metal; '~**musik** f música f para instrumentos de metal; charanga f; '~**schaden** m daños m/pl. en la carrocería; '~**schere** f cizalla f.

blecken ['blɛkən] (25): *die Zähne* ~ enseñar los dientes.

Blei [blai] n (3) plomo m.

Bleibe ['-bə] f (15) alojamiento m, paradero m; ⚲**n** (30, sn) quedar(se); (*sich aufhalten*) permanecer; (*weiterhin* ~) seguir, continuar; (*aus-*) tardar (*lange mucho*); (*beharren*) insistir (*bei en*); *bei der Wahrheit* ~ atenerse a la verdad; *es bleibt dabei* quedamos en lo convenido; *wo* ~ *Sie denn?* ¿por qué no viene Vd.?; ⚲**nd** permanente, duradero; ⚲**nlassen** dejar; guardarse de (*inf.*).

bleich [blaiç] pálido; ~ *werden* palidecer; '~**en** (25) **1.** *v/t.* blanquear; **2.** *v/i.* (sn) desteñirse; ⚲**sucht** f clorosis f; '~**süchtig** clorótico.

blei|ern ['blaiərn] de plomo; *fig.* plomizo; ~**frei** sn plomo; ⚲**glanz** m galena f; ~**haltig** ['-haltiç] plomífero; ~**schwer** *a. fig.* plúmbeo; ⚲**soldat** m soldadito m de plomo; ⚲**stift** m lápiz m; ⚲**stiftspitzer** m sacapuntas m; ⚲**vergiftung** f saturnismo m; ⚲**weiß** n albayalde m, cerusa f.

Blende ['blɛndə] f (15) ⚹ blenda f; *Phot.* diafragma m; ⚲**en** (26) cegar; *fig.* deslumbrar; ⚲**end** deslumbrante; *fig. a.* brillante; *e-r fig.* ~*m* (7) efectista m; ~**schutz** m antideslumbrante m; ~**werk** n fantasmagoría f; efectismo m.

Blick [blik] m (3) mirada f; *flüchtiger:* ojeada f, vistazo m; (*Aussicht*) vista f; panorama m; *auf den ersten* ~ a primera vista; *Liebe auf den ersten* ~

blicken

flechazo *m*; e-n ~ werfen *auf* echar una mirada a; '2**en** (25) mirar (*auf ac.* a); *sich* ~ *lassen* dejarse ver; *das läßt tief* ~ eso da que pensar; '~**feld** *n* campo *m* visual; '~**punkt** *fig. m* centro *m* del interés.

blieb [bliːp] *s.* **bleiben**.

blies [bliːs] *s.* **blasen**.

blind [blɪnt] ciego (*a. fig.*), invidente; *Glas*: opaco; △ falso; *auf* e-m *Auge* ~ tuerto; ~**er** *Passagier* polizón *m*; '2**darm** *m* intestino *m* ciego; '2**darmentzündung** *f* apendicitis *f*; **2ekuh** ['-dəkuː] *f*: ~ *spielen* jugar a la gallina ciega.

Blinden|anstalt ['-dən^ʔan|ʃtalt] *f*, ~**heim** *n* asilo *m* de ciegos; ~**hund** *m* perro *m* lazarillo, perro-guía *m*; ~**schrift** *f* escritura *f* para ciegos, braille *m*.

Blinde(r) ['-də(r)] *m* ciego *m*.

Blind|flug ['blɪntfluːk] *m* vuelo *m* sin visibilidad; ~**gänger** ⚔ ['-gɛŋər] *m* (7) granada *f* od. bomba *f* no estallada; **2geboren** ['-gəboːrən] ciego de nacimiento; ~**heit** *f* ceguedad *f* (*a. fig.*); ceguera *f*; **2lings** ['-lɪŋs] a ciegas; ~**schleiche** ['-ʃlaɪçə] *f* (15) lución *f*; **2schreiben** *Schreibmaschine*: escribir al tacto.

blink|en ['blɪŋkən] (25) relucir, brillar; hacer señales luminosas; **2er** *Kfz. m* intermitente *m*; **2feuer** *n*, **2licht** *n* luz *f* intermitente; **2zeichen** *n* señal *f* luminosa.

blinzeln ['blɪntsəln] (29) parpadear, pestañear; guiñar.

Blitz [blɪts] *m* (3²) relámpago *m*; *einschlagender*: rayo *m*; ~**ableiter** ['-ʔaplaɪtər] *m* (7) pararrayos *m*; **2blank** limpio como una patena; '2**en** (27) relampaguear; *fig.* brillar; '~**gespräch** *n* conversación *f* relámpago; '~**krieg** *m* guerra *f* relámpago; '~**licht** *Phot. n* flash *m*; '~**reise** *f* viaje *m* relámpago; '~**schlag**, '~**strahl** *m* rayo *m*; **2schnell** como un rayo.

Block [blɔk] *m* (3³) bloque *m* (*a. Pol.*); (*Klotz*) tajo *m*; (*Häuser*2) manzana *f*, *Am.* cuadra *f*; (*Schreib*2) bloc *m*; ~**ade** [-ˈkaːdə] *f* (15) bloqueo *m*; '~**flöte** *f* flauta *f* dulce; '2**frei** *Pol.* no alineado; '~**haus** *n* blocao *m*; **2ieren** bloquear; ~**ierung** *f* bloqueo *m*; '~**schrift** *f* caracteres *m/pl.* de imprenta.

blöd|(e) ['bløːt, (ˈ-də)] estúpido; tonto, bobo; idiota; ~**heit** ['-thaɪt] *f* imbecilidad *f*; idiotez *f*; ~**mann** ⱷ *m*

idiota *m*; P gilipollas *m*; **2sinn** *m* tontería *f*, P chorrada *f*; ~**sinnig** imbécil, idiota.

blöken ['bløːkən] **1.** *v/i.* (25) *Schaf*: balar; *Kalb*: berrear; **2.** 2 *n* balido *m*; berrido *m*.

blond [blɔnt] rubio; ~**ieren** [-ˈdiːrən] teñir de rubio; **2ine** [-ˈdiːnə] *f* (15) rubia *f*.

bloß [bloːs] **1.** *adj.* desnudo; (*nichts als*) mero, solo; *mit ~en Füßen* descalzo; *mit ~em Kopf* descubierto; *mit ~em Auge* a simple vista; **2.** *adv.* meramente; (tan) sólo; solamente.

Blöße ['bløːsə] *f* (15) desnudez *f*; ~ punto *m* flaco; *sich e-e* ~ *geben* descubrir su punto flaco.

bloß|legen ['bloːsleːgən] poner al desnudo; revelar; ~**stellen** *fig.* comprometer; poner en evidencia.

Blouson [bluˈzɔ̃] *n* (11) cazadora *f*.

Bluff [blʊf, blœf] *m* (11) bluff *m*; *Kartenspiel*: farol *m*; '2**en** (25) echarse un farol; *Kartenspiel*: hacer un farol.

blüh|en ['blyːən] **1.** *v/i.* (25) florecer (*a. fig.*); **2.** 2 *n* florecimiento *m*, floración *f*; ~**d** floreciente; *Phantasie*: exuberante.

Blume ['bluːmə] *f* (15) flor *f*; *Wein*: buqué *m*; *Bier*: espuma *f*; *fig. durch die* ~ por indirectas.

'**Blumen|beet** *n* cuadro *m* de flores; arriate *m*, macizo *m*; ~**erde** *f* mantillo *m*; ~**geschäft** *n* floristería *f*; ~**händler(in** *f*) *m* florista *su.*; ~**kasten** *m* jardinera *f*; macetero *m*; ~**kohl** *m* coliflor *f*; ~**korso** *m* batalla *f* de flores; ~**ständer** *m* s. ~**kasten**; ~**strauß** *m* ramillete *m*, ramo *m* de flores; ~**stück** *n* Mal. florero *m*; ~**topf** *m* maceta *f*; tiesto *m*; ~**vase** *f* florero *m*; ~**zucht** *f* floricultura *f*; ~**züchter(in** *f*) *m* floricultor(a) *m* (*f*); ~**zwiebel** *f* bulbo *m*.

blumig ['-mɪç] florido (*a. fig.*); *Wein*: aromático.

Bluse ['-zə] *f* (15) blusa *f*.

Blut [bluːt] *n* (3, *o. pl.*) sangre *f*; *es liegt ihm im* ~ lo lleva en la sangre; *böses* ~ *machen* quemar la sangre, excitar el odio; '~**alkohol** *m* alcoholemia *f*; '~**andrang** *m* congestión *f*; '2**arm** anémico; '~**armut** *f* anemia *f*; '~**bad** *n* matanza *f*, carnicería *f* (*anrichten* hacer); '2**befleckt**, '2**bespritzt** ensangrentado; '~**bild** *n* cuadro *m* hemático, hemograma *m*; '~

Bohnenkaffee

druck m presión f sanguínea; tensión f arterial; den ~ messen tomar la tensión.

Blüte ['bly:tə] f (15) flor f (a. fig.); (Zeit) floración f; fig. prosperidad f; in ~ stehen estar en flor.

Blut|egel ['blu:t'?e:gəl] m sanguijuela f; ℒen (26) echar sangre, a. fig. sangrar.

Blüten... ['bly:tən...]: **~blatt** n pétalo m; **~kelch** m cáliz m; **~knospe** f botón m, capullo m; **~stand** m inflorescencia f; **~staub** m polen m.

Bluter ♂ ['blu:tər] m (7) hemofílico m; **~erguß** m hematoma m; **~erkrankheit** f hemofilia f.

Blütezeit ['bly:tsaɪt] f floración f, florescencia f; fig. apogeo m.

Blut|gefäß ['blu:tgəfɛ:s] n vaso m sanguíneo, **~gerinnsel** n coágulo m, **~gruppe** f grupo m sanguíneo; **~hochdruck** m hipertensión f; **~hund** m (perro) braco m; fig. hombre m sanguinario; **~husten** m hemoptisis f; ℒig sangriento (a. fig.); ensangrentado; ℒjung muy joven; **~körperchen** ['-kœrpərçən] n (6) glóbulo m sanguíneo; **~kreislauf** m circulación f sanguínea; **~lache** f charco m de sangre; **~leer** exangüe; **~leere** f anemia f (local); **~orange** f naranja f sanguina; **~probe** f análisis m de sangre; **~rache** f venganza f de la sangre; **~rot** rojo sanguíneo; ℒrünstig ['-rynstɪç] fig. sanguinario; **~sauger** fig. m vampiro m; **~schande** f incesto m; ℒschänderisch ['-ʃɛndərɪʃ] incestuoso; **~senkung** f sedimentación f sanguínea od. globular; **~spende** f donación f de sangre; **~spender** m donante m de sangre; ℒstillend ['-ʃtɪlənt] hemostático; **~sturz** m hemorragia f violenta; ℒverwandt (**~verwandte[r** m] su.) consanguíneo (-a) m (f); **~verwandtschaft** f consanguinidad f; **~tat** f hecho m sangriento; ℒ-überströmt bañado en sangre; **~übertragung** f transfusión f de sangre; **~ung** f hemorragia f; ℒ-unterlaufen inyectado en sangre; **~vergießen** n derramamiento m de sangre; **~vergiftung** f septicemia f; **~verlust** m pérdida f de sangre; **~wäsche** f hemodiálisis f; **~wurst** f morcilla f; **~zucker** m glucemia f.

Bö [bø:] f (16) ráfaga f, racha f.

Boa ['bo:a] f (11¹) boa f.

Bob [bɔp] m (11) bob(sleigh) m.

Bock [bɔk] m (3³) macho m; (ZiegenℒL) macho m cabrío; ⊕ caballete m; (SägeℒL) burro m; (Turngerät) potro m; F fig. e-n ~ schießen meter una plancha od. la pata; ℒbeinig obstinado, cabezudo; ℒen (25) ponerse reacio, respingar; ℒig terco, obstinado; cabezón; **~shorn** n: sich ins ~ jagen lassen amedrentarse; **~springen** n Spiel: saltacabrillas m; **~sprung** m cabriola f; Turnen: salto m de potro; **~wurst** f salchicha f.

Boden ['bo:dən] m (6¹) suelo m; tierra f; terreno m; e-s Gefäßes: fondo m; (DachℒL) desván m; zu ~ werfen (gehen) derribar (ser derribado); ~ verlieren (gewinnen) perder (ganar) terreno; **~be-arbeitung** ✓ f cultivo m del suelo; **~erhebung** f elevación f; eminencia f; **~ertrag** m rendimiento m del suelo; **~haftung** f Kfz. f adherencia f al suelo; **~kammer** f buhardilla f; **~kredit** m crédito m territorial; ℒlos sin fondo; fig. increíble, inaudito; **~-Luft-Rakete** f misil m tierra-aire; **~nebel** m neblina f; **~personal** ≫ n personal m de tierra; **~reform** f reforma f agraria; **~satz** m poso m, sedimento m; **~schätze** m/pl. riquezas f/pl. del subsuelo; **~spekulation** f especulación f en terrenos; ℒständig autóctono; típico; castizo; **~station** f estación f de tierra; **~turnen** n ejercicios m/pl. en el suelo.

Bodmerei ⚖ [bo:dmə'raɪ] f (16) préstamo m a la gruesa.

Bodybuilding ['bɔdibɪldɪŋ] angl. n (7, o. pl.) culturismo m.

bog, böge [bo:k, 'bø:gə] s. biegen.

Bogen ['bo:gən] m (6 u. 6¹) arco m (a. ♪); (Biegung) curva f; (Papier ℒL) hoja f, pliego m; **~fenster** n ventana f arqueada; ℒförmig ['--fœrmɪç] arqueado, en arco; **~gang** m arcada f; Anat. conducto m semicircular; **~lampe** f lámpara f de arco (voltaico); **~schießen** n tiro m con arco; **~schütze** m arquero m.

Bohle ['bo:lə] f (16) tablón m.

Böhm|e m (13), **~in** f ['bø:mə, '-mɪn], ℒisch bohemio (-a) m (f); fig. das sind böhmische Dörfer für mich esto es chino para mí.

Bohne ['bo:nə] f (15) judía f, alubia f; Arg. poroto m; grüne ~n judías f/pl. verdes; dicke ~ haba f; **~nkaffee** m

Bohnenkraut

café *m* (auténtico); ~**nkraut** ♀ *n* ajedrea *f*; ~**nstange** *f* rodrigón *m*; F *fig.* espingarda *f*.

Bohner ['-nər] *m* (7) enceradora *f*; 2**n** (29) encerar; ~**wachs** *n* cera *f* (para pisos); encáustico *m*.

bohr|en [-rən] (25) taladrar, horadar; *Brunnen, Schacht*: perforar; *nach Öl usw.*: hacer sondeos; *fig.* insistir; 2**er** *m* (7) taladro *m*; barrena *f*; 2~**insel** *f* plataforma *f* petrolera *od.* de sondeo; 2**loch** *n* taladro *m*; barreno *m*; 2**maschine** *f* taladradora *f*; perforadora *f*; 2**turm** *m* torre *f* *od.* castillete *m* de sondeo; 2**ung** *f* perforación *f*; sondeo *m*.

böig ['bøːiç] rafagoso, racheado.

Boiler ['bɔylər] *m* (7) termo(sifón) *m*, calentador *m* de agua.

Boje ['boːjə] *f* (15) boya *f*, baliza *f*.

Bolivian|er(in *f***)** [boliviˈɑːnər(in)] *m* (7) boliviano *m* (-a *f*); 2**isch** *adj.* boliviano.

Böller ['bœlər] *m* (7) morterete *m*.

Bollwerk ['bɔlvɛrk] *n* baluarte *m*, bastión *m* (*a. fig.*).

Bolschewis|mus [bɔlʃəˈvismus] *m* (16, *o. pl.*) bolchevismo *m*; ~**t(in** *f*) [--'vist(in)] *m* (12), 2**tisch** bolchevista (*su.*).

Bolzen ⊕ ['-tsən] *m* (6) perno *m*.

Bombard|ement [bɔmbardəˈmɑ̃] *n* (11) bombardeo *m*; 2**ieren** [--'diːrən] bombardear (*a. fig.*).

bombastisch [-'bastiʃ] ampuloso, rimbombante.

Bombe ['-bə] *f* (15) bomba *f*; *fig.* wie e-e ~ *einschlagen* caer como una bomba; ~**n-abwurf** *m* lanzamiento *m* de bombas; ~**n-anschlag** *m* atentado *m* con bomba; ~**n-erfolg** F *m* éxito *m* ruidoso; F exitazo *m*; ~**nflugzeug** *n* bombardero *m*; 2**nsicher** a prueba de bomba (*a. fig.*); ~**r** *m* (7) bombardero *m*.

Bon [bõ] *m* (11) vale *m*, bono *m*; (*Kassenzettel*) ticket *m*.

Bonbon [-'bõ] *m u. n* (11) caramelo *m*.

Bonze ['bɔntsə] *m* (13) bonzo *m*; *fig.* cacique *m*.

Boot [boːt] *n* (3) bote *m*; barca *f*; lancha *f*; *fig. im gleichen* ~ *sitzen* estar en el mismo bote; '~**s-anhänger** *Kfz. m* remolque *m* náutico *od.* para barcos; '~**shaus** *n* casa *f* guardabotes; '~**srennen** *n* carrera *f* motonáutica.

Bor [boːr] *n* (3) boro *m*.

Bord [bɔrt]: **a)** *m* (3) ⚓ bordo *m* (*an* a); *an* ~ *gehen* subir a bordo, embarcarse; *Mann über* ~! ¡hombre al agua!; *über* ~ *werfen* echar por la borda (*a. fig.*); **b)** *n* (3) anaquel *m*; estante *m*; '~**computer** *m* *Kfz.* ordenador *m* de a bordo *od.* de viaje.

Bordell [-'dɛl] *n* (3¹) burdel *m*.

Bord|funker ['bɔrtfuŋkər] *m* radiotelegrafista *m* de a bordo; ~**karte** &⃰ *f* tarjeta *f* de embarque; ~**mechaniker** *m* mecánico *m* de a bordo; ~**schwelle** *f*, ~**stein** *m* bordillo *m*, encintado *m*; ~**wand** *f* costado *m*.

Borg [bɔrk] *m*: *auf* ~ a crédito; 2**en** ['-gən] (25) (*ausleihen*) prestar; (*entleihen*) tomar prestado.

Borke ['-kə] *f* (15) corteza *f*.

borniert [-'niːrt] de pocos alcances, duro de mollera; 2**heit** *f* estrechez *f* de miras.

Borretsch ♀ ['bɔrɛtʃ] *m* (3) borraja *f*.

Bor|salbe ['bɔːrzalbə] *f* (~**säure** *f*) ungüento *m* (ácido *m*) bórico.

Börse ['bœrzə] *f* (15) bolsa *f*; (*Geld*2) monedero *m*; (*Waren*2) lonja *f*.

'**Börsen...**: *in Zssgn oft* bursátil; ~**bericht** *m* información *f* bursátil; 2**fähig** cotizable en bolsa; ~**geschäft** *n* operación *f* bursátil; ~**kurs** *m* cotización *f* en bolsa; ~**makler** *m* corredor *m* de bolsa; ~**spekulant** *m* agiotista *m*; bolsista *m*.

Borst|e ['bɔrstə] *f* (15) cerda *f*; 2**ig** cerdoso; *fig.* arisco.

Borte ['-tə] *f* (15) pasamano *m*, ribete *m*; (*Tresse*) galón *m*.

bösartig ['bøːsˈɑːrtiç] maligno (*a.* 🞉); 2**keit** *f* malignidad *f*.

Böschung ['bœʃuŋ] *f* declive *m*, repecho *m*; *steile*: talud *m*, escarpa *f*.

böse ['bøːzə] malo; (*ärgerlich*) disgustado, enfadado (*auf ac.* con); ~ *werden* enfadarse; *ich habe es nicht* ~ *gemeint* no tenía mala intención; 2**wicht** *m* malvado *m*.

bos|haft ['boːshaft] malicioso; 2**haftigkeit** *f*, 2**heit** *f* maldad *f*, malicia *f*.

Boß [bɔs] *m* (4) jefe *m*; F mandamás *m*.

böswillig ['bøːsviliç] malévolo; mal-intencionado; *adv.* de mala fe; 2**keit** *f* mala intención *f*.

bot [boːt] *s.* bieten.

Botan|ik [boˈtɑːnik] *f* (16) botánica *f*; ~**iker** *m* (7), 2**isch** botánico (*m*).

Bote ['boːtə] *m* (13) mensajero *m*; *für Gänge*: recadero *m*; *Hotel*: botones

Brautkleid

m; ⁓**nfrau** *f* recadera *f;* ⁓**ngang** *m* recado *m;* ⁓**nlohn** *m* propina *f*.

Botschaft [¹-ʃaft] *f* mensaje *m; Pol.* embajada *f;* ⁓**er** *m* (7) embajador *m;* ⁓**s...:** *in Zssgn* de embajada.

Böttcher [¹bœtçər] *m* (7) tonelero *m;* ⁓**ei** *f* tonelería *f*.

Bottich [¹bɔtiç] *m* (3) tina *f*, cuba *f*.

Bouillon [bul¹jõ] *f* (11¹) caldo *m*, consomé *m;* ⁓**würfel** *m* cubito *m* de caldo.

Boutique [bu¹tiːk] *f* (16) boutique *f*.

Bowle [boːlə] *f* (15) ponche *m; (Gefäß)* ponchera *f*.

Box [bɔks] *f* (16) box *m;* ²**en** (27) boxear; ⁓**en** *n* boxeo *m;* ⁓**er** *m* (7) boxeador *m*, púgil *m;* ¹⁓**handschuh** *m* guante *m* de boxeo; ¹⁓**kampf** *m* boxeo *m*, pugilato *m*.

Boy [bɔy] *m* (11) *Hotel:* botones *m*.

Boykott [-¹kɔt] *m* (3) boicot(eo) *m;* ²**ieren** boicotear.

brach [braːx] **1.** *s.* brechen; **2.** *adj.* ✶ baldío; *zeitweilig:* de barbecho; ²**e** *f* (15), ¹²**feld** *n* barbecho *m;* ¹²**land** *n* erial *m;* ¹⁓**liegen** estar de barbecho; *fig.* quedar improductivo.

brachte, brächte [¹braxtə, ¹brɛçtə] *s.* bringen.

Bracke [¹brakə] *f* (13) (perro *m*) braco *m*.

brackig [¹-kiç] salobre; ²**wasser** *n* agua *f* salobre.

Branche [¹brã:ʃə] *f* (15) ramo *m;* ⁓**nkenntnis** *f* conocimientos *m/pl.* del ramo; ⁓**nverzeichnis** *n* índice *m* comercial.

Brand [brant] *m* (3², ³) incendio *m;* ⚕ gangrena *f;* ✶ tizón *m; in* ⁓ *geraten* inflamarse, incendiarse; *in* ⁓ *stecken* pegar fuego a; incendiar; ¹⁓**blase** *f* ampolla *f;* ¹⁓**bombe** *f* bomba *f* incendiaria; ¹²**en** [-¹dən] (26) *Wellen:* romperse; ¹⁓**gefahr** *f* peligro *m* de incendio; ¹⁓**geruch** *m* olor *m* a quemado; ¹⁓**herd** *m* foco *m* del incendio; ²**ig** [-¹diç] ⚕ gangrenoso; ✶ atizonado; ¹⁓**mal** *n* marca *f* de fuego; *fig.* estigma *m;* ²**marken** [¹-markən] (25, *untr.*) marcar; *fig.* estigmatizar; ¹⁓**mauer** *f* muro *m* cortafuegos; ¹²**neu** *f* flamante; ¹⁓**salbe** *f* pomada *f* para quemaduras; ¹⁓**schaden** *m* daño *m* causado por un incendio; ²**schatzen** [¹-ʃatsən] (27, *untr.*) quemar; *(plündern)* saquear; ¹⁓**sohle** *f* plantilla *f;* ¹⁓**stätte** *f* lugar *m* del incendio; ¹⁓**stifter(in** *f)* *m* incendiario (-a) *m* (*f*); ¹⁓**stiftung** *f* incendio *m* provocado; ⁓**ung** [¹-duŋ] *f* resaca *f;* ¹⁓**wache** *f* retén *m* de bomberos; ¹⁓**wunde** *f* quemadura *f*.

brannte [¹brantə] *s.* brennen.

Branntwein [¹-vain] *m* aguardiente *m;* ⁓**brennerei** *f* destilería *f*.

Brasilian|er(in *f)* [brazil¹jaːnər(in)] *m* (7), ²**isch** brasileño (-a) *m* (*f*).

brät, brätst [brɛːt(st)] *s.* braten.

Brat|apfel [¹braːt-ʔapfəl] *m* manzana *f* asada; ²**en** (30) asar; *in der Pfanne:* freír; ⁓**en** *m* asado *m;* ⁓**fisch** *m* pescado *m* frito; ⁓**huhn** *n* pollo *m* asado; ⁓**kartoffeln** *f/pl.* patatas *f/pl.* doradas; ⁓**ofen** *m* horno *m;* ⁓**pfanne** *f* sartén *f;* ⁓**rost** *m* parrilla *f*.

Bratsch|e ♩ [¹-ʃə] *f* (15) viola *f;* ⁓**er** *m* (7), ⁓**ist** [-¹tʃist] *m* (12) violista *m*.

Brat|spieß *m* asador *m;* ⁓**wurst** *f* salchicha *f* (frita).

Brauch [braux] *m* (3³) costumbre *f*, uso *m*, usanza *f;* ¹**bar** *et.:* utilizable, útil; *j.:* apto, útil *(zu, für* para); ¹⁓**barkeit** *f* utilidad *f;* aptitud *f;* ²**en** (25) necesitar; *Zeit:* tardar; *man braucht nur zu (inf.)* basta *(inf.)*, no hay más que *(inf.);* ¹⁓**tum** *n* (1²) costumbres *f/pl.*

Braue [¹brauə] *f* (15) ceja *f*.

brau|en [¹-ən] (25) hacer, fabricar (cerveza); ⁓**er** *m* (7) cervecero *m;* ²**e¹rei**, ²**haus** *n* cervecería *f*.

braun [braun] marrón, pardo; *Haut:* moreno; *Haar:* castaño.

Bräune [¹brɔynə] *f* (15) tez *f* morena; *(Sonnen*²*)* bronceado *m;* ²**n** (25) *Kchk.* dorar; tostar; *Haut:* broncear.

braun|gebrannt [¹braungəbrant] bronceado; ²**kohle** *f* lignito *m*.

bräunlich [¹brɔynliç] pardusco.

Brause [¹brauzə] *f* (15) ducha *f;* *(Gießkannen*²*)* roseta *f*, boca *f* de regadera; ⁓**limonade** *f* gaseosa *f;* ²**n** (27) *Wind:* soplar; *Sturm, Meer:* bramar; *Ohren:* zumbar; *sich* ⁓ ducharse; ⁓**n** *n* bramido *m;* zumbido *m;* ⁓**pulver** *n* polvos *m/pl.* efervescentes.

Braut [braut] *f* (14¹) novia *f; (Neuvermählte)* desposada *f;* ¹⁓**ausstattung** *f* equipo *m* de novia; ¹⁓**bett** *n* lecho *m* nupcial; *poet.* tálamo *m;* ¹⁓**führer** *m* padrino *m* de boda.

Bräutigam [¹brɔytigam] *m* (3¹) novio *m;* desposado *m*.

Braut|jungfer [¹brautjuŋfər] *f* doncella *f* de honor; ⁓**kleid** *n* vestido *m*

Brautkranz

de novia, traje *m* de boda; ~**kranz** *m* corona *f* nupcial; ~**leute** *pl.*, ~**paar** *n* novios *m/pl.*; desposados *m/pl.*; ~**schau** *f*: *auf* ~ *gehen* buscar novia; ~**schleier** *m* velo *m* nupcial; ~**stand** *m* noviazgo *m*; ~**werber** *m* (7) casamentero *m*; ~**werbung** *f* petición *f* de mano; ~**zeit** *f* noviazgo *m*.

brav [braːf] (*ehrenhaft*) honrado; (*artig*) bueno, formal.

bravo! ['-voː] ¡bravo!, ¡olé!; 2**ruf** *m* bravo *m*.

Bravour [braˈvuːr] *f* (14, *o. pl.*) bravura *f*; *mit* ~ con brillantez; ~**stück** *n* proeza *f*.

Brech|bohne ['brɛçboːnə] *f* judía *f* verde; *Arg.* chaucha *f*; ~**durchfall** *m* colerina *f*; ~**eisen** *n* palanqueta *f*; 2**en** (30) 1. *v/t.* romper (*a. fig. Schweigen, Blockade*); quebrar; *Flachs*: agramar; (*pflücken*) coger; *Phys.* refractar; *Widerstand*: vencer; *Wort, Vertrag*: faltar a; *Gesetz, Frieden*: violar; *die Ehe* ~ cometer adulterio; 2. *v/i.* (sn) romperse; quebrarse; *Stimme*: entrecortarse; (h.) (*er*~) vomitar; *mit j-m* ~ romper con alg.; 2**end**: ~ *voll* lleno *a* rebosar *od.* hasta los topes; ~**er** *m* (7) golpe *m* de mar; ~**mittel** *n* vomitivo *m*; ~**reiz** *m* náuseas *f/pl.*; ~**stange** *f* palanca *f*; ~**ung** *f* Phys. refracción *f*.

Brei [braɪ] *m* (3) pasta *f*; (*Kinder*2) papilla *f*; *v.* Erbsen, Kartoffeln: puré *m*; !2**ig** pastoso.

breit [braɪt] ancho; amplio; *fig.* prolijo; *drei Meter* ~ tres metros de ancho; ~**beinig** ['-baɪnɪç] abierto de piernas, esparrancado; 2**e** *f* (15) anchura *f*, ancho *m*; *Erdk.* latitud *f*; !2**engrad** *m* grado *m* de latitud; !2**enkreis** *m* paralelo *m*; ~**machen**: *sich* ~ ocupar mucho sitio; ~**schlagen** F *fig.* persuadir; ~**schultrig** ['-ʃʊltrɪç] ancho de hombros; 2**seite** *f* costado *m*; (*Salve*) andanada *f*; ~**spurig** ['-ʃpuːrɪç] de vía (*Am.* trocha) ancha; ~**treten** aplastar; *fig.* tratar prolijamente; 2**wand** *f* pantalla *f* panorámica.

Brems|backe ['brɛmsbakə] *f* mordaza *f* de freno; ~**belag** *m* forro *m* de(l) freno; ~**e** ['-zə] *f* (15) freno *m*; *Zo.* tábano *m*; 2**en** (27) frenar (*a. fig.*); ~**er** *m* (7) guardafrenos *m*; ~**klotz** ['-klɔts] *m* zapata *f*; ~**licht** *n* luz *f* de frenado; ~**pedal** *n* pedal *m* de freno; ~**spur** *f* huella *f* de frenado; ~**weg** *m* distancia *f* de frenado.

brenn|bar ['brɛnbaːr] combustible, inflamable; ~**en** (30) 1. *v/t.* quemar; *Branntwein*: destilar; *Kalk*: calcinar; *Ziegel*: cocer; *Kaffee*: tostar; 2. *v/i.* arder, quemar; *Ofen*: funcionar; *Licht*: estar encendido; *Sonne*: abrasar, picar; *⚡* escocer; *darauf* ~ *zu* (*inf.*) anhelar el momento de; *es brennt!* ¡fuego!; ~**end** ardiente; *fig. a.* palpitante; 2**er** *m* (7) destilador *m*; ⊕ mechero *m*; quemador *m*; 2**e'rei** *f* destilería; 2**holz** *n* leña *f*, 2**(n)essel** *f* ortiga *f*; 2**punkt** *m* foco *m*; *fig. a.* centro *m*; 2**spiritus** *m* alcohol *m* de quemar; 2**stab** *m Reaktor*: barra *f* combustible; 2**stoff** *m* combustible *m*; *Kfz.* carburante *m*; 2**weite** *f* distancia *f* focal.

brenzlig ['brɛntslɪç] que huele a chamusquina; *fig.* crítico.

Bresche ['brɛʃə] *f* (15) brecha *f* (*schlagen* abrir).

Brett [brɛt] *n* (1) tabla *f*; *dickes*: tablón *m*; (*Spiel*2) tablero *m*; (*Tablett*) bandeja *f*; (*Schrank*2, *Wand*2) anaquel *m*; (*Regal*) estante *m*; *Schwarzes* ~ tablón *m* de anuncios; ~**er** *pl.* (*Skier*) esquís *m/pl.*; *Thea.* tablas *f/pl.*; !~**erbude** *f* tinglado *m*; !~**erwand** *f* tabique *m*; !~**spiel** *n* juego *m* de tablero.

Brevier [breˈviːr] *n* (3¹) breviario *m*.

Brezel ['breːtsəl] *f* (15) rosquilla *f*.

brich-, ~st, ~t [brɪç(st)] *s.* brechen.

Bridge [brɪdʒ] *n uw.* bridge *m*.

Brief [briːf] *m* (3) carta *f*; (*Epistel*) epístola *f*; !~**beschwerer** *m* (7) pisapapeles *m*; !~**block** *m* bloc *m* de cartas; !~**bogen** *m* pliego *m*; hoja *f*; !~**bombe** *f* carta-bomba *f*; !~**geheimnis** *n* secreto *m* postal; !~**kasten** *m* buzón *m*; !~**kopf** *m* membrete *m*; (*Anrede*) encabezamiento *m*; !2**lich** por escrito *od.* carta; !~**mappe** *f* carpeta *f*; !~**marke** *f* sello *m* (postal), *Am.* estampilla *f*; !~**marken-anfeuchter** *m* (7) mojasellos *m*; ~**marken-automat** *m* distribuidor *m* automático de sellos; !~**markensammler** *m* filatelista *m*; !~**öffner** ['-ʔœfnər] *m* (7) abrecartas *m*, cortapapeles *m*; !~**papier** *n* papel *m* de cartas; !~**porto** *n* franqueo *m*; !~**post** *f* correo *m*; !~**schaften** ['-ʃaftən] *f/pl.* correspondencia *f*, papeles *m/pl.*; ~**schreiber(in** *f*) *m* autor(a) *m* (*f*) de una carta; ~**tasche** f cartera f; billetero m; ~**taube** f paloma f mensajera; ~**telegramm** n telegrama-carta m; ~**träger** m cartero m; ~**umschlag** m sobre m; ~**verkehr**, ~**wechsel** m correspondencia f; in ~ stehen estar en correspondencia; ~**waage** f pesacartas m; ~**wahl** f voto m por correo.

brief [bri:t] s. braten.

Brigade [bri'gɑ:də] f (15) brigada f.

Brigg [brig] f (11¹) bergantín m.

Brikett [bri'kɛt] n (3 od. 11) briqueta f.

Brillant [bril'jant] m (12), 2 adj. brillante (m).

Brille [ˈbrilə] f (15) gafas f/pl., lentes f/pl., anteojos m/pl.; ~**nfassung** f montura f; ~**ngestell** n montura f; ~**nschlange** f serpiente f de anteojos; ~**nträger** m portador m de gafas.

bringen [ˈbriŋən] (30) (her~) traer; (fort~) llevar; (begleiten) acompañar; (ein~) rendir, producir; Opfer: hacer; Glück, Unglück: traer; et. an sich ~ apropiarse (de) a/c., apoderarse de a/c.; j-n auf et. ~ sugerir a/c. a alg.; es auf 70 Jahre ~ alcanzar (od. llegar a) la edad de setenta años; fig. mit sich ~ llevar consigo, acarrear, implicar; es über sich ~ resolverse a/c.; j-n um et. ~ hacer perder a/c. a alg.; von der Stelle ~ (re)mover; es zu et. ~ abrirse camino; hacer carrera; es zu nichts ~ fracasar (en la vida); j-n zu et. ~ determinar a alg. a a/c.; zum Lachen (Schweigen, Sprechen) ~ hacer reír (callar, hablar); et. hinter sich ~ acabar, llevar a cabo a/c.; in Gefahr ~ poner en peligro; unter die Leute ~ poner en circulación.

Brisanz [bri'zants] f (16) fuerza f explosiva.

Brise [ˈbri:zə] f (15) brisa f.

Brit|e m (13), ~**in** f [ˈbritə, '-tin], 2**isch** británico (-a) m (f).

bröck(e)lig [ˈbrœk(ə)liç] quebradizo; friable; ~**eln** (29, sn) desmigajarse; desmoronarse.

Brocken [ˈbrɔkən] m (6) pedazo m, trozo m.

brodeln [ˈbro:dəln] (29) burbujear; borbot(e)ar; hervir a borbotones.

Brokat [broˈkɑ:t] m (3) brocado m.

Brom 🜍 [bro:m] m (3¹) bromo m.

Brombeer|e 🜎 [ˈbrɔmbe:rə] f (zarza)mora f; ~**strauch** m zarza f.

Bronchialkatarrh [brɔnçiˈɑ:lkatar] m, ~**itis** [-ˈçi:tis] f (16, pl. ~itiden [-çi'ti:dən]) bronquitis f; ~**ien** [-ˈçiən] f/pl. (15) bronquios m/pl.

Bronz|e [ˈbrɔ̃sə] f (15) bronce m; 2**ieren** [-ˈsi:rən] broncear.

Brosame [ˈbro:zɑ:mə] f (15) (mst pl.) miga(ja) f.

Brosch|e [ˈbrɔʃə] f (15) broche m; 2**iert** [-ˈʃi:rt] Typ. en rústica; ~**üre** [-ˈʃy:rə] f (15) folleto m.

Brot [bro:t] n (3) pan m; ~**beutel** m morral m.

Brötchen [ˈbrø:tçən] n (6) panecillo m; ~**geber** F m patrono m.

Brot|erwerb [ˈbro:tʔɛrvɛrp] m sostén m, sustento m; um des ~s willen para ganarse la vida; ~**fabrik** f panificadora f; ~**getreide** n cereales m/pl. panificables; ~**herr** m dueño m; ~**korb** m panera f; 2**los** fig. sin empleo; Kunst: improductivo; ~**neid** m envidia f profesional; ~**röster** m tostador m de pan; ~**schneidemaschine** f máquina f de cortar pan; ~**schnitte** f rebanada f (de pan); ~**zeit** sdd. f tiempo m del bocadillo; merienda f.

Bruch [brux] **a)** m (3³) rotura f; fig. ruptura f; rompimiento m; 🜊 fractura f; (Nabel2 usw.) hernia f; ⚗ quebrado m, fracción f; fig. in die Brüche gehen fracasar; **b)** m, n (3³) (Sumpf2) pantano m; ~**band** n braguero m; ~**bude** F f chabola f, cuchitril m.

brüchig [ˈbryçiç] quebradizo.

Bruch|rechnung [ˈbruxrɛçnuŋ] f cálculo m de fracciones; ~**stück** n fragmento m; ~**teil** m fracción f; ~**zahl** f número m quebrado.

Brücke [ˈbrykə] f (15) puente m (a. Zahn2); fig. alle ~n hinter sich abbrechen quemar las naves; ~**nkopf** m cabeza f de puente; ~**nwaage** f báscula f.

Bruder [ˈbru:dər] m (7¹) hermano m (a. Rel.); ~**krieg** m guerra f fratricida.

brüderlich [ˈbry:dərliç] fraternal; 2**keit** f fraternidad f.

Bruder|mord [ˈbru:dərmɔrt] m fratricidio m; ~**mörder(in** f) m, 2**mörderisch** fratricida (su.); ~**schaft** Rel. f hermandad f, cofradía f.

Brüderschaft [ˈbry:dərʃaft] f (con-) fraternidad f; ~ trinken ofrecer el tú.

Brudervolk [ˈbru:dərfɔlk] n pueblo m hermano.

Brüh|e ['bry:ə] f (15) caldo m; ~**en** (25) escaldar; hervir; ℒ'**warm**: ~e Neuigkeit noticia f fresca; ~**würfel** m cubito m de caldo.

brüllen ['brylən] **1.** v/i. (25) bramar (a. Stier); Rind: mugir; Löwe: rugir; j.: vociferar; **2.** ℒ n rugido m; mugido m.

Brumm|bär ['brumbɛːr] m fig. gruñón; ℒ**eln** [-məln] (29) barbot(e)ar; refunfuñar; ℒ**en** (25) gruñir, rezongar; (summen) zumbar; F (im Gefängnis m) estar a la sombra; in den Bart ~ hablar entre dientes; barbot(e)ar; ~**en** n gruñido m; zumbido m; ~**er** m (7) Zo. moscardón m; ℒ**ig** gruñón, regañón, rezongón.

brünett [bry'nɛt] moreno; castaño.

Brunft [brunft] f (14¹), '~**zeit** f brama f; ℒ'**en** (26) estar en celo.

Brunnen ['brunən] m (6) pozo m; (Quelle) fuente f; ℘ aguas f/pl. minerales; ~**bauer** m (7) pocero m; ~**kresse** ♀ f berro m; ~**kur** f cura f de aguas; ~**rand** m brocal m.

Brunst [brunst] f (14¹) celo m.

brünstig ['brynstiç] en celo.

brüsk [brysk] brusco; ~**ieren** desairar; ℒ'**ierung** f desaire m.

Brust [brust] f (14¹) pecho m; (Geflügel℘) pechuga f; die ~ geben dar de mamar od. el pecho; fig. sich in die ~ werfen pavonearse; '~**bein** n esternón m; '~**bild** n retrato m de medio cuerpo; '~**drüse** f glándula f mamaria.

brüsten ['brystən] (26): sich ~ pavonearse, jactarse (mit de).

Brust|fell ['brustfɛl] n pleura f; ~**fell-entzündung** f pleuresía f, pleuritis f; ~**höhle** f cavidad f torácica; ~**kasten** m, ~**korb** m tórax m; ~**krebs** m cáncer m de mama; ~**riemen** m Pferd: pretal m; ~**schwimmen** n braza f; ~**stück** n Kchk. pechuga f; ~**tasche** f bolsillo m interior; ~**umfang** m s. ~weite.

Brüstung ['brystuŋ] f parapeto m, baranda f.

Brust|warze ['brustvartsə] f pezón m; männliche: tetilla f; ~**wehr** f parapeto m; ~**weite** f perímetro m torácico.

Brut ['bru:t] f (16) cría f; Vögel: a. nidada f; (Brüten) incubación f; fig. desp. engendro m; chusma f.

brutal [bru'ta:l] brutal; ℒ**ität** [-tali-'tɛːt] f brutalidad f.

brüten ['bry:tən] **1.** v/t. u. v/i. (26) empollar, incubar; fig. meditar; **2.** ℒ n incubación f.

Brut|henne ['bru:tħɛnə] f clueca f; ~**hitze** f fig. calor m infernal; ~**kasten** m incubadora f; ~**stätte** f fig. semillero m; ℘ foco m.

brutto ['bruto] bruto (a. ℒ... in Zssgn); ℒ-**inlands-produkt** n producto m interior bruto; ℒ**registertonne** ✡ f tonelada f de registro (od. de arqueo) bruto; ℒ**sozialprodukt** n producto m nacional bruto.

Bube ['bu:bə] m (13) muchacho m, chico m; (Karte) sota f; ~**nstreich** m chiquillada f; ~**nstück** n canallada f.

Bubikopf ['-bikɔpf] m peinado m a lo chico.

Buch [bu:x] n (1³) libro m; ~ führen apuntar (über ac.); ✝ llevar la contabilidad; '~**binder** m encuadernador m; ~**binde'rei** f (taller m de) encuadernación f; '~**deckel** m tapa f; '~**druck** m imprenta f; tipografía f; '~**drucker** m impresor m, tipógrafo m; ~**drucke'rei** f (taller m de) imprenta f.

Buch|e ['bu:xə] f (15) haya f; ~**ecker** [-'ʔɛkər] f (15) hayuco m.

'**buchen** (25) ✝ (a)sentar; contabilizar; Flug, Hotel usw.: reservar.

Bücher|brett ['by:çərbrɛt] n estantería f; ~**ei** [--'rai] f biblioteca f; ~**freund** m bibliófilo m; '~**narr** m bibliómano m; ~**regal** n estantería f; librería f; ~**revisor** m revisor m de cuentas; Am. contador m público; ~**schrank** m armario m para libros; ~**wand** f librería f (mural); ~**wurm** m fig. ratón m de biblioteca.

Buch|fink ['bu:xfiŋk] Zo. m pinzón m; ~**führung** f teneduría f de libros; einfache (doppelte) ~ contabilidad f por partida simple (doble); ~**gemeinschaft** f club m del libro; ~**halter** m contable m; ~**haltung** f contabilidad f; ~**handel** m comercio m de libros; ~**händler(in** f) librero (-a) m (f); ~**handlung** f librería f; ~**hülle** f forro m; guardalibros m; ~**macher** m Sport: corredor m de apuestas; ~**messe** f feria f del libro; ~**prüfer** m revisor m de cuentas, Am. contador m público; ~**rücken** m lomo m.

Buchs|baum ♀ ['buksbaum] m (3³) boj m; ~**e** ⊕ ['-sə] f (15) casquillo m.

Büchse ['byksə] f (15) caja f; bote m; (Blech℘) lata f; (Gewehr) fusil m;

rifle m; ~nfleisch n carne f en conserva; ~nmacher m armero m; ~nmilch f leche f condensada; ~nöffner [¹-⁻ʔœfnər] m (7) abrelatas m.
Buch|stabe ['bu:xʃta:bə] m (13¹) letra f, carácter m; großer ~ mayúscula f; kleiner ~ minúscula f; 2stabieren [-[ta'bi:rən] deletrear; 2stäblich [¹-ʃtɛːplɪç] literal; adv. literalmente; al pie de la letra; ~stütze f soporte m de libros; soportalibros m.
Bucht [buxt] f (16) bahía f, ensenada f; kleine ~ abra f, cala f.
Buch|ung ['bu:xuŋ] f ⚓ asiento m; Reise usw.: reserva f; ~weizen ♀ m alforfón m, trigo m sarraceno.
Buck|el ['bukəl] m (7) joroba f, giba f, corcova f; F rutsch mir den ~ runter ¡vete al cuerno!; 2(e)lig, ~e|lige(r m) su. jorobado (-a) m (f), giboso (-a) m (f).
bück|en ['bykən] (25): sich ~ bajarse, agacharse; inclinarse; unter e-r Last: encorvarse; 2ling [¹-lɪŋ] m (3¹): a) reverencia f; b) Kchk. arenque m ahumado.
buddeln ['budəln] F (29) cavar; Kinder: jugar en la arena.
Bude ['bu:də] f (15) puesto m, caseta f; F (Zimmer) cuarto m; desp. cuartucho m.
Budget [by'dʒeː] n (11) presupuesto m.
Büfett [by'fɛ:] n (3) (Möbel) aparador m; (Schanktisch) mostrador m; kaltes ~ bu(f)fet m frío.
Büff|el ['byfəl] m (7) Zo. búfalo m; 2eln F (29) empollar; ~ler F [¹-lər] m (7) empollón m.
Bug ⚓ [bu:k] m (3³) proa f.
Bügel ['by:gəl] m (7) (Kleider2) colgador m, percha f; (Brillen2) patilla f, varilla f; (Gewehr2) guardamonte m; (Griff) asa f; ~brett n tabla f de planchar; ~eisen n plancha f; ~falte f raya f (del pantalón); 2frei no necesita plancha; ~maschine f planchadora f; 2n (29) planchar; ~n n planchado m.
buh|en ['bu:ən] (25) abuchear; 2-mann F m bu m, coco m.
Buhne ⚓ ['bu:nə] f (15) escollera f; espigón m.
Bühne ['by:nə] f (15) Thea. escenario m, escena f; fig. teatro m; ⊕ plataforma f; auf die ~ bringen poner en escena; über die ~ gehen representarse.

Bühnen|-anweisung f nota f escénica; ~arbeiter m tramoyista m; ~bearbeitung f adaptación f escénica; ~bild n escenografía f; decorado m; ~bildner [¹--biltnər] m (7) escenógrafo m; decorador m; ~dichter m autor m dramático.
Buhrufe ['bu:ru:fə] m/pl. abucheo m.
Bukett [bu'kɛt] n (3) ramillete m; Wein: gal. buqué m.
Bulette [bu'lɛtə] f (15) albóndiga f.
Bulgar|e m (13), ~in f [bul'ga:rə, -¹-rɪn], 2isch búlgaro (-a) m (f).
Bull|auge ⚓ ['bul¹augə] n portilla f; ojo m de buey; ~dogge f (15) bulldog m; ~e [¹-lə]: a) m (13) Zo. toro m; F desp. polizonte m; P bofia m; b) f (15) Rel. bula f.
Bummel ['buməl] m (7) paseíto m; e-n ~ machen dar un garbeo; ~ei [--¹laɪ] f gandulería f; (Nachlässigkeit) negligencia f, descuido m; 2ig negligente; perezoso; 2n (29) gandulear; (trödeln) remolonear; ser lento; ~ gehen irse de juerga, echar una cana al aire; durch die Straßen ~ callejear; ~streik m huelga f de celo; ~zug 🚂 m tren m botijo.
Bummler [¹-lər] m (17) vago m, gandul m; callejero m.
bumsen V [¹-zən] (27) joder.
Bund [bunt]: a) n (3³) unión f; asociación f; alianza f; liga f; (con-)federación f; (Hosen2) pretina f; b) n (3; nach Zahlen im pl. uv.) haz m; (Schlüssel) manojo m.
Bündchen ['byntçən] n (6) am Ärmel: puño m.
Bündel [¹-dəl] n (7) lío m; (Paket) envoltorio m; (Kleider2) hato m; (Banknoten) fajo m; (Stroh usw.) haz m; (Ballen) fardo m; fig. sein ~ schnüren liar el hato od. el petate; 2n (29) hacer paquetes de; atar en líos usw.
Bundes... ['bundəs...]: in Zssgn oft federal; 2deutsch germanofederal; ~ebene f: auf ~ a nivel federal; ~genosse m aliado m; ~kanzler m canciller m federal; ~lade f Rel. Arca f de la Alianza; ~liga f Sport: primera división f; ~präsident m Presidente m de la República Federal; ~rat m Consejo m Federal, in Deutschland: Bundesrat m; ~republik f República f Federal; ~staat m Estado m federal; ~tag m Parlamento m Federal, Bundestag m; ~wehr f fuerzas f/pl. armadas de la República Federal.

bündig ['byndıç] terminante, concluyente; *(knapp)* conciso.
Bündnis ['-tnıs] *n* (4¹) alianza *f*.
Bungalow ['buŋalo:] *m* (11) bungalow *m*; chalet *m*.
Bunker ['buŋkər] *m* (7) ⚓ carbonera *f*; ⚔ bunker *m* (*a. Golf*); *(Luftschutz2)* refugio *m* (antiaéreo); 2**n** ⚓ (29) tomar carbón.
bunt [bunt] en *od.* de colores; multicolor, policromo; *fig.* variopinto; abigarrado; ~*er Abend* velada *f* artística; ~ *durcheinander* sin orden ni concierto; *das wird mir zu* ~ eso pasa de castaño oscuro; ²**metall** *n* metal *m* no férreo; ²**sandstein** *m* arenisca *f* de color; ¹**scheckig** abigarrado; ¹**stift** *m* lápiz *m* de color.
Bürde ['byrdə] *f* (15) carga *f*, peso *m*.
Burg [burk] *f* (16) castillo *m*.
Bürge ['byrgə] *m* (13) fiador *m*, garante *m*; 2**n** (25) responder (*für j-n* por; *für et. de*); garantizar (*ac.*).
Bürger|(in *f*) ['byrgər(ın)] *m* (7) *(Staats2)* ciudadano (-a) *m* (*f*); *(Einwohner)* vecino (-a) *m* (*f*); habitante *su.*; *Pol.* burgués (-esa) *m* (*f*); ~**krieg** *m* guerra *f* civil; ~**kunde** *f* instrucción *f* cívica; 2**lich** civil (*a.* ⚖); cívico; *Pol.* burgués (*a.* ⚖ Küche cocina *f* casera; ~**meister** *m* alcalde *m, Am.* intendente *m*; ~**pflicht** *f* deber *m* cívico; ~**recht** *n* (derecho *m* de) ciudadanía *f*; ~**schaft** *f* vecindario *m*; ~**sinn** *m* civismo *m*; ~**steig** *m* acera *f, Am.* vereda *f*; ~**tum** *n* (1²) burguesía *f*; ~**wehr** *f* milicia *f*.
Bürgschaft ['byrkʃaft] *f* (16) fianza *f*, caución *f* (*leisten dar, prestar*); garantía *f*.
Burgunder [bur'gundər] *m* (7) *(Wein)* borgoña *m*.
burlesk [-'lɛsk] burlesco; 2**e** *f* (15) *Thea.* sainete *m*.
Burnus ['-nus] *m* (14²) albornoz *m*, chilaba *f*.
Büro [by'ro:] *n* (11) oficina *f*; despacho *m*; ~**angestellte(r)** *m* oficinista *m*; ~**artikel** *m/pl.* artículos *m/pl.* de escritorio; ~**klammer** *f* sujetapapeles *m*, clip *m*.
Bürokrat [-ro'kra:t] *m* (12) burócrata *m*; ~**ie** [--kra'ti:] *f* (15) burocracia *f*; 2**isch** [--'kra:tıʃ] burocrático.
Bursche ['burʃə] *m* (13) mozo *m*; ⚔ ordenanza *m*, asistente *m*; F tío *m*; *sauberer* ~ *iron.* buena pieza *f*; ~**schaft** *f* corporación *f* de estudiantes.
burschikos [-ʃi'ko:s] campechano; desenvuelto.
Bürste ['byrstə] *f* (15) cepillo *m*; ⚡ escobilla *f*; 2**n** (26) cepillar.
Bürzel ['-tsəl] *m* (7) rabadilla *f*; *Geflügel*: obispillo *m*.
Bus [bus] *m* (4¹) autobús *m*; *(Reise2)* autocar *m*; *(Überland2)* coche *m* de línea.
Busch [buʃ] *m* (3² u. ³) mata *f*, arbusto *m*; *(Urwald)* selva *f*; *(Haar2)* mechón *m*; *fig. auf den* ~ *klopfen* tantear el terreno.
Büschel ['byʃəl] *n* (7) mechón *m*; *Gras usw.*: manojo *m*.
Busch|hemd ['buʃhɛmt] *n* guayabera *f*; sahariana *f*; 2**ig** espeso, tupido; *Schwanz usw.*: poblado; *Gelände*: matoso; ~**messer** *n* machete *m*; ~**werk** *n* matorral *m*.
Busen ['bu:zən] *m* (6) pecho *m*; *fig. u. poet.* seno *m*; ~**freund** *m* amigo *m* íntimo.
Bussard ['busart] *m* (3) ratonero *m*.
Buße ['bu:sə] *f* (15) penitencia *f*; *(Geld2)* multa *f*.
büß|en ['by:sən] (27) expiar (*für et. a/c.*); *Rel.* hacer penitencia; *fig.* pagar; 2**er(in** *f*) *m* (7) penitente *su.*
buß|fertig ['bu:sfɛrtıç] penitente; 2**geld** *n* multa *f*; 2(**- u. Bet)tag** *m* día *m* de (oración *f*) penitencia.
Büste ['bystə] *f* (15) busto *m*; ~**nhalter** *m* sostén *m*, sujetador *m*.
Butt *Zo.* [but] *m* (3) rodaballo *m*.
Bütte ['bytə] *f* (15) tina *f*, cuba *f*; ~**npapier** *n* papel *m* de tina *od.* de mano.
Butter ['butər] *f* (15, *o. pl.*) mantequilla *f, Am.* manteca *f*; ~**blume** *f* botón *m* de oro; ~**brot** *n* pan *m* con mantequilla; bocadillo *m*, F bocata *m*; ~**brotpapier** *n* papel *m* parafinado; ~**dose** *f* mantequera *f*; ~**faß** *n* mantequera *f*; ~**milch** *f* suero *m* de manteca; 2**n** (29) mazar.
Butzenscheibe ['butsənʃaıbə] *f* (15) cristal *m* abombado y emplomado.

C

C, c [tse:] *n* C, c *f*; ♪ do *m*; **C-Dur** do *m* mayor; **c-Moll** do *m* menor.

Café [ka'fe:] *n* (11) café *m*.

camp|en ['kɛmpən] (25) acampar; hacer camping; **⁓er** *m* (7) campista *m*; **⁓ing** ['-piŋ] *n* (11, *o. pl.*) camping *m*; **⁓ingplatz** *m* (terreno *m* de) camping *m*.

Cape [ke:p] *n* (11) capa *f*.

Cell|ist [tʃɛ'list] *m* (12) violonc(h)elista *m*; **⁓o** ['-lo] *n* (11, *pl. a.* -li) violonc(h)elo *m*.

Cellophan [tsɛlo'fɑ:n] *n* (8, *o. pl.*) celofán *m*.

Celsius ['tsɛlzjus]: *Grad* ⁓ grado(s) *m*(*pl.*) centígrado(s); **⁓isch** *m* (*pl.*) químico (*m*).

Cembalo ['tʃɛmbalo] *n* (11) clave *m*, clavicémbalo *m*.

Ces ♪ [tsɛs] *n uv.* do *m* bemol.

Chagrin [ʃaˈgrɛ̃] *n* (11), **⁓leder** *n* chagrín *m*, piel *f* de zapa.

Chamäleon [kaˈmɛːleɔn] *n* (11) camaleón *m*.

Champagner [ʃamˈpanjər] *m* (7) champaña *m*, champán *m*.

Champignon [ˈ-pinjɔ̃] *m* (11) champiñón *m*.

Chance [ˈʃɑ̃sə] *f* (15) posibilidad *f*, oportunidad *f*; **⁓ngleichheit** *f* igualdad *f* de oportunidades.

Chanson(n)ette [-soˈnɛt(ə)] *f* (15) cupletista *f*.

Chaos ['kɑ:ɔs] *n uv.* caos *m*; **⁓tisch** [kaˈo:tiʃ] caótico.

Charakter [kaˈraktər] *m* (3¹; *pl.* -tere [--ˈte:rə]) carácter *m*; **⁓bild** *n* retrato *m* moral; **⁓fest** entero *m*, de carácter firme; **⁓festigkeit** *f* entereza *f*; **⁓isieren** caracterizar; **⁓istisch** característico (*für de*); **⁓los** falto de carácter; **⁓zug** *m* rasgo *m*.

charm|ant [ʃarˈmant] encantador; **⁓e** [ʃarm] *m* (11, *o. pl.*) encanto *m*; atractivo *m*.

Charta [ˈkarta] *f* (11¹) carta *f*.

Charterflug [ˈtʃartərfluːk] *m* vuelo *m* chárter; **⁓n** (29) fletar.

Chauffeur [ʃoˈføːr] *m* (3¹) conductor *m*; chófer *m*.

Chaussee [-ˈseː] *f* (15) carretera *f*; **⁓graben** *m* cuneta *f*.

Chauvin|ismus [-viˈnismus] *m* (16) patriotería *f*, gal. chauvinismo *m*; **⁓ist** [--ˈnist] *m* (12), **⁓istisch** patriotero (*m*), gal. chauvinista (*m*).

Chef [ʃɛf] *m* (11) jefe *m*; **⁓arzt** *m* médico *m* jefe; **⁓in** *f* jefa *f*; **⁓ingenieur** *m* ingeniero-jefe *m*; **⁓redakteur** *m* redactor *m* jefe; **⁓sekretärin** *f* secretaria *f* de dirección.

Chem|ie [çeˈmiː] *f* (15) química *f*; **⁓iefaser** *f* fibra *f* sintética; **⁓ikalien** [-miˈkaːljən] *f/pl.* productos *m/pl.* químicos; **⁓iker** [ˈçeːmikər] *m* (7), **⁓isch** químico (*m*).

Chicorée [ˈʃikoreː] *f* (15, *o. pl.*) achicoria *f* de Bruselas, endibia *f*.

Chiffr|e [ˈʃifər, ˈʃifrə] *f* (15) cifra *f*; **⁓e...**: *in Zssgn* en cifra, cifrado; **⁓ieren** [-ˈfriːrən] cifrar.

Chilen|e [tʃiˈleːnə] *m* (13), **⁓in** [-ˈ-nin] *f*, **⁓isch** chileno (-a) *m* (*f*).

Chines|e [çiˈneːzə] *m* (13), **⁓in** [-ˈ-zin] *f*, **⁓isch** chino (-a) *m* (*f*).

Chinin 🜨 [-ˈniːn] *n* (11, *o. pl.*) quinina *f*.

Chirurg [-ˈrurk] *m* (12) cirujano *m*; **⁓ie** [--ˈgiː] *f* cirugía *f*; **⁓isch** [-ˈ-giʃ] quirúrgico.

Chlor 🜨 [kloːr] *n* (3¹) cloro *m*; **⁓oform** [kloroˈfɔrm] *n* (11) cloroformo *m*; **⁓oforˈmieren** cloroformizar; **⁓ophyll** [-ˈfyl] *n* (11, *o. pl.*) clorofila *f*.

Choler|a 🜨 [ˈkoləra] *f uv.* cólera *m*; **⁓isch** [-ˈleːriʃ] colérico.

Cholesterin 🜨 [-lɛsteˈriːn] *n* (3¹, *o. pl.*) colesterol *m*.

Chor [koːr] *m* (3³) coro *m*; **⁓al** [koˈrɑːl] *m* (3¹ *u.* ³) cántico *m*, coral *m*; **⁓eograph** [-reoˈgraːf] *m* (12) coreógrafo *m*; **⁓eographie** [---graˈfiː] *f* (15) coreografía *f*; **⁓gestühl** *n* sillería *f*; **⁓hemd** *n* sobrepelliz *m*; **⁓ist(in** *f*) [koˈrist(in)] *m* (12), **⁓sänger(in** *f*) *m* corista *su.*; **⁓knabe** *m* niño *m* de coro.

Christ [krist] *m* (12) cristiano *m*; **⁓baum** *m* árbol *m* de Navidad; **⁓enheit** *f* cristiandad *f*; **⁓entum** *n* cristianismo *m*; **⁓fest** *n* (fiesta *f* de) Navidad *f*; **⁓ianiˈsieren** cristianizar; '~in f cristiana f; '~kind n Niño m Jesús; '²lich cristiano; '~mette f misa f del gallo; '~us ['-tus] m (uv.; gen. a. -sti, dat. -sto, ac. -stum) Cristo m, Jesucristo m.

Chrom 🔒 [kro:m] n (3¹) cromo m.
chromatisch [kro'ma:tiʃ] cromático.
Chromosom [-mo'zo:m] n (5¹) cromosoma m.
Chron|ik ['kro:nik] f (16) crónica f; ²**isch** crónico; **~ist** [kro'nist] m (12) cronista m; **~ologie** [-nolo'gi:] f cronología f; ²**ologisch** [--'lo:giʃ] cronológico; **~o'meter** n cronómetro m.
Chrysantheme [kryzan'te:mə] f (15) crisantemo m.
circa ['tsirka] s. zirka.
Cis ♩ [tsis] n uv. do m sostenido.
Claque [klak] f (15) alabarderos m/pl., claque f.
Clip [klip] m (11) clip m.
Clique ['klikə] f (15) pandilla f; camarilla f; **~nwirtschaft** f pandillaje m, nepotismo m.
Clou [klu:] m (11) atracción f principal; F plato m fuerte.
Clown [klaun] m (11) payaso m.
Cockpit ['kɔkpit] n (11) cabina f del piloto, carlinga f.
Cocktail ['-te:l] m (11) cóctel m, combinado m.

Code [ko:d] m (11) código m; clave f.
Comic ['kɔmik] m (11) cómic m.
Computer [-'pju:tər] m (7) computadora f, ordenador m (electrónico); ²**i'sieren** neol. computerizar; **~spiel** n juego m electrónico.
Conférencier [kõferã'sje:] m (11) presentador m; animador m.
Container [kɔn'te:nər] m (7) contenedor m.
Cord [kɔrt] m pana f.
Couch [kautʃ] f (14, pl. ~es) cama f turca; sofá m; diván m; '~**garnitur** f tresillo m; '~**tisch** m mesa f de centro.
Coupé [ku'pe:] n (11) Kfz. cupé m.
Couplet [-'ple:] n (11) cuplé m; ²**sängerin** f cupletista f.
Coupon [-'põ] m (11) cupón m.
Courage [-'ra:ʒə] f uv. coraje m.
Cousin [ku'zɛ̃] m (11) primo m; **~e** [-'zi:nə] f (15) prima f.
Cowboy ['kaubɔy] m (11) vaquero m.
Creme [krɛ:m] f (11¹) crema f; fig. die ~ la flor y nata; ²**farben** de color crema.
Croupier [kru'pje:] m (11) cr(o)upier m.
Cut(away) ['kat(əve:)] m (11) chaqué m.

D

D, d [de:] *n* D, d *f*; ♪ re *m*; *D-Dur* re *m* mayor; *d-Moll* re *m* menor.

da [da:] **1.** *adv.* **a)** *örtl.* (*dort*) ahí, allí, allá; (*hier*) aquí; *wer ~?* ¿quién vive?; *~ bin ich aquí estoy*; *sieh ~!* ¡vaya!; *nichts ~!* ¡nada de eso!; **b)** *zeitl.* entonces; *von ~ an* desde entonces; **2.** *cj.* (*als*) cuando; (*weil*) porque; *~ (ja) como*, puesto que, ya que; '**~behalten** retener; quedarse con.

dabei [da'baɪ] (*nahe*) cerca, junto; (*außerdem*) además; (*doch*) sin embargo; con todo eso; *~ sn zu* (*inf.*) estar a punto de; estar (*ger.*); *was ist schon ~?* ¿qué importa?; ¿y qué?; *es bleibt ~* de acuerdo; *er bleibt ~* insiste en ello; **~bleiben** seguir con; **~sein** asistir (*bei a*), estar presente (en); participar (en); *ich bin dabei!* ¡me apunto!

dableiben ['da:blaɪbən] quedarse.

Dach [dax] *n* (1²) tejado *m*; techo *m*; *unter ~ und Fach* a cubierto; *fig.* concluido; F *fig. j-m aufs ~ steigen* decir cuatro verdades a alg.; '**~boden** *m* desván *m*; **~decker** ['-dɛkər] *m* (7) tejador *m*; '**~fenster** *n* tragaluz *m*; '**~first** *m* caballete *m*; '**~garten** *m* azotea *f* jardín; '**~gepäckträger** *m Kfz.* baca *f*; '**~geschoß** *n* ático *m*; '**~kammer** *f* buhardilla *f*; '**~pappe** *f* cartón *m* piedra; '**~rinne** *f* canalón *m*.

Dachs *Zo.* [daks] *m* (4) tejón *m*; '**~bau** *m* tejonera *f*.

'**Dach|schaden** *m*: F *fig.* e-n *~ haben* estar mal de la cabeza; **~sparren** *m* cabrio *m*; '**~stuhl** *m* armadura *f*.

dachte, dächte ['daxtə, 'dɛçtə] *s.* **denken**.

Dach|traufe ['daxtraʊfə] *f* canalón *m*; **~ziegel** *m* teja *f*.

Dackel ['dakəl] *m* (7) (perro *m*) pachón *m*, *gal.* basset *m*.

dadurch [da'dʊrç, 'da:dʊrç] así, de es(t)e modo; *~, daß* debido a que.

dafür [da'fy:r, 'da:fyr] por es(t)o(r); (*Tausch*) en cambio; (*Belohnung*) en recompensa; (*Zweck*) para eso; *einräumend:* teniendo en cuenta que; *~ sn* estar a *od.* en favor de; *ich kann nichts ~* no es culpa mía.

dagegen [da'ge:gən] **1.** *adv.* contra eso; (*Vergleich*) comparado con eso; *~ sn* estar en contra; *nichts ~ haben* no tener inconveniente; **2.** *cj.* en cambio, al contrario; **~halten** cotejar, comparar (con).

daheim [-'haɪm] **1.** *adv.* en casa; **2.** *~ n* (3¹) casa *f*, hogar *m*.

daher ['da:he:r, da'he:r] **1.** *adv.* de allí; de ahí; **2.** *cj.* por eso, por lo tanto.

dahin ['da:hɪn, da'hɪn] **1.** (hacia) allí; *bis ~* hasta allí; *zeitl.* hasta entonces; **2.** (*da'hin*) (*verloren*) perdido; (*vergangen*) pasado; **~eilen** (sn) pasar corriendo; *Zeit:* huir; **~gestellt** [-'-gəʃtɛlt]: *~ sn lassen* dejar en suspenso; **~leben** vegetar; **~raffen** llevar a la tumba; segar (la vida); **~schwinden** (sn) desvanecerse; **~siechen** [-'-zi:çən] (25, sn) languidecer; **~stehen** quedar por ver.

da'hinten allí detrás.

da'hinter detrás; **~kommen** descubrir el secreto; (*verstehen*) caer (en la cuenta); **~stecken**: *da steckt et. dahinter* aquí hay gato encerrado.

Dahlie ['da:ljə] *f* (15) dalia *f*.

da|lassen ['da:lasən] dejar; **~liegen** estar tendido.

damallig ['ma:lɪç] de entonces; *~s* (en aquel) entonces; a la sazón.

Damast [da'mast] *m* (3²) damasco *m*.

Dame ['da:mə] *f* (15) señora *f*; dama *f*; *beim Tanz:* pareja *f*; (*Schach*) reina *f*; (*Brettspiel*) dama *f*; (*Spielkarte*) caballo *m*; *junge ~* señorita *f*; *~ spielen* jugar a las damas.

'**Damen|binde** *f* compresa *f*; **~doppel** (**~einzel**) *n Tennis:* doble *m* (individual *m*) femenino; **~friseur** *m* peluquero *m* para señoras; **~mode** *f* moda *f* femenina; **~schneider(in** *f*) *m* modisto (-a) *m* (*f*).

'**Dame|spiel** *n* (juego *m* de) damas *f*/*pl.*; **~stein** *m* ficha *f*.

Damhirsch ['damhɪrʃ] *m* (3²) gamo *m*.

damit [da'mɪt] **1.** *adv.* (*a.* 'da:mɪt) con eso, con ello; **2.** *cj.* para que, a fin de que (*subj.*).

dämlich F ['dɛːmlɪç] imbécil; tonto.

Damm [dam] m (3³) dique m; (Hafen2) muelle m; (Erd2) terraplén m; Anat. perineo m; fig. auf dem ~ sn sentirse bien; '~bruch m rotura f de dique.

dämmer|ig ['dɛməriç] crepuscular; 2licht n penumbra f; media luz f; ~n (29) morgens: alborear, amanecer; abends: atardecer; fig. es ~ mir empiezo a ver claro; 2stunde f hora f crepuscular; 2ung f crepúsculo m; in der ~ entre dos luces; 2zustand ૐ m estado m crepuscular.

Damoklesschwert ['daːmɔklɛsʃveːrt] n espada f de Damocles.

Dämon ['dɛːmɔn] m (8¹) demonio m; 2isch ['dɛˈmoːniʃ] demoníaco.

Dampf [dampf] m (3³) vapor m; (Rauch) humo m; (Dunst) vaho m; ~...: in Zssgn de vapor; '~druck m presión f del vapor; '2en (25) humear, echar humo.

dämpfen ['dɛmpfən] (25) Stimme: bajar; ⊕ amortiguar (a. Stoß, Schall usw.); Kchk. estofar; rehogar; fig. reprimir; mit gedämpfter Stimme a media voz.

Dampfer ['dampfər] m (7) vapor m.

Dämpfer ['dɛmpfər] m (7) ⊕ amortiguador m; ♪ sordina f; Klavier: apagador m; fig. j-m e-n ~ aufsetzen bajar los humos a alg.

Dampf|kessel ['dampfkɛsəl] m caldera f; generador m de vapor; ~kochtopf m olla f exprés de vapor; ~kraft f fuerza f de(l) vapor; ~maschine f máquina f de vapor; ~schiff n vapor m; ~schiffahrt f navegación f a vapor.

Dämpfung ['dɛmpfuŋ] f amortiguación f; a. fig. amortiguamiento m.

Dampfwalze ['dampfvaltsə] f apisonadora f.

danach [daˈnaːx, ˈdaːnaːx] zeitl. después (de esto), luego; (demnach) según ello; iron. ~ sieht er aus! ¡tiene cara de eso!

Däne ['dɛːnə] m (13) danés m.

daneben [daˈneːbən] junto, cerca, al lado; (außerdem) además; ~gehen (sn) F fracasar, fallar; ~hauen errar el golpe; fig. desacertar.

Dän|in ['dɛːnin] f danesa f; 2isch danés.

Dank [daŋk] 1. m (3) gracias f/pl.; agradecimiento m; ~ sagen für dar las gracias por; zum ~ für en agradecimiento por; vielen ~! ¡muchas gracias!; 2. 2 prp. (dat. od. gen.) gracias a, merced a; '2bar agradecido; ich wäre Ihnen ~, wenn ... le agradecería que (subj.); '~barkeit f gratitud f, agradecimiento m; '2en (25) v/i.: j-m für et. ~ dar las gracias a alg. por a/c., agradecer a/c. a alg.; danke (sehr)! ¡(muchas) gracias!; 2. v/t. (ver~) deber; '2enswert digno de agradecimiento; '~gottesdienst m acción f de gracias; ~sagung ['-tsaːguŋ] f agradecimiento m; '~schreiben n carta f de gracias.

dann [dan] luego, después; (daraufhin) entonces; (außerdem) además; ~ und wann de cuando (od. vez) en cuando.

daran [daˈran, ˈdaːran] en ello; dicht (od. nahe) ~ muy cerca; nahe ~ sn (inf.) estar a punto de (inf.); ich bin dran es mi turno, me toca a mí; gut (übel) ~ sn estar en una buena (mala) situación; es ist et. ~ hay algo en ello; ~gehen (sn), sich ~machen a; poner manos a la obra; ~kommen ser atendido; ich komme dran me toca a mí; ~setzen arriesgar; alles ~ hacer todo lo posible.

darauf [daˈrauf, ˈdaːrauf] 1. zeitl. después (de esto), luego; ein Jahr ~ un año después; am Tage ~ al día siguiente; 2. örtl. encima, en ello, sobre ello; ~hin [¹--ˈhin] a lo cual, en vista de ello; entonces.

daraus [daˈraus, ˈdaːraus] de ahí, de eso; ich mache mir nichts ~ no me importa bzw. interesa.

darben ['darbən] (25) sufrir privaciones bzw. hambre.

darbiet|en ['daːrbiːtən] ofrecer, brindar, presentar; 2ung f/pl. programa m.

'darbringen ofrecer.

darein [daˈraɪn] en eso, en ello; ~finden, ~fügen: sich ~ resignarse; ~reden meterse en la conversación; j-m: interrumpir.

darf(st) [darf(st)] s. dürfen.

darin [daˈrin, ˈdaːrin] en eso, en ello; fig. en este punto.

darleg|en ['daːrleːgən] exponer, explicar; 2ung f explicación f, exposición f.

Darlehen ['-leːən] n (6) préstamo m, ~geber m prestamista m; ~kasse f caja f de préstamos; ~nehmer m prestatario m.

Darm [darm] *m* (3³) intestino *m*, tripa *f*; ‿...: *in Zssgn* intestinal; '‿**katarrh** *m* enteritis *f*; '‿**saite** ♪ *f* cuerda *f* de tripa; '‿**verschlingung** ⚕ *f* vólvulo *m*; '‿**verschluß** ⚕ *m* oclusión *f* intestinal, íleo *m*.

Darre ['darə] *f* (15) secadero *m*.

darreichen ['da:r'raıçən] presentar, ofrecer.

darstell|en ['-ʃtɛlən] representar; *Thea. a.* interpretar; *(beschreiben)* describir; 2**er(in** *f*) *m* Thea. actor *m* (actriz *f*), intérprete *su.*; 2**ung** *f* representación *f*; *Thea. a.* interpretación *f*; *(Beschreibung)* descripción *f*.

dartun ['-tu:n] poner en evidencia, demostrar.

darüber [da'ry:bər, 'da:ry:bər] sobre eso; *örtl.* encima; *zeitl.* con eso, mientras tanto; *(deswegen)* por eso; *und et.* ‿ y algo más, F y pico; ‿ *hinaus* más allá; *fig.* además.

darum [da'rum, 'da:rum] *cj. (Grund)* por es(t)o.

darunter [da'runtər] *(por)* debajo; *(weiter unten)* más abajo; *(dazwischen)* entre ellos; *und* ‿ y menos.

das [das] es(t)o, ello, aquello; ‿ *alles* todo es(t)o; ‿, was lo que.

dasein ['da:zaın] **1.** *v/i.* (sn) estar presente, haber venido; *(vorhanden sn)* existir; *noch nie dagewesen* nunca visto; **2.** 2 *n* existencia *f*, ser *m*; *Kampf ums* ‿ lucha *f* por la vida; 2**sberechtigung** *f* razón *f* de ser.

dasitzen ['-zıtsən] estar sentado.

dasjenige ['dasjə:nıgə] *s.* derjenige.

daß [das] que; *so* ‿ de modo que.

dasselbe [-'zɛlbə] *s.* derselbe.

dastehen ['da:ʃte:ən] estar (allí); *fig. gut* ‿ quedar bien.

Datei [-'taı] *f* archivo *m*.

Daten ['-tən] *pl.* datos *m/pl.*; ‿**bank** *f* banco *m* de datos; ‿**schutz** *m* protección *f* de datos; ‿**verarbeitung** *f* proceso *m (od.* tratamiento *m)* de datos *(elektronische* electrónico).

datieren [da'ti:rən] fechar; datar *(von* de).

Dativ ['da:ti:f] *m* (3¹) dativo *m*; ‿**objekt** *n* complemento *m* indirecto.

Dattel ['datəl] *f* (15) dátil *m*; ‿**palme** *f* palmera *f* datilera.

Datum ['da:tum] *n* (9²) fecha *f*; ‿**(s)stempel** *m* fechador *m*.

Daube ['daubə] *f* (15) duela *f*.

Dauer ['-ər] *f* (15) duración *f*; *(Fort*2*) continuidad *f*; *von langer (kurzer)* ‿ *sn* durar mucho (poco); *auf die* ‿ a la larga; ‿...: *in Zssgn* estable, *(ständig)* permanente; 2**haft** duradero; *Stoff:* resistente; ‿**haftigkeit** *f* estabilidad *f*; resistencia *f*; ‿**karte** *f* abono *m*; pase *m*; ‿**lauf** *m* carrera *f* gimnástica; 2**n** (29): **a)** durar; *lange* ‿ tardar mucho; **b)** *(leid tun)* dar pena *od.* lástima *f*, 2**nd** continuo, permanente; ‿**welle** *f* permanente *f*; ‿**wurst** *f* salchichón *m* ahumado; ‿**zustand** *m* estado *m* permanente.

Daumen ['-mən] *m* (6) pulgar *m*; *fig. j-m den* ‿ *halten* desear suerte a alg.; hacer votos por alg.; *über den* ‿ *gepeilt* a ojo (de buen cubero).

Däumling ['dɔymlıŋ] *m* (3¹) dedil *m*; *(Märchen)* Pulgarcito *m*.

Daune ['daunə] *f* (15) plumón *m*, ‿**nbett** *n*, ‿**ndecke** *f* edredón *m*.

davon [da'fɔn] de ello, de esto; *was habe ich* ‿ *f* ¿de qué me sirve eso?; ‿**eilen** (sn) irse a toda prisa; ‿**fliegen** (sn) echar a volar; ‿**kommen** (sn) escapar; *mit dem Leben* ‿ salir con vida; *wir sind noch einmal davongekommen* de buena nos hemos librado; ‿**laufen** (sn) echar a correr, huir; ‿**machen:** F *sich* ‿ largarse; ‿**schleichen:** *sich* ‿ escurrirse; ‿**tragen** llevarse; *(erlangen)* ganar; *den Sieg* ‿ salir vencedor.

davor [-'fo:r] delante (de); *fig.* de ello, de eso.

dazu [-'tsu:] a es(t)o; *(Zweck)* para esto, con este fin; *(noch)* ‿ además; *nicht* ‿ *kommen* no tener tiempo (para ello); ‿**gehören** formar parte de; ‿**gehörig** correspondiente, respectivo; ‿**kommen** (sn) llegar (en el momento); *et.:* sobrevenir; *(noch)* ‿ añadirse; ‿**tun** añadir.

dazwischen [-'tsvıʃən] entre *(od.* en medio de) ellos *bzw.* esto; de por medio; ‿**kommen** (sn) intervenir; *et.:* sobrevenir; ‿**liegend** intermedio; ‿**reden** *j-m:* interrumpir; ‿**treten 1.** *v/i.* (sn) interponerse; intervenir; **2.** 2 *n* intervención *f*.

Debatt|e [de'batə] *f* (15) debate *m*, discusión *f*; *zur* ‿ *stellen* plantear; 2**ieren** [--'ti:rən] debatir, discutir.

Debet ♥ ['de.bɛt] *n* (11) debe *m*; ‿**saldo** *m* saldo *m* deudor.

Debüt [de'by:] *n* (11) debut *m*; ‿**ant (-in** *f*) [-by'tant(ın)] *m* (12) debutante *su.*; 2**ieren** [--'ti:rən] debutar.

dechiffrieren [-ʃi'fri:rən] descifrar.

Deck ⚓ [dɛk] n (11) cubierta f (*auf en od. sobre*); ∼**adresse** f dirección f fingida; '∼**bett** n edredón m; (*Decke*) colcha f; '∼**blatt** n (*Zigarren*) capa f.

Decke ['dɛkə] f (15) cubierta f; *wollene*: manta f; (*Bett*2) colcha f; (*Tisch*2) mantel m; (*Zimmer*2) techo m; (*Schicht*) capa f; *fig. unter e-r* ∼ *stecken* hacer causa común.

Deckel ['-kəl] m (7) tapa f, tapadera f, F *fig. j-m eins auf den* ∼ *geben* echar una bronca a alg.

decken ['-kən] (25) cubrir (*a.* ✞, ⚔, Zo.); *Sport:* marcar; *sich* ∼ corresponderse, coincidir; ⚕ ser congruente.

'**Deckenlampe** f lámpara f de techo, *gal.* plafón m.

'**Deck**|**farbe** f pintura f opaca; ∼**glas** n cubreobjetos m; ∼**mantel** m fig. pretexto m; tapadera f; *unter dem* ∼ (*gen.*) so (*od.* bajo) capa de; ∼**name** m nombre m de guerra; seudónimo m; ∼**ung** f ✝ cobertura f; provisión f de fondos; *Sport:* marcaje m; (*Schutz*) abrigo m; ⚔ ∼ *nehmen*, *in* ∼ *gehen* ponerse a cubierto (*vor dat.* de).

Decoder [di'koudər] m (7) *TV* decodificador m.

defekt [de'fɛkt] **1.** *adj.* defectuoso; (*beschädigt*) deteriorado; **2.** ♀ m (3) defecto m; desperfecto m.

defensiv [-fɛn'ziːf] defensivo; ♀**e** [--'ziːvə] f (15) defensiva f.

defin|**ieren** [-fi'niːrən] definir; ♀**ition** [--ni'tsjoːn] f definición f; ∼**itiv** [---'tiːf] definitivo.

Defizit ['deːfitsit] n (3) déficit m.

Deflation [defla'tsjoːn] f deflación f.

Degen ['deːgən] m (6) espada f; ∼**stoß** m estocada f.

degradier|**en** [degra'diːrən] degradar; ♀**ung** f degradación f.

dehn|**bar** ['deːnbaːr] dilatable, extensible; elástico; *fig.* flexible; ∼**en** (25) dilatar, extender; *a.* ♪ alargar; ♀**ung** f dilatación f, extensión f.

Deich [daiç] m (3) dique m.

Deichsel ['daiksəl] f (15) pértigo m, lanza f; ♀**n** F (29) arreglar.

dein [dain] (20) tu; ∼**erseits** ['-nərzaits] por tu parte; ∼**esgleichen** ['-nəs'glaiçən] tu(*s*) igual(*es*); ∼**ethalben** ['-nəthalbən], ∼**etwegen**, (*um*) ∼**etwillen** por ti; (*negativ*) por tu culpa; ∼**ige** ['-igə] (18b): *der* ∼ (el) tuyo.

Dekade [de'kɑːdə] f (15) década f.

dekaden|**t** [-ka'dɛnt] decadente; ♀**z** [--'dɛnts] f (16) decadencia f.

Dekan [-'kɑːn] m (3¹) decano m.

deklamieren [-kla'miːrən] declamar; recitar.

Dekli|**nation** [-klinɑ'tsjoːn] f declinación f; ♀**nieren** declinar.

Dekolle|**té** [-kɔl'teː] n (11) escote m; ♀**tiert** [--'tiːrt] escotado.

Dekor|**ateur** [korɑ'tøːr] m (3¹) decorador m; ∼**ation** [---'tsjoːn] f decoración f; *Thea.* decorado m; ∼**ati'onsmaler** m pintor m decorador; ∼**ati'onsstoff** m tapicería f; ♀**ativ** [---'tiːf] decorativo; ♀**ieren** decorar.

Dekret [-'kreːt] n (3) decreto m.

Dele|**gation** [-lega'tsjoːn] f delegación f; ♀**gieren** delegar; ∼'**gierte(r)** m delegado m.

delikat [-li'kɑːt] delicado (*a. fig.*); *Speise:* exquisito; rico; ♀**esse** [--kɑ-'tɛsə] f (15) delicadeza f; (*Speise*) manjar m *od.* plato m exquisito; ♀'**essengeschäft** n tienda f de comestibles finos.

Delikt [-'likt] n (3) delito m.

Delinquent [-liŋ'kvɛnt] m (12) delincuente m.

Delphin [dɛl'fiːn] m (3¹) delfín m.

Delta ['-ta] n (11[¹]) delta m.

dem [deːm] *s. der*.

Demagog|**e** [demɑ'goːgə] m (13) demagogo m; ♀**isch** demagógico.

demaskieren [-mas'kiːrən] desenmascarar; quitar la máscara a (*a. fig.*).

Demen|**ti** [-'mɛnti] n (11) mentís m; ♀**tieren** desmentir.

dem|**entsprechend** ['deːm°ɛnt'ʃprɛ-çənt], '∼**gemäß** conforme a eso; en consecuencia; ∼**nach** según eso; por consiguiente; ∼'**nächst** dentro de poco; próximamente.

demobilisier|**en** [demobili'tsiːrən] desmovilizar; ♀**ung** f desmovilización f.

Demokrat [--'krɑːt] m (12) demócrata m; ∼**ie** [--krɑ'tiː] f (15) democracia f; ♀**isch** [--'krɑːtiʃ] democrático; (*Person*) demócrata f; ♀**isieren** [--krɑti'ziːrən] democratizar.

demolier|**en** [--'liːrən] demoler; ♀**ung** f demolición f.

Demonstr|**ant** [-mɔn'ʃtrant] m (12) manifestante m; ∼**ation** [--strɑ-'tsjoːn] f demostración f; *Pol.* manifestación f; ♀**ativ** [---'tiːf] demons-

trativo (*a. Gram.*); ²'**ieren** demostrar; *Pol.* manifestarse.
Demont|age [--'tɑ:ʒə] *f* (15) desmontaje *m*; ²'**ieren** desmontar.
demoralisieren [-morali'zi:rən] desmoralizar.
Demut ['de:mu:t] *f* (16) humildad *f*.
demütig ['-my:tiç] humilde; **~en** ['---gən] (25) humillar; ²**ung** *f* humillación *f*.
demzufolge ['de:mtsu'fɔlgə] según eso, por consiguiente.
den, denen ['de:n(ən)] *s. der.*
denaturieren [denatu'ri:rən] desnaturalizar.
Denk|art ['dɛŋkʔɑ:rt] *f* modo *m* de pensar, mentalidad *f*; ²**bar** imaginable; ²**en** (30) pensar (*an ac.* en); (*sich erinnern*) acordarse (*an ac.* de); *sich et.* ~ figurarse, imaginarse; *ich denke nicht daran!* ¡ni pensarlo!; *~ Sie nur!* ¡imagínese!; F *das hast du dir gedacht!* F ¡narices!; ¡tu padre!; **~er** *m* (7) pensador *m*; **~mal** *n* (1^2 *u.* 3) monumento *m*; **~schrift** *f* memoria *f*; **~spruch** *m* sentencia *f*; **~weise** *f* modo *m* de pensar; ²**würdig** memorable; **~würdigkeit** *f* hecho *m* memorable; **~zettel** *m fig.* lección *f*.
denn [dɛn] pues, porque; *nach comp.*: que; *es sei ~, daß* a no ser que (*subj.*); *mehr ~ je* más que nunca.
dennoch ['-nɔx] sin embargo, no obstante, a pesar de todo.
Denunz|iant [denun'tsjant] *m* (12) delator *m*, denunciante *m*; ²'**ieren** delatar, denunciar.
Deodorant [-odo'rant] *n* (3^1 *od.* 11) desodorante *m*.
Depesch|e [-'pɛʃə] *f* (15) telegrama *m*; *diplomatische*: despacho *m*; ²'**ieren** telegrafiar.
deplaziert [-pla'tsi:rt] desplazado; fuera de lugar.
deponieren ⚕ [-po'ni:rən] depositar.
deportieren [-pɔr'ti:rən] deportar.
Depositen ⚕ [-po'zi:tən] *pl.* (9) depósitos *m/pl.*; **~bank** *f* banco *m* de depósitos.
Depot [-'po:] *n* (11) depósito *m*.
Depres|sion [-prɛ'sjo:n] *f* depresión *f* (*a.* ⚕); ²**siv** [--'si:f] depresivo.
deprimieren [-pri'mi:rən] deprimir; **~d** deprimente.
Deput|at [-pu'tɑ:t] *n* (3) remuneración *f* en especie; **~ation** [--ta'tsjo:n] *f* diputación *f*; **~ierte(r)** [--'ti:rtə(r)] *m* diputado *m*.

der, die, das [de:r, di:, das] **1.** (22) *art.* el, la, lo; **2.** (23[1]) *pron. rel.* que, quien; el (la) que, el (la) cual.
derart ['de:rʔɑ:rt] de tal modo *od.* manera; *s. a. dermaßen*; **~ig** tal, semejante.
derb [dɛrp] (*kräftig*) fuerte; sólido; *Stoff*: resistente; (*grob*) rudo, grosero; '²**heit** *f* solidez *f*; rudeza *f*, grosería *f*.
dereinst [de:r'ʔaɪnst] un día.
deren ['-rən] cuyo (-a); del cual, de la cual.
derent|halben ['--thalbən], **~wegen,** (*um*) **~willen** por ellos; por los (la, las) que.
'**dergestalt** de tal modo.
der'gleichen tal, semejante; *und ~ mehr* y otras cosas por el estilo.
der-, die-, dasjenige ['de:r-, 'di:-, 'dasje:nigə] (22^1) el, la, lo que.
dermaßen ['-mɑ:sən] tanto; *vor adj. u. adv.*: tan.
der-, die-, dasselbe [de:r-, di:-, das'zɛlbə] (22^1) el mismo, la misma, lo mismo (*wie* que).
derzeitig ['de:rtsaɪtiç] actual.
Des ♪ [dɛs] *n uv.* re *m* bemol.
Desert|eur [dezɛr'tø:r] *m* (3^1) desertor *m*; ²'**ieren** desertar.
des|gleichen [dɛs'glaɪçən] igualmente, asimismo; '**~halb** por eso.
Design [di'zaɪn] *n* (11) diseño *m*; **~er** *m* (7) diseñador *m*.
Desinfektion [dɛsʔinfɛk'tsjo:n] *f* desinfección *f*; **~smittel** *n* desinfectante *m*.
desinfizieren [-ʔinfi'tsi:rən] desinfectar.
Despot [-'po:t] *m* (12) déspota *m*; ²**isch** despótico; **~ismus** [-po'tismus] *m* (16, *o. pl.*) despotismo *m*.
dessen ['dɛsən] *s. deren*; **~'ungeachtet** no obstante.
Dessert [dɛ'sɛ:r] *n* (11) postre *m*; **~...:** *in Zssgn* de postre.
Destill|ation [dɛstila'tsjo:n] *f* destilación *f*; ²**ieren** [--'li:rən] destilar; **~'ierkolben** *m* alambique *m*.
desto ['-to] tanto; *~ besser!* ¡(tanto) mejor!; *je ..., ~ ...* cuanto ... tanto ...
deswegen ['-ve:gən] por eso.
Detail [de'taj] *n* (11) detalle *m*, pormenor *m*; *ins ~ gehen* entrar en detalles; **~handel** *m* comercio *m* al por menor; ²**liert** [--'ji:rt] detallado.
Detek|tei [-tɛk'taɪ] *f* agencia *f* de

Detektiv 642

detectives; **~tiv** [--'ti:f] *m* (3¹) detective *m*.
Detektor [-'-tɔr] *m* (8¹) detector *m*.
Deto|nation [-tona'tsjo:n] *f* detonación *f*; **~nationswelle** *f* onda *f* expansiva; **²nieren** detonar.
deut|eln ['dɔytəln] (29) sutilizar (*an dat.* sobre); **~en** (26) **1.** *v/t.* interpretar; **2.** *v/i.*: **~** *auf* (*ac.*) indicar, señalar (con el dedo); **~lich** distinto, claro; **²lichkeit** *f* claridad *f*.
deutsch [dɔytʃ] alemán (*auf* en); *fig.* **~** *mit j-m reden* hablar a alg. sin rodeos; **²e** *f* alemana *f*; **²e(r)** *m* alemán *m*; **~feindlich** antialemán, germanófobo; **~freundlich** germanófilo; **'~spanisch** hispano-alemán; **²tum** *n* nacionalidad *f* alemana; carácter *m* alemán.
Deutung ['-tuŋ] *f* interpretación *f*.
Devisen [de'vi:zən] *pl.* (15) divisas *f/pl.*; **~bewirtschaftung** *f* control *m* de divisas; **~schiebung** *f* tráfico *m* (ilegal) de divisas.
devot [-'vo:t] sumiso.
Dezember [-'tsɛmbər] *m* (7) diciembre *m*.
dezent [-'tsɛnt] decente; discreto.
dezentralisieren ['--trali'zi:rən] descentralizar.
Dezernat [-tsɛr'nɑ:t] *n* (3) negociado *m*; departamento *m*.
Dezi|mal... [-tsi'mɑ:l]: *in Zssgn* decimal; **~'meter** *m, n* decímetro *m*; **²mieren** diezmar.
Diabet|es ⚕ [dia'be:tɛs] *m* diabetes *f*; **~iker** [--'-tikər] *m* (7) diabético *m*.
Diadem [--'de:m] *n* (3¹) diadema *f*.
Diagnose [--'gno:sə] *f* (15) diagnóstico *m*.
diagonal, **²e** *f* [--go'nɑ:l(ə)] (15) diagonal (*f*).
Diagramm [--'gram] *n* (3) diagrama *m*.
Diakon [--'ko:n] *m* (3¹ *u.* 12) diácono *m*; **~issin** [--ko'nisin] *f* diaconisa *f*.
Dialekt [--'lɛkt] *m* (3) dialecto *m*.
Dialog [--'lo:k] *m* (3) diálogo *m*.
Dialyse ⚕ [--'ly:zə] *f* (15) diálisis *f*.
Diamant [--'mant] *m* (12) diamante *m*; **²en** diamantino.
Diapositiv [--pozi'ti:f] *n* (3¹) diapositiva *f*.
Diät [di'ɛ:t] *f* (16) dieta *f*, régimen *m* (*halten* observar); **²** *adv.*: **~** *leben* estar a dieta; **~en** *pl.* dietas *f/pl.*
dich [diç] te, a ti.
dicht [diçt] denso; compacto, apretado; *Gebüsch, Haar, Gewebe*: tupido, espeso; (*undurchlässig*) impermeable; hermético; **~** *bei*, **~** *an* (muy) cerca de; **'²e** *f* (15) densidad *f*; espesor *m*; **'~en** (26) **a)** componer; *v/i.* hacer versos; **b)** ⊕ impermeabilizar; **'²er** *m* (7) poeta *m*; **'²erin** *f* poetisa *f*; **'~erisch** poético; **'²erlesung** *f* recital *m* de poemas; **'²erling** ['--liŋ] *m* (3) poetastro *m*; **'~halten** F callarse; guardar un secreto; **'²kunst** *f* poesía *f*; **'²ung** *f* poesía *f*; ⊕ junta *f*.
dick [dik] grueso; (*beleibt*) *a.* gordo, obeso; (*geschwollen*) hinchado; *Flüssigkeit*: espeso; *Milch*: cuajado; **~** *werden* cuajarse; (*Person*) engordar; **~e** *Freunde* íntimos amigos *m/pl.*; F et. **~** *haben* estar harto de a/c.; **~bäuchig** ['-bɔyçiç] ventrudo, panzudo; **'²e~darm** *m* intestino *m* grueso; **'²e** *f* (15) grueso *m*, espesor *m*; (*Person*) gordura *f*, obesidad *f*; **~fellig** ['-fɛliç] remolón; F cachazudo; **~flüssig** espeso; viscoso; **²häuter** ['-hɔytər] *m* (7) paquidermo *m*; **²icht** ['-içt] *n* (3) espesura *f*, matorral *m*; **'²kopf** *m*, **²köpfig** ['-kœpfiç] cabezudo (*m*), cabezón (*m*), testarudo (*m*); **~leibig** ['-laɪbiç] obeso; **'²leibigkeit** *f* obesidad *f*; **'²wanst** F *m* barrigón *m*.
die [di:] *s. der.*
Dieb [di:p] *m* (3) ladrón *m*; **~esbande** ['-bəsbandə] *f* cuadrilla *f* de ladrones; **~in** ['-bin] *f* ladrona *f*; **'²isch** ladrón; *fig.* **e-e** **~e** *Freude haben* frotarse las manos; **~stahl** ['di:pʃta:l] *m* (3³) robo *m*, hurto *m*; **'~stahlschutz** *m* (protección *f*) antirrobo *m*; **'~stahlversicherung** *f* seguro *m* contra el robo.
diejenige ['di:je:nigə] *s. derjenige.*
Diel|e ['-lə] *f* (15) (*Brett*) tabla *f*; (*Vorraum*) vestíbulo *m*, zaguán *m*; **²en** (25) entarimar.
dien|en [-nən] (25) servir (*als de*; *zu* para); *womit kann ich* **~?** ¿en qué puedo servirle?, ¿qué se le ofrece?; **²er** *m* (7) criado *m*; sirviente *m*; *a. fig.* servidor *m*; (*Verbeugung*) reverencia *f*; **²erin** *f* criada *f*, sirvienta *f*; **²erschaft** *f* servidumbre *f*; **~lich** útil, provechoso (*dat.* para).
Dienst [di:nst] *m* (3²) servicio *m*; *außer* **~** (*Abk. a.D.*) jubilado, ✕ retirado; **~** *haben* estar de servicio *od.* de guardia; *j-m e-n* (*schlechten*) **~** *erweisen* hacer un favor (un flaco

Disharmonie

servicio) a alg.; *j-m zu ~en stehen* estar a la disposición de alg.
Dienstag ['di:ta:k] *m* (3) martes *m*.
Dienst|alter ['di:nst⁹altər] *n* antigüedad *f*; ⁀**ältest** más antiguo; ~**antritt** *m* entrada *f* en funciones; toma *f* de posesión; ~**anweisung** *f* reglamento *m*; ⁀**bar** servicial; ⁀**beflissen** asiduo; ⁀**bereit** solícito; *(Apotheke)* de guardia; ⁀**bote** *m* criado *m*; *pl. a.* servidumbre *f*, servicio *m*; ~**eifer** *m* oficiosidad *f*; ⁀**eifrig** oficioso, solícito; ⁀**frei** libre (de servicio); ~**grad** ⚔ *m* grado *m*; ⁀**habend** de servicio, de guardia; ⁀**leistung** *f* (prestación *f* de) servicio *m*; ⁀**lich** oficial, de oficio; ~**mädchen** *n* criada *f*, *Arg.* mucama *f*; ~**mann** *m* mozo *m* de cuerda; ~**ordnung** *f* reglamento *m*; ~**personal** *n* servicio *m*; ~**reise** *f* viaje *m* oficial; ~**sache** *f* asunto *m* oficial; ~**stelle** *f* delegación *f*, negociado *m*, departamento *m*; ⁀**stunden** *f/pl.* horas *f/pl.* de servicio; ⁀**tauglich** apto para el servicio; ⁀**tuend** ['-tu:ənt] de servicio, de guardia; ⁀**-untauglich**, ⁀**untauglich** inútil para el servicio; ~**vorschrift** *f* reglamento *m* (de servicio); ~**wagen** *m* coche *m* oficial; ~**waffe** *f* arma *f* reglamentaria; ~**weg** *m* vía *f od.* trámite *m* oficial; ⁀**willig** servicial; ~**wohnung** *f* domicilio *m* de servicio; ~**zeit** *f* horas *f/pl.* de oficina; ⚔ años *m/pl.* de servicio.
dies [di:s] *s. dieser;* ⁀**bezüglich** correspondiente; pertinente; *adv.* (con) respecto a es(t)o.
Diesel|motor ['di:zəlmo:tɔr] *m* (motor *m*) diesel *m*; ~**öl** *n* gasoil *m*, gasóleo *m*.
dieser, diese, die(se)s ['di:zər, '-zə, '-(zə)s] (21) este, -a, -o; *su.* éste, -a; ese, -a, -o; su. ése, -a.
diesig ['di:ziç] calinoso; brumoso.
dies|jährig ['di:sjɛ:riç] de este año; ~**mal(ig)** ['-ma:l(iç)] (de) esta vez; ~**seitig** ['-zaitiç], ~**seits** ['-ts] de este lado.
Dietrich ['di:triç] *m* (3) ganzúa *f*.
Differential... [difərɛn'tsja:l]: *in Zssgn* diferencial; ~**(getriebe)** *n* diferencial *m*.
Differenz [--'rɛnts] *f* (16) diferencia *f* (*a. Streit*); ⁀**ieren** [---'tsi:rən] diferenciar.
differieren [--'ri:rən] diferir.
Digital... [-gi'ta:l]: *in Zssgn* digital.
Diktat [dik'ta:t] *n* (3) dictado *m* (*nach al*); ~**or** [-'-tɔr] *m* (8¹) dictador *m*; ⁀**orisch** [-ta'to:riʃ] dictatorial; ~**ur** [--'tu:r] *f* (16) dictadura *f*.
diktier|en [-'ti:rən] dictar; ⁀**gerät** *n* dictáfono *m*.
Dilemma [di'lɛma] *n* (11²) dilema *m*.
Dilettant(in *f*) [--'tant(in)] *m* (12) aficionado (-a) *m* (*f*); diletante *su.*; ⁀**isch** de aficionado.
Dill ⍼ [dil] *m* (3) eneldo *m*.
Dimension [dimɛn'zjo:n] *f* dimensión *f*.
Ding [diŋ] *n* (3) cosa *f*; objeto *m*; F chisme *m*; *guter ~e* de buen humor; *vor allen ~en* ante todo; *das geht nicht mit rechten ~en zu* aquí hay gato encerrado; *ein ~ der Unmöglichkeit* de todo punto imposible; *aller guten ~e sind drei* a la tercera va la vencida; F *ein ~ drehen* dar un golpe; F *fig. niedliches ~* monada *f*; '⁀**en** (30) contratar; '²**fest**: ~ *machen* arrestar; ⁀**lich** 🜚 real; '~**sda** *m* (11) fulano *m*.
Diözese [diø'tse:zə] *f* (15) diócesis *f*.
Diphtherie [diftə'ri:] *f* (15, *o. pl.*) difteria *f*.
Diphthong [-'tɔŋ] *m* (3¹ *u.* 12) diptongo *m*.
Diplom [di'plo:m] *n* (3¹) diploma *m*; ~**...**: *in Zssgn oft* diplomado.
Diplomat [-plo'ma:t] *m* (12), ⁀**isch** diplomático (*m*); ~**ie** [--ma'ti:] *f* diplomacia *f*.
diplomiert [--'mi:rt] diplomado, titulado.
Diplomlandwirt [-'plo:mlantvirt] *m* ingeniero *m* agrónomo.
dir [di:r] te; a ti; *mit ~* contigo.
direkt [di'rɛkt] directo; ⁀**ion** [--'tsjo:n] *f* dirección *f*; ✝ *a.* gerencia *f*; ⁀**or(in** *f*) [-'-tɔr, --'to:rin] *m* (8¹) director(a) *m* (*f*); ✝ gerente *su.*; ⁀**orium** [--'to:rjum] *n* (9) junta *f* directiva; *hist.* Directorio *m*; ⁀**rice** [--'tri:sə] *f* (15) directriz *f*; ⁀**übertragung** [-'-⁹y:bərtra:guŋ] *f Radio, TV*; (re)transmisión *f* en directo.
Dirig|ent [-ri'gɛnt] *m* (12) director *m* de orquesta; ⁀**entenstab** *m* batuta *f*; ⁀**ieren** dirigir.
Dirndlkleid ['dirndəlklait] *n* vestido *m* tirolés.
Dirne ['dirnə] *f* (15) prostituta *f*, ramera *f*; V puta *f*.
Dis ♪ [dis] *n uv.* re *m* sostenido.
Disharmon|ie [-harmo'ni:] *f* (15) di-

disharmonisch

sonancia *f* (*a. fig.*); 2**isch** [-'mo:niʃ] disonante.
Diskant ♪ [-'kant] *m* (3) tiple *m*.
Disk|jockey *angl.* ['diskdʒɔki] *m* (11) disc-jockey *m*, F pinchadiscos *m*.
Diskont [-'kɔnt] *m* (3) descuento *m*; 2**ieren** descontar; ~**satz** *m* tipo *m* de descuento.
Diskothek [-ko'te:k] *f* (16) discoteca *f*.
diskret [-'kre:t] discreto; 2**ion** [--'tsjo:n] *f* discreción *f*.
diskriminier|en [-krimi'ni:rən] discriminar; ~**end** discriminatorio; 2**ung** *f* discriminación *f*.
Diskus ['-kus] *m* (14²) disco *m*.
Diskussion [-'sjo:n] *f* discusión *f*.
'Diskuswerf|en *n* lanzamiento *m* de disco; ~**er** *m* (7) lanzador *m* de disco, discóbolo *m*.
diskutieren [-ku'ti:rən] discutir.
Dispens [-'pɛns] *m* (4) dispensa *f*; 2**ieren** [--'zi:rən] dispensar (*von de*).
dispo|nieren [-po'ni:rən] disponer; 2**sition** [--zi'tsjo:n] *f* disposición *f*.
Disput [-'pu:t] *m* (3) disputa *f*.
Disqualifi|kation [-kvalifika'tsjo:n] *f* descalificación *f*; 2**zieren** [----'tsi:rən] descalificar.
Dissertation [-sɛrta'tsjo:n] *f* tesis *f* doctoral.
Dissident [-si'dɛnt] *m* (12) disidente *m*.
Distanz [-'tants] *f* (16) distancia *f*; 2**ieren** [--'tsi:rən]: *sich* ~ *von* distanciarse de.
Distel ['-təl] *f* (15) cardo *m*; ~**fink** *m* jilguero *m*.
distinguiert [-tiŋ'gi:rt] distinguido.
Distrikt [-'trikt] *m* (3) distrito *m*.
Disziplin [-tsi'pli:n] *f* (16) disciplina *f*; ~**ar...**, 2**arisch** [--pli'nɑ:r(iʃ)] disciplinario; 2**iert** [---'ni:rt] disciplinado.
Diva ['di:va] *f* (11¹) estrella *f*, diva *f*.
Dividend ♣ [divi'dɛnt] *m* (12), ~**e ♀** [--'dɛndə] *f* (15) dividendo *m*.
divi|dieren [--'di:rən] dividir (*durch por*); 2**sion** [--'zjo:n] *f* división *f*; 2**sor** [-'vi:zɔr] *m* (8¹) divisor *m*.
Diwan ['di:van] *m* (3¹) diván *m*.
doch [dɔx] pues; (*aber*) pero; (*indessen*) sin embargo; (*bejahend*) sí; *ja* ~ que sí; *nicht* ~ que no; *Sie wissen* ~, *daß* Vd. sabe muy bien que; *wenn er* ~ *käme!* ¡ojalá viniera!
Docht [dɔxt] *m* (3) mecha *f*; (*Kerzen*2) pabilo *m*.

Dock ⚓ [dɔk] *n* (3¹ *u.* 11) dársena *f*; dique *m*.
Dogge ['dɔgə] *f* (15) dogo *m*.
Dogma ['dɔgma] *n* (9¹) dogma *m*.
Dohle *Zo.* ['do:lə] *f* (15) grajilla *f*.
Doktor ['dɔktɔr] *m* (8¹) doctor *m*; *s-n* ~ *machen* doctorarse; ~**arbeit** *f* tesis *f* doctoral; ~**würde** *f* doctorado *m*.
Dokument [doku'mɛnt] *n* (3) documento *m*; ~**arfilm** [---'tɑ:rfilm] *m* documental *m*; 2**arisch** [---'tɑ:riʃ] documental; 2**ieren** [---'ti:rən] documentar.
Dolch [dɔlç] *m* (3) puñal *m*; '~**stich**, '~**stoß** *m* puñalada *f*.
Dolde ♀ ['-də] *f* (15) umbela *f*.
Dollar ['-lar] *m* (11) dólar *m*.
dolmetsch|en ['-mɛtʃən] (27) interpretar; 2**er(in** *f*) *m* (7) intérprete *su*.
Dom [do:m] *m* (3) catedral *f*.
Domäne [do'mɛ:na] *f* (15) finca *f* pública; *fig.* dominio *m*.
dominieren [-mi'ni:rən] (pre)dominar.
Domino ['do:mino] *n* (11) dominó *m*; ~**stein** *m* ficha *f* de dominó.
'**Dompfaff** *Zo.* *m* (8 *od.* 12) camachuelo *m* común.
Donner ['dɔnər] *m* (7) trueno *m*; 2**n** (29) tronar; ~**schlag** *m* tronido *m*; ~**s-tag** *m* jueves *m*; ~**wetter!** ¡caramba!
doof F [do:f] tonto, imbécil.
dop|en ['doupən, 'do:pən] (25) dopar; 2**ing** ['-piŋ] *n* (11) doping *m*.
Doppel ['dɔpəl] *n* (6) doble *m* (*a. Sport*); duplicado *m*; *in Zssgn mst* doble; ~**besteuerung** *f* doble imposición *f*; ~**bett** *n* cama *f* de matrimonio; ~**decker** ✈ *m* biplano *m*; ~**ehe** *f* bigamia *f*; ~**gänger** ['--gɛŋər] *m* doble *m*, sosia(s) *m*; ~**kinn** *n* papadilla *f*; ~**punkt** *m* dos puntos *m/pl.*; 2**seitig** ['--zaɪtɪç] doble; bilateral; *adv.* por ambos lados; ~**sinn** *m* doble sentido *m*; ambigüedad *f*; 2**sinnig** equívoco, ambiguo; ~**spiel** *n* *Sport:* doble *m*; *fig.* doble juego *m*; ~**stecker** ⚡ *m* enchufe *m* doble; 2**t** doble; por duplicado; *das* 2**e** el doble; ~**zentner** *m* quintal *m* métrico; ~**zimmer** *n* habitación *f* doble *od.* de dos camas; 2**züngig** ['--tsyŋiç] falso, doble.
Dorf [dɔrf] *n* (1²) pueblo *m*; aldea *f*; '~**bewohner(in** *f*) *m* aldeano (-a) *m*

Dreiakter

(*f*), lugareño (-a) *m* (*f*); '~**gemeinde** *f* comunidad *f* rural.

Dorn [dɔrn] *m* (5, ⊕ *a.* 3) espina *f*; ⊕ espiga *f*; (*Werkzeug*) punzón *m*; *j-m ein* ~ *im Auge sein* no poder ver a alg. ni en pintura; '~**busch** *m* zarza *f*; '2**envoll**, '2**ig** espinoso (*a. fig.*); ~**röschen** [-'rø:sçən] *n* (*Märchen*) La Bella Durmiente (del Bosque).

dörr|**en** ['dœrən] (25) secar; 2**gemüse** *n* hortaliza *f* seca; 2-**obst** *n* fruta *f* pasa *od.* seca.

Dorsch [dɔrʃ] *m* (3) bacalao *m*.

dort [dɔrt] allí, allá; ahí; '~**her** de allí; '~**hin** (hacia) allí, allá; '~**ig** de allí, ⊕ de *bzw.* en esa.

Dose ['do:zə] *f* (15) caja *f*; bote *m*; (*Blech*2) lata *f*.

dösen ['dø:zən] (27) dormitar.

Dosenöffner ['do:zən[?]œfnər] *m* (7) abrelatas *m*.

dos|**ieren** [do'zi:rən] dosificar; 2**is** ['do:zis] *f* (16²) dosis *f*, toma *f*.

Dotter ['dɔtər] *m u. n* (7) yema *f* (de huevo); ~**blume** *f* calta *f*.

Double ['du:bl] *n* (11) *Film*: doble *m*.

Dozent(in *f*) [do'tsɛnt(in)] *m* (12) profesor,-a *m*.

dozieren [-'tsi:rən] enseñar.

Drache [draxə] *m* (13) dragón *m*; ~**n** *m* (6) (*Papier*2) cometa *f*; ~**nfliegen** *n* vuelo *m* en ala-delta.

Dragée [dra'ʒe:] *n* (11) gragea *f*.

Draht [dra:t] *m* (3³) alambre *m*; *dünner*: hilo *m*; *fig. auf* ~ *sein* ser despabilado; tener empuje; '~**anschrift** *f* dirección *f* telegráfica; '~**bürste** *f* cepillo *m* metálico; '2**en** ⚡ (26) telegrafiar; '~**fenster** *n* alambrera *f*; '~**geflecht** *n* alambrado *m*; '~**gitter** *n* alambrado *m*; '~**glas** *n* vidrio *m* alambrado; '2**ig** *fig.* nervudo; '~**los** sin hilos; '2**schere** *f* cizalla *f*; '~**seilbahn** *f* funicular *m*; teleférico *m*; '~**verhau** *m* alambrada *f*; '~**zange** *f* alicates *m/pl.*; '~**zaun** *m* alambrado *m*; ~**zieher** ['-tsi:ər] *m* (7) *fig.* instigador *m* oculto; maquinador *m*.

drakonisch [dra'ko:niʃ] draconiano.

Drall [dral] *m* (3) torsión *f*; (*Feuerwaffe*) paso *m* del) rayado *m*.

Drama ['dra:ma] *n* (9¹) drama *m* (*a. fig.*); ~**tik** [-'mɑ:tik] *f* (16, *o. pl.*) dramatismo *m* (*a. fig.*); ~**tiker** *m* (7) autor *m* dramático, dramaturgo *m*; 2**tisch** dramático; 2**tisieren** [-mati'zi:rən] dramatizar (*a. fig.*). ~**turg** [-'turk] *m* (12) director *m* artístico.

dran F [dran] *s.* **daran**.

Drang¹ [draŋ] *m* (3³) apremio *m*; (*Trieb*) afán *m*, sed *f* (*nach de*); *Physiol.* pujo *m*.

drang², **dränge** [draŋ, 'drɛŋə] *s.* **dringen**.

dräng|**en** (25) **1.** *v/t.* empujar; *fig.* atosigar; *zur Eile*: meter prisa; *es drängt mich zu* (*inf.*) me siento impulsado a (*inf.*); *sich* ~ agolparse, apiñarse; *sich* ~ *durch* abrirse paso por entre; **2.** *v/i. Zeit*: apremiar; *et.*: correr prisa; urgir; *auf et.* (*ac.*) ~ insistir en; 2**en** *n fig.*: *auf* ~ *von* a instancias de.

Drangsal ['draŋza:l] *f* (14) vejación *f*; tribulaciones *f/pl.*; 2**ieren** [-za'li:rən] vejar.

dränieren [drɛ'ni:rən] desaguar, drenar.

drapieren [dra'pi:rən] drapear; adornar (*mit de*).

drastisch ['drastiʃ] drástico (*a.* 🞷).

drauf F [drauf] *s.* **darauf**; 2**gänger** ['-gɛŋər] *m* (7) hombre *m* de rompe y rasga *od.* de pelo en pecho; '~**gehen** (sn) gastarse; (*umkommen*) perecer.

draußen ['drausən] (a)fuera; (*im Freien*) al aire libre.

Drechsel|**bank** ['drɛksəlbaŋk] *f* torno *m*; 2**n** (29) tornear.

Drechsler ['-lər] *m* (7) tornero *m*; ~**ei** [--'rai] *f* tornería *f*.

Dreck F [drɛk] *m* (3) (*Schlamm*) barro *m*; (*Schmutz*) suciedad *f*; *fig.* porquería *f*; 2**ig** sucio.

Dreh... ['dre:] *in Zssgn oft* giratorio; ~**arbeiten** *f/pl. Film*: rodaje *m*; ~**bank** *f* torno *m*; 2**bar** giratorio; ~**bleistift** *m* portaminas *m*; ~**buch** *n Film*: guión *m*; ~**buchautor** *m* guionista *m*; ~**bühne** *f* escenario *m* giratorio; 2**en** (25) volver; dar vueltas a; (*drechseln*) tornear; *Zigarette*: liar; *Film*: rodar; *im Kreis*: hacer girar, voltear; *sich* ~ girar (*um sobre*); *fig. a.* tratarse de; *Unterhaltung*: versar sobre; ~**er** *m* (7) tornero *m*; ~**kreuz** *n* torniquete *m*; ~**orgel** *f* organillo *m*; ~**punkt** *m* centro *m* de rotación; *fig.* pivote *m*; ~**scheibe** *f* 🕮 placa *f* giratoria; *Töpferei*: torno *m*; **strom** ⚡ *m* corriente *f* trifásica; ~**tür** *f* puerta *f* giratoria; ~**ung** *f* vuelta *f*; giro *m*; rotación *f*; ⊕ *n* número *m* de revoluciones.

drei [drai] **1.** tres; **2.** ♀ *f* (16) tres *m*; 2**akter** ['-[?]aktər] *m* (7) pieza *f* en tres

Dreieck

actos; ~eck [¹-ʔɛk] n (3) triángulo m; ~eckig triangular; ~einigkeit f Trinidad f; ~erlei [-ərlaɪ] de tres clases; ~fach [-fax] triple; das ~e el triple; ~farbendruck m tricromía f; ~farbig tricolor; ~felderwirtschaft ✔ f rotación f trienal; ~fuß m trípode m; ~gespann n fig. trío m; ~hundert trescientos; ~hundertjahrfeier f tricentenario m; ~hundertste(r) tricentésimo; ~jährig [¹-jɛːrɪç] de tres años, trienal; ~klang m acorde m (perfecto); ~königstag m (fiesta f de los) Reyes m/pl.; ~mal(ig) [¹-maːl(ɪç)] tres veces; ~master ⚓ [¹-mastər] m (7) velero m de tres palos; ~monatlich trimestral; adv. cada tres meses; ~motorig [¹-motoːrɪç] trimotor.

drein F [draɪn] s. darein.

'Drei|rad n triciclo m; ~satz ℞ m regla f de tres; ~seitig [¹-zaɪtɪç] trilateral; ~sitzig [¹-zɪtsɪç] de tres asientos; ~sprachig [¹-ʃpraːxɪç] trilingüe; ~sprung m triple salto m.

dreißig [¹-sɪç] treinta; ~er(in) f [¹-sɪgər(ɪn)] m (7) hombre m (mujer f) de treinta años; ~stel [¹-sɪçstəl] n (7) treintavo m; ~ste(r) trigésimo.

dreist [draɪst] atrevido; F fresco.

'dreistellig [¹-ʃtɛlɪç] de tres cifras od. dígitos.

Dreistigkeit [¹-stɪçkaɪt] f atrevimiento m; F frescura f.

'drei|stimmig [¹-ʃtɪmɪç] a tres voces; ~stöckig [¹-ʃtœkɪç] de tres pisos; ~tägig [¹-tɛːgɪç] de tres días; ~tausend tres mil; ~teilig de tres partes; 2teilung f división f en tres partes; ~viertel tres cuartos; 2-'vierteltakt ♩ m compás m de tres por cuatro; 2zack [¹-tsak] m (3) tridente m; ~zehn trece; 2zehntel n trezavo m; ~zehnte(r) décimo tercero.

Dresch|e F [¹drɛʃə] f (15, o. pl.) paliza f; 2en (30) trillar; ~en n trilla f; ~er m (7) trillador m; ~maschine f trilladora f.

dress|ieren [drɛˈsiːrən] amaestrar, adiestrar; 2man [¹drɛsmən] m (6, pl. -men) modelo m (masculino); 2ur [-¹suːr] f (16) amaestramiento m, adiestramiento m.

dribbeln [¹drɪbəln] (29) Sport: regatear, driblar.

Drill [drɪl] m (3) ejercicio m; ⚔ instrucción f; ¹-bohrer ⊕ m berbiquí m; ¹²en (25) ejercitar; ✔ sembrar en líneas; ~ich [¹-lɪç] m (3) dril m; ~ing [¹-lɪŋ] m (3¹) trillizo m; (Gewehr) escopeta f de tres cañones; ¹-ings...: in ☇ssgn triple.

drin F [drɪn] s. darin, drinnen.

dringen [¹drɪŋən] (30) **a)** (sn): ~ aus salir de; ~ durch (in) penetrar por (en); ~ bis llegar hasta; **b)** (h.) ~ auf (ac.) insistir en; fig. in j-n ~ instar a alg.; ~d urgente; Gefahr: inminente; Verdacht: fundado; ~ bitten rogar encarecidamente; ~e Bitte instancia f.

dringlich [¹-lɪç] urgente; 2keit f urgencia f; 2keitsstufe f prioridad f.

drinnen [¹drɪnən] (por) dentro.

dritt [drɪt]: zu ~ entre los tres; zu ~ sn ser tres; ¹²el n (7) tercio m; ¹²ens tercero, en tercer lugar; ¹~e(r) tercero; ~ Welt tercer mundo m.

droben [¹droːbən] (allá) arriba.

Drog|e [¹-gə] f (15) droga f (weiche blanda; harte dura); ~en-abhängig, 2ensüchtig drogadicto; ~en-abhängigkeit f, ~ensucht f drogadicción f, drogodependencia f; ~enhändler m traficante m de drogas; ~ensüchtige(r) m drogadicto m, drogodependiente m; ~erie [drogəˈriː] f (15) droguería f; ~ist [-¹gɪst] m (12) droguero m, droguista m.

Droh|brief [¹droːbriːf] m carta f conminatoria; 2en (30) amenazar; 2end amenazador; Gefahr: inminente.

Drohne [¹droːnə] f (15) zángano m (a. fig.).

dröhnen [¹drøːnən] (25) retumbar, resonar.

Drohung [¹droːʊŋ] f amenaza f.

drollig [¹drɔlɪç] gracioso; chusco.

Dromedar [¹drɔmedaːr] n (3¹) dromedario m.

drosch [drɔʃ] s. dreschen.

Droschke [¹-kə] f (15) coche m de punto; taxi m.

Drossel Zo. [¹drɔsəl] f (15) tordo m; 2n (29) estrangular (a. ⊕); fig. frenar; reducir; ~ung f estrangulación f; fig. reducción f.

drüben [¹dryːbən] al otro lado.

drüber F [¹-bər] s. darüber.

Druck [druk] m **a)** (3³) presión f (a. fig.); (Last) peso m; (Bedrückung) opresión f ⊕ compresión f; fig. im ~ sn estar en apuros; tener prisa; ~ ausüben auf presionar sobre; **b)** Typ. (3) impresión f, imprenta f; (Bild) estampa f; im ~ en prensa; ¹-bogen

pliego m; **'~buchstabe** m tipo m de imprenta.

Drückeberger ['drykbɛrgər] m (7) vago m, holgazán m.

drucken ['drukən] (25) imprimir.

drücken ['drykən] (25) apretar (a. Schuh usw.); Knopf, Taste: a. pulsar, oprimir; Hand: estrechar; (schieben) empujar; Preise: hacer bajar; fig. deprimir; agobiar; ~ auf (ac.) pesar sobre; sich ~ zafarse (vor de); escurrir el bulto; **~d** abrumador (a. fig.); Hitze: sofocante.

Drucker ['drukər] m (7) impresor m; tipógrafo m; (Computer) impresora f.

Drücker ['drykər] m (7) botón m, pulsador m; (Tür♀) picaporte m; am Gewehr: gatillo m.

Druck|erei [drukə'raɪ] f (16) imprenta f; **~erpresse** f prensa f tipográfica; **~erschwärze** f tinta f de imprenta; **~fehler** m errata f; **~fehlerverzeichnis** n f e de erratas; **♀fertig** listo para la imprenta; **~festigkeit** f resistencia f a la (com)presión; **~knopf** m botón m automático; ⊕ botón m, pulsador m; **~luft** f aire m comprimido; **~luftbremse** f freno m de aire comprimido; **~messer** n manómetro m; **~mittel** fig. n medio n de presión; **~posten** F m sinecura f; **~pumpe** f bomba f impelente; **~sache** ⊠ f impreso m; **~schrift** f folleto m; in ~ en letra de molde; **~stelle** f Obst: maca f; **~welle** f onda f expansiva.

drum F [drum] s. darum; das ♀ und Dran los accesorios; mit allem ♀ und Dran F con todos sus requisitos.

drunt|en ['druntən] (allá) abajo; **~er** s. darunter; es geht alles ~ und drüber todo está patas arriba.

Drüse ['dry:zə] f (15) glándula f.

Dschungel ['dʒuŋəl] m jungla f.

Dschunke ['l-kə] f (15) junco m.

du [du:] (19) tú; auf ~ und ~ stehen tutearse.

Dübel ['dy:bəl] m tarugo m; taco m.

Dublee [du'ble:] n (11) chapado m (en oro, etc.).

Dublette [-'blɛtə] f (15) duplicado m; segundo ejemplar m

duck|en ['dukən] (25) inclinar, bajar; fig. j-n ~ bajar los humos a alg.; sich ~ acurrucarse, agazaparse; fig. doblegarse; **♀mäuser** F ['-mɔʏzər] m (7) mosca f muerta, mojigato m.

Dudelsack ['du:dəlzak] m gaita f,

cornamusa f; **~pfeifer** m gaitero m.

Duell [du'ɛl] n (3¹) duelo m; **~ant** [--'lant] m (12) duelista f; **♀ieren**: sich ~ batirse en duelo.

Duett ♪ [du'ᵛet] n (3) dúo m.

Duft [duft] m (3³) olor m; (Wohlgeruch) perfume m, aroma m, fragancia f; **♀en** (26) oler bien; ~ nach oler a; **♀end** oloroso, fragante, aromático; **¹♀ig** vaporoso (a. Kleid).

duld|en ['duldən] (26) sufrir; (ertragen) aguantar, soportar; (gestatten) tolerar; **~sam** [‚dultzɑːm] tolerante; **♀samkeit, ♀ung** f tolerancia f.

dumm [dum] tonto, bobo, necio, estúpido; Am. zonzo; fig. ~e Sache asunto m desagradable; ~er Streich travesura f; der ♀e sn hacer el primo; **¹~dreist** impertinente; **¹♀heit** f necedad f, tontería f, estupidez f; (Handlung) burrada f; bobada f; **¹♀kopf** m imbécil m.

dumpf [dumpf] Stimme, Schmerz: sordo; Luft: pesado; enrarecido; Ahnung usw.: vago; **¹~ig** húmedo; Geruch: a cerrado.

Dumping ✝ ['dampiŋ] n (11) dumping m.

Düne ['dy:nə] f (15) duna f.

Dung [duŋ] m (3, o.pl.) estiércol m.

Dünge|mittel ['dyŋəmitəl] n s. Dünger; **♀n** (25) abonar, fertilizar; estercolar; **~r** m (7) abono m, fertilizante m; (Mist) estiércol m.

dunkel ['duŋkəl] 1. adj. oscuro (a. fig. u. in Zssgn mit Farben); Teint: moreno; (finster) tenebroso; (geheim) oculto; (unklar) vago; ~ werden oscurecer; im ♀n a oscuras; 2. ♀ n (7) oscuridad f.

Dünkel ['dyŋkəl] m (7) presunción f, petulancia f; **♀haft** presuntuoso, presumido, petulante.

dunkel|häutig ['duŋkəlhɔʏtiç] moreno; **♀heit** f oscuridad f; bei einbrechender ~ al anochecer; **♀kammer** f cámara f oscura; **~n** (29) oscurecer; anochecer.

dünken ['dyŋkən] (30): mich dünkt me parece; sich ~ creerse.

dünn [dyn] delgado; Kaffee: flojo; Luft: enrarecido; (fein) fino, débil; Kleidung: ligero; ~ werden adelgazar; Haar: clarear; **¹♀darm** m intestino m delgado; **¹♀druckpapier** n papel m biblia; **¹♀flüssig** fluido; **¹♀heit** f delgadez f.

Dunst [dunst] m (3² u. ³) vapor m;

Dunstabzug

vaho *m*; *fig*. j-m blauen ~ vormachen hacer a alg. comulgar con ruedas de molino; '~**abzug** *m* Küche: campana *f* extractora de humos.
dünsten ['dynstən] (26) estofar.
Dunst|glocke ['dunstglɔkə] *f* cúpula *f* de gases y humos; ♌ brumoso; ~**kreis** *fig*. *m* ambiente *m*.
Dünung ⚓ ['dy:nuŋ] *f* mar *m* de fondo, resaca *f*.
Duo ♪ ['du:o] *n* (11) dúo *m*.
Duplikat [dupliˈkaːt] *n* (3) duplicado *m*; copia *f*.
Dur ♪ [duːr] *n uv*. modo *m* mayor.
durch [durç] **1.** *prp*. (*ac*.) por; (*quer* ~) a través de; (*mittels*) por (medio de), mediante; ~ *vieles* + *inf*. a fuerza de; **2.** *adv*. ~ *und* ~ de parte a parte; a fondo; *die ganze Nacht* ~ (durante) toda la noche; *es ist sechs* (*Uhr*) ~ son más de las seis; '~**arbeiten 1.** *v/t*. estudiar (a fondo); *Körper*: entrenar; **2.** *v/i*. trabajar sin descanso; '~**'aus** del todo; absolutamente; a todo trance; ~ *nicht* de ningún modo, en absoluto; ~ *nicht leicht* nada fácil; '~**beißen** partir con los dientes; *fig*. sich ~ abrirse paso; '~**blättern** hojear; '²**blick** *m* vista *f*, perspectiva *f*; '~**blicken** mirar por; *fig*. ~ *lassen* hacer entrever, dar a entender; ♀ '~**blutung** *f* riego *m* sanguíneo; ~'**bohren** traspasar, atravesar; ⊕ perforar; '~**braten** asar bien; *gut durchgebraten* bien hecho; ~'**brechen 1.** *v/t*. romper; **2.** *v/i*. (sn) romperse; *Sonne*: salir; ⚔ abrirse paso; ~'**brechen** romper; atravesar; *fig*. infringir; '~**brennen** (sn) *Sicherung*: fundirse; *fig*. fugarse, escaparse; *mit der Kasse* ~ alzarse con los fondos; '~**bringen** *Geld*: malgastar, despilfarrar; *sich* ~ defenderse; '²**bruch** *m* ruptura *f*; ⊕, ⚔ perforación *f*; △ abertura *f*; brecha *f*; *zum* ~ *kommen* manifestarse; '~**denken** examinar a fondo; '~**drängen:** *sich* ~ abrirse paso a codazos; '~**drehen 1.** *v/t*. *Fleisch*: picar; **2.** *v/i*. F *fig*. perder los nervios; '~**dringen** (sn) penetrar (*durch* por); abrirse paso; *fig*. imponerse; ~'**dringen** penetrar; '~**dringend** penetrante; ²'**dringung** *f* penetración *f*; '~**drücken** *fig*. lograr; ~'**eilen** recorrer (a toda prisa).
durch-ei'nander 1. *adv*. mezclado(s), revuelto(s); *fig*. confuso; **2.** ⚔ *n* (6) confusión *f*; jaleo *m*; F follón *m*; caos *m*; (*Lärm*) bullicio *m*, barullo *m*; ~**bringen** desordenar; *fig*. confundir; ~**werfen** confundir.
durch|'fahren atravesar, recorrer; '~**fahren** (sn) pasar por; (*nicht halten*) no parar; '²**fahrt** *f* paso *m*; travesía *f*; (*Tor*) puerta *f* cochera; '²**fall** *m* ✱ diarrea *f*; *fig*. fracaso *m*; '~**fallen** fracasar; *Examen: ich bin durchgefallen* me han suspendido *od*. F cateado; he cateado; ~ *lassen* suspender, F catear; '~**fechten:** ~ *conseguir a/c.* con grandes esfuerzos; '~**finden:** (*sich*) ~ orientarse; ~'**fliegen** atravesar volando; '~**fliegen** *s*. ~**fallen;** '~**fließen** atravesar; '~**fließen** (sn) pasar por; ~'**forschen** investigar; *Land*: explorar; ²'**forschung** *f* exploración *f*; '~**fragen:** *sich* ~ preguntar por el camino; ²'**fuhr** ✈ ['-fuːr] *f* (16) tránsito *m*; '~**führbar** ['-fy:rbaːr] realizable, ejecutable, factible; '~**führen** *fig*. llevar a cabo, ejecutar, realizar; '²**führung** *f* ejecución *f*, realización *f*; ²'**führungsbestimmungen** *f/pl*. decreto *m* de aplicación; ~'**furchen** surcar; '~**füttern** F mantener; '²**gang** *m* paso *m*; pasaje *m*; ✈ tránsito *m*; *Sport*: vuelta *f*; manga *f*; ~ *verboten!* se prohíbe el paso; '~**gängig** general; *adv*. sin excepción; '²**gangs...:** *in Zssgn* ✈ de tránsito; '~**geben** *Nachricht*: transmitir; anunciar; '~**gehen 1.** *v/i*. (sn) pasar; atravesar; *Pferd*: desbocarse; *Antrag usw*.: quedar aprobado; *fig*. *et*. ~ *lassen* F hacer la vista gorda; **2.** *v/t*. (h. u. sn) recorrer; repasar; '~**gehend** continuo; ✌ directo; ~*e Arbeitszeit* jornada *f* intensiva; '~**greifen** *fig*. tomar medidas eficaces; '~**greifend** *fig*. radical; enérgico; '~**halten** resistir; no ceder, mantenerse firme; '²**haltevermögen** *n* resistencia *f*; '~**hauen** cortar, hender; (*verprügeln*) dar una paliza a; '~**hecheln** *fig*. censurar, criticar; F desollar; '~**helfen** ayudar a salir del apuro; *sich* ~ arreglárselas; '~**kämmen** peinar; *fig*. *a*. rastrillar; '~**kämpfen:** *sich* ~ abrirse paso luchando; '~**kauen** masticar bien; F machacar; '~**kneten** amasar bien; '~**kommen** (sn) (lograr) pasar; salir airoso (de); ✱ curarse; *Examen*: aprobar; (*auskommen*) defenderse; arreglárselas; '~**können** poder pasar; ~'**kreuzen** cruzar; *fig*. desbara-

Durchzug

tar, contrariar; '~**kriechen** pasar arrastrándose; ²**laß** ['-las] m (4²) abertura f, pasaje m; '~**lassen** dejar pasar; '~**lässig** permeable, poroso; '~**laufen 1.** v/i. (sn) Wasser: pasar; 2. v/t. (h.) Sohlen: gastar; ~'**laufen** (h.) recorrer; ²**lauf-erhitzer** m calentador m continuo; ~'**leben** Zeit: pasar, vivir; ~'**lesen** recorrer; leer; ~'**leuchten** examinar con rayos X; ²**leuchtung** f radioscopia f; '~**liegen:** sich ~ decentarse; '~**löchern** [-'lœçərn] (29) agujerear; mit Kugeln: acribillar; '~'**lüften** ventilar, airear; '~**machen** pasar por; (dulden) aguantar, sufrir; ²**marsch** m paso m; F diarrea f; ~'**marschieren** pasar; ~'**messen** recorrer, atravesar; ²**messer** m (7) diámetro m; ~'**nässen** empapar, calar; ~'**nehmen** explicar; tratar; '~**pausen** calcar; '~**prügeln** dar una paliza a; ~'**queren** [-'kveːrən] (25) atravesar; '~**rasseln** F catear; ~'**rechnen** calcular; noch einmal ~ repasar; ~'**regnen:** es regnet durch hay goteras; '²**reiche** f (15) pasaplatos m; ²**reise** f: auf der ~ de paso, de tránsito; ~'**reisen** (sn) pasar; ~'**reisen** recorrer; ²**reisende(r)** m transeúnte m; ²**reisevisum** n visado m de tránsito; '~**reißen 1.** v/t. rasgar, romper; 2. v/i. rasgarse, romperse; ~'**rühren** revolver (bien); '²**sage** f (15) mensaje m personal; '~**sagen** anunciar; '~**sägen** cortar con la sierra, serrar; '~**schauen** mirar a través de; ~'**schauen** fig. calar (las intenciones); ~'**schauern** hacer estremecer; '~**scheinen** traslucir (-se); ~'**scheinend** traslúcido; transparente; '~**schießen** atravesar (de un balazo, etc.); Typ. espaciar; '~**schimmern** entrelucir; '~**schlafen** dormir de un tirón; '²**schlag** m (Sieb) colador m, pasador m; † copia f; '~**schlagen 1.** v/t. cortar; partir; Kchk. pasar por el colador; sich ~ abrirse paso; fig. defenderse; ir tirando; 2. v/i. (wirken) ser eficaz; ~'**schlagen** perforar; '~**schlagend** eficaz; Erfolg: completo; rotundo; '²**schlagpapier** n papel m de copia; '²**schlagskraft** f fuerza f de penetración; fig. eficacia f; ~'**schlängeln:** sich ~ deslizarse, colarse; ~'**schlüssen** [-'ʃlyːsən] (27) fig. hacer pasar por; ~'**schlüpfen** (sn) deslizarse; '~**schmuggeln** pasar de contrabando; '~**schneiden** cortar, partir en dos.

'**Durchschnitt** m (3) promedio m; término m medio (im por); ²**lich** medio; (mittelmäßig) regular, mediocre; adv. por término medio; ~**s...:** in Zssgn mst medio; ~**sbürger** m ciudadano m de a pie.

durch|'**schnüffeln** fig. husmear; curiosear en; '~**schreibeblock** m bloc m para calcar; ~'**schreiten** atravesar; '²**schrift** f copia f; '²**schuß** m ⊕ trama f; Typ. interlínea f; ✗ perforación f (de bala); ~'**schwimmen** pasar a nado; ~'**schwitzen** empapar de sudor; ~'**sehen 1.** v/i. mirar (durch por); 2. v/t. examinar; repasar; revisar; ~'**seihen** colar; ~'**setzen** conseguir, obtener; Meinung: hacer prevalecer; Willen: imponer; sich ~ afirmarse; imponerse; '~**setzen** entremezclar (mit con); '²**sicht** f fig. revisión f, examen m, repaso m; bei (gen.) al revisar (ac.); '²**sichtig** transparente, diáfano, traslúcido; '²**sichtigkeit** f transparencia f; ~'**sickern** a. fig. filtrarse, rezumar; ~'**sieben** cribar, tamizar; '~**sprechen** discutir punto por punto; ~'**stechen** perforar; Damm: a. cortar; '~**stecken** pasar; ~'**stehen** s. ~halten; '²**stich** m perforación f; ~'**stöbern** revolver; Raum: registrar; ~'**stoßen** perforar, abrir; ~'**streichen** tachar, borrar; ~'**streifen** vagar por; recorrer; ~'**strömen** atravesar; ~'**suchen** registrar; j-n: cachear; ²**suchung** f registro m; cacheo m; ~'**tränken** impregnar, empapar (mit de); ~'**trennen** ✗ seccionar; ~'**trieben** [-'triːbən] taimado; '~**wachen:** die Nacht ~ pasar la noche en vela, trasnochar; ~'**wachsen** Speck: entreverado; ~'**wählen** Fernspr. marcar directamente; ~'**wandern** recorrer a pie; ~'**wärmen** calentar bien; '~**waten** vadear; ~**weg** ['-'vɛk] sin excepción; generalmente; '~**weichen** empapar; '~**winden:** sich ~ abrirse paso; '~**wühlen** revolver; '~**wursteln** F ['-vurstəln] (29): sich ~ arreglárselas; '²**zählen** recontar; ~'**zechen:** (die Nacht) ~ pasar (la noche) bebiendo; '~**zeichnen** calcar; ~'**ziehen 1.** v/t. hacer pasar (durch por); 2. v/i. (sn) pasar (durch por); ~'**ziehen** atravesar; ~'**zucken** sacudir; '²**zug** m paso m; (Luft) co-

durchzwängen

rriente f de aire; **¹⁓zwängen:** sich ⁓ abrirse paso.

dürfen ['dyrfən] (30) poder; tener permiso para; *darf ich?* ¿puedo?, ¿me permite?; *nicht* ⁓ no deber; *es dürfte leicht sein* será fácil.

dürftig ['¹-tiç] escaso; (*ärmlich*) pobre; mezquino; **2keit** f escasez f; insuficiencia f; estrechez f.

dürr [dyr] árido; *Holz*: seco; *j.*: enjuto (de carnes); flaco; **¹²e** f (15) aridez f; sequía f.

Durst [durst] m (3²) sed f (*nach* de).

dürsten ['dyrstən] (26): *mich dürstet* tengo sed; *fig.* ⁓ *nach* estar sediento de.

durstig ['durstiç] sediento (*nach* de).

Dusche ['du:ʃə, 'du[ʃə] f (15) ducha f; **2n** (27) ducharse, tomar una ducha.

Düse ⊕ ['dy:zə] f (15) tobera f.

Dusel ['du:zəl] F m (7) (*Glück*) suerte f loca, F churra f; **2ig** somnoliento.

Düsen|antrieb ['dy:zən°antri:p] m propulsión f a reacción *od.* a chorro; **⁓flugzeug** n avión m a reacción, reactor m.

Dussel F ['dusəl] m (7) idiota m.

düster ['dy:stər] tenebroso; *fig.* sombrío; tétrico.

Dutzend ['dutsənt] n (3¹) docena f; **⁓mensch** m persona f adocenada; **2weise** por docenas.

duzen ['du:tsən] (27) tutear.

Dyna|mik [dy'na:mik] f (16, *o. pl.*) dinámica f; *fig.* dinamismo m; **2misch** dinámico; **⁓mit** [-na'mi:t] n (3, *o. pl.*) dinamita f; **⁓mo** [-'na:mo] m (11) dínamo f; **⁓stie** [-nas'ti:] f (16) dinastía f.

D-Zug ['de:tsu:k] m (3³) expreso m; tren m directo; rápido m.

E

E, e [e:] *n* E, e *f*; ♩ mi *m*; **E-Dur** mi *m* mayor; **e-Moll** mi *m* menor.

Ebbe ['ɛbə] *f* (15) reflujo *m*; marea *f* baja.

eben ['e:bən] **1.** *adj.* plano; *bsd. Boden*: llano; *zu ~er Erde* en el piso bajo; **2.** *adv.* precisamente, justamente; *er ist ~ angekommen* acaba de llegar; **~bild** *n* vivo *od.* fiel retrato *m*; **~bürtig** ['--byrtɪç] (de) igual (valor); **~da** allí mismo; ⚏ ibídem; **~derselbe** el mismo mismo; **~deshalb** por eso mismo; **~e** *f* (15) llanura *f*; ⚐ plano *m*; *fig.* nivel *m*; **~falls** asimismo, igualmente, también; **~holz** *n* ébano *m*; **~maß** *n* simetría *f*; **~mäßig** simétrico; bien proporcionado; **~so** lo mismo, del mismo modo; *~ groß wie* tan grande como; **~sosehr**, **~soviel** tanto (wie como); **~sowenig** tan poco (wie como); *ich ~* yo tampoco.

Eber ['e:bər] *m* (7) verraco *m*; **~esche** ♀ *f* serbal *m*.

ebnen ['e:bnən] (26) allanar (*a. fig.*), aplanar; nivelar.

Echo ['ɛço] *n* (11) eco *m* (*a. fig.*); **~lot** *n* sonda *f* acústica.

echt [ɛçt] auténtico; legítimo; verdadero; *Haar*: natural; **'2heit** *f* autenticidad *f*; legitimidad *f*.

Eck|ball ['ɛkbal] *m* Sport: córner *m*; saque *m* de esquina; **~e** *f* (15) *innen*: rincón *m*; *außen*: esquina *f*; *gleich um die ~* a la vuelta de la esquina; *an allen ~n und Enden* en todas partes; F *fig. um die ~ bringen (töten)* despachar, liquidar; **~haus** *n* casa *f* de (la) esquina; **~ig** angular; anguloso; *fig.* torpe; **~schrank** *m*, **~tisch** *m* rinconera *f*; **~stein** *m* piedra *f* angular; **~zahn** *m* colmillo *m*.

Ecuadorian|er [ekvador'ja:nər] *m* (7), **2isch** ecuatoriano (*su.*).

edel ['e:dəl] noble; *fig. a.* generoso; *Metall*: precioso; **2gas** *n* gas *m* noble; **~holz** *n* madera *f* noble; **~mann** *m* (*pl. ~leute*) gentilhombre *m*, noble *m*; hidalgo *m*; **2metall** *n* metal *m* precioso; **2mut** *m* generosidad *f*, nobleza *f*; **~mütig** ['--my:tɪç] generoso, noble; **2stahl** *m* acero *m* inoxidable; **2stein** *m* piedra *f* preciosa; **2tanne** *f* abeto *m* blanco; **2weiß** ♀ *n* (3²) edelweiss *m*.

Edikt [e'dikt] *n* (3) edicto *m*.

Efeu ['e:fɔy] *m* (11) yedra *f*, hiedra *f*.

Effeff [ɛf'?ɛf] *n*: F *et. aus dem ~ können* saber a/c. al dedillo.

Effekt [ɛ'fɛkt] *m* (3) efecto *m*; **~en** ✝ *pl.* valores *m/pl.*; **~enbörse** *f* bolsa *f* de valores; **~enhandel** *m* negociación *f* de valores; **~hascherei** [--ha-ʃə'raɪ] *f* efectismo *m*; **2iv** [--'ti:f] efectivo; **2voll** de mucho efecto; efectista.

egal [e'ga:l] igual; *das ist mir ~* me da igual *od.* lo mismo.

Egel Zo. ['e:gəl] *m* (7) sanguijuela *f*.

Egge ['ɛgə] *f* (15) rastra *f*, grada *f*; **2n** (25) rastrillar, gradar.

Ego|ismus [ego'?ɪsmus] *m* (16, *o. pl.*) egoísmo *m*; **~ist(in** *f*) *m* (12), **2istisch** egoísta (*su.*); **2zentrisch** [--'tsɛntriʃ] egocéntrico.

ehe ['e:ə] antes de (*inf.*), antes de que (*subj.*).

Ehe ['e:ə] *f* (15) matrimonio *m*; *wilde ~* concubinato *m*; *zweite ~* segundas nupcias *f/pl.*; **~...**: *in Zssgn oft* matrimonial; conyugal; **~anbahnungsinstitut** *n* agencia *f* matrimonial; **~bett** *n* cama *f* de matrimonio; lecho *m* conyugal; **~brecher(in** *f*) *m*, **2brecherisch** adúltero (-a) *m* (*f*); **~bruch** *m* adulterio *m*; **~bund** *m* unión *f* conyugal; **2dem** antiguamente; antaño; **~frau**, **~gattin** *f* esposa *f*, mujer *f*; ✝✝ cónyuge *f*; **~gatte** *m* marido *m*, esposo *m*; ✝✝ cónyuge *m*; **~leute** *pl.* esposos *m/pl.*; ✝✝ cónyuges *m/pl.*; *junge ~* recién casados *m/pl.*; **2lich** conyugal; matrimonial; *Kind*: legítimo; **2lichen** ['--lɪçən] (25) casarse con; **2los** soltero; célibe; *Rel.* celibato *m*.

ehemal|ig ['--ma:lɪç] antiguo, **~s** antiguamente, en tiempos pasados.

'Ehe|mann *m* marido *m*, esposo *m*; **~paar** *n* matrimonio *m*; **~partner** *m* cónyuge *m*.

eher ['e:ər] antes (*als* que); más tem-

prano; (*lieber*) más bien; *je* ~, *desto besser* cuanto antes mejor.
'**Ehe|recht** *n* derecho *m* matrimonial; **~ring** *m* anillo *m* de boda, alianza *f*.
ehern ['e:ərn] de bronce; *fig.* férreo.
'**Ehe|scheidung** *f* divorcio *m*; **~schließung** *f* casamiento *m*.
ehesten ['e:əstən]: *am* ~ lo más fácilmente; lo más pronto.
ehrbar ['e:rba:r] honrado; honesto; **2keit** *f* honradez *f*; honestidad *f*.
Ehre ['e:rə] *f* (15) honor *m*; honra *f*; (*Ruf*) reputación *f*; *zu* ~*n von* en honor de; ~ *einlegen* lucirse; *in* ~*n halten* honrar; *j-m* ~ *machen* hacer honor a alg.; *die letzte* ~ *erweisen* tributar los últimos honores; **2n** (25) honrar; respetar; (*feiern*) homenajear; *sehr geehrter Herr!* muy señor mío: ...

'**Ehren...**: *in Zssgn oft* de honor; **~amt** *n* cargo *m* honorífico; **2~amtlich** a título honorífico; **~bezeigung** ⚔ ['--bətsaɪɡʊŋ] *f* saludo *m* militar; **~bürger** *m* ciudadano *m* de honor; **~dame** *f* dama *f* de honor; **~doktor** *m* doctor *m* honoris causa; **~erklärung** *f* satisfacción *f*; **~gast** *m* huésped *m od.* invitado *m* de honor; **2haft** honorable, decoroso; **2halber** ['--halbər] por honor; **~handel** *m* lance *m* de honor; **~kränkung** *f* ofensa *f* al honor; agravio *m*; **~mal** *n* monumento *m* conmemorativo; **~mann** *m* hombre *m* honrado *od.* de bien; **~mitglied** *n* miembro *m* honorario; **~preis** *m* premio *m* de honor *od.* honorífico; ♀ verónica *f*; **~rechte** *n/pl.*: *bürgerliche* ~*e* derechos *m/pl.* civiles *od.* cívicos; **~rettung** *f* rehabilitación *f*; **2rührig** infamante, difamatorio; **~runde** *f* vuelta *f* de honor; **~sache** *f* cuestión *f* de honor; **~tag** *m* aniversario *m*; día *m* memorable *od.* solemne; **2voll** honroso, honorífico, decoroso; **2wert** honorable; **~wort** *n* palabra *f* de honor (*auf* bajo); **~zeichen** *n* distintivo *m* honorífico; insignia *f*.

ehr|erbietig ['e:r^ʔɛrbiːtɪç] respetuoso, reverente; **2~erbietung** *f* respeto *m*; **~furcht** *f* respeto *m*, veneración *f*; **~furchtgebietend** imponente; **~furchtig** ['-fʏrçtɪç], **~furchtsvoll** respetuoso; **~gefühl** *n* pundonor *m*; **2geiz** *m* ambición *f*; **~geizig** ambicioso; **~lich** honrado; honesto; probo; sincero; ~ *gesagt* a decir verdad;

2lichkeit *f* honradez *f*; **~liebend** pundonoroso; **~los** deshonrado; infame; **2losigkeit** *f* deshonor *m*; infamia *f*; **2ung** *f* homenaje *m*; **~vergessen** sin honra; vil; **2verlust** *m* despretigio *m*; **~würdig** venerable; respetable; *Geistlicher*: reverendo.

Ei [aɪ] *n* (1) huevo *m* (*weiches* pasado por agua; *hartes* duro); *F wie aus dem* ~ *gepellt* de punta en blanco.
Eibe ♀ ['-bə] *f* (15) tejo *m*.
Eich|amt ['aɪç^ʔamt] *n* oficina *f* de contrastes; **~e** *f* (15) roble *m*; (*Stein*2) encina *f*; **~el** *f* (15) ♀ bellota *f*; *Anat.* glande *m*; **~elhäher** *m* arrendajo *m*; **2en** 1. *adj.* de roble; 2. *v/t.* (25) contrastar; tarar; **~enwald** *m* robledo *m*, robledal *m*; encinar *m*; **~hörnchen** *n* ardilla *f*; **~maß** *n* medida *f* de contraste; **~meister** *m* inspector *m* de pesas y medidas; **~ung** *f* contraste *m*; tarado *m*.

Eid [aɪt] *m* (3) juramento *m*; *unter* ~ *aussagen* declarar bajo juramento; *e-n* ~ *leisten* prestar juramento; '2**brüchig** perjuro.
Eidechse ['-dɛksə] *f* (15) lagarto *m*; *kleine*: lagartija *f*.
Eiderdaune ['-dərdaʊnə] *f* edredón *m*.
Eides|formel ['-dəsfɔrməl] *f* fórmula *f* de juramento; **~leistung** *f* prestación *f* de juramento; **2stattlich**: ~*e Erklärung f* declaración *f* jurada.
Eid|genosse ['aɪtɡənɔsə] *m* confederado *m*; **~genossenschaft** *f* Confederación *f* (*Schweizerische Helvética*); **2lich** jurado.
Eidotter ['aɪdɔtər] *m* yema *f*.
Eier|becher ['-ərbɛçər] *m* huevera *f*; **~frucht** *f* berenjena *f*; **~händler** *m* huevero *m*; **~kuchen** *m* tortilla *f*; **~likör** *m* licor *m* de huevos; **~nudeln** *f/pl.* pasta *f* al huevo; **~schale** *f* cáscara *f* (de huevo); **~stock** *m* *Anat.* ovario *m*.

Eifer ['-fər] *m* (7, *o. pl.*) celo *m*; empeño *m*; ardor *m*; (*Nachdruck*) ahínco *m*; (*Streben*) afán *m*; *in* ~ *geraten* acalorarse; **~er** *m* (7) fanático *m*; **2n** (29) polemizar (*gegen* contra); **~sucht** *f* celos *m/pl.*; **~süchteleien** [--zyçtə'laɪən] *f/pl.* rivalidades *f/pl.*; **2süchtig** celoso (*auf* de); ~ *machen* dar celos, encelar.

eiförmig ['-fœrmɪç] oviforme; oval(ado).

eifrig ['-friç] solícito; celoso; aplicado; *adv.* con empeño *od.* ahínco.
Eigelb ['-gɛlp] *n* (3) yema *f.*
eigen ['-gən] propio; (*eigentümlich*) particular, peculiar; (*genau*) escrupuloso; (*wählerisch*) exigente; (*persönlich*) personal, individual; *sein ~er Herr sn* ser independiente; *auf ~e Rechnung* † por cuenta propia; *sich* (*dat.*) *zu ~ machen* hacer suyo; **2-art** *f* particularidad *f;* singularidad *f;* **~artig** particular; singular; **2bedarf** *m* necesidades *f/pl.* personales; **2-brötler** ['--brøːtlər] *m* (7) hombre *m* singular; solitario *m;* **2finanzierung** *f* autofinanciación *f;* **~händig** ['--hɛndiç]: *~ (geschrieben)* (escrito) de mi *usw.* puño y letra; *~ zustellen* entregar en propia mano; **2heim** *n* casa *f* propia; **2heit** *f* particularidad *f;* singularidad *f;* **2liebe** *f* amor *m* de sí mismo; **2lob** *n* alabanza *f* propia; *f* autobombo *m;* **~mächtig** arbitrario; **2name** *m* nombre *m* propio; **2nutz** ['--nʊts] *m* (3², *o. pl.*); interés *m* personal, egoísmo *m;* **~nützig** ['--nytsiç] interesado, egoísta; **~s** expresamente; especialmente; **2schaft** *f* propiedad *f; j-s:* cualidad *f;* in *s-r ~ als* en su calidad de; **2schaftswort** *n* adjetivo *m;* **2sinn** *m* obstinación *f;* terquedad *f;* **~sinnig** obstinado, terco; **~tlich** ['--tliç] **1.** *adj.* verdadero; propio; **2.** *adv.* en realidad; en el fondo, a decir verdad; **2tor** *n Sport:* autogol *m;* ein *~ schießen* marcar en la propia meta; **2tum** *n* (1²) propiedad *f;* **2tümer(in** *f) m* (7) propietario (-a) *m (f);* dueño (-a) *m (f);* **~tümlich** ['--ty:mliç] propio, peculiar, característico (*für* de); (*seltsam*) raro; singular; **2tümlichkeit** *f* peculiaridad *f;* singularidad *f;* **2tumsdelikt** *n* delito *m* contra la propiedad; **2tumswohnung** *f* piso *m* de propiedad; **2wechsel** † *m* letra *f* al propio cargo; **2wille** *m* obstinación *f;* **~willig** voluntarioso; peculiar.

eignen ['aıgnən] (29): *sich ~ zu od. für* ser apropiado *od.* adecuado *od.* apto para; **2ung** *f* aptitud *f;* calificación *f;* **2ungs-prüfung** *f* examen *m od.* prueba *f* de aptitud.

Eil|bote ['aılboːtə] *m:* 🖂 *durch ~n* por expreso; **~brief** *m* carta *f* urgente; **~e** *f* (15) prisa *f* (*oft pl.*); *Am.* apuro *m;* in *aller ~* a toda prisa; *es hat keine ~* no corre prisa; *ich bin in ~* tengo prisa.

Eileiter ['aılaıtər] *Anat. m* trompa *f* (de Falopio); *bei Tieren:* oviducto *m.*
eil|en ['-lən] (25) correr; *Sache:* urgir, correr prisa; *sich ~* darse prisa; *eilt!* ¡urgente!; **~ends** ['-lɛnts] muy de prisa; **~fertig** apresurado; precipitado; **2fertigkeit** *f* apresuramiento *m;* precipitación *f;* **2fracht** *f,* **2gut** *n: als ~* por gran velocidad; **~ig** apresurado; presuroso; (*dringlich*) urgente; *es ~ haben* tener prisa; **2marsch** *m* marcha *f* forzada; **2zug** 🚂 *m* rápido *m.*

Eimer ['-mər] *m* (7) cubo *m,* balde *m;* F *fig. es ist alles im ~* todo el gozo en el pozo.

ein [aın] (20) un(o), -a; *es ist ~ Uhr* es la una; *der ~e oder andere* uno que otro; *~ und derselbe* el mismo; *mein ~ und alles* mi único bien; *adv. nicht ~ noch aus wissen* no saber qué hacer; *bei j-m ~ u. aus gehen* frecuentar la casa de alg.
Einakter ['-ʔaktər] *m* (7) pieza *f* en un (solo) acto.
einander [aı'nandər] uno(s) a otro(s); recíprocamente, mutuamente.
'ein-arbeiten (26): *sich ~ in* iniciarse en, familiarizarse con.
einarmig ['-ʔarmiç] manco.
einäscher|n ['-ʔɛʃərn] (29) reducir a cenizas; *Leiche:* incinerar; **2ung** *f* incineración *f,* cremación *f.*
'ein-atmen inspirar, aspirar; ✈ inhalar.
einäugig ['-ʔɔygiç] tuerto.
'Einbahnstraße *f* calle *f* de dirección única.
einbalsamieren ['-balzami:rən] embalsamar.
'Einband *m* (3³) encuadernación *f;* **~decke** *f* tapa *f.*
einbändig ['-bɛndiç] de (*od.* en) un tomo.
'Einbau *m* montaje *m;* instalación *f;* **2en** montar; instalar; *in die Wand:* empotrar; **~küche** *f* cocina *f* funcional; **~schrank** *m* armario *m* empotrado.
'einbegriffen incluido.
'einbehalten retener.
'einberuf|en convocar; ⚔ llamar a filas; **2ung** *f* convocación *f;* ⚔ llamamiento *m* a filas.
'einbetten colocar; empotrar.
einbeulen ['-bɔylən] (25) abollar.
'einbeziehen incluir.
'einbiegen 1. *v/t.* encorvar; doblar;

einbilden

2. v/i. (sn) torcer, girar, doblar (nach a).

'**einbild|en:** sich (dat.) ~ imaginarse, figurarse; sich et. ~ auf presumir od. preciarse de; 2ung f imaginación f; ilusión f; (Dünkel) presunción f; 2ungskraft f (fuerza) f imaginativa f, fantasía f, imaginación f.

'**einbilden** Buch: encuadernar.

einbleuen ['-blɔyən] (25) fig. inculcar.

'**Einblick** m conocimiento m; idea f; in Akten usw.: acceso m a; ~ gewinnen in formarse una idea de.

'**einbrech|en** 1. v/t. romper; Tür: derribar, echar abajo; 2. v/i. (sn) romperse; (einstürzen) venirse abajo; gewaltsam: hacer irrupción (in en); in ein Land: invadir (ac.); Dieb: escalar (ac.), cometer un robo con fractura; Nacht: caer; bei ~der Nacht al anochecer; 2er m (7) ladrón m, desvalijador m de pisos; P topero m.

'**einbrennen** marcar a fuego.

'**einbringen** Ernte: acarrear; recoger; Nutzen: rendir, producir; Kapital: aportar; Antrag: presentar; Zeit: recuperar.

einbrocken ['-brɔkən] (25) mojar; fig. j-m et. ~ hacer una mala jugada a alg.; sich et. (Schönes) ~ meterse en un lío.

'**Einbruch** m irrupción f; invasión f (in de); (Nacht) caída f; & ~s**diebstahl** m) robo m con fractura; 2(s)sicher antirrobo; ~**sversicherung** f seguro m contra robos.

einbuchten F ['-bʊxtən] (26) F meter en chirona; 2ung f (Bucht) ensenada f.

'**einbürger|n** ['-byrgərn] (29) naturalizar; sich ~ fig. tomar carta de naturaleza, generalizarse; 2ung f naturalización f.

'**Einbuße** f pérdida f, menoscabo m, mengua f; (Schaden) daño m.

'**einbüßen** perder.

eindämm|en ['-dɛmən] (25) poner un dique a; contener (a. fig.); Fluß: encauzar; fig. poner coto a; 2ung f contención f.

'**eindeck|en:** sich ~ mit abastecerse de, aprovisionarse de; 2er ✈ ['-dɛkər] (7) monoplano m.

eindeichen ['-daɪçən] (25) poner un dique a.

eindeutig ['-dɔytɪç] inequívoco; claro.

eindeutschen ['-dɔytʃən] (27) germanizar.

eindicken ['-dikən] (25) espesar.

'**eindring|en** (sn) penetrar (in en, a. fig.); internarse (en); ✕ invadir (ac.); auf j-n ~ presionar sobre alg.; ~**lich** insistente; enérgico; adv. encarecidamente; ~**ling** ['-drɪŋlɪŋ] m (3¹) intruso m.

'**Eindruck** m (3²) impresión f; ~ ma**chen auf** impresionar a; hacer efecto sobre; tiefen ~ machen calar hondo (auf en).

'**eindrücken** romper; forzar.

'**eindrucksvoll** ['-drʊksfɔl] impresionante.

'**ein-ebnen** (25) allanar, aplanar.

eineiig ['-'aɪiç] Zwillinge: univitelino.

einen ['aɪnən] (25) unir, unificar.

einengen ['-'ɛŋən] (25) estrechar; fig. coartar; limitar.

einer ['aɪnər] 1. uno, alguno; 2. 2 m (7) & unidad f; & bote m de (a) uno, esquife m; ~**lei** ['-'laɪ] de la misma clase; das ist ~ es lo mismo; es igual; 2**lei** n (6, o. pl.) monotonía f, uniformidad f, ~**seits, einesteils** ['-'zaɪts, '-nəs'taɪls] por un lado, por una parte.

einfach ['-fax] sencillo, simple; fácil; fig. modesto; ~**e Fahrt** & ida f; 2**heit** f sencillez f, simplicidad f.

einfädeln ['-fɛːdəln] (29) enhebrar, enhilar; fig. tramar, urdir.

'**einfahr|en** 1. v/t. Ernte: acarrear; Kfz. rodar (a. fig.); 2. v/i. (sn): ~ in (ac.) entrar en; ✕ bajar a; 2t f entrada f; ✕ bajada f; (Tor) puerta f cochera.

'**Einfall** m ✕ invasión f; Phys. incidencia f; fig. idea f; ocurrencia f; witziger: salida f; er kam auf den ~ zu se le ocurrió (inf.); 2**en** (sn) (einstürzen) venirse abajo; derrumbarse; ✕ invadir (in ac.); ♩ entrar; es fällt mir ein se me ocurre; was fällt Ihnen ein! ¡cómo se atreve!; 2**slos** sin imaginación; 2**(s)reich** imaginativo; ~**(s)reichtum** m riqueza f imaginativa; ~**(s)winkel** Phys. m ángulo m de incidencia.

Ein|falt ['-falt] f (16, o. pl.) candidez f; ingenuidad f; simpleza f; 2**fältig** ['-fɛltɪç] cándido; ingenuo; simple; ~**falts-pinsel** F m simple m; bobo m; F pazguato m.

Einfamilienhaus n casa f unifamiliar.
einfangen coger; capturar.
einfarbig unicolor; *Kleidung*: liso.
einfass|en guarnecer; bordar; *Schneiderei*: ribetear; *Edelstein*: engastar, engarzar; 2ung f engaste m; *(Rand)* borde m.
einfetten engrasar, untar.
einfinden: *sich* ~ acudir, personarse.
einflechten entretejer *(a. fig.)*; entrelazar (in con); *fig.* insertar.
einfließen correr *od.* fluir en; ~ *lassen fig.* mencionar de paso.
einflößen *Arznei*: administrar; *fig.* inspirar; imbuir; *Furcht*: infundir.
Einfluß m influencia f, influjo m *(auf* en, sobre); ~ *haben auf* influir en; 2reich influyente.
einflüster|n *fig.* insinuar; sugerir; 2ung f insinuación f, sugerencia f.
einfordern reclamar; exigir.
einförmig ['-fœrmiç] uniforme; monótono; 2keit f uniformidad f; monotonía f.
einfried(ig)en ['-fri:d(ig)ən] (26 [25]) cercar; 2ung f cerca f, cercado m, vallado m.
einfrieren 1. *v/t.* congelar *(a. fig.)*; 2. *v/i.* congelarse; helarse; *Schiff*: quedar preso en el hielo.
einfüg|en insertar; intercalar; incorporar; *sich* ~ *in (ac.)* adaptarse a; 2ung f inserción f.
einfühl|en: *sich* ~ *in (ac.)* tratar de comprender; identificarse con; 2ungsvermögen n intuición f; facultad f de adaptación.
Einfuhr ['-fu:r] f (16) importación f; *Zoll*: a. entrada f; ~...: *in Zssgn oft de* importación.
einführ|en introducir; † importar; *Sitte*: implantar; *Mode, neue Artikel*: lanzar; *j-n*: presentar *(bei* a); *(einweihen)* iniciar *(in ac.* en); *in ein Amt*: instalar; 2ung f introducción f; implantación f; presentación f; iniciación f, instalación f; † lanzamiento m; 2ungs-preis m precio m de lanzamiento.
Einfuhr|verbot n prohibición f de importar; **~zoll** m derecho m de entrada.
einfüllen envasar; *in Flaschen*: embotellar.
Eingabe f memorial m, solicitud f; *Computer*: entrada f.
Eingang m entrada f *(a. v. Waren)*; *v.* *Geld*: ingreso m; 2s al principio; **~sbestätigung** f acuse m de recibo; **~sbuch** † n libro m de entradas.
eingeben *Arznei*: dar, administrar; *fig.* inspirar; sugerir.
eingebildet imaginario; *j.*: presumido, engreído.
eingeboren, 2e(r m) *su.* indígena *(su.)*, aborigen *(su.)*.
Eingebung ['-ge:buŋ] f inspiración f; sugestión f.
eingedenk ['-gədɛnk] *(gen.)* teniendo presente.
eingefallen ['--falən] ⚔ hundido, F chupado.
eingefleischt ['--flaiʃt] *fig.* empedernido.
eingefuchst F ['--fuks̩t] experto; avezado.
eingehen 1. *v/t.* (h., sn) *Ehe, Verpflichtung*: contraer; *Wette*: hacer; **2.** *v/i.* (sn) entrar *(a. fig. j-m)*; *Briefe*: llegar, recibirse; *Gelder*: ingresar (en caja); *(aufhören)* dejar de existir; *Zeitung*: dejar de aparecer; ⚕, *Tier*: morirse; *Stoff*: encogerse; ~ *auf (ac.)* consentir en; aceptar *(ac.)*; *auf ein Thema* ~ tratar un asunto; ~ *lassen* suprimir; **~d** *fig.* detenido; detallado; *adv.* a fondo.
Eingemachte(s) ['--maxtə(s)] n conservas f/pl.
eingemeinden ['--maindən] (26) incorporar *(in* en).
eingenommen ['--nɔmən] prevenido, predispuesto *(für* a favor de); *von sich* ~ presumido, engreído.
eingeschrieben ['--zɛsən] certificado, *Am.* registrado.
eingesessen ['--zɛsən] avecindado; autóctono; afincado.
Eingeständnis n confesión f.
eingestehen confesar.
Eingeweide ['--vaidə] n (7) vísceras f/pl.; entrañas f/pl.; tripas f/pl.
eingeweiht ['--vait] iniciado *(in* en); ~ *sn* estar en el secreto.
eingewöhnen: *sich* ~ aclimatarse, acostumbrarse.
eingewurzelt ['--vurtsəlt] arraigado, inveterado.
eingießen echar, verter.
eingipsen enyesar; ⚔ *a.* escayolar.
eingleisig 🚊 ['-glaiziç] de vía única.
eingliedern incorporar *(in* a), integrar (en); 2ung f incorporación f, integración f.

'eingraben enterrar; ⊕ grabar (*a. fig.*); sich ~ ⚔ atrincherarse.
'eingravieren grabar.
'eingreifen 1. *v/i.* ⊕ engranar; *fig.* intervenir (en); mezclarse (en); **2.** ♀ *n* intervención *f*.
'Eingriff *m* ⊕ engranaje *m*; *fig.* intervención *f*; ⚔ *a.* operación *f*.
'einhaken ⊕ enganchar; *eingehakt gehen* ir del brazo.
'Einhalt *m*: ~ *gebieten* (*dat.*) poner término *od.* coto a, contrarrestar (*ac.*); ♀en **1.** *v/t.* (*beachten*) cumplir (con); observar, respetar; **2.** *v/i.* detenerse, parar; cesar.
'einhämmern *fig.* encasquetar; machacar.
'einhandeln: ~ *gegen* trocar por.
'einhändig ['-hɛndiç] manco.
'einhängen colgar (*a.* Teléfono); Tür: enquiciar.
'einhauen 1. *v/t. Nagel:* clavar; Tür: forzar; **2.** *v/i.:* *auf j-n* ~ dar de palos a alg.; F *fig.* tüchtig ~ comer a dos carrillos; tener buen saque.
'einheimisch del país; nacional; Zo., ♀ indígena; **2e(r)** *m* indígena *m*, nativo *m*, aborigen *m*.
'einheimsen ['-haɪmzən] (27) *fig. Erfolg:* cosechar; Geld: embolsar.
'einheiraten: ~ *in* (*ac.*) emparentar con una familia por casamiento.
Einheit ['-haɪt] *f* unidad *f*; (*Ganzes*) conjunto *m*; ♀lich uniforme; ~lichkeit *f* uniformidad *f*; ~s...: *in Zssgn* unitario, único, unificado; ~s-preis *m* precio *m* único; ~staat *m* Estado *m* unitario.
'einheizen calentar; *fig. j-m* ~ hacer sudar a alg.
'einhellig ['-hɛliç] unánime; *adv.* de común acuerdo; ♀keit *f* unanimidad *f*.
einher|gehen [-'heːrgəən] *fig.* ir acompañado (*mit de*); ~stolzieren (sn) pavonearse, ufanarse.
'einholen *v/t.* ⚓ halar; Segel, Flagge: arriar; (*erreichen*) alcanzar; Zeit: recuperar; Auskünfte: tomar; Erlaubnis: pedir; **2.** *v/i.:* ~ (*gehen*) ir de compras.
'Einhorn *n* unicornio *m*.
Einhuf|er ['-huːfər] *m* (7), ♀ig solípedo (*m*).
'einhüllen envolver.
einig ['aɪnɪç] acorde, conforme; (*geeint*) unido; sich ~ sn (werden) estar (ponerse) de acuerdo; ~e *pl.* algunos,

unos; ~en ['--gən] (25) unir; sich ~ ponerse de acuerdo (*über* sobre); ~ermaßen [--gərˈmaːsən] en cierto modo; (*ziemlich*) bastante; (*leidlich*) F regular; ~es algo, ♀keit *f* unión *f*; conformidad *f*; (*Eintracht*) concordia *f*; ♀ung ['--gʊŋ] *f* acuerdo *m*.
'ein-impfen inocular; *fig. a.* inculcar.
einjährig ['-jɛːriç] de un año; ♀ anual.
'einkalkulieren tener en cuenta; contar con.
'einkapseln ['-kapsəln] (29): sich ~ ⚔ enquistarse; *fig.* encerrarse.
'einkassier|en cobrar; recaudar; ♀ung *f* cobro *m*; recaudación *f*.
'Einkauf *m* compra *f*; Einkäufe *machen* hacer compras; ♀en comprar; ~ *gehen* ir de compras.
'Einkäufer *m* comprador *m*.
Einkaufs... ['-kaʊfs...]: *in Zssgn oft* de compra; ~bummel F *m:* e-n ~ *machen* ir de tiendas; ~wagen *m* carrito *m* de compras; ~zentrum *n* centro *m* comercial.
Einkehr ['-keːr] *f* (16) parada *f*; *fig.* recogimiento *m*; ♀en (25, sn) entrar (en un restaurante, *etc.*); hospedarse.
'einkellern ['-kɛlərn] (29) embodegar.
'einkerben hacer una muesca en.
'einkerkern ['-kɛrkərn] (29) encarcelar.
'einkesseln ['-kɛsəln] (29) cercar; ⚔ copar.
'einklagen reclamar judicialmente.
'einklammern poner entre paréntesis.
'Einklang *m* ♪ unisonancia *f*; acorde *m*; *a. fig.* consonancia *f*, armonía *f*; *in* ~ *bringen* concertar, armonizar, poner de acuerdo.
'einkleben pegar (*in ac.* en).
'einkleid|en vestir; ♀ung *f Rel.* toma *f* de hábito.
'einklemmen apretar, coger, aprisionar (*in ac.* entre); ⊕ sujetar; ⚔ *eingeklemmter Bruch* hernia *f* estrangulada.
'einknicken 1. *v/t.* doblar; **2.** *v/i.* (sn) doblarse.
'einkochen 1. *v/i.* reducirse; **2.** *v/t.* confitar.
'einkommen 1. *v/i.* (sn) Geld: entrar, ingresar; **2.** ♀ *n* ingresos *m/pl.*, renta *f*; ♀steuer *f* impuesto *m* sobre la renta.
'einkreis|en cercar; ⚔ *a.* envolver; Pol. aislar; ♀ung *f* cerco *m*.

Einquartierung

Einkünfte ['-kynftə] pl. (14¹) ingresos m/pl.

einlad|en et.: cargar; ⚓ embarcar; j-n: invitar (zu a); zum Essen: a. convidar; ~end Speise: apetitoso; atractivo; ℒung f invitación f.

'**Einlage** f im Brief: anexo m; (Kapital) aportación f; (Bank℠) imposición f; Schneiderei: entretela f; (Schuh℠) plantilla f ortopédica; ♪, Thea. intermedio m.

'**einlagern** almacenar.

Einlaß ['-las] m (4²) entrada f; admisión f.

'**einlassen** dejar entrar, admitir; △ empotrar; sich ~ auf (ac.) meterse en, aventurarse en; embarcarse en; sich mit j-m ~ trabar relaciones con alg.; desp. ligar con alg.

'**Einlauf** m entrada f; llegada f; 🏁 lavativa m, enema m; ℒen (sn) entrar; llegar; Stoff: encogerse.

'**einläuten** tocar a.

'**Einlege|-arbeit** f taracea f; incrustación f; ℒn poner, meter (en); Geld: imponer; (beifügen) incluir; adjuntar; Pause: hacer; Haare: marcar; in Holz usw.: incrustar; Zug: añadir; (in Essig) ~ poner en vinagre; adobar; ein gutes Wort ~ für interceder en favor de; ~sohle f plantilla f.

'**einleit|en** iniciar; Verhandlungen: a. entablar; Prozeß: incoar, instruir; Scheidung: solicitar; ~end preliminar; introductor; ℒung f inicio m; introducción f; prefacio m; prólogo m.

'**einlenken** fig. transigir, ceder.

'**einleuchten** parecer evidente; ~d obvio, evidente.

'**einliefer|n** hacer ingresar; entregar; 🏥 hospitalizar, ingresar (en el hospital); ℒung f ingreso m; entrega f; hospitalización f; ℒungsschein m resguardo m, recibo m.

einliegend ['-li:gənt] incluso, adjunto.

'**einlochen** F meter en chirona.

'**einlösen** Wechsel: aceptar; Scheck: cobrar; Pfand: rescatar; Gutschein: canjear; Versprechen: cumplir.

'**einmach|en** confitar; ℒglas n tarro m.

'**einmal** una vez; (künftig) un día; auf ~ de una vez; a la vez; (plötzlich) de repente; es war ~ érase una vez; noch ~ otra vez; nicht ~ ni siquiera; gib mir doch ~ ... a ver si me das ...; ℒ-'**eins** n uv. tabla f de multiplicar; ~**ig** único (a. fig.).

Ein'mannbus m autobús m con agente único.

'**Einmarsch** m entrada f; ℒieren (sn) entrar.

'**einmauern** emparedar.

'**einmeißeln** cincelar, grabar.

'**einmengen** s. einmischen.

'**einmieten** ✍ ensilar; sich ~ alquilar una habitación.

'**einmisch|en**: sich ~ mezclarse (in ac. en); intervenir (en); injerirse (en); ℒung f intervención f; injerencia f.

'**einmotorig** ['-moto:riç] monomotor.

einmumme(l)n F ['-mumə(l)n] (25 [29]): sich ~ abrigarse bien; arroparse.

'**einmünden** desembocar (a. Straße); desaguar.

einmütig ['-my:tiç] unánime; ℒkeit f unanimidad f.

Einnahme ['-na:mə] f (15) × toma f; ✝ ingreso m, entrada f; a. v. Steuern: recaudación f.

'**einnehmen** tomar (a. × u. ✗); Stelle, Platz: ocupar; Geld: recibir, cobrar; a. Steuern: recaudar; fig. prevenir (für a favor de); ~d fig. simpático, agradable.

'**einnicken** (sn) dormitarse, dar cabezadas.

'**einnisten**: sich ~ anidarse (a. fig.).

'**Ein-öde** f desierto m; soledad f.

'**ein-ölen** lubri(fi)car, engrasar.

'**ein-ordnen** clasificar; Kfz. sich rechts ~ tomar la fila de la derecha.

'**einpacken** empaquetar, embalar.

'**einpassen** ⊕ ajustar.

'**einpauken** F inculcar; machacar.

'**einpendeln**: sich ~ fig. equilibrarse; encarrilarse.

'**einpferchen** apriscar; fig. hacinar.

'**einpflanzen** plantar; fig. implantar.

einphasig ⚡ ['-fa:ziç] monofásico.

'**einplanen** incluir en el plan; tener en cuenta.

'**einpökeln** salar, poner en salmuera.

einpolig ⚡ ['-po:liç] unipolar.

'**einpräg|en** estampar; grabar (a. fig.); fig. inculcar; sich (dat.) et. ~ grabarse a/c. en la memoria; ~**sam** ['-prɛːkza:m] fácil de retener; ♪ F pegadizo.

einquartier|en ['-kvarti:rən] alojar; × a. acantonar; ℒung f alojamiento m; × a. acantonamiento m.

'einrahmen (25) encuadrar (*a. fig.*), enmarcar; poner un marco a.
'einrammen hincar.
'einräumen colocar (en su sitio); *Wohnung*: amueblar; *Recht*: reconocer; (*abtreten*) ceder; (*zugestehen*) conceder; (*zugeben*) admitir.
'einrechnen incluir; tener en cuenta.
'Einrede f objeción f; ⚖ excepción f; ⚑n hacer creer (*j-m* et. a/c. a alg.); *auf j-n* ~ hablar a alg. con insistencia.
'einreib|en friccionar; frotar; ⚑ung f fricción f.
'einreichen presentar.
'einreih|en incorporar (*in ac.* a); **~ig** ['-raitiç] de una (sola) fila.
'Einreise f entrada f; ⚑n (sn) entrar.
'einreißen 1. *v/t.* rasgar; *Mauer*: derribar; 2. *v/i.* (sn) rasgarse; *fig.* extenderse, arraigarse.
einrenken ['-rɛŋkən] (25) ⚕ reducir; *fig.* arreglar.
'einrennen *Tür*: echar abajo.
'einricht|en arreglar; organizar; disponer; (*errichten*) establecer; *Wohnung*: amueblar; (*ausstatten*) equipar; *Thea.* adaptar; ⚕ reducir; sich ~ instalarse; sich ~ *auf* (*ac.*) prepararse para; ⚑ung f organización f; instalación f; institución f; (*Wohnungs*⚑) mobiliario m; ⊕ dispositivo m.
'einritzen grabar.
'einrollen enrollar.
'einrosten (sn) oxidarse (*a. fig.*).
'einrücken 1. *v/t. Typ.* sangrar; *Inserat*: poner; ⊕ embragar; 2. *v/i.* (sn) ⚔ entrar en filas.
eins [aɪns] 1. uno; *um* ~ a la una; *das ist mir* ~ me da igual; 2. ⚑ f (16) uno m; (*Note*) sobresaliente m.
einsacken ['-zakən] (25) ensacar; *Geld*: embolsar.
'einsalben untar, ungir.
'einsalzen salar.
einsam ['-zaːm] solitario; solo; aislado; ⚑keit f soledad f; aislamiento m.
'einsammeln recoger; *Geld*: recaudar.
'Einsatz m *Spiel*: puesta f; (*Verwendung*) empleo m; (*Pfand*) depósito m; (*Spitzen*⚑) entredós m; ♪ entrada f; ⚔ ataque m; entrada f en acción; (*Auftrag*) misión f; *unter* ~ *des Lebens* arriesgando la vida; ⚑**bereit** dispuesto a funcionar; ⚑**gruppe** ⚔ f grupo m especial de operaciones.
'einsaugen aspirar; chupar; absorber.

'einsäumen orlar; ribetear.
'einschalt|en insertar; *j-n*: acudir a; ∮ conectar; *Licht*: dar; *Radio*: poner; ⊕ poner en marcha; *Kfz. den ersten Gang* ~ poner la primera; *sich* ~ *fig.* intervenir; ⚑**quote** f TV índice m de audiencia; ⚑**ung** f inserción f; *fig.* intervención f.
'einschärfen inculcar.
'einscharren soterrar.
'einschätz|en tasar (*a. Steuer*); evaluar; apreciar, estimar; ⚑ung f tasación f; evaluación f; apreciación f, estimación f.
'einschenken echar (de beber).
'einschicken enviar.
'einschieben interponer; intercalar; insertar.
'Einschienenbahn f monocarril m.
'einschießen ⊕ tramar; *Geld*: aportar; *sich* ~ ⚔ corregir el tiro.
'einschiff|en: (*sich*) ~ embarcar(se) (*nach* para); ⚑ung f embarque m; *j-s*: embarco m.
'einschlafen (sn) adormecerse, conciliar el sueño; *a. Glied*: dormirse.
'einschläfern (29) adormecer; ⚑**d** soporífero (*a. fig.*).
'Einschlag m *Blitz*: caída f; *Kugel*: impacto m; *Weberei*: trama f; *fig.* deje m, matiz m; ⚑**en 1.** *v/t.* romper; *Tür*: derribar; *Nagel*: clavar; *Paket*: envolver; *Laufbahn*, *Weg*: seguir; 2. *v/i.* aceptar (con un apretón de manos); *Blitz*: caer; *Geschoß*: hacer impacto; *auf j-n* ~ golpear a alg.; *fig.* (sn) (*gut*) ~ dar buen resultado, tener éxito.
einschlägig ['-ʃlɛːgiç] pertinente; correspondiente; *Geschäft*: del ramo.
'einschleichen: *sich* ~ introducirse (furtivamente); *Fehler*: deslizarse.
'einschleppen ⚕ introducir.
'einschleusen ['-ʃlɔyzən] (27) *fig.* hacer entrar clandestinamente; *Pol.* infiltrar.
'einschließ|en encerrar; ⚔ cercar; *fig.* comprender, abarcar; ⚑**lich** (*gen.*) incluso, inclusive, incluido.
'einschlummern adormecerse, adormitarse.
'Einschluß m inclusión f.
'einschmeicheln: *sich* ~ insinuarse; congraciarse (*bei* con); F hacer la pelotilla (a); ⚑**d** insinuante.
'einschmelzen (re)fundir.
'einschmieren untar, engrasar.

'einschmuggeln introducir de contrabando; *sich* ~ colarse.
'einschnappen (sn) cerrarse de golpe; *fig.* picarse, amoscarse.
'einschneiden cortar, entallar, grabar; **~d** *fig.* radical; trascendental.
'einschneien (sn) cubrirse de nieve; quedar enterrado *bzw.* bloqueado por la nieve.
'Einschnitt *m* incisión *f* (*a.* ⚔); corte *m*; *fig.* momento *m* crucial; (*Zäsur*) cesura *f*.
'einschnüren encordelar; (*drücken*) apretar.
einschränk|en ['-rɛŋkən] (25) reducir, limitar; restringir; *sich* ~ reducir los gastos; **~end** restrictivo; 2ung *f* reducción *f*, limitación *f*; restricción *f*.
'einschrauben atornillar.
'Einschreib|ebrief *m* carta *f* certificada; 2en inscribir (*in ac.* en); ✉ certificar, *Am.* registrar; *sich* ~ inscribirse; *Universität, Kurs:* matricularse; **~ung** *f* inscripción *f*; matrícula *f*.
'einschreiten 1. *v/i.* (sn) intervenir; 2. 2 *n* intervención *f*.
'einschrumpfen (sn) arrugarse, encogerse.
'einschüchter|n (29) intimidar, amedrentar; 2ung *f* intimidación *f*.
'einschul|en escolarizar; 2ung *f* escolarización *f*.
'Einschuß *m* orificio *m* de entrada; impacto *m*; ⊕ trama *f*.
'einsegn|en bendecir; (*konfirmieren*) confirmar; 2ung *f* bendición *f*; confirmación *f*.
'einsehen 1. *v/t.* examinar; (*begreifen*) comprender; *Irrtum*: reconocer; 2. 2 *n* comprensión *f*; *ein* ~ *haben* ponerse en razón.
einseifen ['-zaɪfən] (25) enjabonar; F *fig.* embaucar; engatusar.
'einseitig ['-zaɪtɪç] unilateral; (*parteiisch*) parcial; ⊕ en una cara; *j.*: exclusivista; 2keit *f* estrechez *f* de miras; parcialidad *f*.
'einsend|en remitir; enviar; 2er *m* remitente *m*; 2eschluß *m* cierre *m* de admisión; 2ung *f* envío *m*.
'einsenk|en hundir; hincar; 2ung *f* hundimiento *f*; depresión *f*, hondonada *f*.
'einsetz|en 1. *v/t.* poner, colocar; *beim Spiel:* poner en juego (*a. fig.*); ♪ plantar; *Leben:* arriesgar; *Anzeige:* insertar; (*errichten*) establecer; *j-n:*

nombrar, *in ein Amt*: instalar; ⚔ hacer entrar en acción; (*anwenden*) emplear; *zum Erben* ~ instituir heredero; *sich* ~ *für* abogar por; interceder a favor de; 2. *v/i.* empezar; ♪ entrar; 2ung *f* colocación *f*; institución *f*; instalación *f*; nombramiento *m*; *s. a.* Einsatz.
'Einsicht *f* (16) (*Kenntnis*) conocimiento *m*; (*Prüfung*) examen *m*; (*Verständnis*) comprensión *f*; ~ *nehmen in* (*ac.*) examinar (*ac.*); *zur* ~ *kommen* entrar en razón; 2ig razonable; comprensivo.
'einsickern infiltrarse.
Einsied|elei [-ziːdəˈlaɪ] *f* ermita *f*; **~ler** ['-lər] *m* ermitaño *m*; *fig.* solitario *m*; 2lerisch solitario *m*; **~lerkrebs** *m* *Zo.* ermitaño *m*.
einsilbig ['-zɪlbɪç] monosílabo; *fig.* taciturno.
'einsinken hundirse.
Einsitzer ['-zɪtsər] *m* (7), 2ig monoplaza (*m*).
'einspannen tender (*in ac.* entre); *Pferde:* enganchar; ⊕ sujetar, fijar; *j-n:* hacer trabajar.
'einspar|en economizar, ahorrar; 2ung *f* economía *f*, ahorro *m* (*an* de).
'einsperren encerrar; *in ein Gefängnis:* encarcelar.
'einspiel|en ♪ (*aufnehmen*) grabar; *Film:* dar en taquilla; *sich* ~ adquirir práctica; ⊕ rodarse; *fig.* encarrilarse; *gut aufea. eingespielt sn* formar un buen equipo.
'einsprengen rociar.
'einspringen (sn): *für j-n* ~ sustituir a alg.
'einspritz|en 🛠 inyectar; 2motor *m* motor *m* de inyección; 2ung *f* inyección *f*.
'Einspruch *m* reclamación *f*; protesta *f*; *Pol.* veto *m*; ~ *erheben* protestar, reclamar.
'einspurig ['-ʃpuːrɪç] 🚗 de vía única; *Tonband:* de una pista.
einst [aɪnst] (*zukünftig*) un día, algún día; (*früher*) antiguamente, en otros tiempos, antaño.
'einstampfen *Auflage:* destruir.
'Einstand *m* entrada *f* en funciones; *Tennis:* empate *m*.
'einstechen picar, pinchar.
'einstecken meter, poner; *Geld:* embolsar, quedarse con; *Brief:* echar; *Beleidigung:* tragar; *Hieb usw.:* encajar.

'einstehen responder (*für* de).

'einsteigen (sn) subir (*in* a); *durch das Fenster* ~ entrar por la ventana; ~*!* ¡viajeros, al tren!

'einstell|bar regulable, ajustable; **~en** poner, meter; *Arbeiter*: contratar; (*aufhören*) parar, cesar; suspender (*a. Zahlung usw.*); 🕱 *Verfahren*: sobreseer; ⊕ regular, ajustar; graduar; *Phot.* enfocar; *Richtung*: orientar; *Sender*: sintonizar; *sich* ~ aparecer, presentarse; *sich* ~ *auf* (ac.) prepararse para, adaptarse a; *eingestellt gegen* opuesto a; **~ig** ['-ſtɛliç] de una cifra; **~e** *Zahl* dígito *m*; **2ung** *f* ⊕ reglaje *m*, ajuste *m*, regulación *f*; *Richtung*: orientación *f*; *Phot.* enfoque *m*; *Film*: plano *m*; *Sender*: sintonización *f*; (*Ende*) paro *m*; suspensión *f*; *fig.* opinión *f*; actitud *f*; punto *m* de vista.

'Einstich *m* (señal *f* de) pinchazo *m*; punción *f*.

'Einstieg ['-ſtiːk] *m* (3) entrada *f*.

einstig ['-stiç] antiguo.

'einstimm|en unir su voz *a*; *fig.* juntarse a; **~ig ♩** de una sola voz; *fig.* unánime; *adv.* por unanimidad; **2igkeit** *f* unanimidad *f*.

einstöckig ['-ſtœkiç] de un piso.

'einstoßen romper, derribar.

'einstreichen *Geld*: embolsar.

'einstreuen *fig.* insertar.

'einströmen entrar, (a)fluir.

'einstudieren estudiar; *Thea.* ensayar.

'einstuf|en clasificar; **2ung** *f* clasificación *f*.

einstündig ['-ſtyndiç] de una hora.

'einstürmen (aba)lanzarse (*auf* ac. sobre); *fig. Gedanken*: agolparse.

'Einsturz *m* hundimiento *m*.

'einstürzen hundirse, derrumbarse.

'Einsturzgefahr *f* amenaza *f* de ruina.

einstweil|en ['ainst'vaɪlən] por de pronto; (*unterdessen*) entretanto, mientras tanto; **~ig** interino, provisional.

eintägig ['ante:giç] de un día.

'Eintagsfliege *f* cachipolla *f*, efímera *f*.

'eintauchen mojar; sumergir.

'eintauschen trocar, cambiar, canjear (*gegen* por).

'einteil|en dividir (*in* ac. en); clasificar; organizar; *Zeit*: disponer; **2ung** *f* división *f*, clasificación *f*; organización *f*; disposición *f*.

eintönig ['-tøːniç] monótono; **2keit** *f* monotonía *f*.

Eintopf(gericht *n*) *m* plato *m* único; puchero *m*.

'Eintracht *f* (16. *o. pl.*) concordia *f*, armonía *f*.

'einträchtig concorde, armonioso; *adv.* en armonía.

Ein|trag ['-traːk] *m* (3³) *s. Eintragung*; **2tragen** ['--gən] inscribir, registrar, † asentar; *fig.* ocasionar; *Nutzen*: rendir, producir; *sich* ~ inscribirse; **2träglich** ['-trɛːkliç] lucrativo, remunerador; **~tragung** ['-traːgʊŋ] *f* inscripción *f*; † asiento *m*.

'einträufeln instilar.

'eintreffen 1. *v*/*i*. (sn) llegar; (*geschehen*) realizarse, cumplirse; **2.** ⚥ *n* llegada *f*.

'eintreiben *Geld*: cobrar; *a. Steuern*: recaudar.

'eintreten 1. *v*/*t*. romper de una patada; **2.** *v*/*i*. (sn) entrar; *fig.* ingresar (*in* en); (*geschehen*) suceder, ocurrir; *unvermutet*: sobrevenir; ~ *für* abogar por.

eintrichtern F ['-trıçtərn] (29) inculcar.

'Eintritt *m* entrada *f* (*a. fig.*); (*Zulassung*) admisión *f*; *in Verein usw.*: ingreso *m*; **~sgeld** *n* precio *m* de entrada; **~skarte** *f* entrada *f*, localidad *f*, *Am.* boleto *m*.

'eintrocknen secarse; (*schrumpfen*) avellanarse.

eintunken ['-tʊŋkən] (25) mojar (en).

'ein-üben estudiar; *Thea.* ensayar.

einverleib|en ['-fɛrlaɪbən] (25) incorporar *a od.* en; anexionar; **2ung** *f* anexión *f*; incorporación *f*.

'Einver|nehmen *n* (6) acuerdo *m*; *im* ~ *mit* de acuerdo con; **2standen** conforme, de acuerdo (*mit* con); **~ständnis** *n* conformidad *f*, acuerdo *m*; consentimiento *m*.

'einwachsen 1. *v*/*t*. encerar; **2.** *v*/*i*. (sn) encarnarse; *eingewachsener Nagel* uñero *m*.

'Einwand *m* (3³) objeción *f*; *Einwände machen* poner reparos.

'Einwander|er *m* inmigrante *m*; **2n** (sn) inmigrar; **~ung** *f* inmigración *f*.

einwandfrei ['-vantfraɪ] intachable, impecable.

einwärts ['-vɛrts] hacia adentro.

'einwechseln cambiar; canjear.

'Einwegflasche *f* botella *f* sin retorno *od.* no recuperable.

'einweichen poner en remojo (a. *Wäsche*).
'einweih|en inaugurar; *j-n:* iniciar (*in en*); poner al corriente (de); F *Kleid usw.:* estrenar; **₂ung** *f* inauguración *f;* iniciación *f;* estreno *m.*
'einweisen instalar; *Krankenhaus:* ingresar, internar; (*anleiten*) iniciar (en).
'einwend|en objetar; **₂ung** *f* objeción *f.*
'einwerfen romper; *Brief:* echar; *fig. Bemerkung:* deslizar.
'einwickeln envolver; F *fig.* camelar, engatusar.
einwillig|en ['-viligən] (25) consentir (*in ac.* en); **₂ung** *f* consentimiento *m;* aprobación *f.*
'einwirk|en obrar, actuar, influir (*auf ac.* sobre); **₂ung** *f* influencia *f,* influjo *m;* acción *f.*
Einwohner ['-vo:nər] *m* (7) habitante *m; e-r Ortschaft:* vecino *m;* **~melde-amt** *n* oficina *f* de empadronamiento; **~schaft** *f* habitantes *m/pl.;* vecindario *m.*
'Einwurf *m* (boca *f* del) buzón *m; für Münzen:* ranura *f; Sport:* saque *m* de banda; *fig.* objeción *f.*
'einwurzeln: *sich* **~** arraigarse (*a. fig.*).
'Einzahl *f Gram.* singular *m;* **₂en** pagar, ingresar; **~ung** *f* pago *m,* ingreso *m; auf ein Konto:* imposición *f,* depósito *m.*
einzäun|en ['-tsɔynən] (25) cercar, vallar; **₂ung** *f* cerca *f,* vallado *m.*
Einzel ['-tsəl] *n* (7) *s.* **~spiel;** **~fall** *m* caso *m* individual *od.* aislado; **~gänger** ['--gɛŋər] *m* (7) solitario *m;* **~haft** *f* aislamiento *m* celular; **~handel** *m* comercio *m* al por menor *od.* al detall; **~händler** *m* detallista *m, Am.* menorista *m;* **~heit** *f* detalle *m,* pormenor *m; mit allen* **~en** con todo lujo de detalles; **~kind** *n* hijo *m* único; **₂n** singular; (*besonder*) particular; (*lose*) suelto; (*abseits*) aislado; *adv.* individualmente; *im* **~en** en detalle; *ins* **~e** *gehen* entrar en detalles; *jeder* **~e** cada uno; **~person** *f* individuo *m;* **~rad-aufhängung** *f Kfz.* suspensión *f* independiente; **~spiel** *n* individual *m;* **~stück** *n* pieza *f* única; **~teil** *n* componente *m;* pieza *f* suelta; **~verkauf** *m* venta *f* al por menor; **~wesen** *n* individuo *m;* **~zimmer** *n* habitación *f* individual.

einzieh|bar ['-tsi:baːr] *Zo.* retráctil; *Fahrgestell:* replegable; **~en 1.** *v/t. Segel, Flagge:* arriar; *Luft:* aspirar; *Steuern:* recaudar; *Geld:* cobrar; (*außer Kurs setzen*) retirar de la circulación; confiscar; llamar a filas; *Fahrgestell:* replegar; **2.** *v/i.* (sn) entrar; *Wohnung:* instalarse; **₂ung** *f* recaudación *f;* cobro *m;* confiscación *f;* llamamiento *m* a filas.
einzig ['-tsiç] solo, único; **~** *allein* (única y) exclusivamente; **~artig** singular; único.
'Einzug *m* entrada *f* (*in ac.* en); *Wohnung:* instalación *f* (en).
Eis [aɪs] *n* (4) hielo *m;* (*Speise***₂**) helado *m;* **~** *am Stiel* polo *m; fig. auf* **~** *legen* aparcar; *das* **~** *brechen* romper el hielo; **'~bahn** *f* pista *f* de hielo; **'~bär** *m* oso *m* blanco; **'~becher** *m* copa *f* de helado; **'~bein** *n* pata *f* de cerdo; **'~berg** *m* iceberg *m;* **'~brecher** *m* rompehielos *m;* **'~decke** *f* capa *f* de hielo; **'~diele** *f* heladería *f.*
Eisen ['aɪzən] *n* (6) hierro *m.*
'Eisenbahn *f* ferrocarril *m;* **~...:** *in Zssgn* ferroviario; **~beamte(r),** **~er** *m* (7) ferroviario *m;* **~fähre** *f* transbordador *m;* **~fahrt** *f* viaje *m* en tren; **~knotenpunkt** *m* nudo *m* ferroviario; **~linie** *f* vía *f* férrea; **~netz** *n* red *f* de ferrocarriles; **~schiene** *f* carril *m,* riel *m,* rail *m;* **~unglück** *n* accidente *m* ferroviario; **~verbindung** *f* comunicación *f* ferroviaria; **~wagen** *m* coche *m,* vagón *m.*
'Eisen|band *n* fleje *m;* **~beschlag** *m* herraje *m;* **~beton** *m* hormigón *m* armado; **~blech** *n* chapa *f* (de hierro); **~erz** *n* mineral *m* de hierro; **~gießerei** *f* fundición *f* de hierro; **₂haltig** ['--haltiç] ferruginoso; **~hut** *m* acónito *m;* **~hütte** *f* planta *f* siderúrgica; **~industrie** *f* industria *f* siderúrgica *od.* siderúrgica; **~kraut** *n* verbena *f;* **₂schaffend:** **~e** *Industrie* siderurgia *f;* **₂verarbeitend:** **~e** *Industrie* transformador *f* del hierro; **~waren** *f/pl.* ferretería *f;* **~warenhandlung** *f* ferretería *f.*
eisern ['-zərn] de hierro; metálico; térreo (*a. fig.*); **~er** *Bestand* últimas reservas *f/pl.;* **~e** *Lunge* pulmón *m* de acero; **~er** *Vorhang Thea.* telón *m* metálico; *Pol.* telón *m* de acero.
eis|frei ['aɪsfraɪ] libre de hielo; **₂gang** *m* deshielo *m;* **~gekühlt** ['-gəky:lt]

helado; ⁓**hockey** *n* hockey *m* sobre hielo; ⁓**ig** ['aɪtsɪç] glacial (*a. fig.*); ⁓**kaffee** *m* café *m* helado; ⁓**kalt** helado; glacial (*a. fig.*); ⁓**keller** *m* fig. nevera *f*; ⁓(**kunst**)**lauf** *m* patinaje *m* (artístico) sobre hielo; ⁓**laufen** (sn) patinar sobre hielo; ⁓**läufer**(**in** *f*) *m* patinador(a) *m* (*f*); ⁓**maschine** *f* heladora *f*; ⁓**pickel** *m* piolet *m*; ⁓**revue** *f* revista *f* sobre hielo; ⁓**schnellauf** *m* patinaje *m* de velocidad (sobre hielo); ⁓**scholle** *f* témpano *m*; ⁓**schrank** *m* nevera *f*; ⁓**stadion** *n* pista *f* de hielo; ⁓**tanz** *m* danza *f* sobre hielo; ⁓**torte** *f* tarta *f* helada; ⁓**vogel** *m* martín *m* pescador, alción *m*; ⁓**würfel** *m* cubito *m* de hielo; ⁓**zapfen** *m* carámbano *m*; ⁓**zeit** *f* período *m* glacial.

eitel ['aɪtəl] vanidoso, fatuo; (*nichtig*) vano; (*rein*) puro; 2**keit** *f* vanidad *f*.

Eit|er ['-tər] *m* (7) pus *m*; ⁓**erbeule** *f* absceso *m*; ⁓**erbläs-chen** *n* pústula *f*; ⁓**e**(**e**)**rig** purulento; ⁓**ern** (29) supurar; ⁓**erung** *f* supuración *f*.

Eiweiß ['-vaɪs] *n* (3²) clara *f* (del huevo); 🞸 albúmina *f*; proteína *f*; 2**haltig** ['-haltɪç] albuminoso.

Ekel ['e:kəl] 1. *m* (7) asco *m*; náuseas *f*/*pl*.; (*Überdruß*) hastío *m*; (*Widerwille*) repugnancia *f* (vor *dat.* a, de); 2. 𝔉 *n* tío *m* asqueroso; 2**-erregend**, **⁓haft**, **⁓ig** asqueroso; nauseabundo; repugnante; ⁓**n** (29) dar asco a; repugnar; *sich* ⁓ vor tener asco de.

Ekstase [ɛk'sta:zə] *f* (15) éxtasis *m*; in ⁓ *geraten* extasiarse.

Ekzem 𝔉 [-'tse:m] *n* (3¹) eczema *m*.

elasti|**sch** [e'lastɪʃ] elástico; 2**zität** [---tsi'tɛ:t] *f* elasticidad *f*.

Elch *Zo.* [ɛlç] *m* (3) alce *m*.

Elefant [ele'fant] *m* (12) elefante *m*.

elegan|**t** [--'gant] elegante; 2**z** [--'-ts] *f* (16, *o. pl.*) elegancia *f*.

Elegi|**e** [-'giː] *f* (15) elegía *f*; 2**isch** [-'leːgiʃ] elegíaco.

elektri|**fizieren** [elɛktrifi'tsiːrən] electrificar; 2**fizierung** *f* electrificación *f*; 2**ker** [-'--kər] *m* (7) electricista *m*; ⁓**sch** [-'--trɪʃ] eléctrico; ⁓**sieren** [--triʹtsiːrən] electrizar (*a. fig.*); 2**zität** [---tsi'tɛːt] *f* electricidad *f*; 2**zi'tätswerk** *n* central *f* eléctrica.

Elektrode [--'troːdə] *f* (15) electrodo *m*.

E'**lektro**|**gerät** *n* (aparato *m*) electrodoméstico *m*; ⁓**herd** *m* cocina *f* eléctrica; ⁓**kardiogramm** [---kardio-'gram] *n* (3) electrocardiograma *m*; ⁓**lyse** [---'lyːzə] *f* (15) electrólisis *f*; ⁓**magnet** *m* electroimán *m*; ⁓**motor** *m* electromotor *m*.

Elektron [--'troːn] *n* (8¹) electrón *m*; ⁓**enblitz**(**gerät** *n*) *m Phot.* flash *m* electrónico; ⁓**en**(**ge**)**hirn** *n* cerebro *m* electrónico; ⁓**enmikroskop** *n* microscopio *m* electrónico; ⁓**enrechner** *m* ordenador *m*, calculadora *f* electrónica; ⁓**ik** [--'--nik] *f* (16, *o. pl.*) electrónica *f*; 2**isch** electrónico.

Elektrotechni|**k** [--troʹtɛçnik] *f* electrotecnia *f*; 2**sch** electrotécnico.

Element [ele'mɛnt] *n* (3) elemento *m*; *fig. in s-m* ⁓ *sn* estar en su elemento; 2**ar** [---'taːr] elemental.

Elend ['eːlɛnt] 1. *n* (3. *o. pl.*) miseria *f*; (*Unglück*) desgracia *f*; 2. 2 *adj.* mísero, miserable; desgraciado, ⁓ *aussehen* tener mala cara.

elf [ɛlf], 2 *f* (16) once (*m*) (*a. Sport*); ¹2**e** *f* (15) silfide *f*; 2**enbein** *n* marfil *m*; 2**meter** *m Sport*: penalty *m*; ¹-**te**(**r**) undécimo.

Elite [eʹliːtə] *f* (15) lo más selecto, crema *f*, *gal.* élite *f*.

Ell|**e** ['ɛlə] *f* (15) *Anat.* cúbito *m*; ⁓(**en**)**bogen** *m* codo *m*.

Ellip|**se** [ɛ'lɪpsə] *f* (15) elipse *f*; 2**tisch** [-'-tɪʃ] elíptico.

Elsässer|**in** *f*) ['ɛlzɛsər(in)] *m* (7), 2**isch** alsaciano (-a) *m* (*f*).

Elster ['-stər] *f* (15) urraca *f*, picaza *f*.

elterlich ['-tərlɪç] de los padres, paterno; ⁓**e** *Gewalt* patria potestad *f*.

Eltern ['--n] *pl. uw.* padres *m*/*pl*.; ⁓**haus** *n* casa *f* paterna; ⁓**liebe** *f* amor *m* paternal; 2**los** huérfano.

Email [eʹmaːj] *n* (11), ⁓**le** [-'malje] *f* (15) esmalte *m*; 2**lieren** [--'jiːrən] esmaltar.

Emanzi|**pation** [emantsipa'tsjoːn] *f* emancipación *f*; 2¹**pieren**: *sich* ⁓ emanciparse.

Embolie [ɛmbo'liː] *f* (15) embolia *f*.

Embryo ['-bryo] *m* (11 *od.* 8¹) embrión *m*.

Emigrant(**in** *f*) [emi'grant(in)] *m* (12) emigrado (-a) *m* (*f*), emigrante *su*.

Emission [--'sjoːn] *f* emisión *f*; ⁓**skurs** *m* tipo *m* de emisión.

emotion|**al**, ⁓**ell** [emotsjo'naːl, ---'nɛl] emocional; emotivo.

empfahl [ɛm'pfaːl] *s. empfehlen*.

empfand [-'pfant] *s. empfinden*.

Empfang [-'pfaŋ] *m* (3³) recepción *f*;

Engpaß

✚ recibo m; (*Aufnahme*) acogida f; *in* ~ *nehmen* recibir; *den* ~ *bestätigen* acusar recibo; ℒen (30) recibir; acoger; *Kind:* concebir.

Empfäng|er [-'pfɛŋər] m (7) ✍ destinatario m; *Radio:* receptor m; ℒ**lich** susceptible, sensible (*für* a); ✍ predispuesto (a); ~**nis** f (14²) concepción f; ℒ**nisverhütend**, ~**es Mittel** anticonceptivo (m), contraceptivo (m); ~**nisverhütung** f anticoncepción f, contracepción f.

Empfangs|bestätigung [-'pfaŋsbə[tɛ:tiguŋ] f acuse m de recibo; ~**chef** m jefe m de recepción, recepcionista m; ~**dame** f recepcionista f; ~**station** f *Radio:* estación f de receptora; ~**zimmer** n recibidor m.

empfehl|en [-'pfe:lən] (30) recomendar; (*anvertrauen*) encomendar; *sich* ~ (*sich verabschieden*) despedirse; ~**enswert** recomendable; ℒ**ung** f recomendación f; *pl.* (*Grüße*) saludos m/pl., recuerdos m/pl.; (*Referenzen*) referencias f/pl.

empfind|en [-'pfindən] (30) sentir, experimentar; ℒ**lich** [-'pfintlic] sensible (*gegen* a); (*heikel*) delicado; (*leicht gekränkt*) susceptible; *Kälte:* intenso; ℒ**lichkeit** f sensibilidad f; delicadeza f; susceptibilidad f; ~**sam** sensible; sentimental; ℒ**samkeit** f sensibilidad f; sentimentalismo m; ℒ**ung** f (*Sinne*) sensación f (*Gemüt*) sentimiento m; ~**ungslos** insensible; ℒ**ungsvermögen** n sensibilidad f.

empfing [-'pfiŋ] *s.* empfangen.

empfohlen [-'pfo:lən] *s.* empfehlen.

empfunden [-'pfundən] *s.* empfinden.

empor [-'po:r] (hacia) arriba; ~**arbeiten:** *sich* ~ hacer carrera.

Empore [-'po:rə] f (15) tribuna f; galería f; (*Kirche*) coro m.

empör|en [-'pø:rən] (25): (*sich*) ~ rebelar(se), sublevar(se); *fig.* indignar (-se); *escandalizar(se);* ~**end** indignante; escandaloso; ℒ**er** m (7) rebelde m.

empor|kommen [-'po:rkɔmən] (sn) *fig.* prosperar, medrar; ℒ**kömmling** [-'kœmliŋ] m (3¹) advenedizo m, arribista m; ~**ragen** elevarse; ~ *über* dominar (*ac.*); ~**schwingen:** *sich* ~ encumbrarse, elevarse; ~**steigen** (sn) subir, ascender.

Empörung [-'pø:ruŋ] f rebelión f, sublevación f; *fig.* indignación f.

emsig [-'zic] asiduo; aplicado; ℒ**keit** f asiduidad f; aplicación f.

End... ['ɛnt...]: *in Zssgn oft* final; ~**e** ['ɛndə] n (10) *örtl.* extremo m, final m; *zeitl.* fin m, final m, término m; *am* ~ al final; por fin; *am* ~ *des Monats* a fines del mes; *letzten* ~**s** al fin y al cabo; *zu* ~ *gehen* tocar a su fin; *ein* ~ *machen mit* acabar con; poner fin a; *zu* ~ *bringen* terminar, concluir; *ein schlimmes* ~ *nehmen* acabar mal; *von e-m* ~ *zum anderen* de un extremo a otro; ℒ**en** (26) acabar(se), terminar (-se); *Frist:* expirar; ℒ**gültig** ['ɛntgyltic] definitivo.

Endivie ♀ [-'di:vjə] f (15) escarola f.

End|kampf ['ɛntkampf] m *Sport:* final f; ℒ**lich** *adv.* finalmente, en fin, por fin; ℒ**los** infinito; interminable; ~**punkt** m término m; ~**spiel** n final f; ~**spurt** [-'ʃpurt] m (11) sprint m final; ~**station** f (estación f) terminal f *od.* final f; ~**summe** f total m; ~**ung** [-'duŋ] f desinencia f, terminación f; ~**ziel** n, ~**zweck** m objetivo m final.

Energie [enɛr'gi:] f (15) energía f (*a. fig.*); ~**krise** f crisis f energética; ~**los** sin energía; ~**quelle** f fuente f de energía; ~**versorgung** f abastecimiento m energético; ~**wirtschaft** f economía f energética.

energisch [-'giʃ] enérgico.

eng [ɛŋ] estrecho; angosto; *Freundschaft:* íntimo; *im engeren Kreis* en la intimidad; *im engeren Sinne* en sentido estricto.

Engag|ement [ãgaʒə'mã] n (11) contrato m; ℒ**ieren** contratar.

enganliegend [ɛŋ'ʔanli:gənt] estrecho, ajustado, ceñido.

Enge ['ɛŋə] f (15) estrechez f; angostura f; *in die* ~ *treiben* poner entre la espada y la pared.

Engel ['ɛŋəl] m (7) ángel m; ℒ**haft**, ~**s...** *in Zssgn* angelical; angélico.

Engerling ['ɛŋərliŋ] m (3¹) gusano m blanco.

engherzig ['ɛŋhɛrtsic] mezquino.

Engländer ['ɛŋlɛndər] m (7) inglés m; ⊕ llave f inglesa; ~**in** f inglesa f.

englisch ['ɛŋliʃ] inglés; ~**e** *Krankheit* raquitismo m; ℒ**horn** ♪ n corno m inglés.

eng|maschig ['ɛŋmaʃic] de mallas finas; ℒ**paß** m desfiladero m; *fig.* cuello m de botella.

en gros 664

en gros, Engros... [ã'groː...] al por mayor.
engstirnig ['ɛŋʃtirniç] estrecho de miras.
Enkel(in f) ['ɛŋkəl(in)] m (7) nieto (-a) m (f).
enorm [e'nɔrm] enorme.
Ensemble [ã'sãblə] n (11) conjunto m (a. ♪ u. Mode); Thea. compañía f; elenco m.
entart|en [ɛnt'ʔaːrtən] (26, sn) degenerar; ~ung f degeneración f.
ent-'äußern: sich ~ (gen.) deshacerse de, desposeerse de.
entbehr|en [-'beːrən] (25) (nicht haben) carecer de; (vermissen) echar de menos; ~ können poder prescindir de od. pasarse sin; ~lich superfluo; ~ung f privación f.
ent'bind|en 1. v/t. dispensar (von de); ⚕ asistir en el parto; **2.** v/i. ⚕ dar a luz; ~ung f dispensa f; ⚕ alumbramiento m, parto m; ~ungs-anstalt f casa f de maternidad.
ent'blättern deshojar.
entblöß|en [-'blø:sən] (27) desnudar, descubrir; fig. despojar.
ent'brennen (sn) inflamarse, encenderse (a. fig.).
ent'deck|en descubrir; (enthüllen) revelar; ~er m (7) descubridor m; ~ung f descubrimiento m; fig. revelación f; ~ungsreise f viaje m de exploración.
Ente ['ɛntə] f (15) pato m, ánade m; fig. bulo m.
entehr|en [ɛnt'ʔeːrən] deshonrar; ~end infamante; ~ung f deshonra f; infamación f.
ent-'eign|en (25) expropiar; ~ung f expropiación f.
ent-'eilen (sn) huir.
ent-'erben desheredar.
Enterich ['ɛntəriç] m (3) pato m (macho).
entern ⚓ ['-tərn] (29) abordar.
entfachen [ɛnt'faxən] (25) inflamar, atizar (a. fig.).
ent'fahren (sn) escaparse.
ent'fallen (sn) caer; Name: olvidarse; (wegfallen) quedar suprimido; Anteil: tocar (auf ac. a).
ent'falt|en desplegar (a. fig.); desarrollar; (zeigen) ostentar; fig. sich ~ desarrollarse; ~ung f despliegue m; desarrollo m; ostentación f.
ent'färben desteñir.
entfern|en [-'fɛrnən] (25) alejar, apartar; (beseitigen) quitar; a. fig. eliminar; ~t alejado, apartado; a. Verwandte: lejano; 10 km ~ von a diez kilómetros de; nicht im ~esten ni por asomo; ~ung f distancia f; alejamiento m; fig. eliminación f; ~ungsmesser m telémetro m.
ent'fesseln desencadenar.
entfett|en [-'fɛtən] (26) desengrasar; ~ungskur f cura f de adelgazamiento.
ent'flammen inflamar, encender (a. fig.).
ent'flecht|en ♱ desconcentrar; ~ung f desconcentración f.
ent'fliehen huir, fugarse; escapar.
entfremd|en [-'frɛmdən] (26) enajenar; distanciar; sich ~ distanciarse; ~ung f distanciamiento m.
ent'führ|en secuestrar; Mädchen: raptar; ~er m (7) secuestrador m; raptor m; ~ung f secuestro m; rapto m.
ent'gegen (dat.) al encuentro de, hacia; fig. en contra de, contrario a; ~-arbeiten (dat.) contrariar (ac.); ~bringen fig. manifestar; ~gehen (sn) (dat.) ir al encuentro de; Gefahr usw.: afrontar; s-r Vollendung ~ estar a punto de terminarse; ~gesetzt opuesto, contrario (a); ~halten oponer, objetar; ~handeln (dat.) contravenir a, infringir; ~kommen 1. v/i. (sn) (dat.) salir al encuentro de; fig. complacer (ac.); 2. 2 n complacencia f; ~nehmen recibir, aceptar; ~sehen (dat.) esperar, aguardar (ac.); ~setzen, ~stellen oponer; ~stehen (h.) oponerse; dem steht nichts entgegen no hay inconveniente; ~strecken extender (dat. hacia); ~treten (sn) (dat.) fig. hacer frente a; oponerse a; ~wirken (dat.) contrarrestar (ac.).
entgegn|en [-'geːgnən] (26) responder, replicar; ~ung f respuesta f, réplica f.
ent'gehen (sn) (dat.) escapar de; sich et. (nicht) ~ lassen (no) perderse a/c.
entgeistert [-'gaistərt] atónito, boquiabierto.
Entgelt [-'gɛlt] n (3) remuneración f; retribución f; compensación f; 2en pagar (a. fig.).
entgiften [-'giftən] (26) desintoxicar; descontaminar.
entgleis|en [-'glaizən] (27, sn) descarrilar; ~ung f descarrilamiento m; fig. desliz m, plancha f.

Entschädigung

ent'gleiten (sn) escurrirse (de las manos); *fig.* escaparse.
entgräten [-'grɛːtən] (26) quitar las espinas a.
enthaar|en [-'hɑːrən] (25) depilar; ℒ**ung** *f* depilación *f*; ℒ**ungsmittel** *n* depilatorio *m*.
ent'halt|en contener; encerrar; *fig.* comprender; *sich ~ (gen.)* abstenerse de; **~sam** abstemio; *geschlechtlich:* continente; *(mäßig)* sobrio; ℒ**samkeit** *f* abstinencia *f*; continencia *f*; ℒ**ung** *f Pol.* abstención *f*.
ent'härten *Wasser:* ablandar.
enthaupt|en [-'haʊptən] (26) decapitar; ℒ**ung** *f* decapitación *f*.
ent'heben dispensar *(gen.* de); *des Amtes:* relevar (de).
ent'heiligen profanar.
ent'hemm|en desinhibir; ℒ**ung** *f* desinhibición *f*.
ent'hüll|en descubrir; *fig.* revelar, desvelar; ℒ**ung** *f* revelación *f*.
ent'hülsen [-'hylzən] (27) desvainar.
Enthusia|smus [ɛntu'zjasmus] *m* (16, *o. pl.*) entusiasmo *m*; **~st** *m* (12), ℒ**stisch** entusiasta *(m)*.
entjungfern [ɛnt'jʊɱfɐn] (29) desflorar.
ent'kalken descalcificar.
ent'keimen esterilizar.
entkern|en [-'kɛrnən] (25) deshuesar; ℒ**er** *m* deshuesador *m*.
ent'kleiden desnudar; *fig.* despojar.
entkoloni'sieren descolonizar.
ent'kommen (sn) escaparse.
entkorken [-'kɔrkən] (25) descorchar, destapar.
entkräft|en [-'krɛftən] (26) debilitar, extenuar; enervar; ⚖ infirmar; ℒ**ung** *f* debilitación *f*; extenuación *f*.
ent'lad|en descargar (a. ⚡); ℒ**ung** *f* descarga *f*.
ent'lang a lo largo de.
entlarven [-'larfən] (25) desenmascarar.
ent'lass|en despedir; ✕ licenciar; *Beamte:* separar (del cargo), destituir; ✠ dar de alta; *aus dem Gefängnis ~* poner en libertad; excarcelar; ℒ**ung** *f* despido *m*; ✕ licenciamiento *m*; *Beamte:* separación *f*; ✠ alta *f*.
ent'last|en descargar; *Verkehr:* descongestionar; ℒ**ung** *f* descarga *f*; descongestión *f*; ⚖ descargo *m*; ℒ**ungszeuge** *m* testigo *m* de descargo.
ent'lauben [-'laʊbən] (25) deshojar; defoliar.
ent'laufen (sn) evadirse, escaparse.
entlausen [-'laʊzən] (27) despiojar.
entledigen [-'leːdigən] (25): *sich ~* deshacerse, desembarazarse *(gen.* de); *e-s Auftrags:* cumplir.
ent'leer|en vaciar; ✠ evacuar; ℒ**ung** *f* vaciado *m*; ✠ evacuación *f*.
ent'legen remoto, alejado, apartado.
ent'lehnen *fig.* tomar.
ent'leihen tomar prestado.
ent'locken sonsacar; arrancar.
ent'lohnen remunerar.
ent'lüft|en ventilar; ℒ**ung** *f* ventilación *f*.
entmann|en [-'manən] (25) castrar; ℒ**ung** *f* castración *f*.
entmenscht [-'mɛnʃt] desalmado, deshumanizado.
entmilitari'sier|en [-militari'ziːrən] desmilitarizar; ℒ**ung** *f* desmilitarización *f*.
entmündig|en [-'myndigən] (25) poner bajo tutela; incapacitar; ℒ**ung** *f* interdicción *f* civil.
entmutig|en [-'muːtigən] (25) desalentar, desanimar; ℒ**ung** *f* desaliento *m*, desánimo *m*.
Entnahme [-'nɑːmə] *f* (15) toma *f*; *v. Geld:* retirada *f*.
ent'nehmen tomar, sacar; *Geld:* retirar; *fig.* concluir *(aus* de).
entnerven [-'nɛrfən] (25) enervar.
entpuppen [-'pʊpən] (25): *sich ~ als* resultar ser, revelarse como.
entrahmen [-'rɑːmən] (25) desnatar, descremar.
enträtseln [-'rɛːtsəln] (29) descifrar.
ent'rechten privar de sus derechos.
ent'reißen arrebatar, arrancar.
ent'richten satisfacer, pagar.
ent'rinnen (sn) escaparse *(dat.* de).
ent'rollen desarrollar.
ent'rücken alejar (de); *fig.* extasiar.
entrümpeln [-'rympəln] (29) sacar los trastos de.
ent'rüst|en: *sich ~* indignarse; ℒ**ung** *f* indignación *f*.
Entsafter [-'zaftɐ] *m* (7) licuadora *f*.
ent'sag|en *(dat.)* renunciar a, desistir de; ℒ**ung** *f* renuncia *f*.
ent'salz|en desalinizar; ℒ**ungs-anlage** *f* planta *f* desalinizadora.
Ent'satz ✕ *m* (3², *o. pl.*) socorro *m*.
ent'schädig|en indemnizar; compensar; ℒ**ung** *f* indemnización *f*; compensación *f*.

ent'schärfen *Bombe usw.*: desactivar; *fig.* quitar hierro a.
Entscheid [-ˈʃaɪt] *m* (3) decisión *f*; **2en** [-ˈ-dən] decidir (*über de, sobre*); *sich ~ für* decidirse por; **2end** decisivo; **~ung** *f* decisión *f* (*treffen* tomar).
entschieden [-ˈʃiːdən] decidido, enérgico; firme; **2heit** *f* decisión *f*; firmeza *f*.
ent'schlafen (sn) dormirse; *fig.* expirar, fallecer.
entschleiern [-ˈʃlaɪərn] (29) quitar el velo a; *a. fig.* desvelar.
ent'schließ|en: *sich ~* decidirse, resolverse (*zu* a); **2ung** *f* Pol. resolución *f*.
entschlossen [-ˈʃlɔsən] resuelto, decidido; **2heit** *f* resolución *f*, firmeza *f*, determinación *f*.
ent'schlüpfen (sn) escurrirse; escaparse.
Ent'schluß *m* resolución *f*, decisión *f*, determinación *f* (*fassen* tomar); **~kraft** *f* poder *m* decisorio; **~losigkeit** *f* indecisión *f*.
entschuld|bar [-ˈʃʊltbaːr] disculpable, perdonable; **~igen** [-ˈ-dɪgən] (25) disculpar, excusar; dispensar; perdonar; *sich ~* disculparse, excusarse; *~ Sie!* ¡perdone!, ¡dispense!; **2igung** *f* disculpa *f*, excusa *f*; *~!* ¡perdón!; *j-n um ~ bitten* pedir perdón a alg.
ent'schwinden (sn) desaparecer.
entseelt [-ˈzeːlt] exánime, muerto.
ent'senden mandar; delegar.
ent'setz|en *des Amtes*: separar de; *sich ~* horrorizarse, espantarse (*über ac., vor dat. de*); **2en** *n* horror *m*, espanto *m*; **~lich** horrible; espantoso; *a.* F *fig.* terrible.
entseuch|en [-ˈzɔyçən] (25) desinfectar; descontaminar; **2ung** *f* descontaminación *f*.
ent'sichern *Waffe*: amartillar; quitar el seguro.
ent'siegeln romper el sello.
ent'sinnen: *sich ~ (gen.)* acordarse de.
Entsorgung [-ˈzɔrgʊŋ] *f* eliminación *f* de desechos.
ent'spann|en aflojar; *fig. sich ~* descansar; relajarse; **2ung** *f* descanso *m*; relajación *f*; *Pol.* distensión *f*.
ent'spinnen: *sich ~* trabarse, iniciarse.
ent'sprech|en (dat.) corresponder a; *e-r Erwartung*: responder a; *e-m Wunsch*: satisfacer; **~end** correspondiente; análogo; pertinente; **2ung** *f* correspondencia *f*; equivalente *m*.
ent'springen (sn) (*entfliehen*) evadirse (*aus de*); *Fluß*: nacer; *fig.* proceder (*aus de*).
ent'stammen (sn) proceder, descender, provenir (*dat. de*).
ent'steh|en (sn) nacer, originarse, surgir; **2ung** *f* nacimiento *m*; origen *m*.
entsteinen [-ˈʃtaɪnən] (25) deshuesar.
ent'stell|en desfigurar; **2ung** *f* desfiguración *f*.
ent'stör|en ⚡ desparasitar; **2ung** ⚡ *f* eliminación *f* de perturbaciones *od.* parásitos.
ent'tarnen desenmascarar.
ent'täusch|en desengañar, desilusionar; decepcionar; **2ung** *f* desengaño *m*, desilusión *f*; decepción *f*.
ent'thronen destronar.
entvölker|n [-ˈfœlkərn] (29) despoblar; **2ung** *f* despoblación *f*.
ent'wachsen (sn) *fig.* emanciparse de.
ent'waffn|en desarmar (*a. fig.*); **2ung** *f* desarme *m*.
Ent'warnung *f* fin *m* de alarma.
ent'wässer|n desaguar, drenar; **2ung** *f* drenaje *m*.
'entweder: *~ ... oder o ... o ...*; *sea ... o sea ...*
ent'weichen 1. *v/i.* (sn) evadirse; escapar(se). **2. 2** *n* escape *m*; *v. Gas usw.: a.* fuga *f*.
ent'weih|en profanar; **2ung** *f* profanación *f*.
ent'wenden (26) hurtar, robar.
ent'werfen bosquejar, esbozar; diseñar; *Plan*: elaborar; trazar.
ent'wert|en depreciar; *Briefmarken*: matasellar, inutilizar; **2ung** *f* depreciación *f*; inutilización *f*.
ent'wick|eln desarrollar (*a. fig.*); *Phot.* revelar; *sich ~* desarrollarse; evolucionar; **2ler** *m* (7) *Phot.* revelador *m*; **2lung** *f* desarrollo *m*; evolución *f*; **2lungshelfer** *m* cooperante *m*; **2lungshilfe** *f* ayuda *f* al desarrollo; **2lungsland** *n* país *m* en vías de desarrollo.
ent'winden arrancar (de las manos).
entwirr|en [-ˈvɪrən] (25) desenredar, desenmarañar; **2ung** *f* desenredo *m*; desenlace *m*.
ent'wischen F (sn) escaparse.

entwöhnen [-'vø:nən] (25) desacostumbrar, deshabituar; *Kind:* destetar; *Süchtige:* desintoxicar.

ent'würdig|en degradar, envilecer; **~end** degradante; humillante; **2ung** *f* degradación *f*.

Ent'wurf *m* bosquejo *m*; esbozo *m*; (*Konzept*) borrador *m*; (*Plan*) plan *m*, proyecto *m*.

ent'wurzeln desarraigar.

ent'zaubern desencantar.

ent'zieh|en retirar; *j-m* et. **~** privar a alg. de a/c.; *sich* **~** sustraerse a; **2ung** *f* retirada *f*; privación *f*; **2ungs-erscheinungen** *f/pl.* síndrome *m* de abstinencia, F mono *m*; **2ungskur** *f* cura *f* de desintoxicación.

entziffer|n [-'tsifərn] (29) descifrar; **2ung** *f* desciframiento *m*.

ent'zücken 1. *v/t.* encantar; **2.** 2 *n* encanto *m*; **~d** encantador.

Ent'zug *m s. Entziehung.*

entzünd|bar [-'tsyntbar] inflamable; **~en** [-'dən] encender; inflamar (*a. ♂ u. fig.*); **2ung** *f* inflamación *f*.

entzwei [-'tsvaɪ] roto; **~brechen** *v/t.* (*v/i.* [sn]) romper(se); **~en** (25) desunir, enemistar; **~gehen** (sn) romperse; **~schlagen** romper; **2ung** *f* desavenencia *f*, desunión *f*.

Enzian ♃ ['ɛntsjaːn] *m* (3) genciana *f*.

Enzyklopädie [-tsyklopɛ'diː] *f* (15) enciclopedia *f*.

Enzym [-'tsyːm] *n* (3) enzima *su*.

Epide|mie [epide'miː] *f* (15) epidemia *f*; **2misch** [--'deːmiʃ] epidémico.

Epik ['eːpik] *f* (16) épica *f*; **~er** *m* (7) (poeta *m*) épico *m*.

Epilep|sie [epilɛp'siː] *f* (15) epilepsia *f*; **~tiker** [--'--tikər] *m* (7), **2tisch** epiléptico (*m*).

Epilog [--'loːk] *m* (3) epílogo *m*.

episch ['eːpiʃ] épico.

Episode [epi'zoːdə] *f* (15) episodio *m*.

Epistel [e'pistəl] *f* (15) epístola *f*.

Epoche [e'pɔxə] *f* (15) época *f*; **2-machend** que hace época.

Epos ['eːpɔs] *n* (16²) epopeya *f*; poema *m* épico.

er [eːr] (19) él.

erachten [ɛr'ʔaxtən] juzgar, estimar; *m-s* 2s a mi parecer.

er-'arbeiten conseguir trabajando.

Erb... ['ɛrp...]: *in Zssgn oft* hereditario; **¹~anspruch** *m* pretensión *f* sobre una herencia; **¹~anteil** *m* parte *f* de la herencia.

erbarmen [ɛr'barmən] **1.** *v/t.* (25) dar lástima *od.* pena a; *sich* **~** (*gen.*) compadecerse de, tener compasión de; **2.** 2 *n* lástima *f*, compasión *f*; **~swert** digno de lástima.

erbärmlich [-'bɛrmliç] lastimoso, deplorable; miserable; (*armselig*) mezquino.

erbarmungslos [-'barmuŋsloːs] despiadado; *adv.* sin piedad.

er'bau|en construir, levantar, erigir; *fig.* (*sich*) **~** edificar(se) (*an dat.* con); **2er** *m* (7) constructor *m*; **~lich** edificante; **2ung** *f* construcción *f*; edificación *f* (*a. fig.*).

erb|bedingt ['ɛrpbədiŋt] hereditario; **~berechtigt** sucesible.

Erbe ['ɛrbə]: **a)** *m* (13) heredero *m*; **b)** *n* (10, *o. pl.*) herencia *f*.

er'beben (sn) temblar; estremecerse.

erben ['ɛrbən] (25) heredar.

er'betteln mendigar.

erbeuten [-'bɔytən] (26) apresar, capturar.

erb|fähig ['ɛrpfɛːiç] hábil para suceder; **2fall** *m* muerte *f* del causante; **2folge** *f* sucesión *f*; **2gut** *n* patrimonio *m*.

erbieten [ɛr'biːtən]: *sich* **~** *zu* ofrecerse a.

Erbin ['-bin] *f* (16¹) heredera *f*.

er'bitten pedir, solicitar.

erbitter|n [-'bitərn] (29) irritar, exasperar, enconar; **~t** irritado, exasperado; *Kampf:* encarnizado; **2ung** *f* exasperación *f*, irritación *f*.

Erbkrankheit ['ɛrpkraŋkhaɪt] *f* enfermedad *f* hereditaria.

erblassen [ɛr'blasən] (28, sn) palidecer, ponerse pálido.

Erblasser(in *f*) [ɛr'plasər(in)] *m* (7) testador(a) *m* (*f*).

erbleichen [ɛr'blaɪçən] (30, sn) *s. erblassen.*

erblich ['ɛrpliç] hereditario; **~ belastet** *sn* tener una tara (hereditaria); **2keit** *f* carácter *m* hereditario.

er'blicken ver, divisar.

erblind|en [-'blindən] (26, sn) perder la vista, quedar(se) ciego; **2ung** *f* pérdida *f* de la vista; ceguera *f*.

er'blühen (sn) *s. aufblühen.*

erbosen [-'boːzən] (27) enojar, irritar, exasperar.

erbötig [-'bøːtiç]: **~** *zu* dispuesto a.

Erbpacht

Erb|pacht ['ɛrppaxt] f enfiteusis f; **~prinz** m príncipe m heredero.
erbrechen [ɛr'brɛçən] 1. v/t. Brief: abrir; Tür: forzar; ⚔ (a. sich ~) vomitar; 2. ⚔ n ⚔ vómito m.
Erbrecht ['ɛrprɛçt] n derecho m sucesorio.
erbringen [ɛr'brɪŋən] producir.
Erbschaft ['ɛrpʃaft] f herencia f; **~steuer** f impuesto m sobre sucesiones.
'**Erbschleich|er** m captador m de herencias; **~e'rei** f captación f de herencias.
Erbse ['-sə] f (15) guisante m; Am. arveja f.
'**Erb|stück** n herencia f; objeto m heredado; **~sünde** f pecado m original; **~teil** n cuota f hereditaria; **~teilung** f partición f de la herencia; **~vertrag** m pacto m sucesorio.
Erd|achse ['ɛ:rt⁷aksə] f eje m terrestre; **~anschluß** ⚔ m toma f de tierra; **~arbeiten** f/pl. movimiento m de tierras; **~bahn** f órbita f de la tierra; **~ball** m globo m terráqueo; **~beben** n terremoto m, temblor m de tierra; seísmo m; **~bebenwarte** f observatorio m sísmico od. sismográfico; **~beere** f fresa f; (Garten⚔) fresón m; Am. frutilla f; **~boden** m suelo m; terreno m; tierra f; dem ~ gleichmachen arrasar.
Erde ['e:rdə] f (15) tierra f; (Boden) suelo m; ⚔n (26) ⚔ poner od. conectar a tierra.
erdenk|en [ɛr'dɛŋkən] imaginar; **~lich** imaginable.
Erd|gas ['e:rtga:s] n gas m natural; **~gasleitung** f gasoducto m; **~geist** m gnomo m; **~geschoß** n piso m bajo, planta f baja; **~hälfte** f hemisferio m.
erdicht|en [ɛr'dɪçtən] imaginar, fingir, inventar; **~et** ficticio, fingido.
erdig ['e:rdɪç] terroso, térreo; Geschmack: a tierra.
Erd|kabel ['e:rtka:bəl] n cable m subterráneo; **~karte** f mapamundi m; **~kreis** m orbe m; **~kugel** f globo m; **~kunde** f geografía f; **~leitung** ⚔ f toma f de tierra; **~mandel** ⚔ f chufa f; **~nuß** f cacahuete m, Am. maní m; **~öl** n petróleo m.
erdolchen [ɛr'dɔlçən] (25) apuñalar.
Erdöl|gesellschaft ['e:rt⁷ø:lgəzɛl-ʃaft] f compañía f petrolera; ⚔**haltig** ['--haltɪç] petrolífero; **~leitung** f oleoducto m; **~vorkommen** n yacimiento m petrolífero.
'**Erd|pech** n betún m; **~reich** n tierra f, suelo m.
erdreisten [ɛr'draɪstən] (26): sich ~ zu atreverse a.
Erdrinde ['e:rtrɪndə] f corteza f terrestre.
erdröhnen [ɛr'drø:nən] retumbar.
er'drosseln estrangular.
er'drücken aplastar (a. fig.); **~d** aplastante (a. Mehrheit); Beweis: contundente.
Erd|rutsch ['e:rtrʊtʃ] m corrimiento m od. desprendimiento m de tierras; **~scholle** f gleba f; **~stoß** m sacudida f sísmica; **~strich** m región f; zona f; **~teil** m continente m.
erdulden [ɛr'dʊldən] sufrir; soportar.
Erd|ung ⚔ ['e:rdʊŋ] f toma f de tierra; **~zeitalter** ['-tsaɪt⁷altər] n época f geológica.
ereifern [ɛr⁷'aɪfərn]: sich ~ acalorarse, apasionarse (über ac. por).
er-'eign|en: sich ~ suceder, acontecer, ocurrir; pasar; ⚔**nis** n (4¹) suceso m, acontecimiento m; **~nisreich** rico en acontecimientos; accidentado.
er-'eilen alcanzar; Tod: sorprender.
Eremit [ere'mi:t] m (12) ermitaño m.
ererbt [ɛr⁷'ɛrpt] hereditario.
er'fahr|en 1. v/t. saber; enterarse de; (erleben) experimentar; et. ~ haben estar enterado de, tener noticia de; 2. adj. experimentado, versado, experto; ⚔**ung** f experiencia f (aus por); in ~ bringen saber; enterarse de; averiguar; **~ungsgemäß** según muestra la experiencia.
er'fassen coger; Arg. agarrar; ⚔ poner en caja; Daten usw.: fichar; registrar; fig. comprender.
er'find|en inventar; imaginar; ⚔**er** m inventor ⚔; **~erisch** inventivo; ingenioso; ⚔**ung** f invento m; invención f; (Erdichtung) a. ficción f; ⚔**ungsgabe** f inventiva f; **~ungsreich** s. erfinderisch.
er'flehen implorar.
Erfolg [-'fɔlk] m (3) éxito m; resultado m; ⚔**en** [-'-gən] (sn) suceder, tener lugar; efectuarse, verificarse; ⚔**los** sin éxito; infructuoso, ineficaz, sin resultado; ⚔**reich** exitoso; eficaz; feliz; adv. con éxito; ⚔**versprechend** prometedor.
erforder|lich [-'fɔrdərlɪç] preciso,

erhöhen

er|**forderlich** necesario; requerido; ~ *sn* necesitarse; ~**lichenfalls** en caso de necesidad; ~**n** requerir, exigir; necesitar; 2**nis** *n* (4¹) necesidad *f*; requisito *m*.

er|**forsch|en** explorar; (*untersuchen*) investigar, indagar; escudriñar; 2**er** *m* (7) explorador *m*; investigador *m*; 2**ung** *f* exploración *f*; investigación *f*.

er|**fragen** preguntar por; informarse de; *zu* ~ *bei* ... razón ..., dirigirse a ...

er|**freu|en** alegrar, regocijar; *sich* ~ (*gen.*) *bzw. sich* ~ *an* (*dat.*) gozar, disfrutar de; ~**lich** agradable, grato; ~**t** satisfecho; encantado.

er|**frier|en** helarse; morir de frío; 2**ung** *f* heladura *f*; congelación *f*.

er**frisch|en** [-'frɪʃən] (27): (*sich*) ~ refrescar(se); ~**end** refrescante; 2**ung** *f* refresco *m*; 2**ungsraum** *m* bar *m*; cantina *f*.

er|**füll|en** llenar (*mit* de; *a. fig.*); *Pflicht usw.*: cumplir (con); *Bitte usw.*: corresponder a; satisfacer; *sich* ~ cumplirse; realizarse; 2**ung** *f* cumplimiento *m* realización *f*; *in* ~ *gehen* cumplirse.

er**gänz|en** [-'gɛntsən] (27) completar; ~**end** complementario, suplementario; 2**ung** *f* complemento *m*; suplemento *m*.

er**gattern** [-'gatərn] F (29) pescar, atrapar.

er**gaunern** [-'gaʊnərn] (29) estafar.

er|**geben** 1. *v/t.* producir; *a.* A dar (por resultado); *Summe:* arrojar; *sich* ~ resultar (*aus* de); (*beweisen*) demostrar, probar; ⚔ rendirse, capitular; (*widmen*) consagrarse a; *e-m Laster:* darse *od.* entregarse a; (*sich fügen*) resignarse (*in ac.* a); 2. *adj.* adicto; devoto; leal; *Ihr* ~**ener** *Brief:* suyo afmo.; 2**enheit** *f* devoción *f*; lealtad *f*; 2**nis** [-'ge:pnɪs] *n* (4¹) resultado *m*; *fig.* fruto *m*; ~**nislos** sin resultado; infructuoso; 2**ung** *f* [-'ge:buŋ] *f* sumisión *f*; resignación *f*; ⚔ rendición *f*.

er|**gehen** 1. *v/i.* (*sn*) *Gesetz usw.:* publicarse; ~ *lassen* publicar, dar; *über sich* ~ *lassen* soportar (con paciencia); *wie wird es mir* ~*?* ¿qué será de mí?; *wie ist es Ihnen ergangen?* ¿cómo le ha ido?; *sich* ~ pasearse; *fig.* extenderse (*über* sobre); 2. 2 *n* (estado *m* de) salud *f*.

er**giebig** [-'gi:bɪç] productivo, lucrativo; ~ *sn* dar de sí; 2**keit** *f* productividad *f*; fecundidad *f*.

er|**gießen:** *sich* ~ derramarse; *Fluß:* desembocar (*in ac.* en).

er|**glänzen** (*sn*) resplandecer, brillar.

er|**glühen** (*sn*) *fig.* enardecerse, encenderse.

er**götz|en** [-'gœtsən] (27) deleitar; *sich* ~ divertirse (*an dat.* con); ~**lich** divertido; gracioso.

er|**grauen** (*sn*) encanecer.

er|**greifen** coger; *Arg.* agarrar; *Maßnahmen:* tomar; (*festnehmen*) capturar; *Beruf:* abrazar, seguir; *Gelegenheit:* aprovechar; *Gemüt:* conmover, emocionar; *das Wort* ~ tomar la palabra; *die Flucht* ~ darse a la fuga; ~**d** conmovedor, emocionante.

er**griffen** [-'grɪfən] *fig.* emocionado, conmovido; 2**heit** *f* emoción *f*.

er|**gründen** sondear; ahondar (en); (*ermitteln*) averiguar, indagar.

Er|guß *m* ⚔ derrame *m*; (*Gefühls* 2) efusión *f*.

er|**haben** elevado; en relieve; *fig.* sublime; ~ *über* (*ac.*) superior a; (por) encima de; 2**heit** *f* elevación *f*; sublimidad *f*.

Er|halt *m* recibo *m*, recepción *f*; 2**en** (*bewahren*) conservar; mantener; (*ernähren*) sustentar; (*bekommen*) recibir; obtener; *gut* ~ en buen estado; *dankend* ~ † recibí.

er**hältlich** [-'hɛltlɪç] de venta (*bei* en).

Er|haltung *f* conservación *f*; mantenimiento *m*.

er|**hängen** (*sich*) ~ ahorcar(se).

er|**härten** *fig.* corroborar.

er|**haschen** atrapar; coger (al vuelo).

er|**heb|en** levantar (*a. Stimme*), alzar; subir; *fig.* elevar; *Gebühren:* cobrar; *Steuern: a.* recaudar; (*preisen*) realzar, ensalzar; *sich* ~ levantarse; *Pol.* rebelarse, sublevarse; *Frage, Problem:* plantearse; surgir; ~**end** sublime; emocionante; ~**lich** [-'he:plɪç] considerable; 2**ung** *f* [-'bun] *f* elevación *f*; *v. Steuern:* recaudación *f*; (*Aufstand*) sublevación *f*; insurrección *f*; (*Umfrage*) encuesta *f*.

er**heiter|n** [-'haɪtərn] (29) divertir; 2**ung** *f* diversión *f*.

er**hellen** [-'hɛlən] (25) iluminar, alumbrar; *fig.* aclarar, esclarecer.

er**hitzen** [-'hɪtsən] (27) calentar; *fig. a.* caldear; *sich* ~ *fig.* acalorarse, apasionarse.

er|**hoffen** esperar.

er**höh|en** [-'høːən] (25) subir; alzar;

Erhöhung

elevar; (*steigern*) *a.* aumentar (*um* en); ⁀ung *f* elevación *f*; aumento *m*, subida *f*; ⁀ungszeichen ♪ *n* sostenido *m*.
er'holen: *sich* ~ reposar, descansar; ♣, ✝ recuperarse.
Erholung [-'ho:luŋ] *f* reposo *m*, descanso *m*; ♣, ✝ recuperación *f*; ⁀sbedürftig necesitado de reposo; ⁀sgebiet *n* zona *f* recreativa; ⁀sheim *n* casa *f* de reposo; ⁀s-pause *f* descanso *m*; ⁀s-urlaub *m* vacaciones *f/pl.* de reposo.
er'hören *Bitte*: atender; corresponder a.
Erika ♀ ['e:rika] *f* (16²) brezo *m*, erica *f*.
erinner|lich [ɛr¹ʔinɐrliç]: es ist mir ~ lo recuerdo; ⁀n (29) j-n an et. (*ac.*) ~ recordar a/c. a alg.; *sich* ~ *an* (*ac.*) acordarse de, recordar (*ac.*); ⁀ung *f* recuerdo *m*; (*Gedächtnis*) memoria *f*; zur ~ an en recuerdo *od.* memoria de; ⁀ungsvermögen *n* memoria *f*.
erkalten [-'kaltən] (26, sn) enfriarse (*a. fig.*).
erkält|en [-'kɛltən] (26): *sich* ~ resfriarse, constiparse; ⁀ung *f* resfriado *m*, constipado *m*.
er'kämpfen conseguir (luchando).
erkenn|bar [-'kɛnba:r] reconocible; perceptible; ⁀en reconocer (*an dat.*, *als* por); ♣ diagnosticar; detectar; ↯ ~ *auf* (*ac.*) condenar a; ~ *lassen*, *zu* ~ *geben* manifestar; *sich zu* ~ *geben* darse a conocer; ⁀tlich [-'kɛntliç] reconocible; *fig.* agradecido, reconocido (*für* por); ⁀tlichkeit *f* gratitud *f*; ⁀tnis *f* (14²) entendimiento *m*; conocimiento *m*; *zur* ~ *kommen* reconocer su error; ⁀ung *f* reconocimiento *m*; ⁀ungsdienst *m* (⁀ungsmarke *f*) servicio *m* (placa *f*) de identificación; ⁀ungsmelodie *f Radio*: sintonía *f*; ⁀ungszeichen *n* (signo *m*) distintivo *m*.
Erker ['ɛrkɐr] *m* (7) mirador *m*; salidizo *m*.
erklär|bar [-'klɛ:rba:r] explicable; ⁀en explicar; (*äußern*) declarar; *sich* ~ declararse (*für* a favor de; *gegen* en contra de); ⁀end explicativo; ⁀lich explicable; ⁀ung *f* explicación *f*; declaración *f* (*abgeben* hacer).
erklecklich [-'klɛkliç] considerable.
er'klettern, er'klimmen escalar; trepar a, subir a.

er'klingen (sn) (re)sonar.
er'kranken (sn) caer enfermo; enfermar; ⁀ung *f* enfermedad *f*.
erkühnen [-'ky:nən] (25): *sich* ~ *zu* atreverse a.
erkunden [-'kundən] (26) explorar; ⚔ reconocer.
erkundig|en [-'kundigən] (25): *sich* ~ informarse (*nach*, *über ac.* de, sobre); enterarse (*über* de); ⁀ung *f* información *f*; informe *m* (*einziehen* tomar).
Er'kundung *f* exploración *f*; reconocimiento *m*.
er'lahmen (sn) *fig.* disminuir, desfallecer.
erlangen [-'laŋən] (25) obtener; conseguir, lograr.
Erlaß [-'las] *m* (4) decreto *m*; *Schuld*, *Strafe*: remisión *f*; *Steuer*: exención *f*.
er'lassen *Strafe*: indultar de; *Schuld*: cancelar; *Befehl*: dar, emitir; *Gesetz*: promulgar; *j-m et.* ⁀ dispensar a alg. de a/c.
erlaub|en [-'laubən] (25) permitir; ⁀nis [-'laupnıs] *f* (14²) permiso *m*.
erlaucht [-'lauxt] ilustre.
er'läuter|n aclarar, explicar; comentar; ⁀ung *f* aclaración *f*, explicación *f*; comentario *m*.
Erle ♀ ['ɛrlə] *f* (15) aliso *m*.
er'leb|en ver; presenciar; (*erfahren*) experimentar; ⁀nis [-'le:pnɪs] *n* (4¹) acontecimiento *m*; aventura *f*; experiencia *f*; vivencia *f*.
erledig|en [-'le:digən] (25) terminar, liquidar; arreglar; *Arbeit*: despachar; *Auftrag*: ejecutar; ⁀t terminado; arreglado; F *fig.* arruinado; (*erschöpft*) F hecho polvo; ⁀ung *f* liquidación *f*; arreglo *m*; ejecución *f*.
er'legen *Wild*: matar.
erleichter|n [-'laiçtɐrn] (29) aligerar; aliviar; (*vereinfachen*) facilitar; ⁀ung *f* aligeramiento *m*; alivio *m*; ⁀en *pl.* facilidades *f/pl.*
er'leiden sufrir, experimentar.
er'lernen aprender.
er'lesen *adj.* selecto.
er'leucht|en alumbrar; *a. fig.* iluminar; ⁀ung *f* iluminación *f*; *fig.* inspiración *f*.
er'liegen (sn) sucumbir.
erlogen [-'lo:gən] falso, inventado.
Erlös [-'lø:s] *m* (4) producto *m*; ingresos *m/pl.*; beneficio *m*.
er'löschen (30, sn) apagarse; ↯ expirar, caducar, extinguirse.

er'lös|en salvar; *Rel. a.* redimir; *(befreien)* liberar; ℒer *m* (7) *Rel.* Redentor *m*, Salvador *m*; ℒung *f* liberación *f*; *Rel.* redención *f*, salvación *f*.

ermächtig|en [-'mɛçtigən] (25) autorizar, dar poder (zu para); ℒung *f* autorización *f*, poder *m*.

er'mahn|en exhortar, amonestar; ℒung *f* exhortación *f*, amonestación *f*.

er'mangel|n *(gen.)* carecer de, faltar de; ℒung *f*: in ∼ *(gen.)* a falta de.

ermannen [-'manən] (25): *sich* ∼ animarse, cobrar aliento.

er'mäßig|en reducir, rebajar; ℒung *f* reducción *f*, rebaja *f*.

ermatt|en [-'matən] (26) **1.** *v/t.* cansar; **2.** *v/i.* (sn) cansarse, fatigarse; ℒung *f* cansancio *m*, fatiga *f*.

er'messen 1. *v/t.* juzgar; apreciar; considerar; **2.** ℒ *n* juicio *m*, criterio *m*; *nach freiem* ∼ a discreción.

ermittel|n [-'mitəln] (29) averiguar, indagar; ℒung *f* indagación *f*; pesquisa *f (anstellen* hacer); ℒungsverfahren ⚖ *n* sumario *m*.

ermöglichen [-'møːkliçən] (25) posibilitar, hacer posible; facilitar.

er'mord|en asesinar; ℒung *f* asesinato *m*.

ermüd|en [-'myːdən] (26) *v/t.* *(v/i.* [sn]) cansar(se), fatigar(se); ∼end fatigoso, cansado; ℒung *f* cansancio *m*, fatiga *f*.

ermuntern [-'muntərn] (29) animar.

ermutig|en [-'muːtigən] (25) alentar; animar; ∼end alentador, estimulante; ℒung *f* animación *f*.

er'nähr|en nutrir; alimentar; *(erhalten)* sustentar; ℒer *m* (7) sostén *m* de la familia; ℒung *f* nutrición *f*; alimentación *f*; sustento *m*; ℒungsweise *f* régimen *m* alimenticio.

er'nenn|en nombrar *(zum General* general); ℒung *f* nombramiento *m*.

erneu|en (25), ∼**ern** (29) ['ˈnɔyə(r)n] renovar, restaurar; reiterar; ℒerung *f* renovación *f*; ∼*t* de nuevo.

erniedrig|en [-'niːdrigən] (25) rebajar; *fig.* envilecer; humillar; ℒung *f* envilecimiento *m*; humillación *f*; ℒungszeichen ♩ *n* bemol *m*.

Ernst [ɛrnst] **1.** *m* (3², *o. pl.)* seriedad *f*; gravedad *f*; *im* ∼ en serio, de veras; *das ist mein* ∼ hablo en serio; *allen* ∼es seriamente; ∼ *machen mit* hacer en serio *(ac.)*; **2.** ℒ *adj.* serio; grave; ∼ *nehmen* tomar en serio; **'**∼**fall** *m*: *im* ∼ en caso de peligro; **'**ℒ**haft, '**ℒ**lich** serio; grave.

Ernte ['ɛrntə] *f* (15) cosecha *f*; recolección *f*; ∼**arbeiter** *m* bracero *m*; peón *m*; ∼**'dankfest** *n* acción *f* de gracias por la cosecha; ℒ**n** (26) cosechar *(a. fig.)*; recolectar, recoger.

ernüchter|n [ɛr'nʏçtərn] (29) desembriagar, desemborrachar; *fig.* desilusionar; ℒung *f fig.* desilusión *f*, desencanto *m*.

Erober|er [-'ʔoːbərər] *m* (7) conquistador *m*; ℒ**n** (29) conquistar *(a. fig.)*; ∼**ung** *f* conquista *f*.

er-'öffn|en abrir; *feierlich:* inaugurar; *fig.* hacer saber, comunicar; ℒung *f* apertura *f*; inauguración *f*; comunicación *f*, declaración *f*.

erörter|n [-'ʔœrtərn] (29) discutir, debatir; ℒung *f* discusión *f*, debate *m*.

Erot|ik [e'roːtik] *f* (16) erotismo *m*; ℒ**isch** erótico.

Erpel ['ɛrpəl] *m* (7) pato *m* (macho).

erpicht [-'piçt]: ∼ *auf (ac.)* ávido de.

er-'press|en hacer chantaje (a), chantajear, extorsionar; ℒer *m* (7) chantajista *m*; ℒung *f* chantaje *m*; extorsión *f*.

er'prob|en probar, ensayar; ℒung *f* prueba *f*, ensayo *m*.

erquick|en [-'kvikən] (25) refrescar; *fig.* recrear; ∼**end** refrescante; *Schlaf:* reparador; ℒung *f* refresco *m*; recreo *m*.

er'raten adivinar, acertar.

er'rechnen calcular; computar.

erreg|bar [-'reːkbaːr] excitable; irritable; ℒ**barkeit** *f* excitabilidad *f*; irritabilidad *f*; ∼**en** [-'(-gən)] excitar; irritar; *Gemüt:* conmover, emocionar; *(aufregen)* agitar; *(verursachen)* causar, provocar; ℒer [-'(-gər)] ♂ *m* (7) agente *m* patógeno; ∼**t** [-'(-kt)] excitado; agitado; *Debatte:* acalorado; ℒ**theit** *f*, ℒung *f* [-'(-kthait, -'(-guŋ)] excitación *f*; irritación *f*; agitación *f*.

erreich|bar [-'raiçbaːr] asequible; al alcance *(für* de); ∼**en** alcanzar; *fig.* conseguir, lograr; *Ort:* llegar a.

er'retten salvar.

er'richt|en erigir, levantar; *(gründen)* establecer, fundar; ℒung *f* erección *f*; establecimiento *m*.

er'ringen conseguir; ganar.

er'röten 1. *v/i.* (sn) ruborizarse, ponerse colorado. **2.** ℒ *n* rubor *m*.

Errungenschaft [-'ruŋənʃaft] *f* ad-

Ersatz 672

quisición *f*; *fig.* progreso *m*, avance *m*.

Er'satz *m* (3², *o. pl.*) sustitución *f* (*als ... für en ... de*); re(e)mplazo *m*; (*Entschädigung*) compensación *f*; indemnización *f*; (*Produkt*) sucedáneo *m*; ⚔ reserva *f*; ~..: *in Zssgn oft de* repuesto, de recambio; **~anspruch** *m* reclamación *f* de daños y perjuicios; **~dienst** ⚔ *m s.* Wehrersatzdienst; **~mann** *m* sustituto *m*, suplente *m*; *Sport*: reserva *m*; **~pflicht** *f* obligación *f* de indemnizar; **~teil** *n* (pieza *f* de) recambio *m*.

er'saufen P (sn) ahogarse.

ersäufen P [-'zɔyfən] (25) ahogar.

er'schaffen crear; ℒung *f* creación *f*.

er'schallen (re)sonar.

er'schein|en (sn) parecer; aparecer; presentarse; hacer acto de presencia; ⚖ comparecer; *Buch*: publicarse, salir; *soeben erschienen* acaba de publicarse; **ℒen** *n* aparición *f*; publicación *f*, salida *f*; **ℒung** *f* aparición *f* (*a. Geist*); fenómeno *m*; (*Vision*) visión *f*; (*Aussehen*) aspecto *m*; físico *m*.

er'schieß|en fusilar; ℒung *f* fusilamiento *m*.

erschlaff|en [-'ʃlafən] (25, sn) relajarse; aflojar(se); ℒung *f* relajación *f*, aflojamiento *m*.

er'schlagen matar (a golpes).

er'schleich|en captar; ℒung *f* captación *f*.

er'schließ|en abrir; *Gelände*: urbanizar; ✝ desarrollar; ℒung *f* urbanización *f*; desarrollo *m*.

er'schöpf|en agotar (*a. fig.*); extenuar; **~end** agotador; *fig.* exhaustivo; **~t** agotado; exhausto, extenuado; ℒung *f* agotamiento *m*; extenuación *f*.

er'schrecken 1. *v/t.* (25) asustar, dar miedo a, espantar; 2. *v/i.* (30, sn) asustarse (*über dat.* de), llevarse un susto; espantarse.

erschrocken [-'ʃrɔkən] 1. *s.* erschrecken 2; 2. *adj.* asustado.

erschütter|n [-'ʃytərn] (29) sacudir; *fig.* estremecer; conmover; **~nd** conmovedor; ℒung *f* sacudida *f*; conmoción *f* (*a. fig.*).

erschweren [-'ʃve:rən] (25) dificultar; (*verschlimmern*) agravar; **~d** ⚖ agravante.

er'schwindeln estafar.

erschwinglich [-'ʃviŋliç] al alcance de todos los bolsillos; *Preis*: razonable.

er'sehen ver (*aus* de).

er'sehnen ansiar, anhelar; suspirar por.

ersetz|bar [-'zɛtsbaːr] re(e)mplazable, sustituible; **~en** re(e)mplazar, sustituir; *Schaden*: reparar.

er'sichtlich evidente, manifiesto; ~ *sn aus* desprenderse de.

er'sinnen imaginar, idear; inventar.

er'spähen divisar.

er'spar|en ahorrar (*a. fig.*); economizar; ℒnis *f* (14²) ahorro *m*, economía *f* (*an* de).

ersprießlich [-'ʃpriːsliç] provechoso; útil.

erst [eːrst] 1. *adj.* (18) primer(o); *am ~en Mai* el primero de mayo; *fürs ~e* de momento; 2. *adv.* (*zuerst*) primero; (*vorher*) antes; (*nur*) (tan) sólo, solamente; ~ *morgen* sólo mañana; *eben* ~ ahora mismo.

erstarken [ɛr'ʃtarkən] (25, sn) fortalecerse, robustecerse.

er'starr|en (sn) ponerse rígido; 🩺 entumecerse; *Flüssigkeit*: solidificarse; *zu Eis* ~ helarse; *zu Stein* ~ petrificarse (*a. fig.*); **~t** *fig.* estupefacto; *bsd. vor Kälte*: transido; ℒung *f* entumecimiento *m*; solidificación *f*; *fig.* estupefacción *f*.

erstatt|en [-'ʃtatən] (26) restituir, devolver; *Kosten*: re(e)mbolsar; *Anzeige* ~ presentar una denuncia; ℒung *f* restitución *f*, devolución *f*; re(e)mbolso *m*.

Erstaufführung ['eːrstˀauffyːruŋ] *f* estreno *m*.

erstaun|en [ɛr'ʃtaunən] *v/t.* [*v/i.* (sn)] asombrar(se), admirar(se) (*über ac.* de); **ℒen** *n* asombro *m*; sorpresa *f*; *in* ~ *setzen* asombrar; *zu unserem großen* ~ con gran sorpresa nuestra; **~lich** asombroso; sorprendente.

er'stechen acuchillar; apuñalar.

er'stehen 1. *v/i.* (sn) surgir; nacer; 2. *v/t.* adquirir, comprar.

er'steigen escalar; subir a.

er'steigern adquirir en una subasta.

erst|ens ['eːrstəns] primero, primeramente, en primer lugar; **~ere** ['-ərə]: *der* ~, ~ *r* el primero; **~geboren** ['-gəboːrən] primogénito; ℒ**geburtsrecht** *n* derecho *m* de primogenitura; **~genannt** ['--nant] citado en primer lugar.

erstick|en [ɛr'ʃtikən] *v/t.* (*v/i.* [sn])

Erzieher

ahogar(se); asfixiar(se); *fig.* sofocar (-se) (*an dat.* de); ~**end** asfixiante; *fig.* sofocante; 2**ung** *f* ahogo *m*; asfixia *f*, sofocación *f*; 2**ungs-tod** *m* muerte *f* por asfixia.

erst|klassig [ˈeːrstklasiç] de primera categoría *od.* calidad, F de primera; ~**malig** [ˈ-maːliç] primero; *adv.* = ~**mals** [ˈ-maːls] por primera vez.

erstreben [ɛrˈʃtreːbən] aspirar a, pretender; *stärker*: ambicionar; ~**swert** deseable.

er'strecken: *sich* ~ extenderse (*auf, über ac.* por, sobre).

er'stürmen tomar al asalto.

er'suchen 1. *v/t.* solicitar (*j-n um et.* a/c. de alg.); ~ *zu inf.* rogar que *subj.*; **2.** 2 *n* ruego *m*, petición *f*; *auf* ~ *von* a petición de.

er'tappen coger, sorprender.

er'teilen dar; conceder; *Unterricht*: impartir.

er'tönen (re)sonar.

Ertrag [-ˈtraːk] *m* (3³) rendimiento *m*; producto *m*; (*Geld*) renta *f*; (*Gewinn*) beneficio *m*; 2**en** [-ˈ-gən] soportar, sufrir, aguantar; 2**fähig** productivo; rentable; ~**fähigkeit** *f* productividad *f*.

erträglich [-ˈtrɛːkliç] soportable.

er'tränken: (*sich*) ~ ahogar(se).

er'träumen soñar con.

er'trinken (sn) ahogarse.

ertüchtig|en [-ˈtʏçtɪɡən] (25) educar; entrenar; 2**ung** *f* entrenamiento *m*; *körperliche* ~ educación *f* física.

erübrigen [-ˈʔyːbrɪɡən] (25) ahorrar; *sich* ~ no ser necesario; *es erübrigt sich zu sagen* huelga decir.

er'wachen 1. *v/i.* (sn) despertar(se); **2.** 2 *n* despertar *m*.

er'wachsen 1. *v/i.* (sn): ~ *aus fig.* resultar de; **2.** *adj.* adulto, mayor; 2**e(r)** *m* adulto *m*; *die* ~*n* los mayores.

er'wäg|en considerar; 2**ung** *f* consideración *f*; *in* ~ *ziehen* tomar en consideración.

er'wählen escoger, elegir.

er'wähn|en mencionar; ~**enswert** digno de mención; 2**ung** *f* mención *f*.

er'wärm|en calentar; *fig. sich* ~ *für* entusiasmarse por; 2**ung** *f* calentamiento *m*.

er'wart|en aguardar; esperar; contar con; *wider* 2 contra toda previsión; 2**ung** *f* espera *f*, expectación *f*; esperanza *f*; ~**ungsvoll** impaciente, ansioso.

er'wecken despertar (*a. fig.*); *vom Tode*: resucitar; *fig.* provocar, suscitar.

er'wehren: *sich* ~ (*gen.*) defenderse de.

er'weichen (25) ablandar; (*rühren*) conmover; *sich* ~ *lassen fig.* ablandarse.

er'weisen probar; *Ehre*: rendir; *Gefälligkeit*: hacer; *sich* ~ *als* mostrarse; resultar.

erweiter|n [-ˈvaɪtərn] (29) ensanchar; ampliar; agrandar; ⚹ dilatar; *fig.* extender; 2**ung** *f* ensanche *m*; ⚹ dilatación *f*; extensión *f*.

Erwerb [-ˈvɛrp] *m* (3) adquisición *f*; (*Gewinn*) ganancia *f*, lucro *m*; 2**en** [-ˈ-bən] adquirir; *a. fig.* ganar.

erwerbs|los [-ˈvɛrpsloːs] parado; 2**losigkeit** *f* paro *m* (forzoso); 2**quelle** *f* fuente *f* de ingresos; ~**tätig** asalariado; ~**e Bevölkerung** población *f* activa; ~**unfähig** incapacitado para el trabajo; 2**zweig** *m* ramo *m* industrial.

Erwerbung [-ˈ-bʊŋ] *f* adquisición *f*.

erwider|n [-ˈviːdərn] (29) replicar (*auf ac.* a); *Besuch*: devolver; 2**ung** *f* réplica *f*.

er'wirken obtener.

er'wischen atrapar, coger; F pescar.

erwünscht [-ˈvʏnʃt] deseado; oportuno.

er'würgen estrangular.

Erz [ɛrts] *n* (3²) mineral *m*.

erzähl|en [ɛrˈtsɛːlən] contar; narrar; relatar; ~**end** narrativo; 2**er** *m* narrador *m*; *Lit.* cuentista *m*; 2**ung** *f* narración *f*; *Lit.* cuento *m*; (*Bericht*) relato *m*, relación *f*.

Erz|bischof [ˈɛrtsbɪʃɔf] *m* arzobispo *m*; 2**bischöflich** arzobispal; ~**bistum** *n* arzobispado *m*; ~**engel** *m* arcángel *m*.

er'zeug|en engendrar, procrear; (*herstellen*) producir; (*hervorrufen*) provocar; 2**er** *m* (7) progenitor *m*; ✝ productor *m*; 2**nis** [-ˈtsɔyknɪs] *n* producto *m*; 2**ung** *f* [-ˈ-ɡʊŋ] ✝ *f* producción *f*.

Erz|feind [ˈɛrtsfaɪnt] *m* enemigo *m* mortal; ~**gang** *m* filón *m*; ~**gauner** *m* pícaro *m* redomado; 2**haltig** [ˈ-haltɪç] metalífero; ~**herzog(in** *f*) *m* archiduque (-quesa) *m* (*f*).

erzieh|en [ɛrˈtsiːən] educar; 2**er** *m* (7)

Erzieherin 674

pedagogo *m*; educador *m*; ♀**erin** *f* pedagoga *f*; educadora *f*; institutriz *f*.

Er'ziehung *f* educación *f*; **~s...**: *in Zssgn* pedagógico, educativo; **~anstalt** *f* reformatorio *m*; **~swesen** *n* instrucción *f* pública; educación *f*; **~swissenschaft** *f* ciencia *f* de la educación, pedagogía *f*.

er'zielen obtener; conseguir.

er'zittern (sn) estremecerse; temblar.

'**Erzpriester** ['ɛrtspri:stər] *m* arcipreste *m*.

erzürnen [ɛr'tsyrnən] irritar, enojar.

er'zwingen forzar; obtener por la fuerza.

es [ɛs] (19) le, la, lo; *betont*: e(s)to; ello; *oft unübersetzt*: ~ scheint parece; ~ schneit está nevando; so ist ~ así es; ich bin ~ soy yo.

Es ♪ *n uv.* mi *m* bemol.

Esche ♀ ['ɛʃə] *f* (15) fresno *m*.

Esel ['eːzəl] *m* (7) asno *m*, burro *m*, borrico *m* (*alle a. fig.*); **~ei** [--'laɪ] *f* burrada *f*; **~in** *f* asna *f*, burra *f*, borrica *f*; **~s-ohr** *n fig.* doblez *m*.

Eskalation [ɛskala'tsjoːn] *f Pol.*, ⚔ escalada *f*.

Eskimo ['-kimo] *m* (11) esquimal *m*.

Eskort|e [-'kɔrtə] *f* (15) escolta *f*; ♀**ieren** escoltar.

Espe ♀ ['-pə] *f* (15) álamo *m* temblón; **~nlaub** *n: fig. wie* ~ zittern temblar como una hoja.

Essay ['ɛsɛː] *m* (11) ensayo *m*; **~ist** [ɛsɛ'ɪst] *m* (12) ensayista *m*.

eß|bar ['ɛsbaːr] comestible; ♀**besteck** *n* cubierto *m*.

Esse ['ɛsə] *f* (15) (*Schmiede*) fragua *f*; (*Schornstein*) chimenea *f*.

essen ['ɛsən] **1.** *v/t.*, *v/i.* (30) comer; *zu Mittag* ~ comer, almorzar; *zu Abend* ~ cenar; **2.** ♀ *n* comida *f*; ♀**szeit** *f* hora *f* de comer.

Essenz [ɛ'sɛnts] *f* (16) esencia *f*.

Esser ['ɛsər] *m* (7): *ein starker* ~ tener buen saque.

'**Eßgeschirr** *n* vajilla *f*.

Essig ['ɛsɪç] *m* (3¹) vinagre *m*; **~flasche** *f* vinagrera *f*; **~gurke** *f* pepinillo *m* en vinagre; **~säure** *f* ácido *m* acético.

Eß|löffel ['ɛslœfəl] *m* cuchara *f*; **~löffelvoll** *m uv.* cucharada *f*; **~lust** *f* ganas *f/pl.* de comer; apetito *m*; **~tisch** *m* mesa *f* de comedor; **~waren** *f/pl.* comestibles *m/pl.*; **~zimmer** *n* comedor *m*.

Est|e ['ɛstə] *m* (13), **~in** *f* estonio (-a) *m* (*f*); ♀**nisch** ['-nɪʃ] estoniano.

Estragon ♀ ['ɛstragɔn] *m* (11, *o. pl.*) estragón *m*.

Etage [e'taːʒə] *f* (15) piso *m*; **~nbett** *n* litera *f*; **~nheizung** *f* calefacción *f* individual; **~nwohnung** *f* piso *m*.

Etappe [-'tapə] *f* (15) etapa *f*; ⚔ retaguardia *f*.

Etat [-'taː] *m* (11) presupuesto *m*; ♀**mäßig** presupuestario.

Eth|ik ['eːtik] *f* (16) ética *f*; ♀**isch** ético.

Etikett [eti'kɛt] *n* (11) rótulo *m*; etiqueta *f*; **~e** *f* (15) etiqueta *f*; ♀**ieren** [---'tiːrən] poner etiqueta(s), *neol.* etiquetar.

etliche ['ɛtlɪçə] *pl.* algunos; unos.

Etüde ♪ [e'tyːdə] *f* (15) estudio *m*.

Etui [e'tviː] *n* (11) estuche *m*.

etwa ['ɛtva] aproximadamente; (*vielleicht*) acaso, quizás; ~ *dreißig* unos treinta; ♀**ig** eventual.

etwas ['-vas] algo; un poco de; *ein gewisses* ♀ un no sé qué.

Etymologie [etymolo'giː] *f* (15) etimología *f*.

euch [ɔyç] (19) vosotros (-as); *unbetont*: os.

euer [ɔyər] (20) vuestro (-a).

Eukalyptus ♀ [-ka'lyptus] *m* (16² *od. uv.*) eucalipto *m*.

Eule ['-lə] *f* (15/7) (*Schleier*♀) lechuza *f*; (*Waldohr*♀) mochuelo *m*.

Eunuch ['-nuːx] *m* (12) eunuco *m*.

Euphori|e [-fo'riː] *f* (15, *o. pl.*) euforia *f*; ♀**sch** [-'foːriʃ] eufórico.

eu|rerseits ['-rərzaɪts] de vuestra parte; **~retwegen** por vosotros.

Europä|er(in *f*) [-ro'pɛːər(in)] *m* (7), ♀**isch** europeo (-a) *m* (*f*).

Euter ['-tər] *n* (7) ubre *f*.

Euthanasie [-tana'ziː] *f* (15, *o. pl.*) eutanasia *f*.

evakuier|en [evaku'iːrən] evacuar; **~ung** *f* evacuación *f*.

evangel|isch [evaŋ'geːlɪʃ] evangélico; protestante; ♀**ium** [--'geːljum] *n* (9) evangelio *m*.

eventuell [evɛntu'ɛl] eventual.

ewig ['eːvɪç] eterno, perpetuo; ♀**keit** *f* eternidad *f*; **~lich** eternamente.

exakt [ɛ'ksakt] exacto; ♀**heit** *f* exactitud *f*.

Examen [ɛ'ksaːmən] *n* (6; *pl. a. -ina*)

examen *m*; ein ~ ablegen pasar un examen; examinarse.

Exekut|ion [ɛksekuˈtsjoːn] *f* ejecución *f*; **~ive** [---ˈtiːvə] *f* (15) (poder *m*) ejecutivo *m*.

Exempel [ɛˈksɛmpəl] *n* (7) ejemplo *m*; ein ~ statuieren hacer un escarmiento (*an j-m* de alg.).

Exemplar [--ˈplɑːr] *n* (3), **~isch** ejemplar (*m*).

exerzier|en [ɛksɛrˈtsiːrən] 1. *v/t.* ejercitar; 2. *v/i.* hacer ejercicios; **~platz** *m* campo *m* de maniobras.

Exil [ɛˈksiːl] *n* (3¹) destierro *m*, exilio *m*; ins ~ gehen exiliarse.

Existenz [ɛksisˈtɛnts] *f* (16) existencia *f*; sich (*dat.*) e-e ~ gründen crearse una posición; **~minimum** *n* mínimo *m* vital.

existieren [--ˈtiːrən] existir.

exklusiv [ɛkskluˈziːf] selecto, distinguido.

Exkommuni|kation [-kɔmunikaˈtsjoːn] *f* excomunión *f*; **~zieren** excomulgar.

exotisch [ɛˈksoːtiʃ] exótico.

Expansion [ɛkspanˈzjoːn] *f* expansión *f*; **~s-politik** *f* política *f* expansionista.

Expedition [-pediˈtsjoːn] *f* expedición *f*.

Experiment [--riˈmɛnt] *n* (3) experimento *m*; **~ell** [----ˈtɛl] experimental; **~ieren** [----ˈtiːrən] experimentar.

Experte [-ˈpɛrtə] *m* (13) perito *m*, experto *m*.

explo|dieren [-ploˈdiːrən] (sn) hacer explosión, estallar, *neol.* explosionar; **~sion** [--ˈzjoːn] *f* explosión *f*; **~siv** [--ˈziːf] explosivo; **~'sivstoff** *m* explosivo *m*.

Export [-ˈpɔrt] *m* (3) exportación *f*; **~eur** [--ˈtøːr] *m* (3¹) exportador *m*; **~ieren** [--ˈtiːrən] exportar.

Expreßgut [-ˈprɛsguːt] *n* envío *m* por expreso.

Expressionis|mus [--joˈnismus] *m* *uv.* expresionismo *m*; **~t** *m* (12), **~tisch** expresionista (*m*).

extra [ˈ-trɑ] extra; por separado, aparte; (*absichtlich*) expresamente; **~blatt** *n* edición *f* especial.

Extrakt [-ˈtrakt] *m* extracto *m*.

extravagan|t [-travaˈgant] extravagante; **~z** [---ˈgants] *f* (16) extravagancia *f*.

extrem [-ˈtreːm], **2** *n* (3¹) extremo (*m*); **~ist** [-trɛˈmist] *m* (12) extremista *m*.

Exzellenz [-tsɛˈlɛnts] *f* (16) Excelencia *f*.

exzentrisch [-ˈtsɛntriʃ] excéntrico.

Exzeß [-ˈtsɛs] *m* (4¹) exceso *m*.

43*

F

F, f [ɛf] n F, f f; ♪ fa m; F-Dur fa m mayor; f-Moll fa m menor.
Fabel ['fa:bəl] f (15) fábula f; ⚷**haft** fabuloso; F estupendo.
Fabrik [fa'bri:k] f (16) fábrica f; factoría f; ⚷**ant** [-bri'kant] m (12) fabricante m; ⚷**arbeiter(in** f) m trabajador m fabril od. de fábrica; ⚷**at** [--'ka:t] n (3) producto m; ⚷**ation** [--k'tsjo:n] f fabricación f; ⚷**besitzer** m fabricante m; ⚷**marke** f marca f de fábrica; ⚷**stadt** f ciudad f industrial.
fabrizieren [-bri'tsi:rən] fabricar, manufacturar, producir.
Fach [fax] n (1²) compartim(i)ento m, (Schub⚷) cajón m; im Schrank: casilla f; im Regal: anaquel m (Lehr⚷) asignatura f, disciplina f; (Branche) ramo m; '⚷**...**: in Zssgn oft especial(izado); '⚷**arbeiter** m obrero m especializado; '⚷**arzt** m especialista m; '⚷**ausdruck** m término m técnico.
fächeln ['fɛçəln] (29) abanicar.
Fächer ['-çər] m (7) abanico m; ⚷**förmig** en abanico.
Fach|**gebiet** ['faxgəbi:t] n especialidad f; ⚷**gelehrte(r)** m especialista m; ⚷**geschäft** n establecimiento m especializado od. del ramo; ⚷**kenntnisse** f/pl. conocimientos m/pl. del ramo od. especiales; ⚷**kräfte** f/pl. personal m cualificado; ⚷**kundig** perito, competente; ⚷**mann** m (pl. a. ⚷**leute**) experto m, especialista m; ⚷**männisch** ['-mɛnɪʃ] competente; ⚷**schule** f escuela f profesional bzw. técnica; ⚷**simpeln** ['-zɪmpəln] (29) hablar de cosas profesionales; ⚷**werk** △ n entramado m; ⚷**wörterbuch** n diccionario m especializado; ⚷**zeitschrift** f revista f técnica.
Fackel ['fakəl] f (15) antorcha f; ⚷**zug** m desfile m de antorchas.
fad(e) [fa:t, '-də] soso, insípido, insulso (alle a. fig.).
Faden ['-dən] m (6¹) hilo m (a. fig.); (Näh⚷) a. hebra f; in Opt. retículo m; ⚷**nudeln** f/pl. fideos m/pl.; ⚷**scheinig** ['--ʃaɪnɪç] raído; gastado; fig. gratuito.

Fagott [fa'gɔt] n (3) fagot m.
fähig ['fɛ:ɪç] capaz (zu de); apto (zu para); ⚷**keit** f capacidad f; aptitud f.
fahl [fa:l] descolorido; Licht: mortecino; j.: lívido.
fahnd|**en** ['fa:ndən] (26): nach j-m ~ buscar a alg.; ⚷**ung** f pesquisa f; investigaciones f/pl.; búsqueda f.
Fahne ['fa:nə] f (15) bandera f; Typ. prueba f; galerada f.
'Fahnen|**eid** m jura f de la bandera; ⚷**flucht** f deserción f; ⚷**flüchtig** desertor; ⚷**stange** f asta f de la bandera; ⚷**träger** m abanderado m; portaestandarte m.
Fähnrich ['fɛ:nrɪç] m (3) alférez m; ~ zur See guardia m marina.
Fahr|**bahn** ['fa:rba:n] f calzada f; ⚷**bar** móvil; ⚷**bereit** listo para salir; ⚷**bereitschaft** f parque m móvil; ⚷**damm** m calzada f; ⚷**dienstleiter** m jefe m de servicio.
Fähre ['fɛ:rə] f (15) transbordador m, ferry(-boat) m.
fahr|**en** ['fa:rən] (30) 1. v/t. Kfz. conducir, guiar; Last: acarrear; transportar; j-n: llevar; 2. v/i. (sn) ir (mit en); viajar (en); rechts ~ circular por la derecha; (hinein)~ in (ac.) entrar en; ~ durch atravesar (ac.), pasar por; gut ~ bei salir bien con; ~end Ritter: andante; Händler: ambulante; ~es Volk vagabundos m/pl.; ⚷**enlassen** fig. abandonar; ⚷**er** m (7) conductor m, chófer m; ⚷**erflucht** f fuga f del conductor (después de un accidente); ⚷**erlaubnis** f permiso m de conducir; ⚷**gast** m viajero m; pasajero m; Taxi: cliente m; ⚷**geld** n precio m del viaje; ⚷**gelegenheit** f ocasión f de ir en coche, etc.; ⚷**geschwindigkeit** f velocidad f (de marcha); ⚷**gestell** n chasis m; ✈ tren m de aterrizaje; ⚷**ig** nervioso, distraído.
'Fahrkarte f billete m, Am. boleto m; ⚷**n-automat** m máquina f expendedora de billetes; ⚷**nschalter** m despacho m de billetes, taquilla f; Am. boletería f.
'fahrlässig negligente; imprudente;

Fahrlehrer *m* profesor *m* de autoescuela.

Fährmann ['fɛːrman] *m* (1², *pl. a. ~leute*) barquero *m*; balsero *m*.

Fahr|plan ['faːrplaːn] *m* horario *m*; **2planmäßig** regular; **~preis** *m* precio *m* del viaje; **~preis-anzeiger** *m* Kfz. taxímetro *m*; **~prüfung** *f* examen *m* de conducción; **~rad** *n* bicicleta *f*, F bici *f*; **~rinne** ⚓ *f* canal *m*; **~schein** *m* billete *m*, *Am.* boleto *m*; **~schule** *f* autoescuela *f*; **~spur** *f* carril *m*; **~strecke** *f* trayecto *m*, recorrido *m*; **~stuhl** *m* ascensor *m*; **~stuhlführer** *m* ascensorista *m*.

Fahrt [faːrt] *f* (16) viaje *m*; recorrido *m*; (*Ausflug*) excursión *f*; *auf der ~ nach* camino de; *in voller ~* a toda velocidad; **~ausweis** *m* billete *m*.

Fährte ['fɛːrtə] *f* (15) rastro *m*, huella *f*, pista *f*.

Fahrtrichtung [faːrtriçtuŋ] *f* dirección *f*; **~s-anzeiger** *m* indicador *m* de dirección.

'Fahr|verbot *n* circulación *f* prohibida; **~wasser** *n* ⚓ agua *f* navegable; (*~rinne*) canal *m*; *fig.* elemento *m*; **~werk** ≿ *n* tren *m* de aterrizaje; **~zeit** *f* duración *f* del trayecto; (horas *f/pl.* de) recorrido *m*; **~zeug** *n* vehículo *m*; **~zeughalter** *m* titular *m* del vehículo; **~zeugpark** *m* parque *m* móvil.

fair [fɛːr] leal, correcto; *Sport*: limpio.

Fäkalien [fɛˈkaːljən] *pl.* (8²) materias *f/pl.* fecales.

Fakir ['faːkir] *m* (3¹) faquir *m*.

fakt|isch ['faktiʃ] real, efectivo; *adv.* de hecho; **2or** ['-tɔr] *m* (8¹) factor *m*; **2otum** [-'toːtum] *n* (11) factótum *m*; **2um** ['-tum] *n* (9²) hecho *m*.

Fakultät [fakulˈtɛːt] *f* facultad *f*.

fakultativ [--taˈtiːf] facultativo.

Falk|e ['falkə] *m* (13) halcón *m* (*a. fig.*); **~enbeize** *f* (15) cetrería *f*; **~ner** ['-nər] *m* (7) halconero *m*.

Fall [fal] *m* (3³) caída *f* (*a. fig.*); ⚕ causa *f*; (*Ereignis*) suceso *m*; (*Angelegenheit*) caso *m* (*u. a. Gram.*), asunto *m*; (*Verfall*) decadencia *f*; *auf jeden ~* en todo caso; *auf keinen ~* de ningún modo; *für alle Fälle* por si acaso, F por si las moscas; *im ~e, daß* en el caso de que; *zu ~ kommen* caerse; *zu ~ bringen* hacer caer, derribar; *fig.* arruinar; hacer fracasar; *von ~ zu ~* según el caso; **'~beil** *n* guillotina *f*.

Falle ['falə] *f* (15) trampa *f* (*a. fig.*); *in die ~ gehen* caer en la trampa; *j-m e-e ~ stellen* tender un lazo a alg.

fallen ['falən] **1.** *v/i.* (30, sn) caer; (*stürzen*) caerse; (*sinken*) bajar; *Aktien*: estar en baja; *Schuß*: oírse; ✗ caer, morir; *j-m ins Wort ~* interrumpir a alg.; **2.** 2 *n* caída *f*; (*Sinken*) baja *f*.

fällen ['fɛlən] (25) *Baum*: cortar, talar; *Bajonett*: calar; ♖ *Lot*: abatir; *Urteil*: dictar.

fallenlassen ['falənlasən] *fig.* dejar, abandonar; renunciar a; *Bemerkung*: deslizar.

fällig ['fɛliç] vencedero, pagadero; *werden* vencer; **2keit** *f* vencimiento *m*.

Fall|obst ['falˀoːpst] *n* fruta *f* caída; **~reep** ⚓ *n* escalerilla *f*, escala *f*.

falls [fals] (en) caso (de) que (*subj.*); caso de (*inf.*); si.

'Fall|schirm(absprung) *m* (lanzamiento *m* en) paracaídas *m*; **~schirmspringer** *m* paracaidista *m*; **~schirmtruppen** *f/pl.* tropas *f/pl.* paracaidistas; **~strick** *m fig.* trampa *f*; **~sucht** *f* epilepsia *f*; **~tür** *f* trampa *f*.

falsch [falʃ] falso (*a. fig.*); *Haar, Zähne*: postizo; (*künstlich*) artificial; (*unehrlich*) pérfido, alevoso; *adv.* mal; *~ gehen Uhr*: andar mal; *~ rechnen usw.* equivocarse; *♪ ~ spielen, singen* desafinar; *ohne ~* sincero; sin doblez.

fälsch|en ['fɛlʃən] (27) falsear; falsificar; **2er** *m* (7) falsificador *m*.

Falsch|geld ['falʃgɛlt] *n* moneda *f* falsa; **~heit** *f* falsedad *f*; doblez *f*.

fälschlich(erweise) ['fɛlʃliç(ərvaizə)] *adv.* por equivocación, por error, erróneamente.

Falsch|meldung ['falʃmɛlduŋ] *f* noticia *f* falsa; bulo *m*; **~münzer** *m* (7) falsificador *m* de moneda; **2spielen** hacer trampas; **~spieler** *m* fullero *m*, tramposo *m*.

Fälschung ['fɛlʃuŋ] *f* falsificación *f*; imitación *f*.

Faltboot ['faltboːt] *n* bote *m* plegable.

Falte ['faltə] *f* (15) pliegue *m* (*werfen* hacer); (*Runzel*) arruga *f*; *die Stirn in ~n legen* arrugar la frente.

falten ['-tən] (26) plegar, doblar;

Faltenrock

Hände: juntar; ⁓**rock** *m* falda *f* plisada; ⁓**wurf** *m* pliegues *m/pl*.

Falter ['-tər] *m* (7) *Zo.* mariposa *f*.

faltig ['-tiç] plisado; *Haut*: arrugado.

Falz [falts] *m* (3²) ⊕ encaje *m*; pliegue *m*; (*Rille*) ranura *f*; '⁓**bein** *n* plegadera *f*; '2**en** (27) plegar, doblar.

familiär [famil'jɛːr] familiar.

Familie F ['-miːljə] *f* (15) familia *f*.

Familien... [-'-jən...]: *in Zssgn oft* familiar; ⁓**kreis** *m*: *im* ⁓ en familia; ⁓**mitglied** *n* miembro *m* de la familia; familiar; ⁓**name** *m* apellido *m*; ⁓**oberhaupt** *n* cabeza *m* de familia; ⁓**planung** *f* planificación *f* familiar; ⁓**stand** *m* estado *m* civil; ⁓**zusammenführung** *f* reagrupación *f* familiar.

famos [-'moːs]: F magnífico, estupendo; F de órdago.

Fan [fɛn] *m* (11) fan *m*; *bsd. Sport:* hincha *m*, forofo *m*.

Fanat|iker [fa'naːtikər] *m* (7), 2**isch** fanático *m*; ⁓**ismus** [-na'tismus] *m* (16, *o. pl.*) fanatismo *m*.

fand, fände [fant, 'fɛndə] *s.* finden.

Fanfare(nstoß *m*) *f* [fan'faːra(n-ʃtoːs)] (15) (toque *m* de) clarín *m*.

Fang [faŋ] *m* (3³) (*Fangen*) captura *f*; (*Gefangenes*) presa *f*; (*Fisch*2) pesca *f*; *im Netz*: redada *f*; *Zo.* (*Kralle*) garra *f*; (*Zahn*) colmillo *m*; '⁓**arm** *m* tentáculo *m*; '⁓**eisen** *n* cepo *m*; 2**en** (30) coger; *Arg.* agarrar; *Dieb*: capturar, prender; '⁓**frage** *f* pregunta *f* capciosa; '⁓**schuß** *m* tiro *m* de remate; '⁓**zahn** *m* colmillo *m*.

Farb|band ['farpbant] *n* cinta *f*; ⁓**e** ['-bə] *f* (15) color *m*; (*Anstrich*2) pintura *f*; (*Färbung*) colorido *m*; *zum Färben*: tinte *m*; *Kartenspiel*: palo *m*; *fig.* ⁓**bekennen** poner las cartas boca arriba; 2**echt** ['farpˀɛçt] de color sólido.

Färbe|mittel ['fɛrbəmɪtl̩] *n* colorante *m*; 2**n** (25) teñir (*blau usw.* de azul, *etc.*); colorar, colorear.

farben|blind ['farbənblɪnt] daltoniano; 2**blindheit** *f* daltonismo *m*; ⁓**freudig**, ⁓**froh** vistoso; variopinto; ⁓**pracht** *f* riqueza *f* de colorido; 2**skala** *f* gama *f* de colores; 2**spiel** *n* juego *m* de colores; irisación *f*.

Färber ['fɛrbər] *m* (7) tintorero *m*; ⁓**ei** [--'raɪ] *f* tintorería *f*, tinte *m*.

Farb|fernsehen ['farpfɛrnzeːən] *n* televisión *f* en color; ⁓**fernseher** *m* televisor *m* en color; ⁓**film** *m* película *f* en color; ⁓**ig** de color; coloreado; ⁓**kasten** *m* caja *f* de pinturas; ⁓**kissen** *n* tampón *m*, almohadilla *f* de entintar; 2**los** incoloro; *fig. a.* insípido; ⁓**photographie** *f* foto(grafía) *f* en color; ⁓**stift** *m* lápiz *m* de color; ⁓**stoff** *m* colorante *m*; ⁓**ton** *m* matiz *m*.

Färbung ['fɛrbuŋ] *f* (16) coloración *f*, tinte *m*; colorido *m*; *fig.* tendencia *f*.

Farce ['farsə] *f* (15) farsa *f*; *Kchk.* relleno *m*.

Farm [farm] *f* (16) granja *f*; *Am.* hacienda *f*; '⁓**er** *m* (7) granjero *m*.

Farn [farn] *m* (3), '⁓**kraut** *n* helecho *m*.

Fasan [fa'zaːn] *m* (3 *u.* 8) faisán *m*.

Fasching ['-ʃɪŋ] *m* (3¹) carnaval *m*.

Faschis|mus [-'ʃɪsmus] *m* (16, *o. pl.*) fascismo *m*; ⁓**t** *m* (12), 2**tisch** fascista (*m*), F facha (*m*).

Faselei [faːzə'laɪ] *f* desatino *m*, disparates *m/pl.*; 2**n** (29) desatinar.

Faser ['-zər] *f* (15) fibra *f*; filamento *m*; hilacha *f*; 2**ig** fibroso, filamentoso; 2**n** (29) deshilacharse.

Faß [fas] *n* (2¹) tonel *m*; barril *m*; cuba *f*; *fig.* ein ⁓ ohne Boden un pozo sin fondo.

Fassade [fa'saːdə] *f* (15) fachada *f*; ⁓**nkletterer** *m* escalador *m*.

faßbar ['fasbaːr] *fig.* concebible; comprensible.

'**Faßbier** *n* cerveza *f* de barril.

fassen ['fasən] (28) coger (*an dat. de, por*); asir; *bsd. Arg.* agarrar; *Dieb*: capturar; *Edelstein*: engastar, engarzar; *Plan*: concebir; *fig.* (*verstehen*) comprender; *in Worte* ⁓ formular; es ist nicht zu ⁓ es increíble *od.* inconcebible; *der Saal faßt 300 Personen* en la sala caben 300 personas; sich ⁓ serenarse; sich in Geduld ⁓ armarse de paciencia; sich kurz ⁓ ser breve.

faßlich ['faslɪç] *s.* faßbar.

faßt [fast] *s.* fassen.

Fassung ['fasuŋ] *f* ℰ portalámpara *m*; ⊕ montura *f* (*a.* Brille) *Juwel*: engarce *m*, engaste *m*; (*Abz*) redacción *f*, (*Wortlaut*) texto *m*; versión *f*; *seelische*: serenidad *f*; *aus der* ⁓ bringen (geraten) desconcertar(se); ⁓**skraft** *f* comprensión *f*; capacidad *f* mental; 2**slos** desconcertado; (*untröstlich*) desconsolado; ⁓**svermögen** *n* capacidad *f*, cabida *f*; *fig.* comprensión *f*.

fast [fast] casi; aproximadamente, cerca de.

Fehlurteil

fasten ['-tən] **1.** v/i. (26) ayunar; **2.** ⚥ n ayuno m; ²**zeit** f cuaresma f.

'**Fast**|**nacht** f (martes m de) carnaval m; ~**tag** m día m de ayuno.

faszinieren [fastsi'ni:rən] fascinar; ~**d** fascinante, fascinador.

fatal [fa'ta:l] fatal; ²**ismus** [-ta'lismus] m (16, o. pl.) fatalismo m.

Fata Morgana [fɑ:tamɔr'gɑ:na] f espejismo m.

Fatzke ['fatskə] F m (13) petimetre m.

fauchen ['fauxən] (25) bufar; ⊕ echar vapor.

faul [faul] (verfault) podrido; pútrido; (träge) perezoso, vago, gandul; holgazán; fig. dudoso; Witz: malo; Ausrede: barato.

Fäule ['fɔylə] f (15, o. pl.) s. Fäulnis.

faulen ['faulən] (25, sn u. h.) pudrirse, corromperse.

faulenz|**en** ['-lɛntsən] (27) holgazanear, gandulear; ²**er** m (7) holgazán m, gandul m; ²**e'rei** f holgazanería f, gandulería f.

Faulheit ['-haɪt] f pereza f.

'**faulig** podrido.

Fäulnis ['fɔylnɪs] f (14², o. pl.) putrefacción f; podredumbre f.

Faul|**pelz** F ['faulpɛlts] m perezoso m, holgazán m, gandul m; ~**tier** n Zo. perezoso m (a. fig.).

Faun [faun] m (3) fauno m.

'**Fauna** [fau-] f (9¹) fauna f.

Faust [faust] f (14¹) puño m; auf eigene ~ por su (propia) cuenta.

Fäustchen ['fɔystçən] n (6): sich ins ~ lachen reírse por lo bajo.

faust|**dick** ['faustdɪk]: es ~ hinter den Ohren haben tener mucha trastienda; ²**handschuh** m manopla f; ²**kampf** m pugilato m; ²**pfand** n prenda f (mobiliaria); ²**recht** n ley f del más fuerte; ²**schlag** m puñetazo m.

Favorit(in f) [favo'ri:t(ɪn)] m (12) favorito (-a) m (f).

Faxen F ['faksən] f/pl. uv. bromas f/pl.; payasadas f/pl.; mach keine ~! ¡déjate de bromas!

Fayence [fa'jãs] f (15) loza f fina.

Fazit ['fa:tsɪt] n (3¹ u. 11) resultado m.

Februar ['fe:bruar] m (3¹) febrero m.

Fecht... ['fɛxt...]: in Zssgn oft de esgrima; ~**boden** m sala f de armas; ²**en** (30) esgrimir; ~**en** n esgrima f; ~**er** m (7) esgrimidor m; ~**kunst** f esgrima f; ~**meister** m maestro m de esgrima.

Feder ['fe:dər] f (15) pluma f; ⊕ resorte m, muelle m; ~**ball** m volante m; ~**besen** m plumero m; ~**bett** n edredón m; ~**busch** m penacho m; ~**fuchser** F ['--fʊksər] m (7) chupatintas m; ~**gewicht** n Sport: peso m pluma; ~**halter** m portaplumas m; ~**kasten** m plumero m, fr. plumier m; ~**kissen** n plumón m; ~**kleid** n plumaje m; ~**kraft** f elasticidad f; ~**krieg** m polémica f; ²'**leicht** muy ligero; ~**lesen** n: nicht viel ~s machen no gastar cumplidos; ~**messer** n cortaplumas m; ²**n** (29) ⊕ ser elástico; Turnen: rebotar; ²**nd** ⊕ elástico; ~**strich** m plumada f; mit e-m ~ de un plumazo; ~**ung** ⊕ f suspensión f; ~**vieh** n aves f/pl. de corral; ~**wolke** f cirro m; ~**zeichnung** f dibujo m a la pluma; ~**zug** m rasgo m de pluma.

Fee [fe:] f (15) hada f; ²**nhaft** mágico.

Fege|**feuer** ['fe:gəfɔyər] n purgatorio m; ²**n** (25) barrer; Schornstein: deshollinar.

Fehde ['-də] f (15) hostilidad f; ~**handschuh** m: den ~ hinwerfen (aufnehmen) arrojar (recoger) el guante.

fehl [fe:l] **1.** adv.: ~ am Platz sn estar fuera de lugar; no venir al caso; **2.** ⚥ m: ohne ~ sin tacha; '²**anzeige** f respuesta f negativa; ~! no existe; F ¡narices!; ²**betrag** m déficit m; '²**diagnose** ⚕ f diagnóstico m erróneo.

fehlen ['-lən] **1.** v/i. (25) faltar, hacer falta; (abwesend sein) estar ausente; was fehlt Ihnen? ¿qué le pasa?; es fehlt uns an (dat.) nos (hace) falta a/c.; an mir soll es nicht ~ por mí no quedará; das fehlte (gerade) noch! ¡sólo faltaba eso!; du fehlst mir sehr te echo mucho de menos; es fehlte nicht viel, und ... faltó poco para que (subj.); es an nichts ~ lassen hacer todo lo posible; weit gefehlt! está Vd. muy equivocado; **2.** ⚥ n Jagd f; ausencia f.

Fehler ['-lər] m (7) falta f, error m; defecto m; moralischer: vicio m; ²**frei**, ²**los** sin defecto; sin falta; correcto; ²**haft** defectuoso; incorrecto; ~**quelle** f fuente f de errores.

'**Fehl**|**geburt** f aborto m (espontáneo); ²**gehen** extraviarse; fig. equivocarse; ~**gewicht** n falta f de peso; ~**greifen** fig. desacertar; ~**griff** m desacierto m; F plancha f; ~**schlag** m fallo m, fracaso m; ²**schlagen** (sn) fallar, fracasar; frustrarse; ~**tritt** m paso m en falso; fig. desliz m; e-n ~ tun dar un traspié; ~**urteil** n senten-

Fehlzündung

cia *f* equivocada; **~zündung** ⊕ *f* encendido *m* defectuoso.

Feier ['faɪər] *f* (15) celebración *f*; (*Fest*) fiesta *f*; festividad *f*; ceremonia *f*; **~abend** *m* fin *m* del trabajo; ~ **machen** terminar el trabajo; **2lich** solemne; **~lichkeit** *f* solemnidad *f*; festividad *f*; acto *m*; **2n** (29) 1. *v/t.* celebrar; *j-n:* agasajar, homenajear; 2. *v/i.* hacer fiesta; **~schicht** *f* jornada *f* sin trabajar; **~stunde** *f* acto *m* solemne; **~tag** *m* día *m* festivo, (día *m* de) fiesta *f*.

feig(e) [faɪk, -gə] cobarde.

Feige ♀ ['-gə] *f* (15) higo *m*; **~nbaum** *m* higuera *f*; **~nblatt** *n* fig. hoja *f* de parra; **~nkaktus** *m* chumbera *f*, higuera *f* chumba.

Feigheit ['faɪkhaɪt] *f* cobardía *f*; **~ling** [-lɪŋ] *m* (3¹) cobarde *m*.

feil [faɪl] de venta; *fig.* venal; **~bieten** poner en venta.

Feile ['-lə] *f* (15) lima *f*; **2n** (25) limar (*a. fig.*).

feilschen ['-ʃən] 1. *v/i.* (27) regatear (um et. a/c.); 2. **2** *n* regateo *m*.

'**Feilspäne** *m/pl.* limaduras *f/pl.*

fein [faɪn] fino (*a. fig.*); (*dünn*) delgado; sutil; (*zart*) delicado; (*erlesen*) exquisito; (*vornehm*) distinguido; **2bäcker** *m* pastelero *m*; **2bäckerei** *f* pastelería *f*.

Feind [faɪnt] *m* (3) enemigo *m*; **'lich** enemigo; hostil; **~schaft** *f* enemistad *f*; hostilidad *f*; **2selig** hostil; **~seligkeit** *f* hostilidad *f*.

Fein|einstellung ⊕ ['faɪnʔaɪnʃtɛluŋ] *f* ajuste *m* de precisión; **2fühlig** ['-fy:lɪç] sensible, delicado; **~gebäck** *n* pasteles *m/pl.*; **~gefühl** *n* delicadeza *f*; **~gehalt** *m* quilate *m*; *v. Münzen:* título *m* legal; **~gold** *n* oro *m* de ley; **~heit** *f* fineza *f*; sutileza *f*; delicadeza *f*, finura *f*; **~kosthandlung** *f* tienda *f* de comestibles finos, *Am.* fiambrería *f*; **~mechanik(er** *m*) *f* mecánica *f* (mecánico *m*) de precisión; **~schmecker(in** *f*) ['-ʃmɛkər(ɪn)] *m* (7) gastrónomo (-a *m* *f*); sibarita *su.*; **2sinnig** sutil; de gusto refinado; **~waschmittel** *n* detergente *m* para ropa delicada.

feist [faɪst] gordo; obeso.

feixen F ['faɪksən] (27) (son)reír irónicamente.

Feld [fɛlt] *n* (1) campo *m* (*a. fig.*); *Schach:* casilla *f*; *Sport:* pelotón *m*; *fig.* dominio *m*; *fig.* ins ~ führen

680

alegar; *das* ~ *räumen* abandonar el terreno; **'~arbeit** *f* faenas *f/pl.* del campo; **'~bett** *n* catre *m*; **'~flasche** *f* cantimplora *f*; **'~frucht** *f* fruto *m* del campo; **'~geistliche(r)** *m* capellán *m* castrense; **'2grau** ⚔ gris de campaña; **'~herr** *m* general *m*; estratega *m*; **'~hüter** *m* guarda *m* rural; **'~küche** *f* cocina *f* ambulante *od.* de campaña; **'~lager** *n* campamento *m*; **'~lazarett** *n* hospital *m* de sangre; **'~mark** *f* término *m*; **'~marschall** *m* mariscal *m* de campo; **'2marschmäßig** con equipo de campaña; **'~maus** *f* ratón *m* del campo; **'~messer** *m* (7) agrimensor *m*; **'~mütze** ⚔ *f* gorra *f* de cuartel; **'~post** *f* correo *m* militar; **'~schlacht** *f* batalla *f* campal; **'~spat** *m* feldespato *m*; **~stecher** ['-ʃtɛçər] *m* (7) gemelos *m/pl.* (de campaña); prismáticos *m/pl.*; **'~stuhl** *m* silla *f* de tijera; **~webel** ['-ve:bəl] *m* (7) sargento *m* primero; **'~weg** *m* camino *m* vecinal; **'~zeichen** ⚔ *n* insignia *f*; **'~zug** *m* campaña *f*.

Felge ['fɛlgə] *f* (15) llanta *f*; *Turnen:* molino *m*.

Fell [fɛl] *n* (3) piel *f*; pellejo *m*; *fig. ein dickes ~ haben* tener buenas espaldas; *j-m das ~ über die Ohren ziehen* desollar a alg. vivo.

Fels [fɛls] *m* (12) roca *f*; peña *f*; peñasco *m*; **'~block** *m* peñasco *m*.

Felsen ['fɛlzən] *m* (6) *s. Fels*; **2fest** *fig.* inquebrantable; **~ glauben** creer a pies juntillas; **~klippe** *f* escollo *m*; **~küste** *f* acantilado *m*; **~riff** *n* arrecife *m*.

felsig ['-zɪç] rocoso.

'**Fels|malerei** *f* pintura *f* rupestre; **~massiv** *n* macizo *m* rocoso; **~wand** *f* pared *f* rocosa.

Feminlinum [femiˈniːnum] *n* (9²) femenino *m*; **~ismus** [-ˈɪsmus] *m* (16, *o. pl.*) feminismo *m*; **~istin** *f* **2istisch** feminista (*f*).

Fenchel ♀ ['fɛnçəl] *m* (7) hinojo *m*.

Fenster ['fɛnstər] *n* (7) ventana *f*; *bsd. buntes:* vidriera *f*; *es-s Wagens:* ventanilla *f*; *zum ~ hinauswerfen* tirar por la ventana (*a. fig.*); **~bank** *f*, **~brett** *n* alféizar *m*; **~flügel** *m* batiente *m*; **~glas** *n* vidrio *m* (común); **~kreuz** *n* cruz *f*; **~laden** *m* contraventana *f*; postigo *m*; **~leder** *n* gamuza *f*; **~nische** *f* hueco *m* (de la ventana); **~platz** *m* asiento *m* de ventanilla;

~putzer m limpiaventanas m; ~putzmittel n limpiacristales m; ~rahmen m bastidor m (de la ventana); ~scheibe f cristal m, vidrio m.
Ferien ['fe:rjən] f/pl. uv. vacaciones f/pl.; ~...: in Zssgn mst de vacaciones.
Ferkel ['fɛrkəl] n (7) cochinillo m, lechón m.
Fermate ♪ [-'mɑːtə] f (15) calderón m.
Ferment [-'mɛnt] n (3¹) fermento m.
fern [fɛrn] lejano, distante; remoto; adv. lejos; der ⁀e Osten el Extremo Oriente.
'Fern|amt 𝔳 n central f interurbana; ~bedienung f mando m a distancia; ⁀bleiben dat. no asistir a; ~blick m panorama m; ~e f (15) lejanía f; distancia f; aus der ~ de lejos; in der ~ a lo lejos.
ferner ['fɛrnər] además; = ~hin en lo sucesivo.
'Fern|fahrer m camionero m de grandes rutas; ~flug m vuelo m a gran distancia; ⁀gelenkt teledirigido, teleguiado; ~gespräch 𝔳 n conferencia f interurbana; ~glas n gemelos m/pl., prismáticos m/pl.; ⁀halten mantener alejado; ~heizung f calefacción f a distancia; ~kurs m curso m por correspondencia od. a distancia; ~lastwagen m camión m de largo recorrido; ~licht Kfz. n luz f de carretera; ⁀liegen estar lejos de; ~meldetechnik f técnica f de telecomunicaciones; ⁀mündlich telefónico; adv. por teléfono; ~rohr n telescopio m; ~schreiben n télex m; ~schreiber m teletipo m.
Fernseh... ['-zeː...]: in Zssgn oft televisivo; ~en n televisión f, F tele f; im ~ übertragen televisar; ⁀en mirar od. ver la televisión; ~er m televisor m; ~film m telefilm m; ~gerät n televisor m; ~spiel n telenovela f; ~teilnehmer m, ~zuschauer m telespectador m, televidente m.
'Fernsicht f vista f (panorámica).
Fernsprech... ['-ʃprɛç...]: in Zssgn oft telefónico; s. a. Telephon...; ~amt n central f telefónica; ~anschluß m abono m al teléfono; ~auftragsdienst m servicio m de encargos; ~automat m teléfono m público automático; ~er m (7) teléfono m; ~gebühr f tarifa f telefónica; ~teilnehmer m abonado m (al teléfono); ~zelle f cabina f telefónica; öffentliche ~ teléfono m público.
'fern|stehen (dat.) ser extraño od. ajeno a; ⁀steuerung f mando m a distancia, telemando m; control m remoto; ⁀studium n estudio m por correspondencia od. a distancia; ~verkehr m transporte m a gran distancia; ⁀verkehrsstraße f vía f interurbana; ⁀zug m tren m de largo recorrido.
Ferse ['fɛrzə] f (15) talón m; fig. j-m auf den ~n sein pisar los talones a alg.; ~ngeld n: ~ geben poner pies en polvorosa.
fertig ['-tiç] acabado, hecho; (bereit) dispuesto, listo; F (erschöpft) hecho polvo; ~! ¡ya está!; mit et. ~ sn haber terminado a/c.; mit et. ~ werden acabar a/c.; ~ bekommen, ~ bringen lograr (hacer), conseguir; ~en ['--gən] (25) fabricar; ⁀fabrikat n producto m acabado; ⁀gericht n plato m preparado od. precocinado; ⁀haus n casa f prefabricada; ⁀keit f destreza f, habilidad f; ~machen terminar, acabar; F fig. echar una bronca a; sich ~ prepararse, disponerse; ⁀ung f ['-guŋ] f fabricación f; ⁀ware f producto m elaborado.
fesch [fɛʃ] elegante; pimpante.
Fessel ['fɛsəl] f (15) traba f (a. fig.); ~ballon m globo m cautivo; ⁀n (29) atar, encadenar; fig. cautivar, fascinar; ⁀nd cautivador, fascinante.
fest [fɛst] firme (a. fig.); sólido; fijo (a. Preis); compacto; Schlaf: profundo.
Fest n (3²) fiesta f; frohes ~! ¡felices Pascuas!; '~akt m acto m (solemne); ceremonia f; '~angebot † n oferta f en firme; '~beleuchtung f iluminación f; '⁀binden atar; '⁀bleiben (sn) quedar firme, no ceder; '~essen n banquete m, festín m; '⁀fahren: sich ~ atascarse (a. fig.); '⁀halten 1. v/t. sujetar; agarrar; retener; sich ~ an (dat.) agarrarse a; 2. v/i. perseverar (an dat. en).
festigen ['-igən] (25) consolidar; fortalecer; fig. estabilizar; ⁀keit f ['-içkaɪt] f solidez f; estabilidad f; fig. firmeza f; ⁀ung f ['-iguŋ] f consolidación f; fortalecimiento m; estabilización f.
'fest|kleben 1. v/t. pegar; 2. v/i. (sn) quedar pegado (an dat. a); ~land n tierra f firme; continente m; ~legen fijar; determinar; Geld: in-

festlich

movilizar; *sich* ~ comprometerse (*auf ac.* a).

festlich ['-liç] de fiesta; solemne; 2**keit** f fiesta f, festividad f.

fest|liegen ['fɛstliːɡən] estar inmovilizado (*Termin*: fijado); **~machen** sujetar; ⚓ amarrar; *fig.* concretar; 2**mahl** *n* banquete *m*; 2**meter** *m* metro *m* cúbico; **~nageln** clavar; **~nahme** ['-nɑːmə] *f* detención *f*; **~nehmen** detener; 2**preis** ✝ *m* precio *m* fijo; 2**saal** *m* salón *m* de fiestas; **~setzen** fijar; *vertraglich*: estipular; *sich* ~ establecerse; *Schmutz usw.*: incrustarse; 2**setzung** *f* fijación *f*; **~sitzen** no poder avanzar; 2**spiele** *n/pl.* festival *m*; **~stampfen** apisonar; **~stehen** *fig.* ser seguro; constar; **~stellen** sujetar; *fig.* averiguar, comprobar; constatar; 2**stellung** *f* averiguación *f*, comprobación *f*; constatación *f*; 2**tag** *m* (día *m* de) fiesta *f*.

Festung ['fɛstuŋ] *f* fortaleza *f*; **~s-werke** *n/pl.* fortificaciones *f/pl.*

¹**fest|verzinslich** de renta fija; 2**vor-stellung** *f* función *f* de gala; 2**zug** *m* desfile *m*; cabalgata *f*.

Fetisch ['fɛːtɪʃ] *m* (3) fetiche *m*.

fett [fɛt] **1.** *adj.* graso; *j.*: gordo; *Typ.* en negrita *od.* negrilla; *Gewinn*: pingüe; ~ *werden* engordar; **2.** 2 *n* (3) grasa *f*; ¹**~arm** pobre en grasa(s); ²**druck** *m* impresión *f* en negrilla; ¹**~en** engrasar; 2**fleck** *m* mancha *f* de grasa; ¹**~haltig** adiposo; graso; ¹**~ig** grasiento; **~leibig** ['-laɪbɪç] obeso; ²**leibigkeit** *f* obesidad *f*; ¹**~löslich** liposoluble; 2**näpfchen** *n*: F *fig. ins* ~ *treten* meter la pata; 2**sucht** 𝒽 *f* adiposis *f*; 2**wanst** F *m* barrigudo *m*.

Fetzen ['fɛtsən] *m* (6) jirón *m*; (*Lumpen*) harapo *m*.

feucht [fɔyçt] húmedo; ²**igkeit** *f* humedad *f*; ²**igkeitsmesser** *m* higrómetro *m*.

feudal [fɔyˈdɑːl] feudal; F *fig.* suntuoso, lujoso.

Feuer ['fɔyər] *n* (7) fuego *m* (a. ⚔ u. *fig.*); (*Brand*) incendio *m*; *fig.* ardor *m*, fogosidad *f*, brío *m*; ~ *fangen fig.* entusiasmarse; *mit* ~ *und Schwert* a sangre y fuego; **~alarm** *m* alarma *f* de incendio; **~be-reich** ⚔ *m* zona *f* de fuego; 2**bestän-dig** *s.* 2**fest**; **~bestattung** *f* cremación *f*, incineración *f*; **~eifer** *m* fervor *m*; **~einstellung** ⚔ *f* alto *m* al fuego; **~fest** a prueba de fuego, refractario; **~gefahr** *f* peligro *m* de incendio; 2**gefährlich** inflamable; **~haken** *m* hurgón *m*, atizador *m*; **~leiter** *f* escalera *f* de incendios; **~löscher** *m* extintor *m* (de incendios); **~melder** *m* avisador *m* de incendios; 2**n** (29) hacer fuego (*a.* ⚔); **~probe** *f* prueba *f* del fuego; 2**rot** (rojo) encendido; ~ *werden* F ponerse como un tomate; **~sbrunst** *f* incendio *m*; **~schiff** *n* buque *m* faro, faro *m* flotante; 2**speiend** ['--ʃpaɪənt]: *~er Berg* volcán *m*; **~spritze** *f* bomba *f od.* manga *f* de incendios; **~stein** *m* piedra *f* (para encendedor); **~stelle** *f* hogar *m*; **~taufe** *f* bautismo *m* de fuego; **~ung** (*Heizung*) calefacción *f*; (*Material*) combustible *m*; **~ver-sicherung** *f* seguro *m* contra incendios; **~wache** *f* puesto *m* de bomberos; **~waffe** *f* arma *f* de fuego; **~wehr** *f* (cuerpo *m* de) bomberos *m/pl.*; **~wehrmann** *m* bombero *m*; **~werk** *n* fuegos *m/pl.* artificiales; **~werker** ['--vɛrkər] *m* (7) pirotécnico *m*; ⚔ artificiero *m*; **~zeug** *n* encendedor *m*, mechero *m*.

Feuilleton [fœjəˈtɔ̃] *n* (11) folletín *m*.

feurig ['fɔyrɪç] ardiente; *fig.* fogoso, impetuoso; *Wein*: generoso.

Fiasko [fiˈasko] *n* (11) fiasco *m*, fracaso *m*.

Fibel ['fiːbəl] *f* (15) cartilla *f*.

Fiber ['-bər] *f* (15) fibra *f*.

Fichte ['fɪçtə] *f* (15) abeto *m* rojo, picea *f*; **~nnadel** *f* pinocha *f*.

fidel [fiˈdeːl] alegre.

Fieber ['fiːbər] *n* (7) fiebre *f*; 2**haft**, 2**ig** febril (*a. fig.*); 2**krank** calenturiento; **~kurve** *f* gráfica *f* de temperatura; **~mittel** *n* febrífugo *m*; 2**n** (29) tener fiebre; *fig.* ~ *nach* ansiar (*ac.*); **~thermometer** *n* termómetro *m* clínico; **~wahn** ⚚ *m* delirio *m*.

Fiedel ['fiːdəl] *f* (15) violín *f*; 2**n** (29) tocar el violín.

fiel [fiːl] *s. fallen*.

fies F [fiːs] asqueroso; *j.*: antipático.

Figur [fiˈɡuːr] *f* (16) figura *f*; *Schach*: pieza *f*; *e-e gute* ~ *haben* tener buen tipo.

figürlich [-ˈɡyːrlɪç] figurado.

Filet [-ˈleː] *n* (11) filete *m*; (*Lende*) solomillo *m*.

Filiale [filˈjɑːlə] *f* (15) sucursal *f*.

Film [fɪlm] *m* (3¹) película *f*; film(e) *m*; *Phot.* carrete *m*; **~archiv** *n* filmoteca *f*; ¹**~atelier** *n* estudio *m*

Fittich

cinematográfico; '**~aufnahme** f toma f (de vistas); rodaje m; '**~bearbeitung** f adaptación f cinematográfica; '**²en** (25) rodar; filmar; '**~en** n filmación f/pl. festivales m/pl. de cine; '**~industrie** f industria f cinematográfica; '**~kamera** f tomavistas m, filmadora f; '**~regisseur** m director m de cine, realizador m; '**~schaffende(r)** m cineasta m; '**~schauspieler(in** f) m actor m (actriz f) cinematográfico (-a) od. de cine; '**~star** m estrella f de cine; '**~streifen** m cinta f; '**~verleih** m distribución f de películas; (Firma) (casa f) distribuidora; '**~vorführer** m operador m; '**~vorführung** f proyección f de películas.

Filter ['filtər] m u. n (7) filtro m; **²n** (29) filtrar; **~papier** n papel m (de) filtro; **~zigarette** f cigarrillo m de filtro.

filtrieren [-'tri:rən] filtrar.

Filz [filts] m (3²) fieltro m; **²en** (27) fig. registrar, cachear; '**~hut** m sombrero m de fieltro; '**~laus** f ladilla f; '**~stift** m rotulador m.

Fimmel F ['fiməl] m (7) manía f.

Final|e [fi'nɑ:lə] n (11) ♪ final m; Sport: final f; **~ist** [-na'list] m (12) finalista m.

Finanz|amt [-'nants²amt] n Delegación f de Hacienda; **~en** f/pl. finanzas f/pl.; **²iell** [--'tsjɛl] financiero; **~ieren** [--'tsi:rən] financiar; **~ierung** [--'tsi:ruŋ] f financiación f, financiamiento m; **~mann** m (pl. **~leute**) financiero m; **~minister(ium** n) m ministro m (ministerio m) de Hacienda; **~wesen** n finanzas f/pl.; hacienda f.

Findel|haus ['findəlhaus] n inclusa f; **~kind** n inclusero m, expósito m.

find|en ['-dən] (30) hallar; encontrar; ~ Sie nicht? ¿no le parece?; das wird sich ~ ya veremos; sich ~ in (ac.) acomodarse a; **²erlohn** m gratificación f; **~ig** ingenioso; astuto; **²ling** ['fintliŋ] m (3¹) expósito m; Geol. roca f errática.

Finger ['fiŋər] m (7) dedo m; kleine(r) ~ meñique m; sich et. aus den ~ saugen inventar a/c.; j-m auf die ~ sehen vigilar a alg.; keinen ~ rühren no mover ni un dedo; '**~abdruck** m huella f dactilar od. digital; **²fertig** hábil; '**~fertigkeit** f habilidad f manual; '**~glied** n falange f; '**~hut** m

dedal m; ♀ digital f; **~ling** ['--liŋ] m (3¹) dedil m; **~nagel** m uña f; **~ring** m anillo m, sortija f; **~satz** ♪ m digitación f; **~spitzengefühl** n fig. tacto m; tino m; **~zeig** ['--tsaik] m (3) indicación f; aviso m.

fingier|en [fiŋ'gi:rən] fingir, simular; **~t** ficticio, fingido, simulado.

Fink [fiŋk] m (12) pinzón m.

Finne¹ ['finə] f (15) Zo. cisticerco m.

Finn|e² m (13) (**~in** f), **²isch** finlandés (-esa) m (f).

finster ['-stər] oscuro; fig. tenebroso, sombrío; **²nis** f (14²) oscuridad f; tinieblas f/pl.

Finte ['-tə] f (15) Fechtk. finta f; fig. ardid m, treta f.

Firlefanz ['firləfants] m (3²) fruslerías f/pl.

Firma ['firma] f (16²) casa f; empresa f.

Firmament [--'mɛnt] n (3) firmamento m.

firmen ['-mən] (25) confirmar.

'**Firmen|name** m razón f social; **~schild** n letrero m.

Firmung Rel. ['-muŋ] f confirmación f.

Firnis ['-nis] m (4¹) barniz m (a. fig.); **²sen** (28) barnizar.

First [first] m (3²) caballete m.

Fis ♪ [fis] n uv. fa m sostenido.

Fisch [fiʃ] m (3²) pez m; als Speise: pescado m; Astr. Piscis m; '**~bein** n ballena f; '**~blut** n fig. sangre f de horchata; '**~brut** f alevín m; '**~dampfer** m pesquero m; '**²en** (27) pescar; '**~en** n pesca f.

Fischer ['-ʃər] m (7) pescador m; **~boot** n barco m pesquero; **~ei** f [--'rai] pesca f; pesquería f; **~geräte** n aparejos m/pl. de pesca; **~gerät** n m/pl. artes m/pl. de pesca.

'**Fisch|fang** m pesca f; **~gericht** n plato m de pescado; **~geschäft** n pescadería f; **~händler(in** f) m pescadero (-a) m (f); **~netz** n red f de pescar; **~otter** m nutria f; **~reich** abundante en peces; **~reiher** m garza f real; **~teich** m vivero m; **~vergiftung** f intoxicación f por pescado, ictismo m; **~zucht** f piscicultura f; **~zug** m pesca f; redada f (a. fig.).

Fiskus ['fiskus] m (16, o. pl.) fisco m.

Fistel ['-təl] f (15) ♀ fístula f; **~stimme** ♪ f falsete m.

fit [fit] en buena forma.

Fittich ['fitiç] m (3) ala f.

fix [fiks] ✝ fijo; F ligero, rápido, ágil; ~ *und fertig* listo; ~e *Idee* idea f fija; '~**en** F (27) inyectarse, pincharse; '²**er** F m yonqui m.

Fixier|bad ['-ksiːrbɑːt] n *Phot.* baño m fijador; ²**en** fijar (*a. Phot.*); (*scharf ansehen*) mirar fijamente.

Fix|stern ['fɪksʃtɛrn] m estrella f fija; ~**um** ['-um] n (9²) cantidad f fija; (*sueldo* m) fijo m.

flach [flax] (*eben*) llano (*a. Teller*); plano; (*seicht*) poco profundo; *fig.* trivial, banal; *mit der* ~en *Hand* con la palma de la mano.

Fläche ['flɛçə] f (15) superficie f; área f; Ⱥ plano m; (*Seite*) cara f; ~**n-inhalt** m superficie f; Ⱥ área f; ~**nmaß** n medida f de superficie.

Flach|heit ['flaxhaɪt] f *fig.* superficialidad f, banalidad f; ²**land** n llano m, llanura f; ~**relief** n bajorrelieve m.

Flachs ♀ [flaks] m (4, *o. pl.*) lino m.

Flachzange ['flaxtsaŋə] f alicates m/pl. (planos).

flackern ['flakərn] (29) vacilar, titilar; *Feuer*: flamear.

Fladen ['flɑːdən] m (6) torta f.

Flagg|e ['flagə] f (15) bandera f; pabellón m; ²**en** (25) enarbolar la bandera; ~**schiff** n ['flakʃɪf] n buque m insignia.

flagranti [fla'granti]: *j-n in* ~ *ertappen* coger a alg. in fraganti *od*. en flagrante *od*. con las manos en la masa.

Flak [flak] f uv. defensa f antiaérea.

Flakon [fla'kõ] m (11) frasquito m.

flambieren [flam'biːrən] *Kchk.* flamear.

Flame ['flɑːmə] m (13) flamenco m.

Flamingo [fla'miŋgo] m (11) *Zo.* flamenco m.

flämisch ['flɛːmɪʃ] flamenco.

Flamme ['flamə] f (15) llama f; *in* ~ *stehen* estar en llamas; *in* ~ *aufgehen* ser pasto de las llamas; ²**n** (25) echar llamas, llamear; ²**nd** *fig.* ardiente; ~**nwerfer** ⚔ m (7) lanzallamas m.

Flanell [fla'nɛl] m (3¹) franela f.

flanieren [fla'niːrən] callejear.

Flank|e ['flaŋkə] f (15) flanco m (*a.* ⚔); *Anat.* ijada f; *Sport:* centro m; ²**en** (25) *Sport:* centrar; ²**ieren** flanquear.

Flansch ['flanʃ] m (3²) brida f.

Fläschchen ['flɛʃçən] n (6) frasco m.

Flasche ['flaʃə] f (15) botella f; (*Säuglings*²) biberón m; F berzotas m; *auf* ~n *füllen* embotellar; ~**nbier** n cerveza f embotellada; ~**nhals** m gollete m; ~**nkind** n niño m criado con biberón; ~**n-öffner** m abridor m; ~**nständer** m botellero m; ~**nwein** m vino m embotellado; ~**nzug** ⊕ m polea f.

flatter|haft ['flatərhaft] inconstante, voluble; ²**haftigkeit** f inconstancia f; ~**n** (29, h. u. sn) *Vogel:* aletear; (*umher*²) revolotear; *Fahne:* ondear, flotar al viento; *a. Segel:* flamear.

flau [flau] flojo (*a.* ✝).

Flaum [flaum] m (3) vello m; *Vögel:* plumón m; ♀ pelusilla f; ~**feder** f plumón m; flojel m; ²**ig** velloso; *fig.* (muy) blando.

Flausch [flauʃ] m (3²) frisa f.

Flausen ['flauzən] f/pl. (15) pamplinas f/pl.; bobadas f/pl.

Flaute ['-tə] f(15) ♆ calma f (chicha); ✝ estancamiento m.

Flecht|e ['flɛçtə] f (15) (*Haar*) trenza f; ♣ herpe(s) m; ♀ liquen m; ²**en** (30) trenzar; ~**werk** n trenzado m.

Fleck [flɛk] m (3) mancha f; (*Stelle*) sitio m, punto m; *fig. nicht vom* ~ *kommen* no avanzar; ²**en** (25) hacer manchas, manchar; ~**en** m (6) **a)** = *Fleck;* **b)** (*Ort*) lugar m; poblado m; ~**en-entferner** m quitamanchas m; ²**enlos** sin manchas; *fig.* intachable; '~**fieber** n, '~**typhus** m tifus m exantemático; '²**ig** manchado.

Fleder|maus ['fleːdərmaus] f murciélago m; ~**wisch** m plumero m.

Flegel ['-gəl] m (7) mayal m; *fig.* bruto m, mal educado m; ~**ei** [--'laɪ] f grosería f; ²**haft** grosero; ~**jahre** n/pl. edad f del pavo.

flehen ['fleːən] (25) suplicar, implorar (*um et. etc.*); ~**tlich** ['--tlɪç] suplicante; *Bitte:* fervoroso; *adv.* con instancia, encarecidamente.

Fleisch [flaɪʃ] n (3²) carne f; ♀ pulpa f; '~**bank** f tabla f de carnicero; '~**beschau** f inspección f de carnes; '~**brühe** f caldo m, consomé m; '~**er** m (7) carnicero m; '~**erladen** m carnicería f; '²**farben** de color carne; ²**fressend** ['-frɛsənt] carnívoro; ²**ig** carnoso; ♀ pulposo; '~**klößchen** n albondig(uill)a f; '~**konserven** f/pl. conservas f/pl. cárnicas; '²**lich** carnal; '²**los** *Kost:* vegetariano; sin carne; '~**vergiftung** f botulismo m; '~**wolf** m triturador m *od.* picadora f de carne; '~**wunde** f herida f en la carne.

Fleiß [flaɪs] *m* (3²) aplicación *f*; asiduidad *f*, diligencia *f*; ⸾**ig** aplicado, trabajador; activo.

fletschen ['flɛtʃən] (27): *die Zähne* ⸾ regañar los dientes.

flick|en ['flɪkən] (25) remendar; ⸾**en** *m* remiendo *m*; *a. Reifen:* parche *m*; ⸾**schneider** *m* (⸾**schuster** *m*) sastre *m* (zapatero *m*) remendón; ⸾**werk** *n* chapuza *f*, chapucería *f*; ⸾**wort** *n fig.* ripio *m*; ⸾**zeug** *n* estuche *m* de reparación.

Flieder ['fliːdər] *m* (7) lila *f*.

Fliege ['fliːgə] *f* (15) *Zo.* mosca *f* (*a. Bart*); (*Krawatte*) lazo *m*, pajarita *f*; *zwei* ⸾*n mit e-r Klappe schlagen* matar dos pájaros de un tiro.

fliegen ['fliːgən] (30) **1.** *v/t.* (h.) 🛩 pilotar; **2.** *v/i.* (sn) volar; ir en avión; F *fig.* ser despedido; *in die Luft* ⸾ hacer explosión; ⸾**d** volante; *Händler:* ambulante; ⸾**fänger** *m* (7) papel *m* matamoscas; ⸾**fenster** *n* alambrera *f*; ⸾**gewicht** *n Sport:* peso *m* mosca; ⸾**klatsche** *f* matamoscas *m*; ⸾**pilz** ♣ *m* oronja *f* falsa; ⸾**schnäpper** *Zo.* ['--ʃnɛpər] *m* (7) papamoscas *m*; ⸾**schrank** *m* fresquera *f*.

Flieger ['--gər] *m* (7) aviador *m*, piloto *m*; ⸾....: *in Zssgn oft* aéreo; ⸾**abwehr** *f* defensa *f* (anti)aérea; ⸾**alarm** *m* alarma *f* aérea; ⸾**angriff** *m* ataque *m* aéreo; ⸾**ei** [--'raɪ] *f* aviación *f*; ⸾**horst** *m* base *f* aérea; ⸾**in** *f* aviadora *f*; ⸾**schule** *f* escuela *f* de pilotos *od.* de aviación.

flieh|en ['fliːən] (30, sn) huir (*vor dat.* de); fugarse; ⸾**end** *Stirn, Kinn:* huidizo; ⸾**kraft** *f* fuerza *f* centrífuga.

Fliese ['--zə] *f* (15) baldosa *f*; (*Kachel*) azulejo *m*; ⸾**nleger** *m* solador *m*.

Fließ|arbeit ['fliːs'arbaɪt] *f* trabajo *m* en cadena; ⸾**band** *n* cinta *f* continua *od.* sin fin; ⸾**en** (30; sn) correr; fluir; ⸾ *in* (*ac.*) desembocar en; ⸾ *durch* pasar por; ⸾**end** *Wasser:* corriente; *Stil, Verkehr:* fluido; ⸾ *sprechen* hablar con soltura *od.* de corrido; ⸾**fertigung** *f* producción *f* en proceso continuo.

flimmern ['flɪmərn] (29) titilar, vibrar; *es* ⸾*t mir vor den Augen* se me va la vista.

flink [flɪŋk] ágil; vivo.

Flinte ['flɪntə] *f* (15) escopeta *f*; *fig. die* ⸾ *ins Korn werfen* echar la soga tras el caldero.

Flirt [flœrt, flɪrt] *m* (11) flirteo *m*; ⸾**en** (26) flirtear.

Flitter ['flɪtər] *m* (7) lentejuela *f*; ⸾**gold** *n* oropel *m*; ⸾**wochen** *f/pl.* luna *f* de miel.

Flitz|bogen ['flɪtsboːgən] *m* arco *m*; ⸾**en** F (27, sn) correr.

Flock|e ['flɔkə] *f* (15) copo *m*; ⸾**ig** coposo.

flog, flöge [floːk, 'fløːgə] *s. fliegen.*

floh [floː] *s. fliehen.*

Floh [floː] *m* (3²) pulga *f*; *j-m e-n* ⸾ *ins Ohr setzen* echarle a alguien la pulga detrás de la oreja; ⸾**markt** *m* mercadillo *m* (de rope).

Flor [floːr] *m* (3¹) florescencia *f*; (*Stoff*) crespón *m*.

Flora ['floːra] *f* (16²) flora *f*.

Florett [floˈrɛt] *n* (3) florete *m*; ⸾**fechter** *m* floretista *m*.

florieren [-'riːrən] prosperar, florecer.

Floskel ['flɔskəl] *f* (15) flor *f* retórica; *pl.* floreo(s) *m*(*/pl.*).

floß, flösse [flɔs, 'flœsə] *s. fließen.*

Floß [floːs] *n* (3² *u.* ³) balsa *f*.

Flosse ['flɔsə] *f* (15) aleta *f*; 🛩 estabilizador *m*.

Flöt|e ['fløːtə] *f* (15) flauta *f*; ⸾**en** (26) tocar la flauta; ⸾**engehen** F (sn) perderse; ⸾**ist** [fløˈtɪst] *m* (12) flautista *m*.

flott [flɔt] ⚓ a flote; *fig.* elegante; (*schnell*) ágil; rápido; *Leben:* alegre; ⸾**e** *f* (15) flota *f*, armada *f*; ⸾**en-abkommen** *n* (⸾**enparade** *f*, ⸾**enstützpunkt** *m*) tratado *m* (desfile *m*, base *f*) naval; ⸾**ille** [-'tɪljə] *f* (15) flotilla *f*; ⸾**machen** ['--maxən] sacar a flote (*a. fig.*).

Flöz ⛏ [fløːts] *n* (3²) vena *f*, veta *f*, filón *m*.

Fluch [fluːx] *m* (3³) maldición *f*; (*Kraftwort*) palabrota *f*, taco *m*; ⸾**en** (25) jurar; maldecir; blasfemar.

Flucht [fluxt] *f* (16) huida *f*, fuga *f v. Gefangenen:* evasión *f*; △ alineación *f*; *in die* ⸾ *schlagen* poner en fuga; *fig.* ⸾ *nach vorn* fuga *f* hacia adelante; ⸾**-artig** a la desbandada.

flücht|en ['flʏçtən] (26, sn) huir; escaparse; *sich* ⸾ refugiarse; ⸾**ig** fugitivo; 🜍 volátil; *fig.* fugaz, pasajero; (*oberflächlich*) superficial; *adv.* por encima; *ʤ* ⸾ *sn* encontrarse huido, hallarse fugado; ⸾**igkeit** *f* ligereza *f*; superficialidad *f*; ⸾**igkeitsfehler** *m* descuido *m*; ⸾**ling** ['--lɪŋ] *m* (3¹) fugitivo *m*; *Pol.* refugiado *m*; ⸾**lingslager** *n* campo *m* de refugiados.

Flucht|linie ⚠ ['fluxtli:njə] *f* alineación *f*; **~versuch** *m* tentativa *f od.* intento *m* de fuga *od.* de evasión.

Flug [flu:k] *m* (3³) vuelo *m*; (*Schwarm*) bandada *f*; *im ~* al vuelo; *fig.* a volandas; volando; **'~abwehr** ✕ *f* defensa *f* antiaérea; **'~angst** *f* miedo *m* a volar; aerofobia *f*; **'~asche** *f* pavesa *f*, ceniza *f* volante; **'~bahn** *f* trayectoria *f*; **'~ball** *m* *Tennis:* volea *f*; **'~blatt** *n* octavilla *f*.

Flügel ['fly:gəl] *m* (7) ala *f*; (*Tür*♀, *Fenster*♀) hoja *f*, batiente *m*; (*Windmühlen*♀) aspa *f*; (*Schrauben*♀) aleta *f*; ♪ piano *m* de cola; **~mann** ✕ *m* cabo *m* de fila; **~lahm** alicaído (*a. fig.*); **~schlag** *m* aletazo *m*; **~stürmer** *Fußball:* alero *m*; **~tür** *f* puerta *f* de dos hojas; **~weite** *f* envergadura *f*.

Fluggast ['flu:kgast] *m* pasajero *m*.
flügge ['flygə] volantón.
Flug|gesellschaft ['flu:kgəzɛlʃaft] *f* compañía *f* aérea; **~hafen** *m* aeropuerto *m*; **~kapitän** *m* comandante *m* (de a bordo); **~lehrer** *m* instructor *m* de vuelo; **~linie** *f* línea *f* aérea; **~lotse** *m* controlador *m* aéreo; **~plan** *m* horario *m* de vuelo; **~platz** *m* aeródromo *m*; ✕ campo *m* de aviación; **♀s** [fluks] volando; **~sand** *m* arena *f* movediza; **~schein** *m* pasaje *m*, billete *m* de avión; **~schreiber** *m* caja *f* negra; **~schrift** *f* libelo *m*; **~schüler** *m* alumno *m* piloto; **~sicherung** *f* control *m* aéreo *od.* de vuelo; **~verkehr** *m* tráfico *m* aéreo; **~wesen** *n* aviación *f*; **~zeit** *f* duración *f* del vuelo.

Flugzeug *n* avión *m*; **~entführung** *f* secuestro *m* aéreo; **~führer** *m* piloto *m*; **~halle** *f* hangar *m*; **~träger** *m* porta(a)viones *m*.

Flunder ['flundər] *f* *Zo.* platija *f*.
flunkern F ['fluŋkərn] (29) decir mentirillas; F trufar.
Fluor ['flu:ɔr] *n* (7, *o. pl.*) flúor *m*; **~eszenz** [--ɛs'tsɛnts] *f* (16) fluorescencia *f*; **♀es'zieren** fluorescer.

Flur [flu:r] **a)** *f* (16) campo *m*; campiña *f*; **b)** *m* (3) pasillo *m*; zaguán *m*; **'~bereinigung** *f* concentración *f* parcelaria; **'~hüter** *m* guarda *m* rural; **'~schaden** *m* daños *m/pl.* causados en el campo.

Fluß [flus] *m* (4²) río *m*; ♂, *Phys.* flujo *m*; *in ~ kommen fig.* empezar a marchar; ♀·**'abwärts** (♀·**'aufwärts**) río *od.* aguas abajo (arriba); **'~arm**

m brazo *m* de río; **'~bett** *n* cauce *m*, lecho *m*; **'~fisch** *m* pez *m* de río; **'~gebiet** *n* cuenca *f* (hidrográfica).

flüssig ['flysiç] líquido; fluido (*a. Stil, Verkehr*); ✝ disponible; **♀keit** *f* líquido *m*; liquidez *f* (*a.* ✝); **~machen** ✝ realizar, movilizar.

Fluß|pferd ['fluspfe:rt] *n* hipopótamo *m*; **~schiffahrt** *f* navegación *f* fluvial; **~spat** *m* espato *m* flúor, fluorita *f*.

flüstern ['flystərn] (29) **1.** *v/i.* cuchichear; susurrar; **2.** ♀ *n* cuchicheo *m*; susurro *m*.

Flut [flu:t] *f* (16) marea *f* alta, pleamar *f*; (*Fließen*) flujo *m*; *fig.* torrente *m*, profusión *f*; **♀en** (26, *h. u. sn*) fluir, correr; *fig.* afluir; **'~licht** *n* luz *f* artificial; **'~welle** *f* ola *f* de la marea.

Fock|mast ['fɔkmast] *m* trinquete *m*; **~segel** *n* vela *f* de trinquete.

Fohlen ['fo:lən] **1.** *n* (6) potro *m*; **2.** ♀ (25) parir (la yegua).

Föhn [fø:n] *m* (3) viento *m* cálido del sur, foehn *m*.

Föhre ♀ ['fø:rə] *f* (15) pino *m* (silvestre).

Folge ['fɔlgə] *f* (15) (*Reihe*) serie *f*; (*Aufeinander*♀) sucesión *f*; (*Fortsetzung*) continuación *f*; (*Ergebnis*) consecuencia *f*; *zur ~ haben* tener por consecuencia; *~ leisten* obedecer; *e-r Einladung:* aceptar, corresponder a; *~n nach sich ziehen* tener *od.* traer consecuencias *od.* cola; *in der ~* en lo sucesivo; **~erscheinung** *f* consecuencia *f*; ♂ secuela *f*; **♀n** (25, *sn*) (*dat.*) seguir; (*nachfolgen*) suceder (*auf a*); (*gehorchen*) obedecer; (*sich ergeben*) resultar (*aus de*), inferirse (*de*); **♀nd** siguiente; **~ndermaßen** ['--dərma:sən] en la forma (*od.* de la manera) siguiente, como sigue; **♀nschwer** de graves consecuencias; **♀richtig** consecuente, lógico; **~richtigkeit** *f* consecuencia *f*, lógica *f*; **♀rn** (29) concluir, deducir, inferir (*aus de*); **~rung** *f* conclusión *f*, deducción *f*; *die ~ ziehen* sacar la consecuencia; **~satz** *m* *Gram.* proposición *f* consecutiva; **~zeit** *f* tiempo *m* futuro; *in der ~* en lo sucesivo.

folg|lich ['fɔlkliç] por consiguiente, en consecuencia, por (lo) tanto; **~sam** obediente, dócil; **♀samkeit** *f* obediencia *f*, docilidad *f*.

Foliant [foli'ant] *m* (12) tomo *m* en folio.

fortgehen

Folie ['foːljə] f (15) hoja f.
Folklore [fɔlk'loːrə] f uv. folklore m.
Folter ['fɔltər] f (15) tortura f, tormento m (a. fig.); fig. auf die ~ spannen tener en suspenso od. en vilo; ⚙n (29) torturar; fig. atormentar.
Fön [føːn] m (3) secador m de mano.
Fonds ✝ [fõ, pl. -s] m uv. fondo m.
fönen ['føːnən] (25) secar con secador de mano.
Fontäne [fɔn'tɛːnə] f (15) surtidor m.
foppen ['fɔpən] (25) tomar el pelo (a).
forcieren [fɔr'siːrən] forzar.
Förde ['fœrdə] f (15) ría f.
Förder... ['fœrdər...]: in Zssgn oft de transporte; ⚒ de extracción; **~band** n cinta f transportadora; **~er** m ⊕ transportador m; fig. protector m, promotor m; **~korb** ⚒ m jaula f de extracción; ⚙lich provechoso, útil.
fordern ['fɔrdərn] (29) pedir (et. v. j-m a/c. a alg.); stärker: exigir; reclamar; (heraus~) desafiar, retar; Pol. reivindicar.
förder|n ['fœrdərn] (29) fomentar; promover; favorecer; ⚒ extraer; ⚙**schacht** ⚒ m pozo m de extracción; ⚙**turm** ⚒ m castillete m de extracción; ⚙**ung** f fomento m; promoción f; ⚒ extracción f.
Forderung ['fɔrdəruŋ] f petición f; exigencia f; reclamación f; (Heraus~) desafío m, reto m; Pol. reivindicación f; ✝ (ausstehende) ~en créditos m/pl.
Forelle [fo'rɛlə] f (15) trucha f.
Form [fɔrm] f (16) forma f; (Guß⚙, Kuchen⚙) molde m; (gut, schlecht) in aller ~ formalmente; ⚙al [-'maːl] formal; ⚙**alität** [-mali'tɛːt] f formalidad f; pl. trámites m/pl.; **~at** [-'maːt] n (3) tamaño m; formato m; **~ation** [-'tsjoːn] f Geol. u. ⚔ formación f; ⚙**beständig** indeformable; **'~blatt** n formulario m; **~el** f (15) fórmula f; ⚙**ell** [-'mɛl] formal; ceremonioso; ⁹**en** (25) formar (a. fig.); ⊕ moldear; **'~enlehre** f Gram. morfología f; **~er** m (7) moldeador m; **'~fehler** ⚖ m error m formal od. de forma; **~gebung** f ['-geːbuŋ] f modelado m; modelación f; ⚙**ieren**: sich ~ formarse; **~ierung** f formación f.
förmlich ['fœrmlɪç] formal; ceremonioso; F adv. literalmente; ⚙**keit** f formalidad f; ceremonia f.

form|los ['fɔrmloːs] fig. poco formal; sin ceremonia od. cumplidos; ⚙**sache** f formalidad f; ⚙**tief** n baja forma f; bache m.
Formu|lar [-mu'laːr] n (3¹) impreso m; formulario m; ⚙**lieren** formular; **~lierung** f formulación f.
forsch F [fɔrʃ] enérgico; arrojado.
forsch|en ['-ən] (27) investigar; indagar; buscar (nach j-m a alg.); ⚙**er** m (7) investigador m; explorador m; ⚙**ung** f investigación f; exploración f; ⚙**ungs...** in Zssgn oft de investigación; ⚙**ungsreise** f viaje m de exploración; ⚙**ungsreisende(r)** m explorador m; ⚙**ungssatellit** m satélite m científico; ⚙**ungsschiff** n buque m oceanográfico.
Forst [fɔrst] m (3²) bosque m; monte m; **'~akademie** f Escuela f de Montes; **'~amt** n administración f forestal; **'~aufseher** m guardabosque m; **'~beamte(r)** m ingeniero m de montes.
Förster ['fœrstər] m (7) guarda m forestal, guardabosque m; **~ei** [--'raɪ] f casa f del guardabosque.
Forst|frevel ['fɔrstfreːfəl] m delito m forestal; **~wirt** m ingeniero m de montes; **~wirtschaft** f silvicultura f.
Fort ✕ [foːr] n (11) fuerte m; kleines ~ fortín m.
fort [fɔrt]: ~ sn j.: haberse ido od. marchado; estar ausente; et.: haberse perdido; haber desaparecido; in e-m ~ sin interrupción, continuamente; und so ~ y así sucesivamente; etcétera; ~ mit dir! ¡fuera de aquí!; **'~an** (de aquí) en adelante; **'~begeben**: sich ~ partir; marcharse; ⁹**bestand** m subsistencia f; continuidad f; **'~bestehen** persistir, perdurar, subsistir; **'~bewegen** mover; sich ~ moverse; desplazarse; avanzar; ⁹**bewegung** f locomoción f; **'~bilden**: (sich) ~ perfeccionar(se); ⁹**bildung** f perfeccionamiento m; ⁹**bildungskurs** m curs(ill)o m de perfeccionamiento; **'~bringen** llevar; ⁹**dauer** f continuación f; **'~dauern** continuar; **'~dauernd** continuo; **~fahren: a)** (sn) salir (nach para), **b)** (h.) continuar, seguir (mit con, zu ger.); **'~fallen** (sn) ser suprimido; **'~führen** continuar; ⁹**führung** f continuación f; avance m; j-s: salida f, partida f; **'~gehen** (sn) partir; marcharse;

fortgeschritten 688

~**geschritten** adelantado; avanzado; ~**gesetzt** continuo; ~**jagen** ahuyentar; echar (fuera); ~**kommen** (sn) (*wegkommen*) perderse; (*gedeihen*) avanzar; progresar; **'²kommen** n progreso m; sein ~ finden ganarse la vida; ~**können** poder salir; ~**lassen** dejar salir; (*auslassen*) omitir; suprimir; ~**laufen** (sn) irse corriendo; escaparse; ~**laufend** seguido, continuo; ~**leben** seguir viviendo; ~**müssen** tener que marcharse; ~**nehmen** quitar; ~**pflanzen** (sich) propagar(se); *Biol.* reproducir(se); **'²pflanzung** f propagación f; *Biol.* reproducción f; ~**räumen** quitar; ~**reißen** arrastrar (*a. fig.*); (*weg*~) arrebatar; ~**schaffen** quitar; (*befördern*) llevar; ~**schicken** enviar, mandar; ~**schreiten** (sn) adelantar, avanzar, progresar; **'²schreitend** progresivo; **'²schritt** m progreso m; ~**schrittlich** progresista; ~**setzen** continuar, seguir; **'²setzung** f continuación f; ~ folgt continuará; **'²setzungsroman** m novela f por entregas; ~**während** continuo; perpetuo; ~**werfen** tirar; ~**wirken** seguir obrando; ~**wollen** querer marcharse od. salir; ~**ziehen** 1. *v/t.* arrastrar; 2. *v/i.* cambiar de domicilio.

Foto... ['fo:to...] *s.* Photo.

Fötus ['fø:tus] m (4¹) feto m.

Foul [faul] n (11) *Sport:* falta f.

Foyer [foa'je:] n (11) *Thea.* foyer m, sala f de descanso.

Fracht (fraxt) f (16) ⚓, ✈ flete m; 🚂 transporte m; (*Ladung*) carga f; cargamento m; (*Gebühr*) porte m; ~**brief** m carta f de porte; ⚓ conocimiento m; ~**er** m (7) carguero m, buque m de carga; ~**flugzeug** n avión m carguero od. de carga; ~**frei** franco de porte bzw. ⚓ de flete; ~**gut** n: als ~ en pequeña velocidad; ~**kosten** pl. gastos m/pl. de transporte; ⚓ flete m; ~**schiff** n *s.* Frachter; ~**stück** n bulto m.

Frack [frak] m (11 u. 3³) frac m.

Frage ['fra:gə] f (15) pregunta f (*stellen* hacer); *Gram.* interrogación f; (*Problem*) cuestión f, problema m; in ~ stellen poner en duda; das ist (*gar*) keine ~ no cabe duda; in ~ kommen entrar en consideración; das kommt nicht in ~! ¡nada de eso!, ¡ni hablar!; ohne ~ sin duda; ~**bogen** m cuestionario m; **²n** (25) preguntar (*nach* por); (*ausfragen*) interrogar; er fragt nichts danach no le importa; es fragt sich queda por saber; **²nd** interrogativo; ~**r** m (7) interrogador m; *Lästiger:* preguntón m; ~**satz** m frase f interrogativa; ~**zeichen** n (signo m de) interrogación f.

frag|**lich** ['fra:klɪç] en cuestión; (*unsicher*) incierto, dudoso; ~**los** sin duda alguna.

Fragment [frag'mɛnt] n (3) fragmento m; **²arisch** [--'tɑ:rɪʃ] fragmentario.

fragwürdig ['fra:kvʏrdɪç] dudoso.

Fraktion [frak'tsjo:n] f *Pol.* grupo m parlamentario.

Fraktur [-'tu:r] f (16) *Typ.* letra f gótica; 🞿 fractura f.

frank [fraŋk]: ~ und frei francamente; ~**ieren** franquear; **²ierung** f franqueo m.

franko ['-ko] libre de porte.

Franse ['franzə] f (15) franja f; fleco m (*a. Haar*).

Franz|**ose** [-'tso:zə] m (13) francés m; ~**ösin** [-'tsø:zɪn] francesa f; **²ösisch** [-'tsø:zɪʃ] francés.

frappant [fra'pant] sorprendente.

Fräs|**e** ⊕ ['frɛ:zə] f (15) fresa f; **²en** (27) fresar; ~**er** m fresador m; (*Werkzeug*) fresa f; ~**maschine** ['frɛ:sma-ʃi:nə] f fresadora f.

Fraß [fra:s] 1. m (3²) F bazofia f; 2. **²**, **fräße** ['frɛ:sə] *s.* fressen.

Fratze ['fratsə] f (15) mueca f, gesto m (*schneiden* hacer); **²nhaft** grotesco.

Frau [frau] f (16) mujer f; señora f (*a. Anrede*); (*Ehe*²) esposa f; ~ des Hauses ama f de casa.

'Frauen|-**arzt** m ginecólogo m; ~**bewegung** f feminismo m; ~**feind** m misógino m; ~**heilkunde** f ginecología f; ~**held** m hombre m mujeriego, tenorio m; ~**klinik** f clínica f ginecológica; ~**krankheit** f, ~**leiden** n enfermedad f de la mujer; ~**rechtlerin** ['--rɛçtlərɪn] f feminista f; ~**zimmer** n *desp.* mujer(zuela) f.

Fräulein ['frɔʏlaɪn] n (6) señorita f.

fraulich ['fraʊlɪç] femenino.

frech [frɛç] insolente, descarado; F fresco; **'²dachs** m fresco m; **'²heit** f insolencia f; desfachatez f; F frescura f.

Fregatte ⚓ [fre'gatə] f (15) fragata f.

frei [fraɪ] libre (*von* de); exento (de); *Stelle:* vacante; *Beruf:* liberal;

Straße: expedito, despejado; *(offen)* sincero, franco; *(kostenlos)* gratuito; ✝ ~ *Haus* franco (a) domicilio; *j-m ~e Hand lassen* dejar mano libre a alg.; *~er Tag día m libre od. de asueto; wir haben ~ Schule:* no hay clase; ~ *machen* despejar; *Sitz:* desocupar; ~ *lassen* dejar libre; *Seite:* dejar en blanco; ~ *werden* quedar libre; ⊕ desprenderse; *im* 2*en al aire libre; auf ~em Feld* al raso, en campo libre; *ins* 2*e* al campo.

'**Frei|bad** *n* piscina *f* al aire libre; **~ballon** *m* globo *m* libre; **~beruf|er** *m* (7) profesional *m* liberal; 2**beruflich:** ~ *tätig sn* ejercer una profesión liberal; **~beuter** ['-bɔytər] *m* (7) corsario *m*; **~bleibend** sin compromiso; **~brief** *m fig.* carta *f* blanca; **~denker** *m* librepensador *m*; **~en** (25) pedir en matrimonio; **~er** *m* pretendiente *m*; **~ersfüße:** *auf ~n* geben buscar esposa; **~exemplar** *n* ejemplar *m* gratuito; **~frau** *f* baronesa *f*; **~gabe** *f* desembargo *m*; desbloqueo *m*; **~gänger** ☽ *m* recluso *m* en régimen abierto; 2**geben** desembargar; desbloquear; *Schule:* dar libre; *für den Verkehr ~* abrir al tráfico; 2**gebig** ['-ge:biç] liberal, generoso; **~gebigkeit** *f* liberalidad *f*, generosidad *f*; **~gepäck** *n* equipaje *m* libre; franquicia *f* de equipaje; 2**haben** tener libre *od.* fiesta; **~hafen** *m* puerto *m* franco; 2**halten** dar libre; *j-n:* pagar por; *Platz:* reservar; **~handel** *m* librecambio *m*; 2**händig** ['-hɛndiç] a pulso.

'**Freiheit** *f* libertad *f*; independencia *f*; 2**lich** liberal; **~sberaubung** *f* privación *f* de la libertad; detención *f* ilegal; **~skrieg** *m* guerra *f* de independencia; **~sliebe** *f* amor *m* a la libertad; **~sstrafe** *f* pena *f* privativa de libertad.

frei|he'raus con franqueza; sin tapujos; '**herr** *m* barón *m*; 2**karte** *f* entrada *f* gratuita; pase *m*; 2**körperkultur** *f* (des)nudismo *m*; **~lassen** poner en libertad, soltar; 2**lassung** *f* puesta *f* en libertad; 2**lauf** *m am Fahrrad:* rueda *f* libre; **~legen** descubrir; despejar; 2**lich** claro; desde luego; por cierto; *bsd. Am.* ¿cómo no?; 2**lichtbühne** *f* teatro *m* al aire libre; **~machen** 🖂 franquear; 2**marke** *f* sello *m* (de correo); 2**maurer** *m* masón *m*; 2**maure'rei** *f* masonería *f*; 2**mut** *m* franqueza *f*; **~mütig** ['-my:tiç] franco; sincero; *adv.* con franqueza; **~schaffend** independiente; 2**schärler** ['-ʃɛrlər] *m* (7) guerrillero *m*; 2**sinnig** liberal; **~sprechen** absolver; 2**spruch** *m* absolución *f*; 2**statt** *f* asilo, refugio *m*; **~stehen:** *es steht Ihnen frei zu (inf.)* queda a su discreción *(inf.)*; es Vd. muy dueño de *(inf.)*; 2**stelle** *f* beca *f*; **~stellen** *j-m et.:* dejar al criterio de; *j-n v. Verpflichtungen:* dispensar de; 2**stellung** *f* dispensa *f*; 2**stil** *m Sport:* estilo *m* libre; 2**stilringen** *n* lucha *f* libre; 2**stoß** *m Sport:* golpe *m* franco; 2**stunde** *f* hora *f* libre; 2**tag** *m* viernes *m*; 2**tod** *m* suicidio *m*; 2**treppe** *f* escalinata *f*; 2**-übungen** *f/pl.* gimnasia *f* sueca; **~umschlag** *m* sobre *m* franqueado; **~weg** ['-vɛk] sin tapujos; **~wild** *n fig.* presa *f* fácil; **~willig,** 2**willig(r)** ['-viliɡ(r)] *m* voluntario (*m*); 2**willigkeit** *f* voluntariedad *f*; 2**zeit** *f* tiempo *m* libre; (ratos *m/pl.* de) ocio *m*; 2**zügig** generoso, liberal; permisivo; 2**zügigkeit** *f* libre circulación *f*.

fremd [frɛmt] *(unbekannt)* desconocido; *(seltsam)* extraño; *(orts~)* forastero; *(ausländisch)* extranjero; '**~artig** extraño, raro; 2**e** ['-də] *f* (15): *in der ~* en el extranjero.

Fremden|buch ['frɛmdənbu:x] *n* registro *m* de viajeros; 2**feindlich** xenófobo; **~führer** *m* guía *m*, cicerone *m*; **~industrie** *f* industria *f* turística; **~legion** *f* legión *f* extranjera; **~legionär** *m* legionario *m*; **~verkehr** *m* turismo *m*; **~zimmer** *n* habitación *f; privat:* cuarto *m* de huéspedes.

Fremde(r) ['-də(r)] *m* (18) *(Orts* 2*)* forastero *m*; *(Ausländer)* extranjero *m*.

Fremd|herrschaft ['frɛmthɛrʃaft] *f* dominación *f* extranjera; **~körper** *m* cuerpo *m* extraño; 2**ländisch** ['-lɛndiʃ] extranjero; exótico; **~sprache** *f* idioma *m* extranjero, lengua *f* extranjera; **~sprachensekretärin** *f* secretaria *f* con idiomas; 2**sprachig** ['-ʃpra:xiç] que habla un idioma extranjero; 2**sprachlich** en idioma extranjero; *Unterricht:* de idiomas; **~wort** *n* extranjerismo *m*.

Frequenz [fre'kvɛnts] *f* (16) frecuencia *f*.

Fresko ['frɛsko] *n* (9¹) fresco *m*; **~malerei** *f* pintura *f* al fresco.

Fresse V ['frɛsə] f (15) boca f; &n (30) comer; P tragar; *Raubtier:* devorar; ~n n comida f; P bazofia f; ~r m (7) glotón m; ~'rei F f comilona f.
Freß|gier ['frɛsgiːr] f glotonería f; voracidad f; ~korb F m cesta f de provisiones; ~napf m comedero m.
Frettchen ['frɛtçən] n (6) hurón m.
Freude ['frɔydə] f (15) alegría f (*machen* dar); placer m; regocijo m; mit ~n con mucho gusto; s-e ~ haben an (*dat.*) complacerse en; ~nbotschaft f buena noticia f; ~nfest n regocijo m público; ~nfeuer n hoguera f; ~nhaus n prostíbulo m; ~ntaumel m transporte m de alegría; ~strahlend radiante de alegría.
freud|ig ['-diç] feliz; alegre; contento; *adv.* de buena gana; ~los ['frɔytloːs] triste; sin alegría.
freuen ['-ən] (25): sich ~ alegrarse (*über ac.* de); sich ~ auf (*ac.*) esperar con ilusión; *es freut mich, daß* ... me alegro que ...; *das freut mich* lo celebro.
Freund [frɔynt] m (3) amigo m; (*Anhänger*) aficionado m (a); ~in ['-din] f amiga f; ~lich ['frɔyntliç] amable, afable; simpático; complaciente; *seien Sie so ~ zu* (*inf.*) tenga la bondad de ...; ~lichkeit f amabilidad f, afabilidad f; ~schaft f amistad f; &schaftlich amistoso; ~schaftsspiel n *Sport:* partido m amistoso.
Frevel ['freːfəl] m (7) sacrilegio m; (*Vergehen*) crimen m; &haft sacrílego; criminal; &n (29) *Rel.* pecar; cometer un delito *od.* atentado (*an dat., gegen* contra).
Frevler ['-lər] m sacrílego m; malhechor m, criminal m.
Friede (13¹), ~n (6) ['friːdə(n)] m paz f (*a. fig.*); *im ~n* en tiempos de paz; *~n schließen* concluir la paz; *fig.* hacer las paces.
Friedens... ['-dəns...]: *in Zssgn oft* de (la) paz; ~bewegung f movimiento m pacifista; ~bruch m violación f de la paz; ~richter m juez m de paz; ~schluß m conclusión f de la paz; ~stifter m pacificador m; ~vertrag m tratado m de paz.
fried|fertig ['friːtfɛrtiç] pacífico; &-hof m cementerio m; camposanto m; ~lich pacífico, tranquilo; *Vergleich:* amigable; ~liebend amante de la paz.
frieren ['friːrən] (30) helar(se); *j.:* tener *od.* pasar frío; *es friert* hiela; *mich friert* tengo frío.
Fries [friːs] m (4) ⚠ friso m; (*Stoff*) frisa f.
Fries|e ['-zə] m (13), &isch frisón (*m*).
Frika|delle [frika'dɛlə] f (15) hamburguesa f; ~ssee [--'seː] n (11) fricasé m.
frisch [friʃ] fresco (*a. fig. Wetter*); (*neu*) nuevo; (*kürzlich*) reciente, *vor part. pt.* recién; *Wäsche:* limpio; ~ *gestrichen!* ¡recién pintado!; ~ *u. munter* F vivito y coleando; &e f (15) frescura f; fresco m; *fig.* vigor m; &fleisch n carne f fresca; &ling ['-liŋ] m (3¹) *Zo.* jabato m; &luft f aire m fresco; ~weg ['-vɛk] sin vacilar; &zellentherapie f celuloterapia f.
Friseur [fri'zøːr] m (3¹) peluquero m; ~se [-'zøːzə] f (15) peluquera f.
frisier|en [-'ziːrən] peinar; &mantel m peinador m; &salon m salón m de peluquería; &tisch m tocador m.
Frist [frist] f (16) plazo m; (*Termin*) término m; (*Aufschub*) prórroga f; &en (26): *sein Leben ~* F ir tirando; &gerecht dentro del plazo señalado; &los sin (pre)aviso; '~verlängerung f prórroga f.
Frisur [fri'zuːr] f (16) peinado m.
Frit|euse [-'tøːzə] f (15) freidora f; &ieren [-'tiːrən] freír.
frivol [fri'voːl] frívolo.
froh [froː] contento, satisfecho; alegre; feliz.
fröhlich ['frøːliç] alegre; &keit f alegría f.
froh|locken [froː'lɔkən] triunfar; echar las campanas al vuelo; &sinn m carácter m alegre.
fromm [frɔm] (18²) piadoso; devoto.
Fröm|melei [frœmə'laɪ] f beatería f; &eln (29) ser beato; &elnd beato; '~igkeit f piedad f; devoción f; ~ler(in f) m ['-lər(in)] mojigato (-a) m (f), beato (-a) m (f), santurrón (-ona) m (f).
Fron [froːn] f (16), '~arbeit f *a. fig.* servidumbre f.
frönen ['frøːnən] (25) (*dat.*) ser esclavo de; entregarse a.
Fron|leichnam(sfest n) m (día m del) Corpus m.
Front [frɔnt] f (16) ⚠ fachada f; ⨯ frente m (*a. Wetter*); ~ *machen gegen* hacer frente a; &al [-'taːl] frontal; ~alzusammenstoß m colisión f *od.*

führen

choque *m* frontal; ⁓**antrieb** *m* tracción *f* delantera; ⁓**dienst** *m* servicio *m* en el frente; ⁓**kämpfer** *m*: (*ehemaliger*) ⁓ excombatiente *m*.

fror, fröre [froːr, ˈfrøːrə] *s. frieren.*

Frosch [frɔʃ] *m* (3² u. ³) rana *f*; ⁓**mann** *m* hombre-rana *m*; ⁓**schenkel** *m/pl.* ancas *f/pl.* de rana.

Frost [frɔst] *m* (3² u. ³) helada *f*; ⁓**beule** *f* sabañón *m*.

frösteln [ˈfrœstəln] (29) temblar *od.* tiritar de frío.

frost|ig [ˈfrɔstiç] frío (*a. fig.*); ⁓**schaden** *m* daño *m* causado por las heladas; ⁓**schutzmittel** *n* anticongelante *m*.

Frottee [frɔˈteː] *n od. m* (11 u. 11¹) (tejido *m* de) rizo *m*.

frottier|en [-ˈtiːrən] frotar; friccionar; ⁓**tuch** *n* toalla *f* de rizo (esponjoso).

Frucht [fruxt] *f* (14¹) fruto *m* (*a. fig.*); ⁓**bar** *f* fértil; fecundo; *fig. a.* productivo; ⁓ **machen** fertilizar; fecundar; ⁓**barkeit** *f* fertilidad *f*; fecundidad *f*; ⁓**bringend** fructífero, fructuoso (*a. fig.*).

Früchtchen [ˈfrʏçtçən] *n* (6): *nettes* ⁓ *iron.* buena pieza *f*.

Frucht|eis [ˈfruxtʔais] *n* sorbete *m*; ⁓**en** (26) *fig.* ser útil *od.* provechoso; *nichts* ⁓ no servir para nada; ⁓**folge** *f* sucesión *f* de cultivos; ⁓**ig** *Wein:* afrutado; ⁓**knoten** ♀ *m* ovario *m*; ⁓**los** *fig.* inútil, infructuoso; ⁓**losigkeit** *f* inutilidad *f*; ⁓**presse** *f* exprimidor *m* (de fruta); ⁓**saft** *m* zumo *m* de fruta; ⁓**tragend** fructífero; ⁓**wasser** *Physiol. n* líquido *m* amniótico; ⁓**wechsel** ♀ *m* rotación *f* de cultivos; ⁓**zucker** *m* fructosa *f*.

früh [fryː] temprano; *am* ⁓*en Morgen* de madrugada; *heute (morgen)* ⁓ esta (mañana por la) mañana; *von* ⁓ *bis spät* de la mañana a la noche; ⁓ *aufstehen* madrugar; *zu* ⁓ *kommen* llegar antes de tiempo; ⁓**aufsteher(in** *f*) *m* [ˈ-ʔaufʃteːər(in)] madrugador(a) *m* (*f*); ⁓**beet** ⚘ *n* tabla *f* de mantillo; ⁓**diagnose** *f* diagnóstico *m* precoz; ⁓**e** *f* (15) madrugada *f*; *in aller* ⁓ muy de madrugada; ⁓**er** 1. *adj.* (*ehemalig*) antiguo, ex...; (*vorhergehend*) precedente, anterior; 2. *adv.* antes; ⁓ *oder später* tarde o temprano; ⁓**erkennung** *f* detección *f* precoz; ⁓**estens** lo más pronto; ⁓ *morgen* no antes de mañana;

⁓**geburt** *f* parto *m* prematuro; (*Kind*) prematuro *m*; ⁓**jahr** *n*, ⁓**ling** [ˈ-liŋ] *m* (3¹) primavera *f*; ⁓**lings...** [ˈ-liŋs...]: *in Zssgn* primaveral; ⁓**morgens** de madrugada; ⁓**obst** *n* fruta *f* temprana; ⁓**reif** precoz; ⁓**reife** *f* precocidad *f*; ⁓**schicht** *f* turno *m* de la mañana; ⁓**stadium** ⚹ *n* estadio *m* precoz; ⁓**stück** *n* desayuno *m*; ⁓**stücken** (25) desayunar; ⁓**stücks-pause** *f* tiempo *m* del bocadillo; ⁓**zeitig** temprano; (*rechtzeitig*) a tiempo; ⁓**zündung** *f* ignición *f* prematura.

Frust F [frust] *m* F frustre *m*; ⁓**ration** [-traˈtsjoːn] *f* frustración *f*; ⁓**rieren** [-ˈtriːrən] frustrar.

Fuchs [fuks] *m* (4²) zorro *m*; (*Pferd*) alazán *m*; *fig.* *schlauer* ⁓ zorro *m* viejo; ⁓**bau** *m* zorrera *f*; ⁓**en** F (27) dar rabia a.

Fuchsie ♀ [ˈfuksjə] *f* (15) fucsia *f*.

Füchsin [ˈfyksin] *f* zorra *f*, raposa *f*.

Fuchs|pelz [ˈfukspɛlts] *m* zorro *m*; ⁓**schwanz** *m* ⊕ serrucho *m*; ♀ amaranto *m*; cola *f* de zorra; ⁓**teufelswild** F hecho una fiera.

Fuchtel [ˈfuxtəl] *f* (15): *unter j-s* ⁓ *stehen* estar bajo la férula de alg.; ⁓**n** (29): ⁓ *mit* agitar (*ac.*).

Fug [fuːk] *m*: *mit* ⁓ *und Recht* con perfecto derecho.

Fuge [ˈfuːgə] *f* (15) ⊕ juntura *f*; unión *f*; ♪ fuga *f*; *aus den* ⁓*n gehen* deshacerse (*a. fig.*); ⁓**n** ⊕ (25) juntar, ensamblar.

füg|en [ˈfyːgən] (25) juntar, (re-) unir; (*bestimmen*) disponer, arreglar; *sich* ⁓ someterse (*in ac.* a); ⁓**sam** [ˈfyːkzaːm] dócil; dúctil; ⁓**samkeit** *f* docilidad *f*; ⁓**ung** [-guŋ] *f* providencia *f*; destino *m*.

fühl|bar [ˈfyːlbaːr] palpable; *fig.* sensible; tangible; perceptible; *sich* ⁓ *machen* hacerse sentir; ⁓**en** (25) (*tasten*) palpar; (*empfinden*) sentir; experimentar; ⁓ *palpar; fig.* tantear el terreno; ⁓**los** insensible; ⁓**ung** *f* contacto *m*; *in* ⁓ *bleiben* quedar en contacto; ⁓**ungnahme** [ˈ-luŋnaːmə] *f* (15) *fig.* contacto *m*.

fuhr, führe [fuːr, ˈfyːrə] *s. fahren.*

Fuhre [ˈfuːrə] *f* (15) carretada *f*.

führen [ˈfyːrən] (25) 1. *v/t.* llevar (*a. Namen, Bücher, Leben usw.*); (*leiten*) dirigir, guiar; conducir; ✈ pilotar; ⚔ *u.* ⚓ mandar; *Ware:* tener, ven-

führend 692

der; *Klage od. Beschwerde* ~ quejarse (*über ac.* de, bei a); *mit sich* ~ (*Fluß u. fig.*) acarrear; *sich* ~ portarse; **2.** *v/i.* llevar, conducir; *bsd. Sport*: estar en (*od.* ir a) la cabeza; *zu nichts* ~ no conducir a ninguna parte; **~d** director; dirigente; eminente; *neol.* líder.

Führer ['fy:rər] *m* (7) conductor *m*; ♂ piloto *m*; (*Fremden*♀) guía *m*, (*Buch*) guía *f*; (*Leiter*) jefe *m*; *Pol.* caudillo *m*; líder *m* (*a. Sport*); **~schein** *m* carnet *m od.* permiso *m* de conducir; **~stand** ⚙ *m* puesto *m* del maquinista.

Fuhr|lohn ['fu:rlo:n] *m* derechos *m/pl.* de acarreo; **~mann** *m* (*pl. a.* **~leute**) carr(et)ero *m*; **~park** *m* parque *m* móvil.

Führung ['fy:ruŋ] *f* dirección *f*; (*Geschäfts*♀) gerencia *f*, gestión *f*; *Pol. u. Sport*: liderato *m*; ✕ *u.* ⚓ mando *m*; (*Besichtigung*) visita *f* guiada; (*Benehmen*) conducta *f*; *in* ~ *liegen* (*gehen*) estar (ponerse) en cabeza; **~szeugnis** *n* certificado *m* de buena conducta.

Fuhr|unternehmen ['fu:r'ʔʊntərneːmən] *n* empresa *f* de transportes; **~unternehmer** *m* transportista *m*; **~werk** *n* carruaje *m*.

Füll|e ['fylə] *f* (15) abundancia *f*; plenitud *f*; **2en** (25) llenar; *Kchk.* rellenar; *Zahn*: empastar; **~en** *n* (6) *Zo.* potro *m*; **~er** F *m* (7), **~federhalter** *m* (pluma *f*) estilográfica *f*; **~gewicht** *n* peso *m* al envasar; **~horn** *n* cornucopia *f*; **~ung** *f* relleno *m* (*a. Kchk.*); (*Zahn*♀) empaste *m*; (*Tür*♀) entrepaño *m*; **~wort** *n* ripio *m*.

fummeln ['fuməln] (29) manosear.

Fund [funt] *m* (3) hallazgo *m*.

Fundament [-da'mɛnt] *n* (3) fundamento *m* (*a. fig.*); **2al** [---'taːl] fundamental.

Fund|büro ['funtbyro:] *n* oficina *f* de objetos perdidos; **~gegenstand** *m* objeto *m* hallado; **~grube** *f fig.* mina *f*; filón *m*; **2ieren** [-'diːrən] fundamentar; fundar; ✝ consolidar; **~ort** ['funt'ʔɔrt] *m*, **~stelle** *f* lugar *m* del hallazgo; **~sache** *f* objeto *m* hallado.

fünf [fynf] **1.** cinco; ~ *gerade sn lassen* hacer la vista gorda; **2.** ♀ *f* (16) cinco *m*; '**2eck** *n* pentágono *m*; '**~eckig** pentagonal; '**~fach** quíntuplo *m*; *adv.* cinco veces más; '**~hundert** quinientos; **2jahresplan** *m* plan *m* quinquenal; **~jährig** ['-jɛːriç] de cinco años; '**2kampf** *m Sport*: pentatlón *m*; '**~mal** cinco veces; **2tagewoche** *f* semana *f* inglesa; '**~tausend** cinco mil; '**2tel** *n* (7) quinto *f*; '**~tens** (en) quinto (lugar); '**~te(r)** quinto; '**~zehn** quince; '**~zig** ['-tsɪç] cincuenta; **2ziger(in** *f*) *m* ['--gər(ɪn)] (7) cincuentón (-ona) *m* (*f*).

fungieren [fuŋ'giːrən]: ~ *als* actuar de, hacer (las veces) de.

Funk [fuŋk] *m* (3¹, *o. pl.*) radio *f*; '**~amateur** *m* radioaficionado *m*; '**~bearbeitung** *f* adaptación *f* radiofónica; '**~bild** *n* telefoto *f*.

Funke ['fuŋkə] *m* (13¹) chispa *f* (*sprühen echar*); **~ln** (29) brillar; centellear; **2nagelneu** flamante; **2n** (25) radiotelegrafiar; transmitir por radio; **~r** *m* (7) radiotelegrafista *m*; operador *m* de radio.

'**Funk|feuer** ✈ *n* radiofaro *m*; **~haus** *n* estación *f* emisora; **~peilung** *f* radiogoniometría *f*; **~sprechgerät** *n* radioteléfono *m*; **~spruch** *m* radiograma *m*, mensaje *m* radio; **~station** *f* estación *f* de radio; **~streife(nwagen** *m*) *f* (coche *m*) radiopatrulla *f*; **~taxi** *n* radiotaxi *m*.

Funktion [-'tsjoːn] *f* función *f*; **~är** [-tsjo'nɛːr] *m* (3¹) funcionario *m*; **2ieren** [--'niːrən] funcionar.

'**Funk|turm** *m* torre *f* portaantenas; **~wagen** *m* coche-radio *m*.

für [fyːr] *Zweck, Bestimmung, Ziel*: para; (*um ... willen*) por; *Preis*: por; (*an Stelle von*) en lugar de, en vez de; (*zugunsten von*) a *od.* en favor de; *Wort* ~ *Wort* palabra por palabra; *Tag* ~ *Tag* día tras día; *Schritt* ~ *Schritt* paso a paso; *es hat et.* ~ *sich* no me parece mal; *das ist e-e Sache* ~ *sich* es cosa distinta; *ich* ~ *meine Person od. mein*(*en*) *Teil* yo por mi parte, en cuanto a mí; ~ *sich leben* vivir solo; *an u.* ~ *sich* en el fondo; *was* ~ *ein*? ¿qué (clase de)? (*a. als Ausruf*); *das* ♀ *und Wider* el pro y el contra.

'**Fürbitte** *f* intercesión *f*; ~ *einlegen* interceder en favor de.

Furche ['furçə] *f* (15) surco *m*; (*Runzel*) arruga *f*; **2n** (25) surcar; *Stirn*: arrugar.

Furcht [furçt] *f* (16, *o. pl.*) temor *m*, miedo *m* (*aus* por; *vor* a, de); ~ *einjagen, in* ~ *versetzen* dar miedo, atemorizar; '**2bar** terrible; horrible; tremendo.

fürcht|en ['fyrçtən] (26) temer; *sich* ~

Futurologie

tener miedo (vor dat. a); ~erlich ['-tərliç] terrible; horrible.
furcht|los ['furçtlo:s] sin miedo; ²**losigkeit** f intrepidez f; ~**sam** miedoso, medroso; (scheu) tímido; ²**samkeit** f miedo m; timidez f.
füreinander [fyr'²aın'andər] el uno para el otro; unos para otros.
Furie ['fu:rjə] f (15) furia f.
Furnier [fur'ni:r] n (3¹) chapa f de madera; ²**en** chapear, enchapar.
Furore [fu'ro:rə] f: ~ machen hacer furor, causar sensación.
Für|sorge ['fy:rzorgə] f asistencia f; solicitud f; öffentliche: asistencia f pública bzw. social; previsión f social; ~**sorger(in** f) m asistente su. social; ²**sorglich** cuidadoso; previsor; ~**sprache** f intercesión f; ~**sprecher(in** f) m intercesor(a) m (f).
Fürst [fyrst] m (12) príncipe m; '~**enhaus** n dinastía f; '~**entum** n (1²) principado m; '~**in** f princesa f; '²**lich** de príncipe; principesco; ~ leben (bewirten) vivir (tratar) a cuerpo de rey.
Furt [furt] f (16) vado m.
Furunkel 🞙 [fu'runkəl] m (7) furúnculo m, divieso m.
für|wahr [fy:r'vɑ:r] en verdad; '²**wort** n (1²) Gram. pronombre m.
Furz V [furts] m (3² u. ³) pedo m; '²**en** V (27) soltar un pedo.
Fusel ['fu:zəl] m (7) aguardiente m malo.
Fusion [fu'zjo:n] f fusión f; ²**ieren** [-zjo'ni:rən] fusionar.
Fuß [fu:s] m (3² u. ³) pie m (a. fig.); Tier, Möbel: pata f; zu ~ a pie; j-m auf den ~ treten pisar a alg.; fig. ofender a alg.; auf dem ~e folgen seguir muy de cerca; pisar los talones (a alg.); gut zu ~ sein ser buen andarín; (festen) ~ fassen tomar pie; auf großem ~(e) leben vivir a lo grande; mit j-m auf gutem ~e stehen estar en buenos términos con alg.; j-m zu Füßen fallen echarse a los pies de alg.; mit geschlossenen Füßen a pie(s) juntillas; auf eigenen Füßen stehen ser independiente; auf schwachen od. tönernen Füßen stehen estar sobre pies de barro; '~**abtreter** m limpiabarros m; '~**angel** f abrojo m; '~**bad** n baño m de pies.
¹**Fußball** m balón m; (Spiel) fútbol m;

~**er** F m futbolista m; ~**fan** m F hincha m; ~**mannschaft** f (~**platz**) equipo m (campo m) de fútbol; ~**spiel** n (juego m de) fútbol m; einzelnes: partido m de fútbol; ~**spieler** m futbolista m; ~**toto** n quiniela(s) f(pl.).
Fuß|bank f banquillo m; ~**bekleidung** f calzado m; ~**boden** m piso m, suelo m; ~**bremse** f freno m de pie.
Fussel ['fusəl] f (15) pelusa f; hilacha f.
fußen ['fu:sən] (27) fig. basarse, fundarse (auf dat. en).
Fuß|ende ['fu:s²ɛndə] n pies m/pl. de la cama; ~**gänger** ['-gɛnər] m (7) peatón m; ~**gänger-überweg** m paso m de peatones; ~**gängerzone** f zona f od. isla f peatonal; ~**hebel** m pedal m; ²**hoch** de un pie de altura; ~**leiste** f rodapié m; ~**marsch** m marcha f a pie; ~**matte** f estera f; felpudo m; alfombrilla f; ~**note** f nota f (al pie de la página); ~**pfad** m senda f; sendero m; ~**pflege** f pedicura f; ~**pfleger(in** f) m pedicuro (-a) m (f); callista su.; ~**pilz** 🞙 m pie m de atleta; ~**raste** ['-rastə] f (15) reposapiés m; ~**schemel** m escabel m; ~**sohle** f planta f del pie; ~**spitze** f punta f del pie; ~**spur** f huella f, pisada f; ~**stapfe** f: in j-s ~n treten seguir las huellas de alg.; ~**stütze** f reposapiés m; ~**tritt** m puntapié m; F patada f; ~**weg** m camino m para peatones.
futsch [futʃ] F perdido.
Futter ['futər] n (7) alimento m; (Grün²) forraje m, pasto m; (Trocken²) pienso m; (Stoff²) forro m; ⊕ revestimiento m.
Futteral [--'rɑ:l] n (3¹) estuche m.
Futter|krippe f pesebre m; ~**mittel** n forraje m; pienso m; ²**n** F (29) comer.
füttern ['fytərn] (29) Vieh: echar de comer; Kind: dar de comer; Kleid: forrar; ⊕ revestir.
Futter|napf, ~**trog** ['futərnapf, '--tro:k] m comedero m; ~**pflanze** f planta f forrajera; ~**rübe** f remolacha f forrajera.
Fütterung ['fytəruŋ] f alimentación f.
Futur [fu'tu:r] n (3¹) Gram. futuro m; ~**ologie** [-turolo'gi:] f (15, o. pl.) futurología f.

G

G, g [geː] *n* G, g *f*; ♩ sol *m*; *G-Dur* sol mayor; *g-Moll* sol menor.

gab [gaːp] *s.* geben.

Gabardine [gabarˈdiːn] *m* (11) gabardina *f*.

Gabe [ˈgaːbə] *f* (15) regalo *m*; donativo *m*; *fig.* don *m*, talento *m*; ♟ toma *f*; *milde* ~ limosna *f*.

Gabel [ˈ-bəl] *f* (15) ⚔ horca *f*, horquilla *f* (*a. Fahrrad*♋︎); (*Eß*♋︎) tenedor *m*; **♋︎förmig** [ˈ--fœrmɪç] bifurcado; **~frühstück** *n* almuerzo *m*; **♋︎n** (29): *sich* ~ bifurcarse; **~stapler** [ˈ--ʃtaːplər] *m* (7) carretilla *f* elevadora de horquilla; **~ung** *f* bifurcación *f*.

gaben [ˈ-bən] *s.* geben.

gackern [ˈgakərn] **1.** *v/i.* (29) cacarear; **2.** ♋︎ *n* cacareo *m*.

gaffen [ˈgafən] (25) mirar boquiabierto; **♋︎er** *m* mirón *m*.

Gage [ˈgaːʒə] *f* (15) sueldo *m*, *fr.* cachet *m*.

gähnen [ˈgɛːnən] **1.** *v/i.* (25) bostezar; **2.** ♋︎ *n* bostezo *m*.

Gala [ˈgala] *f tuv.* gala *f*; *in* ~ de gala.

Galan [-ˈlaːn] *m* (3¹) galán *m*.

galant [-ˈlant] galante; **♋︎erie** [--təˈriː] *f* (15) galantería *f*.

Galeere [-ˈleːrə] *f* (15) galera *f*; **~nsklave**, **~nsträfling** *m* galeote *m*.

Galerie [-ləˈriː] *f* (15) galería *f*; *Thea.* paraíso *m*, F gallinero *m*; **~ist(in** *f*) [-ˈrɪst(ɪn)] *m* (12) galerista *su.*

Galgen [ˈgalgən] *m* (6) horca *f*, patíbulo *m*; **~frist** *f* plazo *m* de gracia; **~humor** *m* humor *m* macabro *od.* negro; **~strick**, **~vogel** *m* carne *f* de horca.

Galicier(in *f*) [gaˈliːtsjər(ɪn)] *m* (7), **♋︎isch** gallego (-a) *m* (*f*).

Galionsfigur ⚓︎ [-ˈljoːnsfiɡuːr] *f* mascarón *m* de proa.

Galle [ˈgalə] *f* (15) bilis *f*, hiel *f*; *fig. die* ~ *läuft ihm über* se le exalta la bilis; **♋︎(n)bitter** amargo como la hiel; **~nblase** *f* vesícula *f* biliar; **~nstein** *m* cálculo *m* biliar.

Gallert [ˈ-lərt] *n* (3), **~e** [-ˈlɛrtə] *f* (15) gelatina *f*; jalea *f*; **♋︎-artig** gelatinoso.

gallig [ˈ-lɪç] bilioso; *fig.* atrabiliario.

Galopp [-ˈlɔp] *m* (3) galope *m*; *im*

gestreckten ~ a galope tendido; **♋︎ieren** galopar.

Galosche [-ˈlɔʃə] *f* (15) chanclo *m*; galocha *f*.

galt [galt], **gälte** [ˈgɛltə] *s.* gelten.

galvan|isch [-ˈvaːnɪʃ] galvánico; **~isieren** [-vaniˈziːrən] galvanizar; **♋︎isierung** *f* galvanización *f*.

Gamasche [gaˈmaʃə] *f* (15) polaina *f*.

gamm|eln [ˈgaməln] (29) gandulear; **♋︎ler** [ˈ-lər] *m* (7) melenudo *m*.

Gang [gaŋ] **1.** *m* (3³) (*Weg*) camino *m*; (*Durch*♋︎) paso *m*; (*Flur*) pasillo *m*; *Anat.* conducto *m*; (*Spazier*♋︎) paseo *m*, vuelta *f* (*machen* dar); (*Verlauf*) curso *m*; (*Gangart*) (modo *m* de) andar *m*; (*Bewegung*, *bsd.* ⊕) marcha *f*; *Kfz. a.* velocidad *f*; (*Besorgung*) recado *m* (*machen* hacer); (*Mahlzeit*) plato *m*; *Sport*: vuelta *f*; *Fechtk.*: asalto *m*; *Stk.* suerte *f*; 🜨 filón *m*, veta *f*; *in vollem* ~ *sn* estar en plena actividad; *in* ~ *bringen*, *setzen* poner en marcha; *Kfz. im zweiten* ~ *fahren* ir en segunda; **2.** ♋︎ *adj.*: ~ *und gäbe sn* ser corriente; **~art** *f* modo *m* de andar; andares *m/pl.*; *Zo.* andadura *f*; **¹²bar** transitable; practicable; *fig. a.* viable; *Münze*: de curso legal.

Gängelband [ˈɡɛŋəlbant] *n*: *j-n am* ~ *führen* = ♋︎n (29) tener a alg. bajo tutela.

gängig [ˈ-ɪç] corriente; ✝ de fácil salida.

Gangschaltung [ˈɡaŋʃaltʊŋ] *f* cambio *m* de marchas.

Gangster [ˈɡɛŋstər] *m* (7) gángster *m*.

Gangway [ˈ-vɛɪ] *f* (11¹) ✈ escalerilla *f*; ⚓︎ pasarela *f*.

Ganove [gaˈnoːvə] *m* (13) tunante *m*; truhán *m*.

Gans [gans] *f* (14¹) ganso *m*, oca *f*; *fig. dumme* ~ boba *f*, tonta *f*.

Gänse|blümchen [ˈɡɛnzəblyːmçən] *n* margarita *f*; **~braten** *m* ganso *m* asado; **~füßchen** [ˈ--fyːsçən] *n/pl.* comillas *f/pl.*; **~haut** *f fig.* carne *f* de gallina; **~leberpastete** *f* pasta *f* de hígado de ganso, *fr.* foie-gras *m*; **~marsch** *m*: *im* ~ en fila india; **~rich** [ˈ--rɪç] *m* (3) ganso *m* macho.

ganz [gants] **1.** *adj.* entero; todo; (*heil*) intacto; (*vollständig*) completo; (*völlig*) total; ♪ ~e Note redonda *f*; den ~en Tag todo el día; die ~e Zeit todo el tiempo; e-e ~e Woche una semana entera; von ~em Herzen de todo corazón; im ~en en conjunto, en total; **2.** *adv.* enteramente; completamente; totalmente; del todo; *vor adj. u. adv.* muy; (*ziemlich*) bastante; ~ und gar absolutamente; totalmente; ~ und gar nicht de ningún modo; en absoluto; nicht ~ gut no del todo; ~ gut bastante bien; '2~**aufnahme** *f* retrato *m* de cuerpo entero; '2~**e(s)** *n* conjunto *m*; todo *m*; total *m*; '2~**heitsmethode** *f* método *m* global; '2~**leder** *n*: in ~ en piel; '2~**leinen** *n*: in ~ en tela.
gänzlich ['gɛntsliç] *s.* ganz 2.
Ganztagsarbeit ['gantstɑːksˀarbaɪt] *f* trabajo *m* de jornada entera.
gar [gɑːr] **1.** *adj.*: ~ sn estar a (*od.* en su) punto; **2.** *adv. etwa*) acaso; (*sehr*) muy; ~ nicht en absoluto; de ningún modo; ~ nicht einfach nada fácil; ~ nichts absolutamente nada; ~ keiner ninguno; ~ zu (*sehr*) demasiado.
Garage [gaˈraːʒə] *f* (15) garaje *m*; ~**nbesitzer** *m* garajista *m*.
Garantie [-ranˈtiː] *f* (15) garantía *f*; 2**ren** garantizar.
Garbe ['garbə] *f* (15) gavilla *f*; in ~n binden agavillar.
Garde ['gardə] ⚔ *f* (15) guardia *f*.
Garderobe [-dəˈroːbə] *f* (15) (*Raum*) guardarropa *m*; *Thea.* vestuario *m*, camerino *m*; (*Flur*2) *neol.* recibidor *m* (mural); (*Kleider*) ropa *f*, vestidos *m/pl.*; ~**nfrau** *f* encargada *f* del guardarropa; ~**nmarke** *f* ficha *f* del guardarropa; ~**nständer** *m* percha *f*.
Gardine [-ˈdiːnə] *f* (15) cortina *f*; hinter schwedischen ~n F en chirona, a la sombra; ~**npredigt** *f* sermón *m* conyugal; ~**nstange** *f* varilla *f* para cortinas.
gär|en ['gɛːrən] (30) fermentar; *fig. a.* hervir; 2**mittel** *n* fermento *m*.
Garn [garn] *n* (3) hilo *m*; (*Netz*) red *f*; *fig.* ins ~ gehen caer en la red *od.* en el garlito.
Garnele *Zo.* [garˈneːlə] *f* (15) camarón *m*; *größere:* gamba *f*.
garnier|en [-ˈniːrən] guarnecer (*a. Speisen*); 2**ung** *f* guarnición *f*.
Garnison [-niˈzoːn] *f* (16) guarnición *f*.
Garnitur [--ˈtuːr] *f* (16) (*Besatz*)

Gastgeber

guarnición *f*; (*Zs.gehöriges*) juego *m*; ~ *Bettwäsche* juego *m* de cama.
garstig ['ˈstiç] feo; repugnante.
Garten ['gartən] *m* (6¹) jardín *m*; (*Nutz*2) huerto *m*; ~**anlage** *f* zona *f* ajardinada; ~**bau** *m* horticultura *f*; ~**bau...**: *in Zssgn* horticola; ~**erde** *f* mantillo *m*; ~**geräte** *n/pl.* útiles *m/pl.* de jardinería; ~**grill** *m* barbacoa *f*; '2~**haus** *n* pabellón *m*; ~**land** *n* huerta *f*; ~**laube** *f* cenador *m*, glorieta *f*; ~**lokal** *n*, ~**wirtschaft** *f* restaurante *m* con jardín; ~**möbel** *m/pl.* muebles *m/pl.* de jardín; ~**stadt** *f* ciudad *f* jardín; ~**zaun** *m* vallado *m*; ~**zwerg** *m* enan(it)o *m* de jardín.
Gärtner|(in *f*) ['gɛrtnər(in)] *m* (7) jardinero (-a) *m* (*f*); (*Handels*2) horticultor(a) *m* (*f*); hortelano (-a) *m* (*f*); ~**ei** [-ˈraɪ] *f* horticultura *f*; jardinería *f*; 2**n** (29) *neol.* jardinear.
Gärung ['gɛːruŋ] *f* fermentación *f*; *fig.* efervescencia *f*.
Gas [gɑːs] *n* (4) gas *m*; *Kfz.* ~ geben acelerar; ~ wegnehmen cortar od. quitar el gas; '~**anzünder** *m* encendedor *m* de gas; '~**behälter** *m* gasómetro *m*; '~**brenner** *m* mechero *m* de gas; '~**flasche** *f* bombona *f* de gas; '2**förmig** [-ˈfœrmiç] gaseiforme, gaseoso; '~**hahn** *m* llave *f* del gas; '~**hebel** *m Kfz.* acelerador *m*; '~**heizung** *f* calefacción *f* de gas; '~**herd** *m* cocina *f* de gas; '~**kocher** *m* hornillo *m* de gas; '~**leitung** *f* cañería *f* od. tubería *f* de gas; '~**maske** *f* careta *f* od. máscara *f* antigás; '~**mann** F *m* hombre *m* del gas; '~**öl** *n* gasoil *m*, gasóleo *m*; ~**ometer** [gazoˈmeːtər] *m* gasómetro *m*; '~**pedal** *n Kfz.* acelerador *m*.
Gasse ['gasə] *f* (15) calleja *f*; callejón *m*; e-e ~ bilden abrir *od.* hacer calle; ~**nhauer** *m* canción *f* callejera *od.* de moda; ~**njunge** *m* golf(ill)o *m*.
Gast [gast] *m* (3² u. ³) huésped *m*; invitado *m*; (*Tisch*2) convidado *m*; (*im Restaurant, Hotel*) cliente *m*; j-n zu ~ bitten invitar *od.* convidar a alg.; '~**arbeiter** *m* trabajador *m* extranjero; '~**dirigent** ♪ *m* director *m* invitado.
Gästebuch ['gɛstəbuːx] *n* álbum *m* de visitantes; ~**zimmer** *n* cuarto *m* de huéspedes.
gast|frei ['gastfraɪ], ~**freundlich** hospitalario; 2**freundschaft** *f* hospitalidad *f*; 2**geber** *m* anfitrión *m*;

Gastgeberin

⁀geberin f anfitriona f; ⁀haus n, ⁀hof m fonda f; hostería f; hotel m; ⁀hörer m oyente m; ⁀lich hospitalario; ⁀mahl n banquete m, festín m; ⁀recht n derecho m de hospitalidad.

Gastritis ✱ [gas'tri:tis] f (16, pl. -tri'tiden) gastritis f.

Gastronom [-tro'no:m] m (12) gastrónomo m; ⁀ie [--no'mi:] f (15) gastronomía f.

Gast|stätte ['gast∫tɛtə] f restaurante m; ⁀stättengewerbe n hostelería f; ⁀stube f comedor m; ⁀wirt m fondista m; hostelero m; ⁀wirtschaft f restaurante m.

Gas|uhr ['ga:sʔu:r] f contador m de gas; ⁀vergiftung f intoxicación f por gas(es); ⁀werk n fábrica f de gas.

Gatte ['gatə] m (13) marido m, esposo m; ⁀n m/pl. matrimonio m; cónyuges m/pl.; ⁀nmord m uxoricidio m; ⁀nmörder m uxoricida m.

Gatter ['-tər] n (7) verja f, cercado m.

Gattin ['-tin] f esposa f, señora f.

Gattung ['-tuŋ] f Biol., Lit. género m; ⁀sname m nombre m genérico.

Gau [gau] m (3) comarca f.

Gaudi F ['-di] n (9, o. pl.) u. f (11¹, o. pl.) regocijo m; jolgorio m.

Gaukel|bild ['-kəlbilt] n f fantasmagoría f; ilusión f; ⁀e'lei f prestidigitación f; fig. charlatanería f; ⁀eln (29) hacer juegos de manos; (flattern) revolotear; ⁀ler ['-klər] m (7) prestidigitador m; saltimbanqui m; fig. charlatán m.

Gaul [gaul] m (3³) caballo m; desp. rocín m.

Gaumen ['gaumən] m (6) paladar m; ⁀laut m palatal f; ⁀segel Anat. n velo m palatino.

Gauner ['-nər] m (7) truhán m; estafador m, timador m; (Schelm) pícaro m; ⁀ei [--'rai] f estafa f, timo m; ⁀sprache f jerga f del hampa.

Gaze ['ga:zə] f (15) gasa f.

Gazelle [ga'tsɛlə] f (15) Zo. gacela f.

Geäder [gə'ʔɛ:dər] n (7) vetas f/pl.; ⁀t veteado.

Geäst [-'ʔɛst] n (3, o. pl.) ramaje m.

Gebäck [-'bɛk] n (3) pastelería f; pastas f/pl.; pasteles m/pl.

Gebälk [-'bɛlk] n (3) viguería f; maderamen m; (Dach⁀) armadura f.

gebar [-'ba:r] s. gebären.

Gebärde [-'bɛ:rdə] f (15) gesto m; ademán m; ⁀n (26): sich ⁀ portarse; ⁀nspiel n mímica f; ⁀nsprache f lenguaje m mímico.

Gebaren [-'ba:rən] n (6) conducta f; † gestión f.

gebär|en [-'bɛ:rən] (30) parir; Mensch: dar a luz; ⁀mutter f Anat. matriz f, útero m.

Gebäude [-'bɔydə] n (7) edificio m.

Gebeine [-'bainə] n/pl. (3) osamenta f; restos m/pl. mortales.

Gebell [-'bɛl] n (3) ladrido m.

geben ['ge:bən] (30) dar; (reichen) a. pasar; (über⁀) entregar; (gewähren) conceder; Thea. representar; Film: poner; es gibt hay; was gibt's? ¿qué hay?; ¿qué pasa?; Gott gebe es! ¡quiera Dios!; auf die Post ⁀ llevar al correo; es wird Regen ⁀ va a llover; viel (wenig) ⁀ auf (ac.) hacer mucho (poco) caso de; von sich ⁀ Worte: soltar; Speise: vomitar, arrojar; sich ⁀ portarse; (aufhören) cesar; calmarse.

Geber [-'bər] m (7) dador m; donador m.

Gebet [gə'be:t] n (3) oración f, rezo m; fig. j-n ins ⁀ nehmen echar un sermón a alg.; ⁀buch n devocionario m.

Gebiet [-'bi:t] n (3) región f; zona f; territorio m; fig. campo m, terreno m, dominio m; ⁀en (30) 1. v/t. mandar; Schweigen ⁀ imponer silencio; 2. v/i. dominar (über ac.); ⁀er(in f) m (7) señor(a) m (f); amo (-a) m (f); soberano (-a) m (f); ⁀erisch [-'tə:riʃ] imperioso; categórico; ⁀s...: in Zssgn oft territorial; ⁀s-anspruch m reivindicación f territorial.

Gebilde [-'bildə] n (7) forma(ción) f; figura f; (Erzeugnis) producto m; creación f.

ge'bildet culto, instruido.

Gebimmel [-'biməl] n (7) repiqueteo m, tintineo m.

Gebinde [-'bində] n (7) (Blumen⁀) ramo m; (Faß) tonel m.

Gebirg|e [-'birgə] n (7) montaña f; sierra f; ⁀ig montañoso.

Gebirgs|bewohner [-'birksbəwo:nər] m montañés m; ⁀kette f cordillera f; ⁀paß m paso m, puerto m; ⁀stock m macizo m; ⁀zug m cordillera f.

Gebiß [-'bis] n (4) dentadura f; (künstliches) dentadura f postiza; am Zaum: bocado m.

gebissen [-'bisən] s. beißen.

Gebläse ⊕ [-'blɛ:zə] n (7) soplete m.

geblieben [-'bli:bən] s. bleiben.

geblümt [-'bly:mt] floreado.

Geblüt [-'bly:t] *n* (3) sangre *f*; linaje *m*; estirpe *f*.

gebogen [-'bo:gən] curvo, encorvado; acodado.

geboren [-'bo:rən] nacido; ~ *in* natural de; ~ *werden* nacer.

geborgen [-'bɔrgən] salvado, a salvo; seguro; 2**heit** *f* seguridad *f*.

geborsten [-'bɔrstən] *s.* bersten.

Gebot [-'bo:t] *n* (3) mandamiento *m* (*a. Rel.*); orden *f*; *Auktion*: postura *f*, höheres: puja *f*; *j-m zu* ~ *stehen* estar a la disposición de alg.; *die Zehn* ~ *e* los diez mandamientos, el decálogo; 2**en 1.** *s. bieten*; **2.** *adj.* urgente; indicado; ~**schild** *Vkw.* *n* señal *f* preceptiva.

gebrannt [-'brant] *s.* brennen.

Gebräu [-'brɔy] *n* (3) brebaje *m*.

Gebrauch [-'braux] *m* (3³) uso *m*; utilización *f*; empleo *m*; *in* ~ en servicio; *außer* ~ fuera de servicio; *außer* ~ *kommen* caer en desuso; ~ *machen von* servirse de; 2**en** usar; utilizar; emplear; servirse de; *zu* ~ *sn* servir (*zu* para).

gebräuchlich [-'brɔyçliç] usual, en uso; corriente.

Gebrauchs|anweisung [-'brauxs-ʔanvaɪzʊŋ] *f* instrucciones *f/pl.* para el uso; modo *m* de empleo; ~**artikel** *m* artículo *m* de primera necesidad; 2**fertig** listo para el uso; ~**gegenstand** *m* objeto *m* de uso; ~**graphik** *f* dibujo *m* publicitario; *neol.* grafismo *m*; ~**graphiker** *m* dibujante *m* publicitario; *neol.* grafista *m*; ~**güter** *n*/*pl.* artículos *m*/*pl.* *bzw.* bienes *m*/*pl.* de consumo; ~**muster** *n* modelo *m* de utilidad.

gebraucht [-'brauxt] usado; de ocasión, de segunda mano; 2**wagen** *m* coche *m* usado *od.* de segunda mano.

Gebrech|en (6) defecto *m*; achaque *m*; 2**lich** frágil; achacoso; decrépito; ~**lichkeit** *f* fragilidad *f*; decrepitud *f*.

gebrochen [-'brɔxən] roto, quebrado (*a. fig.*); ~ *Spanisch sprechen* chapurrear el español.

Gebrüder [-'bry:dər] *pl.* (7) hermanos *m*/*pl.*

Gebrüll [-'brʏl] *n* (3) *Löwe:* rugido *m*; *fig.* griterío *m*, vocerío *m*.

Gebühr [-'by:r] *f* (16) derecho *m*; tarifa *f*; tasa *f*; ~ *bezahlt* porte pagado; *nach* ~ debidamente; *über* ~ más de lo debido.

gedankenlos

ge'bühren (25) corresponder a; *sich* ~ convenir; 2**d** debido; conveniente; *adv.* debidamente; ~**frei** libre de derechos; 2**ordnung** *f* tarifa *f*; ✝ arancel *m*; ~**pflichtig** [-'--pfliçtiç] sujeto a derechos; *Autobahn:* de peaje.

gebunden [-'bʊndən] *Buch:* encuadernado; *Preis:* fijo; *fig.* ligado.

Geburt [-'bu:rt] *f* (16) nacimiento *m*; (*Gebären*) parto *m*, alumbramiento *m*; *vor* (*nach*) *Christi* ~ antes (después) de Jesucristo; ~**enbeschränkung** *f* limitación *f* de nacimientos; ~**enkontrolle** *f* control *m* de natalidad; ~**enregelung** *f* regulación *f* de nacimientos; ~**enrückgang** *m* disminución *f* de la natalidad; ~**en-überschuß** *m* excedente *m* de nacimientos; ~**enziffer** *f* natalidad *f*.

gebürtig [-'bʏrtiç] natural (*aus* de).

Geburts|anzeige [-'bu:rts^ʔantsaɪgə] *f* participación *f* de nacimiento; ~**fehler** *m* defecto *m* congénito; ~**haus** *n* casa *f* natal; ~**helfer** *m* partero *m*, tocólogo *m*; ~**hilfe** *f* asistencia *f* al parto, ♀ obstetricia *f*; ~**jahr** *n* año *m* de nacimiento; ~**ort** *m* lugar *m* de nacimiento; ~**stadt** *f* ciudad *f* natal; ~**tag** *m* cumpleaños *m*; ~ *haben* cumplir años; ~**urkunde** *f* partida *f* de nacimiento; ~**zange** ♀ *f* fórceps *m*.

Gebüsch [-'bʏʃ] *n* (3²) matorral *m*.

Geck [gɛk] *m* (12) pisaverde *m*.

gedacht [gə'daxt] *s.* denken.

Gedächtnis [-'dɛçtnis] *n* (4¹) memoria *f*; (*Andenken*) recuerdo *m*; *aus dem* ~ de memoria; *zum* ~ *an* en memoria de; *sich et. ins* ~ *zurückrufen* rememorar a/c.; ~**feier** *f* acto *m* conmemorativo; ~**schwund** ♀ *m* amnesia *f*.

Gedanke [-'daŋkə] *m* (13¹) pensamiento *m*; idea *f*; *in* ~ *n* mentalmente; (*zerstreut*) por distracción; *in* ~ *versunken* ensimismado; *kein* ~! ¡ni pensarlo!, ¡ni por pienso!; *sich* ~ *n machen über* (*ac.*) preocuparse por; *ich kam auf den* ~, *zu* (*inf.*) se me ocurrió (*inf.*).

Ge'danken-armut *f* ausencia *f* de ideas; ~**austausch** *m* intercambio *m* de ideas *od.* impresiones; ~**blitz** *m* idea *f* repentina; ocurrencia *f*; ~**freiheit** *f* libertad *f* de pensamiento; ~**gang** *m* orden *m* de las ideas; ~**gut** *n* ideario *m*; ideología *f*; 2**los** distraído; irreflexivo, inconsiderado; ~**losig-**

Gedankenlosigkeit

keit f distracción f; irreflexión f; **reich** fecundo en ideas; **strich** m raya f; **übertragung** f telepatía f; **verbindung** f asociación f de ideas; **voll** pensativo, ensimismado; **welt** f ideario m; ideología f.

gedanklich [-ˈdaŋkliç] mental; ideológico.

Gedärme [-ˈdɛrmə] n/pl. (7) intestinos m/pl., F tripas f/pl.

Gedeck [-ˈdɛk] n (3) cubierto m.

gedeih|en [-ˈdaɪən] (30, sn) prosperar, criarse bien; desarrollarse; so weit gediehen sn, daß haber llegado a tal punto que; **en** n prosperidad f; desarrollo m; **lich** próspero; provechoso.

Gedenk... [-ˈdɛŋk...]: in Zssgn conmemorativo, (gen.) gen.: **en** (30) acordarse de; recordar ac.; (erwähnen) mencionar ac.; feierlich: conmemorar ac.; (beabsichtigen) pensar (zu inf.); tener la intención de; **en** n memoria f, recuerdo m; **feier** f acto m conmemorativo; **stein** m (**tafel** f) lápida f (placa f) conmemorativa; **tag** m aniversario m.

Gedicht [-ˈdɪçt] n (3) poesía f; episches: poema m; **sammlung** f florilegio m de poesías, antología f.

gediegen [-ˈdiːɡən] Metall: puro; fig. sólido; formal.

gedieh(en) [-ˈdiː(ən)] s. gedeihen.

Gedräng|e [-ˈdrɛŋə] n (7) apretura f; agolpamiento m; (Menschen) gentío m, muchedumbre f, **t** apiñado, apretado; Stil: conciso.

gedrückt [-ˈdrʏkt] fig. deprimido, abatido; **heit** f depresión f.

gedrungen [-ˈdrʊŋən] regordete; achaparrado.

Geduld [-ˈdʊlt] f (16, o. pl.) paciencia f; mir reißt die se me acaba la paciencia; die verlieren impacientarse; **en** [-ˈ-dən] (26): sich tener paciencia; esperar, aguardar; **ig** paciente, sufrido; **s-probe** f prueba f de paciencia; **(s)spiel** n rompecabezas m.

gedungen [-ˈdʊŋən] Mörder: a sueldo.

gedunsen [-ˈdʊnzən] hinchado.

geeignet [-ˈʔɡnət] apropiado, adecuado, idóneo; j.: apto (für, zu para).

Gefahr [-ˈfaːr] f (16) peligro m; (Risiko) riesgo m; laufen zu correr peligro od. el riesgo de, arriesgar (inf.); in sn estar en peligro, peligrar; auf die hin, zu a riesgo de.

gefähr|den [-ˈfɛːrdən] (26) poner en peligro; comprometer; **lich** peligroso; arriesgado; **lichkeit** f peligrosidad f.

gefahrlos [-ˈfaːrloːs] seguro, sin riesgo.

Gefährt [-ˈfɛːrt] n (3) vehículo m; **e** m (13), **in** f compañero (-a) m (f), camarada su.

Gefälle [-ˈfɛlə] n (7) declive m, pendiente f; a. fig. desnivel m.

gefallen [-ˈfalən] 1. v/i. (30) gustar, agradar; wie gefällt es Ihnen? ¿qué le parece?; sich et. lassen aguantar, soportar a/c.; das lasse ich mir ! ¡así me gusta!; sich in (dat.) complacerse en; 2. adj. ✠ caído, muerto; 3. **e** n: finden an tomar gusto a; 4. 2 m favor m; j-m e-n tun hacer un favor a alg.; Ihnen zu para complacerle a Vd.; 2e(r) ✠ m caído m (de la guerra).

gefällig [-ˈfɛlɪç] complaciente; agradable; j-m sn complacer a alg.; **keit** f complacencia f (aus por); (Dienst) favor m; **keitswechsel** ✝ m letra f de favor; **st** [-ˈ-lɪçst] sei still! ¡a ver si te callas!

Gefall|sucht [-ˈfalzʊxt] f coquetería f; **süchtig** coqueto.

gefangen [-ˈfaŋən] prisionero, cautivo; **e(r)** m prisionero m (a. ✠); ᴛᴛ detenido m, preso m; a. fig. cautivo m; **enlager** n campo m de prisioneros; **halten** tener en prisión; **nahme** [-ˈ--naːmə] f captura f (a. ✠); detención f; **nehmen** detener; capturar, prender; ✠ hacer prisionero; **schaft** f ✠ cautividad f, cautiverio m; ᴛᴛ prisión f; in geraten caer prisionero; **setzen** meter en prisión, encarcelar.

Gefängnis [-ˈfɛŋnɪs] n (4¹) cárcel f, prisión f; **strafe** f (pena f de) prisión f; **wärter** m carcelero m; **zelle** f celda f.

Gefasel [-ˈfaːzəl] n (7) desatinos m/pl.

Gefäß [-ˈfɛːs] n (3²) vasija f; vaso m (a. ✱); recipiente m.

gefaßt [-ˈfast] sereno; sich machen auf (ac.) prepararse para.

Gefecht [-ˈfɛçt] n (3) combate m; außer setzen poner fuera de combate (a. fig.); ⚓ klar zum ! ¡zafarrancho de combate!; **skopf** m Ra-

kete: cabeza *f*, ojiva *f*; ~**-stand** *m* puesto *m* de mando.

gefeit [-'faɪt]: ~ *gegen* a prueba de; inmune contra.

Gefieder [-'fiːdər] *n* (7) plumaje *m*; 2**t** (em)plumado, con plumas.

Gefilde [-'fildə] *n* (7) campos *m/pl.*; campiña *f*.

Geflecht [-'flɛçt] *n* (3) trenzado *m*; (*Draht*2) enrejado *m*.

gefleckt [-'flɛkt] manchado, con manchas.

geflissentlich [-'flɪsəntlɪç] a propósito; con intención.

geflogen [-'floːɡən] *s.* fliegen.

geflohen [-'floːən] *s.* fliehen.

geflossen [-'flɔsən] *s.* fließen.

Geflügel [-'flyːɡəl] *n* (7) aves *f/pl.* de corral; ~**farm** *f* granja *f* avícola; ~**händler(in** *f***)** *m* pollero (-a) *m* (*f*); ~**handlung** *f* pollería *f*; 2**t** alado; ~**es Wort** sentencia *f*; dicho *m*; ~**zucht** *f* avicultura *f*; ~**züchter** *m* avicultor *m*.

Geflüster [-'flystər] *n* (7) cuchicheo *m*.

Gefolg|e [-'fɔlɡə] *n* (7) séquito *m*; *fig.* *im* ~ *haben* tener por consecuencia; llevar consigo; ~**schaft** *f* [-folkʃaft] *f* seguidores *m/pl.*; *j-m* ~ *leisten* ser partidario de alg.

gefragt [-'fraːkt] † demandado, solicitado.

gefräßig [-'frɛːsɪç] voraz; glotón; comilón; 2**keit** *f* glotonería *f*.

Gefreite(r) ⚔ [-'fraɪtə(r)] *m* (18) cabo *m*.

Gefrier|anlage [-'friːr?anlaːɡə] *f* instalación *f* frigorífica; 2**en** helar(se), congelarse; ~**en** *n* congelación *f*; ~**fach** *n* congelador *m*; ~**fleisch** *n* carne *f* congelada; ~**punkt** *m* punto *m* de congelación; ~**trocknung** *f* liofilización *f*; ~**truhe** *f* congelador *m*.

gefroren [-'froːrən] *s.* frieren.

Gefüg|e [-'fyːɡə] *n* (7) estructura *f*; 2**ig** dócil; dúctil; ~**igkeit** *f* docilidad *f*; ductilidad *f*.

Gefühl [-'fyːl] *n* (3) sentimiento *m*; sensación *f*; (*Ahnung*) presentimiento *m*; (~*ssinn*) tacto *m*; (*Sinn*) sentido *m* (*für de*); 2**los** insensible (*gegen* a); ~**losigkeit** *f* insensibilidad *f*; ~**sduselei** [--sduːzə'laɪ] *f* sensiblería *f*; sentimentalismo *m*; ~**skälte** *f* frialdad *f*; ~**smensch** *m* hombre *m* sentimental; 2**voll** sensible; afectivo; sentimental.

gefunden [-'fundən] *s.* finden.

gegangen [-'ɡaŋən] *s.* gehen.

gegeben [-'ɡeːbən] *s.* geben; ♣ dado; *zu* ~*er Zeit* a su debido tiempo; ~**enfalls** dado el caso; eventualmente; 2**heit** *f* hecho *m*; realidad *f*.

gegen ['ɡeːɡən] (*ac.*) contra; *Richtung*: hacia; *Zeit*: hacia, a eso de; *Verhalten*: con, para con; *Tausch*: en cambio de; *Vergleich*: en comparación con; (*ungefähr*) cerca de, alrededor de; ~ *Abend* hacia la noche; (*gut*) ~ ... *Mittel*: (bueno) para *od.* contra.

Gegen...: *in Zssgn oft* contra...; ~**angriff** *m* contraataque *m*; ~**befehl** *m* contraorden *f*; ~**besuch** *m*: *j-m e-n* ~ *machen* devolver la visita a alg.; ~**beweis** *m* contraprueba *f*.

Gegend ['ɡeːɡənt] *f* (16) región *f*; comarca *f*; (*Landschaft*) paisaje *m*.

Gegen|dienst [-'ɡəndiːnst] *m*: *e-n* ~ *erweisen* devolver un favor; ~**druck** *m* contrapresión *f*; reacción *f*; 2**-einander** uno(s) contra otro(s); ~**fahrbahn** *f* carril *m* contrario; ~**gerade** *f* *Sport*: recta *f* contraria; ~**gewicht** *n* contrapeso *m* (*a. fig.*); ~**gift** *n* contraveneno *m*, antídoto *m*; ~**kandidat** *m* candidato *m* de la oposición; ~**klage** ⚖ *f* reconvención *f*; ~**leistung** *f* contrapartida *f*, contraprestación *f*; ~**licht** *n*: *bei* ~ a contraluz; ~**liebe** *f*: (*keine*) ~ *finden* (no) ser correspondido; ~**maßnahme** *f* contramedida *f*; represalia *f*; ~**mittel** *n* remedio *m*; antídoto *m* (*a. fig.*); ~**partei** *f* † parte *f* contraria; ~**probe** *f* contraprueba *f*; ~**rede** *f* réplica *f*; (*Einwand*) objeción *f*; ~**reformation** *f* Contrarreforma *f*; ~**revolution** *f* contrarrevolución *f*; ~**satz** *m* contraste *m*; oposición *f*; *im* ~ *zu* en contraposición a; *im* ~ *stehen zu* contrastar con; 2**sätzlich** ['--zɛtslɪç] opuesto, contrario; ~**sätzlichkeit** *f* contraste *m*; ~**schlag** *m* contragolpe *m*; ⚔ contraataque *m*; ~**seite** *f* lado *m* opuesto; ⚖ parte *f* contraria; 2**seitig** mutuo, recíproco; ~**seitigkeit** *f* reciprocidad *f*; mutualidad *f*; *auf* ~ mutuo; ~**spieler(in** *f***)** *m* adversario (-a) *m* (*f*); ~**spionage** *f* contraespionaje *m*; ~**stand** *m* objeto *m*; (*Thema*) asunto *m*, tema *m*; 2**ständlich** ['--tɛntlɪç] concreto; material; 2**standslos** ['--tantsloːs] superfluo; *Kunst*: abstracto; ~**stimme** *f* voto *m* en contra; ~**stoß** ⚔ *m* contraataque *m*; ⚆**strömung** *f* contracorriente *f*; ⚆**stück** *n* pareja *f*; (*Gegensatz*) contraste *m*; ⚆**teil** *n* lo contrario; *im* ~ al contrario; ⚆**teilig** ['--tailɪç] opuesto; contrario.

gegen-'über 1. *adv.* enfrente; **2.** *prp.* (*dat.*) enfrente de, frente a; *fig.* ante; (*verglichen mit*) comparado con; (*Verhalten*) para con, con; **3.** ⚆ *n* (3) persona *f bzw.* vecino *m* de enfrente; ⚆**liegend** [---'--li:gənt] *al* enfrente, opuesto; ⚆**stehen** (*dat.*) estar enfrente de; *sich* ~ estar frente a frente; ⚆**stellen** oponer; 🛆 confrontar, carear; (*vergleichen*) comparar; ⚆**stellung** *f* 🛆 confrontación *f*, careo *m*; (*Vergleich*) comparación *f*; ⚆**treten** (sn) (*dat.*) *fig.* hacer frente a.

'**Gegen|verkehr** *m* circulación *f* en sentido contrario; ⚆**vorschlag** *m* contrapropuesta *f*; ⚆**wart** ['--vart] *f* (16) *j-s*: presencia *f*; (*Zeit*) actualidad *f*, época *f* actual; *Gram.* presente *m*; ⚆**wärtig** ['--vɛrtɪç] presente; (*jetzt*) actual; *adv.* actualmente; ⚆**wehr** *f* defensa *f*; resistencia *f*; ⚆**wert** *m* contravalor *m*; equivalente *m*; ⚆**wind** *m* viento *m* contrario; ⚆**wirkung** *f* reacción *f*; ⚆**zeitwort** refrendar; ⚆**zeichnung** *f* refrendo *m*; ⚆**zug** *m Spiel*: contrajugada *f*; 🛆 tren *m* en dirección contraria.

gegessen [gə'gɛsən] *s.* essen.

Gegner ['ge:gnər] *m* (7) adversario *m*, contrario *m*, oponente *m*; antagonista *m*; ⚆**isch** contrario, opuesto; ⚆**schaft** *f* enemistad *f*; oposición *f*; antagonismo *m*.

gegolten [gə'gɔltən] *s.* gelten.
gegossen [-'gɔsən] *s.* gießen.
gegriffen [-'grɪfən] *s.* greifen.
Gehackte(s) [-'haktə(s)] *n* carne *f* picada.

Gehalt [-'halt] **1.** *m* (3) contenido *m* (*an dat.* de); 🛆 porcentaje *m*; *fig.* valor *m*; sustancia *f*; **2.** *n* (1²) sueldo *m*; ⚆**los** sin valor; insignificante; ⚆**s-ansprüche** *m*/*pl.* pretensiones *f*/*pl.* económicas; ⚆**s-empfänger** *m* asalariado *m*; empleado *m*; ⚆**szulage** *f* aumento *m* del sueldo; sobresueldo *m*; ⚆**voll** sustancioso; sustancial.

geharnischt [-'harnɪʃt] *fig.* enérgico.
gehässig [-'hɛsɪç] hostil; odioso; ⚆**keit** *f* hostilidad *f*; odiosidad *f*, carácter *m* odioso.

Gehäuse [-'hɔyzə] *n* (7) caja *f* (*a. Uhr*⚆); (*Etui*) estuche *m*; *Zo.* concha *f*.

Gehege [-'he:gə] *n* (7) cerca *f*; (*Weide*) dehesa *f*; *Jgdw.* vedado *m*; *fig. j-m ins* ~ *kommen* entrar en campo ajeno.

geheim [-'haim] secreto; (*verborgen*) oculto; (*heimlich*) clandestino; *im* ~*en* en secreto; a escondidas; ⚆**...**: *in Zssgn* oft secreto; ⚆**-agent** *m* agente *m* secreto; ⚆**bericht** *m* informe *m* confidencial; ⚆**dienst** *m* servicio *m* secreto; ⚆**fach** *n* (compartimento *m*) secreto *m*; ⚆**halten** mantener en secreto; ocultar; ⚆**lehre** *f* doctrina *f* esotérica.

Geheimnis [-'nɪs] *n* (4¹) secreto *m* (*offenes* a voces); misterio *m*; ⚆**krämer** *m* secretista *m*; ⚆**kräme'rei** *f* secretismo *m*; ⚆**tuerei** [---tuə'rai] *f* secreteo *m*; ⚆**voll** misterioso; ~ *tun* secretear.

Ge'heim|polizei *f* policía *f* secreta; ⚆**rats-ecken** *F f*/*pl.* entradas *f*/*pl.*; ⚆**schrift** *f* escritura *f* cifrada; ⚆**tinte** *f* tinta *f* simpática; ⚆**tun** secretear; ⚆**wissenschaft** *f* ciencia *f* oculta.

Geheiß [-'hais] *n* (3²): *auf* ~ *von* por orden de.

gehen ['ge:ən] **1.** *v*/*i*. (30, sn) ir (*nach*, *zu* a; *zu j-m* a casa de, a ver a); andar; marchar, caminar; ⊕ funcionar; (*weg*~) irse, marcharse; salir, partir; *rechts* ~ tomar la derecha; *gut* ~ ✝ *Ware*: venderse bien; *es geht mir gut* estoy bien; *falsch* ~ *Uhr*: andar mal; *wie geht es Ihnen*? ¿cómo está Vd.?, ¿cómo le va?; *wie geht's*? ¿qué tal?; *so gut es eben geht* lo mejor que se pueda; *das geht nicht* no puede ser; *es wird schon* ~ ya se arreglará; ~ *auf Fenster*: dar a; *es geht auf eins* es cerca de la una; ~ *aus* salir de; ~ *durch* pasar por; ~ *in* (*ac.*) entrar en; *ins Theater* ~ ir al teatro; *in den Saal* ~ *50 Personen* en la sala caben 50 personas; *in sich* ~ volver sobre sí; arrepentirse; ~ *über* (*ac.*) atravesar, cruzar (*ac.*); 🛆 pasar por; *über j-s Kräfte* ~ ser superior a las fuerzas de alg.; *es geht nichts über ...* (no hay) nada mejor que ...; *es geht um ... se* trata de ...; *vor sich* ~ suceder, ocurrir; tener lugar; **2.** ⚆ *n* marcha *f*; *Sport*: marcha *f* atlética; *das* ~ *fällt ihm schwer* le cuesta andar; ⚆**lassen**: *sich* ~ descuidarse.

Geher ['-ər] *m* (7) *Sport*: marchista *m*.
geheuer [gə'hɔyər]: *nicht* ~ sospechoso; *hier ist etwas nicht* ~ F aquí hay gato encerrado.

Geheul [-'hɔyl] *n* (3) aullido *m*; *v. Menschen*: alarido *m*.

Gehilf|e *m* (13) (**~in** *f*) [-'hɪlfə, -'-fin]

ayudante (-ta) *m* (*f*); **asistente** (-ta) *m* (*f*).

Gehirn [-'hɪrn] *n* (3) cerebro *m*; ♂ encéfalo *m*; **~..:** *in Zssgn oft* cerebral; **~entzündung** *f* encefalitis *f*; **~erschütterung** *f* conmoción *f* cerebral; **~haut** *f* meninge *f*; **~haut-entzündung** *f* meningitis *f*; **~schlag** *m* apoplejía *f*; **~wäsche** *f* lavado *m* de cerebro.

gehoben [-'hoːbən] *s.* heben; *Stellung, Stil:* elevado; *in* ~*er Stimmung* muy animado.

Gehöft [-'høːft] *n* (3) granja *f*.

Gehölz [-'hœlts] *n* (3²) bosquecillo *m*.

Gehör [-'høːr] *n* (3) oído *m*; ~ *schenken* dar oídos; ~ *finden* ser escuchado; *kein* ~ *finden* ser desoído; **~..:** *in Zssgn oft* auditivo.

gehorchen [-'hɔrçən] (25) (*dat.*) obedecer.

gehör|en [-'høːrən] (25) ser de, pertenecer a; formar parte (*zu* de); (*erforderlich sn*) ser preciso; hacer falta; *das gehört mir* es mío; *das gehört nicht hierher* no es del caso; *das gehört sich nicht* eso no se hace; *wie es sich gehört* como es debido; **2gang** *m* conducto *m* auditivo; **~ig** perteneciente (*zu* a); (*passend*) conveniente; (*gebührend*) debido; *adv.* (*tüchtig*) de lo lindo.

Gehörn [-'hœrn] *n* (3) cornamenta *f*; **2t** cornudo (*a. fig.*).

gehorsam [-'hoːrzaːm] **1.** *adj.* obediente; **2.** ~ *m* (3¹, *o. pl.*) obediencia *f*; *den* ~ *verweigern* desobedecer.

Gehörsinn [-'høːrzɪn] *m* (sentido *m* del) oído *m*.

Gehweg ['geːveːk] *m* acera *f*.

Geier ['gaɪər] *m* (7) buitre *m*.

Geige ['-gə] *f* (15) violín *m*; ~ *spielen* tocar el violín; *fig. die erste* ~ *spielen* llevar la voz cantante; **2n** (25) tocar el violín; **~nbauer** *m* constructor *m* de violines, *fr.* luthier *m*; **~r(in** *f*) *m* (7) violinista *u*.

'**Geigerzähler** *m Phys.* contador *m* de Geiger.

geil [gaɪl] ♀ exuberante; *j.:* lascivo; F cachondo; **2heit** *f* exuberancia *f*; lascivia *f*, lujuria *f*.

Geisel ['-zəl] *f* (15) rehén *m*; **~nahme** ['--naːmə] *f* (15) toma *f* de rehenes.

Geiß [gaɪs] *f* (16) cabra *f*; '**blatt** ♀ *n* madreselva *f*; '**bock** *m* macho *m* cabrío, cabrón *m*.

Geißel ['-səl] *f* (15) látigo *m*; *fig.* azote *m*, plaga *f*; **2n** (29) azotar; *fig.* fustigar; **~ung** *f* flagelación *f*.

Geist [gaɪst] *m* (1¹) espíritu *m*; inteligencia *f*; mente *f*; (*Witz*) ingenio *m*; (*Gespenst*) fantasma *m*, espectro *m*; *im* ~*e* mentalmente; *s-n* ~ *aufgeben* entregar el alma a Dios; *der Heilige* ~ el Espíritu Santo.

'**Geister|bahn** *f* túnel *m* de los sustos; **~beschwörung** *f* exorcismo *m*; nigromancia *f*; **~fahrer** *m* conductor *m* que circula en sentido contrario; **2haft** fantástico; fantasmal; **~seher** *m* visionario *m*.

geistes|abwesend ['-stəsʔapveːzənt] distraído; **2-abwesenheit** *f* distracción *f*; **2-arbeiter** *m* trabajador *m* intelectual; **2-art** *f* mentalidad *f*; **2blitz** *m* salida *f*, ocurrencia *f*; **2gabe** *f* talento *m*; **2gegenwart** *f* presencia *f* de ánimo; **~gestört** ['--gəʃtøːrt] perturbado (mental); **2haltung** *f* mentalidad *f*; **~krank** enfermo mental; **2krankheit** *f* enfermedad *f* mental; **2schärfe** *f* sagacidad *f*; **~schwach** deficiente mental; **2schwäche** *f* deficiencia *f* mental; **2verfassung** *f* estado *m* de ánimo; **~verwandt** congenial (*mit* a); **2wissenschaften** *f/pl.* letras *f/pl.*; **~** humanidades *f/pl.*; **2zustand** *m* estado *m* mental.

geistig ['-ɪç] espiritual; mental; intelectual; *Getränk:* espirituoso.

geistlich ['-lɪç] espiritual; (*kirchlich*) eclesiástico, clerical; ♪ sagrado, sacro; **2e(r)** *m* sacerdote *m*; clérigo *m*; cura *m*; *protestantischer:* pastor *m*; **2keit** *f* clero *m*.

geist|los ['-loːs] falto de ingenio; insípido; **~reich**, **~voll** ingenioso; agudo; **~tötend** ['-tøːtənt] aburrido, soporífero.

Geiz [gaɪts] *m* (3²) avaricia *f*; '**2en** (27): ~ *mit* ser avaro de; '**hals** *m*, '**kragen** *m* avaro *m*; '**2ig** avaro.

Gejammer [gə'jamər] *n* (7) lamentaciones *f/pl.*

Gejohle [-'joːlə] *n* (7) gritería *f*.

gekannt [-'kant] *s.* kennen.

Gekicher [-'kɪçər] *n* (7) risas *f/pl.* sofocadas.

Gekläff(e) [-'klɛf(ə)] *n* (3 [7]) ladridos *m/pl.*

Geklapper [-'klapər] *n* (7) tableteo *m*.

Geklingel [-'klɪŋəl] *n* (7) tintineo *m*.

Geklirr [-'klɪr] *n* (3) tintineo *m*; estrépito *m*.

geklungen [-'kluŋən] s. klingen.
Geknatter [-'knatər] n (7) traqueteo m; crepitación f; Motorrad: petardeo m.
gekniffen [-'knifən] s. kneifen.
Geknister [-'knistər] n (7) chisporroteo m.
gekonnt [-'kɔnt] s. können; fig. logrado, bien hecho.
Gekreisch [-'kraiʃ] n (3) chillidos m/pl.
Gekritzel [-'kritsəl] n (7) garrapatos m/pl., garabatos m/pl.
Gekröse [-'krø:zə] n (7) tripas f/pl.
gekünstelt [-'kynstəlt] artificial; afectado, amanerado.
Gelächter [-'lɛçtər] n (7) risa f; carcajada f; in ~ ausbrechen soltar una carcajada.
ge'laden F fig.: auf j-n ~ sn estar furioso contra alg.
Gelage [-'la:gə] n (7) banquete m; festín m; wüstes: orgía f.
gelähmt [-'lɛ:mt] paralizado; paralítico, tullido; impedido.
Gelände [-'lɛndə] n (7) terreno m; ~aufnahme f alzado m topográfico; ~fahrzeug n vehículo m (para) todo terreno; 2gängig para todo terreno; ~lauf m cross m, carrera f a campo traviesa od. de campo a través.
Geländer [-'dər] n (7) barand(ill)a f; balaustrada f; (Treppen2) pasamano m.
gelang [-'laŋ] s. gelingen.
gelangen [-'-ən] (25, sn) llegar (zu a); conseguir, lograr (zu et. a/c.).
gelassen [-'lasən] sereno; impasible; tranquilo; 2heit f serenidad f; impasibilidad f; tranquilidad f.
Gelatine [ʒela'ti:nə] f (15) gelatina f.
geläufig [gə'lɔyfiç] corriente; (vertraut) familiar; ~ sprechen hablar de corrido od. con soltura; 2keit f facilidad f; soltura f.
gelaunt [-'launt]: gut (schlecht) ~ de buen (mal) humor.
Geläut(e) [-'lɔyt(ə)] n (3[7]) toque m de (las) campanas.
gelb [gɛlp] amarillo; ²**fieber** n fiebre f amarilla; ²**körper** Physiol. m cuerpo m lúteo; '~**lich** amarillento; ²**sucht** ♂ f icterica f.
Geld [gɛlt] n (1) dinero m; Am. plata f; ~**er** pl. fondos m/pl.; zu ~ machen vender; liquidar; '~**anlage** f inversión f; ~**ausgabe** f gasto m; ~**automat** m cajero m automático; ~**betrag** m cantidad f, importe m; ~**beutel** m, ~**börse** f monedero m; ~**buße** f multa f; ~**einlage** f imposición f de dinero; depósito m; ~**einwurf** m ranura f (para echar la moneda); ~**entschädigung** f indemnización f en metálico; ~**entwertung** f depreciación f monetaria; ~**geber** m socio m capitalista; inversor m; ~**geschäft** n operación f monetaria; ~**geschenk** n regalo m en dinero; ~**gier** f codicia f; 2**gierig** codicioso; ~**heirat** f casamiento m por dinero; ~**institut** n instituto m de crédito; ~**knappheit** f escasez f de fondos; ~**markt** m mercado m monetario; ~**mittel** n/pl. fondos m/pl., recursos m/pl. pecuniarios; ~**not** f falta f de dinero; in ~ sn andar mal de dinero; ~**rolle** f cartucho m de moneda; ~**schein** m billete m de banco; ~**schrank** m caja f fuerte od. de caudales; ~**schrankknacker** F m reventador m de cajas fuertes; ~**strafe** f multa f; ~**stück** n moneda f; ~**tasche** f portamonedas m, monedero m; ~**umlauf** m circulación f monetaria; ~**verlegenheit** f apuro m (de dinero); ~**wechsel** m cambio m (de moneda); ~**wert** m valor m monetario; ~**wesen** n finanzas f/pl.; sistema m monetario.
Gelee [ʒə'le:] n u. m (11) jalea f.
gelegen [gə'le:gən] s. liegen; örtl. situado, bsd. Am. ubicado; (passend) oportuno, conveniente, a propósito; das kommt mir sehr ~ me viene de perlas; mir ist daran ~, daß me importa que.
Ge'legenheit f ocasión f; oportunidad f; bei dieser ~ con este motivo; ~**arbeit** f trabajo m ocasional od. eventual; ~**arbeiter** m trabajador m eventual; temporero m; ~**dieb** m descuidero m; ~**dichtung** f poesía f de circunstancias; ~**kauf** m ocasión f; F ganga f.
gelegentlich [-'-tliç] adj. ocasional; eventual; adv. en ocasiones; prp. (gen.) con motivo od. ocasión de.
gehrig [-'le:riç] dócil; 2**igkeit** f docilidad f; 2**samkeit** f erudición f; ~**t**, 2**te(r)** m sabio (m); erudito (m).
Geleise [-'laizə] n (7) 🚇 vía f; fig. wieder ins ~ kommen volver a su cauce; arreglarse.
Geleit [-'lait] n (3) séquito m; ✕ escolta f; freies ~ salvoconducto m;

~en acompañar; ⚓ escoltar; **~schiff** *n* buque *m* (de) escolta; **~wort** *n* prefacio *m*; **~zug** ⚔ *m* convoy *m*.

Gelenk [-'lɛŋk] *n* (3) ⚙ articulación *f*; ⊕ juntura *f*; **~entzündung** *f* artritis *f*; **2ig** ágil; flexible; **~igkeit** *f* agilidad *f*; **~rheumatismus** *m* reumatismo *m* articular.

gelernt [-'lɛrnt] *Arbeiter:* cualificado.

Geliebte [-'li:ptə] *f* amada *f*; *desp.* amante *f*, querida *f*; **~(r)** *m* amado *m*; *desp.* amante *m*.

geliehen [-'li:ən] *s.* leihen.

gelinde [-'lində] suave; **~ gesagt** por no decir más.

gelingen [-'liŋən] **1.** *v/i.* (30, sn) salir bien; tener éxito; **es gelingt mir, zu** (*inf.*) consigo (*inf.*); **ihm gelingt alles** todo le sale bien; **2.** **2** *n* éxito *m*.

gellen ['gɛlən] (25) resonar; chillar; **~d** agudo; estridente.

geloben [gə'lo:bən] (25) prometer (solemnemente); *das Gelobte Land* la Tierra de Promisión.

Gelöbnis [-'lø:pnis] *n* (4¹) promesa *f* (solemne).

gelogen [-'lo:gən] *s.* lügen.

gelten ['gɛltən] (30) valer; ser válido; *Gesetz:* estar en vigor; regir; **~ lassen** admitir, dejar pasar; **~ als** pasar por; **es gilt zu ...** se trata de; **es gilt!** ¡de acuerdo!; ¡conforme!; **das gilt dir** eso va por ti; **das gilt nicht** eso no vale; **~d** vigente; **~ machen** hacer valer, alegar; **2dmachung** *f* alegación *f*.

'Geltung *f* valor *m*; (*Gültigkeit*) validez *f*; (*Ansehen*) crédito *m*, prestigio *m*, autoridad *f*; **zur ~ bringen** hacer valer; **zur ~ kommen** resaltar; **sich ~ verschaffen** hacerse respetar, imponerse; **~sbedürfnis** *n* afán *m* de protagonismo; **~sbereich** *m* campo *m* od. ámbito *m* de aplicación.

Gelübde [gə'lypdə] *n* (7) voto *m*.

ge'lungen logrado; (*seltsam*) curioso.

Gelüst [-'lyst] *n* (3²) antojo *m*, veleidad *f*; **2en** (26): **es gelüstet mich zu** se me antoja *inf.*

gemach [-'ma:x] **1.** *adv.* despacio; **2.** **2** *n* (1²) aposento *m*.

gemächlich [-'mɛ:çliç] cómodo; lento; *adv.* despacio.

gemacht [-'maxt]: **~!** ¡hecho!; ¡de acuerdo!; **ein ~er Mann** un hombre que ha triunfado.

Gemahl [-'ma:l] *m* (3) esposo *m*; **~in** *f* esposa *f*; *Ihre Frau ~* su señora.

Gemälde [-'mɛ:ldə] *n* (7) cuadro *m*, pintura *f*; lienzo *m*; **~ausstellung** *f* (**~galerie** *f*) exposición *f* (museo *m*, galería *f*) de pinturas.

gemasert [-'ma:zərt] veteado.

gemäß [-'mɛ:s] **1.** *adj.* adecuado (a); **2.** *prp.* (*dat.*) según, conforme a; **~igt** [-'siçt] moderado; *Klima:* templado.

Gemäuer [-'mɔyər] *n* (7) muros *m/pl.*; *altes ~* ruinas *f/pl.*

gemein [-'main] común; (*gewöhnlich*) ordinario, vulgar; (*niedrig*) vil; infame; *der ~e Mann* el hombre de la calle; **~er Soldat** soldado *m* raso; *et. ~ haben mit* tener a/c. en común con.

Gemeinde [-'daə] *f* (15) comunidad *f*; (*Stadt2*) municipio *m*; (*Pfarr2*) parroquia *f*; **~...:** *in Zssgn oft* municipal; *Rel.* parroquial; **~bezirk** *m* término *m* municipal; **~haus** *n* ayuntamiento *m*; *Rel.* diaconía *f*; **~mitglied** *n* vecino *m*; *Rel.* parroquiano *m*; **~rat** *m* consejo *m* municipal; (*Person*) concejal *m*; **~schwester** *f* diaconisa *f*; **~vorsteher** *m* alcalde *m*.

ge'mein|gefährlich que constituye un peligro público; **2gut** *n* bien *m* común; **2heit** *f* bajeza *f*, infamia *f*; P cabronada *f*; **~hin** por lo común, por regla general; **2nutz** [-'nuts] *m* (3², *o. pl.*) interés *m* común *od.* general; **~nützig** [-'nytsiç] de utilidad pública; **2platz** *m* tópico *m*; lugar *m* común; **~sam** común; colectivo; *adv.* en común; **~e Sache machen** hacer causa común.

Ge'meinschaft *f* comunidad *f*; colectividad *f*; **2lich** común; colectivo; **~s-antenne** *f* antena *f* colectiva; **~s-arbeit** *f* trabajo *m* en equipo; **~s-erziehung** *f* coeducación *f*; **~s-geist** *m* espíritu *m* de solidaridad; **~skunde** *f* formación *f* cívico-social; **~s-produktion** *f* coproducción *f*.

Ge'mein|schuldner *m* quebrado *m*; **~sinn** *m* espíritu *m* cívico; **2verständlich** al alcance de todos; **~wesen** *n* comunidad *f*; **~wohl** *n* bien *m* común *od.* público.

Gemenge [-'mɛŋə] *n* (7) mezcla *f*.

gemessen [-'mɛsən] mesurado; formal; solemne; grave.

Gemetzel [-'mɛtsəl] *n* (7) carnicería *f*, matanza *f*, *gal.* masacre *f*.

gemieden [-'mi:dən] *s.* meiden.

Gemisch [-'miʃ] *n* (3²) mezcla *f*; **2t** mezclado, mixto.

gemolken [-'mɔlkən] s. melken.
Gemse ['gɛmzə] f (15) gamuza f.
Gemunkel [gə'muŋkəl] n (7) rumores m/pl.; murmuraciones f/pl.
Gemurmel [-'murməl] n (7) murmullo m; cuchicheo m.
Gemüse [-'my:zə] n (7) verdura f; hortalizas f/pl.; legumbres f/pl.; ~**bau** m horticultura f; ~**garten** m huerto m; ~**gärtner** m hortelano m; horticultor m; ~**händler(in** f) m verdulero (-a) m (f); ~**handlung** f; ~**laden** m verdulería f; ~**konserven** f/pl. conservas f/pl. vegetales.
gemustert [-'mustərt] *Stoff*: con dibujo.
Gemüt [-'my:t] n (1) alma f, ánimo m, corazón m; F sich das zu ~e führen (*verzehren*) regalarse con a/c.; ⚩**lich** *et.*: agradable; acogedor; confortable; íntimo; *j.*: jovial; es sich ~ machen ponerse cómodo; ~**lichkeit** f comodidad f; confort m.
Ge'müts|-art f carácter m; índole f, temperamento m; ~**bewegung** f emoción f; ~**krankheit** f enfermedad f psíquica; ~**mensch** m iron. F bruto m; ~**ruhe** f serenidad f, tranquilidad f de ánimo; ~**verfassung** f, ~**zustand** m estado m de ánimo, disposición f anímica.
gemütvoll [-'my:tfɔl] sensible, afectuoso.
Gen *Biol.* [ge:n] n (3¹) gen(e) m.
genannt [gə'nant] s. nennen.
genas [-'nɑːs] s. genesen.
genau [-'nau] exacto, preciso; justo; (*sorgfältig*) minucioso, escrupuloso; *Bericht usw.*: detallado; um 8 Uhr ~ a las ocho en punto; ~ wie lo mismo que; igual que; et. ~ nehmen ser meticuloso *od*. escrupuloso; ~ **angeben** puntualizar, precisar; ~ **kennen** conocer a fondo; ~**genommen** en rigor; bien mirado; ⚩**igkeit** f exactitud f; precisión f; ~**so**: ~... wie tan ... como.
genehm [-'ne:m] agradable, grato; *sn* agradar; ~**igen** [-'-migən] (25) autorizar; aprobar; permitir; ⚩**igung** f autorización f; aprobación f; permiso m.
geneigt [-'naikt] inclinado; *fig.* a. dispuesto (*zu* a).
General [gene'rɑːl] m (3¹ u. ³) general m; ~...: *in Zssgn mst* general; ~**baß** ♪ m bajo m continuo; ~**probe** *Thea.* f ensayo m general; ~'**staats-anwalt**

m fiscal m general del Estado; ~**stab** m Estado m Mayor; ~**streik** m huelga f general; ~**überholung** *Kfz.* f revisión f general; puesta f a punto; ~**untersuchung** ⚕ f chequeo m (médico); ~**versammlung** f † junta f general; ~**vollmacht** f poder m general.
Generation [--ra'tsjoːn] f generación f; ~**skonflikt** m conflicto m generacional.
Generator [--'rɑːtɔr] m (8¹) generador m.
generell [--'rɛl] general.
genes|en [gə'neːzən] (30, *sn*) convalecer; ⚩**ung** f convalecencia f; ⚩**ungsheim** n sanatorio m.
Geneti|k [ge'neːtik] f (16, *o. pl.*) genética f; ~**ker** m (7) geneti(ci)sta m; ⚩**sch** genético.
genial [gen'jɑːl] genial; ⚩**ität** [-jali'tɛt] f genialidad f.
Genick [gə'nik] n (3) nuca f, cerviz f; pescuezo m; sich das ~ brechen desnucarse.
Genie [ʒe'niː] n (11) ingenio m; genio m (*a. Person*).
genieren [-'niːrən] (25): sich ~ avergonzarse; sich ~, et. zu tun tener reparos en hacer a/c.
genieß|bar [gə'niːsbɑːr] comestible; (*trinkbar*) potable; *fig.* soportable; ~**en** (30) saborear; *fig.* disfrutar de, gozar de; ⚩**er** m (7) sibarita m; ~**erisch** gozoso; con fruición.
Genitalien [geni'tɑːljən] pl. genitales m/pl.
Genitiv ['geːnitiːf] m (3¹) genitivo m.
genommen [gə'nɔmən] s. nehmen.
genoß [-'nɔs] s. genießen.
Genoss|e [-'nɔsə] m (13), ~**in** f compañero (-a) m (f); camarada su. (*a. Pol.*); ~**enschaft** f cooperativa f; ⚩**enschaftlich** cooperativo.
genug [-'nuːk] bastante, suficiente; ~! ¡basta!; ~ **haben von** estar harto de; nicht ~, daß no sólo que.
Genüge [-'nyːgə] f (15): zur ~ lo suficiente; ~ **tun** (*dat.*) satisfacer (*ac.*); ⚩**n** (25) bastar; ser suficiente; ⚩**nd** suficiente; bastante; (*Prüfungsnote*) aprobado.
genügsam [-'nyːkzɑːm] contentadizo; modesto; frugal; ⚩**keit** f modestia f; frugalidad f.
Genugtuung [-'nuːktuːuŋ] f satisfacción f; ~ **leisten** dar satisfacción.

Genus ['genus] n (16, pl. Genera ['genərə]) Gram. género m.
Genuß [gə'nus] m (4²) goce m, placer m, gozo m; a. 🝆 disfrute m; ~**mittel** n estimulante m; 2**reich** delicioso; ~**sucht** f sed f de placeres; 2**süchtig** dado a los placeres.
Geograph [geo'gra:f] m (12) geógrafo m; ~**ie** [--gra'fi:] f (15) geografía f; 2**isch** [--'gra:fiʃ] geográfico.
Geolog|e [--'lo:gə] m (13) geólogo m; ~**ie** [--lo'gi:] f (15) geología f; 2**isch** [--'lo:giʃ] geológico.
Geo|metrie [--me'tri:] f (15) geometría f; 2**metrisch** geométrico; ~**physik** f geofísica f.
Gepäck [-'pɛk] n (3) equipaje m; bsd. ⚔ bagaje m; ~**abfertigung** f facturación f de equipajes; ~**aufbewahrung** f consigna f; ~**ausgabe** f entrega f de equipajes; ~**netz** n rejilla f; ~**schein** m talón m de equipaje; ~**stück** n bulto m; ~**träger** m portaequipajes m; (Person) mozo m (de estación); ~**versicherung** f seguro m de equipajes; ~**wagen** m furgón m.
gepfeffert [-'pfɛfərt] fig. Preis: exorbitante; subido; Witz: verde.
Gepflogenheit [-'pflo:gənhaɪt] f costumbre f.
Geplänkel [-'plɛŋkəl] n (7) escaramuza f (a. fig.); tiroteo m.
Geplapper [-'plapər] n (7) palabrería f, parloteo m.
Geplärr(e) [-'plɛr(ə)] n (3 [7]) lloriqueo m.
Geplätscher [-'plɛtʃər] n (7) murmullo m.
Geplauder [-'plaʊdər] n (7) charla f.
Gepolter [-'pɔltər] n (7) estrépito m, alboroto m.
Gepräge [-'prɛ:gə] n (7) a. fig. sello m, cuño m.
Gepränge [-'prɛŋə] n (7) pompa f.
Geprassel [-'prasəl] n (7) crepitación f.
gepriesen [-'pri:zən] s. preisen.
gepunktet [-'pʊŋktət] Stoff: con lunares.
gerade [-'ra:də] **1.** adj. recto (a. fig.); Haltung: derecho (a. fig.); (unmittelbar) directo; Zahl: par; **2.** adv. (genau) justamente; precisamente; (soeben) ahora mismo; ~ dabei sn zu inf. estar + ger.; ich wollte ~... estaba a punto de ...; er ist ~ (an)gekommen acaba de llegar; **3.** ♀ f ♣ u. Sport: recta f; ~'**aus**: (immer) ~ (todo od. siempre) derecho, todo seguido; ~**biegen**, ~**richten** enderezar; ~**he'raus** francamente, con franqueza; ~**stehen** tenerse derecho; fig. responder (für de); ~**so** lo mismo; ~**wegs** [-'--ve:ks] derecho, directamente; ~**zu** realmente, verdaderamente; (offen) [---'tsu:] francamente.
Gerad|heit [-'ra:thaɪt] f fig. rectitud f; 2**linig** [-'-li:niç] rectilíneo.
gerammelt [-'raməlt]: ~ voll abarrotado, atestado (de gente), de bote en bote.
Gerangel [-'raŋəl] n (7) forcejeo m.
Geranie ♀ [-'ra:njə] f (15) geranio m.
gerannt [-'rant] s. rennen.
Gerassel [-'rasəl] n (7) fragor m; estrépito m.
Gerät [-'rɛ:t] n (3) utensilio m; (Apparat) aparato m; pl. herramientas f/pl.; ⚔ aperos m/pl.
geraten [-'ra:tən] **1.** v/i. (30, sn) (gelangen) llegar a; ir a parar a; (gelingen) salir bien; außer sich ~ perder los estribos; nach j-m ~ salir a alg.; ~ in caer en; in Schwierigkeiten ~ encontrar dificultades; in Streit ~ reñir; **2.** adj. conveniente, indicado.
Geräteturnen [-'rɛ:təturnən] n gimnasia f con aparatos.
Geratewohl [-ra:tə'vo:l]: n: aufs ~ al azar; a lo que salga; F al tuntún.
geraum [-'raʊm]: ~e Zeit un buen rato; vor ~er Zeit hace bastante tiempo.
geräumig [-'rɔʏmiç] espacioso; amplio; vasto.
Geräusch [-'rɔʏʃ] n (3²) ruido m; ~**kulisse** f ruido m de fondo; 2**los** silencioso, sin ruido; ~**pegel** m nivel m sonoro; 2**voll** ruidoso.
gerb|en ['gɛrbən] (25) curtir; j-m das Fell ~ F zurrar la badana a alg.; 2**er** m (7) curtidor m; 2**e'rei** f tenería f, curtiduría f; 2**säure** ['gɛrpzɔʏrə] f ácido m tánico; 2**stoff** m curtiente m; 🝆 tanino m.
gerecht [gə'rɛçt] justo; Strafe: merecido; ~ werden D: m: hacer justicia a alg.; e-r Sache: satisfacer (ac.); corresponder a; ~**fertigt** [-'-fɛrtiçt] justificado; 2**igkeit** f justicia f (widerfahren lassen hacer).
Gerede [-'re:də] n (7) habladurías f/pl.; chismes m/pl.; das ist leeres ~ no son más que palabras; j-n ins ~ bringen comprometer a alg.

45 TW Span. II

gereichen [-'raɪçən] (25) redundar (*zu dat.* en); *zur Ehre* ~ hacer honor a; *zum Schaden* ~ perjudicar a.
gereizt [-'raɪtst] irritado; ♀**heit** *f* irritación *f*.
Gericht [-'rɪçt] *n* (3): **a)** ₰₰ tribunal *m*; *niederes*: juzgado *m*; *höheres*: audienca *f*; *Am.* corte *f*; *vor* ~ en juicio; *vor* ~ *bringen* llevar a juicio; *vor* ~ *laden* citar ante el juez; *zu* ~ *sitzen über* juzgar a; **b)** (*Speise*) plato *m*; comida *f*; ♀**lich** ₰₰ judicial.
Gerichts|akten [-'rɪçts'aktən] *f/pl.* autos *m/pl.*; ~**arzt** *m* (médico *m*) forense *m*; ~**barkeit** *f* jurisdicción *f*; ~**beschluß** *m* decisión *f* judicial; ~**bezirk** *m* distrito *m* judicial; ~**diener** *m* ujier *m*; ~**gebäude** *n* Palacio *m* de Justicia; ~**hof** *m* tribunal *m*; *Am.* corte *f* (de justicia); ~**kosten** *pl.* costas *f/pl.* judiciales; ~**medizin** *f* medicina *f* legal *od.* forense; ~**saal** *m* sala *f* de audiencia; ~**sitzung** *f* audiencia *f*; ~**stand** *m* tribunal *m* competente; ~**verfahren** *n* procedimiento *m* judicial; ~**vollzieher** [-'-fɔltsi:ər] *m* (7) agente *m* ejecutivo; ~**wesen** *n* justicia *f*.
gerieben [-'ri:bən] *s. reiben*; *fig.* taimado, astuto.
gering [-'rɪŋ] pequeño; (~*fügig*) insignificante; (*wenig*) poco, escaso; *Preis*: módico; ~**er** menor; inferior (*als* a); *nicht im* ~**sten** de ninguna manera; ni por asomo; ~**fügig** [-'-fy:gɪç] insignificante; fútil; ♀**fügigkeit** *f* insignificancia *f*; futilidad *f*; ~**schätzen** tener en poco, menospreciar; ~**schätzig** [-'-ʃɛtsɪç] desdeñoso; *Ton*: despectivo; ♀**schätzung** *f* menosprecio *m*; desdén *m*.
gerinn|en [-'rɪnən] (30, sn) *Blut*: coagularse; *Milch*: cuajarse; ♀**sel** [-'-zəl] *n* (7) coágulo *m*.
Gerippe [-'rɪpə] *n* (7) esqueleto *m*; ⊕ armazón *f*.
gerissen [-'rɪsən] *s. reißen*; *fig.* taimado, astuto, zorro.
German|e [gɛr'ma:nə] *m* (13) germano *m*; ♀**isch** germano; germánico; ~**ist** [-ma'nɪst] *m* (12) germanista *m*; ~**istik** [--'nɪstɪk] *f* (16, *o. pl.*) filología *f* germánica.
gern(e) [gɛrn(ə)] con mucho gusto, de buena gana; *ich lese* ~ me gusta leer; *j-n* ~ *haben od. mögen* querer a alg.; ~ *geschehen!* de nada; ~ *gesehen* bien visto; *das glaube ich* ~ ya lo creo;

ich möchte ~ quisiera; ♀**egroß** *m* (14) presumido *m*.
gerochen [gə'rɔxən] *s. riechen*.
Geröll [-'rœl] *n* (3) guijarros *m/pl.*; cantos *m/pl.* rodados.
geronnen [-'rɔnən] *s. gerinnen*.
Gerst|e ['gɛrstə] *f* (15) cebada *f*; ~**nkorn** ₰ *n* orzuelo *m*.
Gerte ['-tə] *f* (15) vara *f*, varita *f*, varilla *f*.
Geruch [gə'rux] *m* (3^3) olor *m*; (*Sinn*) olfato *m*; ♀**los** inodoro; ~**ssinn** *m* olfato *m*.
Gerücht [-'ryçt] *n* (3) rumor *m*; *es geht das* ~ corre el rumor *od.* la voz.
geruh|en [-'ru:ən]: ~ *zu* dignarse (*inf.*); ~**sam** tranquilo; *adv.* sin prisa.
Gerümpel [-'rympəl] *n* (7) cachivaches *m/pl.*; trastos *m/pl.* viejos.
Gerundium *Gram.* [ge'rundjum] *n* (9) gerundio *m*.
gerungen [gə'ruŋən] *s. ringen*.
Gerüst [-'ryst] *n* (3^2) (*Bretter*♀) tablado *m*; (*Bau*♀) andamio *m*, andamiaje *m*; *a. fig.* armazón *f*.
gesalzen [-'zaltsən] *fig. s. gepfeffert*.
gesamt [-'zamt] total, entero; ♀**...**: *in Zssgn oft* total; ♀**-ausgabe** *f* edición *f* completa; ♀**betrag** *m* (importe *m*) total *m*; ♀**bild** *n*, ♀**-eindruck** *m* impresión *f* general; ♀**-ergebnis** *n* resultado *m* definitivo; ♀**heit** *f* totalidad *f*; conjunto *m*; ♀**schule** *f* escuela *f* integrada; ♀**summe** *f* total *m*; ♀**werk** *n* obra(s) *f*(*pl.*) completa(s).
gesandt [-'zant] *s. senden*; ♀**e(r)** *m Pol.* ministro *m* (plenipotenciario); ♀**schaft** *f* legación *f*.
Gesang [-'zaŋ] *m* (3^3) canto *m*; ~**buch** *n* libro *m* de cánticos; ~**verein** *m* orfeón *m*, coral *f*.
Gesäß [-'zɛːs] *n* (3^2) trasero *m*, nalgas *f/pl.*; ~**muskel** *m* (músculo *m*) glúteo *m*; ~**tasche** *f* bolsillo *m* trasero.
Geschäft [-'ʃɛft] *n* (3) (*Handel*) negocio *m*; transacción *f*, operación *f*; (*Laden*) comercio *m*, tienda *f*; (*Firma*) casa *f*, establecimiento *m*; *ein* ~ *abschließen* cerrar un trato; *F sein* ~ *verrichten* hacer sus necesidades; ♀**ig** activo; solícito; ♀**igkeit** *f* actividad *f*; ♀**lich** comercial; *adv.* por asuntos de negocio.
Ge'schäfts|-abschluß *m* conclusión *f* de un negocio; ~**anteil** *m* participación *f*; ~**aufgabe** *f* liquidación *f od.* cese *m* del negocio; ~**bereich** *m* cam-

Geschoßbahn

po *m* de actividades; *Minister ohne* ~ ministro *m* sin cartera; ~**bericht** *m* memoria *f*; ~**brief** *m* carta *f* comercial; 2**fähig** ⚖︎ capaz de contratar; ~**freund** *m* corresponsal *m*; 2**führend** gestor; ~**er** *Direktor* director *m* gerente; ~**führer** *m* gerente *m*, administrador *m*; ~**führung** *f* gerencia *f*, gestión *f*; ~**gang** *m* marcha *f* de los negocios; ~**haus** *n* casa *f* de comercio; ~**inhaber** *m* titular *m* de un negocio; dueño *m* (de una tienda); ~**jahr** *n* ejercicio *m*; ~**leben** *n* negocios *m/pl.*; ~**leitung** *f* dirección *f*; ~**mann** *m* (1, *pl.* ~*leute*) hombre *m* de negocios; comerciante *m*; 2**mäßig** *fig.* rutinario; ~**ordnung** *f* reglamento *m*; ~**papiere** *n/pl.* papeles *m/pl.* de negocio; ~**raum** *m* local *m* comercial; ~**reise** *f* viaje *m* de negocios; ~**reisende(r)** *m* viajante *m*; ~**schluß** *m* cierre *m* de los comercios; ~**stelle** *f* oficina *f*; ~**stunden** *f/pl.* horas *f/pl.* de oficina *od.* de despacho; ~**träger** *m* Pol. encargado *m* de negocios; 2**tüchtig** hábil para los negocios; ~**verbindung** *f* relación *f* comercial; ~**viertel** *n* barrio *m* comercial; ~**zeit** *f* s. *~stunden*; ~**zweig** *m* ramo *m* (de comercio).

geschah [-'ʃɑː] *s.* geschehen.

geschehen [-'ʃeːən] (30, sn) suceder, acontecer, ocurrir, pasar; *es ist um ihn* ~ está perdido; ~ *lassen* dejar hacer; *was auch* ~ *mag* pase lo que pase; 2**en** *v*, 2**nis** *n* (4¹) suceso *m*, acontecimiento *m*.

gescheit [-'ʃaɪt] inteligente, sensato; *du bist wohl nicht* ~? ¿estás loco?

Geschenk [-'ʃɛŋk] *n* (3) regalo *m*; obsequio *m*; ~**gutschein** *m* cheque-regalo *m*; ~**packung** *f* embalaje *m* para regalo.

Geschicht|e [-'ʃɪçtə] *f* (15) historia *f*; (*Erzählung*) cuento *m*; *es ist die alte* ~ es lo de siempre; *iron. das ist e-e schöne* ~! ¡estamos frescos!; 2**lich** histórico.

Ge'schichts|forscher *m* historiador *m*; ~**forschung** *f* investigación *f* histórica; ~**schreiber** *m* historiógrafo *m*; ~**schreibung** *f* historiografía *f*.

Geschick [-'ʃɪk] *n* (3): **a)** (*Schicksal*) destino *m*, suerte *f*; **b)** = ~**lichkeit** *f* habilidad *f*, destreza *f*; maña *f*; 2**t** hábil, diestro, mañoso; *sich* ~ *anstellen* darse maña.

geschieht [-'ʃiːt] *s.* geschehen.

geschienen [-'ʃiːnən] *s.* scheinen.

Geschirr [-'ʃɪr] *n* (3) vajilla *f*; (*Kaffee*2, *Tee*2) juego *m*, servicio *m*; (*Pferd*) arnés *m*; ~**schrank** *m* aparador *m*; ~**spülmaschine** *f* lavaplatos *m*, lavavajillas *m*; ~**tuch** *n* paño *m* de cocina.

Geschlecht [-'ʃlɛçt] *n* (1) sexo *m*; *Gram.* género *m*; (*Abstammung*) familia *f*, linaje *m*, raza *f*; 2**lich** sexual; ~**lichkeit** *f* sexualidad *f*.

Ge'schlechts...: *in Zssgn oft* sexual; ~**akt** *m* acto *m* carnal, coito *m*; ~**krankheit** *f* enfermedad *f* venérea; ~**merkmal** *n* carácter *m* sexual; ~**reife** *f* pubertad *f*; ~**teile** *m/pl.* genitales *m/pl.*, partes *f/pl.*; ~**trieb** *m* instinto *m* sexual; ~**verkehr** *m* relaciones *f/pl.* sexuales; comercio *m* carnal; ~**wort** *n* Gram. artículo *m*.

geschlichen [-'ʃlɪçən] *s.* schleichen.
geschliffen [-'ʃlɪfən] *s.* schleifen.
geschlossen [-'ʃlɔsən] *s.* schließen; *fig.* unido; en bloque.
geschlungen [-'ʃlʊŋən] *s.* schlingen.

Geschmack [-'ʃmak] *m* (3³) sabor *m*; gusto *m* (*a. fig.*); ~ *finden an* (*dat.*) tomar gusto a; 2**los** insípido, soso; *fig.* cursi, de mal gusto; ~**losigkeit** *f* insipidez *f*; *fig.* mal gusto *m*; falta *f* de gusto; ~(**s**)**sache** *f* cuestión *f* de gusto; ~(**s**)**sinn** *m* gusto *m*; 2**voll** de buen gusto.

Geschmeid|e [-'ʃmaɪdə] *n* (7) joyas *f/pl.*, alhajas *f/pl.*; 2**ig** flexible; ágil; ~**igkeit** *f* flexibilidad *f*; agilidad *f*.

Geschmeiß [-'ʃmaɪs] *n* (3²) bichos *m/pl.*; *fig.* canalla *f*, chusma *f*.

Geschmier|(e) [-'ʃmiːr(ə)] *n* (7) garabatos *m/pl.*; 2**t:** *das geht wie* ~ esto va sobre ruedas; F esto va que chuta.

geschmissen [-'ʃmɪsən] *s.* schmeißen.
geschmolzen [-'ʃmɔltsən] *s.* schmelzen.

Geschmuse [-'ʃmuːzə] *n* (7) arrumacos *m/pl.*

Geschnatter [-'ʃnatər] *n* (7) graznido *m*; *fig.* parloteo *m*.

geschniegelt [-'ʃniːgəlt]: ~ (*und gebügelt*) peripuesto; de punta en blanco.

geschnitten [-'ʃnɪtən] *s.* schneiden.
geschoben [-'ʃoːbən] *s.* schieben.
gescholten [-'ʃɔltən] *s.* schelten.
Geschöpf [-'ʃœpf] *n* (3) criatura *f*.
geschoren [-'ʃoːrən] *s.* scheren.
Geschoß [-'ʃɔs] *n* (4) proyectil *m*; △ piso *m*, planta *f*; ~**bahn** *f* trayectoria *f*.

45*

geschossen [-'ʃɔsən] s. schießen.
geschraubt [-'ʃraupt] fig. afectado; amanerado.
Geschrei [-'ʃrai] n (3) gritos m/pl., voces f/pl.; alboroto m; *ein großes ~ erheben* fig. poner el grito en el cielo.
geschrieben [-'ʃriːbən] s. schreiben.
geschrie(e)n [-'ʃriː(ə)n] s. schreien.
geschritten [-'ʃritən] s. schreiten.
Geschütz [-'ʃyts] n (3²) cañón m, pieza f de artillería; ⚙**feuer** n fuego m de artillería; ⚙**turm** m cúpula f.
Geschwader [-'ʃvaːdər] n (7) ⚓ escuadra f; ✈ escuadrón m.
Geschwätz [-'ʃvɛts] n (3²) parloteo m; chismes m/pl.; ⚙**ig** locuaz; hablador, parlanchín; ⚙**igkeit** f locuacidad f.
geschweige [-'ʃvaigə]: *~ denn* y mucho menos; por no hablar de.
geschwiegen [-'ʃviːgən] s. schweigen.
geschwind [-'ʃvint] rápido, veloz; ⚙**igkeit** [-'diçkait] f velocidad f; rapidez f; ⚙**igkeitsmesser** m Kfz. tacómetro m.
Geschwister [-'ʃvistər] pl. (7) hermanos m/pl.; ⚙**lich** fraternal.
geschwollen [-'ʃvɔlən] s. schwellen; fig. ampuloso.
geschwommen [-'ʃvɔmən] s. schwimmen.
geschworen [-'ʃvoːrən] s. schwören; ⚙**e(r)** m jurado m.
Geschwulst ✱ [-'ʃvulst] f (14¹) hinchazón f; tumor m.
geschwunden [-'ʃvundən] s. schwinden.
geschwungen [-'ʃvuŋən] s. schwingen.
Geschwür ✱ [-'ʃvyːr] n (3) úlcera f.
Geselle [-'zɛlə] m (13) compañero m; (*Handwerks*⚙) oficial m; ⚙**en** (25): *sich ~ zu* reunirse con; ⚙**ig** sociable; social; ⚙**igkeit** f sociabilidad f.
Gesellschaft [-'zɛlʃaft] f compañía f (a. ✱); sociedad f (a. ✱, *mit beschränkter Haftung* de responsabilidad limitada); (*Vereinigung*) asociación f; reunión f; (*Abend*⚙) velada f, tertulia f; *~ leisten* hacer compañía; ⚙**er** m (7) ✱ socio m, asociado m; ⚙**erin** f dama f de compañía; ⚙**lich** social.
Ge'sellschafts...: *in Zssgn* ✱ social; ⚙**abend** m reunión f; velada f; ⚙**anzug** m traje m de etiqueta; ⚙**reise** f viaje m colectivo; ⚙**schicht** f capa f od. estrato m social; ⚙**spiel** n juego m de sociedad; ⚙**tanz** m baile m de sociedad od. de salón.
gesessen [-'zɛsən] s. sitzen.
Gesetz [-'zɛts] n (3²) ley f; ⚙**buch** n código m; ⚙**entwurf** m proyecto m de ley; ⚙**eskraft** f fuerza f legal; ⚙**gebend** legislativo; ⚙**geber** m legislador m; ⚙**gebung** f legislación f; ⚙**lich** legal; ⚙**geschützt** patentado; ⚙**lichkeit** f legalidad f; ⚙**los** anárquico; ⚙**losigkeit** f anarquía f; ⚙**mäßig** legítimo; fig. regular; ⚙**mäßigkeit** f legitimidad f; regularidad f.
gesetzt [-'zɛtst] s. setzen; fig. serio, grave; *~ (den Fall), daß* supongamos od. suponiendo que (*subj.*); ⚙**heit** f seriedad f, gravedad f.
ge'setzwidrig ilegal; ⚙**keit** f ilegalidad f.
Gesicht [-'ziçt] 1. n (1) cara f; rostro m; *zu ~ bekommen* (llegar a) ver; *ein langes ~ machen* quedar con un palmo de narices; *ein ~ ziehen* torcer el gesto; *~er schneiden* hacer gestos; *sein wahres ~ zeigen* quitarse la máscara od. careta; *das ~ wahren* salvar la cara; 2. n (3) (*Erscheinung*) aparición f; visión f.
Ge'sichts...: *in Zssgn oft Anat.* facial; *optisch*: visual; ⚙**ausdruck** m fisonomía f; expresión f del rostro; ⚙**farbe** f tez f; ⚙**feld** n campo m visual; ⚙**kreis** m horizonte m; ⚙**punkt** m punto m de vista; aspecto m; ⚙**sinn** m (sentido m de la) vista f; ⚙**wasser** n loción f facial; ⚙**zug** m rasgo m; pl. facciones f/pl.
Gesims [-'zims] n (4) moldura f; cornisa f.
Gesinde [-'zində] n (7) servidumbre f; ⚙**l** n (7) chusma f, canalla f.
gesinnt [-'zint]: *j-m freundlich ~ sn* sentir simpatía hacia alg.; *feindlich ~* hostil.
Gesinnung [-'zinuŋ] f opinión f, convicción f; ⚙**sgenosse** m a. Pol. correligionario m; ⚙**slos** sin carácter; ⚙**s-treu** leal; ⚙**swechsel** m cambio m de opinión.
gesittet [-'zitət] decente; civilizado.
Gesöff [-'zœf] F n (3) brebaje m.
gesondert [-'zɔndərt] adv. por separado, aparte.
gesonnen [-'zɔnən] s. sinnen; *~ sn zu* (*inf.*) tener intención de, estar dispuesto a.

Gespann [-'ʃpan] *n* (3) tiro *m*; *fig.* pareja *f*; tándem *m*.

gespannt [-'ʃpant] *a. fig.* tenso, tirante; ~ sn *auf* estar curioso por saber; estar ansioso de; ⦁**heit** *f* tensión *f*, tirantez *f*; *fig.* viva atención *f*.

Gespenst [-'ʃpɛnst] *n* (1¹) fantasma *m*; espectro *m*; ⦁**isch** fantástico; fantasmal; espectral.

Gespiel|e [-'ʃpiːlə] *m* (13), **~in** *f* compañero (-a) *m* (*f*) de juego.

Gespinst [-'ʃpɪnst] *n* (3²) hilado *m*.

gesponnen [-'ʃpɔnən] *s.* **spinnen**.

Gespött [-'ʃpœt] *n* (3) burla *f*; ironía *f*; *zum* ~ *werden* ser objeto de burlas; *zum* ~ *machen* poner en ridículo.

Gespräch [-'ʃprɛːç] *n* (3) conversación *f*; coloquio *m*; *Fernsp.* conferencia *f*; llamada *f*; *ein* ~ *führen* (sos)tener una conversación; *das* ~ *auf et. bringen* hacer caer la conversación sobre a/c.; ⦁**ig** hablador; comunicativo; locuaz; **~igkeit** *f* locuacidad *f*; **~s-partner(in** *f*) *m* interlocutor(a) *m* (*f*); **~srunde** *f* mesa *f* redonda; **~stoff** *m* tema *m* de la conversación; ⦁**sweise** hablando, en la conversación.

gespreizt [-'ʃpraɪtst] *fig.* afectado.

gesprochen [-'ʃprɔxən] *s.* **sprechen**.

gesprungen [-'ʃprʊŋən] *s.* **springen**.

Gespür [-'ʃpyːr] *n* (3¹, *o. pl.*) olfato *m*.

Gestade [-'ʃtaːdə] *n* (7) orilla *f*, costa *f*.

Gestalt [-'ʃtalt] *f* (16) forma *f*; figura *f*; estatura *f*; *Lit.* personaje *m*; *fig.* *(feste)* ~ *annehmen* tomar cuerpo; ⦁**en** (26) formar; crear; organizar; ⊕ diseñar; *fig. sich* ~ *resultar*; ⦁**los** amorfo; **~ung** *f* formación *f*; creación *f*; organización *f*; **~ungskraft** *f* fuerza *f* creadora; creatividad *f*.

Gestammel [-'ʃtaməl] *n* (7) balbuceo *m*.

gestanden [-'ʃtandən] *s.* **stehen**.

geständ|ig [-'ʃtɛndɪç] confeso; ~ *sn* confesar; ⦁**nis** [-'ʃtɛntnɪs] *n* (4¹) confesión *f*; *ein* ~ *ablegen* confesar.

Gestank [-'ʃtaŋk] *m* (3, *o. pl.*) hedor *m*, fetidez *f*; mal olor *m*.

gestatten [-'ʃtatən] (26) permitir, autorizar; ~ *Sie!* con su permiso.

Geste ['gɛstə] *f* (15) gesto *m*, ademán *m*; *fig.* detalle *m*, rasgo *m*.

gesteh|en [gə'ʃteːən] confesar; ⦁**ungskosten** *pl.* coste *m* de producción.

Gestein [-'ʃtaɪn] *n* (3) roca *f*; **~s-**

kunde [-'-skʊndə] *f* petrografía *f*; petrología *f*.

Gestell [-'ʃtɛl] *n* (3) caballete *m*; *(Fuß⦁)* pedestal *m*; *(Regal)* estante *m*, *größer*: estantería *f*; ⊕ soporte *m*; **~ungsbefehl** ⚔ *m* llamamiento *m* a filas.

gestern ['gɛstərn] ayer; ~ *morgen* por la mañana; ~ *abend od. nacht* anoche.

gestiefelt [gə'ʃtiːfəlt]: *der* ⦁**e** *Kater* el gato con botas; *fig.* ~ *und gespornt* listo para salir.

gestiegen [-'ʃtiːgən] *s.* **steigen**.

gestielt ♀, *Zo.* [-'ʃtiːlt] pedunculado.

gestikulieren [gɛstiku'liːrən] gesticular, hacer gestos.

Gestirn [gə'ʃtɪrn] *n* (3) astro *m*; ⦁**t** estrellado.

Gestöber [-'ʃtøːbər] *n* (7) torbellino *m*.

gestochen [-'ʃtɔxən] *s.* **stechen**.

gestohlen [-'ʃtoːlən] *s.* **stehlen**.

gestorben [-'ʃtɔrbən] *s.* **sterben**.

Gestotter [-'ʃtɔtər] *n* (7) tartamudeo *m*.

Gesträuch [-'ʃtrɔyç] *n* (3) arbustos *m*/*pl.*; matorral *m*.

gestreift [-'ʃtraɪft] rayado, a rayas, listado.

gestrichen [-'ʃtrɪçən] *s.* **streichen**.

gestrig ['gɛstrɪç] de ayer.

Gestrüpp [gə'ʃtrʏp] *n* (3) matorral *m*; maleza *f*; broza *f*.

Gestühl [-'ʃtyːl] *n* (3) sillería *f*.

gestunken [-'ʃtʊŋkən] *s.* **stinken**.

Gestüt [-'ʃtyːt] *n* (3) acaballadero *m*.

Gesuch [-'zuːx] *n* (3) instancia *f*, solicitud *f*; petición *f*; ⦁**t** ✝ demandado, solicitado; *(geziert)* afectado; rebuscado.

gesund [-'zʊnt] sano; *(heilsam)* saludable *(a. fig.)*; salubre; ~ *werden* = **~en** [-'-dən] (26, sn) sanar, curarse; restablecerse.

Gesundheit [-'zʊnthaɪt] *f* salud *f*; sanidad *f*; salubridad *f*; ~! *beim Niesen:* ¡Jesús!; *bei guter* ~ bien de salud; ⦁**lich** higiénico, sanitario; *wie geht's Ihnen* ~? ¿cómo va de salud?; **~s-amt** *n* delegación *f* de sanidad; ⦁**shalber** [-'--halbər] por razones de salud; **~s-pflege** *f* higiene *f*; **~srücksichten** *f*/*pl.*: *aus* ~ por razones de salud; por respeto a la higiene; ⦁**s-schädlich** perjudicial a la salud; insalubre; **~swesen** *n* sanidad *f*; **~szeugnis** *n* certificado *m* de sanidad;

~szustand *m* estado *m* de salud.
Gesundung [-'dun] *f* restablecimiento *m*; convalecencia *f*; *fig.* saneamiento *m*.
gesungen [-'zuŋən] *s.* singen.
gesunken [-'kən] *s.* sinken.
getan [-'ta:n] *s.* tun.
Getändel [-'tɛndəl] *n* (7) flirteo *m*, coqueteo *m*.
Getöse [-'tø:zə] *n* (7) estrépito *m*, estruendo *m*, fragor *m*.
getragen [-'tra:gən] *Kleidung:* usado; *fig.* solemne; grave.
Getrampel [-'trampəl] *n* (7) pataleo *m*; zapateo *m*.
Getränk [-'trɛŋk] *n* (3) bebida *f*; **~automat** *m* máquina *f* automática de bebidas.
getrauen [-'trauən] (25): *sich* ~ *zu* atreverse a.
Getreide [-'traɪdə] *n* (7) cereales *m/pl.*; **~bau** *m* cultivo *m* de cereales; **~feld** *n* campo *m* de cereales; **~händler** *m* tratante *m* en granos; **~speicher** *m* granero *m*.
getrennt [-'trɛnt] separado; *adv.* aparte; ~ *leben* vivir separados.
getreu(lich) [-'trɔy(liç)] fiel, leal.
Getriebe [-'tri:bə] *n* (7) ⊕ engranaje *m*; transmisión *f*; *Kfz.* caja *f* de cambios; *fig.* agitación *f*; animación *f*; **2n** *s. treiben*; **~e Arbeit** repujado *m*.
getroffen [-'trɔfən] *s.* treffen.
getrunken [-'truŋkən] *s.* trinken.
Getto ['gɛto] *n* (11) gueto *m*.
Getue [gə'tu:ə] *n* (7) afectación *f*; aspavientos *m/pl.*
Getümmel [-'tymǝl] *n* (7) tumulto *m*; barullo *m*; F jaleo *m*.
geübt [-'ʔy:pt] hábil, diestro; **2heit** *f* habilidad *f*, práctica *f*.
Geviert [-'fi:rt] *n* (3) cuadrado *m*.
Gewächs [-'vɛks] *n* (4) vegetal *m*; planta *f*; 🝆 tumor *m*.
gewachsen [-'vaksən]: *gut* ~ sn tener buen tipo; *fig.* j-m (e-r Sache) ~ sn estar a la altura de alg. (a/c.).
Gewächshaus [-'vɛkshaus] *n* invernadero *m*.
gewagt [-'va:kt] arriesgado; atrevido.
gewählt [-'vɛːlt] distinguido.
gewahr [-'va:r]: ~ *werden* (ac. od. gen.) percatarse de; darse cuenta de.
Gewähr [-'vɛːr] *f* (16) garantía *f*; seguridad *f*; *ohne* ~ sin garantía; sin compromiso.
gewahren [-'va:rən] (25) notar; descubrir; darse cuenta de.

gewähr|en [-'vɛːrən] (25) conceder, otorgar; *Bitte*: acceder a; (*bieten*) ofrecer; ~ *lassen* dejar hacer; **~leisten** (*untr.*) garantizar; **2leistung** *f* garantía *f*.
Gewahrsam [-'vaːrzaːm] *m* (3) custodia *f*; *in* ~ bajo custodia.
Gewähr|smann [-'vɛːrsman] *m* garante *m*; informante *m*; **~ung** *f* concesión *f*; otorgamiento *m*.
Gewalt [-'valt] *f* (16) (*Macht*) poder *m*; autoridad *f*; (*Zwang*) fuerza *f*; violencia *f*; *höhere* ~ fuerza *f* mayor; *mit* ~ a la fuerza; *mit aller* ~ *fig.* a todo trance *od.* precio; **~anwenden** valerse de la fuerza; (*sich*) *in der* ~ *haben* dominar(se); controlar(se); *die* ~ *verlieren über* perder el control de; **~akt** *m* acto *m* violento; **~herrschaft** *f* despotismo *m*, tiranía *f*; **~herrscher** *m* déspota *m*, tirano *m*; **2ig** poderoso; potente; *fig.* enorme; **~losigkeit** *f* no violencia *f*; **2sam** violento; brutal; *adv.* a la fuerza; **~streich** *m* golpe *m* de fuerza; **~tat** *f* acto *m* violento *od.* de violencia; **2tätig** violento; brutal; **~tätigkeit** *f* violencia *f*; brutalidad *f*; **~verzicht** *m* renuncia *f* a la violencia.
Gewand [-'vant] *n* (1², *poet.* 3) vestido *m*; *Rel.* vestidura *f*.
gewandt [-'vant] (*flink*) ágil, ligero; (*geschickt*) hábil, diestro; **2heit** *f* agilidad *f*; habilidad *f*, destreza *f*; soltura *f*.
gewann [-'van] *s.* gewinnen.
gewärtig [-'vɛrtiç]: *e-r Sache* ~ *sein* esperar a/c.; contar con a/c.
Gewäsch F [-'vɛʃ] *n* (3²) bobadas *f/pl.*, F chorradas *f/pl.*
Gewässer [-'vɛsər] *n* (7) aguas *f/pl.*
Gewebe [-'veːbə] *n* (7) tejido *m*; **~lehre** *f* histología *f*.
geweckt [-'vɛkt] *fig.* avispado.
Gewehr [-'veːr] *n* (3) fusil *m*; escopeta *f*; **~feuer** *n* fuego *m* de fusiles, fusilería *f*; **~riemen** *m* portafusil *m*; **~schuß** *m* escopetazo *m*.
Geweih [-'vaɪ] *n* (3) cornamenta *f*.
Gewerbe [-'vɛrbə] *n* (7) industria *f*; (*Beruf*) oficio *m*; **~...:** *in Zssgn oft* industrial; **~aufsicht** *f* inspección *f* industrial; **~ordnung** *f* código *m* industrial; **~schein** *m* licencia *f* (de oficio); **~schule** *f* escuela *f* industrial; **~steuer** *f* impuesto *m* industrial; **2treibend** industrial.
gewerb|lich [-'vɛrpliç] industrial; **~smäßig** profesional.

Gewölk

Gewerkschaft [-'vɛrk∫aft] f sindicato m; ~(l)er m sindicalista m; 2lich sindical(ista); ~sbund m confederación f de sindicatos; ~sführer m dirigente m od. líder m sindical; ~swesen m sindicalismo m.
gewesen [-'ve:zən] s. sein.
gewichen [-'viçən] s. weichen.
Gewicht [-'viçt] n (3) peso m; fig. a. importancia f; (2sstein) pesa f; nach ~ al peso; ins ~ fallen pesar; entrar en cuenta; ~ legen auf (ac.) dar importancia a; ~heben n Sport: levantamiento m de pesos, halterofilia f; ~heber m levantador m de pesos; 2ig pesado; fig. de (mucho) peso; importante; ~s...: in Zssgn mst de peso.
gewieft F [-'vi:ft] astuto; avispado; vivo.
gewiegt [-'vi:kt] fig. experto.
Gewieher [-'vi:ər] n (7) relincho m.
gewiesen [-'vi:zən] s. weisen.
gewillt [-'vilt]: ~ zu dispuesto a.
Gewimmel [-'viməl] n (7) hormigueo m, hervidero m.
Gewimmer [-'vimər] n (7) gimoteo m; gemido m.
Gewinde [-'vində] n (7) (Blumen2) guirnalda f; ⊕ rosca f, filete m; ~bohrer m terraja f.
Gewinn [-'vin] m (3) ganancia f; beneficio m; (Vorteil) provecho m, ventaja f; (Lotterie2) premio m; ~anteil m, ~beteiligung f participación f en los beneficios; 2bringend provechoso; lucrativo; 2en (30) ganar; ⚔ extraer; (erlangen) conseguir, obtener; j-n für sich ~ granjearse la voluntad de alg.; die Überzeugung ~ llegar a persuadirse od. convencerse; 2end fig. simpático; ~er(in f) m (7) ganador(a f) m; vencedor(a f) m; bei Preisausschreiben, Toto usw.: acertante su.; ~liste f lista f de números premiados; ~los n billete m premiado; ~spanne f margen f de beneficios; ~sucht f codicia f; 2süchtig codicioso; interesado; ~und-Verlust-Rechnung f cuenta f de pérdidas y ganancias; ~ung f obtención f; ⚔ extracción f; ~verteilung f reparto m de beneficios; ~zahl f número m ganador bzw. premiado.
Gewinsel [-'zəl] n (7) gimoteo m.
Gewirr [-'vir] n (3) enredo m, maraña f; fig. confusión f.
gewiß [-'vis] **1.** adj. cierto; seguro; ein gewisser Martínez un tal Martínez; **2.** adv. seguramente; por cierto; ganz ~ sin duda; aber ~! ¡claro que sí!, bsd. Am. ¿cómo no?
Gewissen [-'visən] n (6) conciencia f; ein gutes (schlechtes) ~ haben tener buena (mala) conciencia; j-m ins ~ reden apelar a la conciencia de alg.; 2haft escrupuloso; concienzudo; adv. a conciencia; ~haftigkeit f escrupulosidad f; esmero m; 2los sin conciencia, sin escrúpulo(s); ~losigkeit f falta f de conciencia od. de escrúpulos; ~sbisse m/pl. remordimientos m/pl.; ~sfrage f caso m de conciencia; ~sfreiheit f libertad f de conciencia; ~szwang m obligación f moral.
gewissermaßen [-visər'ma:sən] en cierto modo.
Gewißheit [-'vishart] f certeza f; seguridad f; sich (dat.) ~ verschaffen über (ac.) cerciorarse de.
Gewitter [-'vitər] n (7) tormenta f; 2ig tormentoso; ~neigung f amenaza f de tormenta; ~regen, ~schauer m aguacero m, chubasco m; ~schwüle f bochorno m; ~sturm m tempestad f; ~wolke f nubarrón m; nube f tormentosa.
gewitzigt [-'vitsiçt] escarmentado.
gewitzt [-'vitst] listo; astuto; sehr ~ sn ser más listo que el hambre.
gewogen [-'vo:gən] **1.** s. wägen d. wiegen; **2.** adj. (dat.) favorable (a); j-m ~ sn tener afecto a alg.; 2heit f benevolencia f.
gewöhnen [-'vø:nən] (25): (sich) ~ an acostumbrar(se) a, habituar(se) a.
Gewohnheit [-'vo:nhart] f costumbre f; hábito m; rutina f; aus ~ por costumbre; 2smäßig habitual; ~smensch m rutinero m; ~srecht n derecho m consuetudinario; ~s-tier F fig. n animal m de costumbres; ~s-trinker m (~sverbrecher m) bebedor m (delincuente m) habitual.
gewöhnlich [-'vø:nliç] ordinario; corriente; (üblich) usual, habitual; normal; (gemein) grosero, vulgar; adv. de ordinario; normalmente; wie ~ como de costumbre.
gewohnt [-'vo:nt] acostumbrado a, habituado a.
Gewöhnung [-'vø:nuŋ] f habituación f; aclimatación f.
Gewölbe [-'vœlbə] n (7) bóveda f.
Gewölk [-'vœlk] n (3) nubes f/pl.

gewollt [-'vɔlt] intencionado.
gewonnen [-'vɔnən] s. gewinnen.
geworben [-'vɔrbən] s. werben.
geworden [-'vɔrdən] s. werden.
geworfen [-'vɔrfən] s. werfen.
Gewühl [-'vy:l] n (3) muchedumbre f, gentío m; barullo m; F jaleo m.
gewunden [-'vundən] s. winden; a. fig. sinuoso, tortuoso.
gewürfelt [-'vyrfəlt] a cuadros.
Gewürm [-'vyrm] n (3) sabandijas f/pl., bichos m/pl.
Gewürz [-'vyrts] n (3²) condimento m; especia f; **~gurke** f pepinillo m en vinagre; **~nelke** f clavo m.
gewußt [-'vust] s. wissen.
gezackt, gezahnt, gezähnt [-'tsakt, -'tsa:nt, -'tsɛ:nt] dent(ell)ado.
Gezänk [-'tsɛŋk] n (3) riña f, disputa f.
Gezeiten [-'tsaɪtən] pl. uv. marea f; **~kraftwerk** n central f mareomotriz.
Gezeter [-'tse:tər] n (7) clamoreo m.
geziemen [-'tsi:mən] (25) (a. sich) convenir; **~d** conveniente; debido.
geziert [-'tsi:rt] afectado; amanerado; **2heit** f afectación f.
gezogen [-'tso:gən] s. ziehen.
Gezweig [-'tsvaɪk] n (3) ramaje m.
Gezwitscher [-'tsvɪtʃər] n (7) gorjeo m.
gezwungen [-'tsvuŋən] s. zwingen; fig. forzado; (geziert) afectado.
gib, gib(s)t [gi:p(s)t] s. geben.
Gicht [gɪçt] f (16): **a)** *Hochofen*: cargadero m; tragante m; **b)** 𝔐 gota f; **²krank** gotoso.
Giebel ['gi:bəl] m (7) frontón m; **~feld** n tímpano m; **~seite** f frontispicio m.
Gier [gi:r] f (16) avidez f (nach de); codicia f; **¹²ig** ávido (nach de).
Gieß|bach ['gi:sbax] m torrente m; **²en** (30) verter, echar; ⊕ fundir; *in Formen*: vaciar; ✍ regar; *es gießt (in Strömen)* F llueve a cántaros; **~en** n ⊕ fundición f; ✍ riego m; **~er** m (7) fundidor m; **~e'rei** f fundición f; **~kanne** f regadera f.
Gift [gɪft] n (3) veneno m (a. fig.); ponzoña f; tóxico m; *a. fig.*; *und Galle spucken* F echar sapos y culebras; **¹²en** F (26): *(sich)* ~ F sulfurar (-se); **~gas** n gas m tóxico od. asfixiante; **¹²ig** venenoso; 𝔐 tóxico; ponzoñoso; *fig.* mordaz; **¹igkeit** f venenosidad f; toxicidad f; **'~mischer(in** f) m envenenador(a) m (f); **'~mord**

m envenenamiento m; **'~müll** m desechos m/pl. tóxicos; **'~pilz** m hongo m venenoso; **'~schlange** f serpiente f venenosa; **'~stoff** m sustancia f tóxica, toxina f; **'~zahn** m diente m venenoso.
Gigant [gi'gant] m (12) gigante m; **²isch** gigantesco.
Gilde ['gɪldə] f (15) corporación f; *hist.* gremio m.
gilt(st) [gɪlt(st)] s. gelten.
ging [gɪŋ] s. gehen.
Ginster ['gɪnstər] m (7) retama f, hiniesta f.
Gipfel ['gɪpfəl] m (7) cumbre f, cima f (a. fig.); *fig. das ist der* ~! ¡es el colmo!; **~konferenz** f (conferencia f en la) cumbre f; **²n** (29) culminar (a. fig.); **~punkt** m punto m culminante (a. fig.).
Gips [gɪps] m (4) yeso m; escayola f; *in* ~ *legen* 𝔐 enyesar, escayolar; **'~abguß** m vaciado m en yeso; **'²en** (27) enyesar; escayola f. **'~verband** 𝔐 m vendaje m enyesado; escayola f.
Giraffe [gi'rafə] f (15) jirafa f.
Gir|ant 🕆 [ʒi'rant] m (12) endosante m; **~at** [-'ra:t] m (12) endosatario m; **²ieren** endosar; transferir.
Girlande [gɪr'landə] f (15) guirnalda f.
Giro ['ʒi:ro] n (11) giro m; transferencia f; **~konto** n cuenta f corriente.
girren ['gɪrən] (25) arrullar.
Gis ♪ [gɪs] n uv. sol m sostenido.
Gischt [gɪʃt] m (3²) u. f (16) espuma f.
Gitarr|e [gi'tarə] f (15) guitarra f; **~ist** [--'rɪst] m (12) guitarrista m.
Gitter ['gɪtər] n (7) reja f; verja f; **~fenster** n ventana f enrejada; **~tür** f puerta f enrejada; **~werk** n enrejado m.
Glacéhandschuh [gla'se:hantʃu:] m guante m de cabritilla.
Gladiole ♀ [glad'jo:lə] f (15) gladíolo m.
Glanz [glants] m (3²) brillo m; esplendor m; lustre m; fulgor m.
glänzen ['glɛntsən] (27) brillar; resplandecer; lucir; *j.:* lucirse; **~d** resplandeciente, brillante; *fig.* magnífico; espléndido.
Glanz|leistung ['glantslaɪstuŋ] f triunfo m; **~los** sin brillo; deslucido; **~papier** n papel m cuché; **~punkt** m punto m culminante f; **²voll** brillante; suntuoso; espléndido; **~zeit** f época f brillante.

Glas [glɑːs] *n* (2¹; *als Maß im pl. uv.*) vidrio *m*; cristal *m*; (*Trink*⁓) vaso *m*, *mit Fuß:* copa *f*; F *fig. zu tief ins* ⁓ *gucken* tomar una copa de más; **¹⁓aal** *Zo.* ⁓ **¹⁓auge** *n* ojo *m* de cristal; **¹⁓bläser** *m* soplador *m* de vidrio; **¹⁓dach** *n* techo *m* de vidrio; **⁓er** [ˈ-zər] *m* (7) vidriero *m*; **⁓eˈrei** *f* vidriería *f*.

gläsern [ˈglɛːzərn] de cristal; de vidrio; vítreo.

Glas|faser [ˈglɑːsfɑːzər] *f* fibra *f* de vidrio; **⁓fenster** *n* vidriera *f*; **⁓haus** *n* invernadero *m*; **⁓hütte** *f* vidriería *f*; **2ieren** [glaˈziːrən] vitrificar; vidriar; *Kchk.* glasear; **2ig** [ˈglɑːzɪç] vidrioso (*a. fig.*); **⁓kasten** *m* vitrina *f*; **⁓körper** *m* *Anat.* cuerpo *m* vítreo; **⁓malerei** *f* pintura *f* sobre cristal; **⁓papier** *n* papel *m* de lija *od.* de vidrio; **⁓scheibe** *f* cristal *m*, vidrio *m*; **⁓scherbe** *f*, **⁓splitter** *m* casco *m* de vidrio; **⁓schleifer** *m* (7) pulidor *m* de vidrio; **⁓schneider** *m* (*Gerät*) cortavidrios *m*; **⁓schrank** *m* vitrina *f*; **⁓tür** *f* puerta *f* vidriera *od.* de cristal.

Glasur [glaˈzuːr] *f* (16) esmalte *m*; vidriado *m*; barniz *m*; *Kchk.* baño *m* de azúcar.

Glas|versicherung [ˈglɑːsfɛrzɪçərʊŋ] *f* seguro *m* contra la rotura de cristales; **⁓waren** *f*/*pl.* cristalería *f*; **⁓wolle** *f* lana *f* de vidrio.

glatt [glat] **1.** *adj.* (18²) liso; pulido; (*eben*) plano; (*schlüpfrig*) resbaladizo; (*einwandfrei*) perfecto; *Betrag:* redondo; *Haut:* terso; **2.** *adv.* sin dificultad; (*völlig*) por completo; (*rundweg*) rotundamente.

Glätte [ˈglɛtə] *f* (15) lisura *f*; tersura *f*; (*Straßen*⁓) estado *m* resbaladizo.

Glatteis [ˈglatʔaɪs] *n* (4) superficie *f* helada.

glätten [ˈglɛtən] (26) alisar; (*ebnen*) aplanar; allanar; pulir.

glatt|gehen [ˈglatgeːən] ir *od.* salir a pedir de boca; **⁓streichen** alisar; **⁓weg** [ˈ-vɛk] rotundamente; sin más ni más.

Glatz|e [ˈglatsə] *f* (15) calva *f*; calvicie *f*; e-e ⁓ *bekommen* ponerse calvo; **⁓kopf** *m*, **2köpfig** calvo (*m*).

Glaube [ˈglaʊbə] *m* (6) *m* [ˈglaʊbə(n)]*n* f (*an ac.* en) creencia *f* (en); (*Religion*) religión *f*; ⁓*n schenken* dar crédito a; *in gutem* ⁓ de buena fe; **2n** (25) creer (*an ac.* en); (*meinen*) pensar; *ich glaube, ja* (*nein*) creo que sí (no); *es ist nicht zu* ⁓ parece mentira; F *daran* ⁓ *müssen* sufrir las consecuencias; (*sterben*) F estirar la pata.

'Glaubens|-artikel *m* artículo *m* de fe; **⁓bekenntnis** *n* confesión *f*; credo *m* (*a. Pol.*); **⁓freiheit** *f* libertad *f* de culto; **⁓genosse** (**-ssin** *f*) *m* correligionario (-a) *m* (*f*); **⁓lehre** *f*, **⁓satz** *m* dogma *m*.

glaubhaft [ˈglaʊphaft] digno de crédito; creíble; **2igkeit** *f* credibilidad *f*.

gläubig [ˈglɔʏbɪç] creyente; **2e** [ˈ-bɪgə] *m* (18) creyente *m*; *pl. a.* fieles *m*/*pl.*; **2er** ✝ *m* (7) acreedor *m*; **2erversammlung** *f* junta *f* de acreedores; **2keit** *f* religiosidad *f*.

glaub|lich [ˈglaʊplɪç] creíble; **⁓würdig** digno de crédito; fidedigno; **2würdigkeit** *f* credibilidad *f*.

gleich [glaɪç] igual; idéntico; mismo; (*sofort*) en seguida; ahora mismo; *das* ⁓ *e lo mismo; das ist mir* ⁓ me da igual *od.* lo mismo; ⁓ *heute* hoy mismo; ⁓ *anfangs* desde un principio; ⁓ *et. tun* no tardar en hacer a/c.; ⁓ *darauf* al poco rato; acto seguido; *ich komme* ⁓! ¡ya voy!; *bis* ⁓! ¡hasta luego!

gleich|altrig [ˈ-ʔaltrɪç] de la misma edad; **⁓artig** similar; semejante; homogéneo; **2-artigkeit** *f* similitud *f*, semejanza *f*, homogeneidad *f*; **⁓bedeutend** idéntico (*mit dat.* a); equivalente (a); **⁓berechtigt** con los mismos derechos; **2berechtigung** *f* igualdad *f* de derechos; **⁓bleiben** (*sn*): *das bleibt sich gleich* viene a ser lo mismo; **⁓bleibend** invariable; **⁓en** (30) (*dat.*) parecerse a; semejar a; **⁓ermaßen** [ˈ-ˈ-mɑːsən] igualmente; de la misma manera; **⁓falls** [ˈ-fals] asimismo, igualmente; *danke,* ⁓! ¡gracias, igualmente!; **⁓förmig** [ˈ-fœrmɪç] uniforme; monótono; **2förmigkeit** *f* uniformidad *f*; monotonía *f*; **⁓gesinnt** simpaticante; **⁓gestellt** [ˈ--ˈtɛlt] de la misma categoría; **2gewicht** *n* equilibrio *m*; *ins* ⁓ *bringen* equilibrar; *aus dem* ⁓ *bringen* desequilibrar; *aus dem* ⁓ *geraten* desequilibrarse (*a. fig.*); **2gewichtsstörung** ✝ *f* perturbación *f* del equilibrio; **⁓gültig** indiferente; indolente; **2gültigkeit** *f* indiferencia *f*; indolencia *f*; **2heit** *f* igualdad *f*; paridad *f*; **2heitszeichen** ♮ *n* signo *m* de igualdad; **2klang** ♩ *m* consonancia *f* (*a. fig.*); **⁓kommen** (*sn*) (*dat.*) igualar a; **⁓laufend** paralelo; **⁓lautend**

gleichmachen 714

idéntico; *Abschrift*: conforme; ~**machen** igualar; *a. fig.* nivelar; ~**maß** *n* justa proporción *f*; simetría *f*; ~**mäßig** proporcionado; simétrico; regular; ~**mäßigkeit** *f* simetría *f*; regularidad *f*; ~**mut** *m* ecuanimidad *f*; serenidad *f*; ~**mütig** ['-my:tɪç] ecuánime; sereno; ~**namig** [-na:mɪç] del mismo nombre *od.* apellido; ~**nis** *n* (4¹) símil *m*; *Rel.* parábola *f*; ~**richter** *⚥ m* rectificador *m*; ~**sam** en cierto modo; ~**schalten** coordinar; ⊕ sincronizar; ~**schenklig** Å ['-ʃɛŋklɪç] isósceles; ~**schritt** *m* paso *m* acompasado; ~ *m* a compás; ~**seitig** Å ['-zaɪtɪç] equilátero; ~**setzen**, **stellen** (*dat.*) equiparar a; ~**stellung** *f* equiparación *f*; ~**strom** *⚥ m* corriente *f* continua; ~**tun**: es j-m ~ igualar a alg.; ~**ung** *f* ecuación *f*; **'~'viel** *adv.* no importa; ~**wertig** ['-ve:rtɪç] equivalente; **'~'wie** lo mismo que; (tal) como; ~**winklig** Å equiángulo; **'~'wohl** sin embargo, no obstante; ~**zeitig** simultáneo; *adv.* al mismo tiempo; ~**zeitigkeit** *f* simultaneidad *f*.

Gleis 🚄 [glaɪs] *n* (4) vía *f*.

Gleit|bahn ['glaɪtba:n] *f* resbaladero *m*; deslizadero *m*; ~**en** (30, sn) resbalar; deslizarse; ✈ planear; ~**flug** *m* vuelo *m* planeado; ~**schutz** *m* antideslizante *m*; ~**zeit** *f* horario *m* flexible.

Glencheck ['glɛntʃɛk] *m* (11) (*Stoff*) príncipe *m* de Gales.

Gletscher ['glɛtʃər] *m* (7) glaciar *m*; ~**spalte** *f* grieta *f* (de glaciar).

glich(en) ['glɪç(ən)] *s.* **gleichen**.

Glied [gli:t] *n* (1) miembro *m*; (*Ketten~*) eslabón *m*; ⚔ fila *f*; *Anat.* männliches ~ miembro *m* viril; ~**ern** ['-dərn] (29) articular; *fig.* dividir (*in ac.* en); desglosar (en); clasificar; **'~erpuppe** *f* maniquí *m*; **'~erreißen** *n* dolores *m/pl.* reumáticos; **'~ertier** *n* *Zo.* articulado *m*; **'~erung** *f* división *f*; desglose *m*; clasificación *f*; **'~erzug** *m* tren *m* articulado; ~**maßen** ['gli:tma:sən] *pl. uv.* miembros *m/pl.*, extremidades *f/pl.*

glimmen ['glɪmən] (30) arder sin llama; **'~er** *m* (7) *Min.* mica *f*.

glimpflich ['glɪmpflɪç]: ~ davonkommen salir bien librado.

glitsch|en ['glɪtʃən] F (27, sn) resbalar; **'~ig** resbaladizo; *Aal usw.*: escurridizo.

glitt(en) ['glɪt(ən)] *s.* **gleiten**.

glitzern ['glɪtsərn] (29) centellear, brillar; **'~d** centelleante, brillante.

global [glo'ba:l] global.

Globetrotter ['glo:ptrɔtər] *m* (7) trotamundos *m*.

Globus ['-bus] *m* (16² *u.* 4¹) globo *m* (terráqueo).

Glöckchen ['glœkçən] *n* (6) campanilla *f*.

Glocke ['glɔkə] *f* (15) campana *f*; (*Vieh~*) esquila *f*; *⚥* timbre *m*; *et. an die große* ~ *hängen* pregonar a/c. a los cuatro vientos.

'Glocken|blume ✿ *f* campánula *f*; ~**geläut(e)** *n* toque *m od.* repique *m* de campanas; ~**gießer** *m* fundidor *m* de campanas; ~**hell** argentino; ~**schlag** *m* campanada *f*; *auf den* ~ a la hora en punto; ~**spiel** *n* carillón *m*; ~**stuhl** *m* armazón *f* de campana; ~**turm** *m* campanario *m*.

Glöckner ['glœknər] *m* (7) campanero *m*.

Glor|ie ['glo:rjə] *f* (15) gloria *f*; ~**ienschein** *m* nimbo *m*, aureola *f*; ~**reich** glorioso.

Gloss|ar [glɔ'sa:r] *n* (3¹) glosario *m*; **'~e** *f* (15) glosa *f*; ~**ieren** glosar.

Glotz|augen ['glɔtsʔaʊgən] *n/pl.* ojos *m/pl.* saltones *od.* de besugo; ~**e** F *f* (15) caja *f* tonta; ~**en** (27) mirar boquiabierto.

Glück [glyk] *n* (3) dicha *f*, felicidad *f*; (*~sfall*) suerte *f*, fortuna *f*; *zum* ~ por suerte, afortunadamente; *auf gut* ~ a la buena de Dios; *j-m* ~ *wünschen* felicitar a alg.; dar la enhorabuena a alg.; *viel* ~! ¡que tenga(s) suerte!; ~**bringend** ['-brɪŋənt] que trae suerte.

Glucke ['glukə] *f* (15) clueca *f*; ~**n** (25) cloquear.

glück|en ['glykən] (25, sn) salir bien; es ~t mir zu logro (*inf.*); ~**lich** feliz; dichoso; afortunado; ~**licherweise** afortunadamente; ~'**selig** muy feliz; ~'**seligkeit** *f* felicidad *f*.

glucksen ['gluksən] (27) *Wasser*: hacer gluglú.

Glücks|fall ['glyksfal] *m* suerte *f*; ~**göttin** *f* Fortuna *f*; ~**kind** *n*, ~**pilz** *m* hombre *m* afortunado; *er ist ein* ~ ha nacido de pie; ~**sache** *f* cuestión *f* de suerte; ~**spiel** *n* juego *m* de azar; ~**stern** *m* buena estrella *f*; ~**strähne** *f* buena racha *f*.

'glück|strahlend radiante de felicidad; **~verheißend** de buen agüero; 2**wunsch** m felicitación f; enhorabuena f; herzlichen **~!** ¡enhorabuena!, ¡mis felicitaciones!

Glüh|birne ⚡ ['gly:birnə] f bombilla f; 2**en** (25) **1.** v/t. ⊕ recocer; enrojecer, poner al rojo; **2.** v/i. arder (a. fig., vor dat. de); estar incandescente; 2**end** incandescente, candente; fig. ardiente (a. Gesicht); ferviente; **~faden** ⚡ m filamento m; **~lampe** f bombilla f; **~wein** m vino m caliente; **~würmchen** ['-vyrmçən] n Zo. luciérnaga f.

Glut [glu:t] f (16) ardor m (a. fig.); (Kohlen2) brasa f, ascua f; (Aschen2) rescoldo m; fig. fervor m; **~hitze** f calor m abrasador od. tórrido.

Glyzerin [glitsə'ri:n] n (3) glicerina f.

Gnade ['gna:də] f (15) gracia f (a. Rel.); (Gunst) favor m; merced f; (Milde) clemencia f; um ~ bitten pedir perdón; ~ für Recht ergehen lassen ser clemente; ohne ~ sin compasión; auf ~ und Ungnade a merced.

'**Gnaden|bild** n imagen f milagrosa; **~brot** n pan m de caridad; **~erlaß** m amnistía f; indulto m; **~frist** f plazo m de gracia; **~gesuch** n petición f de gracia; 2**los** sin piedad; **~stoß** m golpe m de gracia (a. fig.); den ~ geben a. fig. dar la puntilla a.

gnädig ['gnɛ:diç] benigno; (milde) clemente; (nachsichtig) indulgente; ~**e Frau!** ¡señora!

Gneis [gnaɪs] m (4) Min. gneis m.

Gnom [gno:m] m (12) (g)nomo m.

Gnu [gnu:] n (11) ñu m.

Gobelin [gobə'lɛ̃] m (11) tapiz m.

Gold [gɔlt] n (3) oro m; in Zssgn mst de oro, dorado; **~barren** m lingote m de oro; **~barsch** m gallineta f nórdica; **~bestand** m reservas f/pl. (en) oro; **~deckung** f cobertura f (en) oro; **~brasse** ['-brasə] f Zo. dorada f; 2**en** ['-dən] de oro; fig. áureo; Hochzeit bodas f/pl. de oro; 2**er Schnitt** ♃ sección f áurea; **~fisch** m pez m rojo; **~fischglas** n pecera f; **~füllung** f Zahn: empaste m de oro; **~gehalt** m quilate m; 2**gelb** (amarillo) dorado; **~gräber** ['-grɛ:bər] m (7) buscador m de oro; **~grube** f mina f de oro; fig. a. filón m; 2**haltig** ['-haltiç] aurífero; **~hamster** m hámster m dorado; 2**ig** ['-diç] dorado; fig. mono, encantador; **~korn** n pepita f (de oro); **~krone** f Zahn: funda f bzw. corona f de oro; **~lack** ♀ m alhelí m amarillo; **~medaille** f medalla f de oro; **~plombe** f empaste m de oro; **~regen** ♀ m codeso m, cítiso m; **~schmied** m orfebre m; **~schmiedearbeit** f (pieza f de) orfebrería f; **~schmiedekunst** f orfebrería f; **~schnitt** m corte m dorado; **~standard** m patrón m oro; **~waage** f pesillo m; fig. jedes Wort auf die ~ legen medir sus palabras; **~währung** f moneda f oro; **~wert** m valor m oro.

Golf [gɔlf] **a)** m (3) Erdk. golfo m; **b)** n (3^1, o. pl.) Sport: golf m; **~er** m (7), **~spieler** m golfista m; **~platz** m campo m de golf.

Gondel ['gɔndəl] f (15) góndola f; e-s Ballons: barquilla f; **~führer** m gondolero m.

Gong [gɔŋ] m (11) gong m, batintín m.

gönn|en ['gœnən] (25) no envidiar; nicht ~ envidiar; sich et. ~ regalarse con a/c.; ich gönne es dir me alegro por ti; 2**er** m (7) protector m; bienhechor m; **~erhaft** altanero; 2**ermiene** f aire m protector; 2**erschaft** f protección f; patronato m.

Göpel ['gø:pəl] m (7) noria f.

Gör [gø:r] m (5), **~e** f (15) desp. mocoso (-a f) m.

Gorilla [go'rila] m (11) gorila m (a. fig.).

Gosse ['gɔsə] f (15) arroyo m (a. fig.).

Got|e ['go:tə] m (13) godo m; **~ik** ♃ ['-tik] f (16) (estilo m) gótico m; 2**isch** gótico.

Gott [gɔt] m (1^1 u. ^{2}) Dios m; heidnisch: dios m; mein ~! ¡Dios mío!; um ~**es willen!** ¡por (amor de) Dios!; ~ **sei Dank!** ¡gracias a Dios!; ~ **bewahre!** ¡Dios nos libre!

Götterdämmerung ['gœtərdɛmərʊŋ] f crepúsculo m od. ocaso m de los dioses.

Gottes|acker ['gɔtəsʔakər] m camposanto m; **~dienst** m culto m; oficio m od. servicio m divino; **~furcht** f temor m de Dios; devoción f; 2**fürchtig** ['--fʏrçtiç] devoto m; **~haus** n iglesia f; templo m; **~lästerer** m blasfemo m; **~lästerung** f blasfemia f; **~urteil** n juicio m de Dios.

'**gott|gefällig** grato a Dios; 2**heit** f divinidad f; deidad f.

Göttin ['gœtin] f (16¹) diosa f; 2**lich** divino (a. fig.).

gottlob! [gɔt'lo:p] ¡gracias a Dios!;

gottlos 716

'~los ateo; impío; '2losigkeit f ateísmo m; '~verlassen dejado de la mano de Dios; Ort: perdido; abandonado; '~vertrauen n confianza f en Dios; '~voll F fig. gracioso; delicioso.
Götze ['gœtsə] m (13), ~bild n ídolo m; ~diener m idólatra m; ~dienst m idolatría f.
Gouvern|ante [guvɛr'nantə] f (15) institutriz f; ~eur [--'nø:r] m (3¹) gobernador m.
Grab [gra:p] n (1²) tumba f; fosa f, sepultura f; sepulcro m; zu ~e tragen sepultar; fig. mit e-m Bein im ~ stehen estar con un pie en el hoyo; '2en ['gra:bən] (30) cavar; '~en m (6¹) foso m; zanja f; (Straßen2) cuneta f; ⨯ trinchera f; '~esstille f ('~esstimme f) silencio m (voz f) sepulcral; '~geläute ['gra:pgəlɔʏtə] n toque m a muerto, doble m; '~gewölbe n cripta f; '~hügel m túmulo m; '~inschrift f epitafio m; '~mal n ('~rede f) monumento m (oración f) fúnebre; '~stätte f sepulcro m, sepultura f; '~stein m losa f od. lápida f sepulcral; '~urne f urna f funeraria.
Grad [gra:t] m (3; als Maß im pl. uv.) grado m; 5 ~ Wärme (Kälte) cinco grados sobre (bajo) cero; in gewissem ~e hasta cierto punto; '~einteilung f graduación f; escala f; '~messer m fig. barómetro m.
Graf [gra:f] m (12) conde m.
Gräf|in ['grɛ:fin] f condesa f; 2lich condal.
Grafschaft ['gra:fʃaft] f condado m.
Gram [gra:m] 1. m (3) pena f, aflicción f; pesar m; 2. ♀ adj.: j-m ~ sn guardar rencor a alg.
gräm|en ['grɛ:mən] (25): sich ~ afligirse (über ac. de); sich zu Tode ~ morir de pena; ~lich malhumorado; huraño.
Gramm [gram] n (3¹; im pl. nach Zahlen uv.) gramo m.
Grammati|k [gra'matik] f (16) gramática f; ~ker m gramático m; 2sch gramatical.
Granat [-'na:t] m (3) Min. granate m; ~apfel(baum) m granada f (-do m); ~e ⨯ f (15) granada f; '~splitter m casco m de granada; '~trichter m cráter m de granada; '~werfer m lanzagranadas m.
grandios [gran'djo:s] grandioso.
Granit [gra'ni:t] m (3) granito m.

Granne ♀ ['granə] f (15) raspa f, arista f; barba f.
grantig ['grantɪç] gruñón; malhumorado.
Grapefruit ['gre:pfru:t] f (11¹) pomelo m.
Graph|ik ['gra:fik] f (16) artes f/pl. gráficas; (Zeichnung) gráfico m; ~iker m (7) dibujante m (publicitario); neol. grafista m; 2isch gráfico; ~e Darstellung f gráfico m.
Graphit [gra'fi:t] m (3) grafito m.
Grapholog|e [-fo'lo:gə] m (13) grafólogo m; ~ie [--lo'gi:] f (15, o. pl.) grafología f.
Gras [gra:s] n (2¹) hierba f (a. F Marihuana); fig. das ~ wachsen hören ver od. sentir crecer la hierba; ins ~ beißen morder el polvo; '2en ['gra:zən] (27) pacer, pastar; '~halm m brizna f, tallo m de hierba; '~land n herbazal m; '~mücke f Zo. curruca f; '~narbe f capa f de césped.
grassieren [gra'si:rən] extenderse; hacer estragos.
gräßlich ['grɛslɪç] horrible, atroz.
Grat [gra:t] m (3) cresta f; ⊕ rebaba f.
Gräte ['grɛ:tə] f (15) espina f.
Gratifikation [gratifika'tsjo:n] f gratificación f.
gratinieren [--'ni:rən] Kchk. gratinar.
gratis ['gra:tis] gratis, gratuitamente; F de balde; 2...: in Zssgn gratuito.
Grätsche ['grɛ:tʃə] f (15) salto m con las piernas abiertas; 2n (27) abrir od. separar las piernas.
Gratul|ant [gratu'lant] m (12) congratulante m, felicitante m; ~ation [--la'tsjo:n] f felicitación f; 2ieren felicitar (j-m zu et. a alg. por a/c.).
grau [graʊ] gris (a. fig.); Haar: cano; ~e Haare canas f/pl.; ~ werden, ~e Haare bekommen encanecer; '~blau garzo; '2brot n pan m moreno; '~en (25) Tag: apuntar; der Morgen graut amanece; sich ~ vor tener miedo de od. horror a; '2en n horror m; '~enerregend, '~enhaft, '~envoll horrible; horripilante; espantoso; '~grün gris verdoso; '~haarig cano(so); ~len ['-lən] (25): sich ~ vor tener horror a.
gräulich ['grɔʏlɪç] grisáceo.
graumeliert ['graʊmeli:rt] entrecano.
Graupe ['-pə] f (15) cebada f perlada; ~ln f/pl. granizo m menudo; 2ln (29) granizar.

Groschen

grausam [¹-zɑ:m] cruel; 2**keit** f crueldad f.

graus|en [¹-zən] (27): *mir graust vor* tengo horror a; me horroriza *(ac.)*; 2**en** n horror m, espanto m; **~ig** horrible, espantoso; espeluznante.

Graveur [gra¹vø:r] m (3¹) grabador m.

Gravier|anstalt [-¹vi:r²an∫talt] f taller m de grabado; 2**en** grabar; 2**end** agravante; **~nadel** f buril m; **~ung** f grabado m.

Gravi|tation(sgesetz n) [-vita-¹tsjo:n(sgəzɛts)] f (ley f de la) gravitación f; 2**tätisch** [--¹tɛ:tiʃ] grave, solemne.

Graz|ie [¹grɑ:tsjə] f (15) gracia f; garbo m; 2**il** [gra¹tsi:l] grácil; 2**iös** [-¹tsjø:s] gracioso; garboso.

greif|bar [¹graifbɑ:r] tangible *(a. fig.)*; al alcance de la mano; ✝ disponible; **~en** (30) coger *(nicht in Arg.)*; tomar; asir; agarrar; ♪ tocar; pulsar; *zu e-m Mittel* **~** recurrir a; *um sich* **~** propagarse; *zu hoch gegriffen* exagerado; 2**er** m am Kran: cuchara f.

Greis [grais] m (4) anciano m; **~enalter** [¹-zən²altər] n vejez f; 2**enhaft** senil; **~in** f anciana f.

grell [grɛl] Licht: deslumbrante; Farbe: llamativo, chillón; Ton: penetrante, estridente.

Gremium [¹gre:mjum] n (9) gremio m.

Grenz... [¹grɛnts...]: *in Zssgn oft* fronterizo; **~bewohner** m habitante m fronterizo; **~e** f (15) límite m *(a. fig.)*; *(Landes2)* frontera f; 2**en** (27) lindar, confinar *(an ac.* con); ser contiguo (a); *fig.* rayar (en); 2**enlos** ilimitado, inmenso; **~fall** m caso m límite; **~gänger** [¹-gɛŋər] m (7) trabajador m fronterizo; **~gebiet** n región f *od.* zona f fronteriza; **~land** n país m limítrofe; **~linie** f línea f de demarcación; **~schutz** m protección f de la frontera; **~situation** f situación f límite; **~sperre** f cierre m de la frontera; **~stein** m mojón m fronterizo; **~übergang** m paso m fronterizo; **~verkehr** m tráfico m fronterizo; **~verletzung** f violación f de la frontera; **~zwischenfall** m incidente m fronterizo.

Greuel [¹grɔyəl] m (7) horror m; abominación f; *j-m ein* **~** *sn* causar horror a alg.; **~tat** f atrocidad f; 2**lich** horrible, atroz; espantoso.

Griebe [¹gri:bə] f (15) chicharrón m.

Griech|e [¹gri:çə] m (13), **~in** f, 2**isch** griego (-a) m *(f)*.

Gries|gram [¹gri:sgrɑ:m] m (3) gruñón m; 2**grämig** [¹-grɛ:miç] gruñón; atrabiliario; regañón.

Grieß [gri:s] m (3²) sémola f; ✱ arenillas f/pl.

Griff [grif] 1. m (3) asidero m, agarradero m; empuñadura f; *(Henkel)* asa f; *(Stiel)* mango m *(a. Messer2)*; *(Degen2)* puño m; *e-r Schublade*: tirador m; *fig.* e-n guten **~** tun tener buena mano; manejar a/c.; *in den* **~** *bekommen* dominar; 2. 2 *s. greifen;* **~bereit** al alcance de la mano; **~brett** ♪ n batidor m; **~el** m (7) pizarrín m; ⚥ estilo m; 2**ig** manejable; *Reifen:* antideslizante.

Grill [gril] m parrilla f; *(Garten2)* barbacoa f; **~e** f (15) *Zo.* grillo m; *fig.* capricho m; 2**en** (25) *Kchk.* asar a la parrilla.

Grimasse [gri¹masə] f (15) mueca f, visaje m; gesto m *(schneiden* hacer).

Grimm [grim] m (3) rabia f, furia f; encono m; **~darm** m colon m; 2**ig** rabioso, furioso; feroz; *Kälte:* penetrante.

Grind ✱ [grint] m (3) tiña f; 2**ig** [¹-diç] tiñoso.

grinsen [¹-zən] 1. v/i. (27) (son)reír irónicamente; 2. 2 n risa f irónica.

Grippe ✱ [¹gripə] f (15) gripe f.

grob [grɔp] (18²) grueso; burdo, basto; *(roh)* bruto; rudo; *(plump)* tosco, grosero; *Ton:* bronco; *Fehler:* grave *od.* F garrafal; **~e** Mar f gruesa; **~** *werden* decir groserías (*gegen* a); 2**heit** f grosería f; tosquedad f; brutalidad f; 2**ian** [¹gro:bjɑ:n] m (3) grosero m; palurdo m; **~körnig** [¹grɔpkœrniç] de grano grueso.

gröblich [¹grø:pliç] grosero; *adv.* groseramente.

grob|schlächtig [¹grɔpʃlɛçtiç] tosco, grosero; 2**schmied** m herrero m de grueso.

Grog [grɔk] m (11) grog m.

grölen [¹grø:lən] F (25) gritar, vocear; chillar.

Groll [grɔl] m (3) rencor m; 2**en** (25) guardar rencor; *Donner:* retumbar.

Gros [gro:] n *uv.* grueso m.

Groschen [¹grɔʃən] m (6) moneda f de

groß

10 pfennigs; *bei mir ist der ~ gefallen* ya caigo.

groß [gro:s] (18²) gran(de); *(weit)* extenso, amplio; *(hoch)* alto *(a. v. Wuchs)*; *(erwachsen)* adulto; *(bedeutend)* importante; *mein ~er Bruder* mi hermano mayor; *im ~en (und) ganzen* en general, en conjunto; *~ werden* hacerse mayor; *größer werden* crecer, aumentar; *~ schreiben* escribir con mayúscula; **'~angelegt** en gran escala; **'~artig** grandioso, magnífico; **'2-aufnahme** f Film: primer plano m; **'2-Berlin** n el Gran Berlín; **'2betrieb** m gran empresa f; **'2buchstabe** m mayúscula f.

Größe ['grø:sə] f (15) grandeza f; *(Ausdehnung)* extensión f; *(Umfang)* tamaño m; dimensión f; *(Höhe)* altura f; *(Körper2)* estatura f; talla f *(a. Kleider2)*; ♣ cantidad f; *fig.* importancia f; *(Person)* celebridad f.

Groß|eltern ['gro:s⁹ɛltərn] pl. abuelos m/pl.; **~enkel(in** f) m bisnieto (-a) m (f).

Größenordnung ['grø:sən⁹ɔrdnuŋ] f orden de importancia; dimensión f.

großenteils ['gro:sənta͜ɪls] en gran parte.

Größen|verhältnis ['grø:sənfɛrhɛltnɪs] n proporción f; **~wahn** m megalomanía f; **2wahnsinnig** megalómano.

Groß|grundbesitz ['gro:sgruntbəzɪts] m gran propiedad f, latifundio m; **~grundbesitzer** m terrateniente m, latifundista m; **~handel** m comercio m al por mayor; **~händler** m mayorista m; comerciante m al por mayor; **2herzig** magnánimo, generoso; **~herzigkeit** f magnanimidad f, generosidad f; **~herzog(in** f) m Gran Duque(sa) m (f); **~hirn** n cerebro m; **~industrie** f gran industria f; **~industrielle(r)** m gran industrial m.

Grossist [grɔˈsɪst] m (12) comerciante m al por mayor; mayorista m.

groß|jährig ['gro:sjɛːrɪç] mayor de edad; **2kapital** n gran capital m; **2kapitalist** m gran capitalista m; **2kundgebung** f manifestación f masiva *od.* multitudinaria; **2macht** f gran potencia f; **2mama** F f abuelita f; **2mannssucht** f fanfarronería f; **2mast** ♣ m palo m mayor; **2maul** n, **~mäulig** ['~mɔ͜ylɪç] fanfarrón (m); **2mut** f generosidad f; **~mütig**

['-my:tɪç] generoso; **2mutter** f abuela f; **2neffe** m (2**nichte** f) sobrino (-a) m (f) nieto (-a); **2-onkel** m tío m abuelo; **2papa** F m abuelito m; **2raumflugzeug** n avión m de gran capacidad; **2reinemachen** n (6) limpieza f general; **2schreibung** f empleo m de mayúsculas; **2sprecher** m, **~sprecherisch** ['-ʃprɛçərɪʃ] fanfarrón (m); **~spurig** ['-ʃpu:rɪç] arrogante; **2stadt** f gran ciudad f; urbe f; **2städter** m habitante m de una gran ciudad; **~städtisch** de gran ciudad; **2tankstelle** f estación f de servicio; **2tante** f tía f abuela; **2tat** f hazaña f; **2teil** m gran parte f.

größtenteils ['grø:stənta͜ɪls] por la mayor parte.

Groß|tuerei [gro:stuə²ra͜ɪ] f fanfarronería f; jactancia f; **'2tun:** *(sich) ~ mit* jactarse de; **'~unternehmer** m gran industrial m; **'~vater** m abuelo m; **'~wild** n caza f mayor; **'2ziehen** criar; **'2zügig** generoso, liberal; **'~zügigkeit** f generosidad f, liberalidad f.

grotesk [groˈtɛsk] grotesco.

Grotte ['grɔtə] f (15) gruta f.

grub [gru:p] s. graben.

Grübchen ['gry:pçən] n (6) hoyuelo m.

Grube ['gru:bə] f (15) hoyo m; fosa f; ⚒ mina f, pozo m.

Grübel|ei [gry:bə²la͜ɪ] f cavilación f; **2n** (29) cavilar.

Gruben|arbeiter ['gru:bən⁹arba͜ɪtər] m minero m; **~gas** n grisú m; **~lampe** f lámpara f de minero; **~unglück** n accidente m de minero.

Grübler ['gry:blər] m (7) soñador m; **2isch** pensativo, meditabundo.

Gruft [gruft] f (14¹) sepultura f, tumba f; cripta f.

grün [gry:n] **1.** *adj.* verde; *(unerfahren)* bisoño, inexperto; *(wieder) ~ werden* (re)verdecer; *j-m nicht ~ sn* guardar rencor a alg.; *fig. ~es Licht geben dar* luz verde; *Pol.* die 2en los verdes; **2.** **2** n (3¹) verde m; verdura f, verdor m; *ins ~e* al campo; **'2-anlage** f zona f verde *od.* ajardinada.

Grund [grunt] m (3³) fondo m; *(Boden)* suelo m; *(Grundlage)* fundamento m, base f; *(Vernunft2)* razón f, argumento m; *(Beweg2)* motivo f; *(Ursache)* causa f; *~ und Boden* bienes m/pl. raíces; *den ~ legen für* echar los fundamentos de; *⚓ auf ~ geraten*

Guerillakrieg

tocar fondo; *aus diesem* ~e por esta razón; *auf* ~ *von* en razón de, en virtud de; *von* ~ *auf* a fondo; radicalmente; *e-r Sache auf den* ~ *gehen* examinar a/c. a fondo; *im* ~e *genommen* en el fondo; pensándolo bien; **¹**~**ausbildung** ⚔ *f* instrucción básica; **¹**~**bedeutung** *f* sentido *m* primitivo; **¹**~**bedingung** *f* (**¹**~**begriff** *m*) condición *f* (noción *f*) fundamental; **¹**~**besitz** *m* bienes *m/pl.* raíces; **¹**~**besitzer(in** *f*) *m* propietario (-a) *m* (*f*) (de tierras); **¹**~**bestandteil** *m* elemento *m* fundamental; **¹**~**buch** *n* registro *m* de la propiedad; **¹²**~**¹ehrlich** muy honrado.

gründ|en ['gryndən] (26) fundar; crear; establecer; *sich* ~ *auf* (*ac.*) basarse *od.* fundarse en; **2er(in** *f*) *m* (7) fundador (-a) *m* (*f*).

grund|falsch ['grunt'falʃ] absolutamente falso; **²fehler** *m* error *m* fundamental; **¹²fläche** *f* base *f*; **¹²form** *f* forma *f* primitiva; *Gram.* infinitivo *m*; **¹²gebühr** *f* tarifa *f* básica; **¹²gedanke** *m* idea *f* fundamental; **¹²gehalt** *n* sueldo *m* básico; **¹²gesetz** *n* ley *f* fundamental; ~**ieren** [-'diːrən] dar la primera capa *od.* mano; **¹²kapital** *n* capital *m* social; **¹²lage** *f* base *f*, fundamento *m*; **¹**~**legend** fundamental.

gründlich ['gryntliç] profundo; sólido; (*gewissenhaft*) minucioso, escrupuloso; *adv.* a fondo; a conciencia; **2keit** *f* minuciosidad *f*; exactitud *f*.

Gründling ['l-lɪŋ] *m* (3¹) *Zo.* gobio *m*.

Grund|linie ['gruntliːnjə] *f* base *f*; ~**lohn** *m* salario *m* base; **2los** (*tief*) sin fondo; *Weg*: intransitable; *fig.* infundado, inmotivado; *adv.* sin fundamento; ~**mauer** *f* cimientos *m/pl.*

Gründonnerstag [gryːˈdɔnərstaːk] *m* Jueves *m* Santo.

Grund|pfeiler ['gruntpfaɪlər] *m* pilar *m* (*a. fig.*); ~**preis** *m* precio *m* base; ~**rechte** *n/pl.* derechos *m/pl.* fundamentales; ~**regel** *f* regla *f* fundamental; ~**rente** *f* renta *f* del suelo; ~**riß** *m* △ plano *m*, planta *f*; (*Buch*) compendio *m*; ~**satz** *m* principio *m*; máxima *f*, axioma *m*; **2sätzlich** ['l-zɛtsliç] fundamental; *adv.* en *od.* por principio; ~**schule** *f* escuela *f* primaria; ~**stein** *m*: *den* ~ *legen* poner la primera piedra (*a. fig.*); ~**steinlegung** *f* colocación *f* de la primera piedra; ~**steuer** *f* contribución *f* territorial; ~**stock** *m* base *f*; ~**stoff** *m* materia *f* prima; 🜂 elemento *m*; ~**stoff-industrie** *f* industria *f* básica; ~**stück** *n* finca *f*; terreno *m*, solar *m*; (*bebaut*) inmueble *m*; ~**stücksmakler** *m* corredor *m* de fincas; ~**ton** ♪ *m* tónica *f*; ~**übel** *n* vicio *m* capital; ~**umsatz** *m Physiol.* metabolismo *m* basal.

Gründung ['gryndʊŋ] *f* fundación *f*; establecimiento *m*; creación *f*.

grund|verschieden ['gruntfɛr'iːdən] completamente distinto; diametralmente opuesto; **2wasser** (**-spiegel** *m*) *n* (nivel *m* de) agua *f* subterránea; **²zahl** *f* número *m* cardinal; **²zug** *m* rasgo *m* esencial; *pl.* elementos *m/pl.*

grün|en ['gryːnən] (25) (en-, re)verdecer, verdear; **2fink** *m* verderón *m*; **2fläche** *f* espacio *m* verde; **2futter** *n* forraje *m*, pasto *m* verde; **2gürtel** *m* cinturón *m* verde; **2kohl** *m* col *f* verde; **2land** *n* prados *m/pl.* y pastizales; ~**lich** verdoso; **2schnabel** F *m* mocoso *m*; **2span** *m* cardenillo *m*, verdete *m*; **2specht** *Zo.* *m* pico *m* verde; **2streifen** *m Autobahn*: (franja *f*) mediana *f*.

grunzen ['grʊntsən] 1. *v/i.* (27) gruñir; 2. ♀ *n* gruñido *m*.

Grupp|e ['grʊpə] *f* (15) grupo *m*; ~**en-arbeit** *f* trabajo *m* en equipo; ~**en-aufnahme** *f*, ~**enbild** *n* (retrato *m* en) grupo *m*; **2enweise** por grupos; **2ieren** agrupar; ~**ierung** *f* agrupación *f*, agrupamiento *m*.

Grus ⚒ [gruːs] *m* (4, *o. pl.*) carbonilla *f*, cisco *m*.

Grusel|film ['l-zəlfɪlm] *m* película *f* de suspense; **2ig** horripilante; escalofriante; **2n** (29): *mich* (*od. mir*) *gruselt's* me da miedo.

Gruß [gruːs] *m* (3² *u.* ³) saludo *m*, salutación *f*; *viele Grüße!* muchos recuerdos; *mit herzlichen Grüßen* con un cordial saludo.

grüßen ['gryːsən] (27) saludar; *j-n* (*vielmals*) ~ *lassen* dar (muchos) recuerdos a alg.; ~ *Sie ihn von mir* salúdele de mi parte.

Grütze ['grʏtsə] *f* (15) sémola *f* gruesa; avena *f* mondada.

guck|en ['gʊkən] F (25) mirar; **2fenster** *n* ventanillo *m*; **2loch** *n* mirilla *f*.

Guerilla|kämpfer [ge'ril(j)akɛmpfər] *m* guerrillero *m*; ~**krieg** *m* guerrilla *f*, guerra *f* de guerrillas.

Gulasch

Gulasch ['gulaʃ] n (3 od. 11) estofado m a la húngara; **~kanone** ⚔ F f cocina f de campaña.
Gulden ['guldən] m (6) florín m.
Gully ['guli] m (11) sumidero m.
gültig ['gyltiç] valedero; 🏛 válido; *Gesetz*: vigente, en vigor; *Münze*: de curso legal; 2**keit** f validez f; vigencia f.
Gummi ['gumi] m u. n (11) goma f; caucho m; **~band** n cinta f elástica, elástico m; **~baum** m árbol m del caucho, ficus m.
gummier|en [-'mi:rən] engomar; 2**ung** f engomadura f.
'**Gummi|handschuh** m guante m de goma; **~knüppel** m porra f; **~mantel** m impermeable m; **~schuh** m chanclo m; **~strumpf** m media f elástica; **~zug** m elástico m.
Gunst [gunst] f (16) favor m; zu m-n ~ en en mi favor; in ~ stehen bei gozar del favor od. de las simpatías de.
günst|ig ['gynstiç] favorable; propicio; oportuno; *j-m ~ gesinnt sn* simpatizar con alg.; 2**ling** [-'liŋ] m (3¹) favorito m; 2**lingswirtschaft** f favoritismo m.
Gurgel ['gurgəl] f (15) garganta f; F gaznate m; 2**n** (29) hacer gárgaras, gargarizar; **~n** n gárgara(s) f(/pl.); **~wasser** n gargarismo m.
Gurke ['-kə] f (15) pepino m; *saure ~* pepinillo m en vinagre.
gurren ['gurən] (25) arrullar.
Gurt [gurt] m (3) cinturón m; a. ⊕ correa f.
Gürtel ['gyrtəl] m (7) cinturón m (a. fig.); *fig. den ~ enger schnallen* apretarse el cinturón; **~reifen** m neumático m radial; **~rose** ⚕ f (herpes m) zóster m, zona f; **~tier** n armadillo m.
gürten ['-tən] (26) ceñir (*mit de*).
Guß [gus] m (4²) ⊕ fundición f; (*Wasser*) chorro m; (*Regen*) aguacero m, chaparrón m; (*Zucker*2 *usw.*) baño m (de azúcar, etc.); *aus e-m ~* de una sola pieza; '**~eisen** n hierro m colado; '**~form** f molde m; '**~stahl** m acero m fundido od. colado.
gut [gu:t] (*comp. besser, sup. best*) buen(o); *adv.* bien; *Examensnote*: notable, *sehr ~* sobresaliente; *es ist (schon) ~* (ya) está bien; *sei so ~ und ...* haz el favor de (*inf.*); *~ sn für* servir para; *es ~ haben* pasarlo bien; *~ leben* vivir holgadamente; *~ zwei Monate*

dos meses y pico; *e-e ~e Stunde* una hora larga; *im ~en* por las buenas; *du hast es ~!* ¡qué suerte tienes!; *das ist ~ möglich* es muy posible; *mach's ~!* ¡que te vaya bien!; *so ~ wie sicher* casi seguro.
Gut [gu:t] n (1²) bien m; propiedad f; (*Land*2) finca f, *Am.* hacienda f, *Arg.* estancia f; '**~achten** n (6) dictamen m; peritaje m; '**~achter** m (7) perito m; '2**-artig** de buen natural; 🏛 benigno; '2**-aussehend** de buen ver, de buena presencia; '**~dünken** n (6): *nach ~* a discreción; '**~e(s)** n: *das ~ lo bueno*; *~s tun* hacer bien; *des ~n zuviel tun* exagerar, excederse; *alles ~!* ¡mucha suerte!
Güte ['gy:tə] f (15) bondad f; 🏛 calidad f; *in ~* amistosamente; *du meine ~!* ¡Dios mío!
Güter ['-tər] n/pl. bienes m/pl.; 🏛 mercancías f/pl.; **~abfertigung** f despacho m od. expedición f de mercancías; **~bahnhof** m estación f de mercancías; **~gemeinschaft** f 🏛 comunidad f de bienes; **~trennung** f 🏛 separación f de bienes; **~verkehr** m transporte m de mercancías; **~wagen** (**~zug**) 🚂 m vagón m (tren m) de mercancías.
gut|gehen ['gu:tge:ən]: *es wird alles ~* todo saldrá bien; *es sich ~ lassen* darse buena vida; **~gehend** próspero, floreciente; **~gelaunt** ['-gəlaunt] de buen humor; **~gemeint** ['--maint] bienintencionado; **~gesinnt** ['--zint] bien dispuesto; **~gläubig** de buena fe; 2**haben** n (6) haber m, saldo m activo; **~heißen** aprobar; **~herzig** de buen corazón; bondadoso.
güt|ig ['gy:tiç] bueno; bondadoso; benévolo; **~lich** amistoso, amigable; *sich ~ tun* regalarse (*an dat.* con).
gut|machen ['gu:tmaxən] reparar; *Unrecht*: desagraviar; **~mütig** ['-my:tiç] bondadoso, bonachón; 2**mütigkeit** f bondad f; carácter m bondadoso; **~sagen** responder (*für de*); 2**sbesitzer(in** f) m propietario (-a) m (f) de una finca, *Arg.* estanciero (-a) m (f); 2**schein** m vale m; **~schreiben** † abonar (en cuenta); 2**schrift** f abono m (en cuenta); 2**schrift-anzeige** f nota f de abono; 2**shof** m granja f; **~situiert** acomodado; 2**sverwalter** m administrador m; **~tun** hacer od. sentar od. probar bien; **~unterrichtet** bien informa-

gynäkologisch

do; **~willig** dócil; complaciente; voluntario; *adv.* de buen grado; ♀**willigkeit** *f* buena voluntad *f*.
Gymnas|iast [gymna'zjast] *m* (12) estudiante *m* de bachillerato; **~ium** [-'na:zjum] *n* (9) instituto *m* de bachillerato; **~tik** [-'nastik] *f* (16) gimnasia *f*; ♀**tisch** gimnástico.
Gynäkolog|e [gynɛko'lo:gə] *m* (13) ginecólogo *m*; **~ie** [---lo'gi:] *f* (15, *o. pl.*) ginecología *f*; ♀**isch** [---'lo:giʃ] ginecológico.

H

H, h [ha:] *n uv.* H, h *f*; ♪ si *m*; *H-Dur* si mayor; *h-Moll* si menor.

Haar [ha:r] *n* (3) pelo *m*; (*Kopf*⁀) a. cabello *m*; cabellera *f*; *sich die* ⁀*e schneiden lassen* cortarse el pelo; *sich in die* ⁀*e geraten* andar a la greña; ⁀*e lassen müssen* salir perdiendo; *um kein* ⁀ *besser ni pizca mejor*; *um ein* ⁀ por un pelo; ⁀*e auf den Zähnen haben* ser de armas tomar; *mir stehen die* ⁀*e zu Berge* se me ponen los pelos de punta; *an den* ⁀*en herbeigezogen* traído por los pelos; *kein gutes* ⁀ *an j-m lassen* poner a alg. de vuelta y media; '⁀**ausfall** *m* caída *f* del pelo; ⚕ alopecia *f*; '⁀**bürste** *f* cepillo *m* para el cabello; '⁀**büschel** *n* mechón *m*; **⁀en** (25) perder el pelo; '⁀**entferner** *m* (7) depilatorio *m*; '⁀**ersatz** *m* pelo *m* postizo; '⁀**esbreite** *f*: *um* ⁀ *en un tris, por poco*; '⁀**färbemittel** *n* tinte *m* para el cabello; '⁀**fein** sutilísimo; '⁀**festiger** *m* fijador *m*, fijapelo *m*; '⁀**genau** exactamente; con pelos y señales; '⁀**ig** peludo; *am Körper*: velloso; F *fig.* peliagudo; '⁀**klammer** *f* clip *m*; '⁀**klein** con pelos y señales; con todo lujo de detalles; '⁀**knoten** *m* moño *m*; '⁀**nadel** *f* horquilla *f*; '⁀**nadelkurve** *f* curva *f* en herradura; '⁀**netz** *n* redecilla *f*; '⁀**pflege** *f* cuidado *m* del cabello; '⁀**scharf** afiladísimo, muy cortante; *fig.* muy preciso; ⁀ *vorbei* rozando; '⁀**schleife** *f* cinta *f*; '⁀**schneiden** *n*, '⁀**schnitt** *m* corte *m* de pelo; '⁀**schwund** *m* alopecia *f*; '⁀**sieb** *n* tamiz *m* fino; ⁀**spalterei** [-ʃpaltə'raɪ] *f* sutilezas *f/pl.*; '⁀**spange** *f* pasador *m*; '⁀**spray** *m od. n* laca *f*, spray *m*; '⁀**sträubend** espeluznante, horripilante; '⁀**teil** *n* bisoñé *m*, peluquín *m*; '⁀**tracht** *f* peinado *m*, tocado *m*; '⁀**trockner** *m* (7) secador *m*; '⁀**waschmittel** *n* champú *m*; '⁀**wasser** *n* loción *f* capilar; '⁀**wuchs** *m* crecimiento *m* del pelo; cabellera *f*; '⁀**wuchsmittel** *n* crecepelo *m*; '⁀**wurzel** *f* raíz *f* capilar.

Habe ['ha:bə] *f* (15) bienes *m/pl.*, fortuna *f*.

haben ['-bən] **1.** (30): **a)** (*Hilfsverb*) haber; **b)** *v/t.* (*besitzen*) tener; poseer; *was hast du?* ¿qué te pasa?; *wir* ⁀ *nichts davon* no nos sirve para nada; *da* ⁀ *wir's!* ¡ya lo decía yo!, ¡aquí estamos!; F *und damit hat sich's!* ¡y sanseacabó!; ⁀ *zu inf.* (*müssen*) tener que, haber de; *nichts zu essen* ⁀ no tener nada que comer; ⁀ *wollen* querer, desear; *zu* ⁀ *sn* estar disponible; † *estar en venta; nicht mehr zu* ⁀ *sn* estar agotado; *nichts auf sich* ⁀ no ser nada, no tener importancia; *sich* ⁀ (*angeben*) darse tono; (*sich zieren*) andar con melindres; **2.** ⚕ ⚥ *n* haber *m*; crédito *m*; activo *m*.

Hab|enichts ['-bəniçts] *m* (14 *u*. 3²) pobretón *m*; ⁀**ensaldo** † *m* saldo *m* acreedor; ⁀**gier** ['ha:pgi:r] *f* codicia *f*; ⁀**gierig** codicioso; ⁀**haft**: ⁀ *werden* (*gen.*) apoderarse de; F atrapar (*ac.*).

Habicht ['ha:biçt] *m* (3) azor *m*.

Habilit|ation [habilita'tsjo:n] *f* oposición *f* a una cátedra universitaria; ⁀**ieren**: *sich* ⁀ hacer oposición a una cátedra.

Hab|seligkeiten ['ha:pze:liçkaɪtən] *f/pl.* efectos *m/pl.*, trastos *m/pl.*; F bártulos *m/pl.*; ⁀**sucht** *f* codicia *f*; ⁀**süchtig** codicioso.

Hack|beil ['hakbaɪl] *n* hachuela *f*; ⁀**block** *m* taj(ader)o *m*; ⁀**braten** *m* asado *m* de carne picado; ⁀**brett** *n* tabla *f* para picar carne; ♪ *e* (15) **a)** (*Spitz*⁀) pico *m*; azada *f*, azadón *m*; **b)** = ⁀**en** *m* (6) (*Ferse*) talón *m*; *des Schuhes*: tacón *m*; ⁀**en** (25) *Vogel*: picotear; *Fleisch*: picar; *Holz*: cortar; ♪ cavar; azadonar; ⁀**fleisch** *n* carne *f* picada; ⁀**messer** *n* cuchilla *f* de picar.

Häcksel ['hɛksəl] *n. u. m* (7) paja *f* cortada; ⁀**maschine** *f* cortapajas *m*.

Hader ['ha:dər] *m* (7) riña *f*, disputa *f*; discordia *f*; ⁀**n** (29) reñir; disputar.

Hafen ['-fən] *m* (7¹) puerto *m* (*a. fig.*); ⁀**anlagen** *f/pl.* instalaciones *f/pl.* portuarias; ⁀**arbeiter** *m* trabajador *m* portuario; estibador *m*; ⁀**becken** *n* dársena *f*; ⁀**damm** *m* muelle *m*; malecón *m*; ⁀**gebühr** *f* derechos

Halbrechte(r)

m/pl. portuarios; ~**polizei** *f* policía *f* del puerto; ~**sperre** *f* cierre *m* del puerto; ~**stadt** *f* ciudad *f* portuaria, puerto *m*; ~**viertel** *n* barrio *m* portuario.

Hafer ['-fər] *m* (7) avena *f*; ~**flocken** *f/pl.* copos *m/pl.* de avena; ~**schleim** *m* crema *f* de avena.

Haff [haf] *n* (3) albufera *f*.

Haft [haft] *f* arresto *m*; detención *f*; prisión *f*; in ~ nehmen arrestar; aus der ~ entlassen poner en libertad; ²**bar** responsable (für de); ~**befehl** *m* orden *f* de detención od. de arresto; ~ erlassen dictar auto de prisión; ²**en** (26) (kleben) estar pegado a; ~ für responder de; ~**end** adhesivo; ~**-entlassung** *f* excarcelación *f*; vorläufige ~ libertad *f* provisional.

Häftling ['heftliŋ] *m* (3¹) detenido *m*, preso *m*, recluso *m*.

Haftpflicht ['haftpfliçt] *f* responsabilidad *f* civil; ²**ig** responsable; ~**versicherung** *f* seguro *m* de responsabilidad.

'**Haft|schalen** *f/pl.* lentes *f/pl.* de contacto, lentillas *f/pl.*; ~**ung** *f* responsabilidad *f*.

Hage|buche ♀ ['ha:gəbuxə] *f* carpe *m*, ojaranzo *m*; ~**butte** ['--butə] *f*(15) escaramujo *m*, agavanza *f*; ~**dorn** *m* espino *m* (blanco).

Hagel ['-gəl] *m* (7) granizo *m*; pedrisco *m*; *fig.* lluvia *f*, turbión *m*; ~**korn** *n* grano *m* de granizo; ✱ chalazión *f*; ²**n** (29) granizar; ~**schauer** *m* granizada *f*; ~**versicherung** *f* seguro *m* contra el granizo.

hager ['-gər] enjuto (de carnes); flaco; F huesudo.

Hagestolz ['-gəʃtɔlts] *m* (3²) solterón *m*.

Häher *Zo.* ['hɛ:ər] *m* (7) arrendajo *m*.

Hahn [ha:n] *m* (3³) gallo *m*; (Faβ⁀) espita *f*; (Wasser⁀) grifo *m*; (Gas⁀) llave *f*; (Gewehr⁀) gatillo *m*, disparador *m*; *fig.* ~ im Korbe sn ser el amo del cotarro; es kräht kein ~ danach nadie hace caso.

Hähnchen ['hɛnçən] *n* (6) pollo *m*.

Hahnen|fuß ♀ ['ha:nənfu:s] *m* ranúnculo *m*; ~**kamm** *m* cresta *f* del gallo; ♀ gallocresta *f*; ~**kampf** *m* riña *f* od. pelea *f* de gallos; ~**schrei** *m* canto *m* del gallo; ~**tritt** *m* galladura *f*; (Stoffmuster) pata *f* de gallo.

Hahnrei ['-rai] *m* (3) cornudo *m*.

Hai [hai] (3), '~**fisch** *m* tiburón *m*.

Hain [hain] *m* (3) floresta *f*; bosquecillo *m*; '~**buche** ♀ *f* carpe *m*.

Häkel|arbeit ['hɛ:kəl⁀arbait] *f* labor *m* de ganchillo; ²**n** (29) hacer ganchillo; ~**nadel** *f* ganchillo *m*.

Haken ['ha:kən] *m* (6) gancho *m* (a. Boxen); garfio *m*; garabato *m*; für Kleider: percha *f*; für Öse: corchete *m*; ~ u. Öse broche *m*; die Sache hat einen ~ la cosa tiene su intríngulis; *fig.* da steckt der ~! ¡ahí le duele!; ~**kreuz** *n* cruz *f* gamada, (e)svástica *f*; ~**nase** *f* nariz *f* ganchuda.

halb [halp] medio; *adv.* a medias; ♪ ~e Note blanca *f*; ~ drei (Uhr) las dos y media; e-e ~e Stunde media hora; ein ~es Jahr medio año, seis meses; zum ~en Preis a mitad de precio; (nicht) ~ soviel (ni) la mitad; ~ öffnen entreabrir; ~ angezogen a medio vestir; das ist ~ so schlimm no es para tanto; ~ und ~ mitad y mitad.

halb...: *in Zssgn oft* medio, semi...; ~**amtlich** oficioso; ~**automatisch** semiautomático; ²**bildung** *f* semicultura *f*; ²**blut** *n* (Pferd) media sangre *m*; ²**bruder** *m* medio hermano *m*, hermanastro *m*; ²**dunkel** *n* claroscuro *m*; penumbra *f*; im ~ entre dos luces; ²**-edelstein** *m* piedra *f* semipreciosa; ~**er** ['-bər] nachstehende prp. (gen.) a causa de, por razones de; ²**fabrikat** *f* artículo *m* semimanufacturado; ~**fertig** a medio hacer; ~**fett** Käse: semigraso; ²**finale** *n* Sport: semifinal *f*; ~**gar** a medio cocer; ~**gebildet** semiculto; ²**gott** *m* semidiós *m*; ²**heit** *f* insuficiencia *f*; imperfección *f*; ~**ieren** [-'bi:rən] dividir en dos partes iguales, partir por la mitad; ²**-insel** *f* península *f*; ²**jahr** *n* semestre *m*; ~**jährig** ['-jɛːriç] de seis meses; ~**jährlich** semestral; *adv.* cada seis meses; ²**kreis** *m* semicírculo *m*; hemiciclo *m*; ²**kugel** *f* hemisferio *m*; ~**laut** a media voz; ²**lederband** *m* encuadernación *f* de media pasta; ²**leinenband** *m* encuadernación *f* de media tela; ²**leiter** *f* *m* semiconductor *m*; ²**linke(r)** *m* Fußball: interior *m* izquierda; ~**mast**: auf ~ a media asta; ²**messer** *m* radio *m*; ~**monatlich** quincenal, bimensual; ²**mond** *m* media luna *f*; ~**offen** entreabierto, a medio abrir; ~**part**: ~ machen ir a medias; ²**pension** *f* media pensión *f*; ²**rechte(r)** *m* interior

Halbschatten 724

m derecha; 2schatten *m* penumbra *f*; 2schlaf *m* somnolencia *f*; duermevela *m*; 2schuh *m* zapato *m* (bajo); 2schwergewicht *n Boxen*: peso *m* semipesado; 2schwester *f* media hermana *f*, hermanastra *f*; 2starke(r) *m* gamberro *m*; 2stiefel *m* botín *m*; .stündig ['-ʃtyndiç] de media hora; 2tags-arbeit *f* trabajo *m* de media jornada; 2ton ♪ *m* semitono *m*; .tot medio muerto; .voll a medio llenar; 2waise *f* huérfano *m* de padre *bzw.* de madre; .wegs ['-veːks] a medio camino; *fig.* casi; regular; 2welt *f* semimundo *m*; 2wissen *n* semicultura *f*; .wüchsig ['-vyːksiç] adolescente; 2zeit *f Sport*: medio tiempo *m*; (*Pause*) descanso *m*; erste (zweite) ~ primer (segundo) tiempo.

Halde ['haldə] *f* (15) montón *m* de escorias; .nbestände *m/pl.* existencias *f/pl.* a bocamina.

half [half] *s.* helfen.

Hälfte ['hɛlftə] *f* (25) mitad *f*; zur ~ a mitad; a medias; F *m-e bessere* ~ mi media naranja.

Halfter ['halftər] *m od. n* (7) cabestro *m*; 2n (29) encabestrar.

Hall [hal] *m* (3) sonido *m*; resonancia *f*.

Halle ['halə] *f* (15) sala *f*; vestíbulo *m*; (*Hotel*) hall *m*; (*Ausstellung*) pabellón *m*; ✈ hangar *m*.

Halleluja [hale'luːjaː] *n* (11) aleluya *f*.

hallen ['halən] (25) resonar; retumbar; 2bad *n* piscina *f* cubierta; 2fußball *m* fútbol *m* sala; 2sport *m* deporte *m* en pista cubierta.

hallo ['halo] 1. ~! ¡oiga!; (*Gruß*) ¡hola!; *Fernspr.* ¡diga!; 2. 2 [haˈloː] *n* (11) barullo *m*, F jaleo *m*.

Halluzination [halutsinaˈtsjoːn] *f* alucinación *f*.

Halm [halm] *m* (3) tallo *m*.

Hals [hals] *m* (4²) cuello *m*; (*Kehle*) garganta *f*; *um den* ~ *fallen* (*dat.*) abrazar; *aus vollem* ~*e* a voz en cuello, *lachen*: a carcajadas; ~ *über Kopf* de golpe y porrazo; *j-n auf dem* ~(*e*) *haben* tener a alg. a cuestas; *sich* (*dat.*) *et. vom* ~ *schaffen* quitarse a/c. de encima; F *es hängt mir zum* ~(*e*) *heraus* F estoy hasta la coronilla; '~-abschneider *m fig.* usurero; '~-ausschnitt *m* escote *m*; '~band *n* collar *m*; gargantilla *f*; 2brecherisch ['-breçəriʃ] arriesgado; '~-entzün-

dung 𝔊 *f* inflamación *f* de la garganta, angina(s) *f*(/*pl.*); '~kette *f* collar *m*; '~krause *f* golilla *f*; '~- **Nasen-'Ohren-Arzt** *m* otorrinolaringólogo *m*; '~schlag-ader *f* carótida *f*; '~schmerzen *m/pl.* dolor *m* de garganta; 2starrig ['-ʃtariç] tozudo, obstinado; 2starrigkeit *f* tozudez *f*, obstinación *f*; '~tuch *n* bufanda *f*; pañuelo *m* (de cuello); '~wirbel *Anat. m* vértebra *f* cervical.

Halt [halt] 1. *m* (3) parada *f*; alto *m*; (*Stütze*) apoyo *m*, sostén *m* (*a. fig.*); (*innerer*) fuerza *f* moral; 2. 2! ¡alto!; ¡basta!

haltbar ['-baːr] sólido; resistente; 2keit *f* solidez *f*; consistencia *f*.

halten ['-tən] (30) 1. *v*/*t*. tener; (*zurück*~) retener; (*stützen*) sostener; sujetar; (*erhalten*) conservar, mantener, guardar; (*ein*~) observar; ✕ defender; *Rede*: pronunciar; *Zeitung*: estar suscrito a; *Versprechen, Wort*: cumplir, *nicht* ~ faltar a; ~ *für* creer, considerar como, tomar por; ~ *von* pensar de; *viel von j-m* ~ tener a alg. en gran aprecio; 2. *v*/*i.* (*haltmachen*) parar(se), detenerse; (*festsitzen*) estar fijo; (*haltbar sein*) mantenerse, conservarse; *auf et.* ~ dar importancia a a/c.; *zu j-m* ~ estar de parte de alg., simpatizar con alg.; 3. *v*/*refl.:* sich ~ (*frisch bleiben*) conservarse; ✕ defenderse; *a. Wetter*: mantenerse; *sich an et.* (*ac.*) ~ atenerse a; *sich rechts* ~ mantenerse a la derecha; *sich* ~ *für* tenerse *od.* darse por.

Halter ['-tər] *m* (7) (*Griff*) asidero *m*; (*Besitzer*) dueño *m*.

'**Halte**|**signal** *n* señal *f* de parada; ~**stelle** *f* parada *f*; ~**tau** ⚓ *n* amarra *f*; ~**verbot** *Kfz. n* estacionamiento *m* prohibido.

halt|**los** ['haltloːs] inconsistente; inconstante; *Behauptung*: infundado; '2losigkeit *f* inconsistencia *f*, inconstancia *f*; ~**machen** pararse; hacer alto.

hält(**st**) [hɛlt(st)] *s.* halten.

Haltung ['haltuŋ] *f* posición *f*, postura *f*; (*Auftreten*) actitud *f*; (*Betragen*) comportamiento *m*, conducta *f*.

Halunke [haˈluŋkə] *m* (13) pillo *m*, bribón *m*.

hämisch ['hɛːmiʃ] malicioso.

Hammel ['haməl] *m* (7) carnero *m*; ~**braten** *m* asado *m* de carnero; ~**keule** *f* pierna *f* de carnero.

Hammer ['hamər] m (7¹) martillo m; *unter den ~ kommen* venderse en subasta.

hämmer|bar ['hɛmərbɑːr] maleable; **~n** (29) martill(e)ar.

Hammer|schlag ['hamərʃlɑːk] m martillazo m; **~werfen** n *Sport*: lanzamiento m de martillo.

Hämorrhoiden ✵ [hɛmɔroˈiːdən] f/pl. (15) hemorroides f/pl., almorranas f/pl.

Hampelmann ['hampəlman] m (1²) títere m; a. *fig.* fantoche m.

Hamster ['hамstər] m (7) *Zo.* hámster m; **~er** m (7) acaparador m; **~n** (29) acaparar.

Hand [hant] f (14¹) mano f; *mit der ~ a mano; an ~ von* por medio de; a base de; *zu Händen von* a la atención de; *aus zweiter ~* de segunda mano; *j-s rechte ~ sn* ser el brazo derecho de alg.; *freie ~ lassen* dar carta blanca; *alle Hände voll zu tun haben* estar agobiado de trabajo; *weder ~ noch Fuß haben* no tener ni pies ni cabeza; *an der ~ führen* llevar de la mano; *j-m an die ~ gehen* echar una mano a alg.; *an der ~ haben* tener a mano; *die letzte ~ anlegen* dar la última mano; *~ an sich legen* suicidarse; *auf der ~ liegen* ser evidente; *von der ~ in den Mund leben* vivir al día; *~ in ~* mano a mano; *in ~ gehen* ir cogidos de la mano; *fig.* correr parejas (*mit con*); *die Hände in den Schoß legen* cruzarse de manos; *estar mano sobre mano; unter der ~* bajo mano, bajo cuerda; *von langer ~ vorbereitet* proyectado desde hace tiempo; *es geht ihm leicht von der ~* no le cuesta trabajo; *von der ~ weisen* rechazar; *Hände hoch!* ¡manos arriba!; **'~arbeit** f trabajo m manual; *weibliche*: labor f; **'~ball** m balonmano m; **'~bedienung** f mando m manual; **'~betrieb** m accionamiento m a mano; **'~bewegung** f ademán m; **'~breit** del ancho de una mano; **'~bremse** f freno m de mano; **'~buch** n manual m.

Hände|druck ['hɛndədruk] m apretón m de manos; **~klatschen** n palmas f/pl.

Handel ['handəl] m (7, *o. pl.*) comercio m; (**~sverkehr**) tráfico m (*mit con*); (*Geschäft*) negocio m; *im ~* en venta; *~ treiben* negociar, tratar (*mit et. en a/c.*).

Händel ['hɛndəl] m/pl. pendencia f, querella f; *~ suchen* buscar camorra.

handeln ['handəln] (29) obrar, actuar; proceder; ✝ comerciar, tratar, negociar (*mit en*); (*feilschen*) regatear; *~ von* tratar de; *sich ~ um* tratarse de.

Handels... ['handəls...]: *in Zssgn oft* de comercio, comercial; **~abkommen** n acuerdo m comercial; **~beziehungen** f/pl. relaciones f/pl. comerciales; **~bilanz** f balanza f comercial; **⁀einig:** *~ werden* ponerse de acuerdo; **⁀fähig** negociable; **~flotte** f flota f mercante; **~gericht** n tribunal m comercial; **~gesellschaft** f sociedad f *od.* compañía f mercantil; **~gesetzbuch** n código m de comercio; **~kammer** f Cámara f de Comercio; **~klasse** f categoría f; **~korrespondenz** f correspondencia f comercial; **~marine** f marina f mercante; **~marke** f marca f de fábrica; **~minister** m Ministro m de Comercio; **~platz** m plaza f comercial; **~recht** n derecho m mercantil; **~register** n registro m mercantil; **~schiff** n buque m mercante; **~schule** f escuela f de comercio; **~spanne** f margen m comercial; **⁀üblich** usual en el comercio; **~unternehmen** n empresa f mercantil *od.* comercial; **~verkehr** m tráfico m comercial; **~vertrag** m tratado m comercial; **~vertreter** m representante m (de comercio); agente m comercial; **~vertretung** f agencia f comercial; **~volumen** n volumen m de intercambio; **~zweig** m ramo m comercial.

handeltreibend ['-dəltraɪbənt] comerciante, mercante.

händeringend ['hɛndərɪŋənt] retorciendo las manos; *fig.* desesperadamente.

Hand|feger ['hantfeːgər] m escobilla f; **~fertigkeit** f destreza f, habilidad f manual; **~fesseln** f/pl. esposas f/pl.; **⁀fest** robusto; sólido; **~feuerwaffe** f arma f de fuego portátil; **~fläche** f palma f (de la mano); **~geld** n arras f/pl.; ⚔ prima f de enganche; **~gelenk** n muñeca f; **⁀gemacht** hecho a mano; **⁀gemein:** *~ werden* llegar a las manos; **~gemenge** n pelea f (cuerpo a cuerpo); **~gepäck** n equipaje m de mano; **~gepäck-aufbewahrung** f consigna f; **~granate** f

handgreiflich 726

granada *f* de mano; **greiflich** ['-graɪflɪç] evidente; *werden* llegar a las manos; **griff** *m* maniobra *f*, manejo *m*, manipulación *f*; *zum Festhalten*: asidero *m*; mango *m*; asa *f*; **habe** *f* (15) *fig.* motivo *m*, pretexto *m*; **haben** (25, *untr.*) manejar, manipular; **habung** *f* manejo *m*, manipulación *f*; **hebel** *m* manivela *f*.

Handicap ['hɛndikɛp] *n* (11) handicap *m*.

Hand|karre ['hantkarə] *f* carretilla *f*; **koffer** *m* maleta *f*; **kurbel** *f* manivela *f*; **kuß** *m* besamanos *f*; **langer** ['-laŋər] *m* (7) peón *m*; **laterne** *f* linterna *f*, farol *m* manual.

Händler ['hɛndlər] *m* (7) comerciante *m*, negociante *m*; *desp.* traficante *m*.

Hand|lesekunst ['hantle:zəkunst] *f* quiromancia *f*; **leser(in** *f*) *m* quiromántico (-a) *m* (*f*); **lich** manejable.

Handlung ['handluŋ] *f* acción *f*; acto *m*; *Thea., Lit.* argumento *m*; ✝ comercio *m*, tienda *f*; **sfreiheit** *f* libertad *f* de acción; **sgehilfe** *m* dependiente *m* (de comercio); **sreisende(r)** *m* viajante *m*; **sweise** *f* procedimiento *m*; modo *m* de obrar.

Hand|pflege ['hantpfle:gə] *f* manicura *f*; **ramme** *f* pisón *m* de mano; **reichung** ['-raɪçuŋ] *f* ayuda *f*; servicio *m*; **rücken** *m* dorso *m* de la mano; **schellen** *f*/*pl.* esposas *f*/*pl.*; *anlegen* esposar; **schlag** *m* apretón *m* de manos; **schreiben** *n* carta *f* autógrafa.

'**Handschrift** *f* letra *f*, escritura *f*; (*Werk*) manuscrito *m*; **endeuter** *m* (7) grafólogo *m*; **endeutung** *f* grafología *f*; **lich** escrito a mano, manuscrito.

'**Handschuh** *m* guante *m*; **fach** *n* *Kfz.* guantera *f*; **geschäft** *n* guantería *f*; **nummer** *f* número *m* de la mano.

'**Hand|stand** *m*: *e-n* *machen* hacer la vertical; **stickerei** *f* bordado *m* a mano; **streich** *m* golpe *m* de mano; **tasche** *f* bolso *m* (de mano); **teller** *m s.* *fläche*; **tuch** *n* toalla *f*; **tuchhalter** *m* toallero *m*; **umdrehen** *n*: *im* = en un santiamén; **voll** *f uv.* puñado *m* (*a. fig.*); **waffe** *f* arma *f* portátil; **wagen** *m* carro *m* de mano.

'**Handwerk** *n* oficio *m*; artesanía *f*; **er** *m* (7) artesano *m*; **lich** artesanal; **sbetrieb** *m* empresa *f* artesanal; **sgeselle** *m* oficial *m*; **skammer** *f* Cámara *f* oficial de Artesanía; **smeister** *m* maestro *m* artesano; **szeug** *n* herramientas *f*/*pl.*; aperos *m*/*pl.*; útiles *m*/*pl.*

'**Hand|wörterbuch** *n* diccionario *m* manual; **wurzel** *f* carpo *m*; **zeichen** *n* señal *f* con la mano; *Abstimmung durch* votación *f* a mano alzada; **zeichnung** *f* dibujo *m* a mano; **zettel** *m* octavilla *f*.

hanebüchen ['hɑːnəbyːçən] inaudito; una barbaridad.

Hanf [hanf] *m* (3) cáñamo *m*.

Hänfling *Zo.* ['hɛnflɪŋ] *m* (3¹) pardillo *m*.

Hang [haŋ] *m* (3³) pendiente *f*; declive *m*; *Turnen*: suspensión *f*; *fig.* inclinación *f* (*zu a*); propensión *f* (*a*).

Hänge|bahn ['hɛŋəbɑːn] *f* ferrocarril *m* colgante *od.* suspendido; **boden** *m* secadero *m*; **brücke** *f* puente *m* colgante; **busen** *m* pechos *m*/*pl.* caídos; **lampe** *f* lámpara *f* colgante *od.* de suspensión; **matte** *f* hamaca *f*; ⚓ coy *m*.

hängen ['-ən] **1.** *v/i.* (30) colgar, pender (*an dat.* de); estar colgado *od.* suspendido; *fig.* *an* (*dat.*) tener mucho apego a; **2.** *v/t.* (25) colgar, suspender; (*an den Galgen*) ahorcar; **3.** ⚓ *n*: *mit* *und Würgen* a duras penas; **bleiben** (30, sn) quedar enganchado *od.* suspendido; F *fig.* quedar colgado; **d** pendiente; suspenso; **lassen** (*vergessen*) olvidar; *den Kopf* andar cabizbajo; F *fig.* j-n dejar a alg. colgado.

Hänsel|ei [hɛnzə'laɪ] *f* burlas *f*/*pl.*; ²**n** (29) burlarse de; F tomar el pelo a.

Hansestadt ['hanzəʃtat] *f* ciudad *f* (h)anseática.

Hanswurst [hans'vurst] *m* (3²) bufón *m*, payaso *m*; *Thea.* gracioso *m*.

Hanteln ['hantəln] *f*/*pl.* (15) pesas *f*/*pl.*

hantieren [-'tiːrən] manejar, manipular (*mit et. a*/*c.*).

hapern ['hɑːpərn] (29) faltar; no funcionar; *da hapert es* ahí está el intríngulis.

Happen ['hapən] *m* (6) bocado *m*; ²**ig** ávido; F *fig.* fuerte; exagerado.

Harem ['hɑːrəm] *m* (11) harén *m*.

Harfe ['harfə] *f* (15) arpa *f*; **'nist(in** *f*) *m* (12) arpista *su.*

Harke [¹-kə] f (15) rastrillo m; ⚦n (25) rastrillar.

Harlekin [¹-ləki:n] m (3¹) arlequín m.

Harm [harm] m (3) aflicción f; cuita f; (*Kränkung*) ofensa f.

härmen [¹hɛrmən] (25): *sich ~ über* (*ac.*) afligirse de.

harm|los [¹harmlo:s] inofensivo (*a. Person*), in(h)ocuo; (*arglos*) inocente; cándido; *Tier*: manso; ⚦losigkeit f in(h)ocuidad f; inocencia f; candidez f.

Harmon|ie [harmo¹ni:] f (15) armonía f (*a. fig.*); **~ielehre** f armonía f; ⚦ieren [--¹ni:rən] estar en armonía; concordar; *bsd. Farben*: armonizar; *fig.* congeniar; **~ika** [-¹mo:nika] f (16² u. 11¹) (*Mund*⚦) armónica f; (*Zieh*⚦) acordeón m; ⚦isch [-¹-nɪʃ] ♪ armónico; *fig. a.* armonioso; **~ium** [-¹-njum] n (9) armonio m.

Harn [harn] m (3) orina f; **~blase** f vejiga f; ⚦en (25) orinar; **~en** n micción f; **~grieß** ⚙ m arenillas f/pl.

Harnisch [¹-nɪʃ] m (3) arnés m; armadura f; *fig. in ~ bringen* (*geraten*) poner(se) furioso; exasperar(se).

¹Harn|leiter m uréter m; **~röhre** f uretra f; **~säure** f ácido m úrico; **~stein** ⚙ m cálculo m urinario; **~stoff** m urea f; ⚦treibend diurético; **~untersuchung** f análisis m de orina; **~vergiftung** f uremia f; **~wege** m/pl. vías f/pl. urinarias.

Harpun|e [-¹pu:nə] f (15) arpón m; (*dreizackige*) fisga f; ⚦ieren [-pu¹ni:rən] arponar.

harren [¹harən] (25) esperar, aguardar (*gen. od. auf ac.*).

Harsch(schnee) [¹harʃ(-ʃne:)] m (3¹) nieve f helada.

hart [hart] (18²) duro (*a. fig.*); (*fest*) firme; (*streng*) riguroso (*a. Winter*), severo; *~ werden* endurecerse, solidificarse; *~ arbeiten* trabajar duro; *e-n ~ im Stand haben* estar en una situación delicada; *~ ankommen* costar mucho, no ser fácil.

Härte [¹hɛrtə] f (15) dureza f (*a. fig.*); rigor m; **~fall** m caso m extremo; ⚦n (26) endurecer; *Stahl*: templar.

Hart|faserplatte [¹hartfɑːzərplɑtə] f (15) plancha f de fibra dura; ⚦gekocht *Ei*: duro; **~geld** n moneda f metálica; ⚦gesotten *fig.* empedernido; **~gummi** m *od.* n ebonita f; ⚦herzig duro de corazón; **~herzigkeit** f dureza f (de corazón); ⚦näckig [¹-nɛkɪç] terco, obstinado; *Krankheit*: persistente; *~ bestehen* obstinarse (*auf dat.* en); ⚦näckigkeit f terquedad f, obstinación f; persistencia f.

Harz [harts] n (3²) resina f; **¹⚦ig** resinoso.

Haschee [ha¹ʃe:] n (11) *Kchk*. picadillo m (de carne).

haschen [¹-ʃən] (27) **1.** v/t. coger; *Arg.* agarrar; *fig. ~ nach* ambicionar (*ac.*); **2.** v/i. F fumar porros; emporrarse.

Häscher [¹hɛʃər] m (7) esbirro m.

Haschisch [¹haʃɪʃ] n *uv.* hachís m, F chocolate m.

Hase [¹hɑːzə] m (13) liebre f; F *fig. ein alter ~* un viejo zorro; *da liegt der ~ im Pfeffer* ahí esta el busilis.

Hasel|huhn [¹-zəlhu:n] n *Zo.* ganga f; **~nuß** f avellana f; **~strauch** m avellano m.

Hasen|braten [¹-zənbrɑːtən] m asado m de liebre; **~fuß** m *fig.* cobarde m, gallina m; **~klein** n menudillos m/pl. de liebre; **~panier**: *das ~ ergreifen* tomar las de Villadiego; ⚦rein F: *nicht ~ sein* no ser trigo limpio; **~scharte** ⚕ f labio m leporino.

Haspel [¹haspəl] f (15) devanadera f, aspa f; ⚦n (29) devanar, aspar.

Haß [has] m (4) odio m (*gegen* a).

hassen [¹hasən] (28) odiar; **~swert** aborrecible; odioso.

häßlich [¹hɛslɪç] feo (*a. fig.*); ⚦keit f fealdad f.

Haßliebe [¹hasli:bə] f amor-odio m.

Hast [hast] **1.** f (16, *o. pl.*) prisa f; precipitación f; **2.** ⚦ *s. haben*; ⚦en (26, sn) darse prisa; precipitarse; **¹⚦ig** precipitado; presuroso.

Hätschel|kind [¹hɛtʃəlkɪnt] n niño m mimado (*a. fig.*); ⚦n (29) acariciar; (*verzärteln*) mimar.

hatte, hätte [¹hatə, ¹hɛtə] *s. haben*.

Haube [¹haubə] f (15) cofia f; toca f; *Kfz.* capó m; *unter die ~ bringen* (*kommen*) casar(se); **~nlerche** *Zo.* f cogujada f.

Haubitze ✕ [-¹bɪtsə] f (15) obús m.

Hauch [haux] m (3) (*Atem*) aliento m; (*Wind*⚦) soplo m, *poet.* hálito m; *fig.* (*Spur*⚦) toque m; asomo m; **¹⚦dünn** delgadísimo; ⚦en (25) soplar; **¹⚦laut** m sonido m aspirado; **¹⚦zart** sutil, delgadísimo.

Haudegen [¹-de:gən] *fig.* m viejo soldado m.

Haue

Haue [ˈ-ə] f (15) ⚒ azada f; F ~*kriegen* llevarse una paliza; ⚒n (30) (*schlagen*) golpear, pegar; *Holz:* cortar; *Stein:* labrar, tallar; *sich* ~ pelear, reñir; ~**r** m (7) *Zo.* colmillo m; ⚒ picador m.

häufeln ⚒ [ˈhɔyfəln] (29) acollar; aporcar.

Haufen [ˈhaufən] m (6) montón m (a. fig.); *aufgeschichteter:* pila f; (*Leute*) tropel m, turba f; F ein ~ ... un montón de ...; fig. über den ~ werfen echar abajo od. por tierra.

häufen [ˈhɔyfən] (25): (*sich*) ~ amontonar(se), apilar(se); a. fig. acumular(se); fig. sich ~ multiplicarse.

haufen|weise [ˈhaufənvaɪzə] a montones; en masa; **⚒wolke** f cúmulo m.

häuf|ig [ˈhɔyfɪç] frecuente; adv. con frecuencia; ~ *besuchen* frequentar; **⚒igkeit** f frecuencia f; **⚒ung** f amontonamiento m; acumulación f; fig. aumento m.

Hauklotz [ˈhauklɔts] m tajo m.

Haupt [ˈhaupt] n (1²) cabeza f; (*Führer*) jefe m, cabeza m; ~... in *Zssgn oft* principal, central, capital; ~**altar** m altar m mayor; ~**augenmerk** n: *sein* ~ *richten auf* (ac.) fijarse principalmente en; centrar su atención en; ~**bahnhof** m estación f central; ~**bestandteil** m elemento m principal; ~**buch** ✝ n libro m mayor; ~**darsteller(in** f) m protagonista su.; ~**eingang** m entrada f principal; ~**fach** n asignatura f principal; ~**gericht** *Kchk.* n plato m principal *od.* fuerte; ~**geschäft** n (*Firma*) casa f central *od.* matriz; ~**geschäftszeit** f horas f/pl. punta *od.* de afluencia; ~**gewinn** m primer premio m; F gordo m; ~**haar** n cabello(s) m(/pl.), cabellera f; ~**hahn** m grifo m principal.

Häuptling [ˈhɔyptlɪŋ] m (3¹) jefe m de tribu; cacique m.

Haupt|mahlzeit [ˈhauptmaːltsaɪt] f comida f principal; ~**mann** ⚔ m (1, pl. *Leute*) capitán m; ~**masse** f grueso m; ~**mast** ⚓ m palo m mayor; ~**merkmal** n característica f principal; ~**nenner** ⚒ m denominador m común; ~**person** f a. fig. personaje m principal, protagonista m; ~**post** f Central f de Correos; ~**quartier** n cuartel m general; ~**rolle** f a. fig. papel m principal; ~**sache** f lo esencial, lo principal; **⚒sächlich** principal; esencial; adv. principalmente;

sobre todo; ~**saison** f temporada f alta; ~**satz** m oración f principal; ~**schlüssel** m llave f maestra; ~**schule** f etwa: educación f general básica (segunda etapa); ~**sendezeit** f horas f/pl. de máxima audiencia; ~**stadt** f capital f; **⚒städtisch** metropolitano; ~**straße** f calle f principal *od.* mayor; ~**treffer** m s. ~*gewinn*; ~**verfahren** ⚖ n (procedimiento m de) plenario m; ~**verhandlung** ⚖ f juicio m oral; ~**verkehrsstraße** f carretera f general; arteria f (principal); ~**verkehrszeit** f horas f/pl. punta; ~**versammlung** f junta f general; ~**wort** n sustantivo m, nombre m.

Haus [haus] n (2¹) casa f; *Thea.* sala f; *Parl.* Cámara f; (*Herrscher* ⚒) dinastía f; *nach* ~*e a casa*; *zu* ~*e* en casa; *von* ~ *aus* de origen; *außer* ~ fuera de casa; *aus gutem* ~*e* de buena familia; *ins* ~ *liefern* entregar a domicilio; *das* ~ *hüten* guardar la casa (a. fig.); '~-**angestellte** f empleada f de hogar, criada f; *Arg.* mucama f; '~-**apotheke** f botiquín m; '~-**arbeit** f labores f/pl. *od.* tareas f/pl. domésticas, trabajos m/pl. caseros; (*Schule*) deberes m/pl.; '~-**arrest** m arresto m domiciliario; '~-**arzt** m médico m de cabecera; '~-**aufgaben** f/pl. deberes m/pl.; '~**backen** fig. prosaico; trivial; '~**bar** f mueble m bar; '~**bedarf** m: *für den* ~ para uso doméstico; '~**besitzer(in** f) m propietario (-a) f (f); '~**besuch** ⚕ m visita f a domicilio; '~**bewohner(in** f) m inquilino (-a) m (f); '~**boot** n barco m habitable.

Häuschen [ˈhɔysçən] n (6) casita f; fig. *aus dem* ~ *bringen* (*geraten*) sacar (salir) de sus casillas.

Haus|dame [ˈhausdaːmə] f ama f de llaves; ~**diener** m mozo m.

hausen [ˈhauzən] (27) vivir; (*wüten*) hacer estragos.

Häuser|block [ˈhɔyzərblɔk] m manzana f (de casas), *Am.* cuadra f; ~**makler** m agente m de la propiedad inmobiliaria.

Haus|flur [ˈhausfluːr] m vestíbulo m; zaguán m; ~**frau** f ama f de casa; ~**freund** m amigo m de la casa; *e-r* *Frau:* amante m; ~**friedensbruch** m allanamiento m de morada; ~**gebrauch** m: *für den* ~ para uso doméstico; ~**gehilfin** f s. ~*angestellte*;

Heckscheibe

₂gemacht casero; de fabricación casera; ~halt m casa f; (Etat) presupuesto m; den ~ führen llevar la casa; ₂halten (sparen) economizar (mit et. a/c.); ~hälterin [ˈ-hɛltərin] f ama f de llaves; ₂hälterisch económico; ~haltsgegenstand m utensilio m doméstico; ~haltsgeld n dinero m para los gastos domésticos; ~haltsjahr n año m presupuestario; ~haltsplan m presupuesto m; ~haltung f gobierno m de la casa; economía f doméstica; ~haltungsvorstand m cabeza m de familia; ~herr m amo m od. dueño m de la casa; ₂hoch enorme, colosal; j-m ~ überlegen sn dar cien vueltas a alg.

hausier|en [hauˈziːrən] vender por las casas; F fig. mit et. ~ gehen propalar u/c.; ₂er m (7) vendedor m ambulante, buhonero m.

Haus|jacke [ˈhausjakə] f batín m; ~kleid n vestido m casero; bata f; ~lehrer m profesor m particular; preceptor m; ~lehrerin f institutriz f.

häuslich [ˈhɔyslɪç] doméstico; a. Person: casero; hogareño; sich ~ niederlassen instalarse; ₂keit f hogar m, casa f; vida f familiar.

Haus|mädchen n [ˈhausmɛːtçən] n criada f, Arg. mucama f; ~mannskost f comida f casera; ~meister(in f) m conserje su., portero (-a) m (f); ~mittel n remedio m casero; ~musik f música f doméstica od. en casa; ~nummer f número m de (la) casa; ~ordnung f reglamento m interior (de la casa); ~putz m limpieza f general; ~rat m enseres m/pl. domésticos; menaje m; ~ratversicherung f seguro m del hogar; ~rock m batín m; ~sammlung f cuestación f a domicilio; ~schlachtung f matanza f casera od. doméstica; ~schlüssel m llave f de (la) casa; ~schuh m zapatilla f.

Hausse ✝ [ˈhoːs(ə)] f (15) alza f.

Haus|stand [ˈhausʃtant] m casa f; ~suchung ₮₮ f registro m domiciliario; ~suchungsbefehl m orden f de registro; ~telefon n teléfono m interior, interfono m; ~tier n animal m doméstico; ~tür f puerta f de la calle; ~verwalter m administrador m; ~wart [ˈ-vart] m (3) portero m; ~wirt(in f) m casero (-a) m (f); ~wirtschaft f economía f doméstica; ~wirtschaftsschule f escuela f del

hogar; ~zelt n tienda f chalet.

Haut [haut] f (14¹) piel f (a. v. Obst); (bsd. Gesichts₂) cutis m; Anat., Biol. membrana f; e-r Flüssigkeit: telilla f; fig. ehrliche ~ persona f honrada; mit heiler ~ davonkommen salir ileso; salvar el pellejo; unter die ~ gehen calar hondo; aus der ~ fahren reventar de rabia; auf der faulen ~ liegen tenderse a la bartola; nur ~ u. Knochen sn estar en los huesos; ich möchte nicht in s-r ~ stecken no quisiera estar en su pellejo; ¹~...: in Zssgn oft cutáneo; ¹~abschürfung f desolladura f; excoriación f; ¹~arzt m dermatólogo m; ¹~ausschlag m erupción f cutánea, exantema m.

Häutchen [ˈhɔytçən] n (6) película f; membrana f.

Hautcreme [ˈhautkreːm] f crema f cutánea.

häuten [ˈhɔytən] (26) desollar, despellejar; sich ~ mudar la piel.

haut|eng [ˈhautˈɛŋ] muy ceñido; pegado al cuerpo; ₂farbe f color m de la piel; tez f; ₂jucken n prurito m; ₂pflege f higiene f od. cuidado m de la piel.

Havarie ⚓ [havaˈriː] f (15) avería f.

Hebamme [ˈheːbamə, ˈheːpˀamə] f (15) comadrona f, partera f.

Hebe|baum [ˈheːbəbaum] m palanca f; ~bühne f plataforma f elevadora; ~l m (7) palanca f; alle ~ in Bewegung setzen tocar todos los registros od. resortes; ₂n (30) levantar; alzar; subir; ⊕ elevar; fig. favorecer; aumentar; F e-n ~ (trinken) empinar el codo; sich ~ Vorhang: levantarse; fig. Stimmung: animarse; ~r m (7) sifón m; Kfz. gato m; ~vorrichtung f, ~werk n elevador m; ~zeug n cabria f.

Hebrä|er(in f) m [heˈbrɛːər(in)] m (7), ₂isch hebreo (-a) m (f).

Hebung [ˈheːbuŋ] f elevación f; fig. fomento m; aumento m; mejora f.

Hechel [ˈhɛçəl] f (15) rastrillo m; ₂n (29) **1.** v/t. rastrillar; **2.** v/i. Hund: jadear.

Hecht [hɛçt] m (3) lucio m; ~sprung m salto m de carpa; plancha f.

Heck [hɛk] n (3) ⚓ popa f; Kfz. parte f trasera; ~e f (15) seto m (vivo); ~enrose f escaramujo m, rosa f silvestre; ~enschere f tijeras f/pl. de jardinero; ¹~enschütze m francotirador m; ¹~motor m motor m trasero; ¹~scheibe

f Kfz. lun(et)a *f* trasera (*heizbare térmica).*
Hederich ❦ ['heːdəriç] *m* (3) mostaza *f* silvestre.
Heer [heːr] *n* (3) ejército *m*; *fig.* multitud *f*; nube *f*; **¹~esbericht** *m* parte *m* de guerra; **¹~esleitung** *f* alto mando *m* (del ejército); **¹~(es)zug** *m* expedición *f* militar; **¹~führer** *m* jefe *m* del ejército; **¹~lager** *n* campamento *m*; **¹~schau** *f* desfile *m* militar.
Hefe ['heːfə] *f* (15) levadura *f*; (*Bodensatz*) hez *f* (*a. fig.*).
Heft [hɛft] *n* (3) (*Schreib*Ջ) cuaderno *m*; (*Broschüre*) folleto *m*; (*Zeitschrift*) número *m*; (*Lieferung*) fascículo *m*; (*Griff*) mango *m*; (*am Degen*) puño *m*; *fig. das ~ in der Hand haben* tener la sartén por el mango; **²en** (26) sujetar; fijar; (*nähen*) hilvanar; *Buch*: encuadernar en rústica; **¹~faden** *m* hilo *m* de hilvanar.
heftig ['-tiç] violento; impetuoso; vehemente; (*stark*) intenso, fuerte; *~ werden* encolerizarse; *~ werden Wind*: arreciar; **Ջkeit** *f* violencia *f*; vehemencia *f*; fuerza *f*.
'Heft|**klammer** *f* clip *m*, sujetapapeles *m*; grapa *f*; **~maschine** *f* grapadora *f*, cosedora *f*; **~naht** *f* hilván *m*; **~pflaster** *m* esparadrapo *m*; **Ջweise** *Buch*: por fascículos; **~zwecke** *f* chincheta *f*.
hegen ['heːɡən] (25) cuidar de; *Hoffnung*: abrigar; *Plan, Gedanken*: acariciar.
Hehl [heːl] *n* (3): *kein(en) ~ daraus machen* no disimularlo; decirlo con toda franqueza; **¹Ջen** (25) encubrir; **¹~er(in)** *f* (*m*) encubridor(a) *m* (*f*), receptador(a) *m* (*f*), **~e'rei** *f* encubrimiento *m*, receptación *f*.
hehr *poet.* [heːr] augusto, sublime.
Heide¹ ['haɪdə] *m* (13) pagano *m*.
'Heide² *f* (15) brezal *m*; landa *f*; **~kraut** *n* brezo *m*.
Heidelbeere ['-dəlbeːrə] *f* arándano *m*.
Heiden|**angst** F ['-dən?aŋst] *f* miedo *m* cerval; **~arbeit** F *f* trabajo *m* enorme; **~geld** F *n* dineral *m*; *ein ~ kosten* costar un riñón *od.* un ojo de la cara; **~lärm** F *m* ruido *m* infernal; **~spaß** F *m*: *e-n ~ haben* F pasarlo bomba; **~tum** *n* (1²) paganismo *m*.
Heideröschen ['-dərøːsçən] *n* (6) zarzarrosa *f*.

Heid|**in** ['-din] *f* pagana *f*; **Ջnisch** ['-dnɪʃ] pagano.
heikel ['haɪkəl] delicado; espinoso; precario; *Person*: exigente, delicado.
Heil [haɪl] 1. *n* (3) salud *f*; *R.el.* salvación *f*; *sein ~ versuchen* probar fortuna; 2. Ջ *adj.* entero; intacto; (*gesund*) sano (y salvo); (*geheilt*) curado; (*unverwundet*) ileso.
Heiland ['-lant] *m* Salvador *m*.
'Heil|**-anstalt** *f* sanatorio *m*; **~bad** *n* estación *f* termal; balneario *m*; **Ջbar** curable; **~barkeit** *f* curabilidad *f*; **~butt** *m* hipogloso *m*, halibut *m*; **Ջen** (25) 1. *v/t.* curar; 2. *v/i.* (sn) curarse, sanar; **~gehilfe** *m* auxiliar *m* de clínica; **~gymnastik** *f* gimnasia *f* terapéutica; fisioterapia *f*; **~gymnastin** *f* fisioterapeuta *f*.
heilig ['haɪlɪç] santo; sagrado; *die Ջen Drei Könige* los Reyes Magos; *das Ջe Land* la Tierra Santa; *der Ջe Abend = Ջ-abend m* Nochebuena *f*; **Ջe(r *m*) *f/m** santo (-a) *m* (*f*); **~en** ['--ɡən] (25) santificar; **Ջenbild** *n* imagen *f* de santo; **Ջenschein** *m* nimbo *m*, aureola *f*; **Ջenschrein** *m* camarín *m*; relicario *m*; **Ջkeit** ['-lɪçkaɪt] *f* santidad *f*; **~sprechen** canonizar; **Ջsprechung** *f* canonización *f*; **Ջtum** *n* (1²) santuario *m*; lugar *m bzw.* objeto *m* sagrado.
'Heil|**kraft** *f* virtud *f* curativa; **Ջkräftig** curativo; saludable; **~kraut** *n* hierba *f* medicinal; **~kunde** *f* ciencia *f* médica; terapéutica *f*; **Ջlos** desesperado; infernal; **~methode** *f* método *m* curativo; **~mittel** *n* remedio *m*; medicina *f*, medicamento *m*; **~pflanze** *f* planta *f* medicinal; **~praktiker** *m* curandero *m*; **~quelle** *f* aguas *f/pl.* mineromedicinales; **Ջsam** saludable (*a. fig.*); **~s-armee** *f* Ejército *m* de Salvación; **~stätte** *f* sanatorio *m*; **~ung** *f* cura(ción) *f*; **~verfahren** *n* tratamiento *m* (terapéutico), terapia *f*; **~wirkung** *f* efecto *m* curativo.
Heim [haɪm] 1. *n* (3) hogar *m*; casa *f*; (*Anstalt*) asilo *m*; residencia *f*; 2. Ջ *adv.* a casa; **¹~arbeit** *f* ('*~arbeiter m*) trabajo *m* (trabajador *m*) a domicilio.
Heimat ['-maːt] *f* (16) patria *f*, país *m* (natal; *engere*: patria *f* chica; **~dichtung** *f* poesía *f* regional; **~hafen** ⚓ *m* puerto *m* de matrícula; **~kunde** *f* geografía *f* local; **~land** *n* patria *f*;

Helium

~lich del país; ~liebe f apego m al terruño; ~los sin patria; sin domicilio; apátrida; ~ort m lugar m de nacimiento bzw. de origen; ~stadt f ciudad f natal; ~staat m país m de origen; ~vertriebene(r) m expulsado m.

heim... ['haɪm...]: in Zssgn oft a casa; ~begeben: sich ~ volver a casa; ~bringen acompañar a casa; ℒchen Zo. ['-çən] n (6) grillo m; ℒcomputer m ordenador m doméstico; ~elig ['-məlɪç] acogedor m; ℒfahrt f viaje m de vuelta; ℒgang fig. m óbito m; ~gehen (sn) volver a casa; fig. fallecer; ~isch local; del país; fig. familiar; sich ~ fühlen sentirse como en casa; ~ werden aclimatarse; ℒkehr ['-keːr] f (16) vuelta f, regreso m (a casa); ~kehren, ~kommen (sn) volver a casa; ℒkehrer ['-keːrər] m (7) repatriado m; ~leuchten fig.: j-m ~ mandar a paseo a alg.

heimlich ['-lɪç] secreto, oculto; clandestino; disimulado; adv. en secreto; a escondidas; ℒkeit f secreto m; disimulo m; ~tun andar con tapujos.

'Heim|reise f viaje m de vuelta; ~spiel n Sport: partido m en casa; ~stätte f hogar m; ℒsuchen (plagen) azotar, plagar; ~suchung f tribulación f; plaga f; Rel. visitación f; ~tücke f perfidia f; 𝔯𝔞 alevosía f; ℒtückisch pérfido; 𝔯𝔞 alevoso; ~wärts ['-vɛrts] de vuelta; ~weg m vuelta f; ~weh n nostalgia f, añoranza f; ~werken n neol. bricolaje m; ~werker m (7) neol. bricolador m; ℒzahlen: ich werde es dir ~! ¡me lo pagarás!

Heinzelmännchen ['haɪntsəlmɛnçən] n duende m.

Heirat ['haɪraːt] f (16) casamiento m; matrimonio m; boda f; ℒen (26) casarse (j-n con alg.).

'Heirats|-antrag m petición f de mano; ~anzeige f participación f de boda; ℒfähig núbil; casadero; ~kandidat m pretendiente m; ℒlustig deseoso de casarse; ~schwindler m timador m de matrimonio; ~urkunde f acta f od. partida f de matrimonio; ~vermittler(in f) m casamentero (-a) m (f); ~vermittlung f agencia f matrimonial.

heischen ['-ʃən] (27) exigir, pedir.

heiser ['-zər] ronco; ~ werden enronquecer; ℒkeit f ronquera f.

heiß [haɪs] (muy) caliente; Klima: cálido; Wetter: caluroso; fig. ardiente; mir ist ~ tengo calor; es ist (sehr) ~ hace (mucho) calor; fig. ~er Draht línea f caliente; ~blütig ['-blyːtɪç] ardiente, fogoso.

heißen ['-tsən] (30) **1.** v/t. (nennen) llamar, nombrar; (befehlen) mandar; **2.** v/i. llamarse; (mit Familiennamen) apellidarse; (bedeuten) querer decir, significar; das heißt es decir; es heißt, daß se dice que; was soll das ~? ¿qué quiere decir eso?

'Heiß|hunger m hambre f canina; ℒlaufen ⊕ calentarse; ℒluftheizung f calefacción f por aire caliente.

heiter ['haɪtər] sereno; (fröhlich) alegre; Landschaft: risueño; Himmel: despejado; ℒkeit f serenidad f; alegría f; (Gelächter) hilaridad f, risas f/pl.

heiz|en ['-tsən] (27) calentar; Kessel, Ofen: encender; ℒer m (7) fogonero m; ℒgerät n calefactor m; ℒkissen n almohadilla f eléctrica; ℒkörper m radiador m; ℒkraft f poder m calorífico; ℒmaterial n combustible m; ℒ-öl n fuel(-oil) m; ℒplatte f placa f calefactora; ℒsonne f radiador m eléctrico; ℒung f calefacción f.

Hektar ['hɛkˈtaːr] n (3¹, nach Zahlen uv.) hectárea f.

Hekt|ik ['-tik] f (16, o. pl.) ajetreo m; agitación f; ℒisch febril; agitado.

Hektoliter ['-toˈliːtər] m hectolitro m.

Held [hɛlt] m (12) héroe m.

Helden|epos ['-dənˈʔeːpɔs] n cantar m de gesta; epopeya f; ℒhaft, ℒmütig ['-myːtɪç] heroico; ~mut m heroísmo m; ~sage f leyenda f heroica; ~tat f hazaña f, proeza f; ~tenor m tenor m dramático; ~tod m muerte f heroica; den ~ sterben morir por la patria; ~tum n (1, o. pl.) heroísmo m; ~vater Thea. m barba m.

Heldin ['-dɪn] f heroína f.

helf|en ['-fən] (30) ayudar; (beistehen) socorrer, asistir, auxiliar; (nützen) servir, ser útil (zu para); ⚔ gegen ser bueno para od. contra; nichts ~ no valer nada; es hilft (alles) nichts! no hay remedio; was hilft's? ¿qué remedio?; sich (dat.) zu ~ wissen arreglárselas; defenderse; sich (dat.) nicht zu ~ wissen no saber qué hacer; ℒer(in f) m (7) ayudante su.; asistente su.; ℒershelfer m cómplice m.

Helium ['heːljʊm] n (11) helio m.

hell [hɛl] claro (*a. Farbe, Stimme, Haar*); *Klang*: a. agudo; (*erleuchtet*) iluminado; *fig.* (*gescheit*) espabilado; vivo; ~ *werden* amanecer; *es ist schon* ~ ya es de día; *am* ~*en Tage* en pleno día; *in* ~*er Verzweiflung* desesperado; ~ *auflachen* soltar una carcajada; ¹~**blau** azul claro; ¹~**blond** rubio claro; ¹²**dunkel** *n* penumbra *f*; *Mal.* claroscuro *m*; ¹²**e** *f* (15) claridad *f*; luminosidad *f*.

Heller [ˈhɛlər] *m* (7) ardite *m*, penique *m*; *auf* ~ *und Pfennig* hasta el último céntimo; *keinen* ~ *wert sn* no valer un ardite.

hell|**euchtend** [ˈhɛl-lɔʏçtənt] luminoso; ~**farbig** (de color) claro; ~**haarig** de pelo claro; ~**hörig** de oído fino; *die Wohnung ist sehr* ~ se oye todo a través de las paredes; *fig.* ~ *werden* escamarse; ²**igkeit** *f* claridad *f*; luminosidad *f*; ²**sehen** *n* doble vista *f*; ²**seher(in** *f*) *m* vidente *su*.; ~**seherisch** [ˈ-zeːərɪʃ] vidente; ~**sichtig** [ˈ-zɪçtɪç] clarividente; ²**sichtigkeit** *f* clarividencia *f*; ~**wach** desvelado.

Helm [hɛlm] *m* (3) casco *m*; *hist.* yelmo *m*; ¹~**busch** *m* penacho *m*.

Hemd [hɛmt] *n* (5) camisa *f*; ¹~**bluse** *f* blusa *f* camisera; ¹~**blusenkleid** *n* (vestido *m*) camisero *m*; ~**brust** *f* pechera *f*; ²~**s-ärmel** *m* manga *f* de camisa; ¹²**s-ärmelig** en mangas de camisa; F *fig.* informal, desenvuelto.

Hemisphäre [hemiˈsfɛːrə] *f* (15) hemisferio *m*.

hemm|**en** [ˈhɛmən] (25) detener, parar; contrarrestar, frenar; (*hindern*) impedir; *a.* 𝄞 inhibir; *seelisch*: cohibir; ~**end** represivo; 𝄞 inhibitorio; ²**nis** *n* (4¹) obstáculo *m*; traba *f*; ²**schuh** ⊕ *m* zapata *f*; calza *f*; ²**ung** *f* detención *f*; entorpecimiento *m*; *a.* 𝄞 inhibición *f*; *seelische*: cohibición *f*; (*Bedenken*) escrúpulo *m*; ⊕ *Uhr*: escape *m*; ~*en haben* sentirse cohibido; ~**ungslos** desenfrenado; sin escrúpulos.

Hengst [hɛŋst] *m* (3²) caballo *m* padre, semental *m*.

Henkel [ˈhɛŋkəl] *m* (7) asa *f*.

henk|**en** [ˈ-kən] (25) ahorcar; ²**er** *m* (7) verdugo *m*; *scher dich zum* ~!, *hol dich der* ~! ¡vete al diablo!; *zum* ~! ¡al demonio!; ²**ersmahlzeit** *f* última comida *f*; F *fig.* comida *f* de despedida.

Henne [ˈhɛnə] *f* (15) gallina *f*; *junge* ~ polla *f*.

her [heːr] aquí, acá; ~ *zu mir!* ¡(para) aquí!; ~ *damit!* ¡démelo!; *von ... ~* desde; *wo ist er* ~? ¿dónde nació?; *es ist nicht weit* ~ *damit* no vale mucho; *es ist lange* ~, *daß* hace mucho tiempo que; *es ist ein Jahr* ~, *daß* hace un año que; *hinter et.* ~ *sn* ir tras a/c.; *hinter j-m* ~ *sn* perseguir a alg.

herab [hɛˈrap] hacia abajo; *von oben* ~ de arriba (abajo); *fig.* altanero; ~**fallen** (sn) caer; ~**hängen** pender, colgar; ~**klettern** (sn) bajar (trepando); ~**lassen** bajar, descender; *sich* ~ *zu fig.* condescender a, dignarse *inf.*; ~**lassend** condescendiente; altanero; *adv.* con aire de desprecio; ²~**lassung** *f* condescendencia *f*; ~**sehen** mirar hacia abajo; *fig. auf j-n* ~ mirar a alg. con desprecio; ~**setzen** reducir, bajar (*a. Preis*); *fig.* desacreditar; denigrar; ²~**setzung** *f* reducción *f*; rebaja *f*; *fig.* denigración *f*; ~**sinken** (sn) caer lentamente; ~**springen** (sn) saltar abajo; ~**steigen** (sn) descender, bajar; ~**stürzen** (sn) 1. *v/t.* precipitar; 2. *v/i.* despeñarse; ~**würdigen** envilecer; degradar; ²~**würdigung** *f* degradación *f*.

heran [hɛˈran] por aquí; *näher* ~ más cerca; *nur* ~! ¡venga acá!; ~**bilden** formar; ~**drängen**: *sich* ~ *an* (*ac.*) empujar para llegar a; ~**gehen** (sn): ~ *an* (*ac.*) acercarse a; *fig.* abordar (*ac.*); ponerse a; ~**kommen** (sn) acercarse; *fig. an sich* ~ *lassen* aguardar (con paciencia); ~**machen**: *sich* ~ *an* (*ac.*) *fig.* abordar a/c. *od.* a alg.; ~**nahen** (sn) acercarse; aproximarse; ~**reichen** alcanzar (*an ac. od.* a); ~**reifen** (sn) ir madurando; llegar a; ~**rücken** *v/t.* (*v/i.* [sn]) acercar(se); ~**schleichen** (sn): *sich* ~ acercarse furtivamente; ~**treten** (sn) acercarse; *fig. an j-n* ~ dirigirse a alg.; ~**wachsen** (sn) ir creciendo; ~**wagen**: *sich* ~ *an* (*ac.*) *fig.* atreverse a; ~**ziehen** atraer; *fig.* recurrir a; consultar a; ~ *zu* invitar a tomar parte en; hacer contribuir a.

herauf [hɛˈraʊf] hacia arriba; ~ *und herunter* subiendo y bajando; ~**beschwören** evocar; *fig.* causar; ~**bringen** subir; ~**führen** llevar arriba; ~**holen** subir; ~**kommen** subir; ~**setzen** *Preis*: aumentar, subir; ~

hereinlegen

steigen (sn) subir; **~ziehen 1.** v/t. subir; **2.** v/i. (sn) Gewitter: amenazar, cernerse.

heraus [hɛˈraʊs] fuera; afuera; von innen ~ desde dentro; ~ mit der Sprache! ¡explíquese!; F ¡desembucha!; **~bekommen** lograr sacar; (entdecken) descubrir; averiguar; Geld: recibir la vuelta; Rätsel: adivinar; Aufgabe: solucionar, resolver; **~bringen** sacar; Buch: publicar; Thea. estrenar; Ware: lanzar (al mercado); fig. averiguar; **~fahren** salir; fig. Wort: escapárse le; **~finden** descubrir; **2forderer** m (7) provocador m; retador m; **~fordern** provocar; retar, desafiar; **~fordernd** provocador, provocativo; **2forderung** f provocación f; reto m, desafío m; **2gabe** f entrega f; restitución f; e-s Buches: publicación f; **~geben** devolver; restituir; Buch: publicar; editar; Geld: dar la vuelta; können Sie ~? ¿tiene cambio?; **2geber** m editor m; **~gehen** (sn) Fleck: irse; fig. aus sich ~ soltarse; **~greifen** escoger; entresacar (aus de); **~haben:** F ich hab's heraus! ¡ya lo tengo!; **~hängen** colgar fuera; **~heben** sacar (aus de); **~holen** sacar (aus de); **~kehren** den ... ~ presumir de, F echárselas de; **~kommen** (sn) salir (a. ♣); (bekanntwerden) descubrirse; salir a la luz; Ergebnis: resultar; Buch: publicarse; dabei kommt nichts heraus eso no conduce a nada; auf eins od. dasselbe ~ venir a ser lo mismo; **~können** F poder salir; **~kriechen** (sn) salir arrastrándose; **~kriegen** F s. ~bekommen; **~lassen** F dejar salir; **~laufen** (sn) salir corriendo; Wasser: derramarse; **~locken** sonsacar; **~machen** Fleck: quitar; F fig. sich ~ adelantar; progresar; **~nehmen** sacar; retirar; ~ extirpar; sich et. (dat.) ~ permitirse a/c.; **~platzen** (sn): ~ mit soltar (ac.); descolgarse con; **~putzen** adornar; sich ~ acicalarse; **~quellen** (sn) brotar, emanar; **~ragen** sobresalir (aus en; über entre); **~reden:** sich ~ buscar pretextos; poner excusas; **~reißen** arrancar; fig. j-n: sacar del apuro; **~rücken 1.** v/t.; Geld ~ desembolsar; F aflojar la mosca; **2.** v/i. (sn): mit et. ~ soltar a/c.; mit der Sprache ~ explicarse; F desembuchar; **~rufen** llamar (a. Thea.); **~rutschen** (sn) fig. escaparse; ~

~schlagen fig. sacar (aus de); **~spritzen** (sn) salir a chorros; **~stellen** (hervorheben) hacer resaltar; subrayar; sich ~ als resultar; **~strecken** sacar (a. Zunge); den Kopf zum Fenster ~ asomar la cabeza a la ventana; **~streichen** poner de relieve; enaltecer; **~strömen** (sn) salir en masa; **~stürzen** (sn) salir precipitadamente; **~suchen** escoger; **~treten** (sn) salir; **~winden:** sich ~ fig. lograr salir de un apuro; **~wollen:** nicht mit der Sprache ~ no querer hablar; **~ziehen** extraer.

herb [hɛrp] acerbo; acre; a. fig. áspero; Wein: seco.

herbei [hɛrˈbaɪ] (por) aquí, acá; **~eilen** (sn) acudir; **~führen** fig. causar, producir; **~holen** ir a buscar; **~rufen** llamar; **~schaffen** traer; procurar; **~sehnen** esperar con impaciencia; **~strömen** (sn) afluir, acudir en masa.

her|bekommen ['hɛːrbəkɔmən] conseguir; **~bemühen** invitar a venir; sich ~ tomarse la molestia de venir. **Herberge** ['hɛrbɛrɡə] f (15) hospedaje m; (Haus) albergue m; posada f.

her|bestellen ['hɛːrbə∫tɛlən] hacer venir; citar; llamar; **~beten** recitar (maquinalmente).

Herbheit ['hɛrphaɪt] f acritud f; aspereza f.

her|bitten ['hɛːrbɪtən] rogar que venga(n); **~bringen** traer.

Herbst [hɛrpst] m (3²) otoño m; im ~ en otoño; **2lich** otoñal; **~zeitlose** ♀ ['-tsaɪtloːzə] f (15) cólquico m.

Herd [heːrt] m (3) hogar m (a. fig. Heim); (Küchen2) cocina f; fig. u. ♂ foco m.

Herde ['heːrdə] f (15) rebaño m; manada f; fig. tropel m; **~ntrieb** m instinto m gregario.

herein [hɛˈraɪn] (hacia) adentro; hacia el interior; ~! ¡adelante!; **~bekommen** † recibir; **~bemühen:** sich ~ tomarse la molestia de entrar; **~bitten** rogar que entre(n); **~brechen** (sn) Unheil: sobrevenir; Nacht: caer; **~bringen** (hacer) entrar; recoger; **~fallen** (sn) F llevarse un chasco; darauf ~ caer en la trampa; **~führen** hacer pasar (in ac. a); **~holen** j-n: hacer entrar; et.: recoger; **~kommen** (sn) entrar; pasar; **~lassen** dejar entrar; hacer pasar; **~legen** F tomar el pelo (a); timar;

hereinplatzen

~**platzen** F irrumpir (*in ac.* en); entrar de improviso; ~**regnen**: es regnet herein entra la lluvia, hay goteras; ~**rufen** llamar; ~**scheinen** penetrar (*in ac.* en); ~**schleichen**: sich ~ entrar furtivamente *od.* a hurtadillas; ~**schneien** 1. (h.): es schneit herein entra la nieve; 2. (sn) *fig.* llegar de sopetón; ~**stürzen** entrar precipitadamente.

her|fahren ['he:rfɑ:rən] 1. v/t. traer (en coche); 2. v/i. (sn) venir en coche; ℒ**fahrt** f viaje m de ida; ~**fallen** (sn): ~ über (*ac.*) abalanzarse sobre; *fig.* arremeter contra; ~**finden** encontrar el camino; ~**führen** traer (aquí); ℒ**gang** m lo ocurrido; (*Verlauf*) desarrollo m; ~**geben** dar; *fig.* sich ~ zu prestarse a; ~**gebracht** ['-gəbraxt] *fig.* tradicional, usual; ~**gehen** (sn): hinter j-m ~ seguir a alg.; neben j-m ~ marchar al lado de alg.; vor j-m ~ ir delante de alg.; preceder a alg.; es geht hoch her hay gran jaleo; ~**gelaufen**: ein ~er Mensch un cualquiera; ~**haben**: wo hast du das her? ¿de dónde has sacado esto?; ~**halten**: ~ müssen tener que sufrir la consecuencias; F tener que pagar el pato; ~**holen** ir a buscar; weit hergeholt *fig.* rebuscado; ~**hören** escuchar.

Hering ['he:rɪŋ] m (3¹) arenque m; (*Zelt*ℒ) piquete m; *fig.* wie die ~e como sardinas en banasta; ~**s-salat** m ensalada f de arenque.

her|kommen ['he:rkɔmən] (sn) venir; acercarse; *fig.* provenir, proceder de; resultar de; komm her! ¡ven acá!; ¡acércate!; ~**kömmlich** ['-kœmlɪç] usual; tradicional; convencional; ℒ**kunft** ['-kʊnft] f (14¹) origen m; procedencia f; ~**laufen** (sn) correr (*hinter dat.* detrás de); ~**leiten** *fig.* derivar, deducir de; ~**machen**: sich ~ über (*ac.*) precipitarse sobre.

Hermelin [hɛrməˈliːn] n (*Pelz* m) (3¹) armiño m.

hermetisch [-ˈmeːtiʃ] hermético.

hernach [-ˈnɑːx] depués; luego.

Heroin [heroˈiːn] n (3¹, *o. pl.*) heroína f; F caballo m; ℒ**süchtig**, ~**süchtige(r)** m heroinómano (m).

hero|isch [-ˈroːɪʃ] heroico; ℒ**ismus** m heroismo m.

Herold ['he:rɔlt] m (3) heraldo m.

Herpes 𝒮 ['hɛrpɛs] m *uv.* herpe(s) m.

Herr [hɛr] m (12²) señor m (*a. Anrede*); caballero m; (*Besitzer*) dueño m, amo m; (*Gott*) der ~ el Señor; sehr geehrter ~ X! muy señor mío.; meine Damen und ~en! ¡señoras y señores (*od.* caballeros)!; sein eigener ~ sn no depender de nadie; ~ der Lage sn ser dueño de la situación; den großen ~n spielen darse aires de gran señor; aus aller ~en Ländern de todo el mundo.

'**Herren...**: in Zssgn oft *de od.* para caballero(s); ~**anzug** m traje m de caballero; ~**doppel** (~**einzel**) n *Tennis*: doble (individual) m masculino; ~**haus** n casa f señorial; ℒ**los** sn dueño; abandonado; ~**mode** f moda f masculina; ~**schneider** m sastre m para caballeros; ~**schnitt** m corte m a lo chico *od.* a lo garçon; ~**sitz** m casa f señorial; im ~ reiten montar a horcajadas; ~**zimmer** n gabinete m, despacho m.

Herrgott ['-gɔt] m (1¹, *o. pl.*): unser ~ Nuestro Señor.

herrichten ['he:rrɪçtən] preparar; arreglar; sich ~ arreglarse.

Herr|in ['hɛrɪn] f (16¹) ama f; señora f; dueña f; ℒ**isch** imperioso, autoritario; ℒ**je(mine)!** [-ˈjeː(miːne)] F ¡Dios mío!; ℒ**lich** magnífico; espléndido; ~ und in Freuden leben darse buena vida; ~**lichkeit** f magnificencia f; esplendor m; R.el. gloria f; ~**schaft** f dominio m; dominación f; imperio m; reinado m; soberanía f; die ~en los señores; die ~ verlieren über perder el control de; ℒ**schaftlich** señorial.

herrsch|en ['hɛrʃən] (27) dominar; reinar (*a. fig.*); ~**end** reinante (*a. fig.*); ~**er(in** f) m (7) soberano (-a) m (f); ℒ**erhaus** n dinastía f; ℒ**sucht** f afán m de dominar; ℒ**süchtig** autoritario; dominador; despótico; F mandón.

her|rühren ['he:rryːrən] (pro)venir (*von* de); proceder (de); ~**sagen** recitar; ~**schaffen** traer; procurar; ~**stammen** ser oriundo *od.* natural (*von* de).

'**herstell|en** hacer; fabricar; producir; *Verbindung*: establecer; ℒ**er** m (7) fabricante m; productor m; ℒ**ung** f producción f; fabricación f; ℒ**ungskosten** *pl.* gastos m/pl. de producción.

herüber [hɛˈryːbər] hacia aquí *od.* acá; ~**geben**, ~**reichen** pasar, alcanzar.

herum [-ˈrum] alrededor de (*a. zeitl.*); *hier (dort)* ~ por aquí (allí); ~**albern** hacer el tonto; ~**ärgern**: *sich* ~ *mit* fastidiarse con; ~**bummeln** (sn) callejear; gandulear; ~**drehen** dar la vuelta a; *Kopf*: volver; *sich* ~ volverse; ~**fahren**: ~ *um* dar la vuelta a; ~ *mit* esgrimir (*ac.*); *mit den Armen* ~ bracear; ~**fuchteln** (sn) correr de un lado a otro; ~ *um* correr alrededor de; *frei* ~ andar suelto; ~**liegen** estar esparcido(s); andar tirado (por ahí); ~**lungern** holgazanear, gandulear; ~**reichen** hacer circular, pasar; ~**reisen** (sn) viajar mucho; ~ *in (dat.)* recorrer (*ac.*); ~**reiten** (sn): *fig. auf et.* ~ insistir en a/c.; ~**schlagen**: *fig. sich* ~ *mit* luchar con; ~**schnüffeln** *fig.* fisgonear; curiosear; ~**sprechen**: *sich* ~ divulgarse; ~**stehen** rodear (*um et. ac.*); *untätig*: estar ocioso; ~**stöbern** curiosear, huronear; revolver (*in dat.* a/c.); ~**tanzen**: *fig. j-m auf der Nase* ~ hacer de alg. lo que se quiere; ~**treiben**: *sich* ~ andar vagando (*in dat.* por); vagabundear; ²**treiber** *m* vagabundo *m*; ~**wälzen**: *sich* ~ revolcarse; *im Bett*: dar vueltas; ~**werfen** *Boot, Kfz.* hacer virar; *Sachen*: esparcir, desparramar (por el suelo); *das Steuer* ~ *a. fig.* dar un golpe de timón; ~**wirtschaften** *fig.* trajinar; ~**wühlen**: ~ *in (dat.)* revolver (*ac.*); ~**zanken**: *sich* ~ reñir; ~**ziehen** vagar por; ir de un sitio a otro.

herunter [-ˈruntər] (hacia) abajo; ~**bringen** bajar; *fig.* arruinar; ~**fallen** caer(se); ~**gehen** bajar; *fig.* disminuir; ~**handeln** regatear; ~**hauen**: *j-m e-e* ~ pegarle una bofetada a alg.; ~**holen** bajar; ⚔ derribar; ~**klappbar** abatible; ~**klappen** bajar; abatir; ~**kommen** (sn) bajar; *fig.* venir a menos, decaer; ~**lassen** (hacer) bajar; ~**machen**, ~**putzen** F *fig.* poner como un trapo *od.* de vuelta y media; ~**nehmen** bajar; ~**reißen** arrancar; *fig.* desollar (vivo); ~**spielen** *fig.* minimizar, desdramatizar.

hervor [hɛrˈfoːr] adelante; (*heraus*) fuera; *hinter ...* ~ (por) detrás de; *zwischen ...* ~ por entre; ~**brechen** (sn) salir (con ímpetu), prorrumpir; ~**bringen** producir; crear; *Worte*: proferir; ~**gehen** (sn) nacer, proceder (*aus de*); (*sich ergeben*) resultar (*aus de*); *als Sieger* ~ salir vencedor (*aus de*); ~**heben** *fig.* poner de relieve, hacer resaltar, subrayar; ~**holen** sacar; ~**kommen** (sn) salir; ~**ragen** resaltar; *a. fig.* sobresalir; *fig.* distinguirse (*aus de*); descollar (*aus entre*); ~**ragend** saliente; *fig.* excelente, destacado; sobresaliente; (*Thea.* a escena); *fig.* ocasionar; provocar; causar; ~**stechend** destacado; llamativo; ~**stehen**: saliente; resaltar; ~**stehend** saliente; prominente; ~**treten** (sn) adelantarse; *fig.* destacarse; ~**tun**: *sich* ~ distinguirse, lucirse; descollar; ~**zaubern** hacer aparecer como por ensalmo; ~**ziehen** sacar.

her|wagen [ˈheːrvaːɡən]: *sich* ~ atreverse a venir; ²**weg** [ˈ-veːk] *m*: *auf dem* ~ al venir.

Herz [hɛrts] *n* (12²) corazón *m* (*a. fig. u. Kartenspiel*); *von* ~**en** gern de todo corazón; *am* ~**en liegen** preocupar, interesar mucho; *ans* ~ *legen* recomendar encarecidamente; *ein* ~ *haben für* simpatizar con; *j-m das* ~ *bricht* llegar al alma; *ein* ~ *und e-e Seele sn* ser uña y carne; *das* ~ *auf der Zunge haben* llevar el corazón en la mano; *es nicht übers* ~ *bringen zu* no tener valor para; *es bricht ihm das* ~ se le parte el corazón; *sich ein* ~ *fassen* cobrar ánimo, F hacer de tripas corazón; *sich et. zu* ~**en nehmen** tomar a/c. a pecho; '~**...**: *in Zssgn* del corazón, ⚕ cardíaco; '~**anfall** *m* ataque *m* cardíaco *od.* al corazón; '~**as** *n* as *m* de corazones; '~**beschwerden** *f/pl.* trastornos *m/pl.* cardíacos; '~**beutel** *m Anat.* pericardio *m*; '²**en** (27) acariciar.

¹**Herzens|-angst** *f* angustia *f*, congoja *f*; ~**brecher** *m* castigador *m*, rompecorazones *m*; ~**güte** *f* bondad *f* del corazón; ~**lust** *f*: *nach* ~ a mis (tus, sus) anchas; ~**wunsch** *m* vivo deseo *m*.

herz|-ergreifend conmovedor; **2-fehler** m lesión f cardíaca; **~förmig** ['-fœrmɪç] en forma de corazón, acorazonado; **~haft** valiente, resuelto; **~er Schluck** buen trago.

herziehen ['he:rtsi:ən]: **über j-n ~** denigrar a alg.; hablar mal de alg.

herzig ['hɛrtsɪç] mono; **~es Kind** monada f.

'Herz|-infarkt m infarto m de miocardio; **~kammer** f ventrículo m (del corazón); **~kirsche** f guinda f garrafal; **~klappe** f válvula f (cardíaca); **~klappenfehler** m lesión f valvular; **~klopfen** n palpitaciones f/pl. (del corazón); **2krank**, **2leidend** cardíaco; **~kranzgefäß** n vaso m coronario; **~leiden** n afección f cardíaca; cardiopatía f; **2lich** cordial; cariñoso; afectuoso; **~ gern** con mucho gusto; **~lichkeit** f cordialidad f; cariño m; afectuosidad f; **2los** sin corazón; insensible; cruel; **'~-'Lungen-Maschine** f corazón-pulmón m artificial; **~muskel** m miocardio m.

Herzog(in f) m ['hɛrtso:k, '--gɪn] (3[³]) duque(sa) m (f); **2lich** ducal; **~tum** n (1²) ducado m.

'Herz|schlag m latido m del corazón; (Anfall) apoplejía f; **~schrittmacher** m marcapasos m; **~spezialist** m cardiólogo m; **2stärkend** cordial; **~stillstand** m paro m cardíaco; **~verpflanzung** f trasplante m de corazón; **2zerreißend** desgarrador.

heterogen [hetero'ge:n] heterogéneo.

Hetz|e ['hɛtsə] f (15) (Eile) prisas f/pl.; precipitación f; fig. instigación f; campaña f difamatoria; **2en** 1. v/t. Hund: azuzar; Wild: cazar; acosar; (antreiben) dar prisa a; 2. v/i. (sich beeilen) apresurarse, darse prisa; gegen j-n ~ difamar, denigrar a alg.; agitar los ánimos contra alg.; **~er** m (7) agitador m; instigador m; **~e'rei** f ajetreo m; **~jagd** f cacería f; **~rede** f discurso m incendiario.

Heu [hɔy] n (3) heno m; Geld wie ~ haben F estar forrado (de dinero); **'~boden** m henil m.

Heuchel|ei [-çə'laɪ] f hipocresía f; **2eln** (29) simular, fingir; **~ler(in** f) m ['-çlər(ɪn)], **2lerisch** hipócrita (su.).

heuen ✓ ['-ən] (25) hacer heno, henificar.

Heuer ⚓ ['-ər] f (16) paga f; **2n** (29) enrolar; Schiff: fletar.

'Heu|-ernte f siega f del heno; **~gabel** f horca f (de heno); **~haufen** m montón m de heno.

heulen ['-lən] 1. v/i. (25) aullar; Wind: bramar; Sirene: ulular; (weinen) llorar; 2. **2 n** aullido m; bramido m; llanto m.

heurig ['-rɪç] sdd. de este año; Wein: nuevo.

'Heu|schnupfen 🐝 m fiebre f del heno; **~schrecke** ['-ʃrɛkə] f (15) langosta f; saltamontes m.

heut|e ['-tə] hoy; **~ morgen** (abend) esta mañana (noche); **~ vor acht Tagen** hace ocho días; **~ in acht Tagen** de hoy en ocho días; noch **~** hoy mismo; fig. von **~ auf morgen** de la noche a la mañana; **~ig** de hoy; actual; **~zutage** hoy (en) día.

Hexe ['hɛksə] f (15) bruja f; **2n** (27) brujear, hacer brujerías; fig. hacer milagros; **~njagd** f fig. caza f de brujas; **~nkessel** m fig. infierno m; **~nmeister** m brujo m; hechicero m; **~nsabbat** m aquelarre m; **~nschuß** 🐝 m lumbago m; **~'rei** f brujería f.

Hieb [hi:p] m (3) golpe m; **'2- und stichfest** fig. a toda prueba; contundente; **'~waffe** f arma f cortante.

hielt [hi:lt] s. halten.

hier [hi:r] aquí; (Adresse) en ésta; ciudad; **~!** bei Aufruf: ¡presente!; **~ (nimm)!** ¡toma!; **~ bin ich** aquí estoy; **~ ist (sind)** aquí está(n); he aquí; **von ~ ab** de aquí en adelante; **von ~ aus** de(sde) aquí; **~ und da** örtl. aquí y allá; zeitl. a veces; de vez en cuando; **~an** ['hi:ran] en esto od. ello.

Hierarch|ie [hierar'çi:] f (15) jerarquía f; **2isch** [--'çɪʃ] jerárquico.

hier|auf ['hi:raʊf] örtl. sobre esto; zeitl. después de esto, luego; **~aus** de aquí, de esto; **~bei** en esto; **~bleiben** (sn) quedarse aquí; **~durch** por od. con esto; así; Brief: con la presente; **~für** para esto; **~gegen** contra esto; **~her** aquí, acá; **'~hergehören** venir al caso; **~herum** por aquí; **~hin** aquí; u. dorthin por aquí y allá; **~in** en esto od. ello; **~mit** con esto od. ello; Brief: con la presente; **~nach** zeitl. después de esto; (folgernd) según esto.

Hieroglyphe [hiero'gly:fə] f (16) jeroglífico m.

hier|über ['hi:ry:bər] de od. sobre esto; **~unter** debajo de esto; entre

hinbringen

estos; ~**von** de esto; ~**zu** a esto; ~**zulande** [ˈtsulandə] [l'-tsulandə] en este país.

hiesig [ˈhiːzɪç] de aquí; local; del país; ✝ de esta plaza.

hieß [hiːs] s. heißen.

Hi-Fi-Anlage [ˈhaɪfaɪʔanlaːgə] f equipo m de alta fidelidad.

Hilfe [ˈhɪlfə] f (15) ayuda f; asistencia f; auxilio m; socorro m; Erste ~ primeros auxilios; (zu) ~! ¡socorro!; mit ~ von con (la) ayuda de; por medio de; ~ **leisten** prestar auxilio, auxiliar, socorrer (j-m a alg.); um ~ **bitten** bzw. **rufen** pedir auxilio; et. zu ~ **nehmen** valerse de a/c.; ⁰**flehend** suplicante; ~**leistung** f prestación f de auxilio; ~ asistencia f; ~**ruf** m grito m de socorro.

ˈhilflos desamparado; desvalido; ⁰**losigkeit** f desamparo m; ⁰**reich** caritativo; servicial.

Hilfs...: in Zssgn oft auxiliar; ~**arbeiter** m peón m; ⁰**bedürftig** necesitado, menesteroso; indigente; ⁰**bereit** servicial; dispuesto a ayudar; ~**bereitschaft** f complacencia f; ~**kraft** f auxiliar su.; ayudante su.; ~**mittel** n (re)medio m; auxilio m; recurso m; ~**schule** f s. Sonderschule; ~**verb** m verbo m auxiliar; ~**werk** n obra f benéfica.

Himbeer|e [ˈhɪmbeːrə] f (15) frambuesa f; ~**strauch** m frambueso m.

Himmel [ˈhɪməl] m (7) cielo m; um ~s willen! ¡por el amor de Dios!; du lieber ~ ¡cielos!; am ~ en el cielo; unter freiem ~ al aire libre; fig. in den ~ heben poner por las nubes; ~ und Hölle in Bewegung setzen (re)mover cielo y tierra; revolver Roma con Santiago; das schreit zum ~ esto clama al cielo; ⁰**angst**: mir ist ~ estoy muerto de miedo; ⁰**blau** (azul) celeste; ~**fahrt** f Ascensión f; Mariä ~ Asunción f; ~**reich** n reino m de los cielos; ⁰**schreiend** que clama al cielo, inaudito.

ˈHimmels...: in Zssgn oft celeste; ~**erscheinung** f meteoro m; ~**gewölbe** n bóveda f celeste; ~**körper** m cuerpo m celeste; ~**richtung** f punto m cardinal.

ˈhimm|elweit fig. inmenso, enorme; ~**lisch** celeste; celestial; fig. magnífico; divino.

hin [hɪn] hacia allí od. allá; F (kaputt) estropeado; perdido; ~ und zurück ida y vuelta; ~ und wieder a veces, de vez en cuando; ~ und her de un lado para otro, de acá para allá; ~ und her **gehen** ir y venir; ~ und her **bewegen** agitar; das ~ und Her el vaivén.

hinab [hɪˈnap] hacia abajo; ~**gehen**, ~**steigen** bajar, descender.

hinan [hɪˈnan] hacia arriba.

hinarbeiten [ˈhɪnʔarbaɪtən]: ~ auf trabajar para lograr (ac.); proponerse (ac.).

hinauf [hɪˈnaʊf] hacia arriba; ~**arbeiten**: sich ~ hacer carrera (a fuerza de trabajo); ~**bringen**, ~**fahren**, ~**gehen** (sn) subir; ~**klettern** (sn) encaramarse (auf ac. en); trepar (a); ~**setzen** Preis: aumentar, subir; ~**steigen** (sn) subir (auf ac. a); ascender; ~**tragen** subir.

hinaus [hɪˈnaʊs] (hacia) afuera; ~! ¡fuera (de aquí)!; zum Fenster ~ por la ventana; über ... ~ más allá de; ~**begleiten** acompañar afuera; ~**fahren** 1. v/i. (sn) salir; 2. v/t. sacar (el coche); ~**fliegen** (sn) salir volando; fig. ser despedido; ~**gehen** (sn) salir; ~ auf (ac.) Fenster: dar a; ~ über (ac.) pasar de, rebasar (ac.); ~**kommen** (sn) (lograr) salir; ~**können** poder salir; ~**laufen** (sn) salir corriendo; fig. ~ auf (ac.) ir a parar a od. en, acabar en; auf dasselbe od. auf eins ~ ser lo mismo; ~**lehnen**: sich ~ asomarse; ~**schaffen** transportar afuera; ~**schauen** mirar por; ~**scheren**: sich ~ F largarse; scher dich hinaus! ¡largo (de aquí)!; ~**schicken**: j-n ~ decir a alg. que salga; ~**schieben** fig. aplazar; ~**schleichen** (sn), sich ~ (h.) salir a hurtadillas; ~**schmeißen** F echar; ~**sehen**: ~ aus mirar por, asomarse a; ~**sein**: ~ über (ac.) haber pasado (ac.); ~**sollen**: wo soll das hinaus? ¿a qué viene eso?; ~**stürzen**: sich ~ atreverse a salir; ~**werfen** echar, tirar; j-n: echar a la calle; ~**wollen** querer salir; fig. worauf willst du hinaus? ¿qué es lo que pretendes?; hoch ~ tener grandes ambiciones; F picar muy alto; ~**ziehen** sacar; fig. dar largas a, retardar.

hin|begeben [ˈhɪnbəgeːbən]: sich ~ dirigirse a; ~**bestellen** hacer venir; citar; ⁰**blick** m: im ~ auf (ac.) en atención a, en vista de; ~**bringen** llevar a; die Zeit ~ pasar el tiempo od. el rato.

hinder|lich ['-dərliç] embarazoso; molesto; contrario; ~**n** (29) impedir; estorbar; molestar; 2**nis** n (4¹) obstáculo m; impedimento m, estorbo m; 2**nislauf** m, 2**nisrennen** n carrera f de obstáculos; 2**ungsgrund** m impedimento m; óbice m.

hin|deuten ['-dɔytən]: ~ *auf* señalar a; *a. fig.* indicar (*ac.*); ~**drängen 1.** v/t. empujar hacia; **2.** v/i. afluir a.

Hindu ['-du:] m (11[¹]) hindú m.

hindurch ['-durç] a través de; por; *zeitl.* durante; *den ganzen Tag* ~ todo el día; ~**gehen** (sn) pasar (*zwischen* por entre).

hinein [hi'nam] (hacia) adentro; in (*ac.*) ... ~ en; *bis tief in die Nacht* ~ hasta muy entrada la noche; ~**begeben:** *sich* ~ entrar; ~**denken:** *sich in j-s Lage* ~ ponerse en el lugar de alg.; ~**drängen:** *sich* ~ entrar empujando; ~**fahren** (sn) entrar; ~**finden:** *sich* ~ *in* (*ac.*) familiarizarse con; ~**gehen** (sn) entrar; *fig.* caber; ~**geraten** (sn) caer, ir a parar (*in ac.* en); ~**greifen** poner la mano en; ~**knien:** F *sich* ~ *in* (*ac.*) dedicarse a fondo *bzw.* con entusiasmo a; ~**kommen** (sn) entrar; ~**können** poder entrar; ~**kriechen** (sn) introducirse; ~**lassen** dejar entrar; ~**legen** meter (*in ac.* en); ~**passen** caber; ~**reden** meterse (*in ac.* en); ~**schütten** echar; ~**stecken** meter, poner (*in ac.* en); introducir; *Kapital:* invertir; ~**stopfen** embutir; ~**tun** meter; *e-n Blick* ~ echar una ojeada; ~**wagen:** *sich* ~ atreverse a entrar; ~**werfen** echar; ~**ziehen** *fig.* implicar (*in ac.* en); ~**zwängen** hacer entrar a la fuerza.

hin|fahren ['hinfɑ:rən] **1.** v/t. llevar; transportar; **2.** v/i. (sn) ir a; 2**fahrt** f viaje m de ida; ~**fallen** (sn) caer al suelo; caerse; ~**fällig** caduco, decrépito; (*ungültig*) caducado; nulo, sin validez; 2**fälligkeit** f caducidad f; decrepitud f; ~**finden** encontrar el camino; ~**fort** de aquí en adelante; ~**führen** llevar (*nach* a); *fig.* wo soll *das* ~? ¿adónde irá a parar (esto)?

hing [hiŋ] s. *hängen.*

Hin|gabe ['hingɑ:bə] f abnegación f, devoción f; entrega f; 2**geben** dar; *sich* ~ dedicarse a; entregarse a, abandonarse a; ~**gebung** f devoción f; 2**gebungsvoll** devoto; abnegado; 2'**gegen** en cambio; 2**gehen** (sn) ir (a); *Zeit:* pasar, transcurrir; *et.* ~ *lassen* dejar pasar; 2**gehören** estar en su sitio; 2**gelangen** (sn) llegar a; 2**geraten** (sn) ir a parar a; 2**gerissen** entusiasmado, absorto; 2**halten** presentar; tender; *fig.* hacer esperar; 2**haltend** dilatorio; 2**hören** prestar atención.

hinken ['hiŋkən] cojear (*a. fig.*); ~**d** cojo.

hin|knien ['hinkni:ən] (sn) (*a. sich*) ponerse de rodillas; ~**kommen** (sn) llegar a; *fig.* wo kämen wir denn hin? ¿adónde iríamos a parar?; ~**kriegen** F arreglar; lograr; *ich kriege es nicht hin* no me sale; ~**länglich** suficiente; *adv.* bastante; ~**legen** poner, colocar; *sich* ~ echarse, tenderse, tumbarse; ~**nehmen** tomar; *fig.* tolerar; soportar; ~**neigen:** ~ *zu* tender a; *sich* ~ *zu* inclinarse hacia; ~**raffen** *Tod:* segar, arrebatar; ~**reichen 1.** v/t. pasar; presentar; **2.** v/i. alcanzar, llegar; ser suficiente; ~**reichend** bastante; 2**reise** f viaje m de ida; ~**reisen** (sn) ir a; ~**reißen** arrebatar, entusiasmar, electrizar; *sich* ~ *lassen von* dejarse llevar por; ~**reißend** arrebatador, irresistible; ~**richten** ejecutar; 2**richtung** f ejecución f; ~**schaffen** transportar a; ~**schauen** mirar (hacia); 2**scheiden** n fallecimiento m; óbito m; ~**schicken** enviar, mandar; ~**schlachten** matar; ~**schlagen** (sn) F: *lang* ~ caer redondo; ~**schleppen** arrastrar; *sich* ~ arrastrarse; *fig.* prolongarse; ~**schmieren** garabatear; ~**schreiben** escribir; *rasch:* escribir a vuela pluma; ~**schwinden** (sn) ir disminuyendo; ~**sehen** mirar (hacia); fijarse (*auf* en); ~**setzen** poner, colocar; *sich* ~ sentarse; 2**sicht** f: *in dieser* ~ a este respecto; *in jeder* ~ a todas luces; *in gewisser* ~ en cierto modo; ~**sichtlich** (*gen.*) con respecto a, en cuanto a; ~**siechen** (sn) languidecer; ~**sinken** (sn) caer; desplomarse; 2**spiel** n *Sport:* partido m de ida; ~**stellen** poner, colocar; ~ *als* presentar como; *j-n:* tachar, tildar de; ~**strecken** tender, alargar; ~**strömen** (sn) afluir a; ~**stürzen** (sn) caer; (*eilen*) precipitarse hacia.

hintan|setzen [hint'⁷ʔanzɛtsən], ~**stellen** postergar; desatender.

hinten ['hintən] (por) detrás, atrás; (*im Hintergrund*) en el fondo; *von* ~

Hirsch

por detrás; *nach* ~ hacia atrás; ~ '**an** a la cola; '~**herum** por detrás; *fig.* a escondidas; ~'**über** de espaldas, hacia atrás.

hinter ['-tər] **1.** *prp.* (*wo? dat., wohin? ac.*) detrás de; tras; ~ *et. kommen* descubrir a/c.; ~ *sich lassen* dejar atrás; adelantar; *fig.* ~ *j-m stehen* respaldar a alg.; **2.** *adj.* trasero; posterior; ♀**achse** f eje m trasero; ♀**backe** f nalga f; ♀**bein** n pata f trasera; *fig. sich auf die* ~ *stellen* enseñar los dientes; ♀**bliebene(n)** [-'bli:bənə(n)] m/pl. deudos m/pl.; ~'**bringen** delatar; ~'**drein** s. ~*her*; ~**ei'nander** uno tras otro; *drei Tage* ~ tres días seguidos; ♀**gedanke** m segunda intención f; ~'**gehen** engañar, embaucar; ♀**grund** m fondo m; *Thea.* foro m; *Phot.* segundo plano m; *fig.* trasfondo m; telón m de fondo; *in den* ~ *treten* pasar a segundo plano; ~**gründig** ['--gryndiç] enigmático; ♀**grundmusik** f música f de fondo; ♀**halt** m emboscada f; ~**hältig** ['--hɛltiç] insidioso; traicionero; ♀**hand** f *Pferd:* cuarto m trasero; ♀**haus** n edificio m trasero; ~'**her** después, posteriormente; ♀**hof** m patio m trasero; ♀**kopf** m occipucio m; ♀**land** n interior m (del país); hinterland m; ~'**lassen** dejar; *im Testament:* legar; *e-e Nachricht* ~ dejar recado; ♀**lassenschaft** f herencia f, sucesión f; ~'**legen** depositar; ♀**list** f astucia f; perfidia f; alevosía f; ~**listig** astuto; pérfido; alevoso; ♀**mann** m ✝ *Wechsel:* endosador m; *fig.* inspirador m (oculto); ♀**n** F m trasero m; ♀**rad** n rueda f trasera; ♀**rad-antrieb** m tracción f trasera; ~**rücks** ['--ryks] por detrás; *fig.* con alevosía, a traición; ♀**seite** f lado m posterior; ♀**teil** n parte f posterior *od.* trasera; F trasero m; ♀**treffen** n: *ins* ~ *geraten* perder terreno, ser relegado a un segundo plano; ~'**treiben** hacer fracasar; ♀**treppe** f escalera f de servicio; ♀**treppenroman** m novelón m; ♀**tür** f puerta f trasera; *fig. sich e-e* ~ *offenhalten* prepararse una salida; ♀**wäldler** ['--vɛltlər] m (7) provinciano m; ~'**ziehen** defraudar; ♀**ziehung** f defraudación f, fraude m; ♀**zimmer** n cuarto m de atrás; *e-s Ladens:* trastienda f.

'**hin**|**tragen** llevar a; ~**treten** (sn): *vor j-n* ~ presentarse ante alg.; ~**tun** colocar, poner.

hinüber [hi'ny:bər] al otro lado; *fig.* estropeado; ~**bringen** llevar al otro lado; ~**fahren** (sn) pasar al otro lado; atravesar (*ac.*); ~**gehen** (sn) pasar al otro lado; (*überqueren*) atravesar; ~**reichen 1.** *v/t.* pasar; **2.** *v/i.:* ~ *bis* alcanzar hasta.

hin und her *s. hin.*

Hin- und 'Rückfahrt f ida f y vuelta.

hinunter [hi'nuntər] (hacia) abajo; ~**bringen**, ~**fahren**, ~**gehen**, ~**laufen**, ~**steigen** (sn) bajar; ~**schlingen**, ~**schlucken** tragar (*a. fig.*).

Hinweg ['hinve:k] m ida f; *auf dem* ~ a la ida.

hinweg [-'vɛk]: *über ... (ac.)* ~ por encima de; *fig. ich bin darüber* ~ ya no me duele *bzw.* preocupa; ~ (*mit ihm*)! ¡fuera (con él)!; ~**gehen**: ~ *über (ac.)* pasar por encima de *od. fig.* por alto (a/c.); ~**kommen** (sn): *über et.* ~ consolarse de a/c.; *nicht über et.* ~ no poder olvidar a/c.; ~**sehen**: *über et.* ~ hacer la vista gorda; ~**setzen**: *sich* ~ *über (ac.)* sobreponerse a; no hacer caso de; ~**täuschen**: *sich* ~ *über* llamarse a engaño sobre.

Hin|**weis** ['-vais] m (4) indicación f, advertencia f; (*Verweis*) referencia f (*auf* a); ♀**weisen**: ~ *auf (ac.)* indicar (*ac.*); referirse a; *darauf* ~, *daß* señalar *od.* observar que; ♀**weisend** *Gram.* demostrativo; ♀**werfen** tirar (al suelo); *Skizze:* bosquejar, esbozar; *Arbeit:* abandonar; *Wort:* dejar caer.

Hinz [hints]: ~ *und Kunz* fulano y zutano.

hin|**zeigen** ['hintsaigən]: ~ *auf (ac.)* señalar (con el dedo); ~**ziehen** tirar; *sich* ~ extenderse; *zeitl.* prolongarse; retardarse; ~**zielen**: ~ *auf (ac.)* tender a.

hin'zu a eso; además; ~**fügen** añadir, agregar; ~**kommen** (sn) sobrevenir; añadirse; ~**rechnen**, ~**tun** añadir; ~**ziehen** consultar.

Hiob ['hi:ɔp] m (17) Job m; ~**botschaft** f mala noticia f.

Hirn [hirn] n (3) cerebro m; *Kchh.* sesos m/pl.; '~**gespinst** n quimera f; '~**haut** f meninge f; '~**haut-entzündung** f meningitis f; '~**schale** f cráneo m; ♀**verbrannt** ['-fɛrbrant] loco; *Idee:* descabellado.

Hirsch [hirʃ] m (3²) ciervo m;

~fänger ['-fɛŋər] *m* (7) cuchillo *m* de monte; **'~käfer** *m* ciervo *m* volante; **'~kalb** *n* cervato *m*; **'~kuh** *f* cierva *f*.

Hirse ['hirzə] *f* (15) mijo *m*.

Hirt [hirt] *m* (12) pastor *m*.

'Hirten|brief *m* pastoral *f*; **~dichtung** *f* poesía *f* bucólica; **~stab** *m* cayado *m*; **~tasche** *f* zurrón *m*; **~volk** *n* pueblo *m* nómada *od.* de pastores.

Hirtin ['-tin] *f* pastora *f*.

His ♪ [his] *n uv.* si *m* sostenido.

Hispanist [-pa'nist] *m* (12) hispanista *m*.

hissen ['-sən] (28) izar, enarbolar.

Histori|ker [-'to:rikər] *m* (7) historiador *m*; **2sch** histórico.

Hit [hit] *m* (11[¹]); (canción *f* de) éxito *m*; ✝ éxito *m* de venta; **'~liste** *f* lista *f* de éxitos; **'~parade** *f* hit-parade *m*.

Hitz|e ['-sə] *f* (15) calor *m*; *fig. a.* ardor *m*; fogosidad *f*; *in* ~ *geraten* acalorarse; **2ebeständig** resistente al calor; termosensible; **2e-empfindlich** sensible al calor; termosensible; **~ewelle** *f* ola *f* de calor; **~ig** fogoso, impetuoso; *Debatte*: acalorado; **~kopf** *m* hombre *m* colérico; **~schlag** ✡ *m* insolación *f*.

hob [ho:p] *s.* heben.

Hobby ['hɔbi] *n* (11) hobby *m*.

Hobel ['ho:bəl] *m* (7) cepillo *m* (de carpintero); **~bank** *f* banco *m* de carpintero; **~maschine** *f* acepilladora *f*; **2n** (29) (a)cepillar; **~span** *m* viruta *f*.

hoch [ho:x] **1.** *adj.* (ch *vor* e = h: *hohe(r, -s)* ['ho:ə(r), '-əs]; *s. a.* höher, höchst) alto; *a. Stellung, Preis:* elevado; *Ton:* agudo; *Ehre:* gran(de); *Alter:* avanzado; *adv. (sehr)* sumamente, altamente; muy; *wie ~ ist ...?* ¿qué altura tiene?; *wie ~ ist der Preis?* ¿qué precio tiene?; ~ *oben* en lo alto; ~ *über (dat.)* a gran altura sobre; *fig.* muy superior a; *drei Meter* ~ tres metros de altura *od.* de alto; *drei Treppen* ~ en el tercer piso; ↯ *drei* ~ fünf tres elevado a la quinta potencia; *(er lebe)* ~! ¡viva!; ~ *und niedrig* grandes y pequeños; *wenn es* ~ *kommt* a lo más; F *das ist mir zu* ~ no lo comprendo; ~ *und heilig geloben* prometer solemnemente; **2.** 2 *n* (11) viva *m*; brindis *m*; *(Wetter)* zona *f* de alta presión; anticiclón *m*; *ein* ~ *ausbringen auf (ac.)* brindar por.

'hoch-achten tener en mucho aprecio, apreciar mucho; **2-achtung** *f* gran estima *f*, respeto *m*; *mit vorzüglicher* ~ = **~achtungsvoll** *im Brief*: le saluda atentamente; **~aktuell** muy actual; **2-altar** *m* (**2-amt** *n*) altar *m* (misa *f*) mayor; **2-antenne** *f* antena *f* aérea; **2bahn** *f* ferrocarril *m* elevado; **2bau** *m* construcción *f* sobre tierra; **~begabt** de gran talento; superdotado; **~berühmt** ilustre, celebérrimo; **~betagt** de edad muy avanzada; **2betrieb** *m* actividad *f* intensa; **~bringen** *fig.* dar impulso a; *(wieder~)* sacar a flote; **2burg** *f fig.* baluarte *m*; centro *m*; **~deutsch** alto alemán; **2druck** *m* alta presión *f*; *Typ.* impresión *f* de relieve; *mit* ~ *arbeiten* trabajar a toda marcha; **2-druckgebiet** *n* zona *f* de alta presión; **2-ebene** *f* altiplanicie *f*, meseta *f*; **~empfindlich** *Phot.* suprasensible; **~erfreut** encantado; **~fahrend** *fig.* sobresaltarse; **~fahrend** altanero; *fein* muy fino; **2finanz** *f* alta finanzas *f/pl.*; **~fliegend** *fig.* de alto vuelo; ambicioso; **2form** *f*: *in* ~ *sn* estar en plena forma; **2frequenz** *f* alta frecuencia *f*; **2gebirge** *n* alta montaña *f*; **~gehen** (sn) *Vorhang*: levantarse; *Mine:* hacer explosión; *See:* estar agitado; *fig.* ponerse furioso; **~gelegen** elevado; alto; **~gelehrt** muy docto; **2genuß** *m* delicia *f*; gozada *f*; **~geschlossen** *Kleid*: cerrado; **2geschwindigkeitszug** *m* tren *m* de alta velocidad; **~gestellt** de categoría; de alto rango; **~gestochen** encopetado; **~gewachsen** alto de estatura; **2glanz** *m* brillo *m* intenso; **~gradig** ['-grɑ:diç] intenso; *adv.* en alto grado; **~halten** alzar; *fig.* respetar; **2haus** *n* edificio *m* singular; **~heben** levantar; alzar; **~herrschaftlich** señorial; **~herzig** magnánimo; **~klappen** subir, alzar; **~kommen** (sn) *fig.*: *wieder* ~ restablecerse; levantar cabeza; **2konjunktur** *f* gran prosperidad *f*; alta coyuntura *f*; **2land** *n* tierra *f* alta; **~leben**: *j-n* ~ *lassen* brindar por alg.; **2leistung** *f* alto rendimiento *m*; **2leistungssport** *m* deporte *m* de alta competición; **~modern** ultramoderno; **2mut** *m* orgullo *m*, altivez *f*, altanería *f*; **~mütig** ['-my:tiç] orgulloso, altivo, altanero; **~näsig** ['-nɛ:ziç] F encopetado; **2-ofen** *m* alto horno *m*; **2parterre** *n* entresuelo *m*; **2relief** *n* alto relieve *m*; **~rot** rojo vivo; **2rufe** *m/pl.* vivas *m/pl.*, vítores

Höhenkrankheit

m/pl.; ♀saison f temporada f alta; ~schätzen apreciar mucho; ~schlagen Kragen: subir(se); ♀schule f escuela f superior; universidad f; ♀schullehrer m profesor m universitario; (Ordinarius) catedrático m; ♀schulstudium n estudios m/pl. universitarios; ~schwanger en avanzado estado (de embarazo); ♀seefischerei f pesca f de altura; ♀sitz m puesto m en alto; ♀sommer m pleno verano m; canícula f; ♀spannung ⚡ f alta tensión f; ♀sprung m salto m de altura.

höchst [høːçst] (sup. v. hoch) el más alto; fig. supremo; sumo; máximo; (äußerst) extremo; adv. sumamente, altamente.

hoch|stämmig ['hoːxʃtɛmiç] de tronco alto; ♀stapelei [-ʃtɑːpəˈlaɪ] f estafa f; ♀stapler ['-ʃtɑːplər] m (7) estafador m, caballero m de industria.

Höchst|belastung ['høːçstbəlastʊŋ] ⊕ f carga f máxima; ~betrag m (importe m) máximo.

hochstehend ['hoːxʃteːənt] elevado; de alto copete.

höchst|ens ['høːçstəns] a lo más, a lo sumo; ♀geschwindigkeit f velocidad f máxima od. tope od. punta; ♀grenze f tope m; techo m; ♀leistung f rendimiento m máximo; ♀maß n máximo m (an de); '~persönlich en persona; ♀preis m precio m máximo od. tope; '~wahrscheinlich muy probablemente.

hochtönend ['hoːxtøːnənt] rimbombante; ♀tour f: auf ~ en a toda marcha (a. fig.); ~trabend fig. altisonante; ~ver-ehrt muy estimado; ♀verrat m alta traición f; ♀verräter m reo m de alta traición; ~wald m monte m alto; ♀wasser n inundación f; crecida f; ~wertig de gran valor; ♀wild n caza f mayor; ♀würden uv. Reverendo (Padre) m.

Hochzeit ['hɔxtsaɪt] f boda f; casamiento m; nupcias f/pl.; ♀lich nupcial; ~sfeier f boda f; ♀sgast m invitado m a la boda; ~sreise f viaje m de boda(s) od. de novios; ~s-tag m día m de la boda; jährlicher: aniversario m de boda.

hochziehen ['hoːxtsiːən] subir.

Hocke ['hɔkə] f (15) ⚔ gavilla f; Turnen: salto m con las piernas encogidas; ♀n (25) estar en cuclillas; ~r m (7) taburete m.

Höcker ['hœkər] m (7) giba f (a. Kamel), corcova f; ⚓ protuberancia f; ♀ig giboso, corcovado.

Hockey ['hɔkə, 'hɔki] n (11) hockey m (sobre hierba).

Hode ['hoːdə] f (15), ~n m (6) testículo m; ~nsack m escroto m.

Hof [hoːf] m (3³) patio m; (Hühner♀) corral m; (Bauern♀) granja f; (Fürsten♀) corte f; (Mond♀) halo m; j-m den ~ machen cortejar a alg., hacer el amor a alg.; '~dame f dama f de honor; '♀fähig admitido en la corte.

Hoffart ['hɔfaːrt] f (16) orgullo m; altanería f; ♀färtig ['-fɛrtɪç] orgulloso; altanero.

hoffen ['hɔfən] (25) esperar (auf et. a/c.); ~tlich ['--tlɪç]: ~ kommt er espero que venga.

Hoffnung ['-nʊŋ] f esperanza f (auf ac. en); j-m ~(en) machen dar esperanza(s) a alg.; in der ~ zu inf. en espera de (inf.); ♀slos desesperado; ~slosigkeit f desesperación f; ~strahl m rayo m de esperanza; ♀svoll lleno de esperanza; prometedor.

Hofhund ['hoːfhʊnt] m mastín m.

hofieren [hoˈfiːrən]: j-n ~ adular, F dar coba a alg.

höf|isch ['høːfɪʃ] cortesano, palaciego; ~lich cortés; educado; ♀lichkeit f cortesía f; ♀ling [-lɪŋ] m (3¹) cortesano m, palaciego m.

hohe ['hoːə] s. hoch.

Höhe ['høːə] f (15) altura f (a. ♈, ⚓ u. ⚙); altitud f (a. über dem Meeresspiegel); (Erhebung) elevación f; auf der ~ von a la altura de; in gleicher ~ al mismo nivel; in die ~ (hacia) arriba; ✝ in ~ von por el importe de; in voller ~ íntegramente; fig. nicht auf der ~ sn no sentirse bien; das ist die ~! ¡ es el colmo!

Hoheit ['hoːhaɪt] f grandeza f; nobleza f; Pol. soberanía f; Titel: Alteza f; ~sgebiet n territorio m (de soberanía); ~sgewässer n/pl. aguas f/pl. territoriales od. jurisdiccionales; ♀svoll majestuoso; ~szeichen n emblema m nacional.

Hohelied [hoːəˈliːt] n Cantar m de los Cantares.

Höhen|flosse ✈ ['høːənflɔsə] f estabilizador m; ~flug m vuelo m de altura; fig. altos vuelos m/pl.; ~krankheit f mal m de las alturas;

Höhenkurort 742

Am. puna *f*, soroche *m*; ~**kur-ort** *m* estación *f* de altura; ~**luft** *f* aire *m* de altura; ~**messer** *m* altímetro *m*; ~**rekord** *m* record *m* de altura; ~**ruder** ⚓ *n* timón *m* de profundidad; ~**sonne** ☀ *f* lámpara *f* de rayos ultravioletas; ~**unterschied** *m* diferencia *f* de nivel; ²**verstellbar** regulable en altura; ~**zug** *m* cadena *f* de colinas.

Hohepriester [ho:ə'pri:stər] *m* sumo sacerdote *m*.

Höhepunkt ['hø:əpuŋkt] *m* punto *m* culminante (*a. fig.*).

höher ['hø:ər] (*comp. v. hoch*) más alto; *fig.* superior; mayor; ~**e Schule** instituto *m* de segunda enseñanza; ~ *schlagen Herz*: palpitar más fuerte.

hohl [ho:l] hueco, vacío; cóncavo; *Stimme*: cavernoso; *Wange*: hundido; *fig.* huero; vano; ~**e Hand** hueco *m* de la mano; ~**äugig** ['-ʔɔʏɡɪç] de ojos hundidos.

Höhle ['hø:lə] *f* (15) caverna *f* (*a.* ♣); cueva *f*, gruta *f*, *Anat.* cavidad *f*; (*Tier*²) madriguera *f*, *größere*: guarida *f* (*a. Räuber*²); ~**bewohner** *m* troglodita *m*; ~**nforscher** *m* espeleólogo *m*; ~**nforschung** *f* espeleología *f*; ~**nmensch** *m* hombre *m* de las cavernas.

Hohl|heit ['ho:lhaɪt] *f* oquedad *f*; *fig.* vanidad *f*; ~**maß** *n* medida *f* de capacidad; ~**raum** *m* hueco *m*; ~**saum** *m* vainica *f*; ~**spiegel** *m* espejo *m* cóncavo.

Höhlung ['hø:luŋ] *f* hueco *m*; cavidad *f*.

Hohlweg ['ho:lve:k] *m* desfiladero *m*, cañada *f*.

Hohn [ho:n] *m* (3) escarnio *m*; mofa *f*; sarcasmo *m*; *j-m zum* ~ a despecho de alg.

höhnen ['hø:nən] (25) escarnecer (*ac.*); burlarse de.

Hohngelächter ['ho:nɡəlɛçtər] *n* risa *f* sarcástica.

höhnisch ['hø:nɪʃ] irónico; sarcástico; burlón.

'**hohn|lachen** reír sarcásticamente; ~**sprechen** (*dat.*) ser un insulto para.

Hokuspokus [ho:kus'po:kus] *m* *uv.* juego *m* de manos; acto *m* de birlibirloque; *fig.* charlatanismo *m*.

hold [hɔlt] favorable; (*lieblich*) gracioso; *das Glück ist ihm* ~ la suerte le sonríe; ~**selig** agraciado, encantador.

holen ['ho:lən] (25) ir a buscar; ir (a) por; traer; *Arzt*: llamar; ~ *lassen* mandar buscar, mandar (a) por; *sich* (*dat.*) *e-e Krankheit* ~ pescar una enfermedad; *dabei ist nichts zu* ~ no hay nada que ganar.

Holländ|er(in *f*) ['hɔlɛndər(ɪn)] *m* (7), ²**isch** holandés (-esa) *m* (*f*).

Hölle ['hœlə] *f* (15) infierno *m* (*a. fig.*); *ist die* ~ *los* esto es el infierno; *j-m die* ~ *heiß machen* acosar a alg.; *j-m das Leben zur* ~ *machen* amargar la vida a alg.

Höllen... ['-lən]: *in Zssgn oft* infernal; ~**lärm** *m* ruido *m* infernal; ~**maschine** *f* máquina *f* infernal; ~**qual** *f* sufrimiento *m* atroz; ~**stein** *m* nitrato *m* de plata, piedra *f* infernal.

höllisch ['l-lɪʃ] infernal; ~ *aufpassen* andar con muchísimo cuidado.

Hollywoodschaukel ['hɔlivudʃaʊkəl] *f* balancín *m*.

Holm [hɔlm] *m* (3) *Turnen*: barra *f*; *Leiter*: larguero *m*.

holp(e)rig ['hɔlp(ə)rɪç] áspero, desigual, fragoso; escabroso; ~**ern** (29, sn) dar sacudidas.

Holunder [ho'lundər] *m* (7) saúco *m*.

Holz [hɔlts] *n* (1¹ *u.* ²) madera *f* (*a.* ♪); (*Brenn*²) leña *f*; (*Gehölz*) bosque *m*; '~**apfel** *m* manzana *f* silvestre; '~**bein** *n* pata *f* de palo; '~**blas-instrument** *n* instrumento *m* de viento de madera; '~**bock** *m* *Zo.* garrapata *f*; ²**en** (27) cortar, talar.

hölzern ['hœltsərn] de madera; *fig.* torpe; seco.

Holz|fäller ['hɔltsfɛlər] *m* (7) leñador *m*; ~**faserplatte** *f* tablero *m* de fibra de madera; ²**frei** *Papier*: sin celulosa; ~**hacker** ['-hakər], ~**hauer** *m* (7) leñador *m*; ~**hammer** *m* mazo *m*; ~**handel** *m* comercio *m* de maderas; ~**händler** *m* maderero *m*; ~**handlung** *f* maderería *f*, almacén *m* de maderas; ²**ig** leñoso; ~**industrie** *f* industria *f* maderera; ~**klotz** *m* tarugo *m*; tajo *m*; ~**kohle** *f* carbón *m* vegetal; ~**pflock** *m* estaca *f* de madera; ~**scheit** *n* trozo *m* de madera; leño *m*; ~**schlag** *m* tala *f*; ~**schneidekunst** *f* xilografía *f*; ~**schnitt** *m* grabado *m* en madera; ~**schnitzer** *m* tallista *m*; ~**schuh** *m* zueco *m*; ~**span** *m* viruta *f*; ~**splitter** *m* astilla *f*; ~**stoß** *m* pila *f* de madera *od.* de leña; ~**täfelung** *f* entarimado *m*; ~**weg** ['-ve:k] *m*: *auf dem* ~ *sn* estar equivo-

cado; ~wolle f virutas f/pl.; ~wurm m carcoma f.
homogen [homo'ge:n] homogéneo.
Homöopath [-møø'pɑ:t] m (12) homeópata m; ℒisch homeopático.
Homosexu|alität [-moz̄ɛksuali'tɛːt] f homosexualidad f; ℒ**ell**, ~**elle(r)** m homosexual (m), invertido (m).
Honig ['ho:niç] m (3¹) miel f; fig. j-m ~ um den Mund schmieren dar coba a alg.; ~**kuchen** m pan m de especias; ℒ**süß** fig. meloso; ~**wabe** f panal m de miel.
Honor|ar [hono'rɑ:r] n (3¹) honorarios m/pl.; ~**atioren** [--ra'tsjo:rən] pl. notables m/pl.; ℒ**ieren** pagar, remunerar; fig. apreciar.
Hopfen ♀ ['hɔpfən] m (6) lúpulo m; an ihm ist ~ und Malz verloren F es incorregible; ~**stange** f pértiga f de lúpulo; F fig. espárrago m.
hops|en ['hɔpsən] (27, sn) brincar; ℒ**er** m (7) brinco m.
Hör|apparat ['hø:r²aparɑ:t] m audifono m; ℒ**bar** oíble, audible; perceptible; ~**brille** f gafas f/pl. acústicas.
horch|en ['hɔrçən] (25) escuchar (auf et. a/c.); ℒ**er** m (7) escucha m; espía m; ℒ**gerät** n aparato m de escucha; ℒ**posten** ⚔ m escucha m.
Horde ['-də] f (15) horda f; pandilla f, banda f.
hören ['hø:rən] (25) oír; (zu~) escuchar; Vorlesung: asistir a; (gehorchen) obedecer; (erfahren) saber, oír decir, enterarse; auf j-n ~ hacer caso a alg.; auf e-n Namen: responder por; hör mal! ¡escucha!; ¡oye!; das läßt sich ~! ¡eso es algo; von sich ~ lassen dar noticias suyas; ℒ**sagen** n: vom ~ de oídas.
Hörer ['hø:rər] m (7) m oyente m; escucha m; Fernspr. auricular m; ~**schaft** f auditorio m.
'**Hör|fehler** m error m de audición; 𝄞 defecto m de(l) oído; ~**folge** f serial m radiofónico; ~**funk** m radio f; ~**gerät** n audífono m.
hörig ['hø:riç] sujeto a; esclavo de; ℒ**keit** f servidumbre f, sujeción f.
Horizont [hori'tsɔnt] m (3) horizonte m (a. fig.); ℒ**al** [---'tɑ:l] horizontal.
Hormon [hɔr'mo:n] n (3) hormona f; ~..: in Zssgn hormonal.
Hörmuschel ['hø:rmuʃəl] f Fernspr. auricular m.
Horn [hɔrn] n (1²) cuerno m; asta f; ♪ trompa f; fig. j-m Hörner aufsetzen poner cuernos a alg.; '~**brille** f gafas f/pl. de concha.
Hörnchen ['hœrnçən] n (6) (Gebäck) croissant m.
Hörnerv ['hø:rnɛrf] m nervio m auditivo.
Hornhaut ['hɔrnhaut] f callosidad f; Auge: córnea f.
Hornisse [hɔr'nisə] f (15) avispón m.
Hornist [-'nist] m (12) trompa m; ⚔ corneta m.
'**Horn|signal** n toque m de corneta; ~**vieh** n animales m/pl. cornudos od. de asta.
Hörorgan ['hø:r²ɔrgɑ:n] n órgano m auditivo.
Horoskop [hɔrɔs'ko:p] n (3¹) horóscopo m.
horrend [hɔ'rɛnt] horrendo; Preis: exorbitante.
Hör|rohr ['hø:rro:r] n 𝄞 estetoscopio m; ~**saal** m aula f; großer: paraninfo m; ~**schärfe** f agudeza f auditiva; ~**spiel** n pieza f radiofónica.
Horst [hɔrst] m (3²) nido m.
Hort [hɔrt] m (3) tesoro m; (Schutz) amparo m; (Kinder²) guardería f; ¹²**en** (26) atesorar.
Hortensie ♀ [-'tɛnzjə] f (15) hortensia f.
Hör|vermögen ['hø:rfɛrmø:gən] n capacidad f auditiva; ~**weite** f: in (außer) ~ al (fuera del) alcance del oído.
Hose ['ho:zə] f (15) pantalón m; fig. die ~n anhaben llevar los pantalones; ~**n-anzug** m traje m pantalón; ~**n-bein** n pernil m; ~**nboden** m fondillos m/pl.; ~**nrock** m falda f pantalón; ~**nschlitz** m bragueta f; ~**n-träger** m/pl. tirantes m/pl.
Hospi|tal [hɔspi'tɑ:l] n (1² u. 3¹) hospital m; ~**tant** [--'tant] m (12) oyente m; ℒ**tieren** asistir como oyente.
Hospiz [-'pi:ts] n (3²) hospicio m.
Hostess ['-tɛs] f (16) azafata f de relaciones públicas.
Hostie ['-tjə] f (15) Rel. hostia f.
Hotel [ho'tɛl] n (11) hotel m; ~**fachschule** f escuela f de hostelería; ~**gewerbe** n industria f hotelera.
Hotelier [tɔl'jeː] m (11) hotelero m.
Hub [hu:p] m (1²) ⊕ carrera f (del émbolo); '~**raum** m cilindrada f, cubicaje m.
hübsch [hypʃ] guapo; bonito, lindo; F mono.
Hubschrauber ['hu:pʃraubər] m (7)

Hubschrauberlandeplatz

helicóptero m; ~landeplatz m helipuerto m.
huckepack ['hukəpak] a cuestas.
Huf [hu:f] m (3) uña f; (Pferde≳) casco m; '~**beschlag** m herrado m; ~**eisen** n herradura f; '~**lattich** ♀ m tusílago m; '~**nagel** m clavo m de herradura; '~**schlag** m coz f; (Geräusch) ruido de cascos; '~**schmied** m herrador m.
Hüft|bein ['hyftbam] n hueso m ilíaco od. coxal; ~**e** f (15) cadera f; ~**gelenk** n articulación f de la cadera; ~**halter** m faja f.
Huftier ['hu:fti:r] n ungulado m.
Hügel ['hy:gəl] m (7) colina f, loma f, cerro m; 2**ig** accidentado.
Hugenotte [hu:gə'nɔtə] m (13) hugonote m.
Huhn [hu:n] n (1²) gallina f; junges ~ pollo m.
Hühnchen ['hy:nçən] n (6) pollo m; mit j-m ein ~ zu rupfen haben tener una cuenta pendiente con alg.
Hühner|auge ✱ ['-nər'augə] n callo m; ~**augen-operateur** m callista m; ~**augenpflaster** n callicida m; ~**brühe** f caldo m de gallina; ~**ei** n huevo m de gallina; ~**farm** f granja f avícola; ~**hund** m perdiguero m; ~**stall** m gallinero m; ~**stange** f percha f del gallinero; ~**zucht** f avicultura f.
Huld [hult] f (16) favor m; benevolencia f; 2**igen** ['-digən] (25) rendir od. tributar homenaje a; e-r Sache: ser aficionado a; ~**igung** f homenaje m; 2**reich** ['hultraɪç], 2**voll** condescendiente; benévolo.
Hülle ['hylə] f (15) envoltura f; (Schutz≳) funda f; (Umschlag) cubierta f; sterbliche ~ despojos m/pl. mortales; in ~ und Fülle en abundancia; 2**n** (25) envolver; sich in Schweigen ~ guardar silencio.
Hülse ['hylzə] f (15) ♀ vaina f; (Schale) cáscara f; ~**nfrüchte** f/pl. legumbres f/pl. secas; ~**nfrüchtler** ♀ m (7) legumbre f, leguminosa f.
human [hu'ma:n] humano; 2**ismus** [-ma'nɪsmus] m (16, o. pl.) humanismo m; 2**ist** [--'nɪst] m (12) humanista m; ~**istisch** [--'nɪstiʃ] humanístico, clásico; ~**itär** [--ni'tɛ:r] humanitario; 2**ität** [---'tɛ:t] f humanidad f.
Humbug ['humbuk] m (3¹) engaño m; (Unsinn) disparate m.
Hummel ['-əl] f (15) Zo. abejorro m.
Hummer ['-ər] m (7) bogavante m.
Humor [hu'mo:r] m (3¹) humor m; humorismo m; ~**eske** [-mo'rɛskə] f (15) cuento m humorístico; ~**ist** [--'rɪst] m (12) humorista m; 2**istisch** [--'rɪstiʃ] humorístico; 2**los** sin humor; 2**voll** humorístico; lleno de humor.
humpeln ['humpəln] (29, h. u. sn) cojear.
Humpen ['-pən] m (6) jarro m.
Humus ['hu:mus] m (16, o. Pl.) mantillo m, humus m.
Hund [hunt] m (3) perro m; ⚒ vagoneta f; auf den ~ kommen ir de mal en peor; vor die ~e gehen arruinarse; acabar mal; wie ~ und Katze leben estar como perro y gato; mit allen ~en gehetzt sein ser un viejo zorro.
Hunde|ausstellung ['hundəˀaus-ʃtɛluŋ] f exposición f canina; ~**futter** n alimento m od. comida f para perros; ~**hütte** f perrera f; ~**kälte** f frío m que pela; ~**leben** n fig. vida f de perros; 2**müde** cansadísimo; F hecho polvo; ~**rennen** n carrera f de galgos.
hundert ['-dərt] cien(to); zu 2**en** a centenares; ~**erlei** ['--tər'laɪ] F mil cosas; ~**fach**, ~**fältig** ['--fɛltiç] céntuplo; 2**jahrfeier** f centenario m; ~**jährig** ['--jɛ:riç] centenario; a. fig. secular; ~**mal** cien veces; ~**prozentig** ['--protsɛntiç] cien por cien (a. fig.); ~**ste** centésimo; 2**stel** n (7) centésima parte f; ~**tausend** cien mil.
'**Hunde|salon** m peluquería f canina; ~**steuer** f impuesto m sobre los perros; ~**wetter** n tiempo m de perros; ~**zwinger** m perrera f.
Hünd|in ['hyndɪn] f perra f; 2**isch** fig. servil; rastrero.
Hunds|fott ['huntsfɔt] P m (1²) canalla m; 2**gemein** infame; abyecto; '2**miserabel** F pésimo; '~**tage** m/pl. canícula f.
Hüne ['hy:nə] m (13) gigante m; ~**ngestalt** f estatura f hercúlea; ~**ngrab** n monumento m megalítico.
Hunger ['huŋər] m (7) hambre f (nach de); ~ leiden pasar hambre; ~**kur** f dieta f absoluta; 2**leider** m (7) muerto m de hambre; ~**lohn** m sueldo m de hambre; für e-n ~ por una miseria; 2**n** (29) tener hambre; (fasten) ayunar; ~**snot** f hambre f; ~**streik** m huelga f de hambre; ~**tod** m muerte f por inanición; ~**tuch** n: am ~ nagen morirse de hambre.

hungrig [¹-riç] hambriento.
Hunne [ˈhunə] *m* (13) huno *m*.
Hupe [ˈhuːpə] *f* (15) bocina *f*; claxon *m*; ⁀n (25) tocar la bocina *od*. el claxon.
hüpfen [ˈhypfən] (25, sn) brincar, dar brincos; saltar.
Hupverbot [ˈhuːpfɛrboːt] *n* prohibición *f* de señales acústicos.
Hürde [ˈhyrdə] *f* (15) (*Pferch*) aprisco *m*, redil *m*; *Sport*: valla *f*; *fig*. obstáculo *m*; ⁀**nlauf** *m* carrera *f* de vallas; ⁀**nläufer** *m* vallista *m*.
Hure [ˈhuːrə] P *f* (15) ramera *f*, prostituta *f*, P puta *f*; ⁀n (25) fornicar.
hurra! [huˈrɑː] ¡hurra!; ⁀**ruf** *m* hurra *m*.
hurtig [ˈhurtiç] ligero; ágil, presto.
huschen [ˈhuʃən] (27) pasar rápidamente.
hüsteln [ˈhyːstəln] **1.** *v/i*. (29) toser ligeramente; **2.** ⁀ *n* tosecilla *f*.
husten [ˈhuːstən] **1.** *v/i*. (26) toser; **2.** ⁀ *m* tos *f*; ⁀**mittel** *n* pectoral *m*; ⁀**saft** *m* jarabe *m* pectoral.
Hut¹ [huːt] *m* (3³) sombrero *m*; *fig*. ~ *ab!* ⊦ ¡chapó!; *unter e-n* ~ *bringen* poner de acuerdo; conciliar.
Hut² *f* (16) guardia *f*; *auf der* ~ *sn* estar sobre aviso; *in guter* ~ *sn* estar a buen recaudo.
hüt|en [ˈhyːtən] (26) guardar; *sich vor et*. ~ guardarse de a/c.; ⊦ *ich werde mich* ~! ¡ni hablar!; ⁀**er** *m* (7) guarda *m*; guardián *m*.
Hut|geschäft [ˈhuːtɡəʃɛft] *n*, ⁀**laden** *m* sombrerería *f*; ⁀**macher** *m* sombrerero *m*; ⁀**schachtel** *f* sombrerera *f*; ⁀**schnur** *f*: ⊦ *das geht über die* ~ esto pasa de castaño oscuro.
Hütte [ˈhytə] *f* (15) choza *f*, cabaña *f*; ⊕ planta *f* metalúrgica; ⁀**n-industrie** *f* industria *f* metalúrgica; ⁀**nkunde** *f* metalurgia *f*; ⁀**nwerk** *n* planta *f* metalúrgica.
Hyäne [hyˈɛːnə] *f* (15) hiena *f*.
Hyazinthe [-aˈtsintə] *f* (15) jacinto *m*.
hybrid [-ˈbriːt], ⁀**e** [-ˈ-də] *f* (15) híbrido (*m*).
Hydrant [-ˈdrant] *m* (12) boca *f* de riego.
Hydraul|ik [-ˈdraʊlik] *f* (16) hidráulica *f*; ⁀**isch** hidráulico.
Hygien|e [-ˈgjeːnə] *f* (15) higiene *f*; ⁀**isch** higiénico.
Hymne [ˈhymnə] *f* (15) himno *m*.
Hyperbel [hyˈpɛrbəl] *f* (15) hipérbola *f*.
Hypno|se [hypˈnoːzə] *f* (15) hipnosis *f*; ⁀**tiseur** [--ˈtiːzøːr] *m* (3¹) hipnotizador *m*; ⁀**ti'sieren** hipnotizar.
Hypochond|er [hypoˈxɔndər] *m* (7), ⁀**risch** hipocondríaco (*m*); hipocóndrico (*m*).
Hypotenuse [--təˈnuːzə] ℟ *f* (15) hipotenusa *f*.
Hypothek [--ˈteːk] *f* (16) hipoteca *f*; *mit e-r* ~ *belasten* hipotecar; ⁀**arisch** [---ˈkaːriʃ] hipotecario.
Hypothe|se [--ˈteːzə] *f* (15) hipótesis *f*; ⁀**tisch** hipotético.
Hyster|ie [hysteˈriː] *f* (15) histerismo *m*; ⁀**isch** [-ˈteːriʃ] histérico.

I

I, i [iː] *n uv.* I, i *f; i!* ¡qué asco!; *i wo!* ¡qué va!
iahen [iˈɑːən] (25) *Esel:* rebuznar.
Iber|er [iˈbeːrər] *m* ibero *m;* ⁊**isch** ibérico; ⁊**o-ameri'kanisch** ibero-americano.
ich [iç] **1.** (19) yo; ~ *bin es* soy yo; **2.** ⁊ *n* yo *m;* ⁊**form** *f: in der* ~ en primera persona.
ideal [ideˈɑːl], ⁊ *n* (3¹) ideal (*m*); ~**isieren** [--aliˈziːrən] idealizar; ⁊**ismus** [---ˈlismus] *m* (16, *o. pl.*) idealismo *m;* ⁊**ist** [---ˈlist] *m* (12), ~**istisch** idealista (*m*).
Idee [iˈdeː] *f* (15) idea *f;* (*Einfall*) ocurrencia *f*.
ideell [ideˈɛl] ideal; imaginario.
Ideen|reichtum [iˈdeːənraɪçtuːm] *m* abundancia *f* de ideas; ~**verbindung** *f* asociación *f* de ideas.
identi|fizieren [idɛntifiˈtsiːrən] identificar; ⁊**fi'zierung** *f* identificación *f;* ~**sch** [-ˈ-tiʃ] idéntico; ⁊**tät** [---ˈtɛːt] *f* identidad *f*.
Ideologie [ideoloˈgiː] *f* (15) ideología *f;* ⁊**isch** [---ˈloːgiʃ] ideológico.
Idiom [iˈdjoːm] *n* (3¹) idioma *m;* ⁊**atisch** [-oˈmɑːtiʃ] idiomático.
Idiot [iˈdjoːt] *m* (12), ⁊**isch** idiota (*m*); ~**ie** [-oˈtiː] *f* (15) idiotez *f*.
Idol [iˈdoːl] *n* (3¹) ídolo *m*.
Idyll [iˈdyl] *n* (3¹) idilio *m;* ⁊**isch** idílico.
Igel [ˈiːgəl] *m* (7) *Zo.* erizo *m*.
Igno|rant [ignoˈrant] *m* (12) ignorante *m;* ~**ranz** [---ˈrants] *f* (16) ignorancia *f;* ⁊**rieren** no hacer caso de; fingir no conocer.
ihm [iːm] a él; *tonlos:* le.
ihn [iːn] a él; *tonlos:* le, lo.
ihnen [ˈiːnən] **1.** a ellos (-as); *tonlos:* les; **2.** ⁊ a usted(es); *tonlos:* le(s).
ihr [iːr] **1.** a ella; *tonlos:* le; **2.** (*nom. pl. von du*) vosotros (-as); **3.** (20) *besitzanzeigend:* su, *pl.* sus; ⁊(*e*) su(s); *der, die, das* ~(*ig*)*e* el suyo, la suya, lo suyo; ~**er** (*gen. v. sie*) *sg.* de ella, *pl.* de ellos (-as).
ihrerseits (⁊) [ˈiːrərzaɪts] de *od.* por su parte.
ihresgleichen [ˈiːrəsˈglaɪçən] su(s) igual(es).
ihret|halben [ˈiːrətˈhalbən], ~**wegen** por (causa de) ella, ellos, ellas; ⁊ por usted(es).
Ikone [iˈkoːnə] *f* (15) icono *m*.
illegal [ˈilegaːl] ilegal.
illegitim [--giˈtiːm] ilegítimo.
Illumin|ation [iluminaˈtsjoːn] *f* iluminación *f;* ⁊**ieren** iluminar.
Illus|ion [iluˈzjoːn] *f* ilusión *f;* ⁊**orisch** [--ˈzoːriʃ] ilusorio.
Illustr|ation [ilustraˈtsjoːn] *f* ilustración *f;* ⁊**ieren** ilustrar; ~**ierte** *f* (18) revista *f* (ilustrada).
Iltis *Zo.* [ˈiltis] *m* (4¹) turón *m*.
im [im] = *in dem*.
Image [ˈimidʒ] *n* (11[¹]) imagen *f* (pública).
imaginär [imagiˈnɛːr] imaginario.
Imbiß [ˈimbis] *m* (4) bocado *m*, colación *f;* F piscolabis *m;* ~**stube** *f* cafetería *f;* (snack-)bar *m*.
Imit|ation [imitaˈtsjoːn] *f* imitación *f;* ⁊**ieren** [--ˈtiːrən] imitar.
Imker [ˈimkər] *m* (7) apicultor *m;* ~**ei** [--ˈraɪ] *f* apicultura *f*.
Immatrikul|ation [imatrikulaˈtsjoːn] *f* matrícula *f;* ⁊**ieren** [----ˈliːrən]: *sich* ~ matricularse.
immer [ˈimər] siempre; *auf od. für* ~ para siempre; ~ *besser* (*mehr* / *weniger*) cada vez mejor (más; menor); ~ *wenn* siempre *od.* cada vez que; ~ *noch* todavía; ~**'fort** continuamente; *sin parar;* ~**grün** ♀ siempreverde; ~**'hin** de todos modos; al menos; así y todo; ~**während** perpetuo; sempiterno; **'**~**zu** continuamente; sin parar.
Immobilien [imoˈbiːljən] *pl. uv.* bienes *m/pl.* inmuebles.
immun [iˈmuːn] inmune, inmunizado (*gegen* contra); ~**isieren** [imuniˈziːrən] inmunizar; ⁊**ität** [---ˈtɛːt] *f* inmunidad *f*.
Imperativ [ˈimpəratiːf] *m* (3¹) imperativo *m*.
Imperfekt [ˈ-pərfɛkt] *n* (3) imperfecto *m*.
Imperia|lismus [-perjaˈlismus] *m*

infolgedessen

(16, *o. pl.*) imperialismo *m*; ⁓'**list** *m* (12), ⁓²'**listisch** imperialista (*m*).

impf|en ['-pfən] (25) vacunar (*gegen* contra); ⁓**ling** ['-liŋ] *m* (3¹) vacunado *m*; ⁓**paß** *m* (⁓**schein**) carnet *m* (certificado *m*) de vacunación; ⁓**stoff** *m* vacuna *f*; ⁓**ung** *f* vacunación *f*; ⁓**zwang** *m* vacunación *f* obligatoria.

imponieren [-po'niːrən] infundir respeto, imponer; ⁓**d** imponente.

Import [-'pɔrt] *m* (3) importación *f*; ⁓**eur** [--'tøːr] *m* (3¹) importador *m*; ²**ieren** importar.

imposant [-po'zant] imponente.

impotent ['-tɛnt] impotente; ²**z** ['--tɛnts] *f* (16) impotencia *f*.

imprägnieren [-prɛɡ'niːrən] impermeabilizar.

Impressio|nismus [-prɛsjo'nismus] *m* (16, *o. pl.*) impresionismo *m*; ⁓'**nist** *m* (12), ²**nistisch** impresionista (*m*).

Improvis|ation [-provizaˈtsjoːn] *f* improvisación *f*; ²**ieren** [---'ziːrən] improvisar.

Impuls [-'puls] *m* (4) impulso *m*; ²**iv** [--'ziːf] impulsivo.

imstande [-'ʃtandə]: ⁓ *sn zu* ser capaz de; estar en condiciones de.

in [in]: **a)** *örtl.* en; (*innerhalb*) dentro de; ⁓ *die Schule gehen* ir a la escuela; ⁓ *der Nacht* durante la noche; *im Winter* en invierno; ⁓ *diesen Tagen* estos días. **b)** *zeitl.* en; dentro de; ⁓ *der Nacht* durante la noche; *im Winter* en invierno; ⁓ *diesen Tagen* estos días.

inaktiv ['-ʔaktiːf] inactivo.

Inan|griffnahme ['-¹ʔangrifnɑːmə] *f* (15) comienzo *m*; ⁓**spruchnahme** ['-¹ʔ-ʃpruxnɑːmə] *f* (15) utilización *f*, empleo *m*.

Inbegriff ['-bəɡrif] *m* esencia *f*; sustancia *f*; ²**en** incluido, inclusive.

Inbetriebnahme [--'triːpnɑːmə] *f* (15) puesta *f* en servicio.

'**Inbrunst** *f* fervor *m*; ardor *m*.

'**inbrünstig** ferviente; ardiente.

in'dem mientras; *oft durch ger*.: ⁓ *er dies sagte* diciendo esto.

Inder(in *f*) ['indər(in)] *m* (7) indio (-a) *m* (*f*).

in'des(sen) entretanto, mientras tanto; (*jedoch*) sin embargo, no obstante.

Index ['indɛks] *m* (3², *sg a. uv, pl. a. Indizes* ['-ditsɛːs]) índice *m*.

Indianer(in *f*) [-'djɑːnər(in)] *m* (7), ²**isch** indio (-a) *m* (*f*).

indigniert [-di'ɡniːrt] indignado.

Indigo ['-diɡo] *m od. n* (11) añil *m*, índigo *m*.

Indikativ ['--katiːf] *m* (3¹) indicativo.

indirekt ['--rɛkt] indirecto.

indisch ['-diʃ] indio.

indiskret ['-diskreːt] indiscreto; ²**ion** [--kreˈtsjoːn] *f* indiscreción *f*.

Individua|lismus [-dividuaˈlismus] *m* (16, *o. pl.*) individualismo *m*; ⁓'**list** *m* individualista *m*; ⁓**lität** [----li'tɛːt] *f* individualidad *f*.

indivi|duell [---du'ɛl] individual; ²**duum** [--'viːduum] *n* (9) individuo *m*.

Indiz [-'diːts] *n* (5¹, *pl. -ien*) indicio *m*; ⁓**ienbeweis** [-'-jənbəvais] *m* prueba *f* por indicios.

indo|germanisch [-doɡɛr'maːniʃ] indogermánico; ⁓**nesisch** [--'neːziʃ] indonesio.

Indoss|ament ✝ [-dɔsa'mɛnt] *n* (3) endoso *m*; ⁓**ant** [--'sant] *m* (12) endosante *m*; ⁓**atar** [--sa'taːr] *m* (3¹) endosado *m*; ²**ieren** [--'siːrən] endosar.

Induktion [-dukˈtsjoːn] *f* inducción *f*.

industrialisier|en [-dustriali'ziːrən] industrializar; ²**ung** *f* industrialización *f*.

Industrie [--'triː] *f* (15) industria *f*; ⁓ *und Handelskammer f* Cámara *f* de Comercio e Industria; ⁓**...:** *in Zssgn mst* industrial.

industriell [--stri'ɛl], ²**e(r)** *m* industrial (*m*).

in-ei'nander uno(s) en (*od*. dentro de) otro(s); ⁓**fügen** juntar; ⁓**greifen** ⊕ engranar; ⁓**passen**, ⁓**schieben** encajar.

infam [in'fɑːm] infame; ²**ie** [-fa'miː] *f* (15) infamia *f*.

Infanter|ie ['-fantəˈriː] *f* (15) infantería *f*; ⁓**ist** [---'rist] *m* (12) soldado *m* de infantería, infante *m*.

Infarkt ⚕ [-'farkt] *m* (3) infarto *m*.

Infektion [-fɛkˈtsjoːn] *f* infección *f*; ⁓**onskrankheit** *f* enfermedad *f* infecciosa; ²**ös** [--'tsjøːs] infeccioso; contagioso.

Infinitiv ['-finitiːf] *m* (3¹) infinitivo *m*.

infizieren [--'tsiːrən] infectar; contagiar.

Inflation [-flaˈtsjoːn] *f* inflación *f*; ⁓**srate** *f* tasa *f od*. índice *m* de inflación.

infolge [-'fɔlɡə] (*gen*.) debido a, a consecuencia de; ⁓'**dessen** por consiguiente, por lo tanto.

Informatik 748

Inform|atik [-fɔr'mɑːtik] f (16, o. pl.) informática f; ~**atiker** [---'tikər] m (7) neol. informático m; ~**ation** [--mɑ'tsjoːn] f informe m, información f; **⁀ieren** [--'miːrən]: (sich) ~ informar(se) (über ac. de od. sobre), enterar(se) (de).
infrarot ['-frɑroːt] infrarrojo; **⁀strahler** m radiador m infrarrojo.
Infusorien Zo. [-fu'zoːrjən] n/pl. infusorios m/pl.
Ingenieur [-ʒen'jøːr] m (3¹) ingeniero m; ~**büro** n oficina f técnica; ~**wesen** n, ~**wissenschaft** f ingeniería f.
Ingredienz [-gre'djɛnts] f (16) (mst pl.) ingrediente m.
Ingrimm ['-grim] m (3, o. pl.) rabia f; **⁀ig** furioso, rabioso.
Ingwer ♀ ['ɪŋvər] m (7) jengibre m.
Inhaber|(in f) ['inhɑːbər(in)] m (7) titular su.; e-s Geschäfts usw.: propietario (-a) m (f), dueño (-a) m (f); ✝ e-s Papiers: portador(a f) m; tenedor (-a f) m; ~**aktie** f acción f al portador; ~**papier** n título m al portador.
inhaftier|en [-haf'tiːrən] detener; encarcelar; **⁀ung** f detención f.
Inhal|ation [-hala'tsjoːn] f inhalación f; ~**ations-apparat** m inhalador m; **⁀ieren** [--'liːrən] inhalar.
Inhalt ['-halt] m (3) contenido m; (Raum**⁀**) capacidad f; volumen m; e-s Buches usw.: argumento m; e-r Rede: tenor m; (Gesprächs**⁀**) tema m; **⁀lich** en cuanto al contenido; ~**s-angabe** f resumen m; **⁀sleer**, **⁀slos** hueco, vacío; **⁀sreich** sustancial; ~**sverzeichnis** n tabla f de materias, índice m.
Initiale [ini'tsjɑːlə] f (15) inicial f.
Initiative [--tsja'tiːvə] f (15) iniciativa f (ergreifen tomar); aus eigener ~ por propia iniciativa.
Injektion [injɛk'tsjoːn] f inyección f.
injizieren [-ji'tsiːrən] inyectar.
Inkasso ✝ [-'kaso] n (11) cobro m.
inklusive [-klu'ziːvə] inclusive, incluido.
Inkognito [-'kɔgnito] **1.** n (11) incógnito m; **2.** ⁀ adv. de incógnito.
inkonsequen|t ['-kɔnzekvɛnt] inconsecuente; **⁀z** ['----ts] f (16) inconsecuencia f.
inkorrekt ['-kɔrɛkt] incorrecto; **⁀heit** f incorrección f.
Inkraft|setzung [-'kraftzɛtsuŋ] f puesta f en vigor; ~**treten** n entrada f en vigor.

Inland ['-lant] n (1, o. pl.) interior m (del país).
inländisch ['-lɛndiʃ] nacional, del país; interior.
Inlandsmarkt ['-lantsmarkt] m mercado m interior.
Inlett ['-lɛt] n (3¹) funda f.
inliegend ['-liːgənt] anexo, incluido, adjunto.
inmitten [-'mitən] (gen.) en medio de.
inne|haben ['inəhɑːbən] poseer; ostentar; Posten: ocupar; ~**halten** detenerse, parar.
innen ['inən] dentro, en el interior; nach ~ adentro; **⁀...**: in Zssgn mst interior; **⁀architekt** m decorador m de interiores; **⁀aufnahme** f Film: interior m; **⁀ausstattung** f decoración f interior; neol. interiorismo m; **⁀minister(ium** n) m Ministro m (Ministerio m) del Interior; **⁀politik** f política f interior; **⁀raum** m interior m; **⁀stadt** f centro m od. casco m urbano.
inner ['inər] interior; a. 🞯 interno; Wert: intrínseco; Gefühl: íntimo; **⁀eien** [--'raiən] f/pl. tripas f/pl.; Geflügel: menudillos m/pl.; **⁀e(s)** n interior m; **⁀halb** (gen.) örtl. dentro de; zeitl. en; en el plazo de; ~**lich** interior, interno; Gefühl: íntimo; adv. por dentro; **⁀lichkeit** f intimidad f; ~**st** íntimo; **⁀ste(s)** n lo más íntimo; fondo m.
inne|werden ['inəveːrdən] (sn) (gen.) darse cuenta de; percatarse de; ~**wohnen** (dat.) ser inherente a.
innig ['iniç] íntimo; cariñoso; entrañable; **⁀keit** f cordialidad f; cariño m.
Innung ['inuŋ] f gremio m; corporación f.
in-offiziell no oficial; oficioso.
Inquisition [inkvizi'tsjoːn] f inquisición f.
ins [ins] = in das.
Insasse ['inzasə] m (13) ocupante m; e-s Hauses: inquilino m.
insbesondere [insbə'zɔndərə] especialmente, particularmente, en particular.
Inschrift ['inʃrift] f inscripción f; Grab: epitafio m; Münze: leyenda f.
Insekt [-'zɛkt] n (5) insecto m; **⁀enfressend**, ~**enfresser** m insectívoro (m); ~**enkunde** f entomología f;

~enpulver n insecticida m; **~enstich** m picadura f de insecto.

Insel ['ɪnzəl] f (15) isla f; **~bewohner** m isleño m; **~gruppe** f archipiélago m; **~volk** n pueblo m insular.

Inser|at [-zo'ra:t] n (3) anuncio m; **~ent** [--'rɛnt] m (12) anunciante m; **2'ieren** poner od. insertar un anuncio.

ins|geheim [ɪnsgə'haɪm] en secreto; **~ge'samt** en total, en conjunto.

insofern [-'zo:fɛrn] en eso; [-zo'fɛrn] en tanto que.

insolvent ['ɪ-zɔlvɛnt] insolvente.

Inspekt|ion [-ʃpɛk'tsjo:n] f inspección f; **~or** [-'tɔr] m (8¹) inspector m.

Inspir|ation [-spira'tsjo:n] f inspiración f; **2ieren** [--'ri:rən] inspirar.

Inspiz|ient [-spi'tsjɛnt] m (12) Thea. traspunte m; Film: regidor m; **2ieren** [--'tsi:rən] inspeccionar.

Install|ateur [-stala'tø:r] m (3¹) instalador m; **~ation** [--'tsjo:n] f instalación f; **~ationsgeschäft** n casa f instaladora; **2ieren** [--'li:rən] instalar.

instand [-'ʃtant]: ~ halten mantener, entretener; ~ setzen arreglar, reparar; **2haltung** f mantenimiento m, entretenimiento m.

inständig ['-ʃtɛndɪç] urgente; adv. encarecidamente; ~ bitten instar; ~e Bitte ruego m encarecido.

Instandsetzung [-'ʃtantzɛtsuŋ] f reparación f; compostura f.

Instanz ✞ [-'ʃtants] f (16) instancia f; **~enweg** m trámite m; tramitación f; auf dem ~ por vías de trámite.

Instinkt [-'stɪŋkt] m (3) instinto m; **2iv** [--'ti:f], **2mäßig** instintivo.

Institut [-sti'tu:t] n (3) instituto m; **~ion** [--tu'tsjo:n] f institución f.

instru|ieren [-stru'i:rən] instruir; **2ktion** [--k'tsjo:n] f instrucción f.

Instrument [--'mɛnt] n (3) instrumento m; **2al, ~al...** [---'ta:l] instrumental; **~alist** ♪ [---ta'list] m (12) instrumentista m; **~enbrett** n tablero m de mando od. de instrumentos; **2ieren** ♪ [---'ti:rən] instrumentar.

Insulin [-zu'li:n] n (3¹, o. pl.) insulina f.

inszenier|en [-stse'ni:rən] poner en escena, escenificar; **2ung** f escenificación f, puesta f en escena.

intakt [-'takt] intacto; íntegro.

Integral ⊼ [-te'gra:l] n (3¹) integral f; **~rechnung** f cálculo m integral.

Intonation

Inte|gration [--gra'tsjo:n] f integración f; **2'grieren** integrar.

Intellekt [ɪntɛ'lɛkt] m (3¹, o. pl.) intelecto m; **2uell** [--tu'ɛl], **~uelle(r)** m intelectual (m).

intelligen|t [--li'gɛnt] inteligente; **2z** [---'gɛnts] f (16) inteligencia f; **2z-quotient** m cociente m intelectual.

Intendant [-tɛn'dant] m (12) ⚔ intendente m; Thea. director m.

Intensi|tät [--zi'tɛ:t] f intensidad f; **2v** [--'zi:f] intenso; ✓ intensivo; **2-vieren** [---'vi:rən] intensificar; activar; **~vkurs** m curso m intensivo; **~vstation** f unidad f de vigilancia intensiva od. de cuidados intensivos.

interess|ant [-t(ə)rɛ'sant] interesante; **2e** [-t(ə)'rɛsə] n (10) interés m (für por); **2elosigkeit** f desinterés m; **2engebiet** n esfera f de intereses; **2engruppe** f grupo m de presión; **2ent** [---'sɛnt] m (12) interesado m; **~iert** [---'si:rən]: (sich) ~ interesar(se) (für por).

Interims... ['-tərɪms...] interino, provisional.

Inter|jektion [--jɛk'tsjo:n] f interjección f; **2kontinen'tal** intercontinental; **~mezzo** [--'mɛtso] n (11) intermedio m; fig. incidente m.

intern [-'tɛrn] interno; **2at** [--'na:t] n (3) colegio m de internos, internado m.

international [-tərnatsjo'na:l] internacional.

internier|en [--'ni:rən] internar; **2ung** f internación f; **2ungslager** n campo m de internación.

Internist ✚ [--'nɪst] m (12) (médico m) internista m.

Interpret [--'pre:t] m (12) intérprete m; **~ation** [--preta'tsjo:n] f interpretación f; **2ieren** [---'ti:rən] interpretar.

Interpunktion [--puŋk'tsjo:n] f puntuación f.

Intervall [--'val] n (3) intervalo m.

interven|ieren [--vɛ'ni:rən] intervenir; **2tion** [--vɛn'tsjo:n] f intervención f.

Interview ['--vju:] n (11) entrevista f, interviú f; **2en** (25) entrevistar.

intim [-'ti:m] íntimo; **2ität** [-timi-'tɛ:t] f intimidad f.

intoleran|t ['-tɔlərant] intolerante; **2z** ['---rants] f (16) intolerancia f.

Intonation [-tona'tsjo:n] f entonación f.

intransitiv [-'tranziti:f] *Gram.* intransitivo.
Intrig|ant(in *f*) [-tri'gant(in)] *m* (12) intrigante *su.*; ~**e** [-'tri:gə] *f* (15) intriga *f*; **~ieren** [-tri'gi:rən] intrigar.
introvertiert [-trover'ti:rt] introvertido.
Intuit|ion [-tui'tsjo:n] *f* intuición *f*; **~iv** [--'ti:f] intuitivo.
Invalid|e [-va'li:də] *m* (13) inválido *m*; **~enrente** *f* pensión *f* de invalidez; **~ität** [--lidi'tɛ:t] *f* invalidez *f*.
Invasion [-va'zjo:n] *f* invasión *f*.
Inventar [-vɛn'ta:r] *n* (3¹) inventario *m*; **~isieren** [--tari'zi:rən] inventariar, hacer el inventario.
Inventur [--'tu:r] *f* (16) inventario *m*; **~ machen** hacer el inventario.
investier|en [-vɛs'ti:rən] invertir; **~ung** *f* inversión *f*.
Investition [--ti'tsjo:n] *f* inversión *f*; **~sgüter** *n/pl.* bienes *m/pl.* de equipo.
inwendig ['-vɛndiç] interior; *adv.* por dentro.
inwie|fern, ~'weit hasta qué punto; en qué medida.
Inzest [-'tsɛst] *m* (3) incesto *m*.
'**Inzucht** *f* cruzamiento *m* consanguíneo.
in'zwischen entretanto, mientras tanto.
Ion [i'o:n] *n* (8) *Phys.* ion *m*; **~isieren** [ioni'zi:rən] ionizar.
I-Punkt ['i:puŋkt] *m* (3) punto *m* sobre la i.
ird|en ['irdən] de loza; **~es Geschirr** loza *f*; **~isch** terrestre; terrenal.
Ire ['i:rə] *m* (13) irlandés *m*.
irgend ['irgənt]: ~ *etwas* algo; ~ *jemand* alguien; **~ein** algún; **~einer** alguno; alguien; **~einmal** alguna vez; '~'**wann** algún día; '~'**welche** algunos; '~'**wie** de cualquier modo *od.* manera; '~'**wo** en alguna parte; '**~wo'her** de donde sea.
Ir|in ['i:rin] *f* irlandesa *f*; **~isch** irlandés.
Ironie [iro'ni:] *f* (15) ironía *f*; **~isch** [i'ro:niʃ] irónico.
irr|(e ['ir(ə)] 🞸 enajenado, demente, *a. fig.* loco; ~ *werden* 🞸 volverse loco; *fig.* desconcertarse; ~ *werden an* (*dat.*) perder confianza en; **~e** *f*: *in die* ~ *führen (gehen)* desorientar(se) (*a. fig.*); **~e(r** *m*) *m* (*f*) loco (-a) *m* (*f*).
'**irre|führen** *fig.* engañar; desorientar; **~führung** *f* engaño *m*; **~machen** *fig.* desconcertar; desorientar.
irren ['irən] (25) errar (*a. herum~*), estar equivocado; *sich* ~ equivocarse; **~anstalt** *f*, **~haus** *n* manicomio *m*; **~arzt** *m* alienista *m*.
'**irrereden** desvariar; delirar.
'**Irr|fahrt** *f* odisea *f*; **~garten** *m* laberinto *m*, dédalo *m*; **~glaube** *m* herejía *f*.
irrig ['iriç] equivocado, erróneo.
irritieren [iri'ti:rən] irritar; (*verwirren*) desconcertar, confundir.
Irr|lehre ['irlɛrə] *f* doctrina *f* herética, herejía *f*; **~licht** *n* fuego *m* fatuo; **~sinn** *m* demencia *f*, locura *f*; **~sinnig** demente, loco; **~tum** *m* (1²) error *m*, equivocación *f*; *im* ~ *sn* estar equivocado; ~ *vorbehalten* salvo error u omisión; **~tümlich** ['-ty:mliç] erróneo, equivocado; *adv.* por equivocación; **~weg** *m* mal camino *m* (*a. fig.*); *fig. auf* ~**e** *geraten* extraviarse, ir por mal camino.
Ischias 🞸 ['isçias, 'ifjas] *f*, F *a. m od. n uv.* ciática *f*; **~nerv** *m* nervio *m* ciático.
Islam ['islam, -'la:m] *m* (11, *o. pl.*) islam(ismo) *m*.
Isländ|er(in *f*) ['i:slɛndər(in)] *m* (7), **~isch** islandés (-esa) *m* (*f*).
Isolation [izola'tsjo:n] *f* aislamiento *m*.
Isolier... [--'li:r]: *in Zssgn oft* aislante; **~band** *n* cinta *f* aislante; **~en** aislar; *Gefangene: a.* incomunicar; **~haft** *f* incomunicación *f*; **~ung** *f* aislamiento *m*.
Iso|therme [--'tɛrmə] *f* (15) línea *f* isoterma; **~top** [--'to:p] *n* (3¹) isótopo *m*.
Israeli [isra'e:li] *m* (11), **~sch** israelita (*m*).
iß, ißt [is, ist] *s.* essen.
ist [ist] *s.* sein.
Ist-Bestand ['istbəʃtant] *m* efectivo *m* real.
Isthmus ['-mus] *m* (16²) istmo *m*.
Italien|er(in *f*) [ital'je:nər(in)] *m* (7), **~isch** italiano (-a) *m* (*f*).
I-Tüpfelchen *n* punto *m* sobre la i (*a. fig.*).

J

J, j [jɔt] *n* J, *j f.*
ja [jaː] **1.** *adv.* sí; ~ doch (claro) que sí; ~ sagen decir que sí; consentir (*zu* en); ~ sogar incluso; *wenn* ~ si es así; *da ist er* ~! ¡ahí viene!; **2.** 2 *n uv.* sí *m.*
Jacht [jaxt] *f* (16) yate *m*; '~**klub** *m* club *m* náutico.
Jacke ['jakə] *f* (15) chaqueta *f*; *Am.* saco *m*; ~**nkleid** *n* traje *m* de chaqueta.
Jackett [ʒa'kɛt] *n* (11) chaqueta *f*, americana *f*; *Am.* saco *m.*
Jagd [jaːkt] *f* (16) caza *f*; *auf die* ~ *gehen* ir de caza; ~ *machen auf (ac.)* dar caza a; '~**beute** *f* caza *f*; '~**bomber** *m* cazabombardero *m*; '~**flugzeug** *n* (avión *m* de) caza *m*; '~**frevel** *m* delito *m* de caza; '~**geschwader** *n* escuadrón *m* de caza; '~**gewehr** *n* escopeta *f*; '~**horn** *n* trompa *f* de caza; '~**hund** *m* perro *m* de caza; '~**revier** *n* coto *m*; '~**schein** *m* licencia *f* de caza; '~**tasche** *f* morral *m*; '~**zeit** *f* época *f* de caza; temporada *f* cinegética.
jagen ['jaːgən] (25) **1.** *v/t.* cazar; (*verfolgen*) *a.* dar caza a; **2.** *v/i.* cazar; *fig.* (sn) andar a la caza (*nach* de); (*eilen*) correr a toda velocidad.
Jäger ['jɛːgər] *m* (7) cazador *m* (*a.* ⚔); ⚔ caza *m*; '~**latein** *n* fanfarronadas *f/pl.* de cazador.
Jaguar ['jaːguaːr] *m* (3¹) jaguar *m.*
jäh [jɛː] (*steil*) escarpado, abrupto, empinado; (*plötzlich*) repentino, súbito; (*hastig*) brusco; '~**lings** ['liŋs] de repente; bruscamente.
Jahr [jaːr] *n* (3) año *m*; *voriges od. letztes* ~ el año pasado; *nächstes* ~ el año que viene; *nach* ~*en* después de muchos años; *vor zwei* ~*en* hace dos años; *von* ~ *zu* ~ de año en año; *seit* ~ *und Tag* desde hace mucho tiempo; *in den besten* ~*en* en la flor de la vida; 2-'**aus**: ~, *jahrein* todos los años; año tras año; '~**buch** *n* anuario *m*; 2e-**lang** durante muchos años.
jähren ['jɛːrən] (25): *heute jährt sich der Tag*, daß hoy hace un año que.
Jahres... ['jaːrəs]: *in Zssgn oft* anual; ~-**abschluß** † *m* balance *m* anual; ~**bericht** *m* informe *m* anual; ~-**einkommen** *n* renta *f* anual; ~**frist** *f*: *binnen* ~ dentro de un año; ~**rate** *f* anualidad *f*; ~**ring** ♀ *m* anillo *m* anual; ~**tag** *m* aniversario *m*; ~**wechsel** *m*, ~**wende** *f* año *m* nuevo; ~**zahl** *f* año *m*; ~**zeit** *f* estación *f* (del año); 2**zeitlich**: ~ (*bedingt*) estacional.
'**Jahr|gang** *m* año *m*; ⚔ quinta *f*; *Universität*: promoción *f*; ~**hundert** *n* siglo *m*; 2'**hunderte-alt** secular; ~**hundertfeier** *f* centenario *m.*
...jährig [...jɛːriç]: *in Zssgn de ...* años, *z. B. drei*~ de tres años.
jährlich ['jɛːrliç] anual; *adv.* al año.
Jahr|markt ['jaːrmarkt] *m* feria *f*; ~**tausend** *n* milenario *m*; ~'**zehnt** [-'tseːnt] *n* (3¹) década *f*; decenio *m.*
Jähzorn ['jɛːtsɔrn] *m* arrebato *m* de cólera; (*Eigenschaft*) irascibilidad *f*, iracundia *f*; 2**ig** irascible, iracundo; colérico.
Jalousie [ʒaluˈziː] *f* (15) celosía *f*; persiana *f.*
Jammer ['jamər] *m* (7) (*Klage*) lamento *m*; (*Elend*) miseria *f*; (*Kummer*) desolación *f*; *es ist ein* ~ es una lástima.
jämmerlich ['jɛmərliç] lastimoso, lamentable; *Geschrei*: lastimero; (*elend*) miserable.
jammer|n ['jamərn] (29) **1.** *v/t.* dar lástima a ; **2.** *v/i.* quejarse, lamentarse (*über* de); '~'**schade**: ~ *sn* ser una verdadera lástima; 2**tal** *n* *Rel.* valle *m* de lágrimas.
Januar ['janua:r] *m* (3¹) enero *m.*
Japan|er(in *f*) [-'pa:nər(in)] *m* (7), 2**isch** japonés (-esa) *m* (*f*).
japsen ['japsən] F (27) jadear.
Jargon [ʒarˈgõ] *m* (11) jerga *f.*
Jasmin ♀ [jas'miːn] *m* (3¹) jazmín *m.*
Jaspis ['jaspis] *m* (4¹) *Min.* jaspe *m.*
Jastimme ['ja:ʃtimə] *f* voto *m* positivo *od.* en favor.
jät|en ['jɛːtən] (26) escardar; desherbar; 2**hacke** *f* escardillo *m.*
Jauche ['jauxə] *f* (15) abono *m* líquido.
jauchzen ['-tsən] (27) dar *od.* lanzar gritos de alegría *od.* de júbilo.

jaulen ['jaʊlən] (25) aullar; gañir.
jawohl [ja'voːl] sí, por cierto, ciertamente.
Jawort ['jaːvɔrt] n (3) sí m; consentimiento m; *das ~ geben* dar el sí.
Jazz [dʒɛs] m uv. jazz m; **'~band** f conjunto m de jazz; **'~musik(er** m) f música f (músico m) de jazz.
je [jeː] (jemals) nunca, jamás; (pro) cada uno; ~ *zwei* de dos en dos; (von jedem) de cada uno; ~ *Person* por persona; ~ ... *desto* ... cuanto más ... (tanto) más ...; ~ *nach* según; ~ *nachdem, ob* según que.
Jeans [dʒiːns] pl. tejanos m/pl., (pantalones m/pl.) vaqueros m/pl.
jede|nfalls ['jeːdənfals] en todo caso, de todas maneras; **'~r, ~, ~s** (21) cada; cada uno; todo; (irgendein) cualquier(a); **'~rmann** (gen. ~s, sonst uv.) todo el mundo; **'~rzeit** en todo momento; siempre; a cualquier hora; **'~smal** cada vez (wenn que).
je'doch sin embargo, no obstante.
Jeep [dʒiːp] m (11) jeep m.
jeher ['jeːˈheːr]: *von ~* (desde) siempre.
jemals ['jeːmaːls] nunca, jamás.
jemand ['-mant] (24) alguien, alguno; *verneint*: nadie, ninguno.
jene|r ['-nər], **~, ~s** (21) aquél, aquélla, aquello; *adj. ohne Akzent*.
jenseit|ig ['jɛnzaɪtɪç] del otro lado; opuesto; **~s** (gen.) al otro lado de; más allá de; **2s** n uv. Rel. el más allá, el otro mundo.
Jesuit [jezuˈiːt] m (12) jesuita m; **~en-orden** m Compañía f de Jesús.
Jesus ['jeːzus] m (uv., gen. u. dat. a. Jesu, ac. Jesum) Jesús m; ~ *Christus* m Jesucristo m.
jetzig ['jɛtsɪç] actual; presente; de hoy, de ahora.
jetzt [jɛtst] ahora, actualmente; *bis ~* hasta la fecha; *eben ~* ahora mismo; *von ~ an* (de ahora) en adelante; **2zeit** f actualidad f, tiempo m actual.
jeweil|ig ['jeːvaɪlɪç] respectivo, correspondiente; **~s** respectivamente.
Job [dʒɔb] m (11) trabajo m; empleo m (provisional); ocupación f.
Joch [jɔx] n (3) yugo m (a. fig.); (Flächenmaß) yugada f; (Berg2) paso m; **'~bein** n Anat. hueso m cigomático, pómulo m.
Jockei ['dʒɔki] m (11) jockey m.
Jod [joːt] n (3) yodo m.
jodeln ['-dəln] (29) cantar a la tirolesa.

Joga ['-ga] m (11[¹], o. pl.) yoga m.
Joghurt ['-gʊrt] m od. n (3¹) yogur(t) m.
Johannis|beere ♀ [joˈhanɪsbeːrə] grosella f; **~beerstrauch** m grosellero m; **~brot** n algarroba f; **~brotbaum** m algarrobo m; **~käfer** m luciérnaga f; **~nacht** f noche f de San Juan.
johlen ['joːlən] (25) dar voces, gritar, chillar.
Joint [dʒɔɪnt] m (11) porro m.
Joker ['joːkər] m (7) Kartenspiel: comodín m.
Jolle ⚓ ['jɔlə] f (15) yola f.
Jongl|eur [ʒɔ̃ˈɡløːr] m (3¹) malabarista m; **2ieren** hacer juegos malabares bzw. de equilibrio.
Joppe ['jɔpə] f (15) chaqueta f; cazadora f; (Haus2) batín m.
Journal † [ʒʊrˈnaːl] n (3¹) diario m; **~ismus** [-naˈlɪsmʊs] m (16, o. pl.) periodismo m; **~ist(in** f) [--ˈlɪst(ɪn)] m (12) periodista su.; **2istisch** [--ˈlɪstɪʃ] periodístico.
Jubel ['juːbəl] m (7) (gritos m/pl. de) alegría f; júbilo m; regocijo m; **2n** (29) dar gritos de alegría; **2nd** jubiloso.
Jubil|ar(in f) [jubiˈlaːr(ɪn)] m (3¹) homenajeado (-a) m (f); **~äum** [--ˈlɛːʊm] n (9) aniversario m.
Juchten ['jʊxtən] m od. n (6), **~leder** n piel f de Rusia.
juck|en ['jʊkən] (25) picar; escocer; *sich ~* rascarse; **2en** n, **2reiz** m picor m, comezón f; prurito m; escozor m.
Jude ['juːdə] m (13) judío m; *der Ewige ~* el Judío Errante; **~ntum** ['-dəntum] n (1, o. pl.) judaísmo m.
Jüd|in ['jyːdɪn] f judía f; **2isch** judío; *Religion*: judaico.
Jugend ['juːɡənt] f (16) juventud f; (*Jünglingsalter*) adolescencia f; mocedad f; *von ~ auf* desde joven; **~alter** n edad f juvenil; **~arbeitslosigkeit** f paro m juvenil; **~erinnerung** f recuerdo m de (la) infancia; **2frei** *Film*: apto para menores; **~freund(in** f) m amigo (-a) m (f) de (la) infancia; **~fürsorge** f protección f de menores; **~gericht** n tribunal m de menores; **~herberge** f albergue m juvenil; **~jahre** n/pl. años m/pl. juveniles od. mozos; **~kriminalität** f delincuencia f juvenil; **2lich** juvenil; **~liche(r** m) m/f menor su.; **~liebe** f primer(os) amor(es) m(pl.);

~richter *m* juez *m* de menores; **~schutz** *m* protección *f* de menores; **~zeit** *f* juventud *f*; **~zentrum** *n* centro *m* juvenil.

Jugoslaw|e [jugo'sla:və] *m* (13), **~in** *f*, **≈isch** yugoslavo (-a) *m* (*f*).

Juli ['ju:li] *m* (11) julio *m*.

jung [juŋ] (18²) joven; *Aktie, Wein*: nuevo; *~er Mann (~es Mädchen)* joven *m* (*f*); *~ verheiratet* recién casado; **'≈brunnen** *m* fuente *f* de juventud.

Junge ['juŋə] **a)** *m* (13) muchacho *m*, chico *m*; (*Bursche*) mozo *m*; *kleiner ~* chiquillo *m*; chaval *m*; F *grüner ~* mocoso *m*; F *schwerer ~* criminal *m* de cuidado; **b) ~(s)** *n* (18) cría *f*; *Hund, Raubtiere*: cachorro *m*; *Junge werfen od. bekommen = ≈n* (25) parir; **≈nhaft** pueril; amuchachado.

Jünger ['jyŋər] **1.** *m* (7) discípulo *m*; **2.** ≈ *comp. v. jung* más joven; *Bruder usw.*: menor.

Jungfer ['juŋfər] *f* (15) doncella *f*; *alte ~* solterona *f*; **~nfahrt** *f* primer viaje *m*, viaje *m* inaugural; **~nhäutchen** *n Anat.* himen *m*; **~nschaft** *f* virginidad *f*.

'Jung|frau *f* virgen *f*; doncella *f*; *Astr.* Virgo *m*; **≈fräulich** ['-frɔʏlɪç] virginal; **~fräulichkeit** *f* virginidad *f*; **~geselle** *m* soltero *m*; *alter ~* solterón *m*; **~gesellin** *f* soltera *f*.

Jüngling ['jyŋliŋ] *m* (3¹) adolescente *m*; joven *m*; mozo *m*; **~s-alter** *n* adolescencia *f*.

jüngst [jyŋst] **1.** *adj.* (*sup. v. jung*) el (la) más joven; *Bruder usw.*: menor; *zeitl.* reciente, último; *das ≈e Gericht* el juicio final; **2.** *adv.* recientemente, hace poco.

Juni ['ju:ni] *m* (11) junio *m*.

junior ['ju:njɔr] hijo, *a. Sport*: junior; **≈enmannschaft** [jun'jo:rənmanʃaft] *f Sport*: equipo *m* de juveniles.

Junker ['juŋkər] *m* (7) hidalgo *m*.

Jura ['ju:ra] **a)** ⚖ *pl.*: *~ studieren* estudiar derecho; **b)** *Geol. m* jurásico *m*.

Jurist [ju'rɪst] *m* (12) jurista *m*; **≈isch** jurídico.

Jury ['ʒy:ri] *f* (11¹) jurado *m*.

justier|en ⊕ [jus'ti:rən] ajustar; **≈ung** *f* ajuste *m*.

Justiz [-'ti:ts] *f* (16) justicia *f*; **~irrtum** *m* error *m* judicial; **~minister(ium** *n*) *m* Ministro *m* (Ministerio *m*) de Justicia.

Jute ['ju:tə] *f* (15) yute *m*.

Juwel [ju've:l] *n* (5²) joya *f*, alhaja *f* (*a. fig.*); **~ier** [-və'li:r] *m* (3¹) joyero *m*; **~iergeschäft** *n* joyería *f*.

Jux F [juks] *m* (3²) broma *f*; *aus ~ de (en, por) broma*; P *de cachondeo*.

K

K, k [kɑ:] *n* K, k *f.*
Kabarett [kaba'rɛt] *n* (3¹) cabaret *m.*
Kabel ['kɑ:bəl] *n* (7) cable *m*; **~bericht** *m* cablegrama *m*; **~fernsehen** *n* televisión *f* por cable.
Kabeljau ['¹--jaʊ] *m* (3¹ *u.* 11) bacalao *m* (fresco).
kabeln ['¹-bəln] (29) cablegrafiar.
Kabine [ka'bi:nə] *f* (15) cabina *f*; ⚓ camarote *m.*
Kabinett [-bi'nɛt] *n* (3¹) gabinete *m* (*a. Pol.*); **~s-umbildung** *f* Pol. reajuste *m* ministerial.
Kabriolett [-brio'lɛt] *n* (11) descapotable *m.*
Kachel ['-xəl] *f* (15) azulejo *m*; baldosa *f*; **~ofen** *m* estufa *f* de azulejos.
Kadaver [-'dɑ:vər] *m* (7) cadáver *m*; **~gehorsam** *m* obediencia *f* ciega.
Kadenz ♪ [-'dɛnts] *f* (16) cadencia *f.*
Kader ['kɑ:dər] *m* (7) cuadro *m.*
Kadett [ka'dɛt] *m* (12) cadete *m*; **~en-anstalt** *f* colegio *m* de cadetes.
Käfer ['kɛ:fər] *m* (7) escarabajo *m*, ⚕ coleóptero *m*; F *fig.* netter ~ chica *f* bonita.
Kaff F [kaf] *n* (11) pueblo *m* de mala muerte.
Kaffee ['kafe:, ka'fe:] *m* (11) café *m*; *schwarzer* ~ café *m* solo; ~ *mit Milch* cortado *m*; **~baum** *m* cafeto *m*; **~bohne** *f* grano *m* de café; **~Ersatz** *m* sucedáneo *m* de café; **~geschirr** *n* servicio *m* od. juego *m* de café; **~haus** *n* café *m*; **~kanne** *f* cafetera *f*; **~klatsch** F *m*, **~kränzchen** *n* reunión *f* od. tertulia *f* de señoras; **~löffel** *m* cucharilla *f* (de café); **~maschine** *f* cafetera *f* eléctrica; **~mühle** *f* molinillo *m* de café; **~pflanzung** *f* cafetal *m*, plantación *f* de café; **~rösterei** *f* tostadero *m* de café; **~satz** *m* poso *m* (de café); **~tasse** *f* taza *f* de café; **~wärmer** *m* cubrecafetera *m.*
Käfig ['kɛ:fiç] *m* (3) jaula *f*; *in e-n* ~ *sperren* enjaular.
kahl [kɑ:l] calvo; (*geschoren*) pelado, ♣ deshojado; *Wand usw.:* desnudo; **²heit** *f* calvicie *f*; *fig.* desnudez *f*; **²kopf** *m* calva *f*; (*Person*) calvo *m*; **¹~köpfig** ['-kœpfiç] calvo; F pelón; **²schlag** *m* desmonte *m* completo.

Kahn [kɑ:n] *m* (3³) bote *m*; barca *f*; ~ *fahren* ir en barca od. bote; **¹~fahrt** *f* paseo *m* en barca od. bote.
Kai [kai] *m* (11) muelle *m*; **¹~gebühr** *f*, **¹~geld** *n* muellaje *m.*
Kaiser ['-zər] *m* (7) emperador *m*; **~in** *f* emperatriz *f*; **²lich** imperial; **~reich** *n*, **~tum** *n* (1²) imperio *m*; **~schnitt** ✂ *m* (operación *f*) cesárea *f.*
Kajüte [ka'jy:tə] *f* (15) camarote *m.*
Kakadu *Zo.* ['-kadu:] *m* (11) cacatúa *f.*
Kakao [-'kɑ:o] *m* (11), **~baum** *m* cacao *m*; **~bohne** *f* almendra *f* de cacao; **~pulver** *n* cacao *m* en polvo.
Kakerlak ['kɑ:kərlak] *m* (12 od. 5²) cucaracha *f.*
Kakipflaume ['-kipflaʊmə] *f* caqui *m.*
Kaktus ['kaktus] *m* (14², *pl. a.* Kakteen [-'te:ən]) cacto *m*, cactus *m*; **~feige** *f* higo *m* chumbo.
Kalb [kalp] *n* (1²) ternero *m*, becerro *m*; **²en** [¹-bən] parir; **¹~fleisch** *n* ternera *f*; **¹~leder** *n* becerro *m*; **¹~s-braten** *m* ternera *f* asada, asado *m* de ternera; **¹~smilch** *f* lechecillas *f/pl.* de ternera; **¹~snierenbraten** *m* riñonada *f* de ternera.
Kaldaunen [kal'daʊnən] *f/pl.* (15) *Kchk.* tripas *f/pl.*; callos *m/pl.*
Kaleidoskop [kalaɪdos'ko:p] *n* (3¹) calidoscopio *m.*
Kalender [-'lɛndər] *m* (7) calendario *m*; (*als Buch*) almanaque *m*; (*Termin♀*) agenda *f*; **~block** *m* taco *m*; **~jahr** *n* año *m* civil.
kalfatern ⚓ [kal'fɑ:tərn] 1. *v/t.* (29) calafatear; 2. ♀ *n* calafateo *m.*
Kali ['kɑ:li] *n* (11) potasa *f.*
Kaliber [ka'li:bər] *n* (7) calibre *m* (*a. fig.*).
Kalif [ka'li:f] *m* (12) califa *m.*
Kalium ['kɑ:ljʊm] *n* (9, *o. pl.*) potasio *m.*
Kalk [kalk] *m* (3) cal *f* ([un]gelöschter [viva] apagada); **¹~bewurf** *m* revoque *m*; **¹~brennerei** *f* calería *f*; **²en** (25) encalar (*a.* ♪); enjalbegar, blanquear; **¹~haltig** calcáreo, calizo; **¹~milch** *f* leche *f* de cal; **¹~ofen** *m* horno *m* de cal; ca-

lera *f*; '~stein *m* (piedra *f*) caliza *f*.
Kalkul|ation [-kula'tsjo:n] *f* cálculo *m*; ⁔**ieren** [--'li:rən] calcular.
Kalorie [kalo'ri:] *f* (15) caloría *f*; ⁔**narm** [--'-ən°arm] bajo en calorías.
kalt [kalt] (18²) frío (*a. fig.*); es ist ~ hace frío; mir ist ~ tengo frío; ~ werden enfriarse; *fig. das läßt mich* ~ me deja frío; ~*e Küche* platos *m/pl.* fríos; ~*e Platte* fiambres *m/pl.*; ~**blütig** ['-bly:tɪç] *Zo.* de sangre fría; *fig.* insensible; impasible; *adv.* a sangre fría; '⁔**blütigkeit** *f* sangre fría.
Kälte ['kɛltə] *f* (15) frío *m*; *fig.* frialdad *f*; *zehn Grad* ~ diez grados bajo cero; ⁔**beständig** resistente al frío; ~**grad** *m* grado *m* bajo cero; ~**technik** *f* técnica *f* del frío; ~**welle** *f* ola *f* de frío.
Kalt|front ['kaltfrɔnt] *f* frente *m* frío; ⁔**herzig** frío, insensible; ⁔**machen** F *fig.* despachar, dejar seco; ⁔**schnäuzig** ['-ʃnɔytsɪç] insensible, frío; ⁔**stellen** *fig.* eliminar.
Kalzium ['kaltsjum] *n* (9, *o. pl.*) calcio *m*.
kam, käme [ka:m, 'kɛ:mə] *s.* kommen.
Kamel [ka'me:l] *n* (3) camello *m*; F *fig.* burro *m*; ~**haar** *n* pelo *m* de camello; ~**ie** [-'-jə] *f* (15) camelia *f*; ~**treiber** *m* camellero *m*.
Kamera ['-mərə] *f* (11¹) cámara *f*.
Kamerad(in *f*) [--'ra:t, --'-dɪn] *m* (12) compañero *su*., compañero (-a) *m* (*f*); ~**schaft** *f* compañerismo *m*; ⁔**schaftlich** de camarada; ~**schaftsgeist** *m* espíritu *m* de compañerismo.
Kameramann ['--raman] *m* operador *m*, cameraman *m*, cámara *m*, *bsd. Am.* camerágrafo *m*.
Kamille ♀ [-'mɪlə] *f* (15) manzanilla *f*; ~**ntee** *m* (infusión *f* de) manzanilla *f*.
Kamin [-'mi:n] *m* (3¹) chimenea *f*; ~**feger** *m* deshollinador *m*.
Kamm [kam] *m* (3³) peine *m*; (*Zier*⁔) peineta *f*; ⊕ carda *f*; (*Zo., Gebirgs*⁔, *Wellen*⁔) cresta *f*; *fig. alles über e-n* ~ *scheren* medirlo todo por el mismo rasero; *ihm schwillt der* ~ alza la cresta.
kämmen ['kɛmən] (25) peinar; ⊕ *a.* cardar.
Kammer ['kamər] *f* (15) cuarto *m*; (*Schlaf*⁔) alcoba *f*; *Pol.*, ⊕ cámara *f*; ⚛ *a.* sala *f*; ~**diener** *m* ayuda *m* de cámara;

Kämmer|ei [kɛmə'raɪ] *f* tesorería *f*; ~**er** ['--rər] *m* (7) tesorero *m*.
Kammer|frau ['kamərfrau] *f* camarera *f*; ~**jäger** *m* experto *m* en desinsectación; ~**musik** *f* (~**sänger** *m*) música *f* (cantante *m*) de cámara; ~**ton** ♩ *m* diapasón *m* normal; ~**zofe** *f* doncella *f*.
Kammgarn ['-garn] *n* estambre *m*.
Kampagne [-'panjə] *f* (15) campaña *f*.
Kampf [kampf] *m* (3³) lucha *f* (*a. fig.*); combate *m*; contienda *f*; (*Stier*⁔) lidia *f*; (*Nah*⁔) pelea *f*; '~**bahn** *f* estadio *m*, pista *f*; arena *f*; '⁔**bereit** listo para el combate; '~**einheit** ⚔ *f* unidad *f* táctica.
kämpfen ['kɛmpfən] (25) *a. fig.* luchar (*um por*); combatir; pelear.
Kampfer ['kampfər] *m* (7) alcanfor *m*.
Kämpfer ['kɛmpfər] *m* (7) combatiente *m*; *a. fig.* luchador *m*; ⁔**isch** combativo.
Kampf... ['kampf...]: *in Zssgn oft* de combate; ⁔**fähig** en condiciones *od.* capaz de combatir; ~**genosse** *m* compañero *m* de armas; ~**hahn** *m* gallo *m* de pelea; ~**handlung** *f* operación *f* militar; ~**kraft** *f*, ~**lust** *f* combatividad *f*; ⁔**lustig** belicoso; ~**platz** *m* campo *m* de batalla; (*Turnier*) liza *f*; ~**richter** *m* árbitro *m*; ~**stier** *m* toro *m* de lidia; ⁔-**unfähig** fuera de combate; ~**wagen** *m* carro *m* de combate.
kampieren [kam'pi:rən] acampar.
Kanad|ier(in *f*) [ka'na:djər(ɪn)] *m* (7), ⁔**isch** canadiense (*su*.).
Kanal [-'na:l] *m* (3³) canal *m*; (*Bewässerungs*⁔) acequia *f*; (*Abfluß*⁔) alcantarilla *f*; (*Rinne*) conducto *m*; ~**isation** [-naliza'tsjo:n] *f* canalización *f*; ⁔**isieren** canalizar.
Kanarien|vogel [-'na:rjənfo:gəl] *m* canario *m*; ~**zucht** *f* canaricultura *f*.
Kandare [kan'da:rə] *f* (15) bocado *m*; *fig. j-n an die* ~ *nehmen* atar corto a alg.
Kandelaber [-də'la:bər] *m* (7) candelabro *m*.
Kandid|at [-di'da:t] *m* (12) candidato *m*; ~**atur** [--da'tu:r] *f* (16) candidatura *f*; ⁔**ieren** [-'di:rən] presentar su candidatura (*für a., para*).
kandieren [-'di:rən] escarchar, garapiñar.
Kandis ['-dɪs] *m uv.*, ~**zucker** *m* azúcar *m* cande.

Känguruh ['kɛŋguru:] *n* (11) canguro *m*.

Kaninchen [ka'ni:nçən] *n* (6) conejo *m*; ∼**bau** *m*, ∼**stall** *m* conejera *f*; ∼**zucht** *f* cunicultura *f*; ∼**züchter** *m* cunicultor *m*.

Kanister [-'nistər] *m* (7) lata *f*, bidón *m*.

kann [kan] *s. können*.

Kanne ['kanə] *f* (15) jarro *m*; jarra *f*.

Kannibal|e [kani'ba:lə] *m* (13), ♀**isch** caníbal (*m*).

kannst [kanst] *s. können*.

kannte ['-tə] *s. kennen*.

Kanon ['ka:nɔn] *m* (11) canon *m*.

Kanonade [kano'na:də] *f* (15) cañoneo *m*.

Kanone [-'no:nə] *f* (15) cañón *m*; F *fig.* as *m*; *unter aller* ∼ *sein* F no poder ser peor; ∼**nboot** *m* cañonero *m*; ∼**ndonner** *m* cañonazos *m/pl.*; ∼**nfutter** *n fig.* carne *f* de cañón; ∼**nkugel** *f* bala *f* de cañón; ∼**nrohr** *n* cañón *m*; ∼**nschuß** *m* cañonazo *m*.

Kanonier [-no'ni:r] *m* (3¹) artillero *m*.

Kanon|ikus [-'no:nikus] *m* (14, *pl.* -ker) canónigo *m*; ♀**isch** canónico.

Kantate ♪ [kan'ta:tə] *f* (15) cantata *f*.

Kant|e ['-tə] *f* (15) canto *m*; (*Rand*) borde *m*; ♀ arista *f*; *fig. auf die hohe* ∼ *legen* ahorrar; ∼**en** *m* (6) (*Brot*) cantero *m*; ♀**en** (26) poner de canto; *Kiste*: volcar; ♀**ig** anguloso (*a. Gesicht*); esquinado.

Kantine [-'ti:nə] *f* (15) cantina *f*.

Kanton [-'to:n] *m* (3¹) cantón *m*; ♀**ist** [-to'nist] *m* (12): *fig. er ist ein unsicherer* ∼ no se puede contar con él.

Kantor ['-tɔr] *m* (8¹) chantre *m*.

Kanu ['ka:nu, ka'nu:] *n* (11) canoa *f*, piragua *f*; ∼**fahrer** *m* piragüista *m*; ∼**sport** *m* piragüismo *m*.

Kanüle ✶ [ka'ny:lə] *f* (15) cánula *f*.

Kanzel ['kantsəl] *f* (15) púlpito *m*; ✈ carlinga *f*; cabina *f* de mando.

Kanz|lei [kants'lai] *f* cancillería *f*; 🕆 despacho *m*; bufete *m*; ∼**ler** ['-lər] *m* (7) canciller *m*.

Kap [kap] *n* (11) cabo *m*; promontorio *m*.

Kapaun [ka'paun] *m* (3¹) capón *m*.

Kapazität [-patsi'tɛ:t] *f* capacidad *f*; *fig.* autoridad *f*.

Kapell|e [-'pɛlə] *f* (15) capilla *f*; ♪ banda *f* (de música); conjunto *m* (musical); ∼**meister** *m* director *m* de orquesta.

Kaper ⚘ ['ka:pər] *f* (15) alcaparra *f*.

kapern ['-pərn] (29) apresar, capturar.

kapieren F [ka'pi:rən] F caer.

Kapillargefäß [-pi'laːrgəfɛːs] *n* (vaso *m*) capilar *m*.

Kapital [--'ta:l] *n* (3¹ *u.* 8²) capital *m*; fondos *m/pl.*; ∼**anlage** *f* inversión *f* de capital; ∼**erhöhung** *f* ampliación *f* de capital; ∼**ertrag(s)steuer** *f* impuesto *m* sobre la renta del capital; ∼**flucht** *f* evasión *f od.* fuga *f* de capitales; ∼**ismus** [--ta'lismus] *m* (16, *o. pl.*) capitalismo *m*; ∼**ist** [---'list] *m* (12), ♀**istisch** [---'listiʃ] capitalista (*m*); ♀**kräftig**: ∼ *sein* disponer de mucho capital; ∼**markt** *m* mercado *m* de capitales; ∼**verbrechen** 🕆 *n* crimen *m* capital.

Kapitän [--'tɛ:n] *m* (3¹) capitán *m* (*a. Sport*); ✕ comandante *m*; ∼**leutnant** *m* teniente *m* de navío.

Kapitel [-'tɛl] *n* (7) capítulo *m*; (*Dom*♀) cabildo *m*; *fig. das ist ein* ∼ *für sich* eso es otro cantar.

Kapitell △ [--'tɛl] *n* (3¹) capitel *m*.

Kapitulation [--tula'tsjoːn] *f* capitulación *f*; ♀**ieren** capitular.

Kaplan [-'pla:n] *m* (3¹ *u.* ³) capellán *m*; coadjutor *m*.

Kapodaster ♪ [-po'dastər] *m* (7) cejilla *f*.

Kappe ['kapə] *f* (15) gorra *f*; (*Strick*♀, *Bade*♀) gorro *m*; (*Schuh*♀) puntera *f*; *fig. et. auf s-e* ∼ *nehmen* asumir la responsabilidad de a/c.; *das geht auf m-e* ∼ eso corre por mi cuenta; ♀**n** (25) cortar; *Baum*: desmochar; *Hahn*: capar.

Käppi ['kɛpi] *n* (11) quepis *m*.

Kapri|ole [kapri'o:lə] *f* (15) cabriola *f*; ♀**ziös** [--'tsjø:s] caprichoso.

Kapsel ['kapsəl] *f* (15) cápsula *f*.

kaputt F [ka'put] roto; (*müde*) rendido, hecho polvo; *fig.* arruinado; ∼**gehen** romperse; ∼**lachen** F: *sich* ∼ desternillarse de risa; ∼**machen** romper; hacer pedazos.

Kapuze [-'pu:tsə] *f* (15) capucha *f*; *der Mönche: a.* capilla *f*.

Kapuziner [-pu'tsi:nər] *m* (7) capuchino *m*; ∼**kresse** ⚘ *f* capuchina *f*.

Karabiner [-ra'bi:nər] *m* (7) carabina *f*; ∼**haken** *m* mosquetón *m*.

Karacho F [-'-xo] *n*: *mit* ∼ a toda velocidad, F a toda pastilla.

Karaffe [-'-fə] *f* (15) garrafa *f*.

Karambolage [-rambo'la:ʒə] *f* (15) *fig.* choque *m*, colisión *f*.

Karamel [-ˈmɛl] m (15) caramelo m.
Karat [-ˈrɑːt] n (3, als Maß im pl. uv.) quilate m; ~e [-ˈ-tə] n uv. karate m.
Karawane [-raˈvɑːnə] f (15) caravana f (a. fig.).
Karbid [karˈbiːt] n (3¹) carburo m (de calcio); ~lampe f lámpara f de acetileno.
Karbol [-ˈboːl] n (7) carbol m; ~säure f ácido m carbólico.
Karbunkel ✱ [-ˈbuŋkəl] m (7) carbunclo m.
Kardan|gelenk [-ˈdɑːngələŋk] n (junta f) cardán m; ~welle f árbol m cardán.
Kardinal [-diˈnɑːl] m (3¹ u. ³) cardenal m; ~shut m capelo m; ~zahl f número m cardinal.
Karfreitag [kɑːrˈfraɪtɑːk] m (3) Viernes m Santo.
karg [kark] (18[²]) escaso, pobre; *Mahl*: frugal; ~en [ˈ-gən] (25): ~ mit escatimar (ac.); 2**heit** f escasez f; frugalidad f.
kärglich [ˈkɛrkliç] escaso; exiguo.
kariert [kaˈriːrt] cuadriculado; *Stoff*: a cud. de cuadros.
Karies [ˈkɑːriɛs] f (16, o. pl.) caries f.
Karik|atur [karikaˈtuːr] f (16) caricatura f; ~aturist [---tuˈrist] m (12) caricaturista m; 2**ieren** [--ˈkiːrən] caricaturizar.
kariös ✱ [--ˈøːs] cariado.
Karmesin [karməˈziːn] n (3¹), 2**rot** carmesí (m).
Karmin [-ˈmiːn] n (3¹), 2**rot** carmín (m).
Karneval [ˈ-nəval] m (3¹ u. 11) carnaval m.
Karnickel F [-ˈnikəl] n (7) conejo m.
Karo [ˈkɑːro] n (11) cuadro m; cuadrado m; *Kartenspiel*: oros m/pl.
Karosse [kaˈrɔsə] f (15) carroza f; ~rie [---ˈriː] f (15) carrocería f.
Karotte [-ˈrɔtə] f (15) zanahoria f.
Karpfen [ˈkarpfən] m (6) carpa f.
Karre [ˈkarə] f (15), ~n m (6) carro m; carreta f; (*Schub*2) carretilla f; 2**n** (25) acarrear, carretear.
Karriere [karˈjɛːrə] f (15) carrera f (*machen* hacer); ~**macher** m arribista m; F trepador m.
Karsamstag [kɑːrˈzamstɑːk] m Sábado m de Gloria.
Karst [karst] m (3²) ✓ azada f, azadón m; *Erdk.* karst m.
Kartäuser [-ˈtɔyzər] m (7) cartujo m; ~**kloster** n cartuja f.

Kasperletheater

Karte [ˈ-tə] f (15) (*Besuchs*2, *Post*2) tarjeta f; (*Spiel*2, *Speise*2) carta f; *Erdk.* mapa m; (*Eintritts*2) entrada f; *nach der* ~ *essen* comer a la carta; ~*n spielen* jugar a las cartas; *die* ~*n legen* echar las cartas; *fig. alles auf e-e* ~ *setzen* jugarse el todo por el todo; *mit offenen* ~*n spielen* poner las cartas boca arriba.
Kartei [-ˈtaɪ] f fichero m; ~**karte** f ficha f.
Kartell ✝ [-ˈtɛl] n (3¹) cártel m.
Karten|haus [ˈ-tənhaʊs] n *fig.*: *wie ein* ~ *zusammenstürzen* derrumbarse como un castillo de naipes; ~**kunststück** n truco m de cartas; ~**legen** n cartomancia f; ~**legerin** f echadora f de cartas; ~**spiel** n juego m de naipes *od.* de cartas; (*Karten*) baraja f; ~**verkauf** m venta f de localidades; ~**zeichner** m cartógrafo m.
Kartoffel [-ˈtɔfəl] f (15) patata f, *Am.* papa f; ~**brei** m puré m de patatas; ~**feld** n patatar m, patatal m; ~**käfer** m escarabajo m de la patata, dorífora m; ~**mehl** n fécula f de patatas; ~**püree** n s. ~*brei*; ~**salat** m ensalada f de patatas; ~**schalen** f/pl. mondaduras f/pl. de patatas.
Kartograph [-toˈgrɑːf] m (12) cartógrafo m; ~**ie** [--graˈfiː] f (15) cartografía f.
Karton [-ˈtɔ̃] m (11) cartón m; (*Schachtel*) caja f de cartón; 2**ieren** [-toˈniːrən] encartonar.
Kartothek [-toˈtɛːk] f (16) fichero m.
Karussell [karuˈsɛl] n (3¹) tiovivo m, caballitos m/pl.
Karwoche [ˈkɑːrvɔxə] f Semana f Santa.
Karzer [ˈkartsər] m (7) calabozo m.
Karzinom ✱ [-tsiˈnoːm] n (3¹) carcinoma m.
Kaschemme [kaˈʃɛmə] f (15) tabernucho m.
Kaschmir [ˈkaʃmir] m (3¹) (*Stoff*) cachemira f.
Käse [ˈkɛːzə] m (7) queso m; ~**glocke** f quesera f; ~**handlung** f quesería f; ~**kuchen** m tarta f de queso.
Kasern|e [kaˈzɛrnə] f (15) cuartel m; 2**ieren** [--ˈniːrən] acuartelar.
käsig [ˈkɛːziç] caseoso; *fig.* pálido.
Kasino [kaˈziːno] n (11) casino m.
Kaskade [kasˈkɑːdə] f (15) cascada f.
Kasperle [ˈkaspərlə] n u. m (7) polichinela m; ~**theater** n (teatro m de) guiñol m.

Kasse ['kasə] f (15) caja f; Thea. usw.: taquilla f; (nicht) bei ~ sn andar bien (mal) de dinero.

'**Kassen**|-**abschluß** m cierre m de caja; ~**arzt** m médico m del seguro; ~**bestand** m dinero m en caja; ~**erfolg** m Thea. éxito m de taquilla; ~**schlager** m (Film) película f taquillera; ~**stunden** f/pl. horas f/pl. de despacho; ~**sturz** m arqueo m; ~**wart** ['~~vart] m (3) cajero m; tesorero m; ~**zettel** m ticket m.

Kasserolle [-'~rɔlə] f (15) cacerola f.

Kassette [ka'sɛtə] f (15) cofrecillo m; Phot. chasis m; ♪, TV cassette su., casete su.; ~**nrecorder** m (magnetófono m a) cassette m.

kassier|en [-'siːrən] ✝ cobrar; ⚖︎ anular, casar; ♀**er(in** f) m (7) cajero (-a) m (f).

Kastagnette [kastan'jɛtə] f (15) castañuela f.

Kastanie [-'taːnjə] f (15) castaña f; ~**nbaum** m castaño m; ♀**nbraun** castaño.

Kästchen ['kɛstçən] n (6) cajita f; cofrecillo m; estuche m; auf Formularen usw.: casilla f.

Kaste ['kastə] f (15) casta f.

kastei|en [-'taɪən] mortificar; ♀**ung** f mortificación f.

Kasten ['~tən] m (6) caja f; ~**brot** n pan m de molde; ~**geist** m espíritu m de casta; ~**wagen** m furgón m.

Kastil|ier(in f) [-'tiːljər(in)] m (7), ♀**isch** castellano (-a) m (f).

Kastr|at [-'traːt] m castrado m; ~**ation** [-tra'tsjoːn] f castración f; ♀**ieren** [-'triːrən] castrar; capar.

Kata|falk [kata'falk] m (3¹) catafalco m; ~**komben** [-'kɔmbən] f/pl. (15) catacumbas f/pl.

Katalan|e [-'laːnə] m (13), ♀**isch** catalán (m).

Katalog [-'loːk] m (3¹) catálogo m; ♀**isieren** [--logi'ziːrən] catalogar.

Katapult [-'pʊlt] n, a. m (3) catapulta f; ♀**ieren** [---'tiːrən] catapultar.

Katarrh [-'tar] m (3¹) catarro m.

Kataster [-'tastər] m (7) catastro m.

katastroph|al [--stro'faːl] catastrófico; ♀**e** [--'stroːfə] f (15) catástrofe f; ♀**engebiet** n zona f catastrófica od. siniestrada.

Katechismus [-te'çismus] m (16²) catecismo m.

Kategor|ie [--go'riː] f (15) categoría f; ♀**isch** [--'goːriʃ] categórico.

Kater ['kaːtər] m (7) gato m; F fig. e-n ~ haben tener resaca.

Katheder [ka'teːdər] n, a. m (7) cátedra f.

Kathedrale [-te'draːlə] f (15) catedral f.

Kathete ⚠︎ [-'teːtə] f (15) cateto m.

Katheter ⚚ [-'~tər] m (7) catéter m.

Kathode [-'toːdə] f (15) cátodo m; ~**n...**: in Zssgn catódico.

Kathol|ik(in f) [-to'liːk(in)] m (12), ♀**isch** [-'toːliʃ] católico (-a) m (f); ~**izismus** [--li'tsismus] m (16, o. pl.) catolicismo m.

Kattun [-'tuːn] m (3¹) calicó m; bedruckter: indiana f.

katzbuckeln ['katsbukəln] (29) dar coba (vor j-m a alg.).

Kätzchen ['kɛtsçən] n (6) gatito m, minino m; ♀ amento m.

Katze ['katsə] f (15) gato m; gata f.

'**Katzen**|-**auge** ⊕ ∧ ocular m; catafoto m, ojo m de gato; ♀**haft** felino; ~**jammer** m resaca f; modorra f; ~**musik** f música f ratonera; ~**sprung** m: fig. es ist nur ein ~ (von hier) está a dos pasos de aquí.

Kauderwelsch ['kaʊdərvɛlʃ] n (3²) galimatías m.

kauen [-ən] 1. v/t. u. v/i. (25) mascar, masticar; 2. ♀ n masticación f.

kauern [-'ərn] (29): (a. sich ~) acurrucarse.

Kauf [kaʊf] m (3³) compra f; adquisición f; fig. in ~ nehmen conformarse con; '♀**en** (25) comprar.

Käufer(in f) ['kɔʏfər(in)] m (7) comprador(a) m (f).

Kauf|**haus** ['kaʊfhaʊs] n grandes almacenes m/pl.; ~**kraft** f poder m adquisitivo.

käuflich ['kɔʏfliç] de od. en venta; (bestechlich) venal; ~ erwerben adquirir; ♀**keit** f venalidad f.

Kauf|**mann** ['kaʊfman] m (pl. ~leute) comerciante m, negociante m; ♀**männisch** ['-mɛniʃ] comercial, mercantil; ~**preis** m precio m de compra; ~**vertrag** m contrato m de compraventa; ~**zwang** m obligación f de comprar; kein ~ entrada libre.

Kaugummi ['kaʊgumi] m od. n goma f de mascar, chicle m.

Kaul|**barsch** Zo. ['kaʊlbarʃ] m acerina f; ~**quappe** ['-kvapə] f (15) renacuajo m.

kaum [kaʊm] apenas; wohl ~! no lo creo.

Kautabak [ˈkaʊtaːbak] *m* tabaco *m* de mascar.

Kaution [-ˈtsjoːn] *f* fianza *f*, caución *f*.

Kautschuk [ˈkaʊtʃuk] *m* (3¹) caucho *m*.

Kauz [kaʊts] *m* (3² u. ³) *Zo.* lechuza *f*; *fig. komischer* ~ tipo *m* raro.

Kavalier [kavaˈliːr] *m* (3¹) caballero *m*.

Kavall|kade [-valˈkaːdə] *f* (15) cabalgata *f*; **⟋erie** [--ləˈriː] *f* (15) caballería *f*; **⟋leˈrist** *m* (12) soldado *m* de caballería.

Kaviar [ˈkaːviar] *m* (3¹) caviar *m*.

keck [kɛk] desenvuelto; F fresco; **2̃heit** *f* desenvoltura *f*, frescura *f*.

Kegel [ˈkeːɡəl] *m* (7) ♟ cono *m*; *Spiel*: bolo *m*; **⟋bahn** *f* bolera *f*; **2̃förmig** [¹-fœrmiç] cónico; **⟋kugel** *f* bola *f*; **2̃n** (29) jugar a los bolos; **⟋schnitt** ♟ *m* sección *f* cónica; **⟋spiel** *n* juego *m* de bolos; **⟋stumpf** ♟ *m* cono *m* truncado.

Kehl|e [ˈkeːlə] *f* (15) garganta *f*; *aus voller* ~ a voz en cuello; **⟋kopf** *m* laringe *f*; **⟋kopf-entzündung** *f* laringitis *f*; **⟋kopfspiegel** ⚕ *m* laringoscopio *m*; **⟋laut** *m* gutural *f*.

Kehr|e [ˈkeːrə] *f* (15) vuelta *f*, curva *f*, viraje *m*; **2̃en** (25) *(fegen)* barrer; *Kamin:* deshollinar; *(wenden)* volver; *j-m den Rücken* ~ volver la espalda a alg. *(a. fig.)*; *sich nicht* ~ *an (ac.)* no hacer caso de; *in sich gekehrt* ensimismado; **⟋icht** [¹-riçt] *m u. n* (3) barreduras *f/pl.*; basura *f*; **⟋reim** *m* estribillo *m*; **⟋seite** *f* revés *m*; *fig. die* ~ *der Medaille* el reverso de la medalla.

kehrt|machen [ˈkeːrtmaxən] volver atrás; volver sobre sus pasos; ✕ dar media vuelta; **2̃wendung** *f* media vuelta *f*.

keifen [ˈkaɪfən] (25) regañar, chillar.

Keil [kaɪl] *m* (3) cuña *f*; *im Stoff:* cuchillo *m*; ⊕ chaveta *f*; **⟋-absatz** *m* tacón *m* cuña; **2̃en** (25) chavetear; F *fig.* enganchar; F *sich* ~ pelearse; **⟋er** *Zo. m* (7) jabalí *m*; **⟋eˈrei** F *f* pelea *f*, camorra *f*; **2̃förmig** [¹-fœrmiç] cuneiforme; **⟋kissen** *n* traversero *m*; **⟋riemen** ⊕ *m* correa *f* trapezoidal; **⟋schrift** *f* escritura *f* cuneiforme.

Keim [kaɪm] *m* (3) germen *m*; **⟋blatt** *n* ♀ cotiledón *m*; *Biol.* hoja *f* embrionaria; **⟋drüse** *f* glándula *f* genital, gónada *f*; **2̃en** (25, h. u. sn) germinar *(a. fig.)*; *(treiben)* brotar *(aus de)*; **2̃fähig** germinativo; **2̃frei** esterilizado; ⚕ aséptico; ~ *machen* esterilizar; **⟋kraft** *f* poder *m* germinativo; **2̃tötend** germicida; **⟋ung** *f* germinación *f*; **⟋zelle** *f* célula *f* germinativa.

kein [kaɪn] (20) no + *vb.*; (no ...) ningún; *ich habe* ~*e* Zeit no tengo tiempo; *ich habe* ~ *Buch* no tengo ningún libro; **⟋er** ninguno; **⟋erlei** [¹-nərlaɪ] ningún; **⟋esfalls** en ningún caso; **⟋eswegs** [¹-nəsˈveːks] de ninguna manera, de ningún modo; **⟋mal** ni una sola vez, nunca.

Keks [keːks] *m od. n* (4) galleta *f*.

Kelch [kɛlç] *m* (3) cáliz *m* (*a.* ♀ *u. fig.*); *(Trink*2̃*)* copa *f*; **⟋blatt** ♀ *n* sépalo *m*.

Kelle [ˈkɛlə] *f* (15) cucharón *m*; △ paleta *f*.

Keller [¹-lər] *m* (7) sótano *m*; *(Wein*2̃*)* bodega *f*; **⟋-assel** *Zo. f* cochinilla *f* de humedad; **⟋ei** [--ˈraɪ] *f* bodega *f* vino; **⟋fenster** *n* tragaluz *m*; **⟋geschoß** *n* sótano *m*; **⟋meister** *m* bodeguero *m*; **⟋wechsel** ✝ *m* letra *f* ficticia.

Kellner(in *f*) [ˈkɛlnər(ɪn)] *m* (7) camarero (-a) *m* (*f*).

Kelter [¹-tər] *f* (15) lagar *m*; **2̃n** (29) pisar *od.* prensar la uva.

keltisch [¹-tɪʃ] celta.

kenn|en [ˈkɛnən] (30) conocer; *(wissen)* saber; **⟋enlernen** (llegar a) conocer; **2̃er** *m* (7) conocedor *m*; entendido *m*; experto *m*; **2̃karte** *f* carnet *m* (*Span. a.* documento *m* nacional) de identidad; **⟋tlich** (re)conocible; ~ *machen* marcar; **2̃tnis** [¹-tnɪs] *f* (14²) conocimiento *m*; *zur* ~ *nehmen* tomar (buena) nota de; *j-n in* ~ *setzen von* informar *od.* enterar a alg. de a/c.; **2̃tnisnahme** [¹-naːmə] *f*: *zur* ~ *para* su conocimiento; **2̃wort** *n* (1¹) contraseña *f*; ✕ consigna *f*; **2̃zeichen** *n* marca *f* distintiva; distintivo *m*; *Kfz.* matrícula *f*; *besondere* ~ señas *f/pl.* particulares; **2̃zeichnen** (26, *untr.*) marcar; *j-n:* caracterizar; **⟋zeichnend** característico (*für* de); **2̃ziffer** *f* ♟ característica *f*; *Fernspr.* código *m*; *bei Inseraten usw.:* referencia *f*.

kentern ⚓ [ˈkɛntərn] (29, sn) zozobrar.

Keramik [keˈraːmik] *f* (16) cerámica *f*; **⟋er** *m* (7) ceramista *m*.

Kerb|e [ˈkɛrbə] *f* (15) muesca *f*; entalladura *f*; **⟋el** ♀ [¹-bəl] *m* (7) perifollo *m*; ⎓**en** (25) entallar; hacer muescas; ⎓**holz** ['kɛrphɔlts] *n*: *et. auf dem* ⎓ *haben* haber hecho algo malo; ⎓**tier** *n* insecto *m*.

Kerker ['-kər] *m* (7) cárcel *f*; calabozo *m*; ⎓**meister** *m* carcelero *m*.

Kerl F [kɛrl] *m* (3; F *a*. 11) tío *m*; tipo *m*; *desp*. individuo *m*, sujeto *m*; *armer* ⎓ pobre diablo *m*; *guter* ⎓ buen hombre *m*; *ein ganzer* ⎓ todo un hombre.

Kern [kɛrn] *m* (3) (*Kirsch*⎓ *usw*.) hueso *m*; (*Apfel*⎓ *usw*.) pepita *f*; *der Weintraube*: grano *m*; (*Zell*⎓, *Atom*⎓) núcleo *m* (*a. fig*.); *fig*. esencia *f*; médula *f*; ⎓**...**: *in Zssgn Phys. u. Biol.* nuclear; ⎓**energie** *f* energía *f* nuclear; ⎓**gehäuse** *n* corazón *m*; ⎓**gesund** rebosando salud; ⎓**holz** *n* duramen *m*, madera *f* de corazón; ⎓**ig** *fig*. sólido, vigoroso; ⎓**kraftwerk** *n* central *f* nuclear; ⎓**obst** *n* fruta *f* de pepitas; ⎓**physik** *f* física *f* nuclear; ⎓**punkt** *m* punto *m* esencial; ⎓**reaktor** *m* reactor *m* nuclear; ⎓**spaltung** *f* fisión *f* nuclear; ⎓**spruch** *m* sentencia *f*; ⎓**truppe** *f* tropa *f* escogida; ⎓**waffe** *f* arma *f* nuclear.

Kerosin ✈ [kero'ziːn] *n* (3¹, *o. pl*.) queroseno *m*.

Kerze ['kɛrtsə] *f* (15) vela *f*; candela *f*; *Rel*. cirio *m*; (*Zünd*⎓) bujía *f*; ⎓**ngerade** derecho como un cirio; ⎓**nhalter** *m* portavelas *m*; candelero *m*.

keß F [kɛs] fresco *m*; (*flott*) pimpante.

Kessel ['kɛsəl] *m* (7) ⊕ caldera *f*; (*Koch*⎓) olla *f*; marmita *f*; (*Tal*⎓) valle *m* cerrado; ⎓**flicker** ['--flikər] *m* (7) calderero *m*; ⎓**haus** *n* sala *f* de calderas; ⎓**pauke** ♪ *f* timbal *m*; ⎓**schmied** *m* calderero *m*; ⎓**stein** *m* incrustación *f*; ⎓**entfernen** desincrustar; ⎓**treiben** *n* batida *f*; ⎓**wagen** 🚃 *m* vagón *m* cisterna.

Kette ['kɛtə] *f* (15) cadena *f*; (*Hals*⎓) collar *m*; ✕ cordón *m*; *fig*. serie *f*, sucesión *f*; ⎓**n** (26) encadenar; ⎓**nantrieb** *m* accionamiento *m* por cadena; ⎓**nglied** *n* eslabón *m*; ⎓**nhund** *m* perro *m* de cadena; ⎓**nraucher** *m* fumador *m* empedernido; ⎓**nreaktion** *f* reacción *f* en cadena; ⎓**nstich** *m* (punto *m* de) cadeneta *f*.

Ketzer ['kɛtsər] *m* (7) hereje *m*; ⎓**ei** [--'raɪ] *f* herejía *f*; ⎓**isch** herético.

keuch|**en** ['kɔyçən] (25) jadear; ⎓**en** *n* jadeo *m*; ⎓**husten** ⚕ *m* tos *f* ferina.

Keule ['-lə] *f* (15) maza *f* (*a. Turngerät*); *Kchk*. pierna *f*, pernil *m*; ⎓**nschlag** *m* porrazo *m*; mazazo *m*.

keusch [kɔyʃ] casto; ⎓**heit** *f* castidad *f*.

khakifarben ['kɑːkifarbən] caqui.

Kicher|**erbse** ['kiçərʔɛrbsə] *f* garbanzo *m*; ⎓**n** (29) reírse a socapa; ⎓**n** *n* risa *f* ahogada.

Kiebitz ['kiːbits] *m* (3²) avefría *f*; F *fig*. mirón *m*.

Kiefer ['-fər] **a)** *m* (7) *Anat*. mandíbula *f*, quijada *f*; ⎓**...**: *in Zssgn* maxilar; **b)** ♀ *f* (15) pino *m*; ⎓**höhle** *Anat. f* seno *m* maxilar; ⎓**nadel** *f* pinocha *f*; ⎓**nwald** *m* pinar *m*; ⎓**northopädie** ⚕ *f* ortodoncia *f*.

Kieker F ['-kər] *m*: *j-n auf dem* ⎓ *haben* F tener fichado a alg.

Kiel [kiːl] *m* (3) (*Feder*⎓) cañón *m*; ⚓ quilla *f*; *auf* ⎓ *legen* poner en grada; ⎓**holen** ⚓ carenar; ⎓**raum** ⚓ *m* cala *f*; ⎓**wasser** ⚓ *n* estela *f*.

Kieme ['kiːmə] *f* (15) agalla *f*, branquia *f*; ⎓**n...**: *in Zssgn* branquial.

Kien [kiːn] *m* (3) leña *f* resinosa; ⎓**apfel** *m* piña *f*; ⎓**span** *m* tea *f*.

Kiepe ['kiːpə] *f* (15) cuévano *m*.

Kies [kiːs] *m* (4) grava *f*; gravilla *f*; F (*Geld*) pasta *f*.

Kiesel ['kiːzəl] *m* (7) *s*. ⎓**stein**; ⎓**erde** *f* tierra *f* silícea; sílice *f*; ⎓**säure** *f* ácido *m* silícico; ⎓**stein** *m* guijarro *m*; canto *m*.

Kilo ['kiːlo] *n* (11, *nach Zahlen uv*.) kilo *m*; ⎓**gramm** *n* kilogramo *m*; ⎓**hertz** *n* kilociclo *m*; ⎓**meter** *m* kilómetro *m*; ⎓**metergeld** *n*; ⎓**meterleistung** *f* kilometraje *m*; ⎓**meterstein** *m* poste *m* od. mojón *m* kilométrico; ⎓**meterzähler** *m* cuentakilómetros *m*; ⎓**watt** *n* kilovatio *m*; ⎓**wattstunde** *f* kilovatiohora *m*.

Kimme ['kimə] *f* (15) muesca *f* de mira *od*. de alza.

Kind [kint] *n* (1¹) niño *m*; F crío *m*; *kleines* ⎓ nene *m*; *m-e* ⎓ *er* mis hijos; *ein* ⎓ *bekommen* tener un niño; dar a luz; *sich bei j-m lieb* ⎓ *machen* congraciarse con alg.; F hacer la pelota a alg.; *mit* ⎓ *und Kegel* con toda la familia; ⎓**bett** *n* puerperio *m*; ⎓**bettfieber** *n* fiebre *f* puerperal.

Kinder|**arzt** ['-dərʔartst] *m* pediatra *m*; ⎓**ei** [--'raɪ] *f* niñería *f*, puerilidad *f*; ⎓**garten** *m* parvulario *m*; jardín *m* de infancia; ⎓**gärtnerin** *f* maestra *f*

Klage

de párvulos; ~geld n plus m por hijos; ~heilkunde f pediatría f; ~heim n sanatorio m para niños; ~hort m guardería f infantil; ~krankheit f enfermedad f de la infancia; ~lähmung ♂ f parálisis f infantil; poliomielitis f; ²leicht facilísimo; das ist ~ es coser y cantar; ²lieb: ~ sein querer mucho a los niños; ²los sin hijos; ~mädchen n niñera f; ~pflege f puericultura f; ~pflegerin f puericultora f; ²reich: ~e Familie familia f numerosa; ~schuh m: fig. noch in den ~en stecken estar en pañales; ~spiel n juego m de niños (a. fig.); ~sterblichkeit f mortalidad f infantil; ~stube f: fig. e-e gute ~ haben tener buenos modales; ~wagen m cochecito m de niño.

Kindes|alter ['-dəs'altər] n niñez f, infancia f; ~beine n/pl.: von ~n an desde la más tierna infancia; ~entführung f rapto m de menores; ~liebe f amor m filial; ~mord m infanticidio m; ~mörder(in f) m infanticida su.

Kind|heit ['kinthait] f niñez f, infancia f; ²isch ['-diʃ] infantil, pueril; im Alter: chocho; ²lich infantil, de niño; fig. ingenuo; Gesicht: aniñado; Liebe: filial; ~s-kopf F m niño m; tonto m.

Kinkerlitzchen ['kiŋkərlitsçən] F pl. uv. baratijas f/pl.; bagatelas f/pl.

Kinn [kin] n (3) barbilla f, mentón m; ¹~backe, ¹~backen m (6), ¹~lade f mandíbula f; ¹~bart m perilla f; ¹~haken m gancho m a la mandíbula.

Kino ['ki:no] n (11) cine m; ~vorstellung f sesión f de cine.

Kiosk [ki'ɔsk] m (3²) kiosko m, quiosco m.

Kippe ['kipə] f (15) F (Zigaretten²) colilla f; auf der ~ stehen estar a punto de caer; fig. estar en el alero; ²n (25) 1. v/t. volcar; 2. v/i. (sn) perder el equilibrio; ~er m, ~wagen m camión m de) volquete m; ~fenster n (~schalter m) ventana f (interruptor m) basculante.

Kirche ['kirçə] f (15) iglesia f.

¹**Kirchen|-älteste(r)** m presbítero m; ~bann m excomunión f; in den ~ tun excomulgar; ~buch n registro m parroquial; ~diener m sacristán m; ~fürst m príncipe m de la Iglesia; ~geschichte f historia f eclesiástica; ~jahr n año m eclesiástico; ~lied n cántico m; ~maus f: F arm wie eine ~ más pobre que una rata; ~musik f música f sacra; ~rat m consistorio m; ~recht n derecho m canónico; ~schiff n nave f; ~spaltung f cisma m; ~staat m Estados m/pl. Pontificios; ~steuer f impuesto m eclesiástico; ~vater m Padre m de la Iglesia; ~vorstand m junta f parroquial.

¹**Kirch|gang** m ida f a misa; ~gänger ['-gɛŋər] m (7) feligrés m; ~hof m cementerio m; ²lich eclesiástico; ~spiel n parroquia f; ~turm m campanario m; ~turmpolitik f política f de campanario; ~weih f fiesta f patronal.

Kirmes ['kirməs] f (16³) feria f; kermes f; verbena f.

kirre ['kirə]: ~ machen domesticar; doblegar.

Kirsch [kirʃ] m (3) kirsch m; ¹~baum m cerezo m; ¹~e f cereza f; saure ~ guinda f; fig. mit ihm ist nicht gut ~ essen F tiene malas pulgas; ¹~kern m hueso m de cereza; ¹~rot rojo cereza; ¹~wasser n kirsch m.

Kissen ['kisən] n (6) almohada f; (Sofa²) cojín m; ~bezug m funda f (de almohada).

Kiste ['kistə] f (15) caja f.

Kitsch [kitʃ] m (3²) cursilería f; ²ig cursi; de mal gusto; ~roman m novela f rosa.

Kitt [kit] m (3) masilla f.

Kittchen F ['-çən] n (6) chirona f; ins ~ stecken meter en chirona, poner a la sombra.

Kittel ['-əl] m (7) bata f; (Arbeits²) mono m; ~schürze f bata f.

kitten ['-ən] (26) enmasillar; pegar; fig. arreglar.

Kitz|el ['kitsəl] m (7) cosquilleo m, cosquillas f/pl.; a. fig. comezón f; ²(e)lig cosquilloso; fig. peliagudo, delicado; ²eln (29) cosquillear, hacer cosquillas.

Kladde ['kladə] f (15) borrador m.

klaffen ['klafən] (25) estar abierto; Abgrund: medir; ~d abierto.

kläff|en ['klɛfən] (25) dar ladridos agudos; fig. chillar; ²er m (7) (perro m) ladrador m.

Klafter ['klaftər] m od. n (7) braza f; Holz: estéreo m.

Klage ['kla:gə] f (15) lamentación f; (Beschwerde) queja f; ⚖ querella f, demanda f, acción f, pleito m; ~

Klagelied

erheben gegen j-n poner pleito a alg.; presentar una demanda contra alg.; **~lied** n canto m fúnebre; **~mauer** f muro m de las lamentaciones; 2n (25) quejarse (*über ac.* de); (*weh~*) lamentarse (*über ac.* de); ⚎ demandar, poner pleito (*gegen* a, *wegen* por); 2nd lastimero.

Kläger(in) f) ['klɛːgər(in)] m (7) ⚎ demandante su.

Klage|ruf ['klɑːgəruːf] m grito m lastimero; **~schrift** f (escrito m de) demanda f; **~weib** n plañidera f.

kläglich ['klɛːkliç] lastimero; lastimoso; *Rolle usw.*: lamentable; triste.

Klamauk F [klaˈmauk] m (3¹, *o. pl.*) alboroto m; F jaleo m.

klamm [klam] 1. *adj.* (*feucht*) mojado; *vor Kälte*: rígido; 2. ♀ f (16) barranco m; garganta f.

Klammer ['-mər] f (15) grapa f; (*Wäsche*2) pinza f; (*Büro*2) clip m; *Typ. runde*: paréntesis m, *eckige*: corchete m, *geschweifte*: abrazadera f; *in ~n setzen* poner entre paréntesis; 2n (29) sujetar con grapas; *sich ~ an* (*ac.*) agarrarse a, aferrarse a (*a. fig.*).

klamm|heimlich *adv.* a la chita callando.

Klamotten F [klaˈmɔtən] f/pl. (15): (*alte*) ~ trastos m/pl.; trapos m/pl.

Klang [klaŋ] 1. m (3³) sonido m; *harmonischer*: son m; (*Stimme*) timbre m; 2. ♀ s. *klingen*; '**~farbe** f timbre m; '**~fülle** f sonoridad f; '2los afónico, sordo; '**~rein** nítido, puro; '2voll sonoro.

Klapp... ['klap...]: *in Zssgn oft* plegable; **~bett** n cama f plegable; **~e** f (15) (*Deckel*) tapa f; ⊕ *u. Anat.* válvula f; '**~e** llave f; *Film*: claqueta f; F (*Bett*) catre m, piltra f; P (*Mund*) pico m; *halt die ~!* ¡cierra el pico!; 2n (25) 1. *v/t.*: *in die Höhe ~* levantar; *nach hinten bzw. unten ~* abatir; 2. *v/i.* F *fig.* ir *od.* marchar *od.* salir bien; *das klappt prima* esto va que chuta; **~entext** m *Buch*: solapa f de presentación.

Klapper ['-pər] f (15) carraca f, matraca f; (*Kinder*2) sonajero m; **2dürr** hecho un esqueleto; **2ig** *et.*: desvencijado; *j.*: achacoso; **~kasten** F m *Kfz.* cacharro m; 2n (29) tabletear; *Hufe*: chacolotear; *Storch*: castañetear; **~schlange** f serpiente f de cascabel; **~storch** F m cigüeña f.

'**Klapp|messer** n navaja f de muelle; **~sitz** m asiento m plegable; **~stuhl** m silla f plegable; **~verdeck** n capota f.

Klaps [klaps] m (4) palmadita f; cachete m; *fig.* e-n ~ *haben* estar chiflado; '**~mühle** P f manicomio m.

klar [klɑːr] claro (*a. fig.*); *Himmel*: despejado; *Geist*: lúcido; *fig.* evidente; *sich über et. im ~en sein* darse cuenta de a/c.

Klär|anlage ['klɛːrˀanlɑːgə] f estación f *od.* planta f depuradora; 2en (25) clarificar; *fig.* aclarar, esclarecer.

Klarheit ['klɑːrhaɪt] f claridad f; transparencia f; *des Geistes*: lucidez f.

Klarinette ♪ [klariˈnɛtə] f (15) clarinete m.

klar|kommen F ['klɑːrkɔmən] arreglárselas; **~legen, ~machen** aclarar, explicar; **~sehen** ver claro; **~sichtpackung** f embalaje m transparente; **~stellen** poner en claro, aclarar, puntualizar; 2stellung f aclaración f, puntualización f.

Klärung ['klɛːruŋ] f clarificación f; *fig.* aclaración f, esclarecimiento m.

klarwerden ['klɑːrveːrdən]: *sich ~ über* darse cuenta de.

Klasse ['klasə] f (15) clase f; **~arbeit** f examen m; **~nbuch** n diario m de clase; **~ngeist** m espíritu m de clase; **~nkamerad** m compañero m de clase; **~nkampf** m lucha f de clases; **~nzimmer** n aula f, clase f.

klassifizier|en [-sifiˈtsiːrən] clasificar; 2ung f clasificación f.

Klassi|k ['-sik] f (16) clasicismo m; **~ker** m (7), 2sch clásico (m).

Klatsch [klatʃ] m (3²) chismes m/pl., comadrerías f/pl.; '**~base** f chismosa f, cotorra f; '2en (27): (*in die Hände*) ~ dar palmadas, palmotear; (*Beifall*) ~ aplaudir; *Regen*: golpetear (*gegen* en, contra); F *fig.* (*schwatzen*) chismorrear, cotillear; **~eˈrei** f chismorreo m; '**~maul** n chismoso m; '**~mohn** m amapola f; '2'naß F hecho una sopa.

Klaue ['klauə] f (15) uña f; *Raubtiere, Vögel*: garra f; *Huftiere*: pezuña f; F *fig.* mala letra f; 2n P (25) ratear, soplar, birlar, mangar.

Klaus|e ['-zə] f (15) celda f; ermita f; **~el** f (15) cláusula f; **~ner** ['-snər] m (7) ermitaño m; **~ur** [-'zuːr] f (16) *Rel.* clausura f; *a. =* **~ur-arbeit** f examen m escrito bajo vigilancia.

Klaviatur [klavja'tu:r] *f* (16) teclado *m*.

Klavier [-'vi:r] *n* (3¹) piano *m*; ~ *spielen* tocar el piano; **~auszug** *m* partitura *f* para piano; **~konzert** *n* (*Stück*) concierto *m* para piano; (*Veranstaltung*) recital *m* de piano; **~spieler(in** *f*) *m* pianista *su.*; **~stimmer** [-'-ʃtimər] *m* (7) afinador *m* (de pianos).

Kleb|eband ['kle:bəbant] *n* cinta *f* (auto)adhesiva; **2en** (25) **1.** *v/t.* pegar; F *j-m e-e* ~ pegarle un tortazo a alg.; **2.** *v/i.* pegar, estar pegado (*an dat.* a); **~er** ['-] *m* (7) gluten *m*; **2rig** pegajoso; **~stoff** ['kle:bʃtɔf] *m* cola *f*, pegamento *m*, adhesivo *m*; **~streifen** *m* cinta *f* adhesiva.

kleckern F ['klɛkərn] (29) hacer una mancha; manchar (*auf ac.*); **2s** [klɛks] *m* (4) mancha *f*; (*Tinten*2) borrón *m* od. manchas *f/pl.*; **~sen** (27) hacer borrones od. manchas; *Maler*: pintarraj(e)ar; **2se'rei** *f Mal.* pintarrajo *m*.

Klee [kle:] *m* (3¹) trébol *m*; **~blatt** *n* hoja *f* de trébol; *fig.* trío *m*.

Kleid [klaɪt] *n* (1) vestido *m*, traje *m*; **2en** ['-dən] (26) vestir; *gut* ~ sentar *od.* ir bien.

Kleider|ablage ['-dər'ʔaplɑːɡə] *f* guardarropa *m*; **~bügel** *m* percha *f*, colgador *m*; **~bürste** *f* cepillo *m* (para ropa); **~haken** *m* colgadero *m*; **~schrank** *m* ropero *m*, guardarropa *m*; **~ständer** *m* percha *f*, perchero *m*. **kleid|sam** ['klaɪtza:m] que sienta bien; favorecedor; **2ung** ['-duŋ] *f* ropa *f*; vestidos *m/pl.*; atuendo *m*; indumentaria *f*; **2ungsstück** *n* prenda *f* de vestir.

Kleie ['klaɪə] *f* (15) salvado *m*.

klein [klaɪn] pequeño; F chico; menudo; (*unbedeutend*) insignificante; *Wuchs*: bajo; *von* ~ *auf* desde niño; *ein* ~ *wenig od.* bißchen un poquito; *bis ins* ~*ste* hasta el más pequeño detalle; *es ist mir ein* 2*es* no es ninguna molestia; 2...: *in Zssgn oft* pequeño; **2-anzeigen** *f/pl.* anuncios *m/pl.* por palabras; **2arbeit** *f* trabajo *m* minucioso; **2buchstabe** *m* minúscula *f*; **2bürger** *m* pequeño burgués *m*; **2bürgerlich** pequeñoburgués; **2bus** *m* microbús *m*; **2geld** *n* calderilla *f*; (*dinero m*) suelto *m*; **2handel** ('2*handels-preis*) *m* comercio *m* (precio *m*) al por menor; **2händler** *m* comerciante *m* al por menor, detallista *m*, minorista *m*; **2heit** *f* pequeñez *f*; **2hirn** *n* cerebelo *m*; **2holz** *n* leña *f* menuda; **2igkeit** *f* menudencia *f*, bagatela *f*; **2igkeitskrämer** F *m* pedante *m*; **~kariert** a cuadritos; *fig.* de miras estrechas; **2kind** *n* niño *m* de corta edad; **2kram** *m* menudencias *f/pl.*; bagatelas *f/pl.*; **2krieg** *m* guerrilla *f*; **~laut** apocado; ~ *werden* apocarse; **~lich** de miras estrechas; meticuloso; mezquino; **2lichkeit** *f* estrechez *f* de miras; mezquindad *f*; **~möbel** *n/pl.* muebles *m/pl.* auxiliares; **2mut** *m* pusilanimidad *f*, apocamiento *m*; **~mütig** ['-my:tɪç] pusilánime, apocado; **2od** ['-'o:t] *n* (3; *pl. a.* -*ien*) joya *f* (*a. fig.*), alhaja *f*; **2staaterei** [-ʃta:tə'raɪ] *f* particularismo *m*; **2stadt** *f* ciudad *f* pequeña; **~städtisch** provinciano; **2vieh** *n* ganado *m* menor.

Kleister ['klaɪstər] *m* (7) engrudo *m*; **2n** (29) engrudar.

Klemme ['klɛmə] *f* (15) pinza *f*; ⚡ borne *m*; F *fig. in der* ~ *sitzen* estar en un apuro *od.* aprieto; **2n** (25) apretar; *Tür usw.*: encajar mal; *sich den Finger* ~ pillarse el dedo.

Klempner ['klɛmpnər] *m* (7) hojalatero *m*; (*Installateur*) fontanero *m*, lampista *m*; **~ei** [--'raɪ] *f* hojalatería *f*; fontanería *f*, lampistería *f*.

Klepper ['klɛpər] *m* (7) rocín *m*, penco *m*.

kler|ikal [kleri'kɑːl] clerical; **2iker** ['kle:rikər] *m* (7) clérigo *m*; **2us** ['-rus] *m uv.* clero *m*.

Klette ♀ ['klɛtə] *f* (15) lampazo *m*, bardana *f*.

Kletter|er ['--rər] *m* (7) trepador *m*; **2n** (29, sn) trepar (*auf ac.* a); encaramarse (en); *auf e-e Mauer*: escalar (*ac.*); **~pflanze** ♀ *f* planta *f* trepadora; **~stange** *f* cucaña *f*.

Klient(in *f*) [kli'ɛnt(in)] *m* (12) cliente *su.*

Klima ['kli:ma] *n* (11²) clima *m* (*a. fig.*); **~anlage** *f* aire *m* acondicionado; *mit* ~ climatizado; **2tisch** [kli'ma:tɪʃ] climático.

klimm|en ['klɪmən] (30, sn) trepar; **2zug** *m* tracción *f*.

klimpern ['klɪmpərn] (29) teclear; aporrear el piano; *mit dem Geld* ~ hacer sonar el dinero.

Klinge ['klɪŋə] *f* (15) hoja *f*, cuchilla *f*; (*Schwert*) espada *f*; *über*

die ~ springen lassen pasar a cuchillo.
Klingel ['-əl] f (15) campanilla f; (Tür♀) timbre m; **~beutel** m limosnera f; **~knopf** m botón m del timbre; ♀**n** (29) tocar el timbre; an der Tür: llamar; Fernspr. sonar.
klingen ['-ən] (30) sonar; **~d:** mit ~er Münze en dinero contante; mit ~em Spiel a tambor batiente.
Klin|ik ['kli:nik] f (16) clínica f; ♀**isch** clínico.
Klinke ['kliŋkə] f (15) picaporte m; ⊕ gatillo m, trinquete m; **~r** m (7) ladrillo m holandés.
klipp [klip] 1. adv.: ~ und klar sin rodeos; sin tapujos; 2. ♀ m (11) clip m; ♀**e** f (15) peña f, roca f; ♪ escollo m (a. fig.).
klirren ['klirən] (25) sonar; Gläser usw.: tintinear; Fenster: vibrar.
Klischee [kli'ʃe:] n (11) clisé m, cliché m (a. fig.).
Klistier [klis'ti:r] n (3¹) lavativa f; enema m; **~spritze** f jeringa f.
Klitoris ['klitoris] f uv. clítoris m.
klitsch|ig ['klitʃiç] pastoso; **~naß** calado hasta los huesos.
Klo F [klo:] n (11) s. Klosett.
Kloake [klo'a:kə] f (15) cloaca f.
Klob|en ['klo:bən] m (6) leño m; ♀**ig** macizo; fig. tosco; torpe.
klon|en ['-nən] (25) Biol. clonar; ♀**ung** f clonación f.
klopf|en ['klɔpfən] (25) golpear; Teppich: sacudir; Herz: palpitar, latir; Motor: picar; an die Tür: llamar; es klopft llaman; **~fest** adj. antidetonante.
Klöppel ['klœpəl] m (7) (Spitzen♀) bolillo m; (Glocken♀) badajo m; ♀**n** (29) hacer encaje de bolillos.
Klops [klɔps] m (4) albóndiga f.
Klosett [klo'zɛt] n (3) wáter m, retrete m, excusado m; **~becken** n (taza f del) inodoro m; **~bürste** f escobilla f de retrete; **~deckel** m tapa f de(l) wáter; **~papier** n papel m higiénico.
Kloß [klo:s] m (3² u. ³) bola f; Kchk. albóndiga f.
Klößchen ['klø:sçən] n (6) Kchk. albondiguilla f.
Kloster ['klo:stər] n (7¹) convento m; monasterio m; ins ~ gehen meterse fraile bzw. monja; **~bruder** m monje m; **~frau** f monja f; **~leben** n vida f monacal od. monástica.

klösterlich ['klø:stərliç] monacal, monástico, conventual.
Klotz [klɔts] m (3² u. ³) bloque m; (Hack♀) tajo m; kleiner: tarugo m, leño m; fig. zoquete m; ♀**ig** macizo; F fig. enorme.
Klub [klup] m (11) club m; círculo m; **~sessel** m sillón m.
Kluft [kluft] f (14¹) abertura f; abismo m (a. fig.); F (Kleidung) traje m; atuendo m.
klug [klu:k] (18²) inteligente; listo; (vernünftig) sensato, juicioso; (vorsichtig) prudente; nicht ~ werden aus et. no comprender a/c.; ♀**heit** f inteligencia f; prudencia f; sensatez f.
Klump|en ['klumpən] m (6) (Erde) terrón m; Kchk. grumo m; ♀**en** (25) agrumarse; **~fuß** m pie m contrahecho; ♀**ig** grumoso.
Klüngel ['klyŋəl] m (7) pandilla f; camarilla f.
Klüver ♪ ['kly:vər] m (7) foque m.
knabbern ['knabərn] (29) mordisquear (an et. a/c.); Maus: roer (ac.).
Knabe ['kna:bə] m (13) muchacho m; chico m; **~n-alter** n edad f pueril; ♀**nhaft** aniñado.
Knäckebrot ['knɛkəbro:t] n pan m crujiente.
knack|en ['knakən] 1. v/t. cascar; Geldschrank: forzar; 2. v/i. crujir; ♀**er** m (7): F alter ~ vejestorio m; ♀**ig** crujiente; fig. apetitoso; ♀**mandel** f almendra f mollar; ♀**s** m (4) crujido m; (Sprung) grieta f; fig. e-n ~ haben tener la salud quebrantada; ♀**wurst** f salchicha f.
Knall [knal] m (3) estallido m; (Schuß) estampido m, detonación f; der Peitsche: chasquido m; der Tür: portazo m; fig. (auf) ~ und Fall de golpe y porrazo; F fig. e-n ~ haben estar chiflado; **~bonbon** m od. n bombón m fulminante; **~-effekt** m golpe m de teatro; ♀**en** (25) estallar; hacer detonación; es knallt se oye un disparo; **~erbse** f pepita f crepitante; **~frosch** m petardo m; **~gas** n gas m fulminante; ♀**ig** chillón; ♀**rot** rojo subido.
knapp [knap] (eng) estrecho, justo, apretado; (dürftig) escaso; Stil: conciso, sucinto; adv. apenas; mit ~er Not a duras penas; ~ sn escasear; ♀**e** m (13) hist. escudero m; ⚒ minero m; **~halten:** j-n ~ atar corto a alg.; ♀**heit** f escasez f; (Enge) estrechez f;

des Stils: concisión *f*; '2**schaft** ⚒ *f* corporación *f* de mineros.

Knarre ['knarə] *f* (15) carraca *f*, matraca *f*; F (*Gewehr*) chopo *m*; 2**n** (25) *Tür*, *Räder*: chirriar, rechinar; *Holz*: crujir.

Knast F [knast] *m* (3, *o. pl.*) F chirona *f*; '~**er** F *m* (7) tabaco *m* malo.

knattern ['knatərn] (29) crepitar; *Gewehr*: tabletear; *Motorrad*: petardear.

Knäuel ['knɔʏəl] *n od. m* (7) ovillo *m*; *v. Menschen*: aglomeración *f*.

Knauf [knaʊf] *m* (3³) puño *m*; (*Degen*2) pomo *m*; ♣ capitel *m*.

Knauser ['knaʊzər] *m* (7) tacaño *m*; ~**ei** [--'raɪ] *f* tacañería *f*; 2**ig** tacaño; 2**n** (29) tacañear.

knautsch|en F ['knaʊtʃən] (27) chafar; arrugar; 2**zone** *f Kfz.* zona *f* de absorción de impactos; estructuras *f/pl.* deformables.

Knebel ['kne:bəl] *m* (7) (*Holz*2) tarabilla *f*; (*Mund*2) mordaza *f*; 2**n** (29) amordazar.

Knecht [knɛçt] *m* (3) ✓ mozo *m* de labranza, gañán *m*, *Am.* peón *m*; *hist.* siervo *m*; '2**en** (26) avasallar; esclavizar; '2**isch** servil; '~**schaft** *f* servidumbre *f*.

kneif|en ['knaɪfən] (30) **1.** *v/t.* pellizcar; **2.** F *v/i.* rajarse; 2**er** *m* (7) quevedos *m/pl.*; 2**zange** *f* alicates *m/pl.*, tenazas *f/pl.*

Kneipe ['-pə] *f* (15) tasca *f*.

kneten ['kne:tən] (26) amasar; *Ton usw.*: modelar.

Knick [knik] *m* (3) codo *m*; (*Falte*) doblez *m*; '2**en** (25) doblar; *fig.* deprimir; '~**er** F *m* (7) tacaño *m*; '2**erig** tacaño, mezquino; '~**fuß** ⚕ *m* pie *m* valgo; ~**s** *m* (4) reverencia *f*; '2**sen** (27) hacer una reverencia.

Knie [kni:] *n* (7) rodilla *f*; ⊕ codo *m*; *auf* ~*n* de rodillas; *fig. übers* ~ *brechen* hacer apresuradamente; ~**beuge** ['-bɔʏgə] *f* (15) flexión *f* de rodillas; '~**fall** *m* genuflexión *f*; '2**fällig** de rodillas; '2**frei** con la rodilla descubierta; '~**gelenk** *n* articulación *f* de la rodilla; '~**hose** *f* pantalón *m* de media pierna; '~**kehle** *f* corva *f*; 2**n** (25) estar de rodillas; arrodillarse; '~**scheibe** *f* rotula *f*; '~**schützer** *m* (7) rodillera *f*; '~**strumpf** *m* media *f* corta *od.* de sport; '2**tief** hasta las rodillas.

kniff [knif] **1.** *s. kneifen*; **2.** 2 *m* (3) (*Falte*) pliegue *m*; doblez *m*; *fig.* truco *m*, treta *f*; '~**(e)lig** delicado; espinoso; '~**en** (25) plegar, doblar.

knipsen ['knipsən] (27) picar, perforar; *Phot.* hacer *od.* sacar una foto.

Knirps [knirps] *m* (4) hombrecillo *m*; F enano *m*; (*Kind*) chiquillo *m*.

knirschen ['knirʃən] (27) crujir; *mit den Zähnen* ~ rechinar los dientes.

knistern ['knistərn] **1.** *v/i.* (29) crujir; *Feuer*: crepitar; **2.** 2 *n* crujido *m*; crepitación *f*.

knitter|frei ['-tərfraɪ] inarrugable; ~**n** (29) arrugarse.

knobeln ['kno:bəln] (29) jugar a los dados; (*losen*) echar a suertes; *fig.* devanarse los sesos.

Knoblauch ['kno:plaʊx, 'knɔblaʊx] *m* (3) ajo *m*; ~**zehe** *f* diente *m* de ajo.

Knöchel ['knœçəl] *m* (7) (*Finger*2) nudillo *m*; (*Fuß*2) tobillo *m*.

Knochen ['knɔxən] *m* (6) hueso *m*; ~**bruch** *m* fractura *f*; ~**gerüst** *n* osamenta *f*, esqueleto *m*; ~**haut** *f* periostio *m*; ~**mark** *n* médula *f*, tuétano *m*; ~**splitter** *m* esquirla *f*.

knöchern ['knœçərn] óseo.

knochig ['knɔxiç] huesudo.

Knödel ['knø:dəl] *m* (7) albóndiga *f*.

Knoll|e ['knɔlə] *f* (15) tubérculo *m*; (*Zwiebel*) bulbo *m*; ~**engewächs** *n* planta *f* tuberosa; 2**ig** tuberoso, bulboso.

Knopf [knɔpf] *m* (3³) botón *m*; ⊕ *a.* pulsador *m*.

'**knöpfen** (25) abotonar; abrochar.

Knopfloch ['knɔpflɔx] *n* ojal *m*.

Knorpel ['knɔrpəl] *m* (7) cartílago *m*; 2**ig** cartilaginoso.

Knorr|en ['knɔrən] *m* (6) nudo *m*; 2**ig** nudoso; *fig.* basto, rudo.

Knospe ['knɔspə] *f* (15) (*Blatt*2) yema *f*; (*Blüten*2) botón *m*, capullo *m*; 2**n** (25) brotar.

knot|en ['kno:tən] (26) anudar; 2**en** *m* nudo *m* (*a.* ⚓ *u. fig.*); 2**enpunkt** 🚂 *m* empalme *m*; nudo *m* (ferroviario); ~**ig** nudoso.

Knuff [knuf] *m* (3³) empujón *m*; codazo *m*; '2**en** (25) dar empujones *bzw.* codazos.

knüll|en ['knylən] (25) arrugar; 2**er** F *m* (7) exitazo *m*.

knüpfen ['knypfən] (25) anudar; (*binden*) atar; *Knoten*: hacer.

Knüppel ['knypəl] *m* (7) garrote *m*, palo *m*; (*Gummi*2) porra *f*.

knurr|en ['knurən] (25) gruñir; refunfuñar; ~**ig** gruñón.

knusprig ['knuspriç] crujiente.
Knute ['knuːtə] f (15) látigo m; fig. unter j-s ~ bajo la férula de alg.
knutsche|n F ['knuːtʃən] (25) besuquear; **2rei** f besuqueo m.
k.o. [kaːˈoː]: j-n ~ schlagen noquear a alg.
Koalition [koːaliˈtsjoːn] f coalición f.
Kobalt ['-balt] m (3) cobalto m; **~bombe** f bomba f de cobalto.
Kobold ['-bɔlt] m (3) duende m.
Kobra Zo. ['-bra] f (11¹) cobra f.
Koch [kɔx] m (3³) cocinero m; **¹~buch** n libro m de cocina; **²en** (25) **1.** v/t. cocer; cocinar; guisar; Tee usw.: preparar, hacer; **2.** v/i. Wasser usw.: hervir, cocer; abstr. cocinar, guisar; fig. rabiar; **¹~en** n cocción f; ebullición f; **¹~er** m (7) hornillo m (eléctrico).
Köcher ['kœçər] m (7) aljaba f, carcaj m.
koch|fertig ['kɔxfɛrtiç] listo para cocinar; **~fest** lavable en agua hirviendo; **~geschirr** n batería f de cocina; ⚔ gamella f; **2herd** m cocina f.
Köchin ['kœçin] f (11¹) cocinera f.
Koch|kunst ['kɔxkʊnst] f arte m culinario; **~löffel** m cucharón m; **~nische** f rincón m cocina; **~rezept** n receta f culinaria; **~salz** n sal f común; **~topf** m olla f, marmita f; cacerola f; cazuela f.
Köder ['køːdər] m (7) cebo m (a. fig.); **2n** (29) echar cebo a; fig. atraer.
Kodex ['koːdɛks] m (3², sg. a. uv., pl. a. Kodizes ['-diːtseːs]) código m.
Koffein [kɔfeˈiːn] n (3¹) cafeína f; **2frei** descafeinado, sin cafeína.
Koffer ['kɔfər] m (7) maleta f; kleiner: maletín m; **~radio** n radio f portátil; **~raum** m Kfz. maletero m.
Kognak ['kɔnjak] m (11) coñac m.
Kohl [koːl] m (3) col f, berza f; fig. disparates m/pl.; F chorradas f/pl.; **¹~dampf** F m gazuza f; ~ schieben pasar hambre.
Kohle ['-lə] f (15) carbón m; wie auf glühenden ~n sitzen estar en ascuas; **2haltig** ['--haltiç] carbonífero.
¹Kohlen|becken m brasero m; **~bergwerk** n mina f de carbón; **~bunker** ⚓ m carbonera f; **~dioxyd** [-'-diːɔksyːt] n dióxido m de carbono; **~handlung** f carbonería f; **~hydrat** ['--hydraːt] n (3) hidrato m de carbono; **~oxyd** n óxido m de carbono; **~säure** f ácido

m carbónico; **~schaufel** f badila f; **~staub** m polvo m de carbón, cisco m, carbonilla f; **~stoff** 🜨 m carbono m; **~wasserstoff** m hidrocarburo m.
¹Kohlepapier n papel m carbón.
Köhler ['køːlər] m (7) carbonero m.
Kohle|stift ['koːləʃtift] m carboncillo m; **~zeichnung** f dibujo m al carbón.
¹Kohl|kopf m repollo m; **~meise** f carbonero m; **2(raben)schwarz** negro como carbón; **~rabi** ['-raːbi] m (11) colinabo m; **~rübe** f naba f; **~weißling** ['-vaislin] m (3¹) mariposa f blanca de la col.
Koitus ['koːitus] m uv. coito m.
Koje ⚓ ['koːjə] f (15) camarote m.
Koka ♀ ['-ka] f uv. coca f.
Kokain [kokaˈiːn] n (3¹, o. pl.) cocaína f; **2süchtig**, **~süchtige(r)** m cocainómano (m).
Kokerei [koːkəˈrai] f coquería f.
kokett [koˈkɛt] coqueta; **2erie** [--əˈriː] f (15, o. pl.) coquetería f; **~ieren** [--ˈtiːrən] coquetear.
Kokon [kɔˈkõ] m (11) capullo m.
Kokos... ['koːkɔs...]: in Zssgn de coco; **~nuß** f coco m; **~palme** f cocotero m; **~raspel** pl. coco m rallado.
Koks [koːks] m (4) coque m; P (Kokain) nieve f.
Kolben ['kɔlbən] m (6) (Gewehr2) culata f; 🜨 alambique m; ⊕ émbolo m, pistón m; ♀ mazorca f; **~hub** m carrera f del émbolo; **~stange** f vástago m de émbolo.
Kolchose [-ˈçoːzə] f (15) koljós m, koljóz m.
Kolibri ['koːlibri] m (11) colibrí m, pájaro m mosca.
Kolik ⚕ ['koːlik, koˈliːk] f (16) cólico m.
Kollaps ⚕ ['kɔlaps] m (3²) colapso m.
Kolleg [-ˈleːk] n (8² u. 11) curso m, clase f; **~e** [-ˈ-gə] m (13), **~in** f colega su.; **~ium** [-ˈ-gjum] n (9) colegio m; v. Lehrern: a. claustro m, cuerpo m docente; **~mappe** f cartera f.
Kollek|te [-ˈlɛktə] f (15) cuestación f, colecta f; **2tiv** [--ˈtiːf] colectivo; **~tiv** n (3¹) colectividad f, comunidad f; grupo m; **~tiv...:** in Zssgn colectivo.
Koller ['-lər] m (7) vet. vértigo m; fig. acceso m de rabia; **2n** (29) Truthahn: hacer gloglo; (rollen) rodar.
kolli|dieren [-liˈdiːrən] chocar; zeitl. coincidir; **2sion** [--ˈzjoːn] f colisión f; choque m.

Kolloquium [-'lo:kvium] n (9) coloquio m.
Kölnischwasser ['kœlniʃ'vasər] n (agua f de) colonia f.
kolonial [kolo'nja:l], **2...** colonial; **2ismus** [--'nja'lismʊs] m (16, o. pl.) colonialismo m; **2reich** n imperio m colonial; **2waren(geschäft** n) f/pl. (comercio m de) ultramarinos m/pl.
Kolon|ie [--'ni:] f (15) colonia f; **2isieren** [--ni'zi:rən] colonizar; **'isierung** f colonización f; **'ist** [--'nist] m (12) colono m.
Kolonnade [--'na:də] f (15) columnata f; arcadas f/pl.
Kolonne [-'lɔnə] f (15) columna f; (Arbeits2) brigada f.
Kolophonium [-lo'fo:njum] n (9) colofonia f.
Koloratur [--ra'tu:r] f (16) coloratura f; **~sopran** m soprano f ligera od. de coloratura.
kolor|ieren [--'ri:rən] colorar; **2it** [--'rit] n (3¹) colorido m.
Koloß [-'lɔs] m (4) coloso m.
kolossal [--'sa:l] colosal; fig. a. enorme.
Kolumbian|er(in f) [kolum'bja:nər (-in)] m (7), **2isch** colombiano (-a) m (f).
Koma ✱ ['ko:ma] n (11[²]) coma m.
Kombi|nation [kɔmbina'tsjo:n] f combinación f; Skisport: combinada f; **2nieren** combinar; **'.wagen** m camioneta f.
Kombüse ⚓ [-'by:zə] f (15) cocina f.
Komet [ko'me:t] m (12) cometa m.
Komfort [kɔm'fo:r] m (11, o. pl.) comodidades f/pl., confort m; **2abel** [-fɔr'ta:bəl] confortable, cómodo.
Kom|ik ['ko:mik] f (16) comicidad f; **~iker** m (7) cómico m; **2isch** cómico; fig. extraño, curioso, raro; **~e Oper** ópera f bufa.
Komitee [kɔmi'te:] n (11) comité m.
Komma ['kɔma] n (11[²]) coma m.
Kommand|ant [kɔman'dant] m (12), **~eur** [--'dø:r] m (3¹) comandante m; **~antur** [--dan'tu:r] f (16) comandancia f; **2ieren** [--'di:rən] 1. v/t. (co)mandar; 2. v/i. tener el mando.
Kommandit|gesellschaft [--'di:tgəzɛlʃaft] f sociedad f comanditaria od. en comandita; **~ist** [--di'tist] m (12) (socio m) comanditario m.
Kommando [-'do] n (11) mando m; (Abteilung) comando m, destacamento m; (Ruf) voz f de mando;
~brücke ⚓ f puente m de mando.
kommen ['kɔmən] (30, sn) zum Sprechenden hin venir; (vom Sprechenden weg) ir; (an~) llegar; (zurück~) volver; da kommt er! ¡ahí viene!; ich komme (schon)! ¡(ya) voy!; wie es gerade kommt como caiga od. salga; wie kommt es, daß ...? ¿cómo es posible que ...?; ~ lassen hacer venir; mandar por; Waren: encargar, ~ sehen ver venir; ~ auf (ac.) tocar a; (sich entsinnen) recordar a/c.; (kosten) venir a costar; wie kommst du darauf? ¿por qué lo dices?; nichts auf j-n ~ lassen no querer que se hable mal de alg.; ~ durch pasar por; hinter et. ~ descubrir a/c.; um et. ~ quedar privado de a/c.; perder a/c.; das kommt von ... eso se debe a; das kommt davon! ¡ahí lo ves; asi aprenderás; zu et. ~ (Zeit haben) tener tiempo para; (wieder) zu sich ~ volver en sí; wie kommst du dazu? ¿cómo se te ocurre?; ¿cómo te atreves?; hierzu kommt, daß a esto hay que añadir que; es kam zu ... se produjo bzw. produjeron ...; es mußte so ~ tenía que ser así; **~d** zeitl. venidero, futuro; (nächster) que viene; próximo.
Kommen|tar [-mɛn'ta:r] m comentario m; **~tator** [--'-tɔr] m (8¹) comentarista m; **2tieren** comentar.
kommerziell [-mɛr'tsjɛl] comercial.
Kommilitone [-mili'to:nə] m (13) compañero m de estudios.
Kommiß F [kɔ'mis] m uv. servicio m militar.
Kommissar [-mi'sa:r] m (3¹) comisario m; **~iat** [--sar'ja:t] n (3) comisaría f; **2isch** [--'sa:riʃ] provisional, interino.
Kommission [--'sjo:n] f comisión f; **~är** [--sjo'nɛ:r] m (3¹) comisionista m.
Kommode [-'mo:də] f (15) cómoda f.
Kommunal... [-mu'na:l...]: in Zssgn comunal; municipal; **~e** [-'mu:nə] f (15) comuna f.
Kommuni|on [-mun'jo:n] f comunión f; **~qué** [-myni'ke:] m (11) comunicado m; **~smus** [-mu'nismʊs] m (16, o. pl.) comunismo m; **~st(in** f) [--'nist(in)] m (12), **2stisch** comunista (su.); **2zieren** [---'tsi:rən] kath. comulgar.
Komö|diant(in f) [kɔmø'djant(in)] m (12) cómico (-a) m (f), comediante

Komödie

(-a) *m* (*f*); ~**die** [-ˈmøːdjə] *f* (15) comedia *f*.

Kompagnon [kɔmpaˈnjɔ̃] *m* (11) socio *m*.

kompakt [-ˈpakt] compacto.

Kompanie [-paˈniː] *f* (15) compañía *f*.

Komparativ *Gram.* [ˈ--ratiːf] *m* (3¹) comparativo *m*.

Komparse [-ˈparzə] *m* (13) comparsa *m*, figurante *m*; *Film:* extra *m*; ~**rie** [--zəˈriː] *f* (15) comparsa *f*.

Kompaß [ˈ--pas] *m* (4) brújula *f*; ⚓ compás *m*.

Kompens|ation [-pɛnzaˈtsjoːn] *f* compensación *f*; ⁀**ieren** [--ˈziːrən] compensar.

kompeten|t [-pəˈtɛnt] competente; ⁀**z** [--ˈtɛnts] *f* (16) competencia *f*.

komplett [-ˈplɛt] completo.

Komplex [-ˈplɛks] *m* (3²) complejo *m* (*a. Psych.*); conjunto *m*.

Kompli|kation [-plikaˈtsjoːn] *f* complicación *f*; ~**ment** [--ˈmɛnt] *n* (3) cumplido *m*; *mein* ~! ¡enhorabuena!

Komplize [-ˈpliːtsə] *m* (13) cómplice *m*.

komplizieren [-pliˈtsiːrən] complicar.

Komplott [-ˈplɔt] *n* (3) conspiración *f*, complot *m*.

kompo|nieren [-poˈniːrən] componer; ⁀**nist** [--ˈnist] *m* (12) compositor *m*; ⁀**sition** [--ziˈtsjoːn] *f* composición *f*.

Kompost ✓ [-ˈpɔst] *m* (3²) compost *m*.

Kompott [-ˈpɔt] *n* (3) compota *f*; ~**schale** *f* compotera *f*.

Kompresse 𝆕 [-ˈprɛsə] *f* (15) compresa *f*; ~**or** ⊕ [-ˈ--sɔr] *m* (8¹) compresor *m*.

komprimieren [-priˈmiːrən] comprimir.

Kompromiß [-proˈmis] *m*, *selten n* (4) compromiso *m*; arreglo *m*; ⁀**los** intransigente; sin compromiso.

kompromittieren [--miˈtiːrən] comprometer.

Kondens|ation [kɔndɛnzaˈtsjoːn] *f* condensación *f*; ~**ator** [--ˈzaːtɔr] *m* (8¹) condensador *m*; ⁀**ieren** [--ˈziːrən] condensar; ~**milch** [-ˈdɛnsmilç] *f* leche *f* condensada; ~**streifen** ✈ *m* estela *f*.

Kondition [-diˈtsjoːn] *f* condición *f*; *Sport:* a. forma *f* física; ~**al** [--tsjoːˈnaːl] *m* (3¹) condicional *m*.

Konditor [-ˈdiːtɔr] *m* (8¹) pastelero *m*; ~**ei** [-ditoˈraɪ] *f* pastelería *f*.

Kondol|enz [-doˈlɛnts] *f* (16) pésame *m*, condolencia *f*; ⁀**ieren** [--ˈliːrən] dar el pésame.

Kondom [-ˈdoːm] *n* (3¹) preservativo *m*, condón *m*.

Kondor [ˈ--dɔr] *m* (3¹) cóndor *m*.

Konfekt [-ˈfɛkt] *n* (3) bombones *m/pl.*; confites *m/pl.*

Konfektion [-ˈtsjoːn] *f* confección *f*; ~**s-anzug** *m* traje *m* hecho *od.* de confección.

Konfe|renz [-fəˈrɛnts] *f* (16) conferencia *f*; ⁀**rieren** conferenciar.

Konfession [-fɛˈsjoːn] *f* confesión *f*; religión *f*.

Konfetti [-ˈfɛti] *n* (11[¹]) confeti *m*.

Konfirm|and(in *f*) [-firˈmant, --ˈdin] *m* (12) confirma(n)do (-a) *m* (*f*); ~**ation** [--maˈtsjoːn] *f* confirmación *f*; ⁀**ieren** confirmar.

konfiszieren [-fisˈtsiːrən] confiscar.

Konfitüre [-fiˈtyːrə] *f* (15) confitura *f*.

Konflikt [-ˈflikt] *m* (3) conflicto *m*; ~**situation** *f* situación *f* conflictiva.

konfrontieren [-frɔnˈtiːrən] confrontar.

konfus [-ˈfuːs] confuso.

Kongreß [-ˈgrɛs] *m* (4) congreso *m*; ~**teilnehmer** *m* congresista *m*.

König [ˈkøːniç] *m* (3) rey *m* (*a. Schach u. Karte*); ~**in** [ˈ--gin] *f* reina *f*; ⁀**lich** [ˈ--nikliç] real; regio; ~**reich** *n* reino *m*; ~**smord** *m* regicidio *m*; ~**s-paar** *n* reyes *m/pl.*; ⁀**s-treu** monárquico; ~**tum** [ˈ--niçtuːm] *n* (1²) dignidad *f* real; realeza *f*; monarquía *f*.

Konju|gation [kɔnjugaˈtsjoːn] *f* conjugación *f*; ⁀**gieren** conjugar.

Konjunkt|ion [-jʊŋkˈtsjoːn] *f* conjunción *f*; ⁀**iv** [ˈ--tiːf] *m* (3¹) subjuntivo *m*; ~**ur** [--ˈtuːr] *f* (16) coyuntura *f*; ⁀**urell** [--tuˈrɛl] coyuntural.

konkav [kɔnˈkaːf] cóncavo.

konkret [-ˈkreːt] concreto; ~**isieren** [-kretiˈziːrən] concretar.

Konkurr|ent [-kuˈrɛnt] *m* (12) competidor *m*; ~**enz** [--ˈrɛnts] *f* (16) competencia *f*; ⁀**enzfähig** capaz de competir, competitivo; ⁀**enzlos** fuera de (*od.* sin) competencia; ⁀**ieren** [--ˈriːrən] competir (*mit dat.* con).

Konkurs [-ˈkurs] *m* (4) quiebra *f*; ~ *machen* quebrar; ~ *anmelden* declararse en quiebra; ~**-eröffnung** *f* apertura *f* de la quiebra; ~**masse** *f* masa *f* *od.* activo *m* de la quiebra;

~verwalter m síndico m de la quiebra.

können ['kœnən] **1.** (30) poder; (*gelernt haben*) saber; *Deutsch ~ saber alemán; es kann sn, daß* puede ser od. es posible que; *so gut ich kann* lo mejor que pueda; *er schrie so laut er konnte* gritaba a más no poder; **2.** ♀ n capacidad f; habilidad f.

konnte ['kɔntə] s. **können**.

Konnossement ✝ [kɔnɔsə'mɛnt] n (3) conocimiento m.

konsequen|t [-ze'kvɛnt] consecuente; **♀z** [--'kvɛnts] f (16) consecuencia f.

konservat|iv ['-zɛrva'tiːf], **~ive(r)** m conservador (m); **♀orium** [---'toːrjum] n (9) conservatorio m.

Konser|ve ['-və] f (15) conserva f; **~venbüchse** f, **~vendose** f lata f (de conservas); **♀vieren** conservar; **~'vierung** f conservación f.

Konsistorium [-zis'toːrjum] n (9) consistorio m.

Konsol|e [-'zoːlə] f (15) consola f; △ repisa f; **♀idieren** [-zoli'diːrən] consolidar; **~i'dierung** f consolidación f.

Konsonant [-zo'nant] m (12) consonante f.

Konsortium [-'zɔrtsjum] n (9) consorcio m.

konspirativ [-spira'tiːf]: **~e** Wohnung piso m franco.

konstant [-'stant], **♀e** f (15) constante (f).

konstatieren [-sta'tiːrən] hacer constar.

konsterniert [-stɛr'niːrt] consternado.

konstitu|ieren [-stitu'iːrən] constituir; **♀tion** [---'tsjoːn] f constitución f; **~tionell** [---tsjo'nɛl] constitucional.

konstru|ieren [-stru'iːrən] construir; **♀ktion** [-struk'tsjoːn] f construcción f; **~ktiv** [--'tiːf] constructivo.

Konsul ['-zul] m (10) cónsul m; **~ar** [--'laːr], **♀arisch** [--'laːriʃ] consular; **~at** [--'laːt] n (3) consulado m; **~tation** [--ta'tsjoːn] f consulta f; **♀tieren** consultar.

Konsum [-'zuːm] m (3) consumo m; **~ent(in** f) [-zu'mɛnt(in)] m (12) consumidor(a) m (f); **~genossenschaft** f cooperativa f de consumo; **~gesellschaft** f sociedad f de consumo; **~güter** n/pl. bienes

m/pl. de consumo; **♀ieren** consumir.

Kontakt [-'takt] m (3) contacto m; **~ aufnehmen mit** entrar en contacto con, *neol*. contactar con; **~glas** n, **~linse** f lente f de contacto, lentilla f.

Konter... ['-tər]: *in Zssgn mst* contra...; **~admiral** m contra(a)lmirante m; **~bande** f contrabando m; **~fei** ['--fai] n (3¹) retrato m; **♀n** (29) replicar.

Kontinent ['-tinɛnt] m (3) continente m; **♀al** [---'taːl] continental.

Kontingent [-tin'gɛnt] n (3) contingente m; cupo m; **♀ieren** contingentar; **~'ierung** f contingentación f.

kontinuierlich [-tinu'iːrliç] continuo; continuado.

Konto ['-to] n (9¹ u. 11) cuenta f; **~auszug** m extracto m de cuenta; **~inhaber** m titular m de una cuenta; **~korrent** [--kɔ'rɛnt] n (3) cuenta f corriente.

Kontor [-'toːr] n (3¹) oficina f; despacho m; **~ist(in** f) [-to'rist(in)] m (12) oficinista su.

Kontostand ['-toʃtant] m estado m de la cuenta.

Kontra|baß ['-trabas] m contrabajo m; **~hent** [--'hɛnt] m (12) parte f contratante; '**~punkt** ♪ m contrapunto m.

Kontrast [-'trast] m (3²) contraste m; **♀ieren** [--'tiːrən] contrastar.

Kontroll|abschnitt [-'trɔlˀapʃnit] m talón m de control; **~e** f (15) control m, comprobación f, inspección f, revisión f; *Zoll*: registro m; **~eur** [--'løːr] m (3¹) inspector m; 🖥 revisor m; **♀ieren** controlar, comprobar; revisar; '**~(l)ampe** f piloto m; **~marke** f contraseña f de control.

Kontroverse [-tro'vɛrzə] f (15) controversia f.

Kontur [-'tuːr] f (16) contorno m; perfil m.

Konvention [-vɛn'tsjoːn] f convención f; **~alstrafe** [--tsjoˀnaːl'ʃtraːfə] f multa f convencional; **♀ell** [---'nɛl] convencional.

Konversation [-vɛrza'tsjoːn] f conversación f; **~slexikon** n diccionario m enciclopédico.

konvertier|bar [--'tiːrbar] convertible; **♀barkeit** f convertibilidad f; **~en** ✝ convertir; *Rel*. convertirse a.

konvex [-'vɛks] convexo.

Konvoi ['-vɔy] m (11) convoy m.

Konzentration [-tsɛntra'tsjo:n] *f* concentración *f*; **~slager** *n* campo *m* de concentración.
konzentrieren [--'tri:rən] concentrar; **~isch** [-'-trɪʃ] concéntrico.
Konzept [-'tsɛpt] *n* (3) borrador *m*; *aus dem* ~ *kommen (bringen)* (hacer) perder el hilo.
Konzern [-'tsɛrn] *m* (3¹) consorcio *m*; grupo *m*.
Konzert [-'tsɛrt] *n* (3) concierto *m*; *(Solisten*&*)* recital *m*; &**ieren** dar un concierto; **~meister** *m* concertino *m*; **~saal** *m* sala *f* de conciertos; auditorio *m*; **~sänger(in** *f)* *m* concertista *su*.
Konzession [-tsɛ'sjo:n] *f* concesión *f*; licencia *f*.
Konzil [-'tsi:l] *n* (3¹ *u.* 8²) concilio *m*.
Koordinate [koɔrdi'na:tə] *f* (15) coordenada *f*; &**nieren** coordinar; **~nierung** *f* coordinación *f*.
Kopf [kɔpf] *m* (3³) cabeza *f*; *aus dem* ~ de memoria; ~ *hoch!* ¡ánimo!; *fig. den* ~ *verlieren* perder la cabeza; *sich et. aus dem* ~ *waschen* leer la cartilla a alg.; *j-m den* ~ *durchsetzen* salirse con la suya; *nicht auf den* ~ *gefallen sein* F no tener pelo de tonto; F *nicht ganz richtig im* ~ *sn* estar mal de la cabeza; *auf den* ~ *zusagen* decir en la cara; *alles auf den* ~ *stellen* ponerlo todo patas arriba; *sich et. in den* ~ *setzen* meterse a/c. en la cabeza; *von* ~ *bis Fuß* de pies a cabeza; *j-n vor den* ~ *stoßen* ofender a alg.; *es will mir nicht in den* ~ no me cabe *od.* entra en la cabeza; *es ist mir über den* ~ *gewachsen* es superior a mis fuerzas; '**~arbeit** *f* trabajo *m* intelectual; '**~arbeiter** *m* trabajador *m* intelectual; '**~bahnhof** *m* estación *f* terminal; '**~ball** *m* Sport: remate *m* de cabeza; '**~bedeckung** *f* sombrero *m*.
köpfen ['kœpfən] (25) *j-n*: decapitar, cortar la cabeza a; *Sport*: cabecear; ✶ descabezar.
Kopf|ende ['kɔpf'ɛndə] *n* cabecera *f*; **~haut** *f* cuero *m* cabelludo; **~hörer** *m* auricular *m*; **~kissen** *n* almohada *f*; &**los** *fig.* atolondrado; **~rechnen** *n* cálculo *m* mental; **~salat** *m* lechuga *f*; &**scheu** desconfiado; **~schmerzen** *m/pl.* dolor *m* de cabeza; **~schütteln** *n* movimiento *m* negativo con la cabeza; **~sprung** *m* zambullida *f* de cabeza; **~stand** *m* apoyo *m* sobre la cabeza; **~stimme** *f* falsete *m*; **~stoß** *m* Sport: cabezazo *m*; **~stütze** *f* Kfz. reposacabezas *m*; **~tuch** *n* pañuelo *m* (de cabeza); &**-über** de cabeza; **~wäsche** *f* lavado *m* de cabeza; **~zerbrechen** *n* quebradero *m* de cabeza.
Kopie [ko'pi:] *f* (15) copia *f*; &**ren** copiar (*a. fig.*); **~rgerät** *n* copiadora *f*; **~rstift** *m* lápiz *m* de tinta.
Kopilot ['ko:pilo:t] *m* copiloto *m*.
Koppel ['kɔpəl]: **a)** *f* (15) *Hunde*: traílla *f*; *Pferde*: reata *f*; *(Weide)* dehesa *f*; cercado *m*; **b)** *n* (7) cinturón *m*; &**n** (29) *a*. ⊕ *u*. ♪ acoplar; *Hunde*: atraillar; *Pferde*: reatar; **~ung** *f* acoplamiento *m*.
Koproduktion ['ko:produktsjo:n] *f* Film: coproducción *f*.
Koralle [ko'ralə] *f* (15) coral *m*; **~nriff** *n* arrecife *m* coralino.
Koran [ko'ra:n] *m* (3¹) Corán *m*.
Korb [kɔrp] *m* (3³) *(Hand*&*)* cesta *f*; *hoher*: cesto *m*, canasto *m*; *flacher*: canasta *f*; *fig.* e-n ~ *geben* dar calabazas; '**~ball** *m* baloncesto *m*; '**~flasche** *f* bombona *f*; damajuana *f*; '**~macher** *m* (7) cestero *m*; '**~möbel** *n/pl.* ('**~sessel** *m*) muebles *m/pl.* (sillón *m*) de mimbre; '**~waren** *f/pl.* cestería *f*; '**~weide** ♀ *f* mimbre *m*, mimbrera *f*.
Kord [kɔrt] *m* (3) pana *f*.
Kordel ['-dəl] *f* (15) cordón *m*.
Kordhose ['kɔrtho:zə] *f* pantalón *m* de pana.
Korinthe [ko'rɪntə] *f* (15) pasa *f* de Corinto.
Kork [kɔrk] *m* (3) corcho *m*; '**~-eiche** ♀ *f* alcornoque *m*; '**~-en** *m* (6) tapón *m* (de corcho), corcho *m*; '**~enzieher** *m* sacacorchos *m*, descorchador *m*.
Korn [kɔrn] **a)** *n* (1² *u.* [= **~arten**) 3) grano *m*; *(Getreide)* cereales *m/pl.*; *am Gewehr*: mira *f*; *fig. aufs* ~ *nehmen* poner la mira en; **b)** *m* (3) *(Schnaps)* aguardiente *m* de trigo; '**~blume** *f* aciano *m*; '**~boden** *m* granero *m*.
körnen ['kœrnən] (25) granular.
Kornfeld ['kɔrnfɛlt] *n* trigal *m*.
körnig ['kœrnɪç] granulado; granular.
Korn|kammer ['kɔrnkamər] *f* granero *m* (*a. fig.*); **~speicher** *m* granero *m*, silo *m*.
Körper ['kœrpər] *m* (7) cuerpo *m*; **~bau** *m* constitución *f*; complexión *f*; &**behindert** minusválido; impedido; **~behinderte(r)** *m* minusválido *m*, disminuido *m* físico; **~fülle** *f* cor-

pulencia *f*; ~**gewicht** *n* peso *m* corporal; ~**größe** *f* estatura *f*, talla *f*; ~**haltung** *f* porte *m*; ~**kraft** *f* fuerza *f* física; 2**lich** corporal; corpóreo; físico; ~**pflege** *f* higiene *f*; aseo *m* personal; ~**schaft** *f* corporación *f*; ~**schwäche** *f* debilidad *f* física; ~**teil** *m* parte *f* del cuerpo; ~**verletzung** ₰ *f* lesión *f* corporal.

Korporal [kɔrpo'raːl] *m* (3¹) cabo *m*.

Korps [koːr, *pl.* koːrs] *n uv.* cuerpo *m*; '~**geist** *m* espíritu *m* de cuerpo.

korpulen|t [kɔrpu'lɛnt] corpulento; obeso; 2**z** [--'lɛnts] *f* (16, *o. pl.*) corpulencia *f*; obesidad *f*.

korrekt [kɔ'rɛkt] correcto; 2**heit** *f* corrección *f*.

Korrektur [--'tuːr] *f* (16) corrección *f*; ~ *lesen* corregir las pruebas; ~**abzug**, ~**bogen** *m*, ~**fahne** *f* prueba *f*, galerada *f*.

Korrespond|ent [kɔrɛspɔn'dɛnt] *m* (12) encargado *m* de la correspondencia; (*Zeitungs*2) corresponsal *m*; ~**enz** [---'dɛnts] *f* (16) correspondencia *f*; 2**ieren** mantener correspondencia (*con*), cartearse.

Korridor ['-riːdoːr] *m* (3¹) corredor *m* (*a. Pol.*), pasillo *m*.

korrigieren [--'giːrən] corregir; enmendar.

korrosions|fest [-roˈzjoːnsfɛst], 2~**schutz** *m* anticorrosivo (*m*).

korrupt [-'rʊpt] corrupto; 2**ion** [---'tsjoːn] *f* corrupción *f*.

Kors|e ['kɔrzə] *m* (13), ~**in** *f*, 2**isch** corso (-a) *m* (*f*).

Korsett [-'zɛt] *n* (3) corsé *m*; ~**stange** *f* ballena *f*.

Korvette ⚓ [-'vɛtə] *f* (15) corbeta *f*; ~**nkapitän** *m* capitán *m* de corbeta.

Koryphäe [kory'fɛːə] *f* (15) eminencia *f*; F as *m*.

Kosak [ko'zak] *m* (12) cosaco *m*.

kose|n ['koːzən] (27): *mit j-m* ~ acariciar a alg.; 2**name** *m* apelativo *m* cariñoso.

Kosinus A ['koːzinʊs] *m uv.* coseno *m*.

Kosmet|ik [kɔsˈmeːtik] *f* (16) cosmética *f*; ~**ikerin** *f* esteticista *f*; ~**ikum** [-'---kum] *n* (9²) cosmético *m*; 2**isch** cosmético.

kosm|isch ['-miʃ] cósmico; 2**onaut** [-moˈnaʊt] *m* (12) cosmonauta *m*; 2**opolit** [-mopo'liːt] *m* (12) cosmopolita *m*; 2**os** ['-mɔs] *m* (*uv., o. pl.*) cosmos *m*.

Kost [kɔst] *f* (*uv., o. pl.*) alimentación *f*; comida *f*; dieta *f*; ~ *und Logis* comida y alojamiento; *in* ~ en pensión.

kostbar ['-baːr] precioso; costoso; 2**keit** *f* preciosidad *f*.

kosten ['kɔstən] (26) **1.** *v/i.* costar, valer; *koste es, was es wolle* cueste lo que cueste; 2. *v/t.* gustar, probar; **3.** 2 *pl. uv.* gastos *m/pl.*; coste *m*, costos *m/pl.*; ₰ costas *f/pl.*; *auf* ~ *von* a expensas (*od.* costas) de; *das geht auf m-e* ~ esto corre por mi cuenta; *auf s-e* ~ *kommen fig.* quedar satisfecho; 2~**anschlag** *m* presupuesto *m*; 2~**aufwand** *m* gasto(s) *m(pl.)*, desembolso *m*; 2**frage** *f* cuestión *f* de gastos; ~**los** gratuito; *adv.* gratis; 2**punkt** *m* gastos *m/pl.*, precio *m*; 2**rechnung** *f* nota *f* de gastos; 2**vor-anschlag** *m s.* 2*anschlag.*

Kost|gänger ['-gɛŋər] *m* (7) huésped *m*; ~**geld** *n* pensión *f*.

köstlich ['kœstliç] delicioso, exquisito; *sich* ~ *amüsieren* F pasarlo bomba.

Kost|probe ['kɔstproːbə] *f* degustación *f*; *fig.* prueba *f*; 2**spielig** ['-ʃpiːliç] costoso.

Kostüm [kɔs'tyːm] *n* (3¹) traje *m*; (*Damen*2) traje *m* de chaqueta; (*Masken*2) disfraz *m*; ~**fest** *n* baile *f* de disfraces; 2**ieren** [-ty'miːrən]: *sich* ~ *als* disfrazarse de.

Kot [koːt] *m* (3) barro *m*, lodo *m*, fango *m*; *Physiol.* excrementos *m/pl.*

Kotelett [kot(ə)'lɛt] *n* (11) chuleta *f*, *Am.* costeleta *f*; ~**en** *f/pl.* (*Bart*) patillas *f/pl.*

Köter F ['køːtər] *m* (7) chucho *m*.

Kotflügel ['koːtflyːgəl] *m* guardabarros *m*.

kotzen P ['kɔtsən] (27) vomitar, arrojar.

Krabbe ['krabə] *f* (15) camarón *m*; gamba *f*; F *fig.* chiquilla *f*; 2**ln** (29) **1.** *v/i.* (*wimmeln*) hormiguear; *Kind*: andar a gatas, gatear; **2.** *v/t.* cosquillear.

Krach [krax] *m* (3) ruido *m*; estrépito *m*; (*Streit*) bronca *f*; † crac *m*; ~ *schlagen* armar un escándalo; 2**en** (25) dar estampidos; estallar; crujir; ~**en** *n* ruido *m*; estampido *m*; crujido *m*; '~**mandel** *f* almendra *f* mollar.

krächzen ['krɛçtsən] (27) graznar.

Kraft [kraft] **1.** *f* (14¹) fuerza *f*; vigor *m*; potencia *f*; energía *f*; *wirkende:* virtud *f*; (*Mitarbeiter*) colaborador m; asistente m; in ~ sn (treten; setzen) estar (entrar; poner) en vigor; außer ~ setzen derogar; mit aller ~ a más no poder; 2. ♀ prp. (gen.) en virtud de; '~anstrengung f, '~aufwand m esfuerzo m; '~ausdruck m taco m, palabrota f; '~brühe f caldo m, consomé m; '~fahrer(in f) m automovilista su.; '~fahrzeug n automóvil m; '~fahrzeugsteuer f impuesto m sobre los vehículos de motor; '~futter ⚙ n pienso m concentrado.

kräftig ['krɛftiç] fuerte; vigoroso; robusto; (nahrhaft) sustancioso; Stimme: potente; fig. a. intenso; ~en ['--gən] (25) fortalecer, robustecer, vigorizar; ♀ung f fortalecimiento m; ♀ungsmittel ⚙ n tónico m.

kraft|los ['kraftlo:s] débil; flojo; ♀-probe f prueba f (de fuerza); ♀rad n motocicleta f; ♀stoff m carburante m; ~strotzend rebosando salud; robusto; ~voll vigoroso, enérgico; ♀-wagen m automóvil m, coche m; ♀werk ≴ n central f eléctrica.

Kragen ['kra:gən] m (6) cuello m; fig. es geht ihm an den ~ le puede costar el pellejo; F jetzt platzt mir der ~ se me acaba la paciencia; ~knopf m botón m (para el cuello); ~stäbchen ['--ʃtɛːpçən] n (6) ballena f; ~weite f medida f del cuello.

Krähe ['krɛːə] f (15) corneja f; ♀n (25) Hahn: cantar; ~nfüße ['--fyːsə] m/pl. (Runzeln) patas f/pl. de gallo.

Krake Zo. ['kra:kə] m (13) pulpo m.

Krakeel F [kra'ke:l] m (3¹) barullo m, camorra f, Am. bochinche m; ♀en (25) alborotar; armar camorra; ~er m (7) alborotador m; camorrista m.

Kralle ['kralə] f (15) uña f, garra f.

Kram [kra:m] m (3, o. pl.) trastos m/pl.; chismes m/pl.; fig. nicht in den ~ passen venir mal a propósito; ♀en (25): ~ in (dat.) revolver (ac.).

Krämer ['krɛːmər] m (7) tendero m, desp. mercachifle m; ~seele f mentalidad f de mercachifle.

Kramladen ['kra:mla:dən] m tenducho m.

Krampe ['krampə] f (15) grapa f.

Krampf [krampf] m (3³) espasmo m, convulsión f; calambre m; '~ader f variz f; ♀haft convulsivo, espasmódico; adv. fig. por todos los medios.

Kran [kra:n] m (3[³]) grúa f; (Hahn) grifo m.

Kranich Zo. ['-niç] m (3) grulla f.

krank [kraŋk] (18²) enfermo; malo; ~ werden ponerse enfermo od. malo; ~ enfermar; ~ schreiben dar de baja; sich ~ melden darse de baja (por enfermo); '♀e(r) m enfermo m.

kränkeln ['krɛŋkəln] (29) estar enfermizo bzw. delicado de salud.

kranken ['kraŋkən] (25): ~ an (dat.) padecer od. adolecer de.

kränken ['krɛŋkən] (25) ofender; herir.

Kranken|anstalt ['kraŋkən'anʃtalt] f centro m hospitalario; ~bericht m parte m facultativo; ~geld n subsidio m de enfermedad; ~geschichte f historial m clínico; ~gymnastik f fisioterapia f; ~gymnastin f fisioterapeuta f; ~haus n hospital m; clínica f; ins ~ bringen ingresar en un hospital; hospitalizar; ~kasse f caja f de enfermedad; ~pflege f asistencia f a los enfermos; ~pfleger(in f) m enfermero (-a) m (f); ~schein m volante m del seguro; ~schwester f enfermera f; ~träger m camillero m; ~versicherung f seguro m de enfermedad; ~wagen m ambulancia f; ~wärter(in f) m enfermero (-a) m (f).

'**krank|feiern** F estar de baja (por enfermedad); ~haft morboso; enfermizo; patológico.

'**Krankheit** f enfermedad f; dolencia f; ~sbild n cuadro m clínico; ~s-er-reger m agente m patógeno; ~s-erscheinung f síntoma m; ♀shalber por enfermedad.

'**krankklachen**: sich ~ troncharse de risa.

kränklich ['krɛŋkliç] enfermizo, achacoso.

Krankmeldung ['kraŋkmɛlduŋ] f baja f por enfermedad.

Kränkung ['krɛŋkuŋ] f ofensa f; agravio m.

Kranz [krants] m (3² u. ³) corona f.

Krapfen ['krapfən] m (6) buñuelo m.

kraß [kras] (18¹) craso.

Krater ['kra:tər] m (7) cráter m.

kratzbürstig F ['kratsbyrstiç] arisco.

Krätze ⚕ ['krɛtsə] f (15) sarna f.

kratz|en ['kratsən] (27) rascar; (ritzen) arañar; (schaben) raspar; (jucken) picar; ♀er m (7) arañazo m; rasguño m; auf Möbeln: raya f; ~fest resistente al rayado; ♀wunde f arañazo m.

kraulen ['kraulən] (25) rascar suave-

Kriegsausbruch

mente; *Schwimmen*: nadar a crawl *od.* crol.
kraus [kraʊs] (18) crespo, rizado; *die Stirn* ~ *ziehen* fruncir las cejas.
kräuseln [ˈkrɔʏzəln] (29) rizar, encrespar.
Kraut [kraʊt] *n* (1²) hierba *f*; *ins* ~ *schießen* echar mucha hierba; *fig. wie* ~ *und Rüben durcheinander* patas arriba.
Kräuter|handlung [ˈkrɔʏtərhandluŋ] *f* herboristería; ~**käse** *m* queso *m* de hierbas finas; ~**likör** *m* licor *m* de hierbas aromáticas; ~**tee** *m* infusión *f* de hierbas, tisana *f*.
Krawall [kra'val] *m* (3¹) tumulto *m*, alboroto *m*, *Am.* bochinche *m*.
Krawatte [-'vatə] *f* (15) corbata *f*; ~**nnadel** *f* alfiler *m* de corbata.
kreat|iv [krea'ti:f] creativo; 2**ivität** [--tivi'tɛːt] *f* creatividad *f*; 2**ur** [--'tuːr] *f* (16) criatura *f*.
Krebs [kreːps] *m* (4) cangrejo *m*; *⚕* cáncer *m*; *Astr.* Cáncer *m*; ¹2**-erregend** cancerígeno; ¹~**forschung** *f* cancerología *f*; ~**geschwulst** *f* tumor *m* canceroso; 2**krank**, ~**kranke(r)** *m* canceroso (*m*); ~**vorsorge** *f* prevención *f* del cáncer; ~**zelle** *f* célula *f* cancerosa.
Kredit [kre'diːt] *m* (3) crédito *m*; *auf* ~ a crédito; ~**...:** *in Zssgn mst* de crédito; crediticio; ~**brief** *m* carta *f* de crédito; 2**fähig**, 2**würdig** solvente; ~**karte** *f* tarjeta *f* de crédito.
Kreide [ˈkraɪdə] *f* (15) tiza *f*; 2**bleich** blanco como la pared; ~**zeichnung** *f* dibujo *m* de tiza; ~**zeit** *f* cretáceo *m*.
Kreis [kraɪs] *m* (4) círculo *m*; *fig. a.* esfera *f*; *⚡* distrito *m*; *⚵* círculo *m*; ¹~**bahn** *Astr. f* órbita *f*; ¹~**bewegung** *f* movimiento *m* circular.
kreischen [-'ʃən] (27) chillar; *Räder*: chirriar; ~**d** chillón.
Kreisel [-'zəl] *m* (7) peonza *f*; ~**kompaß** *m* brújula *f* giroscópica.
kreisen [-'zən] (27) girar; *Blut, Geld*: circular.
kreis|förmig [ˈkraɪsfœrmiç] circular; 2**lauf(störung** *f*) *m* (trastorno *m* de la) circulación *f*; 2**säge** *f* sierra *f* circular; 2**stadt** *f* capital *f* de distrito; 2**-umfang** *m* circunferencia *f*; 2**verkehr** *m* sentido *m* giratorio.
Krematorium [krema'toːrjum] *n* (9) crematorio *m*.
Krempe [ˈkrɛmpə] *f* (15) ala *f*.
Krempel F [ˈ-pəl] *m* (7, *o. pl.*) trastos *m/pl.*, cachivaches *m/pl.*
Kreol|e [kre'oːlə] *m* (13), ~**in** *f* criollo (-a) *m* (*f*).
krepieren [-'piːrən] (sn) *Geschoß*: estallar; P (*sterben*) estirar la pata; P diñarla; *Tier*: reventar.
Krepp [krɛp] *m* (11) crespón *m*; ¹~**sohle** *f* suela *f* de crepé.
Kresse ♀ [ˈkrɛsə] *f* (15) berro *m*.
Kreuz [krɔʏts] *n* (3²) cruz *f* (*a. fig.*); *Anat.* riñones *m/pl.*; *Pferd*: grupa *f*; *♪* sostenido *m*; *Kartenspiel*: bastos *m/pl.*; ♀ *und quer* en todas las direcciones; acá y allá; *fig. zu* ~*e kriechen* darse por vencido; ¹~**abnahme** *f* descendimiento *m* de la cruz; ¹~**band** *n*: *unter* ~ *auf geben* faja; ¹~**bein** *n* sacro *m*; ~**blütler** ♀ [¹-blyːtlər] *m* (7) crucífera *f*; ¹2**en** (27): (*sich*) ~ cruzar(se) (*a. Biol.*); ¹~**er** *⚓ m* (7) crucero *m*; ¹~**fahrer** *m* cruzado *m*; ¹~**fahrt** *⚓ f* crucero *m*; *♰ f* cruzada *f*; ¹~**feuer** *n* fuego *m* cruzado; 2**förmig** [¹-fœrmiç] cruciforme; ¹~**gang** *m* claustro *m*; ¹~**gewölbe** *n* bóveda *f* de arista; ¹~**hacke** *f* zapapico *m*; 2**igen** [¹-tsigən] (25) crucificar; ~**igung** *f* crucifixión *f*; ¹2**lahm** derrengado; ¹~**otter** *f* víbora *f* (común); ¹~**rippengewölbe** *n* bóveda *f* de crucería; ¹~**schmerzen** *m/pl.* F dolor *m* de riñones; ~**spinne** *f* araña *f* crucera; ¹~**stich** *m* punto *m* de cruz, cruceta *f*; ~**ung** *f* cruce *m* (*a. Biol.*); ¹~**verhör** *n* interrogatorio *m* contradictorio *od.* cruzado; ~**weg** *m* encrucijada *f* (*a. fig.*); *Rel.* vía crucis *m*; ¹2**weise** en cruz; ¹~**worträtsel** *n* crucigrama *m*; ¹~**zug** *m* cruzada *f*.
kribbel|ig F [ˈkribəliç] nervioso; ~**n** F (29) hormiguear; (*jucken*) picar.
kriech|en [ˈkriːçən] (30, sn) arrastrarse; deslizarse (*durch* por); *aus dem Ei*: salir; *Tier*: reptar; *fig.* adular (*vor j-m* a alg.); 2**er** *m* (7) *fig.* hombre *m* servil; ~**erisch** rastrero, servil; 2**pflanze** *f* planta *f* rastrera; 2**spur** *f* vía *f* para vehículos lentos; 2**tier** *n* reptil *m*.
Krieg [kriːk] *m* (3) guerra *f*; ~ *führen* hacer la guerra; 2**en** F [¹-gən] (25) obtener; recibir; atrapar; ~**er** *m* (7) guerrero *m*; 2**erisch** belicoso; guerrero; marcial; ~**erwitwe** *f* viuda *f* de guerra; 2**führend** beligerante; ¹~**führung** *f* modo *m* de hacer la guerra; estrategia *f*.
Kriegs... [ˈkriːks...]: *in Zssgn oft* de (la) guerra; ~**ausbruch** *m* comienzo

Kriegsberichterstatter

m de la guerra; *bei* ~ al estallar la guerra; ~**bericht-erstatter** *m* corresponsal *m* de guerra; ~**beschädigte(r)** ['-bəʃɛːdiçtə(r)] *m* mutilado *m* de guerra; ~**dienst** *m* servicio *m* militar; ~**erklärung** *f* declaración *f* de guerra; ~**flotte** *f* flota *f* de guerra, armada *f*; ~**fuß** *m*: *auf* ~ en pie de guerra; ~**gefangene(r)** *m* prisionero *m* de guerra; ~**gefangenschaft** *f* cautividad *f*, cautiverio *m*; *in* ~ *geraten* caer prisionero; ~**gericht** *n* consejo *m* de guerra; tribunal *m* militar; ~**hetzer** *m* belicista *m*; ~**kamerad** *m* compañero *m* de armas; ~**list** *f* estratagema *f*; ~**marine** *f* marina *f* de guerra; ~**müde** cansado de la guerra; ~**opfer** *n* víctima *f* de la guerra; ~**schauplatz** *m* teatro *m* de guerra; ~**schiff** *n* buque *m* de guerra; ~**schuld** *f* responsabilidad *f* de la guerra; ~**teilnehmer** *m* combatiente *m*; ~**verbrecher** *m* criminal *m* de guerra; ~**versehrte(r)** *m* mutilado *m* de guerra; ~**zustand** *m* estado *m* de guerra.

Kriminal|beamte(r) [krimiˈnaːlbəamtə(r)] *m* agente *m* de la policía criminal; ~**film** *m* película *f* policíaca; ~**ität** [--naliˈtɛːt] *f* delincuencia *f*, criminalidad *f*; ~**polizei** *f* policía *f* (de investigación) criminal; ~**roman** *m* novela *f* policíaca.

kriminell [--ˈnɛl] criminal.

Kringel [ˈkriŋəl] *m* (7) rosquilla *f*; rosca *f*.

Krippe [ˈkripə] *f* (15) pesebre *m*; (*Weihnachts*⁂) *a.* nacimiento *m*, belén *m*; (*Kinder*⁂) guardería *f* infantil.

Krise [ˈkriːzə] *f* (15) crisis *f*.

Kristall [krisˈtal] *n u. Min. m* (3¹), ~**glas** *n* cristal *m*; ⁂**isieren** [--liˈziːrən] (sn) cristalizar; ⁂**klar** cristalino; ~**waren** *f/pl.* cristalería *f*; ~**zucker** *m* azúcar *m* cristalizado.

Kriterium [kriˈteːrjum] *n* (9) criterio *m*.

Kriti|k [kriˈtiːk] *f* (16) crítica *f*; (*Rezension*) reseña *f*; ~**ker** [ˈkriːtikər] *m* (7), ⁂**sch** crítico (*m*); ⁂**sieren** [kritiˈziːrən] criticar; reseñar.

Kritt|elei [kritəˈlaɪ] *f* crítica *f* rebuscada; ⁂**eln** [ˈ-təln] (29) critiquizar; ˈ**-ler** *m* (7) criticón *m*, criticastro *m*.

Kritzelei [kritsəˈlaɪ] *f* garrapatos *m/pl.*; ⁂**n** (29) garrapatear.

Kroat|e [kroˈaːtə] *m* (13), ~**in** *f*, ⁂**isch** croata (*su.*).

kroch [krɔx] *s.* **kriechen**.

Krokant [kroˈkant] *m* (3¹, *o. pl.*) crocante *m*.

Krokette [-ˈkɛtə] *f* (15) *Kchk.* croqueta *f*.

Krokodil [-koˈdiːl] *n* (3¹) cocodrilo *m*.

Krokus [ˈkroːkus] *m* (14² *od. uv.*) croco *m*.

Krone [ˈ-nə] *f* (15) corona *f*; (*Baum*⁂) copa *f*; (*Blüten*⁂) corola *f*; (*Zahn*⁂) funda *f*; F *was ist dir in die* ~ *gefahren?* ¿qué mosca te ha picado?; *e-n in der* ~ *haben* estar achispado.

krönen [ˈkrøːnən] (25) coronar (*a. fig.*).

Kron(en)korken [ˈkroː(ən)kɔrkən] *m* tapón *m* corona; ~**leuchter** *m* araña *f*; ~**prinz** *m* príncipe *m* heredero.

Krönung [ˈkrøːnuŋ] *f* coronación *f* (*a. fig.*).

Kronzeuge *m* [ˈkroːntsɔʏɡə] *m* testigo *m* principal.

Kropf [krɔpf] *m* (3³) buche *m*, papo *m*; ⚕ bocio *m*.

Kröte [ˈkrøːtə] *f* (15) sapo *m*; *fig.* *freche* ~ mocosa *f*.

Krück|e [ˈkrʏkə] *f* (15) muleta *f*; ~**stock** *m* muletilla *f*.

Krug [kruːk] *m* (3³) jarra *f*; cántaro *m*; botijo *m*; botija *f*.

Krume [ˈkruːmə] *f* (15) miga *f*; ✧ capa *f* arable.

Krümel [ˈkryːməl] *m* (7) miga(ja) *f*; ⁂**n** (29) desmigajarse.

krumm [krum] corvo; encorvado; curvo; *Beine, Nase:* torcido; *fig.* tortuoso; ~**beinig** [ˈ-baɪniç] patituerto.

krümmen [ˈkrʏmən] (25) encorvar; doblar; torcer; *sich vor Schmerzen* ~ retorcerse de dolor; *sich vor Lachen* ~ troncharse.

krummnehmen F [ˈkrumneːmən] tomar a mal.

Krümmung [ˈkrʏmuŋ] *f* curvatura *f*; curva *f*; encorvadura *f*; (*Weg*⁂, *Fluß*⁂) recodo *m*.

Kruppe [ˈkrupə] *f* (15) grupa *f*.

Krüppel [ˈkrʏpəl] *m* (7) mutilado *m*; lisiado *m*; inválido *m*.

Kruste [ˈkrustə] *f* (15) costra *f* (*a.* ⚕); (*Brot*⁂) corteza *f*; ~**ntiere** *n/pl.* crustáceos *m/pl.*

Kruzifix [krutsiˈfiks] *n* (3²) crucifijo *m*.

Krypta [ˈkrypta] *f* (16²) cripta *f*.

Kuban|er [kuˈbaːnər] *m* (7), ⁂**isch** cubano (*m*).

Kübel ['ky:bəl] *m* (7) cubo *m*.
Kubik... [ku'bi:k...]: *in Zssgn* cúbico.
kubisch ['ku:biʃ] cúbico; **≳mus** *Mal.* [ku'bismus] *m* (16, *o. pl.*) cubismo *m*.
Küche ['kyçə] *f* (15) cocina *f*.
Kuchen ['ku:xən] *m* (6) pastel *m*; **blech** *n* bandeja *f* (para pasteles); **form** *f* molde *m* (para pasteles).
Küchen... ['kyçən...]: *in Zssgn oft de* cocina; **geschirr** *n* batería *f* de cocina; **herd** *m* cocina *f*; **junge** *m* mozo *m* de cocina, pinche *m*; **kräuter** *n/pl.* hierbas *f/pl.* culinarias; **meister** *m* cocinero *m* jefe; **zettel** *m* lista *f* de platos, minuta *f*.
Kuckuck *Zo.* ['kukuk] *m* (3¹) cuclillo *m*, cuco *m*; *zum* **! ¡caramba!; *hol' dich der **! ¡vete al diablo!; **s-uhr** *f* reloj *m* de cucú.
Kufe ['ku:fə] *f* (15) cuba *f*; tina *f*; (*Schlitten*≳) patín *m*; (*Schlittschuh*≳) cuchilla *f*.
Küfer ['ky:fər] *m* (7) tonelero *m*; (*Kellermeister*) bodeguero *m*.
Kugel ['ku:gəl] *f* (15) bola *f*; ⚔ esfera *f*; (*Geschoß*) bala *f*; *Sport:* peso *m*; *sich* (*dat.*) *e-e durch den Kopf jagen od. schießen* pegarse un tiro; **fang** *m* parabalas *m*; **≳fest** a prueba de balas; **förmig** ['--fœrmiç] esférico; **gelenk** *n* ⊕, *Anat.* articulación *f* esférica; **lager** *n* rodamiento *m* de bolas; **≳n** (29) rodar; *sich vor Lachen ** troncharse (de risa); '²**rund** redondo como una bola; **schreiber** *m* bolígrafo *m*; ≳**sicher** *s.* ≳**fest**; **e Weste** chaleco *m* antibalas; **stoßen** *n Sport:* lanzamiento *m* de peso.
Kuh [ku:] *f* (14¹) vaca *f*; '**blume** ♀ *f* diente *m* de león; '**dorf** *n desp.* pueblo *m* de mala muerte; '**fladen** *m* boñiga *f*; '**glocke** *f* cencerro *m*; '**handel** *fig. m* chalaneo *m*; '**haut** *f: fig. das geht auf keine ** eso pasa de castaño oscuro; '**hirt** *m* vaquero *m*.
kühl [ky:l] fresco; *fig.* frío; reservado; *(er) werden* refrescar; '²**anlage** *f* instalación *f* frigorífica; '²**e** *f* (15) fresco *m*; *fig.* frialdad *f*; **en** (25) enfriar; *a.* ⊕ refrigerar; **end** refrescante; ⊕ refrigerante; **er** *Kfz. m* (7) radiador *m*; '²**erhaube** *f* cubrerradiador *m*; capó *m*; '²**haus** *n* almacén *m* frigorífico; '²**kette** ⊕ *f* cadena *f* del frío; '²**raum** *m* cámara *f* frigorífica; '²**schiff** *n* buque *m* frigorífico; '²**schrank** *m* nevera *f*, frigorífico *m*, *Am.* heladera *f*; '²**tasche** *f* nevera *f* portátil; bolsa *f* termo; '²**truhe** *f* congelador *m* (horizontal); ≳**ung** ⊕ *f* refrigeración *f*; '²**wagen** *m* vagón *m* frigorífico; '²**wasser** *n Kfz.* agua *f* del radiador.
kühn [ky:n] atrevido; osado; audaz; '²**heit** *f* atrevimiento *m*; osadía *f*; audacia *f*.
Kuhstall ['ku:ʃtal] *m* establo *m*.
Küken ['ky:kən] *n* (6) polluelo *m*.
kulant [ku'lant] complaciente; ≳**z** [-'lants] *f* (16) complacencia *f*.
Kulisse [-'lisə] *f* (15) bastidor *m*; *hinter den* *n* entre bastidores (*a. fig.*); **nschieber** *m* tramoyista *m*.
Kult [kult] *m* (3) culto *m*; ≳**ivieren** [-ti'vi:rən] cultivar (*a. fig.*).
Kultur [-'tu:r] *f* (16) ✓ cultivo *m*; *fig.* cultura *f*; *e-s Volkes:* civilización *f*; ≳**ell** [-tu'rɛl] cultural; **film** *m* documental *m*; **geschichte** *f* historia *f* de la civilización; **land** *n* país *m* civilizado; ✓ tierra *f* cultivada; **pflanze** *f* planta *f* cultivada; **stufe** *f* grado *m* de civilización; **volk** *n* pueblo *m* civilizado.
Kultus ['kultus] *m* (14³) culto *m*; **minister(ium** *n*) *m* Ministro (Ministerio *m*) de Cultura.
Kümmel ['kyməl] *m* (7) comino *m*; (*Schnaps*) kümmel *m*.
Kummer ['kumər] *m* (7, *o. pl.*) pesar *m*, aflicción *f*; pena *f*.
kümmerlich ['kymərliç] pobre, miserable; **n** (29) preocupar; *sich **um* ocuparse de; interesarse por.
kummervoll ['kumərfɔl] afligido.
Kumpan [-'pa:n] *m* (3¹) compañero *m*; *desp.* compinche *m*.
Kumpel F ['-pəl] *m* (7) ⚒ minero *m*; F compañero *m*.
kündbar ['kyntba:r] revocable; *Vertrag:* rescindible.
Kunde ['kundə] **a)** *f* (15) (*Nachricht*) noticia *f*; **b)** *m* (13) cliente *m*; **ndienst** *m* servicio *m* pos(t)venta; asistencia *f* técnica; **nstamm** *m* clientela *f* fija; cartera *f* de clientes.
kundgeben ['kuntge:bən] manifestar; ≳**gebung** *f* manifestación *f*; **ig** ['-diç] (*gen.*) experto *m*; conocedor (de).
kündigen ['kyndigən] (25) *j-m:* despedir (*ac.*); *j..*: despedirse; *Vertrag:* rescindir; ≳**ung** *f* despido *m*; (*Vertrag*) rescisión *f*; denuncia *f*; ≳**ungsfrist** *f* plazo *m* de denuncia.
Kundin ['kundin] *f* clienta *f*; **schaft**

kundtun ['kʊntʃaft] f clientela f; **2tun** ['kʊnttu:n] manifestar.

künftig ['kʏnftɪç] venidero, futuro; *adv.* de ahora en adelante.

Kunst [kʊnst] f (14¹) arte m (*pl.* f); *fig. das ist keine ~* eso lo hace cualquiera; '~**akademie** f escuela f de Bellas Artes; '~**ausstellung** f exposición f de arte; '~**dünger** m abono m químico.

Künstelei [kʏnstə'laɪ] f afectación f, amaneramiento f.

Kunst|faser ['kʊnstfa:zər] f fibra f sintética; **2fertig** hábil; ~**fertigkeit** f destreza f, habilidad f; ~**flieger** m (~**flug** m) piloto m (vuelo m) acrobático; ~**gegenstand** m objeto m de arte; ~**gerecht** según las reglas del arte; ~**geschichte** f historia f del arte; ~**gewerbe** n artes f/pl. industriales; artesanía f; ~**griff** m artificio m; truco m; ~**handel** m (~**händler** m) comercio m (marchante m) de objetos de arte; ~**handwerk** n artesanía f; ~**handwerker** m artesano m; ~**hochschule** f Escuela f superior de Bellas Artes; ~**kenner** m entendido m en arte; ~**kritik(er** m) f crítica f (crítico m) de arte; ~**leder** n cuero m artificial.

Künstler|(in f) ['kʏnstlər(ɪn)] m (7) artista su.; **2isch** artístico; ~**name** m seudónimo m, nombre m de artista.

künstlich ['-lɪç] artificial; ⊕ a. sintético; (*unecht*) falso; *Gebiß:* postizo.

Kunst|maler ['kʊnstma:lər] m pintor m (artista); ~**reiter(in** f) m artista su. ecuestre; ~**sammlung** f colección f de arte; ~**schätze** m/pl. tesoros m/pl. artísticos; *e-s Landes:* patrimonio m artístico; ~**seide** f seda f artificial; ~**sinn** m sentido m artístico; ~**springen** n *Sport:* saltos m/pl. de trampolín; ~**stoff** m plástico m; **2stopfen** zurcir; ~**stück** n muestra f de habilidad; *das ist kein ~* así cualquiera; ~**tischler(ei** f) m ebanista m (ebanistería f); ~**turnen** n gimnasia f artística; **2verständig** entendido en (materia de) arte; **2voll** artístico; ~**werk** n obra f de arte; ~**wert** m valor m artístico.

kunterbunt F ['kʊntərbʊnt] abigarrado; variopinto; *~ durcheinander* todo revuelto.

Kupfer ['kʊpfər] n (7) cobre m; **2haltig** ['--haltɪç] cuprífero; **2n** de cobre; *Farbe:* = ~**rot** cobrizo; ~**schmied** m calderero m; ~**stecher** m grabador m (en cobre); ~**stich** m grabado m (en cobre); ~**vitriol** n sulfato m de cobre.

Kupon [ku'põ] m (11) cupón m.

Kuppe ['kʊpə] f (15) cima f, cumbre f; (*Finger***2**) yema f.

Kuppel ['-pəl] f (15) cúpula f; ~**ei** [--'laɪ] f alcahuetería f; 🖙 proxenetismo m; **2n** (29) alcahuetear; ⊕ acoplar; *Kfz.* embragar.

Kuppl|er(in f) ['-lər(ɪn)] m (7) alcahuete (-a) m (f), proxeneta su.; ~**lung** f ⊕ acoplamiento m; *Kfz.* embrague m.

Kur [ku:r] f (16) tratamiento m, cura f.

Kür [ky:r] f (16) *Sport:* ejercicios m/pl. libres; programa m libre.

Kurat|el [kura'te:l] f (16) curatela f, tutela f; ~**or** [-'ra:tɔr] m (8¹) curador m; ~**orium** [-ra'to:rjʊm] n (9) consejo m de administración; patronato m.

Kurbel ['kʊrbəl] f (15) manivela f; **2n** (29) girar la manivela; ~**stange** f biela f; ~**welle** f cigüeñal m.

Kürbis ['kyrbɪs] m (4¹) calabaza f.

Kurfürst ['ku:rfʏrst] m elector m; ~**entum** n electorado m; **2lich** electoral.

'**Kur|gast** m bañista m; ~**haus** n establecimiento m balneario.

Kurie ['ku:rjə] f (15) curia f.

Kurier [ku'ri:r] m (7) correo m.

kurieren [-'-rən] curar.

kurios [kur'jo:s] (18) raro, extraño; curioso; ~**ität** [-jozi'tɛ:t] f rareza f; curiosidad f.

Kur|ort ['ku:r'ɔrt] m estación f balnearia *bzw.* termal; ~**pfuscher** m curandero m, charlatán m; ~**pfusche'rei** f charlatanería f; curanderismo m.

Kurs [kʊrs] m (4) ⚓, ✈ rumbo m (*a. fig.*); (*Lehrgang*) curso m, cursillo m; *Pol.* orientación f; ✝ cambio m, cotización f; ~**bericht** m ✝ boletín m de cotizaciones; ~**buch** ⚙⚆ n guía f de ferrocarriles.

Kürschner ['kʏrʃnər] m (7) peletero m; ~**ei** [--'raɪ] f peletería f.

kursieren [kʊr'zi:rən] circular.

Kursivschrift [-'zi:fʃrɪft] f letra f cursiva, bastardilla f.

Kurs|schwankungen ✝ ['kʊrsʃvaŋkʊŋən] f/pl. fluctuaciones f/pl. en los cambios; ~**teilnehmer** m cursillista

Kybernetik

m; ~**us** ['kurzus] *m* (14³) curso *m*, cursillo *m*; ~**wagen** 🚃 *m* coche *m* od. vagón *m* directo; ~**zettel** *m* lista *f* de cotizaciones.

Kurtaxe ['kuːrtaksə] *f* tasa *f* sobre los bañistas.

Kurve ['kurvə] *f* (15) curva *f*; 2**nreich** con muchas curvas.

kurz [kurts] (18²) corto; *a. zeitl.* breve; *fig.* sucinto, conciso; ~ *und bündig* en pocas palabras; ~ *und gut* en suma, en fin; *binnen* ~*em* en breve, dentro de poco; ~ *darauf* poco después; *nach* ~*er Zeit* al poco rato; ~ *nach* 7 a las siete y pico; (*bis*) *vor* ~*em* (hasta) hace poco; *über* ~ *oder lang* tarde o temprano; *zu* ~ *kommen*, *den kürzeren ziehen* salir perdiendo; F quedarse con las ganas; ~ *angebunden fig.* parco de palabras; ~ *entschlossen* ni corto ni perezoso; ~ *und klein schlagen* F hacer trizas; '2-**arbeit** *f* jornada *f* reducida; '~**arbeiten** hacer jornada reducida; ~**ärmelig** ['-ʔɛrməliç] de manga corta; ~**atmig** ['-ʔaːtmiç] asmático; disneico.

Kürze ['kyrtsə] *f* (15) brevedad *f*; *fig.* concisión *f*; *in* ~ en breve, dentro de poco; ~**l** *n* (7) *Kurzschrift*: abreviatura *f*; 2**n** (27) acortar; (*mindern*) reducir; *Text*: abreviar.

kurz|**erhand** ['kurtsər'hant] sin más ni más; 2**film** *m* cortometraje *m*, F corto *m*; ~**fristig** ['-fristiç] a corto plazo; ~**gefaßt** abreviado, sucinto, resumido; 2**geschichte** *f* relato *m* corto; narración *f* breve; ~**halten**: *j-n* ~ atar corto a alg.; ~**lebig** ['-leːbiç] efímero.

kürzlich ['kyrtsliç] recientemente, hace poco; *Am.* recién.

Kurz|**nachrichten** ['kurtsnaːxriçtən] *f/pl.* noticias *f/pl.* breves; ~**parkzone** *f* zona *f* azul; ~**schluß** ⚡ *m* cortocircuito *m*; ~**schlußhandlung** *fig. f* acto *m* irreflexivo; ~**schrift** *f* taquigrafía *f*; 2**sichtig** ['-ziçtiç] miope, corto de vista; ~**sichtigkeit** *f* miopía *f*; ~**streckenlauf** *m Sport*: carrera *f* a corta distancia; ~**streckenläufer** *m* velocista *m*; ~**streckenrakete** *f* cohete *m* de corto alcance; 2-'**um** en una palabra.

Kürzung ['kyrtsuŋ] *f* abreviación *f*; reducción *f*.

Kurz|**waren** ['kurtsvaːrən] *f/pl.* mercería *f*; ~**warenhändler** *m* mercero *m*; ~**weil** ['-vaɪl] *f* (16, *o. pl.*) pasatiempo *m*; distracciones *f/pl.*, diversión *f*; 2**weilig** divertido; ~**welle**(**nsender** *m*) *f* (emisora *f* de) onda *f* corta.

kuscheln ['kuʃəln] (29): *sich* ~ acurrucarse.

Kusine [-'ziːnə] *f* (15) prima *f*.

Kuß [kus] *m* (4²) beso *m*; *poet.* ósculo *m*; '2-**echt** indeleble, a prueba de besos.

küssen ['kysən] (28) besar.

Kußhand ['kushant] *f*: *e-e* ~ *zuwerfen* echar un beso; F *fig. mit* ~ con muchísimo gusto.

Küste ['kystə] *f* (15) costa *f*; (*Gebiet*) litoral *m*; ~**nbewohner** *m* costeño *m*; ~**nfischerei** *f* pesca *f* de bajura; ~**ngewässer** *n/pl.* aguas *f/pl.* costaneras; ~**nschiffahrt** *f* cabotaje *m*; ~**nwachschiff** *n* guardacostas *m*.

Küster ['kystər] *m* (7) sacristán *m*.

Kustos ['kustɔs] *m* (16, *pl. Kustoden* [-'toːdən]) conservador *m*; archivero *m*.

Kutsch|**bock** ['kutʃbɔk] *m* pescante *m*; ~**e** *f* (15) coche *m* (de caballos); (*Staats*2) carroza *f*; (*Post*2) diligencia *f*; ~**er** *m* (7) cochero *m*.

Kutte ['kutə] *f* (15) hábito *m*; ~**ln** *f/pl.* callos *m/pl.*; ~**r** ⚓ *m* (7) balandra *f*, cúter *m*.

Kuvert [ku'vɛːr, -'vɛrt] *n* (11 *od.* 3) sobre *m*.

Kux ✕ [kuks] *m* (3²) acción *f* minera.

Kybernetik [kybɛr'neːtik] *f* (16, *o.pl.*) cibernética *f*.

L

L, l [ɛl] *n*, L, l *f*.
Lab [la:p] *n* (3) cuajo *m*.
laben [ˈlaːbən] (25) refrescar; *sich* ~ recrearse, deleitarse (*an dat.* con).
labil [laˈbiːl] lábil; inestable; ℒ**ität** *f* labilidad *f*; inestabilidad *f*.
Labmagen [ˈlaːpmaːgən] *m* Zo. abomaso *m*, cuajar *m*.
Labor [laˈboːr] *n* (11 *od*. 3¹) laboratorio *m*; ~**ant** [-boˈrant] *m* (12) auxiliar *m* de laboratorio; ~**atorium** [--raˈtoːrjum] *n* (9) laboratorio *m*.
Lab|sal [ˈlaːpzaːl] *n* (3), ~**ung** [ˈ-buŋ] *f* refresco *m*; *fig.* solaz *m*.
Labyrinth [labyˈrint] *n* (3) laberinto *m*; dédalo *m*.
Lache *f* (15): **a)** [ˈlaxə] (*Pfütze*) charco *m*; **b)** [ˈlaːxə] (*Gelächter*) risa *f*.
lächeln [ˈlɛçəln] **1.** *v/i.*(29) sonreír; **2.** ℒ *n* sonrisa *f*; ~**d** sonriente.
lachen [ˈlaxən] **1.** *v/i.* (25) reír(se) (*über ac.* de); *laut* ~ soltar una carcajada; *da muß ich* ~ me da risa; *daß ich nicht lache!* ¡no me hagas reír!; **2.** ℒ *n* risa *f*; *zum* ~ ridículo; *mir ist nicht zum* ~ no estoy para bromas; ~**d** risueño; *Erbe*: contento.
lächerlich [ˈlɛçərliç] ridículo; ~ *machen* poner en ridículo; ridiculizar; *sich* ~ *machen* hacer el *od*. quedar en ridículo.
Lach|gas [ˈlaxgaːs] *n* gas *m* hilarante; ~**krampf** *m* risa *f* convulsiva.
Lachs [laks] *m* (4) salmón *m*.
Lachsalve [ˈlaxzalvə] *f* carcajada *f*, risotada *f*.
Lachsforelle [ˈlaksforɛlə] *f* trucha *f* salmonada.
Lack [lak] *m* (3) laca *f*; barniz *m*; (*Glanz*ℒ) charol *m*; '~**affe** F *m* lechuguino *m*; '~**farbe** *f* pintura *f* de barniz; ℒ**ieren** barnizar; charolar; '~**leder** *n* charol *m*; ~**mus-papier** *n* [ˈ-muspapiːr] papel *m* (de) tornasol; '~**schuh** *m* zapato *m* de charol.
Lade|gerät ℇ [ˈlaːdəgərɛːt] *n* cargador *m*; ~**fähigkeit** *f* capacidad *f* de carga; ~**hemmung** *f* encasquillamiento *m*.
laden¹ [ˈ-dən] **1.** *v/t.* (30) cargar (*a. ⚔ u. Waffe*); *Gast*: invitar, *zum Essen*: convidar; ⚖ citar; **2.** ℒ *n* carga *f*; cargamento *m*.

'**Laden**² *m* (6¹) tienda *f*; comercio *m*; (*Fenster*ℒ) contraventana *f*; persiana *f*; ~**hüter** *m* artículo *m* invendible; ~**inhaber(in** *f*) *m* tendero (-a) *m* (*f*); ~**preis** *m* precio *m* de venta al público; ~**schluß** *m* cierre *m* de los comercios; ~**tisch** *m* mostrador *m*.
'**Lade|platz** *m* cargadero *m*; ⚓ embarcadero *m*; ~**rampe** *f* rampa *f* (⚓ muelle *m* de carga; ~**raum** ⚓ *m* bodega *f*; ~**schein** ⚓ *m* póliza *f* de cargamento.
lädier|en [lɛˈdiːrən] lesionar; ℒ**ung** *f* lesión *f*.
Ladung [ˈlaːduŋ] *f* carga *f* (*a.* ⚡); *bsd.* ⚓ cargamento *m*; ⚖ citación *f*.
Lafette [laˈfɛtə] *f* (15) cureña *f*; *ohne Räder*: afuste *m*.
Laffe [ˈlafə] *m* (13) fatuo *m*.
lag, läge [laːk, ˈlɛːgə] *s. liegen*.
Lage [ˈlaːgə] *f* (15) situación *f*; (*Stellung*) posición *f*; (*Zustand*) estado *m*; (*Standort*) sitio *m*, emplazamiento *m*, *bsd. Am.* ubicación *f*; (*Schicht*) capa *f*; *in der* ~ *sn zu* estar en condiciones de; *sich in j-s* ~ *versetzen* ponerse en el lugar de alg.
Lager [ˈ-gər] *n* (7) (*Ruhe*ℒ) yacija *f*; cama *f*; ⊕ cojinete *m*; rodamiento *m*; ⚔ campamento *m*; *a. Pol.* campo *m*; ✝ depósito *m*; *Geol.* yacimiento *m*; (*Vorräte*) existencias *f/pl.*, stock *m*; *auf* ~ *haben* ✝ tener en almacén; ~**aufseher** *m* guardalmacén *m*; ~**bestand** *m* existencias *f/pl.* en almacén; ~**feuer** *n* hoguera *f*; ~**gebühr** *f*, ~**geld** *n* almacenaje *m*; ~**halter** *m* almacenista *m*; ~**haus** *n* almacén *m*; ℒ**n** (29) **1.** *v/i.* acampar; (*rasten*) descansar; ✝ estar almacenado; *Wein*: estar en bodega; **2.** *v/t.* ✝ almacenar; *Wein*: embodegar; ~**platz** *m* campamento *m*; ~**raum** *m* depósito *m*; ~**ung** *f* almacenamiento *m*, almacenaje *m*; ~**verwalter** *m* jefe *m* de almacén.
Lagune [laˈguːnə] *f* (15) laguna *f*.

lahm [lɑːm] ⚔ paralítico; *(hinkend)* cojo; *fig.* flojo, débil; **⁓en** (25) cojear, ir cojo.

lähmen [ˈlɛːmən] (25) paralizar *(a. fig.)*.

lahmlegen [ˈlɑːmleːɡən] *fig.* paralizar.

Lähmung [ˈlɛːmuŋ] *f* parálisis *f*; *fig.* paralización *f*.

Laib [laɪp] *m* (3): **⁓** *Brot* pan *m*.

Laich [laɪç] *m* (3) freza *f*; **²en** (25) frezar, desovar; **⁓en** *n*, **⁓zeit** *f* freza *f*, desove *m*.

Laie [ˈlaɪə] *m* (13) *Rel.* laico *m*, lego *m*; *fig.* profano *m*, lego *m*; **⁓nbruder** *m* lego *m*; **⁓nbruderschaft** *f* cofradía *f*; **²nhaft** profano; de aficionado; **⁓npriester** *m* sacerdote *m* secular; **⁓nspiel** *n* teatro *m* de aficionados.

Lakai [laˈkaɪ] *m* (12) lacayo *m*.

Lake [ˈlɑːkə] *f* (15) salmuera *f*.

Laken [ˈ-kən] *n* (6) sábana *f*.

lakonisch [laˈkoːniʃ] lacónico.

Lakritze [-ˈkritsə] *f* (15) regaliz *m*.

lallen [ˈlalən] (25) balbucear; balbucir.

Lama [ˈlɑːma] (11): **a)** *n* *Zo.* llama *f*; **b)** *m Priester*: lama *m*.

Lamelle [laˈmɛlə] *f* (15) ⚔, ⊕ lámina *f*.

lamentieren [-mɛnˈtiːrən] lamentarse; poner el grito en el cielo.

Lametta [-ˈmɛta] *n* (9, *o.pl.*) cabello *m* de ángel.

Lamm [lam] *n* (1²) cordero *m*.

Lämmergeier [ˈlɛmərɡaɪər] *m* quebrantahuesos *m*.

Lammfell [ˈlamfɛl] *n* piel *f* de cordero; **²fromm** manso como un cordero.

Lampe [ˈlampə] *f* (15) lámpara *f*; **⁓nfieber** *n*: **⁓** *haben* tener nervios; **⁓nschirm** *m* pantalla *f*.

Lampion [-ˈpjɔ̃] *m* (*a. n*) (11) farolillo *m*.

lancieren [lɑ̃ˈsiːrən] lanzar *(a. fig.)*.

Land [lant] *n* (1², *poet.* 3) tierra *f*; *(Grundstück)* terreno *m*; *(Ggs. Stadt)* campo *m*; *Pol.* país *m*; *auf dem* **⁓** *en* el campo; *außer* **⁓***es fuera del país*; *an* **⁓** *gehen* desembarcar; **⁓arbeit** *f* faena *f*/*pl.* del campo; **⁓arbeiter** *m* trabajador *m* agrícola *od.* del campo; **⁓arzt** *m* médico *m* rural; **⁓besitz** *m* fincas *f*/*pl.* rústicas, tierras *f*/*pl.*; **⁓bevölkerung** *f* población *f* rural; **⁓bewohner(in)** *f m* campesino (-a) *m (f)*.

Land|ebahn ✈ [ˈlandəbɑːn] *f* pista *f* de aterrizaje; **²en** (26) ⚓ arribar, tomar puerto; *j.*: desembarcar; ✈ aterrizar; tomar tierra; F *fig.* ir a parar a; *auf dem Wasser* ⁓ amerizar, amarar; *auf dem Mond* ⁓ alunizar; **⁓enge** [ˈlantʔɛŋə] *f* istmo *m*; **⁓eplatz** [ˈ-dəplats] *m* desembarcadero *m*.

Länder|eien [lɛndəˈraɪən] *f*/*pl.* *uv.* tierras *f*/*pl.*; **⁓kampf** *m Sport*: encuentro *m* internacional.

Landes... [ˈlandəs...]: *in Zssgn oft* del país, nacional; **⁓farben** *f*/*pl.* colores *m*/*pl.* nacionales; **⁓sprache** *f* lengua *f* nacional *bzw.* vernácula; **²üblich** según las costumbres del país; **⁓verrat** *m* alta traición *f*; **⁓verräter** *m* traidor *m* a la patria; **⁓verteidigung** *f* defensa *f* nacional; **⁓verweisung** *f* expulsión *f*; destierro *m*.

Landflucht [ˈlantfluxt] *f* éxodo *m* rural; **⁓friedensbruch** *m* ruptura *f* de la paz pública; **⁓funk** *m* emisión *f* agrícola; **⁓gemeinde** *f* municipio *m* rural; **⁓gericht** *n* audiencia *f* provincial; **²gestützt** *Rakete*: con base terrestre *od.* en tierra; **⁓gut** *n* finca *f*, *Am.* hacienda *f*; **⁓haus** *n* casa *f* de campo; **⁓karte** *f* mapa *m*; **⁓kreis** *m* distrito *m*; **²läufig** corriente; **⁓leute** *pl.* campesinos *m*/*pl.*

ländlich [ˈlɛntlɪç] rural; campesino.

Land|mann [ˈlantman] *m* campesino *m*; *(Bauer)* labrador *m*; **⁓maschine** *f* máquina *f* agrícola; **⁓messer** *m* topógrafo *m*; agrimensor *m*; **⁓partie** *f* excursión *f* al campo; jira *f* campestre; **⁓pfarrer** *m* párroco *m* rural; **⁓plage** *f* calamidad *f* pública, azote *m*; **⁓rat** *m* jefe *m* de distrito; **⁓regen** *m* lluvia *f* persistente, F calabobos *m*; **⁓rücken** *m* loma *f*.

Landschaft [ˈ-ʃaft] *f* paisaje *m*; **²lich** regional; del paisaje; **⁓s...**: *in Zssgn oft* paisajístico; **⁓smaler** *m* paisajista *m*.

'Land|schule *f* escuela *f* rural; **⁓ser** [ˈ-sər] *m* (7) F soldado *m*; **⁓sitz** *m* residencia *f* rural; mansión *f* (rural).

Lands|knecht *hist.* [ˈlantsknɛçt] *m* lansquenete *m*; **⁓mann** *m*, **⁓männin** [ˈ-mɛnɪn] *f* compatriota *su.*, paisano (-a) *m (f)*.

'Land|straße *f* carretera *f*; **⁓streicher** [ˈ-[traɪçər] *m* vagabundo *m*; **⁓streiche'rei** *f* vagabundaje *m*; **⁓streitkräfte** *f*/*pl.* fuerzas *f*/*pl.* terrestres; **⁓strich** *m* comarca *f*,

Landtag

región *f*; ~**tag** *m* dieta *f*; ~**tier** *n* animal *m* terrestre.
Landung ['landʊŋ] *f* ⚓ arribada *f*; *j-s*: desembarco *m*; ✈ aterrizaje *m*, toma *f* de tierra; ~**brücke** *f* desembarcadero *m*; ~**s-platz** *m* ⚓ desembarcadero *m*; ✈ pista *f* de aterrizaje; ~**ssteg** *m* pasarela *f*.
Land|**vermessung** ['lantfɛrmɛsʊŋ] *f* agrimensura *f*; ~**weg** *m*: auf dem ~ por vía terrestre; ~**wein** *m* vino *m* del país; ~**wirt** *m* agricultor *m*; ~**wirtschaft** *f* agricultura *f*; ⚙**wirtschaftlich** agrícola; agronómico; agrario; ~**wirtschaftsministerium** *n* Ministerio *m* de Agricultura; ~**zunge** *f* lengua *f* de tierra.
lang [laŋ] (18²) largo; *ein Meter* ~ sn tener un metro de largo; *ein Jahr* ~ durante un año; ~ *und breit* con todos los pormenores; *die Zeit wird mir* ~ el tiempo se me hace largo; ~**ärmelig** ['-?ɛrməliç] de manga larga; ~**atmig** ['-?a:tmiç] *fig.* prolijo; ~**beinig** ['-bainiç] de piernas largas.
lange ['laŋə] *adv.* mucho *od.* largo tiempo; *noch* ~ *nicht* ni tan pronto, falta mucho; *(bei weitem nicht)* ni con mucho; *so* ~ tanto tiempo; *wie* ~? ¿cuánto tiempo?; *seit* ~ *m* desde hace mucho tiempo; ~ *brauchen* tardar mucho.
Länge ['lɛŋə] *f* (15) largo *m*; largura *f*; ⚡, *Phys. u. Erdk.* longitud *f*; *(Dauer)* duración *f*; *der* ~ *nach hinfallen* caer de plano; *in die* ~ *ziehen* dar largas a; *sich in die* ~ *ziehen* prolongarse.
langen ['laŋən] (25) 1. *v*/*i.* *(genügen)* bastar, ser suficiente; ~ *nach* alargar la mano hacia; F *jetzt langt's mir aber!* ¡estoy harto!; 2. *v*/*t.* F *j-m e-e (Ohrfeige)* ~ F pegar una bofetada a alg.
Längen|**grad** ['lɛŋəŋɡraːt] *m* grado *m* de longitud; ~**kreis** *m* meridiano *m*; ~**maß** *n* medida *f* de longitud.
länger ['lɛŋər] más largo; *zeitl.* más (tiempo); ~ *e Zeit* algún tiempo; ~ *machen (werden)* alargar(se).
Langeweile ['laŋəvailə] *f* (15, *o. pl.*) aburrimiento *m*; ~ *haben* aburrirse.
'**Lang**|**finger** F *m* ratero *m*, F caco *m*; *ein* ~ sn ser largo de uñas; ⚙**fristig** ['-fristiç] a largo plazo; ⚙**haarig** de pelo largo; melenudo; ⚙**jährig** de muchos años; ~**lauf** *m* carrera *f* de fondo; ~**läufer** *m* corredor *m* de fondo, fondista *m*; ⚙**lebig** ['-leːbiç]

longevo; ~**lebigkeit** *f* longevidad *f*.
länglich ['lɛŋliç] oblongo, alargado.
Lang|**mut** ['laŋmuːt] *f* longanimidad *f*; paciencia *f*; ⚙**mütig** ['-myːtiç] paciente, indulgente.
längs [lɛŋs] *(gen. od. dat.)* a lo largo de; ¡**⚙...:** *in Zssgn* longitudinal.
lang|**sam** ['laŋza:m] lento; *adv.* despacio; ⚙**samkeit** *f* lentitud *f*; ⚙**schläfer(in)** *f m* dormilón (-ona) *m (f)*; ⚙**spielplatte** *f* (disco *m*) microsurco *m*, *neol.* elepé *m*.
längst [lɛŋst] desde hace mucho tiempo; ~ *nicht* ni con mucho; '**~ens** lo más tarde.
langstielig ['laŋʃtiːliç] ⚘ de tallo largo; *fig.* aburrido.
'**Langstrecken**|**lauf** *m* carrera *f* de fondo; ~**läufer** *m* corredor *m* de fondo, fondista *m*; ~**rakete** *f* misil *m* de largo alcance.
Languste [-'ɡʊstə] *f* (15) langosta *f*.
lang|**weilen** ['-vailən]: *(sich)* ~ aburrir(se); ~**weilig** ['-vailiç] aburrido, pesado; F latoso; *wie* ~! F ¡qué lata!; ¡qué rollo!; ⚙**welle** *f* ⚡ onda *f* larga; ~**wierig** ['-viːriç] largo; *Krankheit*: lento.
Lanze ['lantsə] *f* (15) lanza *f*; *fig.* e-e ~ *brechen für* romper una lanza por.
Lanzette ⚕ [-'tsɛtə] *f* (15) lanceta *f*.
Lappalie [la'paːljə] *f* (15) bagatela *f*, F friolera *f*.
Lappe ['lapə] *m* (13) lapón *m*.
Lapp|**en** ['-pən] *m* (6) trapo *m*; *Anat.* lóbulo *m*; *fig. durch die* ~ *gehen* escaparse; ⚙**ig** flojo; ⚘ lobulado.
läppisch ['lɛpiʃ] necio, tonto; pueril.
Lärche ⚘ ['lɛrçə] *f* (15) alerce *m*.
Lärm [lɛrm] *m* (3, *o. pl.*) ruido *m*; estrépito *m*; *v. Menschen*: bullicio *m*, alboroto *m*, barullo *m*; *viel* ~ *um nichts* mucho ruido y pocas nueces; **⚙en** (25) hacer ruido; alborotar; '**⚙end** ruidoso, estrepitoso; bullicioso.
Larve ['larfə] *f* (15) careta *f*, máscara *f*; *Zo.* larva *f*.
las, lasen [laːs, 'laːzən] *s.* **lesen**.
lasch [laʃ] laxo; flojo; '**⚙e** *f* (15) ⊕ eclisa *f*; *(Schuh⚙)* lengüeta *f*; '**⚙heit** *f* laxitud *f*.
Laser(strahl) ['leːzər(ʃtraːl)] *m* (7) (rayo *m*) láser *m*.
lassen ['lasən] (30) dejar; *(zu~)* permitir; *(unter~)* abstenerse de; *(veran~)* hacer, mandar; *(aufgeben)* abandonar; ~ *von* desistir de, renunciar a; *laß uns gehen!* ¡vámonos!; *laß*

Laufpaß

das sein! ¡déjalo!; laß sehen! ¡a ver!; das Rauchen ~ dejar de fumar; sich ein Kleid machen ~ hacerse un vestido; sich vor Freude nicht zu ~ wissen no caber en sí de gozo; niemand zu sich ~ no recibir a nadie.

lässig ['lɛsiç] dejado; indiferente; 2-**keit** f dejadez f; indiferencia f.

Lasso ['laso] n (11) lazo m.

Last [last] f (16) carga f (a. fig.); peso m; gravamen m; j-m zur ~ fallen ser una carga para alg.; j-m et. zur ~ legen imputar a/c. a alg.; zu ~en von a cargo de; 2**en** (26) pesar, cargar (auf dat. sobre); '~**en-aufzug** m montacargas m; '~**er: a)** n (7) vicio m; **b)** F m (7) camión m.

Lästerer ['lɛstərər] m (7) detractor m, difamador m.

lasterhaft ['lastərhaft] vicioso, depravado; 2**igkeit** f depravación f.

Läster|maul F ['lɛstərmaul] n lengua f viperina; 2**n** (29) calumniar, difamar; hablar mal (über die); Gott: blasfemiar; ~**ung** f calumnia f, difamación f; blasfemia f.

lästig ['lɛstiç] molesto; engorroso; importuno; incómodo; ~ werden od. fallen molestar, importunar.

Last|kahn ['lastkɑːn] m gabarra f; chalana f; ~**kraftwagen** m camión m; ~**schrift** † f adeudo m; cargo m (en cuenta); ~**tier** n bestia f de carga; ~**wagen** m camión m; ~**wagenfahrer** m camionero m; ~**zug** m camión m con remolque.

Latein [la'taɪn] n (3¹, o. pl.) latín m; mit seinem ~ am Ende sn ya no saber qué decir; 2-**amerikanisch** latinoamericano; 2**isch** latino.

latent [-'tɛnt] latente.

Laterne [-'tɛrnə] f (15) linterna f; (Straßen2) farol m, farola f; ~**npfahl** m poste m de farol.

Latrine [-'triːnə] f (15) letrina f.

Latsche ♀ ['lɑːtʃə] f pino m mugo.

Latschen ['lɑːtʃən] **1.** m (6) zapato m viejo; (Hausschuh) zapatilla f; **2.** 2 v/i. (27, sn) arrastrar los pies.

Latte ['latə] f (15) listón m; (Hochsprung)1 Fußball: larguero m; (Zaun2) ripia f; ~**nkiste** f jaula f; ~**nverschlag** m enrejado m; ~**nzaun** m empalizada f, estacada f.

Latz [lats] m (3² u.³) (Brust2) peto m; (Hosen2) braguera f.

Lätzchen ['lɛtsçən] n (6) babero m.

Latzhose ['latsho:zə] f pantalón m de peto.

lau [lau] tibio (a. fig.); templado; '2**heit** f tibieza f.

Laub [laup] n (3) follaje m; hojas f/pl.; dürres ~ hojas f/pl. secas; '~**baum** m árbol m de hoja caduca bzw. de fronda; '~**e** ['-bə] f (15) cenador m, glorieta f; '~**engang** m pérgola f; arcada f; '~**enkolonie** f colonia f de jardines obreros; '~**frosch** ['laupfrɔʃ] m rana f verde; '~**säge** f ('~**säge-arbeit** f) sierra f (obra f) de marquetería; '~**wald** m bosque m de fronda; '~**werk** n follaje m.

Lauch ♀ [laux] m (3) puerro m.

Lauer ['lauər] f (15): auf der ~ liegen estar al acecho; sich auf die ~ legen ponerse al acecho; emboscarse; 2**n** (29): ~ auf (ac.) acechar (ac.); (warten) aguardar (ac.); 2**nd** receloso.

Lauf [lauf] m (3³) carrera f (a. Sport); (Gewehr2) cañón m; (Ver2) curso m (a. Fluß2); Zo. pata f; ♪ escala f; ⊕ marcha f; im ~e der Jahre en el curso de los años; im ~e der Zeit con el tiempo; s-n ~ nehmen seguir su curso; freien ~ lassen dar rienda suelta (a); '~**bahn** f carrera f; '~**bursche** m mozo m para recados; im Hotel: botones m; '2**en** (30, sn) correr (a. Wasser); e-e Strecke: recorrer; (zu Fuß gehen) andar (a. Kind), ir andando od. a pie; Maschine: marchar; Film: proyectarse; die Dinge ~ lassen dejar correr las cosas; '2**end** corriente; ~**e** Nummer número m de orden; auf dem ~**en** sn (halten) estar (tener) al corriente, estar (poner) al tanto; '2**enlassen** fig. soltar.

Läufer ['lɔyfər] m (7) corredor m; Fußball: medio m; (Teppich) alfombra f de escalera bzw. de pasillo; Schach: alfil m.

Lauf|erei [laufə'raɪ] f ajetreo m, molestia f; '~**feuer** n fig.: sich wie ein ~ verbreiten difundirse como un reguero de pólvora; '~**gewicht** n pesa f corrediza; '~**graben** ⚔ m trinchera f; zanja f de comunicaciones.

läufig ['lɔyfiç] Zo. en celo.

Lauf|junge ['laufjuŋə] m botones m; ~**kran** ⊕ m grúa f corredera; ~**kundschaft** f clientela f de paso; ~**masche** f carrera f; ~**n** aufnehmen coger puntos; ~**paß** m: j-m den ~

Laufschritt

geben mandar a alg. a paseo; ~**schritt** *m* paso *m* de carrera; ~**stall** *m für Kinder*: parque *m*; ~**steg** *m* pasarela *f*; ~**zeit** *f* plazo *m* de vencimiento.

Lauge ['laugə] *f* (15) lejía *f*; (*Wasch*2) colada *f*.

Laun|e ['l-nə] *f* (15) humor *m*; (*Grille*) capricho *m*; *gute* (*schlechte*) ~ *haben* estar de buen (mal) humor; 2**enhaft**, 2**isch** caprichoso, veleidoso; 2**ig** gracioso; divertido.

Laus [laus] *f* (14¹) piojo *m*; ~**bub** ['-bu:p] *m* (12) pilluelo *m*.

lausch|en ['lauʃən] (27) escuchar; *heimlich*: estar a la escucha; ~**ig** acogedor; íntimo.

laus|en ['-zən] (27) despiojar; ~**ig** piojoso, miserable; *Kälte*: que pela.

laut [laut] **1.** *adj.* alto; sonoro; (*lärmend*) ruidoso; *adv.* en voz alta; *fig.* ~ *werden* hacerse público; correr (la voz); **2.** *prp.* (*gen.*) según; en virtud de; **3.** 2 *m* (3) sonido *m*; *keinen* ~ *von sich geben* F no decir ni pío; '2**e** ♪ *f* (15) laúd *m*; '~**en** (26) *Text*: decir, rezar.

läuten ['lɔytən] **1.** *v/i. u. v/t.* (26) tocar; *Glocken*: repicar; (*klingeln*) llamar; **2.** 2 *n* toque *m* de campanas.

lauter ['lautər] (*rein*) puro; limpio; nítido; *fig.* sincero; (*nichts als*) no ... más que; *aus* (*od. vor*) ~ *Angst* de puro miedo; 2**keit** *f* pureza *f*; sinceridad *f*.

läuter|n ['lɔytərn] (29) purificar (*a. fig.*); depurar; *Metall*: acrisolar, acendrar; 2**ung** *f* purificación *f*.

Läut(e)werk ['-t(ə)vɛrk] *n* timbre *m*; *e-r Uhr*: sonería *f*.

laut|hals ['lauthals] a voz en cuello *od.* en grito; 2**lehre** *f* fonética *f*; ~**los** silencioso; 2**male'rei** *f* onomatopeya *f*; 2**schrift** *f* transcripción *f* fonética; 2**sprecher** *m* altavoz *m*, *Am.* altoparlante *m*; 2**sprecherbox** *f* caja *f od.* pantalla *f* acústica, bafle *m*; ~**stark** potente; 2**stärke** *f* intensidad *f* (de sonido); potencia *f*; *Radio*: volumen *m*; 2**zeichen** *n* signo *m* fonético.

lauwarm ['lauvarm] tibio; templado.

Lava ['la:va] *f* (16²) lava *f*.

Lavendel ♀ [la'vɛndəl] *m* (7) espliego *m*, lavanda *f*.

lavieren [-'vi:rən] (h., sn) ♣ bordear; barloventear; *fig.* transigir.

Lawine [-'vi:nə] *f* (15) alud *m*, avalancha *f* (*beide a. fig.*).

lax [laks] laxo; relajado; '2**heit** *f* laxitud *f*; relajación *f*.

Lazarett [latsa'rɛt] *n* (3) hospital *m* militar; ~**schiff** *n* buque *m* hospital; ~**zug** *m* tren *m* hospital.

Lebe|hoch [le:bə'ho:x] *n* (11) viva *m*; brindis *m*; '~**mann** *m* vividor *m*.

leben ['-bən] **1.** *v/i.* (25) vivir; existir; (*genug*) *zu* ~ *haben* tener de qué vivir; ~ *Sie wohl!* ¡adiós!; (*hoch*)~ *lassen* brindar por; *es lebe ...!* ¡viva ...!; **2.** 2 *n* (6) vida *f*; existencia *f*; (*Geschäftigkeit*) animación *f*, movimiento *m*; *am* ~ *sn* estar con vida; *ums* ~ *kommen* perder la vida; *am* ~ *bleiben* quedar con vida; sobrevivir; *ums* ~ *bringen* matar; *et. für sein* ~ *gern tun* gustar muchísimo a/c.; *ins* ~ *rufen* fundar, crear; *sich das* ~ *nehmen* suicidarse; *sein* ~ *lang* (durante) toda su vida; ~**d** vivo; 2**dgewicht** *n* peso *m* (en) vivo.

lebendig [le'bɛndiç] viviente; vivo (*a. fig.*); (*rege*) vivaz; 2**keit** *f* viveza *f*; vivacidad *f*.

Lebens... ['le:bəns...]: *in Zssgn oft de* (la) *vida*; ~**abend** *m* vejez *f*; ~**alter** *n* edad *f*; ~**angst** *f* miedo *m* existencial; ~**art** *f* modales *m/pl*.; modo *m* de vivir; ~**baum** ♀ *m* tuya *f*; ~**beschreibung** *f* biografía *f*; ~**dauer** *f* (duración *f* de la) vida *f*; ⊕ duración *f*; 2~**echt** natural; realista; ~**erwartung** *f* esperanza *f od.* expectativa *f* de vida; 2**fähig** viable; ~**fähigkeit** *f* viabilidad *f*; ~**frage** *f* cuestión *f* vital; ~**freude** *f* alegría *f* de vivir; ~**führung** *f* modo *m* de vivir; (tren *m* de) vida *f*; ~**gefahr** *f* peligro *m* de muerte; *unter* ~ con riesgo de la vida; 2**gefährlich** muy peligroso; ~**gefährte** *m* compañero *m* de vida; ~**größe** *f* tamaño *m* natural; ~**haltungs-index** *m* índice *m* del coste de la vida; ~**haltungskosten** *pl.* coste *m* de la vida; ~**kraft** *f* fuerza *f* vital, vitalidad *f*; ~**künstler** *m*: *ein* ~ *sn* saber vivir; 2**länglich** *Strafe*: perpetuo; *Rente usw.*: vitalicio; ~**lauf** *m* curriculum *m* vitae; ~**lust** *f* alegría *f* de vivir; 2**lustig** lleno de vida; vivaracho; ~**mittel** *n/pl.* alimentos *m/pl.*; víveres *m/pl.*; comestibles *m/pl.*; ~**mittelgeschäft** *n* tienda *f* de comestibles; colmado *m*; 2**müde** cansado *od.* harto de vivir; ~**mut** *m* energía *f* vital; 2**nah** realista; ~**nähe** *f* realismo *m*; 2**notwendig** de primera necesidad; vital; ~**qualität** *f* calidad

Lehmziegel

f de vida; ~**raum** *m* espacio *m* vital; ~**regel** *f* regla *f* de conducta; máxima *f*; ~**retter** *m* salvador *m*; socorrista *m*; ~**standard** *m* nivel *m* de vida; ~**stellung** *f* empleo *m* vitalicio; ~**unterhalt** *m* subsistencia *f*; sustento *m*; (sich) sn ~ verdienen ganarse la vida; ~**versicherung** *f* seguro *m* de vida; ~**wandel** *m* conducta *f*; vida *f*; ~**weg** ['--ve:k] *m* vida *f*; carrera *f*; ~**weise** *f* modo *m* de vivir; gesunde ~ vida *f* sana; ~**weisheit** *f* filosofía *f* (práctica); ~**werk** *n*: sein ~ la obra de su vida; ~**zeichen** *n* señal *f* de vida; ~**zeit** *f* vida *f*; auf ~ a perpetuidad, de por vida.

Leber ['l-bər] *f* (15) hígado *m*; *fig.* frei od. frisch von der ~ weg con toda franqueza; sin tapujos; ~**entzündung** *f* hepatitis *f*; ~**fleck** *m* mancha *f* hepática; lunar *m*; 2**krank** enfermo del hígado, hepático; ~**pastete** *f* foiegras *m*; ~**tran** *m* aceite *m* de hígado de bacalao; ~**wurst** *f* embutido *m* de hígado; ~**zirrhose** ♣ *f* cirrosis *f* hepática.

¹**Lebe|wesen** *n* ser *m* vivo; ~**wohl** *n* (3 od. 11) adiós *m*.

leb|haft ['le:phaft] vivo; vivaz; activo; *fig.* animado; *Verkehr*: intenso; 2**haftigkeit** *f* viveza *f*; vivacidad *f*; animación *f*; 2**kuchen** *m* pan *m* de especias; ~**los** sin vida; inanimado; exánime; 2**tag** *m*: mein ~ nicht en mi vida; 2**zeiten** *f*/*pl*.: zu od. bei ~ en vida; zu j-s ~ durante la vida de alg.

lechzen ['lɛçtsən] (27) tener sed (nach de); *fig.* estar sediento (de); anhelar (ac.).

leck [lɛk] **1.** *adj.*: ~ sn ♣ hacer agua; *Gefäß*: tener agujeros; **2.** 2 *n* (3) vía *f* de agua; ~**en** (25) **1.** *v*/*t*. *s*. leck sn; **2.** *v*/*t*. *u*. *v*/*i*. lamer; *fig.* sich die Finger ~ *nach* chuparse los dedos por.

lecker ['l-kər] exquisito; sabroso; apetitoso; ~ **aussehen** F tener buena pinta; 2**bissen** *m* manjar *m* exquisito; 2**ei** [--'raɪ] *f* golosina *f*; 2**maul** *n* goloso *m*.

Leder ['le:dər] *n* (7) cuero *m* (a. *Fußball*; *weiches*: piel *f*; *vom* ~ *ziehen fig.* arremeter contra; ~**(-ein)band** *m* encuadernación *f* en piel; ~**handschuh** *m* guante *m* de piel; ~**hose** *f* pantalón *m* de cuero; ~**jacke** *f* chaqueta *f* de cuero; 2**n** de cuero; de piel; (*zäh*) coriáceo; *fig.* seco;

~**waren** *f*/*pl*. artículos *m*/*pl*. de piel; marroquinería *f*.

ledig ['l-diç] soltero; (*frei*) libre; 2**e(r** *m*) *m*/*f* soltero (-a) *m* (*f*); ~**lich** ['--kliç] solamente; exclusivamente.

Lee ♣ [le:] *f* (15, o. *pl*.) sotavento *m*.

leer [le:r] vacío; *Papier*: en blanco; *Platz*: libre, desocupado; *fig.* vano; hueco; *Leben*: vacío; ~ **stehen** Haus usw.: estar desocupado; ~ **laufen** ⊕ marchar en vacío; ~ **werden** vaciarse; **mit** ~**en Händen** con las manos vacías; ¹2**e** *f* (15) vacío *m*; *fig.* vanidad *f*; ~**en** (25) vaciar; *Glas*: *a*. apurar; (*räumen*) evacuar; (*den Briefkasten* ~ recoger las cartas; ¹2**gewicht** *n* peso *m* en vacío; ✝ tara *f*; ¹2**lauf** *m* ⊕ marcha *f* en vacío; *Kfz.* punto *m* muerto; *fig.* actividad *f* inútil; ¹~**laufen** vaciarse; ¹~**stehend** desocupado; ¹2**taste** *f Schreibmaschine*: espaciador *m*; ¹2**ung** *f* vaciamiento *m*; evacuación *f*; ✍ recogida *f*.

Lefze ['lɛftsə] *f* (15) befo *m*.

legal [le'ga:l] legal; ~**isieren** [-gali'zi:rən] legalizar; 2**ität** [---'tɛːt] *f* legalidad *f*.

Legasthen|ie [-gaste'niː] *f* (15) dislexia *f*; ~**iker** [--'teːnikər] *m* (7) disléxico *m*.

Legat [-'gɑ:t] **1.** *m* (12) legado *m*; **2.** *n* (3) legado *m*.

Legehenne ['leːgəhɛnə] *f* gallina *f* ponedora.

legen ['l-gən] (25) poner (a. *Eier*); depositar; colocar; meter; *sich* ~ echarse, tenderse; (*nachlassen*) calmarse; *Wind*: amainar; (*aufhören*) cesar; *sich* ~ *auf* (*ac*.) *fig.* dedicarse a.

legendär [legɛn'dɛːr] legendario; 2**e** [-'--də] *f* (15) leyenda *f*.

leger [-'ʒɛːr] informal; desenvuelto.

legier|en [-'giːrən] ⊕ alear; *Suppe*: espesar; 2**ung** *f* aleación *f*.

Legion [-'gjoːn] *f* legión *f* (a. *fig*.); ~**är** [---'nɛːr] *m* (3¹) legionario *m*.

Legislat|ive [leːgisla'tiːvə] *f* (15) (poder *m*) legislativo *m*; ~**urperiode** [---'tuːrperjoːdə] *f* legislatura *f*.

legitim [-gi'tiːm] legítimo; 2**ation** [--tima'tsjoːn] *f* legitimación *f*; identificación *f*; ~**ieren** [---'miːrən] legitimar; *sich* ~ probar su identidad, identificarse.

Lehen ['leːən] *n* (6) feudo *m*.

Lehm [leːm] *m* (3) barro *m*; ¹~**wand** *f* tapia *f*; ¹2**ig** barroso; ¹~**ziegel** *m* adobe *m*.

Lehn|e ['le:nə] f (15) respaldo m; (Arm⁀) brazo m; ⁀**en** (25): (sich) ⁀ an (ac.) od. gegen apoyar(se) contra; arrimar(se) contra; sich ⁀ aus asomarse a; ⁀**sessel** m sillón m; butaca f.

Lehns|herr ['le:nshɛr] m señor m feudal; ⁀**mann** m (1, pl. ⁀leute) vasallo m; ⁀**wesen** n feudalismo m.

Lehnwort ['le:nvɔrt] n préstamo m; extranjerismo m.

Lehr|amt ['le:r'amt] n magisterio m; profesorado m; ⁀**anstalt** f centro m docente; ⁀**beauftragte(r)** m encargado m de curso; ⁀**brief** m certificado m de aprendizaje; ⁀**buch** n libro m de texto; (Handbuch) manual m; ⁀**e** f (15) (Unterricht) enseñanza f; instrucción f; Rel., Phil. doctrina f; (Lehrzeit) aprendizaje m; (Warnung) lección f; ⊕ calibrador m; in der ⁀ sn estar de aprendiz; das wird mir e-e ⁀ sn me servirá de lección; ⁀**en** (25) enseñar (zu a); ⁀**er(in** f) m (7) profesor(a f) m; (Volksschule) maestro (-a) m (f); ⁀**erschaft** f profesorado m; cuerpo m docente; ⁀**fach** f asignatura f; ⁀**film** m película f didáctica; ⁀**gang** m curso m, cursillo m; ⁀**gangs-teilnehmer** m cursillista m; ⁀**geld** n: fig. ⁀ zahlen escarmentar en cabeza propia; ⁀**herr** m maestro m; patrón m; ⁀**jahr** n año m de aprendizaje; ⁀**körper** m cuerpo m docente; ⁀**kraft** f profesor m; ⁀**ling** ['-liŋ] m (3¹) aprendiz m; ⁀**mädchen** n aprendiza f; ⁀**meister** m maestro m; ⁀**mittel** n/pl. material m didáctico; ⁀**pfad** m itinerario m didáctico; ⁀**plan** m plan m od. programa m de estudios; ²**reich** instructivo; ⁀**satz** m Rel. dogma m; Phil. tesis f; ⅋ teorema m; ⁀**stelle** f plaza f od. puesto m de aprendiz(aje); ⁀**stoff** m materia f (de enseñanza); ⁀**stuhl** m cátedra f; ⁀**tätigkeit** f enseñanza f, docencia f; ⁀**vertrag** m contrato m de aprendizaje; ⁀**werkstatt** f taller-escuela f; ⁀**zeit** f aprendizaje m.

Leib [laip] m (1) cuerpo m; (Bauch) vientre m; abdomen m; fig. j-m auf den ⁀ rücken arremeter contra alg.; acosar a alg.; sich (dat.) vom ⁀e halten tener a distancia; bleib mir vom ⁀e! ¡déjame en paz!; bei lebendigem ⁀e vivo; am eigenen ⁀ en carne propia, en sus carnes; mit ⁀ u. Seele con cuerpo y alma; '⁀-**arzt** m médico m de cámara; '⁀**binde** f faja f; '⁀**chen** n (6) corpiño m, justillo m; '⁀**eigene(r)** m siervo m; '⁀**eigenschaft** f servidumbre f.

Leibes|erziehung ['-bəs'ɛrtsi:uŋ] f educación f física; ⁀**frucht** f feto m; ⁀**kraft** f: aus ⁀kräften a más no poder; ⁀**übung** f ejercicio m físico; ⁀**en** pl. a. gimnasia f; ⁀**visitation** ['--vizitatsjo:n] f cacheo m.

Leib|garde ['laipgardə] f guardia f de corps; ⁀**gericht** n plato m favorito; ²**haftig** [-'haftiç] mismo; en persona; ²**lich** físico; corporal; Verwandter: carnal, propio; ⁀**rente** f renta f vitalicia; ⁀**schmerzen** m/pl. dolor m de vientre; ⁀**wächter** m guardaespaldas m; ⁀**wäsche** f ropa f interior.

Leiche ['laiçə] f (15) cadáver m.

Leichen... ['-çən...]: in Zssgn oft fúnebre; ⁀**begängnis** ['--bəgɛŋnis] n (4¹) exequias f/pl., funeral(es) m(/pl.); ⁀**bittermiene** f cara f de vinagre; ²**blaß** cadavérico, lívido; ⁀**fledderer** ['--flɛdərər] m (7) desvalijador m de cadáveres; ⁀**halle** f depósito m de cadáveres; ⁀**hemd** n mortaja f; ⁀**öffnung** f autopsia f; ⁀**rede** f oración f fúnebre; ⁀**schändung** f profanación f de cadáveres; ⁀**schau** f inspección f de cadáveres; ⁀**schauhaus** n depósito m de cadáveres, gal. morgue f; ⁀**träger** m sepulturero m; ⁀**tuch** n sudario m; ⁀**verbrennung** f cremación f, incineración f; ⁀**wagen** m coche m fúnebre; ⁀**zug** m cortejo m od. comitiva f fúnebre.

Leichnam ['laiçna:m] m (3) cadáver m.

leicht [laiçt] ligero (a. fig.), bsd. Am. liviano; Fehler, Krankheit: leve; fig. (einfach) fácil (zu inf. de), sencillo; es ist mir ein ⁀es no me cuesta nada; '⁀**bekleidet** ligero de ropa; '²-**athlet** m atleta m; '²-**athletik** f atletismo m (ligero); '⁀**entzündlich** fácilmente inflamable; '²**er** ⚓ m (7) gabarra f; '⁀**fallen** resultar fácil; '⁀**fertig** ligero; descuidado; frívolo; '²**fertigkeit** f ligereza f; descuido m; frivolidad f; '²**fuß** m calavera m; '⁀**füßig** ['-fy:siç] ágil, ligero; '²**gewicht** n Sport: peso m ligero; '⁀**gläubig** crédulo; '²**gläubigkeit** f credulidad f; '⁀**hin** a la ligera; '²**igkeit** f facilidad f; (Behendigkeit) ligereza f, agilidad f; ~lebig ['-le:biç] frívolo; ℒmetall n metal m ligero; '~nehmen tomar a la ligera; '~sinn m ligereza f; frivolidad f; '~sinnig ligero; frívolo; imprudente; '~verdaulich ligero; fácil de digerir; '~verderblich perecedero; ℒverwundete(r) m herido m leve.

leid [laɪt] 1. *adv. uv.*: es tut mir ~ lo siento, lo lamento; *er tut mir* ~ me da pena; *ich bin es* ~ estoy harto; 2. ℒ n (3, *o. pl.*) pena f; dolor m; aflicción f; (*Schaden*) mal m; *j-m sein* ~ *klagen* confiar sus penas a alg.; ℒ**eform** ['laɪdəfɔrm] f *Gram.* voz f pasiva; '~**en** (30) 1. v/i. sufrir (*an dat.* de); padecer (*an dat.* de); 2. v/t. (*zulassen*) tolerar; (*erdulden*) sufrir, soportar; *gut* ~ *können* querer bien; *nicht* ~ *können* no poder tragar *od.* soportar; '²**en** n (6) sufrimiento m; ℒ dolencia f, afección f; ~**end** enfermo; achacoso.

'**Leidenschaft** f pasión f (*für* por); ℒ**lich** apasionado; ~**lichkeit** f apasionamiento m; ℒ**slos** desapasionado; imparcial.

'**Leidens|gefährte**, ~**genosse** m compañero m de infortunio; ~**geschichte** f Rel. Pasión f; ~**weg** m Rel. vía crucis m, calvario m (*a. fig.*).

leid|er ['-dər] desgraciadamente; por desgracia; ~**ig** enojoso; engorroso; ~**lich** ['-tliç] tolerable, regular; es geht mir ~ voy tirando; ℒ**tragende(r)** m: *die* ~ *n* la familia del difunto; *der* ~ sn ser la víctima; ℒ**wesen** n: zu m-m ~ muy a pesar mío.

Leier ['-ər] f (15) lira f; *fig. immer die alte* ~ siempre la misma canción; ~**kasten** m organillo m; ~**kastenmann** m organillero m; ℒ**n** (29) tocar el organillo; *fig.* salmodiar; recitar mecánicamente.

Leih|amt ['laɪ?amt] n monte m de piedad; ~**bibliothek**, ~**bücherei** f biblioteca f con servicio de préstamo; ℒ**en** (30): *j-m et.* ~ prestar a/c. a alg.; *et. von j-m* ~ tomar prestado a/c. de alg.; ~**gabe** f préstamo m; ~**gebühr** f (derechos m/pl. de) alquiler m; ~**haus** n casa f de préstamos; *s. a.* ~**amt**; ~**mutter** f madre f sustitutiva; ~**wagen** m Kfz. coche m de alquiler (sin chófer); ℒ**weise** prestado.

Leim [laɪm] m (3) cola f; pegamento m; *aus dem* ~ *gehen* desencolarse; deshacerse; *fig. auf den* ~ *gehen* caer en la trampa; ℒ**en** (25) pegar; encolar; ~**farbe** f pintura f a la cola.

Lein ♀ [laɪn] m (3) lino m.

Leine ['-nə] f (15) cuerda f; cordel m; *an der* ~ *führen Hund*: llevar atado.

lein|en ['-nən] de tela; de lino; ℒ**en** n (6) lino m; tela f; ℒ**enband** m encuadernación f en tela; ℒ**enzeug** n ropa f blanca; ℒ-**öl** n aceite m de linaza; ~**samen** m linaza f; ℒ**wand** f lienzo m (*a. Mal.*); tela f; *Film:* pantalla f.

leise ['-zə] silencioso; *Stimme*: bajo, *adv.* en voz baja; (*schwach*) ligero (*a. Schlaf*); (*sanft*) suave; *adv.* sin (hacer) ruido; ~(*r*) *stellen Radio:* bajar; ℒ**treter** m (7) F mosca f muerta.

Leiste ['-stə] f (15) listón m; △ filete m; moldura f; *Anat.* ingle f.

leisten ['-stən] 1. (26) hacer; *Zahlung:* efectuar; ⊕ rendir; producir; *Arbeit:* ejecutar, cumplir; *Dienst, Eid, Hilfe:* prestar; *Sicherheit:* ofrecer; *sich* (*dat.*) *et.* ~ permitirse a/c.; regalarse con a/c.; *das kann ich mir nicht* ~ no puedo permitirme ese lujo; 2. ℒ m (6) horma f; *fig. alles über e-n* ~ *schlagen* medirlo todo por el mismo rasero.

Leistenbruch ⚕ m hernia f inguinal.

Leistung ['-stʊŋ] f *allgemein:* rendimiento m (*a.* ⊕, ✝ *u. e-r Person*); ⊕ *a.* potencia f; (*Ausführung*) ejecución f, cumplimiento m; (*Arbeit*) trabajo m; (*Dienst*) servicio m; prestación f (*a. e-r Versicherung*); (*Großtat*) hazaña f; (*Erfolg*) resultado m; (*Verdienst*) mérito m; *schulische* ~ rendimiento m escolar; ℒ**sfähig** productivo; eficaz; *j.*: eficiente; ✝ solvente; ~**sfähigkeit** f eficiencia f; (capacidad f de) rendimiento m; potencia f; ✝ solvencia f; ~**sgesellschaft** f sociedad f de rendimiento; ~**s-prüfung** f prueba f de rendimiento (*Sport:* de resistencia); ~**sschau** f exposición f; certamen m; ℒ**sschwach** de bajo rendimiento; ~**ssport** m deporte m de competición; ℒ**sstark** potente; de alto rendimiento; ~**szulage** f prima f de rendimiento.

Leitartik|el ['laɪt?artikəl] m editorial m, artículo m de fondo; ~**ler** m editorialista m.

leiten ['-tən] (26) conducir (*a.* ⚡), guiar; *fig.* dirigir; ~**d** ⚡ conductor; ✝ directivo; *Gedanke:* dominante; ~**er** *Angestellte*r alto empleado m.

Leiter ['-tər] **a)** *m* (7) director *m* (*a.* ♪); dirigente *m*; jefe *m*; ✝ gerente *m*; ⚡ conductor *m*; **b)** *f* (15) escalera *f* (de mano); escala *f*; **~in** *f* directora *f*; **~wagen** *m* carro *m* con adrales.

¹**Leit|faden** *m* hilo *m* conductor; (*Buch*) manual *m*, compendio *m*; ²**fähig** ⚡ conductivo; **~fähigkeit** ⚡ *f* conductividad *f*, conductibilidad *f*; **~gedanke** *m* idea *f* dominante *od.* directriz; **~hammel** *m fig.* guía *m*; **~motiv** ♪ *n* leitmotiv *m* (*a. fig.*); **~planke** *Vkw. f* banda *f* metálica de protección; **~satz** *m* tesis *f*; principio *m*; **~schiene** ⊕ *f* guía *f*; **~spruch** *m* lema *m*; **~stern** *m fig.* norte *m*.

²**Leitung** *f* dirección *f*; ⊕ conducción *f*; (*Rohr*⚡) tubería *f*; ⚡, *Fernspr.* línea *f*; **~sdraht** *m* alambre *m* conductor; **~snetz** ⚡ *n* red *f* del alumbrado; **~srohr** *n* tubo *m*; **~swasser** *n* agua *f* del grifo.

Lektion [lɛk'tsjoːn] *f* lección *f* (*a. fig.*).

Lektor ['-tɔr] *m* (8¹) lector *m*; **~at** [-to'raːt] *n* (3) lectorado *m*.

Lektüre [-'tyːrə] *f* (15) lectura *f*.

Lende ['lɛndə] *f* (15) lomo *m* (*a. Kchk.*); **~nbraten** *m*, **~nstück** *n* solomillo *m*; **~ngegend** *f Anat.* región *f* lumbar; **~nschurz** *m* taparrabo *m*.

lenk|bar ['lɛŋkbaːr] dirigible; **~en** (25) dirigir; *Kfz.* conducir; guiar (*a. fig.*); *Staat, Schiff:* gobernar; ✈ pilotar; *die Aufmerksamkeit* ~ *auf* (*ac.*) llamar la atención sobre; 2**er** *m Fahrrad:* guía *f*, manillar *m*; *fig.* dirigente *m*; 2**rad** *n* volante *m*; 2**radschloß** *n* cerradura *f* de dirección; **~sam** dócil, dúctil; 2**säule** *f* columna *f* de dirección; 2**stange** *f* guía *f*, manillar *m*; 2**ung** *f* ⊕ dirección *f* (*a. fig.*).

Lenz [lɛnts] *poet. m* (3²) primavera *f*; *fig.* abril *m*; ⚓ (27) achicar.

Leopard [leo'part] *m* (12) leopardo *m*.

Lepra ['leːpra] *f* (16, *o. pl.*) lepra *f*; 2**krank** leproso.

Lerche ['lɛrçə] *f* (15) alondra *f*.

Lern|eifer ['lɛrnʔaɪfər] *m* aplicación *f*; 2**en** (25) aprender; estudiar; *lesen usw.* ~ aprender a leer, *etc.*; **~spiel** *n* juego *m* didáctico.

Lesart ['leːsʔaːrt] *f* versión *f*; variante *f*; 2**bar** legible, leíble.

Lesb|ierin ['lɛsbjərin] *f* lesbiana *f*; 2**isch** lesbiano.

Lese ['leːzə] *f* (15) (*Wein*⚡) vendimia *f*; **~buch** *n* libro *m* de lectura.

lesen ['-zən] **1.** (30) leer; *Messe:* decir; *Universität:* dar *od.* impartir un curso (*über ac.* sobre); (*ernten*) recoger; *Trauben* ~ vendimiar; *aus der Hand* ~ leer en la mano; **2.** ⚡ *n* lectura *f*; **~swert** digno de leerse.

¹**Lese|probe** *f Thea.* lectura *f*; **~pult** *n* pupitre *m*; **~r(in)** *m* (7) lector(a) *m* (*f*); **~ratte** F *f* ratón *m* de biblioteca; **~rkreis** *m* lectores *m/pl.*; 2**rlich** legible; **~rzuschrift** *f* carta *f* al director; carta *f* de un lector; **~saal** *m* sala *f* de lectura; **~stoff** *m* lectura *f*; **~zeichen** *n* señal *f*, registro *m*; **~zirkel** *m* círculo *m* de lectores.

Lesung *f* lectura *f*.

Letharg|ie [letar'giː] *f* (15) letargo *m*; 2**isch** [-'-gɪʃ] letárgico.

Lette ['lɛtə] *m* (13) letón *m*.

Letter ['-tər] *f* (15) letra *f* (de molde), tipo *m* (de imprenta).

letzt [lɛtst] último; (*äußerst*) extremo; **~es** *Jahr* el año pasado; *in* **~er** *Zeit* últimamente; *zu guter* 2 por último; *F das ist das* 2*e*! ¡es lo último!; ¹**~ere(r)** (18) este último; ¹**~lich** últimamente, hace poco; **~lich** al fin y al cabo; **~willig** ⚡ testamentario; **~e** *Verfügung* última disposición *f*.

Leucht... ['lɔʏçt...]: *in Zssgn oft* luminoso; **~e** *f* (25) lámpara *f*; *fig.* lumbrera *f*; 2**en** (26) lucir; (*glänzen*) brillar, resplandecer; *fig. sein Licht* ~ *lassen* lucirse; **~en** *n* brillo *m*, resplandor *m*; 2**end** luminoso (*a. fig.*); radiante; **~er** *m* (7) candelabro *m*; **~feuer** *n* fanal *m*; **~gas** *n* gas *m* de(l) alumbrado; **~käfer** *m* luciérnaga *f*; **~kraft** *f* luminosidad *f*; **~kugel** *f* bala *f* luminosa; **~rakete** *f* cohete *m* luminoso; **~reklame** *f* publicidad *f* luminosa; anuncio *m* luminoso; **~spurgeschoß** ✗ *n* proyectil *m* luminoso; **~stoffröhre** *f* tubo *m* fluorescente; **~turm** *m* faro *m*; **~turmwärter** *m* farero *m*; **~zifferblatt** *n* esfera *f* luminosa.

leugnen ['lɔʏgnən] **1.** *v/t.* (26) negar; *nicht zu* ~ innegable; **2.** ⚡ *n* negación *f*.

Leukämie [-kɛ'miː] *f* (15) leucemia *f*.

Leukozyt [-ko'tsyːt] *m* (12) leucocito *m*.

Leumund ['-munt] *m* (3) reputación *f*, fama *f*; **~szeugnis** *n* certificado *m* de buena conducta.

Liebesverhältnis

Leute ['l-tə] *pl.* (3) gente *f*; *die jungen* ~ los jóvenes; *die kleinen* ~ la gente humilde; *unter die* ~ *bringen* divulgar, *Geld:* gastar; ~**schinder** *m* explotador *m;* negrero *m*.

Leutnant ['lɔytnant] *m* (3¹ u. 11) segundo teniente *m;* alférez *m*.

leutselig ['-ze:liç] afable; campechano; ♀**keit** *f* afabilidad *f*.

Leviten [le'vi:tən] *pl.*: *j-m die* ~ *lesen* sermonear a alg.

Levkoje ♀ [lɛf'ko:jə] *f* (15) alhelí *m*.

Lexiko|**graphie** [lɛksikogra'fi:] *f* (15) lexicografía *f;* ~**n** ['--kɔn] *n* (9¹ u. ²) diccionario *m;* (*Konversations*♀) enciclopedia *f*.

Liane [li'a:nə] *f* (15) bejuco *m,* liana *f*.

Libanes|**e** [-ba'ne:zə] *m* (13), ♀**isch** libanés (*m*).

Libelle [-'bɛlə] *f* (15) libélula *f;* ⊕ nivel *m* de agua.

liberal [-bə'ra:l] liberal; ~**isieren** [--rali'zi:rən] liberalizar; ~**ismus** [---'lɪsmus] *m* liberalismo *m*.

Librett|**ist** [-brɛ'tɪst] *m* (12) libretista *m;* ~**o** [-'-to] *n* (11, *pl. a.* -tti) libreto *m,* letra *f*.

Licht [lɪçt] **1.** *n* (1 u. 3) luz *f;* (*Beleuchtung*) alumbrado *m; fgdw.* ~**er** *pl.* ojos *m/pl.;* ~ *machen* dar la luz; *das* ~ *der Welt erblicken* venir al mundo; *ans* ~ *bringen* (*kommen*) sacar (salir) a la luz; ~ *in et. bringen* arrojar luz sobre a/c.; *bei* ~ *besehen* mirándolo bien; *gegen das* ~ a contraluz; *fig. j-n hinters* ~ *führen* engañar a alg.; *ins rechte* ~ *setzen* poner de relieve; *j-m im* ~ *stehen* quitarle la luz a alg.; *jetzt geht mir ein* ~ *auf* F ahora caigo; **2.** ♀ claro, luminoso; *Haar:* ralo; ~**er Augenblick** intervalo *m* lúcido; ~**e Weite** luz *f;* '~**bild** *n* foto(grafía) *f;* '~**bildervortrag** *m* conferencia *f* con proyecciones; '~**blick** *m* rayo *m* de esperanza; '~**bogen** ⚡ *m* arco *m* voltaico; '~**bogenschweißung** *f* soldadura *f* al arco; '~**brechung** *f* refracción *f;* '~**druck** *m* fotograbado *m;* '♀**durchlässig** tra(n)slúcido; '♀**echt** resistente a la luz; '♀**empfindlich** sensible a la luz; ♀**en** (26) *Wald:* aclarar; *Reihen:* diezmar; *die Anker* ~ levar anclas; *sich* ~ aclararse; ♀**erloh** ['-tərlo:]: ~ *brennen* arder en llamas; '~**hof** *m* patio *m* de luces; *Phot.* halo *m;* '~**hupe** *f* bocina *f* luminosa; '~**jahr** *n* año *m* luz; '~**kegel** *m* cono *m* luminoso; '~**maschine** *f* dínamo *f;* ~**meß** ['-mɛs] *f* Candelaria *f;* ~**netz** ⚡ *n* red *f* de alumbrado; '~**orgel** *f* órgano *m* de luces; '~**pause** *f* fotocalco *m;* '~**quelle** *f* fuente *f* luminosa; foco *m* luminoso; '~**reklame** *f* publicidad *f* luminosa; '~**satz** *Typ. m* fotocomposición *f;* '~**schacht** *m* patio *m* de luces; '~**schalter** *m* interruptor *m;* '~**schein** *m* resplandor *m;* '♀**scheu** que teme la luz (*a. fig.*); '~**schimmer** *m* vislumbre *f;* '♀**schwach** poco luminoso; '~**seite** *f fig.* lado *m* bueno; '~**signal** *n* señal *f* luminosa *od.* óptica; '~**spieltheater** *n* cine *m;* '~**stark** (muy) luminoso; '~**stärke** *f* intensidad *f* luminosa; '~**strahl** *m* rayo *m* de luz; '♀-**undurchlässig** opaco; '~**ung** *f* calvero *m,* claro *m*.

Lid [li:t] *n* (1) párpado *m;* '~**schatten** *m* sombra *f* de ojos.

lieb [li:p] querido; amado; caro (*angenehm*) agradable; (*liebenswürdig*) amable, simpático; *es ist mir* ~ me conviene; me agrada; *es wäre mir* ~, *wenn ...* me gustaría que (*subj.*); *den* ~*n langen Tag* todo el santo día; *um des* ~*en Friedens willen* por amor a la paz; *seien Sie so* ~ *und ...* hágame el favor de *inf.;* '~**äugeln** coquetear (*mit j-m* con alg.); *mit e-m Gedanken* ~ acariciar (*ac.*).

Liebe ['li:bə] *f* (15) amor *m* (*zu* a, por); cariño *m; aus* ~ *zu* por amor a; ~**dienerei** [--di:nə'raɪ] *f* servilismo *m;* ~**lei** [---'laɪ] *f* amorío *m,* flirteo *m*.

lieben ['-bən] (25) querer; amar; *ich liebe es nicht, daß ich* no me gusta que (*subj.*); ♀**de**(**r** *m*) *m/f* ['--də(r)] amante *su.,* enamorado (-a) *m* (*f*); ~**swert** encantador *su.;* ~**swürdig** amable; ♀**swürdigkeit** *f* amabilidad *f*.

lieber ['-bər] *adv.* más bien; ~ *haben, mögen, wollen* preferir.

Liebes... ['-bəs...]: *in Zssgn oft* de amor, amoroso; ~**abenteuer** *n* aventura *f* galante; ~**brief** *m* carta *f* de amor; ~**dienst** *m* favor *m;* obra *f* caritativa; ~**erklärung** *f* declaración *f* (de amor); ~**gabe** *f* donativo *m;* ~**heirat** *f* casamiento *m* por amor; ~**kummer** *m* penas *f/pl.* de amor; ~**lied** *n* canción *f* de amor; ~**paar** *n* amantes *m/pl.;* pareja *f* de enamorados; ~**trank** *m* filtro *m;* ~**verhältnis** *n* relación *f* amorosa; lío *m* (amoroso), F ligue *m*.

liebevoll

'liebevoll afectuoso, cariñoso.
lieb|gewinnen ['li:pgəvinən] tomar cariño a; aficionarse a; **~haben** querer; **'~haber** ['-ha:bər] *m* (7) amante *m*; (*Kunst*2 *usw.*) aficionado *m*; *Thea.* jugendlicher *~* galán *m*; 2**haberei** afición *f*; 2**haberin** *f* amante *f*; aficionada *f*; *Thea. jugendliche ~* dama *f* joven; 2**haberwert** *m* valor *m* para aficionados; **~'kosen** acariciar; 2**'kosung** *f* caricia *f*; **~lich** dulce, suave; *j.*: lindo, gracioso; *Gegend*: ameno; 2**lichkeit** *f* dulzura *f*; suavidad *f*; amenidad *f*; 2**ling** ['-lin] *m* (3¹) favorito *m*; **~lings...**: *in Zssgn* favorito, predilecto, **~los** sin cariño; duro; 2**losigkeit** *f* falta *f* de cariño; desamor *m*; 2**reiz** *m* atractivo *m*, encanto *m*; 2**schaft** *f* amores *m/pl.*, amorío *m*; F ligue *m*.
liebst [li:pst] (18) preferido, favorito; *am ~en würde ich* (*inf.*) lo que me gustaría más es (*inf.*), preferiría (*inf.*); '2**e(r)** *m/f* querido (-a) *m* (*f*).
Lied [li:t] *n* (1) canción *f*; canto *m*; (*Helden*2) cantar *m*; *Rel.* cántico *m*; (*Kunst*2) lied *m*; *fig.* immer das alte *~* siempre la misma canción; *davon kann ich ein ~ singen* me lo sé de sobra.
Lieder|abend ['li:dər'ɑ:bənt] *m* recital *m*; **~buch** *n* cancionero *m*.
liederlich ['--liç] desordenado; *Arbeit*: desaliñado, chapucero; *Leben*: licencioso; disoluto; *adv.* sin esmero, superficialmente; 2**keit** *f* descuido *m*; desaliño *m*.
Lieder|macher ['--maxər] *m* (7) cantautor *m*; **~sänger(in** *f*) *m* cancionista *su.*; liederista *su.*
lief [li:f] *s.* **laufen**.
Liefer|ant [li:fə'rant] *m* (12) suministrador *m*; proveedor *m*; abastecedor *m*; 2**bar** [-'fɑ:rbɑ:r] disponible; listo para la entrega; '**~bedingungen** *f/pl.* condiciones *f/pl.* de entrega; '**~firma** *f* casa *f* proveedora; '**~frist** *f* plazo *m* de entrega; 2**n** ['-fərn] (29) suministrar; entregar; proveer; F *ich bin geliefert* estoy apañado; '**~schein** *m* nota *f od.* talón *m* de entrega; '**~ung** *f* suministro *m*; entrega *f*; ⚑ entrega *f*; '**~wagen** *m* camioneta *f* de reparto; furgoneta *f*; '**~zeit** *f* plazo *m* de entrega.
Liege ['li:gə] *f* (15) tumbona *f*; **~geld** ⚓ *n* derechos *m/pl.* de estadía; **~kur** ☤ *f* cura *f* de reposo.

liegen ['-gən] (30) *Sachen*: estar (puesto); *Person*: estar echado *od.* tumbado *od.* tendido; *Lit.* yacer; (*sich befinden*) hallarse, encontrarse; *Stadt usw.*: estar situado; *das Zimmer liegt zur Straße* la habitación da a la calle; *10 km von ... ~* estar a diez kilómetros de ...; *die Schwierigkeit liegt darin, daß* la dificultad reside *od.* consiste en que; *woran liegt es?* ¿a qué se debe?; *es liegt an ihm* depende de él; (*Schuld*) es culpa suya; *mir liegt daran, es ist mir daran gelegen* me importa; *soviel an mir liegt* en cuanto a mí; *er liegt mir* me cae bien; *er liegt mir nicht* no es santo de mi devoción; *das liegt mir* se me da bien; es lo mío; **~bleiben** (sn) quedarse acostado *od.* en (la) cama; *Arbeit*: quedar sin acabar; *Kfz.* tener una avería; **~d** situado, **~lassen** dejar; (*vergessen*) olvidar; *fig. links ~* no hacer caso de; 2**schaften** *fig.* bienes *m/pl.* raíces.
'Liege|platz ⚓ *m* atracadero *m*; **~sitz** *m* asiento *m* reclinable *bzw.* abatible; **~stuhl** *m* hamaca *f*; gandula *f*; **~wagen** ⚐ *m* coche *m* de literas; litera *f*; **~zeit** ⚓ *f* estadía *f*.
lieh [li:] *s.* **leihen**.
lies [li:s], **liest** [li:st] *s.* **lesen**.
ließ [li:s] *s.* **lassen**.
Lift [lift] *m* (3 *od.* 11) ascensor *m*; '**~boy** *m* ascensorista *m*.
Liga ['li:ga] *f* (16²) liga *f* (*a. Sport*).
Liguster ⚘ [li'gustər] *m* (7) alheña *f*.
Likör [li'kø:r] *m* (3¹) licor *m*.
lila *uv.*, **~farben** ['li:la(farbən)] (de color) lila.
Lilie ['li:liə] *f* (15) lirio *m* blanco, azucena *f*.
Limonade [limo'nɑ:də] *f* (15) limonada *f*.
Limousine [limu'zi:nə] *f* (15) limusina *f*, sedán *m*.
lind [lint] suave.
Linde ['lində] *f* (15) tilo *m*; **~n-blütentee** *m* tila *f*.
linder|n ['-dərn] (29) suavizar; mitigar; aliviar; *Schmerz*: calmar, paliar; **~nd** ⚕ lenitivo; 2**ung** *f* mitigación *f*; alivio *m*; 2**ungsmittel** ⚕ *n* lenitivo *m*; paliativo *m*.
Line|al [line'ɑ:l] *n* (3¹) regla *f*; 2**r** [--'ɑ:r], **~r...**: *in Zssgn* lineal.
Linguist [lingu'ist] *m* (12) lingüista *m*; **~ik** *f* (16, *o. pl.*) lingüística *f*.
Linie ['li:njə] *f* (15) línea *f*; *fig. in erster ~* en primer lugar; *auf die ~*

achten cuidar la línea; **~nblatt** *n* falsilla *f*; **~nflugzeug** *n* avión *m* de línea; **~npapier** *n* papel *m* rayado; **~nrichter** *m* *Sport*: juez *m* de línea, linier *m*; **~nsystem** ♪ *n* pentagrama *m*.

lin(i)ieren [lin¹(j)i:rən] rayar.

link [liŋk] izquierdo; **~e** *Seite Stoff*: revés *m*; **~er** *Hand* a la izquierda; **¹℧e** *f* (18) izquierda *f* (*a. Pol.*); **¹℧e(r)** *m* *Pol.* izquierdista *f*; **¹~isch** torpe.

links [liŋks] a la izquierda; **~außen** *m* (6) *Sport*: extremo *m* izquierdo; **℧händer** [¹-hɛndər] *m* (7), **~händig** [¹--diç] zurdo (*m*).

Linol|eum [li¹no:leum] *n* (9, *o. pl.*) linóleo *m*; **~schnitt** *m* grabado *m* en linóleo.

Linse [¹linzə] *f* (15) ♀ lenteja *f*; *Opt.* lente *f*; *Auge*: cristalino *m*; **℧nförmig** [¹--nfœrmiç] lenticular.

Lippe [¹lipə] *f* (15) labio *m*; **~nblütler** ♀ [¹--nblyːtlər] *m/pl.* (7) labiadas *f/pl.*; **~nlaut** *m* labial *su.*; **~nstift** *m* lápiz *m* labial *od.* de labios; barra *f* de carmín.

Liquid|ation [likvida¹tsjo:n] *f* liquidación *f*; (*Rechnung*) nota *f* de honorarios; **℧ieren** [--¹diːrən] liquidar (*a. fig.*).

lispeln [¹lispəln] 1. *v/i.* (29) cecear; 2. ℧ *n* ceceo *m*.

List [list] *f* (16) astucia *f*; ardid *m*; artimaña *f*; truco *m*.

Liste [¹listə] *f* (15) lista *f*, relación *f*; (*Gehalts*℧) nómina *f*.

listig [¹listiç] astuto, artero; ladino.

Litanei [lita¹nai] *f* letanía *f*.

Litau|er(in *f*) [¹litauər(in)] *m* (7), **℧isch** lituano (*-a*) *m* (*f*).

Liter [¹li:tər] *m od. n* (7) litro *m*.

litera|risch [litə¹raːriʃ] literario; **℧t** [--¹raːt] *m* (12) literato *m*.

Literatur [--ra¹tuːr] *f* (16) literatura *f*; **~...:** *in Zssgn oft* literario; **~angaben** *f/pl.* bibliografía *f*; **~geschichte** *f* historia *f* de la literatura.

Litfaßsäule [¹litfaszɔylə] *f* columna *f* de anuncios.

Lithograph [lito¹graːf] *m* (12) litógrafo *m*; **~ie** [--graˈfiː] *f* (15) litografía *f*.

litt [lit] *s. leiden*.

Liturg|ie [litur¹giː] *f* (15) liturgia *f*; **℧isch** [--¹turgiʃ] litúrgico.

Litze [¹litsə] *f* (15) cordón *m*; (*Tresse*) galón *m*.

Live-Sendung [¹laifzɛndun] *f* (re-)transmisión *f* en directo.

Livree [li¹vreː] *f* (15) librea *f*.

Lizenz [li¹tsɛnts] *f* (16) licencia *f*; **~spieler** *m* *Sport*: jugador *m* profesional.

Lob [loːp] *n* (3) elogio *m*; alabanza *f*.

Lobby [¹lɔbi] *f* (11¹) *Pol.* grupo *m* de presión.

loben [¹loːbən] (25) alabar; elogiar; **~d** elogioso; **~swert** digno de elogio; laudable, loable.

Lob|gesang [¹loːpgəzaŋ] *m* himno *m*; **~hudelei** [-huːdə¹lai] *f* adulación *f*; **℧hudeln** (29) adular.

löblich [¹løːpliç] loable, laudable.

Lob|lied [¹loːpliːt] *n* himno *m*; *fig.* ein *~ auf j-n singen* hacer grandes elogios de alg.; **℧preisen** (30, *untr.*) glorificar, exaltar; **~rede** *f* elogio *m*, panegírico *m*.

Loch [lɔx] *n* (1²) agujero *m*; (*Öffnung*) abertura *f*, orificio *m*; (*Höhle*) hoyo *m* (*a. Golf*); hueco *m*; F (*Kerker*) calabozo *m*; F (*Wohnung*) tugurio *m*; *fig. auf dem letzten ~ pfeifen* estar en las últimas; **℧en** (25) perforar; *Fahrkarte*: picar; **~er** *m* (7) perforador *m*; taladrador *m*; (*Person*) perforista *m*.

löcher|ig [¹lœçəriç] agujereado, **~n** F (29): *j-n ~* acosar a alg. (a preguntas).

Loch|karte [¹lɔxkartə] *f* ficha *f* perforada; **~streifen** *m* cinta *f* perforada; **~zange** *f* punzón *m*; sacabocados *m*; *für Fahrkarten*: perforador *m*.

Locke [¹lɔkə] *f* (15) rizo *m*, sortija *f*; bucle *m*.

locken [¹-kən] (25) 1. *Haar*: (*sich*) *~* rizar(se); 2. (*an~*) atraer; *fig. a.* seducir; tentar; **~kopf** *m* cabeza *f* rizada; **℧wickel** *m* rulo *m*, bigudí *m*.

locker [¹-kər] flojo; aflojado; (*lose*) suelto; *Boden*: mullido; *Brot usw.*: esponjoso; *fig.* laxo; **~lassen**: *fig. nicht ~* no cejar, no ceder; **~machen** F *Geld*: soltar, aflojar; **~n** (29) aflojar; *Erde*: mullir; *fig.* relajar; **℧ung** *f* aflojamiento *m*; relajamiento *m*.

lockig [¹-kiç] rizado; ensortijado.

¹Lock|mittel *n* cebo *m*; *fig. a.* aliciente *m*, atractivo *m*; **~spitzel** *m* agente *m* provocador; **~ung** *f* seducción *f*; atracción *f*; **~vogel** *m* señuelo *m*, reclamo *m* (*a. fig.*).

Loden [¹loːdən] *m* (6) loden *m*.

lodern [¹-dərn] (29) echar llamas, llamear; *fig.* arder.

Löffel

Löffel ['lœfəl] *m* (7) cuchara *f*; *größerer*: cucharón *m*; *des Hasen*: oreja *f*; F *fig.* j-n über den ~ barbieren tomar el pelo a alg.; ~n (29) comer con (la) cuchara; **~voll** *m* (3¹, *o. pl.*) cucharada *f*; **2weise** a cucharadas.

log [lo:k] *s.* lügen.

Logarithm|entafel [loga'ritmənta:fəl] *f* tabla *f* logarítmica; **~us** [--'--mus] *m* (16²) logaritmo *m*.

Logbuch ⚓ ['lɔkbu:x] *n* cuaderno *m* de bitácora.

Loge ['lo:ʒə] *f* (15) palco *m*; (*Freimaurer*2) logia *f*; **~nbruder** *m* masón *m*; **~nschließer** *m* Thea. acomodador *m*.

logieren [lo'ʒi:rən] hospedarse, alojarse.

Logi|k ['lo:gik] *f* (16, *o. pl.*) lógica *f*; **2sch** lógico *m*; **~stik** [lo'gistik] *f* (16, *o. pl.*) logística *f*; **2stisch** [-'-stif] logístico.

Loh|e ['lo:ə] *f* (15): **a)** llamas *f/pl.*; **b)** (*Gerber*2) casca *f*; **2en** (25) **1.** *v/i.* echar llamas; **2.** *v/t.* (*gerben*) curtir; **~gerber** *m* curtidor *m*; **~gerbe'rei** *f* tenería *f*, curtiduría *f*.

Lohn [lo:n] *m* (3³) salario *m*; paga *f*; sueldo *m*; '~...: in Zssgn oft de salario(s), salarial; '**~arbeit** *f* trabajo *m* asalariado; '**~arbeiter** *m* trabajador *m* asalariado; '**~ausfall** *m* pérdida *f* de salario; '**~empfänger** *m* asalariado *m*; '2en (25) recompensar; pagar; es lohnt sich vale la pena: merece la pena; **2end** ventajoso; lucrativo; rentable; '**~erhöhung** *f* aumento *m* salarial *od.* de sueldo; '**~forderung** *f* reivindicación *f* salarial; '**~liste** *f* nómina *f*; '**~steuer** *f* impuesto *m* sobre los salarios; '**~stopp** *m* congelación *f* salarial; '**~tag** *m* día *m* de paga.

Löhnung ['lo:nuŋ] *f* paga *f*, salario *m*.

Loipe ['lɔypə] *f* (15) pista *f* de fondo.

Lokal [lo'ka:l] **1.** *n* (3) local *m*; (*Gaststätte*) restaurante *m*; café *m*; **2.** 2 *adj.* local; **2isieren** [-kali'zi:rən] localizar; **~i'sierung** *f* localización *f*; **~ität** [---'tɛ:t] *f* localidad *f*; **~patriotismus** *m* patriotismo *m* de campanario; **~termin** ⚖ *m* inspección *f* ocular (in situ).

Lokomotiv|e [-komo'ti:və] *f* (15) locomotora *f*; **~führer** [---'ti:ffy:rər] *m* maquinista *m*.

Lombard|geschäft ['lɔmbartgəʃɛft] *n* operación *f* de pignoración; **~kredit** *m* crédito *m* pignoraticio.

Lorbeer ['lɔrbe:r] *m* (5²) laurel *m*; *fig.* **~en** ernten cosechar laureles; *sich auf* s-n ~n ausruhen dormirse sobre (*od.* en) los laureles.

Lore ['lo:rə] *f* (15) vagoneta *f*.

Los [lo:s] *n* (4) (*Lotterie*2) billete *m* de lotería; (*Schicksal*) suerte *f*, destino *m*; *das Große* ~ ziehen sacar el gordo; *durch das* ~ *entscheiden* echar a suertes.

los [lo:s] (18) suelto; (*frei*) libre; ~! ¡vamos!; *was ist* ~? ¿qué pasa?; ¿qué ocurre?; *mit ihm ist nicht viel* ~ no sirve para gran cosa; et. ~ sn haberse librado de a/c.

lösbar ['lø:sba:r] soluble; **2keit** *f* solubilidad *f*.

los|binden ['lo:sbindən] desatar; soltar; **~brechen 1.** *v/t.* romper, quebrar; arrancar; **2.** *v/i.* quebrarse; *fig.* estallar.

Löschblatt ['lœʃblat] *n* (papel *m*) secante *m*; **2en** (27) *Licht*, *Durst*: apagar; *Brand*: *a.* extinguir; *Schrift*, *Tonband*: borrar; ⚓ descargar, alijar; *Ladung*: desembarcar; *Hypothek*: amortizar; *Schuld*, *Konto*: cancelar; *Tinte*: secar; **~er** *m* (7) (*Feuer*2) extintor *m*; *für Tinte*: secante *m*; **~kalk** *m* cal *f* apagada; **~kopf** *m* Tonband: cabeza *f* borradora; **~mannschaft** *f* (cuerpo *m* de) bomberos *m/pl.*; **~papier** *n* papel *m* secante; **~ung** *f* extinción *f*; ✝ amortización *f*; cancelación *f*; ⚓ descarga *f*, alijo *m*.

lose ['lo:zə] suelto; flojo; (*beweglich*) movible; (*unverpackt*) a granel; *fig.* libre; frívolo; ~ Zunge mala lengua *f*.

Lösegeld ['lø:zəgɛlt] *n* rescate *m*.

losen ['lo:zən] (27) echar suertes.

lösen ['lø:zən] (27) soltar (*a. Bremse*); *Knoten usw.*: deshacer; (*losbinden*) desatar; *Aufgabe*, *Problem*: resolver, solucionar; *Rätsel*: adivinar; *Vertrag*: anular; *Fahrkarte*: sacar; *Verbindung*: romper.

los|fahren ['lo:sfa:rən] (sn) ponerse en marcha, partir; **~gehen** (sn) partir, ponerse en marcha; (*sich lösen*) desprenderse; *Schuß*: dispararse; (*anfangen*) empezar; *auf j-n* ~ arremeter contra alg. (*a. fig.*); **~haben** F: et. ~ in (*dat.*) saber un rato de a/c; **~kaufen** rescatar; **~kommen** (sn) lograr desprenderse (*von de*); des-

Luftloch

hacerse (de); ~lassen soltar (*a. fig.*); ~laufen echar a correr; ~legen F empezar.

löslich ['lø:sliç] soluble; 2keit f solubilidad f.

los|lösen ['lo:sløːzən]: (sich) ~ desprender(se); ~machen soltar, desatar; ~reißen arrancar; ~sagen: sich ~ von separarse de; Rel. renegar de; ~schießen F fig. empezar a hablar; auf j-n ~ (sn) lanzarse sobre alg.; ~schlagen 1. v/i. ⚔ iniciar las hostilidades; ~ auf golpear (*ac.*); 2. v/t. Ware: deshacerse de; ~schrauben destornillar; ~sprechen Rel. absolver; ~stürmen, ~stürzen (sn) echar a correr; ~ auf precipitarse sobre; ~trennen separar; Naht: descoser.

Losung ['lo:zuŋ] f a) *Jgdw.* excrementos m/pl.; b) (Parole) consigna f; ⚔ santo m y seña.

Lösung ['løːzuŋ] f solución f (*a.* 🜛); separación f; Thea. desenlace m; Vertrag: anulación f; ~smittel n disolvente m.

los|werden ['lo:sveːrdən] (sn) desembarazarse de; deshacerse de; F Geld: ~ziehen (sn) marcharse, partir; F fig. arremeter (gegen contra).

Lot [lo:t] n (3) ⚭ perpendicular f; ⚓ plomada f; ⚔ sonda f; fig. ins ~ bringen poner en orden; arreglar; ²en (26) echar la plomada; ⚓ sond(e)ar.

löt|en ['løːtən] (26) soldar; 2kolben m soldador m; 2lampe f lámpara f de soldar; soplete m.

lotrecht ['lo:trɛçt] perpendicular; vertical; a plomo.

Lotse ['lo:tsə] m (13) ⚓ práctico m; 2n (27) pilotar; ~ndienst m servicio m de prácticos.

Lötstelle ['løːtʃtɛlə] f soldadura f.

Lotterie [lɔtə'riː] f (15) lotería f; ~einnehmer m lotero m.

Lotterleben ['l-tərleːbən] n vida f desordenada.

Lotto ['l-to:] n (11) lotería f; loto m.

Lotung ⚓ ['lo:tuŋ] f sondeo m.

Löwe ['løːvə] m (13) león m (*a.* ~n-anteil m *fig.* parte f del león; ~nmaul ♀ n (boca f de) dragón m; ~nzahn ♀ m diente m de león; ~nzwinger m leonera f.

Löwin ['-vin] f leona f.

loyal [loa'jaːl] leal; 2ität [-jali'tɛːt] f lealtad f.

Luchs [luks] m (4) lince m (*a. fig.*); '~augen n/pl. ojos m/pl. de lince.

Lücke ['lykə] f (15) vacio m; hueco m; *fig. a.* laguna f; *fig.* e-e ~ reißen (füllen) dejar (llenar) un vacío; ~n-büßer m tapagujeros m; 2nhaft defectuoso; incompleto; 2nlos completo.

lud [luːt] s. laden.

Luder ['luːdər] n (7) carroña f; P *fig.* bestia f; mal bicho m; armes ~ pobre diablo m; dummes ~ animal m.

Luft [luft] f (14¹) aire m; in frischer ~ al aire libre; (frische) ~ schöpfen tomar el aire; airearse; (tief) ~ holen respirar (hondo); sich (*dat.*) *od.* s-m Herzen ~ machen desahogarse; *fig.* aus der ~ gegriffen carente de fundamento; in der ~ liegen flotar en el aire; in der ~ hängen estar en el aire; F in die ~ gehen subirse a la parra; an die ~ setzen echar a la calle; '~abwehr f defensa f antiaérea; '~angriff m ataque m aéreo; '~aufnahme f, '~bild n fotografía f aérea; '~ballon m globo m; '~befeuchter m humidificador m de aire; '~brücke f puente m aéreo; ²dicht impermeable al aire; hermético; ²durchlässig permeable al aire.

lüften ['lyftən] (26) airear, ventilar; Geheimnis: revelar, desvelar; Hut: quitarse; Schleier: levantar.

Luft|fahrt ['luftfaːrt] f aeronáutica f, aviación f; ~fahrt-industrie f industria f aeronáutica; ~feuchtigkeit f humedad f atmosférica; ~flotte f flota f aérea; ~fracht f carga f aérea; 2gekühlt [-gəkyːlt] refrigerado por aire; ~gewehr n escopeta f de aire comprimido; ~hauch m soplo m (de aire); ~hoheit f soberanía f aérea; 2ig aéreo; Zimmer: bien ventilado; Kleid: vaporoso, ligero; ~kampf m combate m aéreo; ~kissen n almohadilla f neumática; colchón m de aire; ~kissenfahrzeug n aerodeslizador m; ~korridor m corridor m *od.* pasillo m aéreo; 2krank mareado; ~ werden marearse; ~krankheit f mal m de los aviadores; ~krieg m guerra f aérea; ~kühlung f refrigeración f por aire; ~kur-ort m estación f climática; ~landetruppen f/pl. tropas f/pl. aerotransportadas; 2leer vacío; ~er Raum m vacío m; ~linie f línea f directa; ✈ línea f aérea; ~loch n ⚭ respiradero m; ✈ bache m;

Luftmatratze

~**matratze** f colchón m neumático; ~**pirat** m pirata m aéreo; ~**post** f correo m aéreo; *mit* ~ por avión; ~**postleichtbrief** m aerograma m; ~**pumpe** f bomba f neumática; *Kfz.* bomba f de inflar; hinchador m; ~**raum** m espacio m aéreo; ~**reifen** m neumático m; ~**reklame** f publicidad f aérea; ~**röhre** *Anat.* f tráquea f; ~**röhrenschnitt** ♂ m traqueotomía f; ~**schacht** ⚒ m pozo m de ventilación; ~**schiff** n aeronave f; ~**schiffahrt** f navegación f aérea; ~**schlange** f serpentina f; ~**schlösser** ['-ʃlœsɐr] n/pl.: ~ *bauen* hacer castillos en el aire; ~**schraube** f hélice f; ~**schutz** m defensa f (pasiva) antiaérea; ~**schutzkeller** m refugio m antiaéreo; ~**spiegelung** f espejismo f (*machen* dar); ~**streitkräfte** f/pl. fuerzas f/pl. aéreas; ~**strömung** f corriente f atmosférica; ~**stützpunkt** ✕ m base f aérea; ~**taxi** n taxi m aéreo.

Lüftung ['lyftuŋ] f ventilación f; aireación f; ~**sklappe** f válvula f de aire.

Luft|veränderung ['luftfɛr²ɛndəruŋ] f cambio m de aires; ~**verkehr** m tráfico m aéreo; ~**verkehrslinie** f línea f aérea, aerovía f; ~**verschmutzung** f contaminación f atmosférica; ~**waffe** f ejército m del aire; fuerza f aérea; ~**weg** ['-ve:k] m vía f aérea; *auf dem* ~ por vía aérea; ~*e pl. Anat.* vías f/pl. respiratorias; ~**widerstand** m resistencia f del aire; ~**zufuhr** f admisión f *od.* entrada f de aire; ~**zug** m corriente f de aire.

Lug [luːk] m (3): ~ *und Trug* mentiras y engaños; patrañas f/pl.

Lüge ['lyːɡə] f (15) mentira f; *j-n* ~*n strafen* desmentir a alg.

lugen ['luːɡən] (25) mirar; espiar; ~ *aus* asomarse a.

lügen ['lyːɡən] (30) mentir; 2**detektor** m detector m de mentiras; ~**haft** mentiroso, embustero.

Lügner|(in f) ['lyːɡnɐr(ɪn)] m (7), 2**isch** mentiroso (-a) m (f), embustero (-a) f (f).

Luke ['luːkə] f (15) tragaluz m; claraboya f; ⚓ escotilla f.

lukrativ [lukra'tiːf] lucrativo.

Lümmel ['lyməl] m (7), 2**haft** grosero (m); descarado (m); ~**ei** [--'laɪ] f grosería f.

Lump [lump] m (12) canalla m; sinvergüenza m; bribón m.

Lumpen ['-pən] **1.** m (6) harapo m, andrajo m; **2.** ♀ (25): *sich nicht* ~ *lassen* ser rumboso; ~**gesindel** n chusma f, canalla f; ~**handel** m trapería f; ~**händler** m, ~**sammler** m trapero m.

Lump|erei [-pə'raɪ] f canallada f; infamia f; 2**ig** ['-pɪç] miserable; cochino.

Lunge ['luŋə] f (15) pulmón m; bofes m/pl.

'**Lungen...**: *in Zssgn oft* pulmonar, ~**bläs∙chen** n alvéolo m pulmonar; ~**entzündung** f pulmonía f, neumonía f; ~**flügel** m lóbulo m pulmonar; ~**heilstätte** f sanatorio m antituberculoso; 2**krank** tuberculoso; ~**krebs** ♂ m cáncer m de pulmón; ~**tuberkulose** f tuberculosis f pulmonar.

lungern F ['-ɐrn] (29, *h. u. sn*) holgazanear, gandulear.

Lunte ['luntə] f (15) mecha f; *fig.* ~ *riechen* oler(se) el poste (*od.* F la tostada).

Lupe ['luːpə] f (15) lupa f; *fig. unter die* ~ *nehmen* pasar por el tamiz.

Lupine ♀ [lu'piːnə] f (15) altramuz m, lupino m.

Lurch [lurç] m (3) anfibio m, batracio m.

Lust [lust] f (14¹) ganas f/pl.; gusto m, deseo m; placer m; *mit* ~ *und Liebe* con verdadero placer; (*keine*) ~ *haben zu* (no) tener ganas de; *hättest du* ~ *auszugehen*? ¿te gustaría salir?; '~**barkeit** f diversión f; espectáculo m (público).

Lüster ['lystɐr] m (7) araña f.

lüstern ['-tɐrn] voluptuoso, lascivo; 2**heit** f concupiscencia f.

lustig ['lustɪç] alegre; divertido; gracioso; *sich* ~ *machen über* burlarse de; 2**keit** f alegría f; regocijo m.

Lüstling ['lystlɪŋ] m (3¹) libertino m.

lust|los ['lustloːs] desanimado; ✝ poco animado; 2**losigkeit** f falta f de animación; 2**mord** m asesinato m con estupro; 2**schloß** n palacio m de recreo; 2**spiel** n comedia f; ~**wandeln** *untr.* (sn) pasearse.

lutherisch ['luːtərɪʃ] luterano.

lutsch|en ['lutʃən] (27) chupar, chupetear; *am Daumen* ~ chuparse el dedo; 2**er** m piruli m.

Luv ⚓ [luːf] f (16, *o. pl.*) barlovento m; ¹2**en** ['-vən] (25) orzar.

luxuriös [luksur'jø:s] (18) lujoso, suntuoso.
Luxus ['-ksus] *m uv.* lujo *m*; suntuosidad *f*; ~..: *in Zssgn mst* de lujo; ~**artikel** *m* artículo *m* de lujo; ~**steuer** *f* impuesto *m* de (*od*. sobre el) lujo.
Luzerne ⚕ [lu'tsɛrnə] *f* (15) alfalfa *f*.

Lymph|e ['lymfə] *f* (15) linfa *f*; ~**gefäß** *n* vaso *m* linfático; ~**knoten** *m* ganglio *m* linfático.
lynch|en ['lynçən] (27) linchar; ℒ**justiz** *f* linchamiento *m*.
Lyr|a ['ly:ra] *f* (16²) lira *f*; ~**ik** ['-rik] *f* (16, *o. pl.*) (poesía *f*) lírica *f*; ~**iker** *m* (7) poeta *m* lírico; ℒ**isch** lírico.

M

M, m [ɛm] *n* M, m *f*.

Maat ⚓ [maːt] *m* (3) cabo *m* (de mar).

Mach|art ['maxˀɑːrt] *f* hechura *f*; forma *f*; ⚥**bar** factible, practicable; **~e** *f* (15): F et. *in der* ~ *haben* estar trabajando en a/c.; *das ist nur* ~ *ist* pura comedia.

machen ['-ən] (25) **1.** *v/t.* hacer; poner, volver (+ *adj.*); (*verursachen*) causar, provocar; producir; *Appetit, Freude usw.*: dar; (*ernennen*) nombrar, hacer (*zu ac.*); *das macht nichts* no importa; *was soll man da* ~? ¿qué le vamos a hacer?; *was macht ...?* ¿qué es de ...?; *wieviel macht das?* ¿cuánto es?; *mach doch (schnell)!* ¡date prisa!; **2.** *v/refl.* *sich (gut)* ~ *et.*: marchar (bien); *j.*: hacer progresos; hacer buen papel (*als como*); *sich an et.* ~ emprender a/c.; ponerse a hacer a/c.; *ich mache mir nichts daraus* no me interesa *bzw.* gusta; ⚥**schaften** *f/pl.* enredos *m/pl.*; maquinaciones *f/pl.*

'Macherlohn *m* hechura *f*.

Macht [maxt] *f* (14¹) poder *m*; (*Staat*) potencia *f*; (*Kraft*) fuerza *f*; (*Einfluß*) influencia *f*, ascendiente *m*; *an der* ~ *sn* estar en el poder; **'~befugnis** *f* poder *m*; autoridad *f*; **'~bereich** *m* alcance *m*; esfera *f* de influencia; **'~ergreifung** *f* toma *f* del poder; **~haber** ['-haːbər] *m* (7) dirigente *m*; potentado *m*.

mächtig ['mɛçtɪç] poderoso, potente; F *fig.* enorme; *e-r Sprache* ~ *sn* dominar un idioma; *s-r nicht mehr* ~ *sn* no ser dueño de sí mismo.

Macht|kampf ['maxtkampf] *m* lucha *f* por el poder; ⚥**los** sin poder; impotente; **~losigkeit** *f* impotencia *f*; **~politik** *f* política *f* de (la) fuerza; **~stellung** *f* autoridad *f*; poderío *m*; ⚥**voll** poderoso; **~vollkommenheit** *f* poder *m* absoluto; **~wort** *n* (3): *ein* ~ *sprechen* hablar con autoridad.

'Machwerk *n* (3) chapucería *f*, mamarrachada *f*.

Mädchen ['mɛːtçən] *n* (6) chica *f*; muchacha *f*; moza *f*; (*Kind*) niña *f*; (*Dienst*⚥) criada *f*, *Arg.* mucama *f*; ~ *für alles* chica *f* para todo; *fig.* factótum *m*; *junges* ~ joven *f*; ⚥**haft** de niña; juvenil; **~handel** *m* trata *f* de blancas; **~name** *m* nombre *m* de soltera.

Made ['maːdə] *f* (15) cresa *f*; gusano *m*; ⚥**ig** agusanado; F *fig.* ~ *machen* denigrar.

Madonn|a [ma'dɔna] *f* (16²) Virgen *f*; **~enbild** *n* madona *f*.

Madrider(in *f*) [-'driːdər(in)] *m* (7) madrileño (-a) *m* (*f*).

Maf(f)ia ['mafja] *f* (11¹) mafia *f*.

mag [maːk] *s.* **mögen**.

Magazin [maga'tsiːn] *n* (3¹) almacén *m*, depósito *m*; *e-r Waffe*: cargador *m*; (*Zeitschrift*) revista *f* ilustrada.

Magd [maːkt] *f* (14¹) criada *f*.

Magen ['maːgən] *m* (6¹, *a.* 6) estómago *m*; *fig. das liegt mir im* ~ me preocupa mucho; **~bitter** *m* estomacal *m*; **~'Darm-Kanal** *m* tubo *m* digestivo; **~geschwür** *n* úlcera *f* gástrica *od.* del estómago; **~krebs** ⚕ *m* cáncer *m* de(l) estómago); **~leiden** *n* dolencia *f* estomacal; **~saft** *m* jugo *m* gástrico; **~säure** *f* ácido *m* gástrico; **~schmerzen** *m/pl.* dolor(es) *m/pl.* de estómago; **~spülung** *f* lavado *m* de estómago; **~verstimmung** *f* indigestión *f*.

mager ['-gər] flaco; *Fleisch*: magro; *Boden*: pobre, árido; (*dürftig*) pobre; escaso; ~ *werden* enflaquecer; ⚥**keit** *f* flaqueza *f*; **~milch** *f* leche *f* desnatada *od.* descremada.

Mag|ie [ma'giː] *f* (15) magia *f*; **~ier** ['maːgjər] *m* (7) mago *m*; ⚥**isch** mágico (*a. fig.*).

Magistrat [magi'straːt] *m* (3) ayuntamiento *m*.

Magnesia [mag'neːzia] *f* (16, *o. pl.*) magnesia *f*; **~um** [-'-zium] *n* (9, *o. pl.*) magnesio *m*.

Magnet [-'neːt] *m* (3 *od.* 12) imán *m*; **~band** *n* cinta *f* magnética; **~feld** *n* campo *m* magnético; ⚥**isch** magnético; **~isieren** [-neti'ziːrən] iman(t)ar, magnetizar; **~ismus** [--'tɪsmus] *m* (16, *o. pl.*) magnetismo *m*; **~karte** *f* tarjeta *f* magnética; **~nadel**

f aguja *f* iman(t)ada; ~ophon [-neto-ˈfoːn] *n* (3¹) magnetófono *m*, magnetófon *m*; ~zünder *m* Kfz. magneto *m*.
Magnolie ♀ [-ˈnoːljə] *f* (15) magnolia *f*.
magst [maːkst] *s*. mögen.
Mahagoni [mahaˈgoːni] *n* (11), ~holz *n* caoba *f*.
Mahd ✗ [maːt] *f* (16) siega *f*.
Mäh|drescher [ˈmɛːdrɛʃər] *m* segadora-trilladora *f*, cosechadora *f*; 2en (25) segar; Gras: a. cortar; ~er *m* (7) segador *m*.
Mahl [maːl] *n* (3 *u*. 1²) comida *f*; (Fest2) banquete *m*; 2en (25; part. pt. ge~) moler; ¹~en *n* molienda *f*; ¹~zahn *m* molar *m*; ¹~zeit *f* comida *f*; (gesegnete) ~! ¡buen provecho!, ¡que aproveche!
Mähmaschine [ˈmɛːmaʃiːnə] *f* (15) segadora *f*; (Gras2) guadañadora *f*.
Mahnbrief [ˈmaːnbriːf] *m* carta *f* de reclamación od. de aviso.
Mähne [ˈmɛːnə] *f* (15) melena *f* (a. fig.); (Pferde2) crines *f/pl*.
mahn|en [ˈmaːnən] (25) advertir; exhortar (zu a.); j-n an et. ~ recordar a a. a alg.; reclamar a/c. de alg.; 2mal *n* monumento *m* conmemorativo; 2ung *f* advertencia *f*; aviso *m*; exhortación *f*; ✝ reclamación *f*.
Mähre [ˈmɛːrə] *f* (15) rocín *m*.
Mai [maɪ] *m* (3, poet. 16) mayo *m*; ¹~baum *m* árbol *m* de mayo; ¹~glöckchen *n* muguete *m*, lirio *m* de los valles; ¹~käfer *m* abejorro *m*.
Mais [maɪs] *m* (4) maíz *m*; ¹~feld *n* maizal *m*; ¹~kolben *m* mazorca *f*.
Majestät [majɛsˈtɛːt] *f* majestad *f*; S(e). (= Seine) ~ Su Majestad; 2isch majestuoso; ~sbeleidigung *f* crimen *m* de lesa majestad.
Majolika [-ˈjoːlika] *f* (16²) mayólica *f*.
Major [-ˈjoːr] *m* (3¹) mayor *m*; Span. comandante *m*; ~an ♀ [-joˈraːn od. ˈmaːjoran] *m* (3¹) mejorana *f*; ~at [--ˈraːt] *n* (3), ~atsherr *m* mayorazgo *m*; ~ität [--riˈtɛːt] *f* mayoría *f*.
makaber [-ˈkaːbər] macabro.
Makel [ˈmaːkəl] *m* (7) mancha *f*, mancilla *f*, tacha *f*.
Mäkelei [mɛːkəˈlaɪ] *f* crítica *f* mezquina.
makellos [ˈmaːkəlloːs] sin tacha, intachable.
mäkeln [ˈmɛːkəln] (29): ~ an (dat.) poner tachas a; an allem ~ criticarlo todo.

Manager

Make-up [meɪkˈʔap] *n* (11) maquillaje *m*.
Makkaroni [makaˈroːni] *pl. uv*. macarrones *m/pl*.
Makler [ˈmaːklər] *m* (7) corredor *m*; agente *m*.
Mäkler [ˈmɛːklər] *m* (7) criticastro *m*.
¹**Makler|gebühr** *f*, ~geschäft *n* corretaje *m*.
Makramee [makraˈmeː] *n* (11) macramé *m*.
Makrele [maˈkreːlə] *f* (15) caballa *f*.
Makrone [-ˈkroːnə] *f* (15) macarrón *m*.
Makulatur [-kulaˈtuːr] *f* (16) maculatura *f*; papel *m* de desecho.
Mal [maːl] **1.** *n* (3) a. (1²) (Fleck) mancha *f*; señal *f*; (Zeichen) marca *f*; (Mutter2) lunar *m*; (Denk2) monumento *m*; **b)** vez *f*; zum ersten ~ por primera vez; 2 2 2 dos por dos; ~ mit e-m ~ de repente; von ~ zu ~ cada vez; **2.** 2 *adv*. F = einmal.
Malaie [-ˈlaɪə] *m* (13), 2isch malayo (*m*).
Malaria [-ˈlaːrja] *f* (16) paludismo *m*, malaria *f*; ~bekämpfung *f* lucha *f* antipalúdica; 2krank palúdico.
Mal|buch [ˈmaːlbuːx] *n* libro *m* para colorear; 2en (25) pintar (a. fig.); (porträtieren) retratar; ~er *m* (7) pintor *m*; (Anstreicher) pintor *m* (de brocha gorda); ~erei *f* pintura *f*; ~erin *f* pintora *f*; ~erisch pintoresco; ~ermeister *m* maestro *m* pintor; ~kasten *m* caja *f* de colores od. de pinturas; ~kunst *f* arte *m* pictórico.
malnehmen ♓ [ˈ-neːmən] multiplicar.
Malve ♀ [ˈmalvə] *f* (15) malva *f*.
Malz [malts] *n* (3²) malta *f*; ¹~bier *n* cerveza *f* de malta.
Malzeichen ♓ [ˈmaːltsaɪçən] *n* signo *m* de multiplicación.
Malz|kaffee [ˈmaltskafe] *m* (café *m* de) malta *f*; ~zucker *m* maltosa *f*.
Mama [maˈmaː, F ˈmama] *f* (11¹) mamá *f*.
Mammut [ˈmamuːt] *n* (3¹ u. 11) mamut *m*; ~...! in Zssgn fig. gigante; ~baum ♀ *m* secoya *f*.
man [man] se; uno; ~ spricht Deutsch se habla alemán; ~ wundert sich uno se extraña; ~ sagt dicen; ~ muß hay que.
manag|en F [ˈmɛnɪdʒən] (25) arreglar; organizar; 2er *m* (7) ejecutivo *m*; Thea. empresario *m*; 2erkrank-

heit f agotamiento m nervioso (de los ejecutivos).

manch [manç] (21) alguno; más de un(o); ~e algunos; varios; ~es mucho, muchas cosas; ~es Mal algunas veces; **~erlei** [-çər'laɪ] varios; toda clase de; **'~mal** algunas veces, a veces, de vez en cuando.

Mandant(in) f 2̃⁄₃ [man'dant(ɪn)] m (12) cliente su.

Mandarine ♀ f (15) mandarina f.

Mandat [-'daːt] n (3) mandato m; **~sgebiet** n territorio m bajo mandato.

Mandel ['-dəl] f (15) ♀ almendra f (gebrannte garapiñada); 𝒮 amígdala f; **~baum** m almendro m; **~entzündung** f amigdalitis f; ⁀förmig ['--førmɪç] almendrado.

Mandoline ♩ [-do'liːnə] f (15) mandolina f.

Manege [ma'neːʒə] f (15) pista f de circo.

Mangan [maŋ'gaːn] n (3¹) manganeso m.

Mangel¹ ⊕ ['maŋəl] f (15) calandria f; prensa f.

Mangel² m (7¹) (Fehler) defecto m; (Fehlen) falta f, carencia f, escasez f (an de); aus ~ an (dat.) por falta de; ~ leiden an carecer de; **~erscheinung** 𝒮 f síntoma m carencial; **~haft** defectuoso; imperfecto; insuficiente; deficiente; **~krankheit** f enfermedad f carencial od. por carencia; ⁀n (29): **a)** ⊕ calandrar; prensar; **b)** (fehlen) faltar, hacer falta (j-m an et. a/c. a alg.); ⁀s (gen.) por falta de; **~ware** f articulo m escaso; ~ sn escasear.

Mangold ♀ ['maŋgɔlt] m (3) acelga(s) f(pl.).

Manie [ma'niː] f (15) manía f.

Manier [-'niːr] f (16) manera f, modo m; ~en pl. modales m/pl.; ⁀iert [-ni'riːrt] amanerado, afectado; ⁀lich [-'niːrlɪç] formal, de buenos modales.

Manifest [-ni'fɛst] n (3²) manifiesto m; ⁀ieren [---'tiːrən] manifestar, evidenciar.

Maniküre [--'kyːrə] f (15) manicura f (a. Person); ⁀n (25) hacer la manicura.

Manipulation [--pula'tsjoːn] f manipulación f; ⁀ieren [---'liːrən] manipular.

Manko ['maŋko] n (11) defecto m; ✝ déficit m.

Mann [man] m (1², poet. 5, ⚔ u. ⚓ nach Zahlen pl. uv.) hombre m; (männliches Wesen) varón m; (Gatte) marido m; an den ~ bringen Ware: deshacerse de, vender; ⚓ mit ~ und Maus con toda la tripulación; wenn Not am ~ ist en caso de necesidad; ~ für ~ uno por uno; ~ gegen ~ cuerpo a cuerpo; s-n ~ stehen estar a la altura de las circunstancias; ~s genug sn zu atreverse a; '²bar púber; '~barkeit f pubertad f.

Männchen ['mɛnçən] n (6) hombrecillo m; Zo. macho m; ~ machen Hund: hacer posturas.

Mannequin [manə'kɛ̃] n (11) maniquí m.; modelo f.

Mannes|alter ['-əs-'altər] n edad f adulta; im besten ~ en los mejores años; **~kraft** f fuerza f varonil; virilidad f.

mannhaft ['-haft] varonil; viril; (tapfer) valiente; ⁀igkeit f virilidad f; valentía f.

mannig|fach ['-ɪçfax], **~faltig** ['--faltɪç] vario, variado, diverso; ⁀faltigkeit f variedad f, diversidad f.

männlich ['mɛnlɪç] masculino (a. Gram.); Zo. macho m; fig. varonil, viril; (Kind) ~en Geschlechts varón (m); ⁀keit f masculinidad f; virilidad f.

Mannschaft ['man∫aft] f equipo m (a. Sport); ⚔ tropa f; ⚓, ✈ tripulación f; **~skapitän** m Sport: capitán m (del equipo).

manns|hoch ['manshoːx] de la altura de un hombre; **~toll** 𝒮 ninfómano; ⁀tollheit f ninfomanía f.

Mannweib ['manvaɪp] n mujer f hombruna, marimacho m.

Manöv|er [ma'nøːvər] n (7) maniobra f (a. fig.); ⁀rieren [-nø'vriːrən] maniobrar, hacer maniobras; ⁀rierfähig maniobrable.

Mansarde [man'zardə] f (15) buhardilla f, mansarda f; **~nwohnung** f ático m.

manschen F ['-ʃən] (27) mezclar.

Manschette [-'ʃɛtə] f (15) puño m; (Blumentopf²) cubretiestos m; ⊕ manguito m; F ~n haben P estar acojonado; **~nknopf** m gemelo m.

Mantel ['-təl] m (7¹) abrigo m; Am. tapado m; ⚔ capote m; (Reifen²) cubierta f; ⊕ camisa f (a. Geschoß²); fig. den ~ nach dem Wind hängen irse con el viento que corre; **~tarif** m convenio m tipo.

manuell [manuˈɛl] manual.
Manufakturwaren [--fakˈtuːrvaːrən] f/pl. artículos m/pl. manufacturados.
Manuskript [--ˈskrɪpt] n (3) manuscrito m.
Mappe [ˈmapə] f (15) (Akten⁀, Schul⁀) cartera f; (Ordner) carpeta f.
Marathon|lauf [ˈmaratɔnlaʊf] m maratón m; **~sitzung** f sesión f maratoniana.
Märchen [ˈmɛːrçən] n (6) cuento m de hadas; fig. cuento m (chino); **~buch** n libro m de cuentos; **2haft** fabuloso; **~land** n país m de las maravillas; **~prinz** m príncipe m azul (a. fig.).
Marder [ˈmardər] m (7) marta f.
Margarine [-gaˈriːnə] f (15) margarina f.
Margerite ♀ [-gəˈriːtə] f (15) margarita f.
Marien|bild [maˈriːənbɪlt] n imagen f de la Virgen; madona f; **~käfer** m mariquita f; **~kult** m culto m mariano.
Marihuana [-rihuˈɑːna] n (11, o. pl.) marihuana f.
Marinade [--ˈnaːdə] f (15) escabeche m.
Marine [-ˈriːnə] f (15) marina f; **~attaché** m agregado m naval; **2blau** azul marino; **~offizier** m oficial m de marina; **~stützpunkt** m base f naval.
marinieren [-riˈniːrən] poner en escabeche, escabechar.
Marionette [marioˈnɛta] f (15) títere m, marioneta f (a. fig.); **~nregierung** f gobierno m títere; **~nspieler** m titiritero m; **~ntheater** n teatro m de títeres.
Mark [mark] **a)** n (3) médula f, tuétano m, meollo m (alle a. fig.); (Frucht⁀) pulpa f; fig. (Kraft) vigor m; durch ~ und Bein hasta los tuétanos; **b)** f (16) región f fronteriza; hist. marca f; **c)** ♰ f uv. marco m.
markant [-ˈkant] destacado, marcado; de relieve.
Marke [ˈ-kə] f (15) marca f (a. ♰), (Spiel⁀) ficha f; (Gebühren⁀) póliza f; (sello m) móvil m; (Brief⁀) sello m, Am. estampilla f; **~n-artikel** ♰ m artículo m de marca; **~nschutz** ♰ m protección f de las marcas.
markerschütternd [ˈmarkʔɛrʃytərnt] Schrei: desgarrador.

Marketing [ˈ-kətɪŋ] n (3¹, o. pl.) marketing m.
Markgraf [ˈ-grɑːf] m (12) margrave m; **~schaft** f margraviato m.
markier|en [-ˈkiːrən] marcar; rotular; señalar; F simular; **2ung** f marca f; marcación f; señalización f.
markig [ˈ-kɪç] meduloso; fig. enérgico; vigoroso.
Markise [-ˈkiːzə] f(15) toldo m; marquesina f.
Mark|knochen [ˈmarkknɔxən] m hueso m con tuétano; **~stein** m a. fig. hito m; **~stück** n moneda f de un marco.
Markt [markt] m (3³) mercado m; Gemeinsamer ~ Mercado m Común; auf den ~ bringen lanzar al mercado; zum ~ gehen ir a la plaza; ˈ~-analyse f análisis m del mercado; ˈ~-anteil m participación f en el mercado; ˈ~bericht m informe m del mercado; ˈ~bude f puesto m; tenderete m; ˈ²fähig negociable; ˈ~flecken m villa f; ˈ~forschung f estudio m del mercado; ˈ~halle f mercado m cubierto; ˈ~platz m mercado m, plaza f; ˈ~preis m precio m corriente od. de(l) mercado; ˈ~schreier m charlatán m; ˈ~tag m día m de mercado; ˈ~wirtschaft f: (freie) ~ economía f de mercado (libre).
Marmelade [marməˈlaːdə] f (15) mermelada f.
Marmor [ˈ-mɔr] m (3¹) mármol m; **~bild** n (estatua f de) mármol m; **~bruch** m cantera f de mármol; **2ieren** [-moˈriːrən] vetear; jaspear; **2n** de mármol; marmóreo; **~platte** f losa f de mármol.
marode F [maˈroːdə] F hecho polvo, molido.
Marokkan|er(in f) [-rɔˈkaːnər(ɪn)] m (7), **2isch** marroquí (su.).
Marone [-ˈroːnə] f (15) castaña f.
Marotte [-ˈrɔtə] f (15) capricho m; F chifladura f.
Marquis [marˈkiː] m uv. marqués m; **~e** [-ˈ-zə] f (15) marquesa f.
Mars [mars]: **a)** Astr. m uv. Marte m; **b)** ♃ m (14) cofa f; ˈ~bewohner m marciano m.
Marsch [marʃ]: **a)** m (3² u. ³) marcha f (a. ♩); F fig. j-m den ~ blasen leerle la cartilla a alg.; **b)** f (16) terreno m pantanoso, marisma f.
Marschall [ˈmarʃal] m (3¹ u. ³) mariscal m; **~stab** m bastón m de mariscal.

Marsch|befehl m orden f de marcha; **~flugkörper** m misil m de crucero; **~ieren** [-'ʃiːrən] (25, sn) marchar; **~route** f itinerario m; **~verpflegung** f ración f de marcha.

Marssegel ['mars-zeːgəl] n gavia f.

Marstall ['marʃtal] m (3³) caballerizas f/pl. (reales).

Marter ['-tər] f (15) martirio m; tortura f; **2n** (29) martirizar; torturar.

Märtyrer|(in f) ['mɛrtyrər(in)] m (7) mártir su.; **~tod** m, **~tum** n (1, o. pl.) martirio m.

Martyrium [mar'tyːrium] n (9) martirio m (a. fig.).

Marxis|mus [-'ksismus] m (16, o. pl.) marxismo m; **~t(in** f) m (12), **2tisch** marxista (su.).

März [mɛrts] m (3² od. 14) marzo m.

Marzipan [martsi'paːn] n (3¹) mazapán m.

Masche ['maʃə] f (15) malla f; punto m; F fig. truco m; **~ndraht** m tela f metálica; **2nfest** indesmallable.

Maschine [-'ʃiːnə] f (15) máquina f; mit der ~ schreiben escribir a máquina.

maschinell [-ʃi'nɛl] a máquina; mecánico.

Ma'schinen...: in Zssgn oft de máquina(s); mecánico; **~bau** m construcción f de máquinas; ingeniería f mecánica; **~bau-ingenieur** m ingeniero m mecánico; **~fabrik** f fábrica f de maquinaria; **2geschrieben** escrito a máquina, mecanografiado; **~gewehr** n ametralladora f; **~kurzschrift** f estenotipia f; **~park** m maquinaria f; **~pistole** f metralleta f, pistola f ametralladora; **~raum** m sala f de máquinas; **~schaden** m avería f (de la máquina); **~schlosser** m mecánico f; **~schreiben** n mecanografía f; **~schreiber(in** f) m mecanógrafo (-a) m (f); **~schrift** f: in ~ escrito a máquina, mecanografiado; **~setzer** Typ. m linotipista m.

Maschin|erie [-ʃinə'riː] f (15) maquinaria f; Thea. tramoya f; fig. engranaje m; **~ist** [--'nist] m (12) mecánico m; maquinista m; Thea. tramoyista m.

Maser ['maːzər] f (15) veta f; **2ig** veteado; **~n** ⚕ pl. sarampión m; **~ung** f vetas f/pl.

Maske ['maskə] f (15) máscara f; careta f; (Verkleidung) disfraz m; die ~ fallen lassen desenmascararse; quitarse la careta; **~nball** m baile m de disfraces; **~nbildner** m maquillador m; caracterizador m; **~nzug** m desfile m de disfraces; **~erade** [--'raːdə] f (15) mascarada f; **2ieren** enmascarar, disfrazar (als de).

Maskottchen [-'kɔtçən] n (6) mascota f.

Maskulinum Gram. ['-kuˈliːnum] n (9²) masculino m.

Maß [maːs] n (3²) medida f; (Aus2) proporción f; (Ausdehnung) dimensión f; (Grad) grado m; (Mäßigung) moderación f; nach ~ a (la) medida; über alle ~en sobremanera; in vollem ~e plenamente; in hohem ~e en alto grado; in dem ~e wie a medida que, conforme; ~ nehmen tomar medida.

maß [maːs] s. messen.

Massage [maˈsaːʒə] f (15) masaje m.

Massak|er [-'-kər] n (7) matanza f, gal. masacre f; **2rieren** [-sa'kriːrən] masacrar.

Maß|anzug [maːsˈ⁹antsuːk] m traje m a medida; **~arbeit** f trabajo m a medida; fig. trabajo m de precisión.

Masse ['masə] f (15) masa f; v. Menschen: a. muchedumbre f; multitud f; (Menge) gran cantidad f.

Maßeinheit [maːsˈ⁹aınhaıt] f unidad f de medida.

Massen... ['masən]: in Zssgn oft en masa, masivo; **~absatz** m venta f en gran escala; **~andrang** m afluencia f masiva; **~artikel** m artículo m de gran consumo; **~entlassung** f despido m masivo; **~grab** n fosa f común; **2haft** en grandes cantidades; en masa; **~herstellung** f fabricación f en gran escala od. en serie; **~karambolage** f choque m od. colisión f múltiple od. en cadena; **~kundgebung** f manifestación f multitudinaria od. masiva; **2gebend**, **2geblich** ['-geːplıç] j.: competente; et.: decisivo; determinante; **2halten** moderarse.

~medien n/pl. medios m/pl. de comunicación social; **~mord** m matanza f, carnicería f; **~psychose** f psicosis f colectiva; **~sterben** n mortandad f; **~tourismus** m turismo m de masas; **2weise** en masa.

Masseu|r [maˈsøːr] m (3), **~se** [-'søːzə] f (15) masajista m.

Maß|gabe ['maːsgaːbə] f: nach ~ (gen.) conforme a, según; **2gebend**, **2geblich** ['-geːplıç] j.: competente; et.: decisivo; determinante; **2halten** moderarse.

massieren [ma'si:rən] 𝒮 dar un masaje; ⚕ concentrar.
massig ['-siç] abultado; voluminoso; *adv.* F a manta.
mäßig ['mɛ:siç] moderado; *Preis*: módico; *im Essen*: frugal; *im Trinken*: sobrio; (*mittel~*) mediocre, regular; **~en** ['--gən] (25): (*sich*) ~ moderar(se); contener(se); (*mildern*) suavizar; ⁀keit *f* moderación *f*; templanza *f*; frugalidad *f*; sobriedad *f*; ⁀ung *f* moderación *f*.
massiv [ma'si:f] **1.** *adj.* macizo; **2.** ⁀ *n* (3¹) macizo *m*.
Maß|kleidung ['mɑ:sklaıdʊŋ] *f* ropa *f* a medida; **~krug** *m* jarro *m* de litro; **~liebchen** ⚘ *n* margarita *f*; **~los** desmesurado; exagerado; inmenso; **~losigkeit** *f* desmesura *f*; **~nahme** ['-nɑ:mə], **~regel** *f* medida *f*; **⁀regeln** reprender; **~regelung** *f* reprensión *f*; **~schneider** *m* sastre *m*; **~stab** *m* (*Lineal*) regla *f* graduada; *auf Karten usw.*: escala *f*; *fig.* in großem ~ en gran escala; e-n ~ anlegen *an* aplicar un criterio a; ⁀voll comedido, mesurado, moderado.
Mast [mast]: **a)** *f* (16) engorde *m*, ceba *f*; **b)** *m* (3² *u.* 5¹) ♆ (*a.* ¹**~baum** *m*) palo *m*, mástil *m* (*Leitungs*⁀) poste *m*; ¹**~darm** *m* recto *m*.
mästen ['mɛstən] (26) engordar, cebar.
Mast... ['mast...]: *in Zssgn* 🐖 de engorde; **~futter** *n* cebo *m*; **~korb** ♆ *m* cofa *f*; **~kur** 𝒮 *f* cura *f* de engorde; **~vieh** *n* ganado *m* de engorde.
Material [-ter'jɑ:l] *n* (8²) material *m*; **~ismus** [--ja'lısmus] *m* (16, *o. pl.*) materialismo *m*; **~ist** [---'lıst] *m* (12), ⁀**istisch** [---'lıstıʃ] materialista (*m*); **~prüfung** *f* ensayo *m* de materiales; **~schaden** *m* daño *m* material.
Materie [-'te:rjə] *f* (15) materia *f*.
materiell [-ter'jɛl] material.
Mathema|tik [-təmɑ'ti:k] *f* (16, *o. pl.*) matemáticas *f/pl.*; **~tiker** [--'mɑ:tikər] *m* (7), ⁀**tisch** [--'mɑ:tiʃ] matemático (*m*).
Matinee [-ti'ne:] *f* (15) función *f* matinal.
Matratze [-'tratsə] *f* (15) colchón *m*.
Matrikel [-'tri:kəl] *f* (15) matrícula *f*.
Matrize [-'ˈtsə] *f* (15) *Typ.* matriz *f*.
Matrone [-'tro:nə] *f* (15) matrona *f*.
Matrose [-'-zə] *m* (13) marinero *m*; **~n-anzug** *m* traje *m* marinero.
Matsch [matʃ] *m* (3²) barro *m*, lodo *m*; ¹⁀**ig** cenagoso; lleno de barro.

matt [mat] débil; flojo; fatigado; (*glanzlos*) mate (*a. Phot.*); *Stimme, Augen, Farbe*: apagado; *Glas*: opaco; *Schach*: mate; ~ *setzen* dar mate a; ¹⁀**e** *f* (15) estera *f*; (*Fuß*⁀) felpudo *m*; *Turnen*: colchoneta *f*; ¹⁀**glas** *n* vidrio *m* opaco; ¹⁀**gold** *n* oro *m* mate; ⁀**heit** *f* falta *f* de brillo; ⁀**igkeit** *f* lasitud *f*; abatimiento *m*; languidez *f*; ¹⁀**scheibe** *f* cristal *m* esmerilado; *TV* pequeña pantalla *f*; F *fig.* ~ *haben* estar atontado.
Mauer ['maʊər] *f* (15) muro *m*; (*Stadt*⁀) muralla *f*; (*Wand*) pared *f*; **~blümchen** ['--bly:mçən] F *n*: ~ *sn* comer pavo; ⁀**n** (29) levantar un muro; **~schwalbe** *f*, **~segler** *m* vencejo *m*; **~werk** *n* mampostería *f*, albañilería *f*.
Maul [maʊl] *n* (1²) boca *f*; morro *m*; (*Schnauze*) hocico *m*; P *ein großes* ~ *haben* ser un bocazas; P *das* ~ *halten* callarse la boca; ¹**~affe** F *m*: ~ *n feilhalten* papar moscas; ¹**~beer-baum** *m* moral *f*; *weißer*: morera *f*; ¹**~beere** *f* mora *f*; ¹⁀**en** F (25) estar con hocico; refunfuñar; ¹**~esel** *m* burdégano *m*; ¹**~held** *m* fanfarrón *m*; ¹**~korb** *m* bozal *m*; ¹**~schelle** *f* bofetada *f*, F torta *f*; ¹**~tier** *m* mulo *m*, macho *m*; ¹**~trommel** *f* birimbao *m*; ¹**~und 'Klauenseuche** *f* glosopeda *f*, fiebre *f* aftosa; ¹**~wurf** *m* topo *m*; ¹**~wurfshügel** *m* topera *f*.
Maure ['maʊrə] *m* (13) moro *m*.
Maurer ['-rər] *m* (7) albañil *m*; **~arbeit** *f*, **~handwerk** *n* albañilería *f*; **~polier** *m* capataz *m* de obras.
Maur|in ['-rın] *f* mora *f*; ⁀**isch** moro.
Maus [maʊs] *f* (14¹) ratón *m*, *Arg.* laucha *f*.
Mäuschen ['mɔʏsçən] *n* (6) ratoncito *m*; ¹⁀**still** calladito, quietecito.
Mause|falle ['maʊzəfalə] *f* ratonera *f* (*a. fig.*); **~loch** *n* agujero *m* de ratón, ratonera *f*; ⁀**n** (27) **1.** *v/i.* cazar ratones; **2.** *v/t.* F ratear; mangar; **~r** *f* (15) muda *f*; ⁀**rn** (29): *sich* ~ estar de muda, mudar; ⁀**tot** F muerto y bien muerto.
mausig F ['-zıç]: *sich* ~ *machen* F ponerse chulo.
maxi|mal [maksi'mɑ:l] máximo; *adv.* como máximo; a lo sumo; ⁀**me** [-'ksi:mə] *f* (15) máxima *f*; ⁀**mum** [-'ksimʊm] *n* (9²) máximum *m*, máximo *m*.

Mayonnaise

Mayonnaise [majɔˈnɛːzə] f (15) mayonesa f, mahonesa f.
Mäzen [mɛˈtseːn] m (3¹) mecenas m.
Mechani|k [meˈçaːnik] f (16) mecánica f, ⁓**ker** m (7) mecánico m; ⁓**sch** mecánico; fig. a. maquinal; ⁎**sieren** [-çaniˈziːrən] mecanizar; ⁓**sierung** f mecanización f; ⁓**smus** [--ˈnismus] m (16²) mecanismo m.
Mecker|er F [ˈmɛkərər] m (7) criticón m; ⁎**n** (29) Ziege: balar; F fig. poner reparos a todo; quejarse.
Medaille [meˈdaljə] f (15) medalla f; ⁓**on** [--ˈjɔŋ] n (11) medallón m.
Medikament [-dikaˈmɛnt] n (3) medicamento m, medicina f, fármaco m.
Medit|ation [--tatsjoˈn] f meditación f; ⁎**ieren** [--ˈtiːrən] meditar.
Medium [ˈmeːdium] n (9) Phys. medio m; (Spiritismus) médium m; pl. ⁓**ien** medios m/pl. informativos od. de comunicación.
Medizin [mediˈtsiːn] f (16) medicina f; ⁎**er** m (7) estudiante m de medicina; (Arzt) médico m; ⁓**isch** médico; (arzneilich) medicinal; ⁓**mann** m curandero m.
Meer [meːr] n (3) mar su.; ⁓**aal** m congrio m; ⁓**busen** m golfo m; ⁓**enge** f estrecho m; ⁓**esboden** m fondo m del mar; ⁓**eskunde** f oceanografía f; ⁓**esspiegel** m nivel m del mar; ⁓**esströmung** f corriente f marítima; ⁓**grün** glauco; ⁓**katze** f macaco m; ⁓**rettich** m rábano m picante; ⁓**salz** n sal f marina; ⁓**schaumpfeife** f pipa f de espuma de mar; ⁓**schweinchen** [-ˈʃvaɪnçən] n conejillo m de Indias, cobayo (-a) m (f); ⁓**wasser** n agua f de mar.
Mega|hertz [megaˈhɛrts] n uv. megaciclo m; ⁓**phon** m (3) megáfono m; ⁓**tonne** f megatón m.
Mehl [meːl] n (3) harina f; mit ⁓ bestreuen enharinar; ⁓**brei** m papilla f; ⁓**händler** m harinero m; ⁓**ig** harinoso; ⁓**sack** m costal m od. saco m de harina; ⁓**speise** f alimento m farináceo; (süß) dulce m; ⁓**tau** m ⁓**wurm** m gusano m de la harina.
mehr [meːr] n (3) 1. (comp. v. viel) más (als que, vor Zahlen: de); nicht ⁓ zeitl. ya no; nichts ⁓ nada más; ⁓ oder weniger más o menos; et. nicht ⁓ (wieder) tun no volver a hacer a/c.; 2. ⁎**n** (7, o. pl.) excedente m; aumento m.

Mehr... [ˈmeːr...]: in Zssgn oft adicional, suplementario; ⁓**arbeit** f trabajo m adicional; ⁓**aufwand** m, ⁓**ausgabe** f aumento m de gastos; gasto m adicional; ⁓**betrag** m excedente m; ⁎**deutig** [ˈ-dɔytiç] ambiguo; ⁓**einnahme** f aumento m de ingresos; (Überschuß) excedente m; ⁎**en** (25) (a. sich ⁓) aumentar; ⁎**ere** [ˈ-rərə] varios, diversos; ⁎**eres** [ˈ-rəs] varias cosas; ⁎**erlei** [ˈ-rərˈlaɪ] uv. de diversas clases; ⁎**fach** múltiple; repetido; adv. repetidas veces; ⁎**fach...**: in Zssgn mst múltiple; ⁓**farbendruck** m impresión f policroma; ⁎**farbig** de varios colores; polícromo; ⁓**gebot** n Auktion: puja f; ⁓**gewicht** n exceso m de peso; ⁓**heit** f mayoría f; ⁓**heits...**: in Zssgn mayoritario; ⁓**heitswahlrecht** n sistema m mayoritario; ⁎**jährig** de varios años; ⁓**kosten** pl. gastos m/pl. suplementarios od. adicionales; ⁎**malig** [ˈ-maːliç] repetido; ⁎**mals** [ˈ-maːls] varias od. repetidas veces; ⁓**parteiensystem** n pluripartidismo m; ⁎**phasig** 𝓔 [ˈ-faːsiç] polifásico; ⁓**preis** m sobreprecio m; recargo m; ⁎**seitig** [ˈ-zaɪtiç] fig. multilateral; ⁎**silbig** [ˈ-zɪlbiç] polisílabo; ⁎**sprachig** [ˈ-ʃpraːxiç] polígloto; Text: multilingüe; ⁎**stimmig** [ˈ-ʃtɪmiç] de varias voces; ⁓**stufenrakete** f cohete m de varios escalones; ⁓**wegflasche** f botella f recuperable; ⁓**wert** m plusvalía f; ⁓**wertsteuer** f impuesto m sobre el valor añadido; ⁓**zahl** f mayoría f; Gram. plural m; ⁓**zweck...**: in Zssgn de múltiple uso; ⁓**zwecksport-anlage** f polideportivo m.

meiden [ˈmaɪdən] (30) evitar, huir.
Meile [ˈ-lə] f (15) legua f; (See⁓) milla f; ⁓**nstein** m mojón m; a. fig. hito m; ⁎**nweit** fig. muy lejos (de); ⁎**r** m (7) carbonera f; (Atom⁎) pila f.
mein [maɪn] (20) mi; der mein(ig)e el mío; die ⁎**en** los míos.
Meineid [ˈ-ˈʔaɪt] m (3) perjurio m; e-n ⁓ leisten jurar en falso, perjurar; ⁎**ig** [ˈ--diç] perjuro.
meinen [ˈ-nən] (25) pensar; creer; opinar; estimar; (sagen wollen) querer decir; (sich beziehen auf) aludir a, referirse a; das will ich ⁓! ¡ya lo creo!; ich meine me parece; man sollte od. möchte ⁓ se diría; wie Sie ⁓ como Vd. quiera; er meint es gut tiene las mejores intenciones.

meinerseits ['-nərzaɪts] por (od. de) mi parte.

meinesgleichen ['-nəs'glaɪçən] mi(s) igual(es).

meinet|halben ['-nət'halbən], **'-wegen** por mí (kann er gehen que se vaya); **'-willen**: um ~ por mí.

Meinung ['-nuŋ] f opinión f, parecer m; e-r ~ sn (mit) ser de la misma opinión (que), estar de acuerdo (con); m-r ~ nach en mi opinión; a mi modo de ver; j-m (gehörig) die ~ sagen F decir cuatro verdades a alg.; **~s-austausch** m intercambio m de opiniones; **~sforschung** f sondeo m de opinión; **~s-umfrage** f encuesta f demoscópica; **~sverschiedenheit** f divergencia f de opiniones.

Meise Zo. ['-zə] f (15) paro m; F fig. e-e ~ haben estar chalado.

Meißel ['-səl] m (7) escoplo m; des Bildhauers: cincel m; **2n** (29) escoplear; cincelar.

meist [maɪst] (18, sup. v. viel): das ~e la mayor parte (de); die ~en la mayoría od. mayor parte (de); am ~en más; s. a. ~ens; **2begünstigungsklausel** f cláusula f de nación más favorecida; **'-bietend** al mejor postor; **'-ens**, **'-enteils** la mayoría de las veces; por lo común, en general.

Meister ['-stər] m (7) maestro m; Sport: campeón m; **2haft**, **2lich** magistral; adv. con maestría; **2n** (29) dominar; (überwinden) vencer, superar; **~schaft** f maestría f; Sport: campeonato m; **~singer** ['--ziŋər] m (7) maestro m cantor; **~stück** n obra f maestra; **~titel** m Sport: título m de campeón; **~werk** n obra f maestra.

Melancholie [melaŋko'liː] f (15) melancolía f; **2isch** [--'koːliʃ] melancólico.

Melasse [-'lasə] f (15) melaza f.

Melde ♀ ['mɛldə] f (15) armuelle m.

Melde|amt ['-ˀamt] n oficina f de registro; **~bogen** m hoja f de inscripción; **~frist** f plazo m de inscripción; **~liste** f lista f de inscripciones; **2n** (26) declarar; (ankündigen) anunciar; (anzeigen) denunciar; (mitteilen) comunicar; informar; dar parte (j-m et. a alg. de a/c.); sich ~ presentarse (bei a); Fernspr. contestar; polizeilich: registrarse; (an~) inscribirse; Schüler: levantar la mano; sich zum Wort ~ pedir la palabra; **~pflicht** f declaración f obligatoria (a. ⚔); **~r** m

(7) ⚔ enlace m; ⊕ avisador m; **~schluß** m cierre m de inscripciones; **~zettel** m hoja f de inscripción bzw. de registro.

Meldung ['-duŋ] f (Nachricht) noticia f; (Anzeige) denuncia f; (Mitteilung) aviso m; parte m; (Bericht) informe m; (An2) inscripción f.

meliert [me'liːrt] Haar: entrecano.

Melisse ♀ [-'lisə] f (15) melisa f.

melk|en ['mɛlkən] (30) ordeñar; **2en** n ordeño m; **2er** m (7) ordeñador m; **2maschine** f ordeñadora f.

Melodie [melo'diː] f (15) melodía f; **2iös** [-'djøːs] melodioso; **2isch** [-'loːdiʃ] melódico.

Melone [-'loːnə] f (15) melón m; F (Hut) hongo m, bombín m.

Membran(e) [mɛm'braː(nə)] f (16 [15]) membrana f.

Memme F ['mɛmə] f (15) cobarde m, F gallina m.

Memoiren [memo'aːrən] pl. uv. memorias f/pl.

Memor|andum [--'randum] n (9[²]) memorándum m; **2ieren** aprender de memoria, memorizar.

Menage [me'naːʒə] f (15) für Essig u. Öl: vinagreras f/pl.; **~rie** [-naʒəˈriː] f (15) casa f bzw. colección f de fieras.

Menge ['mɛŋə] f (15) cantidad f; (große Anzahl) multitud f; (Menschen2) a. muchedumbre f, gentío m; & conjunto m; e-e ~ + su. gran número de, F la mar de; **2n** (25) mezclar; **~nlehre** & f teoría f de conjuntos; **2nmäßig** cuantitativo; **~nrabatt** m bonificación f por cantidad.

Meniskus [me'nɪskus] m (16²) menisco m.

Mennige ['mɛnɪgə] f (15, o. pl.) minio m.

Mensa ['mɛnza] f comedor m universitario.

Mensch [mɛnʃ] m (12) hombre m; persona f; jeder ~ todo el mundo; kein ~ nadie.

Menschen... ['-[ən...]: in Zssgn oft humano, del (de los) hombre(s); **~affe** m antropoide m; **~alter** n generación f; **~feind** m misántropo m; **2feindlich** misantrópico; **~fresser** m antropófago m, caníbal m; im Märchen: ogro m; **~freund** m filántropo m; **2freundlich** filantrópico; humano; **~gedenken** n: seit ~ desde tiempos inmemoriales; **~geschlecht**

Menschen *n* género *m* humano; ~**handel** *m* trata *f* de esclavos *bzw.* de negros; ~**haß** *m* misantropía *f*; ~**kenner** *m* conocedor *m* de los hombres; ~**kenntnis** *f* conocimiento *m* de los hombres; ~**kunde** *f* antropología *f*; ~**leben** *n* vida *f* humana; ~**leer** despoblado; desierto; ~**liebe** *f* filantropía *f*; ~**material** *n* material *m* humano; ~**menge** *f* multitud *f*, muchedumbre *f*, gentío *m*; ♀**möglich** humanamente posible; ~**raub** *m* secuestro *m*; ~**rechte** *n/pl.* derechos *m/pl.* humanos *od.* del hombre; ~**scheu** huraño; ~**schlag** *m* raza *f*, clase *f* de hombre; ~**seele** *f*: *keine* ~ ni un alma (viviente); ~**skind!** F ¡hombre!; ♀**unwürdig** inhumano; ~**verstand** *m*: *gesunder* ~ sentido *m* común; ~**würde** *f* dignidad *f* humana; ♀**würdig** humano.

¹**Mensch|heit** *f* humanidad *f*; género *m* humano; ♀**lich** humano; ~**lichkeit** *f* humanidad *f*; ~**werdung** ['-ve:r-dʊŋ] *f* Rel. encarnación *f*.

Menstru|ation [mɛnstrua'tsjo:n] *f* menstruación *f*; ♀**ieren** menstruar.

Mensur [-'zu:r] *f* (16) duelo *m* entre estudiantes.

Mentalität [-tali'tɛ:t] *f* mentalidad *f*.

Menü [me'ny:] *n* (11) lista *f* de platos, menú *m*, minuta *f*; (*Gedeck*) cubierto *m* (fijo).

Menuett [menu'ɛt] *n* (3) minué *m*.

Mergel ['mɛrgəl] *m* (7) marga *f*; ~**boden** *m* tierra *f* margosa.

Meridian [meri'dja:n] *m* (3¹) meridiano *m*.

merk|bar ['mɛrkba:r] perceptible; ♀**blatt** *n* hoja *f* informativa *od.* explicativa; ♀**buch** *n* libreta *f*; agenda *f*; ~**en** (25) notar, darse cuenta de; *sich et.* ~ recordar a/c.; tomar nota de a/c.; ~ *lassen* dejar traslucir; *sich* (*dat.*) *nichts* ~ *lassen* disimular; ~**lich** perceptible; sensible; (*beträchtlich*) considerable; ~**mal** *n* señal *f*; característica *f*; distintivo *m*; síntoma *m*; ~**würdig** curioso, raro, extraño; ~**würdiger****weise** curiosamente; *es ist curioso que* (*subj.*); ♀**würdigkeit** *f* curiosidad *f*; cosa *f* rara; ♀**zeichen** *n* señal *f*; marca *f*.

meschugge F [me'ʃʊgə] F chiflado, chalado.

Mesner ['mɛsnər] *m* (7) sacristán *m*.

Meß|amt Rel. ['mɛsʔamt] *n* oficio *m* divino; ~**band** *n* cinta *f* métrica; ♀**bar** mensurable; ~**becher** *m* vaso *m* graduado; ~**buch** Rel. *n* misal *m*; ~**diener** *m* acólito *m*, monaguillo *m*.

Messe ['mɛsə] *f* (15) Rel. misa *f* (*stille rezada*); ✝ feria *f*; ⚓, ✕ casino *m* bzw. comedor *m* de oficiales; ~**besucher** ✝ *m* feriante *m*; ~**gelände** *n* recinto *m* ferial.

messen ['-sən] (30) medir; *sich* ~ *mit* competir con.

Messer ['-sər] *n* (7) cuchillo *m*; (*Klapp*♀) navaja *f*; ⊕ cuchilla *f*; *Chir.* bisturí *m*; ~**held** *m* navajero *m*; ~**rücken** lomo *m* del cuchillo; ~**spitze** *f*: *e-e* ~ *voll* una punta de cuchillo; ~**stecherei** *f* riña *f* a, cuchilladas; ~**stich** *m* cuchillada *f*, navajada *f*, navajazo *m*.

Meß|gerät ['mɛsgərɛ:t] *n* instrumento *m* de medición; medidor *m*; Rel. vasos *m/pl.* sagrados; ~**gewand** *n* casulla *f*; ~**glas** *n* probeta *f* graduada.

Messing ['mɛsɪŋ] *n* (3¹) latón *m*.

Meß|kelch Rel. ['mɛskɛlç] *m* cáliz *m*; ~**latte** *f* mira *f*; ~**tisch(blatt** *n*) *m* (plano *m* de) plancheta *f*.

Messung ['mɛsʊŋ] *f* medición *f*.

Mestize [mɛs'ti:tsə] *m* (13) mestizo *m*.

Metall [me'tal] *n* (3¹) metal *m*; ~**arbeiter** *m* (obrero *m*) metalúrgico *m*; ♀**en** de metal, metálico; ~**geld** *n* moneda *f* metálica; ♀**haltig** [-'haltɪç] metalífero; ~**industrie** *f* industria *f* metalúrgica; ♀**isch** metálico (*a. fig.*); ~**urgie** [--ur'gi:] *f* (15) metalurgia *f*; ~**waren** *f/pl.* artículos *m/pl.* de metal.

Meta|morphose [-tamɔr'fo:zə] *f* (15) metamorfosis *f*; ~**pher** [-'-fər] *f* (15) metáfora *f*; ~**phy'sik** *f* metafísica *f*; ♀**physisch** metafísico; ~**stase** *f* [--'sta:zə] *f* (15) metástasis *f*.

Meteor [-te'o:r] *m* (3¹) meteorito *m*; *fig.* meteoro *m*; ~**ologe** [--oro'lo:gə] *m* (13) meteorólogo *m*; ~**ologie** [----lo'gi:] *f* (15) meteorología *f*; ♀**o'logisch** meteorológico.

Meter ['me:tər] *m*, *a. n* (7) metro *m*; ~**maß** *n* (*Band*) cinta *f* métrica; (*Zollstock*) metro *m* (plegable).

Method|e [me'to:də] *f* (15) método *m*; ♀**isch** metódico.

Methyl [-'ty:l] *n* (3¹) metilo *m*; ~**...:** *in Zssgn* metílico.

Metr|ik ['me:trɪk] *f* (16) métrica *f*; ♀**isch** métrico.

Metro|nom [metro'no:m] *n* (3¹) metrónomo *m*; ~**pole** [--'po:lə] *f* (15) metrópoli *f*.

Mette ['mɛtə] f (15) maitines m/pl.
Mettwurst ['mɛtvʊrst] f (especie de butifarra ahumada).
Metz|elei [mɛtsə'laɪ] f matanza f, carnicería f; ²**eln** (29) asesinar; degollar; **~ger** ['-gər] m (7) carnicero m; **~ge'rei** f carnicería f.
Meuchel|mord ['mɔʏçəlmɔrt] m asesinato m (alevoso); **~mörder** m asesino m; ²**n** (29) asesinar.
meuch|lerisch ['-ləriʃ] alevoso, traidor; **~lings** [-liŋs] a traición.
Meute ['mɔʏtə] f (15) jauría f; fig. turba f; **~rei** f motín m; **~rer** m (7) amotinado m; ²**rn** (29) amotinarse; F fig. protestar.
Mexikan|er(in f) [mɛksi'kɑːnər(in)] m (7), ²**isch** mejicano (-a m (f)).
miauen [mi'aʊən] (25) maullar.
mich [miç] (s. ich, 19) me; betont: a mí.
mied [miːt] s. meiden.
Mieder ['miːdər] n (7) (Korsett) corsé m, faja f; (Leibchen) corpiño m; **~waren** f/pl. corsetería f.
Miene ['miːnə] f (15) cara f, aire m; gesto m; **~nspiel** n mímica f; gestos m/pl.; expresiones f/pl. faciales.
mies F [miːs] malo; feo; ²**macher** m (7) pesimista m; derrotista m; ²**muschel** f mejillón m.
Miet|e [miːt] f (15): **a)** alquiler m; zur **~** wohnen vivir en un piso de alquiler; **b)** ✓ almiar m; silo m; ²**en** (26) alquilar; **~er(in** f) m (7) inquilino (-a m (f)); **~erschutz** m protección f a los inquilinos; ²**frei** sin (pagar) alquiler; **~shaus** n casa f de alquiler od. de vecindad; **~skaserne** f gran bloque m de viviendas; **~vertrag** m contrato m de alquiler (Wohnung: de inquilinato); **~wagen** m coche m de alquiler; **~wohnung** f piso m de alquiler.
Migräne [mi'grɛːnə] f (15) jaqueca f.
Mikro... ['mikro...]: in Zssgn mst micro...; **~be** [-'kroːbə] f (15) microbio m; **~computer** m microordenador m; **~film** ['-krofilm] m microfilm(e) m; **~phon** [-'foːn] n (3¹) micrófono m; **~prozessor** [--proˈtsɛsɔr] m (8¹) microprocesador m; **~skup** [--'skoːp] n (3¹) microscopio m; ²**skopisch** microscópico; **~wellenherd** m horno m microondas.
Milbe ['milbə] f (15) ácaro m.
Milch [milç] f (16, o. pl.) leche f; (Fisch²) lecha f; **~bar** f granja f;

~bart m bozo m; fig. barbilampiño m; **~brei** m papilla f con leche; **~brötchen** n bollo m (de leche); **~drüse** f Anat. glándula f mamaria; **~-erzeugnisse** n/pl. productos m/pl. lácteos; **~geschäft** n lechería f; **~glas** n cristal m de opalino; **~händler(in** f) m lechero (-a) m (f); ²**ig** lechoso; **~kaffee** m café m con leche; **~kanne** f jarro m para la leche; **~kuh** f vaca f lechera; **~kur** f régimen m lácteo; **~mädchenrechnung** f fig. cuenta f de la lechera; **~mixgetränk** n batido m; **~pulver** n leche f en polvo; **~reis** m arroz m con leche; **~säure** f ácido m láctico; **~straße** f Astr. f vía f láctea; **~tüte** f bolsa f de leche; **~wirtschaft** f industria f lechera; **~zahn** m diente m de leche; **~zentrifuge** f desnatadora f; **~zucker** m lactosa f.
mild [milt], **~e** ['-də] suave; Wetter: bonancible, apacible; Klima: templado, benigno; j.: indulgente, clemente; Strafe: leve; **~e** Gabe limosna f; ²**e** ['-də] f (15) suavidad f; dulzura f; ²**e** indulgencia f, clemencia f; j-s: benignidad f, templanza f; (Klima) benignidad f, templanza f; **~ern** (29) templar, suavizar; atenuar; (lindern) mitigar, aliviar; der Umstand circunstancia f atenuante; ²**erung** f suavización f; mitigación f; atenuación f; **~herzig** ['milthɛrtsiç] bondadoso; **~tätig** caritativo; **~tätigkeit** f caridad f.
Milieu [mil'jøː] n (11) ambiente m, medio m.
Militär [mili'tɛːr] (11): **a)** m militar m; **b)** n (o. pl.) ejército m; soldados m/pl.; er ist beim **~** está en filas; **~** in Zssgn militar; **~attaché** m agregado m militar; **~dienst** m servicio m militar; **~gericht** n tribunal m militar; ²**isch** militar.
Militaris|mus [--ta'rismus] m (16, o. pl.) militarismo m; **~t** m (12), ²**tisch** militarista (m).
Militär|kapelle [--'tɛːrkapələ] f banda f militar; **~pflicht** f servicio m militar obligatorio; **~pflichtig** sujeto al servicio militar.
Miliz [-'liːts] f (16) milicia f; **~soldat** m miliciano m.
Milliarde [mil'jardə] f (15) mil millones m/pl.
Milli|gramm [mili'gram] n miligramo m; **~'meter** m, a. n milímetro m.

Million 804

Million [mil'jo:n] *f* (16) millón *m*; ~**är(in)** [-jo'nɛːr(in)] *m* (3¹) millonario (-a) *m* (*f*).

Milz [milts] *f* (16) bazo *m*; '~**brand** ♂ *m* carbunco *m*.

Mim|e ['mi:mə] *m* (13) actor *m*; **2en** F (25) fingir; ~**ik** ['-mik] *f* (16) mímica *f*; ~**ikry** ['mimikri] *f uv.* mimetismo *m*; **2isch** ['mi:miʃ] mímico.

Mimose ♀ [mi'mo:zə] *f* (15) mimosa *f*, sensitiva *f*.

Minarett [mina'rɛt] *n* (3) alminar *m*, minarete *m*.

minder ['mindər] (18) menor; (*geringer*) inferior; *adv.* menos; ~**bemittelt** necesitado; **2heit** *f* minoría *f*; ~**jährig** menor (de edad); **2jährigkeit** *f* minoría *f* de edad; ~**n** (29) reducir, disminuir; **2ung** *f* reducción *f*, disminución *f*; ~**wertig** ['-veːrtiç] (de calidad) inferior; de escaso valor; **2wertigkeit(skomplex** *m*) *f* (complejo *m* de) inferioridad *f*; **2zahl** *f* minoría *f*.

mindest ['-dəst] (18): *das* ~*e* lo menos; *nicht das* ~*e* ni lo más mínimo; *nicht im* ~*en* de ningún modo; **2...**: *in Zssgn* mínimo; ~**ens** por lo (*od.* al) menos; como mínimo; **2maß** *n* mínimum *m*, mínimo *m*.

Mine ['mi:nə] *f* (15) mina *f*; ~**nfeld** *n* campo *m* minado; ~**nleger** ♣ *m* (7) minador *m*; ~**nsuchboot** ♣ *n* dragaminas *m*.

Mineral [mineˈraːl] *n* (3¹ *u.* 8²) mineral *m*; ~**...**: *in Zssgn*, **2isch** mineral; ~**oge** [-raˈloːgə] *m* (13) mineralogista *m*; ~**ogie** [---loˈgiː] *f* (15) mineralogía *f*; **2ogisch** [---ˈloːgiʃ] mineralógico; ~**öl** *n* aceite *m* mineral; ~**quelle** *f* fuente *f* de aguas minerales; ~**reich** *n* reino *m* mineral; ~**wasser** *n* agua *f* mineral.

Miniatur [minjaˈtuːr] *f* (16) miniatura *f*; ~**maler(in** *f*) *m* miniaturista *su.*

Mini|golf ['minigɔlf] *n* minigolf *m*; **2mal** [--ˈmaːl] *a. in Zssgn* mínimo; insignificante; ~**mum** ['-mum] *n* (9²) mínimum *m*, mínimo *m*; ~**rock** *m* minifalda *f*.

Minister [-ˈnistər] *m* (7), ~**in** *f* ministro (-a *f*) *m*; ~**ialdirektor** [---jaːldiˌrɛktoːr] *m* director *m* general; ~**ial-erlaß** [---ˈjɛl] *m* decreto *m* ministerial; **2iell** [---ˈjɛl] ministerial; ~**ium** [--ˈteːrjum] *n* (9) ministerio *m*; ~**posten**, ~**sessel** *m* cartera *f*; ~**präsident** *m* Presidente *m* del Consejo; primer ministro *m*; ~**rat** *m* Consejo *m* de ministros.

Ministr|ant *Rel.* [--ˈtrant] *m* (12) acólito *m*, monaguillo *m*; **2ieren** [--ˈtriːrən] ayudar a misa.

Minne *poet.* ['-nə] *f* (15, *o. pl.*) amor *m*; ~**sänger** *m* trovador *m*.

Minorität [-noriˈtɛːt] *f* minoría *f*.

minus ['mi:nus] **1.** *adv.* menos; *3 Grad* ~ tres grados bajo cero; **2.** *2 n uv.* † déficit *m*; **2punkt** *m* punto *m* negativo; **2zeichen** *n* (signo *m* de) menos *m*.

Minute [miˈnuːtə] *f* (15) minuto *m*; *auf die* ~ F como un clavo; ~**nzeiger** *m* minutero *m*.

minuziös [-nuˈtsjøːs] minucioso.

Minze ♀ ['mintsə] *f* (15) menta *f*, hierbabuena *f*.

mir [miːr] (*s. ich*, 19) me; *betont*: a mí; *mit* ~ conmigo; *ein Freund von* ~ un amigo mío.

Mirabelle ♀ [miraˈbɛlə] *f* (15) ciruela *f* amarilla *f od.* mirabel.

Misch... ['miʃ...]: *in Zssgn oft* mixto; **2bar** mezclable, miscible; ~**ehe** *f* matrimonio *m* mixto; **2en** (27) mezclar; *Karten*: barajar; *sich* ~ *in* (*ac.*) (entre)meterse *od.* inmiscuirse en; ~**ling** ['-liŋ] *m* (3¹) mestizo *m*; ~**masch** ['-maʃ] *m* (3²) mezcolanza *f*; ~**pult** ✏ *n* pupitre *m* de mezcla; ~**ung** *f* mezcla *f*; mixtura *f*; ~**wald** *m* bosque *m* mixto.

miserabel [mizəˈraːbəl] miserable; malísimo, pésimo.

Mispel ♀ ['mispəl] *f* (15) níspero *m*.

miß|achten [misˈʔaxtən] despreciar, desdeñar; faltar a; no respetar; '**2-achtung** *f* desprecio *m*, desdén *m*; '**2behagen** *n* malestar *m*; desazón *f*; '**2bildung** *f* deformación *f*; deformidad *f*; ~**billigen** desaprobar; '**2billigung** *f* desaprobación *f*; '**2brauch** *m* abuso *m*; ~**brauchen** abusar de (*a. Frau*); '**2bräuchlich** ['-brɔyçliç] abusivo; ~**deuten** interpretar mal; '**2deutung** *f* falsa interpretación *f*.

missen ['misən] (28): *nicht* ~ *können* no poder prescindir *od.* pasarse de.

Miß|erfolg ['misˈʔɛrfɔlk] *m* fracaso *m*; ~**ernte** *f* mala cosecha *f*.

Misse|tat [ˈmisətaːt] *f* fechoría *f*; delito *m*; ~**täter(in** *f*) *m* malhechor(a) *m* (*f*).

miß|fallen [misˈfalən] desagradar, disgustar; '**2fallen** *n* desagrado *m*, disgusto *m*; '**2geburt** *f* criatura *f* deforme; monstruo m; fig. engendro m; ²**geschick** n mala suerte f; desgracia f; adversidad f; ²**gestalt** f deformidad f; **⁓gestaltet** deforme, contrahecho; ²**gestimmt** de mal humor; **⁓glücken** (sn) fracasar, malograrse; salir mal; **⁓gönnen** envidiar (j-m et. a/c. a alg.); ²**griff** m desacierto m; equivocación f; ²**gunst** f envidia f; **⁓günstig** envidioso; **⁓handeln** maltratar; ²**handlung** f malos tratos m/pl.; ²**heirat** f casamiento m desigual; F casorio m; ²**helligkeit** f desavenencia f; discordancia f.

Mission [mis'jo:n] f misión f; **⁓ar** [-jo'na:r] m (3¹) misionero m.

Miß|**klang** ['misklaŋ] m disonancia f (a. fig.); cacofonía f; **⁓kredit** m descrédito m; in **⁓** bringen desacreditar; **⁓lich** precario; desagradable; delicado; ²**liebig** ['-li:biç]: sich **⁓** machen perder todas las simpatías; ²**lingen** [-'liŋən] (30, sn) fracasar; salir mal; **⁓lingen** n fracaso m; mal resultado m; **⁓mut** m mal humor m; ²**mutig** malhumorado, de mal humor; ²**raten** (sn) salir mal, fallar; part. pt. Kind: descastado; **⁓stand** m inconveniente m; situación f precaria; **⁓stimmung** f mal humor m; descontento m; **⁓ton** m ♪ nota f falsa; fig. a. disonancia f; ²**trauen** (dat.) desconfiar de; **⁓trauen** n desconfianza f; **⁓trauens-antrag** m moción f de censura; **⁓trauensvotum** n voto m de censura; ²**trauisch** desconfiado (gegen de); escamado; receloso; ²**vergnügt** descontento; **⁓verhältnis** n desproporción f; ²**verständlich** equívoco; **⁓verständnis** n equivocación f; malentendido m; ²**verstehen** entender od. interpretar mal; **⁓wirtschaft** f desgobierno m; mala gestión f.

Mist [mist] m (3²) estiércol m; F fig. porquería f; (Unsinn) tonterías f/pl.; ¹**⁓el** f (15) muérdago m; ²**en** (26) estercolar; ¹**⁓fink** F m puerco m; ¹**⁓gabel** f horquilla f de estiércol; **⁓haufen** m estercolero m; fig. sucio; fig. feo; cochino; ¹**⁓käfer** m geotrupo m.

mit [mit] (dat.) con; Mittel: por; por medio de; **⁓** der Post por correo; **⁓** dem Zug en tren; **⁓** 20 Jahren a los veinte años, **⁓** blonden Haaren de cabellos rubios.

¹**Mit**|**arbeit** f colaboración f, cooperación f; ²**arbeiten** colaborar, cooperar (bei en); **⁓arbeiter(in** f) m colaborador(a) m (f), cooperador(a) m (f); ²**bekommen** Braut: recibir en dote; F (verstehen) comprender; **⁓benutzung** f uso m común; **⁓besitzer(in** f) m copropietario (-a) m (f); **⁓bestimmung** f cogestión f; **⁓bewerber(in** f) m competidor(a) m (f); contrincante su.; **⁓bewohner(in** f) m coinquilino (-a) m (f); ²**bringen** traer; fig. aportar; **⁓bringsel** ['-briŋzəl] n (7) pequeño regalo m; **⁓bürger(in** f) m conciudadano (-a) m (f); **⁓eigentümer(in** f) m copropietario (-a) m (f); ²**-ein-ander** uno(s) con otro(s); juntos; ²**-empfinden** simpatizar; **⁓erbe** m coheredero m; **⁓esser** ❡ m comedón m, espinilla f; ²**fahren** (sn) ir con, acompañar a; ²**fühlen** simpatizar; ²**fühlend** compasivo; ²**führen** llevar (consigo); Fluß: acarrear, arrastrar; ²**geben** dar (e-r Braut: en dote); **⁓gefühl** n simpatía f; compasión f; (Beileid) pésame m; ²**gehen** (sn) ir (mit con), acompañar a; fig. seguir atentamente; F fig. **⁓** lassen limpiar, mangar; **⁓gift** f (16) dote f; **⁓giftjäger** m cazadotes m; **⁓glied** n miembro m; e-s Vereins usw.: socio m; **⁓gliedschaft** f calidad f de miembro od. socio; **⁓gliedskarte** f carnet m de socio; **⁓glied(s)staat** m Estado m miembro; ²**haben** llevar (consigo); ²**halten** ser de la partida; tomar parte en; ²**helfen** ayudar; echar una mano; **⁓hilfe** f ayuda f; asistencia f; ²**hin** por lo tanto; ²**hören** escuchar; **⁓inhaber(in** f) m copropietario (-a) m (f); ²**kommen** (sn) ir con, acompañar a; fig. (poder) seguir; ²**können** fig. (poder) seguir; ²**kriegen** fig. comprender; coger; ²**läufer(in** f) m simpatizante m; **⁓laut** Gram. m consonante f; **⁓leid** n compasión f; piedad f; **⁓leidenschaft** f: in **⁓** ziehen afectar; ²**leidig** compasivo; **⁓leidslos** despiadado; ²**machen** ser de la partida; participar en; Mode usw.: seguir; (ertragen) sufrir; ich mache mit! ¡me apunto!; **⁓mensch** m prójimo m; ²**nehmen** llevarse, llevar consigo; Gelegenheit: aprovechar; (erschöpfen) agotar; hart, eng **⁓** dejar malparado; ²**nichten** [-'niçtən] de ningún modo; ²**rechnen** 1.

mitreden

v/t. incluir en la cuenta; **2.** v/i. contar; ⁀**reden** tomar parte en la conversación; (*ein Wort*) mitzureden haben bei tener voz en; ⁀**reisende(r)** su. compañero (-a) m (f) de viaje; ⁀**reißen** arrastrar; *fig.* entusiasmar; apasionar; ⁀**reißend** arrebatador; ²⁀**samt** (*dat.*) junto con; ⁀**schicken** adjuntar; ⁀**schleppen** arrastrar; ⁀**schnitt** ♪ m grabación f directa; ⁀**schreiben** tomar apuntes; ⁀**schuld** f complicidad f; ⁀**schuldig** cómplice (*an dat.* en); ⁀**schüler(in** f) m condiscípulo (-a) m (f); ⁀**singen** unirse al canto; ⁀**spielen** tomar parte en el juego; *Thea.* actuar (en); ♪ tocar (en); *j-m übel* ⁀ jugar una mala partida a alg.; ⁀**spieler** m compañero m de juego (*Sport*: de equipo); ⁀**spracherecht** n derecho m de intervención; ⁀**sprechen** s. ⁀reden; *fig.* entrar en cuenta, contar.

Mittag ['mita:k] m (3) mediodía m; zu ⁀ essen almorzar, comer; ⁀**essen** n almuerzo m, comida f; ²s a mediodía; ⁀**s-pause** f hora f de almorzar; ⁀**sruhe** f, ⁀**sschlaf** m siesta f; ⁀ halten dormir la siesta; ⁀**s-tisch** m comedor m; ⁀**szeit** f (hora f del) mediodía m.

Mittäter ⁊ ['mit-tɛːtər] m coautor m; cómplice m; ⁀**schaft** ⁊ f coautoría f; complicidad f.

Mitte ['mitə] f (15) medio m; centro m; ⁀ Mai a mediados de mayo; *in* (*aus*) *unserer* ⁀ entre nosotros.

mitteil|en ['mit-tailən] comunicar, participar; avisar, informar (de); ⁀**sam** comunicativo, expansivo; ⁀**ung** f comunicación f, notificación f; ⁀**ungsblatt** n boletín m.

Mittel ['mitəl] n (7) medio m; pl. (*Geld²*) recursos m/pl., fondos m/pl.; (*Ausweg*) recurso m; ⚕ remedio m; *mit allen* ⁀ *n* por todos los medios; *sich ins* ⁀ *legen* interceder, intervenir; ⁀**alter** n Edad f Media; ²⁀**alterlich** medieval; ²⁀**amerikanisch** centroamericano; ⁀**bar** indirecto; ⁀**ding** n cosa f intermedia; ²⁀**europäisch** centroeuropeo; ⁀**finger** m dedo m medio *od.* del corazón; ⁀**fristig** a medio plazo; ⁀**gewicht** n *Sport*: peso m medio; ²⁀**groß** de tamaño mediano; de estatura mediana; ²⁀**hochdeutsch** alto alemán medio; ²⁀**ländisch** ['--lɛndiʃ] mediterráneo; ⁀**läufer** m *Sport*: medio m centro; ²⁀**los** sin medios *od.* recursos; ⁀**losigkeit** f falta f de medios *od.* recursos; ²⁀**mäßig** mediocre; mediano, regular; ⁀**mäßigkeit** f mediocridad f; mediania f; ⁀**ohr-entzündung** f otitis f media; ⁀**punkt** m centro m (*a. fig.*); ²s (*gen.*) por medio de, mediante; ⁀**scheitel** m raya f central; ⁀**schule** f → Realschule; ⁀**smann** m mediador m; intermediario m; ⁀**stand** m clase f media; ⁀**streckenläufer** m corredor m de medio fondo, mediofondista m; ⁀**streckenrakete** f cohete m *od.* misil m de alcance medio; ⁀**streifen** m *Auto-bahn*: (franja f) mediana f; ⁀**stufe** f grado m medio; ⁀**stürmer** m *Sport*: delantero m centro; ⁀**weg** m *fig.* compromiso m; *der goldene* ⁀ el justo medio; ⁀**welle** f onda f media; ⁀**wort** n (1²) *Gram.* participio m.

mitten ['mitən]: ⁀ *in* en medio de; *en el centro de*; ⁀ *im Winter* en pleno invierno; ⁀**'durch** por en medio de; a través de.

Mitter|nacht ['mitərnaxt] f medianoche f (*um* a); ²⁀**nächtlich** de medianoche.

mittler ['-lər] **1.** *adj.* (18) medio; central; (*durchschnittlich*) mediano; **2.** ²(**in** f) m (7) medianero (-a) m (f); ⁀'**weile** mientras tanto, entretanto.

Mittwoch ['-vɔx] m (3) miércoles m.

mit|unter [mit⁷untər] de vez en cuando, a veces; '⁀**verantwortlich** igualmente responsable (*für* de); '²⁀**welt** f: *die* ⁀ los contemporáneos; '⁀**wirken** cooperar, concurrir, participar (*bei* en); *Thea.* actuar; '²⁀**wirkung** f cooperación f, concurso m, participación f; *unter* ⁀ *von* con la colaboración de; '²⁀**wisser(in** f) m confidente su.; ⁊ cómplice su.

Mix|becher ['miksbɛçər] m coctelera f; ⁀**er** m (7) barman m; (*Gerät*) batidora f; ⁀**getränk** n batido m; ⁀**tur** [-'tuːr] f (16) mixtura f.

Mob [mɔp] m (11, *o. pl.*) populacho m.

Möbel ['møːbəl] n (7) mueble m; ⁀**lager** n guardamuebles m; ⁀**spedition** f casa f de mudanzas; ⁀**tischler** m ebanista m; ⁀**wagen** m camión m de mudanzas.

mobil [moˈbiːl] (18) ágil; ✕ ⁀ machen movilizar; ²e [-'biːle] n (11) móvil m; ²**iar** [--'jaːr] n (3¹) mobiliario m, mueblaje m; ²**ien** [-'biːljən] *pl. uv.* bienes m/pl. muebles; ⁀**isieren**

Mönchsorden

[-biliˈziːrən] movilizar (*a. fig.*); ⁓machung [-ˈbiːlmaxuŋ] *f* movilización *f*.

möblieren [møˈbliːrən] amueblar.

mochte, möchte [ˈmɔxtə, ˈmœçtə] *s.* **mögen**.

Mode [ˈmoːdə] *f* (15) moda *f*; *neueste* ⁓ última moda; (*in*) ⁓ *sn* estar de moda *od. fig.* en boga; *aus der* ⁓ *kommen* pasar de moda; ⁓**artikel** *m* artículo *m* de moda; *pl. a.* novedades *f/pl.*; ⁓**geschäft** *n* casa *f* de modas.

Modell [moˈdɛl] *n* (3¹) modelo *m*; (*Person*) modelo *su.*; △ maqueta *f*; (*Schablone*) patrón *m*; ⁓**flugzeug** *n* aeromodelo *m*; ⁓**flugzeugbau** *n* aeromodelismo *m*; ⁑**ieren** [--ˈliːrən] modelar; ⁓**kleid** *n* modelo *m*.

Mode(n)schau [ˈmoːdə(n)ʃaʊ] *f* desfile *m* de modelos.

Moder [ˈmoːdər] *m* (7) moho *m*.

Moder|ator [modəˈraːtɔr] *m* (8¹) *TV usw.*: moderador *m*; presentador *m*; ⁑**ieren** [--ˈriːrən] moderar; presentar.

moder|ig [ˈmoːdərɪç] mohoso; ⁑**n** (29) pudrirse.

modern [moˈdɛrn] moderno; ⁓**isieren** [--niˈziːrən] modernizar; ⁑**iˈsierung** *f* modernización *f*.

Mode|salon [ˈmoːdəzalɔŋ] *m* salón *m* de modas; ⁓**schmuck** *m* bisutería *f*; ⁓**schöpfer** *m* modisto *m*; ⁓**zeichner** *m* diseñador *m* de modas; ⁓**zeichnung** *f* figurín *m* (de modas).

modisch [ˈmoːdɪʃ] de moda.

Modistin [moˈdɪstɪn] *f* modista *f*.

Modul|ation [-dulaˈtsjoːn] *f* modulación *f*; ⁑**ieren** [--ˈliːrən] modular.

Modus [ˈmoːdʊs] *m* (16, *pl.* -di) modo *m* (*a. Gram.*).

Mofa [ˈmoːfa] *n* (11) velomotor *m*.

Mogel|ei F [mogəˈlaɪ] *f* fullería *f*, trampa *f*; ⁑**n** [ˈmoːgəln] (29) hacer trampas.

mögen [ˈmøːgən] (30) (*können, dürfen*) poder; (*gern haben, wünschen*) querer; desear; *a. Speise:* gustar; *lieber* ⁓ preferir; *ich mag ihn sehr gern* le aprecio mucho; *ich möchte* (*od. gern*) *quisiera*; *me gustaría* (*er*) *mag es* puede ser; es posible; *was er auch sagen mag* diga lo que quiera; *mag er auch noch so reich sn* por rico que sea.

Mogler F [ˈmoːglər] *m* (7) tramposo *m*.

möglich [ˈmøːklɪç] posible; *alles* ⁓*e* todo lo posible; *das ist gut od. leicht* ⁓ es muy posible; ⁓ *machen* hacer posible, posibilitar; ⁓**erˈweise** posiblemente; a lo mejor; ⁓**keit** *f* posibilidad *f*; *nach* ⁓ en lo posible; ⁓**st**: *sein* ⁓*es tun* hacer todo lo posible; ⁓ *viel* lo más posible; ⁓ *bald* cuanto antes, lo antes posible.

Mohair [moˈhɛːr] *m* (3¹) mohair *m*.

Mohammedan|er(in *f*) [-hameˈdaːnər(in)] *m* (7), ⁑**isch** mahometano (-a) *m* (*f*).

Mohn ♀ [moːn] *m* (3) adormidera *f*; (*Klatsch*⁓) amapola *f*.

Möhre ♀ [ˈmøːrə] *f* (15), **Mohrrübe** [ˈmoːryːbə] *f* (15) zanahoria *f*.

Moiré [moaˈreː] *m, n* (11) muaré *m*.

mok|ant [moˈkant] burlón; ⁑**ieren** [-ˈkiːrən]: *sich* ⁓ *über* (*ac.*) burlarse de.

Mokka [ˈmɔka] *m* (11) moca *m*; ⁓**tasse** *f* jícara *f*.

Molch *Zo.* [mɔlç] *m* (3) salamandra *f*.

Mole ⚓ [ˈmoːlə] *f* (15) muelle *m*.

Mole|kül [moleˈkyːl] *n* (3¹) molécula *f*; ⁓**kular...** [--kuˈlaːr...]: *in Zssgn* molecular.

Molke [ˈmɔlkə] *f* (15) suero *m* de la leche; ⁓**ˈrei** *f* lechería *f*; ⁓**ˈreiprodukte** *n/pl.* productos *m/pl.* lácteos.

Moll ♪ [mɔl] *n uv.* modo *m* menor.

mollig [ˈ-lɪç] (*weich*) muelle, blando; (*warm*) calentito; (*rundlich*) regordete, rollizo.

Molluske *Zo.* [-ˈlʊskə] *f* (15) molusco *m*.

Moment [moˈmɛnt] (3): **a)** *m* momento *m*; instante *m*; **b)** *n* ⊕ momento *m*; (*Umstand*) factor *m*; motivo *m*; ⁑**an** [--ˈtaːn] momentáneo; *adv.* de momento; ⁓**aufnahme** *f Phot.* instantánea *f*.

Monarch [-ˈnarç] *m* (12) monarca *m*; ⁓**ie** [--ˈçiː] *f* monarquía *f*; ⁓**ist** [--ˈçɪst] *m* (12), ⁑**istisch** monárquico (*m*).

Monat [ˈmoːnat] *m* (3) mes *m*; *am 5. dieses* ⁓*s* el cinco del corriente (*Abk.* cte.); ⁑**elang** durante (muchos) meses; ⁑**lich** mensual; *adv.* por (*od.* al) mes; *100 Mark* ⁓ cien marcos mensuales; ⁓**s...**: *in Zssgn meist* mensual; ⁓**skarte** *f* billete *m od.* abono *m* mensual; ⁓**srate** *f* mensualidad *f*; ⁓**sschrift** *f* revista *f* mensual.

Mönch [mœnç] *m* (3) monje *m*, religioso *m*, fraile *m*; ⁑**isch** monacal, monástico; ˈ⁓**-orden** *m* orden *f*

Mönch(s)tum monástica; ~(s)-tum *n* (1, *o. pl.*) monacato *m*.

Mond [mo:nt] *m* (3) luna *f*; ~fähre *f* módulo *m* lunar; ~finsternis *f* eclipse *m* lunar; ²hell iluminado por la luna; es ist ~ hace luna clara; ~landung *f* alunizaje *m* (weiche suave); ~schein *m* claro *m* de luna; im ~ a la luz de la luna; ~sichel *f* creciente *m*; ~sonde *f* sonda *f* lunar; ~stein *m* adularia *f*; ²süchtig sonámbulo; ~wechsel *m* cambio *m* de luna.

Moneten [mo'ne:tən] F *pl. uv.* F pasta *f*.

Mongol|e [mɔŋ'go:lə] *m* (13), ~in *f*, ²isch mongol(a) *m* (*f*); ~ismus [-go'lɪsmus] *m* (16, *o. pl.*) mongolismo *m*.

monieren [mo'ni:rən] criticar; (*mahnen*) reclamar.

Mono|gamie [-noga'mi:] *f* (15, *o. pl.*) monogamia *f*; ~'gramm *n* monograma *m*.

Monokel [-'nɔkəl] *n* (7) monóculo *m*.

Mono|kultur ['monokultu:r] *f* monocultivo *m*; ~log [--'lo:k] *m* (3¹) monólogo *m*.

Monopol [--'po:l] *n* (3¹) monopolio *m*; ²isieren [--poli'zi:rən] monopolizar.

monoton [--'to:n] monótono; ²ie [--to'ni:] *f* (15) monotonía *f*.

Monstranz [mɔn'strants] *f* (16) custodia *f*.

mon|strös [-'strø:s] monstruoso; ²strum ['-strum] *n* (9[²]) monstruo *m*.

Monsun [-'zu:n] *m* (3¹) monzón *m*; ~regen *m* lluvia *f* monzónica.

Montag ['mo:nta:k] *m* lunes *m*; blauen ~ machen no trabajar el lunes.

Mon|tage [mɔn'ta:ʒə] *f* (15) montaje *m* (*a. Film*); ensamblaje *m*; ~tageband *n* cadena *f* de montaje; ~tanindustrie [-'ta:n?industri:] *f* industria *f* del carbón y del acero; ~teur [-'tø:r] *m* (3¹) montador *m*; mecánico *m*; ~teur-anzug *m* mono *m* (*a.*); ²tieren montar, ensamblar; instalar.

Monument [monu'mɛnt] *n* (3) monumento *m*; ²al [---'ta:l] monumental.

Moor [mo:r] *n* (3) pantano *m*; ~bad *n* baño *m* de lodo *od.* fango; ~boden *m* terreno *m* pantanoso; ²ig pantanoso.

Moos ♀ [mo:s] *n* (4) musgo *m*; P (*Geld*) F pasta *f*; ²ig ['-ziç] musgoso.

Mop [mɔp] *m* (11) mopa *f*.

Moped ['mo:pe:t] *n* (11) ciclomotor *m*.

Mops [mɔps] *m* (4²) doguillo *m*; ²en F (27) quitar, F mangar; sich ~ aburrirse.

Moral [mo'rɑ:l] *f* (16) (*Sittenlehre*) moral *f* (*a.* ⚔ *der Truppe*); *e-r Fabel*: moraleja *f*; (*Tugend*) moralidad *f*; ²isch moral; ~predigt F *f* sermón *m* (halten echar).

Moräne [-'rɛ:nə] *f* (15) mor(r)ena *f*.

Morast [-'rast] *m* (3² *od.* 3³) fango *m*, lodo *m*; cieno *m*; ²ig fangoso.

Morchel ['mɔrçəl] *f* (15) colmenilla *f*, morilla *f*.

Mord [mɔrt] *m* (3) asesinato *m*; ~anschlag *m* atentado *m* (a la vida); ²en ['-dən] (26) asesinar.

Mörder|(in [-'mœrdər(ɪn)] *m* (7) asesino (-a) *m* (*f*); ²isch asesino; homicida; *fig.* terrible, espantoso.

Mord|gier ['mɔrtgi:r] *f*, ~lust *f* sed *f* de sangre; ²gierig sanguinario; ~kommission *f* brigada *f* de homicidios; ~shunger F *m* hambre *f* canina; ~skerl F *m* todo un hombre *m*; ~skrach F *m* ruido *m* infernal; ²smäßig F tremendo, enorme; ~tat *f* asesinato *m*; ~versuch *m* tentativa *f* de asesinato; ~waffe *f* arma *f* homicida.

Morgen ['mɔrgən] **1.** *m* (6) mañana *f*; (*Osten*) oriente *m*, levante *m*; (*Feldmaß*) yugada *f*; guten ~ buenos días; heute ♀ esta mañana; **2.** ♀ *adv.* mañana; ~ in 14 Tagen de mañana en quince días; ~dämmerung *f* amanecer *m*; crepúsculo *m* matutino; alba *f*; ²dlich ['-gəntlɪç] matinal; ~frühe *f* madrugada *f*; ~grauen *n*: im ~ al amanecer; al alba; ~land *n* Oriente *m*; Levante *m*; ²ländisch ['--lɛndɪʃ] oriental; levantino; ~luft *f* aire *m* matinal; ~rock *m* bata *f*; ~rot *n*, ~röte *f* aurora *f*; ²s por la mañana; de mañana; ~stern *m* lucero *m* del alba; ²zeitung (*periódico m*) matutino *m*.

morgig ['-gɪç] de mañana.

Morph|in [mɔr'fi:n] *n* (3¹, *o. pl.*) morfina *f*; ~inist(in *f*) [-fi'nɪst(ɪn)] *m* (12) morfinómano (-a) *m* (*f*); ~ium [-'fium] *n* (9, *o. pl.*) morfina *f*; ~iumsucht *f* morfinomanía *f*.

multinational

morsch [mɔrʃ] podrido; desvencijado.
Morse|alphabet [ˈmɔrzəˈalfabeːt] *n* alfabeto *m* morse; **⸰n** (27) transmitir por señales morse.
Mörser [ˈmœrzər] *m* (7) mortero *m* (*a.* ⨯).
Morsezeichen [ˈmɔrzətsaiçən] *n* señal *f* morse.
Mörtel [ˈmœrtəl] *m* (7) (arga)masa *f*; mortero *m*.
Mosaik [mozaˈiːk] *n* (3¹ *od.* 8) mosaico *m*.
Moschee [mɔˈʃeː] *f* (15) mezquita *f*.
Moschus [ˈ-ʃus] *m* (16, *o. pl.*) almizcle *m*.
Moskito [mɔsˈkiːto] *m* (11) mosquito *m*; **⸰netz** *n* mosquitero *m*.
Moslem [ˈ-lɛm] *m* (11), **⸰isch** [-ˈleːmiʃ] musulmán (*m*).
Most [mɔst] *m* (3²) mosto *m*; (*Apfel⸰*) sidra *f*.
Mostrich [ˈ-triç] *m* (3) mostaza *f*.
Motel [moˈtɛl] *n* (11) motel *m*.
Motiv [moˈtiːf] *n* (3¹) motivo *m* (*a.* ♪); **⸰ation** [-tivaˈtsjoːn] *f* motivación *f*; **⸰ieren** [--ˈviːrən] motivar.
Moto-Cross [moːtoˈkrɔs] *n* (14) moto-cross *m*.
Motor [ˈ-tɔr, moˈtoːr] *m* (8¹) motor *m*; **⸰boot** *n* gasolinera *f*, (lancha *f*) motora *f*; **⸰fahrzeug** *n* vehículo *m* de motor; **⸰haube** *f* capó *m*; **⸰isieren** [-toriˈziːrən] motorizar; **⸰i'sierung** *f* motorización *f*; **⸰rad** *n* motocicleta *f*; F moto *f*; ⸰ **fahren** ir en moto(cicleta) *f*. **⸰radfahrer(in** *f)* *m* motociclista *su.*; **⸰radsport** *m* motociclismo *m*; **⸰roller** *m* escúter *m*; **⸰säge** *f* motosierra *f*; **⸰schaden** *m* avería *f* del motor; **⸰schiff** *n* motonave *f*; **⸰sport** *m* motorismo *m*.
Motte [ˈmɔtə] *f* (15) polilla *f*; **⸰nfraß** *m* apolilladura *f*; **⸰nkugel** *f* bola *f* antipolilla.
Motto [ˈ-to] *n* (11) lema *m*, divisa *f*; *im Buch*: epígrafe *m*.
moussieren [muˈsiːrən] espumar.
Möwe [ˈmøːvə] *f* (15) gaviota *f*.
Mücke [ˈmykə] *f* (15) mosquito *m*.
Mucken [ˈmukən] **1.** F *f/pl. uv.* caprichos *m/pl.*; **2.** 2 *v/i.* (25) refunfuñar; rechistar.
Mückenstich [ˈmykənʃtiç] *m* picadura *f* de mosquito.
Mucker [ˈmukər] *m* (7) socarrón *m*; mojigato *m*.
Mucks F [muks] *m* (3²): *keinen* ⸰ *von sich geben* no moverse; no decir esta boca es mía; **!²en** (27): *ohne zu* ⸰ sin rechistar; F sin decir oxte ni moxte.
müd|e [ˈmyːdə] cansado, fatigado; ⸰ *sn* tener sueño; ⸰ *werden* cansarse, fatigarse; **⸰igkeit** *f* cansancio *m*, fatiga *f*.
Muff [muf] *m* (3) manguito *m*; (*Modergeruch*) olor *m* a moho; **!⸰e** ⊕ *f* (15) manguito *m*; **!⸰el** F *m* (7) gruñón *m*; **!²ig** *Luft*: viciado; F *fig.* gruñón; malhumorado; ⸰ *riechen* oler a encerrado.
Mühe [ˈmyːə] *f* (15) trabajo *m*; esfuerzo *m*; fatiga *f*; molestia *f*; *mit* ⸰ *und Not* a duras penas; *nicht der* ⸰ *wert sn* no valer la pena; *sich (dat.)* ⸰ *geben zu (inf.)* esforzarse por; *sich (dat.) die* ⸰ *machen zu (inf.)* tomarse la molestia de; *es macht mir* ⸰, *zu* ... me cuesta *(inf.)*; **⸰los** sin esfuerzo; **⸰losigkeit** *f* facilidad *f*; **⸰n** (25): *sich* ⸰ afanarse.
muhen [ˈmuːən] (25) mugir.
mühevoll [ˈmyːəfɔl] penoso; fatigoso; difícil.
Mühl|e [ˈ-lə] *f* (15) molino *m*; (*Spiel*) tres *m* en raya; **⸰en-industrie** *f* industria *f* molinera; **⸰rad** *n* rueda *f* de molino; **⸰stein** *m* muela *f*.
Müh|sal [ˈ-zaːl] *f* (14) trabajo *m* penoso; pena *f*; agobio *m*; **⸰sam**, **⸰selig** penoso; trabajoso; laborioso.
Mulatt|e [muˈlatə] *m* (13), **(⸰in** *f)* mulato (-a) *m* (*f*).
Mulde [ˈmuldə] *f* (15) artesa *f*; (*Erd⸰*) depresión *f*, hondonada *f*.
Mull [mul] *m* (3) gasa *f*.
Müll [myl] *m* (3) basura(s) *f(pl.)*; **!⸰-abfuhr** *f* recogida *f* de basuras; **!⸰-ablageplatz** *m* vertedero *m* de basuras; basurero *m*.
Mullbinde [ˈmulbɪndə] *f* venda *f* de gasa.
Mülleimer [ˈmylˌʔaɪmər] *m* cubo *m* de basura.
Müller(in *f)* [ˈ-lər(ɪn)] *m* (7) molinero (-a) *m* (*f*).
!Müll|fahrer *m*, **⸰mann** F *m* basurero *m*; **⸰haufen** *m* montón *m* de basura; **⸰schlucker** *m* evacuador *m* de basuras; **⸰tonne** *f* cubo *m* de basura; **⸰verbrennungs-anlage** *f* planta *f* incineradora de basuras; **⸰wagen** *m* camión *m* de la basura.
mulmig [ˈmulmiç] F *fig.* crítico.
Multi|millionär [ˈ-timiljɔnɛːr] *m* multimillonario *m*; **⸰national** multinacional.

Multiplikand [--pliˈkant] *m* (12) multiplicando *m*; **≈kation** [---kaˈtsjoːn] *f* multiplicación *f*; **≈kator** [---ˈkaːtɔr] *m* (8¹) multiplicador *m*; **≈zieren** [---ˈtsiːrən] multiplicar.

Mumi|e [ˈmuːmjə] *f* (15) momia *f*; **≈fizieren** [mumifiˈtsiːrən] momificar.

Mumm [mum] F *m* (3¹, *o. pl.*) valor *m*, coraje *m*; '**≈elgreis** F *m* viejo *m* chocho; **≈enschanz** [ˈmʊmənʃants] *m* (3², *o. pl.*) mascarada *f*; mojiganga *f*.

Mumps ♂ [mumps] *m uv.* paperas *f/pl.*, parotiditis *f*.

Mund [munt] *m* (1²) boca *f*; den ∼ halten callar la boca; ∼ und Nase aufsperren quedarse con la boca abierta; nicht auf den ∼ gefallen sn no tener pelos en la lengua; den ∼ voll nehmen fanfarronear; von ∼ zu ∼ gehen andar od. correr de boca en boca; j-m den ∼ stopfen tapar la boca a alg.; den ∼ nicht aufmachen no despegar los labios; j-m nach dem ∼e reden hablar al gusto de alg.; '∼-**art** *f* dialecto *m*; ¹⁰**≈artlich** dialectal.

Mündel [ˈmyndəl] *n* (7) pupilo *m*; **≈sicher** con garantía pupilar.

munden [ˈmundən] (26) saber bien.

münden [ˈmyndən] (26) desembocar (*in ac.* en).

mund|faul [ˈmuntfaul] perezoso para hablar; **≈fäule** *f* estomatitis *f* ulcerosa; **≈gerecht**: j-m ∼ machen acomodar al gusto de alg.; **≈geruch** *m* mal aliento *m*; **≈harmonika** *f* armónica *f*; **≈höhle** *Anat. f* cavidad *f* bucal.

mündig [ˈmyndɪç] mayor de edad; **≈keit** *f* mayoría *f* de edad.

mündlich [ˈmyntlɪç] oral; verbal.

Mund|pflege [ˈmuntpfleːgə] *f* higiene *f* de la boca; **≈raub** *m* hurto *m* famélico; **≈stück** *n* boquilla *f* (*a.* ♩); **≈tot**: j-n ∼ machen tapar la boca od. amordazar a alg.

Mündung [ˈmyndʊŋ] *f* (*Fluß*≈) desembocadura *f*; (*Gewehr*≈) boca *f*; **≈sfeuer** ⚔ *n* fogonazo *m*; **≈sgebiet** *n* estuario *m*.

Mund|voll [ˈmuntfɔl] *m uv.* bocado *m*; **≈vorrat** *m* provisiones *f/pl.*; **≈wasser** *n* agua *f* dentífrica; **≈werk** *n*: ein gutes ∼ haben tener mucha labia; **≈winkel** *m* comisura *f* de los labios; **≈zu-ˈMund-Be-atmung** *f* (respiración *f* de) boca a boca *m*.

Munition [muniˈtsjoːn] *f* munición *f*; **≈slager** *n* depósito *m* de municiones.

munkeln [ˈmuŋkəln] (29) murmurar; man munkelt corre la voz.

Münster [ˈmynstɐr] *n* (7) catedral *f*.

munter [ˈmuntər] alegre, vivo; (wach) despierto; **≈keit** *f* alegría *f*, viveza *f*, vivacidad *f*.

Münz|amt [ˈmyntsʔamt] *n*, **≈anstalt** *f* casa *f* de la moneda; **≈automat** *m* expendedor *m* automático a moneda; **≈e** *f* (15) moneda *f*; (*Gedenk*≈) medalla *f*; *fig.* für bare ∼ nehmen tomar en serio; mit gleicher ∼ heimzahlen pagar con la misma moneda; **≈en** (27) acuñar moneda; auf j-n gemünzt sn ir por alg.; **≈(en)sammler** *m* numismático *m*; **≈(en)sammlung** *f* colección *f* numismática *od.* de monedas; **≈fälscher** *m* falsificador *m* de monedas; **≈fälschung** *f* falsificación *f* de monedas; **≈fernsprecher** *m* teléfono *m* público de monedas; **≈kunde** *f* numismática *f*; **≈recht** *n* derecho *m* de acuñar moneda; **≈stempel** *m* troquel *m*; cuño *m*.

Muräne *Zo.* [muˈrɛːnə] *f* (15) morena *f*, murena *f*.

mürbe [ˈmyrbə] (brüchig) frágil; desmoronadizo; (zart) tierno (*a.* Fleisch); (durchgekocht) bien cocido; *fig.* j-n ∼ machen ablandar a alg.; **≈teig** *m* pastaflora *f*.

Murks F [murks] *m* (3², *o. pl.*) chapucería *f*, chapuza *f*; ¹⁰**≈en** (27) chapucear.

Murmel [ˈ-məl] *f* (15) canica *f*; **≈n** (29) murmurar; **≈n** *n* murmullo *m*; **≈tier** *n* marmota *f*; wie ein ∼ schlafen dormir como un lirón.

murren [ˈmurən] **1.** v/i. (25) murmurar; quejarse (über ac. de); **2.** ≈ *n* murmuración *f*; quejas *f/pl*.

mürrisch [ˈmyrɪʃ] gruñón; desabrido; malhumorado.

Mus [muːs] *n* (4) compota *f*; (Kartoffel≈) puré *m*.

Muschel [ˈmuʃəl] *f* (15) concha *f*; *Kchk.* marisco *m*; (Mies≈) mejillón *m*; almeja *f*; Fernspr. auricular *m*; **≈schale** *f* concha *f*; halbe: *a.* valva *f*.

Muse [ˈmuːzə] *f* (15) musa *f*.

Museum [muˈzeːum] *n* (9) museo *m*.

Musical [ˈmjuːzɪkəl] *n* (11) (comedia *f*) musical *m*.

Musik [muˈziːk] *f* (16) música *f*; **≈...**: in Zssgn oft musical; **≈abend** *m* velada *f* musical.

Musika|lienhandlung [-zi'kɑːljən-handluŋ] f casa f de música; **⁀lisch** [--'kɑːlɪʃ] musical; ~ sn tener talento musical; **⁀lität** [--kali'tɛːt] f musicalidad f.

Musikant [--'kant] m (12) músico m.

Musik|box [-'ziːkbɔks] f máquina f tocadiscos; **⁀direktor** m director m de orquesta; **⁀er(in** f) ['muːzikər(in)] m (7) músico (-a) m (f); **⁀freund(in** f) m aficionado (-a) m (f) a la música; melómano (-a) m (f); **⁀hochschule** f conservatorio m (de música); **⁀instrument** n instrumento m de música; **⁀kritiker** m crítico m musical; **⁀lehrer(in** f) m profesor(a) m (f) de música; **⁀stück** n pieza f de música; **⁀truhe** f mueble m radio; **⁀unterricht** m lecciones f/pl. de música; **⁀wissenschaft** f musicología f; **⁀wissenschaftler(in** f) m musicólogo (-a) m (f).

musizieren [-zi'tsiːrən] hacer música.

Muskat [mus'kɑːt] m (3), **⁀nuß** f nuez f moscada.

Muskateller [-ka'tɛlər] m (7), **⁀wein** m (vino m) moscatel m.

Muskel ['-kəl] m (10) músculo m; **⁀...:** in Zssgn oft muscular; **⁀kater** F m agujetas f/pl.; **⁀kraft** f fuerza f muscular; **⁀krampf** m calambre m; **⁀riß** ♂ m rotura f muscular; **⁀schwund** ♂ m atrofia f muscular; **⁀zerrung** ♂ f distensión f muscular.

Muskul|atur [-kulɑ'tuːr] f (16) musculatura f; **⁀ös** [--'løːs] (18) musculoso.

muß [mus] 1. s. müssen; 2. ⁀ n uv. necesidad f.

Muße ['muːsə] f (15) ocio m; mit ~ con tranquilidad od. calma.

Musselin [musə'liːn] m (3) muselina f.

müssen ['mysən] (30) (äußerer Zwang) tener que, estar obligado a; (innerer Zwang) deber, haber de; (Annahme) er muß zu Hause sn debe de estar en casa; man muß hay que (inf.).

Muße|stunden ['muːsəʃtundən] f/pl., **⁀zeit** f ratos m/pl. de ocio.

müßig ['myːsɪç] desocupado; (nutzlos) ocioso; inútil; **⁀gang** m ociosidad f; **⁀gänger** ['-gɛŋər] m (7) ocioso m.

mußte, müßte ['mustə, 'mystə] s. müssen.

Muster ['mustər] n (7) modelo m (a. fig.); (Vorlage) patrón m; (Stoff ⁀) dibujo m; ✝ muestra f (ohne Wert sin valor); **⁀beispiel** n ejemplo m (típico); **⁀bild** n ideal m; **⁀gatte** m marido m modelo; ⁀**gültig**, ⁀**haft** ejemplar; **⁀gültigkeit** f ejemplaridad f; **⁀koffer** m muestrario m; **⁀kollektion** f muestrario m; **⁀messe** f feria f de muestras; ⁀**n** (29) examinar; ✕ hacer el reconocimiento a; F tallar; **⁀schüler** m alumno m modelo od. ejemplar; **⁀schutz** m protección f de los modelos; **⁀ung** f examen m; ✕ revisión f médica.

Mut [muːt] m (3, o. pl.) ánimo m, valor m, coraje m; ~ fassen od. schöpfen cobrar ánimo; j-m ~ machen alentar a alg.; den ~ sinken lassen desanimarse; guten ~es sn estar de buen humor bzw. optimista; nur ~! ¡ánimo!

Mutation [mutɑ'tsjoːn] f mutación f.

Mütchen ['myːtçən] n: sein ~ kühlen an (dat.) ensañarse en.

mut|ig ['muːtɪç] animoso, valiente; **⁀los** desanimado, desalentado; **⁀losigkeit** f desánimo m, desaliento m; **⁀maßen** [-mɑːsən] (27, untr.) presumir; conjeturar; **⁀maßlich** ['-mɑːslɪç] presunto, supuesto, probable; **⁀maßung** ['-mɑːsuŋ] f conjetura f, presunción f.

Mutter ['mutər] f: **a)** (14¹) madre f; **⁀...:** in Zssgn oft maternal; **b)** ⊕ (15) tuerca f; **⁀boden** m tierra f vegetal; **-'gottes** f uv. Nuestra Señora f; **⁀'gottesbild** n imagen f de la Virgen; madona f; **⁀haus** ✝ n casa f matriz; **⁀korn** ♀ n cornezuelo m de centeno; **⁀kuchen** Anat. m placenta f; **⁀land** n madre f patria; metrópoli f; **⁀leib** m seno m od. claustro m materno.

mütterlich ['mytərlɪç] maternal; materno; **⁀erseits** (por el lado) materno.

Mutter|liebe ['mutərliːbə] f amor m maternal; ⁀**los** huérfano de madre; **⁀mal** n lunar m; **⁀milch** f leche f materna; **⁀mord** m matricidio m; **⁀mörder** m matricida m; **⁀mund** Anat. m orificio m uterino; **⁀schaft** f maternidad f; **⁀schafts-urlaub** m vacaciones f/pl. por maternidad; **⁀schiff** n buque m nodriza; **⁀schoß** m seno m materno; **⁀schutz** m protección f de la maternidad; **⁀'seelenal'lein** más solo que la una; **⁀söhnchen** F ['--zøːnçən] n (6) hijo m de

Muttersprache

mamá; ~**sprache** f lengua f materna; ~**stelle** f: ~ vertreten bei ser una madre a; ~**tag** m día m de la Madre; ~**tier** n (animal m) madre f; ~**witz** m gracia f, salero m, chispa f.

Mutti F ['muti] f (11¹) mamá f, mamaíta f.

Mut|wille ['muːtvilə] m malicia f; 2**willig** malicioso; travieso; (vorsätzlich) intencionado.

Mütze ['mytsə] f (15) gorra f; gorro m; ~**nschirm** m visera f.

Myom ⚕ [myˈoːm] n (3¹) mioma m.
Myrrhe ♀ ['myrə] f (15) mirra f.
Myrte ♀ ['myrtə] f (15) mirto m, arrayán m.

mysteri|ös [mysterˈjøːs] misterioso; 2**um** [-ˈteːrjum] n (9) misterio m.

Mysti|k ['mystik] f (16, o. pl.) mística f; 2**sch** místico.

myth|isch ['myːtiʃ] mítico; 2**ologie** [mytoloˈgiː] f (15) mitología f; ~**o'logisch** mitológico; 2**os** ['myːtɔs] m (16²) mito m.

N

N, n [ɛn] *n* N, n *f*.

na! F [na] ¡pues!; ~ *so was!* ¡vaya!; ¡hombre!; ~ *und?* ¿y qué?; ~ *ja!* ¡bueno!

Nabe ⊕ ['nɑ:bə] *f* (15) cubo *m*.

Nabel ['-bəl] *m* (7) ombligo *m*; **~bruch** *m* hernia *f* umbilical; **~schnur** *f* cordón *m* umbilical.

nach [nɑ:x] **1.** *prp.* (*dat.*): **a)** *räuml.* a; para; hacia; ~ *Spanien fahren* ir a España; ~ *Madrid* (*ab*)*reisen* salir para Madrid; ~ *Osten* hacia el este; **b)** *zeitl. u. Reihenfolge:* después de; ~ *drei Tagen* a los tres días; ~ *zehn Jahren* al cabo de diez años; *zehn Minuten* ~ *drei* las tres y diez; ~ *Ihnen!* ¡Vd. primero!; *einer* ~ *dem ander(e)n* uno tras otro; **c)** (*gemäß*) según, conforme a; ~ *m-r Meinung* en mi opinión; ~ *m-m Geschmack* a mi gusto; ~ *der neuesten Mode* a la última moda; **2.** *adv.:* ~ *und* ~ poco a poco; ~ *wie vor* ahora (*od.* hoy) como antes; *das ist* ~ *wie vor interessant* esto sigue siendo interesante.

nachäffen ['-ʔɛfən] (25) remedar.

nachahm|en ['-ʔɑ:mən] (25) imitar; remedar; **~enswert** digno de imitación; ejemplar; **2er** *m* (7) imitador *m*; **2ung** *f* imitación *f*; remedo *m*; (*Fälschung*) falsificación *f*.

Nachbar|(in *f*) ['naxbɑ:r(in)] *m* (10 *u.* 13) vecino (-a) *m* (*f*); **~haus** *n* casa *f* vecina *od.* contigua; **2lich** vecino; **~schaft** *f* vecindad *f*; vecinos *m/pl.*

Nach|behandlung 𝒮 ['nɑ:xbəhandluŋ] *f* tratamiento *m* posterior; **~bestellen** hacer un pedido suplementario; **~bestellung** *f* pedido *m* suplementario; **2beten** *fig.* repetir maquinalmente; **2bilden** copiar; imitar; reproducir; **~bildung** *f* copia *f*; imitación *f*; reproducción *f*; **2blicken** (*dat.*) seguir con los ojos; **2datieren** posfechar.

nachdem [nax'de:m] después (de) que; después de (*inf.*).

nach|denken ['nɑ:xdɛŋkən] reflexionar (*über ac.* sobre); meditar (sobre); pensar (*ac.*); **~denken** *n* reflexión *f*; meditación *f*; **~denklich** pensativo; meditabundo; ensimismado; **2dichtung** *f* adaptación *f*; **~drängen** (sn) empujar desde atrás; **2druck** *m* ahínco *m*; énfasis *m*; insistencia *f*; *Typ.* reproducción *f*; reimpresión *f*; ~ *legen auf* poner énfasis en; insistir en; **~drucken** reproducir; reimprimir; **~drücklich** ['-drykliç] enérgico; **~dunkeln** (h. *u.* sn) ponerse oscuro (con el tiempo); **~eifern** (*dat.*) emular; **~eilen** (*dat.*) (sn) correr tras; **!~ei'nander** uno tras otro; **~empfinden** *s.* ~*fühlen*.

Nachen ['naxən] *m* (6) bote *m*.

nach|erzählen ['nɑ:x'ʔɛrtsɛ:lən] repetir (una narración); reproducir; **2-erzählung** *f* narración *f*; reproducción *f*; **~fahren** (sn) (*dat.*) seguir (*ac.*); **~fassen** *beim Essen*: repetir; *fig.* insistir; **2folge** *f* sucesión *f*; **~folgen** suceder a; **~folgend** siguiente; consecutivo; **2folger(in** *f*) *m* (7) sucesor(a) *m* (*f*); **~fordern** reclamar; **2forderung** *f* reclamación *f*; **~forschen** investigar, indagar; *polizeilich:* pesquisar; **2forschung** *f* investigación *f*, indagación *f*; pesquisa *f*; ~*en anstellen* hacer pesquisas; **2frage** † *f* demanda *f* (*nach de*); **~fragen** preguntar; **~fühlen:** *j-m et.* ~ comprender los sentimientos de alg.; **~füllen** rellenar; **~geben** ceder; *Preise:* bajar; *Stoff:* dar de sí; ⊕ ser elástico; **2gebühr** *f* sobretasa *f*; **2geburt** 𝒮 *f* secundinas *f/pl.*; **~gehen** (sn) *j-m:* ir tras, seguir (*ac.*); *Uhr:* ir atrasado; *e-r Sache:* ocuparse de; *Geschäften:* dedicarse a; *Vergnügungen:* entregarse a; **~gerade** poco a poco; ya; realmente; **~geraten:** *j-m* ~ salir a alg.; **2geschmack** *m* gustillo *m*, resabio *m*; *fig.* deje *m*; **~gewiesenermaßen** ['-gəvi:zənər'mɑ:sən] según consta; como queda comprobado; **~giebig** ['-giːbiç] flexible, elástico; *fig.* indulgente, transigente (*gegenüber con*); **2giebigkeit** *f fig.* indulgencia *f*, transigencia *f*; **~grübeln** cavilar (*über sobre*); **2hall** *m* resonancia *f*, eco *m* (*a. fig.*); **~hallen** resonar, retumbar; **~haltig** ['-haltiç]

nachhängen

duradero; persistente; *(wirksam)* eficaz; ⁀hängen: s-n *Gedanken* ⁀ estar abismado en sus pensamientos; ⁀helfen *(dat.)* ayudar, echar una mano (a); ⁀her después; más tarde; *bis* ⁀! ¡hasta luego!; 2hilfe f ayuda f; 2hilfestunde f clase f particular (de repaso); hinken (sn) fig. quedar atrás; 2holbedarf m necesidades f/pl. de recuperación; ⁀holen recuperar; ⁀hut ✕ f retaguardia f; 2-impfung f revacunación f; ⁀jagen (sn) *(dat.)* perseguir *(ac.)*, correr tras; 2klang m resonancia f, eco m; fig. reminiscencia f; ⁀klingen resonar.

Nachkomme ['-kɔmə] m (13) descendiente m; 2n (sn) *(dat.)* seguir *(a. fig.)*; *später*: llegar más tarde; *e-r Pflicht*: cumplir con; *e-r Bitte*: acceder a; ⁀nschaft f descendencia f; prole f.

Nach|kömmling ['na:xkœmliŋ] m (3¹) descendiente m; ⁀kriegszeit f posguerra f; ⁀laß ['-las] m (4[²]) † rebaja f, descuento m; ₴ literarischer: obras f/pl. póstumas; 2lassen 1. v/t. *(lockern)* aflojar, relajar; *Preis*: rebajar; 2. v/i. disminuir; aflojarse, relajarse; atenuarse; ⁀lassen n aflojamiento m, relajamiento m; disminución f; atenuación f.

nachlässig ['-lɛsiç] negligente, descuidado; 2keit f negligencia f, descuido m.

Nachlaßpfleger ₴ ['-laspfle:gər] m curador m sucesorio.

'**nach|laufen** (sn) *(dat.)* correr tras, perseguir; ⁀legen *Feuerung*: reponer; 2lese f ✎ rebusca f; espigueo m; ⁀lesen verificar; ✎ rebuscar; espigar; ⁀liefern entregar más tarde; enviar lo que falta; 2lieferung f envío m suplementario; ⁀lösen *Fahrkarte*: tomar un suplemento; ⁀machen imitar; copiar; ⁀messen volver a medir, remedir.

'**Nachmittag** m tarde f; *heute* 2 esta tarde; 2s por la tarde; ⁀s...: *in Zssgn* de la tarde.

Nach|nahme ['-na:mə] f (15) re(e)mbolso m *(gegen* contra); ⁀nahmesendung f envío m contra re(e)mbolso; ⁀name m apellido m; 2plappern repetir maquinalmente; ⁀porto n sobretasa f; porte m adicional; 2prüfen verificar; controlar; comprobar; averiguar; ⁀prüfung f verificación f; comprobación f; control m; 2rechnen repasar (una cuenta); ⁀rede f epílogo m; *üble* ⁀ difamación f; 2reifen (sn) madurar después de ser recogido; 2reisen (sn) *(dat.)* seguir *(ac.)*.

Nachricht ['-riçt] f (16) noticia f; información f; ⁀en *pl.* TV, Radio: noticias f/pl.; ⁀en-agentur f agencia f de noticias; ⁀endienst m servicio m de informaciones; ⚔ servicio m de inteligencia; ⁀ensatellit m satélite m de comunicaciones; ⁀ensendung f (espacio m) informativo m; ⁀ensperre f black-out m informativo.

'**nach|rücken** (sn) avanzar; *im Amt*: ascender; 2ruf m necrología f; 2ruhm m fama f póstuma; ⁀rühmen: *j-m et.* ⁀ decir a/c. en honor de alg.; 2rüstung ✕ f rearme m; ⁀sagen repetir; *j-m et.* ⁀ atribuir a/c. a alg.; 2saison f temporada f baja; 2satz m posdata f; ⁀schicken s. ⁀senden; ⁀schlagen 1. v/t. buscar (en un libro); 2. v/i. (sn): *j-m* ⁀ salir a alg.; 2schlagewerk n obra f de consulta; ⁀schleichen (sn) *(dat.)* seguir secretamente; ⁀schleppen arrastrar tras sí; 2schlüssel m llave f falsa; 2schrift f posdata f; 2schub ✕ m abastecimiento m; ⁀sehen 1. v/i.: *j-m* ⁀ seguir a alg. con la mirada; 2. v/t. *(prüfen)* examinar; *Aufgaben*: corregir; *in et. (dat.)* ⁀ consultar a/c.; ⁀, *ob* ir a ver si; *j-m et.* ⁀ *(verzeihen)* dejar pasar, perdonar a/c. a alg.; 2sehen n: *das* ⁀ *haben* quedarse con las ganas; ⁀senden reexpedir; hacer seguir; 2sendung f reexpedición f; ⁀setzen (sn) *j-m*: perseguir; 2sicht f indulgencia f; tolerancia f; ⁀ *üben* mit ser indulgente con; ⁀sichtig ['-ziçtiç] indulgente; 2silbe f sufijo m; ⁀sinnen meditar *(über ac.* sobre); ⁀sitzen quedar castigado; 2sommer m veranillo m (de San Martín); 2sorge ₴ f atención f postoperatoria; 2speise f postre m; 2spiel n Thea. epílogo m; fig. consecuencias f/pl.; *ein* ⁀ *haben* a. traer cola; ⁀spionieren (-) ⁀ espiar a alg.; ⁀sprechen repetir; ⁀spüren *(dat.)* seguir los pasos a; fig. indagar, investigar.

nächst [nɛːçst] (18, *sup. v. nahe*) *Entfernung*: el más cercano; *Reihenfolge*: próximo *(a. zeitl.)*; *Verwandte*: más cercano; *Weg*: más corto; ⁀e Woche la semana que viene *(od.* próxima);

Nadelstich

am ~en Tag al día siguiente; in ~er Zeit próximamente; der ~e, bitte! ¡el siguiente!; '2!**beste** m el primero que se presente; '2**e** m (18) (*Mitmensch*) prójimo m.

nach|stehen ['naːxʃteːən] (*dat.*) ser inferior a; ~**stehend** siguiente; *adv.* a continuación; ~**stellen 1.** v/t. *Uhr:* retrasar; ⊕ ajustar; **2.** v/i. *j-m:* perseguir; 2**stellung** f persecución f; ⊕ ajuste m.

Nächst|enliebe ['nɛːçstənliːbə] f amor m al prójimo; 2**ens** próximamente; en breve, dentro de poco; 2**folgend** subsiguiente; 2**liegend** el más cercano; *fig. das* 2**e** lo más indicado.

nach|streben ['naːxʃtreːbən] *j-m:* emular; tomar por modelo; ~**suchen** rebuscar; *um et.* ~ solicitar a/c.

Nacht [naxt] f (14¹) noche f; *bei* ~ de noche; *heute* 2 esta noche; *über* ~ de la noche a la mañana; *gute* ~! ¡buenas noches!; ~ *werden* anochecer; '~...: *in Zssgn oft* nocturno, de noche; '~**blindheit** ⚕ f ceguera f nocturna, hemeralopía f; '~**dienst** m servicio m nocturno.

Nachteil ['naːxtaɪl] m desventaja f, inconveniente m; (*Schaden*) perjuicio m, detrimento m; *zum* ~ *von* en perjuicio de; 2**ig** desventajoso; perjudicial.

nächtelang ['nɛçtəlaŋ] noches enteras.

Nacht|essen ['naxtʔesən] n cena f; ~**eule** f F *fig.* trasnochador m; ~**falter** m mariposa f nocturna; ~**frost** m helada f nocturna; ~**geschirr** n orinal m; ~**hemd** n camisón m.

Nachtigall ['-tigal] f (16) ruiseñor m.

nächtigen ['nɛçtɪɡən] (25) pasar la noche, pernoctar.

Nachtisch ['naːxtɪʃ] m postre m.

nächtlich ['nɛçtlɪç] nocturno.

Nacht|lokal ['naxtlokaːl] n club m nocturno; boite f; ~**portier** m portero m de noche; ~**quartier** n alojamiento m (para la noche).

Nach|trag ['naːxtraːk] m (3³) suplemento m; 2**tragen** (*hinzufügen*) añadir; *j-m et.* ~ guardar rencor a alg. por a/c.; 2**tragend** rencoroso; 2**träglich** ['-trɛːklɪç] ulterior, posterior; *adv.* posteriormente; 2**trauern** añorar.

Nachtruhe ['naxtruːə] f reposo m nocturno.

nachts [naxts] de noche; durante la noche.

'**Nacht|schattengewächse** ♀ n/pl. solanáceas f/pl.; ~**schicht** f turno m de noche; ~**schwärmer** m F *fig.* trasnochador m; noctámbulo m; ~**schwester** f enfermera f de noche; ~**tarif** ⚡ m tarifa f nocturna; ~**tisch** m mesita f de noche; ~**tischlampe** f lámpara f de cabecera; ~**topf** m orinal m.

nachtun ['naːxtuːn]: es *j-m* ~ seguir el ejemplo de alg.

Nacht|wache ['naxtvaxə] f guardia f nocturna; ⚔ ronda f; ~**vela** f, vigilancia f nocturna; ~**wächter** m vigilante m nocturno, sereno m; ~**wandler** ['-vandlər] m (7) sonámbulo m; ~**zeit** f: *zur* ~ de noche.

Nach|untersuchung ⚕ ['naːxʔuntərzuːxuŋ] f reconocimiento m posterior; 2**wachsen** (sn) volver a crecer; reproducirse; ~**wahl** f elección f complementaria; ~**wehen** pl. ⚕ dolores m/pl. de sobreparto; *fig.* consecuencias f/pl. (desagradables).

Nachweis ['-vaɪs] m (4) prueba f; *den* ~ *erbringen* probar; 2**bar** demostrable; 2**en** probar, demostrar; *Arbeit:* procurar; 2**lich** según se puede demostrar; demostrable.

'**Nach|welt** f posteridad f; 2**wirken** repercutir; ~**wirkung** f efecto m ulterior; consecuencia f; repercusión f; ~**wort** n epílogo m; ~**wuchs** m *fig.* nueva generación f; *bsd. Sport:* cantera f; F (*Kinder*) prole f; 2**zahlen** pagar un suplemento; 2**zählen** recontar; ~**zahlung** f pago m suplementario; 2**zeichnen** copiar; 2**ziehen** arrastrar; *Linie:* repasar; *Augenbrauen:* marcar; ⊕ apretar; ~**zügler** ['-tsyːɡlər] m (7) rezagado m; retrasado m.

Nacken ['nakən] m (6) nuca f, cerviz f, pescuezo m; ~**schlag** m *fig.* revés m; contratiempo m.

nackt [nakt] desnudo (*a. fig.*); F en cueros; '2**badestrand** m playa f nudista; '2**heit** f desnudez f; '2**kultur** f (des)nudismo m; '2**schnecke** f babosa f.

Nadel ['naːdəl] f (15) aguja f (*a.* ⊕); (*Steck*2) alfiler m; ♀ pinocha f; ~**arbeit** f labores m/pl. de aguja; ~**baum** m conífera f; ~**hölzer** n/pl. coníferas f/pl.; ~**kissen** n acerico m; ~**öhr** n ojo m de la aguja; ~**stich** m

Nadelwald 816

alfilerazo *m (a. fig.)*; ~**wald** *m* bosque *m* de coníferas.

Nagel ['¹-gəl] *m* (7¹) *Anat.* uña *f*; ⊕ clavo *m*; den ~ *auf den Kopf treffen* dar en el clavo; *an den* ~ *hängen* abandonar; *Beruf*: colgar los hábitos; *auf den Nägeln brennen* ser muy urgente; ~**bürste** *f* cepillo *m* de uñas; ~**feile** *f* lima *f* de uñas; ~**lack** *m* laca *f* de uñas, esmalte *m* para uñas; ~**lackentferner** *m* quitaesmalte *m*; 2n (29) clavar; ¹⁰**neu** flamante; ~**pflege** *f* manicura *f*; ~**reiniger** *m* limpiauñas *m*; ~**schere** *f* tijeras *f/pl.* para uñas; ~**schuh** *m* zapato *m* claveteado; ~**zange** *f* cortauñas *m*.

nage|n [¹-gən] (25) roer (*an et. dat.* a/c.); 2**tier** *n* roedor *m*.

nah [nɑː] (18², *sup.* nächst) cercano; próximo *(a. zeitl.)*; vecino de; *bevorstehend* inminente; ~ *bei od. an (dat.)* cerca de, junto a; ~ *daran* sn *zu (inf.)* estar a punto de *(inf.)*; j-m *zu* ~ *treten* ofender a alg.; *von* ~ *und fern* de todas partes; ¹⁰**-aufnahme** *f* primer plano *m*; ¹⁰**e** s. *nah*.

Nähe ['nɛːə] *f* (15) proximidad *f*; cercanía *f*; inmediaciones *f/pl.*; *aus der* ~ *de cerca*; *aus nächster* ~ *de(sde)* muy cerca; *Schuß*: a bocajarro; *in der* ~ *von* cerca de, junto a.

nahe|bei ['nɑːə¹baɪ] muy cerca; ~**gehen** (sn) afectar (*j-m* a alg.); ~**kommen** (sn) *(dat.)* aproximarse a; ~**legen** insinuar; sugerir; recomendar; ~**liegen** *fig.* ser natural *od.* lógico; ~**liegend** *fig.* evidente; fácil de comprender; ~**n** (25, sn) aproximarse, acercarse.

nähen ['nɛːən] (25) coser; ⚔ suturar.

näher ['¹-ər] (18², *comp. v.* nahe) más cercano *od.* próximo; más cerca; *Weg*: más corto; ~ *kennen* conocer de cerca; ~ *ausführen* detallar, puntualizar; ~**e** *Umstände bzw. Einzelheiten* pormenores *m/pl.*; *treten Sie* ~! ¡pase Vd.!; 2**e(s)** *n* más detalles *m/pl.*

Näher|ei [--¹raɪ] *f* costura *f*; ~**in** [¹--rɪn] *f* costurera *f*.

¹**näher|kommen** (sn): *(sich)* ~ conocer(se) mejor; ~**n** (25): *(sich)* ~ acercar(se), aproximar(se); ~**treten** (sn) *fig.* familiarizarse con.

nahe|stehen ['nɑːəʃteːən] *(dat.) fig.* ser íntimo amigo de; estar vinculado a; ~**stehend** *fig.* íntimo; *Pol.* allegado a; ~**zu** casi.

Nahkampf ['¹nɑːkampf] *m* (lucha *f*) cuerpo a cuerpo *m*.

Näh|garn ['nɛːgarn] *n* hilo *m* (de coser); ~**kasten** *m* costurero *m*; ~**korb** *m* canastilla *f* (de la costura).

nahm, nähme [nɑːm, 'nɛːmə] *s.* nehmen.

Näh|maschine ['nɛːmaʃiːnə] *f* máquina *f* de coser; ~**nadel** *f* aguja *f*.

Nähr... ['nɛːr...]: *in Zssgn* oft nutritivo; ~**boden** *m* medio *m* (*fig.* caldo *m*) de cultivo; ~**creme** *f* crema *f* nutritiva; 2**en** (25) **1.** *v/t.* alimentar; nutrir; *Säugling*: amamantar; *fig. Hoffnung*: abrigar; *sich* ~ *von* nutrirse de; **2.** *v/i.* ser nutritivo.

nahrhaft ['nɑːrhaft] nutritivo, sustancioso.

Nährstoff ['nɛːrʃtɔf] *m* sustancia *f* nutritiva.

Nahrung ['nɑːruŋ] *f* alimento *m*; (*Kost*) comida *f*; dieta *f*; ~**s-aufnahme** *f* ingestión *f* de alimentos; ~**smangel** *m* escasez *f* de víveres; ~**smittel** *n* alimento *m*; producto *m* alimenticio; *pl. a.* víveres *m/pl.*; ~**smittelvergiftung** *f* intoxicación *f* alimenticia.

Nährwert ['nɛːrveːrt] *m* valor *m* nutritivo.

Nähseide ['nɛːzaɪdə] *f* torzal *m*.

Naht [nɑːt] *f* (14¹) costura *f*; ⚔ sutura *f*; ⊕ soldadura *f*; ²**los** sin costura; ⊕ sin soldadura; *fig.* sin fisura.

Nahverkehr ['nɑːfɛrkeːr] *m* tráfico *m* a corta distancia; ⊕ tráfico *m* de cercanías; ~**szug** *m* tren *m* de cercanías.

Nähzeug ['nɛːtsɔʏk] *n* útiles *m/pl. bzw.* neceser *m* de costura.

Nahziel ['nɑːtsiːl] *n* objetivo *m* inmediato.

naiv [na¹iːf] ingenuo; candoroso, inocente; *Kunst*: naif; 2**e** *Thea.* [-¹iːvə] *f* ingenua *f*; 2**ität** [-iviˈtɛːt] *f* ingenuidad *f*; inocencia *f*; candor *m*.

Name ['nɑːmə] *m* (13¹) nombre *m*; *(Familien*2*)* apellido *m*; *(Ruf)* renombre *m*, reputación *f*; *im* ~*n von* en nombre de; *dem* ~ *nach* de nombre; *fig. die Dinge od. das Kind beim* ~*n nennen* llamar las cosas por su nombre; 2**nlos** sin nombre; anónimo; *fig.* indecible.

namens ['¹-məns] llamado, de nombre; *prp. (gen.)* en nombre de; 2**-aktie** *f* acción *f* nominativa; 2**tag** *m* onomástica *f*, (día *m* del) santo *m*;

2**vetter** m homónimo m; tocayo m; 2**zug** m firma f.

nam|entlich ['-məntlɪç] nominal; *adv.* por el nombre; (*besonders*) particularmente; ~**haft** renombrado; notable; ~ *machen* nombrar.

nämlich ['nɛːmlɪç] **1.** *adj.* mismo; **2.** *adv.* a saber, es decir; *begründend:* es que ...

nannte ['nantə] *s.* nennen.

nanu! [na'nuː] ¡hombre!; ¡atiza!

Napf [napf] m (3³) cazuela f; (*Eßβ*) escudilla f; 2**kuchen** m pastel m de molde.

Narb|e ['narbə] f (15) cicatriz f; ⚕ estigma m; 2**ig** señalado *od.* lleno de cicatrices.

Narkos|e [-'koːzə] f (15) narcosis f, anestesia f; ~**se-arzt** m anestesista m; ~**tikum** [-'tikum] n (9²) narcótico m; anestésico m; 2**tisieren** [-koti'ziːrən] narcotizar; anestesiar.

Narr [nar] m (12) loco m; *Thea.* bufón m, gracioso m; *e-n* ~*en gefressen haben an* (*dat.*) estar loco por; *j-n zum* ~*en halten* = ²**en** (25) burlarse de alg., tomar el pelo a alg.

'**Narren|haus** n casa f de locos (*a. fig.*); ~**kappe** f gorro m de bufón; 2**sicher** a toda prueba; ~**streich** m arlequinada f.

Narrheit ['narhait] f locura f.

Närr|in ['nɛrin] f loca f; 2**isch** loco.

Narzisse [nar'tsisə] f (15) narciso m.

nasal [na'zaːl], 2**...:** *in Zssgn* nasal.

nasch|en ['naʃən] (27) ser goloso; ~ *von etwas* comer de; 2**e'rei** f golosina f, ~**haft** goloso; 2**haftigkeit** f golosina f.

Nase ['naːzə] f (15) nariz f; F *pro* ~ por barba; *die* ~ *rümpfen* arrugar las narices; *auf die* ~ *fallen* caer de narices; *die* ~ *hoch tragen* tener mucho copete; *j-n an der* ~ *herumführen* tomar el pelo a alg.; *unter die* ~ *reiben* F refregar por las narices; *die Tür vor der* ~ *zuschlagen* dar con la puerta en las narices; *s-e* ~ *in alles stecken* meter las narices en todo; *die* ~ *voll haben* F estar hasta las narices; *fig.* e-*e feine* ~ *od. gute* ~ *haben* tener (buen) olfato; 2**lang** F: *alle* ~ a cada rato *od.* instante.

näseln ['nɛːzəln] (29) ganguear; ~**d** gangoso.

Nasen... ['naːzən...]: *in Zssgn oft* nasal; ~**bein** n hueso m nasal; ~**bluten** n: ~ *haben* sangrar por la nariz; ~**flügel** m ala f de la nariz; ~**höhle** f fosa f nasal; ~**lang** *s.* naselang; ~**loch** n ventana f de la nariz; ~**plastik** *Chir.* f rinoplastia f; ~**spitze** f punta f de la nariz; ~**stüber** ['--ʃtyːbər] m (7) papirotazo m (en la nariz).

naseweis ['-zəvais] (18), 2 m (4) indiscreto (m).

nas|führen ['naːsfyːrən] (*untr.*) dejar con un palmo de narices, tomar el pelo a; 2**horn** n rinoceronte m.

naß [nas] (18¹ [*u.* ²]) mojado; (*feucht*) húmedo; ~ *machen* (*werden*) mojar(-se); *durch u. durch* ~ empapado.

Nassauer F ['-sauər] m (7) gorrón m; 2**n** (29) gorrear.

Nässe ['nɛsə] f (15) humedad f; 2**n** (28) filtrar; ⚕ exudar.

naßkalt ['naskalt] frío y húmedo.

Nation [na'tsjoːn] f nación f.

national [-tsjo'naːl], 2**...:** *in Zssgn* nacional; 2**feiertag** m fiesta f nacional; 2**flagge** f bandera f nacional; 2**hymne** f himno m nacional; ~**istisch** [--na'listiʃ] nacionalista; 2**ität** [----tɛːt] f nacionalidad f; 2**mannschaft** f *Sport:* equipo m *od.* selección f nacional; 2**park** m parque m nacional; 2**sozialist** m (12), ~**sozialistisch** *hist.* nacionalsocialista (*m*).

Natr|ium ['naːtrium] n (9, *o. pl.*) sodio m; ~**on** [-'troːn] n (11, *o. pl.*) sosa f; F bicarbonato m.

Natter ['natər] f (15) culebra f; *giftige:* áspid m.

Natur [na'tuːr] f (16) naturaleza f (*a. Wesensart*); (*Körperbeschaffenheit*) constitución f; *von...* (*aus*) por naturaleza; *nach der* ~ del natural; ~**...:** *in Zssgn oft* natural; ~**alien** [-tu'raːljən] *pl. uv.* productos *m/pl.* del suelo; *in* ~ *bezahlen* pagar en especie; 2**alisieren** [--rali'ziːrən] naturalizar, nacionalizar; ~**ali'sierung** f naturalización f; ~**alismus** m naturalismo m; 2**a'listisch** naturalista; ~**alleistung** [--'alaistuŋ] f pago m en especie; ~**arzt** [-'tuːrʔartst] m *s.* heilkundige(r); ~**ell** [-tu'rɛl] n (3¹) natural m, naturaleza f, indole f; ~**ereignis** n, ~**erscheinung** f fenómeno m natural; ~**forscher** m naturalista m; ~**freund** m amante m de la naturaleza; 2**gemäß** natural; ~**geschichte** f historia f natural; ~**gesetz** n ley f natural; 2**getreu** natural, *adv.* al natural; ~**heilkunde** f medicina f natur(al)ista, *neol.* naturopatía f;

Naturheilkundige(r)

~heilkundige(r) *m* médico *m* natur(al)ista, *neol.* naturópata *m*; ~katastrophe *f* catástrofe *f* natural; cataclismo *m*; ~kunde *f* ciencias *f/pl.* naturales; ~lehrpfad *m* itinerario *m* pedagógico *od.* didáctico.

natürlich [-'ty:rliç] *natural*; *(einfach)* sencillo; *fig* físico; *adv.* naturalmente; *(aber)* ~! ¡claro que sí!, *bsd. Am.* ¿cómo no?; 2**keit** *f* naturalidad *f*.

Natur|**produkt** [-'tu:rprodukt] *n* producto *m* natural; ~**recht** *n* derecho *m* natural; ~**reich** *n* reino *m* de la naturaleza; 2**rein** natural; puro; ~**schätze** [-'-ʃɛtsə] *m/pl.* riquezas *f/pl.* naturales; ~**schutz** *m* protección *f* de la naturaleza; 2**schutzgebiet** *n* reserva *f* natural *od.* ecológica; ~**schutzpark** *m* parque *m* natural; ~**trieb** *m* instinto *m*; ~**wissenschaften** *f/pl.* ciencias *f/pl.* naturales; ~**zustand** *m* estado *m* natural.

Naut|**ik** ['nautik] *f* (16, *o. pl.*) náutica *f*; 2**isch** náutico.

Navigation [naviga'tsjo:n] *f* navegación *f*; ~**s-offizier** *m* oficial *m* de derrota.

Nazi ['na:tsi] *m* (11) nazi *m*; ~**smus** [na'tsismus] *m* (16, *o. pl.*) nazismo *m*.

Nebel ['ne:bəl] *m* (7) niebla *f*; *(Dunst)* bruma *f*; *leichter*: neblina *f*; *Astr.* nebulosa *f*; 2**haft** *a. fig.* nebuloso; ~**horn** ⚓ *n* sirena *f* de niebla; 2**ig** nebuloso; brumoso; *es ist* ~ hace niebla; ~**scheinwerfer** *Kfz. m* faro *m* antiniebla; ~**schwaden** *m/pl.* jirones *m/pl.* de niebla.

neben ['-bən] *(wo? dat., wohin? ac.)* junto a, al lado de; *(dazu) (dat.)* además de; 2**...:** *in Zssgn oft* accesorio; adicional; secundario; 2**-absicht** *f* segunda intención *f*; ~**'-an** al lado; 2**-anschluß** *Fernspr. m* (aparato *m*) supletorio *m*; 2**bedeutung** *f* significado *m* secundario; ~**'bei** de paso; *(außerdem)* además, ~**beruflich** como ocupación secundaria; 2**buhler(in** *f*) *m* (7) rival *su.*; competidor(a) *m (f)*; ~**ei'nander** uno al lado de otro; ~**ei'nanderstellen** poner uno al lado de otro; *fig.* cotejar; 2**-eingang** *m* entrada *f* lateral; 2**-einkünfte** *pl.* ingresos *m/pl.* adicionales; 2**fach** *n* asignatura *f* secundaria; 2**fluß** *m* afluente *m*; 2**gebäude** *n* dependencia *f*; anexo *m*; 2**geräusch** ⚡ *n* parásitos *m/pl.*; 2**gleis** *n* apartadero *m*; 2**handlung**

818

Thea. f episodio *m*; ~**'her,** ~**'hin** al lado; *s. a.* ~*bei;* 2**höhle** *Anat. f* seno *m* (paranasal); 2**kläger** ⚖ *m* parte *f* civil; 2**kosten** *pl.* gastos *m/pl.* accesorios; 2**mann** *m* vecino *m*; 2**niere** *(glándula f)* suprarrenal *f*; 2**person** *f* persona *f* secundaria; 2**produkt** *n* subproducto *m*; 2**raum** *m* habitación *f* contigua; apartadizo *m*; 2**rolle** *f* papel *m* secundario; 2**sache** *f* bagatela *f*, cosa *f* de poca importancia; *das ist* ~ eso es lo de menos; 2**sächlich** secundario; irrelevante; 2**satz** *Gram. m* oración *f* subordinada; ~**stehend** al margen; 2**stelle** *f e-r Behörde:* delegación *f*; *(Filiale)* sucursal *f*; *Fernspr.* extensión *f*; 2**straße** *f* calle *f* lateral; 2**tisch** *m* mesa *f* de al lado; 2**tür** *f* puerta *f* lateral; 2**umstand** *m* circunstancia *f* accesoria; 2**winkel** ⊿ *m* ángulo *m* adyacente; 2**wirkung** *f* efecto *m* secundario; 2**zimmer** *n* cuarto *m* contiguo.

neblig ['-bliç] *s. nebelig.*

nebst [ne:pst] *(dat.)* (junto con); incluido.

Necessaire [nesɛ'sɛ:r] *m* (11) neceser *m*.

neck|**en** ['nɛkən] (25) embromar; burlarse de; 2**e'rei** *f* bromas *f/pl.*; F cuchufleta(s) *f(pl.)*; ~**isch** gracioso; coquetón.

Neffe ['nɛfə] *m* (13) sobrino *m*.

negativ ['ne:gati:f], 2 *Phot. n* (3¹) negativo (*m*).

Neger(in *f*) ['-gər(in)] *m* (7) negro (-a) *m (f)*.

nehmen ['-mən] (30) tomar; coger; *Arg. nur* agarrar; *(an~)* aceptar; *(weg~)* quitar; *(heraus~)* sacar; *Hindernis:* franquear; *an sich* ~ quedarse con; *mit sich (dat.)* ~ llevarse; *auf sich* ~ tomar a su cargo; encargarse de; *zu sich (dat.)* ~ *j-n:* recoger en su casa; *et.:* tomar, comer; *wie man's nimmt* eso depende.

Neid [naıt] *m* (3) envidia *f (erregen* dar); 2**en** ['-dən] (26): *j-m et.* ~ envidiar a/c. a alg.; **'~er** *m* (7) envidioso *m*; **¹**2**isch** envidioso *(auf* de).

Neige ['naıgə] *f* (15): *zur* ~ *gehen* tocar a su fin; acabarse; *Tag:* declinar; *den Kelch bis zur* ~ *leeren* apurar el cáliz hasta las heces; 2**en** (25): *(sich)* ~ inclinar(se); *fig.* tender (*zu* a); *sich* ~ *Tag:* declinar; ~**ung** *f* inclinación *f*; *fig.* propensión *f*; tendencia *f*; *(Ab-*

hang) declive *m*, pendiente *f*; (*Zu*2) afecto *m*, inclinación *f*.

nein [naɪn] no; ~ *sagen* decir que no; ℒ**stimme** *f* voto *m* negativo *od.* en contra.

Nelke ['nɛlkə] *f* (15) clavel *m*; (*Gewürz*2) clavo *m*.

nenn|en ['nɛnən] (30) nombrar; llamar; (*erwähnen*) mencionar; (*bezeichnen als*) calificar de; ~**enswert** digno de mención; notable; ~**er** ♠ *m* (7) denominador *m*; *gemeinsamer* ~ denominador *m* común (*a. fig.*); ℒ**form** *Gram. f* infinitivo *m*; ℒ**ung** *f* mención *f*; *Sport*: inscripción *f*; ℒ**wert** ✝ *m* valor *m* nominal.

Neo... [neo...]: *in Zssgn* neo...; ~**fa-'schismus** *m* neofascismo *m*; ~**lo-gismus** [--lo'gismus] *m* (16²) neologismo *m*.

Neon ['neːɔn] *n* (11, *o. pl.*) neón *m*; ~**röhre** *f* tubo *m* de neón.

Nepp F [nɛp] *m* (3¹, *o. pl.*) timo *m*; '~**en** (25) F clavar.

Nerv [nɛrf] *m* (8) nervio *m*; *j-m auf die* ~*en fallen* F dar la lata a alg.; *die* ~*en verlieren* perder los estribos.

Nerven... ['-fən-]: *in Zssgn* oft nervioso; ~**arzt** *m* neurólogo *m*; ℒ**auf-reibend** enervante; ~**bündel** *n* manojo *m* de nervios; ~**entzün-dung** *f* neuritis *f*; ~**gas** *n* gas *m* neurotóxico; ~**gift** *n* neurotoxina *f*; ~**heil-anstalt** *f* clínica *f* mental *od.* psiquiátrica; ~**heilkunde** *f* neurología *f*; ~**kitzel** *m fig.* cosquilleo *m* nervioso; suspense *m*; ~**knoten** *m* ganglio *m* nervioso; ℒ**krank** neurótico; ~**leiden** *n* enfermedad *f* nerviosa, neurosis *f*; ~**säge** F *f* pelma(zo *m*) *su.*; pesado *m*; ~**schmerzen** *m/pl.* neuralgia *f*; ~**schock** *m* shock *m* nervioso; ℒ**schwach** neurasténico; ~**schwäche** *f* neurastenia *f*; ~**system** *n* sistema *m* nervioso; ~**zusammen-bruch** *m* crisis *f* nerviosa.

nerv|ig ['-fɪç] nervudo; ~**ös** [-'vøːs] nervioso (*machen* poner); ℒ**osität** [-vozi'tɛːt] *f* nerviosismo *m*.

Nerz [nɛrts] *m* (3²) visón *m* (*a. Pelz*).

Nessel ♀ ['nɛsəl] *f* (15) ortiga *f*; F *sich in die* ~ *setzen* meterse en un berenjenal; ~**fieber** ♂ *n* urticaria *f*.

Nest [nɛst] *n* (1¹) nido *m*; *fig.* (*Ort*) poblacho *m*; pueblo *m* de mala muerte; ℒ**eln** (29) manosear (*an dat.* a/c.); '~**häkchen** *n* (6) benjamín *m*.

Neuntel

nett [nɛt] agradable; gentil; simpático; (*hübsch*) bonito, F mono; *das ist* ~ *von dir* eres muy amable; ℒ**igkeit** *f* amabilidad *f*; gentileza *f*.

netto ['-to], ℒ...: *in Zssgn* neto; ℒ-**ein-kommen** *n* ingresos *m/pl.* netos.

Netz [nɛts] *n* (3²) red *f* (*a. fig.*); (*Haar*2) redecilla *f*; *fig. ins* ~ *gehen* caer en la red; '~**anschluß** ≠ *m* conexión *f* a la red; ℒ**en** (27) mojar; ℒ**förmig** ['-fœrmɪç] reticular; '~**haut** *Anat. f* retina *f*; '~**hemd** *n* camiseta *f* de malla; '~**karte** *f Vkw. f* abono *m*; '~**magen** *Zo. m* redecilla *f*.

neu [nɔʏ] nuevo; (*kürzlich*) reciente, fresco; moderno; F (*unerfahren*) novel; ~*este Mode* última moda *f*; *was gibt es ℒes?* ¿qué hay de nuevo?; *das ist mir* ~ no lo sabía; *aufs* ~*e* otra vez; *von* ~*em* de nuevo; ~...: *in Zssgn vor part. pt.* (*seit kurzem*) recién; 'ℒ-**an-kömmling** *m* recién llegado *m*; 'ℒ-**anschaffung** *f* nueva adquisición *f*; '~**artig** nuevo; moderno; 'ℒ-**auf-lage** *f* reedición *f*; 'ℒ**bau** *m* construcción *f* nueva; 'ℒ**bauwohnung** *f* vivienda *f* de nueva construcción *od.* planta; 'ℒ**bearbeitung** *f* refundición *f*; 'ℒ**bildung** *f sprachliche:* neologismo *m*; nueva formación *f*; 'ℒ**druck** *m* reimpresión *f*; ~**erdings** ['-ɔrdɪŋs] recientemente, últimamente; ℒ**er-** ['-ərər] *m* (7) innovador *m*; ℒ**er-scheinung** *f* novedad *f*; ℒ**erung** *f* innovación *f*; ℒ**geboren** recién nacido; *sich wie* ~ *fühlen* sentirse como nuevo; '~**gestalten** reorganizar; remodelar; 'ℒ**gestaltung** *f* reorganización *f*; remodelación *f*; ℒ**gier(de)** ['-giːr(də)] *f uv. o. pl.* curiosidad *f*; ~**gierig** curioso (*auf ac.* por saber); 'ℒ**gründung** *f* fundación *f* nueva; 'ℒ**heit** *f* novedad *f*; 'ℒ**igkeit** *f* noticia *f*; 'ℒ-**inszenierung** *f* reposición *f*.

'**Neujahr** *n* año *m* nuevo; ~**s-tag** *m* día *m* de año nuevo; ~**swunsch** *m* felicitación *f* de año nuevo.

'**Neuland** *n* tierra *f* virgen (*a. fig.*); ℒ**lich** el otro día; ~**ling** ['-lɪŋ] *m* (3¹) principiante *m*; novato *m*, bisoño *m*; 'ℒ**modisch** de última moda; moderno; ~**mond** *m* luna *f* nueva, novilunio *m*.

neun [nɔʏn] 1. nueve; 2. ℒ *f* (16) nueve *m*; 'ℒ-**auge** *Zo. m* lamprea *f*; '~**fach** nueve veces más; '~**hundert** novecientos; '~**malklug** F sabihondo; '~**tausend** nueve mil; 'ℒ**tel** *n* (7),

neunte(r) '~te(r) noveno (m); '~tens en noveno lugar; '~zehn diecinueve; ~zehnte(r) decimonoveno (m); ~zig ['-tsıç] noventa; ~zigste(r) nonagésimo (m).

Neur|**algie** 🎵 [nɔyral'giː] f (15) neuralgia f; ~algisch [-'-giʃ] neurálgico; ~asthenie [-rasteˈniː] f (15) neurastenia f.

Neu|**regelung** f reorganización f; ~reiche(r) m nuevo rico m.

Neuro|**loge** [-ro'lo:gə] m (13) neurólogo m; ~se [-'ro:zə] f (15) neurosis f; ⁓tisch [-'-tiʃ] neurótico.

Neu|**schnee** m nieve f recién caída; ~'seeländer m (7), 2'seeländisch neozelandés (m); ~silber n metal m blanco, alpaca f.

neutr|**al** [-'traːl] neutro; *Pol.* neutral; ~alisieren [-trali'ziːrən] neutralizar; 2alität [-'tɛːt] f neutralidad f; 2on ['-trɔn, *pl.* -'troːnən] n (8¹) neutrón m; 2onenbombe [-'troːnənbɔmbə] f bomba f de neutrones; 2um [-'trum] n (9[²]) neutro m.

neu|**vermählt** ['-fɛrmɛːlt] recién casado; 2**wahl** f nueva elección f; ~wertig como nuevo; 2**wort** n neologismo m; 2**zeit** f época f moderna, tiempos m/pl. modernos; ~zeitlich moderno.

nicht [nıçt] no; ~ *wahr?* ¿verdad?; *auch* ~ tampoco; *wenn* ~ si no.

'**Nicht**|**achtung** f irreverencia f; 2-amtlich no oficial; ~'angriffspakt m pacto m de no agresión; ~beachtung, ~befolgung f inobservancia f; ~bezahlung f falta f de pago; impago m.

Nichte ['nıçtə] f (15) sobrina f.

'**Nicht**|**einhaltung**, ~**erfüllung** f incumplimiento m; ~einmischung f no intervención f; no injerencia f; ~erscheinen n ausencia f; 2ig vano, fútil; 🎵 nulo; *für* ~ *erklären* declarar nulo; anular; ~igkeit f vanidad f; bagatela f, nadería f; nulidad f; ~igkeits-erklärung f anulación f; ~mitglied n no socio m; 2-öffentlich privado; ~raucher m no fumador m; 2rostend inoxidable.

nichts [nıçts] 1. (no ...) nada; *für* ~ *und wieder* ~ por nada; *dir* ~ sin más ni más; ~ *mehr* nada más; 2. 2 *n uv.* nada f; '~ahnend sin sospechar nada.

Nichtschwimmer ['nıçtʃvımər] m no nadador m.

nichts|**destoweniger** [nıçtsdɛstoˈveːnigər] sin embargo, no obstante; 2**nutz** ['-nuts] m (3²) inútil m; ~sagend insignificante; 2**tuer** ['-tuːər] m (7) gandul m, vago m; 2**tun** n ocio m; holgazanería f; '~würdig indigno; infame; '2**würdigkeit** f bajeza f, infamia f.

Nicht|**zahlung** ['nıçttsaːluŋ] f s. ~*bezahlung*; ~zutreffende(s) n: ~ *streichen* táchese lo que no proceda *od.* convenga.

Nickel ['nıkəl] n (7, *o. pl.*) níquel m.

nick|**en** ['nıkən] (25) inclinar la cabeza; *zustimmend*: asentir con la cabeza; 2**erchen** F ['-kərçən] n (6) siestecita f; *ein* ~ *machen* dar una cabezada.

nie [niː] (*bei vb. no* ...) nunca, jamás; ~ *und nimmer* nunca jamás.

nieder ['-dər] 1. *adj.* bajo; 2. *adv.* abajo; ~ *mit* ...! ¡abajo...!; ¡mura...!; ~**beugen**: (sich) ~ inclinar(se); ~**brennen** *v/t.* quemar, reducir a cenizas; ~**deutsch** bajo alemán; ~**drücken** apretar; *fig.* deprimir; ~**drückend** deprimente; ~**fallen** (sn) caer (al suelo); *vor j-m* ~ echarse *od.* postrarse a los pies de alg.; 2**frequenz** 🎵 f baja frecuencia f; 2**gang** m *fig.* decadencia f; ocaso m; ~**gedrückt** *fig.* deprimido; ~**gehen** (sn) bajar; 🎵 aterrizar; *Unwetter*: abatirse (*auf ac.* sobre); ~**geschlagen** abatido, deprimido; 2**geschlagenheit** f abatimiento m; ~**holen** *Flagge*: arriar; ~**kauern**: *sich* ~ acurrucarse, ponerse en cuclillas; ~**knien** (sn) arrodillarse; ~**kommen** (sn) alumbrar; 2**kunft** ['-kunft] f (14¹) alumbramiento m; 2**lage** f derrota f; 🏬 almacén m, depósito m; sucursal f; 2**länder(in** f) m ['-lɛndər(ın)], ~ländisch neerlandés (-esa) m (f); ~lassen bajar; *sich* ~ instalarse; establecerse; 2**lassung** f establecimiento m; (*Zweig*2) sucursal f; (*Siedlung*) colonia f; ~**legen** poner en el suelo; *a. Kranz*: depositar; *Arbeit*: abandonar; *Waffen*: rendir, deponer; *schriftlich*: formular; *sein Amt* ~ dimitir de su cargo; *sich* ~ acostarse; ~**machen**, ~**metzeln** matar; acuchillar; ~**reißen** derribar; 🔺 *a.* demoler; ~**schießen** matar a tiros; ~**schlag** *m Boxen*: derribo m; 🎵 precipitado m; 2**schläge** (*Regen*) precipitaciones f/pl.; (*Ablagerung*) sedimento m; poso m; *fig.* reflejo m; *s-n* ~ *finden in* reflejarse *od.* traducirse en; ~**schlagen** *j-n:* derribar; *Augen, Kragen:* bajar; *Aufstand:* reprimir; ⚡ suspender; *sich* ~ ⚡ precipitarse; *fig. sich* ~ *in* traducirse en; ~**schmettern** aplastar; *fig.* anonadar, aniquilar; ~*d fig.* desesperante, desolador; ~**schreiben** poner por escrito; redactar; 2**schrift** *f* redacción *f*; ~**setzen** poner en el suelo, depositar; *sich* ~ sentarse; ~**sinken** (sn) caer (lentamente); desplomarse; *sich* ~ *lassen* ⚡ ; ~**spannung** ⚡ *f* baja tensión *f*; ~**stechen** acuchillar, apuñalar; ~**stoßen**, ~**strecken** derribar; 2**tracht** *f* bajeza *f*, vileza *f*, infamia *f*; ~**trächtig** vil, infame; ~**treten** pisar; 2**ung** *f* terreno *m* bajo; (*Ebene*) llanura *f*; ~**werfen** derribar; *Aufstand:* reprimir; 2**werfung** *f* represión *f*; 2**wild** *n* caza *f* menor.

niedlich ['niːtlɪç] bonito, lindo; F mono.

Niednagel ⚡ ['naːgəl] *m* padrastro *m*, repelo *m*.

niedrig ['niːdrɪç] bajo; *fig. a.* vil; infame; 2**keit** *f* bajeza *f*; *fig. a.* infamia *f*; 2**wasser** *n* bajamar *f*; *bei Flüssen:* estiaje *m*.

nie|mals ['-maːls] (*bei vb.* no...) nunca, jamás; ~**mand** ['-mant] (no ...) nadie; ninguno; *es ist* ~ *da* no hay nadie; 2**mandsland** ⚔ *n* tierra *f* de nadie.

Niere ['-rə] *f* (15) riñón *m* (*a. Kchk.*).

'**Nieren...:** *in Zssgn oft* renal, nefrítico; ~**becken** *n* pelvis *f* renal; ~**entzündung** *f* nefritis *f*; ~**leiden** *n* enfermedad *f* de los riñones, nefropatía *f*; ~**stein** *m* cálculo *m* renal.

niesel|n ['-zəln] (29) lloviznar; 2**regen** *m* llovizna *f*.

niesen ['-zən] **1.** *v/i.* (27) estornudar; **2.** *n* estornudo *m*.

Nießbrauch ['niːsbraux] *m* (3, *o. pl.*) usufructo *m*.

Niet ⊕ [niːt] *m* (3) roblón *m*, remache *m*; '~*e f* (15) billete *m* de lotería no premiado; F *fig.* fracasado *m*, inútil *m*; '2**en** (26) remachar; '~**(en)hose** *f* tejanos *m/pl.*; '2~ **und 'nagelfest** bien firme.

Nihilie|mus [nihi'lɪsmʊs] *m* (16, *o. pl.*) nihilismo *m*; ~**t** *m* (12), 2**tisch** nihilista (*m*).

Nikotin [nikoˈtiːn] *n* (3¹, *o. pl.*) nicotina *f*; 2~**arm** de bajo contenido en nicotina; 2**frei** sin nicotina; ~**vergiftung** *f* nicotinismo *m*.

Nilpferd ['niːlpfeːrt] *n* hipopótamo *m*.

Nimbus ['nɪmbʊs] *m* (14²) nimbo *m*; *a. fig.* aureola *f*.

nimmer ['nɪmər] *s.* **nie**; ~**mehr** nunca más; 2**satt** *m* (3) glotón *m*; 2**wiedersehen** *n*: *auf* ~ para siempre.

Nippel ⊕ ['nɪpəl] *m* (7) boquilla *f* (roscada).

nipp|en ['nɪpən] (25) probar (*an dat.* a/c.); 2**sachen** *f/pl.* chucherías *f/pl.*; bibelots *m/pl.*

nirgend|s ['nɪrgənts], ~**(s)wo** (*bei vb.* no ...) en ninguna parte.

Nische ['niːʃə] *f* nicho *m*; hornacina *f*.

Nisse ['nɪsə] *f* (15) liendre *f*.

nist|en ['nɪstən] (26) anidar; 2**kasten** *m* nidal *m*.

Nitrat [ni'traːt] *n* (3) nitrato *m*.

Nitroglyzerin [nitrogly:tsəˈriːn] *n* nitroglicerina *f*.

Niveau [niˈvoː] *n* (11) nivel *m* (*a. fig.*).

nivellier|en [-vɛˈliːrən] nivelar; 2**ung** *f* nivelación *f*.

Nixe ['nɪksə] *f* (15) ondina *f*.

nobel ['noːbəl] noble; generoso.

Nobelpreis(träger) [noˈbɛlpraɪs-(trɛːgər)] *m* premio *m* Nobel.

noch [nɔx] todavía; aún; ~ *nicht aún no*; ~ *nie* nunca, jamás; ~ *ein(er)* otro; ~ *et.* otra cosa; ~ *et.?* ¿algo más?; ~ *heute* hoy mismo; *auch das* ~ *!* ¡lo que faltaba!; ~**malig** ['-maːlɪç] repetido, reiterado; ~**mals** ['-maːls] otra vez; una vez más.

Nocken ⊕ ['nɔkən] *m* leva *f*; ~**welle** *f* árbol *m* de levas.

Nomad|e [no'maːdə] *m* (13), 2**isch** nómada (*m*).

nomi|nal [-mi'naːl], 2~**:** *in Zssgn* nominal; 2**nativ** ['--natiːf] *m* (3¹) nominativo *m*; ~**nieren** nombrar.

Nonne ['nɔnə] *f* (15) monja *f*, religiosa *f*; ~**nkloster** *n* convento *m* de monjas.

Nonstopflug [nɔnˈstɔpfluːk] *m* vuelo *m* sin escala.

Nord... [nɔrt...]: *in Zssgn* septentrional, del Norte; ~**ameri'kaner(in** *f)* *m*, 2~**ameri'kanisch** norteamericano (-a) *m(f)*; ~**en** ['-dən] *m* (6) norte *m*; 2**isch** nórdico.

nördlich ['nœrtlɪç] del Norte, septentrional; ~ *von* al norte de.

Nord|licht ['nɔrtlɪçt] *n* aurora *f* boreal; ~'**ost(en)** *m* nordeste *m*; ~**pol** *m* polo *m* norte *od.* ártico; ~'**west(en)**

Nordwind

m noroeste *m*; ~**wind** *m* viento *m* del norte; cierzo *m*.

Nörg|elei [nœrgə'laɪ] *f* afán *m* de criticar; ~**eln** ['-gəln] (29) criticarlo todo; ~**ler** ['-glər] *m* (7) criticón, reparón *m*.

Norm [nɔrm] *f* (16) norma *f*; regla *f*. **normal** [-'maːl], 2...: *in Zssgn* normal; ~**isieren** [-mali'ziːrən] normalizar; 2**i'sierung** *f* normalización *f*; 2**spur** 👿 *f* ancho *m* normal; ~**verbraucher** *F m* ciudadano *m* de a pie; 2**zeit** *f* hora *f* oficial.

Normann|e ['-manə] *m* (13), 2**isch** normando (*m*).

norm|en ['-mən] (25) normalizar; estandarizar; 2**ung** *f* normalización *f*; estandarización *f*.

Norweg|er|in *f* [-'veːgər(ɪn)] *m* (7), 2**isch** noruego (-a) *m* (*f*).

Nostalgi|e [nɔstal'giː] *f* (15) nostalgia *f*; 2**isch** [-'talgɪʃ] nostálgico.

Not [noːt] *f* (14¹) (*Mangel*) necesidad *f*; (*Bedrängnis*) apuro *m*; (*Elend*) miseria *f*; *aus* ~ por necesidad; ~ *leiden* estar en la miseria; ~ *leiden an* (*dat*.) carecer de; *mit j-m* ~ *se liebe* ~ *haben* tener sus penas con alg.; *zur* ~ en caso de apuro; si no hay más remedio; 2 *tun* ser preciso, hacer falta; *wenn* ~ *am Mann ist* en caso de apuro *od*. de urgencia.

Notar [no'taːr] *m* (3) notario *m*; ~**iat** [-tar'jaːt] *n* (3) notaría *f*; 2**iell** [--'i̯ɛl] notarial; *adv*. ante notario.

Not|arzt ['noːtʔartst] *m* médico *m* de urgencia *bzw*. de guardia; ~**ausgang** *m* salida *f* de emergencia; ~**behelf** *m* arreglo *m* provisional; recurso *m* de urgencia; F paños *m/pl*. calientes; ~**beleuchtung** *f* luces *f/pl*. de emergencia; ~**bremse** 👿 *f* freno *m* de alarma; ~**durft** ['-durft] *f* (14, *o. pl.*): *s-e* ~ *verrichten* hacer sus necesidades *f/pl*.; 2**dürftig** apenas suficiente; provisional.

Note ['noːtə] *f* (15) nota *f* (*a.* ♪ *u. fig.*); (*Bank*2) billete *m* (de banco); ♪ *pl*. música *f*; partitura *f*.

'**Noten|ausgabe** ♪ *f* emisión *f* de billetes; ~**bank** *f* banco *m* emisor; ~**blatt** ♪ *n* hoja *f* de música; ~**heft** ♪ *n* cuaderno *m* de música; ~**papier** *n* papel *m* pautado; ~**pult** *n*, ~**ständer** *m* atril *m*; ~**system** ♪ *n* pentagrama *m*; ~**wechsel** *Pol*. canje *m* *od*. cambio *m* de notas.

Not|fall ['noːtfal] *m* caso *m* de apuro *od*. de emergencia; 2**falls** en caso de apuro; 2**gedrungen** forzoso; *adv*. por fuerza; ~**groschen** *m* dinero *m* de reserva; ~**hafen** *m* puerto *m* de refugio; ~**hilfe** *f* primeros auxilios *m/pl*.

notier|en [no'tiːrən] apuntar, anotar; ✝ cotizar; 2**ung** ✝ *f* cotización *f*.

nötig ['nøːtɪç] preciso, necesario; ~ *haben* necesitar, precisar; ~**en** ['--gən] (25) obligar, forzar (*zu inf*. a); *sich* ~ *lassen* hacerse de rogar; '~**enfalls** si es preciso; 2**ung** *f* coacción *f*.

Notiz [no'tiːts] *f* (16) nota *f*, apunte *m*; (*Zeitungs*2) noticia *f*; *sich* ~*en machen* tomar apuntes; ~ *nehmen von* tomar nota de; ~**block** *m* bloc *m* de notas; ~**buch** *n* libreta *f*; agenda *f*.

Not|lage ['noːtlaːgə] *f* apuro *m*; emergencia *f*; 2**landen** ⚐ (sn) hacer un aterrizaje forzoso; ~**landung** ⚐ *f* aterrizaje *m* forzoso *od*. de emergencia; 2**leidend** necesitado, indigente; ✝ *Wechsel*: pendiente de cobro; ~**lösung** *f* solución *f* provisional; *s. a. behelf*; ~**lüge** *f* mentira *f* disculpable; ~**maßnahme** *f* medida *f* de urgencia.

notorisch [no'toːrɪʃ] notorio.

Not|ruf ['noːtruːf] *m Fernspr*. llamada *f* de socorro; ~**rufsäule** *f* poste *m* de socorro; ~**schlachtung** *f* sacrificio *m* de urgencia; ~**signal** *n* señal *f* de alarma; ~**sitz** *m* traspontín *m*; ~**stand** *m Pol*. estado *m* de emergencia; ~**standsgebiet** *n* zona *f* siniestrada *bzw*. catastrófica; ~**taufe** *f* agua *f* de socorro; ~**verband** *m* vendaje *m* provisional; ~**ver-ordnung** *f* decreto *m* de urgencia; ~**wehr** *f* legítima defensa *f* (*aus* en); 2**wendig** preciso, necesario; ~**wendigkeit** *f* necesidad *f*; ~**zucht** *f* estupro *m*, violación *f*.

Nougat ['nuːgat] *m, n s*. Nugat.

Novelle [no'vɛlə] *f* (15) novela *f* corta; ⚖ ley *f* abrogatoria.

November [-'vɛmbər] *m* (7) noviembre *m*.

Novität [-vi'tɛːt] *f* (16) novedad *f*.

Noviz|e [-'viːtsə] *m* (13), ~**in** *f* novicio (-a) *m* (*f*).

Nu [nuː] *m*: *im* ~ en un abrir y cerrar de ojos, en un santiamén.

Nuanc|e [ny'ãːsə] *f* (15) matiz *m*; 2**'ieren** matizar.

nüchtern ['nʏçtərn] en ayunas; (*nicht betrunken*) que no está bebido; (*mä-*

Nymphomanie

ßig) sobrio; *(sachlich)* objetivo; *(phantasielos)* prosaico; *(besonnen)* sensato; 2heit *f* sobriedad *f;* objetividad *f;* sensatez *f;* prosaísmo *m.*
Nudel ['nu:dəl] *f* (15): ~n *pl.* pastas *f/pl.* (alimenticias); ~holz *n* rodillo *m;* 2n (29) cebar; ~suppe *f* sopa *f* de fideos.
Nudist [nu'dist] *m* (12) (des)nudista *m.*
Nugat ['nu:gat] *m od. n* (11) turrón *m* de chocolate.
nuklear [nukle'a:r], 2...: *in Zssgn* nuclear.
null [nul] 1. cero; *für* ~ *und nichtig erklären* declarar nulo y sin valor; 2. 2 *f* (16) cero *m; fig.* nulidad *f;* cero *m* a la izquierda; 2punkt *m* (punto *m)* cero *m;* 2wachstum ✝ *n* crecimiento *m* cero.
numerier|en [numə'ri:rən] numerar; 2ung *f* numeración *f.*
Nummer ['-mər] *f* (15) número *m; Kfz.* matrícula *f;* ~konto *n* cuenta *f* numerada *od.* cifrada; ~nscheibe *f Fernspr.* disco *m;* ~nschild *Kfz. n* placa *f* de matrícula.
nun [nu:n] *(jetzt)* ahora; *ein- bzw. überleitend:* pues (bien); *und* ~? ¿y ahora qué?; *von* ~ *an* de ahora en adelante; '~mehr (desde) ahora.
Nuntius ['nuntsjus] *m* (16²) nuncio *m.*
nur [nu:r] sólo, solamente; ~ *noch* tan sólo; no ... más que; *nicht* ~, *sondern auch* no sólo, sino también; ~ *zu!* ¡adelante!
nuscheln F ['nuʃəln] (29) farfullar; mascullar.
Nuß [nus] *f* (14¹) nuez *f; (Hasel*2)

avellana *f; fig. e-e harte* ~ un hueso duro de roer; '~baum(holz *n) m* nogal *m;* '~knacker *m* cascanueces *m.*
Nüstern ['ny:stərn] *f/pl.* (15) ollares *m/pl.*
Nut ⊕ [nu:t] *f* (16) ranura *f.*
Nutte P ['nutə] *f* (15) P ramera *f,* fulana *f,* puta *f.*
nutz [nuts]: *zu nichts* ~ *sn* no servir para nada; '2-anwendung *f* aplicación *f* práctica; *Lit.* moraleja *f;* '~bar utilizable, aprovechable; ~ *machen* utilizar, aprovechar; '~bringend útil; productivo; '~en *(a.* 'nützen ['nytsən]) (27) 1. *v/i.* servir, ser útil *(zu* para); *es nützt nichts* es inútil; 2. *v/t.* aprovechar, utilizar; 2en *m* utilidad *f;* provecho *m;* ✝ beneficio *m;* ~ *ziehen aus* sacar provecho de; *zum* ~ *von* a beneficio de; 2fahrzeug *n* vehículo *m* industrial; 2garten *m* huerto *m;* 2holz *n* madera *f* útil; 2last *f* carga *f* útil; 2leistung *f* rendimiento *m* (efectivo).
nützlich ['nytslɪç] útil, provechoso; 2keit *f* utilidad *f.*
nutz|los ['nutslo:s] inútil; infructuoso; 2losigkeit *f* inutilidad *f;* infructuosidad *f;* 2nießer ['-ni:sər] *m* (7) beneficiario *m;* usufructuario *m;* 2nießung *f* usufructo *m;* 2pflanze *f* planta *f* útil; 2ung *f* aprovechamiento *m;* utilización *f; a.* 🗡 explotación *f;* 2ungsrecht *n* derecho *m* de uso *bzw.* usufructo.
Nylon ['naɪlɔn] *n* (11) nilón *m.*
Nymph|e ['nymfə] *f* (15) ninfa *f;* 2oman [-fo'mɑ:n] ninfómano; ~oma'nie *f* ninfomanía *f.*

O

O, o [oː] *n* O, o *f*.

Oase [oˈʔɑːzə] *f* (15) oasis *m* (*a. fig.*).

ob [ɔp] si; *als* ~ como si (*subj.*); *so tun als* ~ fingir; *und* ~! ¡ya lo creo!; ¡y tanto!

Obacht [ˈoːpʔaxt] *f* (16, *o. pl.*) cuidado *m*; atención *f*; ~ *geben* tener cuidado; prestar atención.

Obdach [ˈɔpdax] *n* (1, *o. pl.*) abrigo *m*; refugio *m*; asilo *m*; 2**os** *o* sin hogar; ~**lose(r)** *m* persona *f* sin hogar; ~**losen-asyl** *n* F cotarro *m*.

Obdu|ktion ♂ [-dukˈtsjoːn] *f* autopsia *f*; 2**zieren** hacer la autopsia.

O-Beine [ˈoːbaɪnə] *n/pl.* piernas *f/pl.* arqueadas; **O-beinig** estevado.

Obelisk [obaˈlisk] *m* (12) obelisco *m*.

oben [ˈoːbən] arriba; *nach* ~ hacia arriba; *von* ~ *herab fig.* con altivez; *von* ~ *bis unten* de arriba abajo; ~**'auf** (por) encima; *fig.* ~ sein estar muy contento; ~**drein** además; por añadidura; ~**erwähnt**, ~**genannt** [ˈ--gənant] arriba mencionado; susodicho; ¡**ˈhin** por encima; superficialmente.

ober [ˈoːbər] **1.** (18, *nur atr.*) superior; **2.** ☿ *m* (7) camarero *m*.

ˈOber...: *in Zssgn oft* superior; ~**arm** *m* brazo *m*; ~**arzt** *m* médico *m* adjunto; ~**aufsicht** *f* inspección *f* general; supervisión *f*; ~**bau** ⊕ *m* superestructura *f*; ~**befehl** *m* mando *m* supremo; ~**befehlshaber** *m* comandante *m* en jefe; ~**bett** *n* edredón *m*; ~**bürgermeister** *m* (primer) alcalde *m*; ~**deck** *n* ♆ cubierta *f* superior; *Bus*: imperial *f*; ~**fläche** *f* superficie *f*; 2**flächlich** [ˈ--flɛçlɪç] superficial; somero; ligero; ~**flächlichkeit** *f* superficialidad *f*; ligereza *f*; ~**grenze** *f* tope *m*; techo *m*; 2**halb** (*gen.*) por encima de, más arriba de; ~**hand** *f* supremacía *f*; *die* ~ *haben* prevalecer, predominar; *die* ~ *gewinnen* sobreponerse (*über a*); ~**haupt** *n* jefe *m*; ~**haus** *n* Cámara *f* Alta; *in England*: Cámara *f* de los Lores; ~**haut** *f* epidermis *f*; ~**hemd** *n* camisa *f* (de vestir); ~**herrschaft**, ~**hoheit** *f* soberanía *f*; supremacía *f*; ~**in** *f Rel.* superiora *f*; 2**-irdisch** ⊕ aéreo; ~**kellner** *m* jefe *m* de comedor; *frz.* maître *m*; ~**kiefer** *m* maxilar *m* superior; ~**kommandierende(r)** *m* comandante *m* en jefe; ~**kommando** *n* alto mando *m*; mando *m* supremo; ~**körper** *m* busto *m*; ~**'landesgericht** *n etwa*: audiencia *f* territorial; ~**lauf** *m* curso *m* superior; ~**leder** *n* pala *f*; ~**leitung** *f* dirección *f* general; ⚡ línea *f* aérea; catenaria *f*; ~**leutnant** *m* teniente *m*; ~**licht** *n* claraboya *f*, tragaluz *m*; ~**lippe** *f* labio *m* superior; ~**ˈpostdirektion** *f* dirección *f* general de correos; ~**schenkel** *m* muslo *m*; ~**schicht** *f* clases *f/pl.* superiores; alta sociedad *f*; ~**schule** *f* Instituto *m* de Segunda Enseñanza *od.* de bachillerato; ~**schwester** *f* jefe *f* de enfermeras; ~**seite** *f* cara *f* superior; 2**st** superior; supremo; ~**st** ⚔ *m* (12) coronel *m*; ~**ˈstaats-anwalt** *m* primer fiscal *m*; ~**ˈstˈleutnant** *m* teniente *m* coronel; ~**stufe** *f* grado *m* superior; ~**wasser** *n*: *fig.* ~ *haben* llevar ventaja.

obgleich [ɔpˈɡlaɪç] aunque; bien que; aun cuando; a pesar de que.

Obhut [ˈ-huːt] *f* (16, *o. pl.*) guardia *f*; protección *f*; *j-n in s-e* ~ *nehmen* proteger a alg.

obig [ˈoːbɪç] susodicho; arriba mencionado; antes citado.

Objekt [ɔpˈjɛkt] *n* (3) objeto *m*; *Gram.* complemento *m*; *fig.* proyecto *m*; 2**iv** [--ˈtiːf], ~**iv** *Phot. n* (3¹) objetivo (*m*); ~**ivität** [--tiviˈtɛːt] *f* objetividad *f*; ~**träger** *m* portaobjeto(s) *m*.

Oblate [ɔˈblɑːta] *f* (15) oblea *f*; *Rel.* oblata *f*; hostia *f*.

obliegen [ˈɔpliːɡən] (*prs. u. pt. a. untr.*): *es obliegt ihm zu* (*inf.*) le incumbe (*inf.*); 2**heit** *f* incumbencia *f*, obligación *f*.

obligat [ɔbliˈɡɑːt] obligado; de rigor; 2**ion** [--ɡaˈtsjoːn] *f* obligación *f*; ~**orisch** [---ˈtoːrɪʃ] obligatorio.

Obmann [ˈɔpman] *m* jefe *m*; presidente *m*; portavoz *m*.

Obo|e [oˈboːə] *f* (15) oboe *m*; ~**ist** [-boˈɪst] *m* (12) oboe *m*, oboísta *m*.

Obrigkeit ['o:briçkaɪt] f autoridad(es) f(pl.).
obschon [ɔp'ʃo:n] = *obgleich*.
Observatorium [-zɛrva'to:rjum] n (9) observatorio m.
Obst [o:pst] n (3²) fruta f; '~bau m fruticultura f; '~baum m (árbol m) frutal m; '~garten m huerto m (frutal); '~händler(in f) m frutero (-a) m (f); '~handlung f frutería f; '~kuchen m tarta f de frutas; '~messer n cuchillo m para frutas; '~salat m macedonia f (de frutas); '~schale f (*Schüssel*) frutero m; '~züchter m fruticultor m.
obszön [ɔps'tsø:n] obsceno; 2**ität** [-tsøni'tɛ:t] f obscenidad f.
Obus ['o:bus] m (4¹) trolebús m.
obwohl [ɔp'vo:l] = *obgleich*.
Ochse ['ɔksə] m (13) buey m; *fig.* imbécil m; 2n F (27) empollar; ~**nfleisch** n carne f de buey; ~**nschwanzsuppe** f sopa f de rabo de buey.
Ocker ['ɔkər] m *od.* n (7) ocre m.
Ode ['o:də] f (15) oda f.
öde ['ø:də] 1. *adj.* desierto; yermo; *fig.* aburrido; 2. 2 f (15) desierto m; soledad f; *fig.* vacío m.
Odem ['o:dəm] *poet.* m (6) hálito m; aliento m.
Ödem ♣ [ø'de:m] n (3¹) edema m.
oder ['o:dər] o, *vor* o u. ho: u; ~ *aber* o bien.
Ödland ['ø:tlant] n yermo m, erial m; páramo m.
Odyssee [ody'se:] f (15) *fig.* odisea f.
Ofen ['o:fən] m (6¹) estufa f; (*Back*2) horno m; 2**frisch** recién salido del horno; ~**schirm** m pantalla f de estufa; ~**setzer** m fumista m.
offen ['ɔfən] abierto; *Stelle*: vacante; (*freimütig*) franco; (*unentschieden*) pendiente; en suspenso; *adv.* con franqueza; *auf* ~*er See* en alta mar; *auf* ~*er Straße* en plena calle; ~ *gestanden od. gesagt* dicho con franqueza, a decir verdad.
offenbar ['--'ba:r] manifiesto; evidente; *adv.* por lo visto; ~ *werden* manifestarse; 2**en** (25) manifestar; desvelar, *a Rel* revelar; 2**ung** f revelación f; manifestación f; 2**ungs-eid** m juramento m declarativo.
'**offen**|**bleiben** *fig.* quedar pendiente *od.* en suspenso; ~**halten** dejar abierto; *fig.* reservar; 2**heit** f franqueza f, sinceridad f; ~**herzig** franco, sincero; ~**kundig** manifiesto, notorio; ~**lassen** dejar abierto; *fig.* dejar en suspenso; ~'**sichtlich** manifiesto, evidente.

Offensive [ɔfɛn'zi:və] f (15) ofensiva f.
offenstehen ['ɔfənʃte:ən] estar abierto; *Frage*: estar pendiente.
öffentlich ['œfəntliç] público; *adv.* en público; publicar; ~ *bekanntmachen* hacer público; publicar; 2**keit** f público m; *a.* ⚖ publicidad f; *in aller* ~ delante de todo el mundo; *an die* ~ *bringen* hacer público; 2**keits-arbeit** f relaciones f/pl. públicas; '~**-'rechtlich** de derecho público.
offerieren [ɔfə'ri:rən] ofrecer.
Offerte [ɔ'fɛrtə] f (15) oferta f.
Offizialverteidiger ⚖ [ɔfi'tsja:lfɛrtaɪdigər] m defensor m de oficio; 2**ell** [--'tsjɛl] oficial.
Offizier [--'tsi:r] m (3¹) oficial m; ~**skorps** n oficialidad f; ~**s-patent** n despacho m de oficial.
offiziös [--'tsjø:s] (18) oficioso.
öffn|**en** ['œfnən] (26) abrir; 2**er** m (7) abridor m; 2**ung** f abertura f (*a. Loch*); *bsd. Pol. u. fig.* apertura f; 2**ungszeit** f horas f/pl. de apertura.
Offsetdruck ['ɔfsɛtdruk] m offset m.
oft [ɔft] a menudo, con frecuencia; *nicht* ~ pocas veces; *wie* ~? ¿cuántas veces?
öfter ['œftər] con más frecuencia; más a menudo; ~**s** varias *bzw.* muchas veces, (muy) a menudo.
oftmals ['ɔftma:ls] s. *oft*.
Ohm ⚡ [o:m] n (3) ohmio m.
ohne ['o:nə] *prp.* (*ac.*) sin; ~ *zu* (*inf.*) sin (*inf.*); *cj.* ~ *daß* sin que (*subj.*); ~'**dies**, ~'**hin** de todos modos; ~'**gleichen** sin igual, sin par.
Ohn|**macht** ['o:nmaxt] f impotencia f; ♣ desmayo m, desvanecimiento m, síncope m; *in* ~ *fallen* desmayarse; 2**mächtig** impotente; ♣ desmayado; ~ *werden* desmayarse.

Ohr [o:r] n (5) oreja f; (*Gehör*) oído m; *ganz* ~ *sn* ser todo oídos; *j-m et. ins* ~ *sagen* decir a alg. a/c. al oído; *ins* ~ *gehen* ♪ pegarse (al oído); *sich aufs* ~ *legen* acostarse; *bis über die* ~*en verliebt* perdidamente enamorado; *j-m in den* ~*en liegen mit* pedir a/c. con insistencia a alg.; *j-n* ~*en hauen* dar gato por liebre a alg.; *sich et. hinter die* ~*en schreiben* no olvidar

Öhr a/c.; no echar en saco roto a/c.; *es ist mir zu ~en gekommen* ... he oído decir ...

Öhr [ø:r] *n* (3) ojo *m* (de la aguja).

Ohren|arzt ['oːrənʔɑːrtst] *m* otólogo *m*; **~beichte** *f* confesión *f* auricular; **₂betäubend** ensordecedor; **~entzündung** *f* otitis *f*; **~heilkunde** *f* otología *f*; **~sausen** *n* zumbido *m* de los oídos; **~schmalz** *n* cerumen *m*; **~schmaus** *m* regalo *m* para los oídos; **~schützer** *m* orejera *f*; **~zeuge** *m* testigo *m* auricular.

Ohr|feige ['oːrfaɪɡə] *f* bofetada *f*, sopapo *m*, F torta *f*; **₂feigen** (25) abofetear; **~gehänge** *f* ['-ɡəhɛŋə] *n* (7) pendientes *m*/*pl.*, arracada *f*; **~läppchen** ['-lɛpçən] *n* (7) lóbulo *m* de la oreja; **~muschel** *f* pabellón *m* de la oreja; **~ring** *m* pendiente *m*; **~speicheldrüse** *f* parótida *f*; **~wurm** *m* tijereta *f*; F *fig.* melodía *f* pegadiza.

Okkultismus [ɔkul'tismus] *m* ocultismo *m*.

Ökolog|e [øko'loːɡə] *m* (13) ecólogo *m*; **~ie** [--lo'ɡi:] *f* (15, *o. pl.*) ecología *f*; **₂isch** [--'loːɡiʃ] ecológico.

Ökonomi|e [--no'mi:] *f* (15) economía *f*; **₂isch** [--'noːmiʃ] económico.

Oktan [ɔk'taːn] *n* (3) octano *m*; **~zahl** *f neol.* octanaje *m*.

Oktav [ɔk'taːf] *n* (3¹) (tamaño *m* en) octavo *m*; **~band** *m* tomo *m* en octavo; **♪** [-'taːv] *f* (15) octava *f*.

Oktett ♪ [-'tɛt] *n* (3¹) octeto *m*.

Oktober [-'toːbər] *m* (7) octubre *m*.

Okul|ar [ɔku'laːr] *n* (3¹) ocular *m*; **₂ieren** ✍ [--'liːrən] injertar.

ökumenisch [øku'meːniʃ] ecuménico.

Okzident ['ɔktsidɛnt] *m* (3¹, *o. pl.*) occidente *m*.

Öl [øːl] *n* (3) aceite *m*; (*Erd₂*) petróleo *m*; *Rel., Mal.* óleo *m*; *fig.* ~ *ins Feuer gießen* echar leña al fuego; **'~baum** *m* olivo *m*; **'~berg** *Rel. m* Monte *m* de los Olivos; **'~druckbremse** *f* freno *m* de aceite hidráulico.

Oldtimer *engl.* ['ɔuldtaɪmər] *m* (7) coche *m* antiguo *od.* de época.

Oleander ♀ [oleˈandər] *m* (7) adelfa *f*, oleandro *m*.

öl|en ['øːlən] (25) aceitar; (*salben*) ungir; ⊕ engrasar; lubri(fi)car; **₂farbe** *f* pintura *f* al óleo; **₂feld** *n* campo *m* petrolífero; **₂frucht** *f* fruto *m* oleaginoso; **₂gemälde** *n* (pintura *f* al) óleo *m*; **₂götze** F *m*: *wie ein ~* como

un pasmarote; **~haltig** ⊕ petrolífero; ♪ oleaginoso; **₂heizung** *f* calefacción *f* de fuel-oil; **~ig** aceitoso, oleoso.

Oligarchie [oligarˈçi:] *f* (15) oligarquía *f*.

Olive [oˈliːvə] *f* (15) aceituna *f*; **~nbaum** *m* olivo *m*; **~nhain** *m* olivar *m*; **~n-öl** *n* aceite *m* de oliva.

olivgrün [oˈliːfɡryːn] verde oliva.

Öl|kanister ['øːlkanistər] *m* bidón *m* de aceite; **~kanne** *f* aceitera *f*; **~leitung** *f* oleoducto *m*; **~malerei** *f* pintura *f* al óleo; **~mühle** *f* molino *m* aceitero, almazara *f*; **~pest** *f* marea *f* negra; **~pflanze** *f* planta *f* oleaginosa; **~sardine** *f* sardina *f* en aceite; **~stand-anzeiger** *m* indicador *m* del nivel de aceite; **~tanker** *m* petrolero *m*; **~ung** *f* lubrificación *f*, engrase *m*; *Letzte ~* extremaunción *f*; **~wechsel** *m* *Kfz.* cambio *m* de aceite.

Olymp [oˈlymp] *m* (3¹) Olimpio *m*; *Thea.* paraíso *m*, gallinero *m*; **~iade** [--'pjaːdə] *f* (15) Olimpiada *f*, Olimpíada *f*; **₂isch** [-'lympiʃ] olímpico; *₂e Spiele* juegos *m*/*pl.* olímpicos.

Oma F [ˈoːma] *f* (11¹) abuelita *f*.

Ombudsmann ['ɔmbudsman] *m* defensor *m* del pueblo.

Omelett [ɔm(ə)'lɛt] *n* (3) tortilla *f*.

Om|en [ˈoːmən] *n* (6) presagio *m*; agüero *m*, augurio *m*; **₂inös** [omi'nøːs] ominoso, de mal agüero.

Omnibus [ˈɔmnibus] *m* (4¹) autobús *m*; (*Reise₂*) autocar *m*; (*Linien₂*) coche *m* de línea.

Onanie [onaˈni:] *f* (15, *o. pl.*) masturbación *f*; **₂ren** masturbarse.

ondulieren [ɔnduˈliːrən] ondular.

Onkel [ˈɔŋkəl] *m* (7) tío *m*.

Opa F [ˈoːpa] *m* (11) abuelito *m*.

Opal [oˈpaːl] *m* (3¹) ópalo *m*.

Oper [ˈoːpər] *f* (15) ópera *f*.

Operat|eur [opəraˈtøːr] *m* (3¹) operador *m*; **~ion** [---'tsjoːn] *f* operación *f*; **~ionssaal** *m* quirófano *m*; **~ionsschwester** *f* enfermera *f* de quirófano; **₂iv** [---'tiːf] ♺ operatorio; quirúrgico; ✕ operacional.

Operette [--'rɛtə] *f* (15) opereta *f*.

operier|bar [--'riːrbaːr] operable; *nicht ~* inoperable; **~en** operar; *sich ~ lassen* operarse.

Opern|glas ['oːpərnɡlas] *n* gemelos *m*/*pl.* de teatro; **~haus** *n* ópera *f*; **~sänger(in *f*)** *m* cantante *su.* de ópera; **~text** *m* libreto *m*.

Opfer ['ɔpfər] n (7) (das man bringt) sacrificio m (a. fig.); (das man wird) víctima f (a. fig.); ~**bereitschaft** f s. ~wille; ~**gabe** f ofrenda f; 2n (29) sacrificar (a. fig.); (schlachten) inmolar; (spenden) ofrendar; ~**stock** m cepillo m; ~**wille** m abnegación f, espíritu m de sacrificio; 2**willig** abnegado; sacrificado.

Opium ['o:pjum] n (9, o. pl.) opio m; 2**süchtig** opiómano.

Opponent [ɔpo'nɛnt] m (12) oponente m; 2**nieren** oponerse (gegen a).

Opportunismus [ɔpɔrtu'nismus] m (16, o. pl.) oportunismo m; ~**t** m (12) oportunista m.

Opposition [ɔpozi'tsjo:n] f oposición f; ~**sführer** m jefe m od. líder m de la oposición.

optieren [ɔp'ti:rən] optar (für por).

Optik ['-tik] f (16) óptica f; ~**er** m (7) óptico m.

optimal [-ti'ma:l] óptimo; 2**ismus** [--'mismus] m (16, o. pl.) optimismo m; 2**ist** m (12), ~**istisch** optimista (m).

Option [-'tsjo:n] f opción f.

optisch ['-tiʃ] óptico.

Orakel [o'ra:kəl] n (7), ~**spruch** m oráculo m.

oral [o'ra:l] oral.

Orange [o'rãʒə] f (15) naranja f; ~**ade** [--'ʒa:də] f (15) naranjada f; 2**farben** anaranjado, (de color) naranja; ~**nbaum** m naranjo m; ~**nblüte** f azahar m; ~**nhain** m naranjal m; ~**nsaft** m zumo m de naranja.

Orang-Utan [o:raŋˀu:tan] m (11) orangután m.

Oratorium [ora'to:rjum] n (9) ♩ u. Rel. oratorio m.

Orchester [ɔr'kɛstər] n (7) orquesta f; ~**loge** f palco m de proscenio.

orchestrieren [--'tri:rən] orquestar; 2**ung** f orquestación f.

Orchidee [-çi'de:ə] f (15) orquídea f.

Orden ['-dən] m (6) Rel. orden f; (Ehrenzeichen) condecoración f; ~**sband** n banda f de condecoración; ~**sbruder** m religioso m, fraile m; weltlich: cofrade m; ~**sgeistlichkeit** f clero m regular; ~**sgelübde** n/pl. votos m/pl. (monásticos); ~**skleid** n hábito m; ~**sregel** f regla f; ~**sschwester** f religiosa f, monja f.

ordentlich ['--tliç] ordenado (a. Person); (anständig) formal, decente; 2ß

ordinario; Mitglied, Professor: numerario; F (tüchtig) fuerte; bueno; adv. como es debido.

Order ✝ [-'dər] f (15) orden f; ~**papier** n (~**scheck** m) documento m (cheque m) a la orden.

Ordinalzahl [-di'na:ltsa:l] f número m ordinal; 2**är** [--'nɛ:r] ordinario, vulgar; ~**ariat** [--'nar'ja:t] n (3) cátedra f universitaria; kath. episcopado m; obispado m; ~**arius** [--'na:rjus] m (16²) catedrático m numerario; ~**ate** Å [--'na:tə] f (15) ordenada f; ~**ation** Rel. [--na'tsjo:n] f ordenación f; 2**ieren** [--'ni:rən] Rel. ordenar.

ordnen ['ɔrdnən] (26) ordenar; arreglar; disponer; clasificar; 2**er** m (7) j.: mantenedor m del orden; (Mappe) clasificador m; archivador m.

Ordnung ['-nuŋ] f orden m (a. Biol.); in ~ bringen poner en orden; fig. arreglar; in ~ en orden; Papiere: en regla; zur ~ rufen llamar al orden; in ~! ¡conforme!; 2**sgemäß** debidamente; ~**sliebe** f amor m al orden; 2**sliebend** ordenado; ~**sruf** m llamamiento m al orden; ~**ssinn** m sentido m del orden; ~**sstrafe** f multa f; 2**swidrig** contrario al orden, irregular; ~**szahl** f número m ordinal.

Ordonnanz [-dɔ'nants] f (16) ordenanza f.

Organ [-'ga:n] n (3¹) órgano m (a. fig.); ~**isation** [--iza'tsjo:n] f organización f; ~**i'sator** m organizador m; ~**isa'torisch** de organización; organizador; 2**isch** orgánico; 2**i'sieren** organizar; ~**ismus** [--'nismus] m (16²) organismo m; ~**ist** ♩ [--'nist] m (12) organista m.

Orgasmus [-'gasmus] m (16²) orgasmo m.

Orgel ['-gəl] f (15) órgano m; ~**bauer** m organero m; ~**konzert** m recital m de órgano; ~**pfeife** f tubo m de órgano.

Orgie ['ɔrgjə] f (15) orgía f.

Orient ['o:rjɛnt] m (3) oriente m; ~**ale** [ɔrjɛn'ta:lə] m (13), ~**alin** f (13), 2**alisch** oriental (su.); 2**ieren** (sich) ~ orientar(se) (über ac. sobre); ~**ierung** f orientación f.

original [origi'na:l], 2 n (3¹), ~.... a. fig. original (m); 2**alität** [---nali'tɛ:t] f originalidad f; ~**ell** [---'nɛl] original; raro.

Orkan [ɔr'ka:n] m (3¹) huracán m.

Ornament [-na'mɛnt] *n* (3) ornamento *m*, adorno *m*.
Ornat [-'naːt] *m* (3) ornamentos *m/pl*. (sacerdotales).
Ort [ɔrt] *m* (3 *u*. 1²) lugar *m*, sitio *m*; puesto *m*, punto *m*; *s. a.* ~**schaft**; *an* ~ *u*. *Stelle* sobre el terreno; *in situ*; ¹℞**en** (26) determinar la posición; localizar.
orthodox [ɔrto'dɔks] ortodoxo.
Orthographi|e [--graːˈfiː] *f* (15) ortografía *f*; ℞**isch** [--ˈɡraːfiʃ] ortográfico.
Orthopäd|e [--'pɛːdə] *m* (13) ortopedista *m*; ℞**isch** ortopédico.
örtlich ['œrtliç] local (*a*. 🞛); ℞**keit** *f* localidad *f*, lugar *m*, sitio *m*.
Orts... ['ɔrts...]: *in Zssgn oft* local; ~**angabe** *f* indicación *f* del lugar; *Brief*: señas *f/pl*.; ℞-**ansässig** domiciliado en el lugar; ~**bestimmung** *f* orientación *f*.
Ortschaft ['ɔrtʃaft] *f* población *f*; poblado *m*; lugar *m*; localidad *f*.
orts|fest ⊕ ['ɔrtsfɛst] fijo, estacionario; ~**fremd** forastero; ℞**gespräch** *n Fernspr.* conferencia *f* urbana; ℞-**kenntnis** *f* conocimiento *m* del lugar; ~**kundig** conocedor del lugar; ℞**name** *m* nombre *m* de la población; ℞**netz** *n Fernspr.* red *f* urbana; ℞-**schild** *n* señal *f* indicadora de población; ℞**sender** *m Radio*: emisora *f* local; ~**üblich** según el uso local; ℞**veränderung** *f* cambio *m* de lugar; desplazamiento *m*; ℞**verkehr** *m* tráfico *m bzw.* servicio *m* local; ℞**zeit** *f* hora *f* local; ℞**zulage** *f* indemnización *f* de residencia.
Ortung ['ɔrtuŋ] *f* determinación *f* de la posición; localización *f*.
Öse ['øːzə] *f* (15) ojete *m*; corcheta *f*; *Haken u*. ~ corchete *m*.

Ost [ɔst] *m* (3²) este *m*; '~...: *in Zssgn* oriental; '~**block** *m* bloque *m* oriental; '℞**en** *m* (6) este *m*; oriente *m*; *Span. a.* Levante *m*; *der Ferne* ~ el Lejano *od.* Extremo Oriente; *der Nahe* ~ el Próximo Oriente; *der Mittlere* ~ el Oriente Medio.
ostentativ [ɔstɛnta'tiːf] ostentativo; ostensivo.
Oster|ei ['oːstər'aɪ] *n* huevo *m* de Pascua; ~**lamm** *n* cordero *m* pascual; ~'**montag** *m* lunes *m* de Pascua; ~**n** *n uw., a. pl.* Pascua *f* (de Resurrección).
Österreich|er(in *f*) ['øːstəraɪçər(in)] *m* (7), ℞**isch** austríaco (-a) *m* (*f*).
Oster|samstag [oːstər'zamstaːk] *m* Sábado *m* Santo *od.* de Gloria; ~'**sonntag** *m* domingo *m* de resurrección *od.* de Pascua; '~**woche** *f* Semana *f* Santa.
östlich ['œstliç] oriental, del este; ~ *von* al este de.
Ostwind ['ɔstvint] *m* viento *m* del este; *Span. a.* levante *m*.
Otter ['ɔtər]: **a)** *m* (7) nutria *f*; **b)** *f* (15) (*Schlange*) víbora *f*.
Ouvertüre [uvɛr'tyːrə] *f* (15) obertura *f*.
oval [o'vaːl] oval.
Ovation [ova'tsjoːn] *f* ovación *f*.
Overall ['ovəroːl] *m* (11) mono *m*.
Ovulation *Physiol.* [ovula'tsjoːn] *f* ovulación *f*; ~**shemmer** *m* (7) anovulatorio *m*.
Oxyd [ɔ'ksyːt] *n* (3) óxido *m*; ℞**ieren** [-sy'diːrən] *v/t.* (*v/i.* [sn]) oxidar(se).
Ozean ['oːtseaːn] *m* (3¹) océano *m*; ~**dampfer** *m* transatlántico *m*; ℞**isch** [--'aːniʃ] oceánico.
Ozelot *Zo.* ['oːtsəlɔt] *m* (3¹) ocelote *m*.
Ozon [o'tsoːn] *m* (3¹, *o. pl.*) ozono *m*.

P

P, p [pe:] *n* P, p *f*.
Paar [pɑ:r] **1.** *n* (3) *et.*: par *m*; *j.*: pareja *f*; *das junge* ~ los recién casados; **2.** ≗ *adj.*: *ein* ~ unos cuantos, algunos, unos; ˈ≗**en** (25) aparear; *fig.* *a.* juntar, unir; *sich* ~ aparearse; ˈ~**lauf** *m Sport*: patinaje *m* por parejas; ˈ≗**mal:** *ein* ~ algunas veces; ˈ~**ung** *f* apareamiento *m*; ˈ≗**weise** de dos en dos; a pares; por parejas.
Pacht [paxt] *f* (16) arriendo *m*, arrendamiento *m*; ˈ≗**en** (26) arrendar.
Pächter(in *f*) [ˈpɛçtər(in)] *m* (7) arrendatario (-a) *m* (*f*).
Pacht|geld [ˈpaxtgɛlt] *n* arrendamiento *m*; ~**gut** *n*, ~**hof** *m* finca *f* arrendada; ~**vertrag** *m* contrato *m* de arrendamiento; ~**zins** *m* renta *f* de arrendamiento.
Pack [pak]: **a)** *m* (3 *u.* 3³) bulto *m*; fardo *m*; paquete *m*; **b)** *n* (3, *o. pl.*) gentuza *f*, chusma *f*.
Päckchen [ˈpɛkçən] *n* (6) ✆ pequeño paquete *m*; *Zigaretten*: paquete *m*, cajetilla *f*.
Pack|eis [ˈpakˀaɪs] *n* banquisa *f*; ≗**en** (25) (*ein*~) empaquetar, embalar; *Koffer*: hacer; (*fassen*) coger (*nicht in Arg.!*), agarrar; *fig.* cautivar; ~**en** *m* (6) *s. Pack* a); ≗**end** *fig.* impresionante; conmovedor; ~**er** *m* (7) embalador *m*; ~**-esel** *m* burro *m* de carga (*a. fig.*); ~**papier** *n* papel *m* de embalar *od.* de estraza; ~**sattel** *m* albarda *f*; ~**ung** *f* paquete *m*; ⚕ fomento *m*; ~**wagen** *m* furgón *m*.
Pädagog|e [pɛdaˈgo:gə] *m* (13) pedagogo *m*; ~**ik** *f* (16, *o. pl.*) pedagogía *f*; ≗**isch** pedagógico.
Padd|el [ˈpadəl] *n* (7) canalete *m*; pala *f*; ~**elboot** *n* piragua *f*, canoa *f*; ≗**eln** (29, h. *u.* sn) ir en piragua; ~**ler** [ˈ-lər] *m* (7) piragüista *m*, canoísta *m*; palista *m*.
Page [ˈpɑ:ʒə] *m* (13) paje *m*; (*Hotel*≗) botones *m*.
Paillette [paˈjɛtə] *f* (15) lentejuela *f*.
Paket [paˈke:t] *n* (3) paquete *m*; bulto *m*; ~**karte** *f* boletín *m* de expedición; ~**post** *f* servicio *m* de paquetes postales.
Pakt [pakt] *m* (3) pacto *m*; ≗**ieren** [-ˈti:rən] pactar.
Palast [paˈlast] *m* (3² *u.* ³) palacio *m*.
Palaver F [-ˈlɑ:vər] *n* (7) parloteo *m*; ≗**n** (29) parlotear.
Palette [-ˈlɛtə] *f* (15) paleta *f*.
Palisade [-liˈzɑ:də] *f* (15) empalizada *f*, estaca *f*.
Palisanderholz [--ˈzandərhɔlts] *n* palisandro *m*.
Palm|e [ˈpalmə] *f* (15) palmera *f*; F *fig. j-n auf die* ~ *bringen* sacar a alg. de quicio; ~**enhain** *m* palmeral *m*; ~**ˈsonntag** *m* Domingo *m* de Ramos; ~**zweig** *m* palma *f*.
Pampelmuse [pampəlˈmu:zə] *f* (15) toronja *f*, pomelo *m*.
Pamphlet [-ˈfle:t] *n* (3) libelo *m*, panfleto *m*.
Paneel [paˈne:l] *n* (3¹) panel *m*.
panier|en [-ˈni:rən] (25) rebozar, empanar; ≗**mehl** *n* pan *m* rallado.
Pan|ik [ˈpɑ:nik] *f* (16), ≗**isch** pánico (*m*).
Panne [ˈpanə] *f* (15) avería *f*; *fig.* contratiempo *m*; F plancha *f*.
Panorama [panoˈrɑ:ma] *n* (9¹) panorama *m*.
panschen [ˈpanʃən] (27) aguar; bautizar.
Pansen *Zo.* [ˈ-zən] *m* (6) panza *f*.
Panther [ˈ-tər] *m* (7) pantera *f*.
Pantine [-ˈti:nə] *f* (15) chanclo *m*.
Pantoffel [-ˈtɔfəl] *m* (10, *a.* 7) zapatilla *f*; *fig. unter dem* ~ *stehen* ser dominado por su mujer; ~**held** F *m* bragazas *m*.
Pantomim|e [-toˈmi:mə]: **a)** *f* (15) pantomima *f*; **b)** *m* (13) (panto)mimo *m*; ≗**isch** pantomímico.
Panzer [ˈ-tsər] *m* (7) (*Rüstung*) coraza *f*; *Zo.* caparazón *m*; ⚔ tanque *m*; ~**...:** *in Zssgn oft* blindado, acorazado; ~**-abwehr** *f* defensa *f* antitanque; ~**-abwehr...:** *in Zssgn* antitanque, anticarro; ~**faust** *f* bazooka *m*; ~**hemd** *n* cota *f* de mallas; ~**kreuzer** *m* acorazado *m*; ≗**n** (29) blindar, acorazar; ~**platte** *f* plancha *f* de blindaje; ~**schrank** *m* caja *f* fuerte; ~**truppe** *f* tropas *f/pl.* blindadas;

~ung f blindaje m; coraza f; **~wagen** m carro m blindado; carro m de asalto od. de combate.

Papa [pa'pɑ, '-pa] m (11) papá m.
Papagei [-pa'gaɪ] m (12 u. 3¹) papagayo m, loro m; **~enkrankheit** f psitacosis f.
Papier [-'piːr] n (3¹) papel m; (Urkunde) documento m; ~e pl. a. documentación f; ✝ valores m/pl.; **~geld** n papel m moneda; **~geschäft** n, **~handlung** f papelería f; **~industrie** f industria f papelera; **~korb** m papelera f; **~krieg** m papeleo m; **~messer** n cortapapeles m; **~schlange** f serpentina f; **~taschentuch** n pañuelo m de papel.
Papp|band ['papbant] m encuadernación f en cartón; **~deckel** m cartón m.
Pappe ['-pə] f (15) cartón m; F fig. das ist nicht von ~ no es moco de pavo.
Pappel ⚥ ['-pəl] f (15) álamo m, chopo m; **~allee** f alameda f.
Pappen|heimer F ['-pənhaɪmər] m: s-e ~ kennen conocer el paño; **~stiel** m bagatela f.
papp|ig ['-piç] pastoso; **₂karton** m, **₂schachtel** f caja f de cartón; **₂maché** [-'maʃeː] m (11) cartón m piedra.
Paprika ['paprika] m (11) pimiento m; *gemahlen*: pimentón m; **~schote** f pimiento m.
Papst [pɑːpst] m (3² u. ³) papa m.
päpstlich ['pɛːpstliç] papal, pontificio; *fig.* ~er als der Papst más papista que el papa.
Papsttum ['pɑːpsttuːm] n (1, o. pl.) papado m, pontificado m.
Parabel [pa'rɑːbəl] f (15) parábola f.
Parabol... [-ra'boːl...]: *in Zssgn* parabólico.
Parade [-'rɑːdə] f (15) ⚔ desfile m, revista f; *Fechtk.* parada f, quite m; *die ~ abnehmen* pasar revista (a); **~marsch** m desfile m; **~schritt** m paso m de parada; **~uniform** f uniforme m de gala.
paradieren [-ra'diːrən] desfilar.
Paradies [-'diːs] n (4) paraíso m; **₂isch** [-'-ziʃ] paradisíaco.
paradox [-'dɔks] paradójico.
Paraffin [-'fiːn] n (3¹) parafina f.
Paragraph [-'grɑːf] m (12) párrafo m; ₺₴ artículo m.
parallel [-'leːl] paralelo (zu a); **₂e** f (15) paralela f; *fig.* paralelo m; **₂o-**

gramm [--leloˈgram] n (3¹) paralelogramo m.
Paralyse [--'lyːzə] f (15) parálisis f.
paraphier|en [--'fiːrən] rubricar; **₂ung** f rubricación f.
Parasit [--'ziːt] m (12) parásito m (a. *fig.*).
parat [-'rɑːt] preparado, listo.
Paratyphus ['-raty:fUs] m paratifoidea f.
Pardon [par'dõ] m (11, o. pl.): keinen ~ geben no dar cuartel.
par excellence [-ɛksɛ'lɑ̃s] por excelencia.
Parforcejagd [-'fɔrsjaːkt] f montería f; caza f a caballo.
Parfüm [-'fyːm] n (3¹ u. 11) perfume m; **~erie** [-fymə'riː] f perfumería f; **₂ieren** [--'miːrən] perfumar.
pari ✝ ['pɑːri] a la par.
parieren [pa'riːrən] parar; (*gehorchen*) obedecer.
Parität [-riˈtɛːt] f paridad f; **₂isch** paritario.
Park [park] m (11) parque m; **¹₂en** (25) v/t. u. v/i. aparcar; **¹~en** n aparcamiento m, estacionamiento m.
Parkett [par'kɛt] n (3) parquet m, parqué m, entarimado m; *Thea.* patio m de butacas, platea f.
Park|haus ['parkhaus] n garaje-aparcamiento m, parking m; **~lücke** f hueco m (para aparcar); **~platz** m aparcamiento m, parking m; **~scheibe** f disco m de estacionamiento; **~uhr** f parquímetro m; **~verbot** n prohibición f de estacionamiento.
Parlament [parla'mɛnt] n (3) parlamento m; **₂arier** [---'tɑːrjər] m (7), **₂arisch** [---'tɑːriʃ] parlamentario (m).
Parodie [paroˈdiː] f (15) parodia f (*auf* de); **₂ren** parodiar.
Parodontose [--dɔn'toːzə] f (15) parodontosis f.
Parole [-'roːlə] f (15) ⚔ santo y seña m, consigna f (*ausgeben dar*); *fig.* lema m; (e)slogan m.
Partei [par'taɪ] f (16) partido m; ₺₴ parte f; ~ ergreifen tomar partido (*für* por); **~führer** m jefe m de partido; **~gänger** [-'gɛŋər] m (7) partidario m; **₂isch** parcial; **~lichkeit** f parcialidad f; **₂los** *Pol.* independiente; *neol.* apartidista; **~tag** m congreso m del partido; **~zugehörigkeit** f afiliación f a un partido.

Parterre [-'tɛr] *n* (11) piso *m* bajo, planta *f* baja; *Thea.* platea *f*.
Partie [-'ti:] *f* (15) partida *f* (*a. Schach usw.*); ✝ lote *m*; ♪ parte *f*; (*Heirats*⁀) partido *m*; *mit von der* ∼ *sn bei participar en a/c.*
partiell [-'tsjɛl] parcial.
Partikel [-'tikəl] *f* (15) partícula *f*.
Partikularismus [--kula'rismus] *m* (16, *o. pl.*) particularismo *m*.
Partisan [--'zɑ:n] *m* (8 *u.* 12) partisano *m*; guerrillero *m*; **∼enkrieg** *m* guerrilla *f*.
Partitur ♪ [--'tu:r] *f* (16) partitura *f*.
Partizip ♪ [--'tsi:p] *n* (8²) participio *m*.
Partner(**in** *f*) ['partnər(in)] *m* (7) ✝ socio (-a) *m* (*f*); *Sport:* compañero (-a) *m* (*f*); (*Tanz*⁀ *usw.*) pareja *m* (*f*); **∼schaft** *f* cooperación *f*; participación *f*; **⁀städte** *f/pl.* ciudades *f/pl.* gemelas.
Party ['pɑ:rti] *f* (11¹, *pl. a.* -ties) guateque *m*; fiesta *f*.
Parzelle [par'tsɛlə] *f* (15) parcela *f*; **⁀ieren** [---li:rən] parcelar.
Paspel ['paspəl] *f* (15) ribete *m*.
Paß [pas] *m* (4²) *Erdk.* puerto *m*; (*Eng*⁀) desfiladero *m*, paso *m*; (*Reise*⁀) pasaporte *m*.
passabel [pa'sɑ:bəl] aceptable, *gal.* pasable.
Passage [-'sɑ:ʒə] *f* (15) pasaje *m*.
Passagier [-sa'ʒi:r] *m* (3¹) viajero *m*; ♣, ✈ pasajero *m*; *pl. a.* pasaje *m*; **∼schiff** *n* buque *m* de pasajeros; paquebote *m*.
Passant(**in** *f*) [-'sant(in)] *m* (12) transeúnte *su.*, viandante *su.*
Passat(**wind**) [-'sɑ:t(vint)] *m* (3) (viento *m*) alisio *m*.
Paßbild ['pasbilt] *n* foto(grafía) *f* de pasaporte.
passen ['pasən] (28) convenir (*für, zu* a); cuadrar (con); ir bien (con); hacer juego (con); *Kleidung:* sentar *od.* ir bien; *Spiel:* pasar; *in et.* ∼ caber en *zuea.* ∼ llevarse bien; hacer buena pareja; *das paßt mir (nicht)* (no) me viene bien; **∼d** conveniente; apropiado; oportuno.
Paßgang ['pasgaŋ] *m* paso *m* de ambladura.
passier|**bar** [pa'si:rbɑ:r] transitable; practicable; **∼en 1.** *v/i* (sn) (*geschehen*) pasar, suceder, ocurrir; **2.** *v/t.* pasar (*a. Kchk.*), atravesar; **⁀schein** *m* pase *m*.
Passion [-'sjo:n] *f* pasión *f*; *Rel.* Pasión *f*; **⁀iert** [-sjo'ni:rt] apasionado; **∼sspiel** *n* Misterio *m* de la Pasión; **∼szeit** *f* cuaresma *f*.
passiv ['-si:f, -'si:f] **1.** *adj.* pasivo; **2.** ⁀ *Gram. n* (3¹) voz *f* pasiva; **⁀a** [-'-va] *pl.* ✝ pasivo *m*; **⁀ität** [-sivi'tɛ:t] *f* pasividad *f*.
Paß|**kontrolle** ['paskɔntrɔlə] *f* control *m* de pasaportes; **∼stelle** *f* oficina *f* de pasaportes.
Paste ['pastə] *f* (15) pasta *f*.
Pastell [-'tɛl] *n* (3¹) pastel *m*; **∼farbe** *f* color *m* pastel; **∼malerei** *f* pintura *f* al pastel; **∼stift** *m* lápiz *m* pastel.
Pastete [-'te:tə] *f* (15) pastel *m*; paté *m*.
pasteurisieren [-tøri'zi:rən] paste(u)rizar.
Pastor ['-tɔr, -'to:r] *m* (8¹) pastor *m*.
Pate ['pɑ:tə] *m* (13) padrino *m*; **∼nkind** *n* ahijado *m* (-a *f*); **∼nschaft** *m*; *v. Städten:* hermanamiento *m*; *die* ∼ *übernehmen* apadrinar; (*Frau*) amadrinar.
Patent [pa'tɛnt] **1.** *n* (3) patente *f*; **2.** ⁀ F *adj.* excelente; **∼amt** *n* oficina *f* de patentes; *Span.* registro *m* de la propiedad industrial; **∼anwalt** *m* agente *m* de la propiedad industrial; **⁀fähig** patentable; **⁀ieren** patentar; **∼inhaber** *m* tenedor *m* de la patente; **∼schutz** *m* protección *f* de la propiedad industrial.
Pater ['pɑ:tər] *m* (7; *pl. a.* -tres) padre *m*; **∼noster** [--'nɔstər] **a)** *n* (7) Padrenuestro *m*; **b)** *m* (7) (*Aufzug*) (ascensor *m* de) rosario *m*.
pathetisch [pa'te:tiʃ] patético.
Patholog|**ie** [-tolo'gi:] *f* (15, *o. pl.*) patología *f*; **⁀isch** [--'lo:giʃ] patológico.
Pathos ['pɑ:tɔs] *n* (16, *o. pl.*) patetismo *m*; énfasis *m*.
Patience [pa'sjãs] *f* (15) solitario *m*; ∼ *legen* hacer solitarios.
Patient(**in** *f*) [-'tsjɛnt(in)] *m* (12) paciente *su.*
Patin ['pɑ:tin] *f* madrina *f*.
Patriarch [patri'arç] *m* (12) patriarca *m*; **⁀alisch** [---'çɑ:liʃ] patriarcal.
Patriot(**in** *f*) [--'o:t(in)] *m* (12) patriota *su.*; **⁀isch** patriótico; **∼ismus** [--o'tismus] *m* (16, *o. pl.*) patriotismo *m*.
Patriz|**ier**(**in** *f*) [-'tri:tsjər(in)] *m* (7), **⁀isch** patricio (-a) *m* (*f*).
Patron [-'tro:n] *m* (3¹) *Rel.* patrono *m*, patrón *m*; F *fig.* tío *m*; **∼at**

Patrone

[--'nɑ:t] n (3) patronato m, patrocinio m.
Patrone [-'-nə] f (15) cartucho m; **~ngurt** m canana f; **~nhülse** f casquillo m; **~ntasche** f cartuchera f.
Patrouill|e [-'truljə] f (15) patrulla f; **~enboot** n patrullero m; 2**'ieren** (h., sn) patrullar.
Patsch|e ['patʃə] f (15) fig. apuro m; in der ~ sitzen estar en un apuro; aus der ~ helfen sacar del apuro; 2**en** (27) im Wasser: chapotear; 2**'naß** calado hasta los huesos.
patzig ['-tsɪç] insolente; F fresco.
Pauke ♪ ['paʊkə] f (15) timbal m; bombo m; fig. auf die ~ hauen F echar una cana al aire; 2**n** (25) tocar el bombo; F fig. empollar; **~r** m (7) ♪ timbalero m; bombo m; F (Lehrer) profe m.
Paus|backe ['paʊsbakə] f moflete m; 2**backig** ['-bɛkɪç] mofletudo.
pauschal [paʊ'ʃa:l], 2**...**: in Zssgn mst global; 2**e** f(15) suma f global; forfait m; 2**reise** f viaje m (con) todo incluido od. a forfait.
Paus|e ['-zə] f (15): **a)** pausa f; ♪ a. silencio m; Konzert usw.: descanso m; Thea. a. entreacto m; Schule: recreo m; **b)** (Zeichnung) calco m; 2**en** (27) calcar; 2**enlos** continuamente, sin cesar; **~enzeichen** n Radio: indicativo m; sintonía f; 2**'ieren** hacer (una) pausa; hacer un alto; **~papier** ['paʊspapi:r] n papel m de calcar.
Pavian ['pɑ:vjɑ:n] m (3¹) babuino m.
Pavillon [paˈvɪljɔ̃] m (11) pabellón m; quiosco m.
Pazifis|mus [patsiˈfɪsmʊs] m (16, o. pl.) pacifismo m; **~t** m (12), 2**tisch** pacifista (m).
Pech [pɛç] n (3) pez f; (Teer) brea f; (Erd2) betún m; (Schuster2) cerote m; fig. mala suerte f; F mala pata f od. sombra f; **'~blende** f pechblenda f; **'~fackel** f antorcha f; 2**'schwarz** negro como el azabache; Nacht: como boca de lobo; **'~strähne** f mala racha f; **'~vogel** m F cenizo m; ein ~ sn tener mala pata.
Pedal [pe'dɑ:l] n (3¹) pedal m.
Pedant [-'dant] m (12) pedante m; hombre m meticuloso; **~erie** [--tə'ri:] f (15) pedantería f, meticulosidad f; 2**isch** pedante; meticuloso.
Pedell [-'dɛl] m (3¹) bedel m.

Pediküre [-di'ky:rə] f (15) pedicura f (a. Person).
Pegel ['pe:gəl] m (7) fluviómetro m; a. = **~stand** m nivel m del agua.
Peil|antenne ['paɪlʔantɛnə] f antena f radiogoniométrica; 2**en** (25) sondear; ♎ a. marcar; fig. die Lage ~ tantear el terreno; **~funk** m radiogoniometría f; **~station** f radiofaro m; **~ung** f ♎ arrumbamiento m; marcación f; ≵ captación f.
Pein [paɪn] f (16, o. pl.) pena f; tortura f; 2**igen** ['-nigən] (25) atormentar; torturar; **'~iger** m (7) atormentador m, torturador m; 2**lich** penoso; Frage: delicado; Lage: precario; embarazoso; (unangenehm) desagradable; ~ genau meticuloso; ~ sauber pulcro; ~ berührt penosamente impresionado.
Peitsche ['paɪtʃə] f (15) látigo m; fusta f; 2**n** (27) azotar; fustigar; **~nhieb** m latigazo m; **~nknall** m chasquido m (de látigo).
pekuniär [pekuni'ɛ:r] pecuniario.
Pelerine [pela'ri:nə] f (15) esclavina f.
Pelikan ['pe:likɑ:n] m (3¹) pelícano m.
Pell|e ['pɛlə] f (15) piel f; 2**en** (25) pelar; **~kartoffeln** f/pl. patatas f/pl. cocidas sin pelar.
Pelz [pɛlts] m (3²) piel f; **~...**: in Zssgn mst de piel; **~geschäft** n peletería f; **'~händler** m peletero m; **~jacke** f chaquetón m de piel; **~mantel** m abrigo m de piel(es); **'~waren** f/pl. peletería f.
Pendant [pɑ̃ˈdɑ̃] n (11): ein ~ bilden zu hacer juego con.
Pendel ['pɛndəl] n (7) péndulo m; péndola f; **~bewegung** f movimiento m pendular; 2**n** (29, h. u. sn) oscilar; fig. ir y venir; **~tür** f puerta f pendular; **~uhr** f reloj m de péndola; **~verkehr** m tráfico m de vaivén; servicio m de lanzadera.
Pendler ['pɛndlər] m trabajador m que diariamente viaja entre su casa y su lugar de trabajo.
penetrant [pene'trant] penetrante.
penibel [-'ni:bəl] minucioso; meticuloso.
Penicillin [-nitsi'li:n] n (3¹, o. pl.) penicilina f.
Penis ['pe:nis] m (14², pl. a. -nes) pene m.
Pennäler F [pɛ'nɛ:lər] m (7) colegial m; **~bruder** F ['pɛnbru:dər] m, **'~er**

pfänden

m (7) vagabundo *m*; '~e F *f* (15) cole *m*; ¹²en F (25) dormir.
Pension [pɑ̃ˈzjoːn] *f* pensión *f* (*a. Heim*); (*Alters*2) *a.* jubilación *f*; ⚥ retiro *m*; **~är(in** *f*) [-zjoˈnɛːr(in)] *m* (3¹) pensionista *su.*; **~at** [--ˈnɑːt] *n* (3) internado *m*; **2ieren:** (*sich*) ~ (*lassen*) jubilar(se); 2**iert** jubilado; **~ierung** *f* jubilación *f*; ⚥ retiro *m*; 2**sberechtigt:** ~ *sn* tener derecho a jubilación; **~s-preis** *m* precio *m* de la pensión.
Pensum [ˈpɛnzum] *n* (9[²]) tarea *f*.
Penthaus [ˈpɛnthaʊs] *n* sobreático *m*.
per [pɛr] por; ~ *Adresse* en casa de.
perfekt [-ˈfɛkt] **1.** *adj.* perfecto; ✝ ~ *machen* concluir; **2.** ⚥ [¹--] *n* (3) pretérito *m* perfecto; 2**ion** [--ˈtsjoːn] *f* perfección *f*.
perforieren [-foˈriːrən] perforar.
Pergament(papier) [-gaˈmɛnt(papiːr)] *n* (3) (papel *m*) pergamino *m*.
Period|e [perˈjoːdə] *f* (15) período *m*; ♂ *a.* regla *f*, menstruación *f*; 2**isch** periódico.
Peripherie [periːfeˈriː] *f* (15) periferia *f*, A⃝ circunferencia *f*.
Periskop [--ˈskoːp] *n* (3¹) periscopio *m*.
Perl|e [ˈpɛrlə] *f* (15) perla *f* (*a. fig. Person*); *Rosenkranz:* cuenta *f*; (*Glas*2) abalorio *m*; (*Sekt*2) burbuja *f*; *fig.* ~*n vor die Säue werfen* echar margaritas a los puercos; 2**en** (25) burbujear (*a. Sekt*). **~en...:** *in Zssgn* de perlas; **~huhn** *n* pintada *f*; **~muschel** *f* concha *f* perlera; ¹**~mutt** *n* (11, *o. pl.*), ~¹**mutter** *f* (14, *o. pl.*) madreperla *f*, nácar *m*.
permanent [-maˈnɛnt] permanente.
permissiv [-miˈsiːf] permisivo.
perplex [-ˈplɛks] perplejo.
Persenning [-ˈzɛnin] *f* (14) lona *f* impermeable.
Pers|er(in *f*) [¹-zər(in)] *m* (7) persa *su.*, iraní *su.*; **~ertepppich** *m* alfombra *f* persa; **~ianer** [--ˈzjɑːnər] *m* (7) astracán *m*; ¹2**isch** persa, iraní.
Person [-ˈzoːn] *f* (16) persona *f*; *Thea.* personaje *m*; *ich für m-e* ~ en cuanto a mí.
Personal [-zoˈnɑːl] *n* (3¹) personal *m*; **~...:** *in Zssgn oft* personal; **~abbau** *m* reducción *f* del personal *od.* de la plantilla; **~abteilung** *f* departamento *m* de personal; **~akte** *f* hoja *f* de servicios; **~ausweis** *m Span.* documento *m* nacional de identidad, *Am.* cédula *f* personal; **~bestand** *m*

plantilla *f*; **~chef** *m* jefe *m* de personal; **~ien** [--ˈ-jən] *pl.* datos *m/pl. personales*.
Personen|aufzug [-ˈzoːnən⁹aʊftsuːk] *m* ascensor *m*; **~beförderung** *f* transporte *m* de viajeros; **~(kraft)wagen** *m* turismo *m*; **~kult** *m* culto *m* a la persona; **~schaden** *m* daño *m* personal; **~stand** *m* estado *m* civil; **~verkehr** *m* tráfico *m* de viajeros; **~zug** *m* (tren *m*) correo *m*.
personifizier|en [-zoniˈfiːtsiːrən] personificar; 2**ung** *f* personificación *f*.
persönlich [-ˈzøːnliç] personal; individual; *adv.* en persona; 2**keit** *f* personalidad *f*, individualidad *f*; personaje *m*.
Perspektiv|e [-spɛkˈtiːvə] *f* (15) perspectiva *f*, 2**isch** perspectivo.
Peruan|er [peruˈɑːnər] *m* (7), 2**isch** peruano (*m*).
Perücke [peˈrykə] *f* (15) peluca *f*.
pervers [pɛrˈvɛrs] perverso; 2**ität** [--ziˈtɛːt] *f* perversidad *f*.
Pessim|ismus [pɛsiˈmismus] *m* (16, *o. pl.*) pesimismo *m*; **~ist(in** *f*) [--ˈmist(in)] *m* (12), 2**istisch** pesimista (*su.*).
Pest ✝ [pɛst] *f* (16, *o. pl.*) peste *f* (*a. fig.*); **~beule** *f* bubón *m* pestoso; **~izid** [-tiˈtsiːt] *n* (3¹) pesticida *m*, plaguicida *m*.
Petersilie [petərˈziːljə] *f* (15) perejil *m*.
Petition [-tiˈtsjoːn] *f* petición *f*, súplica *f*.
Petroleum [-ˈtroːleum] *n* (9, *o. pl.*) petróleo *m*; **~lampe** *f* quinqué *m*.
petto [ˈpɛto]: et. *in* ~ *haben* traer a/c. en la manga.
petze|n F [ˈpɛtsən] (27) chivarse; 2**r** *m* (7) chivato *m*, soplón *m*.
Pfad [pfɑːt] *m* (3) senda *f*, sendero *m*; vereda *f*; ¹**~finder** *m* explorador *m*; escultista *m*; ¹**~finderbewegung** *f* escultismo *m*.
Pfaffe *desp.* [ˈpfafə] *m* (13) cura *m*; ¹**~ntum** *n* (1, *o. pl.*) clericalismo *m*.
Pfahl [pfɑːl] *m* (3³) estaca *f*; poste *m*; palo *m*; △ pilote *m*, ✧ (*Stütz*2) rodrigón *m*; **~bau** *m/pl.* construcciones *f/pl.* lacustres; ¹**~muschel** *f* mejillón *m*; ¹**~werk** *n* estacada *f*, empalizada *f*; ¹**~wurzel** *f* raíz *f* pivotante.
Pfand [pfant] *n* (1²) prenda *f*; ¹**~brief** *m* cédula *f* hipotecaria.
pfänden [ˈpfɛndən] (26) embargar.

Pfand|haus ['pfanthaʊs] *n*, ~leihe ['-laɪə] *f* (15) monte *m* de piedad; casa *f* de empeños; ~leiher *m* (7) prestamista *m*; ~schein *m* papeleta *f* de empeño; ~schuld *f* deuda *f* pignoraticia.

Pfändung ['pfɛnduŋ] *f* embargo *m*.

Pfann|e ['pfanə] *f* (15) sartén *f*; *Anat.* (*Gelenk⁀*) cotila *f*, acetábulo *m*; ~kuchen *m* crepe *m*; *Berliner* ~ buñuelo *m* berlinés.

Pfarr|amt ['pfar²amt] *n* curato *m*; rectoría *f*; ~bezirk *m*, ~ei [-'raɪ] *f* parroquia *f*; ~er *m* (7) pastor *m*; *kath.* cura *m*, párroco *m*; ~haus *n* casa *f* parroquial; ~kind *n* feligrés *m*, parroquiano *m*; ~kirche *f* iglesia *f* parroquial; ~stelle *f* curato *m*.

Pfau [pfaʊ] *m* (5) pavo *m* real.

Pfeffer ['pfɛfər] *m* (7) pimienta *f*; ~kuchen *m* pan *m* de especias; ~minze ⚘ *f* menta *f*, hierbabuena *f*; ~minztee *m* infusión *f* de menta; 2n (29) echar pimienta a; ~strauch *m* pimentero *m*.

Pfeif|e ['pfaɪfə] *f* (15) silbato *m*; pito *m*; (*Tabaks⁀*) pipa *f*; ~ *rauchen* fumar en pipa; 2en (30) silbar; pitar; tocar el pito; F *fig. ich pfeife darauf* me importa un pito; ~en *n* silbido *m*; ~er *f m* (7) pífano *m*; ~konzert F *n* pitada *f*.

Pfeil [pfaɪl] *m* (3) flecha *f*; saeta *f*; (*Wurf⁀*) dardo *m*; ~er *m* (7) pilar *m*; puntal *m*; '~gift *n* curare *m*; '2~schnell (rápido) como una flecha; '~schuß *m* flechazo *m*.

Pfennig ['pfɛnɪç] *m* (3¹, *als Maß im pl. uv.*) pfennig *m*; ~fuchser F ['--fʊksər] *m* (7) tacaño *m*.

Pferch [pfɛrç] *m* (3) redil *m*, aprisco *m*; 2en (25) apriscar; *fig.* hacinar.

Pferd [pfe:rt] *n* (3) caballo *m* (*a. Schach*; *Turnen*: potro *m* con aros; (*Sprung⁀*) caballo *m* de saltos; *zu* ~ *e* a caballo.

Pferde... ['-də...]: *in Zssgn oft* de caballo(s); ~apfel *m* cagajón *m*, bosta *f* (de caballo); ~händler *m* tratante *m* de caballos, chalán *m*; ~länge *f* largo *m* de caballo; ~rennbahn *f* hipódromo *m*; ~rennen *n* carrera *f* de caballos, concurso *m* hípico; ~schwanz *m* cola *f* de caballo (*a. Frisur*); ~sport *m* hípica *f*, hipismo *m*; ~stall *m* cuadra *f*, caballeriza *f*; ~stärke *f* (*Abk.* PS) caballo *m* de vapor; ~zucht *f* cría *f* de caballos.

Pfiff [pfɪf] *m* (3) silbido *m*; pitada *f*, pitido *m*; *fig.* truco *m*; '~erling ⚘ ['-fərlɪŋ] *m* (3¹) cantarela *f*; *keinen* ~ *wert sn* no valer nada; '2ig astuto, ladino; '~igkeit *f* astucia *f*.

Pfingst... ['pfɪŋst...]: *in Zssgn* de Pentecostés; ~en *n uv.* Pentecostés *m*; ~rose ⚘ *f* peonía *f*.

Pfirsich ['pfɪrzɪç] *m* (3) melocotón *m*, *Am.* durazno *m*; ~baum *m* melocotonero *m*, duraznero *m*.

Pflanz|e ['pflantsə] *f* (15) planta *f*, vegetal *m*; ~en...: *in Zssgn oft* vegetal; 2en (27) plantar; ~enfressend, ~enfresser *m* herbívoro *m*; ~enkunde *f* botánica *f*; ~enreich *n* reino *m* vegetal; ~enschädling *m* parásito *m*, plaga *f* vegetal; ~enschutz *m* protección *f* de las plantas; ~enschutzmittel *n* producto *m* antiparasitario; ~er *m* (7) colono *m*; plantador *m*; 2lich vegetal; ~schule *f* vivero *m*; semillero *m*; ~ung *f* plantación *f*.

Pflaster ['pflastər] *n* (7) pavimento *m*; empedrado *m*, adoquinado *m*; ✚ emplasto *m*, parche *m*; (*Heft⁀*) esparadrapo *m*; 2n (29) empedrar, adoquinar; ~stein *m* adoquín *m*; ~ung *f* pavimentación *f*.

Pflaume ['pflaʊmə] *f* (15) ciruela *f*; ~nbaum *m* ciruelo *m*.

Pfleg|e ['pfle:gə] *f* (15) cuidados *m/pl.*; ✚ asistencia *f*; ⊕ mantenimiento *m*; *fig.* cultivo *m*; ~e-eltern *pl.* padres *m/pl.* tutelares; ~ekind *n* niño *m* acogido; 2eleicht de fácil lavado; 2en (25) cuidar (de); atender a (*a.* ✚); *fig.* cultivar; ~ *zu* (*inf.*) soler, acostumbrar (*inf.*); ~epersonal ✚ *n* personal *m* sanitario; ~er(in *f*) *m* (7) cuidador(a *f*) *m*; ✚ enfermero (-a) *m* (*f*); 2lich curador(a *f*) *m*; 2lich ['pfle:klɪç] cuidadoso; *adv.* con cuidado; ~ling *m* (3¹) pupilo *m*; ~schaft *f* curatela *f*.

Pflicht [pflɪçt] *f* (16) deber *m*, obligación *f*; '~...: *in Zssgn oft* obligatorio; '2bewußt cumplidor; '~bewußtsein *n* sentido *m* del deber; '~-eifer *m* empeño *m*; '2-eifrig celoso (de cumplir con su deber); '~erfüllung *f* cumplimiento *m* del deber; '~fach *n* asignatura *f* obligatoria; '~gefühl *n* sentido *m* del deber; '2gemäß *adv.* conforme a su deber; '2schuldigst debidamente; como es debido; '~teil ⚖ *m od. n* legítima *f*; '2vergessen descuidado; desleal; '~**verletzung** f incumplimiento m del deber; '~**versicherung** f seguro m obligatorio; '~**verteidiger** ⚖ m defensor m de oficio; ¦²**widrig** contrario a su deber.

Pflock [pflɔk] m (3³) estaquilla f; taco m; (Zapfen) clavija f.

pflück|en ['pflykən] (25) (re)coger; ~**reif** cogedero.

Pflug [pflu:k] m (3³) arado m.

pflüg|en ['pfly:gən] (25) arar; ~**en** n arada f; ²**er** m (7) arador m.

Pflugschar ['pflu:kʃɑːr] f reja f.

Pforte ['pfɔrtə] f (15) puerta f.

Pförtner ['pfœrtnər] m (7) portero m; conserje m; Anat. píloro m; ~**loge** f portería f; conserjería f.

Pfosten ['pfɔstən] m (6) poste m.

Pfote ['pfoːtə] f (15) pata f.

Pfriem [pfriːm] m (3) punzón m; lezna f.

Pfropf [pfrɔpf] m (3) tapón m; 🩸 coágulo m; ²**en** (25) taponar; 🌱 injertar; '~**en** m (6) tapón m; corcho m; '~**reis** 🌱 n púa f, injerto m.

Pfründe ['pfryndə] f (15) prebenda f; canonjía f; fig. a. sinecura f.

Pfuhl [pfuːl] m (3) charca f.

pfui! ['pfui] ¡qué asco!

Pfund [pfunt] n (3, als Maß im pl. uv.) libra f (Sterling esterlina); ²**ig** ['~diç] F estupendo; de miedo.

pfusch|en ['pfuʃən] (27) chapucear; (mogeln) hacer trampas; ²**er** m (7) chapucero m; ²**e'rei** f chapucería f, chapuza f.

Pfütze ['pfʏtsə] f (15) charco m.

Phänomen [fɛnoˈmeːn] n (3¹) fenómeno m; ²**al** [--meˈnɑːl] fenomenal.

Phantasie [fantaˈziː] f (15) imaginación f; fantasía f; ²**los** sin imaginación; ²**ren** fantasear; 🩺 desvariar; ♪ improvisar; ²**voll** lleno de imaginación.

Phantast [-ˈtast] m (12) iluso m; visionario m; ²**isch** a. fig. fantástico, fabuloso.

Phantom [-ˈtoːm] n (3¹) fantasma m; visión f; ~**bild** n retrato m robot.

Pharmakologie [farmakoloˈgiː] f (15, o. pl.) farmacología f.

Pharmazeut [--ˈtsɔʏt] m (12), ²**isch** farmacéutico (m).

Pharmazie [--ˈtsiː] f (15, o. pl.) farmacia f.

Phase ['faːzə] f (15) fase f.

Philanthrop [filanˈtroːp] m (12) filántropo m.

Philatel|ie [-lateˈliː] f (15, o. pl.) filatelia f; ~**ist** m (12) filatelista m, filatélico m.

Philister [-ˈlɪstər] m (7) filisteo m (a. fig.); ²**haft** estrecho de miras.

Philolog|e [-loˈloːgə] m (13) filólogo m; ~**ie** [--loˈgiː] f (15) filología f; ²**isch** [--ˈloːgiʃ] filológico.

Philosoph [--ˈzoːf] m (12) filósofo m; ~**ie** [--zoˈfiː] f (15) filosofía f; ²**ieren** [---ˈfiːrən] filosofar; ²**isch** [--ˈzoːfiʃ] filosófico.

Phlegma ['flɛgma] n (11, o. pl.) flema f; ~**tiker** [-ˈmɑːtikər] m (7), ²**tisch** flemático (m).

Phonet|ik [foˈneːtik] f (16, o. pl.) fonética f; ²**isch** fonético.

Phosphor ['fɔsfɔr] m (3¹) fósforo m; ²**eszieren** [-fɔrɛsˈtsiːrən] fosforecer; ~**säure** f ácido m fosfórico.

Photo ['foːto] n (11) foto f; ~**apparat** m máquina f fotográfica; ²**gen** [fotoˈgeːn] fotogénico.

Photograph|(in f) [fotoˈgrɑːf(in)] m (12) fotógrafo (-a) m (f); ~**ie** [-graˈfiː] f (15) fotografía f; ²**ieren** fotografiar; hacer od. sacar fotos; ²**isch** [--ˈgrɑːfiʃ] fotográfico.

Photo|kopie [--koˈpiː] f (15) fotocopia f; ²**kopieren** fotocopiar; ~**kopiergerät** n fotocopiadora f; ~**montage** f fotomontaje m; '~**satz** Typ. m fotocomposición f.

Phrase ['frɑːzə] f (15) frase f; pl. a. palabrería f; ~**ndrescher** m charlatán m; ²**nhaft** hueco; ~**ologie** [frazeoloˈgiː] f (15) fraseología f.

Physik [fyˈziːk] f (16, o. pl.) física f; ²**alisch** [-ziˈkɑːliʃ], ~**er** ['fyːzikər] m (7) físico (m); ~**um** ['--kum] n (9²) examen m preclínico.

Physiognomie [fyzjognoˈmiː] f (15) fisonomía f.

Physiolog|e [--loˈgə] m (13) fisiólogo m; ~**ie** [--loˈgiː] f (15) fisiología f; ²**isch** [--ˈloːgiʃ] fisiológico.

Physiotherap|eut(in f) [--teraˈpɔʏt(in)] m (12) fisioterapeuta su.; ~**ie** [----ˈpiː] f fisioterapia f.

physisch ['fyːzɪʃ] físico.

Pian|ist(in f) [piaˈnɪst(in)] m (12) pianista su.; ~**o** [-ˈɑːno] n (11) piano m.

picheln F ['piçəln] (29) F empinar el codo.

Pick|e ['pikə] f (15) (zapa)pico m; ~**el** m (7) pico m; 🩺 grano m; espinilla f; ²**en** (25) picotear; picar; ~**nick**

pieken 836

['-nik] n (11 u. 3¹) merienda f al aire libre, picnic m.
pieken F ['piːkən] (25) picar; '∾'**fein** F de punta en blanco.
piep(s)en ['piːp(s)ən] (25, 27) piar; F *bei dir piept's wohl?* ¿estás loco?
Pier ⚓ [piːr] m (3¹) muelle m.
Pietät [pieˈtɛːt] f respeto m; ⚓**los** irrespetuoso; ⚓**voll** respetuoso.
Pigment [pigˈmɛnt] n (3) pigmento m.
Pik [piːk] n (11) *Kartenspiel*: espadas f/pl.; F e-n ∾ *auf j-n haben* tener manía od. tirria a alg.; ⚓**ant** [piˈkant] picante; ∾**e** ['piːkə] f (15) pica f; ⚓**iert** [piˈkiːrt] picado, amoscado, P cabreado.
Pikkolo ['pikolo] m (11) botones m; ∾**flöte** ♪ f flautín m.
Pilger|(in f) ['pilgər(in)] m (7) peregrino (-a) m (f), romero (-a) m (f); ⚓**fahrt** f peregrinación f, romería f; ⚓**n** (29, sn) peregrinar, ir en romería; ∾**stab** m bordón m.
Pille ['pilə] f (15) píldora f; *fig. die* ∾ *versüßen* dorar la píldora.
Pilot [piˈloːt] m (12) piloto m; ∾**programm** n programa m piloto.
Pilz [pilts] m (3²) hongo m, seta f.
pimp(e)lig F ['pimp(ə)liç] melindroso; blando; F quejica.
pingelig F ['piŋəliç] meticuloso; pedante.
Pinguin ['piŋguːin] m (3¹) pájaro m bobo, pingüino m.
Pinie ♣ ['piːnjə] f (15) pino m; ∾**nwald** m pinar m.
pinkeln P ['piŋkəln] (29) P. mear.
Pinscher ['pinʃər] m (7) grifón m.
Pinsel ['-zəl] m (7) pincel m; *grober*: brocha f; ∾**ei** [--ˈlai] f pintarrajo m; ⚓**n** (29) pintar; pincelar (a. 🎨); ∾**strich** m pincelada f.
Pinzette [-ˈtsɛtə] f (15) pinzas f/pl.
Pionier [pioˈniːr] m (3¹) ⚔ zapador m; *fig.* pionero m; ∾**truppe** f cuerpo m de ingenieros (militares).
Pipeline ['paiplain] f (11¹) oleoducto m; (*Gas*) gasoducto m.
Pipi F ['pipi] n: ∾ *machen* hacer pis od. pipí.
Pirat [piˈraːt] m (12) pirata m; ∾**erie** [--təˈriː] f (15) piratería f.
Pirol *Zo.* [-ˈroːl] m (3¹) oropéndola f.
Pirouette [-ruˈɛtə] f (15) pirueta f.
Pirsch [pirʃ] f (16, *o. pl.*) rececho m; '²**en** (27) recechar.
pissen V ['pisən] (28) P. mear.

Pistazie ♣ [pisˈtaːtsjə] f (15) pistacho m.
Piste ['-tə] f (15) pista f.
Pistole [-ˈtoːlə] f (15) pistola f; *mit vorgehaltener* ∾ a punta de pistola; ∾**nschuß** m pistoletazo m; ∾**ntasche** f pistolera f.
pittoresk [pitoˈrɛsk] pintoresco.
Pizza ['pitsa] f (11¹ *od.* 16²) pizza f.
placier|en [plaˈ(t)siːrən] colocar; ⚓**ung** f colocación f.
plack|en ['plakən] (25): *sich* ∾ ajetrearse; ⚓**e'rei** f ajetreo m.
plädieren [plɛˈdiːrən] ⚖ informar; *fig.*∾ *für* abogar por; ⚓**oyer** ⚖ [-doaˈjeː] n (11) informe m.
Plage ['plaːgə] f (15) molestia f; tormento m; (*Land*⚓) plaga f; calamidad f; azote m; ∾**geist** m *fig.* pegote m; ⚓**n** (25) molestar; fastidiar; atormentar; *sich* ∾ ajetrearse.
Plagiat [plaˈgjaːt] n (3) plagio m; ∾**or** [-ˈ-tɔr] m (8¹) plagiario m.
Plakat [-ˈkaːt] n (3) cartel m; ∾**ankleber** m cartelero m; ∾**maler** m cartelista m; ∾**säule** f columna f anunciadora, columna-anuncio f; ∾**träger** m hombre-anuncio m.
Plakette [-ˈkɛtə] f (15) placa f.
Plan [plaːn] m (3³) plan m; proyecto m; ⚓**arisch** [-neˈtɑːriʃ], ⚓**arium** [--ˈrjum] n (9) planetario (m).
planier|en [-ˈniːrən] aplanar; nivelar; ⚓**raupe** f niveladora f; ⚓**ung** f aplanamiento m; nivelación f.
Planke ['plaŋkə] f (15) tabla f, tablón m.
Plänkel|ei [plɛŋkəˈlai] f ⚔ escaramuza f (*a. fig.*), refriega f; '²**n** (29) escaramuzar.
plan|los ['plaːnloːs] sin método; ⚓**losigkeit** f falta f de método; ∾**mäßig** metódico, sistemático; *Beamter*: de plantilla; *Vkw.* regular.
planschen ['planʃən] (27) chapotear; ²**rei** f chapoteo m.
Planstelle ['plaːnʃtɛlə] f puesto m de plantilla.
Plantage [planˈtaːʒə] f (15) plantación f.
Plan|ung ['plaːnuŋ] f planificación f; ⚓**voll** metódico, sistemático; ∾**wirtschaft** f economía f dirigida, dirigismo m.

Plapper|maul F ['plapərmaʊl] *n* parlanchín *m*; ℒ**n** (29) charlar, parlotear.
plärren ['plɛrən] (25) berrear; lloriquear.
Plast|ik ['plastik]: **a)** *f* (16) (*Kunstwerk*) escultura *f*; (*Kunst*) artes *f/pl.* plásticas; **b)** *n* (11, *o.pl.*) plástico *m*; ℒ**isch** plástico (*a. fig.*).
Platane [pla'taːnə] *f* (15) plátano *m*.
Platin ['plaːtin] *n* (11, *o. pl.*) platino *m*.
platonisch [pla'toːniʃ] platónico.
plätschern ['plɛtʃərn] **1.** *v/i.* (29) chapalear; *Bach*: murmurar; **2.** ℒ *n* chapaleo *m*; murmullo *m*.
platt [plat] llano, plano; aplastado; *Nase*: chato; *fig.* trivial, banal; F (*erstaunt*) perplejo; F e-n ℒ**en haben** tener un reventón *bzw*. un pinchazo.
Plättbrett ['plɛtbrɛt] *n* tabla *f* de planchar.
Plattdeutsch ['platdɔʏtʃ] *n* bajo alemán *m*.
Platte ['platə] *f* (15) placa *f*, plancha *f*; chapa *f*; lámina *f*; (*Stein*ℒ) losa *f*; (*Holz*ℒ) tabla *f*; (*Fliese*) baldosa *f*; (*Schall*ℒ) disco *m*; (*Schüssel*) fuente *f*; (*Gericht*) plato *m*; F (*Glatze*) calva *f*.
Plätt|eisen ['plɛtʔaɪzən] *n* plancha *f*; ℒ**en** (26) planchar.
Platten|sammlung ['platənzamluŋ] *f*, ℒ**schrank** *m* discoteca *f*; ℒ**spieler** *m* tocadiscos *m*; ℒ**ständer** *m* portadiscos *m*.
Platt|form ['platfɔrm] *f* plataforma *f* (*a. fig.*); ℒ**fuß** *m* pie *m* plano; F *Kfz.* pinchazo *m*; ℒ**heit** *fig.* *f* trivialidad *f*, simpleza *f*, banalidad *f*; ℒ**ieren** ⊕ chapear.
Platz [plats] *m* (3² *u.* ³) plaza *f*; (*Sitz*ℒ) *a.* asiento *m*; (*Stelle*) sitio *m*, lugar *m*; *Sport*: campo *m*; (*Raum*) espacio *m*; cabida *f*; ~ **finden** caber; ~ **nehmen** tomar asiento; sentarse; ~ **machen** hacer sitio; abrir paso; am ~e sn ser oportuno, estar indicado; !~**angst** *f* agorafobia *f*; !~**anweiser(in** *f*) *m* (7) acomodador(a) *m* (*f*).
Plätzchen ['plɛtsçən] *n* (6) rincón *m*; *Kchk.* pasta *f*.
Platz|deckchen ['platsdɛkçən] *n* (6) mantel *m* individual; ℒ**en** (27, sn) estallar (*a.* ⚔); *Reifen usw.*: reventar (*a. fig. vor Lachen, Stolz usw.*); F *fig.* (*scheitern*) frustrarse; ~**karte** *f* reserva *f* de asiento; ~**mangel** *m* falta *f* de espacio *od.* de sitio; ~**patrone** *f* cartucho *m* sin bala *od.* de fogueo; ℒ**raubend** abultado; ~**regen** *m* chaparrón *m*, aguacero *m*, chubasco *m*; ~**verweis** *m* *Sport*: expulsión *f*; ~**wechsel** *m* cambio *m* de sitio; ✝ letra *f* sobre la plaza.
Plauder|ei [plaʊdə'raɪ] *f* charla *f*; F palique *m*; !~**er** *m* (7) charlista *m*; !ℒ**n** (29) charlar; F estar de palique; !~**stündchen** ['--ʃtyntçən] *n* (6) ratito *m* de charla; !~**ton** *m*: im ~ en tono de conversación.
plausibel [-'ziːbəl] plausible; ~ **machen** hacer comprender.
Play|back ['pleːbɛk] *n* (11¹) playback *m*; !~**boy** *m* (11) play-boy *m*.
plazieren [pla'tsiːrən] *s. placieren*.
Plebej|er(in *f*) [ple'beːjər(in)] *m* (7), ℒ**isch** plebeyo (-a) *m*.
Plebiszit [-bis'tsiːt] *n* (3) plebiscito *m*.
Plebs [plɛps] *m* (4, *o. pl.*) plebe *f*.
Pleite ['plaɪtə] *f* (15) quiebra *f*; *fig.* fracaso *m*; ~ **machen** quebrar; ℒ sn estar en quiebra; F estar sin blanca.
Plenar|saal [ple'naːrzaːl] *m* sala *f* de plenos; ~**sitzung** *f* sesión *f* plenaria.
Plenum ['pleːnum] *n* (9, *o. pl.*) pleno *m*.
Pleuelstange ['plɔʏəlʃtaŋə] *f* biela *f*.
Pliss|eerock [pli'seːrɔk] *m* falda *f* plisada; ℒ**ieren** [-'siːrən] plisar.
Plomb|e ['plɔmbə] *f* (15) precinto *m*; (*Zahn*ℒ) empaste *m*; ℒ**ieren** precintar; *Zahn*: empastar.
Plötze *Zo.* ['plœtsə] *f* (15) breca *f*.
plötzlich ['plœtsliç] repentino, súbito; brusco; *adv.* de repente, de pronto.
plump [plump] grosero; burdo, tosco; (*schwerfällig*) pesado; (*ungeschickt*) torpe; !ℒ**heit** *f* groseria *f*; tosquedad *f*; torpeza *f*; !ℒ**s** *m* (3²) batacazo *m*; ~**sen** ['-sən] (27, sn) caer(se) pesadamente.
Plunder ['plundər] *m* (7) trastos *m/pl.*; cachivaches *m/pl.*
Plünder|er ['plyndərər] *m* (7) pillador *m*, saqueador *m*; ℒ**n** (29) pillar, saquear; ~**ung** *f* pillaje *m*, saqueo *m*.
Plural ['pluːraːl] *m* (3¹) plural *m*.
plus [plus] **1.** *adv.* más; **3 Grad** ~ tres grados sobre cero; **2.** ℒ *n uv.* superávit *m*, excedente *m*; *fig.* ventaja *f*.
Plüsch [plyːʃ] *m* (3²) felpa *f*.
Plus|punkt ['pluspuŋkt] *m* punto *m* a favor (*a. fig.*); ~**quamperfekt** ['-kvampɛrfɛkt] *n* (3) pluscuamper-

Pluszeichen

fecto *m*; ⁓**zeichen** *n* (signo *m* de) más *m*.

Pneumat|ik [pnɔʏˈmaːtɪk] *f* (11), ℒ**isch** neumático (*m*).

Po F [poː] *m* (11) *s.* Popo.

Pöbel [ˈpøːbəl] *m* (7, *o. pl.*) populacho *m*, chusma *f*; ℒ**haft** plebeyo; grosero, vulgar.

pochen [ˈpɔxən] (25) golpear; *an die Tür:* llamar; *Herz:* latir, palpitar; *fig.* ⁓ *auf* insistir en; (*fordern*) reclamar (*ac.*).

Pocken ℱ [ˈpɔkən] *f/pl.* viruela *f*; ℒ**narbig** picado de viruelas; ⁓**(schutz)impfung** *f* vacunación *f* antivariólica.

Podest [poˈdɛst] *n* (3²) tarima *f*.

Podium [ˈpoːdjʊm] *n* (9) podio *m*, estrado *m*; tablado *m*; ⁓**gespräch** *n* coloquio *m* público.

Poesie [poeˈziː] *f* (15) poesía *f*.

Poet|(in *f*) [-ˈeːt(ɪn)] *m* (12) poeta *su.*; ⁓**ik** [-ˈtɪk] *f* (16) poética *f*; ℒ**isch** poético.

Pointe [poˈɛ̃ːtə] *f* (15) agudeza *f*; *e-s Witzes:* gracia *f*.

Pokal [poˈkaːl] *m* (3¹) copa *f*.

Pökel|fleisch [ˈpøːkəlflaɪʃ] *n* carne *f* adobada; ℒ**n** (29) adobar.

Poker [ˈpoːkər] *n* (7, *o. pl.*) póker *m*, póquer *m*; ℒ**n** (29) jugar al póker.

Pol [poːl] *m* (3¹) polo *m* (*a.* ⚡).

Polar... [poˈlaːr...] *in Zssgn* polar, ⁓**forscher** *m* explorador *m* de las regiones polares; ℒ**isieren** [-lariˈziːrən] polarizar; ⁓**ität** [---ˈtɛːt] *f* polaridad *f*; ⁓**kreis** *m* círculo *m* polar (*nördlicher* ártico; *südlicher* antártico).

Pole [ˈpoːlə] *m* (13) polaco *m*.

Polemi|k [poˈleːmɪk] *f* (16) polémica *f*; ⁓**ker** *m* (7) polemista *f*; ℒ**sch** polémico; ℒ**sieren** [-lemiˈziːrən] polemizar.

Polente F [-ˈlɛntə] *f uv.* F poli *f*, bofia *f*.

Police [-ˈliːsə] *f* (15) póliza *f*.

Polier [-ˈliːr] *m* (3¹) capataz *m* (de albañiles); ℒ**en** (25) pulir, pulimentar; sacar brillo a, lustrar; ⁓**mittel** *n* producto *m* para pulir.

Poliklinik [ˈpoːlikliːnɪk] *f* (16) policlínica *f*.

Polin [ˈ-lɪn] *f* polaca *f*.

Polit|ik [poliˈtiːk] *f* (16) política *f*; ⁓**iker** [-ˈliːtikər] *m* (7), ℒ**isch** [-ˈ-tɪʃ] político (*m*); ℒ**isieren** [--tiˈziːrən] 1. *v/i.* politiquear; 2. *v/t.* politizar; ⁓**o-**

loge [--toˈloːgə] *m* (13) politólogo *m*; ⁓**ologie** [---loˈgiː] *f* (15, *o. pl.*) ciencias *f/pl.* políticas.

Politur [--ˈtuːr] *f* (16) pulimento *m*; lustre *m*; brillo *m*.

Polizei [--ˈtsaɪ] *f* (16) policía *f*; ⁓**aufsicht** *f*: *unter* ⁓ bajo vigilancia de la policía; ⁓**beamte(r)** *m* agente *m* de policía; ⁓**hund** *m* perro *m* policía; ⁓**kommissar** *m* comisario *m* de policía; ℒ**lich** policíaco, de policía; ⁓**präsident** *m* (⁓**präsidium** *n*) jefe *m* (jefatura *f*) de policía; ⁓**revier** *n* comisaría *f*; ⁓**streife** *f* patrulla *f* de policía; ⁓**stunde** *f* hora *f* de cierre; ⁓**wache** *f* puesto *m* de policía; comisaría *f*.

Polizist [--ˈtsɪst] *m* (12) guardia *m*, policía *m*; ⁓**in** *f* (mujer *f*) policía *f*.

Polka [ˈpɔlka] *f* (11¹) polca *f*.

Pollen ♀ [ˈpɔlən] *m* (6) polen *m*.

polnisch [ˈpɔlnɪʃ] polaco.

Polo [ˈpoːlo] *n* (11) polo *m*; ⁓**hemd** *n* (camisa *f*) polo *m*.

Polonaise [poloˈnɛːzə] *f* (15) polonesa *f*.

Polster [ˈpɔlstər] *n* (7) acolchado *m*; relleno *m*; (*Kissen*) cojín *m*, almohada *f*; ⁓**er** *m* tapicero *m*; ⁓**möbel** *n/pl.* muebles *m/pl.* tapizados; ℒ**n** (29) acolchar; tapizar; ⁓**ung** *f* acolchado *m*; tapizado *m*.

Polter|abend [ˈ-tərʔaːbənt] *m* (fiesta *f* de) víspera *f* de (la) boda; ⁓**geist** *m* trasgo *m*; ℒ**n** (29) hacer ruido; caer con estrépito; (*schimpfen*) tronar.

Poly... [ˈpoly...] *in Zssgn mst* poli...; ⁓**gamie** [--gaˈmiː] *f* (15, *o. pl.*) poligamia *f*.

Polyp [-ˈlyːp] *m* (12) ⚡ *u. Zo.* pólipo *m*; F (*Polizist*) polizonte *m*.

Polytechnikum [-lyˈtɛçnikum] *n* (9[²]) escuela *f* politécnica.

Pomad|e [-ˈmaːdə] *f* (15) pomada *f*; ℒ**ig** F flemático, cachazudo.

Pomeranze [pɔməˈrantsə] *f* (15) naranja *f* amarga.

Pommes frites *fr.* [pɔmˈfrɪt] *pl.* patatas *f/pl.* fritas.

Pomp [pɔmp] *m* (3, *o. pl.*) pompa *f*; boato *m*; ℒ**ös** [-ˈpøːs] pomposo.

Ponton [pɔ̃ˈtɔ̃] *m* (11) pontón *m*; ⁓**brücke** *f* puente *m* de pontones *od.* de barcas.

Pony [ˈpɔni] **a)** *n* (11) poney *m*; **b)** *m* (11) (*Frisur*) flequillo *m*.

Popanz [ˈpoːpants] *m* (3²) coco *m*; *fig.* muñeco *m*.

Popmusik ['pɔpmuːziːk] *f* música *f* pop.
Popo F [po'poː] *m* (11) trasero *m*, pompis *m*.
popul|är [-pu'lɛːr] popular; **~arisieren** [--lariˈziːrən] popularizar; **2arität** [----'tɛːt] *f* popularidad *f*.
Pore ['poːrə] *f* (15) poro *m*.
Pornographi|e [pɔrnograˈfiː] *f* (15, *o. pl.*) pornografía *f*; **2isch** [--'graːfiʃ] pornográfico.
porös [po'røːs] poroso.
Porree ⚥ ['pɔre:] *m* (11) puerro *m*.
Portal [pɔr'taːl] *n* (3¹) portal *m*.
Portemonnaie [pɔrtmɔ'neː] *n* (11) monedero *m*.
Portier [pɔr'tjeː] *m* (11) portero *m*, conserje *m*; **~sfrau** *f* portera (*f*, **~(s)loge** *f* portería *f*.
Portion [-'tsjoːn] *f* porción *f*; ración *f*.
Porto ['-to] *n* (11, *pl. a.* -ti) porte *m*, franqueo *m*; **~** *bezahlt* porte pagado (p.p.); **2frei** franco de porte; exento de franqueo; **2pflichtig** sujeto a franqueo.
Porträt [-'trɛː] *n* (11) retrato *m*; **2ieren** [-trɛ'tiːrən] retratar; **~maler(in** *f) m* retratista *su*.
Portugies|e [-tu'giːzə] *m* (13), **~in** *f*, **2isch** portugués (-esa) *m* (*f*).
Portwein ['pɔrtvaɪn] *m* (3) oporto *m*.
Porzellan [pɔrtsɛ'laːn] *n* (3¹) porcelana *f*.
Posaun|e ♪ [po'zaʊnə] *f* (15) trombón *m*; **2en** (25) tocar el trombón; *fig. in alle Welt* ~ pregonar a los cuatro vientos; **~ist** [--'nɪst] *m* (12) trombón *m*, trombonista *m*.
Pos|e ['poːzə] *f* (15) pose *f*; afectación *f*; **2ieren** [-'ziːrən] posar.
Position [pozi'tsjoːn] *f* posición *f*; ♣ situación *f*; **~slichter** *n/pl.* luces *f/pl.* de situación (*f*, posición).
positiv ['--tiːf] **1.** *adj.* positivo; **2.** 2 *Phot. n* (3¹) positivo *m*.
Positur [-'tuːr] *f* (16) postura *f*; pose *f*.
Posse ['pɔsə] *f* (15) farsa *f*; **2nhaft** burlesco; **~nreißer** *m* bufón *m*.
Possessivpronomen [-se'siːfpronoːmən] *n* pronombre *m* posesivo.
possierlich [-'siːrlɪç] gracioso.
Post [pɔst] *f* (16, *o. pl.*) correo *m*; (*Gebäude*) (oficina *f* de) correos *m/pl.*; *auf die* ~ *bringen* llevar al correo; *mit der* ~ por correo; *mit getrennter* ~ por (correo) separado; **2alisch** [-'taːlɪʃ] postal.

Postament [-ta'mɛnt] *n* (3) pedestal *m*.
Post... ['pɔst...]: *in Zssgn oft* postal; **~amt** *n* oficina *f od.* estafeta *f* de correos; **~anweisung** *f* giro *m* postal; **~beamte(r)** *m* empleado *m* de correos; **~bote** *m* cartero *m*; **~direktion** *f* administración *f* de correos; **~eingang** *m* correo *m* recibido; **~en** *m* (6) puesto *m*; empleo *m*; (*Rechnung*) elemento *m*; ⚔ partida *f*, lote *m*; ⚔ centinela *m*; ~ *stehen* montar la guardia; *fig. nicht auf dem* ~ *sn* no sentirse bien; **~er** ['pɔstər] *m, n* (7) póster *m*; **~fach** *n* apartado *m* de correos, *Am.* casilla *f*; **~flugzeug** *n* avión *m* correo; **~gebühren** *f/pl.* tarifas *f/pl.* postales; **~geheimnis** *n* secreto *m* postal; **~giro-amt** *n s.* **~scheckamt**; **~hilfsstelle** *f* cartería *f*; **~karte** *f* (tarjeta *f*) postal *f*; **~kutsche** *f* diligencia *f*; **2lagernd** lista de correos; **~leitzahl** *f* código *m* postal; **~paket** *n* paquete *m* postal; **~sack** *m* saca *f*; **~scheck** *m* cheque *m* postal; **~scheck-amt** *n* oficina *f* de cheques postales; **~scheckkonto** *n* cuenta *f* de cheques postales; **~schiff** *n* buque *m* correo; **~schließfach** *n s.* **~fach**; **~skriptum** [-'skrɪptʊm] *n* (9²) (*Abk.* PS) posdata *f*; **~sparbuch** *n* libreta *f od.* cartilla *f* de ahorro postal; **~sparkasse** *f* caja *f* postal de ahorros; **~stempel** *m* matasellos *m*; **2um** [-'tuːm] póstumo; **~wagen** *m* coche *m* correo; **2wendend** a vuelta de correo; **~wertzeichen** *n* sello *m* (de correo), *Am.* estampilla *f*; **~wurfsendung** *f* envío *m* postal colectivo; impresos *m/pl.* sin dirección; **~zug** *m* tren *m* correo.
poten|t [po'tɛnt] potente; **2tial** [--'tsjaːl] *n* (3¹), **~tiell** [--'tsjɛl] potencial (*m*); **2z** [-'tɛnts] *f* (16) potencia *f*.
Potpourri ['pɔtpuri] *n* (11) popurrí *m* (*a. fig.*).
Pottwal ['pɔtvaːl] *Zo.* m cachalote *m*.
Poularde [pu'lardə] *f* (15) pularda *f*.
Präambel [prɛ'ambəl] *f* (15) preámbulo *m*.
Pracht [praxt] *f* (16, *o. pl.*) magnificencia *f*; esplendor *m*; suntuosidad *f*.
prächtig ['prɛçtɪç] magnífico; espléndido; suntuoso.
Pracht|kerl F ['praxtkɛrl] *m* mocetón *m*; **2voll** suntuoso; espléndido.

Prädikat

Prädikat [prɛdiˈkaːt] *n* (3) *Gram.* predicado *m*; (*Zensur*) nota *f*.
präge|n [ˈprɛːgən] (25) imprimir, estampar; *Münzen, Wort:* acuñar; *fig.* marcar; grabar; **2stempel** *m* cuño *m*, troquel *m*.
pragmatisch [pragˈmaːtiʃ] pragmático.
prägnan|t [prɛgˈnant] conciso; **2z** [-ˈnants] *f* (16, *o. pl.*) concisión *f*.
Prägung [ˈprɛːguŋ] *f* acuñación *f*; *fig.* cuño *m*, marchamo *m*.
prahl|en [ˈpraːlən] (25) vanagloriarse, jactarse (*mit* de); **2er** *m* (7), **2hans** [ˈ-hans] *m* (3² u. ³), **~erisch** fanfarrón (*m*); **2erei** [-ləˈraɪ] *f* fanfarronería *f*, jactancia *f*.
Prakti|k [ˈpraktik] *f* (16) práctica *f*; **~kant** [--ˈkant] *m* (12) pasante *m*; practicante *m*; **~ker** [ˈ--kər] *m* (7) práctico *m*; **~kum** [ˈ--kum] *n* (9²) prácticas *f/pl.*; **!2sch** práctico; **~er** *Arzt* médico *m* (de medicina) general; **2zieren** [--ˈtsiːrən] practicar; *Arzt:* ejercer.
Prälat [prɛˈlaːt] *m* (12) prelado *m*.
Praline [praˈliːnə] *f* (15) bombón *m*.
prall [pral] (*straff*) tirante; (*voll*) repleto, relleno; *Ballon usw.:* henchido; *in der ~en Sonne* a pleno sol; **~en** (25, *sn*) chocar (*auf, gegen* contra, con).
Prämie [ˈprɛːmjə] *f* (15) premio *m*; ✝ prima *f*.
prämi(i)er|en [prɛˈmiːrən, -miˈiːrən] premiar; **2ung** *f* adjudicación *f* de premios.
prang|en [ˈpraŋən] (25) brillar; lucir; **2er** *m* (7) picota *f*; *an den ~ stellen* poner en la picota (*a. fig.*).
Pranke [ˈpraŋkə] *f* (15) garra *f*, pata *f*.
Präpa|rat [prɛpaˈraːt] *n* (3) preparado *m*; **2rieren** preparar; *Tier:* disecar.
Präposition [-poziˈtsjoːn] *f* preposición *f*.
Präsens *Gram.* [ˈprɛːzɛns] *n* (16, *pl.* *-sentia*) presente *m*.
Präsent [prɛˈzɛnt] *n* (3) regalo *m*; **2ieren** presentar.
Präsenzbibliothek [-ˈzɛntsbibliotek] *f* biblioteca *f* de consulta.
Präservativ [-zɛrvaˈtiːf] *n* (3¹) preservativo *m*.
Präsid|ent [-ziˈdɛnt] *m* (12) presidente *m*; **~entschaft** *f* presidencia *f*; **2ieren** presidir; **~ium** [-ˈziːdjum] *n* (9) presidencia *f*.

prass|eln [ˈprasəln] (29) crepitar; **~en** (28) vivir a lo loco; **2er** *m* (7) disipado(r) *m*; vividor *m*; **2eˈrei** *f* vida *f* disipada.
Präteritum *Gram.* [prɛˈteːritum] *n* (9²) pretérito *m*.
Präventiv... [-vɛnˈtiːf...]: *in Zssgn* preventivo.
Praxis [ˈpraksis] *f* (16²) práctica *f*; ✠ bufete *m*; ✚ consultorio *m*; (*Sprechstunde*) consulta *f*.
Präzedenzfall [prɛtseˈdɛntsfal] *m* precedente *m*.
präzis [-ˈtsiːs] preciso, exacto; **~ieren** [-tsiˈziːrən] precisar; **2ion** [--ˈzjoːn] *f* precisión *f*.
predig|en [ˈpreːdigən] (25) predicar; **2er** *m* (7) predicador *m*; **2t** [ˈ-dict] *f* (16) sermón *m* (*a. fig.*).
Preis [praɪs] *m* (4) precio *m*; (*Belohnung*) premio *m*; galardón *m*; (*Lob*) alabanza *f*; *um jeden ~* a toda costa, cueste lo que cueste; *um keinen ~* de ningún modo; **!~...:** *in Zssgn* ✝ *oft:* de (los) precios; **!~angabe** *f* indicación *f* del precio; **!~aufgabe** *f* tema *m* de concurso; **!~aufschlag** *m* recargo *m*, sobreprecio *m*; **!~ausschreiben** *n* concurso *m*; **!~bindung** *f* acuerdo *m* sobre precios.
Preiselbeere [ˈpraɪzəlbeːrə] *f* arándano *m* encarnado.
preisen [ˈ-zən] (30) alabar, celebrar.
Preis|erhöhung [ˈpraɪsʔerhøːuŋ] *f* aumento *m* de precios; **~ermäßigung** *f* reducción *f* de precios; **2geben** abandonar; entregar; *Geheimnis:* revelar; **2gekrönt** [ˈ-gəkrøːnt] premiado; **~gericht** *n* jurado *m*; **~gestaltung** *f* calculación *f* de los precios; **2günstig** *s.* **2wert**; **~index** *m* índice *m* de precios; **~lage** *f*: *in dieser ~* a este precio; **~nachlaß** *m* rebaja *f*, descuento *m*; **~richter** *m* miembro *m* del jurado; juez *m*; **~schwankung** *f* fluctuación *f* de(l) precio; **~senkung** *f* disminución *f* *od.* rebaja *f* de (los) precios; **~stopp** *m* congelación *f* *od.* bloqueo *m* de precios; **~sturz** *m* caída *f* brusca de los precios; **~träger** *m* premiado *m*; galardonado *m*; **~treibeˈrei** *f* aumento *m* abusivo de los precios; **~verzeichnis** *n* lista *f* de precios; **2wert** barato; *adv.* a buen precio.
prekär [preˈkɛːr] precario.
Prell|bock 🚇 [ˈprɛlbɔk] *m* tope *m*; **2en** (25) ✠ contusionar; *fig.* estafar

(j-n um et. a/c. a alg.), F timar; ~schuß m tiro m de rebote; ~stein m guardacantón m; ~ung ⚔ f contusión f.

Premier|e [prəmˈjɛːrə] f (15) estreno m; ~minister [-ˈjeːministər] m primer ministro m.

Presse [ˈprɛsə] f (15) prensa f (a. ⊕); ~...: in Zssgn mst de prensa; ~büro n agencia f de prensa; ~freiheit f libertad f de prensa; ~konferenz f conferencia f od. rueda f de prensa; 2n (28) apretar; comprimir; ⊕ prensar; ~referent m jefe m de prensa; ~stimmen f/pl. comentarios m/pl. de prensa.

pressieren [-ˈsiːrən]: es pressiert es urgente; corre prisa.

Preßluft [ˈprɛsluft] f aire m comprimido; ~hammer m martillo m neumático.

Prestige [prɛsˈtiːʒə] n (7, o. pl.) prestigio m.

Preuß|e [ˈprɔʏsə] m (13), ~in f, 2isch prusiano (-a) m (f).

prickeln [ˈprikəln] (29) picar; Sekt: burbujear; Glieder: hormiguear; ~d picante; excitante.

Priem [priːm] m (3) tabaco m para mascar.

pries [priːs] s. preisen.

Priester [ˈ-tər] m (7) sacerdote m, cura m; ~amt n sacerdocio m; ~in f sacerdotisa f; 2lich sacerdotal; ~rock m sotana f; ~schaft f clero m; ~seminar n seminario m; ~tum n (1, o. pl.) sacerdocio m; ~weihe f ordenación f sacerdotal.

prima [ˈpriːma] ✠ de primera calidad; F estupendo, formidable; 2ballerina [--balaˈriːna] f (16²) primera bailarina f.

primär [priˈmɛːr], 2... primario.

Primel ♀ [ˈpriːməl] f (15) primavera f.

primitiv [primiˈtiːf] primitivo; 2ität [--tiviˈtɛːt] f primitivismo m.

Primzahl [ˈpriːmtsaːl] f número m primo.

Prinz [prints] m (12) príncipe m; ~essin [-ˈtsɛsin] f princesa f; ~gemahl m príncipe m consorte.

Prinzip [-ˈtsiːp] n (3¹ u. 8²) principio m; im ~ en principio; 2iell [-tsiˈpjɛl] en ppio. por principio.

'Prinzregent m príncipe m regente.

Prior|(in f) [ˈpriːɔr (priˈoːrin)] m (8¹) prior(a) m (f); ~ität [prioriˈtɛːt] f prioridad f.

Prise [ˈpriːzə] f (15) ♣ presa f; (Tabak) toma f; (Salz usw.) pellizco m, chispa f.

Prism|a [ˈprisma] n (9¹) prisma m; ~englas n prismáticos m/pl.

Pritsche [ˈpritʃə] f (15) catre m.

privat [priˈvaːt], 2... particular, privado; 2detektiv m investigador m od. detective m privado; 2dozent m etwa: profesor m no numerario; 2interesse n interés m privado; 2leben n vida f privada; 2lehrer m profesor m particular; 2person f particular m; 2recht n derecho m privado; 2sache f asunto m particular; 2stunde f lección f particular.

Privileg [-viˈlɛːk] n (8²) privilegio m; 2ieren [--leˈgiːrən] privilegiar.

pro [proː] por; ~ Kopf por cabeza; per cápita; F por barba; ~ Person por persona; ~ Stück por (od. la) pieza; ~ Tag al día; ~ forma por fórmula.

probat [proˈbaːt] probado; eficaz.

Probe [ˈproːbə] f (15) prueba f; ✠ muestra f; ♪, Thea. ensayo m; (Sprech2, Gesangs2) audición f; auf ~ a prueba; auf die ~ stellen poner od. someter a prueba; ~abzug Typ. m prueba f; ~fahrt f viaje m de prueba; 2n (25) ensayar; ~nummer f ejemplar m gratuito; ~sendung f envío m de prueba; 2weise a (título de) prueba; ~zeit f período m de ensayo od. de prueba.

probieren [proˈbiːrən] probar (a. Speise), ensayar.

Problem [-ˈbleːm] n (3¹) problema m; ~atik [-bleˈmaːtik] f (16, o. pl.) problemática f; 2atisch problemático.

Produkt [-ˈdukt] n (3) producto m; ~ion [-ˈtsjoːn] f producción f; ~ions...: in Zssgn mst de producción; 2iv [--ˈtiːf] productivo; ~ivität [--tiviˈtɛːt] f productividad f.

Produz|ent [-duˈtsɛnt] m (12) productor m (a. Film); fabricante m; 2ieren [--ˈtsiːrən] producir; fabricar; sich ~ darse tono.

profan [-ˈfaːn] profano; ~ieren [-faˈniːrən] profanar.

Profess|or [-ˈfɛsɔr] m (8¹) catedrático m (de universidad); als Titel: profesor m; ~ur [--ˈsuːr] f (16) cátedra f.

Profi F [ˈproːfi] m (11) profesional m.

Profil [proˈfiːl] n (3¹) perfil m (a.

profilieren 842

Reifen♎); 🚢 gálibo *m*; ♎**ieren** [-fi'li:rən] perfilar; ♎**iert** *fig.* destacado; marcado.

Profit [-'fi:t] *m* (3) provecho *m*; beneficio *m*; ♎**ieren** [-fi'ti:rən] ganar, salir ganando (*von, bei* en); aprovecharse (de).

Pro-forma-Rechnung ✝ [-'fɔrmareçnuŋ] *f* factura *f* pro forma.

Prognose [-'gno:zə] *f* (15) pronóstico *m* (*a.* ⚕).

Programm [-'gram] *n* (3¹) programa *m*; ♎**gemäß** conforme al programa; ♎**gestaltung** *f* programación *f*; ♎**bar** [--'mi:rba:r] programable; ♎**ieren** programar; ♎**ierer** *m* programador *m*; ♎**iersprache** *f* lenguaje *m* de programación; ♎**ierung** *f* programación *f*; ♎**vorschau** *f* avance *m* de programas.

progressiv [-grɛ'si:f] progresivo.

Projekt [-'jɛkt] *n* (3) proyecto *m*, plan *m*; ♎**ieren** [--'ti:rən] proyectar; planear; ♎**ion** [--'tsjo:n] *f* proyección *f*; ♎**ions-apparat** *m*, ♎**or** [-'jɛktɔr] (8¹) proyector *m*.

projizieren [-ji'tsi:rən] proyectar.

Proklamation [-kla'matsjo:n] *f* proclamación *f*; ♎**ieren** [--'mi:rən] proclamar.

Prokura [-'ku:ra] *f* (16²) poder *m*; procuración *f*; *per* ♎ por poder; ♎**ist** [--'rist] *m* (12) apoderado *m*.

Prolet *desp.* [-'le:t] *m* (12) plebeyo *m*; zafio *m*; ♎**ariat** [-letar'ja:t] *n* (7) proletariado *m*; ♎**arier** [--'ta:rjər] *m* (7), ♎**arisch** [--'ta:riʃ] proletario (*m*).

Prolog [-'lo:k] *m* (3) prólogo *m*.

Promenade [-mə'nɑ:də] *f* (15) paseo *m*; ♎**adendeck** ⚓ *n* cubierta *f* de paseo; ♎**ieren** (sn) pasear(se).

Promille [-'milə] *n* *uv.* tanto *m* por mil.

prominen|t [-mi'nɛnt] prominente, eminente, destacado; ♎**te(r)** *m* celebridad *f*; eminencia *f*; ♎**z** [--'nɛnts] *f* (16, *o. pl.*) notables *m/pl.*; celebridades *f/pl.*

Promotion [-mo'tsjo:n] *f* doctorado *m*; ♎**vieren** [--'vi:rən] doctorarse.

prompt [prɔmpt] pronto; rápido; inmediato.

Pronomen [pro'no:mən] *n* (6, *pl.* *a.* *-mina*) pronombre *m*.

Propaganda [-pa'ganda] *f* (16, *o. pl.*) propaganda *f*; ♎**an'dist** *m* (12) propagandista *m*; ♎**ieren** propagar.

Propeller [-'pɛlər] *m* (7) hélice *f*, propulsor *m*.

Prophet [-'fe:t] *m* (12) profeta *m*; ♎**in** *f* profetisa *f*; ♎**isch** profético.

prophezei|en [-fe'tsaɪən] (25) profetizar; predecir; pronosticar; ♎**ung** *f* profecía *f*; vaticinio *m*.

prophylaktisch [-fy'laktiʃ] profiláctico, preventivo.

Proportion [-pɔr'tsjo:n] *f* proporción *f*; ♎**al** [--tsjo'nɑ:l] proporcional; ♎**iert** [---'ni:rt] proporcionado.

Propst [pro:pst] *m* (3² *u.* ³) prepósito *m*; preboste *m*.

Prosa ['pro:za] *f* (16, *o. pl.*) prosa *f*; ♎**isch** [pro'za:iʃ] prosaico (*a. fig.*).

prosit! ['pro:zit] ¡(a su) salud!; *beim Niesen:* ¡Jesús!; ~ *Neujahr!* ¡feliz año nuevo!

Prospekt [pro'spɛkt] *m* (3) prospecto *m*, folleto *m*.

prost! [pro:st] *s.* *prosit.*

Prostata *Anat.* ['prɔstata] *f* (16, *pl.* *-tae*) próstata *f*.

prostitu|ieren [-stitu'i:rən] prostituir; ♎**ierte** *f* (15) prostituta *f*; ♎**tion** [---'tsjo:n] *f* prostitución *f*.

prote|gieren [prote'ʒi:rən] proteger, favorecer; ♎**ktion** [-ʒɛk'tsjo:n] *f* protección *f*; ♎**ktor** [-'ʒɛktɔr] *m* (8¹) protector *m*; ♎**ktorat** [--to'rɑ:t] *n* (3) protectorado *m*.

Protest [-'tɛst] *m* (3²) protesta *f*; ✝ protesto *m*; ~ *erheben* protestar; ♎**ant(in** *f*) [--'tant(in)] *m* (12), ♎**antisch** protestante (*su.*); ♎**an'tismus** *m* (16, *o. pl.*) protestantismo *m*; ♎**ieren** protestar.

Prothese ⚕ [-'te:zə] *f* (15) prótesis *f*.

Protokoll [-to'kɔl] *n* (3¹) acta *f*; *a. diplomatisches:* protocolo *m*; (*das*) ~ *führen* redactar el acta; *zu* ~ *nehmen* levantar acta; ♎**arisch** [--'lɑ:riʃ] protocolario; ♎**chef** *m* jefe *m* del protocolo; ♎**führer** *m* redactor *m* del acta; ✝️ actuario *m*; ♎**ieren** levantar acta; protocolizar.

Proton ['pro:tɔn] *n* (8¹) protón *m*.

Prototyp ['prototy:p] *m* prototipo *m*.

Protz F [prɔts] *m* (12) presumido *m*; (*Geld*♎) ricachón *m*; ♎**e** ⚔ *f* (15) avantrén *m*; ♎**en** F (27): ~ *mit* hacer alarde *od.* ostentación de; ♎**ig** jactancioso, presumido; ostentoso.

Proviant [pro'vjant] *m* (3) provisiones *f/pl.*, víveres *m/pl.*

Provinz [-'vints] *f* (16) provincia *f*;

Pulverschnee

~...: *in Zssgn* provincial, de provincia; ℒiell [-l'tsjɛl], ~ler [-'-lər] *m* (7) provinciano (*m*) (*a. desp.*).
Provision [-vi'zjo:n] *f* ✝ comisión *f*; ℒorisch [--'zo:riʃ] provisional; ~orium [--'zo:rjum] *n* (9) solución *f* *bzw.* estado *m* provisional.
Provo|**kation** [-voka'tsjo:n] *f* provocación *f*; ℒieren [--'tsi:rən] provocar; ℒierend provocador, provocativo.
Prozedur [-tse'du:r] *f* (16) procedimiento *m*, proceso *m*.
Prozent [-'tsɛnt] *n* (3) (tanto *m*) por ciento; *zu drei* ~ al tres por ciento; ~satz *m* porcentaje *m*; ℒual [--u'a:l] al tanto por ciento; porcentual.
Prozeß [-'tsɛs] *m* (4) proceso *m*; ⚖ *a*. pleito *m*; e-n ~ führen seguir una causa; j-m den ~ machen procesar a alg.; *fig.* kurzen ~ machen mit F cortar por lo sano; ~akten *f/pl.* autos *m/pl.*; ~gegner *m* parte *f* contraria.
prozessieren [--'si:rən] pleitear, litigar.
Prozession [--'sjo:n] *f* procesión *f*; ~sraupe *Zo. f* procesionaria *f*.
Pro'zeß|**kosten** *pl.* costas *f/pl.* procesales; ~ordnung *f* ley *f* de enjuiciamiento; ~partei *f* parte *f* litigante; ~recht *n* derecho *m* procesal.
prüde ['pry:də] mojigato; ℒrie [prydə'ri:] *f* (15) mojigatería *f*.
prüf|**en** ['pry:fən] (25) examinar; (*nach*~) revisar; comprobar; verificar; ⊕ ensayar; (*erproben*) probar; ~end *Blick*: escrutador; ℒer *m* (7) examinador *m*; ℒling ['-lɪŋ] *m* (3¹) examinando *m*; ℒstand ⊕ *m* banco *m* de pruebas; ℒstein *m fig.* piedra *f* de toque.
Prüfung ['-fuŋ] *f* examen *m*; prueba *f* (*a. fig.*); ⊕ ensayo *m*; (*Nach*ℒ) revisión *f*; comprobación *f*; e-e ~ machen pasar un examen; ~s-ausschuß *m*, ~skommission *f* comisión *f* examinadora; ~szeugnis *n* diploma *m*.
Prügel ['-gəl] *m* (7) palo *m*; *pl.* (*Schläge*) paliza *f*, palos *m/pl.*; ~ei [--'laɪ] *f* riña *f*; reyerta *f*; pelea *f*; ~knabe *m* cabeza *f* de turco; ℒn (29) pegar, dar una paliza; sich ~ andar a palos; ~strafe *f* castigo *m* corporal.
Prunk [pruŋk] *m* (3) fasto *m*; boato *m*; suntuosidad *f*; ℒen (25): ~ mit hacer alarde de; ostentar *ac.*; ~sucht *f* afán *m* de ostentación; ℒsüchtig ostentoso; ℒvoll suntuoso, fastuoso.

Psalm [psalm] *m* (5²) salmo *m*; ~ist [-'mɪst] *m* (12) salmista *m*.
Psalter ['psaltər] *m* (7) salterio *m*.
Pseudo... ['psɔydo...]: *in Zssgn* (p)seudo...; ~nym [--'ny:m] *n* (3¹) seudónimo *m*.
Psych|**e** ['psy:çə] *f* (15) (p)sique *f*; ~iater [psyçi'a:tər] *m* (7) (p)siquiatra *m*; ~iatrie [--a'tri:] *f* (15, *o. pl.*) (p)siquiatría *f*; ℒisch ['psy:çɪʃ] (p)síquico.
Psycho|**analyse** [psyço?ana'ly:zə] *f* (p)sicoanálisis *f*; ~loge [--'lo:gə] *m* (13) (p)sicólogo *m*; ~logie [--lo'gi:] *f* (15) (p)sicología *f*; ℒ'logisch (p)sicológico; ~path [--'pa:t] *m* (12) (p)sicópata *m*; ~se [-'ço:zə] *f* (15) (p)sicosis *f*; ~thera'pie *f* (p)sicoterapia *f*.
Pubertät [pubɛr'tɛ:t] *f* pubertad *f*.
publi|**k** [pu'bli:k]: ~ machen hacer público; ℒkation [--ka'tsjo:n] *f* publicación *f*; ℒkum ['-kum] *n* (9²) público *m*; ~zieren [--'tsi:rən] publicar; ℒzist [--'tsɪst] *m* (12) publicista *m*; ℒzität [---'tɛ:t] *f* publicidad *f*.
Pudding ['pudɪŋ] *m* (3¹) pudín *m*.
Pudel ['pu:dəl] *m* (7) perro *m* de aguas *od.* de lanas, caniche *m*; *fig.* des ~s Kern el quid; ℒ'naß hecho una sopa; ℒwohl: sich ~ fühlen estar como el pez en el agua.
Puder ['-dər] *m* (7) polvos *m/pl.*; ~dose *f* polvera *f*; ℒn (29) empolvar; sich ~ ponerse polvos; ~zucker *m* azúcar *m* en polvo.
Puff [puf]: **a)** *m* (3³) empujón *m*; empellón *m*; **b)** *m* (3) (*Sitzkissen*) puf *m*; **c)** P *m* (11) (*Bordell*) casa *f* de putas; **d)** *n* (3, *o. pl.*) (*Spiel*) backgammon *m*; ¹'-ärmel *m* manga *f* de farol; ¹ℒen (25) empujar; ¹'-er *m* (7) ⊕ tope *m*; ⊕ amortiguador *m*; ~er-staat *m* Estado *m* tapón; ¹'-mais *m* palomitas *f/pl.* de maíz.
Pulli F ['puli] *m* (11), ~over [-'o:vər] *m* (7) jersey *m*.
Puls [puls] *m* (4) pulso *m*; den ~ fühlen tomar el pulso (*a. fig.*); ¹'-ader *f* arteria *f*; ℒen ['-zən] (27), ℒieren [-'zi:rən] pulsar, latir, palpitar; ~schlag ['puls[la:k] *m* pulsación *f*.
Pult [pult] *n* (3) pupitre *m*; (*Ständer*) atril *m*.
Pulver ['pulfər] *n* (7) polvo *m*; ⚔ pólvora *f*; ℒ-artig polvoriento, pulverulento; ~faß *n fig.* polvorín *m*; ℒisieren [-vəri'zi:rən] pulverizar; ~kaffee *m* café *m* en polvo; ~schnee *m* nieve *f* polvo.

pummelig F ['puməliç] rollizo; regordete.

Pump F [pump] *m* (3): *auf ~ kaufen* comprar fiado; *auf ~ leben* vivir de sablazos; '~**e** f (15) bomba f; ²**en** (25) bombear; F *fig.* prestar; **~ernickel** ['-pərnikəl] *m* (7) pan *m* negro de Westfalia; '~**hose** f pantalón *m* bombacho; '~**werk** *n* estación f de bombeo.

Punkt [puŋkt] *m* (3) punto *m*; *im Stoff*: lunar *m*; ~ *für* ~ punto por punto; *nach ~en Sport*: por puntos; ~ *drei Uhr* a las tres en punto; ²**ieren** [-'ti:rən] puntear; ♂ puncionar; **~ion** ♂ [-'tsjo:n] f punción f.

pünktlich ['pyŋktliç] puntual; *adv.* con puntualidad; ²**keit** f puntualidad f.

Punkt|richter ['puŋktriçtər] *m Sport*: juez *m*; **~sieg** *m* victoria f por puntos; **~wertung** f, **~zahl** f puntuación f.

Punsch [punʃ] *m* (3²) ponche *m*.

Pupille [pu'pilə] f (15) pupila f, F niña f del ojo.

Puppe ['pupə] f (15) muñeca f; *Zo.* crisálida f; (*Schneider*²) maniquí *m*; *Thea.* títere *m*, marioneta f; **~nspiel** *n* (teatro *m* de) guiñol *m*; **~nspieler** *m* titiritero *m*; **~nwagen** *m* cochecito *m* de muñeca.

pur [pu:r] puro.

Püree [py're:] *n* (11) puré *m*.

Puritan|er [puri'ta:nər] *m* (7), ²**isch** puritano (*m*).

Purpur ['purpur] *m* (7, *o. pl.*) púrpura f; ²**farben**, ²**n**, ²**rot** purpúreo.

Purzel|baum ['-tsəlbaum] *m* (3²) voltereta f; ²**n** (29, sn) dar volteretas.

Puste F ['pu:stə] f (15, *o. pl.*) aliento *m*; **~l** ♂ ['pustəl] f (15) pústula f; ²**n** ['pu:stən] (26) soplar.

Pute ['pu:tə] f (15) pava f; **~r** *m* (7) pavo *m*; ²**r'rot**: ~ *werden* ponerse como un tomate.

Putsch [putʃ] *m* (3²) intentona f; golpe *m* (de Estado); '²**en** (27) hacer una intentona; **~ist** [-'tʃist] *m* (12) golpista *m*; '~**versuch** *m* intentona f, intento *m* golpista.

Putte *Mal.* ['putə] f (15) angelote *m*.

Putz [puts] *m* (3²) atavío *m*; adorno *m*; △ revoque *m*; '²**en** (27) limpiar; fregar; *Zähne*: lavar; *sich ~* ataviarse; *sich (dat.) die Nase ~* sonarse; '~**frau** mujer f de limpieza *od.* de faenas; asistenta f; '~**ig** gracioso, mono; '~**lappen** *m* trapo *m* (de limpiar); bayeta f; '~**mittel** *n* producto *m* de limpieza; limpiador *m*; '²**munter** F vivito y coleando; '~**waren** f/pl. artículos *m/pl.* de moda; '~**wolle** f algodón *m* para limpiar; '~**zeug** *n* utensilios *m/pl.* de limpieza.

Puzzle ['pazl] *n* (11) rompecabezas *m*, *neol.* puzzle *m*.

Pyjama [py'dʒɑ:ma, -'jɑ:ma] *m* (11) pijama *m*.

Pyramide [-ra'mi:də] f (15) pirámide f; (*Gewehr*²) pabellón *m*; ²**nförmig** piramidal.

Pyrotechnik [-ro'tɛçnik] f pirotecnia f; **~er** *m* pirotécnico *m*.

Pythonschlange ['py:tɔn ʃlaŋə] f pitón *m*.

Q

Q, q [kuː] *n* Q, q *f*.
quabbelig [ˈkvabəliç] gelatinoso, viscoso.
Quacksalber [ˈkvakzalbər] *m* (7) curandero *m*; charlatán *m*; ~**ei** *f* charlatanería *f*; **2n** (29) hacer de curandero.
Quaddel [ˈkvadəl] *f* (15) habón *m*.
Quader(stein) [ˈkvaːdər(ʃtaɪn)] *m* (7) sillar *m*.
Quadrant [kvaˈdrant] *m* (12) cuadrante *m*.
Quadrat [-ˈdraːt] *n* (3) cuadrado *m*; ~...: *in Zssgn* = **2isch** cuadrado; ~**ur** [-draˈtuːr] *f* (16) cuadratura *f*; ~**wurzel** *f* raíz *f* cuadrada; ~**zahl** *f* número *m* cuadrado.
quaken [ˈkvaːkən] (25) croar.
quäken [ˈkvɛːkən] (25) *Kind*: berrear; **2er** *Rel*. *m* (7) cuáquero *m*.
Qual [kvaːl] *f* (16) pena *f*; tormento *m*, tortura *f*; martirio *m*.
quälen [ˈkvɛːlən] (25) atormentar, torturar, molestar; ~**end** penoso; angustioso; **2eˈrei** *f* tormento *m*, tortura *f*; vejación *f*; **2geist** *m* tipo *m* importuno, F pegote *m*.
Qualifikation [kvalifikaˈtsjoːn] *f* calificación *f*; (*Fähigkeit*) capacidad *f*, aptitud *f*; **2fiˈzieren** calificar; ~**tät** [--ˈtɛːt] *f* † calidad *f*; (*Eigenschaft*) cualidad *f*; **2tativ** [--taˈtiːf] cualitativo; ~**täts...**: *in Zssgn* † de (primera) calidad.
Qualle [ˈ-lə] *f* (15) medusa *f*.
Qualm [kvalm] *m* (3, *o. pl.*) humo *m* espeso; humareda *f*; **2en** (25) humear, echar humo; **2ig** lleno de humo.
qualvoll [ˈkvaːlfɔl] doloroso; angustioso, congojoso; atormentador.
Quant *Phys*. [kvant] *n* (8) cuanto *m*; ~**entheorie** *f* teoría *f* cuántica; **2ität** [-tiˈtɛːt] *f* cantidad *f*; **2itativ** [--tiˈtiːf] cuantitativo; ~**um** [ˈ-tum] *n* (9 *u*. 9²) cantidad *f*; porción *f*.
Quarantäne [karanˈtɛːnə] *f* (15) cuarentena *f*.
Quark [kvark] *m* (3¹, *o. pl.*) requesón *m*; F *fig*. chorradas *f/pl*.
Quart [kvart] *f* (16) ♪ *u*. *Fechtk*.

cuarta *f*; ~**al** [-ˈtɑːl] *n* (3¹) trimestre *m*; **2al(s)weise** [-ˈ-(s)vaɪzə] por trimestre, trimestral; ˈ~**band** *m* tomo *m* en cuarto; ~**ett** ♪ [-ˈtɛt] *n* (3) cuarteto *m*.
Quartier [-ˈtiːr] *n* (3¹) alojamiento *m*; habitación *f*; ✕ acantonamiento *m*, cuartel *m*; ~**macher** *m* (7) aposentador *m*.
Quarz [kvarts] *m* (3²) cuarzo *m*; ˈ~**lampe** *f* lámpara *f* de cuarzo; ˈ~**uhr** *f* reloj *m* de cuarzo.
quasi [ˈkvaːzi] casi; por decirlo así.
quasseln F [ˈkvasəln] (29) parlotear.
Quaste [ˈkvastə] *f* (15) borla *f*.
Quatsch F [kvatʃ] *m* (3², *o. pl.*) tonterías *f/pl*., pamplinas *f/pl*., F chorradas *f/pl*.; **2en** (27) decir tonterías; parlotear; ˈ~**kopf** *m* idiota *m*.
Quecke ♀ [ˈkvɛkə] *f* (15) grama *f*.
Quecksilber [ˈ-zilbər] *n* mercurio *m*, azogue *m*; *in Zssgn* ♂ mercurial, ♀ mercúrico.
Quell *poet*. [kvɛl] *m* (3), ˈ~**e** *f* (15) manantial *m*, fuente *f* (*a. fig*.); *aus sicherer* ~ de fuente fidedigna, de buena tinta; ˈ**2en** (30, *sn*) brotar, manar; (*auf*~) hincharse; *fig*. emanar, proceder; ˈ~**ennachweis** *m* bibliografía *f*; ˈ~**ensteuer** *f* retención *f* fiscal en la fuente *od*. en origen; ˈ~**wasser** *n* agua *f* de manantial.
Quengelei F [kvɛŋəˈlaɪ] *f* (3²) quejas *f/pl*. (infundadas); ˈ**2ig** quejica; **2n** (29) importunar (con ruegos); quejarse.
quer [kveːr] transversal; *adv*. a (*od*. de) través; ~ *über et*. (*ac*.) gehen atravesar, cruzar (*ac*.); ˈ**2...**: *in Zssgn oft* transversal; ˈ~**balken** *m* travesaño *m*; ~ˈ**durch** de un extremo a otro; ˈ**2e** *f* (15): *j-m in die* ~ *kommen fig*. contrariar los planes de alg.; ˈ~**feldein** [-fɛltˈ'ʔaɪn] a campo traviesa; ˈ**2flöte** *f* flauta *f* travesera; ˈ**2gestreift** a rayas horizontales; ˈ**2kopf** *m* testarudo *m*, cabezudo *m*; ˈ**2pfeife** *f* pífano *m*; ˈ**2rinne** *f* badén *m*; ˈ**2schiff** ⚓ *n* nave *f* transversal; ˈ**2schnitt** *m* corte *m* *od*. sección *f* transversal; ˈ~**schnitt(s)gelähmt**

Querstraße

parapléjico (por corte medular); !2-**straße** f travesía f; !2**treiber** m intrigante m; 2**treibe'rei** f intrigas f/pl.
Querulant [kveru'lant] m (13) quejica m.
Quetsch|e ['kvɛtʃə] f (15) prensa f; **~en** (27) magullar; (breit~) aplastar; **~kartoffeln** f/pl. puré m de patatas; **~ung** ⚕ f contusión f; magulladura f; **~wunde** f herida f contusa.
quicklebendig F ['kvɪklə'bɛndɪç] F vivito y coleando.
quieken ['kvi:kən] (25) chillar.
quietsch|en ['-tʃən] (27) chillar; Tür: rechinar; **~ver'gnügt** alegre como chiquillo con zapatos nuevos.
quill(s)t [kvɪl(s)t] s. quellen.
Quint [kvɪnt] f (16), **~e** f (15) ♪ u. Fechtk. quinta f.

Quintessenz ['-t?ɛsɛnts] f (16) quintaesencia f.
Quintett ♪ [-'tɛt] n (3) quinteto m.
Quirl [kvɪrl] m (3) molinillo m; batidor m; 2**en** (25) batir.
quitt [kvɪt] igual; libre; wir sind ~ estamos en paz; !2**e** ♀ f (15) membrillo m; !2**enbrot** n carne f od. dulce m de membrillo; **~ieren** dar recibo de; !2**ung** f recibo m; !2**ungsblock** m talonario m de recibos.
Quiz [kvɪs] n uv. concurso m radiofónico bzw. televisivo; **~master** ['-ma:stər] m (7) presentador m de concursos.
quoll [kvɔl] s. quellen.
Quote ['kvo:tə] f (15) cuota f; (Anteil) contingente m; cupo m.
Quotient [kvo'tsjɛnt] m (12) cociente m.

R

R, r [ɛr] *n* R, r *f*.
Rabatt ✝ [ra'bat] *m* (3) descuento *m*, rebaja *f*; ~e ✔ *f* (15) arriate *m*.
Rabbiner [-'bi:nər] *m* (7) rabino *m*.
Rabe ['ra:bə] *m* (13) cuervo *m*; *weißer* ~ *fig.* mirlo *m* blanco; **~n-eltern** *pl.* padres *m/pl.* desnaturalizados; **2n-schwarz** negro como un cuervo.
rabiat [ra'bja:t] furioso.
Rache ['raxə] *f* (15, *o. pl.*) venganza *f*; ~ *nehmen* (*dat.*) vengarse de; **~akt** *m* acto *m* de venganza.
Rachen ['-xən] *m* (6) faringe *f*; (*Maul*) boca *f*; *a. fig.* fauces *f/pl.*
rächen ['rɛçən] (25): (*sich*) ~ vengar (-se) (*an dat.* de; *für* por).
Rachen... ['raxən...]: *in Zssgn* 🞲 faríngeo; **~höhle** *Anat. f* cavidad *f* faríngea, faringe *f*; **~katarrh** *m* faringitis *f*.
Rächer ['rɛçər] *m* (7) vengador *m*.
Rachgier ['raxgi:r] *f* sed *f* de venganza; **2ig** vengativo; rencoroso.
Rachi|tis [ra'xi:tis] *f* (16, *o. pl.*) raquitismo *m*; **2tisch** raquítico.
Rachsucht ['raxzuxt] *f s.* Rachgier.
Racker F ['rakər] *m* (7) pilluelo *m*.
Rad [rat] *n* (1²) rueda *f* (*Fahr*2) bicicleta *f*; *ein* ~ *schlagen* hacer la rueda; *Pfau:* abrir el abanico.
Radar [ra'da:r] *m od. n* (11, *o. pl.*) radar *m*; **~gerät** *n* radar *m*; **~kontrolle** *f* control *m* por radar; **~schirm** *m* pantalla *f* de radar; **~station** *f* estación *f* de radar.
Radau F [-'dau] *m* (3¹, *o. pl.*) alboroto *m*, ruido *m*; jaleo *m*; **~bruder** *m* camorrista *m*; alborotador *m*.
Raddampfer ['ratdampfər] *m* (7) vapor *m* de ruedas.
radebrechen ['ra:dəbrɛçən] (25) chapurrear.
radeln ['-dəln] (29) ir en bicicleta; F pedalear.
Rädelsführer ['rɛ:dəlsfy:rər] *m* (7) cabecilla *m*.
räder|n ['-dərn] (29) enrodar; *wie gerädert fig.* F hecho polvo; **~werk** *n* rodaje *m*; engranaje *m* (*a. fig.*).
rad|fahren ['ratfa:rən] ir en bicicleta; **2fahrer(in** *f*) *m* ciclista *su.*; **2-fahrsport** *m* ciclismo *m*; **2fahrweg** *m* pista *f* para ciclistas, F carril-bici *m*; **2gabel** *f* horquilla *f*.
Radi ♀ ['ra:di] *m* (11) rábano *m*.
radier|en [ra'di:rən] borrar; *mit Messer:* raspar; (*Kunst*) grabar al agua fuerte; **2gummi** *m* goma *f* de borrar; **2messer** *n* raspador *m*; **2nadel** *f* buril *m*; **2ung** *f* aguafuerte *m*.
Radieschen ♀ [-'di:sçən] *n* (6) rabanito *m*.
radikal [-di'ka:l] radical; *Pol. a.* extremista; **2ismus** [--ka'lismus] *m* (16²) radicalismo *m*; extremismo *m*.
Radio ['ra:djo] *n* (11) radio *f*; *in Zssgn s. a. Rundfunk...*; **2-ak'tiv** radiactivo; **~-aktivi'tät** *f* radiactividad *f*; **~-apparat** *m* aparato *m* de radio; **~recorder** *m* radiocassette *m*.
Radium ['-djum] *n* (9, *o. pl.*) radio *m*.
Radius ['-djus] *m* (16²) radio *m*.
Rad|kappe ['ratkapə] *f* tapacubos *m*; **~nabe** *f* cubo *m*; **~rennbahn** *f* velódromo *m*; **~rennen** *n* carrera *f* ciclista; **~sport** *m* ciclismo *m*; **~spur** *f* rodada *f*, rodera *f*; **~stand** *m* distancia *f* entre ruedas; **~weg** *m s.* Radfahrweg.
raff|en ['rafən] (25) (*weg~*) arrebatar; (*zs.~*) recoger (*a. Kleid*); (*hamstern*) acaparar; **2gier** *f* rapacidad *f*, codicia *f*; **~gierig** rapaz, codicioso.
Raffi|nade [-fi'na:də] *f* (15) azúcar *m* refinado; **~nerie** [--nə'ri:] *f* (15) refinería *f*; **2nieren** refinar; **2niert** refinado; *fig. a.* astuto; *neol.* sofisticado; **~'niertheit** *f* refinamiento *m*; astucia *f*.
ragen ['ra:gən] (25) elevarse.
Ragout [-'gu:] *n* (11) ragú *m*.
Rahe ⚓ ['ra:ə] *f* (15) verga *f*.
Rahm [ra:m] *m* (3, *o. pl.*) nata *f*, crema *f*.
rahmen ['-mən] **1.** *v/t.* (25) encuadrar; enmarcar, poner un marco a; **2.** 2 *m* (6) marco *m* (*a. fig.*); ⊕ armazón *f*; *am Fahrrad:* cuadro *m*; **2-antenne** *f* antena *f* de cuadro; **2gesetz** *n* ley *f* marco *od.* básica; **2vertrag** *m* acuerdo *m* marco.
Rain [raɪn] *m* (3) linde(ro) *m*.

Rakete [ra'keːtə] *f* (15) cohete *m*; ✕ *a.* misil *m*; **~nantrieb** *m* propulsión *f* por cohetes; **~nflugzeug** *n* avión *m* cohete; **~ntriebwerk** *n* propulsor *m* de cohetes; **~nwerfer** *m* lanzacohetes *m*, lanzamisiles *m*.

Rallye ['rali] *f* (11¹) *od. n* (11) rally(e) *m*.

Ramm|bär ['rambɛːr] *m*, **~bock** ⊕ *m*, **~e** *f* (15) martinete *m*; 2**eln** (29) *Hase*: aparearse; 2**en** (25) (*ein~*) pisar; ⚓ embestir (*a. Kfz.*), abordar; **~er** *m* (7) macho *m* de liebre *od.* de conejo.

Rampe ['~pə] *f* (15) ❀ rampa *f*, muelle *m* (de carga); *Thea.* proscenio *m*; **~nlicht** *n* candilejas *f/pl.*

ramponieren F [~po'niːrən] deteriorar, estropear.

Ramsch [ramʃ] *m* (3²) pacotilla *f*; **'~laden** *m* baratillo *m*.

ran [ran] F = *heran*.

Rand [rant] *m* (1²) borde *m*, orilla *f*; (*Buch*) margen *m*; (*Saum*) orla *f*; (*Stadt*) periferia *f*; (*Wald*) linde *m*, *außer ~ und Band* fuera de quicio; *zu ~e kommen mit et.* poder con a/c.; **'~...:** *in Zssgn oft* marginal; 2**alieren** [-da'liːrən] alborotar; **'~auslöser** *m Schreibmaschine*: desbloqueador *m* de márgenes; **'~bemerkung** *f* nota *f* marginal, anotación *f*; **'~erscheinung** *f* fenómeno *m* secundario/marginal; **'~gruppe** *f* marginados *m/pl.*; **'~leiste** *f* reborde *m*; **'~stein** *m* bordillo *m*; **'~steller** ['-ʃtɛlər] *m* (7) *Schreibmaschine*: marginador *m*.

rang [raŋ] *s. ringen*.

Rang [raŋ] *m* (3³) categoría *f*; clase *f*; rango *m*; (*~stufe*) grado *m* (*a.* ✕); (*Stand*) condición *f*; *Thea.* anfiteatro *m*; galería *f*; *j-m den ~ ablaufen* aventajar a alg.; **'~abzeichen** ✕ *n* distintivo *m*; **'²~ältest** más antiguo.

Range ['raŋə] *f* (15) rapaz(a) *m* (*f*).

Rangier... [rɑ̃ˈʒiːr...]: *in Zssgn* ❀ de maniobras; **~bahnhof** *m* estación *f* de maniobras; 2**en** ❀ maniobrar, hacer maniobras.

Rang|liste ['raŋlistə] *f* escalafón *m*; **~ordnung** *f* jerarquía *f*; **~stufe** *f* escalón *m*.

rank [raŋk] esbelto.

Ranke ['~kə] *f* (15) zarcillo *m*; (*Wein*2) pámpano *m*, sarmiento *m*.

Ränke ['rɛŋkə] *m/pl.* (3³) intrigas *f/pl.*, maquinaciones *f/pl.*, enredos *m/pl.*; *~ schmieden* intrigar.

ranken ['raŋkən] (25) echar pámpanos; (*a. sich ~*) trepar.

Ränkeschmied ['rɛŋkəʃmiːt] *m* intrigante *m*, maquinador *m*.

rann [ran] *s. rinnen*; **~te** ['-tə] *s. rennen*.

Ranzen ['-tsən] *m* (6) mochila *f*; (*Schul*2) cartera *f*.

ranzig ['-tsiç] rancio.

rapide [ra'piːdə] rápido.

Rappe ['rapə] *m* (13) caballo *m* negro; *auf Schusters ~n* F en la mula (*od.* el coche) de San Francisco.

Rappel F ['-pəl] *m* (7) manía *f*; F chifladura *f*; *e-n ~ haben* estar chiflado; 2**n** (29) hacer ruido; tabletear.

Raps ♀ [raps] *m* (4) colza *f*.

Rapunzel ♀ [ra'puntsəl] *f* (15) rapónchigo *m*.

rar [raːr] raro, escaso; 2**ität** [-ri'tɛːt] *f* objeto *m* raro; curiosidad *f*.

rasant [ra'zant] rasante; *fig.* rapidísimo.

rasch [raʃ] veloz; rápido; *adv. a.* pronto, de prisa; **~eln** ['-ʃəln] (29) crujir; *Laub*: susurrar; 2**eln** *n* (6) crujido *m*; susurro *m*; **'²heit** *f* prontitud *f*; rapidez *f*.

rasen [raːzən] (27) rabiar; *Sturm*: desencadenarse; (*schnell fahren*) correr a toda velocidad; *~ gegen* estrellarse contra.

Rasen ['-zən] *m* (6) césped *m*.

'rasend rabioso; *Schmerz*: atroz; *Geschwindigkeit*: vertiginoso.

Rasen|mäher ['-zənmɛːər] *m* cortacésped(es) *m*; **~sprenger** ['-ʃprɛŋər] *m* (7) aspersor *m* para céspedes.

Raserei [--'rai] *f* rabia *f*; frenesí *m*; *Kfz.* velocidad *f* vertiginosa.

Rasier... [ra'ziːr...]: *in Zssgn oft* de afeitar; **~apparat** *m* máquina *f* de afeitar; **~creme** *f* crema *f* de afeitar; 2**en** (25) afeitar; **~klinge** *f* (**~messer** *n*, **~pinsel** *m*) hoja *f* (navaja *f*, brocha *f*) de afeitar; **~seife** *f* jabón *m* de afeitar; **~wasser** *n* loción *f* (para después) del afeitado; **~zeug** *n* utensilios *m/pl.* de afeitar.

Raspel ['-spəl] *f* (15) escofina *f*; 2**n** (29) raspar, escofinar; *Kchk.* rallar.

Rasse ['-sə] *f* (15) raza *f*.

Rassel ['-səl] *f* (15) carraca *f*, matraca *f*; (*Kinder*2) sonajero *m*; **~bande** F *f* pandilla *f* de niños; 2**n** (29) matraquear; *mit et.*: hacer sonar; F *durchs Examen ~* F catear el examen.

Rassen... ['-sən...]: *in Zssgn oft* racial; de razas; **~haß** *m* racismo *m*; **~tren-**

Rasse|**nung** f segregación f racial; *Gegner der* ~ integracionista m; ~**unruhen** f/pl. disturbios m/pl. raciales.

Rasse|**epferd** ['-səpfe:rt] n caballo m de casta; **2ig** castizo; *Tier*: de casta; **2isch** racial.

Rassis|**mus** [-'sismus] m (16, o. pl.) racismo m; **2tisch** racista.

Rast [rast] f (16) descanso m; (Halt) parada f; alto m; **2en** (26) descansar; hacer (un) alto; **~er** m (7) Phot. retículo m; Typ. trama f; **~haus** n s. **~stätte**; **~hof** m área f de servicio; **2los** infatigable, incansable; **~losigkeit** f actividad f incansable; **~platz** m área f de descanso; **~stätte** f restaurante m de carretera.

Rasur [ra'zu:r] f (16) afeitado m.

Rat [ra:t] m (3³) (~schlag) consejo m (a. Behörde); (Berater) consejero m; (Stadt2) concejo m; (Person) concejal m; sich (dat.) ~ holen bei, zu ~ ziehen (ac.) aconsejarse con; consultar a; um ~ fragen (ac.) pedir consejo a; ~ wissen (schaffen) tener (encontrar) remedio.

Rate ['-tə] f (15) plazo m; in ~n a plazos.

raten ['-tən] (30) aconsejar; (er~) adivinar; **~weise** a plazos; **2zahlung** f pago m a plazos.

Rat|**geber** ['ra:tge:bər] m consejero m; **~haus** n ayuntamiento m.

Ratifikation [ratifika'tsjo:n] f ratificación f; **~s-urkunde** f instrumento m de ratificación.

ratifizieren [----'tsi:rən] ratificar.

Ration [ra'tsjo:n] f ración f; porción f; **2al** [-jo'na:l] racional; **2alisieren** [--nali'zi:rən] racionalizar; **~ali'sierung** f racionalización f; **2ell** [--'nɛl] racional, económico; **2ieren** [--'ni:rən] racionar; **~ierung** [--'ni:ruŋ] f racionamiento m.

rat|**los** ['ra:tlo:s] perplejo; **2losigkeit** f perplejidad f; **~sam** aconsejable; indicado, conveniente; **~schlag** m consejo m; **2schluß** m resolución f, decisión f.

Rätsel ['rɛ:tsəl] n (7) acertijo m, adivinanza f; fig. enigma m; **2haft** enigmático.

Rats|**herr** ['ra:tshɛr] m concejal m; **~keller** m restaurante m (en el sótano) del ayuntamiento.

rät(st) [rɛ:t(st)] s. raten.

Ratte ['ratə] f (15) rata f; **~nbekämpfung** f desratización f; **~ngift** n raticida m, matarratas m.

rattern ['-tɛrn] (29) traquetear; tabletear.

Raub [raup] m (3, o. pl.) robo m; (Entführung) secuestro m; rapto m; (Überfall) atraco m; (Beute) presa f; **~bau** m explotación f abusiva; **~druck** Typ. m edición f pirata od. clandestino; **2en** ['-bən] (25) robar; fig. quitar.

Räuber ['rɔybər] m (7) ladrón m; (Straßen2) salteador m de caminos; bandido m, bandolero m; **~bande** f pandilla f de ladrones; **~höhle** f ladronera f; guarida f de ladrones; **2isch** rapaz.

Raub|**fisch** ['raupfiʃ] m pez depredador; **~gier** f rapacidad f; **2gierig** rapaz; **~mord** m robo m con homicidio; **~mörder** m ladrón m asesino; **~ritter** m caballero m salteador; **~tier** n animal m de presa; fiera f; **~überfall** m atraco m a mano armada; **~vogel** m ave f de rapiña od. de presa; (ave f) rapaz f; **~zug** m correría f.

Rauch [raux] m (3, o. pl.) humo m; fig. in ~ aufgehen irse en humo; **~abzug** m campana f extractora (de humos); **2en** (25) **1.** v/i. echar (Ofen: hacer) humo; humear; **2.** v/t. fumar; **2 verboten!** prohibido fumar; **~er** m (7) fumador m; **~er-abteil** n compartimento m de fumadores.

Räucher|**hering** ['rɔyçərhe:riŋ] m arenque m ahumado; **~kammer** f ahumadero m; **~kerze** f pebete m; **~mittel** n fumigante m; **2n** (25) ahumar.

Rauch|**fahne** ['rauxfa:nə] f penacho m de humo; **~fang** m chimenea f; **~fleisch** n carne f ahumada; **~gas** n gas m fumígeno; **2ig** lleno de humo; humoso; humeante; **2los** sin humo; **~verbot** n prohibición f de fumar; **~vergiftung** f intoxicación f por humo; **~verzehrer** ['-fɛrtse:rər] m (7) fumívoro m; **~waren** f/pl. tabacos m/pl.; (Pelze) peletería f; **~wolke** f humareda f.

Räud|**e** ['rɔydə] f (15) sarna f; (Schaf2) roña f; **2ig** sarnoso; roñoso.

rauf F [rauf] = herauf, hinauf.

Rauf|**bold** ['-bɔlt] m (3) camorrista m; matón m; **~e** ♂ f (15) pesebre m; **2en** (25) (a. sich ~) reñir, pelearse; **~erei** [-fə'rai] f riña f, pelea f; **2lustig** pendenciero.

rauh [rau] áspero; *Klima*: rudo; *Stimme*: ronco; *fig.* rudo, duro; **²bein** *n* hombre *m* grosero *od.* duro; **'⁓beinig** áspero; rudo; **²eit** *f* aspereza *f*; rudeza *f*; **⁓en** ⊕ (25) cardar; **²reif** *m* escarcha *f*.

Raum [raum] *m* (3³) espacio *m*; (*Platz*) sitio *m*, lugar *m*; (*Ausdehnung*) extensión *f*; (*Gebiet*) zona *f*; *abgegrenzt*: recinto *m*; (*Räumlichkeit*) local *m*; (*Zimmer*) pieza *f*, habitación *f*, cuarto *m*; **'⁓...**: *in Zssgn oft* espacial, interplanetario; **'⁓anzug** *m* traje *m* espacial; **'⁓einheit** *f* unidad *f* de volumen.

räumen ['rɔymən] (25) quitar; *Gebiet*: evacuar (*a.* ⚔); *Saal usw.*: desalojar; *Wohnung*: desocupar; ✝ *Lager*: vaciar; (*frei machen*) despejar; *aus dem Weg* ⁓ quitar de en medio; *j-n*: F despachar.

Raum|fähre ['raumfɛːrə] *f* transbordador *m od.* lanzadera *f* espacial; **⁓fahrer** *m* astronauta *m*; **⁓fahrt** *f* astronáutica *f*; **⁓flug** *m* vuelo *m* espacial; **⁓gestaltung** *f neol.* interiorismo *m*; **⁓inhalt** *m* volumen *m*, capacidad *f*; **⁓lehre** *f* geometría *f*.

räumlich ['rɔymliç] espacial; ⁓ *begrenzt* localizado; **²keit** *f* local *m*.

Raum|mangel ['raummaŋəl] *m* falta *f* de sitio; **⁓meter** *m od. n* metro *m* cúbico; **⁓schiff** *n* astronave *f*, nave *f* espacial; **⁓station** *f* estación *f* espacial *od.* orbital; **⁓ton** *m* sonido *m* estereofónico.

Räumung ['rɔymuŋ] *f* (16) evacuación *f*; desalojamiento *m*; despejo *m*; ⁓ *desahucio m*; **⁓sklage** *f* demanda *f* de desahucio; **⁓sverkauf** *m* liquidación *f* de (las) existencias; liquidación *f* total.

raunen ['raunən] (25) murmurar.

Raupe ['-pə] *f* (15) oruga *f*; **⁓nschlepper** ⊕ *m* tractor-oruga *m*.

raus! F [raus] ¡fuera!

Rausch [rauʃ] *m* (3² *u.* ³) borrachera *f*, *a. fig.* embriaguez *f*; *s-n* ⁓ *ausschlafen* F dormir la mona; **²en** (27) murmurar; susurrar; crujir; **⁓en** *n* ruido *m*; murmullo *m*; susurro *m*; crujido *m*; **'⁓gift** *n* estupefaciente *m*; droga *f*; **'⁓gifthandel** *m* tráfico *m* de drogas, *bsd. Am.* narcotráfico *m*; **'⁓gifthändler** *m* traficante *m* de drogas, *bsd. Am.* narcotraficante *m*; **²giftsüchtig**, **'⁓giftsüchtige(r)** *m* toxicómano (*m*), drogadicto (*m*); **'⁓gold** *n* oropel *m*.

räuspern ['rɔyspərn] (29): *sich* ⁓ carraspear.

rausschmeiß|en P ['rausʃmaisən] echar; **²er** *m* (7) matón *m*.

Raute ['rautə] *f* (15) ♀ ruda *f*; ♣ rombo *m*; **²nförmig** romboidal.

Razzia ['ratsja] *f* (11¹ *u.* 16²) batida *f*, redada *f*.

Rea|gens ⚗ *m* [re'aːgɛns] *n* (16²), **⁓genz** [-a'gɛnts] *n* (8²) reactivo *m*; **⁓genzglas** *n* probeta *f*, tubo *m* de ensayo; **²gieren** reaccionar (*auf ac.* a).

Reaktion [-ak'tsjoːn] *f* reacción *f*; **²är** [--tsjoˈnɛːr] reaccionario.

Reaktor [-'aktɔr] *m* (8¹) reactor *m*.

real [-'aːl] real; efectivo; **²ien** [-'-ljən] *pl. uv.* realidades *f/pl.* **⁓isieren** [-ali'ziːrən] realizar; **²i'sierung** *f* realización *f*; **²ismus** *m* realismo *m*; **²ist(in)** *f* [-a'list(in)] *m* (12), **⁓istisch** realista (*su.*); **²ität** [-ali'tɛːt] *f* (16) realidad *f*; **²lohn** *m* salario *m* real *od.* efectivo; **²politik** *f* política *f* realista; **²schule** *f* escuela *f* secundaria con seis cursos.

Rebe ['reːbə] *f* (15) vid *f*; (*Zweig*) sarmiento *m*.

Rebell [re'bɛl] *m* (12) rebelde *m*; **²ieren** rebelarse; sublevarse; **⁓ion** [--'joːn] *f* rebelión *f*, sublevación *f*; **²isch** [-'bɛliʃ] rebelde.

Reb|huhn ['rɛphuːn] *n* perdiz *f*; *junges* ⁓ perdigón *m*; **⁓laus** ['reːplaus] *f* filoxera *f*; **⁓stock** *m* cepa *f*.

Rechen ✧ ['rɛçən] 1. *m* (6) rastrillo *m*; 2. 2 *v/i.* (25) rastrillar.

'Rechen|-aufgabe *f* (**⁓buch** *n*) problema *m* (libro *m*) de aritmética, **⁓fehler** *m* error *m* de cálculo; **⁓maschine** *f* (máquina *f*) calculadora *f*; **⁓schaft** *f* cuenta *f*; ⁓ *ablegen über dar cuenta de*; rendir cuentas de; *zur* ⁓ *ziehen* wegen pedir cuenta(s) por; **⁓schaftsbericht** *m* informe *m*; **⁓schaftslegung** *f* rendición *f* de cuentas; **⁓schieber**, **⁓stab** *m* regla *f* de cálculo; **⁓zentrum** *n* centro *m* de cálculo.

Recherch|en [rəˈʃɛrʃən] *f/pl. uv.* pesquisas *f/pl.*; **²ieren** pesquisar.

rechn|en ['rɛçnən] (26) calcular; computar; (*zählen*) contar; ⁓ *auf* (*ac.*), *mit* (*dat.*) contar con; ⁓ *zu* pertenecer a, contar entre; **²en** *n* (6) cálculo *m*, aritmética *f*; **²er** *m* (7) aritmético *m*; (*Gerät*) cal-

culadora f; ~erisch aritmético; calculatorio.
Rechnung ['l-nuŋ] f cálculo m, operación f aritmética; ✝ cuenta f; (Waren⁀) factura f; auf ~ von por cuenta de; in ~ stellen poner en cuenta; ~ tragen tener en cuenta; auf s-e ~ kommen hallar su cuenta.
Rechnungs|abschluß ['l-nuŋs⁀apʃlus] m balance m; cierre m de cuentas; ~auszug m extracto m de cuenta; ~betrag m importe m de la factura; ~führer m contador m; ~führung f contabilidad f; ~hof m Tribunal m de Cuentas; ~jahr n ejercicio m; ~legung f rendición f de cuentas; ~prüfer m auditor m.
recht [rɛçt] derecho m; ⚡ recto; (richtig) justo; (passend) conveniente, oportuno; (echt) verdadero, auténtico; ~er Hand a mano derecha; zur ~en Zeit a tiempo; ganz ~ exactamente, exacto; ~ u. schlecht mal que bien; ~ haben tener razón; j-m ~ geben dar (la) razón a alg.; nun erst ~ (nicht) ahora más (menos) que nunca; das ist mir ~ me conviene; es allen ~ machen contentar a todos; man kann ihm nichts ~ machen nada es de su gusto; das geschieht ihm ~ lo tiene merecido; le está bien empleado.
Recht [rɛçt] n (3) derecho m; von ~s wegen de derecho; mit vollem ~ con mucha razón; con pleno derecho; ~ sprechen administrar justicia; ein ~ haben auf, das ~ haben zu ~ bestehen ser legal.
Recht|e ['l-tə] f (15) (a. Pol.) derecha f; ~eck ['l-⁀ɛk] n (3) rectángulo m; ⁀eckig rectangular; ⁀en (26): ~ um disputar sobre; ⁀fertigen (25, untr.) justificar; ~fertigung f justificación f; ⁀gläubig ortodoxo; ⁀gläubigkeit f ortodoxia f; ~haberei [-haːbəˈraɪ] f ergotismo m; ⁀haberisch ergotista; ⁀lich ⚡ jurídico; legal; ~lichkeit f legalidad f; ⁀los sin derecho(s); ⁀mäßig legítimo; legal; ~mäßigkeit f legitimidad f; legalidad f.
rechts [rɛçts] a (od. для) a la derecha.
Rechts... ['rɛçts...]: in Zssgn ⚡ oft jurídico; legal; ~abteilung f servicio m jurídico; ~anspruch m derecho m (auf ac. a); ~anwalt m abogado m; ~auskunft f información f jurídica; ~'außen m Sport: extremo m derecha; ~beistand m abogado m; letrado m; ~berater m asesor m jurídico; ~beugung f prevaricación f; ~bruch m violación f de la ley.
recht|schaffen ['rɛçt⁀ʃafən] recto, honrado, íntegro; ⁀schaffenheit f honradez f, integridad f; ⁀schreibung f ortografía f.
Rechts|drall ['rɛçtsdral] m torsión f a la derecha; Pol. tendencia f derechista; ⁀fähig: ~ sn tener capacidad jurídica; ~fall m caso m jurídico; ~frage f cuestión f jurídica; ~gelehrte(r) m jurisconsulto m; ⁀gültig legal; válido; ~gültigkeit f legalidad f; validez f; ~handel m litigio m, pleito m; ~händer m ['l-hɛndər] m (7), ⁀händig diestro (m); ~hilfe f asistencia f jurídica; ~'innen m Sport: interior m derecha; ~kraft f validez f; ⁀kräftig válido; ~mittel n recurso m (einlegen interponer); ~pflege f administración f de (la) justicia.
Rechtsprechung ['rɛçtʃprɛçuŋ] f jurisprudencia f; jurisdicción f.
rechts|radikal ['rɛçtsradikaːl] ultraderechista; ⁀sache f asunto m judicial; ~spruch m sentencia f, fallo m; ⁀staat m Estado m de derecho; ~stellung f situación f jurídica; ⁀streit m litigio m; ~weg ['l-veːk] m vía f judicial; den ~ beschreiten tomar medidas judiciales; ⁀widrig ilegal; ⁀widrigkeit f ilegalidad f.
recht|wink(e)lig ['rɛçtvɪŋk(ə)lɪç] rectangular; ~zeitig oportuno; adv. a tiempo.
Reck [rɛk] n (3) barra f fija; ⁀en (25) extender; alargar; sich ~ estirarse; desperezarse.
Redakt|eur [redakˈtøːr] m (3¹) redactor m; ~ion [--ˈtsjoːn] f redacción f.
Rede ['reːdə] f (15) discurso m; feierliche: oración f; alocución f; (Worte) palabras f/pl.; (Sprechfähigkeit) habla f; (Ausdrucksweise) lenguaje m; Gram. (in)direkte ~ estilo m (in)directo; die ~ sn von tratarse de; j-m ~ (u. Antwort) stehen dar cuenta a alg. (wegen de); j-n zur ~ stellen pedir explicaciones a alg.; nicht der ~ wert sn no tener importancia; davon kann keine ~ sn no hay que pensarlo; ~fluß m verbosidad f; ~freiheit f libertad f de palabra; ~gabe f s. Rednergabe, ⁀gewandt diserto, elocuente; ~gewandtheit f facilidad f de palabra; ~kunst f retórica f; ⁀n (26) hablar (über ac. de); (nicht) mit sich ~ lassen ser tratable (intransigente); von sich ~

Redensart

machen llamar mucho la atención; ~ns-art *f* locución *f*; modismo *m*; dicho *m*; ~rei [--'raɪ] *f* habladurías *f/pl.*; ~weise *f* lenguaje *m*; modo *m* de hablar; ~wendung *f* locución *f*; modismo *m*; giro *m*.

redigieren [redi'gi:rən] redactar.

redlich ['re:tlɪç] honrado, recto, íntegro; 2**keit** *f* honradez *f*, rectitud *f*, integridad *f*.

Redner ['re:dnər] *m* (7) orador *m*; ~**bühne** *f* tribuna *f*; ~**gabe** *f* talento *m* oratorio; don *m* de la palabra; 2**isch** oratorio; retórico.

redselig ['re:tze:lɪç] locuaz; 2**keit** *f* locuacidad *f*.

reduzieren [redu'tsi:rən] reducir (*auf ac.* a).

Reede ⚓ ['re:də] *f* (15) rada *f*; ~**r** *m* (7) armador *m*; ~**rei** [--'raɪ] *f* compañía *f* naviera.

reell [re'ɛl] efectivo, real; *Ware*: bueno; *Geschäft*: serio, sólido; *Preis*: razonable.

Reep ⚓ [re:p] *n* (3) cabo *m*.

Refer|at [refə'ra:t] *n* (3) informe *m*, ponencia *f*; (*Verwaltungsabteilung*) negociado *m*; ~**endar** [--rɛn'da:r] *m* (3¹) pasante *m*; ~**endum** [--'dum] *n* (9[²]) referéndum *m*; ~**ent** [--'rɛnt] *m* (12) ponente *m*; ~**enz** [--'rɛnts] *f* (16) referencia *f*; ~**en** *pl. bei Bewerbung*: *a.* informes *m/pl.*; 2**ieren** [--] ~ *über* (*ac.*) hacer un informe sobre.

reffen ⚓ ['rɛfən] (25) arrizar.

reflekt|ieren [reflɛk'ti:rən] *Phys.* reflejar; ~ *auf* (*ac.*) interesarse por; 2**or** [-'-tɔr] *m* (8¹) reflector *m*.

Reflex [-'flɛks] *m* (3²) reflejo *m*; ~**bewegung** *f* movimiento *m* reflejo; ~**ion** [--'jo:n] *f* reflexión *f*; 2**iv** *Gram.* [--'ksi:f] reflexivo.

Reform [-'fɔrm] *f* (16) reforma *f*; ~**ation** [--ma'tsjo:n] *f* Reforma *f*; ~**ator** [--'ma:tɔr] *m* (8¹) reformador *m*; ~**haus** *n* tienda *f* de productos dietéticos *od.* de régimen; 2**ieren** reformar; 2**iert** reformado, calvinista.

Refrain [rə'frɛ̃] *m* (11) estribillo *m*.

Regal [re'ga:l] *n* (3¹) estante *m*; *großes*: estantería *f*.

Regatta ⚓ [-'gata] *f* (16²) regata *f*.

rege ['re:gə] activo; vivo; *Unterhaltung*: animado; *Geist*: despierto.

Regel ['re:gəl] *f* (15) regla *f* (*a.* ⚕); norma *f*; *in der* ~ por regla general; 2**los** desordenado; confuso; irregular; ~**losigkeit** *f* desorden *m*; irregularidad *f*; 2**mäßig** regular; regulado; periódico; ~**mäßigkeit** *f* regularidad *f*; 2**n** (29) regular (*a. Verkehr*); arreglar; *gesetzlich*: reglamentar; 2**recht** normal, correcto; ~**ung** *f* regulación *f*; arreglo *m*; reglamentación *f*; 2**widrig** irregular; ~**widrigkeit** *f* irregularidad *f*.

regen ['-gən] (25): *sich* ~ moverse; *Gefühl*: nacer, despertarse.

Regen ['-gən] *m* (6) lluvia *f*; ~**bogen** *m* arco *m* iris; ~**bogenhaut** *f* iris *m*; ~**bogenpresse** *f* prensa *f* del corazón; 2**dicht** impermeable.

Regeneration [regenəra'tsjo:n] *f* regeneración *f*.

Regen|guß ['re:gəngʊs] *m* aguacero *m*, chubasco *m*, chaparrón *m*; ~**haut** *f* impermeable *m* de plástico; ~**mantel** *m* impermeable *m*; 2**reich** lluvioso; ~**schauer** *m* chubasco *m*; ~**schirm** *m* paraguas *m*.

Regent(in *f*) [re'gɛnt(in)] *m* (12) regente *su.*; ~**schaft** *f* regencia *f*.

Regen|tropfen ['re:gəntrɔpfən] *m* gota *f* de lluvia; ~**wasser** *n* agua *f* pluvial; ~**wetter** *n* tiempo *m* lluvioso; ~**wolke** *f* nube *f* de lluvia; ~**wurm** *m* lombriz *f* de tierra; ~**zeit** *f* estación *f* de las lluvias.

Regie *Thea., Film* [re'ʒi:] *f* (15) dirección *f*; ~ *führen* dirigir.

regier|en [-'gi:rən] *v/t. u.* ~ *über* (*ac.*) gobernar; *Gram.* regir; (*herrschen*) reinar; 2**ung** *f* gobierno *m*; reinado *m*; *zur* ~ *gelangen* subir al poder *bzw.* al trono.

Regierungs... [-'ruŋs...]: *in Zssgn oft* de(l) gobierno; gubernamental; ~**antritt** *m* advenimiento *m* al poder; *Herrscher*: subida *f* al trono; ~**bezirk** *m* distrito *m*; 2**feindlich** antigubernamental; ~**form** *f* régimen *m* político; 2**freundlich** gubernamental; ~**krise** *f* (~**partei** *f*) crisis *f* (partido *m*) gubernamental; ~**rat** *m* consejero *m* gubernamental; ~**zeit** *f* reinado *m*.

Regime [-'ʒi:m] *n* (11) régimen *m*.

Regiment [-gi'mɛnt] *n*: **a)** *fig.* (3) mando *m*; **b)** ⚔ (1) regimiento *m*; ~**skommandeur** *m* jefe *m* de(l) regimiento.

Region [-'gjo:n] *f* región *f*; 2**al** [-gjo-'na:l] regional.

Regisseur [-ʒɪ'søːr] *m* (3¹) director *m*, *Film*: *a.* realizador *m*.

Reise

Regist|er [-'gistər] *n* (7) registro *m* (*a. ♪*); *im Buch*: tabla *f* de materias, índice *m*; *alle ~ ziehen* tocar todos los registros; **~ertonne** ⚓ *f* tonelada *f* de registro; **~ratur** [--tra'tu:r] *f* (16) archivo *m*; **2rieren** registrar; **~rierkasse** *f* caja *f* registradora; **~rierung** *f* registro *m*.

Reglement [-glə'mã] *n* (11) reglamento *m*.

Regler ['re:glər] *m* (7) regulador *m*.

reglos [re:klo:s] *s. regungslos.*

regn|en ['re:gnən] (26) llover; **2er** ⚙ *m* (7) aspersor *m*; **~erisch** lluvioso.

Regreß 𝔱𝔷 [re'grɛs] *m* (4) recurso *m*; **2pflichtig** [-'-pfliçtiç] responsable.

regsam [re:kza:m] activo; vivo; **2keit** *f* actividad *f*; vivacidad *f*.

regul|är [regu'lɛ:r] regular; normal; **~ierbar** reglable, regulable; **~ieren** reglar, regular; ⊕ ajustar; **2ierung** *f* reglaje *m*; *a. Fluß*: regulación *f*; ajuste *m*.

Regung ['re:guŋ] *f* movimiento *m*; *fig.* emoción *f*; impulso *m*; arranque *m*; **2slos** inmóvil; **~slosigkeit** *f* inmovilidad *f*.

Reh [re:] *n* (3) corzo *m*.

Rehabili|tation [rehabilita'tsjo:n] *f* rehabilitación *f* (*a. ♟*); **2tieren** [----'ti:rən] rehabilitar; **~'tierung** *f* rehabilitación *f*.

Reh|bock ['re:bɔk] *m* corzo *m*; **~kitz** ['-kits] *n* (3²) corcino *m*.

Reib|e ['raibə] *f* (15), **~eisen** ['raip'aɪzən] *n* rallador *m*; **~elaut** Gram. *m* sonido *m* fricativo; **2en** (30) frotar; *leicht*: rozar; *Kchk.* rallar; (*ab~*) restregar; **~e'reien** *f/pl. fig.* roces *m/pl.*, fricciones *f/pl.*; **~ung** *f* frotamiento *m*, frote *m*; rozamiento *m*, roce *m*; fricción *f*; **2ungslos** *fig.* sin dificultades.

reich [raiç] **1.** *adj.* rico (*an dat.* en); *~ werden* enriquecerse; **2.** 2 *n* imperio *m*; reino *m* (*a. fig.*); **~en** (25) **1.** *v/t.* pasar, alargar, tender; **2.** *v/i.* llegar, extenderse; (*genügen*) ser suficiente; **~haltig** ['-haltiç] abundante; **2haltigkeit** *f* abundancia *f*; **~lich** copioso; abundante; *adv.* bastante; en abundancia; *~ vorhanden sn* abundar; **2tum** *m* (1²) riqueza *f*; **2weite** *f* (15) alcance *m*; *in ~* al alcance (de la mano); *außer ~* fuera de alcance.

reif [raif] maduro; *~ werden* madurar.

Reif *m* (3): **a)** (*Ring*) aro *m*; **b)** (*Frost*) escarcha *f*; **'~e** *f* (15, *o. pl.*) madurez

f; **'2en** (25): **a)** madurar; **b)** *es reift* hay escarcha.

'Reifen *m* (6) aro *m*, cerco *m*; (*Rad2*) neumático *m*; **~decke** *f* cubierta *f*; **~panne** *f* pinchazo *m*; reventón *m*.

'Reife|prüfung *f* examen *m* de bachillerato (superior); **~zeugnis** *n* certificado *m* od. título *m* de bachiller.

reif|lich ['-liç] maduro; *sich et. ~ überlegen* pensarlo bien; **2rock** *m* miriñaque *m*; crinolina *f*.

Reigen ['raigən] *m* (6) (*Tanz*) baile *m* en rueda; (*Kinder2*) corro *m*.

Reihe ['raiə] *f* (15) fila *f* (*a. ⚔*); *Bäume, Knöpfe usw.*: hilera *f*; (*Serie*) serie *f*; ⚕ progresión *f*; (*Linie*) línea *f*; *der ~ nach* por turno; *in Reih und Glied* en fila; *ich bin an der ~* es mi turno; *me toca a mí*; **2n** (25) *Perlen*: ensartar; *Näherei*: hilvanar.

'Reihen|folge *f* sucesión *f*; orden *m*; turno *m*; **~haus** *n* chalet *m* adosado; **~schaltung** ⚡ *f* conexión *f* en serie; **2weise** en filas; a hileras.

Reiher ['-ər] *m* (7) garza *f*.

reihum [-'¹ʊm] por turno.

Reim [raim] *m* (3) rima *f*; **'2en** (25): (*sich*) *~* rimar (*auf ac.* con); **'2los** sin rima; *Vers*: suelto; **'~schmied** *m* rimador *m*.

rein [rain] limpio; puro (*a. fig.*); claro; *et. ins ~e bringen* arreglar a/c.; *ins ~e kommen mit et.* resolver a/c., *mit j-m*: arreglarse con; *ins ~e schreiben* poner od. sacar en limpio.

Rein|ertrag ['-ʼɛrtra:k] *m* producto *m* neto; **~fall** *m* fracaso *m*; F chasco *m*; **2fallen** llevarse un chasco; **~gewinn** *m* beneficio *m* neto; **~heit** *f* limpieza *f*; pureza *f* (*a. fig.*); nitidez *f*; **2igen** (25) limpiar; *a. fig.* purificar; *Flüssigkeit*: depurar; *chemisch ~ limpiar* od. lavar en seco; **~igung** *f* limpieza *f*; purificación *f*; depuración *f*; *chemische ~* limpieza *f* od. lavado *m* en seco; (*Laden*) tintorería *f*, F tinte *m*; **~igungsmittel** *n* limpiador *m*; detergente *m*; **~kultur** *f* cultivo *m* puro; *in ~ fig.* puro; **2legen** *s. hereinlegen*; **~lich** limpio; *a.* aseado; **~lichkeit** *f* limpieza *f*; **~machefrau** *f* mujer *f* de (la) limpieza; **~rassig** de raza pura, castizo; **~schrift** *f* copia *f* en limpio; **2seiden** de seda pura.

Reis ♀ [rais]: **a)** *m* (4, *o. pl.*) arroz *m*; **b)** *n* (2) vástago *m*.

Reise ['raizə] *f* (15) viaje *m*; *auf ~n sn*

Reiseapotheke

(*gehen*) estar de (salir de) viaje; ~**apotheke** *f* botiquín *m* (de viaje); ~**beschreibung** *f* relación *f* de (un) viaje; ~**büro** *n* agencia *f* de viajes; ~**bus** *m* autocar *m*; ²**fertig** dispuesto para partir; ~**fieber** *n* nerviosismo *m* ante el viaje; ~**führer** *m* (*Buch*) guía *f*; (*Person*) guía *m*; ~**gefährte** *m* compañero *m* de viaje; ~**gepäck** *n* equipaje *m*; ~**geschwindigkeit** *f* ⚡, ⚓, *Kfz.* velocidad *f* de crucero; ~**gesellschaft** *f* grupo *m* de turistas; ~**koffer** *m* baúl *m*; (*Handkoffer*) maleta *f*; ~**leiter** *m* guía *m* (turístico); guía *m* acompañante *m*; ~**lust** *f* (²**lustig**) afición *f* (aficionado) a viajar; ²**n** (27, sn) viajar; ~ *nach ir a*, ~**nde(r** *m*) *m*, *f* viajero (-a) *m* (*f*); ♀ viajante *m*; ~**necessaire** *n* neceser *m*; ~**paß** *m* pasaporte *m*; ~**route** *f* itinerario *m*; ruta *f*; ~**scheck** *m* cheque *m* de viaje; ~**schreibmaschine** *f* máquina *f* de escribir portátil; ~**spesen** *pl.* gastos *m/pl.* de viaje; ~**tasche** *f* bolsa *f* de viaje; ~**veranstalter** *m* agente *m* de viajes; operador *m* turístico; ~**verkehr** *m* tráfico *m* de viajeros; turismo *m*; ~**weg** *m s.* Reiseroute; ~**zeit** *f* temporada *f* turística.

Reisfeld ['raɪsfɛlt] *n* arrozal *m*.

Reisig ['raɪzɪç] *n* (3¹, *o. pl.*) leña *f* menuda; ramas *f/pl.* secas; ~**besen** *m* escoba *f* de ramas.

Reiß... ['raɪs...]: ~'**aus**: ~ *nehmen* tomar las de Villadiego; ~**brett** *n* tablero *m* de dibujo; ²**en** (30) **1.** *v/t.* arrancar; *an sich ~* arrebatar; *fig.* apoderarse de; *in Stücke ~* hacer pedazos; *mit sich* (*fort*)~ arrastrar; *sich ~ um* (*ac.*) disputarse a/c.; **2.** *v/i.* (sn) romperse; quebrarse; ~ *an* (*dat.*) tirar de; ²**end** *Tier*: feroz; *Strom*: impetuoso; *Schmerz*: lancinante; ~**er** F *m* (7) exitazo *m*; ♀ éxito *m* de venta; ²**erisch** chillón; ♀ *f* tiralíneas *m*; ~**nagel** *m* chincheta *f*; ~**schiene** *f* regla *f* de dibujo; ~**verschluß** *m* (cierre *m* de) cremallera *f*; ~**zahn** *m* colmillo *m*; ~**zeug** *n* caja *f* de compases; ~**zwecke** *f* chincheta *f*.

Reit|**bahn** ['raɪtbaːn] *f* picadero *m*; ²**en** (30) **1.** *v/t.* montar; **2.** *v/i.* (sn) ir *od.* montar a caballo; cabalgar; ~**en** *n* equitación *f*.

Reiter ['-tər] *m* (7) jinete *m*; (*Kartei*) guión *m* de fichero; ~**ei** [--'raɪ] *f* caballería *f*; ~**in** *f* amazona *f*; ~**standbild** *n* estatua *f* ecuestre.

Reit|**gerte** ['raɪtɡɛrtə] *f* fusta *f*; ~**hose** *f* pantalón *m* de montar; ~**knecht** *m* palafrenero *m*; ~**kunst** *f* equitación *f*; ~**lehrer** *m* maestro *m* de equitación; ~**pferd** *n* caballo *m* de silla; ~**peitsche** *f* látigo *m*; ~**schule** *f* escuela *f* de equitación; picadero *m*; ~**sport** *m* deporte *m* hípico, equitación *f*; ~**stall** *m* caballeriza *f*; ~**stiefel** *m* bota *f* de montar; ~**tier** *n* montura *f*, caballería *f*; ~**turnier** *n* concurso *m* hípico; ~**weg** *f* ['-veːk] *m* camino *m* de herradura.

Reiz [raɪts] *m* (3²) excitación *f* (*a.* ⚕); (*An*²) estímulo *m*; (*Lieb*²) atractivo *m*, encanto *m*; '²**bar** irritable; '~**barkeit** *f* irritabilidad *f*; ²**en** (27) estimular, excitar; (*erzürnen*) irritar; (*locken*) atraer; tentar; ²**end** encantador, atractivo; '²**los** sin atractivo; '~**mittel** ♂ *n* estimulante *m*, excitante *m*; '~**ung** *f* excitación *f*; irritación *f* (*a.* ⚕); '²**voll** encantador, atrayente; atractivo.

rekeln F ['reːkəln] (29): *sich ~* repantigarse, repanchigarse; (*sich strecken*) desperezarse.

Reklamation [reklamaˈtsjoːn] *f* reclamación *f*.

Reklame [-ˈklaːmə] *f* (15) propaganda *f*; publicidad *f*; ~... *in Zssgn s.* Werbe...

reklamieren [-klaˈmiːrən] reclamar (*bei j-m* a).

rekonstru|**ieren** [-kɔnstruˈiːrən] reconstruir; ²**ktion** [---kˈtsjoːn] *f* reconstrucción *f*.

Rekonvaleszent [-kɔnvalɛsˈtsɛnt] *m* (12) convaleciente *m*; ~**enz** [----ˈtsɛnts] *f* (16) convalecencia *f*.

Rekord [-ˈkɔrt] *m* (3) (plus)marca *f*; récord *m* (*a. in Zssgn*; *aufstellen* establecer; *brechen*, *schlagen* batir).

Rekrut [-ˈkruːt] *m* (12) recluta *m*, quinto *m*; ~**enjahrgang** *m* quinta *f*; ²**ieren** reclutar, *Am.* enrolar; ~**ierung** *f* reclutamiento *m*, *Am.* enrolamiento *m*.

Rektor ['rɛktɔr] *m* (8¹) *Universität*: rector *m*; *Schule*: director *m*; ~**at** [-toˈraːt] *n* (3) (*Amtszeit*) rectorado *m*; *Schule*: dirección *f*.

Relais ⚡ [rəˈlɛː] *n* uv. relé *m*.

relativ [relaˈtiːf] relativo; ²**ität** [--tiviˈtɛːt] *f* relatividad *f*.

Relief [rəˈljɛf] *n* (11) relieve *m*.

Religion [reliˈgjoːn] *f* religión *f*; ~**sfreiheit** *f* libertad *f* de cultos; ~**sge**-

meinschaft f comunidad f religiosa; **⁓unterricht** m enseñanza f religiosa.
religiös [--ˈgjøːs] religioso; *(fromm)* piadoso; *Kunst:* sacro; **2iosität** [--gjoziˈtɛːt] f religiosidad f.
Reling ⚓ [ˈreːlɪŋ] f (11¹ od. 14) borda f.
Reliquie [-ˈliːkvjə] f (15) reliquia f; **⁓nschrein** m relicario m.
Remis [rəˈmiː] n *(uv. od. 16) Schach:* tablas f/pl.
Remittenden [remiˈtɛndən] f/pl. *(Buchhandel)* devoluciones f/pl.
rempeln [ˈrɛmpəln] (29) empujar; atropellar.
Ren *Zo.* [rɛn] n (11) reno m.
Renaissance [rənɛˈsãs] f (15) Renacimiento m.
Rendezvous [rãdeˈvuː] n *uv.* cita f; **⁓manöver** n *Raumfahrt:* maniobra f de encuentro.
Renn... [ˈrɛn...] *in Zssgn, Sport:* de (las) carreras; **⁓bahn** f pista f; **⁓boot** n bote m de carreras; **2en** (30) correr; *gegen et.* ⁓ dar contra a/c.; **⁓en** in carrera f; **⁓fahrer** m corredor m, piloto m de carreras; **⁓pferd** n caballo m de carreras; **⁓sport** m carreras f/pl.; **⁓strecke** f pista f; recorrido m; **⁓wagen** m coche m de carreras.
Renommee [rɛnoˈmeː] n (11) reputación f, renombre m; **2ieren** fanfarronear; **2iert** renombrado; famoso; **⁓ist** [--ˈmɪst] m (12) fanfarrón m.
renovier|en [-noˈviːrən] renovar; **2ung** f renovación f.
rent|abel [rɛnˈtɑːbəl] rentable; **2abilität** [-tabiliˈtɛːt] f rendimiento m; rentabilidad f; **2e** f (15) *(aus Kapital)* renta f; *(soziale)* pensión f; **¹²en-empfänger(in** f) m *(f)* beneficiario *(-a)* m *(f)* de una pensión; **⁓ieren:** *sich* ⁓ ser rentable; *fig.* valer la pena; **¹²ner(in** f) m (7) pensionista m.
Reorganisation [reorganizaˈtsjoːn] f reorganización f.
Reparationen [-paraˈtsjoːnən] pl. reparaciones f/pl.
Repar|atur [--ˈtuːr] f (16) reparación f; **⁓aturwerkstatt** f taller m de reparaciones; **2ieren** reparar.
repatri|ieren [--triˈiːrən] repatriar; **2ierung** f repatriación f.
Repertoire [-pɛrtoˈaːr] n (11) repertorio m.
repe|tieren [-peˈtiːrən] repetir; **2titor** m (8¹) repetidor m.

Report|age [-pɔrˈtaːʒə] f (15) reportaje m; **⁓er** [-ˈpɔrtər] m (7) reportero m.
Repräsen|tant [-prezɛnˈtant] m (12) representante m; **⁓tation** [----ˈtsjoːn] f representación f; **2tativ** [----ˈtiːf] representativo; **2tieren** representar.
Repressalien [-prɛˈsaːljən] f/pl. (15) represalias f/pl.
Repro|duktion [-produkˈtsjoːn] f reproducción f; **2duˈzieren** reproducir.
Reptil [rɛpˈtiːl] n (8² u. 3¹) reptil m.
Republik [repuˈbliːk] f (16) república f; **⁓aner(in** f) m (7) [--bliˈkɑːnər(ɪn)], **2anisch** republicano *(-a)* m *(f)*.
Requiem [ˈreːkwiɛm] n (11) réquiem m *(a. ♩)*.
requi|rieren [rekviˈriːrən] requisar; **2siten** [--ˈziːtən] *Thea.* n/pl. (5) accesorios m/pl.; **2sition** ⚔ [--ziˈtsjoːn] f requisa f.
Reservat [-zɛrˈvaːt] n (3) reserva f.
Reserve [-ˈ-və] f (15) reserva f; *in Zssgn* ⚔ *u.* ⚓ de reserva; ⊕ de recambio, de repuesto; **⁓erad** n rueda f de repuesto; **⁓espieler** m *Sport:* reserva m, suplente m; **⁓etank** m depósito m de reserva; **⁓eteil** n pieza f de recambio; **2ieren** reservar; **2iert** *a. fig.* reservado; **⁓ierung** f reserva f; **⁓ist** ⚔ [--ˈvɪst] m (12) reservista m; **⁓oir** [--voˈaːr] n (3¹) depósito m.
Resid|enz [-ziˈdɛnts] f (16) residencia f; **2ieren** residir.
resignieren [-zɪgˈniːrən] resignarse.
resolut [-zoˈluːt] resuelto; decidido.
Resonanzboden [--ˈnantsboːdən] m (6¹) caja f de resonancia.
Resozialisierung [--tsjaliˈziːruŋ] f reinserción f social; rehabilitación f.
Respekt [rɛsˈpɛkt] m (3) respeto m *(vor dat.* a); **2abel** [--ˈtɑːbəl] respetable; **2ieren** respetar; **⁓ive** [--ˈtiːvə] respectivamente *(nachgestellt)*; **2los** irrespetuoso; sin respeto; **⁓losigkeit** f falta f de respeto; **⁓sperson** f persona f de respeto; **2voll** respetuoso.
Ressentiment [rɛsãtiˈmã] n (11) resentimiento m.
Ressort [-ˈsoːr] n (11) negociado m, departamento m; sección f; *(Zuständigkeit)* incumbencia f.
Rest [rɛst] m (3²) resto m; ⚙, ⊕

residuo *m*; (*Speise*) sobras *f/pl.*; (*Stoff*) retal *m*; j-m den ~ geben acabar con alg.; '~-**auflage** *f* resto *m* de (la) edición.

Restaur|ant [rɛstoˈrãː] *n* (11) restaurante *m*; **~ation** [-tauraˈtsjoːn] *f* restauración *f*; **~ator** [--ˈraːtɔr] *m* (8¹) restaurador *m*; **2ieren** [--ˈriːrən] restaurar.

Rest|bestand [ˈrɛstbəʃtant] *m* existencias *f/pl.* restantes; **~betrag** *m* saldo *m*, remanente *m*; **~lich** restante; **2los** entero, total; **~posten** *m* restante *m*; **~schuld** *f* (**~zahlung** *f*) deuda *f* (pago *m*) restante.

Resultat [rezulˈtaːt] *n* (3) resultado *m*; **2ieren** resultar.

Resümee [-zyˈmeː] *n* (11) resumen *m*.

Retorte [-ˈtɔrtə] *f* (15) retorta *f*; alambique *m*; **~nbaby** *n* bebé-probeta *m*.

Retrospektive [retrospɛkˈtiːvə] *f* (15) retrospectiva *f*.

rett|en [ˈrɛtən] (26) salvar; **2er(in** *f*) *m* (7) salvador(a) *m* (*f*).

Rettich ♀ [ˈl-tiç] *m* (3¹) rábano *m*.

Rettung [ˈl-tuŋ] *f* salvación *f*, a. ⚓ salvamento *m*, rescate *m*; **~s-aktion** *f* operación *f* de rescate; **~s-anker** *m* fig. áncora *f* od. tabla *f* de salvación; **~sboot** *n* bote *m* salvavidas; **2slos** sin remedio; **~sring** *m* salvavidas *m*; **~sstation** *f* puesto *m* de socorro; **~swesen** *n* socorrismo *m*.

Retusch|e [reˈtuʃə] *f* (15) retoque *m*; **2ieren** retocar.

Reu|e [ˈrɔʏə] *f* (15, *o. pl.*) arrepentimiento *m*; **2en** (25): es reut mich me arrepiento de ello; **2evoll, ~ig, 2mütig** [ˈl-myːtiç] arrepentido; *Rel.* penitente.

Reuse [ˈrɔʏzə] *f* (15) nasa *f*.

Revanch|e [reˈvãːʃə] *f* (15) desquite *m*, *gal.* revancha *f*; **2ieren**: sich ~ für tomar el desquite *od.* la revancha de; für e-e Einladung usw.: devolver; **~ismus** *m* revanchismo *m*.

Revers: a) [reˈvɛrs] *m* (4) resguardo *m*; garantía *f*, **b)** [rəˈvɛːr] *n* uv., pl. [-ˈvɛːrs] *Schneiderei*: solapa *f*.

revidieren [reviˈdiːrən] revisar.

Revier [-ˈviːr] *n* (3¹) *Forst*: coto *m*; 🦌 distrito *m*; *Polizei*: comisaría *f*; ✚ enfermería *f*.

Revision [-viˈzjoːn] *f* revisión *f*; (*Zoll*) registro *m*; ✞ recurso *m* de casación (*einlegen* interponer).

Revisor [-ˈviːzɔr] *m* (8¹) revisor *m*.

Revolt|e [-ˈvɔltə] *f* (15) revuelta *f*, motín *m*; **2ieren** rebelarse (*a. fig.*), amotinarse.

Revolution [-voluˈtsjoːn] *f* revolución *f*; **2är (är** *m* [3¹]) [---joˈnɛːr] revolucionario (*m*); **2ieren** revolucionar (*a. fig.*).

Revolver [-ˈvɔlvər] *m* (7) revólver *m*; **~blatt** *n* periódico *m* sensacionalista; **~held** *m* pistolero *m*.

Revue [rəˈvyː] *f* (15) revista *f*; **~girl** [-ˈl-gœːl] *n* (11) corista *f*.

Rezens|ent [retsɛnˈzɛnt] *m* (12) crítico *m*; **2ieren** reseñar; **~ion** [--ˈzjoːn] *f* reseña *f*.

Rezept [-ˈtsɛpt] *n* (3) receta *f*; **2pflichtig** [-ˈl-pflɪçtɪç] con receta médica.

Rezession [-tsɛsˈjoːn] *f* recesión *f*.

reziprok [-tsiˈproːk] recíproco.

Rezit|ation [--taˈtsjoːn] *f* recitación *f*; **2ieren** recitar.

R-Gespräch [ˈɛrɡəʃprɛːç] *n* conferencia *f* de cobro revertido.

Rhabarber ♀ [raˈbarbər] *m* (7, *o. pl.*) ruibarbo *m*.

Rhapsodie [rapsoˈdiː] *f* (15) rapsodia *f*.

rheinisch [ˈraɪnɪʃ] renano.

Rhetor|ik [reˈtoːrɪk] *f* (16, *o. pl.*) retórica *f*; **2isch** retórico.

rheuma|tisch [rɔʏˈmaːtɪʃ] reumático; **2tismus** *m* [ˈl-ma (--ˈtismus)] (11 [16²]) reuma(tismo) *m*.

Rhinozeros [riˈnoːtsɛrɔs] *n* (4¹) rinoceronte *m*.

Rhombus [ˈrɔmbʊs] *m* (16²) rombo *m*.

rhythm|isch [ˈrytmɪʃ] rítmico; **2us** [ˈl-mʊs] *m* (16²) ritmo *m*.

Richt|antenne [ˈrɪçtʔantɛnə] *f* antena *f* direccional; **~block** *m* tajo *m*; **2en** (26) dirigir (*auf, an ac. a.*); *Aufmerksamkeit*: fijar (*auf* en, sobre); *Waffe*: apuntar (*auf* sobre); ⊕ ajustar; arreglar; (*gerade~*) enderezar; (*her~*) preparar; ✞ juzgar; sentenciar; *sich* ~ *nach* ajustarse a; atenerse a; **~er** *m* (7) juez *m*; **~er-amt** *n* judicatura *f*; **2erlich** judicial; **~erspruch** *m* fallo *m*, sentencia *f*; **~eramt** *n* magistratura *f*; **~erstuhl** *m* fig. tribunal *m*; **2ig** justo; correcto; exacto; (*echt*) verdadero, auténtico; ~! ¡eso es!; *ganz* ~! ¡perfectamente!; *das* 2e treffen acertar; *für* ~ halten aprobar; ~ gehen *Uhr*: andar bien; ~ singen usw. cantar, *etc.* bien; **~igkeit** *f* exactitud *f*; corrección *f*; autenticidad *f*; s-e ~

haben estar en orden; �assistellen rectificar; ⁀igstellung f rectificación f; ⁀linien f/pl. directivas f/pl.; ⁀preis m precio m indicativo od. de orientación; ⁀scheit △ n maestra f; ⁀schnur f △ tendel m; fig. pauta f; ⁀strahler ['-ʃtraːlər] m (7) antena f dirigida; ⁀ung f dirección f; fig. orientación f, tendencia f; ⁀ungweisend orientador; normativo; ⁀zahl f índice m.

Ricke ['rikə] f (15) corza f.

rieb [riːp] s. reiben.

riechen ['riːçən] (30) oler (nach a); j-n nicht ~ können fig. no poder tragar a alg.; F tener hincha a alg.; ⁀er F m: e-n guten ~ haben fig. tener buen olfato; ⁀nerv m nervio m olfatorio; ⁀stoff m sustancia f odorífera.

Ried [riːt] n (3) juncal m, cañaveral m; ⁀gras n carrizo m.

rief ['riːf] s. rufen.

Riege ['riːgə] f (15) Sport: sección f.

Riegel ['-gəl] m (7) cerrojo m (vorschieben echar); pasador m; pestillo m; Schokolade: barra f; Seife: pastilla f; e-r Sache e-n ~ vorschieben poner coto a a/c.

Riemen ['-mən] m (6) ⊕ correa f; ⚓ remo m; (Gürtel) cinturón m; fig. den ~ enger schnallen apretarse el cinturón; ⁀antrieb m transmisión f por correa; ⁀scheibe f polea f.

Ries [riːs] n (4; als Maß nach Zahlen uv.) resma f.

Riese ['riːzə] m (13) gigante m.

Rieselfeld ['-zəlfɛlt] n campo m de fecalización; ⁀n (29, h. u. sn) correr; Bach: a. murmurar; Quelle: manar.

Riesen... ['-zən...]: in Zssgn oft gigantesco; ⁀erfolg m éxito m enorme, F exitazo m; ⁀groß, ⁀haft gigantesco; fig. colosal; ⁀rad n noria f; ⁀schlange f boa f; ⁀schritt m: mit ~en a pasos agigantados; ⁀slalom f slalom m gigante.

riesig ['-ziç] gigantesco; fig. colosal, enorme; ⁀in f giganta f.

riet [riːt] s. raten.

Riff [rif] n (3) arrecife m.

rigoros [rigoˈroːs] riguroso.

Rille ['rilə] f (15) ranura f; der Schallplatte: surco m; ⁀n (25) ranurar.

Rind [rint] n (1) bovino m; ⁀e ['-də] f (15) corteza f (a. Brot⁀); ⁀erbraten m asado m de vaca bzw. de buey; ⁀erpest f peste f bovina; ⁀erzucht f cría f de ganado bovino; ⁀fleisch n carne f de buey bzw. de vaca; ⁀sleder n vaqueta f; ⁀vieh n ganado m bovino od. vacuno; P fig. animal m.

Ring [riŋ] m (3) anillo m; aro m; (Eisen⁀) argolla f; (Schmuck⁀) sortija f; (Ehe⁀) alianza f; ⊕ anilla f; Boxen: ring m; (Kreis) círculo m; Sport: ⁀e pl. anillas f/pl.; ⁀ e pl. um die Augen ojeras f/pl.; ⁀bahn f ferrocarril m de circunvalación; ⁀buch n cuaderno m de anillas; ⁀code m código m de barras.

Ringellocke ['riŋəlokə] f sortija f, bucle m; ⁀n (29): sich ~ enroscarse; Haar: ensortijarse; ⁀natter f culebra f de agua; ⁀taube f paloma f torcaz.

ringen ['riŋən] (30) luchar (a. fig.; um por); die Hände ~ retorcer(se) las manos; nach Atem ~ respirar con dificultad; mit dem Tode ~ agonizar; ⁀er m (7), ⁀kämpfer m luchador m; ⁀finger m anular m; ⁀förmig ['-fœrmiç] anular; ⁀kampf m lucha f; ⁀mauer f muralla f; ⁀richter m Sport: árbitro m.

rings [riŋs], ⁀herum alrededor (de).

Ringstraße ['riŋʃtraːsə] f cinturón m; ronda f.

Rinne ['rinə] f (15) (Dach⁀) canal m; ✓ acequia f, reguera f; △ ranura f; ⁀n (30) correr, fluir; gotear; ⁀sal n (3) arroyuelo m; ⁀stein m arroyo m (a. fig.).

Rippe ['ripə] f (15) Anat. costilla f; ♀ nervio m; △ nervadura f.

Rippenfell Anat. ['-pənfɛl] n pleura f; ⁀fell-entzündung f pleuresía f; ⁀stoß m empujón m; codazo m; ⁀stück Kchk. n entrecot m.

Risiko ['riːziko] n (11 u. 9¹) riesgo m (eingehen correr); ⁀kant [risˈkant] arriesgado; ⁀²lieren arriesgar.

Rispe ♀ ['rispə] f (15) panícula f.

Riß [ris] m (4) rotura f; desgarro m (beide a. ⚕); im Stoff: roto m, desgarrón m; Haut, Mauer: grieta f, (Spalt) hendidura f, rendija f.

rissig ['-siç] agrietado; ~ werden agrietarse.

Rist [rist] m (3²) (Fuß⁀) garganta f del pie.

Ritt [rit] 1. m (3) paseo m a caballo; cabalgata f; 2. ⁀ s. reiten.

Ritter ['ritər] m (7) caballero m; zum ~ schlagen armar caballero; ⁀burg f castillo m feudal; ⁀gut n latifundio m; ⁀lich caballeresco; Gesinnung: a. caballeroso; ⁀lichkeit f caballerosi-

dad f; ~orden m orden f de caballería; ~roman m novela f de caballería; ~schlag m acolada f; espaldarazo m; ~sporn ♀ m espuela f de caballero; ~tum n (1, o. pl.) caballería f.
rittlings ['rıtlıŋs] a horcajadas.
Rit|ual [ritu'a:l] n (3¹), 2uell [--'ɛl] ritual (m); ~us ['ri:tʊs] m (16²) rito m.
Ritz ['rıts] m (3²): **a)** (Schramme) rasguño m; **b)** ~ ~e ['-sə] f (15) hendidura f, rendija f; 2en (27) arañar, rasguñar; rajar.
Rival|e [ri'va:lə] m (13), ~in f rival su., competidor(a) m (f); 2isieren [-vali'zi:rən] rivalizar, competir; ~ität [---'tɛ:t] f(16) rivalidad f, competencia f.
Rizinusöl ['ri:tsinus'ø:l] n aceite m de ricino.
Roastbeef ['ro:stbi:f] n (11) rosbif m.
Robbe ['rɔbə] f (15) foca f; 2n (25, sn) avanzar cuerpo a tierra.
Robe ['ro:bə] f(15) toga f.
Roboter ['rɔbɔtər] m (7) robot m; ~technik f robótica f.
robust [ro'bʊst] robusto; 2heit f robustez f.
roch [rɔx] s. riechen.
röcheln ['rœçəln] **1.** v/i. (29) respirar con dificultad; **2.** 2 n estertor m.
Rochen Zo. ['rɔxən] m (6) raya f.
rochieren [-'xi:rən od. -'ʃi:-] Schach: enrocar.
Rock [rɔk] m (3³) (Sakko) chaqueta f; (Frauen2) falda f, Arg. pollera f; ~en m (6) rueca f; '~musik f música f rock(era); ~schoß m faldón m.
Rodel ['ro:dəl] m (7), ~schlitten m trineo m, tobogán m; bsd. Sport: luge f; ~bahn f pista f de trineos bzw. de luge; 2n (29) ir en trineo.
roden ['-dən] (26) roturar; Wald: desmontar, talar.
Rogen ['-gən] m (6) huevas f/pl.
Roggen ['rɔgən] m (6) centeno m.
roh [ro:] crudo; (unbearbeitet) bruto; fig. rudo, grosero; brutal.
Roh... ['ro:...]: in Zssgn oft (en) bruto; ~bau △ m obra f bruta; ~baumwolle f algodón m en rama; ~diamant m diamante m en bruto; ~einnahme ♱ f ingreso m bruto.
Roheit ['-haıt] f rudeza f; brutalidad f.
Roh|kost ['-kɔst] f régimen m crudo; ~köstler ['-kœstlər] m (7) neol. crudívoro m; ~ling ['-lıŋ] m (3¹) bruto m; ~öl n (petróleo m) crudo m.
Rohr [ro:r] n (3) ♀ caña f; ⊕ tubo m; (Geschütz) cañón m; '~blatt ♪ n lengüeta f (de caña); '~dommel Zo. ['-dɔməl] f (15) avetoro m.
Röhr|e ['rø:rə] f (15) tubo m; caño m; ≴ válvula f, lámpara f; (Back2) horno m; 2en (25) Hirsch: bramar; 2enförmig ['-rənfœrmıç] tubular; ~enknochen m hueso m largo, canilla f; ~icht ['-rıçt] n (3¹) cañaveral m, juncal m.
Rohr|leger ['ro:rle:gər] m fontanero m; ~leitung f cañería f, tubería f; ~post f correo m neumático; ~postbrief m carta f neumática; ~schelle ⊕ f abrazadera f; ~spatz m: F wie ein ~ schimpfen jurar como un carretero; ~stock m caña f; ~stuhl m silla f de rejilla; ~zucker m azúcar m de caña.
Roh|seide ['ro:zaıdə] f seda f cruda; ~stoffe m/pl. materias f/pl. primas; ~zucker m azúcar m en bruto; ~zustand m: im ~ en bruto.
Rokoko ['rɔkɔko] n (11, o. pl.) rococó m.
Roll|aden ['rɔla:dən] m persiana f (enrollable); ~bahn ✈ f pista f de rodadura; ~e f (15) rollo m; (Walze) rodillo m, cilindro m; (Garn2) carrete m; (Flaschenzug) polea f; Thea. papel m (a. fig.); rol m; e-e ~ spielen desempeñar un papel; das spielt keine ~ no tiene importancia; aus der ~ fallen F desentonar; 2en (25) **1.** v/i. (h., bei Ortsveränderung sn) rodar; ⊕ balancearse; Donner: retumbar; Geld: circular; **2.** v/t. (auf~) arrollar, (ein~) enrollar; Wäsche: calandrar; 2end rodante (a. fig.); ~enlager ⊕ n rodamiento m de rodillos; ~entausch m inversión f de papeles; ~er m (7) (Spielzeug) patinete m; Kfz. escúter m; ~feld ✈ n pista f; ~film m carrete m, rollo m; ~fuhrdienst m (servicio m de) acarreo m; ~geld n acarreo m, camionaje m; ~kragen(-pullover) m) m (jersey m de) cuello m cisne od. alto; ~mops m arenque m enrollado; ~schuh m patín m de ruedas; ~ laufen patinar sobre ruedas; ~splitt m gravilla f suelta; ~stuhl m sillón m de ruedas; ~treppe f escalera f mecánica.
Roman [ro'ma:n] m (3¹) novela f; 2haft novelesco; ~ik [-'-nik] f (16) estilo m románico; 2isch △ romá-

nico; *Sprache:* a. romance; ~ist [-ma'nist] m romanista m; ~istik [-ma'nistik] f filología f románica; ~schriftsteller m novelista m.
Roman|tik [-'mantik] f (16) romanticismo m; 2tisch romántico (a. *fig.*).
Romanze [-'-tsə] f (15) romance m (a. F *fig.*).
Röm|er ['rø:mər] m (7): **a)** (*Glas*) copa f (para vino blanco); **b)** ~er(in f) m, 2isch romano (-a) m (f).
röntgen ['rœntɡən] (25) radiografiar; 2-aufnahme f, 2bild n radiografía f; 2behandlung f radioterapia f; 2ologe [--o'lo:ɡə] m (13) radiólogo m; 2ologie [--olo'ɡi:] f (15, *o. pl.*) radiología f; 2strahlen m/pl. rayos m/pl. X; 2-untersuchung f examen m radiológico *od.* por rayos X.
rosa ['ro:za] *uv.*, ~farben rosado.
Rose [-'-zə] f (15) rosa f; ✠ erisipela f; ~nkohl m col f de Bruselas; ~nkranz *Rel.* m rosario m; ~nmontag m lunes m de carnaval; ~n-öl n esencia f de rosas; 2nrot rosado; ~nstock, ~nstrauch m rosal m.
Rosette △ [ro'zɛta] f (15) rosetón m.
rosig ['ro:ziç] rosa; *Wange:* sonrosado; *alles in ~em Licht sehen* verlo todo de color de rosa.
Rosine [ro'zi:nə] f (15) pasa f.
Rosmarin ♃ [rosma'ri:n] m (3¹, *o. pl.*) romero m.
Roß [rɔs] n (4) caballo m; '~haar n crin f (de caballo); '~kastanie ♃ f castaño m de Indias; '~kur F f cura f de caballo.
Rost [rɔst] m (3²) orín m, herrumbre f, óxido m; ♃ roya f; (*Brat*2) parrilla f, gril m; (*Gitter*2) rejilla f; 2braten m asado m a la parrilla; 2en (26, *h. u.* *sn*) oxidarse.
rösten ['rœstən] (26) tostar.
rost|frei ['rɔstfraɪ] inoxidable; ~ig oxidado, tomado de orín; 2schutz-anstrich m pintura f anticorrosiva; 2schutzmittel n anticorrosivo m.
rot [ro:t] rojo; encarnado; *~ werden* ponerse colorado, ruborizarse; *das 2e Kreuz* la Cruz Roja.
Rotations|druck [rota'tsjo:nsdruk] m impresión f rotativa; ~presse f rotativa f.
rot|backig ['ro:tbakɪç] de mejillas encarnadas; 2barsch *Zo.* m gallineta f nórdica; ~blond rubicundo; ~braun pardo rojizo; 2buche f haya f (común).

Röte ['rø:tə] f (15, *o. pl.*) rojez f; (*Scham*2) rubor m; ~l m (7) almagre m; ~ln ♃ *pl.* rubéola f; 2n (26): (*sich*) ~ enrojecer(se).
rot|glühend ['ro:tɡlyːənt] (puesto) al rojo; ~haarig pelirrojo; 2haut f piel su. roja; ~ieren girar; ~ierend giratorio, rotatorio; 2käppchen ['-kɛpçən] n (6) Caperucita f Roja; 2kehlchen [-'kelçən] n (6) petirrojo m; 2kohl m (col m) lombarda f; 2'kreuzhelfer m socorrista m de la Cruz Roja; 2lauf ✗ m erisipela f.
rötlich ['rø:tlɪç] rojizo.
Rotor ['ro:tɔr] m (8¹) rotor m; inducido m.
Rot|schwänzchen *Zo.* ['ro:tʃvɛntsçən] n (6) colirrojo m; ~stift m lápiz m rojo.
Rotte ['rɔtə] f (15) cuadrilla f; banda f; ✗ fila f.
rot|wangig ['ro:tvaŋɪç] de mejillas encarnadas; 2wein m vino m tinto; 2welsch n (5 *u. uv.*) jerga f del hampa; 2wild n venado m.
Rotz [rɔts] m (3²) *vet.* muermo m; P moco m; '~nase P f mocoso m.
Rouge ['ru:ʒ] n (11) colorete m.
Roulade [ru'la:də] f (15) filete m relleno.
Rouleau [-'lo:] n (11) persiana f.
Roulett [-'lɛt] n (3 *u.* 11) ruleta f.
Route ['ru:tə] f (15) ruta f, itinerario m.
Routin|e [ru'ti:nə] f (15) rutina f; 2nemäßig rutinario; 2niert [-ti-'ni:rt] experto; versado.
Rowdy ['raʊdi] m (11, *pl. a.* -dies) camorrista m; gamberro m.
Rübe ['ry:bə] f (15) remolacha f; *weiße* ~ nabo m; *gelbe* ~ zanahoria f; *rote* ~ remolacha f colorada.
Rubel ['ru:bəl] m (7) rublo m.
Rübenzucker ['ry:bəntsukər] m azúcar m de remolacha.
Rubin [-'bi:n] m (3¹) rubí m.
Rüböl ['ry:pʰø:l] n aceite m de colza.
Rubrik [ru'bri:k] f (16) rúbrica f; *e-r Zeitung:* sección f; columna f.
Rübsamen ['ry:pza:mən] m nabina f.
ruch|bar ['ru:xbaːr]: *~ werden* trascender; ir cundiendo; ~los desalmado, infame; 2losigkeit f infamia f.
Ruck [ruk] m (3) arranque m; (*Zug*) tirón m; (*Stoß*) empujón m; (*Erschütterung*) sacudida f; *mit e-m ~ de*

Rückansicht

un golpe; *sich e-n ~ geben* hacer un esfuerzo.

Rück|ansicht ['rʏk'anzɪçt] f vista f de atrás; **~antwort** f: *~ bezahlt* respuesta f pagada; 2**bezüglich** *Gram.* reflexivo; **~blende** f flash-back m; *fig.* retrospectiva f; **~blick** *fig.* m (mirada f) retrospectiva f.

rücken ['rʏkən] (25) **1.** v/t. mover; empujar; **2.** v/i. (sn) moverse; (*Platz machen*) correrse; *nicht von der Stelle ~* no moverse del sitio; *ins Feld ~* entrar en campaña.

'**Rücken** m (6) espalda f; (*Buch*2̲, *Kchk.*) lomo m; (*Berg*2̲) loma f; *auf den ~ fallen* fig. quedar perplejo; *in den ~ fallen* atacar por la espalda; *den ~ stärken* respaldar; *auf dem ~ tragen* llevar a cuestas; **~deckung** f *fig.* respaldo m; **~lehne** f respaldo m; **~mark** n médula f espinal; **~schwimmen** n natación f de espalda; **~wind** m viento m por atrás *bzw.* ⚓ en popa; **~wirbel** m vértebra f dorsal.

'**Rück|-erinnerung** f recuerdo m; reminiscencia f; 2̲**erstatten** devolver; restituir; **~erstattung** f devolución f (*a. v. Steuern*); restitución f; reintegro m; **~fahrkarte** f billete m de ida y vuelta; **~fahrt** f viaje m de regreso; **~fall** m 🞰 recaída f, recidiva f; 🎗 reincidencia f; 2̲**fällig** reincidente; *~ werden* reincidir; **~flug** ✈ m vuelo m de regreso; **~fluß** m reflujo m; **~forderung** f reclamación f; **~fracht** f cargamento m de retorno; **~frage** f demanda f de nuevos informes; **~führung** *Pol.* f repatriación f; **~gabe** f devolución f, restitución f; **~gang** m retroceso m; descenso m; baja f; 🞰 recesión f; 2̲**gängig**: *~ machen* anular; **~gewinnung** f recuperación f; **~grat** n espina f dorsal; *a. fig.* columna f vertebral; **~halt** m apoyo m, sostén m, respaldo m; 2̲**haltlos** sin reserva; **~hand(schlag** m) f *Tennis*: revés m; **~kauf** m readquisición f; rescate m; **~kehr** ['-ke:r] f (16, *o. pl.*) vuelta f, regreso m; **~koppelung** f retroacción f; **~lage** f reserva f; **~lauf** ⊕ m retroceso m; 2̲**läufig** retrógrado; inverso; **~licht** n luz f trasera; 2̲**lings** ['-lɪŋs] hacia atrás; de espaldas; (*von hinten*) por la espalda; **~marsch** ✕ m retirada f; **~porto** n porte m de vuelta; **~prall** m rebote m; **~reise** f vuelta f; viaje m de regreso.

Rucksack ['rukzak] m mochila f.

Rück|schau ['rʏkʃau] f retrospección f; retrospectiva f; **~schlag** m *fig.* revés m; contratiempo m; **~schluß** m conclusión f; deducción f; **~schritt** m retroceso m; 2̲**schrittlich** reaccionario; **~seite** f parte f posterior *od.* trasera; *e-s Blattes*: dorso m, vuelta f; *e-r Münze*: reverso m; **~sendung** f devolución f; **~sicht** f consideración f; *~ nehmen auf j-n* respetar a alg.; *~ nehmen auf et.* tomar en consideración a/c.; *mit ~ auf* (*ac.*) teniendo presente *od.* en cuenta; 2̲**sichtslos** ['-zɪçtslo:s] desconsiderado; brutal; **~sichtslosigkeit** f falta f de consideración, inconsideración f; 2̲**sichtsvoll** atento; considerado; 2̲**sichtsitz** m asiento m trasero; **~spiegel** m retrovisor m; **~spiel** n *Sport*: partido m de vuelta; **~sprache** f consulta f; *~ nehmen mit* ponerse al habla con; **~stand** m resto m; 🞰 residuo m; 🎗 atraso m; *im ~ sein* estar atrasado; *in ~ geraten* atrasarse; 2̲**ständig** atrasado (*a. fig.*); **~stau** *Vkw.* m retención f; **~stoß** m *Phys.* repulsión f; *Waffe*: culatazo m; **~strahler** ['-ʃtraːlər] m (7) catafoto m, F ojo m de gato; **~taste** f *Schreibmaschine*: tecla f de retroceso; **~tritt** m renuncia f; dimisión f; **~trittbremse** f am *Fahrrad*: freno m de contrapedal; **~vergütung** f re(e)mbolso m; **~versicherung** f reaseguro m; **~wand** f pared f del fondo; **~wanderer** m repatriado m; **~wanderung** f repatriación f; 2̲**wärtig** ['-vɛrtɪç] posterior, trasero; 2̲**wärts** ['-vɛrts] hacia atrás; **~wärtsgang** *Kfz.* m marcha f atrás; **~wechsel** 🎗 m letra f de resaca; **~weg** ['-ve:k] m vuelta f; *auf dem ~* al volver.

ruckweise ['rukvaɪzə] a empujones, a golpes; a sacudidas.

rück|wirkend ['rʏkvɪrkənt] (de efecto) retroactivo; 2̲**wirkung** f repercusión f; *mit ~* con efecto retroactivo; **~zahlbar** re(e)mbolsable; 2̲**zahlung** f re(e)mbolso m; 2̲**zieher** m F *fig.*: *e-n ~ machen* echarse atrás; **~zug** ✕ m retirada f; repliegue m; *zum ~ blasen* tocar a retirada.

Rüde ['ryːdə] **1.** m (13) macho m (de perro, lobo, *etc.*); **2.** 2̲ *adj.* rudo, grosero.

Rudel ['ruːdəl] n (7) tropa f; (*Wild*) manada f.

Ruder ['-dər] *n* (7) remo *m*; (*Steuer*) timón *m* (*a. fig.*); *am ~ sein fig.* llevar el timón; *ans ~ kommen fig.* subir al poder; *das ~ herumlegen* dar un golpe de timón (*a. fig.*); **~boot** *n* barco *m* od. bote *m* de remos; **~er** *m* (7) remero *m*; **2n** (29, h. u. sn) remar; bogar; **~n** *n* boga *f*; **~regatta** *f* regata *f* de remo; **~sport** *m* (deporte *m* del) remo *m*.

Ruf [ru:f] *m* (3) grito *m*; llamada *f*; (*Ansehen*) reputación *f*; *im ~ stehen zu* tener fama de; *von ~* de fama; *e-n ~ (als Professor) erhalten* ser llamado a ocupar una cátedra; *in schlechten ~ bringen* desacreditar; **2en** (30) llamar; (*schreien*) gritar; *j-n ~ lassen* hacer venir a alg.; *wie gerufen fig.* de perilla.

Rüffel F ['ryfəl] *m* (7) reprimenda *f*; bronca *f*, rapapolvo *m*; **2n** (29) F echar una bronca *od.* un rapapolvo.

Ruf|name ['ru:fnɑ:mə] *m* nombre *m* de pila; **~nummer** *f* número *m* de teléfono; **~weite** *f* alcance *m* de la voz; **~zeichen** *n Fernspr.* señal *f* de llamada.

Rugby ['ragbi] *n* (11, *o. pl.*) rugby *m*.
Rüge ['ry:gə] *f* (15) reprensión *f*, reprimenda *f*; **2n** (25) reprender (*j-n wegen et.* a/c. a alg.).

Ruhe ['ru:ə] *f* (15) (*Ausruhen*) descanso *m*, reposo *m*; (*Stille*) silencio *m*, calma *f*; tranquilidad *f*; *innere ~* sosiego *m*; quietud *f*, paz *f*; *in aller ~* con toda calma; *in ~ lassen* dejar tranquilo *od.* en paz; *sich zur ~ begeben* acostarse; *sich zur ~ setzen* retirarse; *Beamter:* jubilarse; *~!* ¡silencio!; *angenehme ~!* ¡que descanse!; **2bedürftig:** *~ sn* necesitar descanso; **~gehalt** *n* jubilación *f*; **~lage** *f* posición *f* de reposo; **2los** agitado; intranquilo; desasosegado; **2n** (25) descansar, reposar; *Verkehr usw.:* estar paralizado; *~ lassen Arbeit:* suspender; *Blick:* fijar (*auf dat.* en); **~pause** *f* descanso *m*; **~stand** *m* jubilación *f*; retiro *m*; *im ~* jubilado, retirado; *in den ~ versetzen* jubilar; **~ständler** ['--ʃtɛntlər] *m* (7) jubilado *m*; **~stätte** *f* retiro *m*, lugar *m* de descanso; *letzte ~* última morada *f*; **~störer** ['--ʃtø:rər] *m* (7) perturbador *m* (del orden público); alborotador *m*; **~störung** *f* perturbación *f* del orden público; **~tag** *m* día *m* de descanso.

ruhig ['ru:iç] tranquilo; sosegado; quieto; silencioso.

Ruhm [ru:m] *m* (3, *o. pl.*) gloria *f*.
rühmen ['ry:mən] (25) elogiar, alabar, ensalzar; *sich ~* (vana)gloriarse, jactarse; **~enswert**, **~lich** laudable; digno de elogio.

Ruhm|(es).. ['ru:m(əs)...]: *in Zssgn* glorioso; **~eshalle** *f* panteón *m*; **2los** sin gloria; **2reich**, **2voll** glorioso; **~sucht** *f* sed *f* de gloria; **2süchtig** ávido *od.* sediento de gloria.

Ruhr 𝒮 [ru:r] *f* (16) disentería *f*.
Rühr|ei ['ry:r?aɪ] *n* (1) huevos *m/pl.* revueltos; **2en** (25) **1.** *v/t.* mover; (*um~*) revolver, remover; *Trommel:* tocar; *fig.* conmover; **2.** *v/i.* tocar (*an ac.* en); **3.** *v/i/refl.: sich ~* moverse; ✕ *rührt euch!* ¡descansen!; **~end** conmovedor, emocionante; **2ig** activo; **~igkeit** *f* actividad *f*; **2selig** sentimental; **~ung** *f* enternecimiento *m*, emoción *f*; **~werk** *n* batidora *f*; agitador *m*.

Ruin [ru'i:n] *m* (3¹, *o. pl.*) ruina *f*; **~e** *f* (15) ruina *f* (*a. fig.*); **2ieren** arruinar; F estropear; **2ös** [-'inø:s] ruinoso.

rülps|en F ['rylpsən] (27) eructar; **2er** *m* (7) eructo *m*.

Rum [rum] *m* (11) ron *m*.
Rumän|e [ru'mɛ:nə] *m* (13) (**~in** *f*), **2isch** rumano (-a) *m* (*f*).

Rummel F ['rumǝl] *m* (7) F jaleo *m*; (*Jahrmarkt*) feria *f*; *ich kenne den ~* F conozco el paño; **~platz** *m* parque *m* de atracciones.

rumoren [ru'mo:rǝn] (25) hacer ruido.

Rumpel|kammer ['rumpǝlkamǝr] *f* trastero *m*; **2n** (29, h. u. sn) dar sacudidas.

Rumpf [rumpf] *m* (3³) tronco *m*; ⚓ casco *m*; ✈ fuselaje *m*.

rund [runt] redondo; circular; *adv.* en cifras redondas; **¹2bau** *m* rotonda *f*; **¹2blick** *m* panorama *m*; **¹2bogen** *m* arco *m* de medio punto; **2e** [-də] *f* (15) *Sport:* vuelta *f*; *Boxen:* asalto *m*; (*Tafelrunde*) corro *m*; ✕ ronda *f*; **¹~en** (26) redondear; **2fahrt** ['-tfɑ:rt] *f* vuelta *f*; circuito *m*; **¹2frage** *f* encuesta *f*.

Rundfunk ['-funk] *m* (3, *o. pl.*) radio(difusión) *f*; **~gebühr** *f* cuota *f* (mensual) de radio; **~gerät** *n* radio *f*; **~hörer(in** *f*) *m* radioescucha *su.*, radioyente *su.*; **~sender** *m* emisora *f* de radio; ~**sendung** f emisión f radiofónica; ~**sprecher(in)** m (f) locutor(a) m (f); ~**station** f (estación f) emisora f de radio; ~**übertragung** f (re)transmisión f radiofónica.

'**Rund|gang** m vuelta f (*machen* dar); ronda f; 2**heraus** francamente; 2**herum** en redondo; ~**holz** n madera f en rollo; 2**lich** F regordete; rollizo; ~**reise** f viaje m circular; circuito m; ~**reisekarte** f billete m circular; ~**schreiben** n circular f; ~**ung** f ['-dun] f redondez f; curva f; 2**weg** ['-tvɛk] rotundamente.

Rune ['ru:nə] f (15) runa f; ~**n...**: *in Zssgn* rúnico.

Runkelrübe ['runkəlry:bə] f (15) remolacha f forrajera.

Runzel ['runtsəl] f (15) arruga f; 2**ig** arrugado; ~ *werden* arrugarse; 2**n** (29) arrugar; *die Stirn* ~ fruncir las cejas.

Rüpel ['ry:pəl] m (7), 2**haft** mal educado (m), grosero (m).

rupfen ['rupfən] (25) pelar, a. *fig*. desplumar.

ruppig ['rupiç] grosero.

Rüsche ['ry:ʃə] f (15) volante m.

Ruß [ru:s] m (3²) hollín m, tizne m.

Russe ['rusə] m (13) ruso m.

Rüssel ['rysəl] m (7) trompa f; *Schwein:* hocico m.

rußen ['ru:sən] (27) producir hollín; ~**ig** lleno de hollín.

Russ|in ['rusin] f rusa f; 2**isch** ruso.

rüst|en ['rystən] (26) preparar; ⚔ armar; 2**er** ['ry:stər] ♀ f (15) olmo m; ~**ig** ['rystiç] vigoroso; robusto; 2**igkeit** f vigor m; robustez f; 2**ung** f armamento m; (*Harnisch*) armadura f; 2**ungs-industrie** f industria f de armamentos; 2**ungswettlauf** m carrera f de armamentos *od*. armamentista; 2**zeug** n instrumentos m/pl.; *fig*. bagaje m (de conocimientos).

Rute ['ru:tə] f (15) vara f; azote m; *Zo*. verga f; (*Schwanz*) cola f; ~**ngänger** m zahorí m.

Rutsch|bahn ['rutʃba:n] f deslizadero m; tobogán m; ~**e** ⊕ f (15) plano m inclinado; 2**en** (27, sn) deslizarse; resbalar; *Kfz*. a. patinar; ~**gefahr** f *Vkw*. calzada f deslizante; 2**ig** resbaladizo; 2**sicher** antideslizante.

rütteln ['rytəln] (29) sacudir, agitar; *Wagen:* traquetear; *ein gerüttelt Maß* una medida colmada.

S

S, s [ɛs] *n uv.* S, s *f*.
Saal [zɑ:l] *m* (3³) sala *f*; salón *m*.
Saat [zɑ:t] *f* (16) (*Säen*) siembra *f*; (*Samen*) semillas *f/pl.*, simientes *f/pl.*; '~**feld** *n* sembrado *m*; '~**gut** *n* semillas *f/pl.*, simientes *f/pl.*; '~**kartoffeln** *f/pl.* patatas *f/pl.* de siembra; '~**krähe** *f* grajo *m*; '~**zeit** *f* siembra *f*, sementera *f*; '~**zucht** *f* selección *f* de semillas.
sabbern F ['zabərn] (29) babear.
Säbel ['zɛ:bəl] *m* (7) sable *m*; ~**hieb** *m* sablazo *m*; ~**rasseln** *n* ruido *m* de sables (*a. fig.*).
Sabot|age [zabo'tɑ:ʒə] *f* (15) sabotaje *m*; ~**eur** [--'tø:r] *m* (3¹) saboteador *m*; 2**ieren** sabotear.
Sa(c)charin [-xa'ri:n] *n* (3¹, *o. pl.*) sacarina *f*.
Sach|bearbeiter ['zaxbə'arbaɪtər] *m* encargado *m*; ~**beschädigung** *f* daño *m* material; ~**buch** *n* libro *m* de divulgación científica; 2**dienlich** útil; pertinente.
Sach|e ['zaxə] *f* (15) cosa *f*; (*Gegenstand*) objeto *m*; (*Angelegenheit*) asunto *m*; ⚖ causa *f*; (*Fall*) caso *m*; (*Begebenheit*) suceso *m*; *pl.* ~**n** (*Habe*) efectos *m/pl.*; **zur** ~ **kommen** ir al grano; *nicht bei der* ~ *bleiben* no divagar; *nicht bei der* ~ *sein* no prestar atención; *das gehört nicht zur* ~ esto no hace al caso; *das tut nichts zur* ~ no tiene importancia; *in* ~**n** (*gen.*) en materia de, ⚖ en la causa; 2**gemäß** apropiado; ~**katalog** *m* catálogo *m* de materias; ~**kenner** *m* perito *m*, experto *m*; ~**kenntnis** *f* conocimiento *m* de causa; pericia *f*; 2**kundig** experto; competente; ~**lage** *f* estado *m* de cosas; circunstancias *f/pl.*; situación *f*; ~**leistung** *f* prestación *f* bzw. pago *m* en especie; 2**lich** objetivo; imparcial.
sächlich *Gram.* ['zɛçlɪç] neutro.
Sach|lichkeit ['zaxlɪçkaɪt] *f* objetividad *f*; imparcialidad *f*; ~**register** *n* índice *m* od. tabla *f* de materias; ~**schaden** *m* daño *m* material.
Sachse ['zaksə] *m* (13) sajón *m*.

Sächs|in ['zɛksɪn] *f* sajona *f*; 2**isch** sajón.
sachte ['zaxtə] suavemente; lentamente; poco a poco.
Sach|verhalt ['-fɛrhalt] *m* (3) estado *m* de cosas; circunstancias *f/pl.*; 2**verständig**, ~**verständige(r)** *m* experto (*m*), perito (*m*); ~**walter** *m* administrador *m* de bienes; (*Anwalt*) abogado *m*; ~**wert** *m* valor *m* real; ~**wörterbuch** *n* enciclopedia *f*.
Sack [zak] *m* (3³) saco *m*; (*Post*2, *Geld*2) saca *f*; *mit* ~ *und Pack* con armas y bagajes; '~**bahnhof** *m* estación *f* terminal; 2**en** (25) (*ein*~) ensacar; (*weg*~) hundirse; '~**gasse** *f* callejón *m* sin salida (*a. fig.*); '~**hüpfen** *n* carrera *f* de sacos; ~**leinen** *n* tela *f* de saco; (h)arpillera *f*.
Sadis|mus [za'dɪsmus] *m* (16²) sadismo *m*; ~**t** [-'dɪst] *m* (12), 2**tisch** sádico (*m*).
säen ['zɛ:ən] 1. *v/t. u. v/i.* (25) sembrar (*a. fig.*); 2. 2 *n* siembra *f*.
Safari [za'fɑ:ri] *f* (11¹) safari *m*.
Safe [se:f] *m* (11) caja *f* fuerte *od.* de caudales; (*Bank*2) caja *f* de seguridad.
Saffian ['zafjan] *m* (3¹) tafilete *m*.
Safran ['-fran] *m* (3¹) azafrán *m*.
Saft [zaft] *m* (3³) jugo *m*; (*Frucht*2) zumo *m*; ♀ savia *f*; '2**ig** jugoso; suculento; F *fig.* fuerte.
Sage ['zɑ:gə] *f* (15) leyenda *f*.
Säge ['zɛ:gə] *f* (15) sierra *f*; ~**bock** *m* burro *m*, tijera *f*; ~**fisch** *m* pez *m* sierra; ~**mehl** *n* serrín *m*.
sagen ['zɑ:gən] (25) decir; *das hat nichts zu* ~ no tiene importancia, no importa; *was* ~ *Sie dazu?* ¿qué le parece?; *was Sie nicht* ~*!* ¡no me diga!; *wie man sagt* según dicen; *lassen Sie es sich gesagt sein* téngaselo por dicho; *sich* (*dat.*) *nichts* ~ *lassen* no hacer caso de nadie; *wenn man so* ~ *darf* por así decir.
sägen ['zɛ:gən] (25) (a)serrar.
sagenhaft ['zɑ:gənhaft] legendario; F *fig.* fabuloso.
Säge|späne ['zɛ:gəʃpɛ:nə] *m/pl.* ase-

Sägewerk 864

rraduras f/pl.; **~werk** n aserradero m, serrería f.
Sago ['zɑːgo] m (11, o. pl.) sagú m.
Sahne ['-nə] f (15, o. pl.) nata f, crema f; **~torte** f tarta f de crema.
Saison [zɛ'zɔ̃] f (11¹) temporada f; (*Jahreszeit*) estación f; **~arbeiter** m temporero m; **~ausverkauf** m liquidación f por fin de temporada; ♀**bedingt** estacional.
Saite ♪ ['zaɪtə] f (15) cuerda f; *fig.* andere ~n aufziehen cambiar de tono; **~n-instrument** n instrumento m de cuerda.
Sakko ['zako] m od. n (11) chaqueta f, americana f, *Am.* saco m.
Sakrament [-kra'mɛnt] n (3) sacramento m.
Sakristei [-kris'taɪ] f sacristía f.
Salamander *Zo.* [-la'mandər] m (7) salamandra f.
Salami [-'lɑːmi] f (11¹) salami m.
Salat [-'lɑːt] m (3) ensalada f; (*Kopf*♀) lechuga f; *da haben wir den ~! fig.* F ¡ahora estamos frescos!; **~schüssel** f ensaladera f.
Salb|**e** ['zalbə] f (15) pomada f; ungüento m; **~ei** ♀ [-'baɪ] m (3¹) m f(16) salvia f; ♀**en** (25) untar; *Rel.* ungir; **~ung** f unción f (a. fig.); ♀**ungsvoll** con unción.
Saldo ♥ [-'do] m (9¹ u. 11; *pl. a.* -di) saldo m; **~vortrag** m saldo m a cuenta nueva.
Saline [za'liːnə] f (15) salina f.
Salizyl [-li'tsyːl] n (3¹) salicilo m; **~säure** f ácido m salicílico.
Salm *Zo.* [zalm] m (3) salmón m.
Salmiak [-'jak] m (11, o. pl.) sal f amoníaca; **~geist** m amoníaco m.
Salon [za'lɔ̃] m (11) salón m; ♀**fähig** presentable; **~wagen** ⚙ m coche m salón.
salopp [-'lɔp] descuidado; (*ungezwungen*) desenvuelto.
Salpeter [zal'peːtər] m (7, o. pl.) salitre m; nitro m; ♀**haltig** [-'-haltɪç] nitroso; **~säure** f ácido m nítrico.
Salut × [za'luːt] m (3) salva f; ~ schießen disparar una salva; ♀**ieren** saludar; **~schüsse** m/pl. salvas f/pl. de ordenanza.
Salve ['zalvə] f (15) descarga f; (*Ehren*♀) salva f (a. fig.).
Salz [zalts] n (3²) sal f; ♀-**arm** pobre en sal; **~bergwerk** n mina f de sal; ♀**en** (27) salar; **~faß** n salero m; **~gehalt** m salinidad f; contenido m

de sal; **~gurke** f pepinillo m en salmuera; ♀**haltig** [-'haltɪç] salino; ♀**ig** salado; **~kartoffeln** f/pl. patatas f/pl. hervidas; **~lake** f salmuera f; ♀**los** sin sal; **~säure** f ácido m clorhídrico; **~streuer** ['-ʃtrɔʏər] m (7) salero m; **~wasser** n agua f salada.
Sämaschine ['zɛːmaʃiːnə] f sembradora f.
Same ['zɑːmə] m (13¹), **~n** m (6) ♀ semilla f; simiente f; *Physiol.* semen m, esperma m; **~n-erguß** f eyaculación f; **~nfaden** m espermatozoide m, espermatozoo m; **~nkapsel** ♀ f cápsula f seminal; **~nkorn** n grano m.
Säm|**ereien** [zɛːmə'raɪən] f/pl. *uv.* semillas f/pl.; ♀**ig** espeso; cremoso; **~ling** ['-lɪŋ] m (3¹) planta f de semillero.
Sammel|**anschluß** ['zaməl'?anʃlus] *Fernspr.* m línea f colectiva; **~band** m colección f (en un volumen); **~becken** n receptáculo m (a. fig.); **~bestellung** ♥ f pedido m colectivo; **~büchse** f hucha f, alcancía f; **~ladung** f cargamento m colectivo; **~linse** *Phys.* f lente f convergente; ♀**n** (29) coleccionar; (*ein*~) recoger; (*anhäufen*) acumular; amontonar; *Geld*: colectar, recaudar; (*vereinigen*) reunir; *sich* ~ *fig.* (re)concentrarse; **~platz**, **~punkt** m lugar m de reunión; **~surium** F [-'zuːrjʊm] n (9¹) mezcolanza f; **~transport** m transporte m colectivo.
Sammler|**er(in** f) ['-lər(ɪn)] m (7) coleccionista *su.*; ⚡ acumulador m; **~ung** f colección f; (*Geld*♀) recaudación f, colecta f, cuestación f; *fig.* (re)concentración f.
Samstag ['-stɑːk] m (3) sábado m.
samt [zamt] (*dat.*) con; ~ *und sonders* sin excepción.
Samt [zamt] m (3) terciopelo m; ♀-**artig** aterciopelado; **~handschuh** m *fig.*: *j-n mit ~en anfassen* tratar a alg. con guante de seda.
sämtlich ['zɛmtlɪçə] *pl.* todos; ~e *Werke* obras f/pl. completas.
Sanatorium [zana'toːrjʊm] n (9) sanatorio m.
Sand [zant] m (3) arena f; *mit* ~ *bestreuen* enarenar; *fig.* den Kopf in den ~ stecken esconder la cabeza bajo el ala; *j-m* ~ *in die Augen streuen* poner a alg. una

sauer

venda en los ojos; *im ~e verlaufen* quedar en nada.
Sandale [-'dɑ:lə] *f* (15) sandalia *f*.
Sand|bank ['zantbaŋk] *f* banco *m* de arena; **~boden** *m* terreno *m* arenoso; **~floh** *Zo. m* nigua *f*; **~grube** *f* arenero *m*; **2ig** arenoso; **~kasten** *m* cajón *m* de arena; **~papier** *n* papel *m* de lija; **~sack** *m a.* ⚔ saco *m* terrero; **~stein** (piedra) *f* arenisca *f*; gres *m*; **~strahlgebläse** ⊕ *n* soplador *m* de chorro de arena.
sandte ['zantə] *s.* senden.
Sand|torte ['zanttɔrtə] *f* bizcocho *m* de Saboya; **~uhr** *f* reloj *m* de arena.
Sandwich ['sɛntvitʃ] *n* (11 *od.* 3) sandwich *m*; emparedado *m*; **~man** ['--mɛn] *m* hombre-anuncio *m*.
sanft [zanft] suave; tierno; dulce.
Sänfte ['zɛnftə] *f* (15) litera *f*; silla *f* de manos.
Sanft|heit ['zanfthaɪt] *f* suavidad *f*; **~mut** *f* dulzura *f*; **2mütig** ['-my:tiç] dulce; manso.
Sang [zaŋ] **1.** *m* (3³) canto *m*; *mit ~ und Klang* fig. a bombo y platillos; *2- und klanglos* fig. sin pena ni gloria; **2.** 2 *s.* singen.
Sänger(in *f*) ['zɛŋər(in)] *m* (7) *Thea.* cantante *su.*; (*Volks*2) cantor(a) *m* (*f*).
sanier|en [za'ni:rən] sanear; **2ung** *f* saneamiento *m*.
sani|tär [-ni'tɛ:r] sanitario; **2täter** *m* (7) enfermero *m*; sanitario *m*; **2täts-wagen** *m* ambulancia *f*; **2tätswesen** *n* sanidad *f*; higiene *f* pública.
sank [zaŋk] *s.* sinken.
Sankt [zaŋkt] *vor Eigennamen:* San *od.* Santo (*m*), Santa (*f*).
Sanktion [-'tsjo:n] *f* sanción *f*; **2ie-ren** sancionar.
sann [zan] *s.* sinnen.
Saphir ['zɑ:fir, za'fi:r] *m* (3¹) zafiro *m*.
Sar|delle [zar'dɛlə] *f* (15) anchoa *f*; **~dine** [-'di:nə] *f* (15) sardina *f*.
Sarg [zark] *m* (3³) ataúd *m*, féretro *m*.
Sarkas|mus [-'kasmus] *m* (16²) sarcasmo *m*; **2tisch** sarcástico.
Sarkophag [-ko'fɑ:k] *m* (3¹) sarcófago *m*.
saß, säße [zɑ:s, 'zɛ:sə] *s.* sitzen.
Satan ['zɑ:tan] *m* (3¹) satanás *m*; **2isch** [za'tɑ:niʃ] satánico.
Satellit [zatɛ'li:t] *m* (12) satélite *m* (*a. fig.*); **~enstadt** *f* ciudad *f* satélite.
Satin [-'tɛ̃] *m* (11) satén *m*, raso *m*.
Satir|e [-'ti:rə] *f* (15) sátira *f*; **~iker**

[-'-rikər] *m* (7), **2isch** satírico (*m*).
satt [zat] harto; *Farbe:* intenso; *sich~essen* (comer hasta) saciarse; *~ma-chen* hartar, F llenar; *et. ~ sn od. haben fig.* estar harto de a/c.
Sattel ['-təl] *m* (7¹) silla *f*; sillín *m*; (*Pack*2) albarda *f*; ♪ cejilla *f*; *aus dem ~ heben* desmontar; *fig.* desbancar (a alg.); *in allen Sätteln gerecht sein* ser hombre de todas sillas; **2fest** firme en la silla; *fig. ~ in* (*dat.*) versado en; **~gurt** *m* cincha *f*; **2n** (29) ensillar; **~pferd** *n* caballo *m* de silla; **~schlep-per** *m* semirremolque *m*; **~tasche** *f* alforjas *f/pl.*; **~zeug** *n* arreos *m/pl.*
sättig|en ['zɛtigən] (25) saciar, hartar; 🕆 saturar; **~end** sustancioso; nutritivo; **2ung** *f* saciedad *f*; 🕆 saturación *f*.
Sattler ['zatlər] *m* (7) guarnicionero *m*; **~ei** *f* guarnicionería *f*.
sattsam ['-zɑ:m] *adv.* harto.
Saturn [za'turn] *m* (17) Saturno *m*.
Satyr ['zɑ:tyr] *m* (10) sátiro *m*.
Satz [zats] *m* (3² *u.* ³) (*Sprung*) brinco *m*, salto *m*; (*Boden*2) sedimento *m*; (*zs.-gehörende Gegenstände*) juego *m*; *v. Waren:* surtido *m*; *Typ.* composición *f*; *Gram.* frase *f*, oración *f*; (*Tarif*) tasa *f*, tarifa *f*; ✚ teorema *m*; ♪ movimiento *m*; *Tennis:* set *m*; **'~bau** *Gram. m* construcción *f* de la frase; **'~gefüge** *Gram. n* período *m*; **'~lehre** *f* sintaxis *f*; **'~teil** *m* parte *f* de la oración; **'~ung** *f* estatuto *m*; reglamento *m*; **2ungsgemäß** estatutario; conforme a los estatutos; **'~zeichen** *n* signo *m* de puntuación.
Sau [zau] *f* (14¹, *Jgdw.* 16) cerda *f*; puerca *f*; *a. fig.* guarra *f*, marrana *f*; P *fig.* cerdo *m*, cochino *m*; (*Wild*2) jabalina *f*; P *j-n zur ~ machen* poner a alg. de vuelta y media.
sauber ['-bər] limpio, aseado; pulcro; (*sorgfältig*) esmerado; **2keit** *f* limpieza *f*, aseo *m*; pulcritud *f*.
säuber|lich ['zɔʏbərliç] pulcro; *adv.* con esmero; **~n** *f* limpiar, asear; *Pol.* depurar; **2ung** *f* limpieza *f*, aseo *m*; *Pol.* depuración *f*, purga *f*.
Sau|bohne ♀ ['zaubo:nə] *f* (15) haba *f*; **2dumm** tonto de capirote; *Sache:* fastidioso.
sauer ['-ər] (18, *comp. saurer, sup.* ~st) agrio; ácido (*a.* 🕆 *u. Regen*); (*müh-sam*) penoso, duro; *werden* agriarse; *Milch:* cuajarse; *fig.* enfadarse; *er hat es sich* (*dat.*) *~ werden lassen* le ha

Sauerampfer 866

costado mucho trabajo; *ein saures Gesicht machen* poner cara de vinagre; *j-m das Leben ~ machen* amargar la vida a alg.; 2**-ampfer** ♀ *m* acedera *f*; 2**braten** *m* carne *f* adobada; 2**brunnen** *m* agua *f* acídula; 2**ei** P [--'rai] *f*, 2**kirsche** *f* guinda *f*; 2**klee** *m* acederilla *f*; 2**kraut** *n* chucrut *m*.

säuer|lich ['lzɔyərliç] acídulo; avinagrado; **~n** (29) acidular; 2**~** acidificar; *Teig:* hacer fermentar.

Sauerstoff ['lzaʊərʃtɔf] *m* oxígeno *m*; **~flasche** *f* botella *f* de oxígeno; 2**haltig** oxigenado; 2**zelt** *n* tienda *f* de oxígeno.

Sauer|teig ['--taɪk] *m* levadura *f*; 2**töpfisch** ['--tœpfɪʃ] avinagrado.

saufen ['l-fən] (30) *Tier:* beber; P *j.:* beber con exceso.

Säufer ['lzɔyfər] *m* (7) borracho *m*.

Sauf|erei P [zaʊfə'rai] *f*, **~gelage** *n* borrachera *f*.

saugen ['l-gən] (30) chupar; *Kind:* mamar; ⊕ aspirar, absorber; *Staub ~* pasar la aspiradora.

säugen ['lzɔygən] (25) amamantar, lactar; *a. Tier:* criar.

Sauger ['lzaʊgər] *m* (7) chupete *m*; *der Flasche:* tetina *f*.

Säugetier ['lzɔygəti:r] *n* (3) mamífero *m*.

saug|fähig ['lzaʊkfɛ:iç] absorbente; 2**flasche** *f* biberón *m*; 2**heber** *m* sifón *m*.

Säugling ['lzɔyklɪŋ] *m* (3¹) niño *m* de pecho, lactante *m*; **~sheim** *n* casa *f* cuna; **~s-pflege** *f* puericultura *f*; **~s-pflegerin** *f* puericultora *f*; **~ssterblichkeit** *f* mortalidad *f* infantil; **~swaage** *f* pesabebés *f*.

Saug|napf ['lzaʊknapf] *m* ventosa *f*; **~pumpe** *f* bomba *f* aspirante; **~rohr** *n* tubo *m* de aspiración.

säuisch ['lzɔyiʃ] guarro; *fig.* obsceno.

Saukerl P ['lzaʊkɛrl] *m* cerdo *m*; canalla *m*.

Säule ['lzɔylə] *f* (15) columna *f*; (*Pfeiler*) pilar *m*; **~ngang** *m* columnata *f*, **~nhalle** *f* pórtico *m*.

Saum [zaʊm] *m* (3³) *am Kleid:* dobladillo *m*; (*Rand*) orla *f*, ribete *m*; (*Wald*2) linde *m*.

säum|en ['lzɔymən] (25) **1.** *v/t.* hacer un dobladillo en; orlar, ribetear; **2.** *v/i.* tardar; retrasarse; **~ig** lento; (*nachlässig*) descuidado, negligente; *Zahler:* ♂ moroso.

Saum|pfad ['lzaʊmpfɑ:t] *m* camino *m* de herradura; **~sattel** *m* albarda *f*; 2**selig** tardío, lento; **~tier** *n* bestia *f* de carga.

Sauna ['lzauna] *f* (11¹) sauna *f*.

Säure ['lzɔyrə] *f* (15) acidez *f*; 🜔 ácido *m*; 2**fest** resistente a los ácidos; 2**frei** sin ácido; **~gehalt** *m* acidez *f*.

Sauregurkenzeit F [zaʊrə'gʊrkəntsait] *f* estación *f* muerta.

Saus [zaus] *m uv.*: *in ~ und Braus leben* vivir a todo tren.

säuseln ['lzɔyzəln] (29) murmurar, susurrar.

sau|sen ['lzaʊzən] (27) *Wind:* silbar; F (sn) correr; 2**stall** *m a. fig.* pocilga *f*, zahúrda *f*; 2**wetter** F *n* tiempo *m* de perros.

Savanne [za'vanə] *f* (15) sabana *f*.

Saxophon [zakso'fo:n] *n* (3¹) saxofón *m*, saxófono *m*; **~ist** [--fo'nist] *m* (12) saxofonista *m*.

Schabe *Zo.* ['ʃa:bə] *f* (15) cucaracha *f*; **~fleisch** *n* carne *f* cruda picada; 2**n** (25) raer, raspar, rascar; **~rnack** [-'bɛrnak] *m* (3) travesura *f*; *j-m e-n ~ spielen* gastar una broma a alg.

schäbig ['lʃɛ:biç] gastado, usado; *fig.* mezquino, sórdido; 2**keit** *f* mezquindad *f*, sordidez *f*.

Schablone [ʃa'blo:nə] *f* (15) patrón *m*; 2**nhaft** rutinario.

Schach [ʃax] *n* (11) ajedrez *m*; *~ bieten* dar jaque; *in ~ halten fig.* tener en jaque; **'~brett** *n* tablero *m* de ajedrez; **'~er** *m* (7) regateo *m*; !2**ern** (29) regatear; **'~feld** *n* escaque *m*, casilla *f*; **'~figur** *f* pieza *f* de ajedrez; 2**matt** jaque mate; *fig.* rendido; **'~meister(schaft)** *f/m* campeón *m* (campeonato *m*) de ajedrez; **'~spiel** *n* juego *m* de ajedrez; **'~spieler** *m* ajedrecista *m*, jugador *m* de ajedrez.

Schacht [ʃaxt] *m* (3³) pozo *m* (*a.* ⚒); **'~el** *f* (15) caja *f*; cartón *m*; *Zigaretten:* cajetilla *f*; F *fig. alte ~* (tía *f*) vieja *f*; **'~elhalm** ♀ *m* cola *f* de caballo.

Schachzug ['ʃaxtsu:k] *m* jugada *f* de ajedrez; *fig. ein guter ~* una buena jugada.

schade ['lʃɑ:də] lástima; *wie ~!* ¡qué lástima!; *zu ~ für* demasiado bueno para.

Schädel ['lʃɛ:dəl] *m* (7) cráneo *m*; (*Toten*2) calavera *f*; **~...** *in Zssgn oft* craneal, craneano; **~bruch** *m* fractura *f* del cráneo; **~decke** *f* bóveda *f* craneal.

schaden ['ʃaːdən] **1.** v/i. (26) dañar, perjudicar, causar daño; es schadet nichts no importa; das schadet ihm gar nichts bien se lo merece; **2.** ⚥ m (6¹) daño m; perjuicio m, detrimento m; ⊕ avería f; zu ~ kommen hacerse daño; durch ~ klug werden escarmentar; 2-**ersatz** m indemnización f por daños y perjuicios; **²freude** f alegría f del mal ajeno; ~**froh:** ~ sn regocijarse del mal ajeno.

schadhaft ['ʃaːthaft] deteriorado; defectuoso; Zahn: cariado; ~ werden deteriorarse; **²igkeit** f estado m defectuoso, defectuosidad f.

schädigen ['ʃɛːdigən] (25) perjudicar; dañar; **²igung** f perjuicio m; daño m; ~**lich** ['-tliç] nocivo, perjudicial, dañino; **²lichkeit** f nocividad f; **²ling** ['-liŋ] m (3¹) parásito m (animal bzw. vegetal), plaga f; 2-**lingsbekämpfung** f lucha f antiparasitaria; **²lingsbekämpfungsmittel** n pesticida m, plaguicida m.

schad|los ['ʃaːtloːs]: sich ~ halten indemnizarse od. resarcirse (für de); **²stoff** m sustancia f nociva.

Schaf [ʃaːf] n (3) oveja f; fig. borrico m; schwarzes ~ oveja f negra; ~**bock** m carnero m.

Schäf|chen ['ʃɛːfçən] n (6) corderillo m; sein ~ ins trockene bringen hacer su agosto; ~**chenwolken** f/pl. cirros m/pl.; ~**er** m (7) pastor m; ~**erhund** m perro m pastor; ~**erstündchen** n hora f de amor.

schaffen ['ʃafən] **1.** (25) (befördern) llevar, transportar; (arbeiten) trabajar; (fertigbringen) lograr, conseguir; nichts zu ~ haben mit no tener nada que ver con; j-m zu ~ machen dar que hacer a alg.; sich zu ~ machen ocuparse (mit en); trajinar; aus der Welt ~ acabar con; **2.** (30) (er~) crear; producir; ~**d** creador; productivo; **²sdrang** m afán m creador bzw. de trabajar; **²skraft** f fuerza f creadora.

Schaffner ['-nər] m (7) cobrador m; 🚊 revisor m.

Schaffung ['ʃafuŋ] f creación f.

Schaf|garbe ♀ ['ʃaːfgarbə] f milenrama f; ~**herde** f rebaño m de ovejas; ~**hürde** f aprisco m; redil m; ~**leder** n badana f.

Schafott [ʃa'fɔt] n (3) patíbulo m, cadalso m.

Schaf|pelz ['ʃaːfpɛlts] m zalea f; ~**schur** f esquileo m, esquila f; ~**skopf** fig. m burro m; ~**stall** m redil m.

Schaft [ʃaft] m (3³) mango m, cabo m; (Lanzen2, Fahnen2) asta f; (Stiefel2) caña f; (Säulen2) fuste m; (Gewehr2) caja f; ¹-**stiefel** m bota f alta.

Schaf|zucht ['ʃaːftsuxt] f (~**züchter** m) cría f (criador m) de ganado lanar.

Schah [ʃaː] m (11) sha m.

Schakal Zo. [ʃa'kaːl] m (3¹) chacal m.

Schäker ['ʃɛːkər] m (7) bromista m; **²n** (29) bromear; flirtear.

schal [ʃaːl] soso, insípido (a. fig.); Getränk: flojo; ~ werden Bier: aflojarse.

Schal [ʃaːl] m (3¹ u. 11) chal m, bufanda f.

Schale ['ʃ-lə] f (15) (Eier2, Nuß2) cáscara f; v. Früchten: piel f; (Muschel2) concha f; (Gefäß) bandeja f; (Napf) cuenco m; F fig. sich in ~ werfen ponerse de punta en blanco.

schälen ['ʃɛːlən] (25) mondar, pelar.

Schalk [ʃalk] m (3[³]) pícaro m; travieso m; ²**haft** pícaro; travieso; ~**haftigkeit** f picardía f.

Schall [ʃal] m (3[³]) sonido m, son m; ²**dämmend** ['-dɛmənt] insonorizante; ¹-**dämmung** f insonorización f; ²**dämpfer** m silenciador m; ¹²**dicht** insonorizado; ¹-**dose** f fonocaptor m; ¹²**en** (25) (re)sonar; ¹²**end** sonoro; resonante; ~es Gelächter carcajada f; ¹-**geschwindigkeit** f velocidad f del sonido; ¹-**isolierung** f aislamiento m acústico; insonorización f; ¹-**mauer** f barrera f del sonido; ¹-**messung** f fonometría f; ¹-**platte** f disco m; ¹-**platten-aufnahme** f grabación f de discos; ¹²**schluckend** neol. fonoabsorbente; ¹-**trichter** m bocina f; ♪ pabellón m; ¹-**welle** f onda f sonora.

Schalmei [-'maɪ] f chirimía f.

schalt [ʃalt] s. schelten.

Schalt|anlage ♀ ['-ʔanlaːgə] f instalación f de distribución; ~**brett** ♀ n cuadro m de distribución; **²en** (26) ♀ conmutar; conectar; ⊕ mandar; Kfz. cambiar de velocidad od. de marcha; F fig. (begreifen) caer (en la cuenta); ~ u. walten mandar a capricho; ~**er** m (7) ventanilla f; ♀ usw. taquilla f, despacho m de billetes; ♀ conmutador m, interruptor m; ~**erbe-amte(r)** m empleado m de la ventanilla; 🚊 taquillero m; ~**erstunden** f/pl. horas f/pl. de despacho;

Schalthebel 868

~hebel *Kfz. m* palanca *f* de cambio de marchas; ~**jahr** *n* año *m* bisiesto; ~**pult** *n* pupitre *m* de mando *od.* de control; ~**tafel** ⚡ *f* cuadro *m* de distribución; ~**tag** *m* día *m* intercalar; ~**ung** ⚡ *f* conmutación *f*, conexión *f*; *Kfz.* cambio *m* de velocidad.
Schaluppe ⚓ [ʃa'lupə] *f* (15) chalupa *f*.
Scham [ʃa:m] *f* (16, *o. pl.*) vergüenza *f*; pudor *m*; *Anat.* partes *f/pl.* (vergonzosas); '~**bein** *n* pubis *m*.
schämen ['ʃɛ:mən] (25): *sich* ~ tener vergüenza (*gen.* de); avergonzarse (de); *ich schäme mich, zu* me da vergüenza (*inf.*).
Scham|gefühl [ʃa:mgəfy:l] *n* pudor *m*; ~**haar** *n* vello *m* pubiano; 2**haft** pudoroso, púdico; ~**haftigkeit** *f* pudor *m*; 2**los** impúdico, indecente; (*frech*) desvergonzado, sinvergüenza; ~**losigkeit** *f* indecencia *f*; desvergüenza *f*.
Schamotte [ʃa'mɔtə] *f* (15) arcilla *f* refractaria.
scham|rot ['ʃa:mro:t] ruboroso; ~ *werden* ruborizarse, sonrojarse; 2~**röte** *f* sonrojo *m*; 2**teile** *pl.* partes *f/pl.* (vergonzosas).
schand|bar ['ʃantba:r] vergonzoso; infame; 2**e** ['~də] *f* (15, *o. pl.*) deshonra *f*; vergüenza *f*.
schänden ['ʃɛndən] (26) deshonrar; *Frau:* violar; *Rel.* profanar.
Schandfleck ['ʃantflɛk] *m* mancha *f*; mancilla *f*.
schändlich ['ʃɛntliç] vergonzoso; infame; ignominioso; 2**keit** *f* infamia *f*.
Schand|mal ['ʃantma:l] *n* estigma *m*; ~**maul** *n* mala lengua *f*; ~**pfahl** *m* picota *f*; ~**tat** *f* infamia *f*.
Schändung ['ʃɛnduŋ] *f* profanación *f*; *e-r Frau:* violación *f*.
Schank|bier ['ʃaŋkbi:r] *n* cerveza *f* de barril; ~**tisch** *m* mostrador *m*; ~**wirt** *m* tabernero *m*; ~**wirtschaft** *f* taberna *f*, F tasca *f*.
Schanze ⚔ ['ʃantsə] *f* (15) trinchera *f*; 2**n** ⚔ (27) zapar.
Schar [ʃa:r] *f* (16) multitud *f*; grupo *m*; (*Pflug*⚒) reja *f*; (*Vögel*⚒) bandada *f*.
Scharade [ʃa'ra:də] *f* (15) charada *f*.
scharen ['ʃa:rən] (25) reunir; ~**weise** en tropel, en grupos.
scharf [ʃarf] cortante; afilado; agudo (*a. Blick, Verstand*); *Kritik:* mordaz; *Geruch:* acre; penetrante; *Speise:* picante; *Kurve:* cerrado; *Luft:* frío; *Wind:* cortante; *Ton:* estridente; *Gehör:* fino; (*deutlich*) nítido; (*streng*) riguroso, severo; ⋁ (*geil*) cachondo; ~ *ansehen* mirar de hito en hito; ~ *bewachen* vigilar de cerca; ~ *laden* cargar con balas; ~ *bremsen* frenar en seco; ~ *sn auf* (*ac.*) codiciar (*ac.*); '2**blick** *m* perspicacia *f*.
Schärfe ['ʃɛrfə] *f* (15) agudeza *f* (*a. fig.*); (*Schliff*) corte *m*, filo *m*; *der Kritik usw.*: mordacidad *f*; (*Klarheit*) nitidez *f*; (*Strenge*) rigor *m*; (*Scharfsinn*) perspicacia *f*; 2**n** (25) afilar; *a. fig.* aguzar; ~**ntiefe** *Phot. f* profundidad *f* de campo.
scharf|kantig ['ʃarfkantiç] cortante; ~**machen** *fig.* excitar; azuzar; 2~**macher** *m fig.* azuzador *m*; 2**richter** *m* ejecutor *m* (de la Justicia); 2~**schütze** ⚔ *m* tirador *m* de precisión; ~**sichtig** ['~ziçtiç] de vista aguda; *fig.* perspicaz; 2**sinn** *m* sagacidad *f*, perspicacia *f*; ~**sinnig** sagaz, perspicaz.
Scharlach ['ʃarlax] *m* (3¹) (*Farbe*) escarlata *f*; ✚ escarlatina *f*; 2**farben**, 2**rot** escarlata.
Scharlatan ['~latan] *m* (3¹) charlatán *m*.
scharmant [-'mant] encantador.
Scharmützel ⚔ [-'mytsəl] *n* (7) escaramuza *f*, refriega *f*.
Scharnier [-'ni:r] *n* (3¹) bisagra *f*; charnela *f*.
Schärpe ['ʃɛrpə] *f* (15) banda *f*, faja *f*.
scharren ['ʃarən] (25) rascar; *bsd. Tier:* escarbar.
Schart|e ['ʃartə] *f* (15) mella *f*; *die* ~ *auswetzen fig.* reparar una falta; 2**ig** mellado.
Schatten ['ʃatən] *m* (6) sombra *f*; *im* ~ a la sombra; *in den* ~ *stellen fig.* hacer sombra a; eclipsar; ~**bild** *n* silueta *f*; 2**haft** vago; ~**kabinett** *n* gobierno *m* fantasma *od.* en la sombra; ~**riß** *m* silueta *f*; ~**seite** *f* lado *m* de la sombra; *fig.* inconveniente *m*; ~**spiel** *n* sombras *f/pl.* chinescas; ~**wirtschaft** *f* economía *f* sumergida.
schatt|ieren [-'ti:rən] sombrear; (*abtönen*) matizar; 2**ierung** *f* sombreado *m*; matiz *m*; '~**ig** sombroso, umbroso; sombrío.
Schatulle [-'tulə] *f* (15) cofrecillo *m*.
Schatz [ʃats] *m* (3² u. ³) tesoro *m* (*a. fig. u. Anrede*); '~**amt** *n* Tesoro *m*; '~**anweisung** *f* bono *m* del Tesoro.
schätzen ['ʃɛtsən] (27) apreciar, esti-

Scheidweg

mar; evaluar; tasar; *wie alt schätzt du ihn?* ¿cuántos años le echas?; *sich glücklich* ~ congratularse (*zu* de); ~**swert** apreciable, estimable.

Schatz|gräber ['ʃatsgrɛːbər] *m* buscador *m* de tesoros; ~**kammer** *f* tesoro *m*; ~**meister** *m* tesorero *m*.

Schätz|ung ['ʃɛtsʊŋ] *f* apreciación *f*, estimación *f*; tasación *f*, evaluó *m*; (*Hoch*2) estima *f*; 2**ungsweise** aproximadamente; ~**wert** *m* valor *m* estimativo.

Schau [ʃaʊ] *f* (16) vista *f*, aspecto *m*; visión *f*; (*Ausstellung*) exposición *f*; exhibición *f*; *Thea*. espectáculo *m*, show *m*; *zur* ~ *stellen* exhibir; *fig*. ostentar; *zur* ~ *tragen* afectar, aparentar; F *fig. j-m die* ~ *stehlen* robarle la escena a alg.; '~**bild** *n* diagrama *m*; '~**bude** *f* puesto *m* de feria.

Schauder ['-dər] *m* (7) escalofríos *m/pl*.; horror *m*; estremecimiento *m*; 2**haft** horrible, espantoso; 2**n** (29) estremecerse; *mich schaudert* siento escalofríos.

schauen ['-ən] (25) mirar; ver.

Schauer ['-ər] *m* (7) estremecimiento *m*; (*Regen*2) aguacero *m*, chubasco *m*; ~**geschichte** *f* cuento *m* horripilante; 2**lich** horripilante; monstruoso; lúgubre; ~**mann** ⚓ *m* (1, *pl*. ~*leute*) cargador *m* de muelle, estibador *m*.

Schaufel ['-fəl] *f* (15) pala *f*; (*Rad*2, *Turbinen*2) álabe *m*, paleta *f*; 2**n** (29) trabajar *bzw*. mover con la pala; *Grab(en)*: abrir; *Schnee*: quitar; ~**rad** *n* rueda *f* de paletas.

Schau|fenster ['-fɛnstər] *n* escaparate *m*, *Am*. vidriera *f*; ~**fensterdekorateur** *m neol*. escaparatista *m*; ~**flug** *m* vuelo *m* de exhibición; ~**geschäft** *n* mundo *m* del espectáculo (*od*. de la farándula); ~**kasten** *m* vitrina *f*.

Schaukel ['-kəl] *f* (15) columpio *m*, *Am*. hamaca *f*; 2**n** (29) *v/t*. (*v/i*. *u*. *sich*) columpiar(se), balancear(se); ~**n** *n* balanceo *m*; ~**pferd** *n* caballo *m* de balancín; ~**stuhl** *m* mecedora *f*.

Schaulust ['-lʊst] *f* (14, *o. pl*.) curiosidad *f*; 2**ig** curioso.

Schaum [ʃaʊm] *m* (3³) espuma *f*; *zu* ~ *schlagen Eiweiß*: batir a punto de nieve.

schäumen ['ʃɔymən] (25) hacer espuma, espumar; *vor Wut*: espumajear; ~**d** espumante.

Schaum|gebäck ['ʃaʊmgəbɛk] *n* merengue *m*; ~**gummi** *m* goma *f* espuma; 2**ig** espumoso; ~**löffel** *m* espumadera *f*; ~**löscher** *m* extintor *m* de espuma; ~**schläger** *m* batidor *m*; *fig*. cuentista *m*, F cantamañanas *m*; ~**stoff** *m* espuma *f*; ~**wein** *m* vino *m* espumoso.

Schau|packung ['ʃaʊpakʊŋ] *f* embalaje *m* ficticio; ~**platz** *m* escenario *m*; teatro *m*; 2**rig** horripilante; ~**spiel** *n* espectáculo *m*; pieza *f* de teatro, drama *m*; ~**spieler(in** *f*) *m* actor *m* (actriz *f*); 2**spielern** hacer teatro; *fig*. hacer la comedia; ~**spielhaus** *n* teatro *m*; ~**spielkunst** *f* arte *m* dramático; ~**steller** *m* feriante *m*; ~**stellung** *f* exhibición *f*; ~**turnen** *n* exhibición *f* gimnástica.

Scheck ✝ [ʃɛk] *m* (11, *a*. 3¹) cheque *m*; F talón *m*; '~**buch** *n* talonario *m* de cheques; ~**e** ['-kə] *m* (13) caballo *m* pío; '2**ig** manchado; *Pferd*: pío; '~**verkehr** ✝ *m* operaciones *f/pl*. de cheques.

scheel [ʃeːl] bizco; (*neidisch*) envidioso; *adv*. con ojos envidiosos.

Scheffel ['ʃɛfəl] *m* (7) fanega *f*; *fig*. *sein Licht unter den* ~ *stellen* poner la luz bajo el celemín; 2**n** (29): *Geld* ~ apalear oro, F forrarse; 2**weise** a montones.

Scheibe ['ʃaɪbə] *f* (15) disco *m*; ⊕ rodaja *f*; *Wurst*: *a*. tajada *f*; *Brot*: rebanada *f*; *Schinken*: lonja *f*; *Zitrone usw*.: raja *f*; (*Glas*2) vidrio *m*, cristal *m*; (*Schieß*2) blanco *m*; ~**nbremse** *f* freno *m* de disco; ~**ngardine** *f* visillo *m*; ~**nhonig** *m* miel *f* en panales; ~**nschießen** *n* tiro *m* al blanco; ~**nwascher** *Kfz*. *m* lavaparabrisas *m*; ~**nwischer** *Kfz*. *m* limpiaparabrisas *m*.

Scheich [ʃaɪç] *m* (3¹ *od*. 11) jeque *m*.

Scheide ['ʃaɪdə] *f* (15) (*Degen*2) vaina *f*; *Anat*. vagina *f*; *Erdk*. frontera *f*; *aus der* ~ *ziehen* desenvainar; *in die* ~ *stecken* envainar; ~**linie** *f* línea *f* divisoria *od*. de demarcación; ~**münze** *f* moneda *f* fraccionaria; 2**n** (30) **1.** *v/t*. separar; dividir; *Ehe*: divorciar; *sich* ~ *lassen* divorciarse (*von* de); **2.** *v/i*. (sn) despedirse, irse; *aus dem Amt* ~ cesar en el cargo; ~**n** *n* (*Abschied*) despedida *f*; ~**wand** *f* tabique *m* (*a. Anat*.); ~**wasser** 🜄 *n* agua *f* fuerte; ~**weg** ['--veːk] *m* en-

Scheidung

crucijada *f*; *fig. am* ~ *stehen* estar en la encrucijada.

Scheidung ['-duŋ] *f* separación *f*; ⚤ divorcio *m*; **~s...**: *in Zssgn* de divorcio.

Schein [ʃaɪn] *m* (3): **a)** luz *f*; claridad *f*; *(Glanz)* brillo *m*; *fig.* apariencia *f*; *den ~ wahren* salvar las apariencias; *der ~ trügt* las apariencias engañan; **b)** *(Bescheinigung)* certificado *m*; *(Beleg)* resguardo *m*; *(Geld≳)* billete *m*; *Kfz.* faro *m*. '**~angriff** ⚔ *m* ataque *m* simulado; '**≳bar** aparente; *adv.* en apariencia; '**≳en** (30) brillar, lucir; *fig.* parecer; *die Sonne scheint* hace sol; '**~gesellschaft** ✝ *f* compañía *f* fantasma; sociedad *f* de fachada; '**≳heilig** mojigato; hipócrita; '**~heiligkeit** *f* mojigatería *f*; hipocresía *f*; '**~tod** *m* muerte *f* aparente; '**≳tot** muerto *m* en apariencia; **~werfer** ['-vɛrfɐr] *m* (7) proyector *m*; *Thea. a.* foco *m*; reflector *m*.

Scheiß|e V ['ʃaɪsə] *f* (15, *o. pl.*) mierda *f* (*a. fig.*); **≳en** (30) V cagar; *fig. ~ auf* cagarse en; **~kerl** V *m* mierda *m*.

Scheit [ʃaɪt] *n* (3) leño *m*.

Scheitel ['-təl] *m* (7) coronilla *f*; ⚕ vértice *m*; *(Haar≳)* raya *f*; **≳n** (29): *das Haar ~* hacer la raya; **~punkt** *m* ⚕ vértice *m*; *Astr.* cenit *m*; *fig.* punto *m* culminante.

Scheiter|haufen ['-tərhaʊfən] *m* hoguera *f*; **≳n** (29, sn) ⚓ naufragar (*a. fig.*); *fig.* fracasar; **~n** *n* naufragio *m*; *fig.* fracaso *m*.

Schellack ['ʃɛlak] *m* (3) goma *f* laca.

Schelle ['-lə] *f* (15) cascabel *m*; *(Klingel)* campanilla *f*; *es hat geschellt* han llamado; **~nbaum** ♪ *m* chinescos *m/pl.*; **~ngeläut** *n* cascabeleo *m*.

Schellfisch ['-fɪʃ] *m* (3²) eglefino *m*.

Schelm [ʃɛlm] *m* (3) pícaro *m*; bribón *m*; '**~enroman** *m* novela *f* picaresca; '**~enstreich** *m* picardía *f*; '**≳isch** pícaro.

Schelt|e ['-tə] *f* (15) reprimenda *f*; *~ bekommen* sufrir una reprimenda; **≳en** (25) reñir, reprender; *~ auf (ac.)* censurar a/c.; háblar mal de; **~wort** *n* (1) injuria *f*.

Schema ['ʃeːma] *n* (11, *pl. a.* -ata) esquema *m*; **≳tisch** [-'maːtɪʃ] esquemático.

Schemel ['-məl] *m* (7) taburete *m*; escabel *m*.

Schemen ['-mən] *m u. n* (6) sombra *f*; fantasma *m*; **≳haft** fantasmal.

Schenke ['ʃɛŋkə] *f* (15) taberna *f*; bar *m*; F tasca *f*.

Schenkel ['ʃɛŋkəl] *m* (7) *Anat.* muslo *m*; ⚕ lado *m*; **~(hals)bruch** *m* fractura *f* (del cuello) del fémur.

schenk|en ['-kən] (25) regalar; *(stiften)* donar; *(erlassen)* perdonar, dispensar; *Aufmerksamkeit:* dedicar; **≳er** ⚤ *m* donador *m*; **≳ung** *f* donación *f*; **≳ungs-urkunde** *f* acta *f* de donación.

Scherbe ['ʃɛrbə] *f* (15) casco *m*, pedazo *m*; *in ~n gehen* hacerse pedazos *od.* añicos.

Schere ['ʃeːrə] *f* (15) tijeras *f/pl.*; *(Garten≳)* cizallas *f/pl.*; *Zo.* pinza *f*; **≳n** (30, *a.* 25) *Tiere:* esquilar; *Haar:* cortar; *sich ~ um* hacer caso de; *was schert dich das?* ¿qué te importa eso?; *scher dich zum Teufel!* ¡vete al diablo!; **~nfernrohr** *n* telescopio *m* de tijera; **~nschleifer** *m* afilador *m*; **~nschnitt** *m* silueta *f*; **~rei** *f* molestia *f*; engorro *m*.

Scherflein ['ʃɛrflaɪn] *n* (6) óbolo *m*.

Scherge ['ʃɛrgə] *m* (13) esbirro *m*.

Scherz [ʃɛrts] *m* (3²) broma *f* (*schlechter pesada*), burla *f*; *im ~* en broma; *(s-n) ~ mit j-m treiben* tomar el pelo a alg.; '**~artikel** *m/pl.* artículos *m/pl.* de pega; '**≳en** (27) bromear; burlarse; divertirse; '**≳haft** burlesco; chistoso; *adv.* en broma; '**~wort** *n* (1) palabra *f* chistosa; gracia *f*.

scheu [ʃɔʏ] **1.** *adj.* tímido; *(menschen~)* huraño; *Pferd:* desbocado; espantadizo; *~ machen (werden)* espantar(se); **2.** ≳ *f* (16, *o. pl.*) timidez *f*; miedo *m*; **≳che** ['-çə] *f* (15) espantajo *m*; '**~chen** (25) espantar, ahuyentar; '**~en** (25) **1.** *v/t.* temer; *keine Mühe ~* no regatear *od.* escatimar esfuerzos; *keine Kosten ~* no reparar en gastos; **2.** *v/i. Pferd:* desbocarse; espantarse; *sich ~ vor (dat.)* recelarse de.

Scheuer|bürste ['-ərbyrstə] *f* cepillo *m* de fregar; **~lappen** *m*, **~tuch** *n* bayeta *f*; **≳n** (29) fregar; ⚓ baldear; *(reiben)* frotar.

Scheuklappe ['-klapə] *f* anteojera *f*.

Scheune ['-nə] *f* granero *m*; pajar *m*.

Scheusal ['-zaːl] *n* (3) monstruo *m*.

scheußlich ['ʃɔʏslɪç] monstruoso; horrible, atroz; **≳keit** *f* atrocidad *f*.

Schi [ʃiː] *m* (11, *pl.* ~er) esquí *m*; *~ laufen* esquiar; '**~...**: *in Zssgn mst* de

Schiläufer

esquí; '~**ausrüstung** f equipo m de esquiador.
Schicht ['ʃiçt] f (16) capa f; Geol. u. fig. estrato m; (Arbeits♀) turno m; (Arbeiter) equipo m; '♀**en** (26) apilar; '~**wechsel** m cambio m de turno; '♀**weise** por turnos; '~**wolke** f estrato m.
schick [ʃik] **1.** adj. elegante, chic; **2.** ♀ m (3, o. pl.) elegancia f; '~**en** (25) enviar; expedir; remitir; mandar; nach j-m ~ enviar por alg.; mandar buscar a alg.; sich ~ convenir; sich ~ in (ac.) resignarse a; '~**lich** conveniente; decente; '♀**lichkeit** f conveniencia f; decencia f; decoro m.
Schicksal ['-zɑ:l] n (3) destino m; suerte f; fortuna f; sino m; ♀**haft** fatal; ~**sglaube** m fatalismo m; ~**schlag** m revés m de la fortuna; golpe m del destino.
Schickung ['-uŋ] f caso m providencial.
Schieb|e... ['ʃi:bə...]: in Zssgn oft corredizo; ~**edach** n techo m corredizo; ~**efenster** n (nach oben) ventana f de guillotina; (waagerecht) ventana f corrediza; ♀**en** (30) **1.** v/t. mover, empujar; **2.** v/i. fig. hacer chanchullos, traficar; ~**er** m (7) ⊕ distribuidor m; corredera f; fig. traficante m; F estraperlista m; ~**etür** f puerta f corrediza; ~**ung** f chanchullo m; Sport: tongo m.
Schieds|gericht ['ʃi:tsgəriçt] n tribunal m arbitral od. de arbitraje; ~**richter** m árbitro m; ♀**richterlich** arbitral; ♀**richtern** (29) arbitrar, hacer de árbitro; ~**spruch** m arbitraje m; sentencia f arbitral; laudo m.
schief [ʃi:f] oblicuo; (geneigt) inclinado; fig. torcido; adv. de soslayo, de reojo.
Schiefer ['-ər] m (7) pizarra f; Geol. esquisto m; ~**bruch** m pizarrería f; ~**dach** n tejado m de pizarra; ~**tafel** f pizarra f.
schief|gehen ['-ge:ən] F fig. salir mal; fracasar; ~**gewickelt** F fig.: ~ sn estar (muy) equivocado; ~**lachen** F: sich ~ F desternillarse de risa.
s**chielen** ['ʃi:lən] **1.** v/i. (25) bizcar, ser bizco; ~ nach mirar de soslayo od. de reojo; **2.** ♀ n estrabismo m; ~**d** bizco, bisojo; estrábico.
schien [ʃi:n] s. scheinen.
'**Schien|bein** n tibia f; ~**e** f (15) a. ⚕ carril m, riel m, raíl m; ✈ tablilla f,

férula f; ♀**en** ✈ (25) entablillar; ~**enbus** m ferrobús m; ~**enfahrzeug** n vehículo m sobre carriles; ~**enstrang**, ~**enweg** ['--ve:k] m vía f férrea.
schier [ʃi:r] puro; adv. casi.
Schierling ['-liŋ] m (3¹) cicuta f.
Schieß... ['ʃi:s...]: in Zssgn oft de tiro; ~**baumwolle** f algodón m pólvora; ~**bude** f barraca f de tiro; ♀**en** (30) disparar, tirar; Fußball: a. chutar; Jgdw. cazar; fig. (sn) (stürzen) precipitarse; in die Höhe ~ crecer rápidamente; Kind: F dar un estirón; ~**en** n tiros m/pl.; ♀**enlassen** F fig. abandonar; renunciar a; ~**e'rei** f tiroteo m; ~**platz** m campo m de tiro; ~**pulver** n pólvora f; ~**scharte** f aspillera f; ~**scheibe** f blanco m; ~**sport** m tiro m; ~**stand** m (polígono m de) tiro m.
Schifahrer ['ʃi:fa:rər] m s. Schiläufer.
Schiff [ʃif] n (3) buque m, barco m; navío m; a. △ nave f.
Schiffahrt ['-ɑ:rt] f navegación f; ~**sgesellschaft** f compañía f naviera od. de navegación.
schiff|bar ['-bɑ:r] navegable; ♀**bau** m construcción f naval; ♀**bauer** m constructor m de buques; ♀**bau-ingenieur** m ingeniero m naval; ♀**bruch** m naufragio m; ~ erleiden a. fig. naufragar; ♀**brüchig**, ♀**brüchige(r)** [-'bryçigər] m náufrago (m); ♀**chen** n (6) ⊕ lanzadera f; ~**en** (25, a. sn) navegar; P orinar, mear; ♀**er** m (7) navegante m; (Fluß♀) batelero m, barquero m; ♀**erklavier** F n acordeón m; ♀**erknoten** m nudo m marinero.
Schiffs|agent ['ʃifsʔagənt] m agente m marítimo; ~**arzt** m médico m de a bordo; ~**breite** f manga f; ~**eigner** m armador m; ~**hebewerk** n montabarcos m; ~**junge** m grumete m; ~**länge** f eslora f; ~**makler** m consignatario m de buques; ~**mannschaft** f tripulación f; ~**raum** m cala f; tonelaje m; ~**reise** f crucero m; viaje m marítimo; ~**rumpf** m casco m; ~**schraube** f hélice f; ~**verkehr** m tráfico m marítimo; ~**zwieback** m galleta f (de barco).
Schikan|e [ʃi'kɑ:nə] f (15) vejación f; ~**ieren** [-ka'ni:rən] vejar; F hacer la pascua (a alg.); ~**ös** [--'nø:s] vejatorio.
Schi|langlauf [ʃi:laŋlauf] m esquí m de fondo; ~**lauf** m esquí m; ~**läufer** m esquiador m.

Schild [ʃilt]: **a)** m (3) escudo m; *kleiner*: broquel m; *im* ~*e führen fig.* tramar, maquinar; **b)** n (1) letrero m, rótulo m; (*Tür*2) placa f; (*Plakat*) cartel m; (*Etikett*) etiqueta f; '~**drüse** *Anat.* f (glándula f) tiroides m; '~**erhaus** ['-dərhaʊs] n garita f; ²**ern** ['-dərn] (29) pintar, describir; explicar; ~**erung** ['-dəruŋ] f descripción f; '~**knappe** m escudero m; '~**kröte** f tortuga f; '~**laus** f cochinilla f; ~**patt** ['-pat] n (3, *o. pl.*) carey m; '~**wache** f centinela f (*Person*: m).

Schilehrer ['ʃiːleːrər] m profesor m *od.* monitor m de esquí.

Schilf [ʃilf] n (3): **a)** cañaveral m; juncal m; **b)** = '~**rohr** n caña f; junco m.

Schilift ['ʃiːlift] m telesquí m.

schillern ['ʃilərn] (29) tornasolar; irisar; *Stoff*: hacer visos; ~**d** tornasolado; *Stoff*: cambiante.

Schilling ['-liŋ] m (3¹, *im pl. nach Zahlen uv.*) chelín m.

schilt(st) [ʃilt(st)] *s.* schelten.

Schimäre [ʃi'mɛːrə] f (15) quimera f.

Schimmel ['ʃiməl] m (7) 🐎 moho m; *Zo.* caballo m blanco; ²**ig** mohoso, enmohecido; ~ *werden* = ²**n** (29) enmohecer(se); '~**pilz** m moho m.

Schimmer ['-mər] m (7) vislumbre f; resplandor m; F *fig. keinen (blassen)* ~ *haben von* no tener (la menor) idea de; ²**n** (29) brillar, relucir.

Schimpanse [ʃim'panzə] m (13) chimpancé m.

Schimpf [ʃimpf] m (3) injuria f, afrenta f; *ultraje* m; *mit* ~ *und Schande* ignominiosamente; '²**en** (25) insultar; reñir; renegar, maldecir (*über de*); ~**e'rei** f improperios m/pl., invectivas f/pl.; '²**lich** injurioso, vergonzoso; ignominioso; '~**name** m mote m (*od.* apodo m) injurioso; '~**wort** n palabra f injuriosa; palabrota f, taco m.

Schindel ['ʃindəl] f (15) ripia f.

schind|en ['-dən] (30) desollar; *fig.* vejar; *sich* ~ trabajar como un negro; ²**er** m (7) desollador m; *fig.* negrero m; ²**e'rei** f trabajo m de negros; F paliza f; ²**luder** ['ʃintluːdər] n: ~ *treiben mit* maltratar a; ²**mähre** f rocín m, penco m.

Schinken ['ʃiŋkən] m (6) jamón m (*gekochter* (en) dulce); *Mal.* mamarracho m; (*Buch*) F ladrillo m.

Schippe ['ʃipə] f (15) pala f.

Schirm [ʃirm] m (3) pantalla f; (*Mützen*2) visera f; (*Regen*2) paraguas m; *fig.* abrigo m; amparo m; '~**herr** protector m, patrocinador m; '~**herrschaft** f patronato m, patrocinio m; '~**mütze** f gorra f de visera; '~**ständer** m paragüero m.

schirren ['ʃirən] (25) enjaezar.

Schi|sport ['ʃiːʃpɔrt] m (deporte m del) esquí m; ~**springen** n salto m de esquís.

Schiß V [ʃis] m (4, *o. pl.*) P cagueta f; ~ *haben* F estar acojonado.

schizophren [ʃitsoˈfreːn] esquizofrénico; ²**ie** [--freˈniː] f (15) esquizofrenia f.

Schlacht [ʃlaxt] f (16) batalla f; '~**bank** f tajo m; ²**en** (26) matar, sacrificar; '~**en** n matanza f (*a. fig.*); '~**enbummler** m *Sport*: F hincha m; '~**er** m carnicero m; *im Schlachthof*: matarife m; ~**e'rei** f carnicería f; '~**feld** n campo m de batalla; '~**gewicht** n peso m muerto; '~**hof** m matadero m; '~**ruf** m grito m de guerra; '~**schiff** n acorazado m; '~**vieh** n reses f/pl. de matadero.

Schlack|e ['ʃlakə] f (15) ⊕ escoria f; (*Eisen*2) cagafierro m; *Physiol.* residuos m/pl.; ~**enhalde** f escorial m; ~**wurst** f salchichón m.

Schlaf [ʃlaːf] m (3, *o. pl.*) sueño m; F *fig. et. im* ~ *können* saber a/c. al dedillo; '~**anzug** m pijama m.

Schläfchen ['ʃlɛːfçən] n (6) siesta f; *ein* ~ *machen* dormir la siesta.

Schlafcouch ['ʃlaːfkaʊtʃ] f sofá-cama m.

Schläfe ['ʃlɛːfə] f (15) sien f.

schlafen ['ʃlaːfən] (30) dormir; ~ *gehen* acostarse; ~ *Sie gut!* que (usted) descanse; ²**zeit** f hora f de dormir *od.* de acostarse.

Schläfer(in f) ['ʃlɛːfər(in)] m (7) durmiente *su.*

schlaff [ʃlaf] flojo; *a. Haut*: fláccido; *a. fig.* laxo; *fig.* decaído, lánguido; '²**heit** f flojedad f; flaccidez f; laxitud f (*a. fig.*).

Schlaf|gelegenheit ['ʃlaːfgəleːgənhaɪt] f alojamiento m; ~**krankheit** f enfermedad f del sueño; ²**los** insomne; ~**e Nacht** noche f en blanco; ~**losigkeit** f insomnio m; ~**mittel** n somnífero m; dormitivo m; ~**mütze** f gorro m de dormir; *fig.* dormilón m; ~**raum** m dormitorio m.

schläfrig ['ʃlɛːfriç] soñoliento; ²**keit**

Schlauch

f somnolencia *f*; ganas *f/pl.* de dormir.

Schlaf|rock ['ʃlɑːfrɔk] *m* bata *f*; ~**saal** *m* dormitorio *m*; ~**sack** *m* saco *m* de dormir; ~**stadt** *f* ciudad *f* dormitorio; ~**sucht** *f* somnolencia *f*; sopor *m*; ⒉**trunken** soñoliento; ~**trunkenheit** *f* somnolencia *f*; ~**wagen** 🚃 *m* coche *m* cama, *Am.* vagón *m* dormitorio; ⒉**wandeln** (*a.* sn) caminar en sueños; ~**wandeln** *n* sonambulismo *m*; ~**wandler** *m* sonámbulo *m*; ~**zimmer** *n* dormitorio *m*; alcoba *f*.

Schlag [ʃlɑːk] *m* (3³) golpe *m*; 🩺 ataque *m* de apoplejía; (*Herz*⒉) ataque *m* de (*Essen*) ración *f*; *e-s Vogels*: canto *m*; (*Wagentür*) portezuela *f*; *Forst*: tala *f*; (*Art*) especie *f*; ~ *drei Uhr* a las tres en punto; *mit e-m* ~ de repente; ~ *auf* ~ sin cesar; *fig. harter* (*od. schwerer*) ~ rudo golpe *m*; F *fig. ich dachte, mich trifft der* ~ me quedé de una pieza; ~**ader** *f* arteria *f*; ~**anfall** 🩺 *m* ataque *m* de apoplejía; ⒉**artig** brusco; *adv.* de (un) golpe; ¹~**baum** *m* barrera *f*; ¹~**bohrer** ⊕ *m* taladradora *f* de percusión; ¹~**bolzen** *m* percutor *m*.

schlagen ['ʃlɑːɡən] (30) **1.** *v/t.* golpear; (*prügeln*) pegar; *Wald*: talar; (*besiegen*) vencer; derrotar, batir; *Schlacht*: librar; *Brücke*: echar, tender; *Münze*: acuñar; *Laute*: tocar; *Eier usw.*: batir; *Sahne*: montar; *Falten*: hacer; *Kreis*: describir, trazar; *in Papier usw.*: envolver; *sich* ~ reñir, pelearse; batirse; *sich auf j-s Seite* ~ ponerse del lado de alg.; **2.** *v/i. Herz*: latir, palpitar; *Vogel*: cantar; *Uhr*: dar la hora; *es schlägt drei* dan las tres; *in j-s Fach* ~ ser de la incumbencia de alg.; *e-e geschlagene Stunde* una hora entera; ~ (*arten*) *nach* salir a; ~**d** *fig.* contundente, concluyente; 🗡 ~*e Wetter n/pl.* grisú *m*.

Schlager ['ʃlɑːɡər] *m* (7) ♪ canción *f* de moda; 🎵 gran éxito *m*.

Schläger ['ʃlɛːɡər] *m* (7) pala *f*; *Tennis*: raqueta *f*; *Hockey*: stick *m*; *Golf*: palo *m*; (*Person*) matón *m*; ~**ei** *f* riña *f*, pelea *f*.

Schlagersänger ['ʃlɑːɡərzɛnər] 🎤 intérprete *m* de la canción moderna.

schlag|fertig ['ʃlɑːkfɛrtɪç] que sabe replicar; ⒉**fertigkeit** *f* prontitud *f* en la réplica; ⒉**holz** *n Sport*: pala *f*; ⒉-**instrument** ♪ *n* instrumento *m* de percusión; ⒉**kraft** *f fig.* vigor *m*; contundencia *f*; 🗡 fuerza *f* de combate; ~**kräftig** fuerte; *fig.* contundente; 🗡 combativo; ⒉**licht** *n* rayo *m* de luz; *Mal.* claro *m*; ⒉**loch** *n* bache *m*; ⒉**ring** *m* llave *f* americana; ⒉~**sahne** *f* nata *f* batida *od.* montada; ⒉**seite** ⚓ *f* inclinación *f*; ~ *haben* ⚓ dar la banda; ⒉**stock** *m* porra *f*; ⒉**werk** *n Uhr*: juego *m* de campanas; ⒉**wort** *n* (3) lema *m*; slogan *m*; ⒉**zeile** *Typ. f* titular *m*; ⒉**zeug** ♪ *n* batería *f*; ⒉**zeuger** ♪ *m* (7) batería *m*, baterista *m*.

schlaksig F ['ʃlaksɪç] larguirucho; desgarbado.

Schlamassel F [ʃlaˈmasəl] *m* (7) F lío *m*, follón *m*, cacao *m*.

Schlamm [ʃlam] *m* (3) lodo *m*, barro *m*, cieno *m*; fango *m* (*a.* 🩺); ¹⒉**ig** lodoso, fangoso.

Schlämmkreide ['ʃlɛmkraɪdə] *f* blanco *m* de España.

Schlamp|e ['ʃlampə] *f* (15) mujer *f* desaseada; F puerca *f*; ~**e'rei** *f* negligencia *f*; desorden *m*; dejadez *f*; (*Arbeit*) chapuza *f*; ⒉**ig** desaseado; desordenado, desaliñado; *Arbeit*: chapucero.

schlang [ʃlaŋ] *s.* **schlingen.**

Schlange ['ʃlaŋə] *f* (15) serpiente *f*, culebra *f*; *fig.* víbora *f*; ⊕ serpentín *m*; (*Reihe*) cola *f*; ~ *stehen* hacer cola.

schlängeln ['ʃlɛŋəln] (29): *sich* ~ serpentear; enroscarse (*um en*).

Schlangen|beschwörer ['ʃlaŋənbəˈʃvøːrər] *m* encantador *m* de serpientes; ~**biß** *m* picadura *f* de serpiente; ~**farm** *f* serpentario *m*; ~**fraß** F *m* bazofia *f*, bodrio *m*; ~**linie** *f* línea *f* sinuosa; ~**mensch** *m* contorsionista *m*; ~**rohr** ⊕ *n* serpentín *m*.

schlank [ʃlaŋk] delgado; esbelto; ~ *werden* adelgazar; ⒉**heit** *f* delgadez *f*; esbeltez *f*; ¹⒉**heitskur** *f* cura *f* de adelgazamiento; ~**weg** ['-vɛk] *adv.* rotundamente.

schlapp [ʃlap] flojo; enervado; ~ *werden* aflojarse; fatigarse; ¹⒉**e** *f* (15) derrota *f*; fracaso *m*; ¹⒉**heit** *f* flojedad *f*, enervación *f*; ¹⒉**hut** *m* sombrero *m* flexible; ¹~**machen** F desfallecer; desmayarse; ¹⒉**schwanz** *m fig.* cobarde *m*; blandengue *m*.

Schlaraffenland [ʃlaˈrafənlant] *n* (país *m* de) jauja *f*.

schlau [ʃlaʊ] listo; astuto; avispado; ⒉**berger** F ['-bɛrɡər] *m* (7) cuco *m*.

Schlauch [ʃlaʊx] *m* (3³) tubo *m* (flexi-

Schlauchboot

ble); *Kfz., Fahrrad*: cámara *f* (de aire); (*Garten*²) mang(uer)a *f*; (*Wein*²) odre *m*; '~**boot** *n* bote *m* neumático; ²**en** F (25) fatigar, cansar.
schlauerweise [-ər'vaɪzə] astutamente.
Schlaufe ['-fə] *f* (15) lazo *m*, nudo *m* corredizo.
Schlauheit ['-haɪt] *f* astucia *f*.
schlecht [ʃlɛçt] malo, *Kurzform u. adv.* mal; *comp.* ~er, *sup.* ~est peor; *Luft*: viciado; *Zeiten*: duro, difícil; (*verdorben*) podrido; ~ *werden* echarse a perder; *mir ist* ~ me siento mal; ~er *werden* empeorar; *immer* ~er de mal en peor; ~ *aussehen* tener mala cara; ~**erdings** ['-tər'dɪŋs] absolutamente; '~**gelaunt** de mal humor; '~'**hin, ~weg** [-vɛk] sencillamente, por antonomasia; '²**igkeit** *f* maldad *f*; vileza *f*; '~**machen** hablar mal de; denigrar.
schlecke|n ['ʃlɛkən] (25) (re)lamer; ²**rei** *f* golosina *f*.
Schlegel ['ʃle:gəl] *m* (7) mazo *m*; ♪ palillo *m*, baqueta *f*; *Kchk.* pernil *m*.
Schleh|dorn ['ʃle:dɔrn] *m* endrino *m*; ~**e** *f* (15) endrina *f*.
schleich|en ['ʃlaɪçən] (30, *sn*) andar furtivamente *od.* a hurtadillas; *sich* ~ *in* (*ac.*) colarse en; ~**end** furtivo; *a.* ~ *latente*; ²**er** *fig. m* (7) hipócrita *m*; ²**handel** *m* tráfico *m* ilícito; F estraperlo *m*; ²**händler** *m* traficante *m* clandestino; F estraperlista *m*; ²**weg** ['-ve:k] *m* camino *m* secreto (*a. fig.*); ²**werbung** *f* publicidad *f* solapada.
Schleie [ʃlaɪə] *f* (15) (*Fisch*) tenca *f*.
Schleier ['-ər] *m* (7) velo *m* (*a. fig.*); mantilla *f*; ~**eule** *f* lechuza *f*; ²**haft** misterioso, enigmático.
Schleife ['-fə] *f* (15) lazo *m*, nudo *m*; (*Kurve*) viraje *m*; (*Fluß*²) meandro *m*; ⚓ rizo *m*.
schleif|en ['-fən] **1.** (30) afilar, amolar, aguzar; (*glätten*) alisar; *Glas*: pulir (*a. fig.*); *Diamant*: tallar; *fig. j-n* ~ *hacer sudar a alg.*; **2.** (25) arrastrar; ✗ arrasar, desmantelar; ²**lack** *m* laca *f* para pulir; ²**maschine** *f* afiladora *f*; ²**mittel** *n* abrasivo *m*; ²**scheibe** *f* muela *f*; ²**stein** *m* piedra *f* de afilar.
Schleim [ʃlaɪm] *m* (3) mucosidad *f*, moco *m*; ✽ pituita *f*; '~**beutel** *m* bolsa *f* sinovial; '~**drüse** *f* glándula *f* mucosa; '~**haut** *f* mucosa *f*; '²**ig** mucoso; ✽ pituitario; viscoso.
schlemm|en ['ʃlɛmən] (25) regalarse; ²**er** *m* (7) sibarita *m*; glotón *m*; ²**e'rei** *f* glotonería *f*.
schlender|n ['ʃlɛndərn] (29) andar despacio; *durch die Straßen* ~ callejear; ²**rian** ['-dria:n] *m* (3, *o. pl.*) rutina *f*; incuria *f*.
schlenkern ['ʃlɛŋkərn] (29) bambolear (*mit ac.*).
Schlepp|dampfer ['ʃlɛpdampfər] *m* remolcador *m*; ~**e** *f* (15) cola *f* (de vestido); ²**en** (25) arrastrar; ⚓, *Kfz.* remolcar, llevar a remolque; *sich* ~ arrastrarse; ²**end** arrastrado; lento; ~**er** *m* (7) tractor *m*; ⚓ remolcador *m*; ~**kahn** *m* lancha *f* de remolque; ~**lift** *m* telearrastre *m*; ~**netz** *n* barredera *f*; ~**tau** *n* cable *m* de remolque; **ins** ~ *nehmen a. fig.* llevar a remolque.
Schleuder ['ʃlɔʏdər] *f* (15) honda *f*; (*Katapult*) catapulta *f*; ⊕ centrífuga *f*; ~**gefahr** *f* *Vkw.* calzada *f* deslizante; ~**maschine** ⊕ *f* centrifugadora *f*; ²**n** (29) **1.** *v/t.* arrojar, lanzar; *Wäsche*: centrifugar; *fig. j-m auf die* ~ *n n* patinazo *m*; ⊕ centrifugación *f*; *ins* ~ *geraten* dar un patinazo; derrapar; ~**preis** ✖ *m* precio *m* ruinoso; ~**sitz** ✈ *m* asiento *m* catapulta *od.* eyectable.
schleunig ['-nɪç] pronto, rápido; ~**st** *adv.* cuanto antes, lo más pronto posible.
Schleuse ['-zə] *f* (15) esclusa *f*; ~**ntor** *n* compuerta *f* (de esclusa); ~**nwärter** *m* guarda-esclusa *m*.
schlich [ʃlɪç] *s.* schleichen; '²**e** *m/pl.* (3) tretas *f/pl.*; intrigas *f/pl.*; *j-m auf die* ~ *kommen* descubrir los manejos de alg.
schlicht [ʃlɪçt] sencillo, simple; modesto; *fig.* ~ *u. einfach* lisa y llanamente; '~**en** (26) alisar; *Streit*: dirimir; arreglar; ²**er** *m* (7) mediador *m*; árbitro *m*; '²**heit** *f* sencillez *f*; '²**ung** *f* conciliación *f*; '²**ungs-ausschuß** *m* comité *m* de arbitraje *bzw.* de conciliación.
Schlick [ʃlɪk] *m* (3) cieno *m*, barro *m*, lodo *m*.
schlief [ʃli:f] *s.* schlafen.
schließ|en ['-sən] (30) cerrar; *Veranstaltung*: clausurar; (*beenden*) terminar, acabar; *Vertrag*: concluir; *Frieden*: concertar, hacer; *Ehe*: contraer; *Freundschaft*: trabar; *Sitzung*: levantar; (*folgern*) deducir, concluir, inferir (*aus de*); *in sich* ~ *fig.* com-

prender; *implicar;* *in die Arme* ~ estrechar en sus brazos; ⚔er *m* (7) portero *m;* *im Gefängnis:* carcelero *m;* ⚔fach *n* ⚓ apartado *m* (de correos), *Am.* casilla *f; Bahnhof:* consigna *f* automática; *Bank:* caja *f* de seguridad; ~**lich** finalmente, al od. por fin; *(im Grunde)* después de todo; ~ *et.* tun acabar haciendo od. por hacer a/c.; ⚔**muskel** *m* esfínter *m;* ⚔**ung** *f* cierre *m.*

schliff [ʃlif] **1.** *s. schleifen;* **2.** ⚔ *m* (3) pulimento *m; Messer, Klinge:* filo *m; Edelstein:* talla *f; fig.* buenos modales *m/pl.*

schlimm [ʃlim] malo; *Kurzform u. adv.* malo; *(ernst)* grave; ~**er** *comp.*, ~**st** *sup.* peor; ~**er werden** empeorar; agravarse; *immer* ~**er werden** ir de mal en peor; ~**stenfalls** [ˈlstən'fals] en el peor de los casos.

Schlinge [ˈʃliŋə] *f* (15) lazo *m* (a. *Jgdw.*); ☤ cabestrillo *m; sich aus der* ~ *ziehen* salir del apuro; ~**el** *m* (7) pilluelo *m;* ⚔en (30) *(flechten)* enlazar, entrelazar; *(herunter-~)* tragar; *sich* ~ um enroscarse en; ⚔ern ⚓ (29) balancear(se); ~**ern** *n* balanceo *m;* ~**pflanze** *f* enredadera *f.*

Schlips [ʃlips] *m* (4) corbata *f.*

Schlitten [ˈʃlitan] *m* (6) trineo *m; (Rodel⚔)* tobogán *m, bsd. Sport:* luge *f;* ⊕ carro *m;* ~ *fahren* ir en trineo; ~**fahrt** *f* paseo *m* en trineo; ~**lift** *m* teletrineo *m.*

Schlitter|bahn [ˈl-tərbaːn] *f* resbaladero *m;* ⚔**n** (29) resbalar.

Schlittschuh [ˈl-ʃuː] *m* patín *m;* ~ *laufen* patinar (sobre hielo); ~**laufen** *n* patinaje *m* (sobre hielo); ~**läufer(in** *f) m* patinador(a) *m (f).*

Schlitz [ʃlits] *m* (3²) raja *f;* rendija *f;* abertura *f,* ranura *f; am Kleid:* cuchillada *f;* ~**augen** *n/pl.* ojos *m/pl.* rasgados; ⚔**en** (27) hender; acuchillar; '~**ohr** *F fig.* zorro *m,* vivo *m.*

Schloß [ʃlɔs] *n* **1.** *m* (2¹) **a)** cerradura *f; (Gewehr⚔)* cerrojo *m; hinter* ~ *und Riegel* F en chirona; **b)** ⚜ palacio *m;* castillo *m;* alcázar *m;* **2.** *s. schließen.*

Schlosse|r [ˈl-ər] *m* (7) cerrajero *m;* ~**rei** *f* cerrajería *f.*

Schloßherr(in *f) m* [ˈl-her(in)] castellano (-a) *m (f).*

Schlot [ʃloːt] *m* (3) chimenea *f;* F *rauchen wie ein* ~ fumar más que una chimenea.

schlott(e)rig [ˈʃlɔt(ə)riç] tembloroso; vacilante; ~**ern** (29) temblar; vacilar; *Anzug:* venir ancho.

Schlucht [ʃluxt] *f* (16) barranco *m.*

schluchzen [ˈl-tsən] **1.** *v/i.* (27) sollozar; **2.** ⚔ *n* sollozos *m/pl.*

Schluck [ʃluk] *m* (3[³]) trago *m,* sorbo *m;* '~**auf** *m* (11, *o. pl.*) hipo *m;* ⚔**en** (25) tragar *(a. fig.)*; deglutir; ~**er** *m* (7): *armer* ~ pobre diablo *m,* pobretón *m;* '~**impfung** *f* vacunación *f* oral.

schlud|ern [ˈʃluːdərn] (29) chapucear; ~**rig** chapucero.

schlug, schlüge [ʃluːk, ˈʃlyːgə] *s. schlagen.*

Schlummer [ˈʃlumər] *m* (7, *o. pl.*) sueño *m* ligero; reposo *m;* ⚔**n** (29) dormitar; dormir.

Schlund [ʃlunt] *m* (3³) garganta *f;* fauces *f/pl.; fig.* abismo *m.*

schlüpf|en [ˈʃlypfən] (25, *sn*) deslizarse; *aus dem Ei* ~ salir del huevo; ⚔**er** *m* (7) bragas *f/pl.*

Schlupfloch [ˈʃlupflɔx] *n* escondrijo *m (a. fig.)*; refugio *m.*

schlüpfrig [ˈʃlypfriç] resbaladizo; *fig.* escabroso, lascivo.

Schlupfwinkel [ˈʃlupfviŋkəl] *m* guarida *f;* escondrijo *m.*

schlürfen [ˈʃlyrfən] (25) sorber, beber a sorbos.

Schluß [ʃlus] *m* (4²) fin *m;* final *m;* término *m; (Folgerung)* conclusión *f;* ~ *machen mit* acabar con; poner fin od. término a; ~ *für heute* basta por hoy; '~**...:** *in Zssgn meist* final; '~**abrechnung** *f* liquidación *f* final.

Schlüssel [ˈʃlysəl] *m* (7) llave *f; fig.* clave *f (a. ♪);* ~**bart** *m* paletón *m;* ~**bein** *n* clavícula *f;* ~**blume** *f* primavera *f;* ~**bund** *m* od. *n* manojo *m* de llaves; ⚔**fertig** llave en mano; ~**figur** *f* figura *f* clave; ~**industrie** *f* industria *f* clave; ~**loch** *n* ojo *m* de la cerradura; ~**ring, ~tasche** *f* llavero *m;* ~**stellung** *f* posición *f* clave; ~**wort** *n* (1²) palabra *f* clave.

Schluß|feier [ˈʃlusfaɪər] *f* acto *m* de clausura; ~**folgerung** *f* conclusión *f;* consecuencia *f.*

schlüssig [ˈʃlysiç] concluyente; lógico; *sich (dat.)* ~ *werden* tomar una resolución.

Schluß|licht [ˈʃlusliçt] *n Kfz.* luz *f* trasera; *fig.* farolillo *m* rojo; ~**runde** *f Sport:* (vuelta *f)* final *f;* ~**sitzung** *f* sesión *f* de clausura; ~**stein** *m* clave *f* de bóveda; ~**strich** *m fig.:* e-n ~

Schlußverkauf

ziehen unter poner punto final a; **~verkauf** *m* venta *f* de fin de temporada; **~wort** *n* (3) última palabra *f*; epílogo *m*.

Schmach [ʃmɑːx] *f* (16, *o. pl.*) ignominia *f*; oprobio *m*; afrenta *f*.

schmachten [ˈʃmaxtən] (26) languidecer (*nach dat.* por); **~d** lánguido.

schmächtig [ˈʃmɛçtiç] delgado, enjuto, flaco, débil.

schmachvoll [ˈʃmɑːxfɔl] ignominioso; vergonzoso.

schmackhaft [ˈʃmakhaft] sabroso; 2igkeit *f* buen sabor *m*.

schmäh|en [ˈʃmɛːən] (25) injuriar, insultar; **~lich** ignominioso; vergonzoso; **2rede** *f* invectiva (*f*), libelo *m*; **2schrift** *f* maledicencia *f*; **2ung** *f* insulto *m*, injuria *f*, *pl. a.* improperios *m/pl*.

schmal [ʃmɑːl] (18[²]) estrecho; *Gestalt*: delgado, esbelto; *Gesicht*: afilado; *fig.* escaso, exiguo.

schmälern [ˈʃmɛːlərn] (29) reducir, disminuir.

Schmal|film [ˈʃmɑːlfɪlm] *m* película *f* estrecha; **~spur...**, **2spurig** de vía estrecha (*a. fig.*), *Am.* de trocha angosta.

Schmalz [ʃmalts] *n* (3²) manteca *f* (de cerdo); **2ig** *fig.* sentimental.

schmarotz|en [ʃmaˈrɔtsən] (27) parasitar; *fig.* vivir de gorra; **2er(in** *f*) *m* (7) parásito (-a) *m* (*f*); *fig. a.* zángano *m*, gorrón *m*; **2erpflanze** *f* planta *f* parásita; **2ertum** *n* parasitismo *m*.

Schmarre [ˈ-rə] *f* (15) cuchillada *f*, tajo *m*; **~n** *m* (6) *fig.* mamarracho *m*; birria *f*; disparate *m*.

Schmatz [ʃmats] *m* (3²) beso *m*; **2en** (27) comer ruidosamente.

Schmaus [ʃmaus] *m* (4²) comilona *f*, festín *m*, banquete *m*; **2en** [ˈ-zən] (27) banquetear; regalarse.

schmecken [ˈʃmɛkən] (25) 1. *v/i.* saber, tener gusto *od.* sabor (*nach* a); *gut* ~ saber bien, tener buen gusto; *es sich* ~ *lassen* comer con buen apetito; 2. *v/t.* (de)gustar.

Schmeich|elei [ʃmaɪçəˈlaɪ] *f* lisonja *f*; halago *m*; adulación *f*, zalamería *f*; **2elhaft** lisonjero; halagüeño; **~elkatze** *f* *fig.* zalamera *f*; **2eln** (29) adular, lisonjear, halagar; *Bild*: favorecer; **~ler(in** *f*) *m* (7) adulador (-a) *m* (*f*), lisonjeador(a) *m* (*f*); **2lerisch** adulador, lisonjero.

schmeiß|en [ˈ-sən] F (30) arrojar; lanzar; **2fliege** *f* moscarda *f*.

Schmelz [ʃmɛlts] *m* (3²) esmalte *m*; *der Stimme*: dulzura *f*; **2bar** fusible; **~e** *f* (15) fundición *f*; (*Masse*) masa *f* fundida; **2en** (30) 1. *v/t.* fundir; 2. *v/i.* (sn) fundirse; derretirse; **2end** *fig.* dulce; lánguido; **~hütte** *f* fundición *f*; **~käse** *m* queso *m* fundido; **~ofen** *m* horno *m* de fundición; **~punkt** *m* punto *m* de fusión; **~tiegel** *m* crisol *m* (*a. fig.*); **~wasser** *n* agua *f* de deshielo.

Schmerz [ʃmɛrts] *m* (5¹) dolor *m*; (*Kummer*) pena *f*, pesar *f*; **2en** (27) causar dolor; doler; *fig.* afligir, apenar; **2end** dolorido; **~ensgeld** *n* indemnización *f* (por daño personal); **2haft** doloroso; **2lich** doloroso; penoso; **2lindernd**, **2stillend** analgésico, calmante, sedativo; **2los** indoloro; *adv.* sin dolor; **~tablette** *f* analgésico *m*, calmante *m*.

Schmetter|ball [ˈʃmɛtərbal] *m* Tennis: smash *m*; **~ling** [ˈ-lɪŋ] *m* (3¹) mariposa *f*; **~lingsstil** *m* Schwimmen: estilo *m* mariposa; **2n** (29) 1. *v/t.* lanzar con violencia; *Lied*: cantar con brío; *zu Boden* ~ arrojar al suelo; 2. *v/i.* ♪ resonar; **2nd** retumbante; resonante.

Schmied [ʃmiːt] *m* (3) herrero *m*; **2bar** maleable.

Schmiede [ˈ-də] *f* (15) herrería *f*; forja *f*; **~eisen** *n* hierro *m* forjado; **~hammer** *m* martillo *m* de forja; **2n** (26) forjar; *Pläne*: hacer; *Komplott*: tramar.

schmieg|en [ˈ-ɡən] (25): *sich* ~ amoldarse, ajustarse (*an ac.* a); *sich an j-n* ~ estrecharse contra alg.; **~sam** [ˈ-kzɑːm] flexible (*a. fig.*); *fig.* dócil, dúctil; **2samkeit** *f* flexibilidad *f*.

Schmier|e [ˈ-rə] *f* (15) grasa *f*; sebo *m*; (*Schmutz*) mugre *f*; *Thea.* teatrillo *m* de tercera; P ~ *stehen* hacer la guardia; **2en** (25) ⊕ lubri(fi)car, engrasar; (*kritzeln*) garabatear; F *j-n* ~ untar la mano a alg.; **~enkomödiant** *m* comicastro *m*; **~e'rei** *f* garabatos *m/pl.*; **~fink** F *m* cochino *m*; **~geld** F *n* unto *m*; **~heft** *n* borrador *m*; **2ig** grasoso; pringoso; mugriento; **~mittel** *n* lubri(fi)cante *m*; **~seife** *f* jabón *m* verde; **~ung** *f* lubri(fi)cación *f*, engrase *m*.

schmilzt [ˈʃmɪltst] *s.* schmelzen.

Schminke [ˈʃmɪŋkə] *f* (15) maquillaje

Schneetreiben

m; afeite *m*; ⚥**n** (25) maquillar; **~n** *n* maquillaje *m*.
Schmirgel ['ʃmirgəl] *m* (7) esmeril *m*; ⚥**n** (29) esmerilar; **~papier** *n* papel *m* de lija.
Schmiß [ʃmis] **1.** *m* (4) tajo *m*; *fig*. brío *m*; **2.** ♀ *s.* *schmeißen*.
schmissig F ['-siç] brioso.
Schmöker F ['ʃmøːkər] *m* (7) libraco *m*; ⚥**n** (29) hojear; leer.
schmollen ['ʃmɔlən] (25) F poner hocico; estar de morros.
schmolz [ʃmɔlts] *s.* *schmelzen*.
Schmor|braten ['ʃmoːrbraːtən] *m* estofado *m*; ⚥**en** (25) estofar, guisar; *v/i. fig.* asarse; **~topf** *m* cacerola *f*.
Schmu [ʃmuː] *m*: **~ machen** sisar.
schmuck [ʃmuk] **1.** *adj*. bonito, guapo; **2.** ♀ *m* (3) adorno *m*; (*Juwelen*) joyas *f/pl*.
schmücken ['ʃmykən] (25) adornar; aderezar; decorar.
Schmuck|kästchen ['ʃmukkɛstçən] *n* (6) joyero *m*; ⚥**los** sencillo; sin adorno; **~stück** *n* joya *f* (*a. fig.*), alhaja *f*; **~waren** *f/pl*. joyería *f*; bisutería *f*.
schmudd(e)lig ['ʃmud(ə)liç] mugriento; desaseado.
Schmuggel ['ʃmugəl] *m* (7) contrabando *m*; ⚥**eln** (29) **1.** *v/t.* pasar *od.* introducir de contrabando; **2.** *v/i.* hacer contrabando; **~ler** *m* (7) contrabandista *m*.
schmunzeln ['ʃmuntsəln] (29) sonreír(se) satisfecho.
Schmus F [ʃmuːs] *m* (4, *o. pl.*) zalamería *f*; ⚥**en** ['-zən] (27) hacer arrumacos; besuquear.
Schmutz [ʃmuts] *m* (3²) suciedad *f*; (*Straßen*≳) barro *m*; *fig. in den* **~** *ziehen* arrastrar por el lodo; **⚥en** (27) manchar, ensuciar(se); **~fink** F *m* cochino *m*; **~fleck** *m* mancha *f* (de barro); **⚥ig** sucio; *fig.* sórdido; **~igkeit** *f* suciedad *f*; sordidez *f*; **~literatur** *f* literatura *f* pornográfica; **~stoff** *m* contaminante *m*; **~titel** *Typ. m* anteportada *f*.
Schnabel ['ʃnaːbəl] *m* (7¹) pico *m* (*a. e-r Kanne u. fig.*); F *halt den* **~**! ¡cierra el pico!
Schnack *nd.* [ʃnak] *m* (11 *od.* 3³) parloteo *m*; ⚥**en** (25) charlar.
Schnake ['ʃnaːkə] *f* (15) mosquito *m*.
Schnalle ['ʃnalə] *f* (15) hebilla *f*; broche *m*; ⚥**n** (25) abrochar.

schnalzen ['ʃnaltsən] (27) chasquear, chascar (*mit der Zunge* la lengua).
schnapp|en ['ʃnapən] (25) **1.** *v/t*. atrapar, F pescar; *Dieb*: P trincar; **2.** *v/i. Schloß*: cerrarse; **~** *nach* intentar atrapar a/c.; *nach Luft* **~** jadear; **⚥schloß** *n* cerradura *f* de golpe; **⚥schuß** *Phot. m* instantánea *f*.
Schnaps [ʃnaps] *m* (4²) aguardiente *m*; **~brennerei** *f* destilería *f* de licores; **'~idee** *f* idea *f* descabellada.
schnarchen ['ʃnarçən] **1.** *v/i.* (25) roncar; **2.** ♀ *n* ronquido *m*.
Schnarre ['ʃnarə] *f* (15) carraca *f*; ⚥**n** (25) rechinar; crispar.
schnattern ['ʃnatərn] (29) graznar; *fig.* charlar, parlotear; *vor Kälte* **~** tiritar.
schnauben ['ʃnaubən] (25) resoplar; bufar (*a. vor Wut*); *sich die Nase* **~** sonarse.
schnaufen ['ʃnaufən] (25) resollar; (*keuchen*) jadear.
Schnauz|bart F ['ʃnautsbaːrt] *m* mostacho *m*; ⚥**bärtig** bigotudo; **~e** *f* (15) hocico *m* (*a.* P *fig.*); P *e-e große* **~** *haben ser un bocazas; halt die* **~**! ¡cierra el pico!; ⚥**en** F (27) sargentear; **~er** *m* (7) schnauzer *m*.
Schnecke ['ʃnɛkə] *f* (15) *Zo.* caracol *m* (*a. Anat.*); (*Nackt*≳) babosa *f*, limaza *f*; ⊕ (tornillo *m*) sinfín *m*; rosca *f* (*a. Gebäck*); △ voluta *f*; ⚥**nförmig** ['--nfœrmiç] espiral; ⊕ helicoidal; **~ngang** *m*, **~ntempo** *n*: *fig. im* **~** *a paso de tortuga*; **~nhaus** *n* concha *f* de caracol.
Schnee [ʃneː] *m* (3¹, *o. pl.*) nieve *f* (*a.* F *Kokain*); *zu* **~** *schlagen Eier*: batir a punto de nieve; '**~ball** *m* bola *f* de nieve; ♀ viburno *m*; '⚥**bedeckt** cubierto de nieve, nevado; '**~besen** *Kchk. m* batidor *m*; '**~fall** *m* nevada *f*; '**~flocke** *f* copo *m* de nieve; '**~gestöber** *n* ventisca *f*; nevasca *f*; '**~glöckchen** ♀ *n* campanilla *f* de las nieves; '**~grenze** *f* límite *m* de las nieves; '**~höhe** *f* espesor *m* de nieve; '**~huhn** *n* perdiz *f* blanca; '**~kette** *f* cadena *f* antideslizante; '**~könig** *m* F *fig.*: *sich wie ein* **~** *freuen* alegrarse como niño con zapatos nuevos; '**~mann** *m* muñeco *m od.* monigote *m* de nieve; '**~pflug** *m* quitanieves *m*; *Skisport*: barreneve *m*; '**~regen** *m* aguanieve *f*; '**~schläger** *m s. ~besen*; '**~schmelze** *f* deshielo *m*; '**~sturm** *m* temporal *m* de nieve; '**~treiben** *n*

Schneewehe

ventisca f; '˜wehe f ventisquero m; nieve f acumulada; '2weiß blanco como la nieve; níveo; ˜wittchen [-'vitʧən] n (6, o. pl.) Blancanieves f.

Schneid [ʃnaɪt] m (3, o. pl.) arrojo m, agallas f/pl.; brío m; '2brenner m soplete m cortante; ˜e ['-də] f (15) corte m; filo m; '2en (30) cortar; Fleisch: tajar; Braten: trinchar; Bäume: podar; in Holz: grabar; Film: montar; fig. j-n: hacer el vacío a; fig. ins Herz ˜ partir el alma; '2end cortante; Kälte, Schmerz: penetrante; fig. incisivo; tajante.

Schneider ['-dər] m (7) sastre m; (Damen2) modisto m; ˜ei f sastrería f; ˜in f modista f; sastra f; 2n (29) hacer vestidos; trabajar de sastre; ˜puppe f maniquí m.

Schneidezahn ['--tsɑːn] m (3³) (diente m) incisivo m.

schneidig ['-diç] arrojado; gallardo.

schneien ['-ən] (25) nevar.

Schneise ['-zə] f (15) vereda f.

schnell [ʃnɛl] rápido, pronto; veloz; adv. de prisa; mach ˜! ¡date prisa!; '2boot n lancha f rápida; '2en (25) (sn): in die Höhe ˜ saltar; Preis: dispararse; '2feuer n tiro m rápido; ˜füßig ['-fyːsiç] ligero de pies; '2gaststätte f restaurante m rápido, snack(-bar) m; '2gericht ʤ tribunal m de urgencia; Kchk. plato m rápido; '2hefter m carpeta f (flexible); '2igkeit f rapidez f; velocidad f; prontitud f; '2-imbiß m: a) refrigerio m; tentempié m; b) = 2gaststätte; '2kochtopf m olla f de exprés od. a presión; '2kurs m curso m od. cursillo m acelerado od. intensivo; '2straße f autovía f; '2verfahren ʤ n juicio m sumarísimo; '2waage f romana f; '2zug m (tren m) expreso m.

Schnepfe ['ʃnɛpfə] f (15) chocha f, becada f.

schneuzen ['ʃnɔytsən] (27): sich ˜ sonarse.

Schnickschnack ['ʃnɪkʃnak] m (3, o. pl.) sandeces f/pl.

schniegeln ['ʃniːɡəln] (29): sich ˜ ataviarse, acicalarse; geschniegelt und gebügelt de punta en blanco.

Schnipp|**chen** ['ʃnɪpçən] n (6): j-m ein ˜ schlagen burlarse de, dar chasco a alg.; 2eln F (29) recortar; 2en (25): mit den Fingern ˜ chasquear los dedos; 2isch respondón.

Schnipsel ['-səl] m u. n (7) recortadura f, recorte m.

Schnitt [ʃnɪt] 1. m (3) corte m (a. Schneiderei); sección f; ✞ incisión f; (Wunde) cortadura f, corte m; Film: montaje m; ✄ siega f; (Muster) patrón m; 2. 2 s. schneiden; '˜blumen f/pl. flores f/pl. cortadas; '˜bohnen f/pl. judías f/pl. verdes; ˜chen ['-çən] n (6) canapé m; ˜e f (15) Brot: rebanada f; '˜er(in f) m (7) segador(a m) f; '˜fläche f superficie f de corte; '2ig elegante; '˜lauch m cebollino m; '˜linie ʤ f línea f de intersección; secante f; '˜meister(in f) m Film: montador(a) m (f); '˜muster n patrón m; '˜punkt m (punto m de) intersección f; '˜wunde f cortadura f, corte m, herida f incisa.

Schnitz|**el** ['ʃnɪtsəl] n (7): a) Kchk. escalopa f, escalope m; b) (a. m) (Papier) recorte m; ˜eljagd f rallye m con papelillos; 2eln (29) recortar; 2en (27) tallar en madera; ˜er m (7) tallista m; F fig. desliz m; gazapo m; pifia f; ˜e'rei f talla f (en madera) (a. Werk.).

schnoddrig F ['ʃnɔdriç] insolente, fresco.

schnöde ['ʃnøːdə] vil; indigno; ˜ behandeln tratar con desprecio.

Schnorchel ['ʃnɔrçəl] m (7) esnórquel m; (tubo m) respirador m.

Schnörkel ['ʃnœrkəl] m (7) rasgo m (ornamental); F ringorrango m; am Namenszug: rúbrica f; 2haft churrigueresco (a. fig.).

schnorr|**en** F ['ʃnɔrən] (25) gorrear, andar de gorra; ˜er F m (7) gorrón m.

Schnösel ['ʃnøːzəl] m (7) petimetre m; chulo m.

schnüff|**eln** ['ʃnyfəln] (29) oliscar; olfatear; fig. husmear; fisg(one)ar; 2ler m (7) husmeador m; fisgón m.

Schnuller ['ʃnʊlər] m (7) chupete m.

Schnulze ['-tsə] f (15) canción f bzw. película f sentimental od. empalagosa.

schnupp|**en** ['-pən] (25) tomar rapé; 2en m (6) constipado m, resfriado m; e-n ˜ haben estar resfriado; sich (dat.) e-n ˜ holen constiparse, resfriarse; 2tabak m rapé m; 2tuch n pañuelo m.

schnuppe F ['-pə]: das ist mir ˜ esto me importa un pepino; ˜rn (29) oliscar; olfatear.

Schnur [ʃnuːr] f (14¹) cordón m; cuerda f, cordel m; (Bindfaden) bramante m; ⚓ flexible m; F fig. über die ~ hauen pasar de la raya.

Schnür|band [ˈʃnyːrbant] n cordón m; ~**boden** Thea. m telar m; ~**chen** [-çən] n (6): wie am ~ laufen ir sobre ruedas od. a las mil maravillas; ⚓en (25) atar; liar.

schnurgerade [ˈʃnuːrɡəˈrɑːdə] a cordel; en línea recta.

Schnurr|bart [ˈʃnurbaːrt] m bigote m; ⚓bärtig bigotudo; ~e f (15) anécdota f, chascarrillo m; ⚓en (25) Katze: ronronear; ~haare n/pl. vibrisas f/pl.

Schnür|schuh [ˈʃnyːrʃuː] m zapato m de cordones; ~**senkel** m cordón m; ~**stiefel** m borceguí m.

schnurstracks [ˈʃnuːrʃtraks] derechamente; (sofort) inmediatamente.

schob [ʃoːp] s. schieben.

Schober [ˈ-bər] m (7) pajar m; (Heu⚓) henil m.

Schock [ʃɔk]: **a)** ⚥ m (11) choc m, choque m, shock m; **b)** n (3; nach Zahlen uv.) sesentena f; ⚓**ieren** chocar; escandalizar; ⚓**ierend** chocante; escandaloso; '⚓**therapie** f terapia f por shock.

schofel F [ˈʃoːfəl] mezquino.

Schöffe [ˈʃœfə] m (13) escabino m; ~**ngericht** n tribunal m de escabinos.

Schokolade [ʃokoˈlɑːdə] f (15) chocolate m.

Scholastik [ʃoˈlastik] f (16, o. pl.) escolástica f; ~**iker** m (7), ⚓**isch** escolástico (m).

Scholle [ˈʃɔlə] f (15) gleba f (a. fig.); (Eis⚓) témpano m; Zo. solla f.

schon [ʃoːn] ya; ~ jetzt ahora mismo; ~ lange desde hace tiempo; ~ wieder otra vez; ~ der Gedanke sólo pensarlo; wenn ~! ¡qué importa!

schön [ʃøːn] **1.** adj. hermoso; bello; (hübsch) guapo, bonito; lindo; iron. valiente; Wetter: bueno; e-s ~en Tages algún día; ~en Dank! ¡muchas gracias!; die ~n Künste las bellas artes; die ~e Literatur las bellas letras; das wäre ja noch ~er! ¡no faltaba más!; das Schönste dabei ist ... lo bueno es ...; **2.** adv. bien; ~ ist bien!

schon|en [ˈʃoːnən] (25) tratar con cuidado; sich ~ cuidarse; ~**end** considerado; adv. con cuidado; ⚓er m (7) (Schutzdecke) funda f (protectora); ⚓ goleta f.

schön|färben [ˈʃøːnfɛrbən] pintarlo todo de color de rosa; ⚓**färbe'rei** f idealización f; ⚓**geist** m esteta m; ~**geistig** estético.

Schönheit [ˈ-haɪt] f hermosura f, belleza f; ~**s-chirurgie** f cirugía f estética; ~**sfehler** m lunar m (a. fig.); ~**smittel** n cosmético m; ~**s-pflege** f cosmética f; ~**ssalon** m salón m de belleza; ~**swettbewerb** m concurso m de belleza.

Schonkost [ˈʃoːnkɔst] f dieta f od. régimen m suave.

schön|machen [ˈʃøːnmaxən]: sich ~ acicalarse; ⚓**schreiben** n, ⚓**schrift** f caligrafía f; ~**tun** adular.

Schon|ung [ˈʃoːnuŋ] f cuidado m; (Rücksicht) miramientos m/pl.; (Nachsicht) indulgencia f; (Wald⚓) coto m; vedado m; ⚓**ungslos** desconsiderado; sin miramiento; ⚓**zeit** f veda f.

Schopf [ʃɔpf] m (3³) copete m, tupé m; der Vögel: moño m; die Gelegenheit beim ~e fassen coger la ocasión por los cabellos.

Schöpf|eimer [ˈʃœpfaɪmər] m cubo m; ⊕ cangilón m; ⚓**en** (25) sacar; ~**er** m (7) creador m; ⚓**erisch** creador, creativo; ~**erkraft** f fuerza f creadora, creatividad f; ~**kelle** f, ~**löffel** m cucharón m; ~**rad** n rueda f elevadora; ~**ung** f creación f; ⚓**ungsgeschichte** f Génesis m; ~**werk** n noria f.

Schoppen [ˈʃɔpən] m (6) cuartillo m; (Bier) caña f.

schor [ʃoːr] s. scheren.

Schorf [ʃɔrf] m (3) costra f, escara f; '²**ig** costroso.

Schornstein [ˈʃɔrnʃtaɪn] m chimenea f; ~**feger** m deshollinador m.

schoß [ʃɔs] s. schießen.

Schoß [ʃoːs] m (3² u. ³) regazo m; bsd. fig. seno m; (Rock⚓) faldón m; fig. die Hände in den ~ legen cruzarse de brazos; in den ~ fallen caer del cielo; '~**hund** m perro m faldero; '~**kind** n niño m mimado.

Schößling ⚘ [ˈʃœslɪŋ] m (3¹) vástago m, retoño m.

Schote ⚘ [ˈʃoːtə] f (15) vaina f.

Schott ⚓ [ʃɔt] n (3) mamparo m; '~**e** m (13) ('~**in** f), '²**isch** escocés (-esa) (f); ~**er** m (7) grava f, gravilla f; ⚓ balasto m; '~**erung** ⚓ f balastado m.

schraffieren [ʃraˈfiːrən] rayar.

schräg [ʃrɛːk] oblicuo, sesgo; diago-

Schräge 880

nal; *(querlaufend)* transversal; *(geneigt)* inclinado; *adv.* de través; **2e** ['-gə] *f* (15) oblicuidad *f*, sesgo *m*; inclinación *f*; **~en** ['-gən] (25) sesgar; **2lage** *f* inclinación *f*.

Schramme ['ʃramə] *f* (15) arañazo *m*, rasguño *m*; *auf Möbeln usw.*: raya *f*; **2n** (25) arañar, rasguñar; rayar.

Schrank [ʃraŋk] *m* (3³) armario *m*; **'~bett** *n* cama *f* abatible; **~e** *f* (15) barrera *f* (*a. fig.*); ⚖ barra *f*; *fig. in ~n halten* tener a raya; **~n setzen poner límites** *od.* coto (a); **2enlos** *fig.* desenfrenado; **'~enwärter** *m* guardabarrera *m*; **'~koffer** *m* baúl *m*; **'~wand** *f* librería *f* mural.

Schrapnell ⚔ [ʃrap'nɛl] *n* (3¹ *u.* 11) shrapnel *m*.

Schraub|deckel ['ʃraupdɛkəl] *m* tapa *f* roscada; **~e** ['-bə] *f* (15) tornillo *m*; ⚓, ✈ hélice *f*; *bei ihm ist e-e ~ locker* F le falta un tornillo; **2en** (25) atornillar; *in die Höhe ~ Preis*: hacer subir; **~endampfer** *m* vapor *m* de hélice; **2enförmig** ['--nfœrmiç] helicoidal; **~engewinde** *n* rosca *f od.* filete *m* de tornillo; **~enmutter** *f* tuerca *f*; **~enschlüssel** *m* llave *f* de tuercas; **~enzieher** ['--ntsi:ər] *m* (7) destornillador *m*; **~stock** ['ʃraupʃtɔk] *m* torno *m*; **~verschluß** *m* cierre *m* roscado.

Schrebergarten ['ʃre:bərgartən] *m* huerto *m* familiar.

Schreck [ʃrɛk] *m* (3), **~en** *m* (6) susto *m* *(einjagen* dar); sobresalto *m*; espanto *m*; e-n *~ bekommen* asustarse, llevarse un susto; **2en** (25) asustar; espantar; **~ensherrschaft** *f* régimen *m* de terror; **~gespenst** *n* espectro *m* (*a. fig.*); **2haft** asustadizo; **2lich** terrible; espantoso; **~schuß** *m* tiro *m* al aire; **~sekunde** *f* momento *m* del susto; segundo *m* de reacción.

Schrei [ʃraɪ] *m* (3) grito *m* (*ausstoßen* dar).

Schreib|bedarf ['ʃraɪpbədarf] *m* utensilios *m/pl.* para escribir; **~block** *m* bloc *m*; **2en** ['-bən] (30) escribir; **~en** *n* (6) carta *f*; escrito *m*; **~er** *m* (7) *e-s Briefes*: autor *m*; *im Büro*: escribiente *m*; ⊕ registrador *m*; **2faul** perezoso para escribir; **~feder** *f* pluma *f*; **~fehler** *m* falta *f* de escritura; **~heft** *n* cuaderno *m*; **~kraft** *f* mecanógrafa *f*; **~mappe** *f* carpeta *f*; **~maschine** *f* máquina *f* de escribir; *mit der ~ schreiben* mecanografiar; **~maschinenpapier** *n* papel *m* para mecanografía; **~papier** *n* papel *m* de escribir; **~pult** *n* pupitre *m*; **~stube** ✕ *f* despacho *m*; oficina *f*; **~tisch** *m* escritorio *m*; **~tischgarnitur** *f* juego *m* de escritorio; **~ung** ['-buŋ] *f* ortografía *f*; **2unkundig** que no sabe escribir; **~unterlage** *f* carpeta *f*; **~waren** *f/pl.* artículos *m/pl.* de escritorio *od.* de papelería; **~warenhandlung** *f* papelería *f*; **~weise** *f* ortografía *f*; **~zeug** *n* recado *m* de escribir.

schrei|en ['ʃraɪən] (30) gritar; vociferar; *um Hilfe ~* dar gritos de auxilio; **2en** *n* gritos *m/pl.*; **~end** gritando, a voz en grito; *Farbe*: chillón; **2er** *m* (7), **2hals** *m* gritón *m*; vocinglero *m*.

Schrein [ʃraɪn] *m* (3) armario *m*, cofre *m*; *(Reliquien*2*)* relicario *m*; **~er** *m* (7) carpintero *m*; *(Kunst*2*)* ebanista *m*; **~e'rei** *f* carpintería *f*; ebanistería *f*.

schreiten ['ʃraɪtən] (30, sn) andar, caminar; *fig. ~ zu* proceder a.

schrie [ʃri:] *s. schreien*.

schrieb [ʃri:p] **1.** *s. schreiben*; **2.** **2 F** *m* (3) carta *f*.

Schrift [ʃrift] *f* (16) escritura *f*; *(Hand*2*)* letra *f*; *(Abhandlung)* tratado *m*; *(~stück)* escrito *m*, documento *m*; *Typ.* caracteres *m/pl.*, tipo *m*, letra *f*; *die Heilige ~* la Sagrada Escritura; **'~auslegung** *Rel. f* exégesis *f*; **'~bild** *Typ. n* ojo *m*; **'~deutsch** *n* alemán *m* literario; **'~führer** *m* secretario *m*; **'~gelehrte(r)** *m Bibel*: escriba *m*; **'~kegel** *Typ. m* cuerpo *m*; **'~leiter** *m* redactor *m*; **'~leitung** *f* redacción *f*; **2lich** escrito; *adv.* por escrito; **'~probe** *f* prueba *f* de escritura; **'~sachverständige(r)** *m* grafólogo *m*; **'~satz** *m* escrito *m*; *Typ.* composición *f*; ⚖ alegato *m*; **'~setzer** *m* cajista *m*; **'~sprache** *f* lenguaje *m* culto; **'~steller(in** *f*) ['-ʃtɛlər(in)] *m* (7) escritor(a) *m* (*f*); **2stellerisch** literario; **2stellern** (29, *untr.*) escribir (obras literarias); **'~stück** *n* escrito *m*, documento *m*; **'~tum** *n* literatura *f*; **'~wechsel** *m* correspondencia *f*; **'~zeichen** *Typ. n* letra *f*, pl. *a.* caracteres *m/pl.*; **'~zug** *m* rasgo *m*, trazo *m*.

schrill [ʃril] estridente, agudo.

Schritt [ʃrit] **1.** *m* (3; *als Maß im pl. uv.*) paso *m*; *der Hose*: entrepierna *f*; *fig.* gestión *f*; *im ~* al paso; *auf ~ und Tritt* a cada paso; *j-m auf ~ und Tritt*

folgen seguir los pasos de alg.; ~ **halten** mit llevar el paso a; *fig.* adaptarse a; **2.** ⚔ *s. schreiten*; '~**macher** *m Sport:* guía *m; fig.* pionero *m;* ⚔ marcapasos *m*; '⚔**weise** paso a paso.

schroff [ʃrɔf] escarpado; *fig.* brusco, rudo; '⚔**heit** *f* brusquedad *f*, rudeza *f*.

schröpfen ['ʃrœpfən] (25) ⚔ sangrar; aplicar ventosas a; *fig.* desplumar.

Schrot [ʃroːt] *m u. n* (3) grano *m* triturado; *Jgdw.* perdigones *m/pl.; von echtem* ~ *und Korn* de pura cepa; '⚔**en** (26) triturar; '~**flinte** *f* escopeta *f* de postas; '~**mehl** *n* harina *f* gruesa; '~**mühle** *f* molino *m* triturador; '~**säge** *f* sierra *f* de tronzar.

Schrott [ʃrɔt] *m* (3) chatarra *f*; '~**händler** *m* chatarrero *m*; '⚔**reif** para desguace.

schrubb|**en** ['ʃrʊbən] (25) fregar; ⚔**er** *m* (7) escobillón *m*.

Schrull|**e** ['ʃrʊlə] *f* (15) extravagancia *f*; F chifladura *f*; F *alte* ~ vieja *f* chiflada; ⚔**enhaft**, ⚔**ig** extravagante; F chiflado.

schrump|**elig** ['ʃrʊmpəliç] arrugado; ~**eln** (29, sn) arrugarse.

schrumpf|**en** ['-pfən] (25, sn) contraerse; encogerse; *fig.* disminuir, reducirse; ⚔ atrofiarse; '⚔**ung** *f* contracción *f*; encogimiento *m; fig.* disminución *f*, reducción *f*; ⚔ atrofia *f*.

Schrunde ['ʃrʊndə] *f* (15) grieta *f*.

Schub [ʃuːp] *m* (3³) empujón *m*, empellón *m;* ⊕ empuje *m; Brot:* hornada *f*; '~**fach** *n*, '~**kasten** *m*, '~**lade** *f* cajón *m*, gaveta *f*; '~**karren** *m* carretilla *f*; '~**lehre** ⊕ *f* pie *m* de rey.

Schubs [ʃʊps] F *m* (3²) empujón *m*; '⚔**en** (27) empujar.

schüchtern ['ʃʏçtərn] tímido; ⚔**heit** *f* timidez *f*.

schuf [ʃuːf] *s. schaffen*.

Schuft [ʃʊft] *m* (3) canalla *m*, infame *m*; '⚔**en** F (26) trabajar como un negro; bregar; ~**e'rei** *f* trabajo *m* ímprobo; F bajo, vil, infame; '~**igkeit** *f* bajeza *f*, vileza *f*, infamia *f*.

Schuh [ʃuː] *m* (3) zapato *m; fig. j-m et. in die* ~ *schieben* imputarle a/c. a alg.; *wo ihn der* ~ *drückt* donde le aprieta el zapato; ~**anzieher** ['-'antsiːər] *m* (7) calzador *m*; '~**bürste** *f* cepillo *m* para los zapatos; '~**creme** *f* crema *f* para el calzado; betún *m*; '~**geschäft** *n* zapatería *f*; '~**größe** *f* número *m*; *welche* ~ *haben Sie?* ¿qué número calza?; '~**leisten** *m* horma *f*; '~**macher** *m* zapatero *m*; '~**putzer** *m* limpiabotas *m*; '~**riemen** *m* cordón *m*; '~**sohle** *f* suela *f*; '~**spanner** *m* horma *f*; '~**werk** *n*, '~**zeug** *n* calzado *m*.

Schul... ['ʃuːl...]: *in Zssgn oft* escolar; ~-**arbeiten** *f/pl.* deberes *m/pl*.; ~**beginn** *m* comienzo *m* de las clases *bzw.* del curso; ~**behörde** *f* autoridad *f* escolar; ~**beispiel** *n* ejemplo *m* clásico *od.* típico; ~**besuch** *m* asistencia *f* a clase; ~**bildung** *f* formación *f* escolar; ~**buch** *n* libro *m* de texto.

Schuld [ʃʊlt] *f* (16) culpa *f*; *bsd.* ⚖ culpabilidad *f*; ✝ deuda *f*; *in* ~*en geraten*, ~*en machen* contraer deudas, endeudarse; *j-m die* ~ *an et. geben* echar la culpa de a/c. a alg.; ⚔ *sn an* (*dat.*) tener la culpa de; '~**bekenntnis** *n* confesión *f* de una culpa; '⚔**bewußt** consciente de su culpabilidad; '~**bewußtsein** *n* sentimiento *m* de culpabilidad.

schulden ['-dən] (26) deber; ⚔**dienst** *m* servicio *m* de deudas; ⚔**frei** libre de deudas; ⚔**last** *f* (carga *f* de) deudas *f/pl*.; ⚔**masse** *f* masa *f* pasiva; ⚔**tilgung** *f* amortización *f* (de deudas).

Schuld|**forderung** [ʃʊltfɔrdəruŋ] *f* crédito *m*; ~**frage** *f* cuestión *f* de la responsabilidad; '⚔**haft** culpable.

Schul|**diener** ['ʃuːldiːnər] *m* bedel *m*, conserje *m*; ~**dienst** *m: im* ~ *tätig sein* ejercer de profesor *bzw.* de maestro.

schuld|**ig** ['ʃʊldɪç] culpable; (*gebührend*) debido; *j-m et.* ~ *sn* deber a/c. a alg.; *die Antwort* ~ *bleiben* no contestar; ⚔**ige(r)** ['--gə(r)] *m* culpable *m*; ⚔**igkeit** *f* ['--çkaɪt] *f* deber *m*; obligación *f*; ⚔**komplex** ['-tkɔmplɛks] *m* complejo *m* de culpabilidad; ~**los** inocente; ⚔**losigkeit** *f* inocencia *f*; ⚔**ner**(**in** *f*) *m* (7) deudor(a) *m* (*f*); ⚔**schein** *m* pagaré *m*; ⚔**verschreibung** *f* obligación *f*.

Schule ['ʃuːlə] *f* (15) escuela *f*; *zur* ~ *gehen* ir a la escuela; *aus der* ~ *plaudern* cometer una indiscreción; irse de la lengua; ⚔**n** (25) instruir, entrenar; formar.

Schüler(**in** *f*) ['ʃyːlər(ɪn)] *m* (7) alumno (-a) *m* (*f*); discípulo (-a) *m* (*f*); ~**heim** *n* internado *m*; ~**lotse** *m* guía *m* escolar de tráfico; ~**schaft** *f* alumnado *m*.

Schul|**feier** ['ʃuːlfaɪər] *f* acto *m* escolar; ~**ferien** *pl.* vacaciones *f/pl.* esco-

schulfrei

lares; ²**frei:** ~*er Tag* día *m* no lectivo *od.* de asueto; **~freund** *m* compañero *m* de clase; **~funk** *m* emisión *f* escolar; **~geld** *n* matrícula *f*; **~geldfreiheit** *f* matrícula *f* gratuita; gratuidad *f* de enseñanza; **~hof** *m* patio *m* de la escuela; ²**isch** escolar; **~jahr** *n* año *m* escolar; curso *m*; **~jugend** *f* juventud *f* escolar; **~kamerad** *m* condiscípulo *m*; **~kind** *n* escolar *su.*; colegial(a) *m* (*f*); **~leiter** *m* director *m*; **~mappe** *f* cartera *f*; **~medizin** *f* medicina *f* oficial *od.* convencional; **~meister** F *m* pedante *m*; **~pflicht** *f* escolarización *f od.* escolaridad *f* obligatoria; ²**pflichtig** en edad escolar; **~rat** *m* inspector *m* de enseñanza; **~schiff** *n* buque *m* escuela; **~schluß** *m* clausura *f* del curso; salida *f* de clase; **~speisung** *f* almuerzo *m* escolar; **~stunde** *f* clase *f*, lección *f*; **~tasche** *f* cartera *f*.

Schulter ['ʃʊltər] *f* (15) hombro *m*; **~an~** hombro con hombro; *et. auf die leichte ~ nehmen* tomar a/c. a la ligera; *j-m die kalte ~ zeigen* volver la espalda a alg.; **~blatt** *n* escápula *f*, omóplato *m*; **~klappe** *f* hombrera *f*; ²**n** (29) echar al hombro; **~riemen** *m* bandolera *f*; **~tuch** *n* mantilla *f*; mantón *m*.

Schul|ung ['ʃuːlʊŋ] *f* instrucción *f*, formación *f*; **~unterricht** *m* enseñanza *f* escolar; **~versäumnis** *n* inasistencia *f* a clase; **~weg** ['-veːk] *m* camino *m* de la escuela; **~wesen** *n* enseñanza *f*; **~zeit** *f* *m/pl.* escolares; escolaridad *f*; **~zeugnis** *n* boletín *m* de calificaciones; **~zimmer** *n* clase *f*, aula *f*.

schummeln F ['ʃʊməln] (29) hacer trampa.

Schund [ʃʊnt] *m* (3, *o. pl.*) baratija *f*, pacotilla *f*; ¹**~literatur** *f* literatura *f* de pacotilla; ¹**~roman** *m* novelón *m*; ¹**~ware** *f* pacotilla *f*.

Schupo F ['ʃuːpo] *m* (11) poli(zonte) *m*.

Schuppe ['ʃʊpə] *f* (15) escama *f*; (*Kopf²*) caspa *f*; ²**n** (25) escamar; *sich ~* descamarse; **~n** *m* (6) cobertizo *m*, tinglado *m*; 🛪 hangar *m*; **~nflechte** 𝒮 *f* psoriasis *f*; ²**ig** escamoso.

Schur [ʃuːr] *f* (16) esquileo *m*.

Schür|eisen ['ʃyːrʔaɪzən] *n* atizador *m*; hurgón *m*; ²**en** (25) atizar (*a. fig.*).

schürf|en ⚒ ['ʃʏrfən] (25) excavar; hacer prospecciones; ²**ung** *f* prospección *f*; 𝒮 = ²**wunde** *f* excoriación *f*.

schurigeln F ['ʃuːriːɡəln] (29) vejar.

Schurk|e ['ʃʊrkə] *m* (13) canalla *m*, infame *m*; **~enstreich** *m*, **~e'rei** *f* canallada *f*, infamia *f*; ²**isch** canalla, vil, infame.

Schurwolle ['ʃuːrvɔlə] *f* lana *f* virgen.

Schurz [ʃʊrts] *m* (3²) mandil *m*; (*Lenden²*) taparrabo *m*.

Schürze ['ʃʏrtsə] *f* (15) delantal *m*; ²**n** (27) arremangar; **~njäger** *m* hombre *m* mujeriego, tenorio *m*.

Schuß [ʃʊs] *m* (4²) tiro *m*, disparo *m*; *Fußball: a.* chut *m*; *Weberei:* trama *f*; *ein ~ Rum usw.* unas gotas *od.* un chorrito de; *weit vom ~* fuera de peligro; F *fig. gut in ~* en perfectas condiciones; en orden; *in ~ bringen* arreglar; poner a punto; *fig. der ~ ging nach hinten los* el tiro salió por la culata; ¹**~bereich** *m* alcance *m* de tiro; ²**bereit** listo para disparar.

Schussel F ['ʃʊsəl] *m* (7) atolondrado *m*; F cabeza *f* de chorlito.

Schüssel ['ʃʏsəl] *f* (15) fuente *f*; plato *m* (*a. Gericht*).

Schuß|fahrt ['ʃʊsfaːrt] *f Ski:* descenso *m* en línea recta; **~linie** *f* línea *f* de tiro; **~waffe** *f* arma *f* de fuego; **~weite** *f* alcance *m* de tiro; **~wunde** *f* herida *f* de bala *od.* por arma de fuego; balazo *m*.

Schuster ['ʃuːstər] *m* (7) zapatero *m*; ²**n** *fig.* (29) chapucear; **~pech** *n* pez *f* de zapatero; **~werkstatt** *f* zapatería *f*.

Schute ⚓ ['ʃuːtə] *f* (15) gabarra *f*.

Schutt [ʃʊt] *m* (3, *o. pl.*) escombros *m/pl.*; (*Bau²*) cascotes *m/pl.*; *in ~ und Asche legen* reducir a cenizas; ¹**~abladeplatz** *m* escombrera *f*, vertedero *m* de escombros.

Schüttelfrost ['ʃʏtəlfrɔst] *m* escalofríos *m/pl.*; ²**n** (29) sacudir; agitar; *Kopf:* menear; *Hand:* estrechar; **~reim** *m* rima *f* doble (con metátesis).

schütt|en ['ʃʏtən] (26) echar; verter; *fig. es schüttet* está diluviando; **~er** *Haar:* ralo; ²**gut** *n* carga *f* a granel.

Schutt|halde ['ʃʊthaldə] *f* escombrera *f*; **~haufen** *m* montón *m* de escombros.

Schutz [ʃʊts] *m* (3², *o. pl.*) protección *f*; amparo *m*; (*Verteidigung*) defensa *f*; (*Zuflucht*) refugio *m*; abrigo *m*; *in ~ nehmen* salir en defensa de.

Schutz... [ʃʊts...]: *in Zssgn oft* pro-

tector; ~**anstrich** m pintura f protectora; ~**befohlene(r)** m (18) protegido m; ~**blech** n guardabarros m; ~**brief** m salvoconducto m; ~**brille** f gafas f/pl. protectoras; ~**bündnis** n alianza f defensiva; ~**dach** n alero m; marquesina f.
Schütze ['ʃytsə] m (13) tirador m; ⚔ cazador m; Astr. Sagitario m; ⚙**n** (27) proteger (vor de, contra); salvaguardar; defender; preservar (de), resguardar (de); geschützt vor (dat.) al abrigo de; ~**nfest** n fiesta f de tiro.
Schutzengel ['ʃutsʔɛŋəl] m (7) ángel m custodio od. de la guarda.
Schützen|graben ['ʃytsəngraːbən] m trinchera f; ~**hilfe** fig. f: j-m ~ leisten respaldar a alg.
Schutz|farbe ['ʃutsfarbə] f color m protector; ~**frist** f plazo m de protección; ~**gebiet** n zona f protegida; Pol. protectorado m; ~**haft** f prisión f preventiva; ~**heilige(r)** m patrón m; ~**herr** m protector m; ~**herrschaft** f protectorado m; ~**hülle** f funda f; ~**hütte** f refugio m; ~**impfung** f vacunación f preventiva.
Schützling ['ʃytslɪn] m (3¹) protegido m.
schutz|los ['ʃutsloːs] desamparado; indefenso; ⚙**mann** m guardia m, agente m de policía; ⚙**marke** f marca f registrada; ⚙**maske** f careta f protectora; ⚙**maßnahme** f medida f preventiva; ⚙**mittel** ⚕ n preservativo m; ⚙**polizei** f policía f de seguridad; ⚙**raum** m refugio m; ⚙-**umschlag** m Buch: sobrecubierta f; ⚙-**zoll** m aduana f protectora.
schwabbelig F ['ʃvabəliç] fofo; blanducho.
schwach [ʃvax] (18²) débil; bsd. fig. flojo (a. Getränk); Gesundheit: delicado; frágil; Gedächtnis: flaco; fig. ~e Seite flaco m; ~ werden debilitarse; flaquear; fig. caer en la tentación.
Schwäche ['ʃvɛçə] f (15) debilidad f (a. fig.; für por); flojedad f; flaqueza f; fig. (punto m) flaco m; ~**anfall** m desfallecimiento m; ⚙**n** (25) debilitar; aflojar.
Schwach|heit ['ʃvaxhaɪt] f debilidad f; ~**kopf** m, ⚙**köpfig** ['-kœpfɪç] imbécil (m).
schwäch|lich ['ʃvɛçlɪç] débil; delicado; ⚙**lichkeit** f debilidad f; ⚙**ling** m (3¹) hombre m débil.
schwach|sichtig ['ʃvaxzɪçtɪç] de vista débil; ⚙**sinn** m debilidad f mental; imbecilidad f (a. fig.); ~**sinnig** imbécil; ⚙**strom** m corriente f de baja tensión.
Schwächung ['ʃvɛçʊŋ] f debilitación f; extenuación f.
Schwaden ['ʃvaːdən] m (6) vapores m/pl.; ⚔ mofeta f; ✓ hilera f.
Schwadron ⚔ [ʃvaˈdroːn] f (16) escuadrón m; ⚙**ieren** fanfarronear.
schwafeln F ['ʃvaːfəln] (29) disparatar, desbarrar.
Schwager ['ʃvaːɡər] m (7¹) cuñado m, hermano m político.
Schwägerin ['ʃvɛːɡərɪn] f cuñada f, hermana f política.
Schwalbe ['ʃvalbə] f (15) golondrina f; ~**nschwanz** m Zo. macaón m; ⊕ cola f de milano.
Schwall [ʃval] m (3) aluvión m (a. v. Menschen); v. Worten: cascada f, torrente m.
Schwamm [ʃvam] 1. m (3³) esponja f; ♣ hongo m, seta f; im Holz: hupe f; (Feuer ⚙) yesca f; ~ drüber! ¡borrón y cuenta nueva!; 2. ⚙ s. schwimmen; ⚙**ig** esponjoso; Gesicht: fofo.
Schwan [ʃvaːn] m (3³) cisne m.
schwand [ʃvant] s. schwinden.
schwanen [ʃvaːnən] (25): mir schwant tengo el presentimiento; ⚙-**gesang** fig. m canto m del cisne.
Schwang [ʃvaŋ] m: im ~e estar en boga.
schwanger ['ʃvaŋər] encinta, embarazada; ⚙**e** f (18) embarazada f, gestante f.
schwängern ['ʃvɛŋərn] (29) embarazar, dejar embarazada.
Schwangerschaft ['ʃvaŋərʃaft] f embarazo m; ~**-abbruch** m interrupción f del embarazo; ~**sverhütung** f contracepción f.
Schwank [ʃvaŋk] m (3³) bufonada f; chascarrillo m; Thea. juguete m cómico, farsa f; ¹⚙**en** (25) vacilar (a. fig.); oscilar; fluctuar; ¹⚙**end** vacilante (a. fig.); oscilante; fluctuante; ¹~**ung** f vacilación f; oscilación f; fluctuación f.
Schwanz [ʃvants] m (3² u. ³) cola f; rabo m; V (Penis) picha f, polla f.
schwänz|eln ['ʃvɛntsəln] (29) colear; fig. um j-n ~ dar coba a alg.; ~**en** (27) fumarse; die Schule ~ hacer novillos.
Schwanzflosse ['ʃvantsflɔsə] f aleta f caudal; ⚔ estabilizador m de cola.
Schwarm [ʃvarm] m (3³) (Bienen)

schwärmen

enjambre *m*; (*Insekten*) nube *f*; (*Vögel*) bandada *f*; (*Fische*) banco *m*, cardumen *m*; *v. Menschen:* enjambre *m*, nube *f*, tropel *m*; *fig.* ideal *m*; ídolo *m*.

schwärm|en ['ʃvɛrmən] (25, h. *u.* sn) *Bienen:* enjambrar; ⚔ desplegarse; *fig.* entusiasmarse (*für* por); ⁓**er** *m* (7) exaltado *m*; entusiasta *m*; fanático *m*; *Zo.* esfinge *f*; *Feuerwerk:* volador *m*, petardo *m*; ⁓**e'rei** *f* exaltación *f*; entusiasmo *m*; fanatismo *m*; ⁓**erisch** exaltado; entusiástico.

Schwarte ['ʃvartə] *f* (15) corteza *f* (de tocino); F (*Buch*) libraco *m*.

schwarz [ʃvarts] (18²) negro; ⁓ *auf weiß bor escrito*; ⁓ *werden* ennegrecer; ⁓**er Markt** mercado *m* negro; ⁓**e Kunst** nigromancia *f*; ⁓**er Mann** coco *m*; *sich ⁓ ärgern* reventar de rabia; *ins* ⁓**e treffen** dar en el blanco; '²⁓**arbeit** *f* trabajo *m* clandestino; '⁓**arbeiten** trabajar clandestinamente; ⁓**äugig** ['⁓'ɔʏgiç] de ojos negros, ojinegro; '²⁓**brot** *n* pan *m* negro; '²⁓**drossel** *f* mirlo *m* (común).

Schwärze ['ʃvɛrtsə] *f* (15) negrura *f*; ²⁓**n** (27) ennegrecer.

Schwarze(r) ['ʃvartsə(r)] *m* (18) negro *m*; ²⁓**fahren** viajar sin billete; ⁓**fahrer** *m* viajero *m* sin billete; ⁓**haarig** pelinegro; ⁓**handel** *m* comercio *m od.* tráfico *m* clandestino; F estraperlo *m*; ⁓**händler** *m* traficante *m* clandestino; F estraperlista *m*; ⁓**hörer** *m* radioyente *m* (*Vorlesung:* oyente *m*) clandestino.

schwärzlich ['ʃvɛrtsliç] negruzco.

Schwarz|markt ['ʃvartsmarkt] *m* mercado *m* negro; ⁓**schlachtung** *f* sacrificio *m* clandestino; ²⁓**sehen** ser pesimista; ⁓**seher** *m* pesimista *m*; ⁓**sender** *m* emisora *f* clandestina *od.* pirata; ⁓**weißfilm** *m* película *f* en blanco y negro; ⁓**wild** *n* jabalíes *m/pl.*; ⁓**wurzel** ♀ *f* escorzonera *f*, salsifí *m* negro.

Schwatz F [ʃvats] *m* (3²) charla *f*; F palique *m*; ⁓**base** F *f* cotorra *f*, cotilla *f*; '²⁓**en** (27) parlotear, charlar, F estar de palique.

schwätz|en ['ʃvɛtsən] (27) = *schwatzen*; ²⁓**er** *m* (7) charlatán *m*; F bocazas *m*.

schwatzhaft ['ʃvatshaft] parlanchín; indiscreto.

Schwebe ['ʃveːbə] *f* (15): *in der ⁓ in vilo, en suspenso*; ⁓**bahn** *f* ferrocarril *m* colgante; (*Berg*⚲) teleférico *m*; ⁓**balken** *m Turnen:* barra *f* de equilibrios; ²⁓**n** (25) flotar (en el aire); estar suspendido, colgar; *Vögel:* cernerse; *ż́ż* estar pendiente; *in Gefahr* ⁓ estar en peligro; ²⁓**nd** suspendido; flotante (*a.* ✝ *Schuld*); *fig.* pendiente, en trámite.

Schwed|e ['⁓də] *m* (13) (⁓**in** *f*), ²⁓**isch** sueco (-a) *m* (*f*).

Schwefel ['⁓fəl] *m* (7) azufre *m*; ⁓**blüte** *f* flor *f* de azufre; ⁓**haltig** ['⁓⁓haltiç], ²⁓**ig** sulfuroso; sulfúreo, azufroso; ²⁓**n** (29) azufrar; ✓ sulfatar; ⁓**quelle** *f* (fuente *f* de) aguas *f/pl.* sulfurosas; ²⁓**sauer** sulfatado; ⁓**säure** *f* ácido *m* sulfúrico; ⁓**wasserstoff** *m* sulfuro *m* de hidrógeno; ácido *m* sulfhídrico.

Schweif [ʃvaɪf] *m* (3) cola *f*; *Astr.* *a.* cabellera *f*; '²⁓**en** (25) *v/i.* (sn) vagar, vagabundear; errar; ⁓ *lassen Blick:* pasear la mirada (*über ac.* por).

Schweige|geld ['ʃvaɪgəgɛlt] *n* precio *m* del silencio; ⁓**marsch** *m* marcha *f* silenciosa; ²⁓**en** (30) callar(se); guardar silencio; ⁓**en** in silencio *m*; *zum* ⁓ *bringen* hacer callar; acallar; ²⁓**nd** callado; en silencio; ⁓**pflicht** *f* secreto *m* profesional; ²⁓**sam** ['⁓kzaːm] taciturno; ⁓**samkeit** *f* taciturnidad *f*; mutismo *m*.

Schwein [ʃvaɪn] *n* (3) cerdo *m*, puerco *m*, cochino *m* (*alle a. fig. desp.*); *Am.* chancho *m*; F (*Glück*) suerte *f*, chamba *f*; P churra *f*; ⁓**ebraten** *m* asado *m* de cerdo; ⁓**efleisch** *n* (carne *f* de) cerdo *m*; ⁓**ehirt** *m* porquerizo *m*; ⁓**ehund** P *m* canalla *m*; ⁓**e'rei** *f* porquería *f*; ⁓**eschmalz** *n* manteca *f* de cerdo; ⁓**estall** *m* pocilga *f* (*a. fig.*); ⁓**ezucht** *f* cría *f* de cerdos; ⁓**igel** F *m* puerco *m*, cochino *m*; '²⁓**isch** cochino; ⁓**s...:** *in Zssgn mst* de cerdo; ⁓**sborste** *f* cerda *f*; ⁓**sleder** *n* cuero *m* de cerdo; ⁓**s-ohr** *n* (*Gebäck*) palmera *f*.

Schweiß [ʃvaɪs] *m* (3²) sudor *m*, transpiración *f*; *Jgdw.* sangre *f*; *in* ⁓ *gebadet* bañado en sudor; ⁓**absonderung** *f* transpiración *f*; ⁓**brenner** ⊕ *m* soplete *m* para soldar; ⁓**drüse** *f* glándula *f* sudorípara; '²⁓**en** ⊕ (27) soldar; ⁓**en** *f* soldadura *f*; ⁓**er** *m* (7) soldador *m*; ⁓**füße** *m/pl.* pies *m/pl.* sudorosos; '²⁓**hund** *m* sabueso *m*; '²⁓**ig** sudado; sudoriento; ⁓**leder** *n* (*Hut*) badana *f*; ⁓**naht** *f*, ⁓**stelle** ⊕ *f*

soldadura f; ¹²treibend sudorífico; ¹²triefend empapado de sudor.
Schweizer ['ʃvaɪtsər] m (7) suizo m; (Melker) ordeñador m; ~ Käse gruyère m; ~in f suiza f; ²isch suizo.
schwelen ['ʃve:lən] (25) arder sin llama.
schwelg|en ['ʃvɛlɡən] (25) darse la gran vida; regalarse; ~ in disfrutar mucho con; ²er m (7) vividor m; sibarita m; ²e'rei f crápula f; comilona f; ~erisch Mahl: opíparo.
Schwell|e ['ʃvɛlə] f (15) umbral m; 🚆 traviesa f, Am. durmiente m; ²en (30, sn) hincharse, inflarse; ~ung f hinchazón f; 🎭 a. tumefacción f.
Schwemm|e ['ʃvɛmə] f (15) abrevadero m; fig. aluvión f; ²en (25) acarrear; (waschen) lavar; ~land n aluvión m.
Schwengel ['ʃvɛŋəl] m (7) (Glocken²) badajo m; (Pumpen²) mango m.
schwenk|bar ['ʃvɛŋkbɑ:r] orientable; ~en (25) 1. v/t. agitar; (spülen) enjuagar; Kchk. saltear; 2. v/i. virar; ⚔ hacer una conversión; ²ung f virada f; ⚔ conversión f.
schwer [ʃve:r] pesado; (schwierig) difícil; (mühevoll) duro, penoso; (ernst) grave (a. 🎭); Wein, Tabak: fuerte; Zunge: gordo; Strafe: severo; See: grueso; 3 Pfund ~ sn pesar tres libras; ~ arbeiten trabajar mucho; ¹²-arbeit f trabajo m duro; ¹²-arbeiter m obrero m de trabajos duros; ¹²-athletik f atletismo m pesado; ¹²behinderte(r) m (18) gran inválido m; minusválido m profundo; ~beladen muy cargado; ¹²beschädigte(r) m gran mutilado m; ²e f (15) (Gewicht) peso m; pesadez f; Phys. gravedad f (a. fig.); der Strafe: severidad f; ²elosigkeit f ingravidez f; ²enöter ['-rənø:tər] m (7) tenorio m; '~fallen costar (mucho); '~fällig pesado; torpe; '~fälligkeit f pesadez f; torpeza f; ¹²gewicht n Sport: peso m pesado; '~halten ser difícil; '~hörig duro od. tardo de oído, sordo; ¹²hörigkeit f sordera f; ¹²-industrie f industria f pesada; ¹²kraft f gravitación f; '~krank gravemente enfermo; ¹²kriegsbeschädigte(r) m (18) gran mutilado m de guerra; '~lich difícilmente; '~machen: es j-m ~ ponérselo difícil a alg.; j-m das Leben ~ amargar la vida a alg.; ¹²mut f melancolía f; ~mütig ['-my:tiç] melancólico; '~nehmen tomar a pecho; ¹²-öl n aceite m pesado; ¹²punkt m centro m de gravedad; fig. a. punto m esencial; '~reich riquísimo.
Schwert [ʃve:rt] n (1) espada f; '~fisch m pez m espada, emperador m; '~lilie ♀ f lirio m; '~schlucker m tragasables m; '~streich m golpe m de espada; ohne ~ fig. sin disparar un tiro.
schwer|tun ['ʃve:rtu:n]: sich ~ tener dificultades (mit con); er tut sich schwer le cuesta mucho; ²verbrecher m criminal m peligroso; ~verdaulich indigesto; ²verletzte(r) m (18) herido m grave; ~verständlich difícil de comprender; ~verwundet gravemente herido; ~wiegend fig. (muy) serio; de mucho peso.
Schwester ['ʃvɛstər] f (15) hermana f; 🎭 enfermera f; Rel. religiosa f, Anrede: sor; ²lich de hermana; ~schiff n buque m gemelo.
schwieg [ʃvi:k] s. schweigen.
Schwieger|eltern ['ʃvi:ɡər'ɛltərn] pl. suegros m/pl., padres m/pl. políticos; ~mutter f suegra f, madre f política; ~sohn m yerno m, hijo m político; ~tochter f nuera f, hija f política; ~vater m suegro m, padre m político.
Schwiel|e ['ʃvi:lə] f (15) callo m, callosidad f; ²ig calloso.
schwierig ['-riç] difícil; dificultoso; ²keit f dificultad f.
schwill(s)t [ʃvil(s)t] s. schwellen.
Schwimm|bad ['ʃvimba:t] n piscina f; ~becken n piscina f; ~blase f vejiga f natatoria; ~dock n dique m flotante; ²en (30) nadar; Gegenstand: flotar; in Geld ~ nadar en oro; in Tränen ~ deshacerse en lágrimas; es schwimmt mir vor den Augen se me va la vista; ~en n natación f; ~end flotante; adv. a nado; ~er m (7) nadador m; ⊕, ✈ flotador m; Angel: veleta f; ~erin f nadadora f; ~flosse f aleta f; ~gürtel m flotador m; ~haut f membrana f natatoria; ~lehrer m profesor m de natación; ~sport m natación f; ~vogel m (ave) f palmípeda f; ~weste f chaleco m salvavidas.
Schwindel ['ʃvindəl] m (7) 🎭 vértigo m, vahído m; mareo m; fig. patraña f; (Betrug) estafa f, embuste m, engaño m; timo m; ~anfall 🎭 m vértigo m, vahído m; [--'laɪ] f patraña f; estafa f; ²-erregend vertiginoso (a. fig.); ²frei que no se marea; ²haft

schwindelig

fraudulento, estafador; 2**ig** mareado; *mir wird* (*od.* ist) 2**ig** ~ se me va la cabeza; me mareo; 2**n** (29) mentir; *mir schwindelt* me da vértigo.

schwinden ['-dən] (30, sn) (*ver*~) desaparecer; (*abnehmen*) disminuir, decrecer; *mir ~ die Sinne* me desmayo.

Schwind|ler(in *f*) ['-dlər(in)] *m* (3²) estafador(a) *m* (*f*); ~**sucht** ['-tzuxt] *f* tisis *f*; 2**süchtig** tísico.

Schwing|achse ['ʃviŋˀaksə] *f* eje *m* oscilante; ~**e** *f* (15) ala *f*; (*Flachs*2) espadilla *f*; 2**en** (30) 1. *v/t.* agitar; *Schwert:* blandir; *Korn:* aventar; *Flachs:* espadar; *sich* ~ lanzarse; elevarse; 2. *v/i.* vibrar; *Pendel:* oscilar; ~**er** *m* (7) *Boxen:* swing *m*; ~**ung** *f* vibración *f*; oscilación *f*; ~**ungskreis** ¢ *m* circuito *m* oscilante.

Schwips F [ʃvips] *m* (4) chispa *f*; *e-n* ~ *haben* estar achispado.

schwirren ['ʃvirən] (25, h. *u.* sn) silbar; *Insekt:* zumbar.

Schwitz|bad ['ʃvitsbɑːt] *n* baño *m* turco *bzw.* de vapor; 2**en** (27) sudar, transpirar; ~**kasten** *m* estufa *f*.

schwoll [ʃvɔl] *s.* **schwellen**.

schwören ['ʃvøːrən] (30) jurar (*bei* por); prestar juramento; *fig.* tener absoluta confianza (*auf ac.* en).

schwul P [ʃvuːl] homosexual.

schwül [ʃvyːl] cargado; sofocante, bochornoso; 2**e** *f* (15, *o. pl.*) bochorno *m*.

Schwulst [ʃvʊlst] *m* (3² *u.* ³) pompa *f*; hinchazón *f*.

schwülstig ['ʃvʏlstiç] enfático; *Stil:* ampuloso, pomposo.

Schwund [ʃvʊnt] *m* (3, *o. pl.*) disminución *f*; merma *f*; ⚕ atrofia *f*; *Radio:* fading *m*.

Schwung [ʃvʊŋ] *m* (3³) impulso *m*, empuje *m*, arranque *m*; *fig. a.* ímpetu *m*; brío *m*; énfasis *m*; *in* ~ *bringen fig.* dar impulso a; *in* ~ *kommen fig.* tomar vuelo; ~**feder** *f* remera *f*; 2**haft** floreciente; brioso; ~**kraft** *f* fuerza *f* centrífuga; *fig.* brío *m*; ~**rad** *n* volante *m*; 2**voll** brioso; enfático; dinámico.

Schwur [ʃvuːr] 1. *m* (3³) juramento *m*; 2. 2 *s.* **schwören**; ~**gericht** *n* tribunal *m* de jurados, jurado *m*.

sechs [zɛks] 1. seis; 2. 2 *f* (16) seis *m*; 2**eck** ['-ˀɛk] *n* (3) hexágono *m*; ~**eckig** hexagonal; ~**fach** séxtuplo; ~**hundert** seiscientos; ~**jährig** de seis años; 2**'tagerennen** *n Sport:* (carrera *f* de) los seis días; ~**'tausend** seis mil; 2**tel** *n* (7), ~**te(r)** sexto (*m*); ~**tens** en sexto lugar; sexto.

sechzehn ['zɛçtseːn] dieciséis; 2**tel** *n* (7) dieciseisavo *m*; 2**telnote** *J f* semicorchea *f*.

sechzig ['-tsiç] sesenta; 2**er(in** *f*) *m* (7) ['--gər(in)], ~**jährig** sexagenario (-a) *m* (*f*); 2**stel** *n* (7) sesentavo *m*; ~**ste(r)** sexagésimo.

See [zeː]: **a)** *f* (15) mar *m* (*bsd.* ⚓ *f*); *auf hoher* ~ en alta mar; *in* ~ *stechen* hacerse a la mar; **b)** *m* (10) lago *m*; '~**...:** *in Zssgn oft* marítimo; ╳ naval; *Zo.* marino; '~**bad** *n* playa *f*; '~**bär** *m Zo.* oso *m* marino; *fig.* lobo *m* de mar; '~**beben** *n* maremoto *m*; '~**fahrer** *m* navegante *m*; '~**fahrt** *f* navegación *f*; 2**fest** que no se marea; '~**fisch** *m* pez *m* marino; *Kchk.* pescado *m* de mar; '~**fischerei** *f* pesca *f* marítima; '~**fracht** *f* flete *m* marítimo; '~**frachtbrief** *m* conocimiento *m* marítimo; '~**gang** *m* oleaje *m*; *hoher* ~ marejada *f*; '~**gefecht** ╳ *n* combate *m* naval; '~**gras** *n* crin *f* vegetal; '~**hafen** *m* puerto *m* marítimo; '~**handel** *m* comercio *m* marítimo; '~**hecht** *Zo. m* merluza *f*; '~**herrschaft** *f* soberanía *f* marítima; '~**hund** *m* foca *f*; '~**igel** *m* erizo *m* de mar; '~**jungfrau** *f* sirena *f*; '~**kabel** *n* cable *m* submarino; '~**kadett** *m* guardiamarina *m*; '~**karte** *f* carta *f* marina; 2**klar** listo para zarpar; 2**krank** mareado; ~ *werden* marearse; '~**krankheit** *f* mal *m* de mar; '~**krieg** *m* guerra *f* naval; '~**lachs** *Zo. m* carbonero *m*.

Seele ['-lə] *f* (15) alma *f* (*a. fig.*); *Rel.* ánima *f*; *auf die* ~ *binden* recomendar encarecidamente; *er hat mir aus der* ~ *gesprochen* ha dicho exactamente lo que yo pensaba.

Seelen|amt ['-lənˀamt] *n* misa *f* de difuntos; ~**angst** *f* angustia *f*; ~**größe** *f* magnanimidad *f*; ~**heil** *n* salvación *f*; ~**leben** *n* vida *f* interior; 2**los** sin alma; desalmado; ~**messe** *f* misa *f* de difuntos; ~**ruhe** *f* quietud *f*; serenidad *f*; 2**ruhig** sereno; *adv.* con mucha calma; 2**(s)gut** ~**er** *Mensch* alma *f* de Dios; 2**vergnügt** contentísimo; ~**verwandtschaft** *f* afinidad *f* espiritual; ~**wanderung** *f* metempsicosis *f*.

Seeleute ['-lɔytə] pl. marineros m/pl.; gente f de mar.
seelisch ['-liʃ] (p)síquico.
Seelöwe ['-løːvə] m león m marino.
Seelsorge ['zeːlzɔrgə] f cura f de almas; ~**r** m (7) pastor m de almas.
Seeluft ['zeːluft] f aire m de mar; ~**macht** f potencia f naval od. marítima; ~**mann** m (pl. ~leute) marinero m; marino m; 2**männisch** ['-mɛniʃ] náutico, (de) marino, (de) marino; ~**meile** f milla f marina; ~**not** f peligro m marítimo; in~ en peligro de naufragar; ~**pferdchen** ['-pfɛːrtçən] n (6) caballito m de mar, hipocampo m; ~**räuber** m pirata m; ~**räuberei** f piratería f; ~**recht** n derecho m marítimo; ~**reise** f viaje m por mar; crucero m; ~**rose** ♀ nenúfar m; Zo. actinia f; ~**schaden** m avería f; ~**schlacht** f batalla f naval; ~**stern** Zo. m estrella f de mar; ~**streitkräfte** f/pl. fuerzas f/pl. navales; ~**stück** Mal. n marina f; ~**tang** m algas f/pl. marinas; 2**tüchtig** en (perfecto) estado de navegar; marinero; ~**walze** Zo. f cohombro m de mar; ~**warte** f observatorio m marítimo; 2**wärts** ['-vɛrts] mar adentro; ~**weg** ['-veːk] m vía f marítima; auf dem ~ por mar; por vía marítima; ~**zeichen** n señal f marítima; ~**zunge** Zo. f lenguado m.

Segel ['zeːgəl] n (7) vela f; mit vollen ~n a toda vela; ~**boot** n barco m de vela; velero m; ~**flieger** m aviador m a vela, volovelista m; ~**flug** m vuelo m sin motor; ~**flugzeug** n planeador m; avión m sin motor; ~**klub** m club m náutico; 2n (29, h. u. sn) navegar a vela; ~**n** n navegación f a vela; ~**regatta** f regata f a vela; ~**schiff** n buque m de vela, velero m; ~**sport** m (deporte m de la) vela f; ~**tuch** n lona f; ~**werk** n velamen m.

Segen ['-gən] m (7) bendición f; fig. felicidad f; prosperidad f; 2**sreich** benéfico; bienhechor.

Segler ['-glər] m (7) deportista m de la vela; (Schiff) velero m.

Segment [zɛg'mɛnt] n (3) segmento m.

segn|en ['zeːgnən] (26) bendecir; gesegnet bendito; 2**ung** f bendición f.

sehen ['zeːən] **1.** v/t. (30) ver; (an~) mirar; gut ~ (können) tener buena vista; aus dem Fenster ~ asomarse a la ventana; er kann sich ~ lassen no tiene por qué esconderse; gern (ungern) ~ ver con buenos (malos) ojos; siehe ... véase ...; **2.** 2 n vista f; visión f; nur vom ~ sólo de vista; ~**swert**, ~**swürdig** digno de verse; curioso; 2**swürdigkeit** f curiosidad f; monumento m artístico; lugar m de interés.

Seher(in f) ['-ər(in)] m (7) vidente su.

Seh|fehler ['-feːlər] m defecto m visual; ~**feld** n campo m visual; ~**kraft** f facultad f visual.

Sehne ['-nə] f (15) Anat. tendón m; (Bogen2), ⚔ cuerda f; 2n (25): sich nach et. ~ anhelar, ansiar a/c.; sich nach j-m ~ ansiar ver a alg.; suspirar por alg.; ~**nscheiden-entzündung** ♀ f tendovaginitis f; ~**nzerrung** ♀ f distensión f de un tendón.

Sehnerv ['-nɛrf] m nervio m óptico.

sehnig ['-niç] tendinoso; Person: nervudo.

sehn|lich ['zeːnliç] ardiente, vivo; adv. con ardor; 2**sucht** f anhelo m, ansia f; nostalgia f; añoranza f (nach de); ~**süchtig** ansioso, anheloso; nostálgico; añorante.

sehr [zeːr] mucho; vor adj. u. adv. muy; so ~, daß tanto que; wie ~ auch por más que; zu ~ demasiado.

Seh|rohr ['zeːroːr] n periscopio m; ~**schärfe** f agudeza f visual; ~**störung** f trastorno m de la vista; ~**test** m test m visual; ~**vermögen** n facultad f visual; ~**weite** f alcance m de la vista.

sei, seid [zaɪ(t)] s. sein.

seicht [zaɪçt] poco profundo; fig. superficial; insípido; 1**2heit** f fig. superficialidad f; insipidez f.

Seide ['-də] f (15) seda f.

Seidel ['-dəl] n (7) jarro m (para cerveza).

seiden, 2... ['-dən] de seda; 2**industrie** f industria f sedera; 2**papier** n papel m de seda; 2**raupe** f gusano m de seda; 2**raupenzucht** f sericicultura f; 2**waren** f/pl. sedería f; ~**weich** sedoso.

seidig ['-diç] sedoso; Stoff: sedeño.

Seife ['-fə] f (15) jabón m.

Seifen|blase f pompa f de jabón; ~**dose** f jabonera f; ~**fabrik** f jabonería f; ~**flocken** f/pl. copos m/pl. de jabón; ~**lauge** f lejía f de jabón; ~**pulver** n jabón m en polvo; ~**schale** f jabonera f; ~**sieder** ['--ziːdər] m (7) jabonero m.

seifig ['-fiç] jabonoso.

seih|en ['zaɪən] (25) colar, pasar; ⁴**er** *m* (7) colador *m*, pasador *m*.

Seil [zaɪl] *n* (3) cuerda *f*; soga *f*; (*Tau*) cabo *m*, cable *m*; '**⁴bahn** *f* teleférico *m*; funicular *m* aéreo; '**⁴er** *m* (3¹) cordelero *m*; '**⁴schaft** *f* cordada *f*; ²**springen** saltar a la comba; '**tänzer(in** *f*) *m* funámbulo (-a) *m* (*f*); '**⁴winde** *f* torno *m* de cable.

sein¹ [zaɪn] 1. (30, sn) *dauernd*: ser; *vorübergehend*: estar; (*vorhanden* ⁴) existir; *es ist schönes Wetter* hace buen tiempo; *es ist drei Uhr* son las tres; *was ist*? ¿qué hay?; *was ist (mit) dir*? ¿qué te pasa?; *wie wäre es*? ¿qué te parece?; *wie dem auch sei* sea como sea; *es sei denn, daß ...* a menos que ... (*subj.*); *da ist (sind)* hay; 2. ² *n* ser *m*; existencia *f*.

sein² [zaɪn] su; *die* ²**en** los suyos; **⁴erseits** ['-nərzaɪts] de su lado *od.* parte; **⁴erzeit** *en* su tiempo *od.* día; **⁴es'gleichen** su igual; sus semejantes; *nicht* ⁴ *haben* no tener rival; **⁴ethalben** ['-nəthalbən], '**⁴et'wegen** por él; por culpa suya; '**⁴ige** ['-nɪgə]: *der* ⁴ (el) suyo.

sein|lassen ['-lasən] dejar; *laß das sein!* ¡no hagas eso!

Seismograph [zaɪsmo'gra:f] *m* (12) sismógrafo *m*.

seit [zaɪt] 1. *prp.* desde, a partir de; (*Zeitraum*) desde hace; ⁴ *kurzem* desde hace poco; ⁴ *langem* desde hace tiempo; ⁴ *einer Woche* ... desde hace una semana ser ...; 2. *cj.* desde que; '**⁴'dem** 1. *adv.* desde entonces; 2. *cj.* desde que.

Seite ['-tə] *f* (15) lado *m*; (*Körper*²) costado *m* (*a.* ♣); (*Flanke*) flanco *m*; (*Blatt*²) plana *f*, (*Buch*²) página *f*; *e-r Münze, Schallplatte usw.*: cara *f*; *von der ⁴ ansehen* mirar de soslayo; *auf die* (*od. zur*) ⁴ *treten* apartarse; hacerse a un lado; *auf die ⁴ legen* apartar; *Geld*: ahorrar; *zur ⁴ stehen* ayudar, secundar; *von* ²**n** (*gen.*) de parte de; *von allen ⁴n* de todas partes; *auf beiden ⁴n* de ambos lados; ⁴ *an ⁴* lado a lado.

Seiten... ['-tən...]: *in Zssgn oft* lateral; **⁴ansicht** *f* vista *f* lateral; **⁴blick** *m* mirada *f* de soslayo; **⁴flügel** *m* ala *f* lateral; **⁴gewehr** *n* bayoneta *f*; **⁴hieb** *fig. m* indirecta *f*, **⁴linie** *f* línea *f* colateral; **⁴ruder** ≷ *n* timón *m* de dirección; ²**s** (*gen.*) de parte de; **⁴schiff** ⚠ *n* nave *f* lateral; **⁴sprung**

fig. m escapada *f*; **⁴stechen** ⚕ *n* dolores *m/pl.* de costado; **⁴straße** *f* calle *f* lateral; **⁴wagen** *Kfz. m* sidecar *m*; **⁴zahl** *f* número *m* de páginas.

seit|her [zaɪt'he:r] desde entonces; **⁴lich** ['-lɪç] lateral; de lado; **⁴wärts** ['-vɛrts] de lado; al lado (de).

Sekante ♣ [ze'kantə] *f* (15) secante *f*.

Sekret [-'kre:t] *n* (3) secreción *f*.

Sekret|är [-kre'tɛ:r] *m* (3¹) secretario *m*; (*Möbel*) secreter *m*; cantarano *m*; **⁴ariat** [--tar'a:t] *n* (3) secretaría *f*; **⁴ärin** [--'tɛ:rɪn] *f* secretaria *f*.

Sekt [zɛkt] *m* (3) champán *m, neol.* cava *m*; **⁴e** *f* (15) secta *f*; **⁴ierer** [-'ti:rər] *m* (7) sectario *m*; **⁴ion** [-'tsjo:n] *f* sección *f*; ⚕ disección *f*, autopsia *f*; **⁴kühler** *m neol.* champañera *f*; **⁴or** ['-tɔr] *m* (8¹) sector *m*.

Sekun|dant [zekun'dant] *m* (12) padrino *m*; ²**där** [--'dɛ:r] secundario; **⁴de** [-'-də] *f* (15) segundo *m*; ♪ segunda *f* od. *m*; **⁴denzeiger** *m* segundero *m*; ²**dieren** secundar; *Duell*: apadrinar.

selb [zɛlp] mismo; *zur ⁴en Zeit* al mismo tiempo.

selbst [zɛlpst] mismo; (*sogar*) hasta, aun; *ich ⁴* yo mismo; *von ⁴* por sí mismo; espontáneamente; ⁴ *wenn* aun cuando (*subj.*); incluso si; ²**-achtung** *f* autoestima *f*.

selbständig ['-ʃtɛndɪç] independiente; *sich ⁴ machen* independizarse; ²**keit** *f* independencia *f*.

Selbst... ['zɛlpst...]: *in Zssgn oft* auto...; ⊕, ⚡ automático; **⁴aufopferung** *f* autosacrificio *m*; **⁴auslöser** *Phot. m* autodisparador *m*; **⁴bedienung** *f* autoservicio *m*; **⁴bedienungsladen** *m* (tienda *f* de) autoservicio *m*; **⁴befriedigung** *f* masturbación *f*; **⁴beherrschung** *f* dominio *m* de sí mismo, autodominio *m*; **⁴beköstigung** *f* manutención *f* a costa propia; **⁴bestätigung** *f* autoafirmación *f*; **⁴bestimmung(srecht** *n*) *f* (derecho *m* de) autodeterminación *f*; **⁴betrug** *m* engaño *m* de sí mismo, autoengaño *m*; ²**bewußt** consciente de su propio valor; (*anmaßend*) presumido; **⁴bewußtsein** *n* conciencia *f* de sí mismo; **⁴bildnis** *n* autorretrato *m*; **⁴disziplin** *f* autodisciplina *f*; autocontrol *m*; **⁴erhaltungstrieb** *m* instinto *m* de conservación; **⁴erkenntnis** *f* conocimiento *m* de sí mismo; **⁴finanzierung** *f* autofinanciación f; ⁓gebrauch m: zum ⁓ para uso personal; ⁓gefällig pagado de sí mismo; presumido; ⁓gefälligkeit f presunción f; autocomplacencia f; ⁓gefühl n amor m propio; ⁓gemacht ['-gəmaxt] hecho en casa; de fabricación casera; ⁓gerecht infatuado; fariseo; ⁓gespräch n soliloquio m; monólogo m; 2herrlich autocrático; ⁓hilfe f defensa f propia; 2klebend autoadhesivo; ⁓kostenpreis m precio m de coste; ⁓kritik f autocrítica f; ⁓lader ['-la:dər] m (7) arma f automática; ⁓laut m vocal f; ⁓los desinteresado; abnegado; ⁓losigkeit f altruismo m; abnegación f; ⁓mord m suicidio m; ⁓mörder(in f) m, 2mörderisch suicida (su.); ⁓redend por supuesto; 2reinigend autolimpiante; ⁓reinigung f autodepuración f; ⁓schutz m autoprotección f; 2sicher seguro de sí mismo; ⁓sucht f egoísmo m; 2süchtig egoísta; 2tätig automático; ⁓täuschung f autoengaño m; ⁓überwindung f represión f de sí mismo; ⁓unterricht m enseñanza f autodidáctica; ⁓verleugnung f abnegación f; ⁓versorgung f autoabastecimiento m; autarquía f; 2verständlich natural, evidente; adv. por supuesto, desde luego; claro que sí, bsd. Am. ¿cómo no?; ⁓verständlichkeit f evidencia f; ⁓verstümmelung f automutilación f; ⁓verteidigung f autodefensa f; ⁓vertrauen n confianza f en sí mismo, neol. autoconfianza f; ⁓verwaltung f autonomía f (administrativa); ⁓verwirklichung f autorrealización f; ⁓wähldienst Fernspr. m servicio m telefónico automático; ⁓zucht f autodisciplina f; 2zufrieden contento de sí mismo; ⁓zweck m fin m absoluto; finalidad f en sí.

selig ['ze:liç] bienaventurado; fig. feliz; (verstorben) fallecido, difunto; 2keit f bienaventuranza f; felicidad f; 2sprechen beatificar; 2sprechung f beatificación f.

Sellerie ['zɛləri:] m (11) od. f (uv.) apio m.

selten ['zɛltən] raro; escaso; (außerordentlich) extraordinario; nicht ⁓ a menudo; 2heit f rareza f; escasez f.

Selterswasser ['-tərsvasər] n (7¹) agua f de Seltz; sifón m.

seltsam ['zɛltza:m] raro, extraño; extravagante; 2keit f rareza f, extrañeza f; extravagancia f.

Semester [ze'mɛstər] n (7) semestre m; ⁓ferien pl. vacaciones f/pl. semestrales.

Semikolon [-mi'ko:lɔn] n (11, pl. a. -la) punto m y coma.

Seminar [--'na:r] n (3¹) Rel. u. Universität: seminario m; ⁓ist m (12) Rel. seminarista m.

Semit|(in f) [-'mi:t(in)] m (12) semita su.; 2isch semita; semítico.

Semmel ['zɛməl] f(15) panecillo m; F fig. weggehen wie warme ⁓ n venderse como pan salido del horno; ⁓brösel m/pl. pan m rallado.

Senat [ze'na:t] m (3) senado m; ⁊ sala f; ⁓or [-'-tɔr] m (8¹) senador m; ⁓s... del senado, senatorial.

Send|bote ['zɛntbo:tə] m emisario m; ⁓e-anlage ['-də-] f (estación f) emisora f; ⁓efolge f programa m de emisiones; ⁓eleiter m director m de la emisión; 2en (30) enviar, mandar; ✝ remitir; TV, Radio: emitir; ⁓er m (7) emisora f (Gerät) emisor m; ⁓eraum m estudio m; ⁓ereihe f serie f de emisiones; serial m; ⁓eschluß m cierre m de las emisiones; ⁓ezeichen n sintonía f; ⁓schreiben n misiva f; epístola f; ⁓ung f envío m (Auftrag) misión f; TV, Radio: emisión f.

Senf [zɛnf] m (3) mostaza f; F s-n ⁓ dazugeben meter baza; ⁓gas n gas m mostaza; '⁓pflaster n sinapismo m.

sengen ['zɛŋən] (25) quemar; chamuscar; ⁓d abrasador.

senil [ze'ni:l] senil.

senior [ze'nio:r] 1. adj.: Herr X ⁓ el señor X padre; 2. 2 m (8¹) decano m; Sport: senior m; die ⁓en la tercera edad.

Senk|blei ['zɛŋkblaɪ] n plomada f, sonda f; ⁓e f (15) hondonada f; ⁓el m (7) cordón m; 2en (25) bajar; Preise usw.: a. reducir; sich ⁓ Gebäude: hundirse; ⁓fuß m pie m plano; ⁓grube f pozo m negro; 2recht, ⁓rechte f (18) vertical (f); bsd. ⁊ perpendicular (f); ⁓rechtstarter m avión m de despegue vertical; ⁓ung f declive m, pendiente f; ✝ baja f, reducción f; ⚕ hundimiento m; Geol. depresión f.

Senn|(er) ['zɛn(ər)] m (3 [7]) vaquero m (alpino); ⁓erin f vaquera f (alpina); ⁓hütte f cabaña f (alpina).

Sensation [-zaˈtsjoːn] f sensación f; ⁂ell [--joˈnɛl] sensacional; ⁂s-presse f prensa f sensacionalista od. amarilla.

Sense [ˈl-zə] f (15) guadaña f; ~nmann m (Tod) Muerte f.

sensib|el [-ˈziːbəl] sensible; ⁂ilität [-zibiliˈtɛːt] f sensibilidad f.

Sentenz [-ˈtɛnts] f (16) sentencia f.

sentimental [-timɛnˈtaːl] sentimental; ⁂ität [---taliˈtɛːt] f sentimentalismo m.

separat [zepaˈraːt] separado; particular; independiente; adv. por separado; ⁂ismus [--raˈtismus] m (16, o. pl.) separatismo m; ⁂ist m (12), ~ˈistisch separatista m.

September [zɛpˈtɛmbər] m (7) se(p)tiembre m.

Sequenz [zeˈkvɛnts] f (16) secuencia f.

Serb|e [ˈzɛrbə] m (13) (~in f), ⁂isch servio (-a) m (f).

Serenade [zereˈnaːdə] f (15) serenata f.

Serie [ˈzeːrjə] f (15) serie f; ~nherstellung f fabricación f en serie; ⁂nmäßig de serie; ~nweise en serie.

seriös [-ˈjøːs] serio, formal.

Serpentine [zɛrpɛnˈtiːnə] f (15) serpentina f.

Serum [ˈzeːrum] n (9 u. 9²) suero m.

Service: a) [zɛrˈviːs] n (7) servicio m od. juego m de mesa; **b)** [ˈsøːrvis] m od. n (11¹) servicio m.

servier|en [zɛrˈviːrən] servir (a la mesa); ⁂erin f camarera f; ⁂tisch m trinchera f.

Serviette [-ˈvjɛtə] f (15) servilleta f; ~nring m servilletero m; ~ntasche f servilletera f.

Servo|bremse [ˈzɛrvobrɛmzə] f servofreno m, freno m asistido; ~lenkung f dirección f asistida.

Sesam ♀ [ˈzeːzam] m (11) sésamo m.

Sessel [ˈzɛsəl] m (7) sillón m, butaca f; ~lift m telesilla m.

seßhaft [ˈzɛshaft] sedentario; (wohnhaft) domiciliado.

setz|en [ˈzɛtsən] (27) colocar; poner; (nieder-) (a)sentar; (wetten) apostar (auf ac. por); Denkmal: erigir, levantar; ✈ plantar; Typ. componer; Frist: fijar, señalar; in die Zeitung ~ insertar (un anuncio); sich ~ sentarse, tomar asiento; Vogel, Flüssigkeit: posarse; ⁂er m (7) cajista m; (Maschinen⁂) linotipista m; ⁂eˈrei f

taller m de composición; ⁂kasten m caja f (de imprenta); ⁂ling [ˈl-lɪŋ] m (3¹) ♀ plantón m; Fisch: alevino m; ⁂maschine f componedora f.

Seuche [ˈzɔyçə] f (15) epidemia f; fig. plaga f.

seufz|en [ˈzɔyftsən] (27) suspirar (nach por); stärker: gemir (über de); ⁂er m (7) suspiro m.

Sex [zɛks] m (3², o. pl.) sexo m; ~Appeal [-əˈpiːl] m (3¹, o. pl.) atractivo m sexual, sex-appeal m; ~te ♪ [ˈl-tə] f (15) sexta f; ~tett ♪ [-ˈtɛt] n (3) sexteto m; ~ual... [-uˈaːl...]: in Zssgn sexual; ~uˈalforschung f sexología f; ~ualität [-ualiˈtɛːt] f sexualidad f; ⁂uell [-uˈɛl] sexual; ⁂y [ˈl-i] sexy.

sezier|en [zeˈtsiːrən] disecar, hacer la autopsia; ⁂messer n escalpelo m.

Shampoo [ʃamˈpuː] n (11) champú m.

Sherry [ˈʃɛri] m (11) jerez m.

Shorts [ʃɔːrts] pl. pantalones m/pl. cortos.

Show [ʃoʊ] f (11¹) espectáculo m, show m; ~master [ˈl-maːstər] m (7) presentador m; animador m.

sibirisch [ziˈbiːrɪʃ] siberiano.

sich [zɪç] betont: si; unbetont: se; an (und für) ~ en sí, de por sí; bei ~ consigo; bei ~ denken pensar entre sí; nichts auf ~ haben no tener importancia; von ~ aus espontáneamente; por sí solo.

Sichel [ˈl-çəl] f (15) hoz f; (Mond⁂) creciente m.

sicher [ˈl-çər] seguro; (gewiß) cierto; (treffend) certero; (fraglos) indudable; (fest) firme; adv. con toda seguridad; ~ vor (dat.) asegurado contra; al abrigo de; e-r Sache ~ sein estar seguro de a/c.; (aber) ~! ¡claro (que sí)!, bsd. Am. ¿cómo no?; ~gehen ir sobre seguro; ⁂heit f seguridad f; certidumbre f; ♦ garantía f; (Treff⁂) acierto m; im Auftreten: aplomo m; in ~ bringen poner a salvo; zur ~ para mayor seguridad; ⁂heits...: in Zssgn de seguridad; ⁂heitsgurt m cinturón m de seguridad; ~heitshalber para mayor seguridad; ⁂heitsnadel f imperdible m; ⁂heitspolizei f cuerpo m de seguridad; ⁂heitsrat m Consejo m de Seguridad; ⁂heitsschloß n cerradura f de seguridad; ⁂heitsvorrichtung f dispositivo m de seguridad; ~lich seguramente, de seguro; ciertamente; sin duda; ~n (29) 1. v/t. asegurar; garantizar; (schützen) proteger (gegen, vor contra); preservar (de); 2. v/i. Wild: tomar el viento; **stellen** poner en seguro; asegurar; (beschlagnahmen) confiscar; incautarse de; ℒstellung f confiscación f; ℒung f protección f; am Gewehr: seguro m; ⚡ cortacircuito m, fusible m; ℒungs...: in Zssgn de seguridad.

Sicht [zıçt] f (16, o. pl.) vista f; (~barkeit) visibilidad f; auf kurze (lange) ~ a corto (largo) plazo; † bei ~ a la vista; drei Monate nach ~ (a) tres meses vista; !²**bar** visible; fig. evidente, manifiesto; '~**barkeit** f visibilidad f; !²**en** (26) avistar, divisar; (ordnen) ordenar, clasificar; !²**lich** visible; evidente; adv. visiblemente; '~**ung** f clasificación f; '~**vermerk** m visto m bueno, visado m; '~**wechsel** † m letra f a la vista; '~**weite** f alcance m visual od. de la vista.

sicker|n ['zıkərn] (29, sn) rezumar; filtrarse; ℒ**wasser** n agua f de infiltración.

sie [zi:] pron. 3. Pers. sg. ella; ac. la; 3. Pers. pl. ellos, -as; ac. los (les), las; ℒ (Anrede) usted(es pl.); j-n mit ℒ anreden tratar a alg. de usted.

Sieb [zi:p] n (3) colador m, cedazo m; (feines) tamiz m; (grobes) criba f; '~**druck** m serigrafía f; ℒ**en**[1] ['-bən] (25) cribar (a. fig.), tamizar.

sieben[2] ['zi:bən] 1. siete; 2. ♀ f uw. siete m; ℒ**eck** ['-'ʔɛk] n (3) heptágono m; ~**eckig** heptagonal; ~**fach** séptuplo; ℒ**gestirn** n Pléyades f/pl.; ~'**hundert** setecientos; ~**jährig** de siete años; ~**mal** siete veces; ℒ'**meilenstiefel** m/pl. botas f/pl. de siete leguas; ℒ**monatskind** n sietemesino m; ℒ**sachen** pl. bártulos m/pl., trastos m/pl.; s-e ~ packen fig. liar los bártulos; ℒ**schläfer** Zo. m lirón m; ~'**tausend** siete mil.

Sieb(en)t|el ['--təl, zi:ptəl] n (7), ℒ**e(r)** sé(p)timo (m); ℒ**ens** en sé(p)timo lugar.

siebzehn ['zi:ptse:n] diecisiete; ~**te(r)** dé(ci)mo(p)tpimo.

siebzig ['-tsıç] setenta; ℒ**er(in** f) m (7) ['-gər(ın)], ~**jährig** septuagenario (-a) m (f); ℒ**stel** n (7) setentavo m; ~**ste(r)** septuagésimo.

siech [zi:ç] doliente, enfermizo; achacoso; ℒ**tum** n (1, o. pl.) enfermedad f larga.

Siede|hitze ['zi:dəhıtsə] f calor m de ebullición; fig. calor m sofocante; ℒ**ln** (29) establecerse; ℒ**n** (30) hervir; (kochen) cocer; ℒ**nd** hirviendo, hirviente; ~**punkt** m punto m de ebullición.

Sied|ler ['zi:dlər] m (7) colono m; poblador m; ~**lung** f colonia f; urbanización f; ~**lungsgesellschaft** f sociedad f colonizadora bzw. urbanizadora.

Sieg [zi:k] m (3) victoria f; triunfo m (a. fig.).

Siegel ['zi:gəl] n (7) sello m; ~**lack** m lacre m; ℒ**n** (29) sellar; lacrar; ~**ring** m anillo m de sello.

sieg|en ['-gən] (25) vencer (über j-n a alg.); a. fig. triunfar (de); ℒ**er(in** f) m (7) vencedor(a) m (f); a. fig. triunfador(a) m (f); ~**esgewiß** seguro del triunfo; ℒ**eszug** m marcha f triunfal; ~**haft** ['-khaft] triunfante; ~**reich** victorioso; triunfador.

sieh, ~st, ~t [zi:, zi:(s)t] s. sehen.

Siel [zi:l] n (3) esclusa f; ~**e** f (15) tirante m; fig. in den ~n sterben morir con las botas puestas.

siezen F ['zi:tsən] (27) tratar de usted (j-n a alg.).

Sigel ['-gəl] n (7) sigla f.

Signal [zıg'na:l] n (3[1]) señal f; ~**ement** [-nalə'mã] n (11) señas f/pl. personales; ~**feuer** n almenara f; ~**gast** ♣ m (5) señalador m; ~**horn** n cornetín m; ℒ**isieren** [--li'zi:rən] señalar, dar señales; ~**lampe** f lámpara f de señales; ~**mast** m poste m de señales.

Sign|atur [-na'tu:r] f (16) signatura f (a. Typ.); signo m; ~**et** [sın'je:, zıg'net] n (11) marca f de imprenta; ℒ**ieren** marcar, señalar; (unterzeichnen) firmar.

Silbe ['zılbə] f (15) sílaba f; ~**nrätsel** n charada f; ~**ntrennung** f separación f de sílabas.

Silber ['-bər] n (7, o. pl.) plata f; ℒ**farben** plateado; ~**fischchen** Zo. m lepisma f; ~**fuchs** m zorro m plateado; ~**gehalt** m título m de plata; ~**glanz** m brillo m argénteo; ℒ**haltig** ['--haltıç] argentífero; ℒ**hell** argentino; ~**hochzeit** f bodas f/pl. de plata; ℒ**n** de plata; plateado; ~**papier** n papel m de plata; ~**pappel** ♀ f álamo m blanco; ~**schmied** m platero m; ~**währung** f patrón m plata; ~**waren** f/pl. platería f.

silbrig

silbrig [¹-briç] plateado.
Silhouette [zilu'ɛtə] f (15) silueta f.
Silizium ⚛ [-'li:tsjum] n (9. o. pl.) silicio m.
Silo [ˈziːlo] m (11) silo m.
Silvester [zilˈvɛstər] m od. n (7), **~abend** m nochevieja f.
simpel [ˈzimpəl] simple.
Sims [zims] m u. n (4) △ cornisa f; (Fenster2) moldura f; (Wandbrett) estante m, anaquel m.
Simulant (in f) [zimuˈlant(in)] m (12) simulador(a) m (f); **~lator** ⊕ [--ˈlaːtɔr] m (8¹) simulador m; 2**lieren** simular, fingir.
simultan [--ˈtaːn] simultáneo; 2**dolmetschen** n interpretación f simultánea.
sind [zint] s. sein.
Sinfonie [zinfoˈniː] f (15) s. Symphonie.
sing|bar [ˈziŋbaːr] cantable; **~en** (30) cantar; 2**spiel** n zarzuela f; 2**stimme** f f cantante; parte f de canto; 2**ular** [¹-gulaːr] m (3¹) singular m; 2**vogel** m pájaro m cantor; ave f canora.
sinken [¹-kən] 1. v/i. (30, sn) caer; descender; *Preise usw.*: bajar; *Sonne*: ponerse; *Schiff*: hundirse, irse a pique; (*abnehmen*) disminuir; *bei ~der Nacht* al caer la noche, al anochecer; 2. 2 n caída f; descenso m; baja f; hundimiento m; disminución f.
Sinn [zin] m (3) sentido m; (*Bedeutung*) significación f; *e-s Wortes*: acepción f, significado m; (*Geist*) espíritu m; (*Meinung*) parecer m; *~ für* interés m (*od.* gusto m) por; *~ für Humor haben* tener (la) intención (de hacer a/c.); *ohne ~ und Verstand* a tontas y a locas; *e-s ~es mit j-m sein* estar de acuerdo con alg.; *anderen ~es werden* cambiar de opinión; *(nicht) bei ~en sein* (no) estar en su juicio; *von ~en kommen* fuera de juicio; *j-m in den ~ kommen* ocurrirse a alg.; *das geht mir nicht aus dem ~* no se me quita de la cabeza; *sich (dat.) et. aus dem ~ schlagen* quitarse a/c. de la cabeza; **~bild** n símbolo m; alegoría f; 2**bildlich** simbólico; alegórico; *~darstellen* simbolizar; 2**en** (30) meditar, reflexionar; *~ auf (ac.)* pensar en; tramar (*ac.*); 2**end** pensativo; meditabundo; **~enlust** f voluptuosidad f; sensualidad f; 2**-entstellend** que desfigura el sentido; **~enwelt** f mundo m físico.
'Sinnes|-änderung f cambio m de opinión; **~art** f mentalidad f; **~organ** n órgano m sensorial *od.* del sentido; **~täuschung** f alucinación f.
sinn|fällig [¹-fɛliç] evidente; patente; 2**gedicht** n epigrama m; **~gemäß** conforme al sentido; **~ieren** cavilar; meditar; **~ig** sensato; ingenioso; *iron.* agudo; **~lich** sensual; voluptuoso; (*wahrnehmbar*) físico, material; 2**lichkeit** f sensualidad f; voluptuosidad f; **~los** absurdo; insensato, desatinado; (*zwecklos*) inútil; 2**losigkeit** f absurdidad f; insensatez f; desatino m; **~reich** ingenioso; 2**spruch** m sentencia f, aforismo m; **~verwandt**(es Wort n) sinónimo (m); **~voll** ingenioso; (*zweckmäßig*) oportuno; razonable; **~widrig** absurdo.
Sintflut [ˈzintfluːt] f diluvio m.
Sinus ⚕ [ˈziːnus] m (*uv. u.* 14²) seno m.
Siphon [ˈziːfon] m (11) sifón m.
Sipp|e [ˈzipə] f (15) estirpe f, clan m; **~schaft** *desp.* f ralea f, chusma f.
Sirene [-ˈreːnə] f (15) sirena f.
Sirup [ˈziːrup] m (3¹) jarabe m.
Sisal(hanf) [ˈzal(hanf)] m (3¹, *o. pl.*) sisal m.
Sitte [ˈzitə] f (15) costumbre f; (*Brauch*) uso m; usanza f.
'Sitten|bild, **~gemälde** n cuadro m de costumbres; **~lehre** f moral f; ética f; **~los** inmoral; **~losigkeit** f inmoralidad f; **~polizei** f brigada f contra el vicio; **~prediger** m moralizador m; **~richter** m censor m; moralista m; 2**streng** austero; puritano; **~strenge** f austeridad f; puritanismo m; **~verderbnis** f corrupción f moral.
Sittich *Zo.* [¹-tiç] m (3¹) cotorra f.
sitt|lich [¹-liç] moral; 2**lichkeit** f moralidad f; 2**lichkeitsverbrechen** n delito m contra la honestidad; **~sam** decente; honesto; 2**samkeit** f decencia f; honestidad f.
Situation [zituaˈtsjoːn] f situación f; 2**iert** [--ˈiːrt]: *gut ~* en posición acomodada.
Sitz [zits] m (3²) asiento m; (*Wohn2*) domicilio m, residencia f; sede f; **'~bad** n baño m de asiento; **'~blockade** f sentada f; 2**en** (30, h. *u.*

Sofortprogramm

sn) estar sentado; (sich befinden) hallarse, encontrarse; e-m Maler: posar; Kleid: sentar od. caer bien; F (im Gefängnis) ~ en chirona; ~ bleiben quedar sentado; F e-n ~ haben F estar trompa; '2enbleiben (sn) Schüler: suspender un curso; Mädchen: quedar soltera, F quedar para vestir santos; '2end sentado; ~e Lebensweise vida f sedentaria; '2enlassen abandonar, F dejar plantado; et. auf sich ~ tragar(se) a/c.; '~fleisch n: F kein ~ haben F ser culo de mal asiento; '~gelegenheit f asiento m; '~kissen n gal. puf m; '~platz m asiento m; plaza f sentada; '~reihe f fila f (de butacas); '~streik m huelga f de brazos caídos.

Sitzung ['-tsuŋ] f sesión f; junta f; reunión f; ₮₮ audiencia f; **~bericht** m acta f (de la sesión); **~geld** n dietas f/pl. de asistencia; **~saal** m sala f de sesiones.

Skala ['ska:la] f (16² u. 11¹) escala f; bsd. fig. gama f.

Skalp [skalp] m (3¹) cabellera f; **~ell** 🞜 [-'pɛl] n (3¹) escalpelo m; 2'**ieren** arrancar la cabellera.

Skandal [skan'da:l] m (3¹) escándalo m; (Lärm) alboroto m, barullo m; 2**ös** [-da'lø:s] escandaloso.

skandieren [-'di:rən] escandir.

Skandinav|ier(in f) [-di'nɑ:vjər(in)] m (7), 2**isch** escandinavo (-a) m (f).

Skateboard ['skeitbɔːd] n (11) monopatín m.

Skelett [ske'lɛt] n (3) esqueleto m.

Skep|sis ['skɛpsis] f (16, o. pl.) escepticismo m; **~tiker** ['-tikər] m (7), 2**tisch** escéptico m.

Ski [ʃi:] m (11, pl. ~er) = Schi.

Skizz|e ['skitsə] f (15) bosquejo m; esbozo m, boceto m; croquis m; 2**enhaft** esbozado; 2'**ieren** bosquejar, esbozar.

Sklav|e ['skla:və] m (13) esclavo m; **~enhandel** m trata f de negros; **~enhändler** m negrero m; **~e'rei** f esclavitud f; **~in** f esclava f; 2**isch** servil.

Sklerose 🞜 [skle'ro:zə] f (15) esclerosis f; multiple ~ esclerosis f múltiple od. en placa.

Skonto ✝ ['skɔnto] m u. n (11) descuento m.

Skorbut 🞜 [skɔr'buːt] m (3, o. pl.) escorbuto m.

Skorpion [-p'joːn] m (3¹) alacrán m; escorpión m; Astr. Escorpión m.

Skript [skript] n (5) apuntes m/pl.; **~girl** ['-gœːl] n (11) secretaria f de rodaje, script-girl f.

Skrupel ['skru:pəl] m (7) escrúpulo m; 2**los** sin escrúpulos; **~losigkeit** f falta f de escrúpulos.

Skulptur [skulp'tu:r] f (16) escultura f.

Slalom ['slɑ:lɔm] m (11) slalom m.

Slaw|e ['-və] m (13) (**~in** f), 2**isch** eslavo (-a) m (f).

Slip [slip] m (11) slip m.

Slowak|e [slo'vaːkə] m (13) (**~in** f), 2**isch** eslovaco (-a) m (f).

Slowen|e ['-veːnə] m (13) (**~in** f), 2**isch** esloveno (-a) m (f).

Smaragd [sma'rakt] m (3) esmeralda f.

Smoking ['smo:kiŋ] m (11) smoking m, esmoquin m.

Snob [snɔp] m (11) (e)snob m.

Snobis|mus [sno'bismus] m (16²) (e)snobismo m; 2**tisch** (e)snob.

so [zo:] así; vor adj. u. adv. tan; (solch) tal; ~? ¿de veras?, ¿es posible?; ach ~! ¡ah, bueno!; ¡ya!; ~ sehr, ~ viel tanto; ~ ein Unglück! ¡qué desgracia!; ~ (et)was! ¡parece mentira!; ¡qué barbaridad!; ~ oder ~ de todos modos; ~ gut wie möglich lo mejor posible; ~ reich wie er tan rico como él; ~ reich er auch ist por rico que sea; ~ daß de modo que, de manera que.

sobald [-'balt] tan pronto como; en cuanto.

Socke ['zɔkə] f (15) calcetín m; F sich auf die ~n machen marcharse; **~l** m (7) pedestal m, zócalo m; base f; **~nhalter** m liga f.

Soda ['zo:da] f u. n (11, o. pl.): **a)** 🞜 sosa f; **b)** ~ **wasser** n soda f.

Sodbrennen 🞜 ['zo:tbrɛnən] n (6) ardor m od. acidez f de estómago; 🞜 pirosis f.

soeben [zo'ʔeːbən] en este momento; ahora mismo; ~ et. getan haben acabar de hacer a/c.

Sofa ['zo:fa] n (11) sofá m, canapé m; diván m.

sofern [zo'fɛrn] en tanto que, (en) caso que (subj.); si es que; ~ nicht a no ser que (subj.).

soff [zɔf] s. saufen.

sofort [zo'fɔrt] en seguida, en el acto, al instante; 2**bildkamera** f cámara f para fotos al instante; **~ig** inmediato; 2**programm** n programa m de realización inmediata.

Sog ⚓ [zo:k] *m* (3) resaca *f*.
sog [zo:k] *s.* **saugen**.
sogar [zo'ga:r] hasta, aun, incluso; ~ *sein Bruder* hasta su hermano, su mismo hermano.
sogenannt ['zo:gənant] llamado, dicho; *(angeblich)* pretendido.
sogleich [zo'glaiç] ahora mismo.
Sohle ['zo:lə] *f* (15) *(Fuß2)* planta *f*; *(Schuh2)* suela *f*; *(Boden)* fondo *m* (a. ⚒).
Sohn [zo:n] *m* (3³) hijo *m*.
Soiree [soa're:] *f* (15) velada *f*; sarao *m*.
Soja ♀ ['zo:ja] *f*(16²), **~bohne** *f* soja *f*.
solange [zo'laŋə] mientras, en tanto que; ~ *bis* hasta que.
Solar|ium [-'la:rjum] *n* (9) solario *m*, solárium *m*; **~zelle** *f* célula *f* solar.
Solbad ['zo:lba:t] *n* baño *m* de agua salina.
solch [zɔlç] (21) tal; semejante; ~ *ein* ...! ¡qué ...!; **~erlei** [-'çərlai] tales, semejantes.
Sold [zɔlt] *m* (3) paga *f*, soldada *f*.
Soldat [-'da:t] *m* (12) soldado *m*, militar *m*; **2isch** militar, de soldado.
Soldbuch ['zɔltbu:x] *n* libreta *f* militar.
Söldner ['zœltnər] *m* (7) mercenario *m*.
Sol|e ['zo:lə] *f* (15) agua *f* salina; **~ei** [-'?ai] *n* huevo *m* cocido en salmuera.
solidari|sch [zoli'da:riʃ] solidario; **~sieren** [--dari'si:rən]: *sich* ~ *mit* solidarizarse con; **2tät** *f* solidaridad *f*.
solid(e) [-'li:t, -'-də] sólido; *Person*: formal, serio; *Firma*: solvente; **2ität** [-lidi'tɛ:t] *f* solidez *f*; formalidad *f*; solvencia *f*.
Solist(in *f*) [-'list(in)] *m* (12) solista *su*.
Soll ✝ [zɔl] *n* (11 *u. uv.*) debe *m*; pasivo *m*; ~ *und Haben* debe y haber; **~-Bestand** *m* efectivo *m* teórico *od.* previsto; **¹2en** (30) *Pflicht*: deber; *Notwendigkeit*: haber de; *Annahme*: deber de; *du hättest es sagen ~ sollen* debieras haberlo dicho; *was soll ich tun?* ¿qué quieres que haga?, ¿qué he de hacer?; *ich weiß nicht, was ich tun soll* no sé qué hacer; *was soll das (heißen)?* ¿qué significa esto?; *sollte es möglich sn?* ¿sería posible?; *man sollte meinen* se diría; *Befehl*: er soll kommen que venga; *du sollst nicht töten!* ¡no matarás!; *sollte er kommen, falls er kommen sollte* (en) caso que venga, si viniera;

er soll krank sn dicen que está enfermo.
Söller ['zœlər] *m* (7) azotea *f*.
Solo ['zo:lo] *n* (11, *pl. a.* -*li*) solo *m*; **~instrument** *n* instrumento *m* solista; **~konzert** *n* recital *m*; **~stimme** *f* solo *m*.
Solquelle ['zo:lkvɛlə] *f* (15) manantial *m* de aguas salinas.
solven|t [zɔl'vɛnt] solvente; **2z** [-'vɛnts] *f* (16) solvencia *f*.
somit [zo'mit] así pues, por lo tanto, por consiguiente.
Sommer ['zɔmər] *m* (7) verano *m*; *poet.* estío *m*; *im* ~ en verano; **~...** *in Zssgn* estival, de verano; veraniego; **~frische** *f* veraneo *m*; *in die* ~ *gehen* a veranear; **~frischler** ['--friʃlər] *m* (7), **~gast** *m* veraneante; **2lich** veraniego; de verano; **~schlußverkauf** *m* rebajas *f/pl.* de verano; **~sonnenwende** *f* solsticio *m* estival *od.* de verano; **~sprosse** *f* peca *f*, **2sprossig** pecoso; **~zeit** *f* (temporada *f* de) verano *m*; *(Uhrzeit)* horario *m* de verano.
Sonate [zo'na:tə] *f* (15) sonata *f*.
Sonde ['zɔndə] *f* (15) sonda *f* (*a.* ⚒).
Sonder... [-'dər...]: *in Zssgn oft* especial; **~abdruck** *m* tirada *f* aparte; **~angebot** *n* oferta *f*; **~ausgabe** *f* edición *f* especial; *(Zeitung)* número *m* extraordinario; **2bar** singular, extraño; curioso; raro; **2barer|weise** lo extraño es que; **~beilage** *f* suplemento *m* extraordinario; **~berichterstatter** *m* enviado *m* especial; **~fall** *m* caso *m* excepcional; **~frieden** *m* paz *f* separada; **2gleichen** sin igual, sin par; sin precedente; **~interesse** *n* interés *m* particular; **2lich** *s. sonderbar*; *nicht* ~ no mucho; **~ling** ['--liŋ] *m* (3¹) original *m*, F tipo *m* raro; **~marke** *f* sello *m* especial; **2n** 1. *cj.* sino; 2. *v/t.* (29) separar; *(unterscheiden)* distinguir; **~nummer** *f.* *Sonderausgabe*; **~recht** *n* privilegio *m*; **~schule** *f* centro *m* de educación especial; **~stellung** *f* posición *f* privilegiada; **~zug** *m* tren *m* especial.
sondier|en [-'di:rən] sondar; 🞉 sondar; *fig. das Gelände* ~ tantear el terreno; **2ung** *f* sondeo *m*.
Sonett [zo'nɛt] *n* (3) soneto *m*.
Sonnabend ['zɔn'abənt] *m* (3¹) sábado *m*; **2s** los sábados.
Sonne ['zɔnə] *f* (15) sol *m*; *in der* ~ al sol; **2n** (25) solear; *sich* ~ tomar el sol.

Sonnen... ['-nən...]: *in Zssgn oft* de(l) sol; *Astr.*, ⊕ solar; **~aufgang** *m* salida *f* del sol; **~bad** *n* baño *m* de sol; **~blume** *f* girasol *m*; **~brand** *m* quemadura *f* de sol; **2bräune** *f* bronceado *m*; **~brille** *f* gafas *f/pl.* de sol; **~creme** *f* crema *f* bronceadora; **~dach** *n* toldo *m*; **~energie** *f* energía *f* solar; **~finsternis** *f* eclipse *m* solar; **~fleck** *m* mancha *f* solar; **2gebräunt** ['--gəbrɔʏnt] bronceado; tostado por el sol; **2klar** evidente; claro como el agua; **~kollektor** *m* colector *m od.* panel *m* solar; **~kraftwerk** *n* central *f* solar; **~öl** *n* aceite *m* bronceador; **~schein** *m* (luz *f* del) sol *m*; **~schirm** *m* sombrilla *f*, parasol *m*; **~seite** *f* lado *m* expuesto al sol; **~stich** *ℊ m* insolación *f*; **~strahl** *m* rayo *m* de sol; **~system** *n* sistema *m* solar; **~terrasse** *f* solario *m*, solárium *m*; **~uhr** *f* reloj *m* de sol; **~untergang** *m* puesta *f* del sol; **~wende** *f* solsticio *m*.

sonnig ['-niç] expuesto al sol, soleado; *fig.* alegre; risueño.

Sonntag ['-ta:k] *m* domingo *m*.

sonntäglich ['-tɛ:kliç] dominical; dominguero.

Sonntags|ausflügler ['-ta:ksˀaʊsfly:glər] *m* dominguero *m*; **~fahrer** *m* (conductor *m*) dominguero *m*; **~kind** *n* *fig.* persona *f* nacida con buena estrella; **~rückfahrkarte** *f* billete *m* de ida y vuelta en días festivos; **~ruhe** *f* descanso *m* dominical; **~staat** *m* ropas *f/pl.* de fiesta; *im* **~** endomingado.

sonst [zɔnst] *(andernfalls)* de lo contrario, si no; *(übrigens)* por lo demás; *(außerdem)* además; *wie* **~** como de costumbre; **~** *noch etwas?* ¿alguna otra cosa?; **~** *nichts* nada más; **~** *niemand* ningún otro, nadie más; **~** *nirgends* en ninguna otra parte; *mehr als* **~** más que de ordinario; *wer* **~** *er?* ¿quién si no él?; **'~ig** otro; **'~wie** de cualquier manera; **'~wo** dondequiera.

sooft [zoˀɔft] cada vez que; cuando, siempre que.

Sopran [-'pra:n] *m* (3¹) soprano *m*; **~istin** [pra'nistin] *f* soprano *f*.

Sorge ['zɔrgə] *f* (15) preocupación *f*; *stärker:* inquietud *f*, alarma *f*; *(Für* 2) cuidado *m*; *(Kummer)* aflicción *f*, pena *f*; *sich* **~** *n machen* preocuparse; *keine* **~!**, *seien Sie ohne* **~!** ¡descuide!; *laß das m-e* **~** *sn!* ¡déjame hacer!

sorgen ['-gən] (25): **~** *für* cuidar de; atender a; *(beschaffen)* procurar; *sich* **~** preocuparse, inquietarse *(um, de, por)*; **~frei** libre de cuidados; **2kind** *n* niño *m* que causa muchas preocupaciones; **~voll** lleno de preocupaciones; inquieto, preocupado.

Sorgerecht 🜊 ['zɔrgəreçt] *n* custodia *f*.

Sorg|falt ['zɔrkfalt] *f* (16, *o. pl.*) cuidado *m*, esmero *m*; **2fältig**, **2sam** cuidadoso; con esmero; *adv.* con esmero; **2los** despreocupado; descuidado; **~losigkeit** *f* despreocupación *f*; incuria *f*.

Sort|e ['-tə] *f* (15) clase *f*, especie *f*; ♀ variedad *f*; **2ieren** clasificar; *(auswählen)* seleccionar, escoger; **~iment** [-ti'mɛnt] *n* (3) surtido *m*; **~i'mentsbuchhandlung** *f* librería *f* general.

so|sehr [zoˈzeːr] por más *(od.* mucho) que; **~so** [-'zo:] así, así; **~!** ¡vaya, vaya!

Soße ['zo:sə] *f* (15) salsa *f*; **~nschüssel** *f* salsera *f*.

Souffl|eur [zu'flø:r] *m* (3¹) **~euse** [-'flø:zə] *f* (15) apuntador(a) *m* (*f*); **~eurkasten** *m* concha *f* del apuntador; **2ieren** apuntar.

Soundso ['zo:ˀuntzo:]: *Herr (Frau)* **~** fulano (-a) *m* (*f*) de tal; ♀ *viel* equis; **2vielte** ['--ˈfi:ltə]: *am* **~** a tantos de.

Soutane [zuˈtaːnə] *f* (15) sotana *f*.

Souterrain [-tɛˈrɛ̃] *n* (11) sótano *m*.

Souvenir [-və'niːr] *n* (11) recuerdo *m*.

souverän [-vəˈrɛːn], ♀ *m* (3¹) soberano (*m*); **2ität** [---ˈniːtɛːt] *f* soberanía *f*.

so|viel [zoˈfiːl] tanto *(wie* como); *noch einmal* **~** otro tanto; **~** *ich weiß* que yo sepa; **~weit** en cuanto; **~** *nicht* a menos que; *wir sind* **~** ya estamos; **~wenig** tan poco; **~wie** (así) como; tan pronto como, en cuanto; **~wieso** en todo caso; de todos modos.

Sowjet [zɔˈvjɛt] *m* (11) soviet *m*; **2isch** ['-ˈvjɛːtɪʃ] soviético.

sowohl [zoˈvoːl]: **~** *... als auch* tanto *...* como.

sozial [zoˈtsjaːl] social; **2-abgaben** *f/pl.* cargas *f/pl.* sociales; **2-arbeiter(in** *f)* *m* asistente *su.* social; **2demokrat** *m*, **~demokratisch** socialdemócrata (*m*); **2demokratie** *f* socialdemocracia *f*; **~isieren** [-tsjali-'ziːrən] socializar; **2i'sierung** *f* socialización *f*; **2ismus** [--'lɪsmʊs] *m* (16, *o. pl.*) socialismo *m*; **2ist(in** *f)* [--'lɪst(ɪn)] *m* (12), **~istisch** [--'lɪstɪʃ]

socialista (*su.*); **2leistungen** *f/pl.* prestaciones *f/pl.* sociales; **2partner** *m/pl.* interlocutores *m/pl.* sociales; **2politik** *f* política *f* social; **2produkt** *n* producto *m* nacional *od.* social; **2rentner** *m* pensionista *m* del seguro social; **2versicherung** *f* seguro *m* social; **2wohnung** *f* vivienda *f* de protección oficial.

Soziolog|e [zotsjoˈloːɡə] *m* (13) sociólogo *m*; **~ie** [--loˈɡiː] *f* (15, *o. pl.*) sociología *f*; **2isch** [--loːɡiʃ] sociológico.

Sozius [ˈzoːtsjus] *m* (14²) socio *m*, asociado *m*; **~sitz** *m Motorrad*: asiento *m* trasero.

sozusagen [-tsuˈzaːɡən] por decirlo así.

Spachtel [ˈʃpaxtəl] *m* (7) *od. f* (15) espátula *f*.

Spaghetti [ʃpaˈɡɛti] *pl.* espaguetis *m/pl.*

späh|en [ˈʃpɛːən] (25): **~** *nach* espiar (*ac.*); **2trupp** *m* patrulla *f*.

Spalier ✱ [ʃpaˈliːr] *n* (3¹) espaldera *f*, espaldar *m*; *fig.* **~** *stehen* cubrir la carrera; formar calle.

Spalt [ʃpalt] *m* (3) hendedura *f*, raja *f*, grieta *f*; fisura *f*; **'2bar** fisible; **'~e** *f* (15) = *Spalt*; *Typ.* columna *f*; **'2en** (26; *p.pt.* ge**~**) dividir, partir; *Pol.* escindir; **⚛** disociar; *Phys.* desintegrar; **'~pilz** *m* esquizomiceto *m*; **'~produkt** *n* producto *m* de fisión; **'~ung** *f* ⚛ disociación *f*; *Phys.* fisión *f*; *fig.* división *f*; escisión *f* (*a. Pol.*); *Psych.* desdoblamiento *m*.

Span [ʃpaːn] *m* (3³) astilla *f*; viruta *f*; **'~ferkel** *n* lechón *m*, cochinillo *m*.

Spange [ˈʃpaŋə] *f* (15) prendedero *m*; pasador *m*; *am Schuh*: hebilla *f*.

Span|ier(in *f)* [ˈʃpaːnjər(in)] *m* (7) español(a) *m* (*f*); **2isch** español; *Sprache*: *a.* castellano; *fig. das kommt mir* **~** *vor* eso es chino para mí; **2isch-amerikanisch** hispano-americano; **2ischsprechend** de habla española, castellanoparlante.

Spat *Min.* [ʃpaːt] *m* (3) espato *m*.

spät [ʃpɛːt] tardío; *adv.* tarde; *wie* **~** *ist es?* ¿qué hora es?; *zu* **~** *kommen* venir tarde; *bis* **~** *in die Nacht* hasta muy entrada la noche.

Spatel [ˈʃpaːtəl] *m* (7) espátula *f*.

Spaten [ˈ-tən] *m* (6) laya *f*.

spät|er [ˈʃpɛːtər] posterior, ulterior (*als a.*); *adv.* más tarde; *eine Stunde* **~** una hora después; **~erhin** más tarde; **~estens** lo más tarde, a más tardar; **2frost** *m* helada *f* tardía; **2herbst** *m* fines *m/pl.* de otoño; **2-obst** *n* fruta *f*

interés) palpitante; cautivador; *Film usw.*: de suspense; **'~er** *m* (7) *für Zeitungen*: sujetador *m*; *für Hosen*: estirador *m*; *für Schuhe*: extendedor *m*; ⊕ tensor *m*; *Zo.* falena *f*; **'~kraft** *f* elasticidad *f*; *fig.* energía *f*; **'~ung** *f* ⚡ tensión *f* (*a. fig.*), voltaje *m*; *fig.* impaciencia *f*; *Film usw.*: suspense *m*; **'~ungsmesser** *m* voltímetro *m*; **'~weite** *f* envergadura *f*.

Spant [ʃpant] *n* (5) cuaderna *f*.

Spar|buch [ˈʃpaːrbuːx] *n* libreta *f od.* cartilla *f* de ahorro; **~büchse** *f* hucha *f*; **~einlagen** *f/pl.* imposiciones *f/pl.* de ahorro; **2en** (25) ahorrar; economizar, hacer economías; **~er(in** *f)* *m* (7) ahorrador(a) *m* (*f*).

Spargel [ˈʃparɡəl] *m* (7) espárrago *m*; **~beet** *n* esparraguera *f*.

Spar|gelder [ˈʃpaːrɡɛldər] *n/pl.* ahorros *m/pl.*; **~groschen** *m/pl.* ahorrillos *m/pl.*; **~guthaben** *n* ahorro *m*; **~kasse** *f* caja *f* de ahorros; **~konto** *n* cuenta *f* de ahorro.

spärlich [ˈʃpɛːrliç] escaso; *Haar*: claro; **2keit** *f* escasez *f*.

Sparmaßnahme [ˈʃpaːrmaːsnaːmə] *f* medida *f* de economía.

Sparren [ˈʃparən] *m* (6) cabrio *m*.

sparsam [ˈʃpaːrzaːm] económico; ahorrativo; **2keit** *f* economía *f*.

spartanisch [ʃparˈtaːniʃ] espartano (*a. fig.*).

Sparte [ˈ-tə] *f* (15) sector *m*, sección *f*.

Spaß [ʃpaːs] *m* (3² u. ³) broma *f*, burla *f*; (*Witz*) chiste *m*; (*Vergnügen*) diversión *f*; *zum* **~** *beiseite!* ¡bromas aparte!; *viel* **~!** ¡que te diviertas!; *das macht ihm* **~** le hace gracia; (*keinen*) **~** *verstehen* (no) aguantar *od.* consentir las bromas; *den* **~** *verderben* aguar la fiesta; **'2en** (27) bromear; **'2haft**, **'2ig** burlesco, chistoso; **'~macher**, **'~vogel** *m* bromista *m*; **'~verderber** *m* (7) aguafiestas *m*.

Spezialist

tardía; ⚥**sommer** *m* veranillo *m* de San Martín.

Spatz *Zo.* [ʃpats] *m* (12) gorrión *m*.

Spätzündung [ˈʃpɛːttsyndʊŋ] *f* encendido *m* retardado.

spazier|en [ʃpaˈtsiːrən] (sn) pasear(se); ⚥**enfahren** *v/i.* (sn) dar un paseo en coche; ⚥**enführen** llevar de paseo; ⚥**engehen** (sn) pasear(se), dar un paseo; ⚥**gang** *m* paseo *m*; ⚥**gänger** *m* paseante *m*; ⚥**stock** *m* bastón *m*.

Specht [ʃpɛçt] *m* (3) pájaro *m* carpintero, pico *m*.

Speck [ʃpɛk] *m* (3) tocino *m*; *geräucherter*: bacon *m*; ⚥**ig** pringoso; grasiento; ⚥**-schwarte** *f* / ⚥**-seite** *f*) corteza *f* (hoja *f*) de tocino.

spedieren [ʃpeˈdiːrən] expedir, despachar; mandar, enviar.

Spediteur [-diˈtøːr] *m* (3¹) agente *m* de transportes; ⚥**ion** [--ˈtsjoːn] *f* expedición *f*, transporte *m*; ⚥**ionsfirma** *f* agencia *f* de transportes.

Speer [ʃpeːr] *m* (3) lanza *f*; (*Wurf*⚥) jabalina *f*; ⚥**-werfen** *n Sport*: lanzamiento *m* de jabalina.

Speiche [ˈʃpaɪçə] *f* (15) ⊕ rayo *m*; *Anat.* radio *m*.

Speichel [ˈ-çəl] *m* (7) saliva *f*; ⚥**drüse** *f* glándula *f* salival; ⚥**fluß** *m* salivación *f*; ♻ (p)tialismo *m*; ⚥**lecker** *m* (7) cobista *m* / *f*; P lameculos *m*.

Speicher [ˈ-çər] *m* (7) (*Lager*) almacén *m*; (*Boden*) desván *m*; (*Getreide*⚥) granero *m*, silo *m*; *Computer*: memoria *f*; ⚥**n** (29) almacenar (*a. Daten*); acaparar; acumular; ⚥**ung** *f* almacenamiento *m* (*a. v. Daten*), almacenaje *m*; acumulación *f*.

speien [ˈ-ən] (30) escupir; *a. fig.* vomitar.

Speise [ˈ-zə] *f* (15) comida *f*; alimento *m*; (*Gericht*) plato *m*, manjar *m*; ⚥**-eis** *n* helado *m*; ⚥**kammer** *f* despensa *f*; ⚥**karte** *f* lista *f* de platos; menú *m*, minuta *f*; ⚥**n** (27) 1. *v/t.* alimentar (*a.* ⊕); dar de comer; 2. *v/i.* comer; ⚥**n-aufzug** *m* montaplatos *m*; ⚥**nfolge** *f* menú *m*; ⚥**öl** *n* aceite *m* comestible *od.* de mesa; ⚥**röhre** *Anat. f* esófago *m*; ⚥**saal** *m* comedor *m*; ⚥**wagen** 🚂 *m* coche *m od.* vagón *m* restaurante.

Speisung [ˈ-zʊŋ] *f* alimentación *f*.

Spektakel [ʃpɛkˈtaːkəl] *m* (7) jaleo *m*; ⚥**n** (29) armar jaleo.

Spektr|alanalyse [-ˈtraː-ˀanalyːzə] *f* (15) análisis *m* espectral; ⚥**um** [ˈ-trʊm] *n* (9 *u.* 9²) espectro *m*.

Spekul|ant [ʃpekuˈlant] *m* (12) especulador *m*; ⚥**ation** [--laˈtsjoːn] *f* especulación *f*; ⚥**ativ** [--laˈtiːf] especulativo; ⚥**ieren** especular (*auf* sobre); *an der Börse* ⚥ jugar a la bolsa; *fig. auf et.* ⚥ aspirar a a/c.

Spelunke [-ˈlʊŋkə] *f* (15) tabernucho *m*; tugurio *m*.

Spelz ♀ [ʃpɛlts] *m* (3²) espelta *f*; ⚥**-e** ♀ *f* (15) gluma *f*.

spend|abel F [ʃpɛnˈdaːbəl] generoso, rumboso; ⚥**e** [ˈ-də] *f* (15) regalo *m*; donativo *m*; óbolo *m*; ⚥**en** (26) dar; donar; *Sakramente*: administrar; ⚥**er(in)** *m* (*f*) donador(a) *m* (*f*); donante *su.*; ⚥**ieren** regalar, ofrecer.

Sperber *Zo.* [ˈʃpɛrbər] *m* (7) gavilán *m*.

Sperenzchen F [ʃpeˈrɛntsçən] *pl. uv.*: ⚥ *machen* poner dificultades.

Sperling [ˈʃpɛrlɪŋ] *m* (3¹) gorrión *m*.

Sperma [ˈ-ma] *n* (9¹, *pl. a.* ⚥**ta**) esperma *m*.

sperr|angelweit [ˈ-ˀaŋəlˈvaɪt] de par en par; ⚥**druck** *Typ. m* composición *f* espaciada; ⚥**e** *f* (15) cierre *m*; (*Schranke*) barrera *f*; (*Verbot*) prohibición *f*; (*Blockade*) bloqueo *m*; ⚥**en** (25) cerrar; *Gas, Strom, Wasser, Straße*: cortar; (*hindern*) impedir; (*verbieten*) prohibir; ⚔, ☇ *u.* ✝ *Kredit, Scheck*: bloquear; *Konto*: *a.* congelar; *Typ.* espaciar; *sich* ⚥ oponerse (*gegen* a), protestar (contra); ⚥**feuer** ⚔ *n* tiro *m* de barrera; barrera *f* de fuego; ⚥**gebiet** *n* zona *f* prohibida; ⚥**gut** *n* mercancías *f/pl.* de gran bulto; ⚥**guthaben** *n* crédito *m* bloqueado; ⚥**holz** *n* madera *f* contrachapeada *od.* terciada; ⚥**ig** voluminoso, abultado; ⚥**kette** *f Tür*: cadena *f* de seguridad; (*Kordon*) cordón *m*; ⚥**konto** *n* cuenta *f* bloqueada *od.* congelada; ⚥**kreis** ⚡ *m* circuito *m* filtrador; ⚥**müll** *m* residuos *m/pl.* voluminosos; ⚥**sitz** *m* butaca *f* de preferencia; ⚥**ung** *f* cierre *m*; bloqueo *m*; (*Verbot*) prohibición *f*; *Typ.* espaciado *m*; ⚥**zone** *f* zona *f* prohibida.

Spesen [ˈʃpeːzən] *pl. uv.* gastos *m/pl.*; ⚥**rechnung** *f* cuenta *f* de gastos.

spezial [ʃpeˈtsjaːl], ⚥**...** especial; ⚥**gebiet** *n* especialidad *f*; ⚥**isieren** [-tsjaliˈziːrən] especializar (*auf* en); ⚥**¹sierung** *f* especialización *f*; ⚥**ist** *m* (12)

Spezialität

especialista m (a. 🐍); ⁕i'tät f especialidad f.
speziell [-'tsjɛl] especial, particular.
Spezies [ˈʃpeːtsjɛs] f uv. especie f.
spezif|isch [ʃpeˈtsiːfiʃ] específico; ⁓i-**zieren** [-tsifi'tsiːrən] especificar.
Sphär|e [ˈsfɛːrə] f (15) esfera f; fig. a. ambiente m; ⁕isch esférico.
Sphinx [sfiŋks] f (15) esfinge f.
spick|en [ˈʃpikən] (25) mechar; F (bestechen) sobornar; F (abschreiben) copiar; ⁕nadel f aguja f de mechar; ⁕zettel m F chuleta f.
Spiegel [ˈʃpiːɡəl] m (7) espejo m; (Schrank⁕) luna f; 🐍 espéculo m; e-r Flüssigkeit: nivel m; (Kragen⁕) solapa f; ⁕bild n imagen f reflejada, reflejo m; ⁕blank limpio como un espejo; ⁕ei n huevo m frito od. al plato; ⁕fechte'rei f fantasmagoría f; finta f; ⁕glas n cristal m de espejo; ⁕glatt (liso) como un espejo; ⁕n (29) reflejar (a. fig.); sich ⁕ reflejarse; ⁕**reflexkamera** f cámara f reflex; ⁕schrank m armario m de luna; ⁕schrift f escritura f en espejo; ⁕ung f reflejo m.
Spiel [ʃpiːl] n (3) juego m; Schach usw.: partida f; Sport: partido m; (Karten) baraja f; Thea. interpretación f; ♪ ejecución f; aufs ⁕ setzen arriesgar, poner en juego; jugarse a/c.; auf dem ⁕ stehen estar en juego; aus dem ⁕ lassen dejar a un lado; leichtes ⁕ haben no tener dificultades; seine Hand im ⁕ haben intervenir; ⁕art f variante f; Biol. variedad f; ⁕automat m (máquina f) tragaperras m/f; ⁕ball m pelota f; fig. juguete m; ⁕bank f casa f de juego; casino m; ⁕dose ♪ f caja f de música; ⁕en (25) 1. v/t. jugar; ♪ ejecutar; Instrument: tocar; Thea. representar; Rolle: interpretar; (vorgeben) simular; 2. v/i. jugar; Thea. actuar; Handlung: pasar; ins Blaue ⁕ Farbe: tirar a azul; ⁕end fig. fácilmente; sin dificultades; ⁕er m (7) jugador m; ♪ ejecutante m; Thea. actor m; ⁕e'rei f pasatiempo m; niñería f; ⁕'erisch (como) jugando; juguetón; ⁕feld n campo m od. terreno m de juego, Am. cancha f; ⁕film m largometraje m; ⁕führer m Sport: capitán m (del equipo); ⁕gefährte m compañero m de juego(s); ⁕hölle f garito m; ⁕karte f naipe m, carta f; ⁕kasino n casino m de juego; ⁕leiter m Thea.

director m; Film: a. realizador m; Sport: árbitro m; ⁕mann ⚔ m (1, pl. ⁕leute) tambor m; ⁕marke f ficha f; ⁕plan m programa m, repertorio m; cartelera f; ⁕platz m für Kinder: parque m infantil; ⁕raum m margen m; espacio m; ⊕ juego m; fig. libertad f (de movimiento); ⁕regel f regla f de(l) juego; ⁕sachen f/pl. juguetes m/pl.; ⁕salon m sala f recreativa; ⁕schuld f deuda f de juego; ⁕uhr f reloj m de música; ⁕verderber(in f) m aguafiestas su.; ⁕waren f/pl. juguetes m/pl.; ⁕warenhandlung f juguetería f; ⁕zeit f Thea. temporada f; Sport: duración f del partido; ⁕zeug n juguete m.
Spieß [ʃpiːs] m (3²) pica f; lanza f; jabalina f; (Brat⁕) asador m; ⚔ F brigada m; ⁕bürger m, ⁕'bürgerlich pequeñoburgués (m); ⁕en (27) clavar; espetar; ⁕er m (7) = Spießbürger; ⁕geselle m cómplice m; ⁕ig burgués; aburguesado; ⁕ruten f/pl.: ⁕ laufen correr baquetas.
Spikes [spaiks] m/pl. Kfz. neumáticos m/pl. claveteados; Sport: zapatillas f/pl. de clavos.
Spill ⚓ [ʃpil] n (3) cabrestante m.
Spinat [ʃpiˈnaːt] m (3) espinaca(s) f(/pl.).
Spind [ʃpint] m u. n (3) armario m.
Spindel [ˈʃpindəl] f (15) huso m; (Welle) árbol m; ⁕'dürr hecho un fideo.
Spinett ♪ [ʃpiˈnɛt] n (3) espineta f.
Spinn|e [ˈʃpinə] f (15) araña f; ⁕e-'**feind**: j-m ⁕ sein estar a matar con alg.; ⁕en (30) hilar; Katze: ronronear; fig. tramar, urdir; F estar chiflado; ⁕en n hilado m; ⁕(en)gewebe n telaraña f; ⁕er m (7) hilandero m; fig. F chiflado m; ⁕e'rei f hilandería f; ⁕erin f hilandera f; ⁕faser f fibra f textil; ⁕rad n torno m de hilar; ⁕rocken m rueca f.
spintisieren [-tiˈtsiːrən] cavilar.
Spion(in f) [ʃpiˈoːn(in)] m (3¹) espía su.; ⁕age [-oˈnaːʒə] f (15, o. pl.) espionaje m; ⁕age-abwehr f contraespionaje m; ⁕agering m red f de espionaje; ⁕ieren espiar.
Spiral... [-ˈraːl...] in Zssgn espiral; ⁕bohrer m broca f espiral; ⁕e f (15) espiral f; ⁕feder f resorte m espiral; ⁕förmig espiral.
Spiriti|mus [-riˈtismus] m (16, o.

Sprachgebrauch

pl.) espiritismo m; ~t m (12), 2tisch espiritista (m).
Spirituosen [--tu'o:zən] pl. uw. bebidas f/pl. espirituosas.
Spiritus ['ʃpi:ritus] m (14²) alcohol m; ~kocher m hornillo m (de alcohol), infiernillo m.
Spital [ʃpi'ta:l] n (1²) hospital m.
spitz [ʃpits] 1. adj. agudo (a. ♠); puntiagudo; fig. picante, mordaz; 2. ℒ Zo. m (3²) lulú m; '2bart m barba f en punta, perilla f; '2bogen m ojiva f, arco m ojival; '2bube m pícaro m, bribón m, pillo m; '~bübisch pícaro; '2e f (15) punta f; (Ende) extremidad f, cabo m; (Berg2) pico m, cima f; (Turm2) flecha f; (Gewebe) encaje m, puntilla f; fig. cabeza f; (Höchstwert) tope m; (Bosheit) indirecta f; an der ~ al frente; en (od. a la) cabeza; sich an die ~ setzen tomar la delantera; an der ~ liegen llevar la delantera; ir en cabeza; die ~n der Gesellschaft la crema de la sociedad; auf die ~ treiben extremar; '2el m (7) espía m; confidente m; F soplón m; '~en (27) afilar; aguzar; die Ohren ~ aguzar el oído; sich ~ auf (ac.) contar con.
Spitzen... ['~ən...]: in Zssgn s. a. Höchst..., ~gruppe f Sport: pelotón m de cabeza; ~klasse f primera calidad f; ~klöpplerin ['~klœpplərin] f encajera f; ~leistung f Sport: récord m; ⊕ rendimiento m máximo; ~lohn m salario m máximo; ~reiter m a. fig. líder m; ~tanz m baile m de puntas; ~verkehr m horas f/pl. punta.
spitz|findig ['-findiç] sutil; 2findigkeit f sutileza f; 2hacke f pico m; ~kriegen F enterarse de; descubrir; 2maus f musaraña f; 2name m apodo m, mote m; ~winklig ♠ acutángulo.
Spleen [spli:n] m (3¹ od. 11) esplín m; manía f; 2ig excéntrico.
Splint [ʃplint] m (3) clavija f.
Splitt [ʃplit] m (3) gravilla f.
Splitter ['ʃplitər] m (7) astilla f; in der Haut: espina f; (Granat2, Stein2) casco m; (Knochen2) esquirla f; (Bruchstück) fragmento m; 2frei inastillable; ~gruppe f grupúsculo m; 2n (29, h. u. sn) astillarse; '2'nackt en cueros (vivos), F en pelotas.
spontan [ʃpɔn'ta:n] espontáneo; 2(e)ität [-tan(e)i'tɛ:t] f espontaneidad f.

sporadisch [ʃpo'ra:diʃ] esporádico.
Spore ♀ ['ʃpo:rə] f (15) espora f.
Sporn [ʃpɔrn] m (5³) espuela f; Zo. u. ♣ espolón m; die Sporen geben dar de espuelas; 2streichs ['-ʃtraiçs] a rienda suelta; a toda prisa; (sofort) acto seguido.
Sport [ʃpɔrt] m (3) deporte m; ~ treiben practicar un deporte; '~...: in Zssgn mst deportivo; de deporte; '~anlage f polideportivo m; '~art f deporte m; '~flugzeug n avioneta f; '~geschäft n tienda f de artículos de deporte; '~lehrer m profesor m de educación física; '~ler(in f) m (7) deportista su.; '2lich deportivo; '~lichkeit f deportividad f; '~platz m campo m de deportes; '~smann m deportista m; '~taucher m submarinista m; '~wagen m Kfz. coche m deportivo; für Kinder: cochecito m (plegable).
Spott [ʃpɔt] m (3, o. pl.) burla f; mofa m; escarnio m; 2billig baratísimo, tirado, a precio irrisorio.
Spöttel|ei [ʃpœtə'lai] f burla f; 2n ['-təln] (29) burlarse (über ac. de).
spotten ['ʃpɔtən] (26) reírse (über ac. de); mofarse (de); jeder Beschreibung ~ ser indescriptible.
Spötter(in f) ['ʃpœtər(in)] m (7) burlón (-ona) m (f).
Spott|gedicht ['ʃpɔtgədiçt] n sátira f; ~geld n precio m irrisorio.
spöttisch ['ʃpœtiʃ] burlón; sarcástico.
Spott|lied ['ʃpɔtli:t] n canción f satírica; ~name m apodo m, mote m; ~preis m precio m irrisorio; ~sucht f carácter m burlón.
sprach, spräche [ʃpra:x, 'ʃprɛ:çə] s. sprechen.
Sprach|begabung ['ʃpra:xbəga:buŋ] f don m de lenguas; talento m lingüístico; ~e f (15) lengua f, idioma m; (Sprechfähigkeit) habla f; palabra f; (Sprechart) lenguaje m; (Ausdrucksweise) dicción f; zur ~ bringen poner sobre el tapete; zur ~ kommen (llegar a) discutirse; nicht mit der ~ herauswollen no explicarse; heraus mit der ~! F ¡desembucha!; ~eigentümlichkeit f modismo m, idiotismo m; ~fehler m defecto m del habla; ~forscher m lingüista m; ~führer m manual m de conversación; ~gebiet n: deutsches ~ países m/pl. de habla alemana; ~gebrauch m uso m del

57*

Sprachgefühl 900

idioma; ~gefühl n intuición f lingüística; ~gewandt elocuente; de palabra fácil; ~gewandtheit f facilidad f de palabra; ~kundig experto en idiomas; ~labor n laboratorio m de idiomas; ~lehre f gramática f; ~lehrer m profesor m de idiomas; ~lich lingüístico; ~los fig. atónico; ~losigkeit fig. f estupefacción f; ~reiniger m (7) purista m; ~rohr n megáfono m; fig. portavoz m; ~schatz m vocabulario m, tesoro m idiomático; ~störung f trastorno m de fonación; ~studium n estudio m de idiomas; ~unterricht m enseñanza f de idiomas; ~wissenschaft f filología f; lingüística f; ~wissenschaftler m lingüista m; filólogo m.
sprang [ʃpraŋ] s. springen.
Spray [ʃpreː, spreɪ] m od. n (11) spray m.
Sprech|anlage [ˈʃpreçʔanlaːgə] f interfono m; ~blase f globito m; ~chor m coro m hablado; ~en (30) hablar (über ac. de); (sagen) decir; Urteil: dictar; dafür ~ hablar en favor od. en pro de; zu ~ sn recibir; gut zu ~ sn auf j-n estar bien dispuesto para con alg.; nicht gut zu ~ sn auf j-n tener a alg. entre ceja y ceja; ~en fig. expresivo; ~ ähnlich muy parecido; ~er m (7) orador m; (Wortführer) portavoz m; Radio: locutor m; ~funk m radiotelefonía f; ~stunde f hora f de despacho; ♂ (hora f de) consulta f; ~stundenhilfe f auxiliar f de médico; ~übung f ejercicio m de conservación bzw. de fonación; ~weise f modo m de hablar; ~zimmer m locutorio m; ♂ sala f de consulta.
spreizen [ˈʃpraɪtsən] (27) abrir; extender; Beine: separar; fig. sich ~ pavonearse.
Spreng|bombe [ˈʃprɛŋbɔmbə] f bomba f explosiva; ~el Rel. m (7) diócesis f; parroquia f; ~en (25) Garten usw.: regar; Schloß: forzar; Versammlung: dispersar; Spielbank: hacer saltar; (in die Luft) ~ hacer saltar, volar; dinamitar; ~kapsel f detonador m; cápsula f explosiva; ~kommando n destacamento m de dinamiteros; ~kopf m cabeza f; ~körper m (cuerpo m) explosivo m; ~kraft f fuerza f explosiva; ~ladung f carga f explosiva; ~loch n barreno m; ~meister m barrenero m; dinamitero m; ~stoff m explosivo m;

~ung f voladura f; ~wagen m autorregadora f.
sprenkeln [ˈʃprɛŋkəln] (29) salpicar, manchar.
Spreu [ʃprɔɪ] f (16, o. pl.) tamo m, granzas f/pl.
sprich, **~st**, **~t** [ʃpriç(st)] s. sprechen; ²**wort** n (1²) refrán m, proverbio m; ~wörtlich proverbial (a. fig.).
sprießen [ˈʃpriːsən] (30, sn) brotar; crecer.
Spring|brunnen [ˈʃprɪŋbrʊnən] m surtidor m, fuente f; ~en (30, sn) saltar; (hüpfen) brincar; (platzen) reventar, estallar; Glas: rajarse; Quelle: brotar; in die Augen ~ fig. saltar a la vista; ²end: der ~e Punkt el punto esencial, F el busilis, el quid; ~er m (7) Sport: saltador m; Schach: caballo m; ~flut f marea f viva; ~insfeld [ˈʔɪnsfɛlt] m (3) saltarín m; ~reiten n concurso m de saltos; ~seil n comba f.
Sprint [ʃprɪnt] m (11) sprint m; ²**en** (26, a. sn) sprintar; ~er m (7) sprínter m, velocista m.
Sprit [ʃprɪt] m (3) alcohol m; F gasolina f.
Spritz|e [ˈ-sə] f (15) jeringa f; ♂ a. jeringuilla f; (Einspritzung) inyección f; (Feuer²) bomba f de incendio(s); e-e ~ geben poner una inyección; ²en (27) **1.** v/t. rociar, regar; ♂ inyectar; **2.** v/i. (h. u. sn) saltar, brotar; Schmutz, Tinte: salpicar; F fig. correr; ~enhaus n depósito m de bombas de incendio(s); ~er m (7) salpicadura f; (kleine Menge) chispa f; ²**ig** fig. chispeante; ~kuchen m churro m; ~pistole f pistola f pulverizadora od. para pintar; ~tour F f vuelta f; escapada f.
spröd|e [ˈʃprøːdə] frágil, quebradizo; Haut: áspero; fig. esquivo; ²**igkeit** f fragilidad f; aspereza f; fig. esquivez f.
Sproß [ʃprɔs] m (4, pl. a. -ssen) ♀ retoño m, vástago m (beide a. fig.); renuevo m.
Sprosse [ˈ-sə] f (15) escalón m, peldaño m; ²**n** (28) brotar; retoñar; ~nwand f espaldera f.
Sprößling [ˈʃprœslɪŋ] m (3¹) bsd. fig. vástago m, retoño m.
Sprotte [ˈʃprɔtə] Zo. f (15) espadín m.
Spruch [ʃprʊx] m (3³) (Aus²) dicho m, sentencia f; (Sinn²) adagio m, proverbio m; ⚖ fallo m, sentencia f;

der Geschworenen: veredicto *m*; '~**band** *n* pancarta *f*; '²**reif** *maduro*; ſi̇̆ concluso para sentencia.

Sprudel ['ʃpruːdəl] *m* (7) surtidor *m* (de aguas minerales); (*Getränk*) gaseosa *f*; **2n** (29, sn *u.* h.) brotar a borbotones, surtir; (*sieden*) hervir; *Sekt*: burbujear; **2nd** efervescente; *fig.* fogoso.

Sprüh|dose ['ʃpryː.doːzə] *f* spray *m*; **2en** (25) chispear (*a. fig.*); (*Regen*) llovizar; **2end** chispeante (*a. fig.*); ~**regen** *m* llovizna *f*.

Sprung [ʃpruŋ] *m* (3³) salto *m*; (*Satz*) brinco *m*; (*Riß*) raja *f*, grieta *f*; *auf dem* ~ *sein zu* (*inf.*) estar a punto de; '~**brett** *n* trampolín *m* (*a. fig.*); '~**feder** *f* resorte *m*; '~**federmatratze** *f* colchón *m* de muelles, *gal.* somier *m*; '²**haft** *fig.* inconstante; veleidoso; '²**schanze** *f* trampolín *m* de saltos; '~**tuch** *n* lona *f* de salvamento; '~**turm** *m* torre *f* de trampolines.

Spuck|e ['ʃpukə] *f* (15, *o. pl.*) saliva *f*; ℉ *mir blieb die* ~ *weg* me quedé atónito; **2en** (25) escupir; ~**napf** *m* escupidera *f*.

Spuk [ʃpuːk] *m* (3) fantasma *m*; aparición *f* (de fantasmas); '²**en** (25) trasguear; *es spukt* andan duendes; '~**geist** *m* duende *m*; '²**haft** fantasmal.

Spülbecken ['ʃpyː.lbɛkən] *n* fregadero *m*, pila *f*.

Spule ['ʃpuːlə] *f* (15) ⚡ bobina *f*; (*Rolle*) carrete *m*; (*Weber*²) canilla *f*; **2n** (25) bobinar.

spülen ['ʃpyːlən] (25) lavar; ⚡ irrigar; *Mund*, *Gläser*: enjuagar; *Wäsche*: aclarar; *an Land* ~ arrojar a la costa; ~**maschine** *f* lavavajillas *m*, lavaplatos *m*; ~**mittel** *n* detergente *m*; **²ung** *f* lavado *m*; ⚡ *a.* irrigación *f*; **²wasser** *n* lavaduras *f/pl*.

Spulwurm ['ʃpuːlvurm] *m* ascáride *f*.

Spund [ʃpunt] *m* (3³) tapón *m* (de tonel), bitoque *m*; '~**loch** *n* piquera *f*.

Spur [ʃpuːr] *f* (16) huella *f* (*a. fig.*); (*Fuß*²) pisada *f*; (*Rad*²) rodada *f*; 🚗 vía *f*; *Vkw.* carril *m*; (*Tonband*) canal *m*; (*Fährte*) pista *f* (*a. fig.*); *fig.* indicio *m*; *e-r Sache auf die* ~ *kommen* descubrir a/c.; *j-m auf der* ~ *sn* seguir (*od.* estar sobre) la pista de alg.; *keine* ~! ¡ni pensarlo!; ¡qué va!

spür|bar ['ʃpyːrbaːr] perceptible; *fig.* sensible; ~**en** (25) **1.** *v/t.* sentir; (*wahrnehmen*) notar, percibir; **2.** *v/i.* *Jgdw.* rastrear, seguir la pista (de);

²hund *m* perro *m* rastrero; *fig.* sabueso *m*.

spurlos ['ʃpuːrloːs] sin dejar rastro.

Spür|nase ['ʃpyːrnaːzə] *f* buen olfato *m*; ~**sinn** *m* olfato *m*.

Spurt [ʃpurt] *m* (11 *od.* 3) sprint *m*.

Spurweite 🚗 ['ʃpuːrvaɪtə] *f* ancho *m* de vía, *Am.* trocha *f*.

sputen ['ʃpuːtən] (26): *sich* ~ darse prisa, *Am.* apurarse.

Staat [ʃtɑːt] *m* (5) Estado *m*; (*Prunk*) gala *f*, pompa *f*; ℉ *in vollem* ~ de tiros largos; ~ *machen mit* hacer alarde de, lucir (*ac.*); '²**enlos** apátrida; '²**lich** del Estado; estatal; nacional; ~ *geprüft* diplomado.

Staats|akt ['~s'akt] *m* ceremonia *f* oficial; ~**angehörige(r)** *m* súbdito *m*; ciudadano *m*; ~**angehörigkeit** *f* nacionalidad *f*, ciudadanía *f*; ~**anleihe** *f* empréstito *m* del Estado; ~**anwalt** *m* fiscal *m*; ~**anwaltschaft** *f* fiscalía *f*, ministerio *m* público; ~**anzeiger** *m* Boletín *m* Oficial del Estado; ~**beamte(r)** *m* funcionario *m* público *od.* del Estado; ~**begräbnis** *n* sepelio *m* nacional; ~**bürger(in** *f*) ciudadano (-a) *m* (*f*); ~**bürgerkunde** *f* instrucción *f* cívica; ~**bürgerlich** cívico; ~**dienst** *m* servicio *m* del Estado; ~**examen** *n* examen *m* de Estado; licenciatura *f*; ~**form** *f* forma *f* de gobierno; ~**gebiet** *n* territorio *m* nacional; **²gefährdend** subversivo; ~**geheimnis** *n* secreto *m* de Estado; ~**gewalt** *f* autoridad *f* pública; ~**haushalt** *m* presupuesto *m* del Estado; ~**hoheit** *f* soberanía *f* (nacional); ~**kasse** *f* Tesoro *m* público, fisco *m*; ~**mann** (1²) hombre *m* de Estado, estadista *m*; **²männisch** político; ~**oberhaupt** *n* jefe *m* de Estado; ~**papiere** ✝ *n/pl.* fondos *m/pl.* públicos; ~**rat** *m* Consejo *m* de Estado; ~**recht** *n* derecho *m* público *od.* constitucional; ~**schuld** *f* deuda *f* pública; ~**sekretär** *m* secretario *m* de Estado; *Span.* subsecretario *m*; ~**sicherheitsdienst** *m* servicio *m* de seguridad *f* del Estado; ~**straße** *f* carretera *f* nacional; ~**streich** *m* golpe *m* de Estado; ~**wissenschaften** *f/pl.* ciencias *f/pl.* políticas; ~**wohl** *n* bien *m* del Estado.

Stab [ʃtɑːp] *m* (3³) bastón *m*; (*Stange*) vara *f*; (*Metall*²) barra *f*; *Sport*: pértiga *f*; (*Mitarbeiter*²) plana *f*

Stabhochsprung 902

mayor; ⚔ Estado m Mayor; *fig.* den ~ brechen über j-n condenar la conducta de alg., criticar severamente a alg.; **~'hochsprung** m salto m con pértiga.

stabil [ʃtaˈbiːl] estable; **~isieren** [-biliˈziːrən] estabilizar; **2iˈsierung** f estabilización f; **2iˈtät** f estabilidad f.

Stab|reim [ˈʃtaːpraim] m aliteración f; **~s-arzt** m capitán m médico; **~s-chef** m jefe m de Estado Mayor; **~s-offizier** m oficial m del Estado Mayor; **~squartier** n cuartel m general.

stach [ʃtax] *s.* stechen.

Stachel [ˈʃtaxəl] m (10) pincho m; ⚔ a. espina f; *Zo.* púa f; (*Insekten* 2) aguijón m (*a. fig.*); **~beere** f grosella f espinosa; **~draht** m alambre m de espino; **~drahtverhau** m alambrada f de espino; **~häuter** [ˈ--hɔytər] m (7) Zo. equinodermo m; **2ig** espinoso; erizado; **~schwein** n puerco m espín.

Stad|ion [ˈʃtaːdjɔn] n (9¹) estadio m; **~ium** [ˈ-djum] n (9) fase f, estad(i)o m.

Stadt [ʃtat] f (14¹) ciudad f; **~...** *in Zssgn* mst municipal; urbano; **~bahn** f ferrocarril m metropolitano *od.* urbano; **2bekannt** notorio; **~bezirk** m distrito m; **~bummel** m: e-n ~ machen callejear; recorrer las calles.

Städte|bau [ˈʃtɛtəbau] m urbanismo m; **~bauer** m urbanista m; **2baulich** urbanístico; **~partnerschaft** f hermanamiento m *od.* gemelación f de ciudades; **~r** m (7) hombre m de ciudad; ciudadano m.

Stadt|gas [ˈʃtatgaːs] n gas m ciudad; **~gebiet** n término m municipal; **~gemeinde** f municipio m urbano; **~gespräch** m comidilla f de la ciudad; *Fernspr.* conferencia f urbana.

städtisch [ˈʃtɛːtɪʃ] urbano; municipal; ciudadano.

Stadt|kern [ˈʃtatkɛrn] m casco m urbano; **~kommandant** m comandante m de la plaza; **~mauer** f muralla f; **~plan** m plano m de la ciudad; **~planung** f urbanismo m; **~rand** m periferia f; afueras f/pl.; **~randsiedlung** f colonia f periférica; **~rat** m concejo m; (*Person*) concejal m; **~rundfahrt** f visita f de la ciudad; **~staat** m ciudad-estado f; **~teil** m, **~viertel** n barrio m; **~verordnete(r)** [ˈ-fɛrˀɔrdnətə(r)] m concejal m; **~verwaltung** f administración f municipal; ayuntamiento f; **~zentrum** n centro m de la ciudad.

Stafette [ʃtaˈfɛta] f (15) estafeta f.

Staffage [-ˈfɑːʒə] f (15) adorno m; (*Beiwerk*) accesorios m/pl.

Staffel [ˈ-fəl] f (15) escalón m; *Sport*: relevo m; ⚔ escuadrilla f; **~ei** [--ˈlai] f caballete m; **~lauf** m carrera f de relevos; **2n** (29) escalonar; graduar; **~tarif** m tarifa f escalonada; **~ung** f escalonamiento m; graduación f.

Stag|nation [ʃtagnaˈtsjoːn] f estancamiento m; **2nieren** estancarse.

stahl [ʃtaːl] *s.* stehlen.

Stahl [ʃtaːl] m (3³) acero m; **~bau** m construcción f metálica; **~beton** m hormigón m armado; **2blau** azul acerado; **~blech** n chapa f de acero.

stähl|en [ˈʃteːlən] (25) acerar; *fig.* fortalecer; **~ern** de acero, acerado; *fig.* de hierro, férreo.

stahl|grau [ˈʃtaːlgrau] (gris) acerado; **~hart** duro como acero; **2helm** m casco m de acero; **2-industrie** f industria f del acero; **2kammer** f cámara f acorazada; **2(rohr)möbel** n/pl. muebles m/pl. metálicos; **2stich** m grabado m sobre acero; **2werk** n acería f, fábrica f de acero.

staken ⚓ [ˈʃtaːkən] (25) empujar con el bichero.

Staket [ʃtaˈkeːt] n (3) empalizada f.

Stall [ʃtal] m (3³) establo m; (*Pferde* 2) cuadra f; **~knecht** m mozo m de cuadra; **~mist** m estiércol m de establo; **~ungen** f/pl. establos m/pl.

Stamm [ʃtam] m (3³) tronco m; (*Geschlecht*) linaje m, estirpe f; (*Volks* 2) tribu f; *Gram.* radical m; **~aktie** ♦ f acción f ordinaria; **~baum** m árbol m genealógico; **~buch** n álbum m; **2eln** (29) balbucear, balbucir; **~eln** n balbuceo m; **2en** (25) provenir, proceder (*aus* de); (*ab* ~) descender (*von* de); ~ *aus* ser natural de; **~gast** m cliente m habitual; parroquiano m; **~halter** m primogénito m; **~haus** n casa f matriz.

stämmig [ˈʃtɛmɪç] robusto, vigoroso; **2keit** f robustez f.

Stamm|kapital [ˈʃtamkapitaːl] n capital m social; **~kunde** m cliente m fijo; **~kundschaft** f clientela f fija; **~lokal** n bar m habitual; **~personal** n personal m de plantilla; **~rolle** ⚔ f matrícula f; **~tafel** f tabla f genealógica; **~tisch** m tertulia f; peña f.

stampf|en ['-pfən] (25) dar patadas (en el suelo); patalear; *Pferd*: piafar; ⚓ cabecear; ⊕ pisar, apisonar; **en** *m* pataleo; ⚓ cabeceo *m*; **er** *m* (7) pisón *m*.

Stand [ʃtant] **1.** *m* (3³) (*Verkaufs*) puesto *m*; (*Messe*) stand *m*; (*Still*) parada *f*; (*Lage*) posición *f*, situación *f*; (*Höhe*) nivel *m*; (*Zu*) estado *m*; (*Beruf*) profesión *f*; (*Rang*) rango *m*, categoría *f*; *e-n schweren haben* estar en una situación difícil; *gut im sn* estar en buen estado; *auf den neuesten bringen* poner al día; actualizar; **2.** *s.* **stehen**.

Standard ['-dart] *m* (11) standard *m*, estándar *m*; modelo *m*; patrón *m*; tipo *m*; **isieren** [--di'ziːrən] estandarizar; **i'sierung** *f* estandarización *f*; **werk** *n* obra *f* modelo.

Standarte [-'-tə] *f* (15) estandarte *m*.

Standbild ['ʃtantbilt] *n* estatua *f*.

Ständ|chen ['ʃtɛntçən] *n* (6) serenata *f* (*bringen* dar); (*Morgen*) alborada *f*; **er** ['-dər] *m* (7) soporte *m*; ⚡ estator *m*; ⊕ montante *m*.

Standes|amt ['ʃtandəsʔamt] *n* registro *m* civil; **-amtlich** *Trauung*: civil; *heiraten* casarse por lo civil; **beamte(r)** *m* oficial del registro civil; **dünkel** *m* orgullo *m* de casta; **gemäß** conforme a su rango *od.* posición social; **-unterschied** *m* diferencia *f* de clases; **vorurteil** *n* prejuicio *m* de clase.

stand|fest ['ʃtantfɛst] estable; **festigkeit** *f* estabilidad *f*; **gericht** *n* consejo *m* de guerra; juicio *m* sumarísimo; **haft** constante; **haftigkeit** *f* constancia *f*; perseverancia *f*; **halten** resistir.

ständig ['ʃtɛndiç] permanente.

Stand|licht ['ʃtantliçt] *n* luz *f* de posición; **ort** *m* lugar *m*, sitio *m*; emplazamiento *m*, *bsd. Am.* ubicación *f*; ⚔ guarnición *f*; **pauke** F *f* sermón *m*, filípica *f* (*halten* echar); **punkt** *m* punto *m* de vista; *auf dem stehen, daß* opinar que; **quartier** *n* ⚔ guarnición *f*; *fig.* cuartel *m* general; **recht** ⚔ *n* ley *f* marcial; **rechtlich**: *erschießen* pasar por las armas; **uhr** *f* reloj *m* de caja.

Stange ['ʃtaŋə] *f* (15) vara *f*, pértiga *f*; palo *m*; (*Hühner-, Kleider*) percha *f*; (*Metall*) barra *f*; *Zigaretten*: cartón *m*; *fig. j-m die halten* tomar el partido de alg.; *von der kaufen* comprar hecho; *eine Geld kosten* costar un dineral *od.* un ojo de la cara; **nbohne** *f* judía *f* de enrame *od.* trepadora; **nspargel** *m* espárrago *m* entero.

stank [ʃtaŋk] *s.* **stinken**.

Stänker F ['ʃtɛŋkər] *m* (7) camorrista *m*; **n** (29) armar *bzw.* buscar camorra.

Stanniol [ʃtan'joːl] *n* (3¹) hoja *f* de estaño.

Stanze ['-tsə] *f* (15) perforadora *f*; (*Loch*) punzonadora *f*; **n** (27) estampar; perforar; punzonar.

Stapel ['ʃtaːpəl] *m* (7) pila *f*, montón *m*; ⚓ grada *f*; *vom lassen* botar; **lauf** ⚓ *m* botadura *f*; **n** (29) amontonar, apilar; **platz** *m* depósito *m*.

Stapfe ['ʃtapfə] *f* (15) pisada *f*, huella *f*; **n** (25, sn) andar pesadamente *bzw.* con dificultad.

Star [ʃtaːr] *m*: **a)** *Zo.* (3) estornino *m*; **b)** ⚕ (3): *grauer * catarata *f*; *grüner * glaucoma *m*; **c)** *Thea.* (11) estrella *f*; **'-allüren** *f/pl.* caprichos *m/pl.* de diva.

starb [ʃtarp] *s.* **sterben**.

stark [ʃtark] (18²) fuerte; robusto; vigoroso; *Kaffee*: cargado; ⊕ potente; (*dick*) grueso, gordo, obeso; *Verkehr usw.*: intenso; *adv.* mucho; F *das ist !* ¡no hay derecho!; **'bier** *n* cerveza *f* fuerte.

Stärke ['ʃtɛrkə] *f* (15) fuerza *f*; robustez *f*; vigor *m*; intensidad *f*; ⊕ potencia *f*; *der Truppen*: efectivo *m*; (*Dicke*) grosor *m*, espesor *m*; almidón *m*; *fig.* fuerte *m*, especialidad *f*; **haltig** *n* fécula *f*; **n** (25) fortalecer, fortificar; robustecer; tonificar; *Wäsche*: almidonar; *sich * confortarse, repararse; **nd** fortificante; reparador; tónico.

stark|knochig ['ʃtarkknɔxiç] huesudo; **strom** ⚡ *m* corriente *f* de alta tensión.

Stärkung ['ʃtɛrkuŋ] *f* confortación *f*; (*Imbiß*) refrigerio *m*; **smittel** *n* tónico *m*; reconstituyente *m*.

starr [ʃtar] rígido, tieso; (*unbeweglich*) fijo, inmóvil; *vor Furcht* petrificado; *vor Kälte* transido *od.* aterido de frío; *vor Staunen* perplejo; **'en** (25) mirar fijamente (*auf ac.*); *von* estar cubierto de; **'heit** *f* rigidez *f*; **'kopf** *m*, **köpfig** ['-kœpfiç] terco (*m*), testarudo (*m*); **'köpfigkeit** *f* terquedad f, testarudez f; ²**krampf** m tétanos m; ²**sinn** m obstinación f; **⁻sinnig** obstinado.

Start [ʃtart] m (11) salida f (a. Sport), arranque m; ² despegue m; **⁻bahn** ✈ f pista f de despegue; ²**bereit** ✈ listo para el despegue; fig. listo para partir; ²**en** (26) **1.** v/i. (sn) salir, arrancar; ✈ despegar; **2.** v/t. Rakete usw.: lanzar; a. fig. poner en marcha; **⁻er** m (7) Kfz. arranque m; Sport: juez m de salida; **⁻nummer** f Sport: dorsal m; **⁻zeichen** n señal f de salida.

Statik [ˈʃtaːtik] f (16, o. pl.) estática f.

Station [ʃtaˈtsjoːn] f estación f; ⚕ sección f; (Halt) parada f; freie ~ comida y alojamiento (gratis); ~ machen detenerse; **⁻är** [-tsjoˈnɛːr] estacionario; **⁻e Behandlung** tratamiento m clínico; ²**ieren** estacionar; Raketen: instalar, desplegar; **⁻vorsteher** m jefe m de estación.

statisch [ˈʃtaːtiʃ] estático.

Statist [ʃtaˈtist] m (12) comparsa m, figurante m; Film: extra m; **⁻ik** f (16) estadística f; **⁻iker** m (7), ²**isch** estadístico (m).

Stativ [-ˈtiːf] n (3¹) trípode m.

statt [ʃtat] **1.** prp. (gen., zu + inf.) en lugar de, en vez de; **2.** ² f (16, o. pl.): an s-r ~ en su lugar; an Kindes ~ annehmen adoptar.

Stätte [ˈʃtɛtə] f (15) lugar m, sitio m.

statt|finden [ˈʃtatfɪndən] tener lugar; verificarse, realizarse; **⁻geben** dar curso; (gewähren) acceder; **⁻haft** lícito; ²**halter** m (7) gobernador m; **⁻lich** vistoso; imponente, considerable.

Statue [ˈʃtaːtuə] f (15) estatua f; **⁻tte** [--ˈɛtə] f (15) estatuilla f; figurilla f.

Statur [ʃtaˈtuːr] f (16) estatura f, talla f.

Status [ˈʃtaːtus] m (-, -) estado m; estatus m (social); **⁻symbol** n signo m externo de posición social.

Statut [ʃtaˈtuːt] n (5) estatuto m; ²**enmäßig** estatutario.

Stau [ʃtau] m (11 od. 3) a. Vkw. retención f; **⁻anlage** f presa f.

Staub [ʃtaup] m (3) polvo m; sich aus dem ~ machen poner pies en polvorosa; **⁻beutel** ♀ m antera f.

Staubecken [ˈʃtaubɛkən] n embalse m.

stauben [ˈʃtaubən] (25) levantar polvo; es staubt hay polvo.

stäuben [ˈʃtɔybən] (25) espolvorear.

Staub|faden ♀ [ˈʃtaupfaːdən] m filamento m; **⁻fänger** m fig. nido m de polvo; **⁻gefäß** ♀ n estambre m; ²**ig** [-biç] polvoriento; **⁻kamm** m caspera f; **⁻korn** n polvillo m; **⁻mantel** m guardapolvo m; ²**saugen** pasar la aspiradora; **⁻sauger** m aspiradora f; **⁻tuch** n trapo m quitapolvo; **⁻wedel** m plumero m; **⁻wolke** f polvareda f.

stauchen [ˈʃtauxən] (25) comprimir; ⊕ recalcar.

Staudamm [ˈʃtaudam] m presa f; dique m (de contención).

Staude ♀ [ˈʃtaudə] f (15) arbusto m.

stauen [ˈʃtauən] (25) estancar; Wasser: represar; ⚓ estibar; sich ~ Verkehr: congestionarse; ²**r** ⚓ m (7) estibador m.

staunen [ˈʃtaunən] **1.** v/i. (25) asombrarse, admirarse (über ac. de); **2.** ² n asombro m, admiración f.

Staupe ⚕ [ˈʃtaupə] f (15) moquillo m.

Stausee [ˈʃtauzeː] m pantano m; **⁻ung** f estancamiento m; Verkehr: congestión f (a. ⚕), embotellamiento m, atasco m; **⁻wasser** n agua f remansada; **⁻werk** n presa f.

Steak [steːk] n (11) bistec m.

Stearin [steaˈriːn] n (3¹) estearina f.

Stech|apfel [ˈʃtɛçʔapfəl] m estramonio m; **⁻becken** ⚕ n bacinilla f; ²**en** (30) pinchar; punzar; Insekt, Sonne: picar; Torf: extraer; Spargel: cortar; Kartenspiel: hacer baza; in Kupfer: grabar; Sport: desempatar; **⁻end** punzante; Schmerz: a. lancinante; Geruch: penetrante; **⁻fliege** f tábano m; **⁻ginster** m aulaga f; **⁻heber** m pipeta f; **⁻mücke** f mosquito m; Am. zancudo m; **⁻palme** ♀ f acebo m; **⁻uhr** f reloj m para fichar; **⁻zirkel** m compás m de punta seca.

Steck|brief [ˈʃtɛkbriːf] m (carta f) requisitoria f; orden f de búsqueda y captura; **⁻dose** f (caja f de) enchufe m; ²**en** (25) **1.** v/t. meter; poner; ♀ plantar; Geld in et.: invertir; (fest~) prender, fijar; **2.** v/i. estar (metido), hallarse; Schlüssel: estar puesta; dahinter steckt m. F aquí hay gato encerrado; **⁻en** m (6) palo m, bastón m; ²**enbleiben** (sn) atascarse (a. fig.); Fahrzeug: quedarse parado; quedar detenido (im Schnee por la nieve); ²**enlassen** Schlüssel: dejar puesto; **⁻enpferd** n fig. caballo m de batalla; hobby m; **⁻er** ⚡ m (7) clavija f; enchufe m; **⁻ling** ♀ [ˈ-lɪŋ] m (3¹) plantón m; ~nadel f alfiler m; ~rübe ⚥ f colinabo m.

Steg [ʃteːk] m (3) pasadera f; pasarela f; (♃ u. Brillen♀) puente m; (Hosen♀) trabilla f; Typ. regleta f; '~reif m: aus dem ~ sprechen improvisar (un discurso).

Steh|aufmännchen ['ʃteːʔaufmɛnçən] n (6) dominguillo m; ~bierhalle f bar m.

stehen ['-ən] 1. v/i. (30, h. u. sn) estar de od. en pie; (sich befinden) estar, encontrarse; in e-m Text: figurar en; Uhr, Verkehr: estar parado; Kleidung: ir, sentar; ~ für (bürgen) responder de; zu j-m ~ tomar el partido de alg.; wie stehst du dazu? ¿qué opinas de esto?; sich gut mit j-m ~ llevarse bien con alg.; fig. hinter j-m ~ respaldar a alg.; es steht bei ihm depende de él; über et. ~ estar por encima de a/c.; teuer zu ~ kommen salir od. resultar caro; wie steht es mit ...? ¿qué hay de ...?; 2. ⚥ n: im ~ de pie; zum ~ bringen detener, paralizar; Blut: restañar; ~bleiben (sn) pararse (a. Uhr), detenerse, quedarse parado; ~d de pie; derecho; Heer: permanente; Wasser: estancado, muerto; ~e Redensart frase f hecha; ~en Fußes en el acto; ~lassen dejar (j-n: plantado); (vergessen) olvidar; Speise: no tocar; sich e-n Bart ~ dejarse la barba.

Steh|kragen ['-kraːɡən] m cuello m duro; ~lampe f lámpara f de pie; ~leiter f escalera f de tijera.

stehlen ['-lən] (30) hurtar, robar; sich ~ in ac. entrar a hurtadillas en; er kann mir gestohlen bleiben! ¡que se vaya al diablo!

Steh|platz ['-plats] m Thea. localidad f de pie; entrada f general; im Verkehrsmittel: plaza f de pie; ~pult n pupitre m.

steif [ʃtaɪf] tieso, rígido; Grog, Wind: fuerte; Glieder: entumecido; Benehmen: formal, ceremonioso; ~ und fest behaupten afirmar categóricamente; '~en (25) atiesar; Wäsche: almidonar; '♀gefroren aterido; '♀heit f rigidez f, fig. formalidad f; '♀leinen n entretela f.

Steig [ʃtaɪk] m (3) sendero m, senda f; '~bügel m estribo m (a. Anat.); '~eisen n garfio m; Sport: trepadores m/pl.; ♀en ['-ɡən] (30, sn) subir (auf, in ac. a); (zunehmen) aumentar, crecer; ins Fenster ~ entrar por la ventana; aufs Pferd ~ montar a caballo; zu Kopf ~ subir a la cabeza; '~en n subida f; fig. aumento m; im ~ en alza; creciente; '~er ⚒ m (7) capataz m de minas; '♀ern (29) acrecentar; aumentar; elevar; alzar; Preis a. subir; (Auktion) pujar; Gram. formar los grados de comparación de; sich ~ aumentar, ir en aumento; '~erung f aumento m, subida f; Gram. comparación f; '~erungsrate f tasa f de incremento; ~fähigkeit ⚥ ['-kfɛːɪçkaɪt] f capacidad f ascensional; '~höhe ⚥ f techo m; ~ung ['-ɡuŋ] f subida f; cuesta f, pendiente f.

steil [ʃtaɪl] escarpado; empinado; Küste: acantilado; '♀hang m despeñadero m; tajo m; '♀küste f acantilado m.

Stein [ʃtaɪn] m (3) piedra f; ✍ cálculo m; (Spiel♀) pieza f, peón m; (Obst♀) hueso m; ~ und Bein schwören jurar por todos los santos; bei j-m e-n ~ im Brett haben gozar del favor de alg.; ~ der Weisen (des Anstoßes) piedra f filosofal (de escándalo); '~adler m águila f real; ♀~alt muy viejo; vetusto; '~bock m cabra f montés; Astr. Capricornio m; '~bruch m cantera f; '~butt Zo. m rodaballo m; '~druck m litografía f; '~eiche f encina f; '♀ern de piedra; '~garten m jardín m de rocalla; '~gut n loza f; gres m; '♀hart duro como piedra; '♀ig pedregoso; '♀igen (25) lapidar, apedrear; '~igung f lapidación f; apedreo m; '~kohle f hulla f; '~kohlenbergwerk n mina f de hulla; '~kohlenindustrie f industria f hullera; '~marder m garduña f; ~metz ['-mɛts] m (12) cantero m, picapedrero m; '~obst n fruta f de hueso; '~pilz ⚥ m boleto m comestible; ♀reich inmensamente rico, riquísimo; ~er Mann ricachón m; '~salz n sal f gema; '~schlag m caída f de piedras; '~schleuder f honda f, tirachinas m; '~wurf m pedrada f; '~zeit f edad f de piedra.

Steiß [ʃtaɪs] m (3²) trasero m; '~bein n coxis m.

Stellage [ʃtɛˈlaːʒə] f (15) armazón f; (Regal) estantería f.

Stelldichein ['ʃtɛldɪçʔaɪn] n (uv. od. 11) cita f.

Stelle ['ʃtɛlə] f (15) sitio m, lugar m;

stellen

(*Anstellung*) empleo *m*, puesto *m*, colocación *f*; *in Büchern*: pasaje *m*; (*Behörde*) autoridad *f*; servicio *m*, centro *m* (oficial); *freie* ~ vacante *f*; *fig. schwache* ~ punto *m* flaco; *an* ~ *von* en lugar de; *ich an deiner* ~ yo que tú; *an j-s* ~ *treten* remplazar *od.* sustituir a alg.; *auf der* ~ *treten* marcar el paso; *fig.* no adelantar; *auf der* ~ en el acto; *nicht von der* ~ *kommen* no adelantar; *zur* ~ *sein* estar presente.

stellen [ˈ-lən] (25) **1.** *v/t.* colocar; poner; meter; ⊕ ajustar; *Uhr*: poner en hora; (*liefern*) suministrar; *Aufgabe*: proponer; *Zeugen, Bürgen*: presentar; *Antrag, Frage*: hacer; *Frist*: fijar; **2.** *v/refl.*: *sich* ~ colocarse, ponerse, meterse; ⚔ presentarse; *Täter*: entregarse; (*so tun als ob*) fingir, simular *inf.*; *sich dumm* ~ hacerse el tonto; ₂**angebot** *n* oferta *f* de empleo *od.* colocación; ₂**gesuch** *n* demanda *f od.* solicitud *f* de empleo; ~**los** sin empleo, sin trabajo; ~**nachweis** *m*, ₂**vermittlung** *f* agencia *f* de colocaciones; ~**weise** aquí y allá; en parte; ₂**wert** *m* importancia *f* (relativa).

'...stellig, *z. B. drei*~ de tres cifras *od.* dígitos.

Stell|**macher** [ˈ-maxər] *m* (7) carretero *m*; ~**mache'rei** *f* carretería *f*; ~**schraube** *f* tornillo *m* de ajuste.

Stellung [ˈ-luŋ] *f* posición *f* (*a.* ⚔); (*Haltung*) *a.* postura *f*, actitud *f*; (*An*₂) empleo *m*, puesto *m*, colocación *f*; ~ *nehmen zu* tomar posición *od.* opinar sobre; ~**nahme** [ˈ--naːmə] *f* (15) toma *f* de posición; parecer *m*, opinión *f*; ~**skrieg** *m* guerra *f* de posiciones; ₂**slos** *s.* stellenlos; ~**ssuchende(r)** *m* solicitante *m* de empleo; ~**swechsel** *m* cambio *m* de empleo *bzw.* ⚔ de posición.

stellvertret|**end** [ˈ-fɛrtreːtənt] vice...; suplente; interino; ₂**er(in** *f*) *m* sustituto (-a) *m* (*f*), suplente *su.*; representante *su.*

Stellwerk 🚂 [ˈ-vɛrk] *n* puesto *m* de maniobra.

Stelze [ˈʃtɛltsə] *f* (15) zanco *m*; ₂**n** (27, sn) ir en zancos.

Stemm|**eisen** [ˈʃtɛmʔaizən] *n* formón *m*, cincel *m*; ₂**en** (25) apoyar (con fuerza); *Gewichte*: levantar; ⊕ escoplear; *sich* ~ *gegen* apoyarse contra; *fig.* resistirse a.

Stempel [ˈ-pəl] *m* (7) sello *m* (*a. fig.*); timbre *m*; (*Namens*₂) estampilla *f*; ✪ matasellos *m*; ⊕ punzón *m*; 🔨 puntal *m*; ♀ pistilo *m*; ~**farbe** *f* tinta *f* (para tampón); ~**gebühr** *f* derechos *m/pl.* de timbre; ~**geld** F *n* subsidio *m* de paro; ~**kissen** *n* tampón *m*, almohadilla *f*; ~**marke** *f* timbre *m*; póliza *f*; ₂**n** (29) sellar; timbrar; ✪ *Marke*: matasellar, inutilizar; *bsd. Wertpapiere*: estampillar; *Silber usw.*: marcar (*a. fig.*); *j-n zu et.* ~ tildar a alg. de a/c.; F ~ *gehen* cobrar subsidio de paro; ~**papier** *n* papel *m* sellado.

Stengel [ˈʃtɛŋəl] *m* (7) tallo *m*.

Stenogramm [ʃtenoˈgram] *n* (3) taquigrama *m*; ~**block** *m* bloc *m* de taquigrafía.

Stenograph(in *f*) [--ˈgraːf(in)] *m* (12) taquígrafo (-a) *m* (*f*); ~**ie** [--graˈfiː] *f* (15) taquigrafía *f*; ₂**ieren** [---ˈfiːrən] taquigrafiar; ₂**isch** [--ˈgraːfiʃ] taquigráfico.

Stenotypistin [--tyˈpistin] *f* (16¹) taquimecanógrafa *f*, F taquimeca *f*.

Stepp|**decke** [ˈʃtɛpdɛkə] *f* (15) colcha *f* pespunteada; edredón *m*; ~**e** *f* (15) estepa *f*; ₂**en** (25) pespuntear; (*tanzen*) bailar claqué.

Steptanz [ˈ-tants] *m* claqué *m*.

Sterbe|**bett** [ˈʃtɛrbəbɛt] *n* lecho *m* de muerte; ~**fall** *m* fallecimiento *m*; ~**geld** *n* subsidio *m* de defunción; ~**haus** *n* casa *f* mortuoria; ~**hemd** *n* mortaja *f*; ~**kasse** *f* caja *f* de defunción; ₂**n** (30, sn) morir (*an dat.* de), fallecer; ~**n** *n* muerte *f*, defunción *f*; *im* ~ *liegen* estar muriéndose; ₂**nd** moribundo; 'ˌ**ns**-**angst** *f* angustia *f* mortal; 'ˌ**ns**-**krank** enfermo de muerte; 'ˌ**ns**-**langweilig** aburridísimo; ~**nswörtchen** [ˈ---nsvœrtçən] *n*: *kein* ~ ni una sola palabra; ~**sakramente** *n/pl.* últimos sacramentos *m/pl.*, viático *m*; ~**urkunde** *f* partida *f* de defunción.

sterblich [ˈʃtɛrpliç] mortal; ₂**keit** *f* mortalidad *f*; ₂**keitsziffer** *f* índice *m* de mortalidad.

Stereo|**anlage** [ˈʃteːreoʔanlaːgə] *f* equipo *m* estereofónico *od.* estéreo; ~**metrie** [---meˈtriː] *f* (15, *o. pl.*) estereometría *f*; ~**phonie** [---foˈniː] *f* (15, *o. pl.*) estereofonía *f*; 'ˌ**platte** *f* disco *m* estereofónico; ~**skop** [---ˈskoːp] *n* (3¹) estereoscopio *m*; ~**typ** [---ˈtyːp] estereotípico, estereotipado (*a. fig.*); ~**typie** [---tyˈpiː] *f* (15) estereotipia *f*.

steril [ʃteˈriːl] estéril; **isation** [-riliˌzaˈtsjoːn] f esterilización f; **iˈsieren** esterilizar; **ität** [---ˈtɛːt] f esteridad f.

Stern [ʃtɛrn] m (3) estrella f, Astr. a. astro m; **bild** n constelación f; **chen** [ˈ-çən] n (6) Typ. asterisco m; (Film2) aspirante f a estrella; **deuter** [ˈ-dɔytər] m (7) astrólogo m; **deutung** f astrología f; **enbanner** n bandera f estrellada; **enhimmel** m firmamento m; **enzelt** n bóveda f celeste; **fahrt** f rally(e) m; **förmig** [ˈ-fœrmiç] estrellado, radiado; **karte** f planisferio m celeste; **2klar** estrellado; **kunde** f astronomía f; **schnuppe** f (15) estrella f fugaz; **stunde** fig. f momento m estelar; **warte** f observatorio m (astronómico).

Sterz [ʃtɛrts] m (3²) Zo. rabadilla f; (Pflug) esteva f, mancera f.

stetig [ˈʃteːtiç] constante, continuo; **2igkeit** f constancia f, continuidad f; **s** siempre.

Steuer [ˈʃtɔyər] **a)** f (15) impuesto m, contribución f; **b)** n (7) ⚓ u. ⚓ timón m (a fig.); Kfz. volante m; **abzug** f deducción f del impuesto; **aufkommen** f recaudación f fiscal; **berater** m asesor m fiscal; **bord** ⚓ n estribor m; **erhebung** f recaudación f de impuestos; **erklärung** f declaración f de impuestos; **erlaß** m desgravación f; **fahndung** f F peinado m fiscal; **flucht** f evasión f fiscal; **2frei** libre de impuestos; **freiheit** f exención f fiscal; **hinterziehung** f fraude m fiscal; **klasse** f categoría f impositiva; **knüppel** ⚓ m palanca f de mando; **last** f carga f fiscal; **2lich** fiscal; **mann** ⚓ m timonel m; ⚓ (29) ⚓ gobernar; ⚓ pilotar; Kfz. conducir, guiar; ⊕ mandar; **pflichtig** et.: imponible; j.: contribuyente; **rad** n Kfz. volante m; ⚓ timón m; **recht** n derecho m fiscal; **reform** f reforma f tributaria; **schraube** f: fig. die **** anziehen apretar el torniquete fiscal; **ung** f gobierno m; ⚓ pilotaje m; Kfz. dirección f; ⊕ mando m; regulación f, control m; **zahler** m contribuyente m.

Steven ⚓ [ˈʃteːvən] m (6) roda f.

Steward [ˈstjuːərt] m (11) ⚓ auxiliar m de vuelo; ⚓ camarero m; **eß** [ˈ--dɛs] f (16³) ⚓ azafata f, Am. aeromoza f; ⚓ camarera f.

stibitzen F [ʃtiˈbitsən] (27) escamotear, birlar.

Stich [ʃtiç] m (3) pinchazo m; punzada f (a. Schmerz); e-s Insekts: picadura f; beim Nähen: punto m, puntada f; Kartenspiel: baza f; (Bild) grabado m, lámina f, estampa f; e-n **** bekommen Milch usw.: picarse; **** ins Grüne haben tirar a verde; im **** lassen abandonar; F e-n **** haben Person: estar mal de la cabeza; **el** m (7) buril m; **e'lei** fig. f pulla f, indirecta f; **²eln** fig. (29) echar indirectas od. pullas; **flamme** f dardo m de llama; **haltig** concluyente; fundado; **ling** Zo. [ˈ-liŋ] m (3¹) gasteróteo m; **probe** f prueba f (hecha) al azar; **²st, st** [ʃtiç(s)t] s. stechen; **tag** m día m fijado; fecha f tope; **waffe** f arma f punzante; **wahl** f votación f de desempate, balotaje m; **wort** n (Notiz) apunte m; Thea. entrada f; pie m; Typ. voz f guía; entrada f; vereinbartes: santo m y seña; **wortverzeichnis** n índice m; **wunde** f herida f punzante.

stick|en [ˈʃtikən] (25) bordar; **2eˈrei** f bordado m; **2erin** f bordadora f; **2garn** n hilo m de bordar; **ig** sofocante; **2muster** n patrón m de bordado; **2rahmen** m tambor m; **stoff** ⚗, m nitrógeno m; **stoffdünger** m abono m nitrogenado; **stoffhaltig** nitrogenado.

Stiefbruder [ˈʃtiːfbruːdər] m hermanastro m.

Stiefel [ˈʃtiːfəl] m (7) bota f; **knecht** m sacabotas m; **2n** F (29, sn) zancajear.

Stief|eltern [ˈ-ˀɛltərn] pl. padrastros m/pl.; **geschwister** pl. hermanastros m/pl.; **kind** n hijastro (-a) m (f); **mutter** f madrastra f; **mütterchen** ⚘ n pensamiento m; **mütterlich** fig. **** behandeln tratar con negligencia; **schwester** f hermanastra f; **sohn** m (**tochter** f) hijastro (-a) m (f); **vater** m padrastro m.

stieg [ʃtiːk] s. steigen; **2e** [ˈ-gə] f (15) escalera f (estrecha).

Stieglitz [ˈʃtiːglits] m (3²) jilguero m.

stiehl(st) [ʃtiːl(st)] s. stehlen.

Stiel [ʃtiːl] m (3) mango m; ⚘ tallo m; a. Zo. pedúnculo m; **auge** n Zo. ojo m pedunculado; fig. **n** machen nach írsele a uno los ojos tras; **topf** m cazo m.

Stier [ʃtiːr] **1.** m (3) toro m; *Astr.* Tauro m; *fig.* den ~ bei den Hörnern packen agarrar el toro por los cuernos; **2.** ⸰ *adj. Blick:* fijo; **'⸰en** (25): ~ auf (ac.) mirar (ac.) fijamente; **'~kampf** m corrida f de toros; **'~kampf-arena** f plaza f de toros; **'~kämpfer** m torero m; **'~kämpfertracht** f traje m de luces; **'⸰nackig** cogotudo.

stieß [ʃtiːs] s. stoßen.

Stift [ʃtɪft]: **a)** m (3) clavija f; espiga f; tachuela f; *(Blei⸰)* lápiz m; F *(Lehrling)* aprendiz m; **b)** n (3) convento m; *(Dom⸰)* capítulo m, cabildo m; **'⸰en** (26) fundar, crear; *(schenken)* donar, regalar; *(hervorrufen)* causar; *Frieden* ~ meter paz; **'⸰engehen** F largarse; **'~er(in** f) m (7) fundador(a) m (f); donante su., donador(a) m (f); **'~skirche** f colegiata f; **'~ung** f fundación f; *(Schenkung)* donación f; **'~ungsfest** n aniversario m de la fundación; **'~zahn** m diente m de espiga.

Stil [ʃtiːl] m (3) estilo m; in großem ~ por todo lo alto; **'~blüte** f desliz m estilístico; **~ett** [ʃtiˈlɛt] n (3) estilete m; **⸰isieren** [-liˈziːrən] estilizar; **~istik** [-ˈlɪstɪk] f (16) estilística f; **⸰istisch** estilístico.

still [ʃtɪl] *(ruhig)* tranquilo, quieto; *(lautlos)* silencioso; *(heimlich)* secreto; *(unbeweglich)* inmóvil; *(schweigend)* tácito, taciturno; ~ u. heimlich a la chita callando; im ~en para sí; en silencio, en secreto; **'⸰e** f (15, o. pl.) tranquilidad f; silencio m; calma f; in aller ~ en la (más estricta) intimidad.

Stilleben [ˈʃtɪləːbən] n (6, *bei Trennung:* Still-leben) naturaleza f muerta, bodegón m.

stilleg|en [ˈʃtɪlleːɡən] *(bei Trennung:* still-legen) parar; cerrar; paralizar; **⸰ung** f cierre m, paralización f.

still|en [ˈʃtɪlən] (25) calmar, tranquilizar; *Hunger:* matar; *Durst:* apagar; *Blut:* restañar; *Kind:* dar el pecho, amamantar; **⸰en** n lactancia f; **⸰halte-abkommen** n moratoria f; **~halten** no moverse; quedarse quieto.

stillegen [ˈʃtɪliːɡən] *(bei Trennung:* still-liegen) estar parado *od.* paralizado.

stillos [ˈʃtiːlloːs] de mal gusto.

still|schweigen [ˈʃtɪlʃvaɪɡən] callarse; **⸰schweigen** n silencio m; mutismo m; **~schweigend** callado, tácito; ~ übergehen silenciar; **~sitzen** estarse quieto; **⸰stand** m parada f; suspensión f; paro m; paralización f; **~stehen** quedarse parado *od.* quieto, no moverse; ⸱ cuadrarse; *Betrieb:* estar parado; **~stehend** estacionario; inmóvil; *a. fig.* estancado; **~vergnügt** contento; *adv.* con íntima satisfacción.

Stil|möbel [ˈʃtiːlmøːbəl] n/pl. muebles m/pl. de estilo; **⸰voll** de buen gusto; de estilo refinado.

Stimm|abgabe [ˈʃtɪm?apɡaːbə] f votación f; **~bänder** n/pl. cuerdas f/pl. vocales; **⸰berechtigt** con derecho a votar; **~bruch** m cambio m de voz; im ~ sn cambiar la voz; **~e** f (15) voz f; *Pol.* voto m; ♪ parte f; s-e ~ abgeben votar.

stimmen [ˈ-mən] (25) **1.** v/t. ♪ afinar; *fig. milde* ~ apaciguar; *traurig* ~ entristecer; *gut (schlecht)* gestimmt de buen (mal) humor; **2.** v/i. *(zutreffen)* ser exacto *od.* cierto *od.* justo; *Pol.* ~ für votar por; **⸰fang** m caza f *od.* captación f de votos; **⸰gewirr** n vocerío m, algarabía f; **⸰gleichheit** f empate m; **⸰mehrheit** f mayoría f de votos.

Stimm|enthaltung [ˈ-?ɛnthaltuŋ] f abstención f; **~gabel** f diapasón m; **⸰haft** sonoro; **~lage** f tesitura f; **⸰los** afónico; *Laut:* sordo; **~recht** n derecho m de voto; **~ritze** f glotis f; **~ung** f ♪ afinación f; *fig.* disposición f; humor m; estado m de ánimo; ambiente m, atmósfera f; ✝ tendencia f; in ~ kommen animarse; **~ungsbild** n cuadro m de ambiente; **~ungsmensch** m hombre m veleidoso; **⸰ungsvoll** (muy) expresivo; (muy) animado; **~zählung** f recuento m de votos, escrutinio m; **~zettel** m papeleta f de votación.

stimulieren [ʃtimuˈliːrən] estimular.

Stink|bombe [ˈʃtɪŋkbɔmbə] f bomba f fétida; **⸰en** (30) heder *(nach a.)*; oler mal, apestar; **⸰end** hediondo, maloliente; **'⸰faul** F ~ sn no dar golpe; **'⸰langweilig** F aburridísimo, soporífero; **~tier** n mofeta f, *Am.* chinga f.

Stipendi|at [ʃtipɛnˈdjaːt] m (12) becario m; **~um** [-ˈpɛndjum] n (9) beca f; bolsa f de estudios.

stippen [ˈʃtɪpən] (25) mojar.

stirb, ~**st**, ~**t** [ʃtirp(st)] s. sterben.

Stirn [ʃtirn] f (16) frente f; j-m die ~ bieten hacer frente a alg.; '~**höhle** f seno m frontal; '~**höhlen-entzündung** f sinusitis f; '~**runzeln** n ceño m.

stöbern ['ʃtø:bərn] (29) revolver (in dat. a/c.); Hund: zarcear.

stochern ['ʃtɔxərn] (29) hurgar (in dat. a/c.); in den Zähnen ~ mondar los dientes.

Stock [ʃtɔk] m: **a)** [ʃtɔk] m (3³) bastón m; palo m; (Billard²) taco m; über ~ und Stein a campo traviesa; **b)** △ (3, pl. ⁻e u. ⁻werke) piso m, planta f; '~**be'trunken:** F ~ sn estar hecho una cuba; '²**dumm** tonto de remate; '²**dunkel** completamente oscuro.

Stöckelschuh ['ʃtœkəlʃu:] m zapato m con tacón alto.

stock|en ['ʃtɔkən] (25) interrumpirse; pararse, detenerse; Verkehr: congestionarse; beim Reden: atascarse, cortarse; '~'**finster** completamente oscuro; ²**fisch** m bacalao m (seco); ²**fleck** m mancha f de moho; '~'**heiser** afónico; ²**hieb** m bastonazo m; ~e pl. palos m/pl.

Stockschnupfen ['ʃtɔkʃnupfən] m constipado m seco, romadizo m; '²**taub** F más sordo que una tapia; ~**ung** f interrupción f; detención f; estancamiento m; (Verkehr) congestión f; ~**werk** n piso m, planta f.

Stoff [ʃtɔf] m (3) materia f, sustancia f; (Tuch) paño m, tela f, tejido m; (Thema) tema m, asunto m; F (Rauschgift) popis m; F ~**el** m (7) paleto m; '²**lich** material; '~'**rest** m retal m, retazo m; '~**tier** n animal m de trapo; '~**wechsel** m metabolismo m.

stöhnen ['ʃtø:nən] **1.** v/i. (25) gemir; fig. quejarse (über ac. de); **2.** ⁻ n gemidos m/pl.

Sto|iker ['ʃto:ikər] m (7), ²**isch** estoico (m).

Stola ['ʃto:la] f (16²) estola f.

Stollen ['ʃtɔlən] m (6) 🛠 galería f; am Fußballschuh: taco m; (Gebäck) bollo m de Navidad.

stolpern ['ʃtɔlpərn] (29, sn) tropezar (über ac. con); dar un traspié.

stolz [ʃtɔlts] **1.** adj. orgulloso (auf ac. de); soberbio; altanero. **2.** ⁻ m (3², u. pl.) orgullo m; soberbia f; altanería f; ~**ieren** pavonearse.

stopf|en ['ʃtɔpfən] (25) meter (in ac. en); (füllen) rellenar (mit de); Geflügel: engordar; Pfeife: cargar; Loch: tapar; Strumpf: zurcir; (schlingen) tragar; 🍴 estreñir; F gestopft voll abarrotado; ²**en** m (6) tapón m; ²**garn** n (²**nadel** f) hilo m (aguja f) de zurcir; ²**stelle** f zurcido m.

Stopp [ʃtɔp] **1.** m (11) parada f; **2.** ~! ¡alto!

Stoppel ['ʃtɔpəl] f (15) rastrojo m; ~**bart** m barba f de varios días; ~**feld** n rastrojera f; ²**n** (29) espigar.

stopp|en ['ʃtɔpən] (25) **1.** v/t. (hacer) parar; detener; Zeit: cronometrar; **2.** v/i. parar(se), detenerse; ²**licht** n luz f de parada; ²**uhr** f cronómetro m.

Stöpsel ['ʃtœpsəl] m (7) tapón m (a. F fig.); ⚡ clavija f; ²**n** (29) tapar; ⚡ enchufar.

Stör Zo. [ʃtø:r] m (3) esturión m.

Storch [ʃtɔrç] m (3³) cigüeña f; '~**schnabel** m ♀ geranio m, pico m de cigüeña; ⊕ pantógrafo m.

stör|en ['ʃtø:rən] (25) estorbar; molestar; incomodar; perturbar; ~**end** molesto; perturbador; ²**enfried** ['--fri:t] m (3) perturbador m; aguafiestas m; ²**geräusche** n/pl. (ruidos m/pl.) parásitos m/pl., interferencias f/pl.

stornieren † [ʃtɔr'ni:rən] anular.

störrisch ['ʃtœriʃ] terco, recalcitrante.

Störsender ['ʃtø:rzɛndər] m emisora f interferente.

Störung ['ʃtø:ruŋ] f estorbo m; molestia f; perturbación f; 🩺 trastorno m; ⚡ interferencia f; ⊕ avería f; ~**sstelle** f servicio m de averías.

Stoß [ʃto:s] m (3² u. ³) golpe m; empujón m; mit dem Ellenbogen: codazo m; (Fechten) estocada f; (Erschütterung) sacudida f; (Anprall) choque m; (Haufen) pila f, montón m; (Akten²) legajo m; fig. sich (dat.) e-n ~ geben F hacer de tripas corazón; '~**dämpfer** m amortiguador m.

Stößel ['ʃtø:səl] m (7) mano f de almirez.

stoß|en ['ʃto:sən] (30) **1.** v/t. empujar; (mahlen) triturar, moler; sich ~ darse un golpe; hacerse daño; fig. von sich ~ rechazar; fig. sich ~ an (dat.) escandalizarse de; 2. v/i. (h. u. sn) Stier: ~ auf (ac.) topar con; ~ an (ac.) chocar (od. dar) contra, tropezar con; (angrenzen) lindar con; zu j-m ~ reunirse con alg.; '~**fest** a prueba de

Stoßgebet

golpes; ⁓gebet *n* jaculatoria *f*; ⁓kraft *f* ⊕ fuerza *f* de propulsión; *a. fig.* empuje *m*; ⁓seufzer *m* hondo suspiro *m*; ⁓stange *f* parachoques *m*; ⁓trupp ⚔ *m* grupo *m* de choque; ⁓verkehr *m* horas *f/pl.* punta *od.* de afluencia; ⁓waffe *f* arma *f* contundente; ⁓weise a golpes; *adj.* intermitente; ⁓zahn *m* colmillo *m*.

Stotter|er ['ʃtɔtərər] *m* (7) tartamudo *m*; ⁓n (29) tartamudear; ⁓n *n* tartamudeo *m*; balbuceo *m*; F *auf ⁓ a plazos.

Straf|anstalt ['ʃtraːfʔanʃtalt] *f* penal *m*; centro *m* penitenciario; ⁓antrag *m* querella *f* penal; ⁓anzeige *f* denuncia *f* (*erstatten* presentar); ⁓arbeit *f Schule:* ejercicio *m* de castigo; ⁓aufschub *m* aplazamiento *m* de la ejecución penal; ⁓aussetzung *f* suspensión *f* de la ejecución penal; ⁓bar punible; delictivo; criminal; *sich ⁓ machen* incurrir en una pena, delinquir; ⁓befehl *m* orden *f* penal; ⁓e *f* (15) castigo *m*; ⁓ pena *f*; (*Geld*⁓) multa *f*; sanción *f; bei ⁓ von* bajo *od.* so pena de; ⁓en (25) castigar; multar; sancionar; ⁓end *Blick:* reprensivo; ⁓erlaß *m* remisión *f* de la pena.

straff [ʃtraf] tieso, tirante; *fig.* enérgico; riguroso, severo.

straffällig ['ʃtrafːfɛliç] culpable; ⁓ *werden* delinquir.

straff|en ['ʃtrafən] (25) estirar, atiesar; ⁓heit *f* tiesura *f*, tirantez *f; fig.* rigor *m*; severidad *f*.

straf|frei ['ʃtraːffraɪ] impune; *für ⁓ erklären neol.* despenalizar; ⁓freiheit *f* impunidad *f; neol.* despenalización *f*; ⁓gefangene(r *m*) *su.* preso (-a) *f* (*f*); ⁓gericht *n* tribunal *m* de lo criminal; *fig.* castigo *m*; ⁓gerichtsbarkeit *f* justicia *f* criminal; ⁓gesetzbuch *n* código *m* penal; ⁓kammer *f* sala *f* de lo criminal; ⁓lager *n* campo *m* penitenciario.

sträflich ['ʃtrɛːflɪç] punible; *fig.* imperdonable; ⁓ling ['⁓lɪŋ] *m* (3¹) penado *m*; recluso *m*; preso *m*.

straf|los ['ʃtraːfloːs] impune (*ausgehen* quedar); ⁓mandat *n* multa *f*; ⁓maß *n* (cuantía *f* de la) pena *f*; ⁓maßnahme *f* sanción *f*; ⁓mildernd atenuante; ⁓mündig en edad penal; ⁓porto ⚑ *n* sobretasa *f* de franqueo; ⁓predigt *f* sermón *m* (*halten* echar); ⁓prozeß *m* proceso *m* penal; ⁓prozeß-ordnung *f* ley *f* de enjuiciamiento criminal; ⁓punkt *m Sport:* penalización *f*; ⁓raum *m Sport:* área *f* de castigo *od.* de penalty; ⁓recht *n* derecho *m* penal; ⁓rechtler ['⁓rɛçtlər] *m* (7) penalista *m*; ⁓rechtlich *adj.* penal; ⁓register *n* registro *m* de antecedentes penales; ⁓richter *m* juez *m* de lo criminal; ⁓sache *f* asunto *m* criminal; causa *f* penal; ⁓stoß *m Sport:* penalty *m*; ⁓tat *f* hecho *m* delictivo; acción *f* punible; ⁓verfahren *n* procedimiento *m* penal; ⁓verschärfend agravante; ⁓versetzung *f* traslado *m* disciplinario *od.* forzoso; ⁓verteidiger *m* abogado *m* criminalista; ⁓vollstreckung *f*, ⁓vollzug *m* ejecución *f* de la pena; *offener ⁓vollzug* régimen *m* de prisión abierto.

Strahl [ʃtraːl] *m* (5) rayo *m*; (*Wasser*⁓) chorro *m*; ⁓en (25) radiar; (*aus⁓*) irradiar; *fig.* estar radiante (*vor* de).

Strahlen|brechung ['⁓lənbrɛçʊŋ] *f* refracción *f*; ⁓bündel *n* haz *m* de rayos; ⁓d radiante (*vor* de); ⁓förmig radial, radiado; ⁓schädigung *f* radiolesión *f*; ⁓schutz *m* protección *f* contra las radiaciones; ⁓therapie *f* radioterapia *f*.

Strahl|triebwerk ['⁓triːpvɛrk] *n* reactor *m*, propulsor *m* de reacción; ⁓ung *f* radiación *f*; ⁓ungswärme *f* calor *m* radiante.

Strähne ['ʃtrɛːnə] *f* (15) *Garn:* madeja *f; Haar:* mechón *m*; ⁓ig lacio.

stramm [ʃtram] tieso, tirante; *fig.* riguroso; ⁓stehen ⚔ cuadrarse.

Strampel|höschen ['⁓pəlhøːsçən] *n* (6) pelele *m*; ⁓n (29) patalear; F (*radfahren*) pedalear.

Strand [ʃtrant] *m* (3³) playa *f*; '⁓anzug *m* traje *m* de playa; '⁓bad *n* playa *f*; '⁓en ['⁓dən] (26, sn) ⚓ encallar, varar; *fig.* fracasar; '⁓gut *n* restos *m/pl.* arrojados por el mar; '⁓kleid *n* vestido *m* playero; '⁓korb *m* sillón *m* de mimbre (para la playa); '⁓promenade *f* paseo *m* marítimo; '⁓raub ('⁓räuber) *m* raque(ro) *m*; ⁓schuh *m* zapatilla *f* playera; ⁓ung ['⁓dʊŋ] *f* encalladura *f*.

Strang [ʃtraŋ] *m* (3³) cuerda *f*, soga *f*; (*Schienen*⁓) vía *f*; (*Wolle*) madeja *f*; *fig. an e-m ⁓ ziehen* tirar de la misma cuerda; *über die Stränge schlagen* propasarse; *wenn alle Stränge reißen* en el peor de los casos; ℒ**ulieren** [-gu'li:-rən] estrangular.

Strapaz|e [ʃtraˈpaːtsə] f (15) fatiga f; ℒ**ieren** [-paˈtsiːrən] fatigar, cansar; et.: gastar (mucho); ℒ**ierfähig** resistente; ℒ**iös** [--ˈtsjøːs] fatigoso; penoso.

Straße [ˈʃtraːsə] f (15) calle f; (Land℘) carretera f; vía f; ⚓ estrecho m; fig. auf die ～ setzen poner en la calle; der Mann von der ～ el hombre de la calle.

Straßen|anzug [ˈʃtraːsənʔantsuːk] m traje m de calle; ～**arbeiter** m peón m caminero; ～**bahn** f tranvía m; ～**bahner** [ˈ--baːnər] m (7) tranviario m; ～**bahnwagen** m coche m de tranvía; ～**bau** m construcción f de carreteras; ～**beleuchtung** f alumbrado m público; ～**decke** f firme m; ～**ecke** f esquina f; ～**graben** m cuneta f; ～**händler** m vendedor m ambulante; ～**junge** m golfillo m; ～**kampf** m lucha f callejera; ～**karte** f mapa m de carreteras; ～**kehrer** [ˈ--keːrər] m (7) barrendero m; ～**kehrmaschine** f barredera f; ～**kreuzung** f cruce m; ～**lage** f Kfz. comportamiento m en carretera; ～**laterne** f farol m, farola f; ～**mädchen** n ramera f; F fulana f; ～**netz** n red f de carreteras; ～**raub** m atraco m; ～**räuber** m atracador m; ～**reinigung** f limpieza f pública; ～**rennen** n carrera f por carretera; ～**schild** n rótulo m de calle; ～**sperre** f barrera f; ～**verkehr** m tráfico m, circulación f; ～**verkehrs-ordnung** f código m de la circulación; ～**verzeichnis** n (nomenclátor m) callejero m; ～**walze** f apisonadora f.

Strateg|e [ʃtraˈteːgə] m (13) estratega m; ～**ie** [-teˈgiː] f (15) estrategia f; ℒ**isch** [-ˈteːgiʃ] estratégico.

Stratosphäre [-toˈsfɛːrə] f (15, o. pl.) estratosfera f.

sträuben [ˈʃtrɔybən] (25): (sich) ～ erizar(se); sich ～ Haare: ponerse de punta; fig. oponerse, resistirse (gegen a).

Strauch [ʃtraux] m (1²) arbusto m, mata f; ～**dieb** m salteador m de caminos; ℒ**eln** (29, sn) dar un traspié; a fig. tropezar; ˡ～**werk** n matorral m.

Strauß [ʃtraus] m: **a)** (Blumen℘) (3² u. ³) ramo m, ramillete m; **b)** Zo. (3²) avestruz m; **c)** (Kampf) (3² u. ³) lucha f.

Streb|e [ˈʃtreːbə] f (15) puntal m; ～**ebalken** m tornapunta f; ～**ebogen** m arbotante m; ℒ**en** (25): ～ nach aspirar a; ambicionar (ac.); ～**en** n aspiración f; ambición f; tendencia f; ～**epfeiler** m contrafuerte m; ～**er** (7) ambicioso m, arribista m; Schule: F empollón m; ℒ**sam** [ˈʃtreːpzaːm] aplicado; asiduo; ～**samkeit** f aplicación f; asiduidad f.

Streck|e [ˈʃtrɛkə] f (15) recorrido m (a. Sport), trayecto m; (Entfernung) distancia f; (Teilstück) trecho m; 🎣 línea f (nach de); ⚒ galería f; zur ～ bringen matar; fig. derrotar; fig. auf der ～ bleiben quedar en la estacada; ℒ**en** (25) estirar, extender; Waffen: rendir; Vorräte: alargar; zu Boden ～ derribar; in gestrecktem Galopp a galope tendido; ～**enwärter** m guardavía m; ～**enweise** a trechos; ～**muskel** m (músculo m) extensor m; ～**ung** f extensión f; distensión f; ～**verband** m vendaje m de extensión.

Streich [ʃtraiç] m (3) golpe m; fig. travesura f; dummer ～ tontería f; j-m e-n (üblen) ～ spielen hacer una mala jugada a alg.; ˡ～**eln** (29) acariciar; ℒ**en** (30) **1.** v/i. (sn u. h.) pasar (über ac. por); (streifen) vagar (durch ac. por); **2.** v/t. pintar; (aus～) borrar, tachar; Text: suprimir; Auftrag: anular; Flagge, Segel: arriar; Butter usw.: extender; ～**er** ♩ m (7) instrumentista m de cuerda; pl. cuerdas f/pl.; ˡ～**holz** n cerilla f, fósforo m; ˡ～**holzschachtel** f caj(it)a f de cerillas; ˡ～**instrument** n instrumento m de cuerda od. de arco; ˡ～**käse** m queso m para extender; ˡ～**quartett** n cuarteto m de cuerda; ˡ～**riemen** m suavizador m; ˡ～**ung** f supresión f; anulación f; cancelación f.

Streif|band ⓣ [ˈʃtraifbant] n faja f; ～**bandsendung** f envío m bajo faja; ～**e** f (15) patrulla f; ronda f; ～**en** m (6) raya f; tira f; (Film) cinta f; (Gelände℘) faja f; ℒ**en** (25) **1.** v/t. rozar, a. fig. tocar; (ab～) quitar (von de); **2.** v/i. (sn) vagar (durch por); ～**enkarte** f Vkw. f tarjeta f multiviaje; ～**enwagen** m coche m patrulla; ℒ**ig** rayado; ～**licht** n reflejo m de luz; ein ～ werfen auf et. ilustrar ac.; ～**schuß** m rozadura f (causada por un balazo); ～**zug** m correría f; incursión f.

Streik [ʃtraik] m (sg. 3, pl. 11) huelga f; in den ～ treten declararse en huelga; ˡ～**brecher** m esquirol m; ℒ**en** (25)

Streikende(r)

estar en huelga; *fig.* pasar; *Motor usw.*: fallar; '~**ende(r)** *m* (18) huelguista *m*; '~**posten** *m* piquete *m*.

Streit [ʃtrait] *m* (3) querella *f*; conflicto *m*; riña *f*; pendencia *f*; *(Wort*2*)* disputa *f*, controversia *f*; ⚖ litigio *m*; 2**bar** agresivo; 2**en** (30) disputar *(über ac.* sobre); reñir *(um* por); luchar, combatir; ⚖ litigar; *fig.* militar *(für ac.* por); *sich um et.* ~ disputarse a/c.; 2**end** ⚖ litigante; '~**er** *m* (7) combatiente *m*; '~**fall** *m* litigio *m*; '~**frage** *f* punto *m* litigioso; 2**ig**: *j-m et.* ~ *machen* disputar a/c. a alg.; '~**kräfte** *f*/*pl.* fuerzas *f*/*pl.* armadas; '~**punkt** *m* punto *m* de controversia *od.* litigioso; '~**sache** *f* pleito *m*, causa *f*; '~**schrift** *f* escrito *m* polémico; '~**sucht** *f* acometividad *f*; carácter *m* pendenciero; 2**süchtig** pendenciero.

streng [ʃtrɛŋ] severo; riguroso; *Kälte*: intenso; *Sitte*: austero; *adv.* estrictamente; ~*(stens)* verboten terminantemente prohibido; 2**e** *f* (15, *o. pl.*) severidad *f*; rigor *m*; austeridad *f*; ~**genommen** [ˈ-gənɔmən] en rigor; ~**gläubig** ortodoxo.

Streß [ʃtrɛs] *m* (4) stress *m*, estrés *m*.

Streu [ʃtrɔy] *f* (16) cama *f* (de paja); 2**en** (25) esparcir; echar; dispersar; 2**nen** *F* (25, sn) vagar; vagabundear; '~**sand** *m* arenilla *f*.

Strich [ʃtrɪç] 1. *m* (3) raya *f*; línea *f*; *der Vögel*: paso *m*; *(Land*2*)* comarca *f*, región *f*; *j-m e-n* ~ *durch die Rechnung machen* contrariar los proyectos de alg.; *gegen den* ~ a contrapelo; *fig. das geht mir gegen den* ~ esto no me gusta nada; *fig. e-n* ~ *unter et. machen* hacer borrón y cuenta nueva; *P auf den* ~ *gehen* hacer la calle *od.* la carrera. 2. *s. streichen*; '~**code** *m* código *m* de barras; 2**eln** (29) rayar; *gestrichelte Linie* línea *f* discontinua; '~**junge** *F m* prostituto *m*; '~**mädchen** *F n* prostituta *f*; '~**punkt** *m* punto *m* y coma; '~**regen** *m* lluvia *f* local; 2**weise** en algunos puntos; por zonas; '~**zeichnung** *f* dibujo *m* a rayas.

Strick [ʃtrik] *m* (3) cuerda *f*, soga *f*; *fig.* pilluelo *m*; *F wenn alle* ~*e reißen* en el peor de los casos; '~**arbeit**, ~**e**'**rei** *f* labor *m* de punto; 2**en** (25) hacer calceta *od.* punto, *neol.* tricotar; *gestrickt* de punto; '~**er**(**in** *f*) *m* (7) calcetero (-a) *m* (*f*); '~**garn** *n* hilo *m* de punto; '~**jacke** *f* chaqueta *f* de punto; '~**leiter** *f* escala *f* de cuerda; '~**maschine** *f* tricotosa *f*; '~**nadel** *f* aguja *f* para labores de punto; '~**waren** *f*/*pl.* géneros *m*/*pl.* de punto; '~**wolle** *f* lana *f* de labores; '~**zeug** *n* labor *f* de (hacer) punto.

Striegel [ˈʃtriːɡəl] *m* (7) almohaza *f*; 2**n** (29) almohazar.

Strieme [ˈʃtriːmə] *f* (15), ~**n** *m* (6) cardenal *m*, verdugón *m*.

strikt [ʃtrikt] estricto.

Strippe *F* [ˈʃtrɪpə] *f* (15) cuerda *f*.

stritt [ʃtrit] *s. streiten*; '~**ig** litigioso; dudoso; discutido.

Stroh [ʃtroː] *n* (3) paja *f*; '~**blume** *f* siempreviva *f*; '~**feuer** *fig. n* humo *m* de paja; '~**halm** *m* brizna *f* de paja; *zum Trinken*: paja *f*; '~**hut** *m* sombrero *m* de paja; '~**ig** pajoso; '~**mann** *fig. m* testaferro *m*, hombre *m* de paja; '~**matte** *f* estera *f* de paja; '~**sack** *m* jergón *m*; '~**witwer** *m*: ~ *sein* estar de Rodríguez.

Strolch [ʃtrɔlç] *m* (3) vagabundo *m*; 2**en** (25, sn) vagabundear; vagar.

Strom [ʃtroːm] *m* (3³) río *m*; (*Strömung*, ⚡) corriente *f*; *fig.* torrente *m*; *fig. mit dem (gegen den)* ~ *schwimmen* irse con (ir contra) la corriente; *es regnet in Strömen* llueve a cántaros; '~**abnehmer** ⚡ *m* trole *m*; 2⋅'**ab**(**-wärts**) aguas abajo; '~**aggregat** *m* grupo *m* electrógeno; 2⋅'**auf**(**wärts**) aguas arriba; '~**ausfall** *m* apagón *m*.

strömen [ˈʃtrøːmən] (25, sn) correr (aus por); chorrear; *Regen*: caer a chorros; ⚡ afluir (nach a); acudir en masa; ~*der Regen* lluvia *f* torrencial.

Stromer *F* [ˈʃtroːmər] *m* (7) vagabundo *m*.

Strom|**erzeuger** ⚡ [ˈ-ʔɛrtsɔyɡər] *m* generador *m*; ~**gebiet** *m* cuenca *f*; ~**kreis** ⚡ *m* circuito *m*; ~**linienform** *f* forma *f* aerodinámica; 2**linienförmig** aerodinámico; ~**messer** *m* amperímetro *m*; ~**netz** ⚡ *n* red *f* de corriente; ~**schiene** ⚡ *f* barra *f* de toma de corriente; ~**schnelle** *f* rápido *m*; ~**stärke** ⚡ *f* intensidad *f* de la corriente; ~**stoß** ⚡ *m* impulso *m*.

Strömung [ˈʃtrøːmʊŋ] *f* corriente *f* (*a. fig.*).

Strom|**verbrauch** ⚡ [ˈʃtroːmfɛrbraux] *m* consumo *m* de corriente; ~**versorgung** ⚡ *f* suministro *m* de electricidad; ~**zähler** ⚡ *m* contador *m* de corriente.

Strophe ['ʃtroːfə] *f* (15) estrofa *f*.
strotzen ['ʃtrɔtsən] (27): ~ *von* rebosar de.
strubbelig F ['ʃtrubəliç] desgreñado.
Strudel ['ʃtruːdəl] *m* (7) remolino *m*, torbellino *m*; vorágine *f* (*alle a. fig.*).
Struktur [ʃtruk'tuːr] *f* (16) estructura *f*; 2**ell** [-tu'rɛl] estructural.
Strumpf [ʃtrumpf] *m* (3³) media *f*; '~**band** *n* (1²) liga *f*; '~**halter** *m* portaligas *m*, liguero *m*; '~**hose** *f* leotardos *m/pl.*; panty *m*.
Strunk [ʃtruŋk] *m* (3³) troncho *m*.
struppig ['ʃtrupiç] hirsuto; *Haar*: desgreñado.
Strychnin [ʃtryç'niːn] *n* (3¹, *o. pl.*) estricnina *f*.
Stube ['ʃtuːbə] *f* (15) cuarto *m*, habitación *f*, pieza *f*; *gute* ~ sala *f*.
Stuben|ältest(e)r ['-bənʔɛltəstə(r)] *m* (18) jefe *m* de cuarto; ~**arrest** *m* arresto *m* en casa; '~**fliege** *f* mosca *f*; ~**gelehrte(r)** *m* sabio *m* de gabinete; ~**hocker** F *m* persona *f* muy casera; 2**rein** limpio; educado.
Stuck [ʃtuk] *m* (3, *o. pl.*) estuco *m*.
Stück [ʃtyk] *n* (3; *als Maß nach Zahlen uv.*) pieza *f* (*a. Thea.*, ♪); trozo *m*, pedazo *m*; (*Bruch*2) fragmento *m*; *Seife*: pastilla *f*; *Zucker*: terrón *m*; *Brot*: mendrugo *m*; ~ *Land* (lote *m* de) terreno *m*; ~ *Vieh* res *f*; ~ *für* ~ pieza por pieza; *das ist ein starkes* ~! ¡esto sí que es demasiado!; *große* ~*e auf j-n halten* apreciar mucho a alg.; *aus freien* ~*en* espontáneamente; *in* ~*e schlagen* (*gehen*) despedazar(se), hacer(se) pedazos; '~**arbeit** *f* trabajo *m* a destajo; 2**eln** (29) despedazar; '~**gut** ✠ *n* bultos *m/pl.* sueltos; '~**lohn** *m* salario *m* a destajo; 2**weise** a trozos; '~**werk** *n* obra *f* imperfecta; chapuza *f*; '~**zahl** *f* número *m* de piezas.
Student|(in) [ʃtu'dɛnt(in)] *m* (12) estudiante *su.*; universitario (-a) *m* (*f*); ~**en...:** *in Zssgn* (= 2**isch**) de estudiantes, estudiantil; ~**enfutter** *n* postre *m* de músico; ~**enheim** *n* residencia *f* de estudiantes; ~**enschaft** *f* estudiantado *m*.
Studie ['ʃtudjə] *f* (15) estudio *m*; ~**n-assessor** *m etwa*: profesor *m* adjunto; ~**ndirektor** *m* director *m* de colegio; ~**nfach** *n* asignatura *f*; ~**ngang** *m* ciclo *m* de estudios; ~**nrat** *m* catedrático *m* de Instituto; ~**nreise** *f* viaje *m* de estudios.

studier|en [ʃtu'diːrən] estudiar; 2~**zimmer** *n* gabinete *m* de trabajo; despacho *m*.
Stud|io ['ʃtuːdjo] *n* (11) estudio *m*; ~**ium** [-jum] *n* (9) estudios *m/pl.*
Stufe ['-fə] *f* (15) escalón *m* (*a. fig.*); peldaño *m*; grada *f*; (*Phase*) fase *f*; etapa *f*; *fig.* grado *m*; nivel *m*; ~**nfolge** *f* gradación *f*; escalonamiento *m*; 2**nförmig** escalonado; ~**nleiter** *fig. f* escala *f* social; 2**nweise** gradualmente.
Stuhl [ʃtuːl] *m* (3³) silla *f*; *der Heilige* ~ la Santa Sede; '~**gang** ⚕ *m* deposiciones *f/pl.*; defecación *f*.
Stukkatur [ʃtuka'tuːr] *f* (16) estucado *m*.
Stulle F ['ʃtulə] *f* (15) bocadillo *m*, F bocata *m*.
Stulpe ['ʃtulpə] *f* (15) vuelta *f*; (*Ärmel*2) puño *m*.
stülpen ['ʃtylpən] (25) (*um*~) volver; (*auf*~, *über*~) poner.
stumm [ʃtum] mudo; '2**el** *m* (7) muñón *m*; (*Kerzen*2) cabo *m*; (*Zigaretten*2) colilla *f*, *Am.* pucho *m*; '2~**film** *m* película *f* muda; cine *m* mudo; '2**heit** *f* mudez *f*; mutismo *m*.
Stümper ['ʃtympər] *m* (7), 2**haft** chapucero (*m*); ~**ei** [--'raɪ] *f* chapucería *f*, chapuza *f*; 2**n** (29) chapucear.
stumpf [ʃtumpf] **1.** *adj.* sin filo; romo; *Nase*: a. chato; ✠ *Kegel*, *Pyramide*: truncado; *Winkel*: obtuso; *fig.* apático; ~ *machen* (*werden*) embotar(se); **2.** 2~ *m* (3³) (*Glied*) muñón *m*; (*Baum*) tronco *m*; *mit* ~ *und Stiel* de raíz, de cuajo; '2**heit** *fig. f* apatía *f*; embotamiento *m*; '2**sinn** *m* estupidez *f*; '2**sinnig** estúpido; obtuso; '~**winklig** obtusángulo.
Stunde ['ʃtundə] *f* (15) hora *f*; (*Unterrichts*2) lección *f*, clase *f*; 2**n** (26) aplazar (el pago de); conceder un plazo; ~**ngeschwindigkeit** *f* velocidad *f* por hora; ~**nkilometer** *m* kilómetro *m* por hora; 2**nlang** de horas enteras, interminable; *adv.* horas y horas; ~**nlohn** *m* salario *m* por hora; ~**nplan** *m* horario *m*; 2**nweise** por horas; ~**nzeiger** *m* horario *m*.
stündlich ['ʃtyntliç] cada hora; *zweimal* ~ dos veces por hora.
Stundung ['ʃtundun] *f* aplazamiento *m* de pago; prórroga *f*.
Stunk F [ʃtuŋk] *m* (3, *o. pl.*) camorra *f*; gresca *f*; *es wird* ~ *geben* habrá jaleo *od.* hule.

stupide [ʃtu'pi:də] estúpido.
Stupsnase ['ʃtupsna:zə] f nariz f respingona.
stur [ʃtu:r] testarudo, terco; ⩔**heit** f tozudez f, terquedad f.
Sturm [ʃturm] m (3³) tempestad f (a. fig.); (Gewitter⩔) tormenta f (a. fig.); temporal m, ♣ a. borrasca m; ⚔ asalto m; Fußball: delantera f; ~ laufen gegen asaltar (ac.); ~ läuten tocar a rebato; '~**angriff** m asalto m.
stürm|en ['ʃtyrmən] (25) **1.** v/t. ⚔ tomar por asalto; **2.** v/i. ⚔ asaltar; dar el asalto; fig. lanzarse (auf ac. sobre); es stürmt hay tempestad od. temporal; ⩔**er** m (7) Sport: delantero m.
Sturm|flut ['ʃturmflu:t] f marea f viva; ~**gewehr** n fusil m de asalto; ~**glocke** f campana f de rebato.
stürmisch ['ʃtyrmiʃ] tempestuoso, borrascoso, tormentoso; fig. turbulento; impetuoso; Beifall: delirante, frenético.
Sturm|läuten ['ʃturmlɔytən] n rebato m; ~**riemen** m barboquejo m; ~**bach** m torrente m; ~**schaden** m daños m/pl. causados por la tempestad; ~**schritt** ⚔ m paso m de carga; ~**segel** n vela f de fortuna; ~**tief** n borrasca f; ~**trupp** m grupo m de asalto; ~**warnung** f aviso m de tempestad.
Sturz [ʃturts] m (3² u. ³) caída f; ♣ dintel m; '~**acker** m campo m roturado; '~**bach** m torrente m.
stürzen ['ʃtyrtsən] (27) **1.** v/t. derribar (a. fig.); Pol. a. derrocar; (kippen) volcar; (hinab~) arrojar, precipitar; **2.** v/i./refl.: sich ~ arrojarse (aus dem Fenster por la ventana); sich ~ auf (ac.) abalanzarse sobre; precipitarse sobre; sich in Schulden ~ contraer deudas; **3.** v/i. (sn) caer(se) (pl.) precipitarse; ~ auf (ac.) ⚔ estrellarse contra.
Sturz|flug ['ʃturtsflu:k] m vuelo m en picado; ~**helm** m casco m protector; ~**regen** m chaparrón m; ~**see** f golpe m de mar.
Stuß F [ʃtus] m (4, o. pl.) tonterías f/pl.; F chorradas f/pl.
Stut|e ['ʃtu:tə] f (15) yegua f; ~**fohlen** n potranca f.
Stütz|balken ['ʃtytsbalkən] m puntal m; ~**e** f (15) apoyo m; soporte m (beide a. fig.); ✗ rodrigón m; fig. pilar m, puntal m.
stutzen ['ʃtutsən] (27) **1.** v/t. (re-)

cortar; ✗ podar; **2.** v/i. titubear; quedar perplejo; **3.** ⩔ m (6) ⚔ carabina f; ⊕ tubuladura f; empalme m.
stützen ['ʃtytsən] (27) apoyar (a. fig.), sostener; ⚠ apuntalar; fig. sich ~ auf (ac.) basarse od. fundarse en.
Stutz|er ['ʃtutsər] m (7) pinturero m; pisaverde m; ~**flügel** ♪ m piano m de media cola; ⩔**ig** perplejo; (argwöhnisch) suspicaz; ~ machen (werden) escamar(se).
Stütz|pfeiler ['ʃtytspfailər] m pilar m de sostén; ~**punkt** m punto m de apoyo; ⚔, ♣ base f.
subaltern [zup'al'tɛrn] subalterno.
Subjekt [-'jɛkt] n (3) sujeto m (a. fig. desp.); ⩔**iv** [--'ti:f] subjetivo; ~**ivität** [--tivi'tɛ:t] f subjetividad.
Subli|mat [zubli'ma:t] n (3) sublimado m; ⩔**mieren** sublimar.
Subskri|bent [zupskri'bɛnt] m (12) suscriptor m; ⩔**bieren** suscribirse a; ~**ption** [--p'tsjo:n] f suscripción f.
Substantiv ['-stanti:f] n (3¹), ⩔**isch** sustantivo (m).
Substanz [-'stants] f (16) sustancia f.
subtil [-'ti:l] sutil.
subtra|hieren [-tra'hi:rən] restar, sustraer; ⩔**ktion** [-trak'tsjo:n] f sustracción f, resta f.
subtropisch ['-tro:piʃ] subtropical.
Subventio|n [-vɛn'tsjo:n] f subvención f; ⩔**nieren** subvencionar.
Such|e ['zu:xə] f (15) busca f, búsqueda f; auf der ~ nach en busca de; ⩔**en** (25) buscar; (ver~) ~ zu inf. tratar de; ~**er** m (7) Phot. visor m; ~**gerät** n detector m; ~**scheinwerfer** m faro m móvil.
Sucht [zuxt] f (14¹) manía f; pasión f; afán m; ✠ neol. adicción f.
süchtig ['zyçtiç] toxicómano; adicto.
Sud [zu:t] m (3) decocción f.
Süd... ['zy:t...]: in Zssgn mst del sur, meridional; ~**-amerikaner(in** f) m, ⩔**amerikanisch** sudamericano (-a) m (f).
Sudel|ei [zu:də'laɪ] f F mamarrachada f; Mal. pintarrajo m (Pfuscherei) chapuza f; ⩔**n** (29) chapucear; Mal. pintorrear, pintarrajear.
Süd|en ['zy:dən] m (6) sur m, mediodía m; ~**früchte** [-'fryçtə] f/pl. frutos m/pl. meridionales; ~**länder(in** f) ['-lɛndər(in)] m (7), ⩔**ländisch** meridional (su.); meridional, del sur; austral; ~ von al sur de; ~**-osten** m sudeste m; ~**pol**

synchronisieren

polo m sur od. antártico; ~'westen m sudoeste m; ~wind m viento m del sur.

Suff P [zuf] m (3, o. pl.) borrachera f; im ~ borracho.

süffig ['zyfiç] abocado.

Suffix Gram. [zu'fiks] n (3²) sufijo m.

sugge|rieren [-ge'ri:rən] sugerir; insinuar; 2stion [-gɛ'stjo:n] f sugestión f; 2stiv [--'ti:f] sugestivo.

Sühn|e ['zy:nə] f (15) expiación f; ~emaßnahme f sanción f; 2en (25) expiar; ~eversuch $_{\mathfrak{z}\mathfrak{t}\mathfrak{z}}$ m tentativa f de conciliación; ~opfer n víctima f expiatoria.

Suite ['svi:t(ə)] f (15) ♪ u. Hotel: suite f.

Sulfat [zul'fɑ:t] n (3) sulfato m.

Sulfonamid [-fona'mi:t] n (3) sulfamida f.

Sultan ['-tɑ:n] m (3¹) sultán m; ~at [-ta'nɑ:t] n (3) sultanato m; ~ine [--'ni:nə] f (15) pasa f gorrona.

Sülze ['zyltsə] f (15) carne f en gelatina.

summarisch [zu'mɑ:riʃ] sumario.

Sümmchen ['zymçən] n (6): F ein hübsches ~ una bonita suma.

Summ|e ['zumə] f (15) suma f; total m; cantidad f; 2en (25) zumbar; Lied: canturrear; ~en n zumbido m; ~er ⚡ m (7) vibrador m; zumbador m; 2ieren sumar; sich ~ acumularse.

Sumpf [zumpf] m (3³) pantano m; '~dotterblume f hierba f centella; '~fieber n paludismo m; '~gas n gas m de los pantanos; !2ig pantanoso; '~pflanze f planta f palustre.

Sünd|e ['zyndə] f (15) pecado m; ~enbock m cabeza f de turco, chivo m expiatorio; ~enfall m pecado m original; ~enregister n lista f de pecados; ~er(in) f m (7) pecador(a) m (f); 2haft ['-thaft] pecador; F ~ teuer carísimo; 2ig ['-diç] pecador; 2igen ['--gən] (25) pecar.

super F ['zu:pər] F estupendo; bárbaro; 2benzin n (gasolina f) súper m; 2intendent ['--?intɛndɛnt] m (12) superintendente m; ~klug que se pasa de listo; 2lativ ['--lɑ:ti:f] m (3¹) superlativo m; °macht f suрerpotencia f; 2markt m supermercado m; 2-oxyd n peróxido m.

Suppe ['zupə] f (15) sopa f; fig. die ~ auslöffeln pagar los vidrios od. platos rotos; j-m die ~ versalzen aguar la fiesta a alg.; ~nfleisch n carne f para caldo; ~ngrün n hierbas f/pl. (para el caldo; ~nhuhn n gallina f para caldo; ~nkelle f cucharón m; ~nlöffel m cuchara f; ~nschüssel, ~nterrine f sopera f; ~nteller m plato m sopero od. hondo; ~nwürfel m cubito m de caldo.

Surf|brett ['sœ:fbrɛt] n tabla f deslizadora od. de surf; 2en (25) practicar el surf; ~en n, ~ing ['-iŋ] n (9, o. pl.) surf(ing) m.

Surrealismus [zyrea'lismus] m (16, o. pl.) surrealismo m.

surren ['zurən] 1. v/i. (25) zumbar; 2. 2 n zumbido m.

Surrogat [-ro'gɑ:t] n (3) sucedáneo m.

suspendier|en [zuspɛn'di:rən] suspender (de sus funciones); 2ung f suspensión f.

süß [zy:s] dulce; Kind: F mono; !2e f (15, o. pl.) dulzura f; '~en (25) endulzar; edulcorar; '2holz n regaliz m; fig. ~ raspeln F echar flores; '2igkeit f dulzura f; ~en pl. dulces m/pl.; golosinas f/pl.; '2kartoffel ♀ f batata f, boniato m; '~lich dulzón (a. fig.); '2most m jugo m de fruta; '~'sauer agridulce; '2speise f dulce m; '2stoff m edulcorante m; sacarina f; '2warengeschäft n confitería f, dulcería f, bombonería f; '2wasser n agua f dulce; '2wein m vino m dulce.

Symbol [zym'bo:l] n (3¹) símbolo m; emblema m; 2isch simbólico; 2isieren [-boli'zi:rən] simbolizar.

Symmetr|ie [-me'tri:] f (15) simetría f; 2isch ['-me:triʃ] simétrico.

Sympath|ie [-pa'ti:] f (15) simpatía f; ~iestreik m huelga f de solidaridad; ~isant [--ti'zant] m (12) simpatizante m; 2isch [-'pɑ:tiʃ] simpático; 2isieren [-pati'zi:rən] simpatizar.

Symphonie [-fo'ni:] f (15) sinfonía f; ~orchester n orquesta f sinfónica.

symphonisch [-'fo:niʃ] sinfónico.

Symposium [-'po:zjum] n (9) simposio m.

Symptom [-p'to:m] n (3¹) síntoma m; 2atisch [-to'mɑ:tiʃ] sintomático.

Synagoge [zyna'go:gə] f (15) sinagoga f.

synchron [-'kro:n] sincrónico; 2getriebe Kfz. n cambio m de velocidades sincronizado; 2isation [-kroniza'tsjo:n] f sincronización f; Film: doblaje m; ~i'sieren sincronizar;

Synchronsprecher

Film: doblar; ~**sprecher** *m* actor *m* de doblaje, doblador *m*.
Syndik|at [-di'ka:t] *n* (3) sindicato *m*; ~**us** ['--kus] *m* (14²) síndico *m*; asesor *m* jurídico.
Synkope ♪ [-'ko:pə] *f* (15) síncopa *f*.
Synode [-'no:də] *f* (15) sínodo *m*.
Synonym [-no'ny:m] *n* (3¹), ~ *adj*. sinónimo (*m*).
Syntax *Gram*. ['-taks] *f* (16) sintaxis *f*.
Synthe|se [-'te:zə] *f* (15) síntesis *f*; ~**tisch** sintético.

Syphilis ['zy:filis] *f* (16, *o. pl*.) sífilis *f*.
Syr(i)er ['-r(j)ər] *m* (7), ~**isch** sirio (*m*).
System [zys'te:m] *n* (3¹) sistema *m*; ~**atik** [--'mɑ:tik] *f* (16) sistemática *f*; ~**atisch** [--'-tiʃ] sistemático.
Szen|e ['stse:nə] *f* (15) escena *f* (*a. fig*.); *Film*: secuencia *f*; *in* ~ *setzen Thea*. llevar a la escena; *a. fig*. poner en escena; *j-m e-e* ~ *machen* hacer una escena a alg.; ~**erie** [--'ri:] *f* (15) escenario *m*; decorado *m*; ~**isch** escénico.

T

T, t [teː] *n* T, t *f*.

Tabak ['taːbak] *m* (3) tabaco *m*; ~**bau** *m* cultivo *m* de(l) tabaco; ~**händler** *m* tabaquero *m*, *Span*. estanquero *m*; ~**laden** *m* tabaquería *f*, *Span*. estanco *m*; ~**sbeutel** *m* petaca *f*; ~**sdose** *f* tabaquera *f*; ~**s-pfeife** *f* pipa *f*.

tabellarisch [tabɛˈlaːriʃ] en forma de cuadro *od.* de tabla; sinóptico; 2**e** [-ˈ-lə] *f* (15) cuadro *m*; tabla *f*.

Tablett [-ˈblɛt] *n* (3) bandeja *f*; ~**e** *f* (15) tableta *f*; comprimido *m*.

tabu [-ˈbuː], 2 *n* (11) tabú *m* (*m*).

Tachometer [-xoˈmeːtər] *m u. n* (7) taquímetro *m*.

Tadel ['taːdəl] *m* (7) censura *f*; reprensión *f*; reprimenda *f*; 2**los** irreprochable; intachable; impecable; 2**n** (29) censurar, criticar (*wegen* por); (*rügen*) reprender; reprochar (*j-n wegen et.* a/c. a alg.); 2**nswert** reprochable, censurable.

Tafel ['-fəl] *f* (15) tablero *m*, tabla *f*; (*Schild*) letrero *m*; (*Metall*2) placa *f*; (*Tisch*) mesa *f*; (*Schiefer*2) pizarra *f*; (*Schokolade*) tableta *f*; (*Illustration*) lámina *f*; ~**aufsatz** *m* centro *m* de mesa; ~**geschirr** *n* servicio *m* de mesa; ~**land** *n* meseta *f*; 2**n** (29) banquetear.

täfeln ['tɛːfəln] (29) *Wand*: revestir de madera, enmaderar; *Decke*: artesonar; *Fußboden*: entarimar.

Tafel|obst ['taːfəlʔɔpst] *n* frutas *f/pl.* de mesa; ~**öl** *n* aceite *m* de mesa; ~**runde** *f* comensales *m/pl.*; tertulia *f*; *Lit.* Tabla *f* Redonda.

Täfelung ['tɛːfəluŋ] *f* (*Wand*2) revestimiento *m* de madera; (*Decken*2) artesonado *m*; (*Boden*2) entarimado *m*.

Taft [taft] *m* (3) tafetán *m*.

Tag [taːk] *m* (3) día *m*; *als Dauer*: jornada *f*; *bei* ~**e** de día; *am* ~ (*e*) *danach* al día siguiente; *am* ~(*e*) *zuvor* el día antes, la víspera; ⚒ *über* ~**e** a cielo abierto; ⚒ *unter* ~ bajo tierra; *e-n* ~ *um den andern* cada dos días, un día sí y otro no; *e-s* (*schönen*) ~**es** (*Vergangenheit*) un (buen) día, (*Zukunft*) algún día; *in* 14 ~**en** dentro de quince días; *in den* ~ *hinein leben* vivir al día; *sich* (*dat.*) *e-n vergnügten* ~ *machen* echar una cana al aire; *an den* ~ *bringen* (*kommen*) revelar(se); *an den* ~ *legen* manifestar; *es wird* ~ amanece; *guten* ~! ¡buenos días!, *nachmittags*: ¡buenas tardes!; 2-**ˈaus**: [ˈ-, tagein-ˈaus] *tagein tag*~ día por día.

Tage|bau ⚒ ['-gəbau] *m* explotación *f* a cielo abierto; ~**buch** *n* diario *m*; ~**dieb** *m* gandul *m*; haragán *m*; ~**geld** *n* dietas *f/pl.*; 2**lang** días y días; ~**lohn** *m* jornal *m*; ~**löhner** ['-ˈ-løːnər] *m* (7) jornalero *m*; 2**n** (25) (*beraten*) celebrar sesión; reunirse (en sesión); *es tagt* está amaneciendo; ~**reise** *f* jornada *f*.

Tages... ['-gəs...]: *in Zssgn oft* del día; ~**anbruch** *m*: *bei* ~ al amanecer; al alba; ~**gespräch** *n* tema *m* del día; ~**kasse** *Thea. f* taquilla *f*; ~**kurs** ✝ *m* cambio *m* del día; ~**lauf** *m* jornada *f*; ~**leistung** *f* producción *f* diaria; rendimiento *m* por día; ~**licht** *n* luz *f* del día; ~**ordnung** *f* orden *m* del día; ~**presse** *f* prensa *f* diaria; ~**schau** *TV f* telediario *m*; ~**zeit** *f* hora *f* del día; ~**zeitung** *f* diario *m*.

tag|eweise ['-gəvaɪzə] por días; 2**ewerk** *n* jornada *f*; tarea *f* diaria; 2**falter** *Zo.* ['-kfaltər] *m* mariposa *f* diurna; ~**hell** claro como el día.

täglich ['tɛːkliç] diario, cotidiano; diurno; *adv.* todos los días, cada día; *zweimal* ~ dos veces al día.

tags [taːks]: ~ *darauf* el *od.* al día siguiente; ~ *zuvor* el día antes; 'ˌ~**über** durante el día.

tag|täglich [-ˈtɛːkliç] diario, cotidiano; *adv.* todos los días; 2**und'nachtgleiche** (15) *f* equinoccio *m*; 2**ung** ['-guŋ] *f* sesión *f*; congreso *m*; jornada(s) *f*(*/pl.*); 2**ungs-teilnehmer** *m* congresista *m*.

Taifun [taɪˈfuːn] *m* (5¹) tifón *m*.

Taille ['taljə] *f* (15) talle *m*, cintura *f*.

Takel|age [taːkəˈlaːʒə] *f* (15), '~**werk** *n* jarcias *f/pl.*; aparejo *m*; 2**n** (29) aparejar.

Takt [takt] *m* (3) ♪ compás *m*; (*Motor*) tiempo *m*; *fig.* tacto *m*; discreción *f*;

Taktgefühl

im ~ al compás; den ~ schlagen (halten) marcar (llevar) el compás; '**~gefühl** fig. n tacto m; delicadeza f; discreción f; **~ik** ['-ik] f (16) táctica f; **~iker** ['-kər] m (7), **²isch** táctico (m); **²los** indiscreto; sin tacto; **'~losigkeit** f falta f de tacto; indiscreción f; **~stock** m batuta f; **²voll** delicado, discreto.

Tal [ta:l] n (1²) valle m.

Talar [ta'la:r] m (3¹) hábito m talar; ⁵/₂ toga f.

Talent [-'lɛnt] n (3) talento m; **²iert** de talento, dotado; **²los** sin talento.

Talg [talk] m (3) sebo m; **'~drüse** f glándula f sebácea; **'~licht** n vela f de sebo.

Talisman ['ta:lisman] m (3¹) talismán m.

Talk [talk] m (3, o. pl.) talco m.

Talkessel ['ta:lkɛsəl] m circo m (de montañas).

Talmi ['talmi] n (11, o. pl.) similor m; fig. baratijas f/pl.

Tal|sohle ['ta:lzo:lə] f vaguada f; fondo m del valle; **~sperre** f presa f.

Tamburin ♪ [tambu'ri:n, a. 'tam--] n (3¹) pandereta f, pandero m.

Tampon ♺ ['tampɔn] m (11) tapón m, tampón m; **²ieren** ♺ [-po'ni:rən] taponar.

Tand [tant] m (3, o. pl.) fruslerías f/pl., baratijas f/pl.; chucherías f/pl.

Tändel|ei ['tɛndə'lai] f juguetear m; flirteo m; **'²n** (29) juguetear; flirtear, tontear.

Tandem ['tandɛm] n (11) tándem m.

Tang ♃ [taŋ] m (3) alga f marina.

Tangente ⚴ [-'gɛntə] f (15) tangente f.

Tango ['-go] m (11) tango m.

Tank [taŋk] m (11) depósito m; cisterna f; a. ⚔ tanque m; (Wasser²) a. aljibe m; **'²en** (25) echar gasolina; repostar; ✈ petrolero m; ⚓ buque m cisterna; **'~stelle** f gasolinera f; estación f de servicio; **'~wagen** m camión m cisterna; 🚃 vagón m cisterna; **'~wart** m (3) empleado m de gasolinera, neol. gasolinero m.

Tanne ['tanə] f (15) abeto m; **~nbaum** m, **~nholz** n abeto m; **~nnadel** f aguja f de abeto; **~nwald** m abetal m; **~nzapfen** m piña f (de abeto).

Tante ['tantə] f (15) tía f.

Tantieme [tã'tjɛ:mə] f (15) tanto m

por ciento; v. Autoren usw.: derechos m/pl. de autor.

Tanz [tants] m (3² u. ³) baile m; danza f; **'~abend** m (velada f de) baile m; **'~bein** n: F das ~ schwingen F mover el esqueleto.

tänzeln ['tɛntsəln] (29, h. u. sn) bailotear; contonearse; Pferd: escarcear.

tanzen ['tantsən] (27, h. u. sn) bailar; danzar.

Tänzer(in f) ['tɛntsər(in)] m (7) bailador(a) m (f); (Berufs²) bailarín (-ina) m (f).

Tanz|fläche ['tantsflɛçə] f pista f de baile; **~lokal** n salón m de baile; **~musik** f música f de baile; bailable m; **~schule** f academia f de baile; **~tee** m té m baile.

Tapet [ta'pe:t] n: aufs ~ bringen poner sobre el tapete; **~e** f (15) papel m pintado; **~entür** f puerta f secreta; **~enwechsel** fig. m cambio m de ambiente.

tapezier|en [-pe'tsi:rən] empapelar; **²er** m (7) empapelador m.

tapfer ['tapfər] valiente; intrépido; **²keit** f valentía f; intrepidez f.

tappen ['tapən] (25, h. u. sn) andar a tientas (a. fig. im dunkeln ~); ~ in (ac.) pisar en.

täppisch ['tɛpiʃ] torpe; desgarbado.

Tara ✝ ['ta:ra] f (16²) tara f.

Tarantel Zo. [ta'rantəl] f (15) tarántula f.

Tarif [-'ri:f] m (3¹) tarifa f; **²lich** tarifario; según tarifa; **~lohn** m salario m según tarifa; **~partner** m/pl. partes f/pl. contratantes de un convenio colectivo; **~verhandlungen** f/pl. negociaciones f/pl. colectivas; **~vertrag** m convenio m colectivo.

tarn|en ['tarnən] (25) disimular; enmascarar; bsd. ⚔ camuflar; **²netz** n red f de camuflaje; **²ung** f disimulación f; enmascaramiento m; camuflaje m; fig. a. tapadera f.

Tasche ['taʃə] f (15) bolsillo m; (Beutel) bolsa f; (Hand²) bolso m; fig. j-n in die ~ stecken meterse a alg. en el bolsillo; j-n in der ~ haben tener a alg. en el bolsillo de uno ni el bote; **~n...**: in Zssgn mst de bolsillo; **~nbuch** n libro m de bolsillo; **~ndieb** m ratero m, carterista m; **~ngeld** n dinero m para gastos menudos; **~nkalender** m agenda f; **~nkrebs** m buey m de mar; **~nlampe** f linterna f de bolsillo; **~nmesser** n navaja f; **~nrechner** m calculadora *f* de bolsillo; ⁓**nspieler** *m* prestidigitador; ⁓**ntuch** *n* pañuelo *m*; ⁓**nwörterbuch** *n* diccionario *m* de bolsillo.

Tasse ['tasə] *f* (15) taza *f*; *große*: tazón *m*; *F fig. nicht alle* ⁓ *in im Schrank haben* F estar mal de la cabeza.

Tast|atur [tasta'tuːr] *f* (16) teclado *m*; '2**bar** palpable; ⁓**e** *f* (15) tecla *f*; '2**en** (26) tentar, palpar; '2**end** a tiento; '⁓**entelefon** *n* teléfono *m* de teclado; '⁓**er** *m* (7) *Zo.* palpo *m*; '⁓**sinn** *m* (sentido *m* del) tacto *m*.

Tat [taːt] **1.** *f* (16) hecho *m*; acción *f*, acto *m*; (*Helden*2) hazaña *f*, proeza *f*; (*Straf*2) crimen *m*; *auf frischer* ⁓ *ertappen* coger en flagrante *od.* F con las manos en la masa; *in der* ⁓ en efecto; *in die* ⁓ *umsetzen* realizar, llevar a cabo; **2.** *s. tun*; '⁓**bestand** ⚖ *m* hechos *m/pl.*

täte ['tɛːtə] *s. tun*.

Taten|drang ['taːtəndraŋ], ⁓**durst** *m* espíritu *m* emprendedor; ⁓**los** inactivo; *adv.* con los brazos cruzados.

Täter ['tɛːtər] *m* (7) autor *m*; culpable *m*; ⁓**schaft** *f* autoría *f*.

tätig ['-tiç] activo; (*beschäftigt*) ocupado; ⁓ *sein als* actuar de; ⁓**en** ['-gən] (25) efectuar, realizar; 2**keit** *f* actividad *f*; (*Beschäftigung*) ocupación *f*; (*Beruf*) profesión *f*; *in e-m Amt*: funciones *f/pl.*; ⊕ *in* ⁓ *setzen* poner en marcha; 2**keitsbereich** *m* esfera *f* *od.* campo *m* de actividades; 2**keitsform** *Gram. f* voz *f* activa; 2**keitswort** *n* verbo *m*.

Tat|kraft ['taːtkraft] *f* energía *f*; 2**kräftig** enérgico; activo.

tätlich ['tɛːtliç]: ⁓ *werden* pasar a las vías de hecho; venir *od.* llegar a las manos; 2**keiten** *f/pl.* vías *f/pl.* de hecho; *es kam zu* ⁓ se llegó a las manos.

Tatort ['taːtʔɔrt] *m* lugar *m* del suceso *od.* del crimen; ⚖ lugar *m* de autos.

tätowier|en [tɛtoˈviːrən] tatuar; 2**ung** *f* tatuaje *m*.

Tat|sache ['taːtzaxə] *f* hecho *m*; ⁓**sachenbericht** *m* relato *m* verídico; 2**sächlich** real, positivo, efectivo; *adv.* de hecho, en efecto.

tätscheln ['tɛtʃəln] (29) dar golpecitos suaves.

Tatter|greis F ['tatərɡraɪs] *m* viejo *m* decrépito; ⁓**ich** *f* ['--riç] *m* (3, *o. pl.*) temblor *m* de las manos; 2**ig** temblón; ⁓**sall** ['--zal] *m* (11) picadero *m*.

Tatze ['¹-sə] *f* (15) zarpa *f*, garra *f*; (*Pfote*) pata *f*.

Tau [taʊ] **a)** *n* (3) cuerda *f*, maroma *f*, cable *m*; ⚓ cabo *m*; **b)** *m* (3, *o. pl.*) rocío *m*.

taub [taʊp] sordo; *Glied*: entumecido; *Nuß*: vacío; *Ei*: huero; *Ähre*: hueco; ⁓ *machen* ensordecer; *sich* ⁓ *stellen* hacerse el sordo *od.* F el sueco.

Taube ['¹-bə] *f* (15) paloma *f*; *junge* ⁓ pichón *m*; ⁓**nhaus** *n*, ⁓**nschlag** *m* palomar *m*; ⁓**nschießen** *n* tiro *m* de pichón; ⁓**nzucht** *f* colombicultura *f*.

Tauber ['¹-bər] *m* (7), **Täuberich** ['tɔʏbəriç] *m* (3) palomo *m*.

Taub|heit ['taʊphaɪt] *f* sordera *f*; ⁓**nessel** ♀ *f* ortiga *f* muerta; 2**stumm** sordomudo; ⁓**stummen-anstalt** *f* asilo *m* de sordomudos; ⁓**stummheit** *f* sordomudez *f*.

Tauch|boot ['taʊxboːt] *n* sumergible *m*; 2**en** (25) *v/t.* (*v/i.* h *u.* sn) sumergir(se); zambullir(se); ⁓**en** *n* buceo *m*; ⁓**er** *m* (7) buceador *m*, (*Berufs*2) buzo *m*; ⁓**er-anzug** *m* traje *m* de buzo; escafandra *f*; ⁓**er-ausrüstung** *f* equipo *m* de buzo *od.* de inmersión; ⁓**erglocke** *f* campana *f* de buzo; 2**fähig** sumergible; ⁓**gerät** *n* escafandra *f*; (*Tiefsee*2) batiscafo *m*; ⁓**sieder** ['¹-ziːdər] *m* (7) calentador *m* de inmersión; ⁓**sport** *m* submarinismo *m*.

tauen ['taʊən] (25, h *u.* sn) caer rocío; (*auf*⁓) deshelarse; *Schnee*: derretirse; *es taut* hay deshielo.

Tauf... ['taʊf...]: *in Zssgn oft* bautismal; '⁓**becken** *n* pila *f* bautismal; '⁓**e** *f* (15) (*Sakrament*) bautismo *m*; (*Handlung*) bautizo *m*; *aus der* ⁓ *heben* sacar de pila *od.* F; '2**en** (25) bautizar (*a. fig.*).

Täuf|er ['tɔʏfər] *m* (7): *Johannes der* ⁓ San Juan Bautista; ⁓**ling** ['¹-liŋ] *m* (3¹) (*Kind*) recién bautizado *m*; (*Erwachsener*) neófito *m*.

Tauf|name ['taʊfnaːmə] *m* nombre *m* de pila; ⁓**pate** *m* padrino *m*; ⁓**patin** *f* madrina *f*; ⁓**schein** *m* partida *f* de bautismo.

taug|en ['taʊɡən] (25) valer; ⁓ *zu* servir para; 2**enichts** *m* (4; *sg. a. uw.*) inútil *m*; tunante *m*; ⁓**lich** ['-kliç] útil, apto, idóneo (*zu* para); 2**lichkeit** *f* aptitud *f*, idoneidad *f*.

Taumel ['¹-məl] *m* (7) vértigo *m*, vahído *m*; *fig.* delirio *m*; 2**ig** tambaleante; 2**n** (29, h. *u.* sn) vacilar;

Tausch [tauʃ] *m* (3²) cambio *m*; (*Aus*⁕) trueque *m*; (*Um*⁕) canje *m*; (*bsd. Ämter*⁕, *Wohnungs*⁕) permuta *f*; ⁕**en** (27) cambiar (*gegen* por); trocar; canjear; permutar.

täuschen ['tɔyʃən] (27) engañar; embaucar; *Hoffnung*: frustrar; *sich* ~ engañarse; estar equivocado; ⁕**d** engañoso; ilusorio; *sich* ~ *ähnlich sehen* parecerse como dos gotas de agua.

Tausch|geschäft ['tauʃɡəʃɛft] *n*, ~**handel** *m* trueque *m*.

Täuschung ['tɔyʃuŋ] *f* (*Betrug*) engaño *m*; (*Illusion*) ilusión *f*; (*Irrtum*) equivocación *f*; error *m*.

tausend ['tauzənt] **1.** mil; **2.** ⁕ *n* (3¹) millar *m*; *zu* ~**en** por millares; ⁕**er** ['--dər] *m* (7) billete *m* de mil; ~**erlei** ['---laɪ] miles de; ~**fach**, ~**fältig** ['--fɛltɪç] *adj.* mil veces tanto; *adv.* de mil maneras diferentes; ⁕**füßler** *Zo.* ['--fy:slər] *m* (7) ciempiés *m*, mirápodo *m*; ⁕**jahrfeier** *f* milenario *m*; ~**jährig** milenario *m*; ~**mal** mil veces; ⁕**sassa** ['--zasa] *F m* (11) demonio *m* de hombre; ⁕**schön(chen)** *F* ['--ʃø:n(çən)] *n* ⁕ 3[6] margarita *f*; ⁕**stel** *n* (7) milésima parte *f*; ~**ste(r)** milésimo.

Tau|werk ['-vɛrk] *n* cordaje *m*; ~**wetter** *n* deshielo *m* (*a. Pol.*); ~**ziehen** *n* (6) *Sport*: prueba *f* de la cuerda; *fig.* tira y afloja *m*.

Tax|ameter [taksaˈmeːtər] *m* (7) taxímetro *m*; ~**ator** [-ˈksaːtɔr] *m* (8¹) tasador *m*; ~**e** *f* (15) tasa *f*; tarifa *f*; cuota *f*; (*Auto*) = '~**i** *n* (11) taxi *m*; ⁕**ieren** tasar; evaluar; estimar; ~**ierung** *f* tasación *f*; evaluación *f*; estimación *f*; ~**igirl** ['taksigœrl] *n* (11) chica *f* de alterne; '~**istand** *m* parada *f* de taxis; '~**wert** *m* valor *m* estimativo.

Teakholz ['tiːkhɔlts] *n* teca *f*.

Team [tiːm] *n* (11) equipo *m*; '~**arbeit** *f*, ~**work** ['-vœːk] *n* (11, *o. pl.*) trabajo *m* en equipo.

Techni|k ['tɛçnɪk] *f* (16) técnica *f*; ~**ker** *m* (7) técnico *m*; ~**kum** ['--kum] *n* (9² u. 9) escuela *f* técnica; ⁕**sch** técnico.

Technologie [-nolo'giː] *f* (15) tecnología *f*.

Techtelmechtel [-təlˈmɛçtəl] *n* (7) amorío *m*; lío *m* (amoroso).

Teddy(bär) ['tɛdi(bɛːr)] *m* (11) osito *m* de trapo *bzw.* de peluche.

Tee [teː] *m* (11) té *m*; ⁕ tisana *f*, infusión *f*; ~ *trinken* tomar té; '~**gebäck** *n* pastas *f/pl.* (de té); '~**kanne** *f* tetera *f*; '~**löffel** *m* cucharilla *f*; '~**löffelvoll** *m* cucharadita *f*.

Teer [teːr] *m* (3) alquitrán *m*; brea *f*; ⁕**en** (25) alquitranar; embrear.

Tee|service ['teːzɛrviːs] *n* juego *m* de té; ~**sieb** *n* colador *m* de té; ~**tasse** *f* taza *f* de té; ~**wagen** *m* carrito *m* de té *od.* de servicio; ~**wärmer** *m* (7) cubretetera *f*.

Teich [taɪç] *m* (3) estanque *m*; F *fig.* *über den großen* ~ *fahren* pasar el charco.

Teig [taɪk] *m* (3) masa *f*; pasta *f*; ⁕**ig** ['-giç] pastoso; '~**waren** *f/pl.* pastas *f/pl.* alimenticias.

Teil [taɪl] *m u. n* (3) parte *f*; (*An*⁕) porción *f*; cuota *f*; (*Bruch*⁕) trozo *m*, fracción *f*; ⁕ pieza *f*; *zum* ~ en parte; *ich für mein(en)* ~ en cuanto a mí; ~**...:** *in Zssgn oft* parcial; ⁕**bar** divisible; '~**barkeit** *f* divisibilidad *f*; '~**betrag** *m* suma *f* parcial; ~**chen** ['-çən] *n* (6) partícula *f*; ⁕**en** (25) dividir (*a.* ⁂); partir; *Meinung, Zimmer usw.*: compartir; '~**er** ⁂ *m* (7) divisor *m*; '~**haben** tener parte, participar (*an dat.* en); ~**haber(in)** *m* (7) ['-haːbər(in)] socio (-a) *m* (*f*); '~**haberschaft** *f* participación *f*; calidad *f* de socio (-a); ~**nahme** *f* (15) participación *f* (*an dat.* en); (*Mitgefühl*) simpatía *f*, compasión *f*; (*Beileid*) pésame *m*; ⁕**nahmslos** indiferente, apático; ⁕**nahmsvoll** compasivo; ⁕**nehmen:** ~ *an* (*dat.*) participar en; tomar parte en; (*anwesend sein*) asistir a; ⁕**nehmend** *fig.* compasivo; ~**nehmer(in** *f*) *m* participante *su.*; *Fernspr.* abonado *m* (*f*) a; (*Anwesender*) asistente *su.*, concurrente *su.*

teils [taɪls] en parte; ~ ..., ~ ... ya ..., ya ...; medio ..., medio ...

Teil|strecke ['-ʃtrɛkə] *f* recorrido *m* parcial; *Vkw.* sección *f*; ~**ung** *f* división *f*; partición *f*; ⁕**weise** parcial; *adv.* en parte; ~**zahlung** *f* pago *m* parcial *od.* fraccionado; pago *m* a plazos; (*Rate*) plazo *m*; ~**zeit-arbeit** *f* trabajo *m* a tiempo parcial.

Teint [tɛ̃] *m* (11) tez *f*; (color *m* del) cutis *m*.

Telefon [teleˈfoːn] *n* = **Telephon**.

Telegramm [--'gram] n (3¹) telegrama m; ~**adresse** f dirección f telegráfica; ~**stil** m estilo m telegráfico.

Telegraph [--'grɑːf] m (12) telégrafo m; ~**en-amt** n oficina f de telégrafos; ~**enleitung** f línea f telegráfica; ~**enmast** m poste m telegráfico; ~**ie** [--grɑˈfiː] f (15, o. pl.) telegrafía f; ⁀**ieren** telegrafiar; ⁀**isch** [--ˈgrɑːfiʃ] telegráfico; adv. por telégrafo; ~**ist(in** f) m (12) [---ˈfist(in)] telegrafista su.

Tele|objektiv ['tɛːleˈʔɔpjɛktiːf] n teleobjetivo m; ~**pathie** [telepaˈtiː] f telepatía f.

Telephon [--'foːn] n (3¹) teléfono m; ~**anruf** m llamada f telefónica; ~**anschluß** m comunicación f telefónica; ~**buch** n guía f telefónica, listín m; ~**gespräch** n conversación f telefónica; ⁀**ieren** telefonear; ⁀**isch** telefónico; adv. por teléfono; ~**ist(in** f) m (12) [--foˈnist(in)] telefonista su.; ~**marke** f ficha f; ~**seelsorge** f teléfono m de la esperanza; ~**zelle** f cabina f telefónica; ~**zentrale** f central f telefónica; in Betrieben: centralita f.

Teleskop [--ˈskoːp] n telescopio m; ⁀**isch** telescópico.

Telex ['tɛlɛks] n (uv. od. 14) télex m.

Teller ['tɛlər] m (7) plato m; flacher (tiefer) ~ plato llano (hondo); ~**wärmer** m (7) calientaplatos m; ~**wäscher** m (7) lavaplatos m.

Tempel ['tɛmpəl] m (7) templo m; ~**herr** m templario m; ~**orden** m orden f del Temple.

Tempera... ['pəra...]: in Zssgn Mal. al temple.

Temperament [--raˈmɛnt] n (3) temperamento m; brío m; vivacidad f; ⁀**voll** brioso; vivo.

Temperatur [--raˈtuːr] f (16) temperatura f; ~**schwankung** f fluctuación f de temperatura; ~**sturz** m descenso m brusco de temperatura.

temperieren [--ˈriːrən] templar.

Tempo ['-po] n (11, pl. a. -pi) ritmo m; velocidad f; ♪ tiempo m.

Tendenz [tɛnˈdɛnts] f (16) tendencia f; ⁀**iös** [--ˈtsjøːs] tendencioso.

tendieren [-ˈdiːrən] tender (zu a).

Tenne ['tɛnə] f (15) era f.

Tennis ['-nis] n uv. tenis m; ~**ball** m pelota f de tenis; ~**platz** m pista f (bsd. Am. cancha f) de tenis; ~**schläger** m raqueta f; ~**spieler(in** f) m tenista su.; ~**turnier** n campeonato m od. torneo m de tenis.

Tenor¹ [tɛˈnoːr] m (3¹, o. pl.) tenor m.

Tenor² ♪ [-ˈnoːr] m (3¹ u. ³) tenor m.

Teppich ['tɛpiç] m (3¹) alfombra f; (Wand⁀) tapiz m; ~**boden** m moqueta f, Am. alfombrado m; ~**kehrmaschine** f escoba f od. barredora f mecánica; ~**klopfer** m sacudidor m; ~**weber** m alfombrero m.

Termin [tɛrˈmiːn] m (3¹) término m; (Frist) plazo m; (Datum) fecha f; beim Arzt: hora f (de visita); ⚖ (Verhandlung) vista f; juicio m oral; ~**al** ['tøːmɪnəl] n (11) terminal f; ~**geschäft** ✝ n operación f a plazo; ~**kalender** m agenda f; ~**ologie** [-minoloˈgiː] f (15) terminología f.

Termite [-ˈmiːtə] f (15) termita f, comején m; ~**nhügel** m termitero m, comejenera f.

Terpentin [-pɛnˈtiːn] n (3¹) trementina f; ~**öl** n aguarrás m.

Terrain [tɛˈrɛ̃] n (11) terreno m; solar m.

Terrakotta [-raˈkɔta] f (16²) terracota f; barro m cocido.

Terrasse [-ˈsə] f (15) terraza f; (Dach⁀) azotea f.

Terrine [-ˈriːnə] f (15) sopera f.

territori|al [-ritorˈjɑːl] territorial; ⁀**um** [--ˈtoːrjum] n (9) territorio m.

Terror ['-ɔr] m (11, o. pl.) terror m; ⁀**isieren** [--riˈziːrən] aterrorizar; ~**ismus** [--ˈrismus] m (16, o. pl.) terrorismo m; ~**ist(in** f) m [--ˈrist(in)] m (12), ⁀**istisch** terrorista (su).

tertiär [-ˈtsjɛːr] terciario.

Terz ♪, Fechtk. [tɛrts] f (16) tercera f; ~**ett** [-ˈtsɛt] n (3) terceto m, trío m.

Test [tɛst] m (3 u. 11) prueba f, test m.

Testament [-taˈmɛnt] n (3) testamento m; Rel. Altes (Neues) ~ Antiguo (Nuevo) Testamento m; ⁀**arisch** [---ˈtɑːriʃ] testamentario; adv. por testamento; ~**s-eröffnung** f apertura f del testamento; ~**svollstrecker** m (7) albacea m, testamentario m.

test|at [-ˈtɑːt] n (3) certificado m; ⁀**bild** TV n carta f de ajuste; ⁀**en** (26) probar; ensayar; ⁀**ieren** testar; (bescheinigen) certificar; ⁀**pilot** m piloto m de pruebas.

Tetanus ⚕ [ˈtɛtanus] m uv. tétanos m.

teuer ['tɔyər] caro (a. fig.); wie ~ ist ...? ¿cuánto vale od. cuesta ...?; fig. das wird ihn ~ zu stehen kommen lo pagará

Teuerung

caro; ⁲ung f carestía f; ⁲ungszulage f plus m por carestía (de vida).

Teufel ['tɔfəl] m (7) diablo m; demonio m; zum ~ mit ...! ¡al diablo con ...!; wie zum ~ ...? ¿cómo diablos ...?; zum ~ jagen mandar al diablo; hol' dich der ~! ¡vete al diablo!; ~ei [--'laɪ] f acción f diabólica; ~skerl m diablo m de hombre; ~skreis m círculo m vicioso.

teuflisch ['-flɪʃ] diabólico, infernal.

Text [tɛkst] m (3²) texto m; ⁲ letra f; '~buch ♪ n libreto m; '~dichter m libretista m; '~er ♪ m (7) letrista m.

Textil... [-'tiːl]: in Zssgn oft textil; ~ien [--jən] pl. textiles m/pl.; tejidos m/pl.; ~industrie f industria f textil.

'Textver,arbeitung f tratamiento m od. proceso m de textos.

Theater [teˈaːtər] n (7) teatro m; ~ spielen hacer teatro (a. fig.); ~dichter m autor m dramático, dramaturgo m; ~karte f entrada f, localidad f; ~kasse f despacho m de localidades; taquilla f; ~kritik f crítica f teatral; ~stück n pieza f od. obra f de teatro.

theatralisch [-aˈtraːlɪʃ] teatral (a. fig.).

Theke ['teːkə] f (15) mostrador m; (Bar) barra f.

Thema ['-ma] n (9¹; pl. a. -ta) tema m (a. ♪); asunto m; ~tik [teˈmaːtɪk] f (16) temática f; ⁲tisch [-'-tɪʃ] temático.

Theolog|e [teoˈloːɡə] m (13) teólogo m; ~ie [--loˈɡiː] f (15) teología f; ⁲isch teológico.

Theoret|iker [--ˈreːtɪkər] m (7), ⁲isch teórico (m).

Theorie [--ˈriː] f (15) teoría f.

Thera|peut [teraˈpɔʏt] m (12) terapeuta m; ⁲peutisch terapéutico; ~pie [--ˈpiː] f (15) terapia f.

Thermal|bad [tɛrˈmaːlbaːt] n baño m termal; (Ort) estación f termal; ~quelle f aguas f/pl. termales; ~schwimmbad n piscina f termal.

Thermo|dynamik [-modyˈnaːmɪk] f termodinámica f; ~meter n termómetro m; ⁲nukleˈar termonuclear.

Thermos|flasche ['-mɔsflaʃə] f termo m; ~tat [-moˈstaːt] m (3 od. 12) termostato m.

These [ˈteːzə] f (15) tesis f.

Thrombose ♣ [trɔmˈboːzə] f (15) trombosis f.

Thron [troːn] m (3) trono m; '~an-

wärter m pretendiente m al trono; '~besteigung f advenimiento m al trono; '⁲en (25) reinar; '~folge f sucesión f al trono; '~folger m heredero m al trono; '~himmel m dosel m; '~rede f discurso m de la Corona.

Thunfisch ['tuːnfɪʃ] m atún m.

Thymian ♣ ['tyːmjaːn] m (3¹) tomillo m.

Tick [tɪk] m (11) ♂ tic m; fig. F chifladura f; e-n ~ haben tener vena de loco; '⁲en (25) Uhr: hacer tic tac.

tief [tiːf] 1. adj. hondo, profundo (a. fig.); (niedrig) bajo; ♪ grave; Farbe: subido, intenso; 2 Meter ~ dos metros de profundidad od. de fondo; im ~sten Winter en pleno invierno; bis ~ in die Nacht hasta muy avanzada la noche; das läßt ~ blicken eso da que pensar; 2. ⁲ n (11) zona f de baja presión.

tief... ['tiːf...]: in Zssgn mit adj. u. adv. oft profundamente, muy, más; ⁲bau m obras f/pl. públicas bzw. subterráneas; ⁲bau-ingenieur m ingeniero m de caminos, canales y puertos; ~blau azul oscuro; ⁲druck Typ. m huecograbado m; ⁲druckgebiet n zona f de baja presión; ⁲e f (15) profundidad f (a. fig.); (Hintergrund) fondo m; (Abgrund) abismo m; ⁲ebene f llano m, llanura f; ⁲enpsychologie f (p)sicología f profunda; ⁲enwirkung f efecto m en profundidad; ⁲flug m vuelo m rasante; ⁲gang ♂ m calado m; ⁲garage f garaje m bzw. aparcamiento m subterráneo; ~gekühlt congelado; ~greifend, ~gründig ['-ɡrʏndɪç] profundo; ⁲kühlfach n congelador m; ⁲kühlkost f alimentos m/pl. congelados; ⁲kühltruhe f arca f congeladora; congelador m (horizontal); ⁲kühlung f congelación f; ⁲land n tierras f/pl. bajas; ⁲punkt m punto m más bajo; fig. bache m; ⁲schlag m Boxen: golpe m bajo; ⁲schürfend profundo; sustancial; ⁲see f aguas f/pl. abisales; ⁲sinnig profundo; melancólico; ⁲stand m nivel m más bajo; depresión f.

Tiegel ['tiːɡəl] m (7) (Topf) cacerola f; ⊕ crisol m.

Tier [tiːr] n (3) animal m; bestia f; fig. F hohes ~ F pez m gordo; '~arzt m, '⁲-ärztlich veterinario (m); '~bändiger m domador m de fieras; '~garten m jardín m zoológico; '⁲isch animal;

fig. bestial, brutal; '~kreis(zeichen n) *m* (signo *m* del) zodíaco *m*; '~kunde *f* zoología *f*; '~liebe *f* amor *m* a los animales; '~medizin *f* veterinaria *f*; '~park *m* parque *m od.* jardín *m* zoológico; ~quäle'rei *f* crueldad *f* con los animales; '~reich *n* reino *m* animal; '~schau *f* exposición *f* de fieras; '~schutzverein *m* sociedad *f* protectora de animales; '~welt *f* fauna *f*.

Tiger ['ti:gər] *m* (7) tigre *m*; ~in *f* tigresa *f*.

Tilde ['tildə] *f* (15) tilde *m od. f*.

tilg|bar ['tɪlkba:r] amortizable; ~en ['~gən] (25) † amortizar; anular; cancelar; *(auslöschen)* borrar; ~ung *f* amortización *f*; anulación *f*; cancelación *f*.

Tinktur [tɪŋk'tu:r] *f* (16) tintura *f*.

Tinte ['tɪntə] *f* (15) tinta *f*; *fig.* in der ~ sitzen estar en un gran apuro; ~nfaß *n* tintero *m*; ~nfisch *m* sepia *f*; calamar *m*; ~nklecks *m* borrón *m*; ~n- stift *m* lápiz *m* (de) tinta.

Tip [tɪp] *m* (11) *Sport:* pronóstico *m*; *(Wink)* aviso *m* (secreto); pista *f*; F soplo *m*; *ein guter* ~ un buen consejo.

Tipp|elbruder ['~əlbru:dər] *m* F vagabundo *m*; ~eln (29) F trotar; ~en (25) escribir a máquina; ~ *an* tocar *(ac.)*; ~ *auf* *(ac.)* apostar por; ~fehler *m* error *m* de máquina; ~fräulein *f* taquimeca *f*; ²topp F ['~tɔp] impecable; ~zettel *m* boleto *m* (de) quiniela *f*.

Tisch [tɪʃ] *m* (3²) mesa *f*; *bei* ~ a la mesa; *vor (nach)* ~ antes (después) de la comida; *den* ~ *(ab)decken* poner (quitar) la mesa; *zu* ~ *gehen* ir a comer; *zu* ~ *bitten* invitar a comer; *sich zu* ~ *setzen* sentarse a la mesa; '~dame *f* compañera *f* de mesa; '~decke *f* mantel *m*; '~gast *m* convidado *m*; '~gebet *n* bendición *f* de la mesa, benedícite *m*; '~genosse *m* comensal *m*; '~gesellschaft *f* comensales *m/pl.*; '~herr *m* compañero *m* de mesa; '~lampe *f* lámpara *f* de sobremesa; '~ler *m* (7) carpintero *m*; *(Kunst*²*)* ebanista *m*; '~le'rei *f* carpintería *f*; ebanistería *f*; '~lerwerkstatt *f* taller *m* de carpintería *od.* ebanistería; '~nachbar(in *f*) *m* vecino (-a *f*) *m* de mesa; '~platte *f* tablero *m* (de la mesa); '~rede *f* discurso *m* de sobremesa; brindis *m*; '~tennis *n* pingpong *m*, tenis *m* de mesa; '~tuch *n* mantel *m*; '~wein *m* vino *m* de mesa; '~zeit *f* hora *f* de comer.

Titel ['ti:təl] *m* (7) título *m*; ~blatt *n* portada *f*, ~rolle *Thea. f* papel *m* principal *od.* de protagonista; ~träger *m* titular *m*; ~verteidiger *m Sport:* defensor *m* del título.

titulieren [titu'li:rən] titular; *(anreden)* tratar *od.* tildar de.

Toast [to:st] *m* (7) *Kchk.* tostada *f*; *(Trinkspruch)* brindis *m*; *e-n* ~ *auf j-n ausbringen* brindar por alg.; '~brot *n* pan *m* tostado *bzw.* para tostar; '²en (26) tostar; '~er *m* (7), '~röster *m* tostador *m* de pan.

tob|en ['to:bən] (25) rabiar, estar furioso; *Kind:* retozar; *Sturm, See:* bramar; ²sucht ⚕ ['~pzʊxt] *f* delirio *m* furioso; frenesí *m*; ~süchtig frenético; rabioso.

Tochter ['tɔxtər] *f* (14¹) hija *f*; ~gesellschaft † *f* (sociedad *f*) filial *f*.

Tod [to:t] *m* (3) muerte *f*; fallecimiento *m*; defunción *f*; *e-s natürlichen (gewaltsamen)* ~*es sterben* morir de muerte natural (violenta); *Kampf auf Leben und* ~ lucha *f* a muerte; *sich zu* ~*e langweilen* F aburrirse como una ostra.

Todes... ['~dəs...]: *in Zssgn oft* de (la) muerte, *(tödlich)* mortal; ~angst *f* angustia *f* mortal; ~anzeige *f* esquela *f* de defunción; ~fall *m* defunción *f*; *im* ~ en caso de muerte; ~gefahr *f* peligro *m* de muerte; ~kampf *m* agonía *f*; ~mutig desafiando la muerte; ~stoß *m* golpe *m* mortal; ~strafe *f* pena *f* capital *od.* de muerte; *bei* ~ bajo pena de muerte; ~stunde *f* última hora *f*, ~urteil *n* sentencia *f* de muerte.

Tod|feind ['to:tfaɪnt] *m* enemigo *m* mortal; '²krank enfermo de muerte.

tödlich ['tø:tlɪç] mortal; fatal; *(todbringend)* mortífero; ~ *verunglücken* sufrir un accidente mortal.

tod|müde ['to:t'my:də] muerto de cansancio *od.* sueño; '~schick muy elegante *od.* chic; '~'sicher absolutamente seguro; '²sünde *f* pecado *m* mortal.

Toilette [toa'lɛtə] *f* (15) *(Kleid)* vestido *m*; *(Abort)* lavabo *m*, servicios *m/pl.*; ~n-artikel *m/pl.* artículos *m/pl.* de tocador; ~nfrau *f* encargada *f* del lavabo; ~npapier *n* papel *m* higiénico; ~nseife *f* jabón *m* de tocador; ~ntisch *m* tocador *m*.

toler|ant [tole'rant] tolerante; ⚥**anz** *f* (16) tolerancia *f*; **~ieren** tolerar.

toll [tɔl] loco; frenético; furioso; F *fig.* fantástico, F estupendo; *es zu ~ treiben* pasarse, exagerar; *sich ~ amüsieren* F pasarlo bomba *od.* pipa; '⚥**e** *f* (15) tupé *m*, copete *m*; '**~en** (25) retozar; alborotar; '⚥**haus** *n* manicomio *m* (*a. fig.*); '⚥**heit** *f* locura *f*; '⚥**kirsche** *f* belladona *f*; '**~kühn** temerario; '⚥**kühnheit** *f* temeridad *f*; '⚥**wut** *g̃* *f* rabia *f*, hidrofobia *f*; '**~wütig** rabioso.

Tölpel ['tœlpəl] *m* (7), ⚥**haft** zoquete (*m*), torpe (*m*).

Tomate [to'maːtə] *f* (15) tomate *m*; **~nmark** *n* puré *m* de tomate; **~nsaft** *m* jugo *m* *od.* zumo *m* de tomate.

Tombola ['tɔmbola] *f* (11¹) tómbola *f*, rifa *f*.

Ton [toːn] *m*: **a)** (3³) (*Klang*) sonido *m*; ♪ *u. fig.* tono *m*; (*Klangfarbe*) timbre *m*; (*Betonung*) acento *m*; *zum guten ~ gehören* ser de buen tono; ♪ *den ~ angeben* llevar la voz cantante *od.* la batuta; **b)** (3) *Min.* arcilla *f*; barro *m*; '**~abnehmer** *m* pick-up *m*; '⚥**angebend** *fig.* que da el tono; '**~arm** *m* brazo *m* del pick-up; '**~art** *f* tonalidad *f*; tono *m*; '**~artig** arcilloso; '**~aufnahme** *f* grabación *f* (sonora); '**~band** *n* cinta *f* magnetofónica; '**~band-aufnahme** *f* grabación *f* (en cinta) magnetofónica; '**~bandgerät** *n* magnetofón *m*, magnetófono *m*; '**~dichtung** *f* poema *m* sinfónico.

tönen ['tøːnən] (25) 1. *v/i.* ♪ (re)sonar; 2. *v/t.* matizar; *Haar:* dar reflejos.

Tonerde ['toːnʔɛːrdə] *f* (15) tierra *f* arcillosa; ♎ alúmina *f*; *essigsaure ~* acetato *m* de alúmina.

tönern ['tøːnərn] de barro.

Ton|fall ['toːnfal] *m* entonación *f*; *Arg.* tonada *f*; **~film** *m* película *f* sonora; cine *m* sonoro; **~fülle** *f* sonoridad *f*; **~geschlecht** ♪ *n* modo *m*; ⚥**haltig** ['-haltɪç] arcilloso; **~ingenieur** *m* ingeniero *m* del sonido; **~kopf** *m* cabeza *f* fonocaptora; **~leiter** *f* escala *f* (musical), gama *f*; ⚥**los** átono; **~meister** *m* técnico *m* del sonido.

Tonnage [tɔ'naːʒə] *f* (15) tonelaje *m*.

Tonne ['-nə] *f* (15) tonel *m*; barril *m*; ⚓ boya *f*; (*Maß*) tonelada *f*; **~ngehalt** ⚓ *m* tonelaje *m*; **~ngewölbe** *n* bóveda *f* de cañón.

Ton|pfeife ['toːnpfaɪ̯fə] *f* pipa *f* de barro; **~schiefer** *m* esquisto *m* arcilloso; **~spur** *f* *Film:* pista *f* sonora; **~streifen** *m* *Film:* banda *f* sonora.

Tonsur [tɔn'zuːr] *f* (16) tonsura *f*.

Tontaubenschießen ['toːntaʊ̯bənʃiːsən] *n* tiro *m* al plato.

Tönung ['tøːnʊŋ] *f* colorido *m*; matiz *m*.

Tonwaren ['toːnvaːrən] *f/pl.* loza *f*; objetos *m/pl.* de barro.

Topas [to'paːs] *m* (4) topacio *m*.

Topf [tɔpf] *m* (3³) olla *f*; marmita *f*; cacerola *f*; F *fig.* in *ein-n ~* werfen meter en el mismo saco; **~deckel** *m* tapa(dera) *f*.

Töpfer ['tœpfər] *m* (7) alfarero *f*; **~ei** [--'raɪ̯] *f* alfarería *f*; **~scheibe** *f* torno *m* de alfarero; **~waren** *f/pl.* (objetos *m/pl.* de) alfarería *f*.

top-fit ['tɔp'fɪt] en plena forma; en perfectas condiciones físicas.

Topf|lappen ['tɔpflapən] *m* agarrador *m*; **~pflanze** *f* planta *f* de maceta.

Topograph|ie [topogra'fiː] *f* (15) topografía *f*; ⚥**isch** [--'grafɪʃ] topográfico.

topp [tɔp] 1. **~!** ¡chócala!; ¡trato hecho!; 2. ⚥ ♏ *m* (3¹ *u.* 11) tope *m*; '⚥**mast** *m* mastelero *m*; '⚥**segel** *n* juanete *m*.

Tor [toːr]: **a)** *m* (12) tonto *m*; necio *m*, loco *m*; **b)** *n* (3) puerta *f*; portal *m*; *Sport:* portería *f*; *erzieltes:* gol *m*, tanto *m* (*schießen* marcar); **~einfahrt** *f* puerta *f* cochera.

Torf [tɔrf] *m* (3³) turba *f*; '**~moor** *n* turbera *f*; '**~mull** *m* serrín *m* de turba; '**~stich** *m* extracción *f* de turba.

Tor|heit ['toːrhaɪ̯t] *f* tontería *f*; necedad *f*; disparate *m*; '**~hüter** *m* portero *m*; *Sport: a.* (guarda)meta *m*.

töricht ['tøːrɪçt] tonto; necio; estúpido.

torkeln ['tɔrkəln] (29, *sn u. h.*) tambalearse; F ir haciendo eses.

Tor|lauf ['toːrlaʊ̯f] *m* slalom *m*; **~linie** *f* *Sport:* línea *f* de gol *od.* de meta.

Tor|nado [tɔr'naːdo] *m* (11) tornado *m*; **~nister** [-'nɪstər] *m* (7) mochila *f*; (*Schul⚥*) cartera *f*.

torpedier|en [-pe'diːrən] torpedear (*a. fig.*); ⚥**ung** *f* torpedeo *m*.

Torpedo [-'peːdo] *m* (11) torpedo *m*; **~boot** *n* torpedero *m*; **~bootzerstörer** *m* contratorpedero *m*; **~flugzeug** *n* avión *m* torpedero.

Tor|schluß ['to:rʃlus] m hora f de cierre; fig. kurz vor ~ en el último momento; **~schuß** m tiro m a puerta od. a gol; **~schütze** m autor m del gol; goleador m.

Torso ['tɔrzo] m (11) torso m.

Torte ['tɔ-] f (15) tarta f; **~nboden** m base f de tarta; **~nform** f tartera f; **~nheber** m paleta f para pasteles.

Tortur [-'tu:r] f (16) tortura f (a. fig.).

Tor|wart ['to:rvart] m (3) portero m, (guarda)meta m; **~weg** m puerta f cochera.

tosen ['to:zən] (27, h. u. sn) bramar, rugir; **~d** Beifall: atronador.

tot [to:t] muerto; difunto; fallecido; (leblos) inanimado; (öde) desierto; Kapital: inactivo; **~es** Rennen carrera f empatada; **~er** Punkt punto m muerto (a. fig.).

total [to'tɑ:l] total; entero, completo; **2isator** [-tali'zɑ:tɔr] m (8¹) totalizador m; **~itär** [---'tɛ:r] totalitario; **2schaden** m Kfz. siniestro m total.

tot|arbeiten F ['to:t^ʔarbaitən]: sich ~ matarse trabajando; **~ärgern** F: sich ~ reventar de rabia; **2e(r** m) m u. f muerto (-a f) m; difunto (-a f) m; finado (-a f) m.

töten ['tø:tən] (26) matar; dar muerte a.

Toten|amt ['to:tən^ʔamt] n oficio m de difuntos; **~bahre** f féretro m; **~bett** n lecho m mortuorio; **~blaß**, **2bleich** de una palidez mortal; lívido, cadavérico; **~blässe** f palidez f cadavérica; **~feier** f funerales m/pl.; **~geläut** n toque m a muerto, doble m; **~glocke** f: die ~ läuten tocar a muerto, doblar; **~gräber** ['--grɛ:bər] m (7) sepulturero m, enterrador m; Zo. necróforo m; **~hemd** n mortaja f; **~kopf** m calavera f; **~maske** f mascarilla f; **~messe** f misa f de réquiem od. de difuntos; **~schein** m partida f (✠ certificado m) de defunción; **~starre** f rigidez f cadavérica; **~stille** f silencio m sepulcral; **~tanz** m danza f macabra; **~wache** f velatorio m.

tot|geboren ['-gəbo:rən] nacido muerto; **~lachen**: sich ~ morirse de risa; **~laufen** fig.: sich ~ acabar en nada.

Toto ['to:to] m u. n (11) quinielas f/pl.; **~schein** m quiniela f.

tot|schießen ['to:tʃi:sən] matar a tiros; **2schlag** m homicidio m; **~schlagen** matar (a. fig. Zeit); **2schläger** m homicida m; (Waffe) rompecabezas m; **~schweigen** silenciar, callar; echar tierra a; **~stellen**: sich ~ hacerse el muerto.

Tötung ['tø:tuŋ] f homicidio m.

Toupet [tu'pe:] n (11) bisoñé m; **2'pieren** cardar.

Tour [tu:r] f (16) (Umdrehung) revolución f, a. Sport: vuelta f; (Ausflug) excursión f; gira f; F fig. krumme **~en** caminos m/pl. tortuosos; in e-r ~ sin parar; auf vollen **~en** a toda máquina; '**~enzahl** ⊕/número m de revoluciones; '**~enzähler** ⊕ m contador m de revoluciones.

Touris|mus [tu'rismus] m (16, o. pl.) turismo m; **~t(in** f) m (12) turista su.; **~tenklasse** f clase f turista.

Tournee [tur'ne:] f (11¹ u. 15) gira f; tournée f.

Trab [tra:p] m (3, o. pl.) trote m; im ~ al trote; **~ant** [tra'bant] m (12) Astr. satélite m (a. fig.); **~antenstadt** f ciudad f satélite; **2en** ['tra:bən] (25, sn) trotar, ir al trote; '**~er** m (7) trotón m; **~rennen** ['tra:prɛnən] n carrera f al trote.

Tracht [traxt] f (16) traje m regional; (Schwestern2 usw.) uniforme m; ~ Prügel paliza f; **¹2en** (26): ~ nach aspirar a; pretender, anhelar (ac.); j-m nach dem Leben ~ atentar contra la vida de alg.; '**~en** n aspiraciones f/pl.; esfuerzos m/pl.

trächtig ['trɛçtiç] preñada; **2keit** f preñez f, gestación f.

Tradition [tradi'tsjo:n] f tradición f; **2ell** [--tsjo'nɛl] tradicional.

traf, **träfe** [tra:f, 'trɛ:fə] s. treffen.

Trag|bahre ['tra:kbɑ:rə] f camilla f; **~balken** m viga f maestra; **2bar** portátil; Kleidung: llevable; fig. llevadero; **~e** ['¹-gə] f (15) angarillas f/pl.; andas f/pl.

träge ['trɛ:gə] perezoso; indolente; Phys. inerte.

tragen ['tra:gən] (30) **1.** v/t. llevar; Brille, Bart: a. gastar; Zinsen: producir; Früchte: dar; (stützen) sostener; die Kosten ~ correr con los gastos, costear (a/c.); sich mit dem Gedanken ~ zu acariciar la idea de; die Folgen ~ sufrir las consecuencias; Sorge ~ für cuidar de; Uniform (Zivil) ~ vestir de uniforme (de paisano); **2.** v/i. Eis: resistir; Baum: dar fruto; Tier: estar preñada; **3.** 2 n Kleidung:

tragend

uso *m*; ~d *fig.* fundamental; principal.

Träger ['trɛːɡər] *m* (7) portador *m*; ⚙ soporte *m*, sostén *m*; *an Kleidungsstücken:* tirante *m*; hombrera *f*; *fig.* exponente *m*; ~**kleid** *n* vestido *m* de tirantes; ~**rakete** *f* cohete *m* portador; ~**rock** *m* pichi *m*.

trag|fähig ['traːkfɛːiç] capaz de sostener; ✓ productivo; ♀**fähigkeit** *f* capacidad *f* de carga; ✓ productividad *f*; ♀**fläche** ✈ ala *f*; ♀**flügelboot** *n* hidroala *m*, hidrofoil *m*; ♀**gestell** *n* parihuela *f*; andas *f/pl*.

Trägheit ['trɛːkhait] *f* pereza *f*; indolencia *f*; *Phys.* inercia *f*.

Tragi|k ['traːɡik] *f* (16, *o. pl.*) lo trágico; ~**ker** (7) trágico *m*; ♀**komisch** tragicómico; ~**ko'mödie** *f* tragicomedia *f*; ♀**sch** trágico; *et.* ~ *nehmen* tomar a/c. a la tremenda.

Trag|korb ['traːkkɔrp] *m* cuévano *m*; ~**last** *f* carga *f*.

Tragöd|e [traˈɡøːdə] *m* (13) (actor *m*) trágico *m*; ~**ie** [-ˈ-djə] *f* (15) tragedia *f* (*a. fig.*).

Trag|riemen ['traːkriːmən] *m* correa *f* portadora; ~**sattel** *m* albarda *f*; ~**schrauber** ✈ *m* (7) autogiro *m*; ~**sessel** *m* silla *f* de manos; ~**weite** *f* alcance *m*; *fig. a.* tra(n)scendencia *f*, envergadura *f*.

Train|er ['trɛːnər] *m* (7) entrenador *m*; ♀**ieren** *v/t.* (*v/i.*) entrenar(se); ~**ing** ['-niŋ] *n* (11) entrenamiento *m*; ~**ings-anzug** *m* chandal *m*.

Trakt [trakt] *m* (3) ⚙ ala *f*; (*Straßen*♀) tramo *m*, trecho *m*; ~**at** [-ˈtaːt] *m od. n* (3) tratado *m*; ♀**ieren** obsequiar, agasajar; ~**or** ['-tɔr] *m* (8¹) tractor *m*; ~'**orfahrer** *m*, ~**o'rist** *m* (12) tractorista *m*.

trällern ['trɛlərn] (29) tararear; canturrear.

trampel|n ['trampəln] (29) pat(al)ear; ♀**n** *n* pat(al)eo *m*; ♀**pfad** *m* sendero *m* trillado; ♀**tier** *n* camello *m*.

trampl|en ['trɛmpən] (25, sn) hacer autostop; ♀**er** *m* (7) autostopista *m*.

Trampolin [trampoˈliːn] *n* (3¹) cama *f* elástica.

Tran [traːn] *m* (3) aceite *m* de pescado; F *im* ~ *sein* estar medio dormido.

tranchier|en [trãˈʃiːrən] trinchar; ♀-**messer** *n* cuchillo *m* de trinchar.

Träne ['trɛːnə] *f* (15) lágrima *f*; *in* ~*n ausbrechen* romper a llorar; ♀**n** (25) lagrimear; ~**ndrüse** *f* glándula *f* lacrimal; ~**ngas** *n* gas *m* lacrimógeno; ~**nsack** *m* saco *m* lacrimal; ♀**n-überströmt** anegado en llanto.

tranig ['traːniç] aceitoso; (*schläfrig*) soñoliento; (*träge*) F cachazudo.

Trank [traŋk] **1.** *m* (3³) bebida *f*; ✿ pócima *f*; **2.** ♀ *s. trinken*.

Tränke ['trɛŋkə] *f* (15) abrevadero *m*; ♀**n** (25) abrevar; (*durch*~) empapar, impregnar (*mit* de).

Trans|fer [transˈfeːr] *m* (11) transferencia *f*; ♀**ferieren** [-feˈriːrən] transferir; ~**formator** [-fɔrˈmaːtɔr] *m* (8¹) transformador *m*.

Transistor [-ˈzistɔr] *m* (8¹), ~**radio** *n* transistor *m*.

Transit [-ˈziːt] *m* (3¹) tránsito *m*; ♀**iv** ['-tiːf] *Gram.* transitivo; ~**verkehr** *m* tráfico *m* de tránsito.

transparent [transpaˈrɛnt] **1.** *adj.* transparente; **2.** ♀ *n* (3) transparente *m*; (*Spruchband*) pancarta *f*.

trans|pirieren [-piˈriːrən] transpirar; ♀**plantation** ✿ [-plantaˈtsjoːn] *f* trasplante *m*; ~**ponieren** ♩ [-poˈniːrən] transportar.

Transport [-ˈpɔrt] *m* (3) transporte *m*; ♀**abel** [--ˈtaːbəl] transportable; ~**arbeiter** *m* obrero *m* del ramo de transportes; ~**band** *n* cinta *f* transportadora; ~**eur** [-ˈtøːr] *m* (3¹) transportista *m*; ⊕, ⚲ transportador *m*; ♀**fähig** transportable; ~**flugzeug** *n* avión *m* de transporte; ♀**ieren** transportar; ~**kosten** *pl.* gastos *m/pl.* de transporte; ~**mittel** *n* medio *m* de transporte; ~**schiff** *n* (buque *m* de) transporte *m*; ~-**unternehmen** *n* empresa *f od.* agencia *f* de transportes; ~-**unternehmer** *m* transportista *m*; ~**versicherung** *f* seguro *m* de transporte; ~**wesen** *n* transportes *m/pl*.

Transvestit [-vɛsˈtiːt] *m* (12) travesti *m*, travestí *m*.

Trapez [traˈpeːts] *n* (3²) trapecio *m*; ~**künstler** *m* trapecista *m*.

Trappe *Zo.* ['-pə] *f* (15) avutarda *f*; ♀**n** (29, h. *u.* sn) trotar.

Tras|se ['-sə] *f* (15) trazado *m*; ♀**sieren** trazar; ♰ librar, girar (*auf ac.* contra).

trat, träte [traːt, 'trɛːtə] *s. treten*.

Tratsch F [traːtʃ] *m* (3, *o. pl.*) chismorreo *m*; cotilleo *m*; ♀**en** (27) chismorrear; cotillear.

Tratte ['tratə] ♰ *f* (15) giro *m*.

Traube ['traubə] f (15) racimo m (a. fig.); (Wein2) uva f; **~nmost** m mosto m de uva; **~nsaft** m zumo m de uva; **~nzucker** m glucosa f.

trauen ['-ən] (25) 1. v/i. confiar (j-m en alg.); fiarse (de); s-n Augen (Ohren) nicht ~ no dar crédito a sus ojos (oidos); 2. v/t. (sich ~ lassen) casar (-se); 3. v/refl. **~sich** ~ zu atreverse a.

Trauer ['-ər] f (15, o. pl.) tristeza f; (Toten2) duelo m; luto m; ~ tragen llevar luto; **~fall** m defunción f; **~feier** f funerales m/pl.; exequias f/pl.; **~flor** m crespón m de luto; **~gefolge** n comitiva f fúnebre, duelo m; **~haus** n casa f mortuoria; **~kleid** n vestido m de luto; **~kleidung** f luto m; **~marsch** m marcha f fúnebre; **~miene** f cara f de funeral; 2n (29): ~ um llorar la muerte de; estar de luto por; **~rand** m orla f negra; **~spiel** n tragedia f (a. fig.); **~weide** ♀ f sauce m llorón; **~zeit** f luto m; **~zug** m cortejo m fúnebre.

Traufe ['-fə] f (15) gotera f.

träufeln ['trɔyfəln] (29) echar gota a gota; 🝮 instilar.

traulich ['traulɪç] íntimo, familiar; **2keit** f intimidad f; familiaridad f.

Traum [traum] m (3³) sueño m; ensueño m; fig. das fällt mir nicht im ~ ein! ¡ni en sueños!, ¡ni soñarlo!; **~a** n (9¹, pl. a. -ta) trauma m, traumatismo m; **'~bild** n visión f; **'~deutung** f interpretación f de los sueños.

träum|en ['trɔymən] (25) soñar (von con); das hätte ich mir nie ~ lassen nunca me lo hubiera imaginado; 2**er(in** f) m (7) soñador(a) m (f); iluso (-a) m (f); visionario (-a) m (f); **~erei** f sueño m, fantasía f; **~erisch** soñador.

Traum|gesicht ['traumgəzɪçt] n visión f; 2**haft** como un sueño; ~ (schön) de ensueño; **~welt** f mundo m fantástico od. imaginario.

traurig ['trauriç] triste; afligido; ~ machen apenar, entristecer; 2**keit** f tristeza f; aflicción f.

Trau|ring ['-rɪŋ] m alianza f; **~schein** m acta f de matrimonio; **~ung** f matrimonio m (kirchliche religioso; standesamtliche civil); **~zeuge** m padrino m de boda; **~zeugin** f madrina f de boda.

Treber ['tre:bər] pl. (7) orujo m.

Trecker ['trɛkər] m (7) tractor m.

Treff [trɛf] n (11) Kartenspiel: bastos m/pl.

treff|en ['-fən] (30) 1. v/t. u. v/i. alcanzar; Kugel: dar en; a. fig. herir; (erraten) acertar; (begegnen) encontrar; zufällig: tropezar con; (berühren) tocar; Maßnahmen: tomar; Vorbereitungen: hacer; Verabredung: concertar; ~ auf (ac.) dar con; wen trifft die Schuld? ¿quién tiene la culpa?; es gut ~ tener suerte; 2. v/refl.: sich ~ reunirse; darse cita; encontrarse; es traf sich, daß dio la casualidad de que; fig. sich getroffen fühlen darse por aludido; wie es sich gerade trifft al azar; a trochemoche; 2**en** n (6) reunión f; cita f; ⚔ combate m; **~end** acertado; exacto; justo; 2**er** m (7) ⚔ impacto m; Sport: gol m, tanto m; Boxen: golpe m certero; Lotterie: billete m premiado; fig. gran éxito m; **~lich** excelente; 2**punkt** m punto m de reunión; lugar m de (la) cita; 2**sicher** certero; seguro; exacto; 2**sicherheit** f ⚔ precisión f del tiro; fig. precisión f; exactitud f.

Treib|eis ['traɪp?aɪs] n hielos m/pl. flotantes; 2**en** ['-bən] (30) 1. v/t. empujar, impeler; impulsar; ⊕ accionar; Vieh: conducir; 🜊 gdw. batir; ojear; Metall: repujar; 🜃 practicar, ejercitar, ejercer; Sprachen: estudiar; Künste: cultivar; (ver~) expulsar, echar (aus de); 🜋 forzar; Blüten, Knospen: echar; fig. (drängen) atosigar; (anspornen) incitar, estimular; Preis: (in die Höhe) hacer subir; es zu weit od. zu bunt ~ ir demasiado lejos; (pro)pasarse; 2. v/i. (h. u. sn) flotar; ♁ ir a la deriva; brotar; germinar; (gären) fermentar; **~de Kraft** fuerza f motriz; j.: iniciador m; propulsor m; **~en** n (Tun) actividad f; (Bewegung) movimiento m; animación f; 🜊 gdw. batida f; ojeo m; **~er** m (7) 🜊 gdw. ojeador m; **~gas** ['-ga:s] n gas m propelente; **~haus** n invernadero m; **~holz** n madera f flotante; **~jagd** f batida f; caza f en ojeo; **~mine** f mina f flotante; **~rad** n rueda f motriz; **~riemen** m correa f de transmisión; **~sand** m arena f movediza; **~stoff** m carburante m.

Trema ['tre:ma] n (11²) diéresis f, crema f.

Trend [trɛnd] m (11) tendencia f (zu a).

trenn|bar ['trɛnbaːr] separable; **~en** (25) separar; a. ⚔ disociar; *(entzweien)* desunir; *Ehe:* disolver; *Naht:* descoser; *Fernspr.* cortar; *sich ~* separarse *(a. Eheleute)*; **~scharf** selectivo; **2schärfe** f selectividad f; **2ung** f separación f; división f; **2ungslinie** f línea f divisoria; **2ungsstrich** m guión m; **2wand** f tabique m.

Trense ['-zə] f (15) bridón m.

trepp|auf [trɛp'ʔaʊf], **~'ab** escaleras arriba y abajo.

Treppe ['-pə] f (15) escalera f; *drei ~ hoch* en el tercer piso; **~n-absatz** m descansillo m, rellano m; **~ngeländer** n pasamano(s) m; **~nhaus** n caja f od. hueco m de la escalera; **~nstufe** f peldaño m, escalón m.

Tresen ['treːzən] m (6) mostrador m; barra f.

Tresor [treˈzoːr] m (3¹) *in Banken:* cámara f acorazada; *(Geldschrank)* caja f fuerte od. de caudales.

Tresse ['trɛsə] f (15) galón m.

Trester ['-tər] pl. (7) orujo m.

Tret|boot ['treːtboːt] n patín m (acuático); **~eimer** m cubo m de pedal; **2en** (30) **1.** v/i. (a. sn) *(gehen)* caminar; *(radeln)* pedalear; *vor et. ~* ponerse, colocarse delante de a/c.; *vor j-n ~*, *j-m unter die Augen ~* presentarse ante alg.; *auf od. in et. ~* pisar a/c.; *in e-n Raum ~* entrar en; *aus et. ~* salir de; *zu j-m ~* acercarse a alg.; *gegen et. ~* dar una patada a/c., una patada a alg.; **2.** v/t. pisar; *j-n ~* dar un puntapié od. una patada a alg.; **~mühle** fig. f trajín m cotidiano.

treu [trɔy] fiel (a. fig.), leal; **~ u. brav** religiosamente; **2bruch** m violación f de la fe jurada; *(Untreue)* deslealtad f; **'~brüchig** desleal; traidor; **2e** f (15, o. pl.) fidelidad f; lealtad f; *auf Treu und Glauben* de buena fe; **'2eid** m juramento m de fidelidad; **2händer** † ['-hɛndər] m (7) (agente m) fiduciario m; **'2handgesellschaft** † f sociedad f fiduciaria; **'~herzig** franco; ingenuo, cándido; **'2herzigkeit** f franqueza f; ingenuidad f; **'~lich** fielmente; **'~los** desleal; infiel; pérfido; **'2losigkeit** f deslealtad f; infidelidad f; perfidia f.

Triangel ['triːaŋəl] m (7) triángulo m.

Tribun [triˈbuːn] m (3¹ u. 12) tribuno m; **~al** [-buˈnaːl] n (3¹) tribunal m.

Tribüne [-'byːnə] f (15) tribuna f.

Tribut [-'buːt] m (3) tributo m (*zollen* rendir); **2pflichtig** tributario.

Trichin|e [-'çiːnə] f (15) triquina f; **2ös** [-çiˈnøːs], **~ose** [--ˈnoːzə] f (15) triquinosis f.

Trichter ['trɪçtər] m (7) embudo m; *(Füll2)* tolva f; *(Vulkan2, Granat2)* cráter m; F *auf den ~ kommen* caer en la cuenta; **~mündung** f estuario m.

Trick [trɪk] m (3¹ u. 11) truco m; **'~film** m dibujos m/pl. animados.

Trieb [triːp] **1.** m (3) *(Antrieb)* impulso m; *(Instinkt)* instinto m; *(Neigung)* inclinación f; ♀ brote m, retoño m; **2.** ♀ s. *treiben*; **'~feder** f resorte m; fig. móvil m; **'2haft** instintivo; *(sinnlich)* sensual; **'~handlung** f acto m instintivo; **'~kraft** f ('~rad n) fuerza f (rueda f) motriz; **'~wagen** m automotor m; **'~werk** n mecanismo m de accionamiento; a. ✈ propulsor m.

trief|äugig ['triːfˌɔygɪç] legañoso; **~en** (25) chorrear; *Nase:* moquear; *Auge:* lagrimear; **~end** empapado (*vor* de); **2nase** f nariz f mocosa; **'~'naß** calado hasta los huesos.

triezen ['triːtsən] F (27) hostigar, vejar, fastidiar.

triff, ~st, ~t [trɪf(st)] s. *treffen*.

Trift [trɪft] f (16) pasto m, dehesa f; *(Weg)* cañada f; **'2ig** concluyente, plausible; bien fundado.

Trigonometr|ie [trigonomeˈtriː] f (15) trigonometría f; **2isch** [---ˈmeːtrɪʃ] trigonométrico.

Trikot [-'koː] n (11) *(Kleidungsstück)* malla f; tricot m; **~agen** [-koˈtaːʒən] f/pl. géneros m/pl. de punto.

Triller ['-lər] m (7) ♪ trino m; *Vogel:* a. gorjeo m; **2n** (29) trinar; gorjear; **~n** n gorjeo m; **~pfeife** f pito m.

Trilogie [-loˈgiː] f (15) trilogía f.

Trimester [-'mɛstər] n (7) trimestre m.

Trimm|-dich-Pfad ['trɪmdɪçpfaːt] m circuito m natural; **2en** (25) ⚔ equilibrar; ♻ lastrar; *Hund:* asear; *sich ~* hacer ejercicio; entrenarse; **~er** ♻ m (7) carbonero m.

trink|bar ['trɪŋkbaːr] potable; **2barkeit** f potabilidad f; **2becher** m vaso m; **~en** (30) beber (*aus* en); *Tee, Kaffee:* tomar; *auf et. od. j-n ~* brindar por a/c. od. alg.; **2er(in** *f*) *m* (7) bebedor(a) *m* (f); alcohólico (-a) *m* (f); **2erheil-anstalt** f centro m de desintoxicación (para alcohólicos); **~fest:** *~ sn* resistir bien la bebida;

2gelage n bacanal f; **2geld** n propina f; **2halle** f kiosco m de bebidas; chiringuito m; **2spruch** m brindis m; e-n 2ausbringen auf (ac.) brindar por; **2wasser** n agua f potable; **2wasseraufbereitungs-anlage** f planta f potabilizadora.
Trio ['triːo] n (11) trío m (a. fig.); **le ♪** ['triːoˈlɛ] f (15) tresillo m.
Trip [trip] m (11) escapada f; (Rauschgift2) viaje m; **2peln** (29, sn u. h.) andar a pasitos cortos y rápidos; **'per ⚥** m (7) gonorrea f, blenorragia f, F purgaciones f/pl.
tritt [trit] 1. s. treten; 2. 2 m (3) paso m; (Spur) huella f, pisada f; (Fuß2) puntapié m; (Stufe) escalón m; **brett** n estribo m; **2leiter** f escalerilla f.
Triumph [triˈumf] m (3) triunfo m; **...:** in Zssgn oft triunfal; **'al** [--ˈfaːl] triunfal; **2ieren** triunfar (über ac. de).
trivial [-ˈvjaːl] trivial, banal.
trocken ['trɔkən] seco (a. fig.); (dürr) árido; ~ werden secarse; fig. noch nicht ~ hinter den Ohren sn tener aún la leche en los labios; auf dem ~en sitzen estar sin dinero; im 2en sitzen estar a cubierto (de la lluvia); **2batterie** f pila f seca; **2boden** m secadero m; **2dock** n dique m seco; **2-eis** n hielo m seco; **2-element ⚡** n pila f seca; **2futter** n forraje m seco; **2gemüse** n hortalizas f/pl. secas; **2gestell** n secadero m; für Wäsche: tendedero m; **2haube** f (casco m) secador m; **2heit** f sequedad f (a. fig.); sequía f; (Dürre) aridez f; **legen** desecar; Gelände: desaguar; Kind: cambiar los pañales; **2legung** f desagüe m; **2milch** f leche f en polvo; **2-obst** n fruta f seca; **2rasierer** m máquina f de afeitar eléctrica, afeitadora f; **2zeit** f temporada f seca; sequía f.
trocknen ['-nən] 1. v/t. (26) secar (v/i. -se); 2. 2 n secado m.
Troddel ['trɔdəl] f (15) borla f.
Trödel ['trøːdəl] m (7) baratijas f/pl.; trastos m/pl. viejos; **-ei** f lentitud f; tardanza f; **2ig** lento; **laden** m prendería f; baratillo m; **markt** m mercadillo m (de viejo); **2n** (29) perder el tiempo; rezagarse.
Trödler ['trøːdlər] m (7) prendero m.
Trog [troːk] m (3³) (Back2) artesa f; (Brunnen2) pilón m; (Freß2) comedero m.

trotzdem

trollen ['trɔlən] (25): sich ~ largarse.
Trommel ['trɔməl] f (15) tambor m (a. ⊕); **fell** n parche m (de tambor); Anat. tímpano m; **feuer ⚔** n fuego m graneado od. nutrido; **2n** (29) tocar el tambor; mit den Fingern ~ tabalear; **stock** m palillo m de tambor; **wirbel** m redoble m.
Trommler ['-lər] m (7) tambor m.
Trompete [-ˈpeːtə] f (15) trompeta f; **2n** (26) tocar la trompeta; **r** m (7) trompeta m, trompetista m.
Tropen ['troːpən] pl. trópicos m/pl.; **helm** m salacot m; **hitze** f (**klima** n) calor m (clima m) tropical.
Tropf [trɔpf] m (3³) necio m, bobo m, tonto m; **⚥** F gota a gota m; armer ~ pobre diablo m.
tröpfeln ['trœpfəln] (29, h. u. sn) gotear.
tropfen ['trɔpfən] 1. v/i. (25, h. u. sn) gotear; 2. 2 m (6) gota f; **2fänger** m recogegotas m; **weise** gota a gota; **2zähler** m cuentagotas m.
tropfnaß ['-nas] empapado; chorreando.
Tropfstein ['-ʃtain] m an der Decke: estalactita f; am Boden: estalagmita f; **höhle** f gruta f de estalactitas.
Trophäe [troˈfɛːə] f (15) trofeo m.
tropisch ['troːpiʃ] tropical.
Troß [trɔs] m (4) impedimenta f; bagajes m/pl.; (Gefolge) séquito m.
Trosse ⚓ ['-sə] f (15) cable m; amarra f.
Trost [troːst] m (3², o. pl.) consuelo m; nicht recht bei ~ sein F estar chiflado.
tröst|en ['trœːstən] (26) consolar; **'end**, **2er** m (7), **'lich** consolador (m); **2ung** f consuelo m; consolación f.
trost|los ['troːstloːs] desconsolado; desesperado; (öde) desolado; **2losigkeit** f desconsuelo m; desesperación f; desolación f; **2preis** m premio m de consolación; **reich** consolador; **2wort** n palabra f consoladora od. de consuelo.
Trott [trɔt] m (3) trote m; fig. der tägliche ~ la rutina cotidiana; **'el** m (7) imbécil m, idiota m; **'2en** (26, h. u. sn) trotar; **oir** [-toˈaːr] n (3¹) acera f.
trotz [trɔts] 1. prp. (gen. u. dat.) a pesar de, no obstante, pese a; 2. 2 m (3², o. pl.) obstinación f, terquedad f; j-m zum ~ a despecho de alg.; ~ bieten (dat.) hacer frente a, oponerse a; desafiar; **'dem** sin embargo, no

59 TW Span. II

trotzen 930

obstante, a pesar de todo; '~en (27) (*dat.*) porfiar; resistirse a; e-*r Gefahr* ~ arrostrar un peligro; '~ig obstinado, terco, porfiado; '²kopf *m* testarudo *m*, F cabezota *m*.

trübe ['try:bə] *Flüssigkeit*: turbio, borroso; *Licht*: mortecino; (*glanzlos*) deslucido; *Glas*: empañado; *Tag*: gris; *Wetter*: nuboso; *Himmel*: nublado; *fig*. sombrío; triste; *im* ~*n fischen* pescar en río revuelto.

Trubel ['tru:bəl] *m* (7, *o. pl.*) jaleo *m*, barullo *m*; bulla *f*.

trüb|en ['try:bən] (25) enturbiar (*a. fig.*); (*verdunkeln*) oscurecer; *Glas*: empañar (*a. fig. Freude*); *Gemüt, Verstand*: turbar; ²**sal** ['-pza:l] *f* (14) aflicción *f*; ~ *blasen* F estar alicaído; ~**selig** triste; afligido; ²**sinn** *m* melancolía *f*; ~**sinnig** melancólico; ²**ung** ['-buŋ] *f* enturbiamiento *m*; opacidad *f*; *fig*. perturbación *f*.

trudeln ['tru:dəln] (29) ≼ entrar *bzw*. caer en barrena.

Trüffel ['tryfəl] *f* (15) trufa *f*.

Trug [tru:k] **1.** *m* (3, *o. pl.*) engaño *m*; embuste *m*; ilusión *f*; **2.** ⚥ *s. tragen*; '~**bild** *n* fantasma *m*; espejismo *m*; '~**dolde** ♀ *f* cima *f*.

trüge ['try:gə] *s. tragen*.

trüg|en ['try:gən] (30) engañar; ~**erisch** engañoso; falaz.

Trugschluß ['tru:kʃlus] *m* conclusión *f* errónea.

Truhe ['tru:ə] *f* (15) arca *f*; cofre *m*.

Trümmer ['trymər] *pl*. (7) escombros *m/pl.*; ruinas *f/pl.*; *in* ~ *gehen* caer en ruina; ~**beseitigung** *f* des(es)combro *m*; ~**haufen** *m* montón *m* de escombros.

Trumpf [trumpf] *m* (3³) triunfo *m*; *fig*. baza *f*; *e-n* ~ *ausspielen* echar un triunfo; '²**en** matar con un triunfo.

Trunk [truŋk] *m* (3³) bebida *f*; (*Schluck*) trago *m*; *dem* ~ *ergeben* F aficionado al trago; '²**en** ebrio; ~**enbold** ['-kənbɔlt] *m* (3) borracho *m*, beodo *m*; '~**enheit** *f* embriaguez *f*; ~ *wegen* ~ *am Steuer* por conducir en estado de embriaguez; '~**sucht** *f* alcoholismo *m*; '²**süchtig** dado a la bebida; alcohólico.

Trupp [trup] *m* (11) grupo *m*; *Arbeiter*: brigada *f*, equipo *m*; ⚔ pelotón *m*; destacamento *m*; '~**e** *f* (15) ⚔ tropa *f*; *Thea*. compañía *f* (teatral); *Am*. elenco *m*; '~**engattung** *f* arma *f*; '~**enschau** *f* revista *f*; '~**enteil** *m* unidad *f*; '~**en-übungsplatz** *m* campo *m* de maniobras; '²**weise** por *od*. en grupos.

Trust [trast] *m* (3 *u*. 11) trust *m*.

Trut|hahn ['tru:tha:n] *m* pavo *m*; ~**henne** *f* pava *f*.

Tschech|e ['tʃɛçə] *m* (13) (~**in** *f*), ²**isch** checo (-a) *m* (*f*).

Tschechoslowak|e [-çɔslo'va:kə] *m* (13) (~**in** *f*), ²**isch** checoslovaco (-a) *m* (*f*).

T-Shirt ['ti:ʃœ:t] *m* (11) camiseta *f*.

Tuba ♪ ['tu:ba] *f* (16²) tuba *f*.

Tube ['-bə] *f* (15) tubo *m*; *Anat*. trompa *f*.

Tuberk|el [tu'bɛrkəl] *m* (7) tubérculo *m*; ²**ulös** [--ku'lø:s] tuberculoso; ~**ulose** [--ku'lo:zə] *f* (15) tuberculosis *f*.

Tuch [tu:x] *n*: **a)** (3) (*Stoff*) paño *m*; **b)** (1²) (*Wisch*²) trapo *m*; (*Hals*², *Kopf*² *usw.*) pañuelo *m*; '~**fühlung** *f* ⚔ (con)tacto *m* de codos; *fig*. estrecho contacto *m*; '~**händler** *m* pañero *m*.

tüchtig ['tyçtiç] hábil; capaz; eficiente; bueno; *adv*. de lo lindo; ²**keit** *f* habilidad *f*; capacidad *f*; eficiencia *f*.

Tuchwaren ['tu:xva:rən] *f/pl*. paños *m/pl.*; pañería *f*.

Tücke ['tykə] *f* (15) perfidia *f*; malicia *f*; insidia *f*; ²**isch** pérfido; malicioso; traidor (*a. Tier*); insidioso.

Tuff [tuf] *m* (3¹), '~**stein** *m* toba *f*.

Tüft|elei [tyftə'laɪ] *f* sutileza *f*; ²**eln** (29) sutilizar.

Tugend ['tu:gənt] *f* (16) virtud *f*; '~**bold** ['-bɔlt] *m* (3) *iron*. dechado *m* de virtudes; ²**haft** virtuoso.

Tüll [tyl] *m* (3¹) tul *m*; '~**e** *f* (15) pico *m*, pitorro *m*.

Tulpe ['tulpə] *f* (15) tulipán *m*.

tummel|n ['tuməln] (29) *Pferd*: hacer caracolear; *sich* ~ *Kinder*: retozar; (*sich beeilen*) apresurarse; ²**platz** *m* lugar *m* de recreo; *fig*. campo *m* de acción.

Tümmler ['tymlər] *Zo*. *m* (7) marsopa *f*.

Tumor ⚕ ['tu:mɔr] *m* (8¹) tumor *m*.

Tümpel ['tympəl] *m* (7) charco *m*.

Tumult [tu'mult] *m* (3) tumulto *m*; alboroto *m*; ²**uarisch** [--tu'a:riʃ], ²**uös** [---'ø:s] tumultuoso.

tun [tu:n] **1.** (30) hacer; *in et*. (*hinein*)~ introducir, meter, poner en; echar en; (*viel*) *zu* ~ *haben* estar (muy) ocupado; tener (mucho) que hacer;

tyrannisieren

mit j-m zu ~ haben (tener que) tratar con alg.; *nichts zu ~ haben mit no tener nada que ver con; mit ihm will ich nichts zu ~ haben* no quiero saber nada de él; *das tut nichts* no importa; *damit ist es nicht getan con eso no basta; es ist mir sehr darum zu ~ es* me importa mucho; *so ~, als ob* hacer como si; fingir; **2.** ♀ *n* ocupaciones *f/pl.*; actividades *f/pl.*; *sein ~ und Treiben* su vida y milagros.

Tünche ['tynçə] *f* (15) blanqueo *m*; jalbegue *m*; *fig.* barniz *m*; **2n** (25) blanquear, enjalbegar.

Tunesier [tu'ne:zjər] *m* (7), **2isch** tunecino (*m*).

Tunichtgut ['tu:niçtgu:t] *m* (3, *sg. a. uv.*) bribón *m*, tunante *m*.

Tunika ['-nika] *f* (16²) túnica *f*.

Tunke ['tuŋkə] *f* (15) salsa *f*; **2n** (25) mojar (*in ac.* en).

tunlichst ['tu:nliçst] a ser posible.

Tunnel ['tunəl] *m* (7) túnel *m*.

Tunte P ['-tə] *f* (15) maricón *m*.

Tüpfel ['typfəl] *m u. n* (7) manchita *f*; puntito *m*; mota *f*; **~chen** ['-çən] *n* (6): *das auf dem i* el punto sobre la i; **2n** (29) puntear, motear.

tupfe|n ['tupfən] (25) tocar ligeramente; **2n** *m* (6) punto *m*; *im Stoff:* lunar *m*; **2r** ♂ *m* (7) torunda *f*.

Tür [ty:r] *f* (16) puerta *f*; (*Wagen*♀) portezuela *f*; *hinter verschlossenen ~en* a puerta cerrada; *mit der ~ ins Haus fallen* entrar de rondón; *vor die ~ setzen* echar a la calle; *vor der ~ stehen* estar a la puerta; *fig. a.* estar al caer; **'~angel** *f* gozne *m*.

Turban ['turba:n] *m* (3¹) turbante *m*.

Turbine [-'bi:nə] *f* (15) turbina *f*; **~ntriebwerk** *n* turborreactor *m*.

turbulent [-bu'lɛnt] turbulento.

Tür|flügel ['ty:rfly:gəl] *m* hoja *f* de puerta; **~füllung** *f* entrepaño *m*; **~griff** *m* tirador *m*.

Türk|e ['tyrkə] *m* (13) (**~in** *f*), **2isch** turco (-a) *m* (*f*); **~is** [-'ki:s] *m* (4) turquesa *f*.

Tür|klinke ['ty:rkliŋkə] *f* picaporte *m*; **~klopfer** *m* aldaba *f*.

Turm [turm] *m* (3³) torre *f* (*a. Schach*); (*Glocken*♀) campanario *m*; (*Festungs*♀) torreón *m*; (*Wacht*♀) atalaya *f*.

türm|en ['tyrmən] (25) **1.** *v/t.* elevar; apilar; **2.** *v/i.* (sn) F largarse; **2er** *m* (7) torrero *m*; atalaya *m*.

Turm|falke ['turmfalkə] *m* cernícalo *m*; **2hoch** *fig.* gigantesco; *fig. ~ über et.* (*dat.*) *stehen* estar muy por encima de a/c.; **~schwalbe** *f* vencejo *m*; **~spitze** *f* aguja *f*; flecha *f*; **~springen** *n* saltos *m/pl.* de palanca; **~uhr** *f* reloj *m* de torre.

Turn... ['turn...]: *in Zssgn* de gimnasia, gimnástico; **2en** (25) hacer gimnasia; **~en** *n* gimnasia *f* (deportiva); **~er(in** *f*) *m* (7) gimnasta *m*; **2erisch** gimnástico; **~gerät** *n* aparato *m* gimnástico; **~halle** *f* gimnasio *m*; **~hose** *f* pantalón *m* de gimnasia; **~ier** [-'ni:r] *n* (3¹) torneo *m*; **~ierplatz** *m* liza *f*; **~lehrer(in** *f*) *m* profesor(a) *m* (*f*) de gimnasia; **~schuhe** *m/pl.* zapatillas *f/pl.*

Turnus ['-nus] *m* (14²) turno *m*; **2mäßig** por turno(s).

Turnverein [-'fɛr'ain] *m* club *m* de gimnasia; **~wart** *m* (3) monitor *m*.

Tür|öffner ['ty:r°œfnər] *m* (7): *automatischer ~* portero *m* electrónico; **~pfosten** *m* jamba *f*; **~rahmen** *m* marco *m* (de la puerta); **~schild** *n* placa *f*; **~schließer** *m* (*Apparat*) cierre *m* (de puertas) automático; **~schloß** *n* cerradura *f*.

Turteltaube ['turtəltaubə] *f* (15) tórtola *f*.

Tusch [tuʃ] *m* (3²) toque *m* (de clarines); **'~e** *f* (15) tinta *f* china; **2eln** (29) cuchichear; **2en** (27) dibujar con tinta china; **'~kasten** *m* caja *f* de colores; **'~zeichnung** *f* aguatinta *f*.

Tüte ['ty:tə] *f* (15) cucurucho *m*; bolsa *f* (de papel); *F das kommt nicht in die ~!* ¡de eso, ni hablar!

tuten ['tu:tən] (26) tocar (la sirena; la bocina, *etc.*); (hacer) sonar.

Tutor ['tu:tɔr] *m* (8¹) tutor *f*.

Twinset ['tvinsɛt] *m od. n* (11) conjunto *m*.

Twist [tvist] *m* (3²) hilo *m* de algodón.

Typ [ty:p] *m* (8) tipo *m*; **'~e** *f* (15) *Typ.* tipo *m* (de imprenta); letra *f* de molde; F *fig.* tío *m*; tipejo *m*.

Typhus ['ty:fus] *m* (16, *o. pl.*) tifus *m*, fiebre *f* tifoidea.

typisch [-pif] típico.

Tyrann [ty'ran] *m* (12) tirano *m*; **~ei** [--'nai] *f* tiranía *f*; **2isch** tiránico; **2i'sieren** tiranizar.

U

U, u [u:] *n* U, u *f*.
U-Bahn ['u:ba:n] *f* metro *m*; *Arg.* subte(rráneo) *m*.
übel ['y:bəl] **1.** *adj.* mal(o) (*comp. übler, sup.* ~st peor); *adv.* mal; *mir ist* (*od. wird*) ~ no me siento bien; tengo náuseas~! ¡no está mal!; ♀ *n* (7) mal *m*; *das kleinere* ~ el mal menor; *zu allem* ~ para colmo de males; **~gelaunt** de mal humor; **~gesinnt** malintencionado; ♀**keit** *f* náuseas *f/pl.*; ~ *erregend* nauseabundo; **~nehmen** tomar a mal; **~nehmerisch** susceptible; quisquilloso; **~riechend** maloliente; ♀**stand** *m* inconveniente *m*; mal *m*; **~tat** *f* fechoría *f*; mala acción *f*; ♀**täter(in** *f*) *m* malhechor(a) *m* (*f*); **~wollen** *j-m* ~ tener mala voluntad a alg.; **~wollend** malintencionado.
üben ['y:bən] (25) **1.** *v/t.* ejercitar, practicar; ejercer; ♪ estudiar; *Geduld:* tener; *Gewalt:* emplear; **2.** *v/i.* hacer ejercicios; entrenarse.
über ['y:bər] **1.** *prp.* (*wo? dat.; wohin? ac.*) sobre; encima de; (~ ... *hinweg*) por encima de; (~ ... *hinaus*) más allá de; (*während*) durante; (*mehr als*) más de; (*von*) de, sobre; 🚆 vía, por; *ein Scheck* ~ *100 Mark* un cheque (por valor) de cien marcos; ~ *Ostern* durante los días de Pascua; *den ganzen Tag* ~ (durante) todo el día; *es ist schon* ~ *eine Woche her* hace ya más de una semana; ~ *40* (*Jahre alt*) *sn* haber pasado los cuarenta (años); **2.** *adv.*: ~ *und* ~ completamente; *j-m* ~ *sn* ser superior a alg.
über|all [--'?al] en *od.* por todas partes; **~altert** demasiado viejo; *fig.* envejecido; ♀**angebot** ✝ *n* oferta *f* excesiva; **~anstrengen** fatigar excesivamente; ♀**anstrengung** *f* fatiga *f* excesiva; sobreesfuerzo *m*; **~antworten** entregar; **~arbeiten** revisar; retocar; *sich* ~ trabajar demasiado; ♀**arbeitung** *f* revisión *f*; retoque *m*; exceso *m* de trabajo; **~aus** sumamente, extremadamente, sobremanera.
über|backen gratinar; **~beanspruchen** sobrecargar; ♀**bein** ⚕ *n* sobrehueso *m*; **~belichten** *Phot.* sobreexponer; ♀**belichtung** *f* sobreexposición *f*; **~bewerten** sobrevalorar, supervalorar; **~bieten** sobrepujar (*a. fig.*); ♀**bleibsel** ['--blaɪpsəl] *n* (7) resto *m*; residuo *m*; *e-r Mahlzeit:* sobras *f/pl.*; ♀**blick** *m. a. fig.* vista *f* general *od.* de conjunto; (*Zusammenfassung*) resumen *m*; sumario *m*; **~blicken** abarcar con la vista; *a. fig.* dominar; **~bringen** entregar; transmitir; ♀**bringer(scheck)** ✝ *m* (7) (cheque *m* al) portador *m*; **~brücken** (25) echar un puente sobre; *Entfernung:* salvar; *Schwierigkeiten:* allanar; ♀**brückung** *f fig.* solución *f* de transición; ♀**brückungshilfe** *f* ayuda *f* transitoria; ♀**brückungskredit** *m* crédito-puente *m*.
über|dachen [--'daxən] (25) cubrir con un techo, techar; **~dauern** sobrevivir a; **~denken** reflexionar sobre; recapacitar; **~dies** además; ♀**dosis** *f* sobredosis *f*; **~drehen** torcer; forzar; ♀**druck** ⊕ *m* sobrepresión *f*; ♀**druckkabine** *f* cabina *f* presurizada; ♀**druß** ['--drus] *m* (4, *o. pl.*) hastío *m*, tedio *m*; *bis zum* ~ hasta la saciedad; **~drüssig** ['--drysiç] harto (*gen.* de); **~durchschnittlich** superior al promedio; extraordinario; ♀**eifer** *m* exceso *m* de celo; **~eifrig** muy celoso; fanático; **~eignen** transferir; transmitir (la propiedad); *Geschäft:* traspasar; **~eilen** precipitar; **~eilt** precipitado; prematuro; ♀**eilung** *f* precipitación *f*.
übereinander [--'?aɪn'?andər] uno sobre otro; **~legen** sobreponer, superponer; **~schlagen** *Beine:* cruzar.
überein|kommen [--'?aɪnkɔmən] (sn) ponerse de acuerdo (*über ac.* sobre); convenir (en); ♀**kommen** *n*, ♀**kunft** *f* (14¹) convenio *m*; acuerdo *m*; arreglo *m*; **~stimmen** coincidir; estar conforme *od.* de acuerdo; **~stimmend** de acuerdo con; conforme con; ♀**stimmung** *f* concordancia *f*; armonía *f*;

conformidad f; in ~ mit de acuerdo con;
'**über·empfindlich** hipersensible; ♀**keit** f hipersensibilidad f.
über|·'essen (part. pt. ~'gessen): sich ~ ahitarse, atiborrarse (an dat. de); ~**-essen** (part. pt. ~gegessen): sich (dat.) et. ~ hartarse de a/c.; ~'**fahren** atropellar, arrollar; Signal: pasar; ♀**fahrt** f travesía f; pasaje m; ♀**fall** m agresión f; ⚔ ataque m por sorpresa; (Raub♀) atraco m; ~'**fallen** ⚔ atacar por sorpresa; atacar; fig. sorprender; ~'**fällig** retrasado; ✝ vencido (y no pagado); ♀**fallkommando** n brigada f volante; ~'**fliegen** sobrevolar; fig. recorrer; ~'**fließen** (sn) desbordarse; fig. a. rebosar (von de); ~'**flügeln** (29) sobrepujar, aventajar; ♀**fluß** m abundancia f, profusión f (an dat. de); ♀**flußgesellschaft** f sociedad f opulenta; ~'**flüssig** superfluo; ~ sn sobrar, estar de sobra od. de más; ~'**fluten** inundar (a. fig.); ♀**flutung** f inundación f; ~'**fordern** exigir demasiado; ♀**fracht** f exceso m de carga, sobrecarga f; ♀**fremdung** f extranjerización f; ~'**führen** trasladar, conducir; ~**führen** 🏛 convencer; ~'**führt** 🏛 convicto; ♀**führung** f traslado m; transporte m; e-r Leiche: conducción f; Vrkw. paso m superior od. elevado; 🏛 convicción f; ♀**fülle** f sobreabundancia f; profusión f; ~**füllt** repleto, atestado, F de bote en bote; ♀**füllung** f repleción f; congestión f; ~'**füttern** sobrealimentar.

'**Über|gabe** f entrega f; ⚔ rendición f; '~**gang** m paso m; fig. transición f; '~**gangsbestimmung** f disposición f transitoria; '~**gangskleidung** f ropa f de entretiempo; '~**gangsstelle** f paso m; '~**gangszeit** f período m transitorio od. de transición; ♀**geben** entregar; ⚔ rendir; sich ~ vomitar; ♀**gehen** (sn): ~ zu pasar a; proceder a; ~ auf (ac.) transmitirse a; ~ in (ac.) convertirse en; ♀**gehen** pasar por alto; (auslassen) omitir; bei der Beförderung: postergar; ♀**genug** de sobra; ♀**geordnet** superior; '~**gepäck** n exceso m de equipaje; '~**gewicht** n sobrepeso m, exceso m de peso; fig. preponderancia f; ~**bekommen** perder el equilibrio; fig. preponderar; ♀**gießen** verter, derramar; ♀**gießen** regar, rociar; '♀-**glücklich** muy feliz; loco de alegría;
'♀**greifen** extenderse (a); propagarse (a); '~**griff** m abuso m; usurpación f; '♀**groß** demasiado grande; 🗲 hipertrófico.

'**über|haben** Mantel: llevar puesto; (übrig haben) tener de sobra; F et. ~ estar harto de a/c.; ~'**handnehmen** llegar a ser excesivo; aumentar demasiado; menudear; ♀**hang** m △ saledizo m; fig. exceso m (an dat. de); ~'**hängen** 1. v/i. (30) sobresalir; 2. v/t. (25) ponerse (sobre los hombros); colgar (del hombro); ~'**hasten** precipitar; ~'**häufen** colmar (mit de); mit Arbeit usw.: agobiar, abrumar (de); ~'**haupt** generalmente, en suma; (eigentlich) en realidad; ~ nicht de ningún modo; ~ nichts absolutamente nada; ~**heben** sich ~ derrengarse; ~**heblich** [--'he:pliç] presuntuoso; arrogante; ♀**heblichkeit** f arrogancia f; ~'**heizen** calentar demasiado; ~'**hitzen** (27) recalentar; ~'**höhen** (25) peraltar; ♀**höht** Preis: abusivo; ♀**höhung** f peralte m; ~'**holen** adelantar; pasar; fig. aventajar; ⊕ revisar; repasar; ♀**holen** n Vkw. adelantamiento m; ~**holt** [--'ho:lt] fig. anticuado; ♀**holung** ⊕ f revisión f; ♀**holverbot** n prohibición f de adelantar; ~'**hören** no oír; absichtlich: hacerse el desentendido; '~-**irdisch** celestial; sobrenatural.

'**über|kippen** (h. u. sn) volcar; ~'**kleben** pegar encima; '~**klug** sabihondo; ~'**kochen** (sn) rebosar al hervir; Milch: salirse; ~'**kommen** 1. v/t. sobrecoger; sobrevenir; 2. adj. tradicional; ~'**kriegen** F: et. ~ cansarse od. hartarse de a/c.

über|laden sobrecargar; fig. recargar; ~'**lagern** superponer; ♀**lagerung** f superposición f; 🗲 interferencia f; '♀**landbus** m coche m de línea; '♀**landleitung** 🗲 f línea f de transmisión de larga distancia; '♀**landzentrale** 🗲 f central f interurbana; ~'**lassen** (abtreten) ceder; (anheimstellen) dejar; sich ~ abandonarse (dat. a), entregarse (a); ♀**lassung** f cesión f; entrega f; ♀**last** f sobrecarga f; ~'**lasten** sobrecargar; fig. agobiar, abrumar (mit de); ♀**lastung** f sobrecarga f (a. fig.); ~'**laufen** (sn) derramarse, rebosar; salirse; ⚔ pasarse al enemigo; ~'**laufen** muy concurrido; muy solicitado; '♀**läufer** m

überleben 934

Pol. tránsfuga *m*; ⚔ desertor *m*; ~**leben** sobrevivir a; *sich* ~ pasar de moda; 2**lebende(r)** *m* superviviente *m*; ~**lebensgroß** de tamaño sobrenatural; ~**legen 1.** *v/t.* pensar, considerar; reflexionar; **2.** *adj.* superior; ~**legen** poner encima; F *j-n* ~ dar una paliza a alg.; 2**legenheit** *f* superioridad *f*; 2**legung** *f* reflexión *f*; (*Vorbedacht*) premeditación *f*; ~**leiten** formar la transición; !2**leitung** *f* transición *f*; ~**lesen** recorrer; (*übersehen*) omitir; saltarse; ~**liefern** transmitir; ~**liefert** tradicional; 2**lieferung** *f*, tradición *f*; ~**listen** (26) engañar.

!**Über|macht** *f* ⚔ superioridad *f* de fuerzas *bzw.* numérica; !2**mächtig** prepotente; demasiado fuerte; ~**malen** repintar; 2**mannen** (25) vencer; rendir; !~**maß** *n* exceso *m* (*an dat.* de); *im* ~ en exceso, en demasía; !2**mäßig** excesivo; desmesurado; ♪ aumentado; *adv.* demasiado; !~**mensch** *m* superhombre *m*; 2~**menschlich** sobrehumano; 2~**mitteln** (29) transmitir; ~**mittlung** *f* transmisión *f*; !2**morgen** pasado mañana; 2**müdet** rendido; ~**müdung** *f* exceso *m* de fatiga; !~**mut** *m* loca alegría *f*; (*Mutwille*) petulancia *f*; *e-s Kindes*: travesura *f*; 2**mütig** ['--myːtɪç] loco de alegría; petulante; travieso.

!**über|nächst:** *am* ~**en** *Tag* dos días después *od.* más tarde; ~**nachten** (26) pasar la noche (en), pernoctar; ~**nächtigt** [--'nɛçtɪçt] trasnochado; ~ *aussehen* tener cara de no haber dormido; 2**nachtung** *f* pernoctación *f*; 2**nahme** ['--naːmə] *f* (15) aceptación *f*; recepción *f*; *e-s Amtes*: toma *f* de posesión; ~**natürlich** sobrenatural; ~**nehmen** tomar, aceptar; recibir; *Amt*: tomar posesión de; *Arbeit, Auftrag*: encargarse de; *Stelle, Firma*: hacerse cargo de; *Verantwortung*: asumir; *sich* ~ abusar de sus fuerzas; excederse (*bei dat.* en).

!**über|-ordnen** anteponer; ~**parteilich** imparcial; *neol.* supraparatidista; !2**produktion** *f* sobreproducción *f*; ~**prüfen** examinar; revisar; comprobar; 2**prüfung** *f* examen *m*; revisión *f*; comprobación *f*; ~**quellen** rebosar (*von de*); ~**queren** (25) atravesar, cruzar; 2**querung** *f* travesía *f*.

über'ragen sobresalir entre; ser más alto que; (*beherrschen*) dominar; *fig.* sobrepasar; ser superior a; ~**d** sobresaliente; (pre)dominante; *fig.* eminente; descollante.

über'rasch|en (27) sorprender; ~**end** sorprendente; inesperado; 2**ung** *f* sorpresa *f*.

über'red|en persuadir; 2**ung** *f* persuasión *f*; 2**ungskunst** *f* dotes *f/pl.* persuasivas.

!**über'reich** abundante; ~ *sn an* (*dat.*) abundar en; ~**reichen** entregar; presentar; ~**reichlich** sobreabundante; *adv.* con profusión; 2**reichung** *f* entrega *f*; presentación *f*; !~**reif** demasiado maduro; *Obst*: pasado; ~**reizen** sobreexcitar; ~**reizung** *f* sobreexcitación *f*; ~'**rennen** arrollar (*a.* ⚔); !2**rest** *m* resto *m*; *sterbliche* ~*e restos m/pl.* mortales; ~**rumpeln** coger desprevenido; sorprender; 2**rumpelung** *f* sorpresa *f*; ⚔ ataque *m* por sorpresa; ~'**runden** tomar la delantera (*a. fig.*).

!**über|satt** repleto; ~**sättigen** hartar (*a. fig.*); 🞅 sobresaturar; 2**sättigung** *f* sobresaturación *f*; !2**schallflugzeug** *n* avión *m* supersónico; !2**schallgeschwindigkeit** *f* velocidad *f* supersónica; ~**schatten** (26) *a. fig.* ensombrecer; ~**schätzen** sobr(e)estimar; 2**schätzung** *f* sobr(e)estimación *f*; ~**schäumen** rebosar (*vor de*); ~**schlafen** F *fig.* consultar con la almohada; !2**schlag** *m* cálculo *m* aproximativo; (*Turnen*) paloma *f*; ~**schlagen** *Beine*: cruzar; ~'**schlagen** (*auslassen*) pasar por alto, omitir; (*berechnen*) calcular; *sich* ~ dar una vuelta de campana; *a.* ✈ capotar; F *fig.* volcarse; *s-e Stimme überschlug sich* F soltó un gallo; !2~**schlaglaken** *n* sábana *f* encimera; !~**schnappen** (sn) F chiflarse; *übergeschnappt* chiflado; ~'**schneiden**: *sich* ~ cruzarse; (*zeitlich*) coincidir; ~'**schreiben** (*betiteln*) (in)titular; ✝ transferir; † pasar; ~'**schreien**: *j-n* ~ gritar más fuerte que alg.; *sich* ~ desgañitarse; ~'**schreiten** atravesar, cruzar, pasar; *fig.* exceder, pasar de, rebasar; *Gesetz, Gebot*: violar, infringir; 2**schreitung** *f* paso *m*; ✝ violación *f*, infracción *f*; !2**schrift** *f* título *m*; !2**schuh** *m* chanclo *m*; !2~**schuß** *m* excedente *m*, sobrante *m*; (*Kassen*2) superávit *m*, saldo *m* activo; !~**schüssig** excedente, sobrante;

überwinden

~**'schütten** cubrir (*mit* de); *fig. a.* colmar (de); ²**schwang** ['--ʃvaŋ] *m* (3, *o. pl.*) exuberancia f; exaltación f; ~**schwemmen** *a. fig.* inundar (*mit* de); ²**'schwemmung** f inundación f; ~**schwenglich** ['--ʃvɛŋlɪç] excesivo; exaltado; desbordante; ²**schwenglichkeit** f exaltación f.

¹**Über|see...**: *in Zssgn,* ²**seeisch** ['--zeːɪʃ] de ultramar, ultramarino; ~**seedampfer** *m* transatlántico *m*; ²**'sehbar** al alcance de la vista; *fig.* apreciable; ²**'sehen** abarcar con la vista; (*nicht sehen*) no ver; omitir; *absichtlich:* pasar por alto, F hacer la vista gorda a; (*nicht beachten*) no hacer caso de, desatender; ²**'senden** enviar, mandar, remitir; ~**'sendung** f envío *m*, remesa f; ²**'setzbar** traducible; ²**'setzen** traducir; ~**'setzer(in** f) *m* traductor(a) *m* (f); ~**'setzung** f traducción f; *in die Muttersprache:* versión f; ⊕ transmisión f; *am Fahrrad:* multiplicación f; ~**'sicht** f vista f general *od.* de conjunto; (*Zusammenfassung*) resumen *m*; cuadro *m* sinóptico; ²**'sichtig** ⬥ hipermétrope; ~**sichtigkeit** ⬥ f hipermetropía f; ²**'sichtlich** claro; *Gelände:* abierto; ~**'sichtlichkeit** f claridad f; buena disposición f; ²**'siedeln** (sn) trasladarse; ~**'siedlung** f traslado *m*; ²**'sinnlich** sobrenatural; trascendental; metafísico; ²**'spannen** cubrir (*mit* de); (*zu stark spannen*) estirar demasiado; *fig.* exagerar; ²**'spannt** *fig.* exagerado; exaltado; extravagante; ~**'spanntheit** f exageración f; exaltación f; extravagancia f; ²**'spielen** *Schallplatte:* regrabar; *fig.* disimular; ²**'spitzen** *fig.* extremar; exagerar; ²**'springen** (sn) saltar (*auf ac.* a); ²**'sprudeln** (sn) rebosar; ~**d** rebosante, desbordante (*vor* de); ²**'staatlich** superestatal; supranacional; ²**'stehen** sobresalir, resaltar; ²**'stehen** pasar; vencer; *glücklich* ~ salir airoso de; ²**'steigen** pasar por encima de; *fig.* exceder; desbordar; ²**'steigert** excesivo; exagerado; ²**'stimmen** vencer por mayoría de votos; ²**'strahlen** *a. fig.* eclipsar; ²**'streichen** pintar con; ²**'strömen** (sn) desbordarse; *fig.* rebosar (*von* de); ²**'strömend** rebosante, desbordante; efusivo; ¹**'stun-**

de f hora f extraordinaria; ²**'stürzen** precipitar; ~**'stürzung** f precipitación f.

über|'teuern (29) encarecer (con exceso); ~**'tölpeln** (29) engañar; ~**'tönen** dominar (con la voz); ♪ cubrir; ²**trag** ['--traːk] ✝ *m* (3³) suma f anterior, suma f y sigue; ~ *auf neue Rechnung* saldo *m od.* traslado *m* a cuenta nueva; ~**'tragbar** transferible; *a.* ⬥ transmisible; *nicht* ~ intransferible; ~**'tragen** traspasar; *a.* ⚥, ⊕ transmitir (*auf ac.* a); ⚕ transferir; *Steno:* transcribir; (*übersetzen*) traducir; *Radio,* TV: (re)transmitir; *Amt, Aufgabe:* encargar, confiar; *in* ~**er** *Bedeutung en* sentido figurado; ²**'tragung** f ⚕, ✝ transferencia f; transmisión f (*a.* ⊕); ⚥ *a.* contagio *m*; (*Steno*) transcripción f; (*Übersetzung*) traducción f; *Radio,* TV: (re)transmisión f; ²**'tragungswagen** *m Funk, TV:* unidad f móvil; ~**'treffen** exceder, superar; *j-n:* aventajar (*an dat.* en); llevar ventaja a; ~**'treiben** exagerar; ²**'treibung** f exageración f; ~**'treten** (sn) *Fluß:* desbordarse; *Rel.* convertirse a; *fig.* pasarse a; ~**'treten** ⚕ contravenir a; infringir; violar; ²**'tretung** f contravención f; infracción f; violación f; ²**'trieben** [--'triːbən] exagerado; ¹²**'tritt** *m* paso *m* (*zu* a); *Rel.* conversión f; ~**'trumpfen** *fig.* sobrepujar; aventajar.

über|'völkert [--'fœlkərt] superpoblado; ²**'völkerung** f superpoblación f; ~**'vorteilen** (25) engañar; F dar gato por liebre.

über|'wachen vigilar; inspeccionar; ²**'wachung** f vigilancia f; inspección f; control *m*; ~**'wältigen** [--'vɛltɪɡən] (25) dominar; subyugar; ~**'wältigend** grandioso, imponente; *Mehrheit:* aplastante; *Erfolg:* arrollador; ²**'wasserfahrt** f *U-Boot:* navegación f en superficie; ~**'weisen** transferir; *Geld: a.* girar; ²**'weisung** f transferencia f; giro *m*; ~**'werfen** echarse encima, ponerse (sobre los hombros); ~**'werfen:** *sich* ~ enemistarse (*mit* con); ~**'wiegen** preponderar; predominar; prevalecer (sobre); ~**'wiegend** preponderante; *adv.* en su mayoría; ~**'winden** vencer; superar; *Hindernisse: a.* allanar; *Gefühle:* dominar; *sich* ~ (*et. zu tun*) hacer de tripas corazón; ²**'win-**

Überwindung

dung f vencimiento m; superación f; es kostet ihn ~, zu (inf.) le cuesta un gran esfuerzo (inf.); ~'wintern (29) invernar; ~'wölben abovedar; ~'wuchern invadir; cubrir enteramente; '2wurf m capa f.

'Über|zahl f superioridad f numérica; in der ~ sn estar en mayoría; 2zählig ['--tsε:lιç] excedente; supernumerario; 2zeugen convencer (von de); 2zeugend convincente; Beweis: concluyente; contundente; ~'zeugung f convencimiento m, convicción f; 2'ziehen revestir, (re-)cubrir; forrar (mit de); Möbel: tapizar; Kissen: enfundar; Konto: dejar en descubierto; Kredit, Zeit: rebasar; das Bett frisch ~ mudar la ropa de la cama; '2ziehen Mantel: ponerse; F j-m eins ~ asestar un golpe a alg.; '~zieher m (7) gabán m; sobretodo m; 2'zuckern bañar de azúcar; '~zug m ⊕ revestimiento m; (Hülle) funda f; (Schicht) capa f.

üblich ['y:plιç] usual; acostumbrado; wie ~ como de costumbre.

U-Boot ['u:bo:t] n submarino m; ~**Krieg** m guerra f submarina.

übrig ['y:brιç] sobrante, restante; das ~e el resto; im übrigen, die ~en los demás; im ~en por lo demás; ein ~es tun hacer más de lo necesario; ~ sn sobrar; ~ haben tener de sobra; für j-n et. ~ haben sentir simpatía por alg.; ~**behalten** tener de sobra; ~**bleiben** (sn) quedar, sobrar; was bleibt mir anderes übrig? ¡qué remedio!; ~**ens** ['--gəns] por lo demás; a propósito; ~**lassen** dejar; zu wünschen ~ dejar que desear.

Übung ['l-buŋ] f ejercicio m; práctica f; (Training) entrenamiento m; aus der ~ kommen perder la práctica; ~**sbuch** n manual m de ejercicios; ~**sflug** ✈ m vuelo m de entrenamiento; ~**s-platz** ✕ m campo m de maniobras.

Ufer ['u:fər] n (7) orilla f; borde m; (Fluß2) a. ribera f; über die ~ treten desbordarse; 2los fig. ilimitado, sin límites.

Uhr [u:r] f (16) reloj m; Zeit: hora f; wieviel ~ ist es? ¿qué hora es?; es ist ein ~ es la una; es ist zwei ~ son las dos; '~**armband** n pulsera f bzw. correa f de reloj; '~**engeschäft** n relojería f; '~**en-industrie** f industria f relojera; '~**gehäuse** n caja f de(l reloj); '~**glas** n cristal m de(l) reloj; '~**macher** m relojero m; ~**mache'rei** f relojería f; '~**werk** n mecanismo m de(l) reloj; '2**zeiger** m aguja f, manecilla f; '~**zeigersinn** m: im ~ en el sentido de las agujas del reloj; '~**zeit** f hora f.

Uhu Zo. ['u:hu] m (11) búho m.

Ulk [ulk] m (3) broma f; '2**en** (25) bromear; '2**ig** cómico, gracioso; chusco.

Ulme ♀ ['ulmə] f (15) olmo m.

Ulti|matum [-ti'ma:tum] n (11 u. 9) ultimátum m (stellen poner); ~**mo** ['--mo] m (11) fin m de mes; per ~ a fines de (este) mes.

Ultra-... ['-tra...] in Zssgn mst ultra; ~'**kurzwelle** f onda f ultracorta; Radio: frecuencia f modulada; ~**schall** m ultrasonido m; 2**violett** ultravioleta; ~e Strahlen rayos m/pl. ultravioletas.

um [um] **1.** prp. (ac.) **a)** örtl. (~ ... herum) alrededor de; **b)** zeitl. a; (ungefähr) hacia, a eso de; Tag ~ Tag día por día; e-n Tag ~ den andern cada dos días, un día sí y otro no; **c)** Grund: (~ ... willen) gen. por, a causa de; **d)** Maß: ~ so besser (schlimmer) tanto mejor (peor); ~ so mehr als tanto más cuanto que; máxime cuando; ~ so weniger tanto menos; **e)** Preis: por, al precio de; **2.** cj.: ~ zu (inf.) para; **3.** adv.: ~ und ~ por todos lados.

'um-änder|n transformar; modificar; cambiar; reformar; 2ung f transformación f; modificación f; cambio m.

'um-arbeit|en transformar; retocar; Buch: refundir; Kleid: arreglar; 2ung f transformación f; refundición f.

um-'arm|en (25) abrazar, dar un abrazo a; 2ung f abrazo m.

'Umbau m (3, pl. a. -ten) ⌂ reformas f/pl.; transformación f; Thea. cambio m de decorados; fig. reorganización f; 2**en** reformar; transformar; fig. reorganizar.

'um|besetzen Thea. cambiar el reparto (de papeles); ~**betten** trasladar a otra cama; ~**biegen** doblar.

'umbild|en transformar; remodelar; reorganizar; 2ung f transformación f; remodelación f; reorganización f; Pol. a. reajuste m.

'um|binden Schürze, Krawatte: ponerse; '~**blicken**: sich ~ mirar en

Umkehrung

'torno suyo; volver la cabeza; '⁓**brechen** romper; ✍ roturar; ⁓'**brechen** *Typ.* compaginar; ⁓'**bringen** matar, asesinar; ²**bruch** *m Typ.* compaginación *f*; *fig.* cambio *m* radical; '**umbuch|en** ✝ pasar a otra cuenta; *Reise:* cambiar la reserva; ²**ung** *f* cambio *m* de asiento (*Reise:* de reserva).

'**umdreh|en** volver; dar vuelta a; *Hals:* torcer; *sich* ⁓ volverse, volver la cabeza; ²**ung** [-'dre:uŋ] *f* vuelta *f*; rotación *f*; ⊕ revolución *f*; ²**ungszahl** ⊕ *f* número *m* de revoluciones.

'**Um|druck** *Typ. m* reimpresión *f*; '²**-erziehen** reeducar; '²**fahren** derribar; *j-n:* atropellar; ²'**fahren** dar la vuelta a; *Kap, Insel:* doblar; '²**fallen** (sn) caerse; volcar; *fig.* cambiar bruscamente de opinión; *Pol.* F chaquetear; *zum* ² *müde sn* caerse de sueño.

'**Umfang** *m* circunferencia *f*; ⩜ perímetro *m*; periferia *f*; (*Dicke*) espesor *m*; (*Volumen*) volumen *m* (*a.* ♪); extensión *f*; envergadura *f*; proporciones *f/pl.*; ²**en** [-'faŋən] abrazar; ²**reich** voluminoso; extenso.

um'fass|en abrazar; (*packen*) empuñar; *fig.* abarcar, comprender; contener; ⁓**end** amplio, extenso; completo; ²**ung** *f* cerca *f*; vallado *m*; ²**ungsmauer** *f* muro *m* exterior; *e-r Stadt:* muralla *f*.

um'fließen rodear; bañar.

'**umform|en** transformar; ⚡ convertir; ²**er** ⚡ *m* convertidor *m*; ²**ung** *f* transformación *f*.

'**Umfrage** *f* encuesta *f* (*halten* hacer).

umfüll|en tra(n)svasar, trasegar; ²**ung** *f* tra(n)svase *m*, trasiego *m*.

'**Um|gang** *m* ⚠ galería *f*; *fig.* trato *m*; relaciones *f/pl.*; *mit j-m* ⁓ *haben* tratar a alg.; ²**gänglich** ['-gɛŋliç] tratable, sociable.

Umgangs|formen ['-gaŋsfɔrmən] *f/pl.* modales *m/pl.*; ⁓**sprache** *f* lenguaje *m* familiar *od.* coloquial.

umgarnen [-'garnən] (25) enredar; *fig.* F engatusar.

um'|geben rodear (*mit* de); ²'**gebung** *f* **a)** *fig.* entorno *m*; ambiente *m*; medio *m*; **b)** = ²**gegend** *f* alrededores *m/pl.*; inmediaciones *f/pl.*, cercanías *f/pl.*; contornos *m/pl.*

umgehen 1. [-'ge:ən] *v/i.* (sn) *Gerücht:* circular; *Geist:* andar; ⁓ *mit j-m* tratar a alg.; ⁓ *mit et.* manejar a/c.; *mit dem Gedanken* ⁓ acariciar la idea de; **2.** [-'--] *v/t.* dar la vuelta alrededor de; *fig.* evitar, eludir; '⁓**end** inmediato; *adv.* (*postwendend*) a vuelta de correo; ²**ung** [-'-uŋ] *f* ⚔ envolvimiento *m*; *fig.* evitación *f*, elusión *f*; *unter* ⁓ (*gen.*) pasando por alto a/c.; ²**ungsstraße** *f* carretera *f* de circunvalación.

umgekehrt ['-gəke:rt] invertido; inverso; contrario; *adv.* al revés, por el (*od.* al) contrario; *... und* ⁓ y viceversa.

'**umgestalt|en** transformar; reorganizar; remodelar; ²**ung** *f* transformación *f*; reorganización *f*; remodelación *f*.

'**um|gießen** transvasar, trasegar; ⊕ refundir; '⁓**graben** cavar; remover; ⁓'**grenzen** limitar; (*einfrieden*) cercar; vallar; *fig.* delimitar; '⁓**gruppieren** reagrupar; '⁓**gucken** F: *sich* ⁓ *s.* umsehen; '⁓**gürten** ceñir; '⁓**haben** tener puesto, llevar; '⁓**hacken** cavar; ⁓'**halsen** [-'halzən] (27) abrazar; '²**hang** *m* mantón *m*; capa *f*.

'**umhänge|n** (25) colgar; *Mantel:* ponerse sobre los hombros; *Bild:* colocar de otro modo; *über die Schulter:* poner en bandolera; ²**tasche** *f* bolso *m* en bandolera.

'**umhauen** derribar (a hachazos); F *fig.* dejar atónito.

um'her alrededor, en torno; *in Zssgn s. a.* herum...; ⁓**blicken** mirar en torno suyo; ⁓**fahren** (sn) pasearse en coche; ⁓**gehen** (sn) pasearse; ⁓**irren** vagar, errar; ⁓**spazieren** (sn) andar paseando, callejear; ⁓**streifen** (sn) andar vagando (*in dat.* por); ⁓**ziehen** (sn) vagar; errar; ⁓**ziehend** ambulante; nómada.

um'hinkönnen: *nicht* ⁓ *zu* no poder menos de.

'**umhören:** *sich* ⁓ *nach* informarse sobre.

um'hüll|en envolver (*mit* con, en); revestir (de); ²**ung** *f* envoltura *f*; envoltorio *m*; revestimiento *m*.

um'|jubeln aplaudir frenéticamente; ⁓'**kämpft** disputado; reñido.

'**Umkehr** ['-ke:r] *f* (16, *o. pl.*) vuelta *f*; (*Rückkehr*) *a.* regreso *m*; *fig.* (*Bekehrung*) conversión *f*; ²**bar** reversible; ²**en 1.** *v/t.* volver; dar vuelta a; ⩜, invertir; **2.** *v/i.* (sn) volver; dar media vuelta; ⁓**ung** *f* inversión *f*.

umkippen

'**umkippen** (*a. v/i.* [sn]) volcar; F *fig.* desmayarse.
um'klammer|n abrazar; agarrar; ⚔ envolver; **2ung** *f* abrazo *m*; *a. Boxen:* agarro *m*; ⚔ envolvimiento *m*.
umklapp|bar ['-klapba:r] abatible, plegable; **en** doblar; abatir.
umkleide|n 1. ['---] *v/refl.:* sich ~ cambiarse; 2. [-'--] *v/t.* revestir (*mit de*); **²raum** *m* vestuario *m*.
'**um|knicken** 1. *v/t.* doblar; 2. *v/i.* (sn) (*mit dem Fuß*) ~ torcerse el pie; **~kommen** (sn) perecer; (*verderben*) desperdiciarse; echarse a perder; **~kränzen** [-'krɛntsən] (27) coronar (*mit de*).
'**Um|kreis** *m* periferia *f*, circunferencia *f*; ⚭ círculo *m* circunscrito (*Bereich*) ámbito *m*; im ~ von 10 km en diez kilómetros a la redonda; **²'kreisen** girar alrededor de; (*umringen*) rodear.
umkrempeln (29) volver al revés; *Ärmel:* arremangar; F *fig.* cambiar radicalmente.
'**umlad|en** transbordar; **2ung** *f* transbordo *m*.
'**Um|lage** *f* reparto *m*; repartición *f*; cuota *f*; **²'lagern** sitiar, cercar.
'**Umlauf** *m* circulación *f*; rotación *f*; ⊕ revolución *f*; (*Schreiben*) circular *f*; in ~ bringen poner en circulación; im ~ sn circular, estar en circulación; **~bahn** *Astr. f* órbita *f*; **2en** (sn) circular.
'**Umlaut** *m* metafonía *f*.
Umleg|ekragen ['-le:gəkra:gən] *m* cuello *m* vuelto; **2en** (*anders legen*) colocar de otro modo; 🚂 *Weiche:* cambiar; (*falten*) doblar; *Mantel, Schmuck usw.:* ponerse; (*umwerfen*) derribar; P (*töten*) dejar seco *od.* tieso; (*verteilen*) repartir (*auf Ac.* entre).
'**umleit|en** desviar; **2ung** *f* desviación *f*.
'**um|lernen** cambiar de método; reorientarse; '**~liegend** vecino, inmediato; **~mauern** cercar con muro, murar; **~modeln** transformar, modificar, remodelar.
umnacht|et [-'naxtət] perturbado, trastornado; **2ung** *f:* geistige ~ enajenación *f* mental.
um|nebeln [-'ne:bəln] (29) *fig.* ofuscar; '**~organisieren** reorganizar; '**~packen** empaquetar de nuevo; *Koffer:* volver a hacer; *Ware:* cambiar el embalaje; '**~pflanzen** trasplantar; replantar; **~'pflanzen** rodear (*mit de*); '**~pflügen** labrar, arar; **~quartieren** ['-kvarti:rən] (25) cambiar de alojamiento; **~rahmen** (25) encuadrar; **~randen** ['-randən] (26) perfilar; contornear; (*einfassen*) orlar (*mit de*); **~ranken** trepar por; emparrar; '**~räumen** disponer de otro modo.
'**umrechn|en** convertir (*in* en); **2ung** *f* conversión *f*; **2ungskurs** *m* tipo *m* de cambio.
'**um|reißen** derribar; **~'reißen** perfilar; esbozar; '**~rennen** atropellar; derribar; **~'ringen** (25) rodear; ⚔ *a.* cercar; '**²riß** *m* contorno *m*; *in groben Umrissen* a grandes rasgos; '**~rühren** remover, agitar; '**~satteln** *fig.* cambiar de profesión *bzw.* de carrera.
'**Umsatz** 🕈 *m* (3² *u.* ³) transacciones *f/pl.*; volumen *m od.* cifra *f* de negocios; (*Absatz*) (volumen *m* de) ventas *f/pl.*; **~steuer** *f* Span. impuesto *m* sobre el tráfico de empresas.
'**um|säumen** hacer el dobladillo; **~'säumen** rodear; orlar.
'**umschalt|en** ⚡ conmutar; *TV* cambiar de canal; **2er** ⚡ *m* conmutador *m*; **2taste** *f Schreibmaschine:* tecla *f* de mayúsculas; **2ung** ⚡ *f* conmutación *f*.
'**Umschau** *f:* ~ *halten* mirar alrededor; pasar revista a; **2en:** sich ~ volver la cabeza.
'**umschicht|en** *fig.* reagrupar; reajustar; **~ig** alternativamente; por turno(s).
um'schiff|en navegar alrededor de, dar la vuelta a; *Kap:* doblar; **2ung** *f* circunnavegación *f*.
'**Umschlag** *m* (3³) (*Hülle*) envoltura *f*; (*Buch*²) cubierta *f*; forro *m*; (*Brief*²) sobre *m*; 🕈 compresa *f*; *an der Hose usw.:* vuelta *f*; *fig.* (*Wendung*) cambio *m* repentino *od.* brusco; 🕈 movimiento *m*; (*Umladen*) transbordo *m*; **2en 1.** *v/i.* (sn) (*kippen*) volcar; *Wetter:* cambiar bruscamente; 2. *v/t. Stoff:* doblar; *Ärmel:* arremangar; *Seite:* volver; 🕈 transbordar; **~(e)tuch** *n* chal *m*; mantón *m*; **~hafen** (**~platz**) 🕈 *m* puerto *m* (lugar *m*) de transbordo.
'**um|schleichen** rondar; **~schließen** circundar; encerrar; ⚔ cercar; **~schlingen** abrazar; estrechar entre los brazos; '**~schmeicheln** F hacer la pelotilla a; '**~schmeißen** F derribar;

Umweg

'~**schmelzen** refundir; '~**schnallen** ceñir.

umschreib|en 1. ['---] v/t. transcribir; refundir; ♃ transferir (*auf ac.* a, en); **2.** [-'--] v/t. circunscribir; *fig.* parafrasear; ~**end** [-'--] perifrástico; ℒ**ung** f **1.** ['---] transcripción f; transferencia f; **2.** [-'--] circunscripción f; circunlocución f, perífrasis f.

'**Um|schrift** f transcripción f (fonética); *Münze*: leyenda f; ~**schuldung** f conversión f de una deuda.

'**umschul|en** enviar a otra escuela; *Pol.* reeducar; *beruflich*: readaptar; ℒ**ung** f **1.** ['---] cambio m de escuela; *Pol.* reeducación f; *beruflich*: readaptación f profesional.

'**um|schütten** derramar; (*umfüllen*) verter en otro vaso; transvasar; ~'**schwärmen** revolotear alrededor de; *fig.* cortejar; ℒ**schweife** m/pl. rodeos m/pl. (*machen* andar con); *ohne* ~ sin tapujos; '~**schwenken** virar; *fig.* cambiar de opinión; ℒ-**schwung** m cambio m brusco *od.* repentino; revolución f; ~'**segeln** navegar alrededor de; *Kap*: doblar; '~**sehen**: *sich* ~ mirar (hacia) atrás, volver la cabeza; mirar alrededor; *fig. sich* ~ *nach* buscar a/c.; *sich in der Welt* ~ ver mundo; *im* ℒ F en un santiamén; '~**sein** haber terminado; *Frist*: haber expirado *od.* vencido; ~**seitig** ['-zaɪtɪç] a la vuelta; al dorso.

umsetz|bar ✝ ['-zɛtsba:r] vendible; ~**en** cambiar de sitio; trasladar; ✝ vender, colocar; ♪ transportar; ✽ trasplantar; ~ *in* transformar en.

'**Umsichgreifen** n propagación f; extensión f.

'**Umsicht** f circunspección f, cautela f; ℒ**ig** circunspecto, cauteloso.

'**umsied|eln** reasentar; ℒ**lung** f reasentamiento m.

'**um|sinken** (sn) caer(se), desplomarse; ~'**sonst** (*kostenlos*) gratis, de balde; (*vergeblich*) en vano, en balde; inútil(mente); ~'**sorgen** cuidar solícitamente; '~**spannen** ⚡ transformar; ~'**spannen** rodear; *fig.* abarcar, comprender; '~**springen** (sn) *Wind*: cambiar bruscamente; *mit j-m* ~ tratar (mal) a alg.

'**Umstand** m circunstancia f, hecho m; *besonderer* ~ particularidad f.

Umstände ['-ʃtɛndə] m/pl. circunstancias f/pl.; (*Lage*) situación f; (*Förmlichkeiten*) ceremonias f/pl.; cumplidos m/pl.; *mach dir keine* ~ no te molestes; *unter* ~*n* tal vez, eventualmente; *unter allen* ~*n* en todo caso, a toda trance; *unter keinen* ~*n* en ningún caso, de ningún modo; *in anderen* ~*n* encinta, embarazada; ℒ-**halber** debido a las circunstancias.

umständlich ['-ʃtɛntlɪç] circunstanciado; prolijo; (*förmlich*) ceremonioso, formalista; (*verwickelt*) complicado; (*lästig*) engorroso.

'**Umstands|kleidung** f vestidos m/pl. para futura mamá; ~**krämer** m formalista m; pedante m; ~**wort** n *Gram.* adverbio m.

'**umstehend** al dorso; *die* ℒ**en** los circunstantes.

Umsteige|fahrschein ['-ʃtaɪɡəfa:rʃaɪn] m, ~**karte** f billete m combinado *od.* de correspondencia; ℒ**n** (sn) cambiar (de tren, *etc.*); hacer tra(n)sbordo; ~**n** n tra(n)sbordo m.

'**um|stellen** colocar en otro sitio; cambiar de sitio; *fig.* reorganizar; *sich* ~ *auf* (*ac.*) (re)adaptarse a; ~'**stellen** rodear (*mit de*); cercar; ℒ**stellung** f reorganización f; (re)adaptación f; a. ✝ reconversión f.

'**um|stimmen** hacer cambiar de opinión; '~**stoßen** derribar; volcar; *fig.* anular; invalidar; ~'**stricken** *fig.* enredar; ~**stritten** [-'ʃtrɪtən] discutido, controvertido; ~**strukturieren** ['-ʃtrukturi:rən] reestructurar; '~**stülpen** volver boca abajo *bzw.* al revés.

'**Umsturz** *Pol.* m subversión f; revolución f; ~...: *in Zssgn* subversivo, revolucionario.

'**umstürz|en 1.** v/t. volcar; derribar; **2.** v/i. (sn) volcar; derrumbarse; ~**lerisch** subversivo; revolucionario.

'**umtaufen** cambiar de nombre.

'**Umtausch** m cambio m; trueque m; canje m; ℒ**en** cambiar; trocar; canjear.

Umtriebe ['-tri:bə] m/pl. maquinaciones f/pl.; intrigas f/pl.

'**umtun** ponerse; *sich* ~ *nach* ir en busca de.

'**umwälz|en** revolver; *fig.* revolucionar; ~**end** revolucionario; ℒ**ung** f revolución f.

'**umwandel|n** transformar; cambiar; ✝ convertir; ♃ conmutar; ℒ**ung** f transformación f; cambio m; ✝ conversión f; ♃ conmutación f.

'**um|wechseln** cambiar; ℒ**weg**

Umwelt

[ˈveːk] m rodeo m (a. fig.); **auf ~en** indirectamente.

'**Umwelt** f medio m ambiente; ambiente m; entorno m; **~...:** *in Zssgn oft* ambiental; **~freundlich** no contaminante; **~schutz** m protección f del medio ambiente; **~schützer** m ecologista m; **~verschmutzung** f contaminación f ambiental.

'**um|wenden** volver; *sich ~* volverse; volver la cabeza; **~'werben** *Frau*: cortejar, galantear; **'~werfen** derribar; volcar; *Mantel*: ponerse (sobre los hombros); *fig.* echar por tierra; **'~werfend** *fig.* arrollador; **~wickeln** envolver (*mit* en); recubrir (de); **~wohnend** vecino; **~wölken** [-ˈvœlkən] (25): *sich ~* nublarse (*a. fig.*); **'~wühlen** revolver.

umzäun|en [-ˈtsɔynən] (25) cercar; **²ung** f cerca f; cercado m.

'**umziehen 1.** *v/i.* (sn) mudarse de casa; trasladarse; **2.** *v/refl.*: *sich ~* mudarse de ropa, cambiarse.

umzingeln [-ˈtsɪŋəln] (29) envolver, rodear, cercar.

'**Umzug** m mudanza f (de casa); traslado m; (*Festzug*) desfile m; cabalgata f.

unabänderlich [unˈapˈˀɛndərlɪç] inmutable, invariable, inalterable; (*unwiderruflich*) irrevocable.

unabhängig [ˈ--hɛŋɪç] independiente; **²keit** f independencia f.

unab|kömmlich [ˈ--ˈkœmlɪç] insustituible; **~lässig** [ˈ--ˈlɛsɪç] incesante, continuo; *adv.* sin cesar, sin parar; **~'sehbar** inmenso; incalculable; imprevisible; **'~setzbar** inamovible; **'~sichtlich** involuntario; *adv.* sin intención, sin querer(lo); **~wendbar** [ˈ--ˈvɛntbaːr] inevitable, ineludible; fatal.

'**un-achtsam** distraído; inadvertido; descuidado; **²keit** f distracción f; inadvertencia f; descuido m.

'**un-ähnlich** poco parecido (a).

un-an|fechtbar incontestable, indiscutible; **'~gebracht** inoportuno; inconveniente; **~gefochten** [ˈ--gəfɔxtən] incontestado; indiscutido; *~ lassen* dejar en paz; **~gemeldet** [ˈ--gəmɛldət] sin anunciarse; **'~gemessen** inadecuado; inconveniente; **'~genehm** desagradable; molesto; *es ist mir ~* me sabe mal; **'~greifbar** intacable; **~nehmbar** inaceptable; **²nehmlichkeit** f disgusto m; inconveniente m; molestia f; **'~sehnlich** poco vistoso; *fig.* insignificante; **'~ständig** indecente, indecoroso; **²ständigkeit** f indecencia f; **~'tastbar** intangible; inviolable; **²tastbarkeit** f inviolabilidad f.

'**un-appetitlich** poco apetitoso; repugnante.

'**Un-art** f mala costumbre f; vicio m; *e-s Kindes:* travesura f; **²ig** *Kind:* travieso, malo; (*unhöflich*) descortés.

'**un-ästhetisch** poco estético; antiestético.

un-auf|dringlich, '**~fällig** discreto; **~findbar** [ˈ--ˈfɪntbaːr] imposible de hallar; *neol.* ilocalizable; **~gefordert** [ˈ--gəfɔrdərt] espontáneo; **~haltsam** [ˈ--ˈhaltzaːm] incontenible; irresistible; **~hörlich** [ˈ--ˈhøːrlɪç] incesante, continuo; *adv.* sin cesar; **'~löslich** indisoluble (*a. Ehe*); **²löslichkeit** f indisolubilidad f; **~merksam** desatento; distraído; **²merksamkeit** f falta f de atención; distracción f; **~'richtig** insincero; **²richtigkeit** f falta f de sinceridad; **~schiebbar** [ˈ--ˈʃiːpbaːr] inaplazable.

unaus|bleiblich [ˈ-ˀausˈblaɪplɪç] inevitable; indefectible; **~'führbar** irrealizable, impracticable; **~gefüllt** [ˈ--gəfʏlt] *Formular:* en blanco; *fig.* vacío; '**~geglichen** desequilibrado; **~'löschlich** [ˈ--ˈlœʃlɪç] indeleble, imborrable; **~rottbar** [ˈ--ˈrɔtbaːr] incorregible; **~sprechlich** [ˈ--ˈʃprɛçlɪç] inefable, indecible; **~stehlich** [ˈ--ˈʃteːlɪç] insoportable; **~weichlich** [ˈ--ˈvaɪçlɪç] inevitable; fatal.

unbändig [ˈ-bɛndɪç] indómito; *fig.* incontenible; *sich ~ freuen* estar loco de alegría.

'**unbarmherzig** despiadado, cruel; **²keit** f inhumanidad f; dureza f.

unbe|absichtigt [ˈ-bəˀapzɪçtɪçt] involuntario; *adv.* sin querer(lo); '**~achtet** desatendido (*bleiben* pasar); *~ lassen* no hacer caso de; '**~anstandet** sin reparo; '**~antwortet** sin respuesta, sin contestación; '**~arbeitet** bruto; crudo; '**~baut** sin edificar; ✍ no cultivado, inculto; '**~dacht** inconsiderado; irreflexivo; '**~darft** F [ˈ--darft] ingenuo; '**~deckt** descubierto; '**~denklich** inofensivo; *adv.* sin vacilar; sin reparo; '**~deutend** insignificante; de poca monta; '**~dingt** incondicional; absoluto; *adv.* a toda costa; '**~'fahrbar** intran-

unbillig

sitable, impracticable; ⚓ innavegable; '~**fangen** imparcial; sin prejuicios; (arglos) ingenuo; cándido; '2~**fangenheit** f imparcialidad f; ingenuidad f; '~**fleckt** sin mancha; Rel. inmaculado; '~**friedigend** poco satisfactorio; insuficiente; '~**friedigt** descontento, poco satisfecho; '~**fristet** ilimitado; '~**fugt** no autorizado; ilícito; '~**gabt** poco inteligente; poco apto; sin talento; '~**greiflich** incomprensible, inconcebible; '~**grenzt** ilimitado; '~**gründet** infundado; '2~**hagen** n malestar m; '~**haglich** desagradable; incómodo; molesto; Zimmer: poco confortable; ~**helligt** ['--'hɛliçt] sin ser molestada; '~**herrscht** que no sabe dominarse; '~**hindert** libre; adv. sin ser impedido, sin encontrar obstáculo; ~**holfen** ['--'hɔlfən] torpe; '2~**holfenheit** f torpeza f; ~**irrt** ['--'ʔirt] firme; imperturbable; '~**kannt** desconocido; '2~**kannte** ⚥ f incógnita f; '~**kleidet** desnudo; '~**kümmert** despreocupado; descuidado; indiferente; '~**lastet** sin gravamen; Grundstück: sin cargas hipotecarias; '~**lebt** inanimado; Straße: poco frecuentado; '~**lehrbar** ['--'le:rba:r] incorregible; '~**liebt** impopular; '2~**liebtheit** f impopularidad f; '~**mannt** sin tripulación, no tripulado; '~**merkbar** imperceptible; '~**merkt** inadvertido, sin ser visto; '~**mittelt** sin recursos; indigente; '~**nommen**: es bleibt Ihnen ~ zu es Vd. muy dueño de; '~**nutzbar** inutilizable; '~**nutzt** sin utilizar; '~**obachtet** inobservado; inadvertido; ~**quem** incómodo; (lästig) molesto; engorroso; '2~**quemlichkeit** f incomodidad f; molestia f; '~**rechenbar** incalculable; j.: caprichoso; veleidoso; '~**rechtigt** injustificado; infundado; adv. sin autorización; '~**rücksichtigt**: ~ lassen no tener en cuenta; desatender; '~**rufen** ['--'--] ¡en buena hora lo diga(s)!; '~**rührt** intacto; a. fig. virgen; '~**schadet** (gen.) sin perjuicio de; '~**schädigt** intacto; ✝ en buenas condiciones; '~**schäftigt** desocupado; '~**scheiden** inmodesto; impertinente; '2~**scheidenheit** f inmodestia f; impertinencia f; ~**scholten** ['--'ʃɔltən] irreprochable; íntegro; ⚖ sin antecedentes penales; '2~**scholt**tenheit f buena reputación f; integridad f; '~**schränkt** ilimitado; absoluto; ~**schreiblich** ['--'ʃraɪplɪç] indescriptible; ~**schrieben** ['--'ʃri:bən] en blanco; fig. ein ~es Blatt sn ser bisoño; ~**schwert** ['--'ʃve:rt] fig. despreocupado; '~**seelt** inanimado; '~**sehen** adv. sin reparo; '~**setzt** desocupado; libre; Stelle: vacante; ~**siegbar** ['--'zi:kba:r] invencible; '~**siegt** invicto; imbatido; '~**sonnen** atolondrado; irreflexivo; '2**sonnenheit** f irreflexión f; imprudencia f; '~**sorgt** tranquilo; seien Sie ~! ¡descuide (Vd.)!; '~**ständig** inconstante, inestable; a. Wetter: variable; '2~**ständigkeit** f inconstancia f; inestabilidad f; '~**stechlich** incorruptible; '2~**stechlichkeit** f incorruptibilidad f; '~**stellt** ✝ inculto; ~**stimmbar** indeterminable, indefinible; '~**stimmt** indeterminado, indefinido (a. Gram.); indeciso, vago; '2~**stimmtheit** f indeterminación f; indecisión f; '~**streitbar** incontestable; indiscutible; ~**stritten** ['--'ʃtritən] incontestado; indiscutido; '~**teiligt** desinteresado; ajeno (an a); '~**tont** átono; '~**trächtlich** insignificante; de poca importancia.

unbeugsam ['-'bɔykza:m] inflexible; rígido; 2**keit** f inflexibilidad f; rigidez f.

unbe|wacht ['unbəvaxt] no vigilado; sin guarda; '~**waffnet** no armado, inerme; '~**wandert** poco versado; '~**weglich** inmóvil; fijo (a. Fest); rígido; ~e Güter n/pl. bienes m/pl. inmuebles; '2~**weglichkeit** f inmovilidad f; '~**wegt** impasible; '~**weibt** F soltero; '~**weisbar** indemostrable; '~**wiesen** ['--'vi:zən] no demostrado; no probado; '~**wohnbar** inhabitable; '~**wohnt** inhabitado; Gebäude: deshabitado; '~**wußt** inconsciente; instintivo; involuntario; adv. sin darse cuenta; '~**zahlbar** impagable (a. fig.); '~**zahlt** impagado, sin pagar; '~**zähmbar** indomable; '~**zwingbar** invencible.

Unbild|en ['-bɪldən] pl. uv... ~ der Witterung intemperie f; inclemencia(s) f(pl.) del tiempo; ~**ung** f incultura f.

Unbill ['-bɪl] f (16, pl. Unbilden) iniquidad f, injusticia f; 2**ig** inicuo, injusto.

'unblutig sin derramar sangre; ✗, *Kampf*: incruento.
'unbotmäßig insubordinado; rebelde; ⚲**keit** f insubordinación f; rebeldía f.
'unbrauchbar inutilizable; inservible; j.: inútil; incapaz; ⚬ **machen** inutilizar; ⚲**keit** f inutilidad f; incapacidad f.
'unchristlich indigno de un cristiano; poco cristiano.
und [unt] y, (*vor* i *od.* hi) e.
'Undank m ingratitud f; desagradecimiento m; ⚲**bar** ingrato (*a. fig.*); desagradecido; ⚬**barkeit** f s. *Undank*.
un|datiert ['-dati:rt] sin fecha; ⚬**definierbar** indefinible.
un'denk|bar inimaginable; impensable; ⚬**lich**: *seit* ⚬*en Zeiten* desde tiempos inmemoriales.
'undeutlich indistinto; vago; *Laut*: inarticulado; *Schrift*: ilegible; *Bild*: borroso; ⚬**dicht** permeable; ⚬ sn *Fenster usw.*: juntar mal; *Gefäß*: salirse, rezumar; ⚬**ding** n absurdo m; ⚬**diszipliniert** indisciplinado.
'unduldsam intolerante; ⚲**keit** f intolerancia f.
undurch|dringlich ['-durç|driŋliç] impenetrable (*a. fig.*); impermeable; ⚬²**dringlichkeit** f impenetrabilidad f; impermeabilidad f; '⚬**führbar** irrealizable, impracticable; ⚬**lässig** impermeable; ⚬**lässigkeit** f impermeabilidad f; '⚬**sichtig** opaco; *fig.* impenetrable; ambiguo; ⚬²**sichtigkeit** f opacidad f.
'un-eben desigual; *Gelände*: escabroso; accidentado; *Weg*: áspero, F *fig. nicht* ⚬ sn no estar mal; ⚲**heit** f desigualdad f; aspereza f; escabrosidad f; ⚬*en des Geländes* accidentes m/pl. del terreno.
'un-echt falso; falsificado; imitado; *Haar*: postizo; ⚕ *Bruch*: impropio.
'un-ehelich ilegítimo; natural.
'Un-ehr|e f deshonor m; deshonra f; ⚲**nhaft** deshonroso; indigno; ⚲**erbietig** ['--'ɛrbi:tiç] irrespetuoso; irreverente; ⚬**lich** falso; insincero; desleal; ⚬**lichkeit** f falsedad f; deslealtad f.
'un-eigennützig desinteresado; ⚲**keit** m desinterés m.
unein|geschränkt ['-?aɪŋə'[rɛŋkt] ilimitado; absoluto; '⚬**ig** desunido; desavenido; '⚬²**igkeit** f discordia f; desacuerdo m; desunión f; desavenencia f; ⚬**nehmbar** ['--'neːmbɑːr] inconquistable; inexpugnable.
'un-emp|fänglich: ⚬ *für* insensible a; ✗ no predispuesto a; inmune a; ⚲**fänglichkeit** f insensibilidad f; ⚬**findlich** *a. fig.* insensible (*gegen* a); apático, indiferente; ✗ anestesiado; ⚲**findlichkeit** f insensibilidad f.
un-'endlich infinito (*a.* A); *fig. a.* inmenso; ⚲**keit** f infinidad f; inmensidad f.
'un-ent|behrlich indispensable, imprescindible; ⚬**geltlich** ['--'ɡɛltliç] gratuito; *adv.* gratis; ⚬**rinnbar** ['--'rɪnbɑːr] inevitable; '⚬**schieden** indeciso; *Spiel, Wahl*: empatado; ⚬ *spielen* empatar; '⚬**schieden** n empate m; '⚬**schlossen** irresoluto; ⚬²**schlossenheit** f irresolución f; indecisión f; '⚬**schuldbar** indisculpable; inexcusable; '⚬**wegt** ['--'veːkt] firme; imperturbable; *adv.* sin parar; '⚬**wickelt** poco desarrollado; ⚬**wirrbar** ['--'vɪrbɑːr] inextricable.
uner|bittlich ['-?ɛr'bɪtliç] inexorable; implacable; '⚬**fahren** inexperto, sin experiencia; ⚬²**fahrenheit** f inexperiencia f; falta f de experiencia; ⚬**findlich** ['--'fɪntliç] incomprensible; ⚬**forschlich** ['--'fɔrʃlɪç] impenetrable; inescrutable; '⚬**forscht** inexplorado; '⚬**freulich** desagradable; ⚬**füllbar** ['--'fʏlbɑːr] irrealizable; '⚬**giebig** improductivo; '⚬**gründlich** insondable (*a. fig.*); '⚬**heblich** insignificante; '⚬**hört** inaudito; increíble; *das ist* ⚬! ¡hábrase visto!; ⚬**kannt** ['--kant] *adv.* sin ser reconocido; de incógnito; '⚬**klärlich** inexplicable; ⚬**läßlich** ['--'lɛsliç] indispensable, imprescindible; '⚬**laubt** ilícito; '⚬**ledigt** sin despachar; *Frage*: en suspenso; pendiente; ⚬**meßlich** ['--'mɛsliç] inmenso; ⚬**müdlich** ['--'myːtliç] infatigable; '⚬**-örtert:** ⚬ *bleiben* no ser discutido; ⚬ *lassen* no discutir; '⚬**quicklich** desagradable; fastidioso; '⚬**reichbar** inalcanzable; inaccesible; *fig.* inasequible; '⚬**reicht** sin igual, inigualado, sin par; ⚬**sättlich** ['--'zɛtliç] insaciable (*a. fig.*); '⚬²**sättlichkeit** f insaciabilidad f; '⚬**schöpflich** inagotable; '⚬**schrocken** intrépido, denodado; '⚬²**schrockenheit** f intrepidez f, denuedo m; '⚬**schütterlich** imperturbable; impávido; *Wille*: inquebrantable; '⚬**schwinglich** in-

asequible; *Preis*: exorbitante; '~**setzlich** insustituible; *Verlust*: irreparable; '~**träglich** insoportable, inaguantable; intolerable; '~**wähnt**: ~ *lassen* pasar en silencio; '~**wartet** inesperado, imprevisto; *adv.* de improviso; '~**widert** sin contestación *od.* respuesta; *Liebe*: no correspondido; '~**wünscht** indeseable; ~**zogen** ['--tso:gǝn] mal educado, malcriado.

'un**fähig** incapaz (*zu* de); inepto (*zu para*); ⚥**keit** *f* incapacidad *f*.

un**fair** ['-fɛ:r] desleal; injusto; *Sport*: sucio.

'Un**fall** *m* accidente *m*; ~**flucht** *f* huida *f* en caso de accidente; ~**krankenhaus** *n* clínica *f* de urgencia; ~**medizin** *f* traumatología *f*; ~**station** *f* puesto *m* de socorro; ~**tod** *m* muerte *f* a consecuencia de un accidente; ~**verhütung** *f* prevención *f* de accidentes; ~**versicherung** *f* seguro *m* de *od.* contra accidentes; ~**wagen** *m*: **a)** ambulancia *f*; **b)** coche *m* siniestrado.

'un**faßbar** inconcebible.

un**fehlbar** ['-fɛ:lba:r] infalible; ⚥**keit** *f* infalibilidad *f*.

'un**fein** poco delicado; grosero.

'un**fertig** incompleto, inacabado.

'Un**flat** ['-flɑ:t] *m* (3, *o. pl.*) suciedad *f*; porquería *f*; ~**ätig** ['-flɛ:tiç] sucio; puerco; obsceno.

'un**folgsam** desobediente.

'un**förm**|**ig** ['-fœrmiç] informe; deforme; ⚥**igkeit** *f* informidad *f*; deformidad *f*; ~**lich** informal.

'un**frankiert** no franqueado; sin franquear.

'un**frei** que no es libre; ⚇ (a) porte debido; ~**willig** involuntario.

'un**freundlich** poco amable *od.* amigable; *Gesicht*: F de pocos amigos; *Wetter*: desapacible; ⚥**keit** *f* falta *f* de amabilidad; desatención *f*.

'Un|**friede(n)** *m* discordia *f*; ⚥**frisiert** sin peinar.

'un**fruchtbar** estéril (*a. fig.*); infecundo; *Boden*: árido; ⚥**keit** *f* esterilidad *f*; infecundidad *f*; aridez *f*; ⚥**machung** *f* esterilización *f*.

'Un**fug** *m* (3, *o. pl.*) travesura *f*; (*Unsinn*) tonterías *f*/*pl.*; ⚇ *grober* ~ desorden *m* grave; ~ *treiben* cometer abusos; hacer travesuras.

'un**galant** poco galante; descortés.

Ungar ['uŋgar] *m* (13) (~**in** *f*), ⚥**isch** húngaro (-a) *m* (*f*).

'un**gastlich** inhospitalario; ⚥**keit** *f* inhospitalidad *f*.

unge**achtet** ['uŋgǝ'ʔaxtǝt] **1.** *adj.* poco apreciado *od.* respetado; **2.** *prp.* (*gen.*) no obstante, a pesar de; '~**ahnt** insospechado; ~**bärdig** ['--bɛ:rdiç] recalcitrante; '~**beten** no invitado; ~*er Gast* intruso *m*; '~**beugt** ['--bɔykt] *fig.* inflexible; '~**bildet** inculto; '~**boren** no nato; '~**brannt** *Kaffee*: crudo; '~**bräuchlich** poco usado; '~**braucht** no usado; (completamente) nuevo; '~**brochen** *fig.* inquebrantable; '⚥**bühr** *f* inconveniencia *f*, indecencia *f*; '~**bührlich** inconveniente, impertinente; indecente.

'unge|**bunden** *Buch*: en rústica; *fig.* libre; independiente; '⚥**bundenheit** *f* libertad *f*; independencia *f*; '~**deckt** ✝ descubierto; '~**druckt** inédito; '⚥**duld** *f* impaciencia *f*; '~**duldig** impaciente; ~ *werden* impacientarse; '~**eignet** inadecuado, impropio (*für para*).

unge**fähr** ['--fɛ:r] aproximativo; *adv.* aproximadamente, (poco) más o menos; *von* ~ por casualidad; '~**det** sin peligro; '~**lich** inofensivo.

'unge|**fällig** poco complaciente *od.* atento; '⚥**fälligkeit** *f* falta *f* de atención; '~**fragt** sin ser preguntado; espontáneamente; '~**füge** voluminoso, abultado; '~**fügig** terco, obstinado; '~**halten** disgustado, enfadado; ~ *werden* enfadarse; enojarse; '~**heißen** espontáneamente; '~**hemmt** libre; sin trabas; '⚥**heuer** *n* (7) monstruo *m*; '~**heuer** monstruoso; enorme; '~**heuerlich** monstruoso; '⚥**heuerlichkeit** *f* monstruosidad *f*; '~**hindert** sin ser molestado; '~**hobelt** sin cepillar; en bruto; *fig.* grosero; rústico; '~**hörig** inconveniente; impertinente; '⚥**hörigkeit** *f* impertinencia *f*; '~**horsam** desobediente; '⚥**horsam** *m* desobediencia *f*; '~**kämmt** sin peinar; (*zerzaust*) desgreñado; '~**klärt** no aclarado; pendiente (de solución); '~**kocht** sin cocer; crudo; '~**künstelt** natural; sin afectación; '~**kürzt** *Text*: completo, íntegro; '~**laden** *Gast*: no invitado; ⚔, *Waffe*: no cargado; '~**legen** inoportuno, intempestivo; *adv.* a deshora, a destiempo; '⚥**legenheit** *f* importunidad *f*; *j-m* ∼*en machen* causar molestias a alg.; '∼**lenk(ig)** torpe, desmañado; '∼**lernt** *Arbeiter*: no cualificado; '∼**logen** F de verdad; sin exagerar; '∼**löscht** *Kalk*: vivo; '∼**löst** *Problem*: pendiente (de solución); '2**mach** *n* (3, *o. pl.*) males *m/pl.*; molestias *f/pl.*; '∼**'mein** extraordinario; *adv.* extremadamente; sobremanera; '∼**mütlich** desagradable; poco confortable; *j.*: poco simpático; *Wetter*: desapacible; '∼**nannt** anónimo; '∼**nau** inexacto; impreciso; 2**nauigkeit** *f* inexactitud *f*; imprecisión *f*; ∼**niert** ['--ʒeˈniːrt] desenvuelto, desenfadado; sin cumplidos; '∼**nießbar** incomible; imbebible; *fig.* insoportable; '∼**nügend** insuficiente; *Prüfungsnote*: suspenso; '∼**nutzt**, '∼**nützt** no utilizado; ∼ *lassen Gelegenheit usw.*: desaprovechar; '∼**ordnet** en desorden, desordenado; '∼**pflegt** descuidado; *Person*: *a.* deseado, desaliñado; '∼**rächt** impune; '∼**rade** *Zahl*: impar; '∼**raten** *Kind*: avieso; descastado; '∼**rechnet** sin contar.

'**ungerecht** injusto; ∼**fertigt** injustificado; 2**igkeit** *f* injusticia *f*.

'**unge**|**regelt** no arreglado; desordenado; '∼**reimt** *fig.* absurdo, disparatado; '∼**reimtheit** *f* absurdo *m*, disparate *m*.

'**ungern** de mala gana; a disgusto; con desgana; *ich tue es* ∼ no me gusta hacerlo; *er sieht es* ∼ no lo ve con buenos ojos.

'**unge**|**rührt** insensible; impasible; '∼**salzen** no salado, sin sal; '∼**sattelt** sin silla, desensillado; ∼ *reiten* montar en pelo; '∼**sättigt** no saciado; ⚗ insaturado; '∼**säuert** *Brot*: sin levadura; ázimo; '∼**schehen**: ∼ *machen* deshacer lo hecho.

'**Ungeschick**(**lichkeit** *f*) *n* torpeza *f*; 2**t** torpe, desmañado.

'**unge**|**schlacht** tosco, grosero; '∼**schlechtlich** asexual, asexuado; '∼**schliffen** ['--ʃlifən] *Edelstein*: en bruto; *Messer*: no afilado; *fig.* zafio; grosero; '∼**schmälert** entero, íntegro; '∼**schminkt** *fig. Bericht*: verídico; *Wahrheit*: crudo; '∼**schoren** ['--ʃoːrən]: *fig.* ∼ *lassen* dejar en paz; ∼**schrieben** ['--ʃriːbən]: *fig.* ∼*es Gesetz* convenio *m* tácito; '∼**schützt** indefenso; no protegido; '∼**sehen** inadvertido; sin ser visto; '∼**sellig** insociable; '∼**setzlich** ilegal; ilegítimo; 2**setzlichkeit** *f* ilegalidad *f*; ilegitimidad *f*; '∼**sittet** inculto; indecente; '∼**stalt**(**et**) deforme; '∼**stört** tranquilo; *adv.* sin ser molestado; sin ningún estorbo; ∼ *lassen* dejar en paz; '∼**straft** impune; '∼**stüm** ['--tyːm] impetuoso; fogoso; 2**stüm** *n* (3, *o. pl.*) ímpetu *m*, impetuosidad *f*; '∼**sund** malsano; insalubre; '∼**tan** ['--taːn]: ∼ *lassen* no hacer; '∼**teilt** indiviso; (*ganz*) entero; (*einstimmig*) unánime; '∼**treu** infiel; desleal; '∼**trübt** *fig.* inalterable; *Glück*: puro; 2**tüm** ['--tyːm] *n* (3) monstruo *m*; '∼**übt** sin práctica; sin experiencia; inexperto; '∼**wandt** torpe; desmañado; '∼**wiß** incierto; dudoso; 2**wißheit** *f* incertidumbre *f*; '∼**wöhnlich** poco común; insólito; extraordinario; (*seltsam*) raro, extraño; '∼**wohnt** desacostumbrado, insólito; '∼**wollt** sin querer(lo); '∼**zählt** innumerable; '∼**zähmt** indomado.

Ungeziefer ['--tsiːfər] *n* (7, *o. pl.*) bichos *m/pl.*; ∼**bekämpfung** *f* desinsectación *f*.

unge|**zogen** ['--tsoːgən] mal educado; *Kind*: travieso; malo; (*frech*) impertinente; 2**zogenheit** *f* travesura *f*; impertinencia *f*; '∼**zügelt** desenfrenado; '∼**zwungen** *fig.* desenvuelto; natural; informal; sin afectación; 2**zwungenheit** *f* desenvoltura *f*; naturalidad *f*.

'**Unglaube** *m* incredulidad *f*.

'**ungläubig** incrédulo, descreído; *Rel.* infiel; no creyente.

'**un**'**glaublich** increíble.

'**unglaubwürdig** inverosímil; *Person*: de poco crédito.

'**ungleich** desigual; diferente; *adv.* (*viel*) infinitamente, mucho; ∼**artig** heterogéneo; ∼**förmig** desigual; 2**gewicht** *n* desequilibrio *m*; 2**heit** *f* desigualdad *f*; ∼**mäßig** desigual; ∼**seitig** *Dreieck*: escaleno.

'**Unglück** *n* (3) desgracia *f*, desdicha *f*; (*Mißgeschick*) infortunio *m*; (*Pech*) mala suerte *f*; (*Unfall*) accidente *m*; siniestro *m*; *ins* ∼ *stürzen* perder, arruinar; *zu allem* ∼ para colmo de males *od.* desgracias; 2**lich** desgraciado, infeliz; 2**licher**'**weise** desgraciadamente, por desgracia; 2**selig** infortunado; fatal, funesto; ∼**sfall** *m* accidente *m*, siniestro *m*; ∼**srabe** *m* desgraciado *m*; ∼**s-tag** *m* día *m* aciago.

Ungnade f desgracia f; malevolencia f; in ~ fallen caer en desgracia; 2gnädig poco amable; de mal humor; 2graziös desgarbado.
ungültig nulo; inválido; für ~ erklären, ~ machen cancelar, anular, invalidar; 2keit f nulidad f; invalidez f.
Ungunst f desgracia f; der Witterung: inclemencia f; zu ~en von en perjuicio de; 2günstig desfavorable; Aussicht: poco prometedor; 2gut mal; nichts für ~! no lo tome usted a mal; ¹²'haltbar insostenible; ⨯ imposible de defender; 2handlich poco manejable; 2harmonisch inarmónico; discordante.
Unheil n desgracia f; desastre m; 2bar [-'ˌ-baːr] irremediable; ⚎ incurable; 2bringend, 2voll funesto; Tag: aciago.
unheimlich inquietante, fatídico; lúgubre; F fig. enorme; F adv. enormemente.
unhöflich descortés; 2keit f descortesía f.
Unhold m (3) monstruo m; ogro m; ¹²'hörbar imperceptible, inaudible; 2hygienisch antihigiénico.
uni [y'niː, 'yni] Stoff: liso.
Uniform [uni'fɔrm] f (16) uniforme m; 2ieren uniformizar.
Unikum ['unikum] n (11 u. 9²) ejemplar m único; F fig. tipo m raro; original m.
un|interess|ant poco interesante; ~iert desinteresado (an dat. en); ~iertheit f desinterés m.
Union [un'joːn] f unión f.
univers|al, ~al... [univer'tsaːl] universal; 2ität [---ziˈtɛːt] f universidad f; 2i'täts...: in Zssgn oft universitario; 2i'tätsprofessor m catedrático m (de universidad); 2um [-ˈ-zum] n (9, o. pl.) universo m.
Unke ['uŋkə] F (15) sapo m F; F fig. agorero m; 2n F (25) agorar.
unkennt|lich irreconocible; desfigurado; ~ machen desfigurar; 2nis f ignorancia f.
unkeusch impúdico; 2heit f impudicia f.
unklar poco claro; confuso; (trübe) turbio; Bild: borroso; im ~en sn über (ac.) no ver claro en; 2heit f falta f de claridad; confusión f.
unkleidsam que no sienta bien.
unklug poco inteligente; imprudente; 2heit f imprudencia f.

un|kompliziert poco complicado; sencillo; '~kontrol'lierbar incontrolable; '~konventionell anticonvencional; informal; '~konzentriert** distraído.
Unkosten pl. uv. gastos m/pl.; sich in ~ stürzen meterse en gastos; ~beitrag m contribución f a los gastos.
Unkraut n mala hierba f, Am. yuyo m; ~ vergeht nicht mala hierba nunca muere; ~bekämpfungsmittel n herbicida m.
unkritisch acrítico.
unkult|iviert inculto; bárbaro; 2ur f incultura f.
un|kündbar Vertrag: irrevocable, irrescindible; Stellung: permanente; '~kundig: e-r Sache ~ sn ignorar od. no saber a/c.; '~längst hace poco, recientemente; '~lauter impuro; Geschäft: sucio; turbio; Wettbewerb: desleal; '~leidlich insoportable; '~lenksam indócil; '~leserlich ilegible; ~leugbar [-ˈ-lɔykbaːr] innegable, incontestable.
unlieb desagradable; es ist mir nicht ~ no me viene mal; ~enswürdig poco amable; ~sam desagradable.
unlogisch ilógico.
un'lös|bar, ~lich insoluble; 2lichkeit f insolubilidad f.
Unlust f desgana f; malestar m; (Abneigung) aversión f; 2ig desganado; sin ganas; con desgana.
un|manierlich de modales groseros; mal educado; ~männlich afeminado; poco varonil; 2masse f cantidad f enorme; sinfín m; ~maßgeblich incompetente; Meinung: humilde.
unmäßig inmoderado; desmesurado; im Genuß: intemperante; 2keit f inmoderación f; intemperancia f.
Unmenge f cantidad f enorme; e-e ~ von F la mar de.
Unmensch m monstruo m; 2lich inhumano; 2keit f inhumanidad f.
un|'merklich imperceptible; '~methodisch sin método; '~militärisch poco militar od. marcial; '~miß-ver'ständlich inequívoco; categórico; '~mittelbar inmediato; directo; '~möbliert sin amueblar; '~modern pasado de moda; anticuado.
un'möglich imposible (a. fig.); das ist ~ a. no puede ser; 2keit f imposibilidad f.

'un|moralisch inmoral; **~motiviert** infundado; inmotivado.
'unmündig menor de edad; 2**keit** f minoría f de edad.
'unmusikalisch sin talento bzw. sentido musical.
'Unmut m disgusto m; mal humor m; 2**ig** malhumorado, de mal humor; disgustado.
unnach|ahmlich ['-na:xˡⁱᵃ:mliç] inimitable; **'~giebig** inflexible, intransigente; **'~sichtig** severo.
unnahbar ['-ˡna:ba:r] inaccesible; intratable.
'unnatürlich poco natural; afectado; desnaturalizado; 2**keit** f falta f de naturalidad; afectación f.
un|nennbar ['-ˡnɛnba:r] indecible; **'~normal** anormal; **'~notiert** ✝ no cotizado.
'unnötig inútil; superfluo; **~erweise** ['-nøːtigərvaɪzə] sin necesidad; inútilmente.
unnütz ['-nʏts] inútil; superfluo; Kind: travieso; ~ sn no servir para nada; adv. = **'~er'weise** inútilmente; (umsonst) en vano.
'un-ord|entlich en desorden; j.: desordenado; descuidado; 2**nung** f desorden m; desarreglo m; in ~ bringen desordenar; desarreglar.
'un|-organisch inorgánico; **~paar(ig)** impar.
'unpartei|isch imparcial; 2**ische(r)** m árbitro m; 2**lichkeit** f imparcialidad f.
'unpassend impropio (für de); inconveniente; (unschicklich) incorrecto; (ungelegen) inoportuno.
'unpas'sierbar intransitable; practicable; ⚓ innavegable.
unpäßlich ['-pɛslɪç] indispuesto; 2**keit** f indisposición f.
'un|persönlich impersonal; **~politisch** apolítico; **~populär** impopular; **~praktisch** poco práctico; j.: poco hábil; **~produktiv** improductivo; **~proportioniert** desproporcionado.
'unpünktlich poco puntual; 2**keit** f falta f de puntualidad.
'un|rasiert sin afeitar; 2**rast** f inquietud f; agitación f.
'Unrat m (3, o. pl.) inmundicias f/pl.; basura f; fig. ~ wittern oler el poste; 2**ionell** poco racional; 2**sam** desaconsejable; poco recomendable.
'unrealistisch poco realista.

'unrecht 1. adj. injusto; (unrichtig) equivocado, falso; (übel) malo; adv. mal; zur ~en Zeit a deshora; ~ haben no tener razón; estar equivocado; j-m ~ tun ser injusto con alg.; **2.** 2 n (3, o. pl.) injusticia f; angetanes: agravio m; zu ~ injustamente; sin razón; im ~ sn no tener razón; **~mäßig** ilegítimo; ilegal; sich (dat.) ~ aneignen usurpar.
'unredlich desleal; fraudulento; 2**keit** f mala fe f; deslealtad f.
'unre-ell informal; de poca confianza.
'unregelmäßig irregular; Leben: desordenado; 2**keit** f irregularidad f.
'unreif inmaduro (a. fig.); Obst: a. verde; 2**e** f inmadurez f (a. fig.).
'unrein impuro; sucio; ♪ desafinado; ins ~e schreiben escribir en borrador; 2**heit** f impureza f (a. fig.); **~lich** desaseado, sucio; 2**lichkeit** f deseaso m, suciedad f.
'un|rentabel no rentable; **'~rettbar** sin salvación; ~ verloren irremediablemente perdido; **'~rhythmisch** arrítmico.
'unrichtig inexacto; falso; incorrecto; 2**keit** f inexactitud f; incorrección f.
'Unruh|e f inquietud f, desasosiego m; intranquilidad f; (Aufruhr) agitación f; disturbio m; (Besorgnis) preocupación f; alarma f; in ~ versetzen (geraten) inquietar(se), alarmar(se); **~(e)stifter** m alborotador m, perturbador m (del orden público); fautor m de desórdenes; 2**ig** inquieto; intranquilo; agitado.
'unrühmlich deslucido; poco honroso; adv. sin gloria.
uns [uns] nos; betont: a nosotros (-as); ein Freund von ~ un amigo nuestro.
'unsach|gemäß inadecuado; no apropiado; **~lich** subjetivo; parcial; que no viene al caso.
un|sagbar [-ˡza:kba:r], **~säglich** [-ˡzɛ:klɪç] indecible; indescriptible; **'~sanft** rudo; duro.
'unsauber sucio; 2**keit** f suciedad f.
'unschädlich inofensivo; in(n)ocuo; ~ machen Gift: neutralizar; Mine usw.: desactivar; Person: eliminar; 2**keit** f carácter m inofensivo; inocuidad f.
'un|scharf Phot. borroso; poco nítido; **~schätzbar** ['-ˡʃɛtsba:r] inestimable; incalculable; **'~scheinbar** de poca apariencia; poco vistoso; in-

unterfangen

'unschicklich indecoroso, indecente; ≈**keit** f indecencia f.
unschlagbar [-'ʃlɑːkbɑːr] imbatible.
'unschlüssig irresoluto; indeciso; ≈**keit** f irresolución f; indecisión f.
'unschön feo; desagradable.
'Unschuld f inocencia f; s-e Hände in ~ *waschen* lavarse las manos; ≈**ig** inocente.
'unschwer fácilmente, sin dificultad.
'unselbständig dependiente; fig. (*unbeholfen*) falto de iniciativa; *Arbeit*: hecho con ayuda ajena; ≈**keit** f dependencia f; falta f de iniciativa.
'unselig funesto; fatal; nefasto.
unser ['-zər] nuestro, -a; **~einer**, **~eins** uno; (gente como) nosotros; **~erseits** ['--rər'zaɪts] por nuestra parte; **~twegen** ['-t've:ɡən] por nosotros.
'unsicher inseguro; incierto; dudoso; *Lage*: precario; ~ *machen Gegend*: infestar; ≈**heit** f inseguridad f; incertidumbre f; dudas f/pl.
'unsichtbar invisible; ≈**keit** f invisibilidad f.
'Unsinn m (3, o. pl.) absurdo m; (*dummes Zeug*) disparates m/pl.; tonterías f/pl.; ~ *reden* desatinar, disparatar; ≈**ig** absurdo; insensato; ~**igkeit** f absurdidad f; insensatez f.
'Unsitt|**e** f mala costumbre f; vicio m; ≈**lich** inmoral; **~lichkeit** f inmoralidad f.
un|**solide** poco serio; informal; *Firma*: de poca confianza; *Leben*: desarreglado; **~sozial** antisocial; **~sportlich** antideportivo; **~statthaft** inadmisible; ilícito.
un'sterblich inmortal; ~ *machen* inmortalizar; ≈**keit** f inmortalidad f.
'Unstern m (3, o. pl.) mala estrella f.
'unstet inestable; inconstante; *Charakter*: voluble, versátil; *Leben*: errante; vagabundo; ≈**igkeit** f inestabilidad f; inconstancia f; versatilidad f.
un|**'stillbar** [-'ʃtɪlbɑːr] insaciable; **~'stimmigkeit** ['-ʃtɪmɪçkaɪt] f desacuerdo m; divergencia f; discrepancia f; **~'streitig** indiscutible, incontestable; *adv. a.* sin duda; ≈**summe** f suma f od. cantidad f enorme; e-e ~ (*Geld*) un dineral; **~'symmetrisch** asimétrico; '**~sympathisch** antipático; **~tadelig** ['-'tɑːdəlɪç] irreprochable, impecable; '≈**tat** f crimen m; fechoría f.
'untätig ocioso; inactivo; ≈**keit** f ociosidad f; inactividad f.
'untauglich inútil (a. ✕); no apto (*für para*); incapaz (de); ≈**keit** f inutilidad f; incapacidad f.
'un'teilbar indivisible; ≈**keit** f indivisibilidad f.
unten ['-tən] abajo; *nach* ~ hacia abajo; *von* ~ de abajo; *weiter* ~ más abajo; *siehe* ~! véase más abajo *od.* más adelante; **~genannt** ['--gənant], **~stehend** abajo mencionado.
unter ['-tər] **1.** *prp.* (*wo? dat.*; *wohin? ac.*) debajo de; bajo; (*zwischen*) entre; (*während*) durante; (*weniger*) menos de; fig. bajo; ~ ... *hervor* de debajo de; ~ *uns gesagt* dicho sea entre nosotros; **2.** *adj.* (18, *sup.* ~**st**) inferior; de debajo; bajo.
'Unter|**-abteilung** f subdivisión f; sección f; **~arm** m antebrazo m; **~art** f ♀, *Zoo.* subespecie f; **~ausschuß** m subcomisión f; **~bau** m (3, *pl.* ~*bauten*) fundamento m; ⚙ infraestructura f; ≈**belegung** f infrautilización f; ≈**belichten** subexponer; **~belichtung** f subexposición f; **~beschäftigung** f subempleo m; ≈**bevölkert** subpoblado; ≈**bewerten** infravalorar; ≈**bewußt** subconsciente; **~bewußtsein** n subconsciente m; ≈**bieten** ofrecer mejor precio que; *Rekord*: mejorar; ≈**binden** ♂ ligar; fig. prohibir; impedir; ≈**bleiben** no realizarse; ≈**brechen** interrumpir; *zeitweilig*: suspender; ⚡ cortar; **~brechung** f interrupción f; suspensión f; ⚡ corte m; ≈**breiten** [--'braɪtən] (26) someter; presentar; ≈**bringen** colocar (*a.* ✝); *Gast*: alojar, hospedar; **~bringung** f colocación f; alojamiento f; **~der'hand** bajo cuerda; bajo mano; ≈**des(sen)** entretanto, mientras tanto; ≈**'drücken** suprimir; *Volk*: oprimir; *Aufstand*: reprimir; (*vertuschen*) disimular; **~'drücker** m opresor m; **~'drückung** f supresión f; represión f; opresión f; ≈**ein'ander** entre sí; entre nosotros *usw.*; (*gegenseitig*) mutuamente, recíprocamente; ≈**entwickelt** subdesarrollado; ≈**ernährt** insuficientemente *od.* mal alimentado; desnutrido; **~ernährung** f subalimentación f; desnutrición f; ≈**'fangen**: *sich* ~ *zu* atreverse a; **~'fan-**

Unterfangen

gen *n* empresa *f* (audaz); ⁲**fassen** dar el brazo *a*; *sich ~* ir del brazo; ⁲**fertigen** [--'fɛrtigən] firmar; *der Unterfertigte* el infrascrito, el abajo firmante; **~führung** *f* paso *m* inferior *od.* subterráneo; **~funktion** ⚥ *f* hipofunción *f*; **~gang** *m* ⚓ hundimiento *m*; *Astr.* puesta *f*; *fig.* ruina *f*; decadencia *f*; ocaso *m*; ⁲**geben**, **~'gebene(r)** *m* subordinado (*m*); **~gehen** ⚓ irse a pique, hundirse; *Astr.* ponerse; *fig.* perderse, perecer; ⁲**geordnet** ['--gəˈʔɔrdnət] subordinado; subalterno; *an Bedeutung*: inferior; secundario; **~geschoß** *n* piso *m* bajo; **~gewicht** *n* falta *f* de peso; **~gliedern** subdividir; **~graben** enterrar; ⁲**graben** socavar; *a. fig.* minar; **~grund** *m* subsuelo *m*; *Mal.* fondo *m*; **~grundbahn** *f* metro *m*; *Am.* subte(rráneo) *m*; **~grundbewegung** *f Pol.* movimiento *m* clandestino; **~haken**: *sich ~* darse el brazo; ⁲**halb** (*gen.*) (por) debajo de.

'**Unterhalt** *m* (3, *o. pl.*) sustento *m*; mantenimiento *m*, manutención *f*; (*Lebens⁲*) subsistencia *f*; ⚥ alimentos *m/pl.*; pensión *f* alimenticia; *s–n ~ bestreiten* ganarse la vida; ⚥ *~ zahlen* pasar una pensión; **1.** ['----] poner debajo de; **2.** [--'---] conservar (en buen estado); (*ernähren*) sustentar, mantener; (*vergnügen*) divertir, distraer; *sich ~* divertirse; entretenerse; (*plaudern*) conversar; **~end** [--'-tənt], **~sam** [--'-zɑːm] entretenido, divertido; *Lektüre*: ameno; **~er** [--'hɑltər] *m* (7): *guter ~* conversador *m* ameno; '**~skosten** *pl.* gastos *m/pl.* de mantenimiento; **~s-pflicht** *f* deber *m* de alimentos; **~ung** [--'hɑltuŋ] *f* conversación *f*; entretenimiento *m*; (*Zerstreuung*) conservación *f*; △ conservación *f*; diversión *f*, distracción *f*; **~ungsbeilage** *f* suplemento *m* literario; **~ungs-elektronik** *f* electrónica *f* de consumo; **~ungslektüre** *f* lectura *f* amena *od.* recreativa; **~ungsmusik** *f* música *f* ligera.

unter'handeln negociar (*über et. a/c.*); '**~händler** *m* negociador *m*; mediador *m*; ⚔ parlamentario *m*; '⁲**handlung** *f* negociación *f*; '⁲**haus** *n* Cámara *f* de los Comunes; '**~hemd** *n* camiseta *f*; **~'höhlen** socavar; *a. fig.* minar; '⁲**holz** *n* monte *m* bajo; '⁲**hose** *f* calzoncillos *m/pl.*; '**~'irdisch** subterráneo; **~'jochen** (25) subyugar; **~'kellert** con sótano; '⁲**kiefer** *m* maxilar *m* inferior; '⁲**kleidung** *f* ropa *f* interior; '**~'kommen** hallar alojamiento; alojarse; (*Anstellung*) colocarse; ⁲**kommen** *n* hospedaje *m*, alojamiento *m*; (*Stellung*) empleo *m*, colocación *f*; '**~'kriegen** someter; *sich nicht ~ lassen* no doblegarse; ⁲**kunft** ['--kunft] *f* (14¹) alojamiento *m*; '⁲**lage** *f* base *f* (*a. fig.*); ⊕ soporte *m*; apoyo *m*; (*Schreib⁲*) carpeta *f*; (*Beleg*) documento *m*; *pl.* documentación *f*; '⁲**land** *n* tierra *f* baja; ⁲**laß** ['--las] *m*: *ohne ~* sin cesar; '**~lassen** dejar; dejarse de; omitir; ⁲**lassung** *f* omisión *f*; '⁲**lauf** *m* curso *m* inferior; **~'laufen 1.** *v/i.* (sn) *Fehler*: deslizarse; introducirse; **2.** *adj.*: *mit Blut ~* inyectado de sangre; '**~legen** poner *od.* colocar debajo; *fig.* atribuir; **~'legen 1.** *v/t.* forrar (*mit de*); *e–n Text ~* poner letra a; **2.** *adj.* inferior (*j–m a alg.; an dat. en*); ⁲**legenheit** *f* inferioridad *f*; '⁲**leib** *m* (bajo) vientre *m*; abdomen *m*; ⁲**leibs-...:** *in Zssgn* ⚥ abdominal; **~'liegen** (sn) sucumbir; ser vencido; *fig.* estar sujeto a; *keinem Zweifel ~* no admitir duda; '⁲**lippe** *f* labio *m* inferior; **~'malen** *fig.* acompañar; ⁲**malung** ♪ *f* fondo *m* musical; **~'mauern** cimentar (*a. fig.*); '**~mengen**, **~'mischen** (entre)mezclar; '⁲**miete** *f* subarriendo *m*; '⁲**mieter** *m* subinquilino *m*, realquilado *m*; **~'mi'nieren** minar (*a. fig.*).

unter'nehm|en emprender; ⁲**en** *n* (6) empresa *f*; **~end** emprendedor; ⁲**er** *m* (7) empresario *m*; ⁲**ung** *f* empresa *f*; ⁲**ungsgeist** *m*, ⁲**ungslust** *f* espíritu *m* emprendedor; **~ungslustig** emprendedor; activo, dinámico.

'**Unter'offizier** *m* suboficial *m*; ⁲**ordnen:** (*sich*) *~* subordinar(se); someter(se); **~'ordnung** *f* subordinación *f*; **~pfand** *n* prenda *f*; **~'redung** *f* conversación *f*; entrevista *f*.

Unterricht ['--riçt] *m* (3) enseñanza *f*; instrucción *f*; (*Stunden*) clases *f/pl.*, lecciones *f/pl.*; *der ~ fällt aus* no hay clase; ⁲**en** [--'riçtən] enseñar; dar clases; *j–n:* instruir; *fig. ~ über* (*ac.*) informar sobre, enterar de.

'**Unterrichts-...:** *in Zssgn oft* de enseñanza; **~briefe** *m/pl.* lecciones *f/pl.* por correspondencia; **~fach** *n* asignatura *f*; **~ministerium** *n* Ministerio *m* de Educación y Ciencia;

Unterzeug

~raum *m* clase *f*, aula *f*; ~stoff *m* materia *f* (de enseñanza); ~stunde *f* lección *f*, clase *f*; ~wesen *n* enseñanza *f*.

Unter'richtung *f* información *f*; instrucción *f*.

'Unterrock *m* combinación *f*; enaguas *f/pl.*

unter'|sagen prohibir; interdecir; 2satz *m* soporte *m*; base *f*; pie *m*; (Sockel) zócalo *m*, pedestal *m*; (Teller) platillo *m*; ~schätzen subestimar.

unter'scheid|en distinguir; discernir; diferenciar; ~end distintivo; 2ung *f* distinción *f*; diferenciación *f*; 2ungsmerkmal *n* signo *m* od. rasgo *m* distintivo; 2ungsvermögen *n* discernimiento *m*.

'Unter|schenkel *m* pierna *f*; ~schicht *f* capa *f* inferior; sozial: clase *f* baja; 2schieben meter debajo; *fig.* imputar.

Unterschied ['--ʃiːt] *m* (3) diferencia *f*; distinción *f*; im ~ zu a diferencia de; 2lich distinto; diferente; 2slos indistintamente; sin distinción.

unter'|schlagen *Geld*: sustraer; malversar; defraudar; *Brief*: interceptar; 2schlagung *f* sustracción *f*; malversación *f*; defraudación *f*; 2schlupf ['--ʃlupf] *m* (3³) refugio *m*; abrigo *m*; ~schlüpfen refugiarse; cobijarse; ~schreiben firmar; *fig.* suscribir; ~schreiten quedar debajo de; '2schrift *f* firma *f*; *e-s Bildes*: leyenda *f*; '~schwellig subliminal; '2seeboot *n* submarino *m*; '~see-isch submarino; '2seite *f* lado *m* inferior; '2setzer *m* posavasos *m*; salvamanteles *m*; ~setzt [--'zetst] regordete, rechoncho; '~sinken (sn) sumergirse, hundirse; ~spülen socavar; '~st (el) más bajo; *das 2e zuoberst kehren* volver lo de arriba abajo; '2stand 𝄪 *m* abrigo *m*; refugio *m*; ~stehen *j-m*: estar subordinado a; depender de; *sich* ~ *zu* atreverse a; '~stellen poner od. colocar debajo de; *(sich)* ~ poner(se) al abrigo; ~'stellen subordinar; *(annehmen)* suponer; *(zuschreiben)* atribuir; imputar; 2stellung *f* subordinación *f*; imputación *f*; suposición *f*; ~streichen subrayar (*a. fig.*); 2stufe *f* grado *m* inferior; primer grado *m*.

unter'stütz|en apoyar; respaldar; *(helfen)* ayudar, socorrer; *(fördern)* favorecer; fomentar; subvencionar; 2ung *f* apoyo *m*; respaldo *m*; ayuda *f*, socorro *m*; fomento *m*; *finanzielle*: subsidio *m*, subvención *f*; 2ungsempfänger *m* beneficiario *m* de un subsidio.

unter'suchen examinar; 𝄪 *a.* reconocer; *Gepäck*: registrar; *(erforschen)* investigar; 🜚 analizar; 🜚 indagar, pesquisar.

Untersuchung [--'zuːxuŋ] *f* examen *m*; registro *m*; investigación *f*; 🜚 análisis *m*; 𝄪 reconocimiento *m*; indagación *f*, pesquisa *f*; *e-e ~ einleiten gegen* formar expediente a; ~ausschuß *m* comisión *f* investigadora; ~sgefangene(r) *m* preso *m* preventivo; ~shaft *f* prisión *f* preventiva; ~srichter *m* juez *m* instructor *od.* de instrucción.

Unter'tagebau 🛠 *m* explotación *f* subterránea.

unter'tan ['--taːn] *(nur pred.) j-m*: sumiso; sometido; 2tan *m* (8 *u.* 12) súbdito *m*; ~tänig ['--tɛːnɪç] sumiso; humilde; 2tasse *f* platillo *m* (*fliegende* volante); ~tauchen sumergir; zambullir; *fig.* desaparecer; esconderse; ~teil *n od. m* parte *f* inferior; ~'teilen subdividir; 2teilung *f* subdivisión *f*; 2temperatur 𝄪 *f* hipotermia *f*; 2titel *m* subtítulo *m* (*a. Film*); *mit* ~ *n* subtitulado; 2ton *m fig.* matiz *m*; ~'tunneln construir un túnel debajo de; ~vermieten realquilar; subarrendar; ~versichert insuficientemente asegurado; 2versicherung *f neol.* infraseguro *m*; ~wandern infiltrarse (en); 2'wanderung *f* infiltración *f*; 2wäsche *f* ropa *f* interior; 2'wasser...: *in Zssgn oft* submarino; 2'wassermassage *f* masaje *m* subacuático; 2'wassersport *m* submarinismo *m*; ~wegs [--'veːks] en el camino; durante el viaje; ~'weisen instruir; 2'weisung *f* instrucción *f*; 2'welt *f* infiernos *m/pl.*; *fig.* bajos fondos *m/pl.*; ~'werfen: *(sich)* ~ someter(se); *fig.* sujetar; 2'werfung *f* sumisión *f*; sujeción *f* (*unter ac. a*); ~'würfig ['--'vyrfɪç] sumiso; servil; 2'würfigkeit *f* sumisión *f*; servilismo *m*.

unter'zeichn|en firmar; 2er(in *f*) *m* firmante *su*.; *Pol*. signatario *m*; 2ete(r) *m* (18) infrascrito *m*, abajo firmante *m*; 2ung *f* firma *f*.

'Unter|zeug *n* ropa *f* interior; 2-

ziehen poner debajo; *Kchk.* incorporar; ²**ziehen** someter; *sich ~ (dat.)* someterse a; *e-r Aufgabe:* encargarse de.

'**Un|tiefe** *f* bajo fondo *m*; bajío *m*; **~tier** *n* monstruo *m*; '²**tragbar** insoportable; **~trainiert** desentrenado; '²**trennbar** inseparable.

untreu desleal; infiel; *sich (dat.) selbst ~ werden* desmentir su carácter; **²e** *f* deslealtad *f*; infidelidad *f*.

'**un|tröstlich** inconsolable; **~trüglich** ['-'try:klɪç] infalible; **~tüchtig** incapaz; inútil; **²tugend** *f* vicio *m*; mala costumbre *f*.

unüber|brückbar ['-'?y:bər'brykba:r] *fig.* insuperable; *Gegensatz:* inconciliable; **~legt** ['---le:kt] irreflexivo; atolondrado; inconsiderado; **²legtheit** *f* irreflexión *f*; **~'sehbar** inmenso; incalculable; **~'setzbar** intraducible; **~'sichtlich** poco claro; complejo; intrincado; *Gelände:* de difícil orientación; **~'tragbar** intransferible; **~'trefflich** insuperable; **~'troffen** inigualado; sin par; **~'windlich** invencible. *Schwierigkeit:* insuperable, insalvable.

unum|gänglich ['-'?um'gɛnlɪç] indispensable; imprescindible; **~schränkt** ['--'ʃrɛŋkt] ilimitado; absoluto; **~'stößlich** ['--'ʃtø:slɪç] irrefutable; irrevocable; incontestable; **~stritten** ['--'ʃtrɪtən] indiscutido; **~wunden** ['--'vʊndən] franco; *adv.* sin rodeos.

ununterbrochen ['-'?ʊntər'brɔxən] continuo; *adv.* sin interrupción.

'**unver-'änder|lich** invariable; inalterable; inmutable; constante; **~t** inalterado; *adv.* sin cambiar; como siempre.

'**unver-'antwortlich** irresponsable; imperdonable; **²keit** *f* irresponsabilidad *f*.

'**unver-'arbeitet** sin labrar; tosco; (en) bruto; *fig.* no asimilado; **~'äußerlich** inalienable; inajenable; **~'besserlich** incorregible; **~'bindlich** sin compromiso; *(unfreundlich)* poco amable; **~'blümt** seco; crudo; *adv.* sin rodeos *od.* tapujos; **~'braucht** *fig.* bien conservado; **~'brennbar** incombustible; **~'brüchlich** ['-fɛr'bryçlɪç] inviolable; inquebrantable; *Gehorsam:* ciego; **~'bürgt** no confirmado; **~'daulich** indigesto *(a. fig.)*; '**daut** mal digerido *(a. fig.)*; **~'derblich** incorruptible; **~'dient** inmerecido; **~'dorben** en buen estado; *fig.* incorrupto; puro; inocente; **~'drossen** infatigable; **~'dünnt** sin diluir; **~'ehelicht** soltero; **~'eidigt** no jurado; **~'einbar** incompatible; '²**~einbarkeit** *f* incompatibilidad *f*; **~'fälscht** verdadero; legítimo, auténtico; puro; **~'fänglich** inocente; inofensivo; *adv.* sin segunda intención; **~'froren** descarado; F fresco; '²**frorenheit** *f* descaro *m*; F frescura *f*; **~'gänglich** imperecedero; inmortal; **~'gessen** inolvidable; **~'geßlich** inolvidable; **~'gleichlich** incomparable; inigualable; **~'hältnismäßig** desproporcionado; excesivo; **~'heiratet** soltero; **~'hofft** inesperado; imprevisto; *adv.* de improviso; **~'hohlen**, **~'hüllt** *fig.* franco, sincero; *adv.* sin disimulo; **~'käuflich** invendible; **~'kennbar** inequívoco; evidente; **~'langt** no solicitado; **~'letzbar**, **~'letzlich** invulnerable; *fig.* inviolable; '²**letzlichkeit** *f* invulnerabilidad *f*; *fig.* inviolabilidad *f*; **~'letzt** ileso; sano y salvo; **~'lierbar** imperdible; **~'mählt** soltero; **~'meidlich** inevitable; **~'mindert** sin disminuir; **~'mischt** puro, sin mezcla; **~'mittelt** súbito; brusco; *adv.* de repente; **²mögen** *n* incapacidad *f*; impotencia *f*; **~'mögend** incapaz; *(arm)* sin fortuna; **~'mutet** imprevisto; **²nunft** *f* insensatez *f*; imprudencia *f*; **~'nünftig** irracional, insensato; imprudente; **~'öffentlicht** inédito; **~'packt** † sin embalar; a granel; **~'richteterdinge** ['-fɛrrɪçtətər'dɪŋə] sin haber logrado su propósito; con las manos vacías; **~'rückbar** firme; inquebrantable; **~'schämt** desvergonzado, descarado, insolente; *er Kerl* sinvergüenza *m*; '²**schämtheit** *f* descaro *m*; desvergüenza *f*; insolencia *f*; **~'schließbar** que no se puede cerrar con llave; **~'schlossen** no cerrado; **~'schuldet** inmerecido; † libre de deudas; **~'sehens** de improviso; **~'sehrt** ileso, incólume; intacto; **~'sichert** no asegurado; **~'siegbar** ['--'zi:kba:r] inagotable; **~'siegelt** sin sello; **~'söhnlich** irreconciliable; implacable; intransigente; **~'sorgt** ['--'zɔrkt] desamparado; ²**stand** *m* falta *f* de juicio; **~'standen** incomprendido;

unzutreffend

'~ständig irreflexivo, atolondrado; '~ständlich ininteligible, incomprensible; '~steuert libre de impuestos *od.* derechos; '~sucht: *nichts* ~ *lassen* no perdonar medio; '~träglich intratable, insociable; (*unvereinbar*) incompatible; 2träglichkeit *f* insociabilidad *f*; incompatibilidad *f*; '~wandt fijo; '~wechselbar inconfundible; '~wehrt: *es ist Ihnen* ~ *zu* (*inf.*) es Vd. muy dueño de (*inf.*); '~wundbar invulnerable; '~wüstlich indestructible; muy robusto; '~zagt intrépido; '~zeihlich imperdonable; '~zinslich sin interés; '~zollt sin pagar derechos; ~züglich ['--'tsy:kliç] inmediato; *adv.* en el acto; sin demora.

'unvoll|-'endet inacabado; incompleto; '~kommen imperfecto; incompleto; defectuoso; '2kommenheit *f* imperfección *f*; '~ständig incompleto.

'unvor|bereitet desprevenido; improvisado; *adv.* sin preparación; ~eingenommen sin prejuicios; imparcial; ~hergesehen imprevisto; ~sichtig imprudente, incauto; 2sichtigkeit *f* descuido *m*, imprudencia *f*; '~stellbar inimaginable; ~teilhaft desventajoso; ~ *wirken* hacer mal efecto.

unwägbar ['-'vɛːkbɑːr] imponderable.

'unwahr falso; inexacto; '~haftig mentiroso; insincero; 2heit *f* falsedad *f*; mentira *f*; *die* ~ *sagen* faltar a la verdad, mentir.

'unwahrscheinlich improbable, inverosímil; F *fig.* increíble; 2keit *f* improbabilidad *f*.

'un|wandelbar inmutable; invariable; ~wegsam ['-'veːkzaːm] intransitable; impracticable; '~weiblich impropio de la mujer; poco femenino; ~weigerlich ['-'vaɪgərliç] inevitable; *adv.* sin falta; '~weit (*gen.*) cerca de; '~wert indigno (*gen.* de); '2wesen *n* abuso(s) *m*(*pl.*); *sein* ~ *treiben* hacer de las suyas; '~wesentlich insignificante; irrelevante; de poca importancia; '2wetter *n* temporal *m*; borrasca *f*; tempestad *f*; (*Gewitter*) tormenta *f*; '~wichtig insignificante; irrelevante; de poca importancia; ~ *sn* no tener importancia.

'unwider|legbar irrefutable; '~ruf-lich irrevocable; ~stehlich ['-'viːdər-'[teːliç] irresistible.

unwiederbringlich ['---'brɪŋliç] irrecuperable; *Verlust:* irreparable; ~ *verloren* perdido para siempre.

'Unwille *m* indignación *f*; (*Ärger*) enojo *m*; 2ig **1.** *adj.* indignado (*über ac.* de, por); enojado; ~ *werden* indignarse; enojarse; **2.** *adv.* de mala gana; 2kommen indeseable; inoportuno; 2kürlich ['-'vɪlky:rliç] involuntario; maquinal; automático; *adv. a.* sin querer.

'unwirk|lich irreal; ~sam ineficaz; inoperante.

unwirsch ['-vɪrʃ] de mal humor; brusco; desabrido.

'unwirt|lich inhospitalario, inhóspito; ~schaftlich poco económico; antieconómico.

'unwissen|d ['-visənt] ignorante; 2heit *f* ignorancia *f*; ~schaftlich poco científico; ~tlich inconscientemente; sin saberlo.

'unwohl indispuesto; *ich fühle mich* ~ no me siento bien; 2sein *n* indisposición *f*.

'un|wohnlich poco confortable; ~würdig indigno (*gen.* de); 2zahl *f* sinnúmero *m*; infinidad *f*; 2zählig ['-'tseːliç] innumerable, incontable; ~zähmbar indomable; ~zart poco delicado.

Unze ['untsə] *f* (15) onza *f*.

'Unzeit *f*: *zur* ~ a deshora; 2gemäß pasado de moda; anacrónico.

'unzer|brechlich, '~reißbar irrompible; '~störbar indestructible; '~'trennlich inseparable.

'un|ziemlich inconveniente; indecente; ~zivilisiert no civilizado; bárbaro; 2zucht *f* impudi(ci)cia *f*, deshonestidad *f*; (*gewerbsmäßige*: prostitución *f*; ~züchtig impúdico; lascivo; obsceno; pornográfico.

'unzu|frieden descontento; 2friedenheit *f* descontento *m*; ~gänglich inaccesible; ~länglich insuficiente; deficiente; 2länglichkeit *f* insuficiencia *f*; deficiencia *f*; ~lässig inadmisible; ilícito; ɟtɟ improcedente; ~rechnungsfähig irresponsable (de sus acciones); 2rechnungsfähigkeit *f* irresponsabilidad *f*; ~reichend insuficiente; ~sammenhängend incoherente; ~ständig incompetente; ~träglich perjudicial (a); ~treffend inexacto; erróneo; ~ver-

unzuverlässig 952

lässig inseguro, dudoso; *j.*: informal; de poca confianza; **₂verlässigkeit** *f* informalidad *f*; falta *f* de seriedad.

'**un|zweckmäßig** inoportuno; poco conveniente *od.* indicado; contraproducente; **₂zweideutig** inequívoco; claro; '₂'**zweifelhaft** indubable; *adv.* sin duda.

üppig ['ypɪç] exuberante; lozano; abundante; opulento; *Mahl:* opíparo; *(schwelgerisch)* voluptuoso; ~ *leben* vivir a cuerpo de rey; **₂keit** *f* exuberancia *f*, lozanía *f*; abundancia *f*; opulencia *f*; voluptuosidad *f*.

Ur *Zo.* [uːr] *m* (3) uro *m*; '~**abstimmung** *f* referéndum *m*; '~**ahn(e)** *f* *m* bisabuelo (-a) *m* (*f*); *die* ~*en* los antepasados; '₂-**alt** muy viejo; vetusto.

Uran 🜚 [u'rɑːn] *n* (3¹) uranio *m*; **₂haltig** uranífero.

uraufführ|en ['uːr?auffyːrən] estrenar; **₂ung** *f* estreno *m* absoluto.

'**urbar** cultivable; laborable; ~ *machen* roturar; **₂machung** *f* roturación *f*; roza *f*.

'**Ur|bevölkerung** *f*, ~**bewohner** *m/pl.* habitantes *m/pl.* primitivos; aborígenes *m/pl.*; ~**bild** *n* prototipo *m*; original *m*; **₂-eigen** inherente, muy personal; ~**enkel(in** *f*) *m* bisnieto (-a) *m* (*f*); ~**fassung** *f* versión *f* original; '₂**ge'mütlich** muy acogedor; ~**geschichte** *f* prehistoria *f*; ~**gestein** *n* roca *f* primitiva; ~**groß|eltern** *pl.* bisabuelos *m/pl.*; ~**großvater** *m* (~**großmutter** *f*) bisabuelo (-a) *m* (*f*).

Urheber ['-heːbər] *m* autor *m*; ~**recht** *n* derechos *m/pl.* de autor; derecho *m* de la propiedad intelectual; ~**schaft** *f* autoría *f*; ~**schutz** *m* protección *f* de la propiedad intelectual.

Urin [u'riːn] *m* (3¹) orina *f*; **₂ieren** orinar.

Urkund|e ['uːrkʊndə] *f* documento *m*; título *m*; instrumento *m*; *notarielle:* escritura *f*; ~**enfälschung** *f* falsedad *f* en documentos; falsificación *f* de documentos; **₂lich** ['-tlɪç] documental; ~ *belegen* documentar.

Urlaub ['-laʊp] *m* (3) vacaciones *f/pl.*; ⚔ licencia *f*, permiso *m*; *auf* ~ *sn* estar de vacaciones (⚔ de permiso); ~**er** ['--bər] *m* (7) turista *m*; *neol.* vacacionista *m*; ⚔ soldado *m* con permiso; ~**sgeld** *n* suplemento *m* por vacaciones; ~**sschein** ⚔ *m* permiso *m*, licencia *f*.

'**Urmensch** *m* hombre *m* primitivo.

Urne ['ʊrnə] *f* (15) urna *f*.

Urolo|ge [uro'loːgə] *m* (13) urólogo *m*; ~**gie** [--lo'giː] (15, *o. pl.*) urología *f*.

ur|plötzlich ['uːr'plœtslɪç] de repente; '₂**quell** *m* fuente *f* (primitiva); '₂**sache** *f* causa *f*; (*Anlaß*) motivo *m*; *keine* ~! de nada, no hay de qué; *alle* ~ *haben zu* tener sobrada razón para; '~**sächlich** causal; '₂**schrift** *f* original *m*; '₂**sprache** *f* lengua *f* primitiva *od.* original; '₂**sprung** *m* origen *m*; procedencia *f*; '~'**sprünglich** primitivo; original; *fig.* natural; '₂**sprungszeugnis** *n* certificado *m* de origen.

Urteil ['ʊrtaɪl] *n* (3) juicio *m*; (*Meinung*) parecer *m*, opinión *f*; ⚖ sentencia *f*, fallo *m*; (*Gutachten*) dictamen *m*; **₂en** (25) juzgar (*über ac.* de); ⚖ sentenciar, fallar; (*meinen*) opinar; ~**sbegründung** ⚖ *f* considerandos *m/pl.*; ~**sfähig** competente (para juzgar); ~**skraft** *f* discernimiento *m*; juicio *m*; ~**sspruch** *m* sentencia *f*; fallo *m*; ~**svollstreckung** *f* ejecución *f* de la sentencia.

Ur|text ['uːrtɛkst] *m* (texto *m*) original *m*; ~**tierchen** ['-tiːrçən] *n/pl.* protozoarios *m/pl.*; **₂tümlich** primitivo; ~**ur-enkel** *m* tataranieto *m*; ~**ur-großvater** *m* tatarabuelo *m*; ~**wald** *m* selva *f* virgen; **₂wüchsig** ['-vyːksɪç] primitivo; original; *j.*: de pura cepa; natural; ~**zeit** *f* tiempos *m/pl.* primitivos; ~**zeugung** *f* generación *f* espontánea; ~**zustand** *m* estado *m* primitivo.

Usur|pation [uzurpa'tsjoːn] *f* usurpación *f*; ~**pator** [--'paːtɔr] *m* (8¹) usurpador *m*; **₂pieren** usurpar.

Utensilien [uten'ziːljən] *pl. uv.* utensilios *m/pl.*; enseres *m/pl.*

Utop|ie [uto'piː] *f* (15) utopía *f*; **₂isch** [-'toːpɪʃ] utópico; ~**ist** [-to'pɪst] *m* (12) utopista *m*.

uzen F ['uːtsən] (27) embromar; F tomar el pelo.

V

V, v [faʊ] *n* V, v *f*.
Vagabund [vaga'bʊnt] *m* (12) vagabundo *m*, *Arg.* atorrante *m*; ℒ**ieren** [---'diːrən] vagabundear.
vage ['vɑːɡə] impreciso; vago.
vakan|t [va'kant] vacante; ℒ**z** [-'kants] *f* (16) (plaza *f*) vacante *f*.
Vakuum ['vɑːkuʔʊm] *n* (9²) vacío *m*; ℒ**verpackt** envasado al vacío.
Valuta [va'luːta] *f* (16²) moneda *f* extranjera.
Vamp [vɛmp] *m* (11) vampiresa *f*; **~ir** ['vampiːr] *m* (3¹) vampiro *m*.
Vandall|e [van'dɑːlə] *m* (13), ℒ**isch** vándalo (*a. fig.*).
Vanille [va'nɪljə] *f* (15, *o. pl.*) vainilla *f*.
Vari|ante [-ri'antə] *f* (15) variante *f*; **~ation** [--a'tsjoːn] *f* variación *f*; **~eté** [--e'teː] *n* (11) teatro *m* de variedades, music-hall *m*; ℒ**ieren** variar.
Vasall [-'zal] *m* (12) vasallo *m*; **~entum** *n* vasallaje *m*.
Vase ['vɑːzə] *f* (15) florero *m*; *große*: jarrón *m*.
Vaselin [vazə'liːn] *n* (3¹, *o. pl.*), **~e** *f* (15, *o. pl.*) vaselina *f*.
Vater ['fɑːtər] *m* (7¹) padre *m*; **~haus** *n* casa *f* paterna; **~land** *n* patria *f*; ℒ**ländisch** ['--lɛndɪʃ] nacional; patrio; **~landsliebe** *f* amor *m* a la patria, patriotismo *m*; ℒ**landsliebend** patriótico.
väterlich ['fɛːtərlɪç] paterno; paternal; **~erseits** ['---zɔrzaɪts] de parte del padre; paterno.
vater|los ['fɑːtərloːs] huérfano (*a. fig.* de padre); ℒ**mord** *m* parricidio *m*; ℒ**mörder** *m* parricida *m*; ℒ**schaft** *f* paternidad *f*; ℒ**stadt** *f* ciudad *f* natal; ℒ**stelle** *f*: **~** *vertreten bei* hacer las veces de padre con; ℒ**-'unser** *n* (7) Padrenuestro *m*.
Vege|tarier(in *f*) [veɡe'tɑːrjər(ɪn)] *m* (7), ℒ**tarisch** vegetariano (-a) *m* (*f*); **~tation** [--ta'tsjoːn] *f* vegetación *f*; ℒ**tativ** [---'tiːf] vegetativo; ℒ**tieren** vegetar.
Vehikel [-'hiːkəl] *n* (7) vehículo *m*; *desp.* cacharro *m*.

Veilchen ['faɪlçən] *n* (6) violeta *f*; ℒ**blau** violado, de color violeta.
Veitstanz ♪ ['faɪtstants] *m* (3², *o. pl.*) baile *m* de San Vito, corea *f*.
Vene ['veːnə] *f* (15) vena *f*; **~n-entzündung** *f* flebitis *f*.
ven|erisch [ve'neːrɪʃ] venéreo; **~ös** [-'nøːs] venoso.
Ventil [vɛn'tiːl] *n* (3¹) válvula *f*; ♪ pistón *m*; *fig.* válvula *f* de escape; **~ation** [-tila'tsjoːn] *f* ventilación *f*; **~ator** [--'lɑːtɔr] *m* (8¹) ventilador *m*; ℒ**ieren** ventilar (*a. fig.*).
verab|reden [fɛr'ʔapreːdən] concertar; convenir; *sich* **~** apalabrarse; citarse; ℒ**redung** *f* cita *f*; **~reichen** dar, entregar; ♯ administrar; **~scheuen** detestar; aborrecer; abominar; **~scheuenswert** detestable; aborrecible; **~schieden** [-'-ʃiːdən] (26) despedir; ⚔ licenciar; *Gesetz*: votar; aprobar; *sich* **~** despedirse (*von* de); ℒ**schiedung** *f* despedida *f*; ⚔ licenciamiento *m*; *Gesetz*: votación *f*; aprobación *f*.
ver-'achten despreciar, menospreciar.
Verächt|er [-'ʔɛçtər] *m* (7) despreciador *m*; ℒ**lich** despreciable; desdeñoso, despectivo.
Ver-'achtung *f* desprecio *m*, menosprecio *m*, desdén *m*.
ver-'albern F (29) tomar el pelo (*a*).
ver-allge'meiner|n (29) generalizar; ℒ**ung** *f* generalización *f*.
ver-'alt|en (26, sn) envejecer; pasar de moda; **~et** anticuado; pasado de moda.
Veranda [ve'randa] *f* (16²) veranda *f*.
veränder|lich [fɛr'ʔɛndərlɪç] variable; ℒ**lichkeit** *f* variabilidad *f*; **~n** cambiar, mudar; modificar; *sich* **~** cambiar; ℒ**ung** *f* cambio *m*; modificación *f*.
verängstigt [-'ʔɛŋstɪçt] azorado; asustado.
ver-'ankern ⚓ anclar; *fig.* cimentar.
veran|lagen [-'ʔanlɑːɡən] (25) *Steuer*: tasar, estimar; **~lagt** [-'-lɑːkt]: **~** *sn für* tener talento *od.* dotes para; ℒ**lagung** *f Steuer*: tasa-

veranlassen

ción *f*, estimación *f*; 🔖 predisposición *f*; *geistige*: disposición *f*; (*Begabung*) don *m*; talento *m*; ~**lassen** (28) ocasionar, originar; motivar; (*anordnen*) disponer; *j-n zu et.* ~ inducir a alg. a hacer a/c.; *das Nötige* ~ tomar las medidas oportunas; ♀**lassung** *f* causa *f*; motivo *m*; *auf* ~ (*gen.*) por iniciativa, por orden de; ~**schaulichen** [-'-ʃauliçən] (25) ilustrar; ♀**schaulichung** *f* ilustración *f*; ~**schlagen** (25) tasar, estimar, evaluar (*auf ac.* en); ~**stalten** [-'-ʃtaltən] (26) organizar; ♀**stalter(in** *f*) *m* (7) organizador(a) *m* (*f*); ♀**staltung** *f* organización *f*; *feierliche*: acto *m*; *gesellschaftliche*: reunión *f*; *sportliche*: concurso *m*.

ver-'antwort|en responder de; *sich* ~ justificarse (*wegen* de); ~**lich** responsable (*für* de); ♀**ung** *f* responsabilidad *f*; *die* ~ *übernehmen* responsabilizarse (*für* de); *j-n zur* ~ *ziehen* pedir cuentas a alg.; *auf meine* ~ bajo mi responsabilidad; *auf eigene* ~ a propio riesgo; ~**ungsbewußt** consciente de su responsabilidad; ~**ungslos** irresponsable; ~**ungsvoll** de gran responsabilidad.

veräppeln F [-'ʔɛpəln] (29) *s. veralbern*.

ver-'arbeit|en elaborar, transformar; *fig.* asimilar; ♀**ung** *f* elaboración *f*, transformación *f*; *fig.* asimilación *f*.

ver'arg|en [-'ʔargən] (25) tomar a mal; ~**'ärgern** irritar; disgustar.

verarm|en [-'ʔarmən] (25, sn) empobrecer(se); ♀**ung** *f* empobrecimiento *m*; depauperación *f*.

verästeln [-'ʔɛstəln] (29): *sich* ~ ramificarse; ♀**ung** *f* ramificación *f*.

ver-'aus|gaben (25): *sich* ~ apurar sus recursos; *fig.* agotar sus fuerzas; vaciarse; ~**lagen** (25) desembolsar; adelantar.

ver-'äußer|n (29) enajenar; ♀**ung** *f* enajenación *f*.

Verb [vɛrp] *n* (5²) verbo *m*; ♀**al** [-'baːl] verbal.

verballhornen [fɛr'balhɔrnən] (25) mutilar; desfigurar.

Ver'band *m* (3³) (*Verein*) asociación *f*; federación *f*; ✕ unidad *f*; vendaje *m*; ~**(s)kasten** *m* botiquín *m*; ~**(s)päckchen** *n* paquete *m* de curación; ~**(s)platz** ✕ *m* hospital *m* de sangre; ~**(s)watte** *f* algodón *m* hidrófilo; ~**(s)zeug** *n* vendajes *m/pl.*

ver'bann|en desterrar; ♀**ung** *f* destierro *m*.

ver'barrika'dieren levantar barricadas; ~**'bauen** (*versperren*) obstruir; *Geld*: gastar en construcciones; (*schlecht bauen*) construir mal; *die Aussicht* ~ quitar la vista; ~**be-'amten** (26) *neol.* funcionarizar; ~**'beißen** reprimir, contener, disimular; *sich in et.* ~ obstinarse en a/c.; ~**'bergen** esconder, ocultar; encubrir.

ver'besser|n mejorar; perfeccionar; corregir; enmendar; ♀**ung** *f* mejora (-miento *m*) *f*; perfeccionamiento *m*; corrección *f*; enmienda *f*; ~**ungsfähig** mejorable.

ver'beug|en: *sich* ~ hacer una reverencia, inclinarse; ♀**ung** *f* reverencia *f*, inclinación *f*.

ver'beulen (25) abollar; ~**'biegen** torcer; doblar; deformar; ~**'bieten** prohibir; vedar; ~**'bildet** deformado; desfigurado.

ver'billig|en (25) abaratar; ♀**ung** *f* abaratamiento *m*.

ver'bind|en unir, juntar, ligar; reunir; enlazar; asociar; 🔖 *u. Augen*: vendar; 🎵 combinar; ⊕ conectar; ⊕ ensamblar; acoplar; empalmar; *Fernspr.* poner (en comunicación); *sich* ~ unirse, aliarse; ~**lich** [-'bintliç] obligatorio; (*gefällig*) complaciente, amable; ~**sten Dank** muchísimas gracias; ♀**lichkeit** *f* obligación *f*; (*Gefälligkeit*) complacencia *f*, amabilidad *f*.

Ver'bindung *f* unión *f*; enlace *m* (*a. Vkw.*); reunión *f*; asociación *f*; (*Beziehung*) relación *f*; contacto *m*; 🎵 combinación *f*; *Fernspr.* comunicación *f*; ⚡ conexión *f*; ⊕ empalme *m*; *in* ~ *stehen mit* estar en contacto con; *Zimmer*: comunicar con; *sich mit j-m in* ~ *setzen* ponerse al habla *od.* en contacto con alg.; *neol.* contactar con alg.; ~**smann** *m* enlace *m*; ~**sstück** ⊕ *n* pieza *f* de unión.

ver'bissen [-'bisən] encarnizado, obstinado; ♀**bissenheit** *f* encarnizamiento *m*; obstinación *f*; ~**bitten**: *sich* (*dat.*) ~ no admitir, no consentir.

verbitter|n [-'bitərn] (29) amargar; ~**t** amargado; ♀**ung** *f* amargura *f*.

verblassen [-'blasən] (28, sn) palidecer; perder el color, desteñirse.

Verbleib [-'blaɪp] *m* (3, *o. pl.*) paradero *m*; ♀**en** [-'-bən] quedar; per-

ver'blend|en (*betören*) cegar, deslumbrar; △ revestir; ~et obcecado, ciego; ℒ**ung** *f* ceguedad *f*, ofuscación *f*; △ revestimiento *m*.
verbleuen F [-'blɔyən] (25) moler a palos.
verblichen [-'bliçən] descolorido; (*tot*) fallecido.
verblöd|en [-'blø:dən] (26, sn) entontecer; ~et idiota, imbécil; ℒ**ung** *f* entontecimiento *m*.
verblüff|en [-'blyfən] (25) desconcertar; ~end desconcertante; asombroso; ~t perplejo, estupefacto; ℒ**ung** *f* perplejidad *f*, estupefacción *f*.
ver'|blühen (25, sn) marchitarse; ~**blümt** [-'bly:mt] disimulado; velado; ~'**bluten** (sn) desangrarse.
ver'bohr|en: *sich* ~ *in* (*ac.*) aferrarse a; ~**t** obstinado, testarudo; ℒ**theit** *f* obstinación *f*, testarudez *f*.
ver'borgen 1. *v/t*. prestar; **2.** *adj.* escondido, oculto; secreto; ℒ**heit** *f* oscuridad *f*; clandestinidad *f*.
Verbot [-'bo:t] *n* (3) prohibición *f*.
verbrämen [-'brɛ:mən] (25) guarnecer (*mit* de); *fig.* disimular.
Ver'brauch *m* (3, *o. pl.*) consumo *m*; ℒ**en** consumir; gastar; ~**er**(**in** *f*) *m* (7) consumidor(a) *m* (*f*); ~**erpreis** *m* precio *m* al consumidor; ~**erschutz** *m* protección *f* al consumidor; ~**sgüter** *n/pl*. bienes *m/pl*. de consumo.
ver'brechen 1. *v/t.*: *et.* ~ cometer un crimen; **2.** ℒ *n* (6) crimen *m*.
Ver'brecher(**in** *f*) *m* (7) criminal *su.*; delincuente *su.*; ~**album** *n* fichero *m* de delincuentes; ~**isch** criminal; ~**tum** *n* criminalidad *f*.
ver'breit|en difundir; divulgar; propagar; *Geruch*: despedir; *sich* ~ *über* (*ac.*) extenderse sobre; ~**ern** (29) ensanchar; ℒ**erung** *f* ensanche *m*; ~**et** popular; corriente, general(izado); ℒ**ung** *f* difusión *f*; divulgación *f*; propagación *f*.
ver'brenn|en *v/t.* (*v/i.* [sn]) quemar (-se); *Tote*: incinerar; ℒ**ung** *f* combustión *f*; ✠ quemadura *f*; (*Leichen*ℒ) incineración *f*, cremación *f*; ℒ**ungsmotor** *m* motor *m* de combustión interna; ℒ**ungs-ofen** *m* horno *m* crematorio.
ver'brieft [-'bri:ft] documentado; ~'**bringen** pasar.
verbrüder|n [-'bry:dərn] (29): *sich* ~ fraternizar; ℒ**ung** *f* (con)fraternización *f*.
ver'|brühen: (*sich*) ~ escaldar(se); ~'**buchen** † sentar (en los libros); *fig.* apuntarse; ~'**bummeln 1.** *v/t.* perder (por descuido); olvidar; *Zeit*: desperdiciar; **2.** *v/i.* (sn) echarse a perder; ~'**bunden** unido; *ich bin Ihnen sehr* ~ le quedo muy agradecido; ~**bünden** [-'byndən] (25): *sich* ~ aliarse, unirse; confederarse; ℒ'**bundenheit** *f* solidaridad *f*; ℒ'**bundete**(**r**) *m* (18) aliado *m*; ℒ'**bundglas** *n* vidrio *m* laminado.
ver'bürg|en garantizar; *sich* ~ *für* responder de; ~**erlichen** (25) aburguesarse; ~**t** garantizado; acreditado; auténtico.
ver'|büßen cumplir; expiar; ~**chromen** [-'kro:mən] (25) cromar.
Verdacht [-'daxt] *m* (3, *o. pl.*) sospecha *f* (*auf ac.* de); recelo *m*; *j-n in* ~ *haben* sospechar de alg.; ~ *erregen* (*schöpfen*) inspirar (concebir) sospechas.
verdächtig [-'dɛçtiç] sospechoso; ~**en** [-'---gən] (25) sospechar de; *j-n e-r Sache* ~ imputar a/c. a alg.; ℒ**ung** *f* sospecha *f*.
verdamm|en [-'damən] (25) condenar; ~**enswert** condenable; ℒ**nis** *f* perdición *f*; ~**t** maldito; ℒ**ung** *f* condenación *f*.
ver'dampf|en *v/t.* (*v/i.* [sn]) evaporar (-se); ℒ**er** *m* (7) evaporador *m*; ℒ**ung** *f* evaporación *f*.
ver'danken deber (*j-m et.* a/c. a alg.); ~**darb** [-'darp] *s.* verderben; ~**dattert** F [-'datərt] perplejo.
verdau|en [-'dauən] (25) digerir (*a. fig.*); ~**lich** digestible; digerible; *leicht* ~ de fácil digestión; *schwer* ~ indigesto; ℒ**ung** *f* digestión *f*; ℒ**ungs...:** *in Zssgn oft* digestivo; ℒ**ungsbeschwerden** *f/pl.*, ℒ**ungsstörung** *f* trastorno *m* digestivo, indigestión *f*.
Ver'deck *n* (3) *Kfz*. capota *f*; ℒ**en** cubrir; tapar; *fig.* ocultar.
ver'denken: *ich kann es ihm nicht* ~ no puedo censurarle por ello.
Verderb [-'dɛrp] *m* (3) pérdida *f*; ruina *f*; ℒ**en** [-'-bən] **1.** *v/t.* (30) echar a perder; deteriorar; estropear; *Freude*: turbar; *Fest*: aguar; *sittlich*: pervertir, corromper, depravar; *sich den Magen* ~ coger una indigestión; *es mit j-m* ~ enemistarse con alg.; **2.** *v/i.*

(30, sn) deteriorarse; echarse a perder; perderse; ~en n perdición f; ruina f; ins ~ stürzen perder; arruinar; ℒenbringend funesto, fatal; ℒlich [-'-pliç] Ware: perecedero, corruptible; fig. pernicioso; funesto; ~nis f (14²) depravación f; corrupción f; perversión f; ℒt depravado; corrupto; perverso; ~theit f perversidad f.

verdeut|lichen [-'dɔytliçən] (25) aclarar; ~schen [-'-ʃən] (25) traducir al alemán.

ver|dichten [-'dɪçtən] condensar; solidificar; concentrar (a. fig.); ℒer m compresor m; ℒung f condensación f; solidificación f; concentración f.

ver|dicken [-'dɪkən] (25) espesar; ~'dienen ganar; fig. merecer; sein Brot ~ ganarse la vida.

Verdienst [-'di:nst] (3²): a) n mérito m; b) m ganancia f; beneficio m; (Lohn) sueldo m, salario m; ~ausfall m pérdida f de ganancias; ~spanne f margen m de ganancia od. de beneficio; ℒvoll meritorio; benemérito.

verdient [-'di:nt] merecido; Person: de mérito; sich ~ machen um merecer bien de; s-e ~e Strafe bekommen llevar su merecido.

ver|dingen [-'dɪŋən] (25, part. pt. a. verdungen): sich ~ entrar al servicio de; ~'dolmetschen interpretar; traducir; ~'donnern F condenar.

verdoppel|n [-'dɔpəln] (29) doblar, (re)duplicar; a. fig. redoblar; ℒung f (re)duplicación f (a. fig.).

verdorben [-'dɔrbən] s. verderben; Lebensmittel: podrido; Luft: viciado; fig. corrupto, perverso; e-n ~en Magen haben tener una indigestión; ℒheit f corrupción f.

verdorren [-'dɔrən] (25, sn) secarse.

ver|drängen desalojar; expulsar; a. ⚓ desplazar; aus e-m Amt usw.: desbancar; Psych. reprimir; ℒung f expulsión f; desplazamiento m; Psych. represión f.

ver|dreh|en torcer; fig. tergiversar; falsear; j-m den Kopf ~ volver loco a alg.; ~t excéntrico; F chiflado; ℒung f torcedura f, torsión f; fig. tergiversación f, falseamiento m.

verdreifachen [-'draɪfaxən] (25) triplicar; ~'dreschen F dar una tunda.

verdrieß|en [-'dri:sən] (30) disgustar, enfadar; es sich nicht ~ lassen no desalentarse; no cejar; ~lich malhumorado, de mal humor; et.: molesto; enojoso.

verdro|ß [-'drɔs] s. verdrießen; ~ssen malhumorado; ℒssenheit f mal humor m.

ver|'drücken Kleid: arrugar; F (essen) tragar; F sich ~ despedirse a la francesa; escabullirse; ℒdruß [-'drus] m (4) disgusto m; ~'duften F (sn) esfumarse; ~'dummen [-'dumən] (25) v/t. (v/i. [sn]) abobar(se).

ver'dunk|eln [-'duŋkəln] oscurecer; Glanz: deslucir; Astr. u. fig. eclipsar; ⚓ encubrir; ℒ(e)lung f oscurecimiento m; ⚓ encubrimiento m.

verdünn|en [-'dynən] (25) diluir; Luft: enrarecer; ℒung f dilución f; enrarecimiento m; ℒungsmittel n dilu(y)ente m.

verdunst|en [-'dunstən] (26, sn) evaporarse; ℒung f evaporación f.

ver|'dursten (26, sn) morir(se) de sed; ~'düstern [-'dy:stərn] (29) oscurecer; ~'dutzt [-'dutst] perplejo.

veredel|n [-¹⁹e:dəln] (29) refinar (a. ⊕); ⚘ injertar; Güter: elaborar; ℒung f refinación f; ⚘ injerto m; elaboración f.

ver-'ehr|en venerar, respetar; adorar; j-m et. ~ obsequiar a alg. con a/c.; ℒer(in f) m admirador(a) m (f); adorador(a) m (f); ℒung f veneración f, respeto m; adoración f; Rel. a. culto m; ~ungswürdig venerable.

vereidig|en [-¹⁹aɪdɪgən] (25) juramentar, tomar juramento a; ~t jurado; ℒung f prestación f bzw. toma f de juramento.

Verein [-¹⁹aɪn] m (3) unión f; asociación f; círculo m, club m; sociedad f; im ~ mit en cooperación con, con el concurso de.

vereinbar [-¹⁹aɪnbaːr] compatible; ~en (25) ponerse de acuerdo sobre; convenir, acordar, concertar; sich ~ lassen ser compatible; ℒung f acuerdo m, convenio m; arreglo m.

ver-'ein|en (25) unir; reunir; juntar; mit vereinten Kräften de común esfuerzo; die Vereinten Nationen las Naciones Unidas; ~fachen [-'-faxən] (25) simplificar; ℒfachung f simplificación f; ~heitlichen [-'-haɪtlɪçən] (25) unificar; estandarizar; ~igen (25) unir; reunir; juntar; asociar; sich ~ unirse; juntarse; asociarse; ℒigung f unión f; reunión f; asociación f; ~samen [-'-zaːmən] (25, sn)

Verfremdung

quedar aislado; **samung** f aislamiento m; **~zelt** [-'-tsəlt] aislado; esporádico.

vereis|en [-'ʔaɪzən] (27, sn) helarse, cubrirse de hielo; **ung** f (formación f de) hielo m.

ver|eiteln [-'ʔaɪtəln] (29) frustrar; abortar; hacer fracasar; **~'eitern** (sn) supurar; **~'ekeln** (29): j-m et. ~ quitar a alg. el gusto de a/c.; **~elenden** [-'ʔe:lɛndən] (26, sn) caer en la miseria; **~'enden** (sn) morir; *Tier:* a. reventar.

verenge(r)n [-'ʔɛŋə(r)n] (25 [29]) estrechar; **(er)ung** f estrechamiento m.

ver-'erb|en dejar en herencia: *testamentarisch:* legar; (sich) ~ auf (ac.) transmitir(se) hereditariamente a; **ung** f transmisión f hereditaria; herencia f; **ungslehre** f genética f.

verewigen [-'ʔe:vigən] (25) eternizar; inmortalizar.

ver'fahren 1. v/i. (sn u. h.) proceder, obrar; *mit* j-m ~ tratar a alg.; 2. v/refl.: sich ~ extraviarse, errar el camino; 3. **n** (6) ⊕, ⚕ ⁂ procedimiento m; ⚕ ein ~ einleiten gegen proceder judicialmente contra; **4.** *adj.* embrollado.

Ver'fall m (3, o. pl.) decaimiento m; decadencia f; ruina f; *der Sitten:* corrupción f, depravación f; † vencimiento m, expiración f; caducidad f; *in* ~ geraten decaer; **2en** 1. v/i. decaer (*a.* ☆ u. *fig.*); △ desmoronarse; † vencer, expirar; caducar; ~ auf (ac.) dar en la idea de; er verfiel darauf, zu (inf.) se le ocurrió (la idea de) (inf.); e-r *Sache* ~ entregarse *od.* darse a a/c.; ~ in (ac.) caer en; **2.** *part. pt.* decaído; en ruinas; (*ungültig*) caducado; *dem* Laster ~ entregado al vicio; **~sdatum** n fecha f de caducidad; **~s-erscheinung** f síntoma m de decadencia; **~(s)tag** † m fecha f od. día m de vencimiento.

ver'fälsch|en falsificar; adulterar; alterar; **ung** f falsificación f; adulteración f; alteración f.

ver-'fangen hacer efecto; obrar, pegar; sich ~ enredarse; **fänglich** [-'fɛŋlɪç] *Frage:* capcioso; *Lage:* embarazoso; **~färben:** sich ~ cambiar de color; *Stoff:* desteñirse.

ver'fass|en componer; escribir; redactar; **er(in)f** m (7) autor(a) m(f).

Ver'fassung f estado m; condición f; disposición f; *Pol.* constitución f; **gebend** *Pol.* constituyente; **smäßig** constitucional; **swidrig** anticonstitucional.

ver'faulen (sn) pudrirse.

ver'fechten defender; sostener.

ver'fehl|en errar; perder; no encontrar; *nicht* ~ zu (inf.) no dejar de; **~t** equivocado; fracasado; **ung** f falta f; delito m.

verfeinden [-'faɪndən] (26): sich ~ enemistarse (*mit* con).

verfeiner|n [-'faɪnərn] (29) refinar; pulir (*a. fig.*); **ung** f refinación f; perfeccionamiento m.

ver'femen [-'fe:mən] (25) proscribir; **~'fertigen** fabricar, elaborar.

ver'fett|en echar grasas; **ung** f degeneración f adiposa, adiposis f.

ver'feuern quemar; *Munition:* gastar.

ver'film|en llevar a la pantalla, filmar; **ung** f versión f od. adaptación f cinematográfica; filmación f.

ver'filzen fig. enmarañar; enredar (*a. Haare*).

verfinster|n [-'fɪnstərn] (29) oscurecer; *Astr.* eclipsar; **ung** f oscurecimiento m; *Astr.* eclipse m.

verflachen [-'flaxən] (25, sn) fig. perderse en trivialidades.

ver'flecht|en entrelazar (*a. fig.*); **ung** f entrelazamiento m; fig. interdependencia f.

ver'fliegen (sn) evaporarse; *Zeit:* pasar volando; ⚓ sich ~ desorientarse, perder el rumbo; **~'fließen** (sn) *Zeit:* pasar, transcurrir; **~flixt** [-'flɪkst] maldito; *iron.* dichoso.

ver'fluch|en maldecir; **~t 1.** *adj.* maldito; ~! ¡maldita sea!; **2.** *adv.* F *Endung* -ísimo, z. B. ~ schwierig dificilísimo.

verflüchtigen [-'flʏçtɪgən] (25): sich ~ evaporarse; volatilizarse.

verflüssig|en [-'flʏsɪgən] (25) licuar; **ung** f licuación f, licuefacción f.

Verfolg [-'fɔlk] m (3, o. pl.) curso m, prosecución f; **en** [-'-gən] perseguir (*gerichtlich* judicialmente); fig. proseguir; (*beobachten*) seguir de cerca, observar; *Spur:* seguir; **~er** m (7) perseguidor m; **ung** f persecución f; **~ungswahn** ⚕ m manía f persecutoria.

ver'form|en deformar; **~frachten** [-'fraxtən] (26) despachar, expedir; **fremdung** [-'frɛmdʊŋ] f distancia-

ción *f*; ~**froren** [-'fro:rən] friolero; ~**früht** [-'fry:t] prematuro.
verfüg|bar [-'fy:kba:r] disponible; ~**en** [-'-gən] **1.** *v/t.* disponer, ordenar; decretar; **2.** *v/i.*: ~ **über** (*ac.*) disponer de; (*besitzen*) contar con; *sich* ~ *nach* dirigirse a; **2ung** *f* disposición *f*; decreto *m*; *j-m zur* ~ **stellen** (*stehen*) poner (estar) a la disposición de alg.
ver'führ|en seducir; **2er(in** *f) m* (7) seductor(a) *m* (*f*); ~**erisch** seductor, tentador; **2ung** *f* seducción *f*.
ver'fünffachen [-'fynffaxən] (25) quintuplicar; **2'gabe** *f* adjudicación *f*; ~**'gaffen:** F *sich* ~ *in* (*ac.*) F chiflarse por; ~**gällen** [-'gɛlən] (25) ♮ desnaturalizar; *fig.* amargar; ~**'gammeln** F pudrirse; *a. Person:* echarse a perder.
vergangen [-'gaŋən] pasado; **2heit** *f* pasado *m*; *Gram.* pretérito *m*; (*Vorleben*) antecedentes *m/pl.*
vergänglich [-'gɛnlɪç] pasajero; perecedero; efímero; **2keit** *f* inconstancia *f*; carácter *m* efímero.
vergas|en [-'ga:zən] (27) gasificar; *Kfz.* carburar; (*umbringen*) gasear; **2er** *Kfz. m* (7) carburador *m*; **2ung** *f* gasificación *f*; carburación *f*.
vergaß, vergäße [-'ga:s, -'gɛ:sə] *s.* **vergessen.**
ver'geb|en (*weggeben*) dar; ceder; (*zuerkennen*) adjudicar; *Amt, Stelle:* proveer; (*verzeihen*) perdonar; *du vergibst dir nichts dabei* no te caerán los anillos; ~**ens** en vano; en balde; ~**lich** [-'ge:plɪç] vano, inútil; *adv.* en vano; **2lichkeit** *f* inutilidad *f*; **2ung** [-'-buŋ] *f* perdón *m*; *der Sünden:* remisión *f*.
vergegenwärtigen [-ge:gən'vɛrtɪgən] (25): *sich* (*dat.*) ~ tener presente, figurarse, representarse.
ver'gehen 1. *v/i.* (sn) *Zeit:* pasar, transcurrir; (*verschwinden*) desaparecer; *fig.* ~ *vor* morirse de; *sich* ~ *an* (*dat.*) violar (*ac.*); *sich* ~ *gegen* faltar a, ⚖ contravenir a; **2.** **2** *n* (6) falta *f*; ⚖ delito *m*.
vergeistigen [-'gaɪstɪgən] (25) espiritualizar.
ver'gelt|en *Dienst:* devolver; pagar; (*rächen*) desquitarse de; *Gleiches mit Gleichem* ~ pagar con la misma moneda; **2ung** *f* desquite *m*; revancha *f*; **2ungsmaßnahmen** *f/pl.* represalias *f/pl.*

vergesellschaften [-gə'zɛlʃaftən] (26) socializar.
vergessen [-'gɛsən] (30) olvidar; ~, *et. zu tun* olvidarse de hacer a/c.; *sich* ~ descomedirse; **2heit** *f* olvido *m*; *in* ~ *geraten* caer en el olvido.
vergeßlich [-'gɛslɪç] olvidadizo; **2keit** *f* falta *f* de memoria; *aus* ~ por olvido.
vergeud|en [-'gɔʏdən] (26) despilfarrar, derrochar, disipar; desperdiciar; **2ung** *f* despilfarro *m*; derroche *m*, disipación *f*; desperdicio *m*.
vergewaltig|en [-gə'valtɪgən] (25) violar; **2ung** *f* violación *f*.
vergewissern [--'vɪsərn] (29): *sich* ~ cerciorarse, asegurarse.
ver'gießen derramar; verter.
vergift|en [-'gɪftən] (26) intoxicar; envenenar; **2ung** *f* intoxicación *f*; envenenamiento *m*.
vergilb|en [-'gɪlbən] (25, sn) amarillear; ~**t** [-'-pt] amarillento.
Vergißmeinnicht [-'gɪsmaɪnnɪçt] *n* (3) miosota *f*, nomeolvides *m*.
vergittern [-'gɪtərn] (29) enrejar.
verglas|en [-'gla:zən] (27) acristalar, poner cristales a; **2ung** *f* acristalamiento *m*.
Ver'gleich *m* (3) comparación *f*; paralelo *m* (*ziehen* establecer); parangón *m*; ⚖ arreglo *m*, acuerdo *m*; ajuste *m*; *im* ~ *zu* en comparación con; **2bar** comparable; **2en** comparar (*mit con, a*); parangonar; *Schriftstücke:* cotejar; *sich* ~ ⚖ *u.* ⚖ arreglarse, llegar a un acuerdo; *vergleiche S. 12* véase pág. 12; **2end** comparativo; comparado; **2sweise** comparativamente.
ver'|glimmen, ~**'glühen** (sn) irse extinguiendo.
vergnüg|en [-'gny:gən] (25): (*sich*) ~ divertir(se); distraer(se); **2en** *n* (6) placer *m*; diversión *f*, divertimiento *m*; *zum* ~ para divertirse; *mit* ~! ¡con mucho gusto!; *viel* ~! ¡que se divierta!; ~**lich** [-'-klɪç] divertido; ~**t** [-'-kt] alegre; contento.
Vergnügung [-'-guŋ] *f* diversión *f*; ~**s-park** *m* parque *m* de atracciones; ~**sreise** *f* viaje *m* (⚓ crucero *m*) de placer; ~**sstätte** *f* establecimiento *m* de recreo; ~**ssteuer** *f* impuesto *m* sobre espectáculos; **2ssüchtig** ávido de placeres; ~**sviertel** *n* barrio *m* de diversiones.

ver'gold|en (26) dorar; **ung** f dorado m.
ver'gönnen permitir, conceder.
vergötter|n [-'gœtərn] (29) deificar; idolatrar; **ung** f deificación f; idolatría f.
ver'graben enterrar, soterrar; fig. sich ~ encerrarse; sich ~ in engolfarse en.
ver'gräm|en (25) Wild: espantar; ~**t** acongojado; apenado.
ver|'greifen: sich ~ equivocarse (a. ♪); sich ~ an (dat.) atentar contra; poner la mano en; (stehlen) robar (a/c.); (mißbrauchen) abusar de; ~**griffen** [-'grifən] Buch, Ware: agotado.
vergrößer|n [-'grø:sərn] (29) agrandar, engrandecer; aumentar; amplificar; ampliar (a. Phot.); (erweitern) ensanchar; **ung** f engrandecimiento m; aumento m; amplificación f; ampliación f (a. Phot.); ensanche m; **ungs-apparat** m ampliadora f; **ungsglas** n lente f de aumento, lupa f.
Vergünstigung [-'gynstiguŋ] f preferencia f; privilegio m; ventaja f; ~**en** pl. facilidades f/pl.
vergüt|en [-'gy:tən] (26) compensar, re(e)mbolsar; abonar; (entlohnen) remunerar; j-m et. ~ indemnizar a alg. de a/c.; **ung** f re(e)mbolso m; abono m; remuneración f; indemnización f.
ver'haft|en detener; **ung** f detención f.
ver|'hageln (29, sn) apedrearse; ~**'hallen** ir extinguiéndose; perderse.
ver'halten 1. v/t. retener; contener, reprimir; sich ~ conducirse, portarse; sich ruhig ~ quedarse od. estarse quieto; **2.** **** n conducta f, comportamiento m; **sforschung** f etología f.
Verhältnis [-'hɛltnɪs] n (4¹) relación f; proporción f; (Liebes****) lío m (amoroso); F ligue m; ~**se** pl. circunstancias f/pl.; condiciones f/pl.; situación f; im ~ zu en proporción od. relación a; en comparación con; **mäßig** relativo; proporcional; ~**wahl** f representación f proporcional; ~**wort** Gram. n (1²) preposición f.
Ver'haltung **** f retención f; ~**smaßregeln** f/pl. normas f/pl. de conducta.
ver'hand|eln (29) negociar (über a/c.); deliberar (sobre); discutir (sobre od. a/c.); **** ver una causa; **ung** f negociación f; deliberación f; discusión f; **** vista f (de la causa); **ungsweg** m: auf dem ~ por vía de negociaciones.
verhangen [-'haŋən] Himmel: cubierto; encapotado.
ver'häng|en (25) cubrir; Strafe: infligir, imponer (über ac. a); Belagerungszustand: declarar; **nis** n (4¹) fatalidad f; ~**nisvoll** fatal; funesto.
ver'harmlosen [-'harmlo:zən] (27) minimizar; quitar importancia a; ~**härmt** [-'hɛrmt] acongojado; ~**'harren** permanecer; fig. persistir (bei dat. en); ~**'harschen** [-'harʃən] (27) **** cicatrizarse; Schnee: endurecerse.
ver'härt|en endurecer; **ung** f endurecimiento m; **** induración f.
ver'haspeln (29): sich ~ atascarse, trabucarse; ~**haßt** [-'hast] odioso; odiado (bei de); ~**'hätscheln** mimar.
Verhau [-'hau] m (3) estacada f; (Draht****) alambrada f; **en** F (prügeln) pegar, dar una paliza a; Prüfung: fallar; fig. sich ~ equivocarse.
verheddern F [-'hɛdərn] (29) s. verhaspeln.
verheer|en [-'he:rən] (25) devastar; asolar, desolar; ~**end** asolador; fig. desastroso; **ung** f devastación f; estragos m/pl.
ver|'hehlen (25) encubrir; disimular; ocultar; ~**'heilen** (sn) cicatrizarse; curarse; ~**heimlichen** [-'haɪmlɪçən] (25) disimular, ocultar.
ver'heirat|en: (sich) ~ casar(se); **ung** f casamiento m.
ver'heiß|en prometer; **ung** f promesa f; ~**ungsvoll** prometedor.
ver'helfen: j-m zu et. ~ proporcionar a/c. a alg.
verherrlich|en [-'hɛrlɪçən] (25) enaltecer, glorificar, ensalzar; **ung** f glorificación f; ensalzamiento m.
ver'hexen embrujar.
ver'hinder|n impedir; (vorbeugen) evitar; verhindert sn no poder asistir; **ung** f impedimento m.
ver'höhn|en escarnecer; mofarse de; **ung** f escarnio m; mofa f.
Verhör [-'hø:r] n (3) interrogatorio m; j-n ins ~ nehmen = **en** interrogar; Zeugen: oír; sich ~ entender od. oír mal.
ver|'hüllen cubrir; tapar; a. fig. velar; ocultar; ~**'hungern** (sn) morir(se) de hambre; ~**hunzen** F

verhüten

[-'huntsən] (27) estropear; ~'**hüten** evitar; prevenir.
verhütt|en ⊕ [-'hytən] (26) fundir; ℒung *f* fundición *f*.
Ver'hütung *f* prevención *f*; ♂ *a.* profilaxis *f*; ~**smittel** *n* preservativo *m*; anticonceptivo *m*.
verhutzelt [-'hutsəlt] arrugado.
ver-'irr|en: *sich* ~ extraviarse, perder el camino; ℒung *f* extravío *m*; error *m*; aberración *f*.
ver'jagen ahuyentar (*a. fig.*).
verjähr|en [-'jɛːrən] (25, sn) caducar; ɪ̵ᵗ̵ɪ̵ prescribir; ℒung *f* (ℒungsfrist *f*) (plazo *m* de) prescripción *f*.
ver-'jubeln F despilfarrar.
verjüng|en [-'jyŋən] (25) rejuvenecer; *Maßstab*: reducir; △ *sich* ~ estrecharse, ℒung *f* rejuvenecimiento *m*; reducción *f*; estrechamiento *m*.
ver'kalk|en (25, sn) calcificarse; ♂ esclerosarse; ~**t** calcificado; ♂ esclerótico; F *fig.* chocho; ℒung *f* calcificación *f*; ♂ esclerosis *f*.
ver'kannt [-'kant] *s. verkennen*; ~**kappt** [-'kapt] *fig.* encubierto; ~**kapseln** [-'kapsəln] (29): *sich* ~ enquistarse; ~**katert** [-'kaːtərt]: ~ *sn* F tener resaca.
Ver'kauf *m* (3^3) venta *f*; ℒ**en** vender; *zu* ~ en venta.
Ver'käuf|er(in *f*) *m* (7) vendedor(a) *m*(*f*); ℒ**lich** vendible, en venta; *leicht* ~ de venta fácil.
Verkaufs... [-'kaufs...]: *in Zssgn oft* de venta; ~**preis** *m* precio *m* de venta; ~**stand** *m* puesto *m*.
Verkehr [-'keːr] *m* (3, *o. pl.*) circulación *f*; tráfico *m*; tránsito *m*; ♂ movimiento *m*; operaciones *f*/*pl.*; (*Umgang*) trato *m*; relaciones *f*/*pl.*; *für den* ~ *freigeben Straße*: abrir al tráfico; *aus dem* ~ *ziehen Banknoten*: retirar de la circulación; ℒ**en** 1. *v*/*i*. circular; ~ *bei od. in* frecuentar *ac.*; *mit j-m* ~ tener trato con alg.; *geschlechtlich* ~ tener comercio carnal; 2. *v*/*t*. (*umkehren*) invertir; *Sinn*: tergiversar.
Ver'kehrs|-ader *f* arteria *f*; ~**ampel** *f* semáforo *m*; ~**betriebe** *m*/*pl.* transportes *m*/*pl.* públicos; ~**chaos** *m* caos *m* circulatorio; ~**flugzeug** *n* avión *m* comercial; ~**hindernis** *n* obstáculo *m* a la circulación; ~**insel** *f* refugio *m*; ~**knotenpunkt** *m* nudo *m* de comunicaciones; ~**ministerium** *n* Ministerio *m* de Transportes; ~**mittel** *n* medio *m* de transporte; ~**netz** *n* red *f* de comunicaciones; ~**ordnung** *f* reglamento *m* de la circulación; ~**polizei** *f* policía *f* de tráfico; ~**polizist** *m* agente *m* od. policía *m* de tráfico; ~**regel** *f* norma *f* de circulación; ~**regelung** *f* regulación *f* del tráfico; ℒ**reich** muy frecuentado; ~**schild** *n* señal *f* (vertical) de circulación; ~**stau(ung** *f*) *m*, ~**stockung** *f* embotellamiento *m*, atasco *m*; ~**sünder** *m* delincuente *m* de la circulación; ~**teilnehmer** *m* usuario *m* de la vía pública; ~**unfall** *m* accidente *m* de tráfico; ~**verein** *m* oficina *f* de turismo; ~**weg** [-'veːk] *m* vía *f* de comunicación; ~**wesen** *n* transportes *m*/*pl.*; ℒ**widrig** antirreglamentario; ~**zeichen** *n* señal *f* de tráfico.
ver'kehrt [-'keːrt] invertido; (*falsch*) falso; *adv.* al revés; ~**keilen** ♂ acuñar; F*fig. s. verprügeln*; ~**kennen** no comprender; subestimar; *nicht* ~ no negar.
verkett|en [-'kɛtən] (26) encadenar; *fig.* concatenar; ℒung *f* encadenamiento *m*; *fig.* concatenación *f*.
ver'kitten enmasillar; ~**klagen** ɪ̵ᵗ̵ɪ̵ demandar a, poner pleito a.
ver'klär|en *Rel.* transfigurar (*a. fig.*); ~**t** *Gesicht*: radiante; ℒung *f* transfiguración *f*.
ver'klatschen F denunciar; ~**kleben** pegar; tapar.
ver'kleid|en disfrazar; ⊕ revestir (*mit de*); ℒung *f* disfraz *m*; ⊕ revestimiento *m*.
verkleiner|n [-'klaınərn] (29) empequeñecer (*a. fig.*); disminuir; Ą̈ reducir; ℒung *f* disminución *f*; reducción *f*; ℒ**ungswort** *Gram.* *n* (1^2) diminutivo *m*.
ver'klemmt [-'klɛmt] atascado; *fig.* reprimido; ~**klingen** (sn) ir extinguiéndose; ~**knallen**: F *sich* ~ *in* chalarse por.
verknapp|en [-'knapən] (25, sn) escasear; ℒung *f* escasez *f*.
ver'kneifen F: *sich* (*ac.*) ~ renunciar a; *das Lachen*: contener.
ver'knittern arrugar.
verknöcher|n [-'knœçərn] (29, sn) osificarse; *fig.* anquilosarse; ~**t** *fig.* anquilosado.
ver'knoten anudar.
ver'knüpf|en ligar, enlazar, atar; *fig.* vincular; *logisch*: combinar; *Ideen*:

Verletzung

asociar; ung f enlace m; fig. vinculación f.
ver'kohlen (25) carbonizar; F fig. tomar el pelo a.
verkok|en [-'koːkən] (25) coquizar; ung f coquización f.
ver'kommen 1. v/i. (sn) echarse a perder; depravarse; 2. adj. depravado; heit f depravación f.
ver'korken (25) encorchar, taponar; sen F [-'kɔrksən] (27) estropear.
ver'körpern [-'kœrpərn] (29) personificar, a. Thea. encarnar; ung f personificación f; encarnación f.
ver'krach|en F: sich reñir; t fracasado.
ver'kraften [-'kraftən] (26) poder con; resistir; 'kramen F traspapelar; krampft [-'krampft] crispado; forzado; 'kratzen rayar; 'kriechen: sich esconderse; 'krümeln F: sich largarse; ²'krümmung f deformación f; desviación f; krüppelt [-'krypəlt] lisiado; contrahecho; 'krustet [-'krustət] incrustado; 'kühlen: sich coger frío; 'kümmern desmedrar; ir a menos; atrofiarse.
ver'künd|(ig)en (26 [25]) anunciar; publicar; Gesetz: promulgar; Urteil: pronunciar; igung f anuncio m; publicación f; Mariä: Anunciación f; ung f promulgación f.
ver'kuppeln alcahuetear; prostituir.
ver'kürz|en acortar; (vermindern) reducir (a. Arbeitszeit); ung f acortamiento m; reducción f.
ver'lad|en cargar; embarcar; erampe f muelle m; ung f carga f; embarque m.
Verlag [-'laːk] m (3) editorial f; ern [-'-gərn] cambiar; trasladar; erung f cambio m; traslado m; sbuchhändler m librero m editor; sbuchhandlung f librería f editorial; srecht m derecho m editorial; svertrag m contrato m editorial.
ver'langen 1. (25) pedir (von j-m a); exigir; reclamar; nach et. anhelar (ac.); nach j-m desear ver a alg.; 2. n deseo m; exigencia f; demanda f; auf a petición, a requerimiento.
verlänger|n [-'lɛŋərn] (25) alargar; zeitl. prolongar; prorrogar; ung f alargamiento m; prolongación f; prórroga f; ungsschnur f prolongación f.
verlangsamen [-'laŋzaːmən] (25) retardar; Geschwindigkeit: reducir.
Verlaß [-'las] m (4, o. pl.): es ist kein auf ihn no puede uno fiarse de él.
ver'lassen 1. v/t. dejar; abandonar; Wohnung: desocupar; sich auf (ac.) fiarse de, contar con; 2. adj. abandonado; (hilflos) desamparado; Ort: desierto; (einsam) solitario; heit f abandono m; desamparo m; aislamiento m.
verläßlich [-'lɛsliç] seguro; fiable.
Ver'lauf m (3, o. pl.) curso m; transcurso m; desarrollo m; nach von al cabo de; en pasar; transcurrir; sich perderse, perder el camino; Menge: dispersarse.
verlaust [-'laυst] piojoso.
verlautbar|en [-'laυtbaːrən] (25) publicar; ung f publicación f; notificación f; comunicado m.
ver'lauten (26): lassen manifestar; hacer saber; nichts lassen guardar silencio; es verlautet, daß dicen que, corre la voz que.
ver'leben pasar; t desgastado.
ver'leg|en 1. v/t. trasladar; irrtümlich: extraviar, Papiere: a. traspapelar; (aufschieben) aplazar; (versperren) atajar, cortar; Buch: publicar, editar; Leitung: colocar; tender; sich auf (ac.) dedicarse a; 2. adj. cohibido; azorado; turbado; nie um e-e Antwort sein saber replicar; werden turbarse, cortarse; enheit f confusión f; turbación f; dilema m; (Geld) apuro m; in bringen poner en un apuro; aus der helfen sacar del apuro; er m (7) editor m; ung f traslado m; zeitl. aplazamiento m.
ver'leiden (26): j-m et. quitar a alg. el gusto od. las ganas de a/c.
Verleih [-'laɪ] m (3) alquiler m; en prestar; (vermieten) alquilar; Titel: conferir; Preis: conceder; Recht: otorgar; er(in f) m prestador(a) m (f); ung f concesión f; otorgamiento m.
ver'leiten inducir (zu a); seducir (a); 'lernen desaprender, olvidar; 'lesen leer; dar lectura a; Gemüse: limpiar; sich equivocarse (al leer).
ver'letz|en (27) lastimar; herir (a. fig.); lesionar (a. Interessen); Pflicht: faltar a; violar, infringir; (kränken) ofender; end hiriente; ofensivo; lich vulnerable; te(r) m herido m; ung f lesión f; herida f; violación f; infracción f.

ver'leugnen negar; desmentir.

verleumd|en [-'lɔʏmdən] (26) calumniar, difamar; **2er(in** f) m (7), **~erisch** calumniador(a) m (f); **2ung** f calumnia f, difamación f.

ver'lieb|en: sich ~ in (ac.) enamorarse de; **~t** [-'-pt] enamorado; **2theit** f enamoramiento m.

verlier|en [-'li:rən] (30) perder; **2er** m (7) perdedor m.

Verlies [-'li:s] n (4) calabozo m, mazmorra f.

ver'lob|en: sich ~ prometerse; **~t** [-'lo:pt] prometido; **2te(r** m) su. prometido (-a) m (f), F novio (-a) m (f); **2ung** [-'-buŋ] f esponsales m/pl.; compromiso m matrimonial; **2ungsring** m anillo m de compromiso.

ver'lock|en seducir; tentar; **~end** seductor; tentador; **2ung** f seducción f; tentación f.

verlogen [-'lo:gən] mentiroso; mendaz; **2heit** f mendacidad f.

verloren [-'lo:rən] perdido; **~er Sohn** hijo m pródigo; ~ **geben** dar por perdido; **~gehen** perderse, extraviarse.

ver'löschen (sn) irse extinguiendo.

ver'los|en sortear; **2ung** f sorteo m.

ver'lötlen soldar; **2ung** f

ver'lottern [-'lɔtərn] (29, sn) echarse a perder; degradarse.

Verlust [-'lust] m (3²) pérdida f; (Schwund) merma f; † déficit m; **~e** pl. ※ bajas f/pl.; **~betrieb** m empresa f deficitaria; **2ig:** ~ gehen (gen.) perder (ac.); **~liste** ※ f lista f de bajas; **2reich** ※ sangriento.

ver'machen legar; **2mächtnis** [-'mɛçtnis] n (4¹) legado m.

vermähl|en [-'mɛ:lən] (25): (sich) ~ casar(se); **2ung** f enlace m, casamiento m.

ver|markten [-'marktən] (26) comercializar; **2marktung** f comercialización f; **~masseln** F [-'masəln] (29) echar a perder; **2massung** [-'masuŋ] f masificación f.

ver'mehr|en aumentar, acrecentar; sich ~ aumentar; multiplicarse; crecer; **2ung** f aumento m, incremento m; multiplicación f.

vermeid|bar [-'maɪtbaːr] evitable; **~en** [-'-dən] evitar; **2ung** f evitación f.

ver'mein|en suponer; figurarse; **~tlich** supuesto; presunto.

ver'mengen mezclar; fig. confundir.

Vermerk [-'mɛrk] m (3) nota f; apunte m; **2en** anotar; apuntar; übel ~ tomar a mal.

ver'mess|en 1. v/t. medir; Land: apear; sich ~ zu inf. atreverse a; 2. adj. temerario; **2enheit** f temeridad f; **2ung** f medición f; (Land2) agrimensura f; **2ungs-ingenieur** m geodesta m; **2ungskunde** f geodesia f.

ver'miet|en alquilar; zu ~ se alquila; **2er(in** f) m (7) alquilador(a) m (f); arrendador(a) m (f); **2ung** f alquiler m.

ver'minder|n disminuir; reducir; **2ung** f disminución f; reducción f.

verminen [-'mi:nən] (25) minar.

ver'misch|en mezclar; **2ung** f mezcla f.

ver'mi|ssen echar de menos; Am. extrañar; **2ßte(r)** ※ [-'mɪstə(r)] m desaparecido m.

vermitt|eln [-'mɪtəln] (29) **1.** v/i. mediar; intervenir; **2.** v/t. procurar, facilitar, proporcionar; **~els** (gen.) mediante, por medio de; **2ler** m (7) intermediario m; mediador m; **2ung** f intervención f; mediación f; Fernspr. central f; **2ungsgebühr** f comisión f.

vermodern [-'mo:dərn] (29, sn) pudrirse, corromperse.

vermöge [-'mø:gə] (gen.) en virtud de, mediante (ac.).

ver'mögen 1. v/t. poder, ser capaz de; **2.** **2** n (6) poder m; capacidad f; (Besitz) fortuna f, bienes m/pl.; **~d** adinerado, acaudalado; **2ssteuer** f impuesto m sobre el patrimonio; **2sverwalter** m administrador m de bienes.

vermorscht [-'mɔrʃt] podrido.

vermummen [-'mumən] (25) disfrazar; Gesicht: embozar.

vermut|en [-'mu:tən] (26) suponer; presumir; barruntar; **~lich** presunto; probable; **2ung** f suposición f; presunción f; sospecha f.

vernachlässig|en [-'na:xlɛsigən] (25) descuidar; desatender; **2ung** f descuido m, negligencia f; desatención f; desaliño m.

ver'nageln clavar; **~nähen** coser; **~narben**, [-'narbən] (25, sn) cicatrizarse; **~narrt** [-'nart]: ~ in (ac.) loco por; **~naschen** gastar en golosinas; **~nebeln** [-'ne:bəln] (29) ※ cubrir con niebla artificial; fig. ofuscar.

vernehm|bar [-'ne:mbaːr] percepti-

verrosten

ble; ~**en** percibir, oír; ɹʧ interrogar; ⁀**en** *n*: *dem* ~ *nach* según lo que dicen; ~**lich** perceptible; en voz alta; ⁀**ung** *f* ɹʧ interrogatorio *m*; toma *f* de declaración; ~**ungsfähig** en estado de declarar.

ver'neig|en [-'naɪmən] (25) inclinarse; ~**ung** *f* inclinación *f*.

vernein|en [-'naɪnən] (25) negar; ~**end** negativo; ⁀**ung** *f* negación *f*.

vernicht|en [-'nɪçtən] (26) destruir; aniquilar, anonadar; exterminar; ⁀**ung** *f* destrucción *f*; aniquilamiento *m*; exterminio *m*.

ver|'nickeln [-'nɪkəln] (29) niquelar; ~'**nieten** remachar.

Vernunft [-'nʊnft] *f* (16, *o. pl.*) razón *f*; *zur* ~ *bringen* poner en razón; ~ *annehmen*, *zur* ~ *kommen* entrar en razón; *sentar la cabeza*; ⁀**gemäß** lógico; razonable; ~**grund** *m* argumento *m* racional; ~**heirat** *f* matrimonio *m* de conveniencia.

vernünftig [-'nʏnftɪç] razonable; sensato; juicioso.

veröd|en [-'ˀøːdən] (26, sn) quedar desierto, despoblarse; ⁀**ung** *f* devastación *f*; despoblación *f*.

veröffentlich|en [-'ˀœfəntlɪçən] (25) publicar; ⁀**ung** *f* publicación *f*.

ver-'ordn|en ordenar; decretar; ✣ prescribir, recetar; ⁀**ung** *f* orden(anza) *f*; decreto *m*; ✣ prescripción *f*, receta *f*.

ver|'pacht|en arrendar; ⁀**'pächter(in** *f*) *m* (7) arrendador(a) *m* (*f*); ⁀**'pachtung** *f* arrendamiento *m*.

ver|'pack|en embalar; envasar; ⁀**ung** *f* embalaje *m*; envase *m*.

ver|'pass|en perder; *j-n*: no encontrar; ~**patzen** F [-'patsən] (27) estropear; ~**pesten** [-'pɛstən] (26) apestar; infestar; ~**'petzen** F delatar.

ver|'pfänd|en empeñar; pignorar; ⁀**ung** *f* empeño *m*; pignoración *f*.

ver|'pfeifen F delatar.

ver|'pflanz|en trasplantar; ⁀**ung** *f* trasplante *m*.

ver|'pfleg|en alimentar; abastecer; ⁀**ung** *f* alimentación *f*, comida *f*; abastecimiento *m*; víveres *m/pl.*

verpflicht|en [-'pflɪçtən] (26) obligar; *Thea.* contratar; *sich* ~ *zu* comprometerse a; ⁀**ung** *f* obligación *f*; compromiso *m*.

ver|'pfuschen F chapucear; estropear.

ver|'pimpeln F [-'pɪmpəln] (29) mimar; ~'**plappern**: *sich* ~ irse de la lengua; ~'**plempern** F [-'plɛmpərn] (29) malgastar; desperdiciar; ~**pönt** [-'pøːnt] mal visto; ~'**prassen** derrochar; ~**proviantieren** [-provjan-'tiːrən] abastecer, aprovisionar, avituallar; ~'**prügeln** dar una paliza; ~'**puffen** (sn) deflagrar; detonar; *fig.* acabar en nada; ~**pulvern** [-'pʊlfərn] F (29) (mal)gastar; ~'**pumpen** F prestar; ~**puppen** [-'pʊpən] (25): *sich* ~ transformarse en crisálida *od.* ninfa; ~'**pusten** F: *sich* ~ tomar aliento; ~'**putzen** △ revocar, enlucir; F (*essen*) tragar; ~**qualmt** [-'kvalmt] lleno de humo; ~**quicken** [-'kvɪkən] (25) (entre)mezclar; ~**quollen** [-'kvɔlən] hinchado; ~'**rammeln** atrancar; ~'**ramschen** baratear.

Verrat [-'rɑːt] *m* (3, *o. pl.*) traición *f*; ⁀**en** traicionar; denunciar; *Geheimnis*: descubrir; delatar; *fig.* (*zeigen*) denotar, acusar.

Verräter|(in *f*) [-'rɛːtər(ɪn)] *m* (7) traidor(a) *m* (*f*); ⁀**isch** traidor; traicionero.

ver|'rauchen (sn) evaporarse (*a. fig.*); ~'**räuchern** [-'rɔʏçərn] ahumar.

ver|'rechn|en poner en cuenta; compensar; liquidar; *sich* ~ equivocarse en sus cálculos; *fig.* equivocarse; ⁀**ung** *f* compensación *f*; ✢ *nur zur* ~ para abonar en cuenta; ⁀**ungsscheck** *m* cheque *m* cruzado *od.* barrado.

ver|'recken P (sn) reventar; P diñarla; ~'**regnen** (sn) echarse a perder con la lluvia.

ver|'reis|en (sn) salir *od.* irse de viaje; ~**t:** ~ *sn* estar de viaje.

ver|'reißen F criticar duramente; F poner por los suelos.

verrenk|en [-'rɛŋkən] (25) dislocar; torcer; ⁀**ung** *f* dislocación *f*; torcedura *f*.

ver|'rennen: *sich* ~ *in* (*ac.*) aferrarse a.

ver|'richt|en hacer; ejecutar; ⁀**ung** *f* ejecución *f*; tarea *f*.

ver|'riegeln [-'riːgəln] (29) echar el cerrojo a.

verringer|n [-'rɪŋərn] (29) disminuir, reducir; ⁀**ung** *f* disminución *f*, reducción *f*.

ver|'rinnen (sn) transcurrir, pasar; ~**rohen** [-'roːən] (25) embrutecerse; ~'**rosten** (sn) corroerse; oxidarse;

verrotten 964

~rotten [-'rɔtən] (26, sn) descomponerse; pudrirse.
ver'rucht [-'ruːxt] infame, malvado; ℨheit f infamia f; maldad f.
ver'rück|en cambiar de sitio, remover; **~t** loco; **~ machen** volver loco; **~ sn nach** estar loco por; ℨtheit f locura f; ℨt werden n (6): es ist zum **~** es para volverse loco.
Ver'ruf m (3, o. pl.) descrédito m; in **~** bringen desacreditar; ℨen adj. mal reputado, de mala fama.
ver'|rühren mezclar, remover; **~rußen** cubrirse de hollín.
Vers [fɛrs] m (4) verso m; Rel. versículo m; F ich kann mir keinen **~** darauf machen no me lo explico.
versag|en [fɛr'zaːɡən] 1. v/t. denegar, rehusar; sich et. **~** privarse de a/c.; 2. v/i. fallar; no funcionar; Kräfte usw.: faltar; Person: fracasar; ℨen n fallo m; ⊕ a. avería f; menschliches **~** fallo m humano; ℨer m (7) fallo m; fracaso m; (Person) fracasado m.
ver'salzen salar demasiado; fig. estropear; aguar.
ver'samm|eln reunir; juntar; ℨung f reunión f; asamblea f; Pol. mitin m.
Versand [-'zant] m (3, o. pl.) expedición f; envío m; **~abteilung** f (departamento m de) expedición f; ℨbereit listo para la expedición; ℨen [-'-dən] (26, sn) cubrirse de arena; fig. quedar en nada; **~handel** m venta f por correspondencia od. por correo.
versau|en P [-'zauən] (25) ensuciar; estropear; **~ern** (29) fig. llevar una vida aburrida.
ver'säum|en omitir; (verpassen) perder; Gelegenheit: a. desaprovechar; Pflicht, Schule: faltar a; nicht **~**, zu (inf.) no dejar de; ℨnis n (4¹) omisión f; descuido m; negligencia f; falta f; **~nis-urteil** 🕮 n sentencia f en rebeldía.
Versbau ['fɛrsbau] m (3, o. pl.) versificación f.
ver'schachern F [fɛr'ʃaxərn] vender; **~'schaffen** (25) proporcionar, procurar, facilitar.
verschal|en [-'ʃaːlən] (25) encofrar; ℨung f encofrado m.
ver'schämt [-'ʃɛːmt] avergonzado; vergonzoso; **~schandeln** F [-'ʃandəln] (29) afear; degradar.
ver'schanz|en: sich **~** atrincherarse; fig. a. escudarse (hinter en); ℨung f atrincheramiento m.
ver'schärf|en agravar, agudizar; intensificar; Tempo: acelerar; ℨung f agravación f; intensificación f.
ver'|scharren soterrar; enterrar; **~'scheiden** (sn) fallecer; **~'schenken** regalar, dar; **~'scherzen** perder (por ligereza); **~'scheuchen** [-'ʃɔʏçən] (25) ahuyentar (a. fig.), espantar; **~'scheuern** F vender (barato).
ver'schick|en enviar, expedir; ℨung f envío m, expedición f.
Verschieb|ebahnhof [-'ʃiːbəbaːnhoːf] m estación f de maniobras; ℨen cambiar de sitio (a. refl.), desplazar; zeitl. aplazar; Waren: vender bajo mano; **~ung** f desplazamiento m; zeitl. aplazamiento m.
ver'schieden [-'ʃiːdən] 1. adj. diferente, distinto, pl. **~e** (mehrere) diversos, varios; 2. s. verscheiden; **~artig** distinto, heterogéneo; **~farbig** de varios colores, multicolor; ℨheit f diferencia f; diversidad f; **~tlich** repetidas veces.
ver'schießen 1. v/t. Munition: gastar, agotar; F fig. sich **~** in chalarse por; 2. v/i. Stoff: perder el color, desteñirse.
ver'schiffen embarcar; ℨung f embarque m.
ver'|schimmeln enmohecerse; **~schlacken** [-'ʃlakən] (25) escorificarse; **~'schlafen** 1. v/t. pasar durmiendo; (sich) **~** levantarse demasiado tarde; 2. adj. soñoliento.
Ver'schlag m apartadizo m; cobertizo m; ℨen 1. v/t. revestir de od. cerrar con tablas; Buchseite, Ball: perder; **~ werden nach** ir a parar a; es verschlug ihm die Sprache se quedó de una pieza; 2. adj. taimado, astuto; **~enheit** f astucia f.
verschlamm|en [-'ʃlamən] (25, sn) encenagarse; **~pen** F [-'-pən] (25) perder, extraviar; **~pt** descuidado.
verschlechter|n [-'ʃlɛçtərn] (29) empeorar; sich **~** empeorarse; ℨung f empeoramiento m.
verschleier|n [-'ʃlaɪərn] (29) velar; fig. encubrir; ℨung f encubrimiento m.
verschleimen [-'ʃlaɪmən] (25, sn) obstruir con flema.
Verschleiß [-'ʃlaɪs] m (3²) desgaste m; ℨen (30) desgastar.
ver'schlepp|en j-n: secuestrar; deportar; et.: dar largas a; 🞳 descuidar;

Versendung

curar mal; ⚶**ung** f secuestro m; deportación f.

ver|**schleudern** dilapidar; ✝ malbaratar.

verschließ|**bar** [-'ʃliːsbaːr] con cerradura; ~**en** cerrar (con llave); (einschließen) encerrar; sich e-r Sache ~ no admitir a/c.

verschlimmer|**n** [-'ʃlimərn] (29): (sich) ~ agravar(se); ⚶**ung** f agravación f; empeoramiento m.

ver|'**schlingen** entrelazar; (essen) devorar (a. fig.), tragarse; viel Geld ~ costar un dineral; ~**schlissen** [-'ʃlisən] desgastado (por el uso).

verschlossen [-'ʃlɔsən] cerrado; fig. a. reservado; ⚶**heit** f reserva f.

ver|'**schlucken** tragar; Wort: comerse; sich ~ atragantarse (an dat. con); ⚶'**schluß** m cierre m; Phot. obturador m; e-r Flasche: tapón m; ✱ oclusión f; unter ~ halten guardar bajo llave; ~**schlüsseln** [-'ʃlysəln] (29) cifrar; ⚶'**schlußlaut** Gram. m (consonante f) oclusiva f; ~'**schmachten** morirse (vor de); ~'**schmähen** despreciar, desdeñar.

ver|'**schmelz|en 1.** v/t. fundir; fig. a. amalgamar; ✝ fusionar; **2.** v/i. (sn) fundirse; ⚶**ung** f fundición f; a. ✝ fusión f.

ver|'**schmerzen** consolarse de; olvidar; ~'**schmieren** Loch: tapar; Papier: emborronar.

verschmitzt [-'ʃmitst] socarrón; pícaro; ⚶**heit** f socarronería f.

ver|'**schmutz|en** v/t. (v/i. [sn]) ensuciar(se); Umwelt: contaminar; ⚶**ung** f ensuciamiento m; der Umwelt: contaminación f, polución f.

ver|'**schnauf|en** (sich) ~ tomar aliento; ⚶**pause** f respiro m.

ver|'**schnei|den** Stoff: cortar mal; Wein: mezclar; Tier: castrar, capar; Baum: podar; ✝ nevado.

Ver|'**schnitt** [-'ʃnit] m (Wein usw.) mezcla f; ⚶**schnörkelt** [-'ʃnœrkəlt] florido; ⚶**schnupft** [-'ʃnupft] acatarrado, constipado; fig. amoscado, picado; ⚶'**schnüren** atar (con cuerda), encordelar; ⚶'**schollen** [-'ʃɔlən] ~ sn haber desaparecido; ⚶'**schonen** respetar; dejar en paz; perdonar la vida a.

verschöner|**n** [-'ʃøːnərn] (29) embellecer, hermosear; ⚶**ung** f embellecimiento m.

ver|'**schossen** [-'ʃɔsən] Farbe: desteñido; F fig. ~ in chalado por; ~**schränken** [-'ʃrɛŋkən] (25) Arme: cruzar; ~'**schrauben** atornillar; ~'**schreiben** Tinte: gastar; ✱ recetar, prescribir; ⚖ legar; sich ~ equivocarse al escribir; fig. sich e-r Sache (dat.) ~ entregarse a a/c.; ~**schrien** [-'ʃriːn]: ~ sn als tener fama de.

verschroben [-'ʃroːbən] excéntrico; ⚶**heit** f excentricidad f.

ver|'**schrotten** [-'ʃrɔtən] (26) desguazar; ~'**schrumpfen** (sn) arrugarse; ~**schüchtert** [-'ʃʏçtərt] intimidado.

ver|'**schuld|en** tener la culpa de; causar; ⚶**en** n culpa f, falta f; ~**et** endeudado; ⚶**ung** f endeudamiento m.

ver|'**schütt|en** derramar; ~**et:** ~ werden quedar sepultado.

ver|'**schwägert** [-'ʃvɛːgərt] emparentado; ~'**schweigen** silenciar; pasar en silencio; ocultar.

verschwend|**en** [-'ʃvɛndən] (26) prodigar, disipar; dilapidar, derrochar; a. Zeit: desperdiciar; ⚶**er(in** f) m (7), ~**erisch** pródigo (a) m (f), derrochador(a) m (f), disipador(a) m (f); ⚶**ung** f disipación f, derroche m, despilfarro m; ⚶**ungssucht** f prodigalidad f.

verschwiegen [-'ʃviːgən] callado, reservado; discreto; ⚶**heit** f reserva f, discreción f.

ver|'**schwimmen** (sn) desdibujarse; confundirse (in con).

ver|'**schwinden 1.** v/i. (sn) desaparecer; F eclipsarse; ~ lassen escamotear; **2.** ⚶ n desaparición f; ~**d:** ~ klein diminuto; microscópico.

ver|'**schwitzen** F fig. olvidarse de; ~**t** sudoroso.

verschwommen [-'ʃvɔmən] vago; nebuloso; Bild usw.: borroso.

ver|'**schwör|en:** sich ~ conspirar, conjurarse, confabularse; ⚶**er(in** f) m (7) conspirador(a) m (f), conjurado (-a) m (f); ⚶**ung** f conjuración f, conspiración f, complot m.

versehen **1.** v/t. Amt usw.: desempeñar, ejercer; ~ mit dotar de, proveer de; sich ~ (irren) equivocarse; ehe man sich's versieht cuando menos se piensa; (im Nu) en un santiamén; **2.** ⚶ n equivocación f, error m; descuido m, inadvertencia f; aus ~ = ~**tlich** por equivocación, por descuido.

ver|'**send|en** expedir, enviar, despachar; ⚶**ung** f expedición f, envío m.

ver'sengen chamuscar, quemar.

versenk|bar [-'zɛŋkba:r] sumergible; **~en** sumergir; ⚓ hundir; echar a pique; *sich ~ in* (*ac.*) sumirse *od.* abismarse en; **2ung** *f* sumersión *f*; hundimiento *m*; *Thea.* escotillón *m*.

ver'sessen [-'zɛsən]: *~ auf* (*ac.*) empeñado en; loco por; **2heit** *f* empeño *m*.

ver'setz|en, trasladar (*a. Beamte*); ♂ trasplantar; *Schüler*: hacer pasar al curso siguiente; *Schlag*: asestar, propinar; (*entgegnen*) replicar; (*vermischen*) mezclar; *als Pfand*: empeñar; ♀ *j-n ~ Dar* esquinazo *od.* un plantón a alg.; *in Angst usw. ~* causar (*ac.*); *nicht versetzt werden Schüler*: tener que repetir el curso; **2ung** *f* traslado *m*; (*Schule*) paso *m* al curso siguiente; (*Pfand*) empeño *m*; (*Mischung*) mezcla *f*; **2ungszeichen** ♪ *n* accidente *m*.

verseuch|en [-'zɔyçən] (25) infestar, contaminar; **2ung** *f* infestación *f*; contaminación *f*.

Versfuß ['fɛrsfu:s] *m* pie *m* (de verso).

Versicher|er [fɛr'ziçərər] *m* (7) asegurador *m*; **2n** ♀ asegurar; (*behaupten*) aseverar, afirmar; **~te(r** *m*) *su.* (18) asegurado (-a) *m* (*f*); **~ung** *f* ♀ seguro *m*; (*Behauptung*) aseveración *f*, afirmación *f*.

Versicherungs... [-'---ruŋs...]: *in Zssgn oft* de seguro; **~gesellschaft** *f* compañía *f* de seguros; **~nehmer** *m* contratante *m*; **~pflicht** *f* obligatoriedad *f* del seguro; **~police** *f* póliza *f* de seguro; **~prämie** *f* prima *f* de seguro; **~summe** *f* suma *f* asegurada; **~vertrag** *m* contrato *m* de seguro.

ver'sickern rezumar(se); **~siegeln** sellar; (*mit Lack*) lacrar; **~'siegen** secarse; *fig.* agotarse.

versiert [vɛr'zi:rt] versado.

ver'silber|n [fɛr'zilbərn] (29) platear; F *fig.* hacer dinero de; **~'sinken** hundirse, sumergirse; ⚓ irse a pique; *fig.* perderse; *in Gedanken ~* ensimismarse; **~sinnbildlichen** [-'zinbiltliçən] (25) simbolizar.

Version [vɛr'zjo:n] *f* versión *f*.

versklaven [fɛr'skla:vən] (25) esclavizar.

Vers|lehre ['fɛrsle:rə] *f* métrica *f*; **~maß** *n* metro *m*.

versöhn|en [fɛr'zø:nən] (25) reconciliar; *sich ~* reconciliarse, hacer las paces; **~lich** conciliador; **2ung** *f* reconciliación *f*.

ver'sonnen meditabundo; ensimismado; soñador.

ver'sorg|en proveer, abastecer, aprovisionar (*mit de*); ✝ surtir (*mit de*); suministrar (*ac.*); (*sorgen für*) cuidar de; **2er** *m* (7) sostén *m* de la familia; **~t** provisto (*mit de*); *Gesicht*: preocupado; *gut ~ sn* tener el futuro asegurado; **2ung** *f* suministro *m*; abasto *m*, abastecimiento *m*; aprovisionamiento *m*.

verspät|en [-'ʃpɛ:tən] (26): *sich ~* retrasarse; llegar tarde; **~et** con retraso; tardío; **2ung** *f* retraso *m*; *~ haben* llevar retraso.

ver'speisen comer, consumir; **~'sperren** cerrar; obstruir; *Tür*: atrancar; *Weg*: atajar; *Aussicht*: quitar.

ver'spiel|en perder en el juego; **~t** juguetón.

ver'spott|en burlarse de, mofarse de; escarnecer; **2ung** *f* burla *f*, mofa *f*; escarnio *m*.

ver'sprech|en prometer; *sich ~* equivocarse (*al hablar*); *sich viel ~ von* esperar mucho de; **2en** *n*, **2ung** *f* promesa *f*.

ver'spreng|en *a.* ⚔ dispersar; **~t** disperso.

ver'spritzen esparcir; derramar; **~'sprühen** pulverizar; atomizar; **~'spüren** sentir, experimentar; *Folgen*: resentirse de.

verstaatlich|en [-'ʃta:tliçən] (25) nacionalizar; **2ung** *f* nacionalización *f*.

Verstädterung [-'ʃtɛtəruŋ] *f* urbanización *f*.

Verstand [-'ʃtant] *m* (3, *o. pl.*) entendimiento *m*; inteligencia *f*; intelecto *m*; (*Urteilskraft*) juicio *m*; *den ~ verlieren* perder el juicio; *nicht recht bei ~ sein* no estar en su juicio; *das geht über meinen ~* no lo comprendo, F eso no me entra; **2esmäßig** intelectual; **~esmensch** *m* hombre *m* cerebral; intelectual *m*; **~esschärfe** *f* perspicacia *f*, penetración *f*.

verständ|ig [-'ʃtɛndiç] inteligente; razonable, sensato; juicioso; **~en** [-'---gən] (25) enterar, informar (*von de*); *sich ~* entenderse; (*sich einigen*) ponerse de acuerdo; **2ung** *f* acuerdo *m*; arreglo *m*; *Fernspr.* comunicación *f*.

verständlich [-'ʃtɛntliç] inteligible;

comprensible; *schwer* ~ difícil de entender; *allgemein* ~ al alcance de todos; *sich* ~ *machen* hacerse entender.

Ver'ständnis [-'nis] *n* (4¹) comprensión *f*; entendimiento *m*; ~ *haben für* comprender (*ac.*); **♀los** incomprensivo; *adv.* sin comprender nada; **♀voll** comprensivo.

ver'stärk|en reforzar (*a.* ⊕, ⚔ *u.* *Phot.*); ∮ amplificar; (*vermehren*) aumentar; intensificar; **♀er** ∮ *m* amplificador *m*; **♀ung** *f* refuerzo *m* (*a.* ⚔); aumento *m*; intensificación *f*; ∮ amplificación *f*.

ver'stauben (sn) cubrirse de polvo.

verstauch|en [-'ʃtauxən] (25): *sich den Fuß* ~ torcerse el pie; **♀ung** *f* torcedura *f*.

ver'stauen ⚓ arrumar; estibar; F guardar.

Versteck [-'ʃtɛk] *n* (3) escondrijo *m*; ~ *spielen* jugar al escondite (*a. fig.*); **♀en** esconder (*vor dat.* de); ocultar (*vor dat.* a); *sich* ~ esconderse; ~**spiel** *n* juego *m* de escondite; **♀t** escondido; *fig.* oculto; velado.

ver'stehen entender (*unter dat.* por); comprender; (*können*) saber; *sich* ~ *entenderse*; *zu* ~ *geben* dar a entender; *sich auf et.* ~ entender de a/c.; *sich* ~ *zu* consentir en, prestarse a; *das versteht sich von selbst* eso se sobrentiende.

ver'steif|en ⊕ reforzar (*sich* ~ ∮ ponerse rígido *od.* tieso; *fig.* endurecerse; *fig. sich* ~ *auf* (*ac.*) obstinarse en, aferrarse a; **♀ung** *f* ⊕ refuerzo *m*; ∮ anquilosis *f*; *fig.* obstinación *f*.

ver'steigen: *sich* ~ extraviarse en la montaña; *fig. sich* ~ *zu* atreverse a.

ver'steiger|n subastar, rematar; *Am.* licitar; *öffentlich* ~ vender en pública subasta; **♀ung** *f* subasta *f*, remate *m*; *Am.* licitación *f*.

ver'steiner|n *v/i.* (29, sn) petrificarse; **♀ung** *f* petrificación *f*; fósil *m*.

ver'stell|bar ajustable, regulable, graduable; orientable; ~**en** ajustar, regular; *Möbel usw.*: cambiar de sitio, trasladar; (*versperren*) obstruir, cerrar; *Schrift, Stimme*: desfigurar; *sich* ~ disimular; fingir; **♀ung** *f* disimulo *m*.

ver'steuern pagar impuestos por.

verstiegen [-'ʃtiːɡən] extravagante; **♀heit** *f* extravagancia *f*.

ver'stimm|en *fig.* disgustar; poner de mal humor; ~**t** ♪ desafinado, destemplado; *fig.* de mal humor; disgustado; **♀ung** *f fig.* mal humor *m*; desavenencia *f*.

verstockt [-'ʃtɔkt] obstinado; **♀heit** *f* obstinación *f*.

verstohlen [-'ʃtoːlən] furtivo, clandestino; *adv.* con disimulo.

ver'stopf|en obstruir; cegar; *Loch*: tapar; taponar; ♣ estreñir; **♀ung** *f* obstrucción *f*; ♣ estreñimiento *m*; *Vkw.* embotellamiento *m*, atasco *m*.

ver'storben [-'ʃtɔrbən] difunto, fallecido; ~**stört** [-'ʃtøːrt] asustado; alterado; trastornado.

Ver'stoß *m* (3² *u.* ³) falta *f* (*gegen a*); contravención *f* (*gegen a*); **♀en 1.** *v/t.* expulsar; *Frau*: repudiar; **2.** *v/i.* ~ *gegen* faltar a; contravenir a; infringir (*ac.*); ~**ung** *f* expulsión *f*; repudio *m*.

ver'streb|en △ apuntalar; **♀ung** *f* apuntalamiento *m*.

ver'streichen 1. *v/t. Butter usw.*: extender; *Fuge*: tapar; **2.** *v/i.* (sn) transcurrir, pasar; *Frist*: vencer; ~'**streuen** dispersar, esparcir; ~'**stricken**: *sich* ~ enredarse (*in ac.* en).

verstümmel|n [-'ʃtyməln] (29) mutilar (*a. fig.*); **♀ung** *f* mutilación *f*.

verstummen [-'ʃtumən] (25, sn) enmudecer, callarse; *fig.*: cesar.

Versuch [-'zuːx] *m* (3) tentativa *f*, intento *m* (*a.* 🕮); (*Probe*) prueba *f*, ensayo *m*; *Phys. usw.*: *a.* experimento *m*; **♀en** probar (*a. kosten*), ensayar; (*verlocken*) tentar; ~ *zu inf.* intentar, procurar (*inf.*); tratar de; ~**er** *m* (7) tentador *m*; ~**sballon** *m* globo *m* sonda (*a. fig.*); ~**skaninchen** *n* conejillo *m* de Indias (*a. fig.*); ~**s-person** *f* sujeto *m* (de experimentación); ~**s-reihe** *f* serie *f* experimental; ~**s-tier** *n* animal *m* experimental *od.* de experimentación; **♀sweise** a título de ensayo *od.* prueba; ~**ung** *f* tentación *f*; *in* ~ *führen* tentar.

versumpfen [-'zumpfən] (25, sn) empantanarse; F *fig.* encenagarse.

ver'sündig|en: *sich* ~ pecar (*an dat.* contra); **♀ung** *f* pecado *m*.

ver'sunken [-'zuŋkən] s. *versinken*; *fig.* ~ *in* (*ac.*) absorto en; ~'**süßen** endulzar; *fig. a.* dulcificar; *fig. Pille*: dorar.

ver'tagen aplazar (*auf ac.* hasta); **♀ung** *f* aplazamiento *m*.

vertäuen

vertäuen ⚓ [-'tɔyən] (25) amarrar.
ver'tauschen cambiar (*gegen* por); (*verwechseln*) confundir (*mit* con).
verteidig|en [-'taɪdɪgən] (25) defender; ⚑**er** *m* (7) defensor *m* (*a.* 🏛); *Sport*: defensa *m*; ⚑**ung** *f* defensa *f*; ⚑**ungs...**: *in Zssgn* defensivo; ⚑**ungsminister(ium** *n*) *m* Ministro *m* (Ministerio *m*) de Defensa.
ver'teil|en distribuir; repartir; *sich* ~ dispersarse; ⚑**er** *m* (7) repartidor *m*; *a.* ⊕ distribuidor *m*; ⚑**ung** *f* distribución *f*; reparto *m*.
verteuer|n [-'tɔyərn] (29) encarecer; ⚑**ung** *f* encarecimiento *m*.
verteufelt [-'tɔyfəlt] endiablado, endemoniado.
vertief|en [-'ti:fən] (25) ahondar, profundizar; *sich* ~ *in* (*ac.*) absorberse en; engolfarse en; ⚑**ung** *f* ahondamiento *m*; profundización *f*; (*Grube*) hoyo *m*; (*Mulde*) hondonada *f*; (*Höhlung*) hueco *m*.
vertieren [-'ti:rən] (25, sn) embrutecerse.
vertikal [vɛrti'ka:l] vertical.
vertilg|en [fɛr'tɪlgən] destruir; exterminar; F comerse; ⚑**ung** *f* destrucción *f*, exterminación *f*, exterminio *m*.
verton|en [-'to:nən] (25) poner en música, *neol*. musicar; ⚑**ung** *f* puesta *f* en música.
vertrackt F [-'trakt] complicado.
Vertrag [-'tra:k] *m* (3³) contrato *m*; convenio *m*; *Pol*. tratado *m*; ⚑**en** [-'-gən] (*ertragen*) aguantar, resistir; (*dulden*) soportar; *sich* (*gut*) ~ llevarse bien; *Sachen*: ser compatible; ⚑**lich** [-'tra:klɪç] contractual; *adv*. por contrato.
verträglich [-'trɛːklɪç] tratable; sociable; complaciente; conciliante.
Vertrag|sbruch [-'tra:ksbrʊx] *m* violación *f* del contrato; ⚑**sbrüchig**: ~ *werden* violar un contrato; ⚑**schließend** contratante; ⚑**sgemäß** conforme al contrato; ⚑**shändler** *m* concesionario *m*; ⚑**s-partner** *m* (parte *f*) contratante *m*; ⚑**sstrafe** *f* pena *f* contractual.
ver'trauen 1. *v/i*. confiar (*j-m od. auf ac.* en alg. *od. a/c.*); **2.** ⚑ *n* confianza *f* (*auf*, *zu* en); *im* ~ en confianza, confidencialmente; *im* ~ *auf* (*ac.*) confiando en; ~ *haben zu* tener confianza en; ~**erweckend** que inspira confianza; ⚑**sbruch** *m* abuso *m* de confianza; ⚑**smann** *m* hombre *m* de confianza; confidente *m*; ⚑**ssache** *f* asunto *m* confidencial; ~**sselig** crédulo; ~**svoll** confiado; ⚑**svotum** *n* voto *m* de confianza; ~**swürdig** (digno) de confianza.
ver'traulich confidencial; familiar, íntimo; ⚑**keit** *f* familiaridad *f*, intimidad *f*.
ver'träumt soñador.
vertraut [-'traʊt] íntimo; familiar; ~ *sn mit* conocer a fondo (*ac.*); *sich* ~ *machen mit* familiarizarse con; ⚑**e(r** *m*) *su*. confidente *su.*; ⚑**heit** *f* intimidad *f*; familiaridad *f*.
ver'treib|en desalojar; expulsar; *fig*. ahuyentar; † vender; distribuir; *sich* (*dat.*) *die Zeit* ~ pasar el tiempo; ⚑**ung** *f* desalojamiento *m*; expulsión *f*.
ver'tret|bar justificable; ~**en** representar; (*ersetzen*) re(e)mplazar, sustituir; *Meinung*: sostener; defender; F *sich* (*dat.*) *die Beine* ~ F estirar las piernas; *sich den Fuß* ~ torcerse el pie; ⚑**er(in** *f*) *m* (7) representante *su*. (*a.* ✝); sustituto (-a) *m* (*f*), suplente *su.*; ⚑**ung** *f* representación *f*; sustitución *f*.
Vertrieb [-'tri:p] ✝ *m* (3) venta *f*; distribución *f*; ~**ene(r)** [-'-benə(r)] *m* expulsado *m*.
ver|'trinken gastar en bebidas; ~**'trocknen** (sn) secarse; ~**'trödeln** *Zeit*: perder; ~**'trösten** entretener con (vanas) promesas; ~**'tun** malgastar, desperdiciar; *sich* ~ equivocarse; ~**'tuschen** disimular, encubrir; ~**'übeln** (29) tomar a mal; ~**'üben** cometer, perpetrar; ~**'ulken** F burlarse de; embromar.
verun|glimpfen [-'ʔʊnglɪmpfən] (25) denigrar, difamar; ~**glücken** *f*: tener *od*. sufrir un accidente; *et.*: fracasar; ⚑**glückte(r)** *m* accidentado *m*; ~**reinigen** ensuciar; *Luft*: contaminar; ⚑**reinigung** *f* ensuciamiento *m*; polución *f*; contaminación *f*; ~**sichern** confundir; ~**stalten** [-'ʃtaltən] (26) desfigurar, afear; ~**treuen** [-'trɔyən] (25) desfalcar, defraudar; malversar; ⚑**treuung** *f* desfalco *m*, defraudación *f*; malversación *f*; ~**zieren** afear.
verur|sachen [-'ʔuːrzaxən] (25) causar, ocasionar, provocar; ~**teilen** condenar (*a. fig.*); 🏛 *a.* sentenciar; ⚑**teilung** *f* condena *f*.

vervielfältig|en [-'fi:lfɛltigən] (25) multiplicar; *Phot. usw.*: reproducir; (*abziehen*) multicopiar; ⁓**ung** *f* multiplicación *f*; reproducción *f*; ⁓**ungsapparat** *m* multicopista *f*.

vervoll|kommnen [-'fɔlkɔmnən] (26) perfeccionar; ⁓**kommnung** *f* perfeccionamiento *m*; ⁓**ständigen** [-'-ʃtɛndigən] (25) completar.

ver'wachsen 1. *v/i.* (sn) *Wunde*: cicatrizarse, cerrarse; *Knochen*: soldarse; **2.** *adj.* deforme; (*bucklig*) jorobado; *fig.* muy unido.

verwackelt [-'vakəlt] *Phot.* movido.

verwahr|en [-'vɑ:rən] guardar; custodiar; *sich* ⁓ protestar (*gegen* contra); ⁓**losen** [-'-lo:zən] (27, sn) quedar abandonado; ⁓ *lassen* dejar abandonado; descuidar; ⁓**lost** [-'--st] abandonado; ⁓**losung** [-'--zuŋ] *f* abandono *m*; ⁓**ung** *f* custodia *f*; (*Einspruch*) protesta *f*; ⁓ *einlegen* protestar; *in* ⁓ *geben* dar en depósito.

verwaist [-'vaist] huérfano; *fig.* abandonado.

ver'walt|en administrar; *Amt*: desempeñar; ⁓**er(in** *f*) *m* (7) administrador(a) *m* (*f*); ⁓**ung** *f* administración *f*; ⁓**ungs...**: *in Zssgn oft* administrativo; ⁓**ungs-angestellte(r)** *m* administrativo *m*; ⁓**ungsbezirk** *m* distrito *m*; ⁓**ungsgericht** *n* tribunal *m* administrativo; ⁓**ungsrat** *m* consejo *m* de administración.

ver'wand|eln transformar; cambiar; convertir; ⁓**lung** *f* transformación *f*; cambio *m*; conversión *f*; *Thea.* mutación *f*.

verwandt [-'vant] pariente (*mit* de); *fig.* semejante (a); análogo (a); ⁓**e(r** *m*) *su.* pariente *su.*; familiar *su.*; ⁓**schaft** *f* parentesco *m*; (*die Verwandten*) parentela *f*; *fig.* afinidad *f*; ⁓**schaftlich** de pariente.

ver'warn|en amonestar; advertir; ⁓**ung** *f* amonestación *f*; advertencia *f*.

ver|'waschen *adj.* deslavado; *Farbe*: descolorido; *fig.* vago; ⁓'**wässern** aguar; ⁓'**weben** entretejer.

ver'wechs|eln confundir; ⁓**(e)lung** *f* confusión *f*; equivocación *f*.

verwegen [-'ve:gən] temerario; osado, audaz; ⁓**heit** *f* temeridad *f*; osadía *f*, audacia *f*.

ver'wehen *v/t.* (*v/i.* [sn]) dispersar (-se), disipar(se); *Spur*: borrar(se).

ver'wehren impedir; prohibir.

verweichlich|en [-'vaiçliçən] (25) enervarse; afeminarse; ⁓**ung** *f* enervación *f*; afeminación *f*.

ver'weiger|n rehusar; (de)negar; ⁓**ung** *f* rehuso *m*; (de)negación *f*.

ver'weilen permanecer, detenerse.

verweint [-'vaint] lloroso.

Verweis [-'vais] *m* (4) (*Tadel*) reprensión *f*, reprimenda *f*; (*Hinweis*) remisión *f* (*auf ac.* a); ⁓**en** [-'-zən] (*hinweisen*) remitir (*an, auf ac.* a); *des Landes* ⁓ expulsar; ⁓**ung** *f* remisión *f*; expulsión *f*.

ver'welken (sn) marchitarse.

verweltlichen [-'vɛltliçən] (25) secularizar.

verwend|bar [-'vɛntbɑ:r] utilizable, aprovechable (*für* para); ⁓**barkeit** *f* utilidad *f* (práctica); ⁓**en** [-'-dən] utilizar, emplear; *Geld, Zeit, Sorgfalt*: gastar (*für, auf ac.* en); *sich* ⁓ *für* interceder en favor de; ⁓**ung** *f* empleo *m*, uso *m*, utilización *f*.

ver'werf|en rechazar, desechar; (*tadeln*) reprobar; *sich* ⁓ *Holz*: alabearse; ⁓**lich** reprobable; condenable; ⁓**ung** *f* rechazo *m*; reprobación *f*; *Geol.* falla *f*.

ver'wert|bar utilizable, aprovechable; ⁓**en** utilizar, aprovechar; ⁓**ung** *f* utilización *f*, aprovechamiento *m*.

verwes|en [-'ve:zən] (27, sn) pudrirse, corromperse; ⁓**ung** *f* putrefacción *f*, descomposición *f*.

ver'wick|eln enredar, enmarañar; *fig.* complicar; *sich in Widersprüche* ⁓ incurrir en contradicciones; ⁓**elt** *fig.* complicado; enredado; ⁓ *sn in* (*ac.*) estar implicado *od.* envuelto en; ⁓**lung** *f* complicación *f*; enredo *m* (*a. Thea.*).

verwilder|n [-'vildərn] (29, sn) volverse salvaje; *Garten*: cubrirse de maleza; ⁓**t** descuidado, abandonado.

ver'winden *fig.* olvidar; consolarse de.

ver'wirk|en perder; *Strafe*: incurrir en; *sein Leben verwirkt haben* merecer la muerte; ⁓**lichen** (25) realizar; ⁓**lichung** *f* realización *f*.

verwirr|en [-'virən] (25) enmarañar, enredar; *fig.* desconcertar; confundir; ⁓**end** desconcertante; ⁓**t** confuso; desconcertado; ⁓**ung** *f* embrollo *m*; confusión *f*; desconcierto *m*.

ver|'wischen borrar (*a. fig.*); ⁓'**wittern** (sn) corroerse; descomponerse;

verwitwet 970

~witwet [-'vitvət] viudo; **~wöhnen** [-'vø:nən] (25) mimar.

verworfen [-'vɔrfən] abyecto; depravado; **2heit** f abyección f; depravación f.

verworren [-'vɔrən] embrollado; confuso; **2heit** f confusión f.

verwund|bar [-'vuntba:r] vulnerable; **~en** [-'-dən] (26) herir (a. fig.).

ver'wunder|lich extraño; sorprendente; **~n** extrañar; sorprender; *sich ~ über* (ac.) maravillarse de; **2ung** f admiración f; asombro m.

Ver'wundete(r) m herido m; **~ung** f herida f.

ver'wünsch|en maldecir, imprecar; **~t** maldito; **2ung** f maldición f, imprecación f.

verwurzelt [-'vurtsəlt] a. fig. enraizado, arraigado.

verwüst|en [-'vy:stən] (26) devastar, asolar; **2ung** f devastación f.

ver'zag|en desanimarse; **2theit** [-'tsa:khaıt] f desanimación f.

ver'zählen: *sich ~* equivocarse (al contar).

ver'zahn|en ⊕ engranar; **2ung** ⊕ f engranaje m (a. fig.).

ver'zapfen *Getränke*: expender, despachar; F *Unsinn ~* decir tonterías.

verzärteln [-'tsɛ:rtəln] (29) mimar; **2ung** f mimos m/pl.

ver'zauber|n encantar, hechizar; *~ in* (ac.) transformar en; **2ung** f hechizo m; transformación f.

Verzehr [-'tse:r] m (3) consumo m; **2en** consumir (a. fig.); comer(se); **2end** fig. ardiente.

ver'zeichn|en dibujar mal; (*aufzeichnen*) apuntar, anotar; (*entstellen*) desfigurar; **2is** n (4¹) lista f; relación f.

ver'zeih|en perdonar, disculpar; **~lich** perdonable; **2ung** f perdón m; **~!** ¡perdone!, ¡perdón!; *j-n um ~ bitten* pedir perdón a alg.

ver'zerren deformar; desfigurar; a. 💉 distorsionar; **2ung** f deformación f; desfiguración f; a. 💉 distorsión f.

verzetteln [-'tsɛtəln] (29) dispersar; desperdiciar; *sich ~* dispersar sus fuerzas.

Verzicht [-'tsiçt] m (3) renuncia f (*auf ac.* a); **2en** (26) renunciar (*auf ac.* a).

verzieh|en [-'tsi:(ə)n] s. *verzeihen*; **~en 1.** v/t. torcer; *Kind*: mimar; malcriar; *keine Miene ~* no pestañear; *das Gesicht ~* torcer el gesto; *sich ~ Holz*: alabearse; *Wolken*: disiparse;

F *Person*: esfumarse; **2.** v/i. (sn) mudarse de casa, cambiar de domicilio; *~ nach* ir a vivir a.

ver'zier|en adornar, decorar; **2ung** f adorno m; 🔺 ornamento m.

verzinken [-'tsiŋkən] (25) galvanizar.

verzinnen [-'tsinən] (25) estañar.

verzins|en [-'tsinzən] (27) pagar intereses; *sich ~* dar *od.* devengar intereses; *mit 5% ~* pagar un 5% de interés; **~lich** [-'-sliç] a interés; **2ung** [-'-zuŋ] f rédito m.

ver'zöger|n retardar, demorar; *sich ~* retrasarse; **2ung** f retraso m; demora f.

verzoll|bar [-'tsɔlba:r] sujeto al pago de aduana; **~en** pagar aduana; *haben Sie et. zu ~?* ¿tiene usted algo que declarar?; **2ung** f pago m de aduana; despacho m en la aduana.

verzück|t [-'tsykt] arrobado, extasiado; **2ung** f éxtasis f; *in ~ geraten* extasiarse.

Verzug [-'tsu:k] m (3, o. pl.) demora f; *in ~ geraten* retrasarse; **~szinsen** m/pl. intereses m/pl. moratorios.

ver'zweif|eln (sn) desesperar (*an dat.* de); desesperarse; **2lung** f desesperación f; *zur ~ bringen* desesperar.

verzweig|en [-'tsvaıgən] (25): *sich ~* ramificarse; **2ung** f ramificación f.

verzwickt F [-'tsvikt] complicado; intrincado.

Vesper ['fɛspər] f (15): **a)** *kath.* vísperas f/pl.; **b)** = **~brot** n merienda f; **2n** (29) merendar.

Veter|an [vete'ra:n] m (12) veterano m; **~inär** [--ri'nɛ:r] m (3¹) veterinario m.

Veto ['ve:to] n (11) veto m; *sein ~ einlegen gegen* poner veto a; **~recht** n derecho m de veto.

Vetter ['fɛtər] m (7) primo m; **~nwirtschaft** f nepotismo m.

Viadukt [via'dukt] m (3) viaducto m.

vibrieren [-'bri:rən] vibrar.

Video|clip ['vi:deoklıp] m videoclip m; **~kassette** f videocassette f; **~platte** f videodisco m; **~recorder** ['---rekɔrdər] m (7) grabadora f de videocassettes, videocassette m, F vídeo m; magnetoscopio m; **~spiel** n videojuego m; **~thek** [---'te:k] f (16) videoteca f.

Vieh [fi:] n (3, o. pl.) ganado m; (*Stück n*) ~ res f; *fig.* bruto m; bicho m; **'~bestand** m número m de reses;

ganadería f; '~dieb m cuatrero m; '~futter n forraje m, pasto m; '~handel m comercio m de ganado; '~händler m tratante m de ganado; ²isch bestial; '~markt m mercado m bzw. feria f de ganado; '~salz n sal f común bruta; '~seuche f epizootia f; '~wagen m vagón m para ganado; '~zählung f censo m de ganado; '~zucht f cría f de ganado; ganadería f; '~züchter m ganadero m.

viel [fi:l] (comp. mehr, sup. meist) mucho; sehr ~ muchísimo; so ~ tanto; ziemlich ~ bastante; '~beschäftigt ocupadísimo; atareado; ~deutig ['-dɔʏtiç] equívoco, ambiguo; ~eck ['-ʔɛk] (n) (3) polígono m; ~erlei ['-lɐʁlaɪ] uv. toda clase de; '~fach múltiple; (wiederholt) reiterado, repetido; adv. a menudo, con frecuencia; ²falt ['-falt] f (16, o. pl.) diversidad f; variedad f; ~fältig ['-fɛltɪç] variado; múltiple; '~farbig multicolor; policromo; ²fraß m (3²) glotón m; ~genannt ['--nant] renombrado; ~gereist ['--raɪst] que ha viajado mucho; ~gestaltig ['--ʃtaltɪç] multiforme; ²götterei [-gœtəˈraɪ] f politeísmo m; ²heit f multiplicidad f; multitud f; ~leicht quizá(s), tal vez; acaso; ~mals ['-maːls] adv. ¡~! ¡muchísimas gracias!; er läßt dich ~ grüßen te manda muchos recuerdos; '~mehr más bien; ~sagend significativo; ~seitig '-zaɪtɪç] variado; universal; Person: polifacético; Gerät: versátil; ²seitigkeit f variedad f; universalidad f; ~sprachig ['-ʃpraːxɪç] políglota; '~versprechend muy prometedor; ²weiberei [-vaɪbəˈraɪ] f poligamia f; '²zahl f multitud f, gran número m (de).

vier [fiːr] cuatro; unter ~ Augen a solas; auf allen ~en a gatas; '~beinig ['-baɪnɪç] cuadrúpedo; ²eck ['-ʔɛk] n (3) cuadrángulo m, cuadrilátero m; '~eckig cuadrangular; '~fach cuádruplo; ²füß(l)er ['-fyːs(l)ɐr] m (7) cuadrúpedo m; ~händig ♪ ['-hɛndɪç] a cuatro manos; '~hundert cuatrocientos; ²jahres-plan m cuatrienal; '~jährig de cuatro años, cuadrienal; '~kantig cuadrado, cuadrangular; ²linge ['-lɪŋə] m/pl. cuatrillizos m/pl.; '~mal cuatro veces; ~motorig ['-motoːrɪç] cuadrimotor; ~rädrig ['-rɛːdrɪç] de cuatro ruedas; ~schrötig ['-ʃrøːtɪç] rechoncho; ~seitig ['-zaɪtɪç] cuadrilátero; '~stellig de cuatro cifras od. dígitos; ~stimmig ♪ ['-ʃtɪmɪç] a cuatro voces; '~stöckig ['-ʃtœkɪç] de cuatro pisos; '²taktmotor m motor m de cuatro tiempos; '~tausend cuatro mil; '~te(r) cuarto.

Viertel ['fɪrtəl] n (7) cuarto m; (Stadt²) barrio m; ~ nach fünf las cinco y cuarto; ~ vor fünf las cinco menos cuarto; ~jahr n trimestre m; ²jährlich trimestral; ~note ♪ f negra f; ~'pfund n cuarterón m de libra, cuarterón m; ²stunde f cuarto m de hora; ²stündlich cada cuarto de hora.

vier|tens ['fiːrtəns] en cuarto lugar; ~zehn ['fɪrtseːn] catorce; ~ Tage quince días; ~zehntägig quincenal; ~zehnte(r) décimo cuarto.

vierzig ['fɪrtsɪç] cuarenta; '~er(in f) (7) ['--gɐr(ɪn)] cuarentón (-ona) m (f); ²stel ['--tsəl] n (7) cuarentavo m; ~ste(r) cuadragésimo.

Vignette [vɪnˈjɛtə] f (15) viñeta f.
Vikar [viˈkaːr] m (3¹) vicario m.
Vill|a ['vɪla] f (16²) chalet m; torre f; ~enkolonie f urbanización f; ~enviertel n barrio m residencial.
Viola ♪ [viˈoːla] f (16²) viola f.
violett [vioˈlɛt] violeta.
Violin|e [--ˈliːnə] f (15) violín f; ~inschlüssel m clave f de sol; ~oncello [--lɔnˈtʃɛlo] n (11, pl. a. -lli) violonc(h)elo m.
Viper ['viːpər] f (15) víbora f.
virtuos [vɪrtuˈoːs] virtuoso; ²e [--ˈoːzə] m (13) virtuoso m; ²ität [--oziˈtɛt] f virtuosismo m.
Virus ['viːrus] n, m (16²) virus m.
Visier [viˈziːr] n (3¹) Helm: visera f; Gewehr: mira f; alza f; ²en Ziel: apuntar; Paß: visar.
Vision [-'zjoːn] f visión f; ²är [-zjoˈnɛːr] visionario.
Visite [-'ziːtə] f (15) visita f (a. ⚕); ~nkarte f tarjeta f (de visita).
visuell [-zuˈɛl] visual.
Visum ['viːzum] n (9 u. 9²) visado m.
vital [viˈtaːl] vital; ²ität [-taliˈtɛːt] f vitalidad f.
Vitamin [-taˈmiːn] n (3¹) vitamina f; ~mangel m carencia f vitamínica; avitaminosis f; ²reich rico en vitaminas.
Vitrine [-ˈtriːnə] f (15) vitrina f.
Vitriol [-triˈoːl] n (3¹) vitriolo m, caparrosa f.

Vize... ['fi:tsə..., 'vi:tsə...]: *in Zssgn* vice...; **~kanzler** *m* vicecanciller *m*; **~könig** *m* virrey *m*.

Vlies [fli:s] *n* (4) vellón *m*; *das Goldene* **~** Toisón de Oro; *Myth.* el vellocino de oro.

V-Mann ['faʊman] *m* enlace *m*; confidente *m*.

Vogel ['fo:gəl] *m* (7¹) ave *f*; *kleiner*: pájaro *m*; *fig.* den **~** abschießen llevarse la palma; F e-n **~** haben estar chiflado; **~bauer** *n* jaula *f*; **~beere** ♀ *f* serba *f*; **²frei** fuera de la ley; **~futter** *n* alpiste *m*; **~händler** *m* pajarero *m*; **~handlung** *f* pajarería *f*; **~haus** *n* pajarera *f*; **~kunde** *f* ornitología *f*; **~nest** *n* nido *m* de pájaro; **~perspektive**, **~schau** *f*: *aus der* **~** a vista de pájaro; **~scheuche** *f* espantajo *m* (*a. fig.*), espantapájaros *m*; **~steller** ['-[tələr] *m* (7) pajarero *m*; **~'Strauß-Politik** *f* política *f* de avestruz; **~warte** *f* estación *f* ornitológica; **~zug** *m* paso *m od.* migración *f* de las aves.

Vogt [fo:kt] *m* (3³) corregidor *m*; (*Burg²*) alcaide *m*.

Vokab|el [voˈkɑːbəl] *f* (15) vocablo *m*, voz *f*; **~ular** [-kabuˈlɑːr] *n* (3¹) vocabulario *m*.

Vokal [-ˈkɑːl] *m* (3¹) vocal *f*; **²isch** vocálico.

Volant [-ˈlã] *m* (11) volante *m*.

Volk [fɔlk] *n* (1²) pueblo *m*; nación *f*; (*Pöbel*) vulgo *m*; *der Mann aus dem* **~** el hombre de la calle.

Völker|bund ['fœlkərbʊnt] *m* Sociedad *f* de las Naciones; **~kunde** *f* etnología *f*; **²kundlich** etnológico; **~mord** *m* genocidio *m*; **~recht** *n* derecho *m* internacional; **~schaft** *f* pueblo *m*; (*Stamm*) tribu *f*; **~verständigung** *f* aproximación *f* de los pueblos; **~wanderung** *hist. f* Invasión *f* de los Bárbaros.

volkreich ['fɔlkraɪç] populoso.

Volks... ['fɔlks...]: *in Zssgn oft* popular; nacional; **~abstimmung** *f* plebiscito *m*; referéndum *m*; **~aufstand** *m* insurrección *f* del pueblo; **~ausgabe** *f* edición *f* popular; **~befragung** *f* plebiscito *m*; **~begehren** *n* petición *f* de plebiscito; **~bildung** *f* educación *f* nacional; **~demokratie** *f* democracia *f* popular; **~entscheid** *m* plebiscito *m*; **~fest** *n* fiesta *f* popular; **~front** *m* frente *m* popular; **~herrschaft** *f* democracia *f*; **~hoch-**

schule *f* universidad *f* popular; **~küche** *f* comedor *m* público *od.* social; **~kunde** *f* folklore *m*; **~lied** *n* canción *f* popular; **~meinung** *f* opinión *f* pública; **~menge** *f* multitud *f*; **~mund** *m*: *im* **~** en el lenguaje popular; **~republik** *f* república *f* popular; **~schicht** *f* estrato *m* social; **~schule** *f* escuela *f* primaria; **~schullehrer(in** *f*) *m* maestro (-a) *m* (*f*); **~sprache** *f* lenguaje *m* popular; **~stamm** *m* tribu *f*; **~tanz** *m* danza *f* popular; **~tracht** *f* traje *m* regional *bzw.* regional; **~tum** *n* nacionalidad *f*; costumbres *f/pl.* nacionales; **²tümlich** ['-ty:mlɪç] popular; **~tümlichkeit** *f* popularidad *f*; **~vertreter** *m* representante *m* del pueblo; **~vertretung** *f* representación *f* nacional; **~wirtschaft** *f* economía *f* política; **~wirt(-schaftler** [7]) *m* economista *m*; **~wohl** *n* bien *m* público; **~zählung** *f* censo *m* (de población).

voll [fɔl] lleno (de); *fig.* pleno; (*ganz*) completo, entero; P (*betrunken*) borracho; **~** *und ganz* totalmente; *bis oben* **~** a tope; *aus* **~***em Herzen* de todo corazón; *in* **~***em Lauf* a todo correr; (*nicht*) *für* **~** *nehmen* (no) tomar en serio; *aus dem* **~***en schöpfen* tener amplios recursos; **¹~auf** completamente; **~** *genug* más que suficiente; **¹~automatisch** completamente automático; **¹²bad** *n* baño *m* entero; **¹²bart** *m* barba *f* (cerrada); **¹²beschäftigung** *f* pleno empleo *m*; **¹²besitz** *m*: *im* **~** *s-r Kräfte* en plena posesión de sus fuerzas; **¹²blut(-pferd)** *n* (caballo *m* de) pura sangre *m*; **~blütig** ['-bly:tɪç] de pura sangre; *fig.* pletórico; **~bringen** llevar a cabo; realizar; **¹²dampf** *m*: *mit* **~** a toda máquina (*a. fig.*); **~-'enden** acabar; terminar; ultimar; rematar; **~'endet** acabado; (*vollkommen*) perfecto; **~e Tatsache** hecho *m* consumado; **~ends** ['-lɛnts] por completo, completamente; **²-'endung** *f* acabamiento *m*; perfección *f*.

Völlerei [fœləˈraɪ] *f* gula *f*.

Volleyball ['vɔlibal] *m* voleibol *m*, balonvolea *m*.

voll|führen [fɔlˈfy:rən] realizar, ejecutar; **¹²gas** *n*: *mit* **~** a todo gas, a toda marcha; **~** *geben* pisar a fondo; **²genuß** *m* pleno goce *m*; **~gepfropft** ['-gəpfrɔpft] repleto (*mit* de); **¹~gießen** llenar; **¹~gültig** (perfectamente)

vorbeikommen

válido; ²-**idiot** F m tonto m de remate.
völlig ['fœliç] completo, entero.
volljährig ['fɔljɛːriç] mayor de edad; ²**jährigkeit** f mayoría f de edad; ²**kasko(versicherung** f) n seguro m a todo riesgo; ⁓**kommen** perfecto; ²**kommenheit** f perfección f; ²**kornbrot** n pan m integral; ²**kraft** f pleno vigor m; ⁓**machen** llenar; completar; F ensuciar; ²**macht** f (16) poder m; (plenos) poderes m/pl.; ²**milch** f leche f entera od. completa; ²**mond** f luna f llena, plenilunio m; ²**narkose** f anestesia f general; ²**pension** f pensión f completa; ⁓**pfropfen** atestar (mit de); ⁓**schlank** metido en carnes; ²**sitzung** f sesión f plenaria; ²**ständig** completo, entero; íntegro; ²**ständigkeit** f integridad f; totalidad f; ²**stopfen** atestar (mit de); ⁓**streckbar** ejecutable; *Urteil*: ejecutorio; ⁓**strecken** ejecutar; ²**strecker** m ejecutor m; ²**streckung** f ejecución f; ²**streckungsbefehl** m ejecutoria f; ⁓**tanken** llenar el depósito; ⁓**tönend** sonoro; ²**treffer** ⚔ m impacto m completo; ²**versammlung** f asamblea f plenaria, pleno m; ²**waise** f huérfano (-a) m (f) de padre y madre; ⁓**wertig** ['-veːrtiç] de valor integral; ²**zählig** ['-tsɛːliç] completo; ⁓**ziehen** ejecutar; efectuar; *Ehe*: consumar; ⁓**e Gewalt** f (poder m) ejecutivo m; ²**zug** m (3, o. pl.) ejecución f.
Volontär [vɔlɔnˈtɛːr] m (3¹) practicante m.
Volt [vɔlt] n (3 u. uv.) voltio m; '⁓**meter** n voltímetro m; '⁓**zahl** f voltaje m.
Volum|en [voˈluːmən] n (6; pl. mst -mina) volumen m; ²**inös** [-lumiˈnøːs] voluminoso.
vom [fɔm] = von dem.
von [fɔn] prp. (dat.) de; beim pas. mst por; ⁓ ... ab, an desde, a partir de; ⁓ jetzt (od. nun) an de ahora en adelante; ⁓ ... bis de ... a, desde ... hasta; ein Freund ⁓ mir un amigo mío; ⁓ mir aus por mí; por mi parte; ⁓**ein-'ander** uno(s) de otro(s); ⁓**statten** [-ˈʃtatən]: ⁓ **gehen** tener lugar, efectuarse.
vor [foːr] **1.** prp. (wo?, wann? dat.; wohin? ac.): **a)** örtl. delante de; a. fig. ante; fig. ⁓ sich gehen tener lugar; ocurrir; **b)** zeitl. antes de; ⁓ fünf Jahren hace cinco años; fünf Minuten ⁓ **drei** las tres menos cinco; **c)** *kausal*: de; ⁓ **Freude** de alegría; **2.** adv.: nach wie ⁓ ahora como antes; '²-**abdruck** m avance m editorial; '²-**abend** m víspera f; am ⁓ von en vísperas de; '²-**ahnung** f presentimiento m.
voran [foˈran] delante; adelante; ⁓**gehen** (sn) ir delante (j-m de alg.); tomar la delantera; zeitl. preceder; ⁓**kommen** adelantar; avanzar.
Voran|meldung ['foːrʔanmɛlduŋ] f *Fernspr.* preaviso m; beim Arzt: cita f previa; ⁓**schlag** m presupuesto m.
voran|stellen [foˈranʃtɛlən] anteponer; (vorweg bemerken) anticipar; ⁓**treiben** activar.
Voranzeige ['foːrʔantsaɪɡə] f previo aviso m; TV, Film: avance m (de programa).
'**Vor-arbeit** f trabajo m preparatorio od. preliminar; ²**en** trabajar de antemano; fig. preparar el terreno; ⁓**er** m capataz m.
voraus [foˈraʊs] hacia adelante; j-m ⁓ sn llevar ventaja a alg.; im ⁓ [ˈ--] de antemano, con anticipación, por adelantado; ⁓**ahnen** presentir; ⁓**bezahlen** pagar por adelantado; ⁓**eilen** adelantarse; preceder; ⁓**gesetzt:** ⁓, daß ... suponiendo que ...; a condición de que (*subj.*); ⁓**haben:** j-m et. ⁓ aventajar a alg. en a/c.; ⁓**sage** f predicción f; pronóstico m; ⁓**sagen** predecir; pronosticar; ⁓**schicken** enviar adelante; fig. ich muß ⁓ debo anticipar; ⁓**sehbar** previsible; ⁓**sehen** prever; ⁓**setzen** (pre)suponer; ²**setzung** f suposición f; (*Bedingung*) condición f (previa); ²**sicht** f previsión f; ⁓**sichtlich** probable; ⁓**zahlen** pagar por adelantado; ²**zahlung** f pago m por adelantado.
Vorbau △ ['foːrbaʊ] m saliente m, saledizo m; ²**en** construir en saliente; fig. tomar sus precauciones.
'**Vorbe|dacht** m: mit ⁓ con premeditación; ⁓**deutung** f presagio m, agüero m; ⁓**dingung** f condición f previa.
Vorbehalt ['foːrbəhalt] m (3) reserva f; ²**en:** sich et. ⁓ reservarse a/c.; ²**lich** (*gen*.) salvo; ²**los** sin reserva.
vorbei [foːrˈbaɪ] por delante (an dat. de); junto a; zeitl. pasado; acabado; es ist ⁓ ya pasó; es ist alles ⁓ todo se acabó; ⁓**fahren, ⁓gehen, ⁓kommen** (sn) pasar (an dat. por delante

vorbeilassen

de, junto a); ~lassen dejar pasar; ⁀marsch ⚔ m desfile m; ~marschieren desfilar (an dat. ante); ~reden: aneinander ~ hablar sin entenderse.

Vorbemerkung ['fo:rbəmɛrkuŋ] f advertencia f preliminar.

'**vorbereit|en** preparar; ~end, ⁀ungs... preparatorio; ⁀ung f preparación f; ~en pl. preparativos m/pl.

'**Vorbe|sprechung** f conferencia f preliminar; ⁀stellen reservar; ~stellung f reserva f; ⁀straft: (nicht) ~ con (sin) antecedentes penales.

'**vorbeug|en** 1. v/refl.: sich ~ inclinarse hacia adelante; 2. v/i. prevenir (e-r Sache a/c.); ~end, ⁀ungs... preventivo; ⚕ a. profiláctico; ⁀ung f prevención f; ⚕ a. profilaxis f; ⁀ungsmaßnahme f medida f preventiva (⚕ a. profiláctica); ⁀ungsmittel n preventivo m; ⚕ profiláctico m.

'**Vorbild** n modelo m; ejemplo m; ideal m; (Urbild) prototipo m; ⁀lich ejemplar; modelo (uv.); ~ung f formación f previa.

'**vor|binden** Schürze usw.: poner (-se); ⁀bote m precursor m; fig. a. presagio m; indicio m; ~bringen decir; formular; Gründe: alegar, aducir; Beweise: presentar; ⁀bühne f Thea. proscenio m; ~christlich precristiano; ⁀dach n cobertizo m; marquesina f; ~datieren antefechar.

vorder ['fɔrdər] (a. ⁀... in Zssgn) de delante, delantero; anterior; ⁀achse f eje m delantero; ⁀ansicht f vista f frontal od. de frente; ⁀bein n, ⁀fuß m pata f delantera; ⁀deck ⚓ cubierta f de proa; ⁀front ⚘ f fachada f; ⁀grund m primer plano m (a. fig.); ~lastig ['--lastiç] ⚓ pesado de proa (⚔ de testa); ⁀mann m el que está delante; ⚔ cabo m de fila, guía m; ~halten cubrir a su fila; F fig. auf ~ bringen meter en cintura; ⁀rad n rueda f delantera; ⁀rad-antrieb m tracción f delantera; ⁀reihe f primera fila f; ⁀seite f parte f anterior od. delantera; Münze: cara f; ⚘ fachada f; ⁀sitz m asiento m delantero; ~st: der ~e el más adelantado od. avanzado; el primero; ⁀teil n od. m parte f delantera; ⁀tür f puerta f de entrada.

vor|drängen ['fo:rdrɛŋən]: sich ~ abrirse paso a codazos; ~dringen

(sn) avanzar, adelantar; ganar terreno; ⁀dringen n avance m; ~dringlich urgente; ⁀druck m formulario m, impreso m; ~ehelich prenupcial, prematrimonial.

'**vor-eilig** precipitado; prematuro; ⁀keit f precipitación f.

vor-ein-ander uno(s) de otro(s).

'**vor-eingenommen** parcial; prevenido (gegen contra); ⁀heit f parcialidad f; prejuicio m.

'**vor-enthalt|en:** j-m et. ~ escatimar bzw. ocultar a/c. a alg.; ⁀ung f retención f; detentación f.

'**Vor|-entwurf** m anteproyecto m; ⁀erst de momento; por lo pronto; ~erwähnt precitado, susodicho.

Vorfahr ['¹fa:r] m (12) antepasado m.

'**vorfahr|en** (sn) adelantar, pasar; vor e-m Haus: parar; ⁀t(srecht n) f prioridad f od. preferencia f de paso; Vorfahrt beachten! ceda el paso.

'**Vorfall** m suceso m, acontecimiento m; incidente m; ⚕ prolapso m; ⁀en ocurrir, suceder, pasar.

'**Vor|fertigung** f prefabricación f; ~film m corto(metraje) m; ⁀finden encontrar; ~freude f alegría f anticipada; ~frühling m comienzo m de (la) primavera; ⁀fühlen tantear el terreno.

'**Vorführ|dame** f maniquí f; ⁀en exhibir; presentar; demostrar; Film: proyectar; ~er m (7) demostrador m; Film: operador m; ~raum m Film: cabina f del operador; ~ung f exhibición f; presentación f; demostración f; e-s Films: proyección f.

'**Vor|gabe** f ventaja f; ⁀gang m suceso m, acontecimiento m; (Natur⁀) fenómeno m; ⊕, ⚛, ⚕ proceso m; (Akten⁀) expediente m; ~gänger(in f) ['-gɛŋər(in)] m (7) antecesor(a) m (f), predecesor(a) m (f); ~garten m jardín m delantero; ⁀gaukeln fingir, simular; ⁀geben Sport: dar una ventaja; (behaupten) pretender; (vorschützen) pretextar; ~gebirge n cabo m, promontorio m; ⁀gefaßt preconcebido; ⁀gefertigt prefabricado; ~gefühl n presentimiento m; corazonada f.

'**vorgehen** 1. v/i. (sn) pasar adelante; Uhr: adelantar, ir adelantado; (den Vorrang haben) tener preferencia; (geschehen) suceder, ocurrir, pasar; (handeln) proceder; 2. ⁀ n (manera f de) proceder m.

Vorge|richt n entrada f; **rückt** ['--rykt]: *in* *em Alter* de edad avanzada; entrado en años; *zu* *er Stunde* a altas horas de la noche; **schichte** f prehistoria f; *fig.* antecedentes m/pl.; **schichtlich** prehistórico; **schmack** m *fig.* prueba f; anticipo m; **schritten** ['--ritən] avanzado; *s. a.* vorgerückt; **setzte(r)** ['--zɛtstə(r)] m superior m.

'vorgest|ern anteayer; *abend* anteanoche; **rig** de anteayer.

'vor|greifen (*dat.*) adelantarse a; anticiparse a; **griff** m anticipación f (*auf ac. a*); **haben** tener la intención de; pensar (*inf.*); proponerse (*inf.*); *et.* (*nichts*) (no) tener un (ningún) compromiso; **haben** n (6) intención f; proyecto m; **halle** f vestíbulo m; hall m; (*Säulen*) pórtico m.

'vorhalt|en 1. *v/t.* poner *od.* colocar delante; (*vorwerfen*) reprochar, echar en cara; 2. *v/i.* (*dauern*) durar; **ung** f reproche m.

vorhanden [-'handən] existente; presente; **†** disponible; *sn* existir; **sein** n existencia f; presencia f.

'Vorhang m cortina f; *Thea.* telón m.
'Vorhängeschloß n candado m.
'Vorhaut *Anat.* f prepucio m.
'vorher antes; (*im voraus*) con anticipación; *kurz* (*lang*) poco (mucho) antes; *am Tage* la víspera.

vor|her|bestimmen predestinar; **bestimmung** f predestinación f; **gehend, ig** precedente, anterior.

'Vorherr|schaft f predominio m; supremacía f; hegemonía f; **schen** predominar; prevalecer; **schend** predominante.

Vor'her|sage s. *Voraussage*, *voraussagen*; **sehen** prever.

vor'hin hace un momento.

'Vor|hof m antepatio m; **♥** aurícula f; **hut** ⚔ f vanguardia f.

'vor|ig precedente, anterior; pasado; **jahr** n año m pasado; **jährig** ['-jɛːrɪç] del año pasado.

'Vor|kämpfer m campeón m; pionero m; **kaufsrecht** n derecho m de retracto; **kehrung** f: *en treffen* tomar medidas *bzw.* precauciones, **kenntnisse** f/pl. conocimientos m/pl. preliminares; **knöpfen**: F *sich j-n* llamar a alg. a capítulo.

'vorkomm|en (sn) (*geschehen*) ocurrir, pasar, suceder; (*auftreten*) encontrarse; existir; figurar; (*scheinen*) parecer; *sich klug usw.* creerse inteligente, *etc.*; **en** n presencia f, existencia f; *Geol.* yacimientos m/pl.; **nis** n (4¹) suceso m, acontecimiento m; incidente m.

Vorkriegs... ['-kriːks...]: *in Zssgn* de (la) anteguerra; **zeit** f (época f de la) anteguerra f.

'vorlad|en ⚖ citar, emplazar; **ung** f citación f, emplazamiento m.

'Vor|lage f presentación f; (*Gesetz*) proyecto m; (*Muster*) muestra f, modelo m; (*Schablone*) patrón m; *Fußball:* pase m; **lassen** dejar pasar; *Besucher*: hacer pasar; **läufer** m precursor m; **läufig** provisional, interino; *adv.* por ahora, por de pronto; **laut** indiscreto; F fresco; **leben** n antecedentes m/pl.

'Vorleg|emesser n trinchante m; **en** presentar; enseñar, mostrar; someter; *Speise*: servir; *Schloß*: poner; *Tempo* acelerar la marcha; **er** m (7) alfombrilla f; **eschloß** n candado m.

'vorles|en leer (en voz alta); **er(in** f) m (7) lector(a) m/f; **ung** f clase f; curso m; *en halten* dar *od.* impartir clases; **ungsverzeichnis** n programa m (de cursos).

'vor|letzt penúltimo; **liebe** f predilección f (*für* por); preferencia f; **'liebnehmen** contentarse (*mit* con); **liegen** existir; *es liegt nichts vor* no hay nada; *mir liegt et. vor* tengo a la vista a/c.; *was liegt gegen ihn vor?* ¿de qué se le acusa?; **d** presente; **lügen**: *j-m et.* mentir a alg.; **machen** enseñar; *fig.* engañar.

'Vormachtstellung f hegemonía f, supremacía f, preponderancia f.

'vormal|ig ['-maːlɪç] anterior, precedente; **s** antes.

'Vor|marsch m avance m; **merken** apuntar, anotar; tomar nota de; *sich* *lassen für* inscribirse *od.* apuntarse para.

'Vormittag m mañana f; *morgen* mañana por la mañana; **s** por la mañana; **svorstellung** f sesión f *od.* función f matinal.

'Vormund m tutor m; **schaft** f tutela f.

vorn [fɔrn] (por) delante; *weiter* más adelante; *von* por delante, de frente; *zeitl.* de nuevo; *nach* hacia adelante; (*wieder*) *von* *anfangen* volver a empezar; *fig. von* *bis hinten* F de cabo a rabo.

Vor|nahme ['fo:rnɑːmə] f (15) ejecución f; ~**name** m nombre m de pila.
vornehm ['-neːm] noble; distinguido; elegante; ~ *tun* darse aires de gran señor(a); ~**en** efectuar; proceder a; *sich* (*dat.*) et. ~ proponerse a/c.; *fig. sich j-n* ~ llamar a alg. a capítulo; ~**heit** f nobleza f; distinción f; ~**lich** ante *od*. sobre todo.
vorn|herein ['fɔrnhɛ'rain]: *von* ~ desde un principio; ~**über** hacia adelante; ~**weg** [-'vɛk] delante, a la cabeza.
Vorort ['foːr'ɔrt] m suburbio m; ~**verkehr** m tráfico m suburbano.
'**Vor|platz** m entrada f; explanada f; ~**posten** m puesto m avanzado; 2**programmiert** preprogramado; ~**prüfung** f examen m previo; ~**rang** m primacía f (*vor dat.* sobre); preferencia f; 2**rangig** ['-raŋiç]: ~ *sn* tener prioridad; ~**rat** m (3³) provisión f; † existencias f/pl.; stock m; 2**rätig** ['-rɛːtiç] en almacén; disponible; ~**ratskammer** f despensa f; ~**ratsschrank** m fresquera f; ~**raum** m antecámara f; vestíbulo m; 2**rechnen** hacer el cálculo (*j-m et.* de a/c. a alg.); ~**recht** n privilegio m; prerrogativa f.
'**Vorred|e** f prefacio m, prólogo m; ~**ner** m orador m precedente.
'**vorricht|en** disponer; preparar; 2**ung** f dispositivo m, mecanismo m.
'**vorrücken 1.** *v/i.* (sn) *u. v/t.* avanzar; **2.** 2 m avance m.
'**Vor|runde** f *Sport:* eliminatoria f; ~**saal** m antesala f; vestíbulo m; 2**sagen** soplar; ~**saison** f temporada f baja; ~**satz** m propósito m, intención f; ♪ dolo m; 2**sätzlich** ['-zɛtsliç] premeditado; *adv.* de propósito; *a.* ⚖ con premeditación; ~**schau** f previsión f; *TV* avance m de programa; *Film: a.* trailer m; ~**schein** m: *zum* ~ *bringen* sacar a la luz, poner de manifiesto, descubrir; *zum* ~ *kommen* salir a la luz, aparecer, surgir; 2**schieben** empujar (hacia) adelante; *Riegel:* echar; *fig.* pretextar; 2**schießen** *fig. Geld:* adelantar, anticipar.
'**Vorschlag** m proposición f, propuesta f; ♪ apoyatura f; *auf* ~ *von* a propuesta de; 2**en** proponer; ~**sliste** f lista f de candidatos.
'**Vor|schlußrunde** f *Sport:* semifinal f; 2**schnell** precipitado; 2**schreiben**

fig. prescribir; ordenar; *Preise:* fijar; *Bedingungen:* imponer.
'**Vorschrift** f prescripción f (*a.* ♂); reglamento m; *Dienst nach* ~ trabajo m a reglamento; ~ *sn ser de* rigor; 2**smäßig** reglamentario; *adv.* en (su) debida forma; 2**swidrig** antirreglamentario.
'**Vor|schub** m ⊕ avance m; ~ *leisten* favorecer; ~**schule** f escuela f preparatoria; ~**schul-erziehung** f educación f preescolar; ~**schuß** m anticipo m, adelanto m; 2**schützen** pretextar; 2**schweben:** *mir schwebt ... vor* tengo una (vaga) idea de ...; 2**schwindeln:** *j-m et.* ~ mentir a alg.
'**vorseh|en** prever; *sich* ~ tener cuidado, guardarse (*vor dat.* de); tomar precauciones; 2**ung** f Providencia f.
'**vorsetzen** poner delante; (*anbieten*) ofrecer; *Speisen:* servir.
'**Vorsicht** f precaución f; cuidado m; prudencia f; ~! ¡cuidado!; F ¡ojo!; 2**ig** prudente, cauto; *adv.* con cuidado; ~ *sn* tener cuidado; ~**shalber** por precaución; por si acaso; ~**smaßregel** f medida f de precaución.
'**Vor|silbe** f prefijo m; 2**singen** cantar (*j-m* delante de alg.); 2**sintflutlich** antediluviano (*a. fig.*).
'**Vorsitz** m presidencia f; *den* ~ *führen* presidir (*ac.*); ~**ende(r)** m presidente m.
'**Vorsorg|e** f previsión f; ~ *treffen* 2**en** tomar (sus) precauciones *bzw.* las medidas necesarias; ~**e-untersuchung** ♂ f chequeo m preventivo; 2**lich** ['-zɔrkliç] previsor; *adv.* por precaución.
'**Vor|spann** m *Film:* títulos m/pl. (de crédito); ~**speise** f entrada f, entremés m.
'**vorspiegel|n** aparentar, fingir, simular; 2**ung** f simulación f; ~ *falscher Tatsachen* impostura f, falsedad f.
'**Vorspiel** n preludio m (*a. fig.*); *Thea.* prólogo m; 2**en** tocar (*j-m et.* a/c. para alg.).
'**vor|sprechen 1.** *v/t.* decir (para que otro lo repita); **2.** *v/i.* ir a ver (*bei j-m* a alg.); pasar por casa de; ~**springen** (sn) echarse adelante; △ resaltar; sobresalir; ~**springend** saliente; saledizo; *Kinn:* prominente; 2**sprung** m △ resalto m, saledizo m; *fig.* ventaja f; *e-n* ~ *haben vor* llevar ventaja a;

vorzüglich

stadt f arrabal m; **städtisch** arrabalero.

Vorstand m junta f directiva; (*Vorsteher*) jefe m, director m.

vorsteh|en △ resaltar; sobresalir; (*leiten*) dirigir; **end** saliente; (*obig*) susodicho; precedente; **er** m (7) director m; **erdrüse** *Anat.* f próstata f; **hund** m perro m de muestra.

vorstell|en poner *od.* colocar delante; *Uhr:* adelantar; *j-n:* presentar; (*darstellen*) representar; (*bedeuten*) significar; sich j-m presentarse a alg.; sich (*dat.*) et. figurarse, imaginarse; **ig:** werden bei presentar una reclamación a; **ung** f *j-s:* presentación f; *Thea.* representación f; función f; *Kino:* sesión f; (*Begriff*) idea f; concepto m; en *pl.* (*Ermahnungen*) advertencias f/pl.; **ungskraft** f imaginación f.

Vorstoß m avance m; *fig.* iniciativa f; **en** (sn) avanzar.

Vor|strafen f/pl. antecedentes m/pl. penales; **strecken** tender hacia adelante; *Geld:* adelantar; **studien** f/pl. estudios m/pl. preparatorios; **stufe** f primer grado m; **tag** m día m anterior; víspera f; **täuschen** fingir, simular.

Vorteil ['fɔrtaɪl] m (3) ventaja f; (*Gewinn*) provecho m; im sn llevar ventaja; auf s-n bedacht sn barrer para dentro; s-e Vor- u. Nachteile haben tener sus más y sus menos; **haft** ventajoso; provechoso; *Kleidung:* favorecedor.

Vortrag ['foːtraːk] m (3³) conferencia f (*halten dar*); e-r *Dichtung:* declamación f, recitación f; ♪ interpretación f; † suma f *od.* saldo m anterior; **en** [-gən] exponer; declamar, recitar; ♪ interpretar; † *auf neue Rechnung:* trasladar; **ende(r)** m su. conferenciante su.; **s-abend** ['-ksʔaːbənt] m velada f artística; ♪ recital m; **sreihe** f ciclo m de conferencias.

vor'trefflich excelente, exquisito; **keit** f excelencia f, exquisitez f.

'vor|treiben ⚒ abrir; **treten** (sn) adelantarse; ⚔ salir de la fila; **tritt** m precedencia f (*vor dat.* sobre); *den* lassen ceder el paso; **trupp** ⚔ m avanzada f.

vor'über [foˈryːbər] pasado; **gehen** pasar (*an dat.* por delante de); **gehend** pasajero; (*zeitweilig*) temporario; interino; *adv.* de paso; **gehende(r)** m transeúnte m.

Vor|übung ['foːrʔyːbʊŋ] f ejercicio m preliminar; **untersuchung** ⚖ f instrucción f previa, sumario m.

'Vor-urteil n prejuicio m; **slos** libre de prejuicios.

Vor|väter ['-fɛːtər] m/pl. antepasados m/pl.; **verhandlungen** f/pl. preliminares m/pl.; **verkauf** *Thea.* m venta f anticipada; **verlegen** anticipar, adelantar; **vertrag** m precontrato m; **vorgestern** hace tres días; **wagen:** sich atreverse a avanzar; *fig.* aventurarse; **wahl** f *Pol.* elección f preliminar; *Fernspr.* = **wählnummer** f prefijo m; **wand** m pretexto m; **wärmen** precalentar.

vorwärts ['fɔrvɛrts] (hacia) adelante; gehen avanzar; **bringen** *fig.* llevar adelante; **gehen**, **kommen** (sn) *fig.* salir adelante; progresar.

vorweg [foːrˈvɛk] de antemano; **nahme** [-ˈnaːmə] f (15) anticipación f; **nehmen** anticipar.

'vor|weisen presentar; **weltlich** prehistórico; **werfen** echar; *fig.* reprochar, echar en cara; **wiegen** predominar; **wiegend** predominante, preponderante; *adv.* en su mayoría.

'Vorwitz m indiscreción f, curiosidad f (indiscreta); petulancia f; **ig** indiscreto, curioso; petulante.

'Vorwort n (3) prefacio m, prólogo m.

'Vorwurf m reproche m; (*Thema*) asunto m; zum machen reprochar; **svoll** lleno de reproches.

'vor|zählen *j-m:* contar delante de alg.; **zeichen** n augurio m, presagio m, agüero m; ♈ signo m; ♪ accidente m; **zeichnen** dibujar; *fig.* trazar, designar, señalar; **zeigen** presentar; enseñar.

'Vorzeit f pasado m; antigüedad f; **en** [-ˈtsaɪtən] antiguamente; antaño; **'ig** prematuro, anticipado; *adv. a.* antes de tiempo, con antelación.

'Vor|zensur f censura f previa; **ziehen** *Vorhang:* correr; *fig.* preferir; vorzuziehen preferible; **zimmer** n antesala f; **zug** m (3): **a)** preferencia f; (*Vorteil*) ventaja f; (*gute Eigenschaft*) mérito m; **b)** 🚂 tren m suplementario.

vorzüglich [-ˈtsyːklɪç] excelente, exquisito; superior.

'Vorzugs|-aktie f acción f preferente; **~preis** m precio m de favor; **2weise** de preferencia, preferentemente; **~zölle** m/pl. derechos m/pl. preferenciales.
'Vorzündung f encendido m prematuro.
Votivbild [vo'ti:fbilt] n exvoto m.

Votum ['vo:tum] n (9 u. 9²) voto m.
Voyeur [voa'jœ:r] m (3¹) mirón m.
vulgär [vul'gɛ:r] vulgar; grosero.
Vulkan [-'ka:n] m (3¹) volcán m; **~fiber** f fibra f vulcanizada; **2isch** volcánico; **2isieren** [-kani'zi:rən] vulcanizar; Kfz. recauchutar.

W

W, w [ve:] *n* W, w (doble ve) *f*.
Waage ['vɑ:gə] *f* (15) balanza *f*; báscula *f*; Astr. Libra *f*; sich die ~ halten equilibrarse; **~balken** *m* cruz *f* (de la balanza); **2recht** horizontal.
Waagschale ['vɑ:kʃɑ:lə] *f* platillo *m*; *fig*. in die ~ werfen hacer valer.
wabbelig F ['vabəliç] fofo.
Wabe ['vɑ:bə] *f* (15) panal *m*.
wach [vax] despierto; *fig. a.* espabilado, vivo; ~ machen (werden) despertar(se); **'2dienst** *m* servicio *m* de vigilancia *bzw*. **2e** *f* (15) guardia *f*; (Mannschaft) cuerpo *m* de guardia; (Polizei2) comisaría *f*; puesto *m* de policía; (Posten) centinela *m*; ~ stehen estar de guardia; auf ~ ziehen montar la guardia; **'~en** (25) estar despierto; ~ bei velar (*ac*.); ~ über (*ac*.) vigilar (*ac*.), velar por; **'~habend** de guardia; **'~halten** *fig*. conservar vivo; **'2hund** *m* perro *m* guardián.
Wacholder ♀ [va'xɔldər] *m* (7) enebro *m*; **~branntwein** *m* ginebra *f*.
wachrufen ['vaxru:fən] despertar; *fig*. evocar.
Wachs [vaks] *n* (4) cera *f*; **'~-abdruck** *m* impresión *f* en cera.
wachsam ['vaxzɑ:m] vigilante, alerta; **2keit** *f* vigilancia *f*.
Wachschiff ['vaxʃif] *n* guardacostas *m*.
wachsen ['vaksən] **1.** *v/i*. (30, sn) crecer; *fig. a.* aumentar; acrecentar; *s. a.* gewachsen; **2.** *v/t*. (27) encerar; **~d** creciente.
wächsern ['vɛksərn] de cera, céreo.
Wachs... ['vaks...]: *in Zssgn* a menudo de cera; **~figurenkabinett** *n* museo *m* de figuras de cera; **~kerze** *f* vela *f*; *in der Kirche*: cirio *m*; **~tuch** *n* hule *m*.
'Wachs|tum *n* (1, *o. pl.*) crecimiento *m*; (Wein) cosecha *f*; **~rate** *f* tasa *f* de crecimiento.
Wacht [vaxt] *f* (16) guardia *f*.
Wachtel Zo. ['vaxtəl] *f* (15) codorniz *f*; **~hund** *m* perdiguero *m*.
Wächter ['vɛçtər] *m* (7) guarda *m*; guardián *m*; vigilante *m*.
Wacht... ['vaxt...]: *in Zssgn oft* de guardia; **~meister** *m* × sargento *m* primero; (Polizei) agente *m* de policía; **~posten** *m* centinela *m*; **~turm** *m* vigía *m*, atalaya *f*.
wack(e)lig ['vak(ə)liç] tambaleante, movedizo; *Möbel*: cojo; *fig*. inseguro; **2elkontakt** ⚡ *m* contacto *m* flojo *od*. intermitente; **~eln** (29) tambalear(se); moverse (*a. Zahn*); (*Möbel*) cojear; *mit dem Kopf* ~ cabecear; **~er** bueno, honrado; (*tapfer*) valiente, esforzado.
Wade ['vɑ:də] *f* (15) pantorrilla *f*; **~nbein** *n* peroné *m*; **~nkrampf** ⚡ *m* calambre *m* (en la pierna).
Waffe ['vafə] *f* (15) arma *f*; zu den ~n greifen tomar las armas; *Volk*: alzarse en armas.
Waffel ['-fəl] *f* (15) barquillo *m*; **~eisen** *n* barquillero *m*.
'Waffen|besitz *m*: (*unerlaubter*) ~ tenencia *f* (ilícita) de armas; **~dienst** *m* servicio *m* militar; **~gattung** *f* arma *f*, cuerpo *m*; **~gewalt** *f*: mit ~ a mano armada; **~händler** *m* armero *m*; **~handlung** *f* armería *f*; **2los** sin armas; **~rock** *m* guerrera *f*; **~ruhe** *f* tregua *f*, suspensión *f* de las hostilidades; **~schein** *m* licencia *f* de armas; **~schmied** *m* armero *m*; **~schmuggel** *m* contrabando *m* de armas; **~stillstand** *m* armisticio *m*; **~tat** *f* hecho *m* de armas.
wägbar ['vɛ:kbɑ:r] ponderable.
Wagemut ['vɑ:gəmu:t] *m* osadía *f*, temeridad *f*, audacia *f*; **2ig** atrevido, temerario, audaz.
wagen ['-gən] (25) atreverse a, osar (*inf*.); (*riskieren*) arriesgar, aventurar.
'Wagen *m* (6) coche *m* (*a*. 🚗, *Kfz*.); (*Karren*) carro *m* (*a*. ⊕ *u*. *Schreibmaschine*); 🚂 vagón *m*; Astr. Carro *m*, Osa *f*; **~bauer** *m* carretero *m*; **~führer** *m* conductor *m*; chófer *m*; **~heber** *m* gato *m*; **~ladung** *f* carretada *f*; carga *f*; **~park** *m* material *m* rodante; *Kfz*. parque *m* móvil; **~schlag** *m*, **~tür** *f* portezuela *f*; **~schuppen** *m* cochera *f*; **~spur** *f* rodada *f*.

Waggon [va'gɔn] *m* (11) vagón *m*.
waghalsig ['vɑːkhalzɪç] temerario; atrevido; ⚫**keit** *f* temeridad *f*.
Wagnis ['-nɪs] *n* (4¹) empresa *f* arriesgada; riesgo *m*.
Wahl [vɑːl] *f* (16) elección *f* (*a. Pol.*); *pl. a.* comicios *m/pl.*; *zwischen zwei Möglichkeiten*: alternativa *f*; opción *f*; ✝ **erste** ~ primera calidad; *nach* ~ a elección; *die* ~ *haben* poder elegir; *Pol. zur* ~ *gehen* acudir a las urnas; '~**..:** *in Zssgn oft* electoral.
wählbar ['vɛːlbɑːr] elegible; ⚫**keit** *f* elegibilidad *f*.
wahl|berechtigt ['vɑːlbərɛçtɪçt] con derecho a votar; ~ *sn* tener voto; ⚫**beteiligung** *f* participación *f* electoral; ⚫**bezirk** *m* distrito *m* electoral.
wähl|en ['vɛːlən] (25) elegir; (*aus*~) escoger, seleccionar; optar; (*abstimmen*) votar; *Fernspr.* marcar; ⚫**er** ['-lər] *m* (7) elector *m*; votante *m*.
Wahlergebnis ['vɑːl'ɛrgeːpnɪs] *n* resultado *m* de las elecciones.
wähler|isch ['vɛːlərɪʃ] difícil (de contentar); ⚫**liste** *f* censo *m* electoral; ⚫**schaft** *f* electorado *m*; ⚫**scheibe** *Fernspr.* *f* disco *m* (de marcar).
Wahl|fach ['vɑːlfax] *n* asignatura *f* optativa; ⚫**frei** facultativo; optativo; ~**gang** *m* (vuelta *f* de) escrutinio *m*; ~**heimat** *f* patria *f* adoptiva; ~**kampagne** *f* campaña *f* electoral; ~**kampf** *m* lucha *f* electoral; ~**kreis** *m* distrito *m* electoral; ~**liste** *f* lista *f* de candidatos; ~**lokal** *n* colegio *m* electoral; ⚫**los** confuso; *adv.* al azar; sin orden ni concierto; ~**mann** *m* (1²) compromisario *m*; ~**recht** *n* derecho *m* de votar; *allgemeines* ~ sufragio *m* universal; ~**spruch** *m* lema *m*, divisa *f*; ~**urne** *f* urna *f* electoral; ~**versammlung** *f* mitin *m* electoral; ~**verwandtschaft** *f* afinidad *f* electiva; ~**vorstand** *m* comité *m* electoral; ~**vorsteher** *m* presidente *m* de mesa electoral; ⚫**weise** opcionalmente, a elección; ~**zettel** *m* papeleta *f* electoral.
Wahn [vɑːn] *m* (3, *o. pl.*) ilusión *f*.
wähnen ['vɛːnən] (25) creer (erróneamente); imaginarse.
Wahn|gebilde ['vɑːngəbɪldə] *n* quimera *f*; alucinación *f*; ~**sinn** *m* locura *f* (*a. fig.*); 🙰 demencia *f*; ⚫**sinnig** loco (*a. fig.*); 🙰 demente; ~**vorstellung** *f* alucinación *f*; idea *f* fija; ~**witz** *m* locura *f*.

wahr [vɑːr] verdadero; verídico; (*echt*) auténtico; real; (*aufrichtig*) sincero; *das ist* ~ es verdad; *nicht* ~? ¿verdad?; ~ *machen* (*werden*) realizar(se); *so* ~ *ich lebe!* ¡por mi vida!
wahren ['vɑːrən] (25) cuidar de, salvaguardar; *Rechte*: defender; *Würde*: mirar por.
währen ['vɛːrən] (25) durar; continuar; ~**d 1.** *prp.* (*gen.*) durante; **2.** *cj.* mientras; *Gegensatz*: mientras que.
wahrhaben ['vɑːrhɑːbən]: *et. nicht* ~ *wollen* no querer admitir a/c.
wahrhaft ['-haft] veraz; verídico; ~**ig** ['-tɪç] verdadero; *adv.* verdaderamente; realmente; ~? ¿de veras?
Wahrheit ['-haɪt] *f* verdad *f*; *um die* ~ *zu sagen* a decir verdad; *j-m* (*gehörig*) *die* ~ *sagen* decirle cuatro verdades a alg.; ⚫**sgemäß**, ⚫**sgetreu** conforme a la verdad; verídico; ~**sliebe** *f* amor *m* a la verdad; veracidad *f*; ⚫**sliebend** veraz, verídico.
wahrlich ['-lɪç] realmente; a fe mía.
wahrnehm|bar ['-neːmbɑːr] perceptible; visible; (*bemerken*) notar, percibir; *Gelegenheit*: aprovechar; *Interessen*: salvaguardar, defender; ⚫**ung** *f* percepción *f*; observación *f*; ⚫**ungsvermögen** *n* facultad *f* perceptiva.
Wahrsag|ekunst, ~**erei** ['-zɑːgəkunst, ---'raɪ] *f* adivinación *f*; decir la buenaventura; profetizar; ⚫**en** ~**er(in** *f*) *m* (7) adivino (-a) *m* (*f*); pitonisa *f*; ~**ung** *f* adivinación *f*, vaticinio *m*, profecía *f*.
wahrscheinlich [-'ʃaɪnlɪç] probable; verosímil; *er wird* ~ (*nicht*) *kommen* (no) es probable que venga; ⚫**keit** *f* probabilidad *f*; *aller* ~ *nach* con toda probabilidad; ⚫**keitsrechnung** *f* cálculo *m* de probabilidades.
'**Wahrung** *f* defensa *f*; salvaguardia *f*.
Währung ['vɛːruŋ] *f* moneda *f*; ~**s..:** *in Zssgn mst* monetario; ~**sreform** *f* reforma *f* monetaria; ~**sverfall** *m* depreciación *f* monetaria.
Wahrzeichen ['vɑːrtsaɪçən] *n* símbolo *m*.
Waise ['vaɪzə] *f* (15) huérfano (-a *f*); ~**nhaus** *n* orfanato *m*; ~**nrente** *f* pensión *f* de orfandad.
Wal [vɑːl] *m* (3) ballena *f*.
Wald [valt] *m* (1²) bosque *m*; monte *m*; *er sieht den* ~ *vor lauter Bäumen nicht* los árboles le impiden ver el bosque; '~**beere** *f* arándano *m*;

Wandzeitung

'~brand m incendio m forestal; '~erdbeere f fresa f (de los bosques); '~frevel m delito m forestal; '~horn n trompa f; '~hüter m guardabosque m; ⁀ig [-diç] cubierto de bosques, boscoso; '~land n terreno m boscoso; '~lauf m Sport: carrera f por el bosque, cross-country m; '~meister ⚥ m aspérula f, asperilla f; '~pflanze f planta f selvática; '~rad m linde su. del bosque; ⁀reich poblado de bosques; boscoso; '~reichtum m riqueza f forestal; '~sterben n muerte f lenta de los bosques; '~ung f (región f de) bosques m/pl.; '~weg m camino m forestal.

Wallfänger ['va:lfɛŋər] m ballenero m (a. Schiff); ~fisch m ballena f.

walken ['valkən] (25) abatanar; ⁀er m (7) batanero m; ⁀mühle f molino m batanero.

Walküre [-'ky:rə] f (15) valquiria f.

Wall [val] m (3³) (Erd⁀) terraplén m; (Mauer) muro m.

Wallach ['-lax] m (3) caballo m capón.

wallen ['-lən] (25, sn u. h.) ondear; (sieden) bullir, hervir (a borbotones); ~fahren (25, untr., sn) peregrinar, ir de romería; ⁀fahrer m peregrino m, romero m; ~fahrt f peregrinación f, romería f; ⁀fahrts-ort m lugar m de peregrinación; ~ung f (Sieden) ebullición f; fig. a. efervescencia f; ⚥ congestión f; fig. in ~ bringen (geraten) agitar(se).

Wallnuß ['-nus] f nuez f; ~nußbaum m nogal m; ~roß n morsa f.

walten ['-tən] (26): ~ über (ac.) od. in (dat.) gobernar (ac.), reinar; ~ als obrar, actuar de; s-s Amtes ~ cumplir con su deber; Milde ~ lassen usar clemencia; das walte Gott! ¡Dios lo quiera!

Walzblech ['valtsblɛç] n chapa f laminada; ~e f (15) rodillo m; rollo m; ⊕ cilindro m; ⁀en (27) 1. v/t. ⊕ laminar, cilindrar; Boden: allanar, aplanar; Straße: apisonar; 2. v/i. (tanzen) valsar.

wälzen ['vɛltsən] (27) hacer rodar, arrollar; Bücher: manejar; Probleme: dar vueltas a; sich ~ revolcarse (in en); et. von sich ~ quitarse a/c de encima; ⁀er F m (7) libro m voluminoso, F mamotreto m.

Walzer ['valtsər] m (7) vals m; ~stahl m acero m laminado; ~straße f tren m de laminación; ~werk n laminadora f.

Wamme ['vamə] f (15) papo m, papada f.

Wams [vams] n (2¹) ehm. jubón m.

wand [vant] s. winden.

Wand [vant] f (14¹) pared f (a. Berg⁀); (Mauer) muro m; (Zwischen⁀) tabique m; spanische~ biombo m, mampara f; ~ an ~ pared en medio; fig. an die ~ drücken arrinconar; an die ~ stellen llevar al paredón; '~arm m brazo m; aplique m; '~behang m tapicería f; colgadura f; '~bild n mural m; '~brett n estante m.

Wandel ['vandəl] m (7) cambio m; transformación f; ⁀bar variable; inconstante; ~gang m, ~halle f pasillo m; galería f; ⁀n (29) 1. v/i. (sn) caminar; deambular; 2. v/t. cambiar (a. sich); transformar; ~schuldverschreibung ⚥ f obligación f de convertible.

Wander... ['vandər...]: in Zssgn oft ambulante, itinerante; ~ausstellung f exposición f ambulante; ~bühne f teatro m ambulante od. itinerante; ~düne f duna f movediza; ~er m (7) excursionista m; caminante m; ~falke m halcón m peregrino; ~heuschrecke f langosta f migratoria; ~leben n vida f nómada; ~lust f afición f a las excursiones; ⁀n (29, sn) caminar, viajar a pie; hacer excursiones; Völker, Vögel: migrar; ~n n excursionismo m (a pie); ~niere f riñón m flotante; ~pokal m copa f ambulante; ~prediger m predicador m ambulante; ~preis m trofeo m ambulante; ~ratte f rata f común; ~schaft f peregrinación f; ~stab m bastón m (de viaje); ~trieb m nomadismo m; Zo. instinto m migratorio; ~ung f excursión f; caminata f; Völker, Vögel: migración f; ~zirkus m circo m ambulante.

Wandgemälde ['vantgəmɛːldə] n (pintura) mural m; ~kalender m calendario m de pared; ~karte f mapa m mural; ~lampe f aplique m; ~lung ['-dluŋ] f transformación f; ⁀lungsfähig transformable; Künstler: versátil; ~malerei f pintura f mural; ~schirm m mampara f, biombo m; ~schmiererei f pintada f; ~schrank m armario m empotrado; ~tafel f pizarra f; ~teppich m tapiz m; ~uhr f reloj m de pared; ~zeitung f periódico m mural.

Wange ['vaŋə] f (15) mejilla f.
Wank|elmut ['-kəlmu:t] m inconstancia f, versatilidad f; **elmütig** ['--my:tiç] inconstante, versátil, veleidoso; **en** (25) vacilar; flaquear; titubear; *ins bringen* hacer vacilar; *ins geraten* tambalearse (*a. fig.*).
wann [van] cuando; *~?* ¿cuándo?
Wanne ['vanə] f (15) ⊕ tina f; (*Bade*) bañera f; (*Stein*) pila f; **~nbad** n baño m (en bañera).
Wanst [vanst] m (3² u. 3³) panza m, barriga f.
Wanze ['vantsə] f (15) chinche m; F *fig.* micro-espía m.
Wappen ['vapən] n (6) armas f/pl., blasón m, escudo m; **~kunde** f heráldica f; **~schild** m od. n escudo m de armas; **~spruch** m lema m.
wappnen ['vapnən] (26): *sich ~ marse* (*mit* de).
war [va:r] s. *sein*.
warb [varp] s. *werben*.
Ware ['va:rə] f (15) mercancía f; género m; *Am.* mercadería f.
'**Waren|-automat** m máquina f automática de venta; expendedora f automática; **~bestand** m existencias f/pl.; stock m; **~börse** f lonja f, bolsa f de contratación; **~haus** n grandes almacenes m/pl., *Am.* emporio m; **~korb** m Statistik: cesta f de la compra; **~kunde** f mercología f; **~lager** n almacén m, depósito m; **~probe** f muestra f; **~zeichen** n marca f (*eingetragenes* registrada).
warf [varf] s. *werfen*.
warm [varm] caliente; *Klima*: cálido (*a. fig.*); *Wetter*: caluroso (*a. fig. Empfang usw.*); *Kleid*: de abrigo; *es ist ~* hace calor; *mir ist ~* tengo calor; *~ machen* calentar; *~ werden* calentarse; *fig.* animarse; salir de su reserva; *sich ~ anziehen* abrigarse; **blüter** ['-bly:tər] m (7) animal m de sangre caliente; **~blütig** ['-bly:tiç] de sangre caliente.
Wärme ['vɛrmə] f (15, *o. pl.*) calor m (*a. fig.*); **~beständigkeit** f resistencia f al calor; **~dämmung** f aislamiento m térmico; **~einheit** f unidad f de calor, caloría f; **erzeugend** calorífico; **~isolierend** termoaislante; **~kraftwerk** n central f térmica; **~lehre** f termología f; **~leiter** m conductor m del calor; **~messer** m termómetro m; calorímetro m; **n** (25): (*sich*) *~ calentar(se)*; **~pumpe** f bomba f de calor.

Wärmflasche ['-flaʃə] f bolsa f de agua caliente.

Warm|front ['varmfrɔnt] f frente m cálido; **halten** *fig.*: *sich j-n ~ conservarse las simpatías de alg.*; **~herzig** caluroso; **~luft** f aire m caliente.

Warm'wasser|bereiter m calentador m de agua; **~heizung** f calefacción f por agua caliente; **~speicher** m termo m.

Warn|anlage ['varnʔanla:gə] f dispositivo m de alarma; **~dienst** m servicio m de vigilancia; **~dreieck** m triángulo m de peligro; **en** (25) advertir, prevenir (*vor* contra); poner sobre aviso; *vor ... wird gewarnt* cuidado con ...; **~ruf** m grito m de alarma; **~schuß** m tiro m al aire od. de aviso; **~signal** n señal f de aviso; **~streik** m huelga f de advertencia; **~ung** f advertencia f; aviso m; *abschreckende*: escarmiento m.
warst, wart [va:r(st)] s. *sein*.
Warte ['vartə] f (15) punto m de observación; observatorio m; **~geld** n excedencia f; **~liste** f lista f de espera; **n** (26) 1. *v/i.* esperar (*auf j-n* a alg., *auf et. a/c.*); *auf sich ~ lassen* hacerse esperar, tardar mucho; 2. *v/t.* cuidar de.
Wärter ['vɛrtər] m (7) guardián m; guarda m; (*Pfleger*) cuidador m; 🐾 enfermero m.
Warte|raum m, **~saal** m, **~zimmer** n ['vartə...] sala f de espera; **~zeit** f tiempo m de espera.
'**Wartung** f (*Pflege*) cuidado m; ⊕ mantenimiento m, entretenimiento m; **sfrei** sin mantenimiento.
warum? [va'rum] ¿por qué?
Warze ['vartsə] f (15) verruga f; **ig** verrugoso.
was [vas] (24) 1. *pron. interr.* ¿qué?; 2. *pron. rel.* que; lo que, lo cual; *~ für (ein)* qué (clase de); 3. F (*etwas*) algo; *ich will dir ~ sagen* te voy a decir una cosa.
Wasch|anstalt ['vaʃʔanʃtalt] f lavandería f; **~automat** m lavadora f automática; **bar** lavable; **~bär** *Zo.* m mapache m; **~becken** n lavabo m.
Wäsche ['vɛʃə] f (15) ropa f; (*Waschen*) lavado m; colada f; *in die ~ geben* dar a lavar; *~ zum Wechseln* muda f.

waschecht ['vaʃʔɛçt] resistente al lavado; *fig.* de pura cepa, castizo.
Wäsche|geschäft ['vɛʃəgəʃɛft] *n* lencería *f*; (*Herren*⁀) camisería *f*; ⁓**klammer** *f* pinza *f* (para la ropa), ⁓**korb** *m* cesta *f* para la ropa; ⁓**leine** *f* cuerda *f* (para tender la ropa).
waschen ['vaʃən] **1.** v/t. (30) lavar; sich ⁓ lavarse; **2.** ⁀ *n* lavado *m*.
Wäsche|rei [vɛʃə'raɪ] *f* lavandería *f*; ⁓'**rin** *f* lavandera *f*; ⁓'**schleuder** *f* secadora *f* centrífuga; ⁓'**schrank** *m* armario *m* de las lencerías.
Wasch|frau ['vaʃfraʊ] *f* lavandera *f*; ⁓**küche** *f* lavadero *m*; ⁓**lappen** *m* manopla *f* para baño; F *fig.* calzonazos *m*; Juan Lanas *m*; ⁓**leder** *n* gamuza *f*; ⁓**maschine** *f* lavadora *f*; ⁀**maschinenfest** lavable en lavadora; ⁓**mittel** *n* lavavajillas *m* od. detergente *m*; ⁓**pulver** *n* detergente *m*; ⁓**raum** *m* lavabo *m*, cuarto *m* de aseo; ⁓**schüssel** *f* jofaina *f*, palangana *f*; ⁓**straße** *Kfz.* *f* tren *m* od. túnel *m* de lavado; ⁓**tisch** *m* palanganero *m*; lavabo *m*; ⁓**ung** *f* lavado *m*; Rel. u. ⁀ ablución *f*; ⁓**wanne** *f* tina *f*; ⁓**wasser** *n* agua *f* de lavar; ⁓**weib** F *desp.* *n* chismosa *f*; ⁓**zettel** *m* Buch: texto *m* de presentación; ⁓**zeug** *n* utensilios *m/pl.* de aseo.
Wasser ['vasər] *n* (7) agua *f*; Kölnisch ⁓ agua *f* de Colonia, colonia *f*; *fig.* stilles ⁓ mosquita *f* muerta; *fig.* sich über ⁓ halten mantenerse a flote; unter ⁓ setzen (stehen) inundar (estar inundado); zu ⁓ und zu Lande por tierra y por mar; ⁓ lassen orinar; *fig.* ins ⁓ fallen aguarse; j-m nicht das ⁓ reichen können no llegarle a alg. a la suela del zapato; das ⁓ läuft mir im Munde zusammen se me hace la boca agua; mit allen ⁓n gewaschen sn conocer todos los trucos; ⁓**abfluß** *m* desagüe *m*; ⁀**abstoßend** hidrófugo; ⁀**arm** falto de agua; árido; ⁓**bad** *n* baño *m* María; ⁓**ball(spiel** *n*) *m* waterpolo *m*; ⁓**becken** *n* pila *f*, pilón *m*; ⁓**behälter** *m* depósito *m* de agua; cisterna *f*; ⁓**bett** *n* cama *f* de agua; ⁓**blase** *f* burbuja *f*; *&* ampolla *f*; ⁓**bombe** *f* carga *f* de profundidad.
Wässerchen ['vɛsərçən] *n* fig. er sieht aus, als ob er kein ⁓ trüben könnte parece que nunca ha roto un plato.
Wasser|dampf ['vasərdampf] *m* vapor *m* de agua; ⁀**dicht** impermeable; ⁓**eimer** *m* cubo *m* de agua; ⁓**fall** *m* salto *m* de agua; cascada *f*; catarata *f*; ⁓**farbe**

f aguada *f*; ⁓**flasche** *f* garrafa *f*; ⁓**flugzeug** *n* hidroavión *m*; ⁓**glas** *n* vaso *m* para agua; ⁀ silicato *m* de potasa; ⁓**graben** *m* acequia *f*; ⁓**hahn** *m* grifo *m*, *Arg.* canilla *f*; ⁀**haltig** ['--haltɪç] acuoso; ⁓**hose** *f* tromba *f* de agua; ⁓**huhn** *n* foja *f*.
wässerig ['vɛsərɪç] acuoso; den Mund ⁓ machen dar dentera.
Wasser|kanne ['vasərkanə] *f* jarro *m* para agua; ⁓**kessel** *m* hervidor *m*; ⊕ caldera *f*; ⁓**klosett** *n* wáter *m*, inodoro *m*; ⁓**kopf** *m* hidrocéfalo *m*; ⁓**kraft** *f* fuerza *f* hidráulica; ⁓**kraftwerk** *n* central *f* hidroeléctrica; ⁓**krug** *m* cántaro *m*, jarra *f*; ⁓**kühlung** *f* refrigeración *f* por agua; ⁓**kur** *f* cura *f* hidroterápica; ⁓**lache** *f* charco *m*; ⁓**landung** *f* *s.* Wassern; ⁓**lauf** *m* corriente *f* de agua; ⁓**leitung** *f* tubería *f* de agua; ⁓**lilie** *f* nenúfar *m*; ⁓**linie** *&* *f* línea *f* de flotación; ⁀**löslich** soluble en agua, hidrosoluble; ⁓**mangel** *m* falta *f* od. escasez *f* de agua; ⁓**mann** *Astr.* *m* Acuario *m*; ⁓**melone** *f* sandía *f*; ⁓**mühle** *f* molino *m* de agua; ⁀**n** ⁎ (29) amarar, amerizar; ⁓**n** *n* amaraje *m*, amerizaje *m*.
wässern ['vɛsərn] (29) regar; (einweichen) poner a remojo; *Phot.* lavar.
Wasser|pfeife ['vasərpfaɪfə] *f* narguile *m*; ⁓**pflanze** *f* planta *f* acuática; ⁓**rad** *n* rueda *f* hidráulica; ⁓**ratte** *f* a. *fig.* rata *f* de agua; ⁀**reich** *m* Fluß: caudaloso; abundante en agua; ⁓**rose** *f* nenúfar *m*; ⁓**schaden** *m* daño *m* causado por el agua; ⁓**scheide** *f* divisoria *f* de aguas; ⁀**scheu** que tiene miedo al agua; ⁀ hidrófobo; ⁓**scheu** *f* horror *m* al agua; ⁓**schi** *m* esquí *m* acuático od. náutico; ⁓**schlauch** *m* manguera *f* de agua; ⁓**speicher** *m* depósito *m* de agua; ⁓**speier** △ ['--paɪər] *m* (7) gárgola *f*; ⁓**spiegel** *m* nivel *m* bzw. superficie *f* del agua; ⁓**spiele** *n/pl.* juegos *m/pl.* de agua; ⁓**sport** *m* deporte *m* acuático od. náutico; ⁓**spülung** *f* cisterna *f*; ⁓**stand** *m* nivel *m* del agua; ⁓**stelle** *f* aguada *f*; ⁓**stoff** *m* hidrógeno *m*; ⁓**stoffbombe** *f* bomba *f* de hidrógeno; ⁓**stoff'super-oxyd** *n* agua *f* oxigenada; ⁓**strahl** *m* chorro *m* de agua; ⁓**straße** *f* vía *f* de navegación; ⁓**sucht** *&* *f* hidropesía *f*; ⁓**suppe** *f* sopa *f* boba; ⁓**turbine** *f* turbina *f* hidráulica; ⁓**turm** *m* arca *f* de agua;

~uhr f contador m de agua; ~ung f s. Wassern; ~verdrängung ⚓ f desplazamiento m; ~versorgung f abastecimiento m de agua; ~vogel m ave f acuática; ~waage f nivel m (de agua); ~weg ['--ve:k] m: auf dem ~ por agua; por vía fluvial bzw. marítima; ~welle f ondulación f; ~werfer m cañón m de agua; ~werk n central f de abastecimiento de aguas; ~zähler m contador m de agua; ~zeichen n filigrana f.

waten ['va:tən] (26, sn) vadear (durch ac.); caminar (in por).

watschel|ig ['va:tʃəliç]: ~er Gang andares m/pl. patosos; ~n (29, sn) andar patosamente, anadear.

Watt [vat] n: a) Erdk. (5) marisma f; b) ⚡ (11, im pl. uv.) vatio m; ~e f (15) algodón m; '~ebausch m tapón m de algodón; '~enmeer n aguas f/pl. bajas de la costa; 2ieren enguatar, acolchar.

wau wau! ['vaʊ'vaʊ] ¡guau!

web|en ['ve:bən] (25) tejer; 2en in tejedura f; 2er(in f) m (7) tejedor(a) m(f); 2e'rei f tejeduría f; fábrica f de tejidos; '~erschiffchen n lanzadera f; 2stuhl ['ve:pʃtu:l] m telar m; 2waren f/pl. tejidos m/pl.

Wechsel ['vɛksəl] m (7) cambio m; variación f; regelmäßiger: alternación f; Jagd: pista f; der Studenten: mensualidad f; ✝ letra f de cambio; gezogener ~ giro m; ~agent m agente m de cambio; ~aussteller ✝ m librador m, girador m; ~bank ✝ f banco m de descuento; ~beziehung f correlación f; relación f recíproca; ~bürge m fiador m de la letra; avalista m; ~bürgschaft f aval m; ~ leisten avalar (una letra); ~fälle ['--fɛlə] m/pl. vicisitudes f/pl., peripecias f/pl.; ~fieber n fiebre f intermitente; ~geld n cambio m; vuelta f; ~getriebe ⊕ m engranaje m de cambio (de velocidades); 2haft cambiante; Wetter: inestable; ~jahre n/pl. climaterio m, menopausia f; ~kurs m tipo m de cambio; 2n (29) cambiar (a. Geld u. fig.); variar; den Platz, die Stellung ~ cambiar de sitio, de empleo; die Kleider, die Wohnung ~ mudarse de ropa, de casa; können Sie ~? ¿tiene Vd. cambio?; 2nd cambiante; variable; ~nehmer ✝ m (7) tenedor m de una letra; ~protest m protesto m de una letra; ~recht n

derecho m cambiario; ~reite'rei f giro m de letras cruzadas; 2seitig ['--zaitiç] mutuo, recíproco; ~strom ⚡ m corriente f alterna; ~stube f oficina f od. casa f de cambio; 2voll variado; lleno de vicisitudes; 2weise alternando; por turno; ~wirkung f acción f recíproca, interacción f; ~wirtschaft ⚒ f cultivo m alterno.

Weck|dienst ['vɛkdi:nst] m Fernspr. servicio m de despertador; ~en (25) despertar (a. fig.); llamar; fig. evocar; ~er m (7) despertador m; F fig. j-m auf den ~ fallen dar la lata a alg.

Wedel ['ve:dəl] m (7) (Staub2) plumero m; ♃ fronda f; 2n (29) agitar (mit et. a/c.); mit dem Fächer: abanicar; mit dem Schwanz ~ menear la cola.

weder ['--dər]: ~ ... noch ni ... ni.

Weg [ve:k] m (3) camino m (a. fig.); ruta f; vía f (a. fig.); (Strecke) recorrido m; (Route) itinerario m; auf halbem ~e a medio camino; auf dem ~e nach camino de; fig. auf dem ~e zu en vías de; sich auf den ~ machen nach ponerse en camino para; aus dem ~e gehen dar paso a; fig. j-m: evitar un encuentro con; e-r Frage: eludir; auf dem richtigen (falschen) ~e sn ir por buen (mal) camino; im ~e sn od. stehen estorbar; dem steht nichts im ~e no hay (ningún) inconveniente; in den ~ treten cerrar el camino; fig. hacer frente; et. in die ~e leiten tramitar, iniciar a/c.

weg [vɛk] (abwesend) ausente; (verloren) perdido; er ist ~ (gegangen) ha salido; se ha ido; ~ da! ¡fuera de aquí!; F fig. ganz ~ sn no caber en sí (vor de).

Wegbereiter ['ve:kbərartər] m precursor m; pionero m.

weg|bleiben ['vɛkblaɪbən] (sn) no venir; faltar; ~blicken apartar la vista; ~bringen quitar; llevarse; ~drängen empujar; repeler.

Wege|bau ['ve:gəbaʊ] m construcción f de caminos; ~karte f itinerario m; ~lagerer ['--la:gərər] m (7) salteador m de caminos.

wegen ['--gən] (gen. od. dat.) por, a od. por causa de; con motivo de; debido a.

Wegerich ♃ ['--riç] m (3¹) llantén m.

weg|essen ['vɛk'ɛsən] alles ~ comérselo todo; ~fahren v/i. (sn) irse, marcharse; salir (nach para); 2fall m supresión *f*; ~**fallen** (sn) quedar suprimido, omitirse; ~**fegen** barrer (*a. fig.*); ~**fliegen** (sn) *j.*: partir en avión; *et.*: ser llevado por el viento; ~**fließen** (sn) derramarse; ~**führen** llevar consigo; ²**gang** *m* salida *f*, partida *f*; ~**geben** dar; deshacerse de; ~**gehen** (sn) irse, marcharse; ✝ venderse; ~**gießen** tirar; ~**haben** haber recibido (su parte); s-e *Strafe* ~ tener su merecido; F *et.* ~ haber comprendido; ~**hängen** *Kleid*: guardar; ~**holen** ir *od.* venir a buscar; F *Krankheit*: coger, F pillar; ~**jagen** echar; ahuyentar; ~**kommen** (sn) (lograr) salir; perderse; *gut* (*schlecht*) *bei et.* ~ salir bien (mal) librado de a/c.; ~**können** poder salir; ~**lassen** dejar salir; (*auslassen*) suprimir; omitir; ~**laufen** (sn) irse corriendo, huir; ~**legen** poner aparte; ~**machen** quitar; ~**müssen** tener que salir *od.* marcharse; ²**nahme** ['-na:mə] *f* (15) toma *f*; confiscación *f*; ~**nehmen** quitar; ~**packen** recoger; ~**radieren** borrar; ~**raffen** arrebatar.

Wegrand ['ve:krant] *m*: *am* ~ al borde del camino.

weg|räumen ['vɛkrɔymən] quitar; recoger; ~**reißen** arrancar, arrebatar; ~**rennen** (sn) salir corriendo, huir; ~**rücken** *v/t.* apartar; ~**rufen** llamar; ~**schaffen** llevarse; apartar; ~**schenken** dar, regalar; ~**scheren**: *sich* ~ largarse; ~**schicken** enviar, mandar; *Person*: despedir; ~**schieben** empujar; ~**schleichen** (sn) (*a. sich* ~) marcharse a hurtadillas; escabullirse; ~**schleppen** arrastrar (consigo); llevarse; ~**schließen** encerrar; ~**schmeißen** F tirar; ~**schnappen** pescar; birlar; ~**schneiden** cortar; ~**schütten** tirar; ~**schwimmen** (sn) *et.*: ser arrastrado por la corriente; ~**sehen** apartar la vista; *über et.* ~ F hacer la vista gorda; ~**setzen** poner en otro sitio; ~**stecken** esconder; ~**stellen** poner a un lado; ~**stoßen** empujar.

Wegstrecke ['ve:kʃtrɛkə] *f* recorrido *m*, trayecto *m*.

weg|tragen ['vɛktra:gən] llevarse; ~**treten** (sn) retirarse; ⚔ romper filas; ~**tun** echar; apartar; quitar; ~**wehen** *v/i.* (sn) ser llevado por el viento.

wegweis|end ['ve:kvaɪzənt] orientador; ²**er** *m* (7) indicador *m* (de camino); poste *m* indicador.

Weg|werf... ['vɛkvɛrf...]: *in Zssgn mst* desechable; ²**werfen** tirar; *sich* ~ rebajarse; ²**werfend** desdeñoso, con desdén; ~**werfgesellschaft** *f* sociedad *f* del despilfarro; ²**wischen** quitar (con un trapo); borrar.

Wegzehrung ['ve:ktse:ruŋ] *f* provisiones *f/pl.* para el viaje.

weg|ziehen ['vɛktsi:ən] **1.** *v/t.* retirar; *Vorhang*: descorrer; **2.** *v/i.* (sn) mudarse de casa, cambiar de domicilio; ²**zug** *m* partida *f* (*nach* para); marcha *f*; cambio *m* de domicilio.

weh [ve:] **1.** *adj.* malo; doloroso; *adv.* mal; ~ **tun** doler, hacer daño; *j-m*: causar dolor; *fig.* afligir; *sich* ~ **tun** hacerse daño; o ~! ¡vaya!; ~**(e)** *mir!* ¡ay de mí!; **2.** ² *n* (3) dolor *m*; pena *f*.

Wehe ['-ə] *f* (15): **a)** duna *f* de nieve; **b)** ~*n pl.* dolores *m/pl.* del parto; ²**n** (25) soplar; *Fahne*: ondear, flotar.

'**Weh|geschrei** *n* lamentos *m/pl.*; ~**klage** *f* lamento *m*; *pl. a.* lamentaciones *f/pl.*; ²**klagen** (*untr.*) lamentarse (*über ac. de*); ²**leidig** quejumbroso; ~**mut** *f* melancolía *f*; nostalgia *f*; ²**mütig** ['-my:tɪç] melancólico; nostálgico.

Wehr [ve:r]: **a)** *f* (16) defensa *f*; armas *f/pl.*; *sich zur* ~ *setzen* defenderse; **b)** *n* (3) presa *f*; ~'**beitrag** *m* contribución *f* a la defensa; '~**bezirk** *m* distrito *m* militar; '~**dienst** *m* servicio *m* militar; '~**dienstverweigerer** *m* objetor *m* de conciencia; '~**dienstverweigerung** *f* objeción *f* de conciencia; ²**en** (25) prohibir; *sich* ~ defenderse (*gegen* contra); '~**ersatzdienst** *m* servicio *m* sustitutorio (del servicio militar); '²**fähig** útil para el servicio militar; '~**kraft** *f* fuerza *f* defensiva; '²**los** indefenso; inerme; '~**losigkeit** *f* indefensión *f*; '~**macht** *f* fuerzas *f/pl.* armadas; '~**paß** *m* cartilla *f* militar; '~**pflicht** *f* ('²**pflichtig** sujeto al) servicio *m* militar obligatorio.

Weib [vaɪp] *n* (1) mujer *f*; *poet.* esposa *f*; ~**chen** *Zo.* ['-çən] *n* (6) hembra *f*; '~**erfeind** ['-bərfaɪnt] *m* misógino *m*; '~**erheld** *m* tenorio *m*, (hombre *m*) mujeriego *m*; ²**isch** ['-bɪʃ] afeminado, mujeril; ²**lich** ['-plɪç] femenino; '~**lichkeit** *f* feminidad *f*; ~**sbild** ['-psbɪlt] *n desp.* tía *f*.

weich [vaɪç] blando; muelle; (*zart*) tierno (*a. Fleisch*); *fig.* sensible, impresionable; (*sanft*) suave; dulce;

Weichbild

Hut: flexible; ~ *machen* (*werden*) ablandar(se); '2̌bild *n* término *m* municipal; '2̌e *f* (15) *Anat.* flanco *m*, ijada *f*; ⚕ aguja *f*; ~**en 1.** *v/t.* (25) remojar; **2.** *v/i.* (30, sn) ablandarse; (*nachgeben*) ceder; 2̌**ensteller** ['-çən-tɛlər] *m* (7) guardagujas *m*; ~**gekocht** ['-gəkɔxt] *Ei*: pasado por agua; 2̌**heit** *f* blandura *f*; suavidad *f*; *fig.* ternura *f*; sensibilidad *f*; '~**herzig** blando (de corazón); '~**lich** blando, flojo; *fig.* débil; F blandengue; 2̌**ling** ['-lɪŋ] *m* (3¹) hombre *m* afeminado; blando *m*, F blandengue; '2̌**spüler** *m* suavizante *m*; '2̌**teile** *Anat. pl.* partes *f/pl.* blandas; 2̌**tier** *n* molusco *m*.

Weide ['vaɪdə] *f* (15) ♀ pasto *m*, dehesa *f*; ⚕ sauce *m*; ~**land** *n* pastos *m/pl.*; ~**n** (26) **1.** *v/t.* pastar; *sich* ~ deleitarse (*an dat.* en); **2.** *v/i.* pacer, pastar; ~**nkätzchen** *n* flor *f* de sauce; ~**nkorb** *m* cesto *m* de mimbre; ~**nrute** *f* mimbre *m*; ~**platz** *m* pasto *m*; ~**recht** *n* derecho *m* de pastoreo.

weid|**gerecht**, ~**männisch** ['vaɪtgəʀɛçt, -mɛnɪʃ] experimentado en la caza; como buen cazador; ~**lich** *adv.* mucho; F de lo lindo; 2̌**mann** *m* (1²) cazador *m*; 2̌**messer** *n* cuchillo *m* de monte; 2̌**werk** *n* caza *f*, montería *f*; ~**wund** herido.

weiger|**n** ['vaɪgərn] (29): *sich* ~ negarse (*zu* a); 2̌**ung** *f* negativa *f*.

Weih *Zo.* [vaɪ] *m* (3) milano *m*; '~**bischof** *m* obispo *m* auxiliar; '~**e** *f* (15) *Rel.* consagración *f*; (*Segen*) bendición *f*; (*Priester*2̌) ordenación *f*; '2̌**en** (25) consagrar; bendecir; *Priester*: ordenar; (*widmen*) dedicar (a); ~**er** *m* (7) estanque *m*; '~**estunde** *f* hora *f* *bzw.* acto *m* solemne; '2̌**evoll** solemne; '~**gabe** *f* ofrenda *f*; exvoto *m*.

Weihnacht ['-naxt] *f uv.*, ~**en** *n uv.* (*mst o. art.*) Navidad(es) *f(pl.)*; *Fröhliche* ~! ¡felices Pascuas!; 2̌**lich** navideño; ~**s...**: *in Zssgn* oft de Navidad, navideño; ~**s-abend** *m* Nochebuena *f*; ~**sbaum** *m* árbol *m* de Navidad; ~**sgeschenk** *n* regalo *m* de Navidad; ~**slied** *n* villancico *m*; ~**smann** *m* Papá *m* Noel; ~**sstern** ♀ *m* flor *f* de Pascua; ~**szeit** *f* tiempo *m* de Navidad; época *f* navideña.

Weih|**rauch** *m* incienso *m*; ~**rauchfaß** *n* incensario *m*; ~**wasser** *n* agua *f* bendita; ~**wasserbecken** *n* pila *f* del agua bendita; ~**wedel** *m* hisopo *m*.

weil [vaɪl] porque.

Weil|**chen** ['-çən] *n* (6) ratito *m*; ~**e** *f* (15) rato *m*; *e-e ganze* ~ un buen rato; 2̌**en** *poet.* (25) permanecer; estar; ~**er** *m* (7) caserío *m*.

Wein [vaɪn] *m* (3) vino *m*; (*Rebe*) vid *f*; *wilder* ~ vid *f* silvestre; *j-m reinen* ~ *einschenken* decir a alg. la (cruda) verdad; '~**bau** *m* viticultura *f*; '~**bauer** *m* viticultor *m*; '~**beere** *f* uva *f*; '~**berg** *m* viña *f*, viñedo *m*; '~**bergschnecke** *f* caracol *m* (de Borgoña); '~**brand** *m* aguardiente *m* de vino; coñac *m*.

wein|**en** ['-ən] (25) llorar (*vor* de; *um* por); ~**erlich** llorón.

'**Wein**|-**ernte** *f* vendimia *f*; ~**essig** *m* vinagre *m* de vino; 2̌**faß** *n* tonel *m*; pipa *f*; cuba *f*; ~**flasche** *f* botella *f* de vino; ~**garten** *m* viña *f*; ~**gegend** *f* región *f* vitícola; ~**geist** *m* alcohol *m*; ~**glas** *n* vaso *m* *bzw.* copa *f* para vino; ~**händler** *m* tratante *m* en vinos, vinatero *m*; ~**handlung** *f* bodega *f*, vinatería *f*; ~**jahr** *n*: *gutes* ~ año *m* abundante en vino(s); ~**karte** *f* carta *f* de vinos; ~**keller** *m* bodega *f*; ~**krampf** ✱ *m* llanto *m* convulsivo; ~**kühler** *m* enfriador *m* de botellas; ~**land** *n* país *m* vitícola; ~**laub** *n* hojas *f/pl.* de parra; ~**laube** *f* parral *m*, emparrado *m*; ~**lese** *f* vendimia *f*; ~**lokal** *n* taberna *f*, cata *f* de vinos; ~**probe** *f* degustación *f* od. cata *f* de vinos; ~**ranke** *f* sarmiento *m*; ~**rebe** *f* vid *f*; ~**schlauch** *m* odre *m*; ~**stein** ♠ *m* tártaro *m*; ~(**stein**)**säure** *f* ácido *m* tartárico; ~**stock** *m* cepa *f*; ~**stube** *f* taberna *f*; ~**traube** *f* racimo *m* de uvas; *einzelne*: uva *f*.

weise ['vaɪzə] **1.** *adj.* sabio; **2.** 2̌ *f* (15) manera *f*, modo *m*; ♪ melodía *f*, aire *m*; *auf diese* ~ de esta manera, de este modo; *in der* ~, *daß* de tal manera *od.* modo que; ~**n** (30) señalar, indicar; mostrar; *von sich* ~ rechazar; 2̌(**r**) *m* (18) sabio *m*; *die* ~*n aus dem Morgenland los* Reyes Magos.

Weis|**heit** ['vaɪshaɪt] *f* sabiduría *f*; ~**heitszahn** *m* muela *f* del juicio; 2̌**lich** prudentemente; 2̌**machen** hacer creer; *mach das e-m andern weis!* ¡a otro perro con ese hueso!

weiß [vaɪs] **1.** *s. wissen*; **2.** *adj.* blanco; ~*e Haare* canas *f/pl.*; **3.** 2̌ *n* (*uv.*, *sg. a.* 3²) blanco *m*, blancura *f*.

'**weissag**|**en** ['-zɑːgən] (*untr.*) profetizar, vaticinar; ⁓**ung** f profecía f, vaticinio m.

'**Weiß|bier** n cerveza f blanca; ⁓**blech** n hojalata f; ⁓**brot** n pan m blanco; ⁓**buch** Pol. n libro m blanco; ⁓**dorn** ♃ m espino m (blanco); ⁓**e** f (15) blancura f; ⁓**en** (27) blanquear; (*tünchen*) encalar; ⁓**e(r** m) su. (18) blanco (-a) m (f); ⁓**fisch** m albur m; ⁓**gekleidet** ['-gəklaidət] vestido de blanco; ⁓**gerber** m curtidor m de fino, peletero m; ⁓**gerbe'rei** f peletería f; ⁓**glühend** candente, incandescente; ⁓**glut** f incandescencia f; F fig. j-n zur ⁓ bringen sacar a alg. de quicio; ⁓**gold** n oro m blanco; 2**haarig** cano(so), encanecido; ⁓**kohl** m repollo m; 2**lich** blanquecino; ⁓**näherin** f costurera f de ropa blanca; ⁓**tanne** f abeto m blanco; ⁓**waren** f/pl. lencería f; ⁓**wein** m vino m blanco.

Weisung ['vaɪzʊŋ] f orden f; instrucción f.

weit [vaɪt] (*geräumig*) espacioso, amplio, ancho (a. *Kleid*); (*ausgedehnt*) extenso, vasto; *Weg, Reise*: largo; (*fern*) lejano, adv. lejos; ⁓ *offen* abierto de par en par; 2 *Kilometer* ⁓ *vom Meer entfernt* a dos kilómetros del mar; *wie* ⁓? ¿hasta dónde?; *wie* ⁓ *ist es bis* ...? ¿cuánto falta para od. hasta ...?; *bei* ⁓*em* (*nicht*) (ni) con mucho; ⁓ *größer* mucho mayor; *von* ⁓*em* desde lejos; *fig. zu* ⁓ *gehen, es zu* ⁓ *treiben* (*zu*)pasarse, extralimitarse; *das geht zu* ⁓ esto pasa de la raya; *es bringen* llegar lejos; *es ist nicht* ⁓ *her damit* no es nada del otro mundo; ⁓ *und breit* a la redonda; '⁓'**ab** muy lejos; '⁓'**aus** con mucho; 2**blick** m perspicacia f; visión f de futuro; '⁓**blickend** perspicaz; '2**e 1.** f (15) anchura f; (*Ausdehnung*) extensión f; (*Länge*) largo m; (*Entfernung*) distancia f; (*Ferne*) lejanía f; **2.** n (18) *das* ⁓ *suchen* tomar la de Villadiego; ⁓**en** (26) ensanchar; dilatar.

weiter ['-ər] **1.** *comp. v.* **weit**; **2.** *fig.* (*sonstig*) otro; adicional; ulterior; (*außerdem*) además; ⁓! ¡adelante!; *bitte* ⁓! ¡siga Vd.!; ⁓ *nichts* nada más; *ohne* ⁓*es* sin más ni más; *bis auf* ⁓*es* por ahora; hasta nuevo aviso od. nueva orden; *und* ⁓? ¿qué más?; *wer* ⁓? ¿quién más?; *und so* ⁓ etcétera (*Abk.* etc.); ⁓ *et.* tun seguir haciendo a/c.; *alles* 2*e* todo lo demás; ⁓**befördern** reexpedir; ⁓**bilden**: *sich* ⁓ perfeccionarse; ampliar estudios; ⁓**bringen** hacer avanzar; *das bringt mich nicht weiter* esto no me ayuda nada; ⁓**geben** transmitir; pasar (*an ac.* a); ⁓**gehen** (sn) seguir su camino; *fig.* continuar; ⁓**hin** *zeitl.* (de aquí) en adelante; (*außerdem*) además; ⁓**kommen** (sn) adelantar; ⁓**können**: *nicht* ⁓ no poder más; ⁓**leiten** transmitir; cursar; 2**leitung** f transmisión f; ⁓**machen** seguir, continuar; 2**reise** f continuación f del viaje; ⁓**reisen** (sn) continuar el viaje; ⁓**sagen** divulgar; (*hacer*) correr la voz; 2**verkauf** m reventa f; ⁓**verkaufen** revender.

weit|gehend ['-ge:ənt] amplio, considerable; adv. en gran parte; ⁓**gereist** que ha viajado mucho; ⁓**her** de lejos; ⁓**herzig** generoso; ⁓**hin** a lo lejos; ⁓**läufig** vasto; extenso; (*ausführlich*) detallado; *Verwandter*: lejano; ⁓**maschig** ['-maʃɪç] de mallas anchas; ⁓**reichend** extenso; ⁓**schweifig** ['-ʃvaɪfɪç] prolijo; 2**schweifigkeit** f prolijidad f; ⁓**sichtig** ['-zɪçtɪç] ☞ présbita; *fig.* perspicaz; 2**sichtigkeit** f ☞ presbicia f; 2**sprung** m salto m de longitud; ⁓**tragend** de gran alcance; trascendental; ⁓**verbreitet** muy frecuente od. corriente; ⁓**verzweigt** ['-fɛrtsvaɪkt] muy ramificado; 2**winkel-objektiv** *Phot.* n objetivo m granangular.

Weizen ['vaɪtsən] m (6) trigo m; ⁓**feld** n trigal m; ⁓**mehl** n harina f de trigo.

welch [vɛlç] (21¹): ⁓ *ein*[*e*] ...! ¡qué ...!; '⁓**e(r, s)** *fragend*: ¿qué?; ¿cuál (de)?; *relativ*: que; el (la, lo) cual; *pl.* (*einige*) unos, algunos; ⁓**erlei** ['-çər'laɪ] qué clase de; *in* ⁓ *Form es auch sei* en cualquier forma.

welk [vɛlk] marchito, ajado (*a. fig.*); '⁓**en** (25, sn) marchitarse.

Well|blech ['vɛlblɛç] n chapa f ondulada; ⁓**e** f (15) ola f (*a. fig.*); *a. Phys.* onda f; *große* oleada f (*a. fig.*); (*Haar*⁓) ondulación f; ⊕ árbol m eje m; *Turnen*: molinete m; 2**en** (25) ondular.

'**Wellen|bereich** m gama f de ondas; ⁓**bewegung** f movimiento m ondulatorio; ondulación f; ⁓**brecher** m rompeolas m; 2**förmig** ondulatorio; ondulado; ⁓**gang** m oleaje m; ⁓**kamm** m cresta f de la ola; ⁓**länge** *Phys.* f longitud f de onda; ⁓**linie** f línea f ondulada; ⁓**reiten** n surf m;

Wellenschlag

~schlag *m* embate *m* de las olas; ~sittich *Zo. m* periquito *m*.

well|ig ['vɛlɪç] ondulado; *Boden*: accidentado; ²pappe *f* cartón *m* ondulado.

Welpe ['vɛlpə] *m* (13) cachorro *m*.

Wels *Zo.* [vɛls] *m* (4) siluro *m*.

Welt [vɛlt] *f* (16) mundo *m*; universo *m*; *alle* ~ todo el mundo; *auf der* ~ en el mundo; *zur* ~ *bringen* dar a luz; *aus der* ~ *schaffen Streitigkeit*: zanjar, allanar; *nicht um alles in der* ~ por nada del mundo.

Welt... ['vɛlt...]: *in Zssgn oft* universal, mundial; del mundo; ~**all** *n* universo *m*; ²**anschaulich** ideológico; ~**anschauung** *f* ideología *f*; concepción *f* del mundo; ~**ausstellung** *f* exposición *f* universal; ~**bekannt**, ²**berühmt** de fama mundial; ²**bewegend** revolucionario; ~**bild** *n* concepto *m* del mundo; ~**bürger** *m* cosmopolita *m*; ~**bürgertum** *n* cosmopolitismo *m*; ~**enbummler** *m* trotamundos *m*; ²**erfahren** conocedor del mundo, de mucho mundo; ~**ergewicht** *n Sport*: peso *m* welter; ²**erschütternd** de repercusión mundial; ~**firma** *f* casa *f* de renombre mundial; ²**fremd** ajeno al mundo; ~**frieden** *m* paz *f* universal; ~**geschichte** *f* historia *f* universal; ²**gewandt** de mucho mundo; ~**handel** *m* comercio *m* internacional; ~**herrschaft** *f* dominio *m* del mundo; ~**karte** *f* mapamundi *m*; ~**kenntnis** *f* mundología *f*; ~**krieg** *m* guerra *f* mundial; ~**kugel** *m* globo *m*; ~**lage** *f* situación *f* internacional; ²**lich** mundano, mundanal; profano; *Rel.* seglar; *Schule usw.*: laico; ~**literatur** *f* literatura *f* universal; ~**macht** *f* potencia *f* mundial; ~**mann** *m* hombre *m* de mundo; ²**männisch** ['-mɛnɪʃ] de hombre de mundo; ~**markt** *m* mercado *m* mundial; ~**meer** *n* océano *m*; ~**meister(schaft** *f*) *m* campeón *m* (campeonato *m*) del mundo; ~**raum** *m* espacio *m* interplanetario; ~**raum...** *in Zssgn s. a. Raum...*; ~**raumforschung** *f* investigación *f* espacial; ~**reich** *n* imperio *m* (universal); ~**reise** *f* vuelta *f* al (*od.* viaje *m* alrededor del) mundo; ~**rekord** *m* marca *f od.* récord *m* mundial; ~**ruf**, ~**ruhm** *m* fama *f* mundial; ~**schmerz** *m* desengaño *m* de la vida; ~**sprache** *f* lengua *f* universal; ~**stadt** *f* metrópoli *f*; ~**teil** *m* continente *m*; ~**untergang** *m* fin *m* del mundo; ²**weit** universal; ~**wirtschaft** *f* economía *f* mundial.

wem? [ve:m] (*s. wer*) ¿a quién?; *von* ~? ¿de quién?

wen? [ve:n] (*s. wer*) ¿a quién? (*a.* = *an* ~?).

Wende ['vɛndə] *f* (15) vuelta *f*; cambio *m*; ~**kreis** *m* trópico *m*; *Kfz.* radio *m* de giro; ~**treppe** *f* escalera *f* de caracol.

wend|en ['-dən] (30) **1.** *v/t.* volver, dar la vuelta a; *bitte* ~*!* ¡véase al dorso!; **2.** *v/i. Kfz. u.* ⚓ virar; dar la vuelta; **3.** *v/refl.*: *sich* ~ *an* dirigirse a; *sich* ~ *gegen* volverse contra; ²**epunkt** *m* *fig.* momento *m* crucial; cambio *m* (de rumbo); ~**ig** ágil; *Kfz.* de fácil manejo, manejable; ²**igkeit** *f* agilidad *f*; *Kfz.* manejabilidad *f*; ²**ung** *f* vuelta *f*; *Kfz.* viraje *m*; ~ virada *f*; *sprachliche*: giro *m*, locución *f*; (*Wechsel*) cambio *m*.

wenig ['ve:nɪç] poco; *ein (klein)* ~ un poco (un poquito); ~**er** ['--gər] menos; ~ *als* menos que (*vor Zahlen de*); ~ *werden* disminuir; ²**keit** *f*: *hum. meine* ~ un servidor; ~**st** ['--çst]: *das* ~*e*, *am* ~*en* lo menos; *die* ~*en* (*Leute*) muy poca gente; ~**stens** al (*od.* por lo) menos.

wenn [vɛn] *Bedingung*: si; *zeitl.* cuando; ~ *auch* si bien; aun cuando, aunque (*subj.*); ~ *nur* con tal que, *als* ~ como si (*subj.*); *selbst* ~ aun cuando (*subj.*); ~ *er auch noch so reich ist* por rico que sea; ~ *man ihn trifft* al encontrarle; ~ *er doch käme!* ¡ojalá viniera!

wer [ve:r] (24) **1.** *fragend*: ¿quién?; ~ *da?* ¿quién vive?; ~ *von beiden?* ¿cuál de los dos?; **2.** *relativ*: quien, quién; ~ *auch immer* quienquiera que (*subj.*).

Werbe... ['vɛrbə...]: *in Zssgn oft* publicitario, de publicidad; ~**abteilung** *f* sección *f* de publicidad; ~**antwort** *f* respuesta *f* comercial; ~**büro** *n* agencia *f* publicitaria; ~**fachmann** *m* agente *m* de publicidad; ~**feldzug** *m* campaña *f* publicitaria; ~**fernsehen** *n* publicidad *f* televisiva; televisión *f* comercial; ~**film** *m* película *f* publicitaria; ~**funk** *m* emisiones *f/pl.* publicitarias; ~**graphiker** *m* grafista *m* publicitario; ~**leiter** *m* jefe *m* de publicidad; ~**material** *n* material *m* de propaganda; 2n (30) 1. v/t. reclutar; *Kunden*: captar; 2. v/i.: ~ *für* hacer propaganda *od.* publicidad por; *um j-n* ~ cortejar a alg.; ~**r** m (7) enganchador m; **~spot** ['-spɔt] m (11) spot m publicitario, cuña f publicitaria; **~spruch** m slogan m publicitario; **~texter** m redactor m publicitario; **~zeichner** m dibujante m publicitario.

werb|lich ['vɛrplɪç] publicitario; 2**ung** ['-buŋ] f ✝ publicidad f, propaganda f; 2**ungskosten** pl. gastos m/pl. de publicidad.

Werdegang ['ve:rdəgaŋ] m (3³) desarrollo m; formación f; historial m; (*Laufbahn*) carrera f.

werden ['-dən] (30) 1. *Hilfsverb*: **a)** *fut.*: sie ~ es tun lo harán; lo van a hacer; **b)** *pas.* ser (*a.* quedar, resultar) *od. refl.* (es wurde getan se hizo); 2. v/i. (sn) **a)** *mit su.*: llegar a ser, hacerse, convertirse en; **b)** *mit adj.*: volverse, ponerse, quedar, resultar; *oft besonders vb., z. B.* reich ~ enriquecerse; **c)** *selbständiges Verb*: nacer; desarrollarse; was willst du ~? ¿qué quieres ser (de mayor)?; was soll aus ihm ~? ¿qué será de él?; was ist aus ihm geworden? ¿qué ha sido de él?; was soll daraus ~? ¿dónde va a parar eso?; es ist nichts daraus geworden todo se quedó en nada; es wird schon ~! ¡ya se arreglará!; (*nun,*) wird's bald! ¡date prisa!; 3. 2 n desarrollo m; *Phil.* devenir m; **~d** naciente; *die* Mutter futura mamá f.

werfen ['vɛrfən] (30) echar, tirar; (*schleudern*) arrojar, lanzar; *Junge*: parir; *Bild, Schatten*: proyectar; sich ~ *Holz*: alabearse, abarquillarse; sich ~ *auf* (*ac.*) abalanzarse sobre; dedicarse a.

Werft [vɛrft] f(16) astillero(s) m(/pl.).

Werg [vɛrk] n (3, *o. pl.*) estopa f.

Werk [vɛrk] n (3) obra f; (*Arbeit*) trabajo m; (*Fabrik*) fábrica f, talleres m/pl.; planta f; (*Getriebe*) mecanismo m; ans ~ gehen poner manos a la obra; ins ~ setzen realizar, organizar; **'~bank** f banco m (de trabajo); 2**en** (25) trabajar; afanarse; **'~meister** m capataz m, contramaestre m; Jefe m de taller; **'~s-arzt** m médico m de empresa; **'~spionage** f espionaje m industrial; **'~statt**, **~stätte** f taller m; **'~stoff** m material m; **'~stück** n pieza f; **'~student** m estudiante m que se gana la vida trabajando; **'~tag** m día m laborable; 2**tags** en días laborables; 2**tätig** trabajador; ~e Bevölkerung población f activa; **'~unterricht** m manualidades f/pl.; **'~vertrag** m contrato m de obra; **'~zeug** n ⊕ herramienta f; *fig.* instrumento m; **'~zeugmaschine** f máquina-herramienta f.

Wermut ['ve:rmu:t] m (3, *o. pl.*) ♀ ajenjo m; (*Wein*) vermut m.

wert [ve:rt] 1. (*würdig*) digno; (*geehrt*) estimado, apreciado; (*lieb*) querido; ~ *sn valer*; *er ist es* ~ se lo merece; 2. 2 m (3²) valor m; *fig.* mérito m; im ~e von por valor de; ~ legen auf (*ac.*) dar importancia a; **'2-angabe** f declaración f de valor; **'2brief** m valores m/pl. declarados; **'2en** (26) valorar, estimar; *Sport*: calificar (*nach* por); **'2gegenstand** m objeto m de valor; **'2igkeit** 🜋 f valencia f; **'2los** sin valor; **'2losigkeit** f falta f de valor; **'2messer** m criterio m; **'2minderung** f depreciación f; **'2paket** n envío m con valor declarado; **'2papier** n título m, valor m; **'2sachen** f/pl. objetos m/pl. de valor; **'2schätzen** apreciar, estimar; **'2schätzung** f aprecio m, estimación f; **'2sendung** f valores m/pl. declarados; **'2steigerung** f aumento m de valor; **'2ung** f valoración f; *Sport*: calificación f; puntuación f; **'2-urteil** n juicio m de valor; **'2voll** precioso, valioso, de mucho valor; **'2zuwachs** m plusvalía f.

Wesen ['ve:zən] n (6) ser m; *Phil.* ente m; (*Gehalt*) sustancia f; esencia f; (*Wesensart*) carácter m, naturaleza f; viel ~s machen von hacer mucho caso de; sein ~ treiben hacer de las suyas; 2**los** irreal; **~s-art** f manera f de ser; naturaleza f; 2**sfremd** ajeno a su carácter; 2**sgleich** idéntico; **~szug** m rasgo m; 2**tlich** esencial, sustancial; integrante; *adv. vor comp.* mucho; *im* ~**en** en sustancia.

weshalb [vɛs'halp] 1. *fragend*: ¿por qué?; 2. *relativ*: por lo que, por lo cual.

Wespe ['vɛ-pə] f(15) avispa f, **~nnest** n avispero m; *fig.* in ein ~ stechen meterse en un avispero.

wessen ['vɛsən] 1. *fragend*: ¿de quién?; ~ Haus ist dies? ¿de quién es esta casa?; 2. *relativ*: cuyo.

Weste [ˈvɛstə] *f* (15) chaleco *m*; *fig.* e-e weiße ~ haben tener las manos limpias.

West|en [ˈ-tən] *m* (6) oeste *m*; occidente *m*; ~**entasche** *f: fig.* wie s-e ~ kennen conocer como la palma de la mano; ~**gote** *m*, **2gotisch** visigodo (*m*); **2lich** occidental, del oeste; *adv.* al oeste; ~**mächte** *f/pl.* potencias *f/pl.* occidentales; **2wärts** hacia el oeste; ~**wind** *m* viento *m* del oeste.

weswegen [vɛsˈveːgən] *s.* weshalb.

Wett|bewerb [ˈvɛtbəvɛrp] *m* (3) concurso *m*; competición *f*; † competencia *f*; ~**büro** *n* agencia *f* de apuestas; ~**e** *f* (15) apuesta *f*; was gilt die ~? ¿qué apostamos?, ¿cuánto va?; *um* die ~ a porfía, a cual más *od.* mejor; ~**eifer** *m* emulación *f*; rivalidad *f*; **2-eifern** *untr.* rivalizar; competir; **2en** (26) apostar (*auf*, *um ac.* por); ~, daß ich recht habe? F ¿a que yo tengo razón?; ~**er**[1] *m* (7) apostador *m*.

Wetter[2] [ˈvɛtər] *n* (7) tiempo *m*; (*Un*2) tempestad *f*, temporal *m*; *es ist schönes* (*schlechtes*) ~ hace buen (mal) tiempo; *alle* ~*!* ¡caramba!; ~**aussichten** *f/pl.* tiempo *m* probable, previsiones *f/pl.* meteorológicas; ~**bericht** *m* boletín *m* *od.* parte *m* meteorológico; ~**dienst** *m* servicio *m* meteorológico; ~**fahne** *f* veleta *f*; ~**fest** resistente a la intemperie, impermeable; ~**frosch** F *m* hombre *m* del tiempo; ~**fühlig** [ˈ--fyːlɪç] sensible a los cambios del tiempo; ~**karte** *f* mapa *m* meteorológico; ~**kunde** *f* meteorología *f*; ~**lage** *f* estado *m* del tiempo; ~**leuchten** *n* relampagueo *m*; ~**mantel** *m* impermeable *m*; ~**meldungen** *f/pl.* informe *m* meteorológico; **2n** (29) fig. tronar, echar pestes; *es wettert* hay tormenta; ~**satellit** *m* satélite *m* meteorológico; ~**schacht** ⚒ *m* pozo *m* de ventilación; ~**seite** *f* lado *m* del viento; ~**sturz** *m* fuerte depresión *f* atmosférica; ~**umschlag** *m* cambio *m* del tiempo; ~**vorhersage** *f* previsión *f* *od.* pronóstico *m* del tiempo; ~**warte** *f* observatorio *m* meteorológico; estación *f* meteorológica; 2**wendisch** [ˈ--vɛndɪʃ] versátil, veleidoso, tornadizo; ~ sn ser una veleta.

Wett|fahrt [ˈvɛtaːrt] *f* carrera *f*; ~**kampf** *m* lucha *f*; concurso *m*; *Sport:* competición *f*; campeonato *m*; ~**kämpfer** *m* participante *m* en la competición; competidor *m*; ~**lauf** *m* carrera *f*; ~**läufer** *m* corredor *m*; **2machen** reparar; compensar; *Mangel:* suplir *a*; ~**rennen** *n* carrera *f*; ~**rüsten** *n* carrera *f* armamentista *od.* de armamentos; ~**schwimmen** *n* concurso *m* de natación; ~**spiel** *n* encuentro *m*, match *m*; ~**streit** *m* rivalidad *f*; competición *f*.

wetz|en [ˈvɛtsən] (27) afilar; amolar; **2stahl** *m* chaira *f*, afilón *m*; **2stein** *m* piedra *f* de afilar *od.* de amolar.

Whisky [ˈviski] *m* (11) whisky *m*, güisqui *m*.

wich [vɪç] *s.* weichen.

Wichse [ˈvɪksə] *f* (15) betún *m* para calzado; F (*Prügel*) paliza *f*; **2n** (27) embetunar; lustrar.

Wicht [vɪçt] *m* (3) sujeto *m*; *armer* ~ infeliz *m*, pobre diablo *m*.

wichtig [ˈ-tɪç] importante; ~ *tun*, *sich* ~ *machen* F darse importancia *od.* tono; **2keit** *f* importancia *f*, trascendencia *f*; **2tuer** [ˈ--tuːər] *m* (7) presumido *m*, F farolero *m*; **2tue'rei** *f* presunción *f*, postín *m*.

Wicke ♀ [ˈvɪkə] *f* (15) arveja *f*, veza *f*.

Wickel [ˈ-kəl] *m* (7) (*Haar*2) bigudí *m*, rulo *m*; ✱ envoltura *f*; compresa *f*; F *j-n beim* ~ *kriegen* agarrar *a* alg. por el cogote; ~**gamaschen** *f/pl.* bandas *f/pl.* (para las piernas); ~**kind** *n* rorro *m*, nene *m*; **2n** (29) arrollar; (*ein*2) envolver; *Kind:* fajar; poner bzw. cambiar los pañales a; *Garn:* devanar; ⚙ bobinar; ~**rock** *m* falda *f* cruzada.

Wicklung ⚡ [ˈ-lʊŋ] *f* bobinado *m*.

Widder [ˈvɪdər] *m* (7) morueco *m*; *Astr.* Aries *m*.

wider [ˈviːdər] (*ac.*) contra; *bei* 2ssgn *mit betontem vb. untr.*; ~**'fahren** (sn) ocurrir; suceder; ~**haken** *m* gancho *m*; garfio *m*; **2hall** *m* eco *m*, resonancia *f*; *fig. a.* repercusión *f*; ~**hallen** resonar; *dumpf:* retumbar; *fig.* repercutir; **2lager** △ *n* contrafuerte *m*, estribo *m*; ~**legbar** [ˈ--leːkbaːr] refutable, rebatible; ~**legen** refutar; **2legung** *f* refutación *f*; ~**lich** repugnante; asqueroso; ~**natürlich** contra natura; perverso; ~**'raten**: *j-m et.* ~ disuadir *a* alg. de a/c.; ~**rechtlich** ilegal; contrario a la ley; **2rede** *f* contradicción *f*; réplica *f*; *ohne* ~ sin protestar, sin rechistar; **2rist** *Anat. m* cruz *f*; **2ruf** *m* revocación *f*; retractación *f*; *bis auf* ~ hasta nueva orden; ~**rufen** revocar; anular; *Aussage:* retractarse de; desmentir; ~**ruflich** ['--'ru:fliç] revocable; ⚥**sacher(in** f) ['--zaxər(in)] m (7) adversario (-a) m (f); ⚥**schein** m reflejo m; ~'**setzen:** *sich* ~ oponerse (*dat.* a); ~**setzlich** [--'zɛtsliç] insubordinado; insumiso; ⚥**setzlichkeit** f insubordinación f; ⚥**sinn** m contrasentido m; absurdo m; paradoja f; ~**sinnig** absurdo; paradójico; ~**spenstig** ['--[pɛnstiç] reacio, obstinado, terco; rebelde; ⚥**spenstigkeit** f obstinación f; terquedad f; rebeldía f; ~**spiegeln** reflejar (*a. fig.*); ~'**sprechen** (*dat.*) contradecir (*ac.*); llevar la contraria (*j-m* a alg.); protestar (contra); ~'**sprechend** contradictorio; ⚥**spruch** m contradicción f; protesta f; oposición f; *im* ~ *stehen zu* estar en contradicción con; ~ *erheben* protestar; ~**sprüchlich** contradictorio; ~**spruchslos** sin protestar; ~**spruchsvoll** lleno de contradicciones; ⚥**stand** m resistencia f (*a.* ⚡); oposición f; ~ *leisten* resistirse a; ~**standsfähig** resistente; ⚥**standskraft** f resistencia f; ~**standslos** sin resistencia; ~'**stehen** resistir (a/c.); (*zuwider sn*) repugnar; ~'**streben** oponerse a; *es widerstrebt mir, zu ...* me repugna (*inf.*); ~'**strebend** de mala gana, a disgusto; ⚥**streit** m conflicto m; antagonismo m; ~'**streitend** antagónico; divergente; ~**wärtig** ['--vɛrtiç] antipático; repugnante; ⚥**wärtigkeit** f contrariedad f; adversidad f; ⚥**wille** m repugnancia f; aversión f; antipatía f; ~**willig** con repugnancia; de mala gana, a disgusto.

widmen ['vitmən] (26): (*sich*) ~ dedicar(se); *Zeit:* consagrar; ⚥**ung** f dedicatoria f.

widrig ['vi:driç] contrario; adverso; ~**enfalls** ['--gən'fals] de lo contrario, si no; ⚥**keit** f contrariedad f; adversidad f.

wie [vi:] **1.** *adv.* **a)** *fragend:* ¿cómo?; ~ *bitte?* ¿cómo (dice)?; **b)** *Ausruf:* ~! ¡cómo!; *und* ~*!* ¡y tanto!; ~ *hübsch sie ist!* ¡qué bonita es!; ~ *dumm!* ¡qué tontería!; ~ *freue ich mich!* ¡cuánto me alegro!; **2.** *cj.* como; *ich denke* ~ *du* pienso como (*od.* igual que) tú; ~ *ich sehe* según veo; por lo que veo; *schlau,* ~ *er ist* con lo listo que es; *ich sah,* ~ *er aufstand* le vi levantarse.

Wiedehopf *Zo.* ['-dəhɔpf] m (3) abubilla f.

wieder ['-dər] de nuevo, nuevamente; otra vez; *in Zssgn oft Umschreibung mit* volver a (*inf.*); *nie* ~ nunca más; *immer* ~ una y otra vez; *ich bin gleich* ~ *da* vuelvo enseguida; ~'**anknüpfen** reanudar; ⚥-'**aufbau** m reconstrucción f; ~'**aufbauen** reconstruir; ⚥-'**aufbereitung** ⊕ f reprocesamiento m; ⚥-'**aufführung** f *a. Thea.* reposición f; ~'**aufleben** (sn) revivir; ⚥-'**aufnahme** f reanudación f; ⚥-'**aufnahmeverfahren** ⚖ n revisión f (del proceso); ~'**aufnehmen** reanudar; ⚥-'**beginn** m reapertura f; ~**bekommen** recobrar, recuperar; ~**beleben** reanimar; *Wirtschaft:* relanzar, reactivar; ⚥**belebung** f reanimación f, *fig.* relanzamiento m, reactivación f; ⚥**belebungsversuche** m/pl. intentos m/pl. de reanimación; ⚥**bewaffnung** f rearme m; ~**bringen** devolver; ~-'**einführen** renovar; restablecer; ✝ reimportar; ⚥-'**eingliederung** f reintegración f, reincorporación f; ~-'**einsetzen** restablecer; reinstalar; ⚥-'**einstellung** f *von Arbeitern:* readmisión f; reempleo m; ~**erhalten**, ~**erlangen** recobrar, recuperar; ~**erkennen** reconocer; ~**er-obern** reconquistar; ⚥-**er-oberung** f reconquista f; ⚥-**er-öffnung** f reapertura f; ~**erzählen** repetir; F contar a; ~**finden** hallar, encontrar; ~'**flottmachen** ⚓ sacar a flote (*a. fig.*); ⚥**gabe** f reproducción f; ♩ interpretación f; ~**geben** devolver; restituir; reproducir; interpretar; ⚥**geburt** f renacimiento m; *fig. a.* regeneración f; ~**gewinnen** recuperar; ~'**gutmachen** reparar; *nicht wiedergutzumachen* irreparable; ⚥'**gutmachung** f reparación f; ~'**herstellen** restablecer; restaurar; reparar; ⚥'**herstellung** f restablecimiento m (*a.* ⚕); restauración f; reparación f; ~**holen** ir a buscar; ~'**holen** repetir; reiterar; ~'**holt** repetido, reiterado; *adv.* repetidas veces; ⚥'**holung** f repetición f; recapitulación f; ⚥'**holungsfall** m: *im* ~ en caso de reincidencia; ⚥-'**Impfung** f revacunación f; ~**käuen** ['--kɔyən] (25) rumiar; *fig.* repetir; ⚥**käuer** m (7) rumiante f; ⚥**kehr** ['--ke:r] f (16, *o. pl.*) vuelta f; regreso m; ~**kehren**, ~**kommen** (sn) volver;

regresar; repetirse; *regelmäßig ~d periódico*; ~**sagen** repetir; ~**sehen** volver a ver; ♀**sehen** *n* reencuentro *m*; *auf~!* ¡adiós!; ¡hasta la vista!; *auf baldiges ~!* ¡hasta pronto!; ♀**täufer** *m* anabaptista *m*; ~**tun** volver a hacer; ~**um** de nuevo; (*andererseits*) por otra parte; ~**ver-einigen** reunificar; ♀**ver-einigung** *f* reunificación *f*; ~**verheiratung** *f* segundo matrimonio *m*, segundas nupcias *f/pl.*; ♀**verkauf** *m* reventa *f*; ~**verkaufen** revender; ♀**verkäufer** *m* revendedor *m*; ♀**verwendung** *f* reutilización *f*; ♀**verwertung** *f* recuperación *f*; *neol.* reciclaje *m*; ♀**wahl** *f* reelección *f*; ~**wählbar** reelegible; ~**wählen** reelegir; ♀'**zulassung** *f* readmisión *f*.

Wiege ['vi:gə] *f* (15) cuna *f*; ~**messer** *n* tajadera *f*; ♀**n** 1. *v/t.* (25) *Kind*: mecer; *mit Lied*: arrullar; *Fleisch*: picar; *sich ~* balancearse; 2. *v/t. u. v/i.* (30) pesar; ~**ndruck** *m* incunable *m*; ~**nfest** *n* cumpleaños *m*; ~**nlied** *n* canción *f* de cuna.

wiehern ['-ərn] 1. *v/i.* (29) relinchar; 2. ♀ *n* relincho *m*.

Wiener ['-nər] *m* (7) vienés *m*; ♀**isch** vienés.

wies, wiesen [vi:s, '-zən] *s.* **weisen**.

Wiese ['-zə] *f* (15) prado *m*; pradera *f*.

Wiesel *Zo.* ['-zəl] *n* (7) comadreja *f*.

Wiesen|pflanze ['-zən...] *f* planta *f* pratense; ~**schaumkraut** ♀ *n* cardamina *f*, mastuerzo *m*.

wie|so? [-'zo:] ¿cómo?; *~ denn?* ¿por qué?; *~ nicht?* ¿cómo que no?; ~'**viel?** ¿cuánto?; *pl. ~?* ¿cuántos?; ~'**vielte:** *den ♀n haben wir heute?* ¿a cuántos estamos hoy?

wild [vilt] 1. salvaje (*a. Streik*); *Stier*: bravo; ♀ silvestre; *Tier u. fig.*: feroz; (*heftig*) violento; impetuoso; (*zügellos*) desenfrenado, desordenado; *Kind*: travieso, revoltoso; *Gerücht*: fantástico; F *fig. ~ sn auf* estar loco por; *das ist halb so ~* no es para tanto; 2. ♀ *n* (1, *o. pl.*) caza *f*; venado *m*; ♀'**bach** *m* torrente *m*; ♀**bret** ['-brɛt] *n* (3¹, *o. pl.*) caza *f*; venado *m*; ♀**dieb** *m* cazador *m* furtivo; ♀**diebe'rei** *f* caza *f* furtiva; ♀**e(r)** ['-də(r)] *m* salvaje *m*; ♀**erer** *m* (7) cazador *m* furtivo; ~**ern** (29) hacer caza furtiva; ♀**fang** ['viltfaŋ] *m* niño *m* travieso; ~'**fremd** completamente desconocido; ♀'**gans** *f* ánsar *m* común; ♀**gehege** *n* coto *m* de caza; ♀'**heit** *f* braveza *f*;

ferocidad *f*; impetuosidad *f*; ♀'**hüter** *m* guardabosque(s) *m*; ♀**katze** *f* gato *m* montés; ♀**leder** *n* gamuza *f*; ante *m*; ♀**nis** *f* (14²) desierto *m*; selva *f*; ♀'**park** *m* reserva *f* de caza; ♀'**reich** abundante en caza; ♀**sau** *f* jabalina *f*; ♀**schaden** *m* daños *m/pl.* causados por los animales de caza; ♀**schwein** *n* jabalí *m*; ~'**wachsend** silvestre; de crecimiento espontáneo; ♀'**westfilm** *m* película *f* del Oeste, western *m*.

will [vil] *s.* **wollen**.

Will|e ['vilə] *m* (13¹), ~**en** *m* (6) voluntad *f*; *freier ~* libre albedrío *m*; *aus freiem ~n* de buen grado, de buena voluntad; *Letzter ~* última voluntad *f*; *gegen m-n ~n* a pesar mío; *wider ~n* de mala gana; sin querer(lo); *den festen ~n haben* tener el firme propósito; *ich kann es beim besten ~n nicht (tun)* me es de todo punto imposible; *m-n ~n durchsetzen* F salirse con la suya; ♀**en:** *um ... ~* por; en aras de; ♀**enlos** sin energía; abúlico; ~**enlosigkeit** *f* falta *f* de energía; abulia *f*; ♀**ens:** *~ sn zu* estar dispuesto a; ~**ensfreiheit** *f* libre voluntad *f*; libre albedrío *m*; ~**enskraft** *f* fuerza *f* de voluntad, energía *f*; ♀**ensschwach** abúlico; ~**ensschwäche** *f* falta *f* de voluntad; abulia *f*; ♀**ensstark** enérgico; ♀**ent-lich** a propósito, con intención; ♀'**fahren** (25, *untr., part. pt.* [ge]willfahrt) j-m: complacer (a); *e-r Bitte*: acceder (a); ♀**fährig** ['-fɛ:riç] complaciente, deferente; ♀**ig** servicial, solícito; dócil; *adv.* de buena voluntad; ~**komm** *m* (3¹), ~'**kommen** *n*, *m* (6) bienvenida *f*; ♀'**kommen** *adj.* j-n ~ *heißen* dar la bienvenida a alg.; ~**kür** ['-ky:r] *f* (16, *o. pl.*) arbitrariedad *f*; ♀**kürlich** arbitrario.

wimm|eln ['viməln] (29) hormiguear; pulular; *~ von* rebosar de; estar plagado de; ~**ern** ['-mərn] (29) gemir, gimotear; ♀**ern** *n* gemido *m*, gimoteo *m*.

Wimp|el ['-pəl] *m* (7) banderín *m*; grímpola *f*; ♃ gallardete *m*; ~**er** *f* (15) pestaña *f*; *ohne mit der ~ zu zucken* sin pestañear; ~**erntusche** *f* rímel *m*.

Wind [vint] *m* (3) viento *m*; *bei ~ und Wetter* por mal tiempo que haga; *fig. von et. ~ bekommen* olerse (*de et.*); *in den ~ reden* hablar al aire; *in den ~ schlagen* despreciar, desechar; *j-m*

wirklichkeitsnah

den ~ aus den Segeln nehmen abatir el pabellón a alg.; ¹**~beutel** m buñuelo m de viento; *fig.* F calavera m.
Winde ['-də] f (15): **a)** ⊕ torno m, guinche m; cabrestante m; **b)** ♀ enredadera f.
Windel ['-dəl] f (15) pañal m; ⁀**weich**: F ~ schlagen moler a palos.
wind|en ['-dən] (30) torcer; *Kranz:* tejer; *aus den Händen* ~ arrebatar, arrancar; *in die Höhe* ~ guindar, izar; *sich* ~ retorcerse; *Fluß:* serpentear; ⁀**es-eile** f: *mit* ~ como un rayo.
Wind|fahne ['vɪntfa:nə] f veleta f; ⁀**fang** m cancel m; ⁀**geschützt** ['-gə‿ytst] al abrigo del viento; ⁀**hose** f manga f de viento; ⁀**hund** m lebrel m; *fig.* calavera m; ⁀**ig** ['-dɪç] ventoso; expuesto al viento; *fig.* esquivano; *Ausrede:* fútil; *es ist* ~ hace viento; ⁀**jacke** f cazadora f, anorak m; ⁀**kanal** m túnel m aerodinámico *od.* de viento; ⁀**licht** n vela f inextinguible; ⁀**messer** m anemómetro m; ⁀**mühle** f molino m de viento; (*Spielzeug*) molinete m; ⁀**pocken** f/pl. varicela f; ⁀**richtung** f dirección f del viento; ⁀**rose** f rosa f náutica *od.* de los vientos; ⁀**schaden** m daño m causado por el viento; ⁀**schatten** m lado m no accesible al viento; ⁀**schief** inclinado; ⁀**schlüpfig** aerodinámico; ⁀**schutzscheibe** f parabrisas m; ⁀**seite** f lado m expuesto al viento; ⁀**spiel** *Zo.* n galgo m; ⁀**stärke** f fuerza f del viento; ⁀**still** tranquilo; *es ist* ~ no corre ningún aire; ⁀**stille** f calma f; *völlige* ~ calma f chicha; ⁀**stoß** m ráfaga f de viento; ⁀**surfing** ['-sœ:fɪŋ] m windsurfing m, surf m a vela; ⁀**ung** ['-duŋ] f (*Schrauben*⁀) vuelta f, espira f; *e-s Weges:* sinuosidad f, tortuosidad f; *e-s Flusses:* a. meandro m; *Anat.* circunvolución f; ⊕ enroscadura f.
Wink [vɪŋk] m (3) seña(l) f; *fig.* advertencia f; aviso m; F soplo m; j-m e-n ~ geben avisar a alg.
Winkel ['-kəl] m (7) ángulo m; (*Ecke*) rincón m; ⁀**advokat** m picapleitos m; ⁀**eisen** n hierro m angular; escuadra f de hierro; ⁀**förmig** (de forma) angular; ⁀**haken** *Typ.* m componedor m; ⁀**halbierende** ℣ f (18) bisectriz f; ⁀**ig** anguloso; *Straße:* tortuoso; ⁀**maß** n escuadra f, cartabón m; ⁀**messer** m transportador m; goniómetro m; ⁀**messung** f

goniometría f; ⁀**züge** ['--tsy:gə] m/pl. rodeos m/pl.; ~ machen tergiversar.
wink|en ['-kən] (25) hacer señas; ※, ♆ hacer señales; *mit et.* ~ agitar a/c.; *fig. ihm winkt ... le espera* ...; ⁀**er** m (7) ※ señalador m; *Kfz.* indicador m de dirección, flecha f.
winseln ['vɪnzəln] (29) gimotear, lloriquear; gemir.
Winter ['-tər] m (7) invierno m; *im* ~ en invierno; ⁀**fahrplan** m horario m de invierno; ⁀**garten** m jardín m de invierno; ⁀**getreide** n cereales m/pl. de invierno; ⁀**kurort** m estación f de invierno; ⁀**lich** invernal; ⁀**olympiade** f olimpiada f de invierno *od.* blanca; ⁀**schlaf** m hibernación f; ~ halten hibernar; ⁀**schlußverkauf** m saldos m/pl. de invierno; ⁀**sonnenwende** f solsticio m de invierno; ⁀**spiele** n/pl.: *Olympische* ~ juegos m/pl. olímpicos de invierno; ⁀**sport** m deporte(s) m(pl.) de invierno; ⁀**(s)zeit** f estación f invernal; *zur* ~ en invierno.
Winzer ['-tsər] m (7) viñador m; viticultor m.
winzig ['-tsɪç] diminuto, minúsculo; F chiquitín; ⁀**keit** f (extrema) pequeñez f, insignificancia f.
Wipfel ['vɪpfəl] m (7) cima f.
Wippe ['vɪpə] f (15) báscula f; ⁀**n** (25) balancearse.
wir [vi:r] nosotros (-as).
Wirbel ['vɪrbəl] m (7) torbellino m; vórtice m; remolino m (a. *Haar*⁀); *Anat.* vértebra f; (*Trommel*⁀) redoble m; *der Geige:* clavija f; F *fig.* (*Trubel*) jaleo m; ⁀**los** invertebrado; ⁀**n** (29) 1. *v/t.* remolinear, agitar; *die Trommel* ~ redoblar; 2. *v/i.* arremolinarse; girar (vertiginosamente); ⁀**säule** *Anat.* f columna f vertebral; ⁀**sturm** m ciclón m; tornado m; ⁀**tier** n vertebrado m; ⁀**wind** m torbellino m (a. *fig.*).
wirb(s)t [vɪrp(s)t] s. *werben*.
wird [vɪrt] s. *werden*.
wirf, ⁀**st**, ⁀**t** [vɪrf(st)] s. *werfen*.
wirk|en ['vɪrkən] (25) 1. *v/i.* obrar; *a.* ⚕ actuar, producir efecto (*auf ac.* sobre); ⊕ accionar (*auf* sobre); ~ *als* actuar de; *gut* ~ hacer buen efecto; *v/t.* obrar; (*weben*) tejer; ⁀**en** f actuación f; ⁀**lich** real; efectivo; verdadero; ~? ¿de veras?; ⁀**lichkeit** f realidad f; ⁀**lichkeitsfremd** poco realista; ⁀**lichkeitsnah** realista; ⁀-

63 TW Span. II

Wirklichkeitssinn

lichkeitssinn m realismo m; ⁓**sam** eficaz; eficiente; activo; ⁓ sn surtir efecto; ⁑**samkeit** f eficacia f; eficiencia f; actividad f; ⁑**stoff** m sustancia f activa; principio m activo.

Wirkung ['⁓kuŋ] f efecto m; acción f; resultado m; ⁓**sbereich** m esfera f od. radio m de acción; ⁓**sfeld** n campo m de acción; ⁓**sgrad** ⊕ m rendimiento m; ⁓**skraft** f eficacia f; eficiencia f; ⁓**skreis** m esfera f de acción; ⁑**slos** ineficaz, inoperante; ⁑**slosigkeit** f ineficacia f; ⁑**svoll** eficaz; fig. impresionante.

Wirkwaren ['virkvaːrən] f/pl. géneros m/pl. de punto.

wirr [vir] confuso (a. fig.); enredado; Haar: desgreñado; ⁓**es Durcheinander** caos m; '⁑**en** pl. uv. disturbios m/pl.; '⁑**kopf** m cabeza f de chorlito; '⁑**warr** m (3¹, o. pl.) desorden m; confusión f, caos m; barullo m.

Wirsing(kohl) ['virziŋ(koːl)] m (3¹, o. pl.) col f rizada.

Wirt [virt] m (3) (Gastgeber) anfitrión m; (Gast⁑) dueño m; (Haus⁑) a. patrón m; Biol. huésped m; '⁓**in** f dueña f, patrona f; '⁑**lich** hospitalario.

Wirtschaft ['⁓ʃaft] f economía f; (Haushalt) gobierno m de la casa; (Gast⁑) restaurante m; cervecería f; taberna f; ⁑**en** (26) administrar; llevar la casa; ⁓**er** m (7) administrador m; ⁓**erin** f ama f de casa od. de llaves; ⁓**ler** m (7) economista m; ⁑**lich** rentable; ⁓**lichkeit** f rentabilidad f; ⁓**s...**: in Zssgn oft económico; ⁓**s-abkommen** n acuerdo m económico; ⁓**s-aufschwung** m auge m od. despegue m económico; ⁓**sberater** m asesor m económico; ⁓**sgebäude** ✗ n/pl. edificios m/pl. de explotación; ⁓**sgeld** n dinero m para gastos de la casa; ⁓**shilfe** f ayuda f económica; ⁓**sjahr** n ejercicio m; ⁓**slage** f situación f económica; ⁓**sministerium** n Ministerio m de Economía; ⁑**s-politisch** político-económico; ⁓**s-prüfer** m censor m (jurado) de cuentas; ⁓**swissenschaften** f/pl. ciencias f/pl. económicas; ⁓**swunder** n milagro m económico.

Wirts|haus ['virtshaus] n restaurante m; cervecería f; mesón m; ⁓**leute** pl. dueños m/pl.

Wisch [viʃ] m (3²) papelucho m; '⁑**en** (27) (putzen) fregar; limpiar; (abtrocknen) enjugar; Mal. difuminar; Staub ⁓ quitar el polvo; '⁓**er** m (7) Mal. difumino m; '⁓**lappen** m, '⁓**tuch** n trapo m; bayeta f.

Wisent ['viːzɛnt] m (3) bisonte m (europeo).

Wismut ['vismuːt] n (3, o. pl.) bismuto m.

wispern ['⁓pərn] 1. v/i. (29) cuchichear; poet. murmurar; 2. ⁑ n cuchicheo m; murmullo m.

Wißbegier|(de) ['⁓bəgiːr(də)] f (uv., o. pl.) deseo m od. afán m de saber od. aprender; curiosidad f; ⁑**ig** deseoso de aprender; curioso.

wissen ['visən] 1. v/t. (30) saber; nicht ⁓ ignorar; soviel ich weiß no que yo sepa; nicht, daß ich wüßte no que yo sepa; man kann nie ⁓ nunca se sabe; 2. ⁑ n saber m; conocimientos m/pl.; m-s ⁓**s** que yo sepa; ohne mein ⁓ sin saberlo yo; wider besseres ⁓ contra su propia convicción.

'**Wissenschaft** f ciencia f; ⁓**ler** m (7) hombre m de ciencia, científico m; ⁑**lich** científico.

Wissens|drang ['⁓⁓sdraŋ], ⁓**durst** m afán m de saber od. instruirse; ⁑**wert** digno de saberse; interesante; ⁓**zweig** m disciplina f.

wissentlich ['⁓⁓tliç] premeditado; adv. a sabiendas; a propósito.

wittern ['vitərn] (29) olfatear (a. fig.); husmear; fig. oler.

Witterung ['⁓⁓ruŋ] f: **a)** (Wetter) tiempo m; **b)** Jgdw. olfato m, husmeo m; ⁓**s-einflüsse** m/pl. influencias f/pl. atmosféricas; ⁓**s-umschlag** m cambio m de tiempo; ⁓**sverhältnisse** n/pl. condiciones f/pl. atmosféricas.

Witwe ['vitvə] f (15) viuda f; ⁓**nrente** f pensión f de viudedad; ⁓**nstand** m viudez f; ⁓**r** m (7) viudo m.

Witz [vits] m (3²) gracia f; salero m; (Einfall) salida f; (Scherz) chiste m; broma f; ⁓**e machen** gastar bromas; fig. das ist der ⁓ der Sache ahí está el busilis; '⁓**blatt** n revista f humorística; '⁓**bold** ['⁓bɔlt] m (3) bromista m, F guasón m; '⁑**eln** (29) bromear; ⁓ über (ac.) burlarse de; ⁑**ig** chistoso; gracioso; ⁓ sn tener gracia; '⁑**los** sin gracia; F fig. (sinnlos) inútil.

wo [voː] dónde; ¿dónde?; ⁓ (auch) immer dondequiera que; ach ⁓!, i ⁓! ¡qué va!; ⁓-'**anders** en otro sitio.

wob [voːp] *s.* weben.
wobei [voːˈbaɪ] *en od.* con lo cual; *oft durch ger. ausgedrückt*; ~ es möglich ist, daß siendo posible que.
Woche [ˈvɔxə] *f* (15) semana *f*; heute in zwei ~n hoy en quince días; F unter der ~ entre semana.
Wochen... [ˈ-xən...]: *in Zssgn oft* semanal; **~bett** *n* sobreparto *m*, puerperio *m*; **~blatt** *n* semanario *m*, revista *f* semanal; **~ende** *n* fin *m* de semana; **~karte** *f* abono *m* semanal; **2lang** durante semanas enteras; **~lohn** *m* salario *m* semanal; **~tag** *m* día *m* de (la) semana; (*Werktag*) día *m* laborable; *an* ~en = **2tags** los días laborables.
wöch|entlich [ˈvœçəntlɪç] semanal; hebdomadario; *einmal* ~ una vez a la *od.* por semana; **~nerin** [ˈ-nərɪn] *f* parturienta *f*, puérpera *f*; **2nerinnenheim** *n* (casa *f* de) maternidad *f*.
wo|durch [voːˈdʊrç] por donde; por lo que; ~? ¿por qué medio?, ¿cómo?; **~für** por (*od.* para) lo cual; ~? ¿para qué?
wog, wöge [voːk, ˈvøːgə] *s.* wiegen.
Woge [ˈvoːgə] *f* (15) onda *f*, ola *f*.
wogegen [-ˈgeːgən] a cambio de lo cual; contra lo cual; *fragend:* ~? ¿contra qué?; *cj.* mientras que.
wogen [ˈ-gən] (25) ondear; *Menschenmenge:* agitarse; *Meer:* estar agitado.
wo|her? [ˈ-heːr] ¿(a)dónde?, ¿hacia dónde?; **~hin?** ¿(a)dónde?, ¿hacia dónde?; **~hingegen** mientras que.
wohl [voːl] **1.** *adv.* bien; ~ oder übel por las buenas o por las malas; ~ dem, der dichoso aquél que; sich ~ fühlen estar bien; das ist ~ möglich es muy probable; ob er ~ krank ist? ¿estará enfermo?; **2.** 2 *n* (3, *o. pl.*) bien *m*; bienestar *m*; *auf Ihr* ~! ¡a su salud!; **~'auf** bien de salud; **~bedacht** bien pensado; **2befinden** *n* bienestar *m*; buena salud *f*; **2behagen** *n* bienestar *m*; comodidad *f*; **~behalten** sano y salvo; intacto; **~bekannt** bien conocido; **2-ergehen** *n* bienestar *m*; prosperidad *f*; **~erzogen** [ˈ-ʔɛrtsoːgən] bien educado; **2fahrt** *f* (16, *o. pl.*) asistencia *f* social; **2fahrtsstaat** *m* Estado *m* providencia; **~feil** barato; **2gefallen** *n* agrado *m*; satisfacción *f*; complacencia *f*; *hum. sich in* ~ *auflösen* desvanecerse; quedar en nada; **~gefällig** placentero; satisfecho; **2gefühl** *n* sensación *f* de bienestar; **~gemeint** bienintencionado; **~gemerkt!** bien entendido; **~gemut** alegre; **~genährt** bien alimentado; **2geruch** *m* perfume *m*, fragancia *f*, aroma *m*; **2geschmack** *m* sabor *m* agradable; **~gesinnt** bienintencionado; *j-m* ~ *sn* estar bien dispuesto hacia alg.; **~gestaltet** bien proporcionado; **~habend** acomodado; pudiente; adinerado; **2habenheit** *f* bienestar *m*; prosperidad *f*; **~ig** agradable; muy cómodo; **2klang** *m* armonía *f*; **~klingend** melodioso; armonioso; **2leben** *n* vida *f* holgada; **~meinend** bienintencionado; **~riechend** oloroso; fragante; aromático; **~schmeckend** sabroso; **2sein** *n* bienestar *m*; **2stand** *m* bienestar *m*; prosperidad *f*; **2standsgesellschaft** *f* sociedad *f* de bienestar; **2tat** *f* beneficio *m*; buena acción *f*; *fig.* alivio *m*; **2täter(in** *f) m* bienhechor(a) *m* (*f*); **~tätig** benéfico; caritativo; **2tätigkeit** *f* beneficencia *f*; caridad *f*; **2tätigkeits...** de beneficencia, benéfico; **~tuend** [ˈ-tuːənt] agradable; benéfico; **~tun** hacer bien; ser agradable; **~verdient** bien merecido; **~verstanden** bien entendido; **~verwahrt** a buen recaudo; **~weislich** con buen motivo; **~wollen:** *j-m* ~ querer bien a alg.; **2wollen** *n* benevolencia *f*; (*Gunst*) favor *m*; **~wollend** benévolo; amistoso; *adv.* con buenos ojos.
Wohn|block [ˈvoːnblɔk] *m* bloque *m* de viviendas; polígono *m* residencial; **2en** (25) vivir; habitar; residir; **~fläche** *f* superficie *f* habitable; **~gemeinschaft** *f* comuna *f*; **2haft** domiciliado; residente; **~haus** *n* casa *f* (de pisos); finca *f* urbana; **~heim** *n* residencia *f*; **~küche** *f* cocina *f* comedor; **2lich** confortable; acogedor; **~mobil** *n* coche-vivienda *m*, *neol.* autocaravana *f*; **~ort** *m* (lugar *m* de) residencia *f*; **~raum** *m* cuarto *m*, pieza *f*; habitación *f*; **~siedlung** *f* conjunto *m* *od.* polígono *m* residencial; **~sitz** *m* domicilio *m*.
Wohnung [ˈvoːnʊŋ] *f* vivienda *f*; casa *f*; (*Etagen*2) piso *m*, *Am.* departamento *m*; **~s-amt** *n* oficina *f* de la vivienda; **~sbau** *m* construcción *f* de viviendas (*sozialer* ~ de protección oficial); **~s-eigentum** *n* propiedad *f* horizontal; **~snot** *f* escasez *f* de vi-

Wohnungstausch

viendas; ~s-tausch m permuta f; ~wechsel m cambio m de domicilio; 'Wohn|viertel n barrio m residencial; ~wagen m caravana f, gal. roulotte f; ~zimmer n cuarto m de estar, engl. living m.

wölb|en ['vœlbən] (25) arquear; abovedar; sich ~ abombarse; arquearse; 2ung f (Gewölbe) bóveda f.

Wolf [vɔlf] Zo. m (3³) lobo m.

Wölfin ['vœlfin] f loba f.

Wolfram 🝇 ['vɔlfram] n (3¹, o. pl.) tungsteno m, wolframio m.

Wolfs|hund [-shunt] m perro m lobo; ~hunger m fig. hambre f canina; ~milch ♀ f euforbia f, lechetrezna f.

Wolk|e ['vɔlkə] f (15) nube f; F fig. aus allen ~n fallen quedarse perplejo od. atónito; in den ~n schweben estar en las nubes; ~enbruch m lluvia f torrencial; aguacero m; ~enkratzer m rascacielos m; 2enlos despejado; ~enwand f cerrazón f; 2ig nublado, nuboso.

Woll|decke ['vɔldɛkə] f manta f de lana; ~e f (15) lana f; sich in die ~ geraten F andar a la greña; 2en¹ adj. de lana.

wollen² [-lən] **1.** (30) querer; (wünschen) desear; (beabsichtigen) tener la intención de; pensar; (fordern) exigir; (behaupten) afirmar, pretender; lieber ~ preferir; wir ~ essen vamos a comer; wir ~ gehen vámonos; wir ~ sehen ya veremos; ~ Sie bitte (inf.) haga el favor de; hier ist nichts zu ~! aquí no se puede hacer nada; wie du willst como quieras; **2.** 2 n querer; voluntad f; Phil. volición f.

woll|ig [-liç] lanudo, lanoso; Haar: crespo; 2industrie f industria f lanera; 2kämme'rei f cardería f; ~stoff m tejido m de lana.

Wol|lust [-lust] f (14¹) voluptuosidad f; lujuria f; 2lüstig ['-lystiç] voluptuoso; lujurioso.

'**Wollwaren** f/pl. géneros m/pl. de lana, lanas f/pl.

wo|mit [vo:'mit] con que; con lo cual; ~? ¿con qué?; ~'möglich si es posible; F a lo mejor; ~'nach según lo cual; ~ fragt er? ¿qué (es lo que) pregunta?; ~ riecht das? ¿a qué huele?

Wonne ['vɔnə] f (15) delicia f; deleite m; mit ~ muy gozoso; con gran placer; ~gefühl n sensación f deliciosa; ~monat, ~mond m (mes m de) mayo m; 2voll, wonnig ['-niç] delicioso.

wor|an [vo:'ran] a que; ~ denkst du? ¿en qué estás pensando?; er weiß nicht, ~ er ist no sabe a qué atenerse; ~'auf sobre que; sobre lo cual; después de lo cual; ~ wartest du? ¿(a) qué esperas?; ~'aus de que; de lo cual; de donde; ~'in en que, en lo cual, donde.

Wort [vɔrt] n (3, einzeln: 1²) palabra f; (Ausdruck) término m, voz f; (Ausspruch) frase f, dicho m; Rel. Verbo m; ~ für ~ palabra por palabra; viele ~e machen ser prolijo; aufs ~ gehorchen obedecer sin rechistar; aufs ~ glauben creer a pies juntillas; in ~en en letra(s); mit anderen ~en en otras palabras; mit e-m ~ en una palabra; en resumen; bei diesen ~en con estas palabras; (nicht) zu ~e kommen (no) llegar a hablar; zu ~e kommen lassen dejar hablar; das große ~ führen llevar la voz cantante; j-n beim ~ nehmen coger la palabra a alg.; j-m das ~ aus dem Mund nehmen quitarle a alg. la(s) palabra(s) de la boca; F hast du ~e? ¿será posible?; '~akzent m acento m tónico; '~bruch m falta f de palabra; 2brüchig: ~ werden faltar a su palabra.

Wörter|buch ['vœrtərbu:x] n diccionario m; ~verzeichnis n vocabulario m; glosario m.

Wort|folge ['vɔrtfɔlgə] f orden m de (las) palabras; ~führer m portavoz m; bsd. Am. vocero m; 2gefecht n disputa f; 2getreu literal; 2gewandt de palabra fácil; 2karg parco en palabras; lacónico; ~klauber ['-klaubər] m (7) verbalista m; ~klaube'rei f verbalismo m; ~laut m texto m; tenor m; im ~ textualmente; ... hat folgenden ~ ... reza así.

wörtlich ['vœrtliç] literal; textual; adv. al pie de la letra.

wort|los ['vɔrtlo:s] adv. sin decir nada; ~reich verboso; elocuente; 2schatz m vocabulario m; léxico m; 2schwall m verbosidad f, F verborrea f; 2spiel n juego m de palabras; 2stellung f orden m de (las) palabras; 2wechsel m disputa f, altercado m; ~'wörtlich al pie de la letra.

wo|rüber [vo:'ry:bər] sobre que, de que; ~'rum de que; ~'runter bajo que; bajo lo cual; entre que; ~'von

de que, de lo cual; ~? ¿de qué?; **'~vor** delante de que; ~? ¿de qué?; **'~zu** a que, a lo cual; ~? ¿para qué?
Wrack [vrak] *n* (11 *od.* 3) buque *m* naufragado; *fig.* piltrafa *f*.
wrang [vraŋ] *s.* wringen.
wringen ['vrɪŋən] (30) (re)torcer.
Wucher ['vu:xər] *m* (7) usura *f*; ~ treiben usur(e)ar; **~er** *m* (7) usurero *m*; **2isch** usurario; **2n** (25) ♀ multiplicarse rápidamente; † usur(e)ar; ✿ proliferar (*a. fig.*); **~preis** *m* precio *m* abusivo; **~ung** ✿ *f* proliferación *f*.
Wuchs [vu:ks] 1. *m* (4, *o. pl.*) (*Wachstum*) crecimiento *m*; (*Gestalt*) estatura *f*, talla *f*; 2. ♀ *s.* wachsen.
Wucht [vuxt] *f* (16) empuje *m*, ímpetu *m*, pujanza *f*; *mit voller* ~ con toda fuerza; **¹2en** (26) levantar con gran esfuerzo; **¹2ig** pesado; macizo; *Schlag:* violento.
Wühl|arbeit ['vy:l?arbaɪt] *f* actividades *f/pl.* subversivas; **2en** (25) excavar (*in dat.* a/c.); *Schwein:* hozar; *a. fig.* hurgar (in en); *in Papieren usw.:* revolver (a/c.); **~maus** *f* campañol *m*.
Wulst [vulst] *m* (3² *u.* ³) abombamiento *m*; bulto *m*; *a.* ✿ protuberancia *f*; **¹2ig** hinchado; abultado; *Lippe:* grueso.
Wund|e ['vʊnd-] *f* (15) herida *f*, llaga *f* (*a. fig.*).
Wunder ['l-dər] *n* (7) milagro *m* (*a. Rel.*); maravilla *f*; prodigio *m*; *das ist kein* ~ no es nada sorprendente; *sich* (*dat.*) ♀ *was einbilden* presumir mucho; *sein blaues* ~ *erleben* llevarse una gran sorpresa; **2bar** maravilloso; milagroso; prodigioso; *adv.* a maravilla; **~ding** *n* prodigio *m*; **~doktor** *m* curandero *m*; **~glaube** *m* creencia *f* en milagros; **2hübsch** muy bonito; encantador; **~kind** *n* niño *m* prodigio; **~land** *n* país *m* de las (mil) maravillas; **2lich** extravagante, raro; extraño; **2n** (29): *sich* ~ asombrarse, extrañarse (*über ac.* de); **2schön** hermosísimo; maravilloso; **2tätig** milagroso; **2voll** maravilloso, magnífico; **~werk** *n* maravilla *f*.
Wund|fieber ['vʊntfiːbər] *n* fiebre *f* traumática; **2liegen**: *sich* ~ decentarse; llagarse; **~mal** *Rel. n*

estigma *m*; **~starrkrampf** *m* tétanos *m*.
Wunsch [vʊnʃ] *m* (3² *u.* ³) deseo *m*; anhelo *m*; *auf* ~ a petición; *nach* ~ a voluntad, a pedir de boca; *haben Sie noch e-n* ~? ¿desea algo más?; **'~bild** *n* ideal *m*; **'~denken** *n* pensamiento *m* desiderativo.
Wünschelrute ['vʏnʃəlruːtə] *f* varita *f* de zahorí; **~ngänger** *m* [′----ŋɛŋər] *m* (7) zahorí *m*.
wünschen ['l-ʃən] (27) desear; anhelar; *j-m Glück* ~ desear (buena) suerte a alg.; *was* ~ *Sie?* ¿qué desea?, † ¿qué se le ofrece?; *ganz wie Sie* ~ como Vd. quiera; *Sie werden gewünscht* le llaman; **~swert** deseable.
wunsch|gemäß ['vʊnʃɡəmɛːs] conforme a los deseos de; **~los**: F ~ *glücklich* completamente feliz; **2traum** *m* ideal *m*; ilusión *f*; **2zettel** *m* lista *f* de regalos deseados.
wurde, würde ['vʊrdə, 'vʏrdə] *s.* werden.
Würde ['vʏrdə] *f* (15) dignidad *f*; (*Titel*) título *m*; *unter aller* ~ malísimo; despreciable; *ich halte es für unter m-r* ~ ... me parece indigno ...; **2los** indigno; **~nträger** *m* dignatario *m*; **2voll** grave; solemne; majestuoso.
würdig ['l-diç] digno; *sich e-r Sache* ~ *erweisen* hacerse digno de a/c.; **~en** ['--ɡən] (25) apreciar; *j-n keiner Antwort* (*keines Blickes*) ~ no dignarse contestar (mirar) a alg.; **2keit** ['l--çkaɪt] *f* dignidad *f*; **2ung** ['l--ɡʊŋ] *f* apreciación *f*.
Wurf [vʊrf] *m* (3³) tiro *m*; *a. Sport:* lanzamiento *m*; *beim Würfeln:* jugada *f*; *Zo.* camada *f*; *fig. auf e-n* ~ de un tirón; *ein großer* ~ un gran éxito.
Würfel ['vʏrfəl] *m* (7) dado *m*; ♣ cubo *m*; (*Zucker*) terrón *m*; (*Käse2, Schinken2*) taco *m*; *auf Stoffen:* cuadro *m*; *fig. die* ~ *sind gefallen* la suerte está echada; **~becher** *m* cubilete *m*; **2förmig** cúbico; **2n** (29) jugar a (*od.* echar) los dados; **~spiel** *n* juego *m* de dados; **~zucker** *m* azúcar *m* en terrones.
Wurfgeschoß ['vʊrfɡəʃɔs] *n* proyectil *m*; **~speer**, **~spieß** *m* venablo *m*, dardo *m*; jabalina *f*; **~waffe** *f* arma *f* arrojadiza.
würg|en ['vʏrɡən] (25) 1. *v/t.* ahogar, sofocar, estrangular; 2. *v/i.* atragantarse; **2engel** ['l-k?ɛŋəl] *m* ángel *m*

Würger exterminador; ⁓**er** *Zo.* [ˈ-gər] *m* (7) alcaudón *m*.

Wurm [vurm] (1²): **a)** *m* gusano *m*; F *fig.* j-m die Würmer aus der Nase ziehen tirar de la lengua a alg.; F *da ist der ⁓ drin!* aquí hay gato encerrado; **b)** F *n* nene *m*; *das arme ⁓!* ¡la pobre criatura!; ⁓**en** (25): *das wurmt mich* me sabe mal; me da rabia; ⁓**förmig** vermicular; ⁓**fortsatz** ♂ *m* apéndice *m* (vermiforme); ⁓**fraß** *m* carcoma *f*; ⁓**mittel** ♂ *n* vermífugo *m*; ⁓**stichig** [ˈ-ʃtiçiç] carcomido; *Obst:* agusanado.

Wurst [vurst] *f* (14¹) embutido *m*; (*Hart*⁓) salchichón *m*; *das ist mir ⁓ F* me importa un bledo *od.* un comino *od.* un rábano.

Würstchen [ˈvyrstçən] *n* (6) salchicha *f* (*Frankfurter* de Francfort); F *fig.* don nadie *m*.

wurst|eln F [ˈvurstəln] (29) chapucear; ⁓**ig** F descuidado; indolente; ⁓**igkeit** *f* descuido *m*; indolencia *f*; ⁓**vergiftung** *f* botulismo *m*; ⁓**waren** *f/pl.* embutidos *m/pl.*; charcutería *f*.

Würze [ˈvyrtsə] *f* (15) condimento *m*; (*Gewürz*) especias *f*; *fig.* sal *f*, gracia *f*.

Wurzel [ˈvurtsəl] *f* (15) raíz *f* (*a. fig.*); ⁓(**n**) *fassen*, ⁓ *schlagen a. fig.* echar raíces, arraigar; ⁓**behandlung** ♂ *f* tratamiento *m* de la raíz; ⁓**bildung** *f* radicación *f*; ⁓**faser** *f* raicilla *f*; ⁓**haut-entzündung** *f* periodontitis *f*; ⁓**los** *fig.* desarraigado; ⁓**n** (29) radi-

car (*a. fig.*), arraigar; ⁓**stock** *m* rizoma *m*; ⁓**werk** *n* raigambre *f*, raíces *f/pl.*; ⁓**zeichen** ⩔ *n* radical *m*; ⁓**ziehen** ⩔, ♂ *n* extracción *f* de la raíz.

würz|en [ˈvyrtsən] (27) condimentar, sazonar; aromatizar; ⁓**ig** aromático; sabroso.

wusch, wüsche [vuːʃ, ˈvyːʃə] *s. waschen.*

wuschelig [ˈvuʃəliç] *Haar:* desgreñado; ⁓**kopf** *m* pelambrera *f*.

wußte, wüßte [ˈvustə, ˈvystə] *s. wissen.*

Wust [vuːst] *m* (3², *o. pl.*) fárrago *m*; mezcolanza *f*.

wüst [vyːst] (*öde*) desierto, desolado; (*unordentlich*) desordenado; (*ausschweifend*) libertino; ⁓**e** *f*, (15) desierto *m*; ⁓**ling** [ˈ-liŋ] *m* (3¹) libertino *m*.

Wut [vuːt] *f* (16, *o. pl.*) furia *f*; rabia *f*; *in ⁓ bringen* poner furioso; *in ⁓ geraten* ponerse furioso, enfurecerse; ˈ⁓**anfall** *m* ataque *m* de rabia.

wüten [ˈvyːtən] (26) estar furioso, rabiar; (*toben*) enfurecerse; *Sturm:* desencadenarse; *Seuche:* causar estragos; ⁓**d** furioso; enfurecido; rabioso; ⁓ *machen* (*werden*) poner(se) furioso; *auf j-n ⁓ sn* tener rabia a alg.

wut|entbrannt [ˈvuːtʔɛntbrant] furibundo; ⁓**schnaubend** echando pestes.

Wüterich [ˈvyːtəriç] *m* (3) sanguinario *m*.

X

X, x [iks] *n uv.* X, x *f*; *j-m ein X für ein U vormachen* dar gato por liebre a alg.; *Herr X* fulano *m*.

ˈ**X-|Beine** *n/pl.* piernas *f/pl.* en X; ⁓**beinig** [ˈ-bainiç] (pati)zambo; ˈ⁓**beliebig** cualquier(a).

Xero|graphie [kseːrograˈfiː] *f* (15) xerografía *f*; ⁓**kopie** *f* xerocopia *f*.

x-mal [ˈiksmaːl] mil veces.

x-te [ˈ-tə]: *zum ⁓n Mal* por enésima vez.

Xylo|graph [ksyloˈgraːf] *m* (12) xilógrafo *m*; ⁓**phon** ♩ [--ˈfoːn] *n* (3¹) xilófono *m*, xilofón *m*.

Y

Y, y [ˈypsilɔn] *n uv.* Y, y *f*.

Yankee [ˈjɛŋki] *m* (11) yanqui *m*.

Yard [jaːrt] *n* (11) yarda *f*.

Ysop ♇ [ˈiːzɔp] *m* (3¹) hisopo *m*.

Z

Z, z [tsɛt] *n uv.* Z, z *f.*
Zack|e ['tsakə] *f* (15), **～en¹** *m* (6) punta *f*; púa *f*; ⊕ diente *m*; F *fig. du wirst dir keinen ～n aus der Krone brechen* no te caerán los anillos; **2en²** (25) dentar; **2ig** dent(ell)ado; con púas; F *fig.* resuelto; arrojado.
zag|en ['tsa:gən] (25) vacilar; tener miedo; **2en** *n* vacilación *f*; miedo *m*; **～haft** ['-khaft] tímido; temeroso; **2-haftigkeit** *f* timidez *f*.
zäh [tsɛ:] resistente; *Fleisch:* duro; *fig.* tenaz; pertinaz; **!～flüssig** espeso; viscoso; **2igkeit** *f* tenacidad *f*, dureza *f*.
Zahl [tsa:l] *f* (16) número *m*; (*Ziffer*) cifra *f*; **!2bar** pagadero; **!2en** (25) pagar; *bitte ～!* la cuenta, por favor; *was habe ich zu ～?* ¿cuánto le debo?
zählen ['tsɛ:lən] (25) contar (*auf ac.* con); ～ *zu* figurar entre.
zahlen|mäßig ['tsa:lənmɛ:siç] numérico; **2material** *n* datos *m/pl.* numéricos.
Zahler(in *f*) ['-lər(in)] *m* (7) pagador(a) *m* (*f*).
Zähler ['tsɛ:lər] *m* (7) A numerador *m*; ⚡, ⊕ contador *m*.
Zahl|grenze ['tsa:lɡrɛntsə] *f* límite *m* de zona *bzw.* de tarifa; **～karte** ♥ *f* impreso *m* para giro postal; **2los** innumerable, sin número; **～meister** *m* ⚔ (oficial *m*) pagador *m*; ⚓ sobrecargo *m*; **2reich** numeroso; **～e** *pl. a.* gran número de; **～stelle** *f* pagaduría *f*; **～tag** *m* día *m* de pago; **～ung** *f* pago *m*; *in ～ nehmen* (*geben*) aceptar (dar) en pago.
Zählung ['tsɛ:luŋ] *f* numeración *f*; *v. Stimmen usw.:* recuento *m*; (*Volks2*) censo *m*.
Zahlungs... ['tsa:luŋs...]: *in Zssgn oft* de pago(s); **～abkommen** *n* acuerdo *m* de pagos; **～anweisung** *f* orden *f* de pago; **～aufschub** *m* prórroga *f*, moratoria *f*; **～bedingungen** *f/pl.* condiciones *f/pl.* de pago; **～befehl** *m* orden *f* de pago; **～bilanz** *f* balanza *f* de pagos; **～einstellung** *f* suspensión *f* de pagos; **～empfänger** *m* beneficiario *m* del pago; destinatario *m*; **～erleichterungen** *f/pl.* facilidades *f/pl.* de pago; **2fähig** solvente; **～fähigkeit** *f* solvencia *f*; **～frist** *f* plazo *m* de pago; **～mittel** *n* medio *m* de pago; *gesetzliches ～* moneda *f* legal; **～ort** *m* e-s *Wechsels:* domicilio *m*; **2-unfähig** insolvente; **～unfähigkeit** *f* insolvencia *f*; **～verkehr** *m* servicio *m* de pagos; **～weise** *f* modo *m* de pago.
'Zahlwort *n* numeral *m*.
zahm [tsa:m] doméstico, domesticado; manso; *fig.* dócil.
zähm|bar ['tsɛ:mba:r] domesticable; domable; **～en** (25) amansar; domesticar; domar; *fig.* (*sich*) ～ contener(se).
Zahmheit ['tsa:mhait] *f* mansedumbre *f*.
Zähmung ['tsɛ:muŋ] *f* domesticación *f*; doma *f*.
Zahn [tsa:n] *m* (3³) diente *m* (*a.* ⊕); *mit den Zähnen klappern* castañetear (los dientes); *dar diente con diente; fig. j-m auf den ～ fühlen* tomar el pulso a alg.; *die Zähne zeigen* enseñar los dientes (*j-m a.* alg.); **'～arzt** *m* ('～ärztin *f*) odontólogo (-a) *m* (*f*), dentista *su.*; **!2-ärztlich** odontológico, dental; **'～bürste** *f* cepillo *m* de dientes; **'～creme** *f* crema *f* dental.
Zähne|klappern ['tsɛ:nəklapərn] *n* castañeteo *m* de los dientes; **～knirschen** *n* rechinamiento *m* de dientes; **2knirschend** a regañadientes.
zahnen ['tsa:nən] **1.** *v/i.* (25) echar los dientes; **2.** **2** *n* dentición *f*.
'Zahn|-ersatz *m* dientes *m/pl.* artificiales; prótesis *f* dental; **～fäule** *f* caries *f* (dental); **～fleisch** *n* encía (*a. pl.*) *f*; **～fleisch-entzündung** *f* gingivitis *f*; **～füllung** *f* empaste *m*; **～heilkunde** *f* odontología *f*; **～klinik** *f* clínica *f* odontológica; **2los** *Zo.* desdentado; *j.:* sin dientes; **～lücke** *f* mella *f*; **～medizin** *f* odontología *f*; **～pasta** *f* pasta *f* dentífrica, dentífrico *m*; **～pflege** *f* higiene *f* dental; **～prothese** *f* prótesis *f* dental; **～rad** *n* rueda *f* dentada; *kleines:* piñón *m*;

Zahnradbahn

~**radbahn** f ferrocarril m de cremallera; ~**radgetriebe** n engranaje m; ~**schmelz** m esmalte m (dental); ~**schmerzen** m/pl. dolor m de muelas; ~**spange** f aparato m ortodóncico; ~**stange** ⊕ f cremallera f; ~**stein** m sarro m (dentario), tártaro m (dental); ~**stocher** ['-ʃtɔxər] m (7) palillo m, mondadientes m; ~**techniker** m protésico m dental, mecánico m dentista; ~**wechsel** m segunda dentición f; ~**wurzel** f raíz f dentaria; ~**zange** f gatillo m; ~**ziehen** n extracción f de dientes.

Zander Zo. ['tsandər] m (7) lucioperca f.

Zange ['tsaŋə] f (15) tenazas f/pl.; (Flach2) alicates m/pl.; ⚙, Zo. pinzas f/pl.; ~**ngeburt** ♀ f parto m instrumental od. con fórceps.

Zank [tsaŋk] m (3, o. pl.) disputa f; altercado m; riña f; pendencia f; '~**apfel** m manzana f de la discordia; ²**en** (25): sich ~ reñir, pelearse, disputarse (um et. a/c.).

Zänk|er ['tsɛŋkər] m (7), 2**isch** pendenciero (m), camorrista (m).

Zank|sucht ['tsaŋkzuxt] f carácter m pendenciero; 2**süchtig** pendenciero.

Zäpfchen ['tsɛpfçən] n (6) (Gaumen2) úvula f, campanilla f; ♂ f supositorio m.

zapfen ['tsapfən] 1. v/t. (25) sacar; 2. 2 m (6) ⊕ (Stift) espiga f, clavija f, tarugo m; (Faß2) espita f, canilla f; ♀ cono m; ~**streich** ✕ m retreta f.

'**Zapf|hahn** m espita f; ~**säule** f surtidor m (de gasolina).

zappel|ig ['tsapəliç] inquieto; '~**n** (29) agitarse; 2**philipp** m: er ist ein ~ es un azogue.

Zar [tsa:r] m (12) zar m; ~**in** ['-rin] f zarina f.

zart [tsa:rt] tierno (a. Fleisch); Haut, Gesundheit: delicado; (dünn) delgado, fino; (sanft) suave; (empfindlich) sensible; ~**besaitet** ['-bəzaɪtət] sensitivo; '~**fühlend** delicado; 2**gefühl** n delicadeza f; '2**heit** f ternura f; delicadeza f; finura f.

zärtlich ['tsɛ:rtliç] tierno; afectuoso; cariñoso (zu con); 2**keit** f ternura f; cariño m; (Liebkosung) caricia f.

Zaster F ['tsastər] m (7, o. pl.) F pasta f.

Zäsur [tsɛ'zu:r] f (16) cesura f.

Zauber ['tsaubər] m (7) encanto m, hechizo m (a. fig.); fauler ~ embuste m; charlatanería f; ~**ei** [--'raɪ] f hechicería f; magia f; ~**er** m (7) hechicero m; mago m; ~**formel** f fórmula f mágica; 2**haft** encantador; ~**kasten** m caja f de magia; ~**kraft** f virtud f mágica; ~**kunst** f magia f; ~**künstler** m prestidigitador m; ~**kunststück** n juego m de manos; ~**lehrling** m aprendiz m de brujo; 2**n** (29) hacer juegos de manos; ~**spruch** m fórmula f mágica; conjuro m; ensalmo m; ~**stab** m varita f mágica; ~**trank** m filtro m.

zaudern ['-dərn] 1. (29) vacilar, titubear; 2. 2 n vacilación f, titubeo m.

Zaum [tsaʊm] m (3³) brida f; freno m; fig. (sich) im ~ halten refrenar(se).

zäumen ['tsɔymən] (25) enfrenar; embridar.

Zaumzeug ['tsaʊmtsɔyk] n brida f.

Zaun [tsaʊn] m (3³) cerca f, cercado m; (Holz2) vallado m, valla f; e-n Streit vom ~ brechen buscar camorra; '~**gast** m espectador m de gorra; '~**könig** Zo. m reyezuelo m; '~**pfahl** m estaca f; e-n Wink mit dem ~ geben echar una indirecta.

zausen ['tsaʊzən] (27) sacudir; Haare: desgreñar.

Zebra Zo. ['tse:bra] n (11) cebra f; ~**streifen** m paso m cebra.

Zech|bruder ['tsɛçbru:dər] m bebedor m; ~**e** f (15) 🅧 mina f; (Rechnung) cuenta f; fig. die ~ bezahlen pagar el pato; 2**en** (25) empinar el codo; ~**er** m (7) bebedor m; ~**e'rei** f, ~**gelage** n francachela f, bacanal f; 2**preller** ['-prɛlər] m (7) cliente m que se larga sin pagar; ~**prelle'rei** f estafa f de consumición.

Zecke Zo. ['tsɛkə] f (15) garrapata f.

Zeder ♀ ['tse:dər] f (15) cedro m.

Zeh [tse:] m (3), ~**e** f (15) dedo m del pie; große(r) ~ dedo m gordo; '~**enspitze** f: auf ~n de puntillas.

zehn [tse:n] 1. diez; (etwa) ~ ... una decena de; 2. 2 f (16) diez m; '2**er** ᴀ m (7) decena f; '~**fach** décuplo; 2**kampf** m decat(h)lón m; '~'**tausend** diez mil; die oberen 2 la crema de la sociedad; '~**te(r)** décimo m; '2**tel** n (7) décimo m, décima parte f; '~**tens** (en) décimo lugar.

zehren ['tse:rən] (25) a. fig. vivir (von de); (schwächen) enflaquecer; fig. roer, minar (an dat. a/c.).

Zeichen ['tsaɪçən] n (6) signo m; (Signal) señal f; (Wink) seña f; (Kenn2)

Zeitungsverkäufer

marca f; (An♀) indicio m, a. ♣ síntoma m; (Wahr♀) símbolo m; s-s Zeichens de oficio; j-m ein ~ geben hacer señas a alg.; ✝ Ihr ~ su referencia; **~block** m bloc m de dibujo; **~brett** n tablero m de dibujo; **~dreieck** ♫ n escuadra f; **~erklärung** f leyenda f; **~kunst** f dibujo m; **~lehrer** m profesor m de dibujo; **~papier** n papel m para dibujar; **~saal** m sala f de dibujo; **~setzung** Gram. f puntuación f; **~sprache** f lenguaje m por señas; **~stift** m lápiz m de dibujo; **~tisch** m mesa f de dibujo; **(trick)film** m dibujos m/pl. animados.

zeichn|en ['-çnən] (26) dibujar; Plan: delinear; (kenn~) marcar; (unter~) firmar; Anleihe: suscribir; **♀en** n dibujo m; **♀er** m (7) dibujante m; delineante m; ✝ suscritor m; **~erisch** gráfico m; **~ung** f dibujo m; ✝ suscripción f.

Zeige|finger ['-gəfiŋər] m índice m; **♀n** (25) enseñar, mostrar; (angeben) indicar, marcar; (beweisen) demostrar, probar; (aufweisen) acusar; ~ auf (ac.) señalar (ac.); sich ~ mostrarse, aparecer; offiziell: hacer acto de presencia; sich am Fenster ~ asomarse a la ventana; das wird sich ~ eso se verá; zeig mal! ¡a ver!; **~r** m (7) aguja f; Uhr: a. manecilla f; **~stock** m puntero m.

Zeile ['-lə] f (15) línea f; renglón m; neue ~! ¡punto y aparte!; j-m ein paar ~n schreiben poner cuatro letras a alg.; fig. zwischen den ~n lesen leer entre líneas; **~n-abstand** m interlineado m, espacio m entre líneas; **~nschalter** m palanca f de interlineado.

Zeisig Zo. ['-ziç] m (3) lugano m.

Zeit [tsaɪt] f (16) tiempo m (a. Gram.); (~raum) período m; (~alter) era f; época f; edad f; (Jahres♀) temporada f; (Uhr♀) hora f; ♀ m-s Lebens durante toda mi vida; du liebe ~! ¡Dios mío!; außer der ~ fuera de tiempo; a deshora; für alle ~en para siempre; von ~ zu ~ de vez en cuando; vor der ~ antes de tiempo; vor langer ~ hace mucho tiempo; seit einiger ~ desde hace algún tiempo; es ist (höchste) ~ ya es (más que) hora; zur ~ de momento; actualmente; sich (dat.) ~ lassen od. nehmen tomarse no más por precipitarse; das hat ~ no corre prisa; mit der ~ con el tiempo; mit der ~ gehen ir con el tiempo; **~abschnitt** m período m; época f; **~alter** n era f; edad f; siglo m; época f; **~angabe** f hora f; fecha f; **~ansage** f Fernspr. información f horaria; Radio: hora f exacta; **~aufwand** m tiempo m invertido; **~bombe** f bomba f de relojería; **~dauer** f duración f; **~druck** m premura f de tiempo; **~enfolge** Gram. f concordancia f de los tiempos; **~ersparnis** f ahorro m de tiempo; **~fahren** n Sport: carrera f contra reloj; **~faktor** m factor m tiempo; **~gebunden** sujeto a la moda; **♀gemäß** de actualidad; moderno; **~genosse** m, **♀genössisch** ['-gənœsiʃ] contemporáneo (m); **~geschehen** n actualidades f/pl.; **~geschichte** f historia f contemporánea; **~gewinn** m ganancia f de tiempo; **♀ig** temprano; a tiempo; **~karte** f abono m; **~lang**: e-e ~ (por) algún tiempo; **♀lebens** durante toda mi (tu, su) vida; **♀lich** temporal; das ♀e segnen entregar el alma; **♀los** independiente de la moda; **~lupe** f cámara f lenta; in ~ a cámara lenta; gal. al ralentí; **~lupen-aufnahme** f secuencia f a cámara lenta; **~mangel** m: aus ~ por falta de tiempo; **~maß** ♪ n compás m, tiempo m; **~messer** m cronómetro m; **~messung** f cronometría f; **♀nah** de actualidad; **~nehmer** ['-ne:mər] m (7) Sport: cronometrador m; **~punkt** m momento m; fecha f; **~raffer** ['-rafər] m (7) cámara f rápida; **♀raubend** largo; que exige mucho tiempo; **~raum** m espacio m de tiempo; período m; **~rechnung** f cronología f; christliche ~ era f cristiana; **~schrift** f revista f; **~spanne** f lapso m de tiempo; **♀sparend** que ahorra tiempo; **~tafel** f cuadro m cronológico; **~umstände** m/pl. circunstancias f/pl.

Zeitung ['-tʊŋ] f periódico m, diario m.

Zeitungs|-abonnement n suscripción f a un periódico; **~artikel** m artículo m de periódico; **~ausschnitt** m recorte m de periódico; **~austräger** ['-'aʊstrɛːgər] m (7) repartidor m de periódicos; **~kiosk** m quiosco m de periódicos; **~notiz** f noticia f de prensa; **~papier** n papel m prensa od. de periódico; **~ständer** m revistero m; **~verkäufer** m ven-

Zeitungswesen

dedor *m* de periódicos *od.* de prensa; ~**wesen** *n* periodismo *m*; ~**wissenschaft** *f* periodismo *m*.

Zeit|vergeudung *f* desperdicio *m* de tiempo; ~**verlust** *m* pérdida *f* de tiempo; ~**vertreib** ['-fɛrtraɪp] *m* (3) pasatiempo *m*; zum ~ para pasar el rato; ²**weilig** ['-vaɪlɪç] temporal; provisional; ²**weise** por momentos; ~**wort** *n* (1²) verbo *m*; ~**zeichen** *n* Radio: señal *f* horaria; ~**zünder** *m* espoleta *f* retardada.

zelebrieren [tsele'bri:rən] celebrar.

Zell... ['tsɛl...]: *in Zssgn oft* celular; ~**e** *f* (15) *Biol., Pol.* célula *f*; (*Bienen*²) celdilla *f*, alvéolo *m*; △ celda *f* (*a. Kloster*²); (*Bade*²) caseta *f*; *Fernspr.* cabina *f*; ²**enförmig** celular; alveolar; ~**gewebe** *n* tejido *m* celular; ~**kern** *m* núcleo *m* celular; ~**ophan** [-loˈfɑːn] *n* (3¹, *o. pl.*) celofán *m*; ~**stoff** *m*, ~**ulose** [-luˈloːzə] *f* (15) celulosa *f*; ~**uloid** [-luˈlɔyt] *n* (3, *o. pl.*) celuloide *m*; ~**wand** *f* membrana *f* celular; ~**wolle** *f* viscosilla *f*.

Zelt [tsɛlt] *n* (3) tienda *f* (de campaña); *großes*: entoldado *m*; *bsd. Am. u. Zirkus*²: carpa *f*; '~**bahn** *f* hoja *f* de tienda; '~**dach** *n* toldo *m*; ²**en** (26) acampar; hacer camping; '~**en** *n* camping *m*; '~**lager** *n* campamento *m* (de tiendas); '~**ler** ['-lər] *m* (7) acampador *m*, campista *m*; '~**pflock** *m* estaca *f*; '~**platz** *m* (terreno *m* de) camping *m*; '~**stange** *f* palo *m* de tienda.

Zement [tseˈmɛnt] *m* (3) cemento *m*; ²**ieren** cementar.

Zenit [-ˈniːt] *m* (3, *o. pl.*) cenit *m*.

zens|ieren [tsɛnˈziːrən] censurar; *Schule*: calificar; ²**or** ['-zɔr] *m* (8¹) censor *m*; ²**ur** [-ˈzuːr] *f* (16) censura *f*; *Schule*: nota *f*, calificación *f*.

Zentimeter [-tiˈmeːtər] *m od. n* centímetro *m*; ~**maß** *n* cinta *f* métrica.

Zentner ['tsɛntnər] *m* (7) cincuenta kilos *m/pl.*; ~**last** *f fig.* peso *m* abrumador; ²**schwer** *fig.* abrumador.

zentral [-ˈtrɑːl], ²**... *in Zssgn*** central; ²**e** gelegen céntrico; ²**e** *f* (15) ✆, ⚡, *Fernspr.* central *f*; ²**heizung** *f* calefacción *f* central; ~**isieren** [-traliˈziːrən] centralizar; ²**i'sierung** *f* centralización *f*; ²**komitee** *n* comité *m* central; ²**stelle** *f* centro *m*.

zentrifu|gal [-trifuˈgɑːl] centrífugo; ²**galkraft** *f* fuerza *f* centrífuga; ²**ge** [-ˈfuːgə] *f* (15) centrífuga *f*, centrifugadora *f*.

Zentrum ['-trum] *n* (9) centro *m*.

Zepter ['tsɛptər] *n* (7) cetro *m*.

zerbeißen [tsɛrˈbaɪsən] romper con los dientes.

zer'bersten (sn) reventar, estallar.

Zerberus ['-bərus] *fig. m* (14²) cancerbero *m*.

zer'brech|en *v/t.* (*v/i.* [sn]) romper (-se), quebrar(se); *fig. sich den Kopf* ~ romperse la cabeza; *fig.* devanarse los sesos; ~**lich** frágil; quebradizo; ²**lichkeit** *f* fragilidad *f*.

zer'bröckeln *v/t.* (*v/i.* [sn]) desmenuzar(se); *Brot*: desmigajar(se).

zer'drücken aplastar; chafar; *Kleid usw.*: arrugar.

Zeremon|ie [tseremoˈniː, --ˈmoːnjə] *f* (15) ceremonia *f*; ²**iell** [--moˈnjɛl] ceremonioso; ~**iell** *n* (3¹) ceremonial *m*.

zerfahren [tsɛrˈfɑːrən] confuso, distraído; ²**heit** *f* distracción *f*.

Zer'fall *m* descomposición *f* (*a.* 🜊); ruina *f*; *Phys. u. fig.* desintegración *f*; ²**en** (sn) descomponerse, *a. fig.* desintegrarse; ~ *in* (ac.) dividirse en; *mit j-m* ~ sn estar enemistado con alg.; ~**s-produkt** *n* producto *m* de descomposición.

zerˈfasern [-ˈfɑːzərn] (29) *v/t.* (*v/i.* [sn]) deshilachar(se).

zer'fetzen, ~fleischen [-ˈfɛtsən, -ˈflaɪʃən] (27) desgarrar.

zer'fließen (sn) derretirse; *in Tränen* ~ deshacerse en lágrimas.

zer'fressen roer; ⊕ corroer.

zer'furcht arrugado; surcado de arrugas.

zer'gehen (sn) derretirse; fundirse; *in Flüssigkeit*: desleírse; *fig. auf der Zunge* ~ hacerse agua en la boca.

zer'glieder|n descomponer; *fig.* analizar; desglosar; ²**ung** *f* descomposición *f*; análisis *m*, desglose *m*.

zer'hacken, ~hauen despedazar; partir.

zer'kauen masticar (bien).

zerkleinern [-ˈklaɪnərn] (29) desmenuzar; partir; triturar.

zerklüftet [-ˈklyftət] quebrado, escabroso.

zerknirsch|t [-ˈknɪrʃt] contrito; compungido; ²**ung** *f* contrición *f*; compunción *f*.

zer'knittern, ~knüllen arrugar; chafar.

zer'kochen v/t. (v/i. [sn]) cocer demasiado.
zer'kratzen rasgar, arañar; *Möbel*: rayar.
zer'krümeln desmigajar.
zer'lassen derretir.
zerleg|bar [-'leːkbaːr] desmontable; **~en** [-'-gən] dividir (en partes); descomponer; *Fleisch*: trinchar; *Vieh*: descuartizar; ⊕ desmontar, desarmar; *fig.* analizar; **2ung** f división f; descomposición f; desmontaje m; análisis m.
zer'lesen gastado, manoseado.
zerlumpt [-'lumpt] harapiento, andrajoso.
zer'mahlen triturar, moler.
zermalmen [-'malmən] (25) aplastar; *fig. a.* aniquilar.
zer'martern: *sich den Kopf od. das Hirn* ~ devanarse los sesos.
zermürb|en [-'myrbən] (25) cansar; agotar; desmoralizar; **2ungskrieg** m guerra f de desgaste.
zer'nagen roer.
zer'pflücken deshojar; *fig.* desmenuzar.
zer'platzen (sn) reventar; estallar.
zer'quetschen machacar; aplastar.
Zerrbild ['tsɛrbilt] n caricatura f.
zer'reiben [tsɛr'raɪbən] triturar; pulverizar.
zerreiß|bar [-'raɪsbaːr]: *leicht* ~ fácilmente rompible; **~en 1.** v/t. romper; desgarrar; despedazar; rasgar; **2.** v/i. (sn) romperse; **2festigkeit** f resistencia f a la rotura; **2probe** f prueba f de rotura; *fig.* dura prueba f.
zerren ['tsɛrən] (25) tirar (*an dat.* de); (*schleppen*) arrastrar; 🏃 distender.
zer'rinnen [-'rɪnən] (sn) deshacerse; derretirse; *fig.* quedar en nada.
Zerrissenheit [-'rɪsənhaɪt] f *fig.* desunión f; *Pol.* desmembramiento m.
Zerrung 🏃 ['tsɛruŋ] f distensión f.
zerrütt|en [-'rytən] (26) desordenar, descomponer; desorganizar; *Gesundheit*: arruinar; *Nerven*: trastornar; *Ehe*: desunir; **~et** *Ehe*: desunido, desavenido; **2ung** f desorden m; desorganización f; ruina f; perturbación f.
zer'sägen [tsɛr'zɛːgən] serrar; cortar (con la sierra).
zerschellen [-'ʃɛlən] (25, sn) estrellarse (*an dat.* contra).
zer'schlagen romper; hacer pedazos; destruir; destrozar; *fig. sich* ~ fracasar; *fig. wie* ~ *sn* F estar hecho polvo.
zerschlissen [-'ʃlɪsən] gastado.
zer'schmettern romper; destrozar (*a. fig.*); estrellar.
zer'schneiden partir; cortar (en trozos); *Fleisch*: trinchar.
zer'setz|en descomponer; disolver; *fig.* desmoralizar; **~end** *fig.* desmoralizador; **2ung** f descomposición f; disolución f; *fig.* desmoralización f.
zer'spalten partir, hender.
zer'splitter|n v/t. (v/i. [sn]) hacer(se) astillas (*od.* pedazos), astillarse; *fig.* disipar; *sich* ~ disipar sus esfuerzos, **~t** *fig.* desunido; 🗙 disperso; **2ung** f *fig.* dispersión f; disipación f.
zer'sprengen *fig.* disipar, dispersar.
zer'springen (sn) romperse; (*platzen*) estallar, reventar.
zer'stampfen triturar; machacar.
zer'stäub|en pulverizar; vaporizar; atomizar; **2er** m (7) pulverizador m; vaporizador m; **2ung** f pulverización f; vaporización f, atomización f.
zerstieben [-'ʃtiːbən] (30, sn) *Menge*: dispersarse.
zerstochen [-'ʃtɔxən] lleno de picaduras.
zer'stör|en destruir, destrozar (*a. fig.*); **~end** destructivo, destructor; **2er** m (7) destructor m (*a.* ⚓); **2ung** f destrucción f; demolición f; estragos m/pl.; **2ungswut** f vandalismo m.
zer'stoßen triturar; machacar; pulverizar.
zer'streu|en dispersar; esparcir, diseminar; *fig. Bedenken*: disipar; (*erheitern*) distraer; *sich* ~ *Menge*: dispersarse; **~t** disperso; esparcido, diseminado; *fig.* distraído, F despistado; **2theit** f distracción f, F despiste m; **2ung** f dispersión f; *fig.* distracción f; diversión f; **2ungslinse** *Phys.* f lente f divergente.
zer'stückel|n (29) desmenuzar; despedazar; descuartizar; *Land*: desmembrar; **2ung** f despedazamiento m; desmembramiento m.
zer'teilen dividir, partir; (*zerstreuen*) disipar.
zer'trampeln pisotear.
zer'treten aplastar, pisar.
zertrümmer|n [-'trymərn] (29) destruir, destrozar; demoler; *Atom*: desintegrar; **2ung** f destrucción f, destrozo m; demolición f; *Atom*: desintegración f.

Zervelatwurst [-vəˈlɑːtvurst] f (14¹) salchichón m; longaniza f.
zerˈwühlen revolver.
Zerwürfnis [-ˈvyrfnis] n (4¹) desavenencia f.
zerˈzausen Haar: desgreñar.
Zeter [ˈtseːtər] n: ~ und Mordio schreien dar grandes gritos; poner el grito en el cielo; **~geschrei** n clamor m, gritería f; **2n** (29) poner el grito en el cielo.
Zettel [ˈtsetəl] m (7) papel(ito) m; (Blatt) hoja f; (Kartei2) ficha f; **~kasten** m fichero m.
Zeug [tsɔyk] n (3) (Kleidung) ropa f, vestidos m/pl.; (Material) material m; (Stoff) tela f; (Geräte) útiles m/pl., utensilios m/pl., instrumentos m/pl.; (Sachen) cosas f/pl.; F chismes m/pl., trastos m/pl.; dummes ~ tonterías f/pl., disparates m/pl.; das ~ haben zu tener madera de; j-m et. am ~e flicken enmendar la plana a alg.; was das ~ hält F a más no poder; sich ins ~ legen F arrimar el hombro.
Zeug|e [ˈ-gə] m (13) testigo m; **2e** (25) 1. v/i. declarar (como testigo); ~ von demostrar, evidenciar (ac.); 2. v/t. procrear, engendrar; **~enaussage** f deposición f del testigo, declaración f testimonial; **~enbeweis** m prueba f testifical; **~enstand** m estrado m de testigos; **~envernehmung** f interrogatorio m od. audición f de los testigos; **~haus** [ˈ-khaus] n arsenal m; **~in** [ˈ-gin] f testigo f; **~nis** [ˈ-knis] n (4¹) 🗏 testimonio m; (Bescheinigung) certificado m; (Diplom) diploma m; (Schul2) boletín m de calificaciones.
Zeugung [ˈ-guŋ] f generación f, procreación f; **~s-akt** m acto m generador; **~sfähig** capaz de engendrar; potente; **~skraft** f fuerza f procreadora; potencia f (generadora); **2s-unfähig** impotente.
Zichorie [tsiˈçoːrjə] f (15) achicoria f.
Zick|e [ˈtsikə] f (15) cabra f (a. fig.); F fig. mach keine ~n! ¡déjate de tonterías!; **~lein** [ˈ-lain] n (6) cabrito m, chivo m.
Zickzack [ˈtsiktsak] m (3) zigzag m, eses f/pl.; im ~ gehen zigzaguear; **~linie** f línea f en zigzag.
Ziege [ˈtsiːgə] f (15) cabra f.
Ziegel [ˈ-gəl] m (7) ladrillo m; (Dach2) teja f; **~bau** m construcción f en ladrillo; **~dach** n tejado m; **~ei** [--ˈlai] f fábrica f de tejas y ladrillos; tejar m;

~ofen m horno m de ladrillos; **~stein** m ladrillo m.
Ziegen|bart [ˈ-gənbart] m barba(s) f(/pl.) de chivo (a. fig.); **~bock** m macho m cabrío, cabrón m; **~hirt** m cabrero m; **~käse** m queso m de cabra; **~leder** n cabritilla f; **~peter** [ˈ-peːtər] m (7) paperas f/pl.
Ziehbrunnen [ˈ-brunən] m pozo m de garrucha.
ziehen [ˈ-ən] (30) 1. v/t. tirar (an dat. de); (heraus~) sacar, extraer (a. Zahn, ⚓ Wurzel); Degen: desenvainar; (schleppen) arrastrar; ⚓, Kfz. remolcar; Draht: estirar; Linie: trazar; Graben: abrir; Mauer: levantar; Spielfigur: mover; Wechsel: librar, girar (auf ac. sobre); ⚘ cultivar; Hut: quitarse; die Blicke auf sich ~ atraer las miradas; die Aufmerksamkeit auf sich ~ llamar la atención; j-n ins Vertrauen ~ confiarse a alg.; ins Lächerliche ~ poner en ridículo; in Zweifel ~ poner en duda; fig. nach sich ~ acarrear; 2. v/refl.: sich ~ extenderse; estirarse; Holz: alabearse; 3. v/i. a) Ofen, Zigarre: tirar; Schach usw.: jugar; F fig. (wirken) surtir efecto; Film, Ware usw.: tener mucho éxito; ~ lassen Tee: dejar reposar od. en reposo; F das zieht bei mir nicht conmigo no vale eso; es zieht hay corriente; b) (sn) ir (nach a); Vögel, Wolken: pasar; zu j-m ~ ir a vivir en casa de alg.; durch die Welt ~ ir por el mundo; 4. ⚓ n tracción f; ⚘ cultivo m; ⚔ tirones m/pl.
ˈZieh|harmonika f acordeón m; **~ung** f (Lotterie) sorteo m.
Ziel [tsiːl] n (3) Sport: meta f (a. fig.); (Zweck) fin m; objetivo m (a. ⚔); (~scheibe) blanco m; (Reise2) destino m; ✝ (Frist) término m, plazo m; das ~ treffen (verfehlen) dar en (errar) el blanco; (als erster) durchs ~ gehen cruzar la meta (el primero); ans ~ gelangen llegar a la meta; fig. sein ~ erreichen lograr su fin; sich et. zum ~ setzen proponerse a/c.; ¹**band** f Sport: cinta f de llegada; ²**bewußt** que sabe lo que quiere; consecuente; ²**en** (25) apuntar (auf ac. a); fig. hacer alusión (a); das zielt auf dich eso va por ti; gezielt Maßnahme: encauzado; bien calculado; ¹**fernrohr** n mira f telescópica; ¹**gerade** f Sport: recta f final; ¹**linie** f línea f de llegada od. de meta; ²**los** sin rumbo

fijo; '~**richter** m Sport: juez m de llegada; '~**scheibe** f blanco m (a. fig.); '²**sicher**, **⁀strebig** ['ʃtre:biç] s. ⁀bewußt.

ziemen ['tsi:mən] (25): sich ~ convenir.

ziemlich ['tsi:mliç] considerable; adv. bastante; F so ~ casi casi.

Zier [tsi:r] f (16, o. pl.), ~**at** ['-ra:t] m (3) adorno m; ornamento m; ~**de** ['-də] f (15) adorno m; fig. honor m; gloria f; '²**en** (25) (ad)ornar; decorar; embellecer; sich ~ hacer remilgos od. melindres; ~**erei** [-rə'raɪ] f remilgos m/pl., melindres m/pl.; '~**garten** m jardín m de recreo; '~**leiste** f ∆, Kfz. moldura f; Typ. viñeta f; '²**lich** grácil; delicado, fino; '~**lichkeit** f gracilidad f; delicadeza f, finura f; '~**pflanze** f planta f ornamental od. de adorno; '~**puppe** fig. f muchacha f remilgada.

Ziffer ['tsifər] f (15) cifra f, guarismo m; ~**blatt** n esfera f.

zig [tsiç] (sehr viele) infinidad de.

Zigarette [tsiga'retə] f (15) cigarrillo m, F pitillo m; ~**n-automat** m máquina f expendedora de cigarrillos; ~**n-etui** n petaca f; ~**npapier** n papel m de fumar; ~**nschachtel** f cajetilla f; ~**nspitze** f boquilla f; ~**nstummel** m colilla f, Am. pucho m.

Zigarillo [--'ril(j)o] m, a. n (11) purito m.

Zigarre [-'garə] f (15) puro m, cigarro m; ~**n-abschneider** m cortapuros m; ~**n-etui** n petaca f; ~**nkiste** f caja f de puros; ~**nspitze** f boquilla f (para puros); ~**nstummel** m colilla f, Am. pucho m.

Zigeuner|(in f) [-'gɔʏnər(ɪn)] m (7) gitano (-a) m (f); ²**haft** agitanado; ²**isch** gitano; ~**junge** m (~**mädchen** n) gitanillo m (-a f); ~**leben** n fig. vida f nómada; ~**sprache** f caló m.

Zikade Zo. [-'ka:də] f (15) cigarra f.

Zimbel ♪ ['tsɪmbəl] f (15) címbalo m.

Zimmer ['tsɪmər] m (7) cuarto m, habitación f, pieza f; ~**antenne** f antena f interior; ~**decke** f techo m; ⌣ⅈⅽⅼℴ m raso; ~ **einrichtung** f mueblaje m; ~**flucht** f serie f de habitaciones; suite f; ~**handwerk** n carpintería f; ~**kellner** m camarero m de piso; '~**lautstärke** f: das Radio auf ~ stellen bajar la radio; ~**mädchen** n camarera f (de piso); ~**mann** m carpintero m; ²**n** (29) carpintear (a. v/i.); hacer, construir; ~**pflanze** f planta f de interior; ~**temperatur** f temperatura f ambiente; ~**theater** n teatro m de bolsillo; ~**vermieterin** f patrona f.

zimperlich ['tsɪmpərlɪç] melindroso; delicado; ~ tun F hacer dengues.

Zimt [tsɪmt] m (3) canela f; F der ganze ~ todo el tinglado; '~**stange** f canela f en rama.

Zink [tsɪŋk] n (3, o. pl.) cinc m, zinc m; '~**e** f (15) diente m; púa f; '~**en** m (6) = Zinke; F (Nase) napias f/pl.; '²**en** (25) Karten: marcar.

Zinn [tsɪn] n (3, o. pl.) estaño m; '~**e** ∆ f almena f; ²**ern** ['-nərn] de estaño; '~**gießer** m estañero m; ~**ober** [-'no:bər] m (7) Min. cinabrio m; (Farbe) bermellón m; ~**soldat** m soldad(it)o m de plomo.

Zins [tsɪns] m (5¹) † (mst Zi. ~**en**) interés m, intereses m/pl.; (Miet²) alquiler m; (Abgabe) tributo m; 3% Zinsen bringen dar un interés del 3%; ~**eszins** ['tsɪnzəstsɪns] m interés m compuesto; '~**rechnung** f cálculo m de intereses; '~**satz** m tipo m de interés; '~**schein** m cupón m de intereses.

Zionis|mus [tsɪo'nɪsmʊs] m (16, o. pl.) sionismo m; ~**t** m (12), ²**tisch** sionista m.

Zipfel ['tsɪpfəl] m (7) punta f, cabo m; ~**mütze** f gorro m con borla.

Zirbeldrüse Anat. ['tsɪrbəldry:zə] f glándula f pineal, epífisis f.

zirka ['-ka] aproximadamente; cerca de.

Zirkel ['-kəl] m (7) compás m; fig. círculo m; ~**kasten** m caja f de compases.

zirkulieren [-ku'li:rən] circular.

Zirkus ['-kʊs] m (14²) circo m; ~**reiter(in** f) m caballista su. (de circo).

zirpen ['-pən] (25) Grille: cantar, chirriar.

zisch|eln ['tsɪʃəln] (29) cuchichear; ~**en** (27) silbar; Thea. sisear; ²**en** n silbidos m/pl.; Thea. siseo m; ²**laut** m sibilante f.

Ziselier|arbeit [tsizə'li:rʔarbaɪt] f cincelado m; ²**en** cincelar.

Zisterne [tsɪs'tɛrnə] f (15) cisterna f.

Zitadelle [tsɪta'dɛlə] f (15) ciudadela f.

Zitat [-'ta:t] n (3) cita f.

Zither ['-tər] f (15) cítara f; ~**spieler(in** f) m citarista su.
zitieren [-'ti:rən] citar.
Zitronat [-tro'na:t] n (3) acitrón m.
Zitrone [-'tro:nə] f (15) limón m; ~**baum** m limonero m; 2**ngelb** amarillo limón; ~**nlimonade** f limonada f; ~**npresse** f exprimidor m de limón; ~**nsaft** m zumo m de limón; ~**nsäure** f ácido m cítrico; ~**nschale** f corteza f od. piel f de limón; ~**nsprudel** m gaseosa f de limón.
Zitrusfrüchte ['tsi:trusfryçtə] f/pl. agrios m/pl., cítricos m/pl.
zitter|**ig** ['tsitəriç] tembloroso, temblón; ~**n** (29) temblar (vor de); trepidar; vibrar; vor Kälte ~ tiritar de frío; 2**n** n temblor m; trepidación f; vibración f; 2**pappel** ♀ f álamo m temblón; ~**rochen** Zo. m torpedo m.
Zitze ['tsitsə] f (15) pezón m, teta f.
zivil [tsi'vi:l] civil; Preis: módico; in ~ de paisano; 2 tragen vestir de paisano (bsd. Am. de civil); 2**bevölkerung** f población f civil; 2**courage** f valor m cívico; 2**gesetzbuch** n código m civil; 2**isation** (-viliza'tsjo:n) f civilización f; ~**i'sieren** civilizar; 2**ist** m (12) paisano m, bsd. Am. civil m; 2**kammer** ⚖ [-'vi:lkamər] f sala f de lo civil; 2**kleidung** f traje m de paisano; 2**prozeß** m causa f civil, pleito m; 2**prozeß-ordnung** f ley f de enjuiciamiento civil; 2**recht** n derecho m civil; 2**trauung** f matrimonio m civil.
Zobel ['tso:bəl] m (7) cebellina f.
Zofe ['-fə] f (15) doncella f.
zog, zöge [tso:k, 'tsø:gə] s. ziehen.
zögern ['tsø:gərn] 1. (29) tardar (mit en); (schwanken) titubear, vacilar (zu inf. en); 2. 2 n tardanza f, demora f; vacilación f; ohne ~ sin vacilar.
Zögling ['tsø:klɪŋ] m (3¹) educando m, alumno m; (Internats2) interno m.
Zölibat [tsø:li'ba:t] n, Theol. m (3, o. pl.) celibato m.
Zoll [tsɔl] m (3³): **a)** (Maß, im pl. uv.) pulgada f; **b)** (Abgabe) (derechos m/pl. de) aduana f; (Brücken2) peaje m; fig. tributo m; '~**abbau** m desarme m arancelario; '~**abfertigung** f despacho m aduanero; '~**amt** n aduana f; 2**amtlich** aduanero; '~**anschluß** m enclave m aduanero; '~**beamte(r)** m funcionario m de aduana, vista m; '~**begleitschein** m guía f de tránsito; ¹2**en** (25) tributar, rendir; '~**erklärung** f declaración f de aduana; '2**frei** exento de aduana; '~**freiheit** f franquicia f aduanera; '~**gebiet** n territorio m aduanero; '~**gebühren** f/pl. derechos m/pl. de aduana; '~**grenze** f frontera f aduanera; '~**kontrolle** f control m aduanero; '~**(l)ager** n depósito m de aduana.
Zöllner ['tsœlnər] m (7) ehm. publicano m; F aduanero m.
zoll|**pflichtig** ['tsɔlpfliçtiç] sujeto a aduana; 2**plombe** f precinto m de aduana; 2**schranke** f barrera f arancelaria; 2**stock** m metro m plegable; 2**tarif** m arancel m (de aduana); 2**verschluß** m: unter ~ bajo precinto de aduana.
Zone ['tso:nə] f (15) zona f.
Zoo F [tso:] m (11) zoo m.
Zoolog|**e** [tsoʔo'lo:gə] m (13) zoólogo m; ~**ie** [---'gi:] f (15, o. pl.) zoología f; 2**isch** [--'lo:giʃ] zoológico; ~**er Garten** jardín m od. parque m zoológico.
Zopf [tsɔpf] m (3³) trenza f; Stk. coleta f; fig. alter ~ costumbre f anticuada; ¹2**ig** anticuado, rancio.
Zorn [tsɔrn] m (3, o. pl.) cólera f, ira f, enojo m; in ~ geraten montar en cólera; ¹2**ig** airado, encolerizado; furioso; ~ werden ponerse furioso; encolerizarse.
Zot|**e** ['tso:tə] f (15) obscenidad f; 2**ig** obsceno.
Zott|**el** ['tsɔtəl] f (15) mechón m; 2**eln** trotar; 2**ig** velloso, velludo.
zu [tsu:] **1.** prp. **a)** örtl. a; ~ j-m gehen ir a casa de alg.; der Weg ~m Bahnhof el camino de la estación; ~r Tür (~m Fenster) hinaus por la puerta (la ventana); ~ Hause en casa; sich ~ j-m setzen sentarse junto a (od. al lado de) alg.; **b)** zeitl. a; en; por; ~ Anfang al principio; ~ jener Zeit en aquella época; ~r Nacht por la noche; **c)** Art und Weise, Mittel: ~ Fuß a pie; ~ Pferd a caballo; ~ Schiff en barco; **d)** Bestimmung, Zweck: para; zu s-m Geburtstag para su cumpleaños; oft unübersetzt: ~m Direktor ernennen nombrar director; ~m Präsidenten wählen elegir presidente; **e)** bei Zahlen: zu 30 Peseten das Kilo a 30 pesetas el kilo; 3:0 siegen ganar por tres a cero; ~ dreien de tres en tres; (alle drei) los tres juntos; **f)** vor inf.: leicht ~ behalten fácil de recordar; ich habe ~ tun tengo que hacer; das ist nicht ~ ver-

meiden no se puede evitar; **2.** *adv.* (*geschlossen*) cerrado; (*allzu*) demasiado; *Tür* ~! ¡cierre la puerta!; *nur* ~! ¡adelante!; ~ **'aller-'erst** (-'letzt) en primer (último) lugar.

Zubehör ⊕ ['¹bəho:r] *n* (*a. m*) (3) accesorios *m/pl.*; *modisches* ~ complementos *m/pl.* de moda.
'**zubeißen** morder.
'**zubekommen** lograr cerrar.
Zuber ['¹bər] *m* (7) cubo *m*; tina *f*.
'**zubereit**|**en** preparar; **2ung** *f* preparación *f*.
'**zubilligen** conceder.
'**zubinden** ligar; atar.
'**zubleiben** quedar cerrado.
'**zublinzeln** guiñar un ojo (*j-m a alg.*).
'**zubring**|**en** *Zeit*: pasar; **2erdienst** *m* servicio *m* de enlace; **2erstraße** *f* carretera *f* de acceso.
Zucht [tsuxt] *f* (16) *Zo.* cría *f*; 💐 cultivo *m*; (*Rasse*) raza *f*; *fig.* disciplina *f*; '~**bulle** *m* toro *m* semental.
züchten ['¹tsyçtən] (26) *Zo.* criar; 💐 cultivar; **2er** *m* (7) criador *m*; cultivador *m*.
Zucht|**haus** ['¹tsuxthaus] *n* presidio *m*; *lebenslängliches* ~ cadena *f* perpetua; ~**häusler** *m* (7) presidiario *m*; ~**hausstrafe** *f* presidio *m*; ~**hengst** *m* caballo *m* padre *od.* semental.
züchtig ['¹tsyçtıç] casto; púdico; ~**en** ['--gən] (25) castigar; azotar; **2ung** *f* castigo *m*.
zucht|**los** ['¹tsuxtlo:s] indisciplinado; **2losigkeit** *f* indisciplina *f*; **2perle** *f* perla *f* cultivada; **2stute** *f* yegua *f* de cría; **2tier** *n* animal *m* reproductor, semental *m*.
Züchtung ['¹tsyçtuŋ] *f* *Zo.* cría *f*; 💐 cultivo *m*; selección *f*.
Zucht|**vieh** ['¹tsuxtfi:] *n* ganado *m* de cría; ~**wahl** *f* selección *f*.
zucken ['¹tsukən] (25) palpitar; contraerse (convulsivamente); *Blitz*: caer.
zücken ['¹tsykən] (25) sacar; *Degen*: desenvainar.
zuckend ['¹tsukənt] palpitante; convulsivo.
Zucker ['¹tsukər] *m* (7) azúcar *m*; 🌡 ~ *haben* tener diabetes; ~**dose** *f* azucarero *m*; ~**fabrik** *f* fábrica *f* de azúcar, azucarera *f*; ~**guß** *m* baño *m* de azúcar; ~**hut** *m* pilón *m* od. pan *m* de azúcar; ~-**industrie** *f* industria *f* azucarera; **2krank** diabético; ~**krankheit** *f* diabetes *f*; ~**mandel** *f* peladilla *f*; **2n** (29) azucarar; ~**rohr** *n* caña *f* de azúcar; ~**rübe** *f* remolacha *f* azucarera; ~**streuer** *m* azucarero *m*; **2süß** muy dulce; *fig.* acaramelado; ~**zange** *f* tenacillas *f/pl.* para azúcar.

Zuckung 🔥 ['¹tsukuŋ] *f* contracción *f*; convulsión *f*; palpitación *f*.
'**zudecken** ['¹tsu:dɛkən] cubrir; tapar; *sich* ~ cubrirse.
zudem [tsu'de:m] además.
'**zudenken** ['¹tsu:dɛŋkən]: *j-m et.* ~ destinar a/c. a alg.
'**zudrehen** *Hahn*: cerrar; *j-m den Rücken* ~ volver las espaldas a alg.
'**zudringlich** importuno, impertinente; **2keit** *f* importunidad *f*; impertinencia *f*.
'**zudrücken** cerrar; *fig. ein Auge* ~ hacer la vista gorda.
'**zu-eign**|**en** dedicar; **2ung** *f* dedicatoria *f*.
zu-ein-'ander uno(s) a *bzw.* con otro(s).
'**zu-erkenn**|**en** adjudicar; conceder; **2ung** *f* adjudicación *f*; concesión *f*.
zu-'erst primero, en primer lugar; (*als erster*) el primero.
'**zufächeln**: *sich Luft* ~ abanicarse.
'**zufahr**|**en** (sn): ~ *auf* (*ac.*) dirigirse hacia; ⨉ *fahr zu!* ¡adelante!; **2t** *f* acceso *m*; **2tsstraße** *f* vía *f* de acceso.
'**Zufall** *m* casualidad *f*; azar *m*; coincidencia *f*; **2en** (sn) cerrarse de golpe; *fig. j-m*: corresponder, tocar; caer en suerte; ⚖ recaer (en alg.).
'**zufällig** casual, ocasional, accidental, fortuito; *adv.* por casualidad; *wenn* ~ si por acaso; **2keit** *f* casualidad *f*; contingencia *f*.
'**Zufalls-...**: *in Zssgn* casual, accidental; ~**treffer** *m* acierto *m* fortuito.
'**zufassen** coger, agarrar; *fig.* echar una mano, ayudar.
'**zufliegen** (sn) *Tür*: cerrarse de golpe; *fig. ihm fliegt alles zu* todo es fácil para él.
'**zufließen** (sn) correr hacia; *fig. j-m*: ser destinado a.
'**Zuflucht** *f* refugio *m*, asilo *m*; *vor Unwetter*: abrigo *m*; *fig.* recurso *m*; *s-e* ~ *nehmen zu* recurrir a, acogerse a.
'**Zufluß** *m* afluente *m*; *a. fig.* afluencia *f*; ⊕ entrada *f*, admisión *f*.
'**zuflüstern** decir al oído.
zufolge [tsu'fɔlgə] según; conforme a.
zufrieden [-'fri:dən] contento; satisfecho (*mit con, de*); ~**geben**: *sich* ~

Zufriedenheit

darse por satisfecho; ℨ**heit** f contento m, satisfacción f; ~**lassen** dejar en paz; ~**stellen** satisfacer, complacer; ~**stellend** satisfactorio.

zufrieren ['tsuˑfriːrən] (sn) helarse.

'**zufügen** añadir; *Schaden:* causar, infligir, ocasionar.

Zufuhr ['tsuˑfuːr] f (16) aprovisionamiento m, abastecimiento m; (*Transport*) acarreo m, transporte m; ⊕ entrada f, alimentación f.

'**zuführen** llevar, conducir; acarrear, transportar; ⊕ alimentar (con).

Zug [tsuːk] m (3³) 🚂 tren m; (*Ruck*) tirón m; ⊕ tracción f; (*Schluck*) trago m; *Rauchen:* chupada f; *Gespann, Ofen:* tiro m; (*Luft*ℨ) corriente f (de aire); ⚔ sección f; pelotón m; (*Fest*ℨ) procesión f; desfile m; *Vögel:* bandada f; (*Schach*ℨ) jugada f; (*Gesichts*ℨ, *Charakter*ℨ) rasgo m; (*Neigung*) tendencia f, inclinación f; *am Gewehr:* rayado m; *in e-m ~* de un trago; *fig.* de un tirón; *e-n ~ tun* echar un trago; *fig. in großen Zügen* a grandes rasgos; *zum ~e kommen* entrar en acción; *in den letzten Zügen liegen* estar agonizando.

Zugabe ['tsuːgaːbə] f añadidura f; ♩ bis m, F propina f.

'**Zugang** m acceso m; entrada f.

zugänglich ['-gɛŋliç] accesible; *fig.* abierto (*für* a); (*umgänglich*) tratable; *leicht ~* de fácil acceso.

Zugbrücke ['tsuːkbrʏkə] f puente m levadizo.

zugeben ['tsuːgeːbən] añadir, agregar; (*zulassen*) admitir; (*bekennen*) confesar; ♩ dar un bis.

zugegen [tsuːˈgeːgən] presente (*bei en*); *~ sn bei* asistir a, presenciar (*ac.*).

zugehe|n [ˈtsuːgeːən] (sn) *Tür:* cerrarse; (*geschehen*) suceder, ocurrir; *~ lassen* enviar; *~ auf* (*ac.*) acercarse a; dirigirse a *od.* hacia; ℨ**frau** f asistenta f.

'**zugehör|en** pertenecer a; ~**ig** perteneciente a; *Pol.* afiliado a; ℨ**igkeit** f pertenencia f; *Pol.* (a)filiación f.

zugeknöpft ['-gəknœpft] *fig.* reservado; poco comunicativo.

Zügel ['tsyːgəl] m (7) rienda f, brida f; *a. fig.* freno m; *fig. die ~ schießen lassen* dar rienda suelta; ~**los** desenfrenado (*a. fig.*); ~**losigkeit** f desenfreno m; libertinaje m; ℨ**n** (29) refrenar; *fig. a.* frenar, poner freno a.

zugesellen ['tsuːgəzɛlən]: *sich ~ zu* reunirse con; asociarse a.

'**Zuge|ständnis** n concesión f; ℨ**stehen** conceder; admitir; ℨ**tan** aficionado a; *j-m ~ sn* tener afecto a alg.

Zug|festigkeit ⊕ ['tsuːkfɛstiçkaɪt] f resistencia f a la tracción; ~**führer** m 🚂 jefe m de tren; ⚔ cabo m de sección.

zugießen ['tsuːgiːsən] añadir; echar más.

zugig ['-giç] expuesto a la corriente de aire; *es ist ~* hay corriente de aire.

zügig ['tsyːgiç] fluido; *adv.* a buen paso.

Zug|kraft ['tsuːkkraft] f fuerza f de tracción; *fig.* atractivo m; ℨ**kräftig** atractivo; *Thea.* de mucho éxito.

zugleich [tsuːˈglaɪç] a la vez; al mismo tiempo (*mit mir que yo*); *alle ~* todos juntos.

Zug|luft ['tsuːkluft] f corriente f de aire; ~**maschine** f tractor m; ~**mittel** n atractivo m; ~**nummer** fig. f atracción f; F plato m fuerte; ~**personal** n personal m del tren; ~**pferd** n caballo m de tiro; ~**pflaster** ℨ n vejigatorio m, emplasto m epispástico.

zu|greifen ['tsuːgraɪfən] asir, coger, agarrar; (*helfen*) echar una mano; *bei Tisch:* servirse; *fig.* aprovechar la oportunidad; ℨ**griff** m golpe m inesperado (*auf ac.* contra); intervención f.

zugrunde [tsuːˈgrundə]: *~ gehen* perecer; perderse; arruinarse; *~ legen* tomar por base; *~ liegen* (*dat.*) servir de base; *~ richten* echar a perder, arruinar.

Zug|seil ['tsuːkzaɪl] n cable m de tracción; ~**stück** *Thea.* n éxito m taquillero; ~**tier** n animal m de tiro.

zugunsten [tsuːˈgunstən] (*gen.*) a *od.* en favor de.

zugute [-ˈguːtə]: *j-m et. ~ halten* tener en cuenta a/c. a alg.; *j-m ~ kommen* redundar en provecho de alg.; beneficiar a alg.; *j-m et. ~ kommen lassen* proporcionar a/c. a alg.

Zug|verbindung ['tsuːkfɛrbɪndʊŋ] f enlace m; ~**verkehr** m tráfico m ferroviario; servicio m de trenes; ~**vogel** m ave f de paso.

zuhaken ['tsuːhaːkən] (25) cerrar; abrochar.

'**zuhalten 1.** *v/t.* (man)tener cerrado; **2.** *v/i.: ~ auf* (*ac.*) dirigirse a *od.* hacia.

zündend

'Zuhälter ['-hɛltər] m (7) rufián m, F chulo m; ɟʦ proxeneta m; ⁓ei [---'raɪ] f proxenetismo m.

zuhängen ['tsu:hɛŋən] (25) cubrir con una cortina.

'zuhauen desbastar; Steine: tallar; F pegar.

Zuhause [tsu'haʊzə] n (uv., o. pl.) hogar m, casa f.

'zuheilen ['tsu:haɪlən] (sn) cerrarse; cicatrizarse.

Zuhilfenahme [tsu'hɪlfəna:mə] f: unter ⁓ (gen.) valiéndose de; con ayuda de.

'zuhör|en ['tsu:hø:rən] escuchar; ⁓er(in f) m oyente su.; ⁓erschaft f auditorio m.

'zu|jauchzen, '⁓jubeln (dat.) aclamar, vitorear; ovacionar (ac.).

'zukehren volver (a. Rücken).

'zuklappen v/t. (v/i. [sn]) cerrar(se) de golpe.

'zukleben pegar.

'zuklinken ['-klɪŋkən] (25) cerrar con picaporte.

'zuknallen F cerrar de golpe; die Tür ⁓ dar un portazo.

'zuknöpfen abotonar.

'zukommen (sn): ⁓ auf (ac.) dirigirse hacia; ir al encuentro de; fig. auf j-n ⁓ (bevorstehen) esperar a alg.; j-m ⁓ (gebühren) corresponder a alg.; j-m et. ⁓ lassen proporcionar, regalar a/c. a alg.; (schicken) enviar; fig. et. auf sich ⁓ lassen esperar con calma a/c.

'zukorken ['tsu:kɔrkən] (25) tapar con corcho; encorchar.

'Zukunft ['-kʊnft] f (16, o. pl.) porvenir m; futuro m (a. Gram.); in ⁓ en lo sucesivo, en el futuro, (de aquí) en adelante.

'zukünftig futuro, venidero; adv. en el futuro; F m-e ⁓e mi futura.

'Zukunfts|forschung f futurología f; ⁓musik fig. f música f del futuro; ⁓pläne m/pl. planes m/pl. para el futuro; ⁓roman m novela f de ciencia ficción.

'zulächeln sonreír (j-m a alg.).

'Zulage f suplemento m; plus m.

zulande [tsu'landə]: bei uns ⁓ en nuestro país.

'zulangen ['tsu:laŋən] bei Tisch: servirse; tüchtig ⁓ hacer honor a la comida.

'zulänglich suficiente.

'zulassen dejar cerrado; Person: admitir (a. fig. Zweifel usw.); (erlauben) permitir, tolerar; Kfz. matricular.

'zulässig admisible; autorizado, lícito; ⁓keit f licitud f.

'Zulassung f admisión f; permiso m; Kfz. permiso m de circulación; ⁓sprüfung f examen m de admisión; prueba f de acceso.

'Zulauf m afluencia f; concurso m; großen ⁓ haben tener mucha clientela; ser muy concurrido; Thea. atraer al público; ⁓en ⁓ auf (ac.) correr hacia; spitz ⁓ acabar en punta.

'zulegen (hinzufügen) añadir; sich (dat.) et. ⁓ comprarse a/c.; F sich e-e Braut ⁓ echarse novia.

zuleide [tsu'laɪdə]: j-m et. ⁓ tun hacer daño a alg.

zuleit|en ['tsu:laɪtən] conducir; llevar; Schreiben: transmitir; ⁓ung f transmisión f; ⊕ conducción f; tubería f.

zuletzt [tsu'lɛtst] en último lugar; por último; al fin; (als letzter) el último.

zu'liebe: j-m ⁓ por amor a alg.

zum [tsʊm] = zu dem.

'zumachen ['tsu:maxən] cerrar; tapar; Jacke usw.: abrochar; F mach zu! ¡date prisa!

zumal [tsu'mɑ:l] sobre todo; ⁓ da cuanto más que.

zumauern ['tsu:maʊərn] tapiar; condenar.

zumeist [tsu'maɪst] la mayoría de las veces; en general.

'zumessen ['tsu:mɛsən]: j-m sein Teil ⁓ darle lo que le corresponde.

zumindest [tsu'mɪndəst] por lo menos, al menos.

zumut|bar ['tsu'mu:tba:r] razonable; ⁓e [tsu'mu:tə]: mir ist nicht danach ⁓ no estoy de humor para eso; ⁓en ['tsu:mu:tən] (26) exigir (j-m et. a/c. de alg.); zuviel ⁓ pedir demasiado; sich (dat.) zuviel ⁓ excederse en a/c.; ⁓ung f exigencia f exagerada; impertinencia f, F frescura f.

zunächst [tsu'nɛːçst] en primer lugar, ante todo; (vorläufig) por de pronto, de momento.

zunageln ['tsu:nɑ:gəln] clavar.

'zunähen coser.

'Zunahme ['-nɑ:mə] f (15) aumento m, incremento m; crecimiento m.

'Zuname m apellido m.

zünden ['tsyndən] v/i. (26) encenderse; prender; fig. entusiasmar; electrizar; ⁓d fig. vibrante.

Zunder

Zunder ['tsundər] *m* (7) yesca *f*.
Zünd|er ['tsyndər] *m* (7) espoleta *f*; detonador *m*; ~**holz** ['-tholts] *n* cerilla *f*, fósforo *m*; ~**hütchen** ['-thytçən] *n* (6) cápsula *f* fulminante; ~**kapsel** *f* cápsula *f* fulminante; detonador *m*; ~**kerze** ⊕ *f* bujía *f*; ~**schlüssel** *m* llave *f* de contacto; ~**schnur** *f* mecha *f*; *fig.* causa *f* de discordia, materia *f* inflamable; ~**ung** ['-duŋ] *f* encendido *m*.
zunehmen ['tsu:ne:mən] aumentar (*an dat.* de); acrecentarse, incrementarse, ir en aumento; crecer (*a. Mond*); *Tage usw.*: irse alargando; *an Gewicht*: engordar; ~**d** creciente (*a. Mond*); progresivo.
'**zuneig|en** (*sich*) inclinar(se) hacia; *fig.* simpatizar con; *sich dem Ende* ~ ir acabando; *tocar a su fin*; ~**ung** *f* inclinación *f*; afecto *m*; simpatía *f*.
Zunft [tsunft] *f* (14¹) gremio *m*, corporación *f*.
zünftig ['tsynftiç] *fig.* auténtico; experto; *adv.* como es debido.
Zunge ['tsuŋə] *f* (15) lengua *f*; ♪ *u. Waage*: lengüeta *f*; *es liegt mir auf der* ~ lo tengo en la (punta de la) lengua; *e-e feine* ~ *haben* tener un paladar muy fino; *e-e böse* ~ *haben* tener mala lengua.
züngeln ['tsyŋəln] *Schlange*: mover la lengua; *Feuer*: llamear.
Zungen|band ['tsuŋənbant] *n* frenillo *m*; 2**fertig**: ~ *sn* tener facilidad de palabra; ~**fertigkeit** *f* facilidad *f* de palabra; labia *f*; ~**spitze** *f* punta *f* de la lengua.
zunichte [tsu'niçtə]: ~ *machen* destruir; aniquilar; *Plan usw.*: desbaratar; frustrar; ~ *werden* venirse abajo; frustrarse.
zunicken ['tsu:nikən] (*dat.*) hacer seña *bzw.* saludar con la cabeza.
zunutze [tsu'nutsə]: *sich* (*dat.*) ~ *machen* aprovecharse de a/c., sacar provecho de a/c.
zuoberst [-'o:bərst] en lo más alto; encima de todo.
zuordnen ['tsu:ʔɔrdnən] agregar; coordinar.
'**zupacken** *s. zugreifen*.
zupaß [tsu'pas]: ~ *kommen* venir a propósito.
zupfen ['tsupfən] (25) tirar (*an dat.* de); ♪ puntear; 2**-instrument** ♪ *n* instrumento *m* punteado.
zupfropfen ['tsu:pfrɔpfən] taponar.

zuprosten ['-pro:stən] (26) *s. zutrinken*.
zur [tsu:r] = *zu der*.
zuraten ['tsu:rɑ:tən] recomendar; aconsejar.
'**zurechn|en** incluir en (*od.* añadir a) la cuenta; *fig.* imputar; ~**ungsfähig** responsable de sus actos; 2**ungsfähigkeit** *f* responsabilidad *f* personal; imputabilidad *f*.
zurecht|biegen [tsu'rɛçtbi:gən] F *fig.* arreglar; ~**finden**: *sich* ~ orientarse; ~**kommen** (*sn*) llegar a tiempo; *fig.* arreglárselas; *mit j-m* ~ entenderse con alg.; ~**legen** preparar; arreglar; disponer; *fig. sich* (*dat.*) *et.* ~ imaginarse a/c.; ~**machen** arreglar; *sich* ~ arreglarse; ~**setzen**: *j-m den Kopf* ~ hacer entrar en razón a alg.; ~**weisen** *fig.* reprender; 2**weisung** *f* reprimenda *f*.
zureden ['tsu:re:dən] **1.** *v*/*i.* (*dat.*) tratar de persuadir; (*gut*) ~ animar (*zu* a); **2.** 2 *n* instancias *f/pl.*; exhortaciones *f/pl.*
'**zureichen 1.** *v*/*t. bei Tisch*: pasar; **2.** *v*/*i.* alcanzar.
'**zureiten 1.** *v*/*t.* domar; **2.** 2 *n* doma *f*.
'**zurichten** preparar; disponer; *Typ.* ajustar; (*im Rückstand*) retrasado, atrasado; *es gibt kein* 2 *mehr* ya no se puede ir atrás; ~ *sn* estar de vuelta; ~**begeben**: *sich* ~ regresar; volver; ~**behalten** reservar; guardar; retener; ~**bekommen** recuperar, recobrar; *ich habe es* ~ me lo han devuelto; ~**bezahlen** devolver; ~**bleiben** (*sn*) quedarse atrás; rezagarse; *in Leistungen*: quedar retrasado; *hinter den Erwartungen* ~ no corresponder a lo que se esperaba; ~**blicken** mirar atrás; *a. fig.* volver la vista atrás; ~**bringen** *j-n*: acompañar a casa; *et.*: devolver; restituir; ~**datieren** antedatar; ~**denken**: ~ *an* (*ac.*) recordar (*ac.*); ~**drängen** hacer retroceder; *fig.* contener; ~**drehen** volver (hacia) atrás; ~**dürfen** poder

volver; ~**eilen** (sn) volver rápidamente; ~**erbitten** pedir la devolución de; ~**er-obern** reconquistar; ~**erstatten** devolver; restituir; ~**erwarten** esperar la vuelta de; ~**fahren** v/i. (sn) regresar, volver; fig. retroceder (asustado); ~**fallen** (sn) caer (hacia atrás); fig. ~ in (ac.) recaer en; ~**finden** (sn) ~ encontrar el camino (de vuelta); ~**fliegen** (sn) ~ nach volver a; ~**fließen** (sn) refluir; ~**fordern** reclamar; reivindicar; ~**führen** acompañar; llevar; auf (ac.) atribuir a; ~**geben** devolver; restituir; ~**geblieben** atrasado; fig. retrasado; subnormal; ~**gehen** (sn) volver; retroceder; (abnehmen) bajar, disminuir; fig. ~ auf (ac.) remontarse a; ser debido a; ~ lassen devolver; ~**gekehrt** de regreso; ~**gewinnen** recuperar; ~**gezogen** retirado; 2**gezogenheit** f retiro m; retraimiento m; ~**greifen**: ~ auf (ac.) recurrir a; ~**haben**: et. ~ wollen reclamar a/c.; ~**halten** detener; retener; a. fig. contener; sich ~ contenerse; mit et.: abstenerse de; disimular (ac.); ~**haltend** reservado; 2**haltung** f reserva f; recato m; ~**holen** ir a buscar; ~**kehren** (sn) volver, regresar; ~**klappen** abatir; ~**kommen** (sn) volver, regresar; ~ auf (ac.) volver a; ~**können** poder volver; fig. echarse atrás; ~**lassen** dejar (atrás); abandonar; ~**laufen** (sn) volver corriendo; ~**legen** reservar; Geld: ahorrar; Strecke: recorrer; cubrir; sich ~ = ~**lehnen**; sich ~ recostarse; reclinarse; ~**liegen** datar de; ~**melden**: sich ~ avisar su regreso; bei j-m: presentarse a; ~**müssen** tener que volver; 2**nahme** [-ˈna:mə] f (15) recogida f; e-r Äußerung: retractación f; e-s Desistimiento m; ~**nehmen** recoger; ✕ retirar; fig. revocar; ~**prallen** rebotar, resaltar; fig. retroceder asustado; ~**reichen**: ~ bis remontar a, tener su origen en; ~**reisen** (sn) volver, regresar; ~**rufen** llamar; hacer volver; fig. evocar; ins Gedächtnis ~ hacer recordar; ins Leben ~ resucitar; ~**schalten** Kfz. reducir marchas; ~**schauen** s. ~**blicken**; ~**scheuen** retroceder (asustado); ~**schicken** devolver; j-n: hacer volver; ~**schieben** empujar (hacia) atrás; apartar; ~**schlagen** rechazar (a. ✕); Ball: devolver; Vorhang: descorrer; Decke: apartar; ~**schnellen** (sn) rebotar, resaltar; ~**schrauben** fig. reducir; ~**schrecken** intimidar; asustar; vor nichts ~ no arredrarse ante nada; ~**sehnen**: sich ~ nach añorar a/c.; ~**setzen** retirar; Preis: reducir; fig. postergar; 2**setzung** f fig. postergación f; ~**sinken** (sn) caer (para) atrás; ~**springen** (sn) dar un salto atrás; ~**stecken** fig. moderarse; arriar velas; ~**stehen** (sn): hinter j-m ~ ser inferior a; fig. ser postergado; ~**stellen** poner en su sitio; Uhr: atrasar; fig. aplazar; dejar para más tarde; ✕ sich ~ lassen pedir prórroga; ~**stoßen** repeler, rechazar; Kfz. echar para atrás; ~**strahlen** reflejar; ~**streifen** Ärmel: arremangar; ~**taumeln** (sn) retroceder tambaleando; ~**treten** (sn) dar un paso atrás; retroceder; fig. pasar a segundo término; vom Amt: dimitir, renunciar a; vom Vertrag usw.: desistir de; ~**verfolgen** fig. remontar a sus orígenes; ~**verlangen** reclamar; ~**versetzen**: sich ~ in (ac.) evocar (ac.); retrotraerse a; ~**verweisen**: ~ auf (ac.) remitir a; ~**weichen** (sn) retroceder; retirarse; fig. ceder, cejar; ~**weisen** rechazar; denegar; 2**weisung** f rechazo m; denegación f; ~**werfen** rechazar; ✕ a. repeler; Ball: devolver; Licht: reflejar; fig. poner en retraso; ~**wirken** repercutir (auf ac. en); ~**wollen** querer volver; ~**zahlen** devolver, re(e)mbolsar; 2**zahlung** f devolución f, re(e)mbolso m; ~**ziehen**: (sich) ~ retirar(se).

Zuruf [ˈtsu:ru:f] m grito m; llamada f; durch ~ por aclamación; 2**en** gritar.

'**Zusage** f (15) promesa f; (Zustimmung) consentimiento m; auf e-e Einladung: aceptación f; 2**n** 1. v/t. prometer; **2.** v/i. aceptar (una invitación); (gefallen) gustar.

zusammen [tsuˈzamən] juntos; juntamente; (im ganzen) todo junto, en total; ~ mit junto con; en unión con; 2-**arbeit** f cooperación f; colaboración f; ~**arbeiten** cooperar; colaborar; ~**ballen** (a. sich) aglomerar(se); concentrar(se); 2**ballung** f aglomeración f; concentración f; ~**bauen** ⊕ montar, ensamblar; ~**beißen**: die Zähne ~ apretar los dientes; ~**bekommen** lograr reunir; ~**binden** atar; liar; ~**bleiben** (sn) quedar unidos, seguir juntos; ~**brauen** mez-

zusammenclar; *fig. sich ~ cernerse*; F *da braut sich et. zs.* algo se está tramando; **~brechen** (sn) *a. fig.* derrumbarse; hundirse; *a. Person:* desplomarse; ⚕ sufrir un colapso; *Firma:* quebrar; **~bringen** acumular; reunir; *fig.* poner en contacto; **2bruch** *m a. fig.* derrumbamiento *m*; ⚕ colapso *m*; ✝ quiebra *f*; **~drängen** (*a. sich*) apretar(se); aglomerar(se); *Menschen: a.* apiñar(se); **~drücken** comprimir; aplastar; **~fahren** (sn) *fig.* sobresaltarse; **~fallen** (sn) hundirse; *zeitl.* coincidir; **~falten** plegar, doblar; **~fassen** reunir; centralizar; *kurz ~* resumir; **~fassend** sumario; *adv.* en resumen; **2fassung** *f* centralización *f*; resumen *m*; **~fegen** barrer; **~finden:** *sich ~* reunirse, juntarse; **~fließen** (sn) confluir; **2fluß** *m* confluencia *f*; **~fügen** juntar; ⊕ *a.* ensamblar; **~führen** reunir; *Familie:* reagrupar; **~gehen** (sn) ir juntos; **~gehören** formar un conjunto; pertenecer al mismo grupo; *zwei Dinge:* hacer juego; hacer pareja; **~gehörig** correspondiente; **2gehörigkeit** *f* correspondencia *f*; unión *f*; **2gehörigkeitsgefühl** *n* solidaridad *f*; **~gesetzt** compuesto; **~gewürfelt** heterogéneo; abigarrado; **2halt** *m* consistencia *f*; cohesión *f*; *fig. a.* solidaridad *f*; **~halten 1.** *v/t.* mantener unidos; *sein Geld ~* evitar gastos; ahorrar; *s-e Gedanken ~* concentrarse; **2.** *v/i.* seguir unidos; ser solidarios; **2hang** *m* conexión *f*; cohesión *f*; (*Beziehung*) relación *f*; *fortlaufender:* continuidad *f*; (*Text*) contexto *m*; *in diesem ~* a este respecto; *in ~ bringen mit* relacionar con; **~hängen** estar unido (*mit a.*) estar relacionado (*mit con*); **~hängend** coherente; continuo, seguido; **~hang(s)los** incoherente; **~hauen** hacer pedazos; *fig.* chapucear; F *j-n ~* moler a palos a alg.; **~heften** coser; juntar; **~holen** reunir; **~kauern:** *sich ~* acurrucarse; **2klang** *m* ♪ consonancia *f*; *fig.* armonía *f*; **~klappbar** [-'---klapbɑ:r] plegable; **~klappen 1.** *v/t.* plegar; *Messer:* cerrar; **2.** F *v/i.* desmayarse, desplomarse; **~kleben** pegar; **~kneifen** apretar; *Augen:* entrecerrar; **~knüllen** arrugar; estrujar; **~kommen** (sn) reunirse; *zu e-r Besprechung:* entrevistarse; *Umstände:* concurrir, coincidir; **~kratzen** F *fig. Geld:* reunir penosamente, arañar; **2kunft** [-'-kunft] *f* (14¹) reunión *f*; (*Besprechung*) entrevista *f*; **~läppern** [-'---lɛpərn] (29): F *sich ~* ir acumulándose; **~lassen** dejar juntos; **~laufen** (sn) acudir en manada, aglomerarse; *Milch:* cuajarse; *Linien:* converger; *Farben:* confundirse; **~leben** vivir juntos; hacer vida común; (con)vivir (*mit j-m* con alg.); **2leben** *n* vida *f* (en) común; convivencia *f*; **~legbar** [-'--le:kba:r] plegable; **~legen** poner juntos; reunir; ✝ fusionar; (*falten*) doblar, plegar; **~leimen** pegar; **~liegen** *Grundstück:* tocarse; **~löten** soldar; **~nageln** clavar; **~nähen** coser; **~nehmen** juntar, reunir; *Kräfte, Gedanken:* concentrar; *s-n Mut ~* hacer acopio de valor; *sich ~* contenerse, dominarse; *alles zusammengenommen* todo sumado; en total; **~packen** empaquetar; recoger; **~passen 1.** *v/t.* ajustar, adaptar; **2.** *v/i.* ir bien (*mit* con); hacer juego; *a. Personen:* armonizar; **~pferchen** *fig.* apiñar, hacinar; **2prall** *m* (3) choque *m*, colisión *f* (*a. fig.*); **~prallen** (sn) chocar, colisionar (*a. fig.*); **~pressen** comprimir; apretar; **~raffen** juntar (a toda prisa); acumular; *sich ~* hacer un esfuerzo; **~rechnen** sumar; **~reimen:** *sich ~* explicarse; sacar sentido; **~reißen:** *sich ~* hacer un esfuerzo; dominarse; **~rollen** enrollar; **~rotten** [-'---rɔtən] (26): *sich ~* agruparse; *Aufrührer:* amotinarse; **~rücken 1.** *v/t.* aproximar; juntar; **2.** *v/i.* (sn) aproximarse; *fig.* cerrar filas; **~rufen** convocar, reunir; **~sacken** [-'---zakən] desplomarse; **~scharen:** *sich ~* reunirse; **~schieben** aproximar; juntar; **~schießen** derribar *bzw.* matar a tiros; **~schlagen 1.** *v/t.* apalear; *fig. die Hände über dem Kopf ~* llevarse las manos a la cabeza; *j-n:* hacer pedazos, demoler; **2.** *v/i.* (sn) cerrarse (*über* sobre); **~schließen:** *sich ~* unirse; fusionarse; asociarse; **2schluß** *m* unión *f*; fusión *f*; asociación *f*; **~schmelzen** (sn) derretirse; *fig.* ir disminuyendo; **~schnüren** atar; *fig. Herz:* oprimir; *die Kehle ~* hacérsele a alg. un nudo en la garganta; **~schrauben** juntar con tornillos; **~schrecken** (sn) estremecerse; **~schreiben** escribir en una palabra; ~**schrumpfen** (sn) encogerse; contraerse; *fig.* disminuir; ~**schütten** mezclar; ~**schweißen** soldar; 2**sein** *n* reunión *f*; asamblea *f*; ~**setzen** juntar; (re)unir; ⊕ montar, ensamblar; *sich* ~ sentarse juntos; *sich* ~ *aus* componerse de; 2**setzung** *f* composición *f*; ~**sinken** (sn) desplomarse; ~**sitzen** estar (sentados) juntos; 2**spiel** *n* juego *m* de conjunto (*Sport*: *a.* de equipo); ~**stauchen**: F *j-n* ~ echar una bronca a alg.; ~**stecken 1.** *v/t.* juntar; *die Köpfe* ~ cuchichear; **2.** *v/i.* estar juntos; ~**stehen** estar juntos; formar corro; *fig.* ayudarse mutuamente; ~**stellen** colocar juntos; reunir; agrupar; combinar; componer (*a. Menü*); *Daten*: compilar; *Programm*: organizar; *Liste*: hacer, confeccionar; 2**stellung** *f* reunión *f*; agrupación *f*; combinación *f*; composición *f*; (*Liste*) lista *f*; (*Tabelle*) cuadro *m* (sinóptico); ~**stoppeln** F (29) compilar (atropelladamente); ~**stoß** *m* choque *m*, colisión *f* (*a. fig.*); encontronazo *m*; ⚔ encuentro *m*; ~**stoßen** chocar (*a. fig.*); colisionar; entrar en colisión; (*sich berühren*) tocarse; *fig.* tener un altercado; ~**streichen** abreviar; reducir; ~**strömen** (sn) afluir, concurrir (en masa); ~**sturz** *m* hundimiento *m*; derrumbamiento *m*; ~**stürzen** (sn) hundirse; derrumbarse; ~**suchen** rebuscar (*a. fig.*); recoger (de todas partes); ~**tragen** reunir; *Lit.* recopilar, compilar; ~**treffen** (sn) encontrarse; entrevistarse; *zeitl.* coincidir; 2**treffen** *n* encuentro *m*; entrevista *f*; coincidencia *f*; *v. Umständen*: concurso *m*; ~**treten** (sn) reunirse; 2**tritt** *m* reunión *f*; 2**trommeln** F reunir; convocar; ~**tun** poner juntos; (re)unir; uñir ~ unirse; asociarse; aliarse; ~**wachsen** (sn) juntarse; *Knochen*: soldarse; *fig.* fusionarse; ~**werfen** echar en un montón; ~**wirken** cooperar; *Umstände*: concurrir; 2**wirken** *n* cooperación *f*; concurso *m*; coincidencia *f*; ~**zählen** sumar; ~**ziehen 1.** *v/t.* contraer; (*sammeln*) reunir; concentrar (*a.* ✗); ♉︎ sumar; ✚ astringir; *sich* ~ contraerse; *Stoff*: encogerse; *Gewitter*: cernerse; **2.** *v/i.* (sn) ir a vivir juntos; 2**ziehung** *f* reunión *f*; concentración *f*; contracción *f*; ~**zucken** sobresaltarse.

Zu|satz ['tsu:zats] *m* (3² *u.* ³) adición *f*, añadidura *f*; ⚗︎ aditivo *m*; (*Nachtrag*) suplemento *m*; ~... *in Zssgn*, 2**sätzlich** ['-zɛtslɪç] adicional; suplementario; *adv.* además.

zuschanden [tsu'ʃandən]: ~ *machen* desbaratar, frustrar; echar a perder; ~ *werden* fracasar.

zuschanzen ['tsu:ʃantsən] (27) procurar, proporcionar (*j-m et.* a/c. a alg.).

'**zuschau|en** ser mirando; ser espectador (*bei* de); asistir (a); 2**er(in** *f*) *m* (7) espectador(a) *m* (*f*); *pl.* público *m*; 2**erraum** *m* sala *f* (de espectadores).

'**zuschicken** enviar, mandar.

'**zuschieben** cerrar; *fig.* atribuir, imputar.

'**zuschießen** contribuir a.

'**Zuschlag** *m Auktion, Ausschreibung*: adjudicación *f*; (*Aufschlag*) recargo *m*; & sobretasa *f*; ✜ suplemento *m*; 2**en 1.** *v/t.* cerrar de golpe; *Auktion, Auftrag*: adjudicar; **2.** *v/i.* pegar; *Tür*: cerrarse de golpe; ~**karte** *f* suplemento *m*; 2**pflichtig** sujeto a suplemento.

'**zuschließen** cerrar con llave.

'**zuschnappen** *Hund* (h.): dar un mordisco; *Tür* (sn): cerrarse de golpe.

'**zuschneid|en** cortar; 2**er** *m* (7) cortador *m*.

'**zuschneien** (sn) cubrirse de nieve.

'**Zuschnitt** *m* corte *m*, hechura *f* (*a. fig.*).

'**zuschnüren** atar; *die Kehle* ~ estrangular.

'**zuschrauben** atornillar.

'**zuschreiben** atribuir; imputar; *zu*~ *sn* ser debido a; *er hat es sich* (*dat.*) *selbst zu* ~ es culpa suya.

'**Zuschrift** *f* carta *f*; comunicación *f*.

'**zuschulden** [tsu'ʃʊldən]: *sich* (*dat.*) *et.* (*nichts*) ~ *kommen lassen* (no) hacerse culpable de a/c. (nada).

'**Zuschuß** ['tsu:ʃʊs] *m* (4²) ayuda *f*; subsidio *m*; subvención *f*; ~**betrieb** *m* empresa *f* subvencionada *bzw.* deficitaria.

'**zuschütten** (re)llenar; (*hin*~) añadir.

'**zusehen** *s.* zuschauen; ~, *daß* procurar que (*subj.*); *fig.* soll *er selbst* ~! ¡allá él!; ~**ds** a ojos vista.

'**zusenden** enviar, mandar.

'**zusetzen** añadir; *Geld*: perder; *j-m* (*hart*) ~ apretar, acosar a alg.

'zusicher|n asegurar; garantizar; prometer; **ℒung** f seguridad f; promesa f.

Zuspätkommende(r) [tsu'ʃpɛːt-kɔməndə(r)] m retrasado m; rezagado m.

zuspielen ['tsu:ʃpiːlən] *Ball*: pasar; *fig.* facilitar.

'zuspitzen: *fig. sich* ~ agravarse, agudizarse.

'zusprechen adjudicar; *Preis*: conceder; *Mut* ~ animar; *Trost* ~ consolar; *dem Bier* ~ beber mucha cerveza.

'Zuspruch *m* buenos consejos *m/pl.*; consuelo *m*; (*Zulauf*) afluencia *f* (de clientela); *viel* ~ *haben od. finden* tener mucho éxito.

'Zustand *m* estado *m*; condición *f*; situación *f*; *in gutem* ~ en buen estado; *🞲 Zustände haben* tener ataques (de nervios).

zustande [tsu'ʃtandə]: ~ *bringen* llevar a cabo; ~ *kommen* realizarse, efectuarse; **ℒkommen** *n* (6, *o. pl.*) realización *f*.

zuständig ['tsu:ʃtɛndɪç] competente; **ℒkeit** *f* competencia *f*; incumbencia *f*.

zustatten [tsu'ʃtatən]: ~ *kommen* venir a propósito; beneficiar.

'zustecken ['tsu:ʃtɛkən] cerrar con alfileres; *j-m et.* ~ pasar a/c. a alg. disimuladamente.

'zustehen corresponder, incumbir a.

'Zustell|bezirk 📬 *m* distrito *m* de reparto; **ℒen** entregar, enviar; 📬 repartir, distribuir; ⚡ notificar; (*versperren*) bloquear; tapar; **~ung** *f* entrega *f*, envío *m*; 📬 reparto *m*, distribución *f*; ⚡ notificación *f*; **~ungsgebühr** *f* gastos *m/pl.* de entrega.

'zusteuern 1. *v/t.* contribuir; **2.** *v/i.* (sn): ~ *auf* (*ac.*) hacer rumbo a; dirigirse a *od.* hacia.

'zustimmen (*dat.*) consentir (en); aprobar (*ac.*); **~end** afirmativo; **ℒung** *f* consentimiento *m*; aprobación *f*.

'zustopfen tapar.

'zustoßen 1. *v/t. Tür*: empujar, cerrar; **2.** *v/i.* (sn) *j-m*: suceder, pasar, ocurrir.

'zustreben dirigirse a; *fig.* aspirar a.

'Zu|strom *m* afluencia *f*; **ℒströmen** (sn) afluir; *fig. a.* acudir en masa.

'zustürzen (sn) arrojarse, precipitarse (*auf ac.* sobre).

zutage [tsu'taːgə]: ~ *fördern* (*treten*) sacar (*salir*) a la luz; 🞲 ~ *treten* aflorar; *fig. offen* ~ *liegen* ser evidente *od.* patente.

Zutaten ['tsuːtaːtən] *f/pl.* (16) *Kchk.* ingredientes *m/pl.*; *Schneiderei:* avíos *m/pl.*; forros *m/pl.*

zuteil [tsu'taɪl]: ~ *werden* tocar en suerte; ~ *werden lassen* deparar.

zuteil|en ['tsu:taɪlən] asignar; adjudicar; (*austeilen*) repartir, distribuir; *j-n*: agregar; *a.* ⚔ destinar; **ℒung** *f* asignación *f*; adjudicación *f*; reparto *m*, distribución *f*; (*Anteil*) cuota *f*.

zutiefst [tsu'tiːfst] profundamente.

zutragen [tsu'traːgən] *fig.* contar; delatar; *sich* ~ suceder, ocurrir, pasar.

'Zuträg|er *m* delator; F soplón *m*; **ℒlich** ['-trɛːklɪç] (*dat.*) provechoso; beneficioso; (*heilsam*) saludable.

'zutrauen: *j-m et.* ~ creer a alg. capaz de a/c.; *sich* (*dat.*) *zuviel* ~ excederse; **ℒen** *n* confianza *f* (*zu* en); **~lich** confiado; *Kind*: cariñoso; *Tier*: manso.

'zutreffen ser justo *od.* exacto *od.* cierto; ser verdad; ~ *auf* (*ac.*) aplicarse a; **~d** justo; cierto.

'zutrinken: *j-m* ~ beber a la salud de alg.; brindar por alg.

'Zutritt *m* entrada *f*; acceso *m*; admisión *f*; ~ *verboten!* ¡se prohibe la entrada!

'zutun 1. *v/t.* añadir; **2.** *n*: *ohne mein* ~ sin mi intervención; sin comerlo ni beberlo.

zuunterst [tsu'ʔʊntərst] debajo de todo.

zuverlässig ['tsu:fɛrlɛsɪç] seguro; *Person*: formal; (*digno de confianza*); *a.* ⊕ fiable; *Nachricht*: fidedigno; **ℒkeit** *f* seguridad *f*; formalidad *f*; *a.* ⊕ fiabilidad *f*; **ℒkeits-prüfung** ⊕ *f* prueba *f* de resistencia.

Zuversicht ['-fɛrzɪçt] *f* (16, *o. pl.*) confianza *f*; esperanza *f*; **ℒlich** confiado; lleno de confianza; **~lichkeit** *f* confianza *f*.

zuviel [tsu'fiːl] demasiado.

zu'vor antes, primero.

zu'vorkommen (sn) *j-m*: adelantarse a; *e-m Wunsch*: anticipar (*ac.*); *e-r Gefahr*: prevenir (*ac.*); **~d** atento, solícito (*gegen* con); **ℒheit** *f* atención *f*; cortesía *f*; deferencia *f*.

Zuwachs ['tsuːvaks] *m* (4, *o. pl.*) aumento *m*, incremento *m* (*an dat.* de); crecimiento *m*; *auf* ~ *berechnet*

Zweifler

crecedero; ⒉**en** (sn) cerrarse; **~rate** f tasa f de incremento.
'Zuwander|er m inmigrante; ⒉n (sn) inmigrar; **~ung** f inmigración f.
zuwege [tsu'veːgə]: et. ~ bringen llevar a cabo, lograr a/c.
zu'weilen a veces, de vez en cuando.
zuweis|en ['tsuːvaɪzən] asignar, señalar; ⒉ung f asignación f.
'zuwend|en (dat.) volver hacia; fig. j-m et.: proporcionar; sich ~ dirigirse a; fig. dedicarse a; **⒉ung** f donativo m; ɾ̌ɨ̌ donación f.
zuwenig [tsu'veːnɪç] demasiado poco.
zuwerfen ['tsuːvɛrfən] Blick: lanzar, echar; Ball: tirar, pasar; Tür: cerrar de golpe; Graben: cegar.
zuwider [tsu'viːdər]: er ist mir ~ me es antipático; es ist mir ~ me repugna; lo detesto; **~handeln** (dat.) contravenir a, infringir (ac.); **⒉handlung** f contravención f, infracción f; transgresión f; **~laufen** ser contrario a.
zuwinken ['tsuːvɪŋkən] hacer señas (j-m a alg.).
'zuzahlen pagar un suplemento.
'zuzählen agregar, añadir.
zuzeiten [tsu'tsaɪtən] a veces.
zuzieh|en ['tsuːtsiːən] 1. v/t. Vorhang: correr; (fest ~) apretar; Arzt usw.: consultar; sich (dat.) ~ atraerse; Krankheit: contraer; 2. v/i. (sn) establecerse; **⒉ung** f: unter ~ (gen.) consultando G.
'Zuzug m afluencia f; llegada f.
zuzüglich ['ᐟtsyːklɪç] (gen.) más (ac.).
Zwang [tsvaŋ] 1. m (3³) (Gewalt) fuerza f, violencia f; (Druck) presión f; moralischer: obligación f, stärker: coacción f; ɾ̌ɨ̌ coerción f; sich keinen ~ antun no hacer cumplidos; no tener reparos; 2. ⒉ s. zwingen.
zwängen ['tsvɛŋən] (25) hacer entrar por fuerza.
zwanglos ['tsvaŋloːs] fig. informal; sin cumplidos; sin compromiso; **⒉igkeit** f informalidad f; desenvoltura f.
Zwangs... ['tsvaŋs...]: in Zssgn oft forzoso; ɾ̌ɨ̌ coercitivo; **~anleihe** f empréstito m forzoso; **~arbeit** f trabajos m/pl. forzados; **~handlung** Psych. f acto m obsesivo; **~jacke** f camisa f de fuerza; **~lage** f situación f embarazosa; aprieto m; **⒉läufig** inevitable; adv. forzosamente; a la od. por fuerza; **~maßnahme** f medida f

coercitiva; **~mittel** n medio m coercitivo; **~räumung** f desahucio m; **~umtausch** m cambio m obligatorio (de divisas); **~versteigerung** f subasta f forzosa; **~vollstreckung** f ejecución f forzosa; **~vorstellung** f obsesión f; idea f fija od. obsesiva; **⒉weise** por (od. a la) fuerza; **~wirtschaft** f economía f intervenida.
zwanzig ['tsvantsɪç] veinte; etwa ~ una veintena f; **~ste(r)** (18) vigésimo; **⒉stel** n (7) veintavo m.
zwar [tsvaːr] por cierto; en verdad; es cierto od. verdad que; und ~ es decir, a saber.
Zweck [tsvɛk] m (3) fin m; finalidad f; (Absicht) intención f; (Ziel) objetivo m; objeto m; zu diesem ~ con este fin; zu welchem ~? ¿para qué?; keinen ~ haben ser inútil; **'~bau** m edificio m funcional; **⒉dienlich** útil; conveniente; ɾ̌ɨ̌ pertinente; f (15) (Nagel) tachuela f; (Reißɔ̌) chincheta f; **'⒉-entfremdet** usado para fines extraños; **'⒉-entsprechend** apropiado, adecuado; **'⒉los** inútil; **'~losigkeit** f inutilidad f; **'⒉mäßig** conveniente, oportuno; apropiado; **~mäßigkeit** f conveniencia f, oportunidad f; **⒉s** (gen.) con el fin (od. objeto) de, para (inf.); **'⒉widrig** contraproducente; inoportuno.
zwei [tsvaɪ] 1. (gen. ~er, dat. ~en) dos; zu ~en de dos en dos; 2. ⒉ f (16) dos m; **~beinig** f ['-baɪnɪç] de dos pies od. patas; bípedo; **'⒉bettzimmer** n habitación f de dos camas; **'~deutig** ['-dɔʏtɪç] equívoco; ambiguo; **'⒉deutigkeit** f doble sentido m; ambigüedad f; **'⒉drittelmehrheit** f mayoría f de dos tercios; **~eiig** ['-ᐟaɪɪç] Zwillinge: bivitelino; **'⒉er** ⚥ m (3) dos m; **~erlei** ['-ərˈlaɪ] de dos clases; das ist ~ son dos cosas distintas; **'~fach** doble; in ~er Ausfertigung por duplicado; **'~farbig** de dos colores, bicolor.
Zweifel ['-fəl] m (7) duda f; ohne ~ sin duda alguna; im ~ sein dudar (über de); es besteht kein ~ no cabe duda; in ~ ziehen (ac.) poner en duda; **~haft** dudoso; (ungewiß) incierto; (verdächtig) sospechoso; sin indudable; adv. (= ⒉s-'ohne) sin duda alguna; **⒉n** (29) dudar (an dat. de); **⒉nd** escéptico; **~sfall** m: im ~ en caso de duda.
Zweifler ['-lər] m (7) escéptico m.

Zweig

Zweig [tsvaɪk] *m* (3) ramo *m*; rama *f* (*beide a. fig.*); *fig. auf keinen grünen ~ kommen* no levantar cabeza; no salir de apuros; '~**bahn** *f* ramal *m*.
zwei|geschlechtig ['tsvaɪɡəʃlɛçtɪç] bisexual; ≈**gespann** *fig. n* tándem *m*.
Zweiggeschäft ['tsvaɪkɡəʃɛft] *n* sucursal *f*.
zweigleisig ['tsvaɪɡlaɪzɪç] de vía doble.
Zweig|niederlassung ['tsvaɪknidərlasʊŋ] *f* sucursal *f*; ~**stelle** *f* sucursal *f*; agencia *f* (urbana).
zwei|händig ♪ ['tsvaɪhɛndɪç] a dos manos; ~'**hundert** doscientos; ~**jährig** de dos años; bienal; ≈'**kammersystem** *Pol. n* bicameralismo *m*; ≈**kampf** *m* duelo *m*; ~**mal** dos veces; ~ *monatlich* (*wöchentlich*) *erscheinend* bimensual (bisemanal); ~**malig** doble; ~**motorig** ['-motoːrɪç] bimotor; ≈**par'teiensystem** *n* bipartidismo *m*; ≈**phasen...** ⚡ [-'fɑːzən...]: *in Zssgn* bifásico; ~**polig** ['-poːlɪç] bipolar; ≈**rad** *n* bicicleta *f*; ~**räd(e)rig** ['-rɛːd(ə)rɪç] de dos ruedas; ≈**reiher** *m* traje *m* cruzado; ~**schneidig** de dos filos (*a. fig.*); ~**seitig** ['-zaɪtɪç] bilateral; ≈**sitzer** ['-zɪtsər] *m* (7) coche *m* de dos asientos; ~**sprachig** ['-spraːxɪç] bilingüe; ~**sprachigkeit** *f* bilingüismo *m*; ~**stimmig** ['-ʃtɪmɪç] de (*adv. a*) dos voces; ~**stöckig** ['-ʃtœkɪç] de dos pisos; ~**stündig** ['-ʃtʏndɪç] de dos horas; ~**stündlich** cada dos horas; ~**t** [tsvaɪt]: *zu ~* dos a dos; de dos en dos; ≈**taktmotor** *m* motor *m* de dos tiempos; ~**tältest** ['tsvaɪtˈɛltəst] segundo en edad; ~**tausend** dos mil; ~**tbest** segundo (mejor); ~**teilig** de dos partes; *Kleid:* de dos piezas; ~**tens** en segundo lugar; ~**te(r)** (18) segundo; *jeden ~n Tag* un día sí y otro no; ~**tgrößt** ['-ɡrøːst] segundo mayor *od.* más grande; ~**tjüngst** ['-jʏŋst], ~**tletzt** penúltimo; ~**tklassig** ['-klasɪç] de segunda categoría; ~**trangig** ['-raŋɪç] secundario; de segunda fila; ≈**tschrift** *f* duplicado *m*; ≈**twohnung** *f* segunda residencia *f*.
Zwerchfell *Anat.* ['tsvɛrçfɛl] *n* diafragma *m*.
Zwerg [tsvɛrk] *m* (3) enano *m* (*a. fig.*); ≈**enhaft** ['-ɡənhaft] enano, pigmeo; '~**wuchs** ⚘ *m* enanismo *m*.
Zwetsch(g)e ['tsvɛtʃ(ɡ)ə] *f* (15) ciruela *f*; ~**nbaum** *m* ciruelo *m*; ~**nwasser** *n* aguardiente *m* de ciruelas.

Zwick|el ['tsvɪkəl] *m* (7) entrepierna *f*; ≈**en** (25) pellizcar; ~**er** *m* (7) quevedos *m/pl.*; ~**mühle** *f fig.* dilema *m*; apuro *m*.
Zwieback ['tsviːbak] *m* (3³) bizcocho *m* (seco).
Zwiebel ['-bəl] *f* (15) cebolla *f*; (*Blumen*≈) bulbo *m*; ~**gewächs** *n* planta *f* bulbosa; ≈**n** F (29) hacer sudar; *f* hacerlas pasar moradas; ~**suppe** *f* sopa *f* de cebolla; ~**turm** *m* torre *f* bulbiforme.
'**Zwie|gespräch** *n* diálogo *m*; coloquio *m*; ~**licht** *n* media luz *f*; *im ~ entre dos luces*; ~**spalt** *m* discrepancia *f*; desacuerdo *m*; dilema *m*; ≈**spältig** ['-ʃpɛltɪç] discrepante, disonante; ~**sprache** *f*: *~ halten mit* dialogar con; ~**tracht** *f* (16, *o. pl.*) discordia *f* (*säen, stiften* sembrar).
Zwillich ['tsvɪlɪç] *m* (3) cutí *m*.
Zwilling ['-lɪŋ] *m* (3¹) gemelo *m*, mellizo *m*; *Astr.* ~*e* Géminis *m*; ~**bruder** *m* hermano *m* gemelo; ~**geburt** *f* parto *m* gemelar; ~**s-paar** *n* hermanos *m/pl.* gemelos.
Zwing|e ['tsvɪŋə] ⊕ *f* (15) abrazadera *f*; (*Schraub*≈) prensa-tornillo *m*; ≈**en** (30) obligar, *stärker:* forzar (zu a); *sich ~* forzarse (zu a), hacer un esfuerzo (para); *sich gezwungen sehen zu* verse obligado a; ≈**end** obligatorio; forzoso; *Grund:* concluyente; ṛ**~er** *m* (7) jaula *f*; (*Hunde*≈) perrera *f*; (*Bären*≈) osera *f*; ~**herr** *m* déspota *m*, tirano *m*; ~**herrschaft** *f* tiranía *f*.
zwinkern ['tsvɪŋkərn] (29) parpadear; *mit den Augen ~* guiñar los ojos.
Zwirn [tsvɪrn] *m* (3) hilo *m*; (*Seiden*≈) torzal *m*; ≈**en** (25) (re)torcer; '~**faden** *m* hilo *m*.
zwischen ['tsvɪʃən] entre; en medio de; ≈...: *in Zssgn oft* intermediario; intermedio; (*provisorisch*) interino, provisional; ≈**-akt** *m* entreacto *m*; ≈**bemerkung** *f* observación *f* (hecha de paso); paréntesis *m*; ≈**bescheid** *m* contestación *f* provisional; ≈**deck** ⚓ *n* entrepuente *m*; ≈**ding** *n* cosa *f* intermedia; ~**durch** *zeitl.* entretanto; entremedias; *et.* ~ *essen* comer entre horas; ≈**fall** *m* incidente *m*; ≈**gericht** *n* entremés *m*; ≈**geschoß** △ *n* entresuelo *m*; ≈**handel** *m* comercio *m* intermediario; ≈**händler** *m* inter-

mediario *m*; ⁒**landen** ⚓ hacer escala; ⁒**landung** ⚓ *f* escala *f*; ⁒**mahlzeit** *f* comida *f* entre horas; ⁓**menschlich** interpersonal; ⁒**prüfung** *f* examen *m* parcial; ⁒**raum** *m* espacio *m*; *zeitl.* intervalo *m*; ⁒**ruf** *m* grito *m* (espontáneo); interrupción *f*; ⁒**runde** *f* *Sport*: semifinal *f*; ⁒**spiel** *Thea. n* intermedio *m*; ⁓**staatlich** internacional; ⁒**stock** *m* entresuelo *m*; ⁒**stufe** *f* grado *m* intermedio; ⁒**summe** *f* subtotal *m*; ⁒**vorhang** *Thea. m* telón *m* de foro; ⁒**wand** *f* tabique *m*; ⁒**zeit** *f* intervalo *m*; in der ⁓ entretanto, mientras tanto.

Zwist [tsvɪst] *m* (3²), ⁓**igkeit** *f* discordia *f*; controversia *f*; desavenencia *f*.

zwitschern [ˈtsvɪtʃərn] (29) gorjear, trinar.

Zwitter [ˈtsvɪtər] *m* (7) hermafrodita *m*; ⁓**bildung** *f* hermafroditismo *m*; ⁒**haft** hermafrodita; *fig.* híbrido.

zwölf [tsvœlf] **1.** doce; ⁓ *Stück* una docena; **2.** ⁒ *f* (16) doce *m*; ⁒¹**fingerdarm** *Anat. m* duodeno *m*; ¹⁓**te(r)** duodécimo; ⁒**tel** *n* (7) dozavo *m*; ¹⁒**tonmusik** *f* dodecafonía *f*; ¹⁒**tonsystem** *n* sistema *m* dodecafónico, dodecafonismo *m*.

Zyankali [tsyanˈkaːli] *n* cianuro *m* de potasio.

zyklisch [ˈtsyːklɪç] cíclico.

Zyklon [tsyˈkloːn] *m* (3¹) ciclón *m*.

Zyklop [-ˈkloːp] *m* (12) cíclope *m*.

Zyklotron [-kloˈtroːn] *n* (3¹) ciclotrón *m*.

Zyklus [ˈtsyːklus] *m* (16²) ciclo *m*.

Zylinder [tsiˈlɪndər, tsyˈ--] *m* (7) ⊕ cilindro *m*; (*Lampen*⁒) tubo *m* de lámpara; (*Hut*) sombrero *m* de copa, F chistera *f*; ⁓**kopf** *Kfz. m* culata *f*.

zylindrisch [-ˈlɪndrɪʃ] cilíndrico.

Zyn|**iker** [ˈtsyːnɪkər] *m* (7), ⁒**isch** cínico (*m*); ⁓**ismus** [tsyˈnɪsmus] *m* (16²) cinismo *m*.

Zypresse ♀ [tsyˈprɛsə] *f* (15) ciprés *m*; ⁓**nhain** *m* cipresal *m*.

Zyste ✱ [ˈtsystə] *f* (15) quiste *m*.

Deutsche Eigennamen

Nombres propios alemanes

A

'Aachen n Aquisgrán m
AB'C-Staaten m/pl. los países A.B.C.: la Argentina, el Brasil, el Chile
Abes'sinien n Abisinia f
'Abraham m Abrahán
'Adam m Adán
'Aden n Adén m
'Adria f, Adri'atisches Meer n (Mar) Adriático m
Af'ghanistan n Afganistán m
'Afrika n África f
Ä'gäis f, Ä'gäisches Meer n (Mar) Egeo m
Ä'gypten n Egipto m
'Agnes f Inés
Al'banien n Albania f
'Albert m Alberto
'Alex m, Ale'xander m Alejandro
Ale'xandria n Alejandría f
'Alfons m Al(f)onso
'Alfred m Alfredo
Al'gerien n Argelia f
'Algier n Argel m
'Alpen pl. Alpes m/pl.
Ama'zonas m, Ama'zonenstrom m Amazonas m
A'merika n América f
Ana'tolien n Anatolia f
Anda'lusien n Andalucía f
'Anden pl. Andes m/pl.
'Andreas m Andrés
'Anna, 'Anne f Ana
Ant'arktis f Antártica f
An'tillen pl. Antillas f/pl.
'Anton m Antonio
Ant'werpen n Amberes f od. Antuerpia f
Apen'nin(en) m(/pl.) Apeninos m/pl.
Äquatori'alguinea n Guinea f Ecuatorial
A'rabien n Arabia f
Ara'gonien n Aragón m
Ar'dennen pl. Ardenas f/pl.
Argen'tinien n la Argentina

Ar'menien n Armenia f
'Ärmelkanal m Canal m de La Mancha
'Asien n Asia f
As'syrien n Asiria f
As'turien n Asturias f/pl.
A'then n Atenas f
Äthi'opien n Etiopía f
At'lantik m, At'lantischer 'Ozean m (Océano m) Atlántico m
'Ätna m Etna m
'Augsburg n Augsburgo m
Au'gust m Agustín, Augusto
Aus'tralien n Australia f
A'vignon n Aviñón m
A'zoren pl. Azores f/pl.

B

'Babylon n Babilonia f
Ba'hamainseln, Bahamas f/pl. las Bahamas
Bale'aren pl. Baleares f/pl.
'Balkan m Balcanes m/pl.
'Basel n Basilea f
'Baskenland n País m Vasco
'Bayern n Baviera f
'Belgien n Bélgica f
'Belgrad n Belgrado m
Be'neluxstaaten m/pl. (Estados m/pl.) Benelux m
Ber'lin n Berlín m
'Bern n Berna f
'Bernhard m Bernardo
'Bethlehem n Belén m
Bis'kaya f Vizcaya f; Golf von ~ Golfo m de Vizcaya
'Bodensee m Lago m de Constanza
'Böhmen n Bohemia f
Bo'livien n Bolivia f
Bor'deaux n Burdeos f
'Bosporus m Bósforo m
'Brandenburg n Brande(n)burgo m
Bra'silien n el Brasil
'Braunschweig n Brunswick f
Bre'tagne f Bretaña f

Bri'gitte f Brígida
'Brügge n Brujas f
'Brüssel n Bruselas f
Bul'garien n Bulgaria f
'Bundesrepublik f 'Deutschland República f Federal de Alemania
Bur'gund n Borgoña f
By'zanz n Bizancio m

C

Cä'cilie f Cecilia
'Cäsar m César
'Ceylon n Ceilán m
Char'lotte f Carlota
'Chile n Chile m
'China n China f
Christi'ane, Chris'tine f Cristina
'Christoph m Cristóbal
'Christus m Cristo
'Córdoba n Córdoba f
'Cornwall n Cornualles m
Costa 'Rica n Costa Rica f
Côte d'A'zur f Costa f Azul

D

Dal'matien n Dalmacia f
Da'maskus n Damasco m
'Dänemark n Dinamarca f
Darda'nellen pl. Dardanelos m/pl.
'Delphi n Delfos f
Den 'Haag n La Haya
'Deutsche Demo'kratische Repu'blik f República f Democrática Alemana
'Deutschland n Alemania f
Dolo'miten pl. Dolomitas f/pl.
Domini'kanische Repu'blik f República f Dominicana
'Donau f Danubio m
Doro'thea f Dorotea
'Dresden n Dresde f
'Dünkirchen n Dunquerque m

E

Ecua'dor n el Ecuador
'Edinburg n Edimburgo m
'Eduard m Eduardo
'Eismeer n Océano m Glacial
'Elbe f Elba m
Eleo'nore f Leonor
'Elfenbeinküste f Costa f de Marfil
E'lisabeth f Isabel

El Salva'dor n El Salvador
'Elsaß n Alsacia f
'Emil m Emilio
'England n Inglaterra f
Ernst m Ernesto
'Estland n Estonia f
Etsch f Ádige m
'Eugen m Eugenio
'Euphrat m Eufrates m
Eu'rasien n Eurasia f
Eu'ropa n Europa f

F

'Falklandinseln f/pl. Islas f/pl. Malvinas
'Ferdinand m Fernando
'Feuerland n Tierra f del Fuego
'Finnland n Finlandia f
'Flandern n Flandes m
Flo'renz n Florencia f
'Franken n Franconia f
'Frankfurt n Francfort m (am Main del Meno; an der Oder del Oder)
'Frankreich n Francia f
Franz m Francisco, Paco
Fran'ziska f Francisca, Paquita
'Freiburg n Friburgo m
Friede'rike f Federica
'Friedrich m, Fritz m Federico
'Friesland n Frisia f

G

Ga'bun n Gabón m
Ga'licien n Galicia f (en España)
Ga'lizien n Galicia f (en Polonia)
'Ganges m Ganges m
Ga'ronne f Garona m
Gas'cogne f Gascuña f
'Gelbes Meer n Mar m Amarillo
Genf n Ginebra f; ~er See Lago m Lemán od. de Ginebra
Gent n Gante f
'Genua n Génova f
'Georg m Jorge
Ge'orgien n Georgia f
Gi'braltar n Gibraltar m
'Golfstrom m Corriente f del Golfo
'Gottfried m Godofredo
'Göttingen n Gotinga f
'Gottlieb m Teófilo
Grau'bünden n Los Grisones
'Gregor m Gregorio
'Griechenland n Grecia f
'Grönland n Groenlandia f

Großbri'tannien *n* Gran Bretaña *f*
Guate'mala *n* Guatemala *f*
Gua'yana *n* Guayana *f*
Gui'nea *n* Guinea *f*
'Gustav *m* Gustavo

H

Ha'iti *n* Haití *m*
'Hamburg *n* Hamburgo *m*
Han'nover *n* Hanóver *m*
Hans *m* Juan
Ha'vanna *n* La Habana
Ha'waii *n* Hawai *m*
He'briden *f/pl.* Islas *f/pl.* Hébridas
'Hedwig *f* Eduvigis
'Heinrich *m* Enrique
He'lene *f* Elena
'Helgoland *n* (Isla *f* de) Hel(i)goland
Henri'ette *f* Enriqueta
'Hessen *n* Hesse *f*
'Hindustan *n* Indostán *m*
Hi'malaya *m* Himalaya *m*
His'panoa'merika *n* Hispanoamérica *f*
'Holland *n* Holanda *f*
Hon'duras *n* Honduras *f*

I

I'berische 'Halbinsel *f* Península *f* Ibérica
I'beroa'merika *n* Iberoamérica *f*
'Ignaz, Ig'natius *m* Ignacio
'Indien *n* la India
'Indischer 'Ozean *m* Océano *m* Índico, Mar *m* de las Indias
Indo'nesien *n* Indonesia *f*
'Indus *m* Indo *m*
I'onisches Meer *n* Mar *m* Jónico
I'rak *m* Irak *m*
I'ran *m* Irán *m*
'Irland *n* Irlanda *f*
'Island *n* Islandia *f*
'Israel *n* Israel *m*
Istan'bul *n* Estambul *f*
I'talien *n* Italia *f*

J

'Jakob *m* Jaime, Diego, Jacobo
Ja'maika *n* Jamaica *f*
'Japan *n* Japón *m*
'Java *n* Java *f*
'Jemen *m* el Yemen

Je'rusalem *n* Jerusalén *m*
'Jesus *m* Jesús
'Joachim, Jochen *m* Joaquín
Jo'hann, Jo'hannes *m* Juan
Jo'hanna *f* Juana
'Jordan *m* Jordán *m*
Jor'danien *n* Jordania *f*
'Joseph *m* José, Pepe
Jugo'slawien *n* Yugo(e)slavia *f*
'Julia *f* Julia *f*
'Julius *m* Julio
'Jütland *n* Jutlandia *f*

K

'Kairo *n* El Cairo
Kali'fornien *n* California *f*
Kal'kutta *n* Calcuta *f*
Kam'bodscha *n* Camboya *f*
Kame'run *n* Camerún *m*
'Kanada *n* Canadá *m*
Ka'narische 'Inseln *f/pl.* (Islas *f/pl.*) Canarias *f/pl.*
'Kap *n* der Guten 'Hoffnung Cabo *m* de Buena Esperanza
Kap *n* **'Ho(o)rn** Cabo *m* de Hornos
'Kapstadt *n* El Cabo
Ka'ribik *f*, **Ka'ribisches Meer** *n* (Mar *m*) Caribe *m*
Karl *m* Carlos
'Kärnten *n* Carintia *f*
Kar'paten *pl.* Cárpatos *m/pl.*
'Kaschmir *n* Cachemira *f*
'Kaspisches Meer *n* (Mar *m*) Caspio *m*
Kas'tilien *n* Castilla *f*
Kata'lonien *n* Cataluña *f*
Katha'rina, 'Käthe *f* Catalina
'Kaukasus *m* Cáucaso *m*
'Kenia *n* Kenia *f*
Klein'asien *n* Asia *f* Menor
'Koblenz *n* Coblenza *f*
Köln *n* Colonia *f*
Ko'lumbien *n* Colombia *f*
Ko'lumbus *m* Colón *m*
'Kongo *m* El Congo
'Konrad *m* Conrado
'Konstanz *n* Constanza *f*
Kopen'hagen *n* Copenhague *f*
Kordi'lleren *pl.* Andes *m/pl.*
Ko'rea *n* Corea *f*
Ko'rinth *n* Corinto *m*
'Korsika *n* Córcega *f*
Kosta'rika *n* Costa Rica *f*
'Krakau *n* Cracovia *f*
Kreml *m* Kremlín *m*
'Kreta *n* Creta *f*

Krim f Crimea f
Kro'atien n Croacia f
'Kuba n Cuba f
'Küstengebirge n (USA) Cadena f Costera (E.E. U.U.)
'Kuwait n Kuwait m
Ky'kladen f/pl. Islas f/pl. Cícladas

L

'Lappland n Laponia f
La'teinamerika n América f Latina
Lau'sanne n Lausana f
'Leningrad n Leningrado m
'Leo m León
'Lettland n Letonia f, Latvia f
'Libanon m Líbano f
Li'berien n Liberia f
'Libyen n Libia f
'Liechtenstein n Liechtenstein m
'Lissabon n Lisboa f
'Litauen n Lituania f
'Loire f Loira m
Lombar'dei f Lombardía f
'London n Londres m
'Lothringen n Lorena f
'Löwen n Lovaina f
'Ludwig m Luis
Lu'ise f Luisa
'Lüttich n Lieja f
'Luxemburg n Luxemburgo m
Lu'zern n Lucerna f

M

Maas f Mosa m
Mada'gaskar n Madagascar m
'Mähren n Moravia f
'Mailand n Milano m
Main m Meno m
Mainz n Maguncia f
'Malaga n Málaga f
Ma'laysia f Malasia f
'Mali n Malí n
Mandschu'rei f Manchuria f
Marga'rete f Margarita
Ma'ria f María
Ma'rokko n Marruecos m/pl.
Mar'seille n Marsella f
'Mekka n La Meca
'Mexiko n Méjico, México m
'Michael m Miguel
Missis'sippi m Misisipí m
Mis'souri m Misuri m
Mittela'merika n América f Central, Centroamérica f

'Mittelmeer n (Mar m) Mediterráneo m
Mo'naco n Mónaco m
Mongo'lei f Mongolia f
'Monika f Mónica
'Moritz m Mauricio
'Mosel f Mosela m
'Mose(s) m Moisés
'Moskau n Moscú m
Mül'hausen n Mulhouse m
'München n Munich m

N

Nar'bonne n Narbona f
Ne'apel n Nápoles m
Neu'fundland n Terranova f
Neugui'nea n Nueva Guinea f
Neu'seeland n Nueva Zelanda f
New 'Mexiko n Nuevo Méjico m
New 'York n Nueva York f
Nia'garafälle m/pl. Cataratas f/pl. del Niágara
Nica'ragua n Nicaragua f
'Niederbayern n Baja Baviera f
'Niederlande pl. Países m/pl. Bajos
'Niedersachsen n Baja Sajonia f
'Nikolaus m Nicolás
Nil m Nilo m
'Nimwegen n Nimega f
'Nizza n Niza f
Norda'merika n América f del Norte
'Nordko'rea n Corea f del Norte
'Nordrhein-West'falen n Renania del Norte-Westfalia f
'Nordsee f Mar m del Norte
Norman'die f Normandia f
'Norwegen n Noruega f
'Nürnberg n Nuremberg m

O

'Oberbayern n Alta Baviera f
Ober'volta n el Alto Volta
O'dysseus m Ulises
'Oldenburg n Oldemburgo m
O'lymp m (monte m) Olimpo m
'Orpheus m Orfeo
'Ostdeutschland n Alemania f oriental od. del Este
'Österreich n Austria f
'Ostsee f (Mar m) Báltico m
'Otto m Otón
Oze'anien n Oceanía f

P

Pa'kistan *n* el Pakistán
Palä'stina *n* Palestina *f*
Pa'nama *n* Panamá *m*
Pandschab *m* Punjab *m*
Para'guay *n* el Paraguay
Pa'ris *n* París *m*
Pata'gonien *n* Patagonia *f*
Paul *m* Pablo
Pa'zifik *m*, **Pa'zifischer 'Ozean** (Océano *m*) Pacífico *m*
'Peking *n* Pekín *m*
Pelopon'nes *m* Peloponeso *m*
Pennsyl'vanien *n* Pensilvania *f*
'Persien *n* Persia *f*
Pe'ru *n* el Perú
'Peter *m* Pedro
Pfalz *f* Palatinado *m*
'Philipp *m* Felipe
Philip'pinen *pl.* Filipinas *f/pl.*
'Polen *n* Polonia *f*
Pommern *n* Pomerania *f*
Pom'peji *n* Pompeya *f*
Portugal *n* Portugal *m*
Prag *n* Praga *f*
Preußen *n* Prusia *f*
Pro'vence *f* Provenza *f*
Pu'erto 'Rico *n* Puerto Rico *m*
Pyre'näen *pl.* Pirineos *m/pl.*

R

Raphael *m* Rafael
'Regensburg *n* Ratisbona *f*
Rhein *m* Rin *m*
'Rheinland *n* Renania *f*
Rho'desien *n* R(h)odesia *f*
'Rhodos *n* Rodas *m*
Rhone *f* Ródano *m*
'Richard *m* Ricardo
'Robert *m* Roberto
'Rocky 'Mountains *pl.* Montañas *f/pl.* Rocosas
Roland *m* Orlando, Roldán
Rom *n* Roma *f*
'Rotes Meer *n* Mar *m* Rojo
'Rudolf *m* Rodolfo
Ru'mänien *n* Rumania *f*
'Rußland *n* Rusia *f*

S

Saar *f* Sarre *m*
Saar'brücken *n* Saarbruck *m*
'Sachsen *n* Sajonia *f*
Sa'hara *f* Sahara *m*
Salva'dor, El *n* El Salvador
'Salzburg *n* Salzburgo *m*
Sankt 'Gotthard *m* San Gotardo *m*
Sankt-'Lorenz-Strom *m* San Lorenzo *m*
Sara'gossa *n* Zaragoza *f*
Sar'dinien *n* Cerdeña *f*
Saudi-A'rabien *n* Arabia *f* Saudita *od.* Saudí
Sa'voyen *n* Saboya *f*
Schaff'hausen *n* Escafusa *f*
'Schelde *f* Escalda *f*
'Schlesien *n* Silesia *f*
'Schottland *n* Escocia *f*
'Schwaben *n* Suabia *f*
'Schwarzes Meer *n* Mar *m* Negro
'Schwarzwald *m* Selva *f* Negra
'Schweden *n* Suecia *f*
Schweiz *f* Suiza *f*
Se'bastian *m* Sebastián
'Seine *f* Sena *m*
'Serbien *n* Servia *f*
Si'birien *n* Siberia *f*
Sieben'bürgen *n* Transilvania *f*
Si'zilien *n* Sicilia *f*
Sim'babwe *n* Zimbabue *m*
Skandi'navien *n* Escandinavia *f*
Slowa'kei *f* Eslovaquia *f*
Slo'wenien *n* Eslovenia *f*
So'phie *f* Sofía
Sow'jetunion *f* Unión *f* Soviética
'Spanien *n* España *f*
'Speyer *n* Espira *f*
'Steiermark *f* Estiria *f*
'Stephan *m* Esteban
'Stephanie *f* Estefanía
'Stiller 'Ozean *m s.* Pazifik
'Stockholm *n* Estocolmo *m*
'Straßburg *n* Estrasburgo *m*
Süd'afrika *n* Sudáfrica *f*
Süda'merika *n* América *f* del Sur
Su'dan *n* Sudán *m*
'Südko'rea *n* Corea *f* del Sur
'Südsee *f* Mar *m* del Sur
'Sueskanal *m* Canal *m* de Suez
Su'sanne *f* Susana
'Syrien *n* Siria *f*

T

'Tanger *n* Tánger *m*
Tehe'ran *n* Teherán *m*
Tene'riffa *n* Tenerife *f*
Tes'sin *m* (*Fluß*) *u. n* (*Kanton*) Tesino *m*
'Texas *n* Tejas *m*

'Thailand n Tailandia f
'Theben n Tebas f
'Themse f Támesis m
'Theodor m Teodoro
The'rese f Teresa
'Thomas m Tomás
'Thüringen n Turingia f
'Tibet n el Tibet
Ti'rol n el Tirol
'Totes Meer n Mar m Muerto
Tri'ent n Trento m
Trier n Tréveris m
Tschad m el Chad
Tschechoslowa'kei f Checoslovaquia f
'Tübingen n Tubinga f
Tu'nesien n Túnez m, Tunicia f
'Tunis n Túnez m
Tür'kei f Turquía f
Tyr'rhenisches Meer n Mar m Tirreno

U

U'kraine f Ucrania f
'Ungarn n Hungría f
U'ral m Montes m/pl. Urales
Uru'guay n el Uruguay

V

Vati'kan(stadt f) m (Ciudad f del) Vaticano m
Ve'nedig n Venecia f
Venezu'ela n Venezuela f
Ver'einigte A'rabische Emi'rate pl. Emiratos m/pl. Árabes Unidos
Ver'einigte A'rabische Repu'blik f República f Árabe Unida
Ver'einigtes 'Königreich n (von Großbri'tannien und Nord-'irland) Reino m Unido (de Gran Bretaña e Irlanda del Norte)
Ver'einigte 'Staaten m/pl. von A'merika Estados m/pl. Unidos de América
Ver'sailles n Versalles f
Ve'suv n Vesubio m
Vier'waldstätter See m Lago m de los Cuatro Cantones
Viet'nam n Vietnam m
Vo'gesen pl. Vosgos m/pl.
'Vorderasien n Ásia f Menor

W

'Wales n Gales m
'Walter m Gualterio
'Warschau n Varsovia f
'Weichsel f Vístula m
'Westdeutschland n Alemania f occidental
West'falen n Westfalia f
West'indien n Indias f/pl. Occidentales
Wien n Viena f
'Wilhelm m Guillermo
'Wolga f Volga m
'Württemberg n Wurtemberg m

Z

Zen'tralafrika n Centroáfrica f
Zen'tralafrikanische Repu'blik f República f Centroafricana
'Zürich n Zurich m
'Zypern n Chipre m

Deutsche und ausländische Abkürzungen

Abreviaturas alemanas y extranjeras

A

AA *Auswärtiges Amt* Ministerio de Asuntos Exteriores.
a. a. O. *am angeführten Ort* en el lugar citado.
Abb. *Abbildung* figura.
Abf. *Abfahrt* salida.
Abk. *Abkürzung* abreviatura.
Abs. *Absatz* párrafo; *Absender* remitente.
Abschn. *Abschnitt* párrafo.
Abt. *Abteilung* sección; departamento.
a. Chr. (n.) *ante Christum (natum)* antes de Jesucristo.
a. d. *an der (bei Ortsnamen)* del.
a. D. *außer Dienst* jubilado, retirado.
ADAC *Allgemeiner Deutscher Automobil-Club* Automóvil Club General de Alemania.
ADN *Allgemeiner Deutscher Nachrichtendienst (DDR)* Servicio general de informaciones *(RDA)*.
Adr. *Adresse* dirección.
AEG *Allgemeine Elektricitäts-Gesellschaft* Sociedad General de Electricidad.
AG *Aktiengesellschaft* Sociedad Anónima.
allg. *allgemein* general(mente).
a. M. *am Main* del Meno.
Anh. *Anhang* apéndice.
Ank. *Ankunft* llegada.
Anl. *Anlage im Brief* anejo.
Anm. *Anmerkung* observación; nota.
AOK *Allgemeine Ortskrankenkasse* caja local de enfermedad.
a. o. Prof. *außerordentlicher Professor* catedrático supernumerario.
APO *Außerparlamentarische Opposition* oposición extraparlamentaria.
ARD *Arbeitsgemeinschaft der öffentlich-rechtlichen Rundfunkanstalten der Bundesrepublik Deutschland* Asociación de las estaciones de radio de la República Federal de Alemania.

a. Rh. *am Rhein* del Rin.
Art. *Artikel* artículo.
AStA *Allgemeiner Studentenausschuß* Asociación General de Estudiantes.
Aufl. *Auflage* edición; tirada.
Ausg. *Ausgabe* edición.

B

b. *bei*; *bei Ortsangaben:* cerca de; *Adresse:* en casa de.
B *Bundesstraße* carretera federal.
BAT *Bundesangestelltentarif* tarifa federal de empleados.
Bd. *Band* tomo; volumen.
BDI *Bundesverband der Deutschen Industrie* Unión Federal de la Industria Alemana.
beif. *beifolgend* adjunto.
beil. *beiliegend* adjunto.
bes. *besonders* especialmente; en particular.
Best.-Nr. *Bestellnummer* número de pedido.
betr. *betreffend, betreffs* concerniente a; con respecto a.
Betr. *Betreff* referencia; objeto.
bez. *bezahlt* pagado.
Bez. *Bezeichnung* denominación; *Bezirk* distrito.
BGB *Bürgerliches Gesetzbuch* Código civil.
BH F *Büstenhalter* sujetador.
Bhf. *Bahnhof* estación.
Bl. *Blatt* hoja.
BND *Bundesnachrichtendienst* Servicio Federal de Inteligencia.
BP *Bundespost* Correos Federales.
BR *Bayerischer Rundfunk* Radio de Baviera.
BRD *Bundesrepublik Deutschland* República Federal de Alemania.
brosch. *broschiert* en rústica.
BRT *Bruttoregistertonne* tonelada de registro bruto.
b.w. *bitte wenden* véase al dorso.

bzw. *beziehungsweise* o bien; respectivamente.

C

C *Celsius* centigrado; Celsius.
ca. *circa, ungefähr, etwa* aproximadamente; *vor Zahlen:* unos.
cand. *Kandidat* candidato.
cbm *Kubikmeter* metro cúbico.
ccm *Kubikzentimeter* centímetro cúbico.
CDU *Christlich-Demokratische Union* Unión Demócrata Cristiana.
CH *Confoederatio Helvetia* Confederación Helvética.
Cie. *Kompanie* compañía.
cl *Zentiliter* centílitro.
cm *Zentimeter* centímetro.
Co. *Kompanie* compañía.
CSU *Christlich-Soziale Union* Unión Social-Cristiana.
CVJM *Christlicher Verein Junger Männer* Asociación Cristiana de Jóvenes.

D

d. Ä. *der Ältere* el Mayor.
DAAD *Deutscher Akademischer Austauschdienst* Servicio de Intercambio Académico.
DAG *Deutsche Angestellten-Gewerkschaft* Sindicato Alemán de Empleados.
DB *Deutsche Bundesbahn* Ferrocarriles Federales Alemanes.
DBB *Deutscher Beamtenbund* Unión de Funcionarios Alemanes.
DBP *Deutsche Bundespost* Correos Federales Alemanes.
DDR *Deutsche Demokratische Republik* República Democrática Alemana.
DER *Deutsches Reisebüro* Agencia Alemana de Viajes.
desgl. *desgleichen* ídem.
DFB *Deutscher Fußballbund* Federación Alemana de Fútbol.
DGB *Deutscher Gewerkschaftsbund* Confederación de Sindicatos Alemanes.
dgl. *dergleichen* tal; semejante; análogo.
d. Gr. *der Große* el Grande.
d. h. *das heißt* es decir; o sea.
d. i. *das ist* esto es.

DIN *Deutsche Industrie-Norm(en)* norma(s) industrial(es) alemana(s).
Dipl.-Ing. *Diplomingenieur* ingeniero diplomado.
d. J. *dieses Jahres* del año actual, del año corriente; *der Jüngere* el Joven.
DKP *Deutsche Kommunistische Partei* Partido Comunista de Alemania.
dl *Deziliter* decilitro.
DM *Deutsche Mark* marco alemán.
d. M. *dieses Monats* del (mes) corriente.
DNA *Deutscher Normenausschuß* Comisión Alemana de Normalización.
d. O. *der Obige* el susodicho; el arriba mencionado.
dpa *Deutsche Presse-Agentur* Agencia Alemana de Prensa.
Dr. *Doktor* doctor.
Dr.-Ing. *Doktor der Ingenieurwissenschaft* doctor en ingeniería.
Dr. jur. *Doktor der Rechte* doctor en derecho.
Dr. med. *Doktor der Medizin* doctor en medicina.
Dr. med. dent. *Doktor der Zahnheilkunde* doctor en odontología.
Dr. med. vet. *Doktor der Tierheilkunde* doctor en veterinaria.
Dr. phil. *Doktor der Philosophie* doctor en filosofía (y letras).
Dr. rer. nat. *Doktor der Naturwissenschaften* doctor en ciencias (físicas, químicas y naturales).
Dr. rer. pol. *Doktor der Staatswissenschaften* doctor en ciencias políticas.
Dr. theol. *Doktor der Theologie* doctor en teología.
d. R. *der Reserve* de la reserva.
DRK *Deutsches Rotes Kreuz* Cruz Roja Alemana.
DSG *Deutsche Schlafwagen- und Speisewagen-Gesellschaft* Compañía Alemana de Coches cama y restaurante.
dto. *dito, dasselbe* ídem.
dt(sch). *deutsch* alemán, alemana.
Dtz(d). *Dutzend* docena.
d. U. *der Unterzeichnete* el infrascrito; el abajo firmante.
d. Vf. *der Verfasser* el autor.
dz *Doppelzentner* quintal métrico.

E

E *Eilzug* rápido.
ebd. *ebenda* ibídem; en el mismo lugar.

Ed. *Edition, Ausgabe* edición.
EDV *Elektronische Datenverarbeitung* proceso electrónico de datos.
EEG *Elektroenzephalogramm* electroencefalograma.
EFTA *European Free Trade Association (Europäische Freihandelszone)* Asociación Europea de Libre Comercio *(AELC)*.
EG *Europäische Gemeinschaft* Comunidad Europea.
eGmbH *eingetragene Genossenschaft mit beschränkter Haftung* cooperativa registrada de responsabilidad limitada.
e.h. *ehrenhalber* honoris causa; honorífico.
ehem., ehm. *ehemals* antes; antiguamente.
eig., eigtl. *eigentlich* propiamente.
einschl. *einschließlich* inclusive.
EKD *Evangelische Kirche in Deutschland* Iglesia evangélica en Alemania.
EKG *Elektrokardiogramm* electrocardiograma.
em. *emeritus* emérito.
entspr. *entsprechend* correspondiente.
erg. *ergänze* complétese; añádase.
erl. *erledigt* despachado.
EURATOM *Europäische Atomgemeinschaft* Comunidad Europea de Energía Atómica.
ev. *evangelisch* protestante.
e.V. *eingetragener Verein* asociación registrada.
evtl. *eventuell* eventualmente.
Ew. *Euer* Vuestro.
EWA *Europäisches Währungsabkommen* Acuerdo Monetario Europeo *(AME)*.
EWG *Europäische Wirtschaftsgemeinschaft* Comunidad Económica Europea *(CEE)*.
exkl. *exklusive* excluido; excepto.
Expl. *Exemplar* ejemplar.
Exz. *Exzellenz* Excelencia.

F

f. *folgende Seite* página siguiente, *für* para.
F *Fahrenheit* Fahrenheit.
Fa. *Firma* casa; razón social.
FAO *Food and Agriculture Organization of the United Nations (Ernährungs- und Landwirtschaftsorganisation der Vereinten Nationen)* Organización de las Naciones Unidas para la Agricultura y la Alimentación.
F.C. *Fußballclub* club de fútbol.
FD *Fernschnellzug* expreso internacional.
FDGB *Freier Deutscher Gewerkschaftsbund (DDR)* Federación Libre de los Sindicatos Alemanes *(RDA)*.
FDJ *Freie Deutsche Jugend (DDR)* Juventud Libre Alemana *(RDA)*.
FDP *Freie Demokratische Partei* Partido Liberal Demócrata.
f. d. R. *für die Richtigkeit* comprobado y conforme.
ff *sehr fein* superfino.
ff. *folgende Seiten* páginas siguientes.
FKK *Freikörperkultur* desnudismo.
fm *Festmeter* metro cúbico.
Forts. *Fortsetzung* continuación.
Fr. *Frau* señora.
fr. *frei* libre.
frdl. *freundlich* amable.
Frhr. *Freiherr* barón.
Frl. *Fräulein* señorita.
frz. *französisch* francés.
FU *Freie Universität (Berlin)* Universidad Libre *(Berlín)*.

G

G *Gramm* gramo.
Gbf. *Güterbahnhof* estación de mercancías.
geb. *geboren* nacido; *gebunden* encuadernado.
Gebr. *Gebrüder* hermanos.
gefl. *gefällig(st)* grato; por favor.
gegr. *gegründet* fundado.
geh. *geheftet* en rústica.
gek. *gekürzt* abreviado.
GEMA *Gesellschaft für musikalische Aufführungs- u. mechanische Vervielfältigungsrechte* Sociedad para los derechos de representación musical y de reproducción mecánica.
Ges. *Gesellschaft* sociedad; *Gesetz* ley.
gesch. *geschieden* divorciado.
ges. gesch. *gesetzlich geschützt* registrado legalmente; patentado.
gest. *gestorben* difunto; fallecido.
GewO *Gewerbeordnung* Código industrial.
gez. *gezeichnet* firmado.
GG *Grundgesetz* ley fundamental.
ggf. *gegebenenfalls* si fuera preciso, eventualmente.

GmbH *Gesellschaft mit beschränkter Haftung* sociedad de responsabilidad limitada.

H

ha *Hektar* hectárea.
habil. *habilitatus* habilitado.
Hbf. *Hauptbahnhof* estación central.
h.c. *honoris causa* honoris causa.
hg. *herausgegeben* editado.
HGB *Handelsgesetzbuch* Código mercantil.
hl. *heilig* santo.
hl *Hektoliter* hectólitro.
HR *Hessischer Rundfunk* Radio de Hesse.
Hr., Hrn. *Herr(n)* señor.
hrsg. *herausgegeben* editado.
Hrsg. *Herausgeber* editor.
Hs. *Handschrift* manuscrito.

I

i. A. *im Auftrag* por orden.
IAA *Internationales Arbeitsamt* Oficina Internacional del Trabajo.
IATA *International Air Transport Association (Internationaler Luftverkehrsverband)* Asociación de Transporte Aéreo Internacional.
ib(d). *ibidem, ebendort* ibídem.
IC *Intercity-Zug* tren Intercity.
id. *idem* idem.
IG *Industriegewerkschaft* sindicato industrial.
IHK *Industrie- und Handelskammer* Cámara de Industria y Comercio.
i. J. *im Jahre* en el año.
Ing. *Ingenieur* ingeniero.
Inh. *Inhaber* propietario; *Inhalt* contenido.
inkl. *inklusive* inclusive.
Interpol *Internationale Kriminalpolizeiliche Organisation* Organización Internacional de Policía judicial.
IOK *Internationales Olympisches Komitee* Comité Internacional Olímpico.
i. R. *im Ruhestand* jubilado, retirado.
i. V. *in Vertretung* por autorización; *in Vollmacht* por poder.
i. W. *in Worten* en letras.
IWF *Internationaler Währungsfonds* Fondo Monetario Internacional.

J

Jb. *Jahrbuch* anuario.
Jg. *Jahrgang* año.
JH *Jugendherberge* albergue juvenil.
Jh. *Jahrhundert* siglo.
jr., jun. *junior* hijo, junior.
Juso *Jungsozialist* joven socialista.

K

Kap. *Kapitel* capítulo.
kart. *kartoniert* empastado.
kath. *katholisch* católico.
Kfm. *Kaufmann* comerciante.
kfm. *kaufmännisch* comercial; mercantil.
Kfz *Kraftfahrzeug* automóvil; vehículo de motor.
kg *Kilogramm* kilogramo.
KG *Kommanditgesellschaft* sociedad en comandita; sociedad comanditaria.
kgl. *königlich* real.
kHz, KHz *Kilohertz* kilociclo.
Kl. *Klasse* clase.
km *Kilometer* kilómetro.
Komp. *Kompanie* compañía.
KP *Kommunistische Partei* Partido Comunista.
Kr. *Kreis* distrito.
Kripo *Kriminalpolizei* policía de investigación criminal.
Kto. *Konto* cuenta.
kW *Kilowatt* kilovatio.
kWh *Kilowattstunde* kilovatio-hora.
KZ *Konzentrationslager* campo de concentración.

L

l *Liter* litro.
led. *ledig* soltero.
lfd. *laufend* corriente.
lfd. m *laufendes Meter* metro lineal.
lfd. Nr. *laufende Nummer* número de orden.
Lfg., Lfrg. *Lieferung* entrega.
Lkw *Lastkraftwagen* camión.
LP *Langspielplatte* elepé.
LPG *Landwirtschaftliche Produktionsgenossenschaft (DDR)* Cooperativa de Producción Agrícola *(RDA)*.
lt. *laut* según.
luth. *lutherisch* luterano.

M

m *Meter* metro.
mA *Milliampere* miliamperio.
MAD *Militärischer Abschirmdienst* Servicio Militar de Contraespionaje.
m. A. n. *meiner Ansicht nach* según mi opinión.
m. a. W. *mit anderen Worten* en otras palabras.
mb *Millibar* milibario.
MdB, M.d.B. *Mitglied des Bundestages* Miembro del Bundestag.
MdL, M.d.L. *Mitglied des Landtags* Miembro del Landtag.
m. E. *meines Erachtens* a mi parecer.
MEZ *Mitteleuropäische Zeit* hora de la Europa Central.
mg *Milligramm* miligramo.
MG *Maschinengewehr* ametralladora.
MHz *Megahertz* megaciclo.
Mill. *Million(en)* millón, millones.
Min. *Minute* minuto.
Mio. *Million(en)* millón, millones.
mm *Millimeter* milímetro.
möbl. *möbliert* amueblado.
MP *Militärpolizei* policía militar; *Maschinenpistole* metralleta.
Mrd. *Milliarde(n)* mil millones.
Ms., Mskr. *Manuskript* manuscrito.
m/s *Meter pro Sekunde* metros por segundo.
mtl. *monatlich* mensual.
m. W. *meines Wissens* a mi saber.
MwSt. *Mehrwertsteuer* impuesto sobre el valor añadido (*IVA*).

N

N *Norden* norte.
N(a)chf. *Nachfolger* sucesor.
nachm. *nachmittags* por la tarde.
NASA *National Aeronautics and Space Administration* (*Nationales Amt für Luft- und Weltraumfahrt*) Administración pública para las navegaciones aérea e interplanetaria.
NATO *North Atlantic Treaty Organization* (*Nordatlantikpakt-Organisation*) Organización del Tratado del Atlántico Norte (*OTAN*).
NB *nota bene* nota bene.
n. Chr. *nach Christus* después de Jesucristo.
NDR *Norddeutscher Rundfunk* Radio de la Alemania del Norte.
n. J. *nächsten Jahres* del año próximo.
n. M. *nächsten Monats* del mes próximo.
N.N. *nomen nescio*, *Name unbekannt* señor X.
NO *Nordosten* nordeste.
NOK *Nationales Olympisches Komitee* Comité olímpico nacional.
Nr. *Nummer* número.
NS *Nachschrift* posdata.
NW *Nordwesten* noroeste.

O

O *Osten* este.
o. *oben* arriba; *ohne* sin.
o. ä. *oder ähnliches* o algo parecido.
OAS *Organisation der amerikanischen Staaten* Organización de los Estados Americanos (*OEA*).
o.B. ⚕ *ohne Befund* sin hallazgo.
OB *Oberbürgermeister* (primer) alcalde.
Obb. *Oberbayern* Alta Baviera.
ÖBB *Österreichische Bundesbahnen* Ferrocarriles Federales de Austria.
od. *oder* o.
OECD *Organization for Economic Cooperation and Development* (*Organisation für wirtschaftliche Zusammenarbeit und Entwicklung*) Organización de Cooperación y Desarrollo Económico (*OCDE*).
OEZ *Osteuropäische Zeit* hora de la Europa del Este.
OHG *Offene Handelsgesellschaft* sociedad colectiva.
o. J. *ohne Jahr* sin año.
OP *Operationssaal* quirófano.
op. *Opus*, *Werk* obra.
o. P. *ordentlicher Professor* catedrático numerario.
ÖTV *Öffentliche Dienste, Transport und Verkehr* (*Gewerkschaft*) servicios públicos y transportes (*sindicato*).

P

p. A. *per Adresse* en casa de.
Pf *Pfennig* pfennig.
Pfd. *Pfund* libra.
PH *Pädagogische Hochschule* Escuela Normal.
Pkt. *Punkt* punto.
Pkw *Personenkraftwagen* automóvil.
pp., ppa. *per procura* por poder.
Prof. *Professor* catedrático; profesor.

Prov. *Provinz* provincia.
PS *Pferdestärke* caballo de vapor *(CV)*; *Postskriptum* postdata.
PSchA *Postscheckamt* oficina de cheques postales.

Q

qkm *Quadratkilometer* kilómetro cuadrado.
qm *Quadratmeter* metro cuadrado.

R

R *Réaumur* Réaumur.
rd. *rund (gerechnet)* alrededor de; en números redondos.
Reg.-Bez. *Regierungsbezirk* distrito administrativo.
Rel. *Religion* religión.
resp. *respektive* respectivamente.
rh, Rh *Rhesusfaktor* factor Rhesus.
Rhld. *Rheinland* Renania.
RIAS *Rundfunk im amerikanischen Sektor (von Berlin)* Radio en el sector americano (de Berlín).
r.-k. *römisch-katholisch* católico romano.
rm *Raummeter* metro cúbico.

S

S *Süden* sur.
S. *Seite* página.
s. *siehe* véase.
s. a. *siehe auch* véase también.
Sa. *Summa, Summe* suma; total.
S-Bahn *Schnellbahn* ferrocarril rápido.
SBB *Schweizerische Bundesbahnen* Ferrocarriles Federales de Suiza.
s.d. *siehe dies* véase esto.
SDR *Süddeutscher Rundfunk* Radio de Alemania del Sur.
sec *Sekunde* segundo.
SED *Sozialistische Einheitspartei Deutschlands (DDR)* Partido Socialista Unificado de Alemania *(RDA)*.
sen. *senior* padre, senior.
SFB *Sender Freies Berlin* Emisora del Berlín Libre.
sm *Seemeile* milla marina.
SO *Südosten* sudeste.
s.o. *siehe oben* véase más arriba.
sog. *sogenannt* llamado.

SPD *Sozialdemokratische Partei Deutschlands* Partido Socialdemócrata de Alemania.
SS *Sommersemester* semestre de verano.
St. *Sankt* santo.
St., Std. *Stunde* hora.
StGB *Strafgesetzbuch* Código penal.
StPO *Strafprozeßordnung* Ley de enjuiciamiento criminal.
Str. *Straße* calle.
stud. *studiosus, Student* estudiante.
StVO *Straßenverkehrsordnung* Código de la circulación.
s. u. *siehe unten* véase más abajo.
SW *Südwesten* sudoeste.
s.Z. *seinerzeit* en su día.

T

t *Tonne* tonelada.
Tb(c) *Tuberkulose* tuberculosis.
TEE *Trans-Europ-Express* Exprés Transeuropeo.
Tel. *Telefon* teléfono.
TH *Technische Hochschule* Escuela Superior Técnica.
Tsd. *Tausend* mil.
TU *Technische Universität* Universidad Técnica.
TÜV *Technischer Überwachungsverein* Servicio de Inspección Técnica.
TV *Turnverein* Club de gimnasia; *Television* televisión.

U

u. *und* y.
u. a. *unter anderem* entre otras cosas; *unter anderen* entre otros; *und andere(s)* y otro(s).
u. ä. *und ähnliche(s)* y cosas semejantes.
u.a.m. *und andere(s) mehr* y otros más; etcétera.
u.A.w.g. *um Antwort wird gebeten* se ruega contestación.
u. dgl. (m.) *und dergleichen (mehr)* etcétera; y cosas análogas.
u.d.M. *unter dem Meeresspiegel* bajo el nivel del mar.
ü.d.M. *über dem Meeresspiegel* sobre el nivel del mar.
UdSSR *Union der Sozialistischen Sowjetrepubliken* Unión de Repúblicas Socialistas Soviéticas *(URSS)*.

u.E. *unseres Erachtens* a nuestro parecer.
UFO *Unbekanntes Flugobjekt* objeto volante no identificado (*OVNI*).
UKW *Ultrakurzwelle* onda ultracorta; frecuencia modulada.
U/min *Umdrehungen pro Minute* revoluciones por minuto.
UNESCO *United Nations Educational, Scientific and Cultural Organization* (*Organisation der Vereinten Nationen für Erziehung, Wissenschaft und Kultur*) Organización de las Naciones Unidas para la Educación, la Ciencia y la Cultura.
UNO *Organisation der Vereinten Nationen* Organización de las Naciones Unidas (*ONU*).
urspr. *ursprünglich* originalmente.
USA *United States of America* (*Vereinigte Staaten von Nordamerika*) Estados Unidos de América (*E.E.U.U.*).
usf. *und so fort* y así sucesivamente; etcétera.
usw. *und so weiter* etcétera.
u.U. *unter Umständen* tal vez, eventualmente.
u.ü.V. *unter üblichem Vorbehalt* salvo buen fin.
u.W. *unseres Wissens* a nuestro saber.

V

v. *von* de.
V *Volt* voltio.
V. *Vers* verso.
v.Chr. *vor Christus* antes de Jesucristo.
VEB *Volkeigener Betrieb* (*DDR*) empresa socializada (*RDA*).
Verf., Vf. *Verfasser* autor.
verh. *verheiratet* casado.
Verl. *Verlag* editorial, casa editorial.
verw. *verwitwet* viudo.
vgl. *vergleiche* compárese.
v.g.u. *vorgelesen, genehmigt, unterschrieben* leído, aprobado, firmado.
v.H. *vom Hundert* por ciento.
v.J. *vorigen Jahres* del año pasado.
v.M. *vorigen Monats* del mes pasado.
vorm. *vormals* antes; antaño; *vormittags* por la mañana.
Vors. *Vorsitzender* presidente.
v.T. *vom Tausend* por mil.
VW *Volkswagen* Volkswagen.

W

W *Westen* oeste.
WDR *Westdeutscher Rundfunk* Radio de la Alemania del Oeste.
WEU *Westeuropäische Union* Unión de Europa Occidental.
WEZ *Westeuropäische Zeit* hora de la Europa Occidental.
WGB *Weltgewerkschaftsbund* Federación Sindical Mundial (*FSM*).
w.o. *wie oben* como arriba.
WS *Wintersemester* semestre de invierno.
Wwe. *Witwe* viuda.
Wz. *Warenzeichen* marca registrada.

Z

z.B. *zum Beispiel* por ejemplo.
z.d.A. *zu den Akten* archívese.
ZDF *Zweites Deutsches Fernsehen* Segundo canal de la televisión alemana.
z.H(d). *zu Händen (von)* a manos de.
ZPO *Zivilprozeßordnung* Ley de enjuiciamiento civil.
z.S. *zur See* de Marina.
z.T. *zum Teil* en parte.
Ztg. *Zeitung* diario; periódico.
Ztr. *Zentner (50 kg)* quintal.
zus. *zusammen* junto.
zw. *zwischen* entre.
z.Z., z.Zt. *zur Zeit* actualmente.

Modelos
de declinación y conjugación
del idioma alemán

A. Declinación

Orden de los casos: *nom., gen., dat.* y *ac. sg.* y *pl.* – Sustantivos y adjetivos compuestos (v.gr. *Eisbär, Ausgang, abfällig*, etc.) se declinan como el último vocablo componente (*Bär, Gang, fällig*). Las letras entre paréntesis pueden omitirse.

I. Sustantivos y nombres propios

1 Bild ~(e)s[1] ~(e) ~
Bilder[2] ~ ~n ~
[1] *sólo es:* Geist, Geistes.
[2] **a, o, u > ä, ö, ü:** Rand, Ränder; Haupt, Häupter; Dorf, Dörfer; Wurm, Würmer.

2 Reis* ~es ~(e) ~
Reiser[1] ~ ~n ~
[1] **a, o > ä, ö:** Glas, Gläser; Haus, Häuser; Faß, Fässer; Schloß, Schlösser.
* **ß** (*precedida de vocal breve*) > **ss:** Faß, Fasse(s).

3 Arm ~(e)s[1,2] ~(e)[1] ~
Arme[3] ~ ~n ~
[1] *sin* **e:** Billard, Billard(s).
[2] *sólo* **es:** Maß, Maßes.
[3] **a, o, u > ä, ö, ü:** Gang, Gänge; Saal, Säle, Gebrauch, Gebräuche; Sohn, Söhne; Hut, Hüte.

4 Greis[1]* ~es ~(e) ~
Greise[2] ~ ~n ~
[1] **s > ss:** Kürbis, Kürbisse(s).
[2] **a, o, u > ä, ö, ü:** Hals, Hälse; Baß, Bässe; Schoß, Schöße; Fuchs, Füchse; Schuß, Schüsse.
* **ß** (*precedida de vocal breve*) > **ss:** Roß, Rosse(s).

5 Strahl ~(e)s[1,2] ~(e)[2] ~
Strahlen[3] ~ ~n ~
[1] *sólo* **es:** Schmerz, Schmerzes.
[2] *sin* **e:** Juwel, Juwel(s).
[3] *Sporn,* Sporen.

6 Lappen ~s ~ ~*
Lappen[1] ~ ~ ~
[1] **a, o > ä, ö:** Graben, Gräben; Boden, Böden.
* *Infinitivos sustantivados no forman pl.:* Befinden, Gehen, etc.

7 Maler ~s ~ ~
Maler[1] ~ ~ ~
[1] **a, o, u > ä, ö, ü:** Vater, Väter; Kloster, Klöster; Bruder, Brüder.

8 Untertan ~s ~ ~
Untertanen[1,2] ~ ~ ~
[1] *Con cambio de acento:* Pro'fessor, Profes'soren; 'Dämon, Dä'monen.
[2] *pl.* **ien:** Kolleg, Kollegien; Mineral, Mineralien.

9 Studium ~s ~ ~
Studien[1,2] ~ ~ ~
[1] **a y o(n) > en:** Drama, Dramen; Folio, Folien; Stadion, Stadien.
[2] **on** *y* **um > a:** Lexikon, Lexika; Faktum, Fakta.

10 Auge ~s ~ ~
Augen ~ ~ ~

11 Genie ~s[1]* ~ ~
Genies[2]* ~ ~ ~
[1] *Sin desinencia:* Bouillon, Diva, etc.
[2] *pl.* **s o ta:** Komma, Kommas o Kommata; *pero:* Klima, Klimate (3).
* *La* **s** *se pronuncia:* Genies: ʒe'ni:s.

12 Bär[1] ~en ~en ~en[2]
Bären ~ ~ ~
[1] **ß** (*precedida de vocal breve*) > **ss:** Genoß (= Genosse), Genossen.
[2] *Herr, sg.* Herrn; *Herz, gen.* Herzens, *ac.* Herz.

13 Knabe ~n[1] ~n ~n
Knaben ~ ~ ~
[1] **ns:** Name, Namens.

14 Trübsal ~ ~ ~
Trübsale[1],[2],[3] ~ ~n ~

[1] **a, o, u > ä, ö, ü:** Hand, Hände; Braut, Bräute; Not, Nöte; Luft, Lüfte; *sin* **e:** Tochter, Töchter; Mutter, Mütter; **ß** *(precedida de vocal breve)* **> ss:** Nuß, Nüsse.

[2] **s > ss:** Kenntnis, Kenntnisse; Nimbus, Nimbusse.

[3] **is** y **us > e:** Pluralis, Plurale; Kultus, Kulte; *con cambio de acento:* Di'akonus, Dia'kone.

---

15 Blume ~ ~ ~
Blumen ~ ~ ~

...**'ee:** [-e:], *pl.* -'e:ən], *v.gr.* I'dee, I'deen.

...**ie** { en sílaba tónica: [-'i:, *pl.* -'i:ən], *v.gr.* Batte'rie(n).
en sílaba átona: ['-jə, *pl.* '-jən], *v.gr.* Ar'terie(n).

---

16 Frau ~ ~ ~
Frauen[1],[2],[3] ~ ~ ~

[1] **in > innen:** Freundin, Freundinnen.

[2] **a, is, os** y **us > en:** Firma, Firmen; Krisis, Krisen; Epos, Epen; Genius, Genien; *con cambio de acento:* 'Heros, He'roen; Di'akonus, Dia'konen; 'Agens, A'genzien.

[3] **s** y **ß > ss:** Kirmes, Kirmessen; Meß, Messen.

---

17 **a)** *Los nombres propios con artículo definido* (22):

Friedrich ~ ~ ~
Friedriche[1],[2] ~ ~n ~
Elisabeth ~ ~ ~
Elisabethen[1] ~ ~ ~
Marie (15) ~ ~ ~
Marien[1] ~ ~ ~

[1] *El plural de los nombres de personas, países y poblaciones es poco usado.*

[2] *pl.* = *sg.*: Alexander (*dat.* Alexandern), Gretchen.

[3] *pl.* **s:** Paula, Paulas.

b) *Forman el gen. sg. en* **s:**

1. *Los nombres propios sin artículo definido:* Friedrichs, Paulas, (Friedrich von) Schillers, Deutschlands, Berlins;

2. *los nombres propios masculinos o neutros (excepto los nombres de poblaciones) con artículo definido y un adjetivo:* des braven Friedrichs Bruder, des jungen Deutschlands (Söhne).

Después de **s, ß, x** y **z** *el gen. sg. termina en* **ens** *o* ' (*en lugar de* ' *se prefiere el artículo definido o* **von**), *v.gr.* die Werke des (o von) Sokrates, Voß o Sokrates', Voß' (*no Sokratessens, raramente* Vossens) Werke; *sólo:* die Umgebung **von** Mainz. *Los nombres femeninos que terminan en una consonante o la vocal* **e** *forman el gen. sg. en* **(en)s** *o* **(n)s;** *en el dat. y ac. sg. tales nombres pueden terminar en* **(e)n** (*pl.* = 17a):

Fritz ~ens ~(en) ~(en)
Elisabeth ~(en)s ~(en) ~(en)
Marie ~(n)s ~(n) ~(n)

c) *Si al nombre propio se une un título, se declina:*

1. *sólo el título, si se emplea con artículo definido:*
der Kaiser Karl (der Große)
des ~s ~ (des ~n), etc.;

2. *sólo el (último) nombre, si se emplea sin artículo:*
Kaiser Karl (der Große)
~ ~s (des ~n), etc.
(pero: Herrn Lehmanns Brief).

II. Adjetivos y participios (también tomados como sustantivos*), pronombres, etc.

18

	m	f	n	pl.	
a) gut	er¹,²	~e	~es	~e†	sin artículo, detrás de preposiciones, pronombres personales y voces invariables
	en**	~er	~es**	~er	
	em	~er	~em	~en	
	en	~e	~es	~e	
b) gut	e¹,²	~e	~e	~en	con artículo definido (22) o con pronombre (21)
	en	~en	~en	~en	
	en	~en	~en	~en	
	en	~e	~e	~en	
c) gut	er¹,²	~e	~es	~en	con artículo indefinido o con pronombre (20)
	en	~en	~en	~en	
	en	~en	~en	~en	
	en	~e	~es	~en	

¹ **ß** (*precedida de vocal breve*) > **ss**: kraß, krasse(r, ~s, ~st, etc.).

² **a, o, u** > **ä, ö, ü** *formando el comp. y sup.*: alt, älter(e, ~es, etc.), ältest (der ~e, am ~en); grob, gröber(e, ~es, etc.), gröbst (der ~e, am ~en); kurz, kürzer(e, ~es, etc.), kürzest (der ~e, am ~en).

* *v.gr.* Böse(r) *su.*: der (die, eine) Böse, ein Böser; **Böse(s)** *n*: das Böse, *sin artículo* Böses; *también* Abgesandte(r) *su.*, Angestellte(r) *su.*, etc. *En algunos casos el uso varía.*

** *A veces el gen. sing. termina en* **es** *en lugar de* **en**: beim Vergessen empfangenes Guten, gutes (*o* guten) Mutes sein.

† *Se suprime una* **e**: böse, böse(r, ~s, ~st, etc.).

Grados de comparación

Las desinencias del grado comparativo y del superlativo son:

comp. **~er**: reich, reich**er**
sup. **~st**: schön, schön**st**   } *declinados según* (18[²]).

Después de vocales (excepto **e** [18†]) y después de **d, s, sch, ß, st, t, tz, x** y **z** el superlativo termina en **est**, pero en sílabas átonas después de **d, sch** y **t** generalmente en **st**: blau, blau**est**; rund, rund**est**; rasch, rasch**est**, etc.; *pero*: 'dringend, 'dringend**st**; 'närrisch, 'närrisch**(e)st**; ge'eignet, ge'eignet**st**.

Nota. – En los adjetivos terminados en **el, en** (*excepto* **nen**) y **er** (*v.gr.* dunkel, eben, heiter), *y además en los adjetivos posesivos* unser *y* euer (20) *se suprime en general la* **e** (*convirtiéndose* **ss** *en* **ß**: angemessen, angemeßner).

Flexión:

	e	**em**	**en**	**er**	**es**
+ **el** >	le	lem*	len*	ler	les
+ **en** >	(e)ne	(e)nem	(e)nen	(e)ner†	(e)nes
+ **er** >	(e)re	rem*	ren*	(e)rer†	(e)res

* *o* elm, eln, erm, ern; *v.gr.* **dunk|el**: ~le, ~lem (*o* ~elm), ~len (*o* ~eln), ~ler, ~les; **eb|en**: ~(e)ne, ~(e)nem, etc.; **heit|er**: ~(e)re, ~rem (*o* ~erm), etc.

† *El comp. declinado se forma en* **ner** *y* **rer** *solamente*: eben, ebnere(r, ~s, etc.); heiter, heitrere(r, ~s, etc.); *pero sup.* ebenst, heiterst.

19

	1ª pers. m,f,n	2ª pers. m,f,n	3ª pers. m	f	n
sg. {	ich meiner* mir mich	du deiner* dir dich	er seiner* ihm ihn	sie ihrer ihr sie	es seiner* ihm† es†
pl. {	wir unser uns uns	ihr euer euch euch		sie ihrer ihnen sie	(Sie) (Ihrer) (Ihnen)† (Sie)†

* *En poesía a veces sin desinencia*: gedenke mein!; *además* **es** *por* seiner *n*: ich bin es überdrüssig.

† *Forma reflexiva*: sich.

20

		m	f	n	pl.
mein dein sein (k)ein	{ es em en	~ ~er ~er ~e	~ ~es ~em ~	~e* ~en ~en ~e

* *El artículo indefinido* ein *no tiene plural*. — *En poesía* mein, dein *y* sein *pueden colocarse detrás del sustantivo, sin desinencias*: die Mutter (Kinder) mein, *o como predicado*: der Hut (die Tasche, das Buch) ist mein; *sin sustantivo*: (m)einer *m*, (m)eine *f*, (m)ein(e)s *n*, meine *pl*. (21), v. gr.: wem gehört der Hut (die Tasche, das Buch)? es ist meiner (meine, mein[e]s); *con artículo determinado*: der (die, das) meine, *pl* die meinen (18b); *o* der meinige, *etc*. (18b). *Respecto a* unser *y* euer *véase la nota* (18).

21

		m	f	n	pl.
dies jen manch welch	{ er es em en	~e ~er ~er ~e	~es* ~es ~em ~es*	~e** ~er¹ ~en¹ ~e

¹ **welche(r, ~s)** *como pronombre relativo: gen. sg. y pl.* dessen, deren, *dat. pl.* denen (23).

* *Cuando hace oficio de sustantivo, se prefiere* dies *a* dieses.

** manch, solch, welch *frecuentemente sin flexión*:

| manch
solch
welch | { guter
~en
~em | (ein guter)
(~es ~en)
(~em ~en)~e | Mann
~es
etc. (18). |

Igualmente all:

all der (dieser, mein) Schmerz
~ des (~es,   ~es)   ~es
etc.

22

m	f	n	pl.	
der	die	das	die¹	} artículo } definido
des	der	des	der
dem	der	dem	den
den	die	das	die

¹ derjenige; derselbe–desjenigen, demjenigen; desselben, demselben, etc. (18b).

---

23 Pronombre relativo

m	f	n	pl.
der	die	das	die
dessen*	deren	dessen*	deren¹
dem	der	dem	denen
den	die	das	die

¹ *también* derer, *cuando se emplea como pronombre demostrativo*.

* *también* des.

24

wer	was	jemand, niemand
wessen*	wessen	~(e)s
wem	–	~(em†)
wen	was	~(en†)

* *también* wes.

† *mejor sin desinencia*.

B. Conjugación

Advertencias generales. – En las tablas de conjugación (25 – 30) no figuran más que los verbos simples, y en la lista alfabética (pág. 1040–1045) los verbos compuestos sólo se incluyen, si no existe el verbo simple (v.gr. **beginnen**; *ginnen* no existe). Para informarse de la conjugación de cualquier verbo compuesto (con prefijo separable o inseparable, regular o irregular), hay que buscar el respectivo verbo simple.

Verbos con prefijo separable y acentuado como **'ab-**, **'an-**, **'auf-**, **'aus-**, **'bei-**, **be'vor-**, **'dar-**, **'ein-**, **em'por-**, **ent'gegen-**, **'fort-**, **'her-**, **he'rab-**, etc. e igualmente **'klar-**[legen], **'los-**[schießen], **'sitzen-**[bleiben], **über'hand-**[nehmen], **'rad-**[fahren], **'wunder-**[nehmen], etc. (pero no los verbos derivados de sustantivos compuestos como *be'antragen* de *'Antrag* o *be'ratschlagen* de *'Ratschlag*, etc.) admiten entre el prefijo tónico y la radical: la preposición **zu** (en el infinitivo y el participio de presente) y la sílaba **ge** (en el participio pasivo o de pretérito).

Los verbos con prefijo inseparable (*untr.*) y átono como **be-**, **emp-**, **ent-**, **er-**, **ge-**, **ver-**, **zer-** y en general **miß-** (aunque vaya acentuado) admiten la preposición **zu** delante del prefijo y pierden la sílaba **ge** en el participio pasivo o de pretérito. Los prefijos **durch-, hinter-, über-, um-, unter-, voll-, wi(e)der-** son separables, si llevan acento, e inseparables, si son átonos.

Ejemplos:

geben: *zu geben, zu gebend; gegeben; ich gebe, du gibst,* etc.;

'abgeben: *'abzugeben, 'abzugebend; 'abgegeben; ich gebe (du gibst,* etc.) *ab;*

ver'geben: *zu ver'geben, zu ver'gebend; ver'geben; ich ver'gebe, du ver'gibst,* etc.;

'umstellen: *'umzustellen, 'umzustellend; 'umgestellt; ich stelle (du stellst,* etc.) *um;*

um'stellen: *zu um'stellen, zu um'stellend; um'stellt; ich um'stelle, du um'stellst,* etc.

Las mismas reglas se observan, si el verbo admite dos prefijos, v.gr.

zu'rückbehalten [véase *halten*]: *zu'rückzubehalten, zu'rückzubehaltend; zu'rückbehalten; ich behalte (du behältst,* etc.) *zurück;*

wieder'aufheben [véase *heben*]: *wieder'aufzuheben, wieder'aufzubehend; wieder'aufgehoben; ich hebe (du hebst,* etc.) *wieder auf.*

Las formas entre paréntesis ( ) se emplean de modo análogo.

a) Conjugación débil

25   loben

prs. ind.	lobe	lobst	lobt
	loben	lobt	loben
prs. subj.	lobe	lobest	lobe
	loben	lobet	loben
impf. ind.	lobte	lobtest	lobte
y *subj.*	lobten	lobtet	lobten

imp.sg. lob(e), *pl.* lob(e)t, loben Sie; *inf.prs.* loben; *inf.pt.* gelobt haben; *part.prs.* lobend; *part.pt.* gelobt (18; 29**).

26   reden

prs. ind.	rede	redest	redet
	reden	redet	reden
prs. subj.	rede	redest	rede
	reden	redet	reden
impf. ind.	redete	redetest	redete
y *subj.*	redeten	redetet	redeten

imp.sg. rede, *pl.* redet, reden Sie; *inf.prs.* reden; *inf.pt.* geredet haben; *part.prs.* redend; *part.pt.* geredet (18; 29**).

27 reisen

prs. ind. { reise   reist*   reist
            { reisen reist   reisen

prs. subj. { reise   reisest reise
             { reisen reiset   reisen

impf. ind. { reiste   reistest reiste
y subj.   { reisten reistet   reisten

imp.sg. reise, *pl.* reist, reisen Sie; *inf.prs.* reisen; *inf.pt.* gereist sein; *part.prs.* reisend; *part.pt.* gereist (18; 29**).

* **s:** reisen, du reist (reisest); **sch:** naschen, naschst (naschest); **ß:** spaßen, spaßt (spaßest); **tz:** ritzen, ritzt (ritzest); **x:** hexen, hext (hexest); **z:** reizen, reizt (reizest).

28 fassen

prs. ind. { fasse faßt* faßt
           { fassen faßt   fassen

prs. subj. { fasse fassest fasse
            { fassen fasset   fassen

impf. ind. { faßte faßtest faßte
y subj.   { faßten faßtet   faßten

imp.sg. fasse (faß), *pl.* faßt, fassen Sie; *inf.prs.* fassen; *inf.pt.* gefaßt haben; *part.prs.* fassend; *part.pt.* gefaßt (18; 29**).

* du faßt (fassest).

29 handeln

prs. ind.

handle*   handelst   handelt
handeln handelt   handeln

prs. subj.

handle*   handelst   handle*
handeln handelt   handeln

impf. ind. y subj.

handelte   handeltest handelte
handelten handeltet   handelten

imp.sg. handle, *pl.* handelt, handeln Sie; *inf.prs.* handeln; *inf.pt.* gehandelt haben; *part.prs.* handelnd; *part.pt.* gehandelt (18; 29**).

* *También* handele; wandern, wand(e)re; *pero* bessern, bessere (beßre); donnern, donnere.

** *Sin* **ge**, *si la primera sílaba es átona, v.gr.* be'grüßen, be'grüßt; ent-'stehen, ent'standen; stu'dieren, stu'diert (*no* gestudiert); trom'peten, trom'petet (*igualmente si se antepone un prefijo acentuado:* 'austrompeten, 'austrompetet, *no* 'ausgetrompetet). *Algunos verbos «débiles» tienen en el part.pt. la desinencia* **en** *en lugar de* **t**, *v.gr.* mahlen – gemahlen. *En los verbos* brauchen, dürfen, heißen, helfen, hören, können, lassen, lehren, lernen, machen, mögen, müssen, sehen, sollen, wollen, *el part.pt. se cambia en inf.* (*sin* ge), *cuando se construye con otro inf., v.gr.* ich habe ihn singen hören, du hättest es tun können, er hat gehen müssen, ich hätte ihn laufen lassen sollen.

30 b) Conjugación fuerte

(véase la lista pág. 1040–1045)

fahren

prs. ind. { fahre fährst fährt
           { fahren fahrt   fahren

prs. subj. { fahre fahrest fahre
            { fahren fahret   fahren

impf. ind. { fuhr fuhrst* fuhr
            { fuhren fuhrt   fuhren

impf. subj { führe führest führe
            { führen führet   führen

imp.sg. fahr(e), *pl.* fahr(e)t, fahren Sie; *inf.prs.* fahren; *inf.pt.* gefahren haben o sein; *part.prs.* fahrend, *part.pt.* gefahren (18; 29**).

* *En la lista alfabética (pág. 1040–1045) no se menciona la 2ª persona del impf.ind., si se forma añadiendo* **st** *a la 1ª persona.*

Lista alfabética de los verbos alemanes irregulares

(*subj.* significa *impf. subj.* El *impf. ind.* alemán corresponde al *pt. perf.* y al *pt. impf.* del idioma español.)

backen *prs.* backe, bäckst (backst), bäckt (backt); *impf.* backte (buk); *subj.* backte (büke); *imp.* back(e); *part.pt.* gebacken.

befehlen *prs.* befehle, befiehlst, befiehlt; *impf.* befahl; *subj.* beföhle (befähle); *imp.* befiehl; *part.pt.* befohlen.

beginnen *prs.* beginne, beginnst, beginnt; *impf.* begann; *subj.* begänne (begönne); *imp.* beginn(e); *part.pt.* begonnen.

beißen *prs.* beiße, beißt, beißt; *impf.* biß, bissest; *subj.* bisse; *imp.* beiß(e); *part.pt.* gebissen.

bergen *prs.* berge, birgst, birgt; *impf.* barg; *subj.* bärge; *imp.* birg; *part.pt.* geborgen.

bersten *prs.* berste, birst, birst; *impf.* barst, barstest; *subj.* bärste; *imp.* birst; *part.pt.* geborsten.

bewegen *prs.* bewege, bewegst, bewegt; *impf.* bewegte (*fig.* bewog); *subj. fig.* bewöge; *imp.* beweg(e); *part.pt.* bewegt (*fig.* bewogen).

biegen *prs.* biege, biegst, biegt; *impf.* bog; *subj.* böge; *imp.* bieg(e); *part. pt.* gebogen.

bieten *prs.* biete, bietest, bietet; *impf.* bot, bot(e)st; *subj.* böte; *imp.* biet(e); *part.pt.* geboten.

binden *prs.* binde, bindest, bindet; *impf.* band, band(e)st; *subj.* bände; *imp.* bind(e); *part.pt.* gebunden.

bitten *prs.* bitte, bittest, bittet; *impf.* bat, bat(e)st; *subj.* bäte; *imp.* bitte (bitt); *part.pt.* gebeten.

blasen *prs.* blase, bläst, bläst; *impf.* blies, bliesest; *subj.* bliese; *imp.* blas(e); *part.pt.* geblasen.

bleiben *prs.* bleibe, bleibst, bleibt; *impf.* blieb, bliebst; *subj.* bliebe; *imp.* bleib(e); *part.pt.* geblieben.

braten *prs.* brate, brätst, brät; *impf.* brat(e); *part.pt.* gebraten.

brechen *prs.* breche, brichst, bricht; *impf.* brach; *subj.* bräche; *imp.* brich; *part.pt.* gebrochen.

brennen *prs.* brenne, brennst, brennt; *impf.* brannte; *subj.* brennte; *imp.* brenn(e); *part.pt.* gebrannt.

bringen *prs.* bringe, bringst, bringt; *impf.* brachte; *subj.* brächte; *imp.* bring(e); *part.pt.* gebracht.

denken *prs.* denke, denkst, denkt; *impf.* dachte; *subj.* dächte; *imp.* denk(e); *part.pt.* gedacht.

dingen *s.* dringen; *impf.* dingte (dang); *part.pt.* gedungen (gedingt).

dreschen *prs.* dresche, drischst, drischt; *impf.* drosch, drosch(e)st; *subj.* drösche; *imp.* drisch!; *part.pt.* gedroschen.

dringen *prs.* dringe, dringst, dringt; *impf.* drang, drangst; *subj.* dränge; *imp.* dring(e); *part.pt.* gedrungen.

dürfen *prs.* darf, darfst, darf, dürfen; *impf.* durfte; *subj.* dürfte; *imp.* —; *part.pt.* gedurft.

empfangen *s.* fangen; *part.pt.* empfangen.

empfehlen *prs.* empfehle, empfiehlst, empfiehlt; *impf.* empfahl; *subj.* empföhle (empfähle); *imp.* empfiehl!; *part.pt.* empfohlen.

empfinden *s.* finden; *part.pt.* empfunden.

erlöschen *prs.* erlösche, erlischst, erlischt; *impf.* erlosch, erlosch(e)st; *subj.* erlösche; *imp.* erlisch!; *part.pt.* erloschen.

erschrecken (*v/i.*) *prs.* erschrecke, erschrickst, erschrickt; *impf.* erschrak; *subj.* erschräke; *imp.* erschrick!; *part.pt.* erschrocken.

erwägen *prs.* erwäge, erwägst, erwägt; *impf.* erwog, erwogst; *subj.*

erwöge; *imp.* erwäg(e); *part.pt.* erwogen.
essen *prs.* esse, ißt, ißt; *impf.* aß, aßest; *subj.* äße; *imp.* iß; *part.pt.* gegessen.
fahren *prs.* fahre, fährst, fährt; *impf.* fuhr, fuhrst; *subj.* führe; *imp.* fahr(e); *part.pt.* gefahren.
fallen *prs.* falle, fällst, fällt; *impf.* fiel; *subj.* fiele; *imp.* fall(e); *part.pt.* gefallen.
fangen *prs.* fange, fängst, fängt; *impf.* fing; *subj.* finge; *imp.* fang(e); *part.pt.* gefangen.
fechten *prs.* fechte, fichtst, ficht; *impf.* focht, fochtest; *subj.* föchte; *imp.* ficht; *part.pt.* gefochten.
finden *prs.* finde, findest, findet; *impf.* fand, fand(e)st; *subj.* fände; *imp.* find(e); *part.pt.* gefunden.
flechten *prs.* flechte, flichtst, flicht; *impf.* flocht, flochtest; *subj.* flöchte; *imp.* flicht; *part.pt.* geflochten.
fliegen *prs.* fliege, fliegst, fliegt; *impf.* flog, flogst; *subj.* flöge; *imp.* flieg(e); *part.pt.* geflogen.
flieh(e)n *prs.* fliehe, fliehst, flieht; *impf.* floh, flohst; *subj.* flöhe; *imp.* flieh(e); *part.pt.* geflohen.
fließen *prs.* fließe, fließt, fließt; *impf.* floß, flossest; *subj.* flösse; *imp.* fließ(e); *part.pt.* geflossen.
fressen *prs.* fresse, frißt, frißt; *impf.* fraß, fraßest; *subj.* fräße; *imp.* friß; *part.pt.* gefressen.
frieren *prs.* friere, frierst, friert; *impf.* fror; *subj.* fröre; *imp.* frier(e); *part.pt.* gefroren.
gären *prs.* es gärt; *impf.* es gor (*bsd. fig.* gärte); *subj.* es göre (gärte); *imp.* gär(e); *part.pt.* gegoren (gegärt).
gebären *prs.* gebäre, gebärst (gebierst), gebärt (gebiert); *impf.* gebar; *subj.* gebäre; *imp.* gebär(e) (gebier); *part.pt.* geboren.
geben *prs.* gebe, gibst, gibt; *impf.* gab; *subj.* gäbe; *imp.* gib; *part.pt.* gegeben.
gedeihen *prs.* gedeihe, gedeihst, gedeiht; *impf.* gedieh; *subj.* gediehe; *imp.* gedeih(e); *part.pt.* gediehen.
geh(e)n *prs.* gehe, gehst, geht; *impf.* ging; *subj.* ginge; *imp.* geh(e); *part.pt.* gegangen.
gelingen *prs.* es gelingt; *impf.* es gelang; *subj.* es gelänge; *imp.* geling(e); *part.pt.* gelungen.
gelten *prs.* gelte, giltst, gilt; *impf.* galt, galt(e)st; *subj.* gälte (gölte); *imp.* gilt; *part.pt.* gegolten.
genesen *prs.* genese, gene(se)st, genest; *impf.* genas, genasest; *subj.* genäse; *imp.* genese; *part.pt.* genesen.
genießen *prs.* genieße, genießt, genießt; *impf.* genoß, genossest; *subj.* genösse; *imp.* genieß(e); *part.pt.* genossen.
geschehen *prs.* es geschieht; *impf.* es geschah; *subj.* es geschähe; *imp.* —; *part.pt.* geschehen.
gewinnen *prs.* gewinne, gewinnst, gewinnt; *impf.* gewann, gewannst; *subj.* gewönne (gewänne); *imp.* gewinn(e); *part.pt.* gewonnen.
gießen *prs.* gieße, gießt, gießt; *impf.* goß, gossest; *subj.* gösse; *imp.* gieß(e); *part.pt.* gegossen.
gleichen *prs.* gleiche, gleichst, gleicht; *impf.* glich, glichst; *subj.* gliche; *imp.* gleich(e); *part.pt.* geglichen.
gleiten *prs.* gleite, gleitest, gleitet; *impf.* glitt, glitt(e)st; *subj.* glitte; *imp.* gleit(e); *part.pt.* geglitten.
glimmen *prs.* es glimmt; *impf.* es glomm (glimmte); *subj.* es glömme (glimmte); *imp.* glimm(e); *part.pt.* geglommen (geglimmt).
graben *prs.* grabe, gräbst, gräbt; *impf.* grub, grubst; *subj.* grübe; *imp.* grab(e); *part.pt.* gegraben.
greifen *prs.* greife, greifst, greift; *impf.* griff, griffst; *subj.* griffe; *imp.* greif(e); *part.pt.* gegriffen.
haben *prs.* habe, hast, hat; *impf.* hatte; *subj.* hätte; *imp.* hab(e); *part.pt.* gehabt.
halten *prs.* halte, hältst, hält; *impf.* hielt, hielt(e)st; *subj.* hielte; *imp.* halt(e); *part.pt.* gehalten.
hängen (*v/i.*) *prs.* hänge, hängst, hängt; *impf.* hing, hingst; *subj.* hinge; *imp.* häng(e); *part.pt.* gehangen.
hauen *prs.* haue, haust, haut; *impf.* haute (hieb); *subj.* haute (hiebe); *imp.* hau(e); *part.pt.* gehauen.
heben *prs.* hebe, hebst, hebt; *impf.* hob, hobst; *subj.* höbe; *imp.* heb(e); *part.pt.* gehoben.
heißen *prs.* heiße, heißt, heißt; *impf.* hieß, hießest; *subj.* hieße; *imp.* heiß(e); *part.pt.* geheißen.
helfen *prs.* helfe, hilfst, hilft; *impf.* half, halfst; *subj.* hülfe; *imp.* hilf; *part.pt.* geholfen.

kennen *prs.* kenne, kennst, kennt; *impf.* kannte; *subj.* kennte; *imp.* kenn(e); *part.pt.* gekannt.

klimmen *prs.* klimme, klimmst, klimmt; *impf.* klomm (klimmte); *subj.* klömme (klimmte); *imp.* klimm(e); *part.pt.* geklommen (geklimmt).

klingen *prs.* klinge, klingst, klingt; *impf.* klang, klangst; *subj.* klänge; *imp.* kling(e); *part.pt.* geklungen.

kneifen *prs.* kneife, kneifst, kneift; *impf.* kniff, kniffst; *subj.* kniffe; *imp.* kneif(e); *part.pt.* gekniffen.

kommen *prs.* komme, kommst, kommt; *impf.* kam; *subj.* käme; *imp.* komm(e); *part.pt.* gekommen.

können *prs.* kann, kannst, kann, können; *impf.* konnte; *subj.* könnte; *imp.* —; *part.pt.* gekonnt.

kriechen *prs.* krieche, kriechst, kriecht; *impf.* kroch; *subj.* kröche; *imp.* kriech(e); *part.pt.* gekrochen.

laden *prs.* lade, lädst, lädt; *impf.* lud, lud(e)st; *subj.* lüde; *imp.* lad(e); *part.pt.* geladen.

lassen *prs.* lasse, läßt, läßt; *impf.* ließ, ließest; *subj.* ließe; *imp.* laß (lasse), *part.pt.* gelassen.

laufen *prs.* laufe, läufst, läuft; *impf.* lief, liefst; *subj.* liefe; *imp.* lauf(e); *part.pt.* gelaufen.

leiden *prs.* leide, leidest, leidet; *impf.* litt, litt(e)st; *subj.* litte; *imp.* leid(e); *part.pt.* gelitten.

leihen *prs.* leihe, leihst, leiht; *impf.* lieh, lieh(e)st; *subj.* liehe; *imp.* leih(e); *part.pt.* geliehen.

lesen *prs.* lese, liest, liest; *impf.* las, lasest; *subj.* läse; *imp.* lies; *part.pt.* gelesen.

liegen *prs.* liege, liegst, liegt; *impf.* lag, lagst; *subj.* läge; *imp.* lieg(e); *part.pt.* gelegen.

lügen *prs.* lüge, lügst, lügt; *impf.* log, logst; *subj.* löge; *imp.* lüg(e); *part.pt.* gelogen.

meiden *prs.* meide, meidest, meidet; *impf.* mied, mied(e)st; *subj.* miede; *imp.* meid(e); *part.pt.* gemieden.

melken *prs.* melke, melkst, melkt; *impf.* melkte (molk); *subj.* mölke; *imp.* melk(e); *part.pt.* gemolken (gemelkt).

messen *prs.* messe, mißt, mißt; *impf.* maß, maßest; *subj.* mäße; *imp.* miß; *part.pt.* gemessen.

mißlingen *prs.* es mißlingt; *impf.* es mißlang; *subj.* es mißlänge; *imp.* —; *part.pt.* mißlungen.

mögen *prs.* mag, magst, mag, mögen; *impf.* mochte; *subj.* möchte; *imp.* —; *part.pt.* gemocht.

müssen *prs.* muß, mußt, muß, müssen, müßt, müssen; *impf.* mußte; *subj.* müßte; *imp.* müsse; *part.pt.* gemußt.

nehmen *prs.* nehme, nimmst, nimmt; *impf.* nahm, nahmst; *subj.* nähme; *imp.* nimm; *part.pt.* genommen.

nennen *prs.* nenne, nennst, nennt; *impf.* nannte; *subj.* nennte; *imp.* nenn(e); *part.pt.* genannt.

pfeifen *prs.* pfeife, pfeifst, pfeift; *impf.* pfiff, pfiffst; *subj.* pfiffe; *imp.* pfeif(e); *part.pt.* gepfiffen.

preisen *prs.* preise, preist, preist; *impf.* pries, priesest; *subj.* priese; *imp.* preis(e); *part.pt.* gepriesen.

quellen (*v/i.*) *prs.* quelle, quillst, quillt; *impf.* quoll; *subj.* quölle; *imp.* quill; *part.pt.* gequollen.

raten *prs.* rate, rätst, rät; *impf.* riet, riet(e)st; *subj.* riete; *imp.* rat(e); *part.pt.* geraten.

reiben *prs.* reibe, reibst, reibt; *impf.* rieb, riebst; *subj.* riebe; *imp.* reib(e); *part.pt.* gerieben.

reißen *prs.* reiße, reißt, reißt; *impf.* riß, rissest; *subj.* risse; *imp.* reiß(e); *part.pt.* gerissen.

reiten *prs.* reite, reitest, reitet; *impf.* ritt, ritt(e)st; *subj.* ritte; *imp.* reit(e); *part.pt.* geritten.

rennen *prs.* renne, rennst, rennt; *impf.* rannte; *subj.* rennte; *imp.* renn(e); *part.pt.* gerannt.

riechen *prs.* rieche, riechst, riecht; *impf.* roch; *subj.* röche; *imp.* riech(e); *part.pt.* gerochen.

ringen *prs.* ringe, ringst, ringt; *impf.* rang; *subj.* ränge; *imp.* ring(e); *part.pt.* gerungen.

rinnen *prs.* es rinnt; *impf.* es rann; *subj.* es ränne; *imp.* rinn(e); *part.pt.* geronnen.

rufen *prs.* rufe, rufst, ruft; *impf.* rief, riefst; *subj.* riefe; *imp.* ruf(e); *part.pt.* gerufen.

saufen *prs.* saufe, säufst, säuft; *impf.* soff, soffst; *subj.* söffe; *imp.* sauf(e); *part.pt.* gesoffen.

saugen *prs.* sauge, saugst, saugt; *impf.* sog (saugte); *subj.* söge; *imp.* saug(e); *part.pt.* gesogen (gesaugt).

schaffen (er~) *prs.* schaffe, schaffst, schafft; *impf.* schuf, schufst; *subj.* schüfe; *imp.* schaff(e); *part.pt.* geschaffen.

scheiden *prs.* scheide, scheidest, scheidet; *impf.* schied, schied(e)st; *subj.* schiede; *imp.* scheid(e); *part.pt.* geschieden.

scheinen *prs.* scheine, scheinst, scheint; *impf.* schien, schienst; *subj.* schiene; *imp.* schein(e); *part.pt.* geschienen.

schelten *prs.* schelte, schiltst, schilt; *impf.* schalt, schalt(e)st; *subj.* schölte; *imp.* schilt; *part.pt.* gescholten.

scheren *prs.* schere, scherst, schert; *impf.* schor, schorst; *subj.* schöre; *imp.* scher(e); *part.pt.* geschoren.

schieben *prs.* schiebe, schiebst, schiebt; *impf.* schob, schobst; *subj.* schöbe; *imp.* schieb(e); *part.pt.* geschoben.

schießen *prs.* schieße, schießt, schießt; *impf.* schoß, schossest; *subj.* schösse; *imp.* schieß(e); *part.pt.* geschossen.

schinden *prs.* schinde, schindest, schindet; *impf.* schindete; *imp.* schind(e); *part.pt.* geschunden.

schlafen *prs.* schlafe, schläfst, schläft; *impf.* schlief, schliefst; *subj.* schliefe; *imp.* schlaf(e); *part.pt.* geschlafen.

schlagen *prs.* schlage, schlägst, schlägt; *impf.* schlug, schlugst; *subj.* schlüge; *imp.* schlag(e); *part.pt.* geschlagen.

schleichen *prs.* schleiche, schleichst, schleicht; *impf.* schlich, schlichst; *subj.* schliche; *imp.* schleich(e); *part.pt.* geschlichen.

schleifen *prs.* schleife, schleifst, schleift; *impf.* schliff, schliffst; *subj.* schliffe; *imp.* schleif(e); *part.pt.* geschliffen.

schließen *prs.* schließe, schließt, schließt; *impf.* schloß, schlossest; *subj.* schlösse; *imp.* schließ(e); *part.pt.* geschlossen.

schlingen *prs.* schlinge, schlingst, schlingt; *impf.* schlang, schlangst; *subj.* schlänge; *imp.* schling(e); *part.pt.* geschlungen.

schmeißen *prs.* schmeiße, schmeißt, schmeißt; *impf.* schmiß, schmissest; *subj.* schmisse; *imp.* schmeiß(e); *part.pt.* geschmissen.

schmelzen *prs.* schmelze, schmilzt, schmilzt; *impf.* schmolz, schmolzest; *subj.* schmölze; *imp.* schmilz; *part.pt.* geschmolzen.

schneiden *prs.* schneide, schneidest, schneidet; *impf.* schnitt, schnitt(e)st; *subj.* schnitte; *imp.* schneid(e); *part.pt.* geschnitten.

schreiben *prs.* schreibe, schreibst, schreibt; *impf.* schrieb, schriebst; *subj.* schriebe; *imp.* schreib(e); *part.pt.* geschrieben.

schreien *prs.* schreie, schreist, schreit; *impf.* schrie, schriest; *subj.* schriee; *imp.* schrei(e); *part.pt.* geschrie(e)n.

schreiten *prs.* schreite, schreitest, schreitet; *impf.* schritt, schritt(e)st; *subj.* schritte; *imp.* schreit(e); *part.pt.* geschritten.

schweigen *prs.* schweige, schweigst, schweigt; *impf.* schwieg, schwiegst; *subj.* schwiege; *imp.* schweig(e); *part.pt.* geschwiegen.

schwellen *prs.* schwelle, schwillst, schwillt; *impf.* schwoll, schwollst; *subj.* schwölle; *imp.* schwill; *part.pt.* geschwollen.

schwimmen *prs.* schwimme, schwimmst, schwimmt; *impf.* schwamm, schwammst; *subj.* schwömme (schwämme); *imp.* schwimm(e); *part.pt.* geschwommen.

schwinden *prs.* schwinde, schwindest, schwindet; *impf.* schwand, schwand(e)st; *subj.* schwände; *imp.* schwind(e); *part.pt.* geschwunden.

schwingen *prs.* schwinge, schwingst, schwingt; *impf.* schwang, schwangst; *subj.* schwänge; *imp.* schwing(e); *part.pt.* geschwungen.

schwören *prs.* schwöre, schwörst, schwört; *impf.* schwor (schwur); *subj.* schwüre; *imp.* schwör(e); *part.pt.* geschworen.

sehen *prs.* sehe, siehst, sieht; *impf.* sah; *subj.* sähe; *imp.* sieh (*Hinweis, Ausruf:* siehe); *part.pt.* gesehen.

sein *prs.* bin, bist, ist, sind, seid, sind; *subj. prs.* sei, sei(e)st, sei, seien, seiet, seien; *impf.* war, warst, war, waren; *subj.* wäre; *imp.* sei, seid; *part.pt.* gewesen.

senden *prs.* sende, sendest, sendet; *impf.* sandte (sendete*); *subj.* sendete; *imp.* send(e); *part.pt.* gesandt (gesendet*).

*Radio.

sieden *prs.* siede, siedest, siedet; *impf.* sott (siedete), sottest (siedetest); *subj.* sötte (siedete); *imp.* sied(e); *part.pt.* gesotten (gesiedet).

singen *prs.* singe, singst, singt; *impf.* sang, sangst; *subj.* sänge; *imp.* sing(e); *part.pt.* gesungen.

sinken *prs.* sinke, sinkst, sinkt; *impf.* sank, sankst; *subj.* sänke; *imp.* sink(e); *part.pt.* gesunken.

sinnen *prs.* sinne, sinnst, sinnt; *impf.* sann, sannst; *subj.* sänne; *imp.* sinn(e); *part.pt.* gesonnen.

sitzen *prs.* sitze, sitzt, sitzt; *impf.* saß, saßest; *subj.* säße; *imp.* sitz(e); *part.pt.* gesessen.

sollen *prs.* soll, sollst, soll; *impf.* sollte; *subj.* sollte; *imp.* —; *part.pt.* gesollt.

speien *prs.* speie, speist, speit; *impf.* spie; *subj.* spiee; *imp.* spei(e); *part.pt.* gespie(e)n.

spinnen *prs.* spinne, spinnst, spinnt; *impf.* spann, spannst; *subj.* spönne (spänne); *imp.* spinn(e); *part.pt.* gesponnen.

sprechen *prs.* spreche, sprichst, spricht; *impf.* sprach, sprachst; *subj.* spräche; *imp.* sprich; *part.pt.* gesprochen.

sprießen *prs.* es sprießt; *impf.* es sproß; *subj.* es srösse; *imp.* sprieß(e); *part.pt.* gesprossen.

springen *prs.* springe, springst, springt; *impf.* sprang, sprangst; *subj.* spränge; *imp.* spring(e); *part.pt.* gesprungen.

stechen *prs.* steche, stichst, sticht; *impf.* stach, stachst; *subj.* stäche; *imp.* stich; *part.pt.* gestochen.

steh(e)n *prs.* stehe, stehst, steht; *impf.* stand, stand(e)st; *subj.* stünde (stände); *imp.* steh(e); *part.pt.* gestanden.

stehlen *prs.* stehle, stiehlst, stiehlt; *impf.* stahl; *subj.* stähle; *imp.* stiehl; *part.pt.* gestohlen.

steigen *prs.* steige, steigst, steigt; *impf.* stieg, stiegst; *subj.* stiege; *imp.* steig(e); *part.pt.* gestiegen.

sterben *prs.* sterbe, stirbst, stirbt; *impf.* starb, starbst; *subj.* stürbe; *imp.* stirb; *part.pt.* gestorben.

stinken *prs.* stinke, stinkst, stinkt; *impf.* stank, stankst; *subj.* stänke; *imp.* stink(e); *part.pt.* gestunken.

stoßen *prs.* stoße, stößt, stößt; *impf.* stieß, stießest; *subj.* stieße; *imp.* stoß(e); *part.pt.* gestoßen.

streichen *prs.* streiche, streichst, streicht; *impf.* strich, strichst; *subj.* striche; *imp.* streich(e); *part.pt.* gestrichen.

streiten *prs.* streite, streitest, streitet; *impf.* stritt, stritt(e)st; *subj.* stritte; *imp.* streit(e); *part.pt.* gestritten.

tragen *prs.* trage, trägst, trägt; *impf.* trug, trugst; *subj.* trüge; *imp.* trag(e); *part.pt.* getragen.

treffen *prs.* treffe, triffst, trifft; *impf.* traf, trafst; *subj.* träfe; *imp.* triff; *part.pt.* getroffen.

treiben *prs.* treibe, treibst, treibt; *impf.* trieb, triebst; *subj.* triebe; *imp.* treib(e); *part.pt.* getrieben.

treten *prs.* trete, trittst, tritt; *impf.* trat, trat(e)st; *subj.* träte; *imp.* tritt; *part.pt.* getreten.

trinken *prs.* trinke, trinkst, trinkt; *impf.* trank, trankst; *subj.* tränke; *imp.* trink(e); *part.pt.* getrunken.

trügen *prs.* trüge, trügst, trügt; *impf.* trog, trogst; *subj.* tröge; *imp.* trüg(e); *part.pt.* getrogen.

tun *prs.* tue, tust, tut, tun, tut; *impf.* tat, tat(e)st; *subj.* täte; *imp.* tu(e); *part.pt.* getan.

verderben *prs.* verderbe, verdirbst, verdirbt; *impf.* verdarb; *subj.* verdürbe; *imp.* verdirb; *part.pt.* verdorben.

verdrießen *prs.* verdrieße, verdrießt, verdrießt; *impf.* verdroß, verdrossest; *subj.* verdrösse; *imp.* verdrieß(e); *part.pt.* verdrossen.

vergessen *prs.* vergesse, vergißt, vergißt; *impf.* vergaß, vergaßest; *subj.* vergäße; *imp.* vergiß; *part.pt.* vergessen.

verlieren *prs.* verliere, verlierst, verliert; *impf.* verlor; *subj.* verlöre; *imp.* verlier(e); *part.pt.* verloren.

wachsen (*v/i.*) *prs.* wachse, wächst, wächst; *impf.* wuchs, wuchsest; *subj.* wüchse; *imp.* wachs(e); *part. pt.* gewachsen.

wägen 1. *s.* erwägen; 2. abwägen: *impf.* wägte (wog) ab; *part.pt.* abgewägt (abgewogen).

waschen *prs.* wasche, wäschst, wäscht; *impf.* wusch, wuschest; *subj.* wüsche; *imp.* wasch(e); *part. pt.* gewaschen.

weichen (*v/i.*) *prs.* weiche, weichst, weicht; *impf.* wich, wichst; *subj.*

wiche; *imp.* weich(e); *part.pt.* gewichen.
weisen *prs.* weise, weist, weist; *impf.* wies, wiesest; *subj.* wiese; *imp.* weis(e); *part.pt.* gewiesen.
wenden *prs.* wende, wendest, wendet; *impf.* wandte (wendete); *subj.* wendete; *imp.* wend(e); *part.pt.* gewandt (gewendet).
werben *prs.* werbe, wirbst, wirbt; *impf.* warb; *subj.* würbe; *imp.* wirb; *part.pt.* geworben.
werden *prs.* werde, wirst, wird; *impf.* wurde, wurdest; *subj.* würde; *imp.* werd(e); *part.pt.* geworden (worden*).
werfen *prs.* werfe, wirfst, wirft; *impf.* warf, warfst; *subj.* würfe; *imp.* wirf; *part.pt.* geworfen.
wiegen *prs.* wiege, wiegst, wiegt; *impf.* wog; *subj.* wöge; *imp.* wieg(e); *part.pt.* gewogen.
winden *prs.* winde, windest, windet; *impf.* wand, wandest; *subj.* wände; *imp.* wind(e); *part.pt.* gewunden.
wissen *prs.* weiß, weißt, weiß, wissen, wißt, wissen; *impf.* wußte; *subj.* wüßte; *imp.* wisse; *part.pt.* gewußt.
wollen *prs.* will, willst, will, wollen; *impf.* wollte; *subj.* wollte; *imp.* wolle; *part.pt.* gewollt.
wringen *prs.* wringe, wringst, wringt; *impf.* wrang; *subj.* wränge; *imp.* wring(e); *part.pt.* gewrungen.
zeihen (ver-) *prs.* zeihe, zeihst, zeiht; *impf.* zieh, ziehst; *subj.* ziehe; *imp.* zeih(e); *part.pt.* geziehen.
ziehen *prs.* ziehe, ziehst, zieht; *impf.* zog, zogst; *subj.* zöge; *imp.* zieh(e); *part.pt.* gezogen.
zwingen *prs.* zwinge, zwingst, zwingt; *impf.* zwang, zwangst; *subj.* zwänge; *imp.* zwing(e); *part.pt.* gezwungen.

*Construido con el *part.pt.* de otros verbos.

Normas generales para la pronunciación alemana

A 1. La lengua alemana posee vocales largas, breves y semilargas.

2. Las vocales breves son siempre abiertas: [ɛ] [œ] [i] [y] [ɔ] [u]

3. Las vocales largas y semilargas, excepto [ɛ], siempre son cerradas:
[e:] [ø:] [i:] [y:] [o:] [u:]
[e·] [ø·] [i·] [y·] [o·] [u·]

Excepciones: [ɛ:] [ɛ·]

4. En palabras de origen extranjero se hallan en la sílaba postónica, es decir, en la que sigue a la sílaba acentuada, vocales breves que apenas se pronuncian por no constituir sílaba propia: [ĭ] [y̆] [ŭ] [ŏ]

5. La **a** alemana es neutra, es decir, tanto si es larga como breve su sonido se mantiene equidistante de la **o** y de la **e**. Sin embargo, por lo general la **a** larga se pronuncia en un tono más profundo que la breve y la semilarga.

La **a** larga y profunda (semivelar) está representada por [ɑ:] y la **a** breve y la semilarga clara (semipalatal) por [a] y [a·] respectivamente.

6. En los prefijos **be-** y **ge-** y los sufijos que preceden a **-l, -ln, -lst, -m, -n, -nd, -nt, [-r, -rm, -rn, -rt, -rst]*)**, **-s** así como al final de palabra (**-e**) la **e** se pronuncia como una especie de vocal mixta con efecto fonético poco definido: [ə]

B La ortografía alemana se ajusta, en parte, a la tradición histórica y también, parcialmente, a la pronunciación efectiva. No obstante, es posible establecer determinadas normas con arreglo a las cuales se logra una correcta pronunciación de la mayoría de las palabras alemanas:

1. Las vocales siempre son breves cuando preceden a consonantes dobles como, por ejemplo, **ff, mm, tt, ss****) y **ck** (en lugar de **kk**); también son breves, generalmente, cuando preceden a dos o más consonantes.

offen [ˈʔɔfən]
lassen [ˈlasən]
Acker [ˈʔakər]
oft [ʔoftˑ]

Las excepciones figuran señaladas en el vocabulario con la indicación de la vocal larga: Jagd [jɑːktˑ]

---

*) Véase **E** 7c.   **) Respecto a **ß** véase **B** 2e.

2. Las vocales son largas
   a) en las sílabas abiertas y acentuadas: Ware [ˈvɑːrə]
      Si la vocal es larga en el infinitivo de los verbos débiles conservará también ese carácter en las demás formas verbales de los mismos:

      sagen [ˈzaːgən]
      sagte [ˈzaːktə]
      gesagt [gəˈzaːktˈ]

   b) cuando figuran duplicadas: Paar [pˈɑːr]
   c) cuando van seguidas de **h** muda: Bahn [baːn]
   d) cuando van seguidas de una sola consonante: Tag [tˈɑːkˈ]

   Excepciones:
   ab [ˀapˈ] bis [bis] hin [hin] in [ˀin] man [man] mit [mitˈ] ob [ˀɔpˈ] um [ˀum] -nis [-nis] ver- [fɛr-] zer- [tsɛr-] bin [bin] zum [tsum] das [das] an [ˀan] von [fɔn] un- [ˀun-] wes [vɛs] was [vas] es [ˀɛs] des [dɛs] weg [vɛkˈ]
   y en algunas palabras compuestas como, por ejemplo: Walnuß [ˈvalnus]
   grüßen [ˈgryːsən]

   e) delante de **ß** intervocálica:
      La ortografía alemana prescribe que al final de palabra se emplee siempre la letra **ß** y en ningún caso dos eses: Schluß [ʃlus]

      Para determinar si la vocal precedente a una **ß** final es larga o breve bastará formar el plural de la palabra correspondiente si ésta es un substantivo o formar el comparativo de la misma si se tratara de un adjetivo; si hecho esto la **ß** se mantiene como tal, en el plural o en el comparativo formados, la vocal en cuestión es larga:

      Gruß [uː] – Grüße [yː]
      groß [oː] – größer [øː]

      Si el plural o, en su caso, el comparativo correspondiente se escribieran con **ss**, la vocal será breve tanto en el singular, o en la forma positiva del adjetivo, como en el plural o en el comparativo:

      Faß [a] - Fässer [ɛ]
      naß [a] - nässer [ɛ]

   f) Como la **ch** y la **sch** no se duplican nunca, no es posible precisar si la vocal que precede a estos grupos de letras es larga o breve. Por lo general es breve:

      Bach [bax]
      Wäsche [ˈvɛʃə]

      Las excepciones figuran señaladas en el vocabulario con la indicación de la vocal larga: Buch [buːx]

3. Las vocales semilargas se encuentran exclusivamente en las sílabas átonas o no acentuadas; en la mayor parte de los casos se trata de palabras de origen extranjero:

   vielleicht [fiˑˈlaɪçtˈ]
   monoton [moˑnoˑˈtˈoːn]

C El idioma alemán tiene tres diptongos: au [aʊ]
ai, ei, ey [aɪ]
äu, eu, oi [ɔy]

La primera vocal del diptongo se pronuncia más fuerte que la segunda. La segunda vocal es muy abierta, es decir, la **u** abierta [ʊ] en **au** [aʊ] se aproxima a lo **o** cerrada [o] y la **i** abierta [ɪ] en **ei, ai** y **ey** [aɪ] a la **e** cerrada [e]; en el caso de **äu, eu, oi** [ɔy] se opera un ligero redondeo hacia **ö** [ø]. Por esta razón muchas veces no se escribe [aʊ], [aɪ], [ɔy] sino [ao], [ae], [ɔø].

D Vocales nasales sólo se hallan en palabras originariamente francesas; en posición tónica o acentuada son largas, a diferencia muchas veces del francés, y en posición átona o no acentuada son semilargas.

En las palabras de uso corriente las vocales nasales son sustituidas por el correspondiente vocal pura seguida de la consonante oclusiva nasal [ŋ]. La pronunciación de estas palabras va indicada aquí tal como son expresadas en el lenguaje alemán culto y no con sujeción estricta a reglas teóricas: Waggon [vaˈgɔŋ]

E Exponemos a continuación algunas particularidades relativas a consonantes alemanas aisladas y al valor fonético de las mismas según el lugar que ocupen en la palabra.

1. Las vocales tónicas iniciales de palabra van precedidas de una especie de sonido gutural oclusivo, equivalente en inglés al *glottal stop* y en francés al *coup de glotte* y que también muestra gran analogía con el *stød* danés y con el *hamza* árabe: [ʔ]

   En la ortografía alemana no se indica con ningún signo este sonido. Si se produce en el interior de una palabra (después de un prefijo) va señalado en el vocabulario con un corto trazo de unión: ab-arbeiten
   [ˈʔapˈʔarbaɪtən]

2. La **h** se pronuncia en alemán:
   a) cuando es inicial de palabra: hinein [hiˈnaɪn]
   b) cuando precede a una vocal tónica; delante de vocales que forman parte de una sílaba radical, en cuyo caso llevan también un acento secundario:

   Halt [halt]
   anhalten
   [ˈʔanhaltən]

   c) en palabras de diversa especie, particularmente en voces de origen extranjero: Uhu [ˈʔuːhuˑ]
   Alkohol
   [ˈʔalkˈoˈhoːl]

   En los restantes casos la **h** es muda: gehen [ˈgeːən]
   sehen [ˈzeːən]
   Ehe [ˈʔeːə]

3. **p – t – k**

En las posiciones señaladas a continuación estas consonantes oclusivas sordas son aspiradas, es decir, su pronunciación va unida con una aspiración claramente audible después de rota la oclusión.

La aspiración se produce:

a) al comienzo de palabra delante de vocal o bien delante de **l, n, r** y **v** (en **qu-**): Pech [pʻɛç]
Plage [pʻˈlɑːgə]
Kreis [kʻraɪs]
Quelle [ˈkʻvɛlə]

b) en la sílaba acentuada en el interior de la palabra: ertragen [ɛrˈtʻrɑːgən]

c) en las palabras extranjeras delante de vocal y también en las sílabas átonas: Krokodil [kʻroˑkʻoˈdiːl]

d) al final de palabra: Rock [rɔkʻ]

En los demás casos **p, t** y **k** no son aspiradas o lo son muy débilmente.

4. **b – d – g**

Estas oclusivas sonoras se transforman en sordas al final de palabra: ab [ˀapʻ]
und [ˀuntʻ]
Weg [veːkʻ]

Los grupos de consonantes **-gd, -bt** y **-gt** experimentan la misma transformación: Jagd [jɑːktʻ]
gibt [giːptʻ]
gesagt [gəˈzɑːktʻ]

Al final de sílaba y precediendo a una consonante de la sílaba siguiente **b, d, g** se pronuncian sin vibración; la transcripción fonética de estas consonantes será, respectivamente: [p], [t], [k]: ablaufen [ˀˈʔaplaʊfən]
endgültig [ˀˈʔɛntɡʏltɪç]
weggehen [ˈvɛkɡeːən]

5. Cuando se encuentran dos oclusivas sordas iguales pero pertenecientes a dos sílabas distintas (por ejemplo, **-tt-**) sólo una de ellas será pronunciada claramente y con una ligera prolongación en su articulación bucal. Al pronunciar, por ejemplo, la palabra «Bettuch» se hará una breve vacilación después de **-t-** antes de pronunciar la **-u-** siguiente. De este modo se produce una sola oclusiva con subsiguiente aspiración: Bettuch [ˈbɛttʻuːx]
Handtuch [ˈhanttʻuːx]

6. Cuando a una consonante sorda sigue otra sonora situada al comienzo de la sílaba siguiente no se produce asimilación alguna en ningún sentido, esto es, ni la consonante sorda da este carácter a la consonante siguiente ni ésta hace

sonora a la consonante precedente; una y otra se pronuncian distintamente y según sus características fonéticas propias:

aussetzen ['ʔauszɛtsən]
Absicht ['ʔapzɪçt']

7. En alemán existen tres diferentes pronunciaciones de la **r**, a saber:

a) una **r** acentuadamente gutural al principio de sílaba o después de consonante; el sonido de esta **r** se produce por vibración uvular:

rollen ['rɔlən]
Ware ['vɑːrə]
schreiben ['ʃraɪbən]

b) una **r** gutural suavizada y apenas vibrante al final de palabra y precediendo a consonante:

für [fyːr]
stark [ʃtark']

c) una **r** fuertemente vocalizada en la sílaba final átona **-er:** [ər]

Lehrer ['leːrər]

Zahlwörter — Numerales

Die spanischen Ordnungszahlen sowie die Grundzahlen *uno* und die Hunderte von *doscientos* ab haben für das weibliche Geschlecht eine besondere Form, die durch Verwandlung des auslautenden *-o* in *-a* (Mehrzahl *-as*) gebildet wird.

Wir geben im folgenden nur die männliche Form ohne Artikel.

Die spanischen Ordnungszahlen 13te bis 19te werden mit Hilfe von *décimo* und der Ordnungszahl des betreffenden Einers gebildet. Von 20ste ab haben alle Ordnungszahlen die Endung *-ésimo*.

Grundzahlen — Números cardinales

0 null *cero*
1 eins *uno* (Kurzform: *un*), *una*
2 zwei *dos*
3 drei *tres*
4 vier *cuatro*
5 fünf *cinco*
6 sechs *seis*
7 sieben *siete*
8 acht *ocho*
9 neun *nueve*
10 zehn *diez*
11 elf *once*
12 zwölf *doce*
13 dreizehn *trece*
14 vierzehn *catorce*
15 fünfzehn *quince*
16 sechzehn *dieciséis*
17 siebzehn *diecisiete*
18 achtzehn *dieciocho*
19 neunzehn *diecinueve*
20 zwanzig *veinte*
21 einundzwanzig *veintiuno*, Kurzform: *veintiún*
22 zweiundzwanzig *veintidós*
30 dreißig *treinta*
31 einunddreißig *treinta y un(o)*
40 vierzig *cuarenta*
50 fünfzig *cincuenta*
60 sechzig *sesenta*
70 siebzig *setenta*
80 achtzig *ochenta*
90 neunzig *noventa*
100 hundert *ciento*, Kurzform: *cien*
101 (ein)hunderteins *ciento un(o)*
200 zweihundert *doscientos, -as*
300 dreihundert *trescientos*
400 vierhundert *cuatrocientos*
500 fünfhundert *quinientos*
600 sechshundert *seiscientos*
700 siebenhundert *setecientos*
800 achthundert *ochocientos*
900 neunhundert *novecientos*
1000 tausend *mil*
1875 eintausendachthundertfünfundsiebzig *mil ochocientos setenta y cinco*
3000 dreitausend *tres mil*
5000 fünftausend *cinco mil*
10 000 zehntausend *diez mil*
100 000 hunderttausend *cien mil*
500 000 fünfhunderttausend *quinientos mil*
1 000 000 eine Million *un millón* (de)
2 000 000 zwei Millionen *dos millones* (de)

Ordnungszahlen — Números ordinales

1. erste *primero*, Kurzform: *primer*
2. zweite *segundo*
3. dritte *tercero*, Kurzform: *tercer*
4. vierte *cuarto*
5. fünfte *quinto*
6. sechste *sexto*
7. siebte, siebente *sé(p)timo*
8. achte *octavo*
9. neunte *noveno, nono*
10. zehnte *décimo*
11. elfte *undécimo*
12. zwölfte *duodécimo*
13. dreizehnte *décimotercero, décimotercio*
14. vierzehnte *décimocuarto*
15. fünfzehnte *décimoquinto*
16. sechzehnte *décimosexto*
17. siebzehnte *décimosé(p)timo*
18. achtzehnte *décimoctavo*
19. neunzehnte *décimonono*
20. zwanzigste *vigésimo*
21. einundzwanzigste *vigésimo primero, vigésimo primo*
22. zweiundzwanzigste *vigésimo segundo*
30. dreißigste *trigésimo*
31. einunddreißigste *trigésimo prim(er)o*
40. vierzigste *cuadragésimo*
50. fünfzigste *quincuagésimo*
60. sechzigste *sexagésimo*
70. siebzigste *septuagésimo*
80. achtzigste *octogésimo*
90. neunzigste *nonagésimo*
100. hundertste *centésimo*
101. hunderterste *centésimo primero*
200. zweihundertste *ducentésimo*
300. dreihundertste *trecentésimo*
400. vierhundertste *cuadringentésimo*
500. fünfhundertste *quingentésimo*
600. sechshundertste *sexcentésimo*
700. siebenhundertste *septingentésimo*
800. achthundertste *octingentésimo*
900. neunhundertste *noningentésimo*
1000. tausendste *milésimo*
1875. eintausendachthundertfünfundsiebzigste *milésimo octingentésimo septuagésimo quinto*
3000. dreitausendste *tres milésimo*
100 000. hunderttausendste *cien milésimo*
500 000. fünfhunderttausendste *quinientos milésimo*
1 000 000. millionste *millonésimo*
2 000 000. zweimillionste *dos millonésimo*

Bruchzahlen – Números quebrados

$^1/_2$ ein halb *medio, media;* $1^1/_2$ eineinhalb *od.* anderthalb *uno y medio;* $^1/_2$ Meile *media legua;* $1^1/_2$ Meilen *legua y media;* $2^1/_2$ Meilen *dos leguas y media.*

$^1/_3$ ein Drittel *un tercio;* $^2/_3$ *dos tercios.*

$^1/_4$ ein Viertel *un cuarto;* $^3/_4$ *tres cuartos od. las tres cuartas partes;* $^1/_4$ Stunde *un cuarto de hora;* $1^1/_4$ Stunden *una hora y un cuarto.*

$^1/_5$ ein Fünftel *un quinto;* $3^4/_5$ *tres y cuatro quintos.*

$^1/_{11}$ ein Elftel *un onzavo;* $^5/_{12}$ *cinco dozavos;* $^7/_{13}$ *siete trezavos* usw.

Vervielfältigungszahlen – Números proporcionales

Einfach *simple,* zweifach *doble, duplo,* dreifach *triple,* vierfach *cuádruplo,* fünffach *quintuplo,* sechsfach *séxtuplo,* siebenfach *séptuplo,* achtfach *óctuplo,* zehnfach *décuplo,* hundertfach *céntuplo.*

Einmal *una vez;* zwei-, drei-, viermal usw. *dos, tres, cuatro veces;* zweimal soviel *dos veces más;* noch einmal *otra vez.*

$7 + 8 = 15$ sieben und acht ist fünfzehn *siete y ocho son quince.*

$10 - 3 = 7$ zehn weniger drei ist sieben *diez menos tres son siete; de tres a diez van siete.*

$2 \times 3 = 6$ zwei mal drei ist sechs *dos por tres son seis.*

$20 : 4 = 5$ zwanzig (geteilt) durch vier ist fünf *veinte dividido por cuatro es cinco; veinte entre cuatro son cinco.*

Zahladverbien – Adverbios numerales

Erstens *en primer lugar, primero, primeramente* (1.°)
Zweitens *en segundo lugar, segundo* (2.°)
Drittens *en tercer lugar, tercero* (3.°)

Potenzen, Wurzeln und Prozente
Potencias, raíces y porcentajes

Potenz: 3^2 drei hoch zwei *tres elevado a la segunda potencia* oder *tres elevado a dos*

Wurzel: $\sqrt{9}$ Wurzel aus neun *la raíz cuadrada de nueve*

Prozent: $4^0/_0$ vier Prozent *el* oder *un cuatro por ciento*

Deutsche Maße und Gewichte

Medidas y pesos alemanes

Längenmaße
Medidas de longitud

1 mm	*Millimeter*	milímetro
1 cm	*Zentimeter*	centímetro
1 dm	*Dezimeter*	decímetro
1 m	*Meter*	metro
1 km	*Kilometer*	kilómetro
1 sm	*Seemeile*	milla marina = 1852 metros

Flächenmaße
Medidas de superficie

1 mm^2	*Quadratmillimeter*	milímetro cuadrado
1 cm^2	*Quadratzentimeter*	centímetro cuadrado
1 dm^2	*Quadratdezimeter*	decímetro cuadrado
1 m^2	*Quadratmeter*	metro cuadrado
1 a	*Ar*	área
1 ha	*Hektar*	hectárea
1 km^2	*Quadratkilometer*	kilómetro cuadrado
1 Morgen		yugada

Hohlmaße
Medidas de capacidad

1 ml	*Milliliter*	mililitro
1 cl	*Zentiliter*	centilitro
1 dl	*Deziliter*	decilitro
1 l	*Liter*	litro
1 hl	*Hektoliter*	hectolitro

Raummaße
Medidas de capacidad

1 mm^3	*Kubikmillimeter*	milímetro cúbico
1 cm^3	*Kubikzentimeter*	centímetro cúbico
1 dm^3	*Kubikdezimeter*	decímetro cúbico
1 m^3	*Kubikmeter*	metro cúbico
1 rm	*Raummeter*	metro cúbico
1 fm	*Festmeter*	estéreo
1 BRT	*Bruttoregistertonne*	tonelada de registro bruto

Gewichte
Pesos

1 mg	*Milligramm*	miligramo
1 cg	*Zentigramm*	centigramo
1 dg	*Dezigramm*	decigramo
1 g	*Gramm*	gramo
1 Pfd.	*Pfund*	libra
1 kg	*Kilogramm*	kilogramo
1 Ztr.	*Zentner*	cincuenta kilos
1 dz	*Doppelzentner*	quintal métrico
1 t	*Tonne*	tonelada

Mengenbezeichnung
Cantidad

1 Dtzd.	*Dutzend*	docena

Weitere Sprachwerke für Spanisch

Langenscheidts Universal-Wörterbuch

Neubearbeitung. Spanisch-Deutsch / Deutsch-Spanisch in einem Band. Rund 30 000 Stichwörter und Wendungen. Mit zahlreichen Lateinamerikanismen. 480 Seiten, Format 7,2 × 10,4 cm, Plastikeinband.

Langenscheidts Reise-Set

Das Reise-Set besteht aus dem bekannten Langenscheidt-Sprachführer und einer Begleit-Cassette. Der Sprachführer enthält alle wichtigen Redewendungen, Fragen und Wörter – nach Sachgebieten geordnet. Dazu ein deutsch-spanisches Reisewörterbuch mit ca. 3500 Stichwörtern. Die Begleit-Cassette bringt das Wichtigste (etwa 400 Redewendungen und Wörter) zum Hören und Üben. Sprachführer (256 Seiten) und Begleit-Cassette (C 60) in einer Plastikbox.

Langenscheidts Kurzgrammatik

Kurzgefaßt, übersichtlich geordnet, mit vielen Beispielen enthält sie alle wichtigen grammatischen Regeln und Eigenheiten der Sprache. 64 Seiten, Format 12,4 × 19,2 cm, kartoniert-laminiert.

Teste Dein Spanisch!

Stufe 1: Testbuch für Anfänger
Stufe 2: Testbuch für Fortgeschrittene

Eine neue Art, seine Spanisch-Kenntnisse zugleich zu testen und zu festigen: In einem anregenden Frage- und Antwortspiel lernt der Benutzer, wie man die für den Ausländer typischen Fehler vermeidet.
Jeweils 104 Seiten, Format 11 × 18 cm, kartoniert-laminiert.

Langenscheidt... weil Sprachen verbinden

Langenscheidts Taschenwörterbücher

Rund 85000 Stichwörter und Wendungen in beiden Teilen.
Mit Angabe der Aussprache. Format 9,6×15 cm. Plastikeinband.

Altgriechisch
Teil I: Altgriech.-Deutsch 480 S.
Teil II: Deutsch-Altgriech. 547 S.

Althebräisch
Althebräisch-Deutsch
(zum Alten Testament). 306 S.

Arabisch
Teil I: Arabisch-Deutsch 624 S.
Teil II: Deutsch-Arabisch 456 S.

Dänisch
Teil I: Dän.-Deutsch 557 S.
Teil II: Deutsch-Dän. 548 S.

Englisch
Erweiterte Neuausgabe
Unter Berücksichtigung der
amerikanischen Umgangssprache
Teil I: Englisch-Deutsch 672 S.
Teil II: Deutsch-Englisch 672 S.

Französisch
Teil I: Französisch-Deutsch 576 S.
Teil II: Deutsch-Französisch 640 S.

Italienisch
Teil I: Italienisch-Deutsch 640 S.
Teil II: Deutsch-Italienisch 606 S.

Latein
Teil I: Lateinisch-Deutsch 576 S.
Teil II: Deutsch-Lateinisch 460 S.

Neugriechisch
Teil I: Neugriech.-Deutsch 552 S.
Teil II: Deutsch-Neugriech. 556 S.

Niederländisch
Teil I: Nied.-Deutsch 527 S.
Teil II: Deutsch-Nied. 542 S.

Polnisch
Teil I: Polnisch-Deutsch 624 S.
Teil II: Deutsch-Polnisch 591 S.

Portugiesisch
Teil I: Port.-Deutsch 640 S.
Teil II: Deutsch-Port. 608 S.

Russisch
Teil I: Russisch-Deutsch 568 S.
Teil II: Deutsch-Russisch 604 S.

Schwedisch
Teil I: Schwedisch-Deutsch 552 S.
Teil II: Deutsch-Schwedisch 456 S.

Spanisch
Neubearbeitung
Teil I: Spanisch-Deutsch 544 S.
Teil II: Deutsch-Spanisch 512 S.

Tschechisch
Teil I: Tschechisch-Deutsch 576 S.
Teil II: Deutsch-Tschechisch 479 S.

Türkisch
Teil I: Türkisch-Deutsch 552 S.
Teil II: Deutsch-Türkisch 488 S.

Im Buchhandel beide Teile auch in einem Band lieferbar.

Langenscheidt ... weil Sprachen verbinden

Langenscheidts Wörterbücher:
die Standardwerke für fremde Sprachen

Langenscheidts Enzyklopädisches Wörterbuch Englisch „Der Große Muret-Sanders"

Das größte zweisprachige Wörterbuch überhaupt. Für Dozenten und Übersetzer, Auslandskorrespondenten und Wissenschaftler – kurz für alle, die höchste Ansprüche an ein enzyklopädisches Wörterbuch haben.
In zwei Teilen à 2 Bänden. Mit insgesamt rund 560 000 Stichwörtern und Wendungen.

Langenscheidts Großwörterbücher

Für große Ansprüche im Bereich von Lehre und Unterricht, Wissenschaft und Forschung, Beruf und Wirtschaft.
In Einzelbänden. Mit bis zu 360 000 Stichwörtern und Wendungen in beiden Teilen.

Langenscheidts Handwörterbücher

Die umfassenden Nachschlagewerke für gehobene Ansprüche. Für den praktischen Gebrauch in Handel und Industrie, für Lehre und Studium.
In Einzel- und Komplettbänden. Mit bis zu 210 000 Stichwörtern und Wendungen in beiden Teilen.

Langenscheidts Große Schulwörterbücher

Besonders geeignet für die gymnasiale Oberstufe, für Fremdsprachenkurse in der Erwachsenenbildung und für das Studium.
In Einzelbänden. Mit bis zu 200 000 Stichwörtern und Wendungen in beiden Teilen.

Langenscheidts Taschenwörterbücher

Millionenfach bewährte Standardwörterbücher. Für Beruf und Alltag, für die Reise und fremdsprachliche Lektüre.
In Einzel- und Komplettbänden. Mit bis zu 100 000 Stichwörtern und Wendungen in beiden Teilen.

Langenscheidts Schulwörterbücher

Für Haupt-, Realschule und Gymnasium. Die Stichwortauswahl ist auf die in den Schulen gebräuchlichen Lehrbücher abgestimmt.
In Komplettbänden. Mit bis zu 48 000 Stichwörtern und Wendungen.

Langenscheidt ... weil Sprachen verbinden